**Studien zur
Wirtschafts- und Sozialgeschichte
Schleswig-Holsteins**

Herausgeber:
Arbeitskreis für Wirtschafts- und Sozialgeschichte
Schleswig-Holsteins
und
Gesellschaft für Schleswig-Holsteinische Geschichte

Band 11

Die Nordfriesen auf den Hamburger Wal- und Robbenfängern 1669—1839

Von Harald Voigt

Karl Wachholtz Verlag Neumünster 1987

Die auf dem Umschlag abgebildete Walfangszene in dem grönländischen Seegebiet ist dem Buch entnommen: Everhardi Guerneri Happellii (d. h. Eberhard Werner Happel), Größte Merkwürdigkeiten der Welt oder so genannte Relationes Curiosae . . ., Theil 1, Hamburg 1683, S. 193.

CIP-Kurztitelaufnahme der Deutschen Bibliothek:

Voigt, Harald
Die Nordfriesen auf den Hamburger
Wal- und Robbenfängern 1669–1839
Neumünster: Wachholtz, 1987
    (Studien zur Wirtschafts- und Sozialgeschichte
    Schleswig-Holsteins, Bd. 11)
    ISBN 3-529-02911-4

ISSN 0-172-9152

ISBN 3-529-02911-4

Karl Wachholtz Verlag Neumünster 1987

Meiner Großmutter
Dorothea Voigt geb. Cords
zum Gedächtnis

Vorwort

Wenn diese sehr umfangreiche Arbeit im Druck erscheinen und somit einer größeren Öffentlichkeit zugänglich gemacht werden kann, so ist das nicht zuletzt der Unterstützung durch den Arbeitskreis für Wirtschafts- und Sozialgeschichte Schleswig-Holsteins zu verdanken. Besonders Herr Prof. Dr. *Jürgen Brockstedt,* Berlin, und Herr Dr. *Ingwer E. Momsen,* Kiel, haben die Untersuchung durch zahlreiche Gespräche und kritische Hinweise fördernd unterstützt. Auch durch finanzielle Hilfe ist die Drucklegung gefördert worden. Hierfür habe ich

dem Herrn Kultusminister des Landes Schleswig-Holstein,
dem Sparkassen- und Giroverband für Schleswig-Holstein,
der Stiftung Nordfriesland, Husum/Nordsee

zu danken.
Mein Dank gilt ferner den Mitarbeitern des Karl Wachholtz Verlages, Neumünster, für die gute Zusammenarbeit.

Westerland, 20. 12. 1986   *Harald Voigt*

Inhaltsverzeichnis

Verzeichnis der Karten und Abbildungen

Die Karten Abbildung 10, 12 und 13 zeichnete nach Angaben des Verfassers Herr
Lutz Orlowski, Kiel.
Die Karte Abbildung 1 und die Graphiken Abbildung 3, 8, 15, 16, 17, 18, 19, 20, 21,
22, 23, 24, 25, 26 und 27 zeichnete nach Angaben des Verfassers Herr Daniel Jäger,
Dudenhofen/Rodgau.

1 Einleitung

Jeder, der sich mit der Geschichte Nordfrieslands beschäftigt, wird feststellen, daß die Seefahrt – vor allem für die Bewohner der Inseln – vom 17. bis zum Anfang des 19. Jahrhunderts eine wichtige Rolle im wirtschaftlichen und sozialen Bereich gespielt hat. Er wird aber auch die Erfahrung sammeln, daß die Darstellungen über diesen Geschichtsbereich hauptsächlich auf die Angaben der Mitte des 18. bis gegen Ende des 19. Jahrhunderts wirkenden Chronisten beruhen: Jakob Boysen, C. F. Posselt, Peter Jung Peters von Föhr, Lorenz Lorenzen von Nordmarsch und C. P. Hansen von Sylt. Sie sahen es natürlich nicht als ihre Aufgabe an, detaillierte Einzeluntersuchungen anzustellen, sondern lieferten entweder regionale Einzelbeiträge oder pauschalierte Angaben über Ereignisse außerhalb des eigenen Raumes, deren Unschärfe sich mit wachsender Entfernung steigerte.

Diese Lücke in der historischen Forschung soll die vorliegende Arbeit in einem Teilbereich schließen. Sie hat sich zur Aufgabe gestellt zu untersuchen, wann, in welchem Umfang und unter welchen Bedingungen sich die nordfriesischen Seefahrer in der Hamburger Grönlandfahrt verheuert haben, die hinsichtlich ihrer über 6000 Ausfahrten hinter Holland den 2. Platz einnahm. Die Begrenzung des Themas auf einen Teilbereich der Hamburger Seefahrt liegt vor allem in der Fülle des Quellenmaterials begründet, die teilweise in der Dokumentation dieser Untersuchung sichtbar wird, die die erforderlichen Daten von über 13.000 nordfriesischen Seeleuten enthält[1].

Aber trotz der großen Bedeutung Hamburgs für die sich auf den Wal- und Robbenfang verheuernden nordfriesischen Seefahrer wird die historische Informationslücke nur teilweise geschlossen, denn es fehlen noch entsprechende Untersuchungen über die Beteiligung an der Grönland- und Handelsfahrt Hollands, Kopenhagens und Altonas sowie an der Kauffahrteifahrt Hamburgs. Erst wenn diese Ergebnisse vorliegen, gewinnt das Bild dieser von der Seefahrt geprägten Epoche Nordfrieslands festere Konturen. So ist es auch verständlich, daß aus den durch die Untersuchung der Hamburger Grönlandfahrt gewonnenen Erkenntnissen keine weitreichenden Folgerungen gezogen werden können. Die Basis ist noch zu schmal. Das Ziel der vorliegenden Arbeit kann nur darin bestehen, faktische Grundlagen zu schaffen, an denen verdeutlicht werden soll, welchen Stellenwert die Hamburger Grönlandfahrt von 1669 bis 1839 für die nordfriesischen Seeleute besaß und welche Bedeutung sie für diesen Hamburger Seefahrtszweig hatten. Hilfe mit Rat und Tat wurde mir während der langjährigen Arbeit von vielen Seiten zuteil. So danke ich den Damen und Herren des Hamburger Staatsarchivs für ihre freundliche Unterstützung bei der Bereitstellung der umfangreichen Archivalien. Auch den Damen und Herren des Landesarchivs Schleswig-Holstein in Schleswig und des Reichsarchivs in Kopenhagen

---

1 Eine entsprechende Untersuchung liegt auch für die von Altona betriebene Grönlandfahrt vor; Harald Voigt, Nordfriesische Seeleute in der Altonaer Grönlandfahrt von 1788 bis 1838, in: Nordfriesisches Jahrbuch, Neue Folge, Bd. 22 (1986), S. 87–157 (1. Teildruck).

bin ich für ihr freundliches Entgegenkommen und für die prompte Bearbeitung meiner Anfragen zu Dank verpflichtet.

Auch Herrn Ltd. Archivdirektor Prof. Dr. Wolfgang Prange, Schleswig, Herrn Oberbibliotheksrat Dr. Ingwer Ernst Momsen, Kiel, Herrn Dr. Jürgen Brockstedt, Freie Universität Berlin, Herrn V. Bender vom Sylter Archiv in Westerland/Sylt und Herrn Alwin Pflüger, Westerland/Sylt, sowie Frau Meta Ingwers geb. Proll, Munkmarsch/Sylt, danke ich herzlich für ihre Unterstützung und stete Anteilnahme. Sie alle haben zum Gelingen der Arbeit beigetragen.

2 Das Untersuchungsgebiet und seine wirtschaftliche und gesellschaftliche Entwicklung

Bevor der Versuch unternommen werden kann, den Anteil der Seefahrer aus dem Untersuchungsgebiet zu beschreiben, die in dem oben abgesteckten Zeitraum am Hamburger Wal- und Robbenfang beteiligt waren, müssen zunächst einige erklärende Bemerkungen vorangestellt werden.

Schon die genaue Bezeichnung des Untersuchungsgebietes bereitet einige Schwierigkeiten. Der größte Teil dieser Region, die auf der abgebildeten Karte gekennzeichnet ist, kann, wie es der Sylter Chronist C. P. Hansen (1803–1879) getan hat – als Nordfriesisches Utland bezeichnet werden[2]. Es umfaßt die Inseln Föhr, Amrum, Sylt, Pellworm, Nordstrand und Helgoland sowie die Halligen Südfall, Süder- und Norderoog, Hooge, Nordmarsch, Butwehl, Langeneß, Oland, Gröde, Appelland, Habel, Nordstrandischmoor, die Behnshallig, Pohnshallig und Hamburger Hallig. Daneben sind noch die Insel Röm sowie der küstennahe Festlandsstreifen, der im Norden durch die Höhe Röms, im Süden auf der Linie Husums begrenzt wird, in den zu untersuchenden Raum einbezogen worden.

Wenn für dieses gesamte Gebiet in der vorliegenden Arbeit die Bezeichnung Nordfriesland gewählt worden ist, so dient der Begriff nur dazu, das dominierende Element zur Kennzeichnung dieses Raumes zu verwenden. Es darf keinesfalls so ausgelegt werden, als wenn hier dänisches Territorium verbal von Nordfriesland annektiert werden soll. Gerade in Hinblick auf die Insel Röm wird es sich in dieser Arbeit zeigen, daß ihre wirtschaftliche und gesellschaftliche Entwicklung fast parallel mit den Nordfriesischen Inseln verläuft. Dieser engen Verflechtung wird die wissenschaftliche Literatur Nordfrieslands nur selten gerecht. Die aus sprachlichen Kriterien resultierende Abgrenzung dieses Raumes ließ in sehr vielen Fällen die Forschung am Lister Tief enden.

2 C. P. Hansen, Chronik der Friesischen Uthlande, a. a. O., S. 13 f.

Abb. 1: Die umrandeten Gebiete kennzeichnen den Herkunftsraum der Seeleute, deren Anteil am Hamburger Wal- und Robbenfang von 1669 bis 1839 untersucht wird.
Der Verlauf der Westküste entspricht der Deichlinie von 1773.

Die Gemeinsamkeit vor allem des insularen Anteils dieses Gebietes wird deutlich, wenn sich die Obrigkeit der damaligen Zeit an die Bewohner wandte. Sei es, daß der dänische König den Seeleuten Privilegien gewährte oder andere Behörden ihre Verordnungen bekanntgaben, so wählten sie als gemeinsame Adresse entweder die „Westsee-Inseln" oder sprachen die Bewohner mit „Westsee-Insulaner" an. Aus dieser einheitlichen Anrede lassen sich Rückschlüsse auf Gemeinsamkeiten ziehen, deren historischer Werdegang hier kurz

17

aufgezeichnet werden soll. Dabei kann es sich nur um Grundstrukturen handeln, denn auf örtliche Besonderheiten kann hier nicht eingegangen werden[3].

Wenn wir einmal die wichtigsten nordfriesischen Chronisten des 18. und 19. Jahrhunderts – C. F. Posselt, Peter Jung Peters, Jakob Boysen, Lorenz Lorenzen und C. P. Hansen – vergleichend betrachten, so stellen wir viele Übereinstimmungen fest. Einen bedeutenden Platz nehmen in ihren Berichten die Naturgewalten ein, unter denen diese Region in besonderem Maße zu leiden hatte. Sturmfluten verschlangen im Laufe der Jahrhunderte große Teile des tiefgelegenen fruchtbaren Marschlandes, überschwemmten mit ihrem Salzwasser die Äcker und Weiden, vernichteten Menschen, Häuser, Vieh und Ernten und zwangen die Bewohner, kostspielige Deiche zu errichten. Doch nicht nur die Gewalt der Nordsee, sondern auch die an sich als Schutzwall dienenden Dünen – auf Amrum, Sylt und Röm – begruben mit ihrem durch den stetigen Westwind in Bewegung geratenen Sand lautlos Ackerland und Dörfer. Die Geschichte des Dorfes Rantum auf Sylt mag hier als Beispiel für viele genannt werden[4].

So wurde die von Anfang an bescheidene ökonomische Basis – besonders im insularen Bereich – immer schmaler, und die Bewohner mußten einen Teil ihrer Nahrung aus anderen Quellen ergänzen. Und es war das Meer, das sich ihnen diesmal gebend zeigte. Durch die Watten- und Küstenfischerei konnte die Nahrungsbasis erweitert werden. Auch das Salz, das als Konservierungsmittel für Fisch und Fleisch eine große Bedeutung hatte, wurde hier aus dem Meer gewonnen. Es wurde in verschiedenen Gegenden dieses Gebietes durch Ausbrennen des seewassergetränkten Torfes gewonnen und spielte als Handelsware eine wichtige Rolle, bis es vom billigeren und qualitativ besseren Bergsalz verdrängt wurde.

Eine neue Erwerbsquelle eröffnete sich, als gegen Ende des Mittelalters plötzlich große Heringsschwärme bei der Doggerbank und im Seegebiet um Helgoland auftauchten. Vertraut mit den Gegebenheiten des Meeres – nordfriesische Seeleute sind als Handelsfahrer in der Ostsee, in Hamburg und Holland urkundlich nachweisbar – und gezwungen durch die immer schmaler werdende landwirtschaftliche Basis wagten sich nun vor allem die Inselbewohner in größerem Umfang auf die Hochseefahrt[5].

Über die Einzelheiten dieser neuen wirtschaftlichen Epoche sind wir nur sehr lückenhaft informiert. Wir wissen, daß sie um die Mitte des 17. Jahrhunderts für die Inselbewohner endete und daß sie . . . „nach und nach fast alle diesen wenig lohnenden und sehr gefahrvollen Erwerb bis auf die Helgoländer" aufga-

---

3 Das gilt vor allem für Nordstrand, wo die Landwirtschaft aufgrund der Bodenverhältnisse eine weitaus bedeutendere Rolle als auf den anderen Inseln spielte. Auch Helgoland nimmt in dieser Hinsicht eine Sonderstellung ein, da sich die Bewohner schon sehr früh wegen der fehlenden Anbaufläche hauptsächlich vom Fischfang und von Lotsendiensten ernähren mußten.

4 W. Jessen, Das Meer vernichtet und segnet, Westerland/Sylt 1967.

5 C. P. Hansen, Chronik der Friesischen Uthlande, a. a. O., S. 72 u. 143; speziell für Röm s. H. E. Sørensen, Rømøs Historie, Melbyhus 1977, S. 28 ff.

ben[6]. Sicherlich mag es in dem langen Zeitraum unterschiedliche Erträge gegeben haben, aber insgesamt gesehen hat sich die wirtschaftliche Lage dieser Region nicht grundlegend verändert. So vermittelt uns eine Bittschrift der Sylter an den Herzog Johann Adolph von Gottorp von 1611, in der um eine Zahlungserleichterung einer Sondersteuer nachgesucht wird, folgendes düsteres Bild: „... Weilen aber gnediger Fürst und Herr, Wir armen Leute ein dür und mager Eilandt besitzen, das Jarliches durch Sturm und Ungewitter augenscheinlich verringert, und am guten Lande abnimpt, nunmehr vast das großeste Theil unfruchtbar mit Heide und Santdühnen vermenget... Unse Nahrung zur Sehewerts auch merklich abgenomben, und Wir in etzlichen Jahren fast unglücklich gefischet, Also daß Unser armes Landt jetz nicht mehr denn 4 Vischer-Schiffe oder Ewers haben, da Wir für wenig Jahren über 20 gehabt, die übrigen aber mit Unserm besten Volke und ihren angewandten Gute und Nahrung in erbermlicher Waßers-Noth umbgekommen, dadurch Arme, Wittwen und Waisen gemacht, die auch darüber in beschwerlicher Schultlast geraten ...[7]"

Selbst wenn wir vom Inhalt dieses Schreibens wegen seiner Absicht, steuerliche Erleichterungen zu bekommen, einige Abstriche vornehmen, bleibt noch genug an Not und Elend übrig. Und sicherlich dürfen wir auch das Bild in etwa auf die anderen Inseln übertragen, denn es gibt keinen Grund, anzunehmen, daß die Sylter schlechtere Seeleute oder Landwirte waren als die, die ihnen benachbart waren. Und gerade diese Not hat wesentlich dazu beigetragen, sich nach neuen Existenzmöglichkeiten umzusehen.

In dieser Epoche sind die entscheidenden Grundlagen für die künftige Grönlandfahrt gelegt worden. Vor allem die Inselbewohner waren es jetzt gewohnt, unter zeitweiliger Aufgabe des eigentlichen Wohnsitzes sich neue Erwerbsquellen zu suchen. Diese Bereitschaft zu einer zunächst zeitlich begrenzten Mobilität, gepaart mit den Kenntnissen und Fähigkeiten der Seefahrt auf dem offenen Meer, wirtschaftlich erneut bedrängt durch die große Sturmflut von 1634 und die Wirren des Dreißigjährigen Krieges[8], läßt es geradezu selbstverständlich erscheinen, daß sie sich dem Walfang zuwandten, dessen Erträge in der Anfangszeit ähnliche Vorstellungen geweckt haben müssen wie später die Goldfunde in Amerika[9]. Und nicht zu Unrecht macht der Sylter Chronist C. P. Hansen hier eine Zäsur in der Geschichte dieses Raumes: „Mit dem Untergang der großen, fruchtbaren Insel Nordstrand (1634, Anm. d. Verf.), dem Mittelstück des alten Nordfrieslands, war ein großer Proceß, die Zerstückelung unseres Landes in ei-

6 C. P. Hansen, Chronik der Friesischen Uthlande, S. 143.
7 Zitiert nach C. P. Hansen, Chronik der Friesischen Uthlande, S. 114.
8 Zu den Einzelheiten dieser Epoche s. C. P. Hansen, Chronik der Friesischen Uthlande, a. a. O., S. 103 ff.
9 In diesem Zusammenhang ist der Aufsatz von Kai Detlev Sievers, Wanderungsbewegungen der Föhrer in vier Jahrhunderten, in: Zwischen Eider und Wiedau, Heimatkalender Nordfriesland 1974, S. 80 ff besonders zu erwähnen, da er die Gesichtspunkte der modernen Sozialgeschichte als Leitlinie seiner Darstellung berücksichtigt.

nen schmalen Festlandsstreifen und in einige Inseln oder Inselreste, die Scheidung unseres Volkes in Ackerbau und Viehzucht treibende Festlandsfriesen und in seefahrende Inselfriesen und deren immer größere Entfremdung von einander, nicht blos vor sich gegangen, sondern vielmehr vollendet worden. – Wir finden, mit Ausnahme der Pellwormerfriesen (die seit der Fluth von 1634 sehr mit Fremden vermischt wurden und Bauern blieben), fast alle Inselfriesen von jetzt an auf dem Meere vorzugsweise mit Walfisch- und Robbenfang auf holländischen und hamburgischen Schiffen in dem nördlichen Eismeere, nur die Helgoländer und einige Sylter noch eine Zeitlang mit dem Heringsfang in der Nordsee, beschäftigt."[10]

3 Der Beginn der holländischen Grönlandfahrt und die Beteiligung der Nordfriesen

Nach Aussage aller Quellen wandten sich die Seeleute des insularen Raumes zunächst der holländischen Grönlandfahrt zu, die 1612 zum erstenmal ihre Schiffe ausschickte[11]. Wann die ersten Seefahrer des Untersuchungsgebietes dort ihren Dienst angetreten haben, wissen wir nicht. Auch der Umfang und die unterschiedliche Intensität dieser saisonalen Migration sind nicht bekannt. Aus einer Bittschrift der Sylter von 1643 können wir entnehmen, daß sie teilweise noch die Fischerei bei Helgoland ausübten, teilweise aber auch schon in Diensten der holländischen Seefahrt standen[12]. Ob diese Aussage auch auf die anderen Inseln übertragbar ist, läßt sich zwar vermuten, aber nicht quellenmäßig beweisen. Unabhängig von den fehlenden statistischen Angaben aber läßt sich allgemein sagen, daß es den Seeleuten sicherlich nicht leichtgefallen ist, sich in die Dienste eines fremden Staates zu begeben, dessen Sprache sie nicht kannten. Und wir haben allen Grund, anzunehmen, daß sie auf den holländischen Walfängern auf den untersten Stufen der seemännischen Laufbahn begonnen haben. Erst die jahrelange Kontinuität ihrer Tätigkeit mit den dabei gesammelten Erfahrungswerten, verbunden mit Zuverlässigkeit und Einsatzwillen, haben ihnen den Zugang zu höheren, besser dotierten Positionen in diesem Seefahrts-

10 C. P. Hansen, Chronik der Friesischen Uthlande, a. a. O., S. 125.
11 C. G. Zorgdrager, Alte und neue Grönländische Fischerei und Wallfischfang, a. a. O., S. 232.
12 Die Urkunde ist abgedruckt bei Peter Schmidt-Eppendorf, Sylt, Memoiren einer Insel, a. a. O., S. 164 f. – Wenn Henning Rinken in seiner „Chronik aus dem Jahre 1843" (Kopie im Sylter Archiv) schreibt: „Aus den alten Berichten gehet hervor, daß im Jahre 1557 und 60 die Ersten Syltner angefangen haben, von Holland auf Grönland zu fahren", (S. 37) so unterliegt er einem Irrtum.

Abb. 2   Karte von Grönland (um 1777)
Quelle: Dagboek eener Reize ter Walvisch- en Robbenvangst 1777 en 1778 doer den Kommandeur Hidde Dirks Kat, Haarlem 1818

zweig eröffnet. Auch das schnelle Anwachsen der holländischen Grönlandflotte und die sehr großen personellen Bedürfnisse dieser Schiffe, die in der Epoche der Baienfischerei mit doppelter Besatzung ausfuhren, haben zum einen immer mehr Seeleute erfordert, zum anderen den schon dort Tätigen den sozialen Aufstieg in der seemännischen Hierachie erleichtert[13].

Beides wird nicht ohne Wirkung auf das Untersuchungsgebiet gewesen sein. Auch das Verbot des französischen Königs von 1643, das den besonders als Harpuniere dienenden Basken untersagte, sich weiterhin in der holländischen Grönlandfahrt zu verheuern[14], wird zusätzliche Plätze geschaffen haben.

Daß auch die sehr guten Verdienstmöglichkeiten gerade in den ersten Jahrzehnten der Grönlandfahrt eine starke stimulierende Wirkung ausgeübt haben, liegt auf der Hand. Aber der Mensch ist nicht nur ein von wirtschaftlichen Sachzwängen bestimmtes Wesen, und so wird auch mancher, zumeist jüngere Seemann sich vom Reiz des arktischen Abenteuers hat leiten lassen. Doch darüber schweigen die Quellen.

Uns sind aus dem Jahre 1642 die Namen zweier von Sylt stammender Kommandeure holländischer Grönlandschiffe bekannt[15], und sicherlich werden auch Seeleute von den anderen Inseln des hier untersuchten Raumes in dieser frühen Zeit vereinzelt diese höchste Position in der Grönlandfahrt erreicht haben[16].

Schon aus diesen wenigen Nachrichten läßt sich erkennen, was sich später in einem sehr großen Umfang vollzogen hat: die räumliche Mobilität des hier beschriebenen Personenkreises war die Voraussetzung für ihre soziale Mobilität.

Der Weg zur Spitze der seemännischen Hierarchie wird nicht einfach gewesen sein. Und gerade die ersten Gruppen nordfriesischer Seeleute werden es auf ihrer Laufbahn zum qualifizierten Kader – Bootsmann, Steuermann, Harpunier, Speckschneider, Schiffszimmermann und Kommandeur – besonders schwer gehabt haben. Denn die anfänglich noch sicherlich fehlende Möglichkeit, sich in der Nähe ihrer Heimatorte die nautischen Qualifikationen zu erwerben – später konnten sie in den Navigationsschulen vermittelt werden – und

13 Detaillierte Angaben über den hohen Personalaufwand der holländischen Grönlandfahrer in der Zeit der Baienfischerei macht C. G. Zorgdrager, a. a. O., S. 267: „Über dieses führeten sie dazumal doppelte Mannschaft, nemlich 60, 70, auch wol 80 Mann; welche Mannschaft also vertheilet wurde: einige zu den Chaloupen, die Fische zu tödten, und an den Strand nach den Thran-Brennerein zu führen; andere an das Land, welche den Speck von den Fischen theils ab, theils würflings schnidten, den Thran kocheten, denselben in Fässer fülleten und vom Strand an das Wasser wälzeten: wieder andere waren auf dem Schiffe, so die Thran Fässer an Bord brachten. . .“.

14 L. Brinner, a. a. O., S. 75.

15 C. P. Hansen, Chronik der Friesischen Uthlande, a. a. O., S. 128.

16 Über den Anteil Föhrs an der holländischen Handels- und Grönlandfahrt liegt eine neuere wissenschaftliche Untersuchung vor: Pieter Dekker, Föhrer Seeleute bei der niederländischen Walfangfahrt besonders im 18. Jahrhundert, in: Nordfriesisches Jahrbuch, NF, Bd. 14, 1978, S. 113 ff.

die noch nicht vorhandene Protektionshilfe auf familiärer und lokaler Ebene sprechen für diesen schwierigen Aufstieg.

Diese allgemeinen Überlegungen zu den Anfängen der holländischen Grönlandfahrt und ihre Auswirkung auf die Seeleute des nordfriesischen Raumes waren nötig, um die entsprechenden Vorgänge in Hamburg verstehen zu können.

4 Die Beteiligung der Nordfriesen an der Hamburger Grönlandfahrt 1669—1756

4.1 Die Geschichte der Hamburger Grönlandfahrt von 1644—1756

Das Ziel dieses Kapitels ist es, einen kurzen Überblick über die wichtigsten Daten und Ereignisse dieses bedeutenden Zweiges der Hamburger Seefahrt zu vermitteln. Es soll ferner dazu dienen, die vorliegende Untersuchung mit ihrer historischen Vergangenheit zu verknüpfen, um so manche Ergebnisse in ihrer geschichtlichen Dimension deutlicher hervortreten zu lassen. Der zeitliche Rahmen dieser Übersicht wird zum einen bestimmt durch die ersten urkundlich gesicherten Ausfahrten von Walfängern, die für Hamburger Rechnung fuhren, zum anderen durch den Beginn der demographischen Untersuchung.

Es waren die Überlebenden der holländischen Barentsexpedition, die zwar vergeblich eine nördliche Durchfahrt nach China gesucht hatten, aber 1596 die Nachricht mitbrachten, daß sich in dem Seegebiet zwischen Grönland und Spitzbergen ungeheure Massen von Walen aufhielten. Diese Meldung löste in einigen Staaten Europas starke wirtschaftliche Impulse aus, und so rüsteten in den folgenden Jahrzehnten u. a. Holland, England, Frankreich und Dänemark in einem mehr oder minder großen Umfang Fangflotten aus, um Jagd auf diese Wale zu machen. Monopolbestrebungen dieser Staaten, Souveränitätsansprüche des dänischen Königs auf Spitzbergen und Grönland sowie Fragen des Elbzolls haben verursacht, daß sich Hamburg erst verhältnismäßig spät in den Kreis der Grönlandfahrer einreihte[17].

17 Grundlegend für dieses Kapitel ist die Arbeit von Ludwig Brinner, Die deutsche Grönlandfahrt, in: Abhandlungen zur Verkehrs- und Seegeschichte, im Auftrage des Hansischen Geschichtsvereins hrsg. v. Dietrich Schäfer, Bd. VII, Berlin 1913, S. 127 ff. Wenn auch manche Ereignisse besonders im Zusammenhang mit Dänemark aus der nationalen Perspektive Hamburger Provenienz interpretiert werden, so ist doch diese Arbeit aufgrund des verwendeten Quellenmaterials die beste dieses Fachgebietes. Auch Wanda Oesau, Hamburgs Grönlandfahrt auf Walfischfahrt und Robbenschlag im 17.–19. Jahrhundert, Glückstadt–Hbg. 1955, S. 63 ff. vermittelt einen guten Überblick über diese Epoche, zumal sie zusätzliches Material u. a. aus holländischen Archiven verwendet.

Die rechtliche Voraussetzung dieses neuen Unternehmens war das 1643 für den aus Holland stammenden Hamburger Bürger Johannes Been und seine Mitgesellschafter ausgestellte Privileg König Christians VI. von Dänemark. Ausgehend von dem Souveränitätsanspruch über Spitzbergen und Grönland erlaubte er der „Societas Groenlandiae" zunächst für den Zeitraum von zehn Jahren, unter königlichem Schutz mit einer beliebigen Anzahl von Schiffen Walfang zu betreiben. Alle Gesellschafter mußten das Hamburger Bürgerrecht besitzen. Der König verpflichtete sich, das Privileg zu verlängern, sofern ein entsprechender Antrag gestellt werden würde.

Es ist möglich, daß schon 1643 ein Schiff dieser Gesellschaft ausfuhr[18], gesicherte Quellen liegen jedoch erst für 1644 vor. Nach ihrer Aussage segelten in diesem Jahre drei Walfänger in das Seegebiet zwischen Jan Mayen und Spitzbergen, das man damals allgemein als „Grönland" bezeichnete. Der Mangel an Erfahrung, an geeigneten Schiffen und qualifizierter Besatzung werden die Gesellschaft veranlaßt haben, den Vorsprung der Holländer auf diesem Gebiet zu nutzen und die Schiffe von Amsterdam ausfahren zu lassen. Über einen dieser Grönlandfahrer liegen noch weitere Informationen vor. So kehrte nach Auskunft des Hamburger Zollregisters ein Walfänger unter dem Kommandeur Hein Nannings im Spätsommer 1644 mit einer Ladung von 820 Quardeelen (Quardelen)[19] nach Hamburg zurück, ein Traumergebnis, wenn man es mit den Erträgen vergleicht, die uns für die spätere Zeit überliefert sind. Doch auch in anderer Hinsicht ist dies Ergebnis bemerkenswert. Da das Schiff Tran anlieferte, muß es noch zu der Zeit ausgelaufen sein, als noch die sogenannte Baienfischerei betrieben wurde, die die erste Phase der Grönlandfahrt kennzeichnet. Damals erfolgte die Jagd auf den Wal noch nicht im Polareis, sondern von Liegeplätzen an der Küste, von Baien. Von hier aus fuhren die Schaluppen, die kleinen Fangboote, aus und erlegten die sich in Küstennähe aufhaltenden Tiere, zogen sie an Land, wo sie geflenst und der Speck zu Tran ausgebrannt wurde[20].

---

18 W. Oesau, a. a. O., S. 66.

19 Das ältere Quardel (Quardeel) war 1/3 kleiner als das spätere, das um 1800 „zu drei Tonnen Thrans anzuschlagen" war, je Tonne zwischen 200 und 226 Pfd.; Angabe nach W. Oesau, Schleswig-Holsteins Grönlandfahrt auf Walfischfang und Robbenschlag vom 17.–19. Jahrhundert, Glückstadt–Hamburg–New York 1937, S. 12. – Der Föhrer Chronist Peter Jung Peters Beschreibung der Insel Föhr, in: Schleswig-Holstein-Lauenburgische Provinzialberichte 1823–26, definiert diese Maßeinheit wie folgt: „Ein Faß oder Quardel Thran hielt in älteren Zeiten 12 Anker, gegenwärtig (um 1824) hält es 18 bis 20 Anker, folglich waren die älteren Quardele 1/3 kleiner als die gegenwärtigen". (1824, S. 41, Anmerkung.) – Eine anschauliche Beziehung zwischen der Größe des Wals und der Anzahl der Quardelen stellt C. F. Posselt, Über den grönländischen Walfang, S. 28 her: „Es ist ihnen ein sehr grosser Fisch, der 70 bis 100 Quardeelen Speck liefert. Von 30 bis 70 Quardeelen sind gute und mittelmäßige Fische. Was darunter hält, gehört zu den kleinen Fischen, die zehn Quardeelen und darunter liefern, liefern zudem keine tauglichen Barden (Fischbein). Aus jeder Quardeele werden im Durchschnitt anderthalb Tonnen Thran ausgebrannt, doch liefert der junge Speck mehr, weil die Sehnen und Fasern nicht so stark sind, als bei den alten Fischen."

24

Diese Fangmethode war auch der Grund dafür, daß sich 1648 die Hamburger Grönlandgesellschaft einen Liegeplatz auf Spitzbergen – wahrscheinlich die Hamburger Bai – durch ein weiteres königliches Privileg sicherte. Welchen Umfang die Hamburger Grönlandfahrt in dieser Epoche hatte und ob die Privilegien verlängert wurden, wissen wir nicht. Sicher ist nur, daß durch die intensive Ausbeutung der Küstengewässer die Walbestände derart reduziert wurden, daß man gezwungen war, dem Wal unter schwierigeren Umständen im offenen Polareis nachzustellen: „Man machte also die Schiffe schlechter Dings an einem kleinen Stück Eis veste, ehe man sich noch an die grossen Eis-Felder trauete; und viele hatten dazumal in dem kleinen Eise noch einen guten Fang: denn zu erst fand man allda sehr viele Fische[21]."

Eine Folge dieser Veränderung war, daß 1649 die erste Tranbrennerei auf dem Hamburger Berge, dem heutigen St. Pauli, errichtet wurde, wo der in Fässern mitgebrachte Walspeck – später auch Robbenspeck – ausgebrannt wurde.

Bessere Informationen über den Hamburger Walfang liegen ab 1669 vor[22]. In diesem Jahre fuhren 37 Schiffe von Hamburg nach Grönland. Ihre Zahl nahm in den nächsten Jahren ständig zu und hatte sich 1674 verdoppelt. Gute Erträge und die Kriege zwischen Holland und England, die den niederländischen Walfang lahmlegten (1665–1667 und 1672–1674), damit die stärkste Konkurrenz ausschalteten und die Preise für Tran und Barten in die Höhe trieben, sind die wesentlichen Gründe für diesen Aufschwung, der sich in den 83 Ausfahrten des Jahres 1675 – eine Zahl, die nie wieder erreicht wurde – deutlich widerspiegelt. Wenn die Zahl der Ausfahrten in den nächsten Jahrzehnten starken Schwankungen unterworfen war – sie bewegen sich von 1676 bis 1703 zwischen 72 und 43[23] –, waren vor allem politische Gründe dafür verantwortlich. So mußte

20 C. G. Zorgdrager, Alte und neue Grönländische Fischerei und Walfang, Kassel (Neudruck) 1975, S. 266: „Solchemnach ist die erste Fischerei sehr vortheilhaftig und für die Rheders sehr einträglich gewesen; Und zwar um so viel desto mehr, weil dazumal die Schiffe bei weitem nicht so viel Gefahr liefen, in dem Eis zu bleiben als jetzo in der Eis-Fischerei. Denn man richtete mit der ganzen Flotte, wenn eine Oeffnung gefunden wurde oder so bald das Eis vor den Bayen treibend war, seinen Lauf gerade nach dem Wall hin; und wendete sich, an die Rhede zu legen, jede Nation nach ihrem eigenem und auserlesenen Platz, allwo man seine Kocherein und Packhäuser hatte."

21 ebenda, S. 293. – Auch die Schiffe mußten entsprechend umgerüstet werden. Sie mußten „vorn an der Steven bis hinten an den Fockerüst (Vordermast) mit einem eisernen Brustfleck und ferner zur Seite gleichfalls bis hinten an die niedere Bank ... verdoppelt und mit eisernen Klammern und Nägel wol verwahret und versehen seyn," ebenda, S. 396.

22 Es handelt sich um das „Verzeichniß der seit Anno 1669 von Hamburg nach Groenland und der Straße-Davied zum Wall-Fisch und Robbenfangst gesandten Schiffe", das unter der Bezeichnung „Handschrift 263" im Hamburger Staatsarchiv geführt wird (Zit.: Handschrift 263).

23 Bei diesen Zahlen muß berücksichtigt werden, daß hierin auch einige Altonaer Walfänger enthalten sind. Von etwa 1685 betrieben Altonaer Reeder in geringem Umfang den Walfang, aber erst ab 1710 läßt sich die Anzahl aus der anfangs gemeinsamen Liste der Handschrift 263 erschließen.

Hamburg im Verlaufe der Auseinandersetzungen zwischen Holland, England und Frankreich aufgrund der Reichspolitik von 1676 bis 1679 und von 1690 bis 1697 seine Neutralität aufgeben und bekam die Kaperschiffe der französischen Seemacht zu spüren, die den Walfängern – sie waren jetzt teilweise bewaffnet – sowohl in den Fanggebieten als auch an der Elbmündung nachstellten. So verloren die Hamburger Reeder 1677/78 sechs Schiffe, und 1690 mußten sie für neun beladene Walfänger, die von einem französischen Schiff in der Elbmündung gekapert worden waren, eine Lösesumme von 106 500 Mark bezahlen[24]. 1694 fielen 3, im folgenden Jahre 2 und 1694 sogar 6 Walfänger den französischen Kapern zum Opfer. Auch wenn die Hamburger diesem französischen Treiben nicht tatenlos zusahen und ihre Schiffe nach Grönland unter staatlichem und privatem Konvoischutz ausschickten, so mußten sie für diesen militärischen Schutz beträchtliche Summen aufbringen, die sich natürlich negativ auf die Ertragslage niederschlugen[25].

Doch nicht nur die französischen Kaper versetzten der Konjunktur dieses Hamburger Wirtschaftszweiges Rückschläge, auch König Christian V. von Dänemark trug dazu bei, sie zu dämpfen. So meldete er zum einen neue Ansprüche auf den Elbzoll an, zum anderen wollte er den Walfang seines eigenen Landes fördern und verbot in einem „Placat die Grönländische Fahrt betreffendt"[26] im Februar 1691 „als rechtmäßiger Erb-König und Herr über vermeltes Grönland und dessen umbher liegenden Insuln . . . den Hansen-Städten in Teutschland, daß sie, es geschehe unter was praetext es wolle, sich solcher Fahrt auf unsern Ströhmen für vermelten Grönland und andern unsern Landen und Insuln hinkünftig ohne unsere allergnädigsten Pässe und Zulassung ferner zu brauchen noch fortzusetzen haben." Und wer diesem Verbot zuwiderhandeln sollte, dem drohte er an, daß „. . . wir deren Schiffe und Güter, welcher solcher Gestalt betreten und angetroffen werden, aufbringen und confisciren lassen . . ."

Daß diese Drohung keine leeren Worte waren, sollten die Hamburger bald bei der Rückkehr ihrer Walfangflotte im Spätsommer dieses Jahres zu spüren bekommen. Ein großer Teil der Grönlandfahrer wußte sich auf rechtlich nicht einwandfreie Weise – man bezeichnete es damals als „Lurrendreherey" – in den Besitz dänischer Schiffspässe zu bringen, indem sie dänische Untertanen in Glückstadt und Altona als angebliche Teilhaber ihrer Schiffe angaben. Dieser Trick konnte den dänischen Behörden nicht verborgen bleiben, und so führten sie auf der Elbe bei Glückstadt eine Kontrolle der zurückkehrenden Hamburger Walfänger durch. Die des Mißbrauchs dänischer Pässe überführten Reeder bekamen die volle Härte der angedrohten Strafen zu spüren, und erst der massive Einsatz der Stadt Hamburg beim Kaiser und den Fürsten konnte einen unübersehbaren Schaden von diesem Wirtschaftszweig abwenden[27]. Auf diesem Hin-

24 Handschrift 263, S. 29 f.
25 Über den Umfang des Konvoischutzes und die damit verbundenen Unkosten s. L. Brinner, Die deutsche Grönlandfahrt, a. a. O., S. 310 ff.
26 Zitiert nach W. Oesau, Hamburgs Grönlandfahrt, a. a. O., S. 74.
27 Zu den Einzelheiten s. Brinner, Die deutsche Grönlandfahrt, S. 167 ff.

tergrund wird es verständlich, daß die Hamburger Reeder im folgenden Jahr den offiziellen Weg einschlugen und sich gegen eine Zahlung von 700 Mark pro Schiff dänische Pässe ausstellen ließen, womit sie gleichzeitig gegen die französischen Kaper den Nachweis der Neutralität besaßen.

Alle Differenzen zwischen Hamburg und Dänemark wurden durch den „Kopenhagener Rezeß" im Jahre 1792 beigelegt, in dem die Hansestadt für alle Ansprüche eine Entschädigungssumme von 400 000 Mark lübsch in Kronen bezahlte, damit ihre Schiffe ohne Störungen von seiten Dänemarks auf den Walfang auslaufen konnten. Als dann auch noch 1797 ein Frieden mit Frankreich zustande kam, schien für Hamburgs Grönlandfahrt eine glücklichere Epoche anzubrechen.

Aber nur wenige Jahre konnte die Seefahrt der Hansestadt sich einer friedlichen Zeit erfreuen. Denn schon 1704 war Hamburg wiederum gezwungen, im Verlauf des Spanischen Erbfolgekrieges (1702–1714) seine Neutralität aufzugeben. Wie schon in der vorherigen Epoche war es auch jetzt wieder die französische Seemacht mit ihren Kaperschiffen, die die Zahl der Ausfahrten entscheidend beeinflußte. Während 1703 noch 54 Walfänger die Reise ins Polarmeer antraten, waren es im folgenden Jahre, dem Kriegseintritt Hamburgs, nur noch 8, die sich nach Grönland wagten. In ihrer Fahrtroute spiegeln sich die Schwierigkeiten wider, denen die Hamburger Seefahrt jetzt ausgesetzt war. So schlossen sie sich zunächst einem Konvoi an, der Handelsschiffe nach Holland begleitete, vereinigten sich dort mit den niederländischen Walfängern und fuhren mit ihnen zusammen unter Geleitschutz nach Grönland.

Die Zahl der Ausfahrten stieg im nächsten Jahr (1705) zwar wieder auf 32 an, als die Schiffe einen eigenen Privatkonvoi vom Hamburger Rat genehmigt bekamen, aber die unruhigen Zeiten bewirkten doch, daß die Zahlen stark schwanken: sie pendeln zwischen 36 im Jahre 1706 und 18 im Jahre 1713. Dabei muß auch berücksichtigt werden, daß neben den durch die schwierigen Bedingungen des Polareises verursachten Schiffsverlusten auch die französischen Kaper wieder kräftig zuschlugen. 1705/6 verloren die Hamburger Reeder 4 Schiffe, und 1710 und 1712 mußten sie je einen Walfänger für 4000 bzw. 6000 Gulden auslösen. Zu diesen Belastungen kam noch ein auffälliger Rückgang der Erträge, und häufig kehrten die Schiffe „ledig", d. h. ohne jegliche Ausbeute zurück. Von den 32 Schiffen zum Beispiel, die 1710 ausgefahren waren, waren nur 12 erfolgreich, die anderen fuhren leer in Hamburg ein. Wenn auch dieses Beispiel nicht verallgemeinert werden darf, so kann doch anhand der uns überlieferten und in der nachfolgenden Tabelle aufgezeichneten Übersicht festgestellt werden, daß die „Goldene Zeit" der 1670er Jahre der Vergangenheit angehörte.

Zwar gab es auch jetzt noch einzelne Schiffe, die sehr gute Ergebnisse erzielten, aber insgesamt gesehen gingen die Erträge zurück. Die Walbestände waren eben nicht unerschöpflich! Dabei waren es nicht so sehr die Hamburger, die diesen Raubbau bewirkten, sondern vor allem die Holländer, die mit ihren gewaltigen Fangflotten die Gewässer um Jan Mayen und Spitzbergen leerharpunierten. Einige Zahlen sollen das verdeutlichen. Während die Hamburger im Zeitraum von 1670 bis 1715 insgesamt 2094 Schiffe ausschickten, die rund

Übersicht über die Gesamterträge der Hamburger Walfänger von 1669 bis 1715
Quelle: StAHam, Handschrift 263, S. 1–54

Jahr	Anzahl[28] der Schiffe	Ertrag[29] Wale	Quard. Speck	Durchschnittsertrag (i. Qu.)	Anzahl der Schiffe leer	verunglückt	gekapert
1669	37	260	14 602	396	–	–	–
1670	40	$155\frac{1}{2}$	8 642	216	1	–	–
1671	40	351	16 837	421	–	–	–
1672	47	$516\frac{1}{2}$	23 365	497	–	1	–
1673	53	$589\frac{1}{2}$	29 128	549	–	7	–
1674	74	$520\frac{5}{6}$	30 135	408	–	–	–
1675	83	$484\frac{2}{3}$	25 706	310	3	2	–
1676	53	$103\frac{2}{3}$	4 833	91	11	1	–
1677	72	$295\frac{5}{6}$	14 685	204	6	1	5
1678	55	$513\frac{1}{2}$	20 827	379	–	2	1
1679	44	$217\frac{5}{6}$	11 906	270	4	–	–
1680	49	470	19 128	390	–	4	–
1681	51	$280\frac{2}{3}$	10 193½	200	3	5	–
1682	51	$414\frac{1}{2}$	18 577½	364	–	2	–
1683	54	$307\frac{1}{2}$	10 859½	201	3	3	–
1684	57	$227\frac{1}{2}$	11 383	200	2	–	–
1685	56	$335\frac{1}{2}$	14 857	265	1	4	–
1686	54	$126\frac{1}{3}$	6 840½	127	6	1	–
1687	54	135	5 696	105	10	2	–
1688	54	41	1 855	34	28	2	–
1689	43	$38\frac{3}{4}$	1 860	43	16	3	–
1690	35	$180\frac{1}{4}$	3 752	107	2	–	9
1691	43	20	919	21	25	–	–
1692	33	105	5 000	151	5	–	–
1693	52	$83\frac{1}{2}$	3 873	74	15	5	–
1694	54	$75\frac{1}{2}$	4 221	78	16	6	3
1695	45	$51\frac{5}{6}$	2 732	61	11	1	2
1696	52	$136\frac{1}{2}$	6 295	121	5	1	6
1697	57	515	18 344	322	–	4	–
1698	54	$471\frac{1}{2}$	20 041	371	–	2	–
1699	52	111	5 057	97	10	1	–
1700	53	$189\frac{1}{2}$	8 341	157	5	1	–
1701	54	$544\frac{1}{2}$	19 459	360	–	3	–
1702	58	$109\frac{5}{6}$	4 141	71	9	2	–
1703	54	102	5 266	97	7	2	1
1704	8	33	1 298	162	1	–	–
1705	32	175	6 511	203	1	1	2
1706	35	33	1 500	48	14	–	2
1707	26	$35\frac{1}{2}$	1 470	56	9	1	–
1708	22	$39\frac{1}{2}$	1 810	82	3	1	–
1709	23	71	2 682	117	1	1	–
1710	32	8	427	13	23	–	2
1711	27	$152\frac{1}{2}$	4 352	161	2	–	–
1712	19	41	1 821	96	3	–	1
1713	18	27	1 465	81	4	1	–
1714	32	205	5 809	181	–	2	–
1715	40	125	5 247	131	4	1	–

10 000 Wale erlegten, fuhren von Holland 6173 Grönlandfahrer aus, die rund 30 000 dieser Tiere erbeuteten[30]. Wenn man noch bedenkt, daß diese Angaben nur einen Zeitraum von 45 Jahren berücksichtigen und auch noch andere europäische Staaten Jagd auf diese Tiere machten, muß man sich wundern, daß überhaupt noch lohnende Ergebnisse zu erzielen waren. Die Zahlen verdeutlichen aber auch, welchen Reichtum die Gewässer des Nordens den Beteiligten – vor allem den Reedern, aber relativ auch den auf Part fahrenden Seeleuten[31] – eingebracht haben.

Während also in der ersten Phase des Hamburger Walfangs die guten Erträge die sowohl durch die politischen Umstände als auch durch die Tücken des Polarmeeres verursachten finanziellen Einbußen wieder wettmachten, so kam jetzt noch das Risiko des Erfolges hinzu. Eine treffende Charakterisierung der Situation gibt uns der Föhrer Chronist C. F. Posselt: „Daß dennoch der Wallfischfang fortdauert, beruht auf gleichen Ideen und Hofnungen, als beim Lotteriespiel zu Grunde liegen; der Gewinn ist sehr gros, wenn, zumal bei theuren Preisen, ein volles Schiff unbeschädigt zurückkehrt. Das ist die Quaterne (vier gewinnbringende Nummern bei der Lotterie, Anm. d. Verf.), nach der man aussieht; gelingt es nun schon einmal, so verschlingt nicht allein der Verlust der folgenden Fehljahre die gewonnene Summe, sondern es gehen überdem große Kapitalien verlohren. Deshalb kan nur ein sehr solides Handlungshaus den Wallfischfang unternehmen. Anfänger, die ihr Glück suchen, und herabgekommene Häuser, die sich wieder heben wollen, mögen sich davor eben so sehr, als vor hohem Lottospiel hüten[32]."

Wenn trotz dieser skeptischen Aussichten die Hamburger Reeder 1715 – nach dem Ende des Spanischen Erbfolgekrieges – wieder 40 Schiffe ausschickten, so zeigt das ganz deutlich, daß sie in der nordischen Lotterie weiterhin auf Gewinne hofften. Doch wurde ihr Optimismus auch durch sachliche Veränderungen gerechtfertigt, da neue Ertragsquellen erschlossen wurden. So wandten sich die Reeder ab 1716 neben dem bisherigen Walfang in unterschiedlichem Umfang auch dem Robbenschlag zu. Die hierfür verwendeten Schiffe waren, wie aus dem späteren Quellenmaterial ersichtlich, kleiner und hatten eine ge-

28 In diesen Zahlen sind ab etwa 1685 einige Schiffe enthalten, die von Altona ausfuhren. Die vorliegende Quelle führt erst ab 1740 die Altonaer Grönlandfahrer getrennt auf; s. hierzu L. Brinner, Die deutsche Grönlandfahrt, a. a. O., S. 443 f.

29 Auch die Barten (Fischbein) waren eine wichtige Einnahmequelle. Für diesen Zeitraum liegen jedoch keine Angaben hierüber vor.

30 In den für Hamburg angegebenen Zahlen der Wale sind auch die enthalten, die von verunglückten oder gekaperten Schiffen erlegt wurden. Die Angaben für den holländischen Walfang sind nach den Unterlagen von Cornelis Gijsbertsz Zorgdrager, Alte und neue Grönländische Fischerei und Wallfischfang, Leipzig 1723 (Neudruck Kassel 1975), S. 368 f., errechnet.

31 Ein großer Teil der Besatzung eines Walfängers war in unterschiedlicher Weise am Ertrag beteiligt; s. hierzu die entspr. Ausführungen in Absch. 5. 2.

32 C. F. Posselt, Über den grönländischen Wallfischfang, in: Schleswig-Holsteinische Provinzialberichte 1796, 10. Jhg., 1. Bd., Heft 1, S. 7 f.

ringere Besatzungsstärke als die Walfänger. Da sie außerdem in ihrer Ausrüstung nicht so aufwendig waren – Harpunen, Lanzen, Leinen und andere speziell für den Walfang benötigten Gegenstände waren überflüssig –, war das in sie investierte Kapital nicht so hoch. Hinzu kommt, daß ihr Fanggebiet hinsichtlich eines Schiffsverlustes bei weitem weniger risikoreich war[33], da sie nicht in die sich öffnenden Eisfelder segelten, die den Walfängern oft zur Todesfalle wurden, sondern sich zwischen 74 und 78 Grad nördlicher Breite am Saum des sogenannten Westeises ihre Beute suchten.

Über die Einzelheiten dieser Jagd berichtet der holländische Kommandeur C. G. Zorgdrager: „So finden die Robbenfänger ... bis um den 78 Grad bei schönem Wetter längst dem Saum des Eises an einigen Orten zimlich viele Robben auf den Eisschotsen liegen, doch allermeist auf 75 und 76 Graden; worauf denn einige Schiffe alle ihre Chaloupen absenden, deren jede nach einem besondern Stück Eises zu rudern, ruffen und schreien, um die Robben irre zu machen und zu verhindern, daß sie nicht alle von dem Eis abwälzen, ehe man mit der Chaloupe hinzu komme. Wenn denn 2 oder 3 Mann vorn in der Chaloupe bereit stehen, mit Sternen oder Stöcken versehen, so springen sie auf das Eis und ertappen bisweilen von 20 oder 30 Stücken etwa 3, 4 oder 6 und schlagen selbige mit den Stöcken auf die Nase todt. Wenn diese in die Chaloupe gebracht worden, wendet man sich wieder nach einem andern Stück Eis, so lange, bis man die Chaloupen voll hat und alle übrigen Robben verjaget sind. Wenn nun diese zu Schiffe gebracht worden, segelt man wiederum fort, bis man einen andern Haufen Robben antrifft; und auf solche Weise, da man immer darbei fortsegelt, kann man bisweilen 2 bis 300 fangen, ehe man zu Ende des gemeldeten Kampf-Feldes bis auf 78 Graden gelanget ist. Denn nordlicher ... spüret man keine Robben mehr[34]."

Es waren vor allem die jungen Robben, denen man nachstellte. Damit ihr Fell nicht beschädigt wurde, tötete man sie mit einem Knüppel auf die oben beschriebene inhumane Weise[35]. Ebenso bedeutend für die Ertragsseite war ihr Speck, der wie bei den Walen zu Tran verarbeitet wurde. Durch diesen neuen Erwerbszweig konnte unter Umständen ein schlechtes Ergebnis im Walfang

---

33 Im Zeitraum von 1720 bis 1756 fuhren von Hamburg und Altona insgesamt 495 Robbenfänger aus; von ihnen kehrten 4 beschädigt zurück (Handschrift 263, S. 69, 80, 84, 96), 9 Schiffe gingen verloren (ebd., S. 70, 74, 75, 82, 83), davon 2 mit der gesamten Besatzung (ebd., S. 98, 101).

34 C. G. Zorgdrager, Alte und neue Grönländische Fischerei, a. a. O., S. 242.

35 Gerade das Schlagen der Robben, bei dem die Tiere manchmal nicht getötet, sondern nur betäubt wurden, hat in der Gegenwart die Tierschützer auf den Plan gerufen, deren Proteste durch die Massenmedien und populäre Personen zwar weltweit verbreitet wurden, aber häufig an den kommerziellen Interessen der am Fang Beteiligten scheiterten. Aus der Vergangenheit liegen makabre Zeugnisse über einzelne unter die Haut gehende Quälereien beim Robbenschlag vor. So berichtet Christian Bullen, Eines Seefahrenden Journal oder Tag-Regißter, Bremen 1668, S. 5: „Theils dieser Rubben, so vom ersten Schlag nicht sterben, leben lange hernach, wenn schon das Fell und Speck vom Leibe geschnitten ..."

DIE AUSFAHRTEN DER HAMBURGER
WAL– UND ROBBENFÄNGER
1669–1756

Abb.3 Quelle:Handschrift 263 StAHam

Abb. 3: Die Ausfahrten der Hamburger Wal- und Robbenfänger 1669–1756
Quelle: Handschrift 263 (StAHam)

durch ein gutes im Robbenschlag – und umgekehrt – ausgeglichen werden, wenn die Reeder sich auf beiden Gebieten betätigten. Aber eine Garantie gab es dafür natürlich nicht[36].

In dieser Zeit wurde auch ein neues Seegebiet für den Walfang erschlossen. Während das bisherige Jagdrevier hauptsächlich zwischen Jan Mayen und Spitzbergen lag, schickten die Hamburger Reeder ab 1719 einen Teil ihrer Schiffe in die Davisstraße, in das Seegebiet westlich Grönlands. In dieser Dreiteilung, dem Walfang in den herkömmlichen Gebieten und der Davisstraße und dem Robbenschlag, entwickelte sich die weitere Geschichte der Hamburger Grönlandfahrt, wobei der Anteil der verschiedenen Zweige – je nach erhofftem Gewinn – ständig wechselte. So fuhren zum Beispiel von den 60 Hamburger Schiffen im Jahre 1723 neun auf den Robbenfang und vier zur Davisstraße, aber 1730 waren nur noch 21 der insgesamt 51 Schiffe im herkömmlichen Fanggebiet, während 22 auf den Robbenfang und 8 zur Davisstraße segelten.

Unter diesem flexiblen Reagieren auf die Gewinnchancen der verschiedenen Ertragsbereiche ging es mit der Hamburger Grönlandfahrt zunächst ständig aufwärts. Waren es 1715 noch 40 Ausfahrten gewesen, so stieg die Zahl in den

36 Seit 1747 sind wir durch die Handschrift 263 über die Anzahl der erlegten Robben informiert.

31

folgenden Jahren in kleinen Schritten an und erreichte 1723 mit 73 ausgeschickten Schiffen einen neuen Höhepunkt. Es waren zweifellos die schlechten Erträge dieses Jahres, die eine rückläufige Entwicklung eingeleitet haben. Von den 73 Schiffen nämlich kehrten 42 ohne Ertrag zurück, 5 verunglückten oder wurden beschädigt, und die übrigen brachten eine nur sehr geringe Ausbeute mit[37]. So waren es 1724 nur noch 64 Ausfahrten, die sich nun in einer fast stetigen Abwärtsbewegung bis 1740 auf 19 verringerten, einem neuen Tiefpunkt. Von da ab allerdings stieg die Kurve allmählich wieder an und zeigt im Jahre 1756, dem zeitlichen Endpunkt dieses ersten Teiles, 33 Ausfahrten.

Im Gegensatz zu den vergangenen Zeiten, in denen sich auch politische Umstände auf die Entwicklung der Grönlandfahrt auswirkten, blieb Hamburg in der Epoche von 1715 bis 1756 davon verschont, so daß nur die wirtschaftlichen Faktoren für das Auf und Ab dieses Zweiges verantwortlich waren.

4.2 Die Beteiligung der Nordfriesen an der Hamburger Grönlandfahrt 1669—1756

Die Quellenlage

Es darf nicht erwartet werden, daß für den genannten Zeitraum ein genaues Bild über den Anteil der Nordfriesen an diesem Hamburger Seefahrtszweig vermittelt werden kann. Die Quellenlage läßt es nur zu, einzelne Fakten mosaikartig zusammenzufügen, um wenigstens die Umrisse dieses Bildes sichtbar werden zu lassen, wobei natürlich die Konturen um so deutlicher hervortreten, je mehr wir uns dem Zeitraum mit den gesicherten Quellen nähern. Für die Jahre von 1644 bis 1668 liegen keinerlei Unterlagen vor, die für eine demographische Untersuchung verwendet werden könnten. Als der Hamburger Senat 1691 beschloß, den Wasserschout als Musterungsbehörde einzurichten, die u. a. den Auftrag hatte, „. . . ein Register von allen Seefahrenden Persohnen" mit „Nahmen" und „Herkommen" zu führen, waren die administrativen Voraussetzungen für ein im Sinne dieser Untersuchung verwendbares Quellenmaterial gegeben, aber es ist uns erst ab 1760 überliefert[38].

Aus diesen Gründen bekommt das schon erwähnte „Verzeichniß der seit Anno 1669 von Hamburg nach Groenland und der Straße-Davied zum Wall-Fisch- und Robbenfangst gesandten Schiffe" einen hohen Wert. Es mußte auf Verlangen des Hamburger Rats von den an der Grönlandfahrt kommerziell Beteiligten geführt werden, um ihm jederzeit einen Einblick in den Umfang dieses

---

37 Zu den Daten s. Hdschr. 263, S. 63 f.

38 Das „Reglement des Wasser-Schouts" vom 31. 8. 1691 ist abgedruckt in Herman Langenbeck, Anmerkungen über das Hamburgische Schiff- und See-Recht . . ., Hamburg 1727, S. 103 ff.

Handlungszweiges zu vermitteln[39]. Diese Quelle, die bis 1801 geführt wurde, enthält im wesentlichen die Namen der Kommandeure und die von ihnen befahrenen Schiffe sowie die Fangergebnisse. Zum einen werden wir hinsichtlich des an der Grönlandfahrt beteiligten Personenkreises also nur einseitig informiert, da nur die Kommandeursnamen der Nachwelt überliefert worden sind, zum anderen fehlen auch die Herkunftsnachweise. Diese Informationslücke ist aber ein Kriterium aller vorliegenden Hamburger Quellen – einschließlich der Protokolle des Wasserschouts –, daß bei ihnen ein Herkunftsnachweis sowohl bei den Kapitänen der Handelsfahrt als auch bei den grönländischen Kommandeuren fehlt, wenn sie auf Hamburger Schiffen fuhren. Der Grund hierfür liegt in der Rechtsordnung begründet, nach der nur ein Hamburger Bürger „ein Schiff mit dieser Stadt Pässen und See-Briefen" führen durfte, so daß sich eine Ortsangabe erübrigte[40]. Den Kommandeuren in der Grönlandfahrt – und das zeigt die Bedeutung, die man diesem Seefahrtszweig zumaß – wurde vom Hamburger Senat ein Sonderrecht zuerkannt.

„Nun ist, was die wirkliche Gewinnung des Bürger-Rechts anbetrifft, eine Ausnahme bey den Groenlands-Fahrern: die aber gleichwol auch der Stadt nicht unverpflichtet bleiben. Dieser Schiffe nemlich werden nur sehr wenige von hieselbst und unter dieser Stadt Jurisdiction wohnenden Schiffern geführt, sondern man nimmt Leute dazu, welche auf den Dänischen, zum Stifte Ripen, Herzogthums Schleswig, gehörigen Eylanden Silt und Foehr, oder auch wohl auf den Holländischen Eylanden wohnen. Diese kommen zu Ende Februarii und Anfang März-Monats anhero, und gehen nach zurückgelegten Reisen, zu ihrer Heymath wieder zurück. Sie werden in den Pässen nicht Schiffer genannt, sondern ihnen wird das Praedicat Commandeur (Praefectus) gegeben. Bis im Jahre 1744, als zwischen Engelland und Frankreich der Krieg declariret ward, sind diese Leute auf keine Weise der Stadt pflichtig gemacht worden ... Wegen der Kapereyen aber, und insonderheit, um alles aus dem Wege zu raeumen, woher der Stadt etwan Einwuerfe moegten gemacht werden, verfuegte damals Ampl. Senatus, daß, um auch diese Commandeurs auf eine oder die andere Weise, nach der Vorschrift, wie es wegen der Hansee-Staedte-Schiffe und derselben Besatzungen in den Tractaten stipuliret worden, zur Protection qualificiren zu koennen, selbige gegen angelobte Treue in Handschlag und Schutz genommen wurden: und nach dieser Verfuegung wurden die Groenlander Commandeurs in den Paessen dieser Stadt Einwohner und Unterthanen genennet ...[41]"

Nun könnte man aufgrund spezifisch nordfriesischer Personennamen allgemeine Rückschlüsse auf die Herkunft ziehen. Aber die im Verlauf dieser Arbeit gewonnene Erfahrung hat gezeigt, daß dieser Weg nur mit großer Vorsicht beschritten werden kann, wenn der Boden einer wissenschaftlich gesicherten Er-

39 Zu den Einzelheiten s. L. Brinner, Die deutsche Grönlandfahrt, a. a. O., S. 267 f.
40 H. Langenbeck, Anmerkungen über das Hamburgische Schiff- und See-Recht, a. a. O., S. 24 f. – In Altona z. B. galt ein anderes Recht; so vermerkte der Altonaer Wasserschout stets die Herkunft der Kapitäne und Kommandeure und differenzierte sogar zwischen Bürgerschaft und Einwohnern.
41 J. Klefeker, Sammlung der Hamburgischen Gesetze und Verfassungen, Hamburg 1769, S. 82 f. – Einige Beispiele aus der historischen Praxis gibt H. Hitzigrath, Die politischen Beziehungen zwischen Hamburg und England ... 1611–1660, Berlin 1907, S. 30 ff.

kenntnis nicht verlassen werden soll. Die folgenden Beispiele werden diese Haltung verständlich machen. So ist es nicht möglich, Namen wie Peters, Hansen, Claassen, Cornelissen u. a. eindeutig zu lokalisieren, da diese Familien nicht nur im gesamten Bereich des Untersuchungsgebietes, sondern weit darüber hinaus zu finden sind. Auch die von den Nordfriesen häufig benutzte hollandisierte Form ihres Namens macht die Identifikation noch schwieriger, weil vereinzelt auch holländische Kommandeure für Hamburg tätig waren. Auf der anderen Seite kann nur gesichertes Quellenmaterial uns zu der Einsicht zwingen, daß ein Name wie z. B. Gerson Kruppius – es handelt sich hier um den Sohn eines aus Pommern zugewanderten Pastors – der Insel Sylt zugeordnet werden muß.

Doch gibt es auch in dieser Quelle Angaben, die die Lokalisierung eines Kommandeurs ermöglichen. So haben wir z. B. bei einigen Namen, die häufig vorkommen, zusätzliche Angaben. Das ist der Fall bei der Familie Petersen von Sylt, die sich von anderen durch den Zusatz „de Hahn" unterschied. Daneben gibt es auch Fälle, bei denen eine Ortsbezeichnung dem Namen beigefügt wurde. So führte der Kommandeur Hans Jürgens den Zusatznamen Duhn. Damit bestand die Möglichkeit, ihn als von der Insel Röm stammend zu identifizieren, wo es den Ort Duhn (Duhnby/Kirkeby) gibt, und der als Familienname bis heute auf der Insel nachzuweisen ist. Ebenso ist es möglich, die durch andere Quellen gesicherte spezielle Verwendung eines bestimmten Namens in einem begrenzten Raum zur Lokalisierung zu verwenden. Ein gutes Beispiel hierfür liefert die Familie Jaspers/Jespers von Röm, die aufgrund ihres Namens dieser Insel eindeutig zugeordnet werden kann.

Auch das in vielen Fällen bei diesem Personenkreis ausgeprägte traditionelle Element ist eine Lokalisierungshilfe. So ist trotz der in diesem Gebiet üblichen patronymischen Namensgebung erkennbar, daß – normale Zeiten vorausgesetzt – man sich in einzelnen Familien bemühte, möglichst viele Kommandeursposten zu besetzen und nach Möglichkeit die geführten Schiffe innerhalb dieses Kreises zu tradieren.

Eine weitere Möglichkeit, einzelne Kommandeure dieser Hamburger Quelle zu lokalisieren, besteht darin, daß man andere Zeugnisse heranzieht. Ein wichtige Rolle hierbei spielen die Grabsteine, die in unterschiedlichem Maße auf den Inselfriedhöfen vorhanden sind[42]. Sie überliefern nicht nur die persönlichen Lebensdaten, sondern geben in einigen Fällen auch in einer Art Kurzbiographie Auskunft über die seemännische Laufbahn, die Anzahl der als Kommandeur nach Grönland unternommenen Fahrten und ihren Ausgangshafen. Damit sind dann genügend Informationen gegeben, um mit Hilfe der genann-

---

42 Zu den Grabsteinen und ihrer kulturgeschichtlichen Bedeutung s. Ernst Schlee, Leben auf der Insel, in: Föhr, Geschichte und Gestalt einer Insel, Münsterdorf/Itzehoe 1971, S. 99 ff. – Die Amrumer Grabsteine sind abgebildet und beschrieben bei Theodor Möller, Der Kirchhof in Nebel auf Amrum u. seine alten Grabsteine, Neumünster 1928; für Sylt: Hugo Krohn, Alte Seemannsgrabsteine auf Sylt, in: Nordfriesisches Jahrbuch, N. F., Bd. 8 (1972), S. 64 ff.; für Föhr: O. C. Nerong, Die Kirchhöfe Föhrs, Dollerup 1903; weitere Hinweise bei den Einzeldarstellungen.

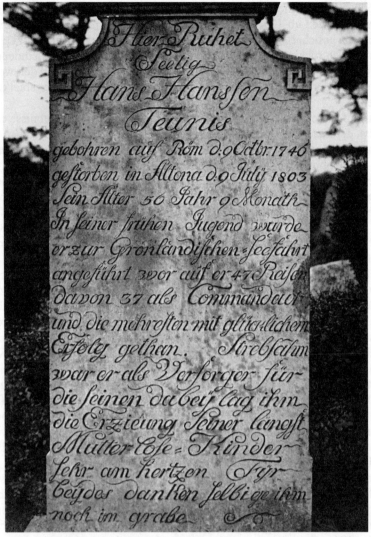

Abb. 4: Grabstein des Kommandeurs Hans Hansen Teunis von Sylt,
Friedhof Keitum/Sylt
Aufnahme: Dr. Kurt Struve, Westerland

ten Hamburger Quelle die zeitliche Dauer der Tätigkeit in der Hamburger
Grönlandfahrt, die Namen der geführten Schiffe, die Fangergebnisse sowie besondere Ereignisse – wie Kaperung oder Havarie – zu beschreiben.

Nach dem gleichen Prinzip konnten durch vorhandene genealogische For-
schungsergebnisse und durch Widmungen einiger den Inselkirchen gestifteter
sakraler Gegenstände weitere Kommandeure des Untersuchungsgebietes identifiziert werden.

Eine weitere Methode für die Aufschlüsselung der Hamburger Daten gründete sich auf den ab 1757 vorliegenden Quellen. Basierend auf den durch die Unterlagen gesicherten Herkunftsnachweisen wurde das Hamburger Verzeichnis in zeitlich rückwärtige Richtung verfolgt und so weitere Kommandeure lokalisiert. Diese zeitliche Einkreisung ermöglichte es, ab etwa 1750 den weitaus größten Teil der Hamburger Kommandeure in das Untersuchungsgebiet einzuordnen.

Nur auf diesen umständlichen Wegen konnten gesicherte Ergebnisse erzielt werden, denn sowohl die zeitgenössischen als auch die späteren Chronisten liefern nur pauschale Angaben über die personelle Beteiligung dieses Gebietes am Wal- und Robbenfang. Wenn zum Beispiel Caspar Dankwerth in seiner Landesbeschreibung von 1652 über die Bewohner Sylts aussagt, „. . . ihrer viel ernehren sich mit dem Wallfischfange, denn sie fahren jährlich hinüber hinter Eißlandt und Norwegen an Groenland und Spitzbergen, auff sothane Wallfischfang, welche sonst unsaubere Handtirung ihnen gut Geldt in den Beutel trägt . . .", so können wir hieraus nur allgemeine Rückschlüsse auf den Umfang und die Ertragslage ziehen[43].

Selbst wenn von späteren Chronisten konkrete Zahlen zu diesem Bereich geliefert werden, können sie nur als Illustration einer allgemeinen Tendenz verwendet werden. So berichtet C. P. Hansen, daß um 1673 auf den „niederländischen und deutschen Grönlandflotten ein Contingent von 3 bis 4000 Matrosen, Speckschneidern, Harpunieren, Boots- und Steuerleuten" von den Inselfriesen gestellt würde, von denen „nicht wenige" in Hamburg eine Stellung als Kommandeur erreicht hätten[44]. So interessant diese Angaben auch sein mögen, sie helfen uns aber nicht weiter. Das gilt auch für seine statistischen Ausführungen zum Jahre 1702: „Es nahmen jetzt gegen 3600 Nordfriesen an dem Wallfischfange Theil, die meisten von Föhr und Sylt, doch auch viele von den übrigen Inseln. Die hamburgischen Schiffe waren fast ganz mit Nordfriesen besetzt: jedes Schiff hatte 30 bis 40 und noch mehr Mann Besatzung. Ein Drittheil aller Hamburger Grönlandcommandeure waren Sylter und eben so viele waren Föhringer; doch fuhr die Mehrzahl der Föhringer gewöhnlich auf holländischen Schiffen. Föhr lieferte aber auch in der Regel allein 1000 bis 1500 Walfischfänger im Jahre. Man zählte damals über 20 Commandeure auf Sylt und mehr als 50 auf Föhr. Auch Amrum und die Halligen lieferten eine Menge tüchtiger Grönlandfahrer[45]."

Aufgrund dieser Angaben läßt sich zwar erkennen, daß die Grönlandfahrt in den beschriebenen Gebieten eine bedeutende Rolle spielte, aber eine genaue

---

43 Caspar Dankwerth, Newe Landesbeschreibung der zwey Hertzogthümer Schleswich und Holstein . . ., Husum 1652.
44 C. P. Hansen, Chronik der Friesischen Uthlande, a. a. O., S. 144.
45 ebenda, S. 164. Wie ungenau diese Angaben hier sind, wird besonders deutlich, wenn wir als zusätzliche Information die Ausführungen C. P. Hansens in seinem Werk der Sylter-Friese, Kiel 1860, heranziehen. So beziehen sich die zum Jahre 1702 gemachten Angaben über die Zahl der Sylter Kommandeure nur auf Hamburg und auf den gesamten Zeitraum von 1670 bis 1719, für den das von C. G. Zorgdra-

Analyse speziell für den von Hamburg ausfahrenden Personenkreis läßt sich hieraus nicht anfertigen. Einen ähnlichen Informationswert enthalten auch die Nachrichten, die uns der Föhrer Chronist Peter Jung Peters in seiner „Beschreibung der Insel Föhr" überliefert hat: „So war auch, besonderst in der Mitte und spätern Hälfte des vorigen Jahrhunderts (18. Jhdt., Anm. d. Verf.), die Anzahl der hiesigen Seefahrenden, die von Hamburg und Altona auf den Wallfisch- und Robbenfang nach Grönland und Spitzbergen gingen, ansehnlich[46]." Daß uns auch diese Angabe nicht weiterhilft, liegt auf der Hand. Und selbst wenn er für das Jahr 1750 angibt, daß die Seeleute „nicht bloß im Dienste der Holländer, Engländer, Hamburger und Altonaer" standen, „sondern fast an jedem Orte, auf allen Schiffen, die nach Grönland, Spitzbergen und Straße David auf den Wallfischfang gesandt wurden[47]" zu finden sind, so lassen sich daraus zwar allgemeine Rückschlüsse auf den räumlichen Mobilitätsgrad dieser Seeleute ableiten, aber dem speziellen Anliegen dieser Untersuchung helfen sie nicht weiter.

Angesichts dieser von den Chronisten überlieferten Größenangaben muß sich das Ergebnis der Einzeluntersuchungen bescheiden ausnehmen, aber es hat den Vorzug, daß es gesichert ist (Tab. siehe S. 38).

Die Ergebnisse

Überblicken wir das statistisch zusammengestellte Quellenmaterial, so können wir erkennen, daß die Inseln Röm, Sylt, Föhr und Amrum schon in der Anfangszeit des Hamburger Walfangs einen Teil der Kommandeure stellten. Dabei muß noch berücksichtigt werden, daß aufgrund fehlender Beweise für eine eindeutige Lokalisierung dieses Personenkreises nur ein unvollständiges Bild erstellt werden konnte. Je weiter wir in die durch zunehmende Informationen gesicherte Zeit vordringen, um so dominierender wird auch der Anteil der aus dem insularen Raum stammenden Kommandeure.

Weiterhin können wir feststellen, daß vom festländischen Teil des Untersuchungsgebietes keine Kommandeure nachweisbar sind. Man kann mit großer Sicherheit sagen, daß diese Tatsache nicht auf das lückenhafte Quellenmaterial zurückzuführen ist, sondern der Wirklichkeit entspricht, zumal sie auch durch die später gesicherten Ergebnisse bestätigt wird. Anders verhält es sich jedoch mit den Halligen. Es liegt durchaus im Bereich der Möglichkeiten, daß einige

ger, Alte und neue Grönländische Fischerei und Wallfischfang, a. a. O., S. 389, angefertigte „Verzeichnis aller Commandeurs der Hamburger und Bremer Grönländischen Reederey . . .", das 106 Namen enthält, ausgewertet wurde. Auch die Art und Weise, wie die Zahl der Kommandeure von C. P. Hansen errechnet wurde, läßt keine gesicherte Basis erkennen, wenn er (S. 150) schreibt: „Ich finde in diesem Verzeichniß der Hamburger Commandeure mehr als 20 Namen von Syltern . . .", aber nur für 8 von ihnen nähere Hinweise gibt.

46 Peter Jung Peters, Beschreibung der Insel Föhr, a. a. O., S. 42.

47 ebenda, S. 42 f.

Übersicht über die Anzahl der nachweisbaren nordfriesischen Kommandeure in der Hamburger Grönlandfahrt von 1669 bis 1756[48]

Jahr	Herkunftsgebiete				Jahr	Herkunftsgebiete			
	Röm	Föhr	Sylt	Amrum		Röm	Föhr	Sylt	Amrum
1669	1	1	–	2	1713	–	–	1	–
1670	1	1	–	3	1714	–	–	4	–
1671	1	1	–	3	1715	1	–	4	1
1672	2	1	–	2	1716	2	–	4	1
1673	4	2	–	1	1717	1	–	5	1
1674	5	2	–	2	1718	1	–	6	1
1675	5	2	–	2	1719	2	–	6	1
1676	3	1	–	–	1720	3	–	3	1
1677	5	2	–	2	1721	2	–	4	1
1678	3	2	–	1	1722	2	–	6	1
1679	4	2	–	–	1723	4	–	6	1
1680	4	2	–	2	1724	3	–	5	1
1681	3	2	–	1	1725	4	–	3	1
1682	3	–	–	–	1726	4	–	3	1
1683	5	–	–	–	1727	3	–	3	1
1684	4	–	–	–	1728	3	–	2	1
1685	2	1	–	–	1729	4	–	2	1
1686	2	1	–	–	1730	4	–	2	1
1687	1	1	–	–	1731	6	–	2	1
1688	3	1	–	–	1732	6	–	2	1
1689	3	1	–	–	1733	5	1	2	1
1690	2	1	–	–	1734	5	1	3	1
1691	3	3	–	–	1735	3	1	2	1
1692	1	2	–	–	1736	4	1	2	–
1693	2	2	1	–	1737	3	1	2	–
1694	1	2	1	–	1738	5	2	2	1
1695	2	2	1	–	1739	5	2	3	1
1696	2	2	1	–	1740	5	2	2	–
1697	1	3	2	–	1741	4	2	3	1
1698	2	–	2	–	1742	4	2	3	1
1699	1	–	2	–	1743	4	3	3	1
1700	2	–	3	–	1744	4	3	3	1
1701	1	–	3	–	1745	5	3	3	1
1702	1	–	2	–	1746	5	4	3	1
1703	1	–	2	–	1747	4	4	2	1
1704	–	1	–	–	1748	5	4	2	–
1705	–	1	2	–	1749	5	4	2	–
1706	–	1	2	–	1750	5	6	1	–
1707	–	1	1	–	1751	5	6	1	–
1708	–	1	3	–	1752	6	6	2	1
1709	1	1	2	–	1753	7	6	2	1
1710	1	1	2	–	1754	8	7	2	1
1711	–	1	4	–	1755	9	7	2	1
1712	–	–	3	–	1756	9	5	1	1

48 Die hier zugrundeliegenden Einzeluntersuchungen sind im Anhang I beigefügt.

Kommandeure von dort in der Hamburger Grönlandfahrt tätig waren, die Wahrscheinlichkeit ist jedoch größer, daß die allgemeine Zielrichtung dieses Personenkreises nicht nach Hamburg, sondern hauptsächlich nach Holland ging. Auch dies wird durch spätere Quellen bestätigt.

Die allgemeinen Voraussetzungen für die Mobilität dieses Personenkreises sind schon an anderer Stelle in Zusammenhang mit der holländischen Handels- und Grönlandfahrt genannt worden. Die Holländer, die bereits seit 1621 in die arktischen Gewässer fuhren, hatten auf diesem Sektor einen Erfahrungsvorsprung von über drei Jahrzehnten, als die Hamburger sich diesem Zweig zuwandten. Es war daher ein Akt der wirtschaftlichen Vernunft, daß sie sich zunächst die Unterstützung holländischer Experten mit der entsprechenden Ausrüstung sicherten. So tauchen anfänglich holländische Namen in der Hamburger Grönlandfahrt auf, deren Erfahrungen – gepaart mit dem Kapitaleinsatz Hamburger Reeder – den Erfolg verbürgen sollten. Diese Zusammenarbeit scheint auch in der Anfangszeit ohne Komplikationen verlaufen zu sein.

Als aber die hohen Erträge die Hamburger Flotte anwachsen ließen, verwandelte sich die anfängliche Kooperation zu einer zeitweiligen Konfrontation, zumal sich auch noch andere Staaten – wie Frankreich und Dänemark – dem Walfang zugewandt hatten. Mit allen Kräften bemühten sich die holländischen Reeder, jede Konkurrenz auszuschalten, um ihre Monopolstellung zu behaupten. Ihre Angst vor geschäftlichen Einbußen wurde noch dadurch verstärkt, daß sie wegen der Konflikte mit England in der ungestörten Ausübung ihrer Grönlandfahrten gehindert wurden. So erließ auf ihr Drängen die holländische Regierung besonders in dem Zeitraum von 1661 bis 1665 eine Reihe von Verboten, „. . . auf daß die mit so vieler Mühe und großen Kosten ins Werk gesetzte und durch Gottes Segen so merklich florierende Fischerei nicht nach anderen Plätzen gedivertiert werde[49]." Es wurde u. a. untersagt, daß nicht nur die zum Walfang ausgerüsteten Schiffe, sondern auch die „Fisch-Geräthe" nicht ins Ausland verkauft werden durften. Die entscheidende Bedeutung aber für den Zusammenhang mit dem vorliegenden Thema hat die protektionistische Maßnahme, die die Besatzungen betraf: „Die Commandeurs, Harpuniers, Ruderer, Speckschneider, oder andere Personen, die sich auf den Wallfisch-Fang verstehen, dürfen sich nicht in fremde Dienste vermiethen[50]." Damit wurde – jedenfalls der legale – Weg für die holländischen Walfangexperten nach Hamburg versperrt und den von diesen Verboten nicht betroffenen Seeleuten unseres Untersuchungsgebietes die große Chance gegeben, diesen personellen Engpaß auszunutzen. Nun konnten sie ihre in Holland erworbenen Erfahrungen in der Hamburger Grönlandfahrt anwenden. Dabei muß berücksichtigt werden, daß zunächst nur für den Personenkreis ein Anreiz bestand, Reederei, Schiff und Ausgangshafen zu wechseln, der in Hamburg eine höhere und besser bezahlte Position bekommen konnte. So werden es einmal Steuerleute gewesen sein, die

---

49 Zitiert nach Brinner, Die Deutsche Grönlandfahrt, a. a. O., S. 145 f. u. 196 f., bei dem auch die Einzelheiten ausführlich dargestellt werden.
50 J. Klefeker, Sammlung . . ., a. a. O., S. 38.

nun den Rang eines Kommandeurs einnehmen konnten, aber auch alle anderen Besatzungsmitglieder, die bisher keine Chance gehabt hatten, in der Bordhierarchie aufzusteigen, werden die Gelegenheit wahrgenommen haben. So dürfen wir mit Sicherheit annehmen, daß hinter der im Verhältnis zur Gesamtbevölkerung des nordfriesischen Raumes geringen Anzahl von lokalisierten Kommandeuren eine größere Gruppe steht, die sich aus Steuerleuten, Harpunierern, Speckschneidern, Bootsleuten, Schiffsköchen, Schiffszimmerleuten, Matrosen, Kochsmaaten und Schiffsjungen zusammensetzte. Damit war es den Seeleuten unseres Untersuchungsgebietes gelungen, aufgrund ihrer Spezialkenntnisse und des schon vorhandenen Mobilitätsbewußtseins sich ein weiteres Betätigungsfeld in Hamburg zu sichern, das sich im Laufe der Zeit zu einem der bedeutendsten der europäischen Grönlandfahrt entwickelte, und somit über hundert Jahre in der Sozial- und Wirtschaftsgeschichte Nordfrieslands einen zentralen Platz einnahm. Hier wurde ihnen nicht wie in Holland der soziale Aufstieg durch verwandtschaftlichen und lokalen Protektionismus erschwert[51], sondern sie konnten mit Hilfe dieser Verhaltensweisen ihren Landsleuten in großem Maße zu einer sozialen und räumlichen Mobilität verhelfen. Diese aus holländischen Diensten nach Hamburg übergewechselten nordfriesischen Seeleute schufen die entscheidende Voraussetzung dafür, daß nun auch der direkte Weg nach dort eingeschlagen werden konnte. Die zentrale Rolle hierbei übernahmen die Kommandeure, da es üblich war, daß sie den qualifizierten Teil der Mannschaft selbst anheuerten. So werden sie in der Folgezeit die eigentliche Kernmannschaft – die für den Fang und die Seetüchtigkeit des Schiffes notwendigen Seeleute – aus ihrem Herkunftsbereich rekrutiert haben, wie es sich als durchgängiges Prinzip – normale Zeiten vorausgesetzt – in den späteren Quellen erkennen läßt. Da ein Großteil der Kommandeure in der Hamburger Grönlandfahrt von den Inseln Röm, Sylt, Föhr und Amrum stammte, können wir mit Sicherheit annehmen, daß auch von hier ihre Steuerleute, Speckschneider, Harpuniere, Bootsleute, Köche, Schiffszimmerleute, Schiemänner und ein Teil der seeerfahrenen Matrosen kamen. Ebenso bleiben die Positionen, die dem seemännischen Nachwuchs zur Ausbildung dienten, die Kochsmaate und Schiffsjungen, der Verwandtschaft und den insularen Landsleuten vorbehalten. Ob auch Seeleute vom angrenzenden Festland und von den Halligen angeheuert wurden, ist wahrscheinlich, aber quellenmäßig nicht belegt, wie überhaupt konkrete Zahlen für diesen Zeitraum fehlen. So ist es durchaus möglich, daß auch auf den von Nichtfriesen kommandierten Walfängern Seeleute aus dem Untersuchungsgebiet angemustert haben, spätere Unterlagen sprechen dafür.

Abgesehen davon, daß sich nun die Nordfriesen einen weiteren Wirkungsbereich in der arktischen Seefahrt gesichert hatten, der einem noch größeren Teil der Bevölkerung den Lebensunterhalt sicherte und die Chancen für eine soziale Mobilität erheblich vermehrte, bestand ein weiterer Vorteil darin, daß diese Seeleute jetzt nicht mehr allein auf Holland angewiesen waren. Das war inso-

---

51 s. hierzu Pieter Dekker, Föhrer Seeleute bei der niederländischen Walfangfahrt besonders im 18. Jahrhundert, a. a. O., S. 123 f.

fern von großer Bedeutung, weil wegen der häufigen Konflikte – vor allem mit England und Frankreich – zeitweise keine Ausfahrten nach Grönland möglich waren oder stark behindert wurden[52]. Während vorher die nordfriesischen Seeleute voll von diesen Krisen betroffen wurden, sei es, daß sie überhaupt nicht von Holland ausfahren konnten, sei es, daß sie wegen politischer oder wirtschaftlicher Umstände nur in geringer Zahl benötigt wurden[53], so konnten sie jetzt nach Hamburg ausweichen, wenn auch wohl meistens als untere Dienstgrade, vor allem als Matrosen, da die Funktionsstellen bereits durch Vorabsprache in den meisten Fällen besetzt waren. Das gilt natürlich auch für den umgekehrten Fall, wenn die Hamburger Seefahrt durch politische Verwicklungen behindert wurde oder aufgrund wirtschaftlicher Umstände rückläufig verlief. Diese wechselseitigen Beziehungen zwischen der Hamburger und der holländischen Grönlandfahrt und die davon abhängige Fluktuation nordfriesischer Seefahrer kann hier jedoch nur grob skizziert werden, da – abgesehen von Föhr – eine entsprechende demographische Arbeit über den holländischen Walfang bisher fehlt[54].

Neben diesen allgemeinen Erkenntnissen erlaubt das vorhandene Material, auch einige spezielle Aussagen zu den einzelnen Inseln zu machen.

52 So schreibt C. P. Hansen, Chronik der Friesischen Uthlande, S. 138 f. (1654): „Im Jahre 1654 wurde ein zwischen Holland und England während 2 Jahren geführter Krieg, welcher der niederländischen Fischerei, und mithin den Nordfriesen als Walfischfängern auf holländischen Schiffen ebenfalls, sehr nachtheilig gewesen war, beendigt." In ähnlicher Weise äußert er sich zum Jahre 1671, allerdings wird seine Interpretation der Sachlage nicht gerecht, wenn er meint, daß die Kriegsunruhen dieser Zeit die Hauptursache dafür gewesen seien, daß die Nordfriesen sich nach Hamburg wandten (ebd., S. 143).

53 Hierzu einige Zahlen, die die starken Schwankungen in der holländischen Grönlandfahrt verdeutlichen: 1672–1674: keine Ausfahrten; 1675: 148; 1678: 110; 1683: 240; 1691: keine Ausfahrten; 1692: 32; 1695: 96; 1710: 137; 1713: 94; 1719: 182; alle Angaben nach C. G. Zorgdrager, a. a. O., S. 368 f.

54 Über den Anteil der Föhrer an der holländischen Handels- und Grönlandfahrt liegt eine Untersuchung vor: Pieter Dekker, Föhrer Seeleute bei der niederländischen Walfangfahrt besonders im 18. Jahrhundert, a. a. O., S. 113 ff. Entsprechende Untersuchungen über Amrum, Sylt und Röm fehlen. – Es kam verschiedentlich vor, daß holländische Walfänger von Hamburg aus die Reise angetreten haben, um den Vorteil der neutralen Flagge zu nutzen; s. hierzu P. Dekker, a. a. O., S. 126 f. Verschiedene Kommandeure erwarben in solchen Krisenzeiten das Hamburger Bürgerrecht, s. hierzu H. Hitzigrath, Die politischen Beziehungen zwischen Hamburg und England zur Zeit Jacobs I., Karls I. und der Republik von 1611–1660, Berlin 1907, S. 30 ff. – Zu den holländischen Kommandeuren, die von Hamburg ausfuhren, gehörte auch C. G. Zorgdrager, der Verfasser des bekannten Werks über den Walfang. Er fuhr 1694 mit dem Schiff „t'Zeepaert" von Hamburg nach Grönland; Hdschr. 263, S. 34. – Auch aus der Biographie des Johann Dietz, Chirurgus unter Walfängern, Lübeck 1979 (Gekürzter Nachdruck), S. 85 f., geht hervor, daß er auf einem holländischen Schiff von Hamburg aus auf Walfang segelte. In Krisenzeiten wurde aus der Konfrontation wieder eine Kooperation.

So kann mit einiger Sicherheit behauptet werden, daß Föhr in der Zeit nach 1669 ein starkes Kontingent in der Hamburger Grönlandfahrt gestellt hat, auch wenn die Beweismittel nicht allzu zahlreich sind und vom Zufall der Überlieferung abhängen. Speziell auf die Kommandeursposten bezogen, dürfte ihr Anteil höher anzusetzen sein als im holländischen Walfang; denn wir wissen aufgrund der Untersuchungen von Pieter Dekker, daß bis etwa 1725 „die Zahl der Föhrer Commandeure auf den niederländischen Walfangschiffen noch klein" war[55]. Ebenso wie die Hamburger Quellen läßt auch das Material der holländischen Archive nur relative Größenangaben zu. Außerdem muß auch die Beteiligung natürlich – und das gilt für das gesamte Untersuchungsgebiet – auf dem Hintergrund der allgemeinen Entwicklung dieses Seefahrtszweiges gesehen werden.

Überblickt man das vorhandene Quellenmaterial, so kann man feststellen, daß sich die Föhrer Kommandeure – ebenso wie in Holland – vor allem im konventionellen Walfang östlich von Grönland betätigt haben. Selten sind sie in den Fahrten zur Davis-Straße westlich von Grönland anzutreffen, und auch ihr Anteil am Robbenschlag dürfte sehr gering gewesen sein. Diese Tendenzen werden durch das lückenlose Quellenmaterial im 2. Abschnitt dieser Untersuchung bestätigt.

In diesen hier behandelten Zeitraum fällt auch das Wirken des Föhrer Kommandeurs Matthias Peters (1632-1706), der von 1669 bis 1697 auf Hamburger Schiffen 20 Reisen ins arktische Meer unternahm und unter dem Namen der „Glückliche Matthias" als Symbolfigur in die Geschichte des Walfangs eingegangen ist. Bei seinen Grönlandfahrten auf hamburgischen und holländischen Schiffen haben er und seine Besatzungen 373 Wale erlegt. Ohne die Tüchtigkeit dieses Mannes und seiner Besatzungen in irgendeiner Weise schmälern zu wollen, muß dabei berücksichtigt werden, daß zu seiner Fahrenszeit allgemein hohe Erträge erzielt wurden. Auch wenn die späteren Kommandeure und ihre Mannschaften im Schatten seines legendären Erfolges stehen, so waren sie nicht weniger tüchtig, nur die „Glücklichen" hatten vor ihnen die Bestände dezimiert.

Interessant für das Persönlichkeitsbild dieses Mannes und zugleich ein frühes Beispiel für die familiäre Protektion in diesem Seefahrtszweig ist die Tatsache, daß Matthias Peters offensichtlich das Rezept seines Erfolges in seiner Familie tradieren wollte. Auf zwei Grönlandreisen in den Jahren 1691 und 1692 machte er nämlich „Mackerschaft" mit Matthias Matthiessen, der gerade einen Kommandeursposten auf einem Hamburger Schiff bekommen hatte. Wenn auch die gemeinsame Jagd mit der anschließend geteilten Ausbeute weit unter den sonst von Matthias Peters üblichen Erfolgen endete, so werden die Erfahrungen auf dieser schwierigen Reise für Matthias Matthiessen mehr Wert gewesen sein. Seine von Hamburg aus unternommenen 7 Fahrten brachten immerhin 44 1/2 Wale ein. Im wesentlichen lassen sich die allgemeinen Aussagen für Föhr auch auf Amrum übertragen. Die Kommandeure dieser Insel sind ebenfalls dem konventionellen Walfang im Seegebiet westlich von Grönland nachgegangen.

---

55 Pieter Dekker, Föhrer Seeleute . . ., S. 150.

Von den lokalisierten Kommandeuren ist keiner auf einem Hamburger Schiff zur Straße Davis gefahren. Auch ist bei den Amrumern aus den Unterlagen keine Beteiligung am Robbenschlag nachzuweisen.

Bei der geringen Zahl der lokalisierten Kommandeure muß berücksichtigt werden, daß Amrum bei weitem nicht die Bevölkerungszahl wie Föhr aufweisen konnte. Der tatsächliche Anteil der Amrumer am Hamburger Walfang ist aber größer, als es aufgrund der geringen Quellen den Anschein haben könnte.

Für Sylt sind wir in der Lage, für einen Zeitabschnitt ein etwas konkreteres Bild zeichnen zu können. Der Grund hierfür liegt in der besseren Quellenlage, die teilweise aus der familiengeschichtlichen Forschung resultiert. Es ist vor allem die Familie de Hahn, deren Mitglieder mehrere Kommandeursposten in Hamburg einnahmen, und die wegen ihres Beinamens ohne große Schwierigkeiten als Sylter lokalisiert werden konnten.

Schon 1693 läßt sich Lorens Petersen de Hahn als Kommandeur eines Hamburger Grönlandfahrers nachweisen und macht bis 1735 von dort aus 40 Reisen in die arktischen Gewässer. Obwohl er nicht so erfolgreich war – 169 Wale sind ihm nachzuweisen –, genießt er einen ähnlichen Bekanntheitsgrad in der Sylter Geschichte wie der „Glückliche Matthias" von Föhr. Sein Stellenwert wird sowohl durch seine Kommandeurslaufbahn als auch durch seine Tätigkeit als Sylter Strandvogt und Dünenaufseher begründet, deren Einzelheiten von den Chronisten überliefert und von den Poeten verklärt worden sind. Als gesichert darf angenommen werden, daß sein Name einen guten Klang bei den Hamburger Reedern hatte, denn zweifellos ist es seiner Protektion zuzuschreiben, daß alle vier Brüder – er selbst hatte keine Söhne – Kommandeursposten in der Hansestadt erreichen konnten. Von ihnen fuhr Jan 29mal, Andreas 16mal, Meinert 7mal und Cornelius 1mal als Befehlshaber eines Walfängers aus. Auch seine Neffen Andreas und Peter Jansen de Hahn können die Tradition fortsetzen und 5 bzw. 3 Reisen als Kommandeure auf Hamburger Schiffen unternehmen.

Insgesamt haben die Mitglieder dieser Familie auf 101 Fahrten Hamburger Schiffe nach Grönland befehligt. Ihre Daten – ergänzt durch die Angaben weiterer Sylter Kommandeure – vermitteln für die Insel einen Informationsstand, der sowohl detaillierte als auch allgemeine Aussagen ermöglicht.

So bietet auch diese Familie ein Beispiel dafür, daß Erfahrungen in der grönländischen Fischerei durch praktische Unterweisung tradiert werden. Als 1722 Andreas Jansen de Hahn seine erste Grönlandreise machte, verband er sich mit seinem Vater als „Macker", der eine langjährige Praxis im Walfang aufweisen konnte. Doch nicht nur die Praxis wurde innerhalb der Familie weitergegeben, sondern auch das Schiff. Nachdem der Vater sich 1729 vom Walfang zurückgezogen hatte, gab der Sohn sein bis dahin von ihm geführtes Schiff ab und übernahm den Walfänger seines Vaters. Ein negatives Gemeinschaftserlebnis muß es für die Familie de Hahn gewesen sein, als im Jahre 1723 alle ihre fünf Kommandeure ohne Ertrag von Grönland heimkehrten. Wenn auch dieses Beispiel wegen der Konzentration auf eine Familie eine Ausnahme widerspiegelt, so kam es in dieser Zeit häufiger vor, daß die Schiffe ohne Fangergebnis nach Hamburg zurückkehrten. Daß dieses keine Erscheinung ist, von der nur die Sylter betroffen wurden, läßt sich durch mehrere Quellen belegen. So war es üblich, daß die Pastoren der Insel für ihre sonntäglichen Fürbitten um Gottes Schutz und Segen für die Seefahrer von den Kommandeuren und Kapitänen 3 Mk., von den Matrosen 1 Mk. bekamen. Da dieser Betrag aber erst nach der Rückkehr bezahlt wurde, kam es vor, daß bei einem schlechten Ergebnis der Pastor leer ausging[56]. In diesem Sinne muß die Klage des Amrumer Predigers Friedrich Marstrand Mechlenburg vom Jahre 1734 gesehen werden: „Das Fürbittengeld ist zur Zeit wenig, da bei der Seefahrt und beim Fischfang auf Grönland wenig oder nichts verdient wird[57]." Auch der Sylter Chronist C. P. Hansen zeichnet sein Bild von der wirtschaftlichen Situation der Insel in düsteren Farben[58]. Ebenso dürfen wir von Föhr annehmen, daß auch diese Insel nicht von einer wirtschaftlichen Krise verschont geblieben ist. Es ist schwierig, ein eindeutiges Bild zu vermitteln, da nach den Gesetzen des Marktes geringe Erträge durch einen höheren Preis ausgeglichen werden können.

Auf diesem wirtschaftlichen Hintergrund muß die weitere Entwicklung Sylts im Hamburger Walfang gesehen werden. Auch hierzu liefert uns die Familie de Hahn die nötigen Beweise. So läßt sich feststellen, daß die jüngeren Mitglieder nur noch wenige Ausreisen machen und sich allmählich in den ersten Jahrzehnten des 18. Jahrhunderts aus dem Hamburger Walfang zurückziehen. Als letzter verläßt Andreas Jansen de Hahn 1730 diesen Zweig der Seefahrt, in dem er 6 Reisen gemacht hatte, von denen 3 ohne jegliche Ausbeute geblieben waren. Sicher waren es diese wirtschaftlichen Gründe, die ihn veranlaßt haben, die seit Lorens Petersen de Hahn in der Familie tradierte Kommandeursposition aufzugeben.

Zwar sind auch weiterhin einige Sylter Kommandeure in Hamburg tätig, aber allgemein zeigt die Beteiligung dieser Insel eine fallende Tendenz. Denn hinter dieser relativ kleinen Gruppe von abgehenden Kommandeuren steht eine größere Zahl von Besatzungsmitgliedern, die je nach Alter und Mobilitätsgrad sich entweder auf die Schiffe der noch ausfahrenden Sylter Kommandeure – möglicherweise in einem niederen Rang – werden verheuert haben, oder sich in kleinen Gruppen auf die übrigen Grönlandfahrern haben anmustern lassen. Die jüngeren Leute werden es wohl vorgezogen haben, sich der Handelsfahrt zuzuwenden. Angesichts der geringen Ertragslage im Walfang werden es nur wenige gewesen sein, die es sich haben leisten können, in den Ruhestand zu gehen. Wir können hier nur allgemeine Möglichkeiten andeuten, da die entsprechenden Zahlen und Unterlagen nicht vorhanden sind, ein modifiziertes Bild dieser Sylter Krisensituation zu entwerfen[59]. Auf jeden Fall setzt die Abwande-

56 Peter Schmidt-Eppendorf, Sylt, Memoiren einer Insel, Husum 1977, S. 198.
57 Zitiert nach Erich Pörksen, Chronik der Familie Quedens, Nebel/Amrum 1953, S. 11.
58 C. P. Hansen, Chronik der Friesischen Uthlande, a. a. O., S. 167.
59 Ein Beleg hierzu stammt aus dem Jahre 1709. Anläßlich einer Einschätzung des Besitzes von Jan Petersen de Hahn von Sylt wird u. a. vermerkt: „Sein Nahrung ist gleich andern auf Grünland, und wenig Verdienst in einigen Jahren daher gebracht."

rung der Sylter Kommandeure in den ersten Jahrzehnten des 18. Jahrhunderts die entscheidenden Akzente für die weitere soziale und wirtschaftliche Entwicklung der Insel.

In diesem Zusammenhang ist natürlich die Frage zu stellen, worin die Sonderentwicklung Sylts letzten Endes begründet liegt. Es bietet sich Föhr als vergleichbare Größe an, da bei Amrum wegen der geringen Quellendichte noch keine eindeutigen Tendenzen erkennbar sind und Röm für einen direkten Vergleich nicht in Betracht kommt, da die Insel – wie wir noch sehen werden – eine Sonderstellung in der Hamburger Grönlandfahrt einnimmt.

Nach Aussage der vorhandenen Quellen verläuft die Entwicklung von Föhr und Sylt fast parallel. Sowohl die Sylter als auch die Föhrer Kommandeure betrieben die konventionelle Waljagd im Seegebiet westlich von Grönland. Weder die Fahrten zur Davis-Straße noch der Robbenschlag, die als Ausweichmöglichkeiten zur Verfügung standen, haben für beide Inseln eine wesentliche Rolle gespielt. Wenn trotz dieser Gemeinsamkeiten die Insel Föhr bis in die ersten Jahrzehnte des 19. Jahrhunderts in der Hamburger Grönlandfahrt eine relativ dominierende Stellung einnimmt, die Sylter Seefahrer aber sich fast gänzlich ab 1758 von diesem Hamburger Seefahrtszweig zurückziehen, müssen die Gründe hierfür auf einer anderen Ebene zu suchen sein. Analysieren wir die Übersichten der Föhrer und Sylter Kommandeure, die die Daten ihrer grönländischen Reisen enthalten, und vergleichen sie, so fällt auf, daß im Rahmen allgemein schlechter Erträge die Sylter häufig – teilweise auch mehrere Jahre hintereinander – von ausgesprochenen Mißerfolgen heimgesucht wurden. Der schon erwähnte Andreas Jansen de Hahn kann in diesem Zusammenhang als das klassische Beispiel dienen.

Bei diesem Abwanderungsprozeß muß auch die Rolle der Reeder und der beteiligten Kapitalgeber berücksichtigt werden, die zweifellos diesen Vorgang mit beeinflußt haben. Nicht nur die Kommandeure und die auf Beteiligung fahrenden Seeleute waren auf den Erfolg angewiesen, auch die im Hintergrund stehenden Anteilseigner wollten zumindest auf Dauer eine Rentabilität ihres Einsatzes sehen[60]. Es wird also nicht immer in der freien Entscheidung des Kommandeurs gelegen haben, sich aus dem Walfang zurückzuziehen, sondern wir müssen auch davon ausgehen, daß ein Kommandeur, der häufig Mißerfolge hatte, „zurückgezogen wurde", indem das Schiff verkauft oder anderweitig eingesetzt wurde. Diese Fälle dürften in der Regel dann vorgelegen haben, wenn die Schiffe aus dem Register der Grönlandfahrer verschwinden. Für Sylt lassen sich hierfür zwei Beispiele anführen. Es sind die Schiffe „De Boom" und „De

Zitiert nach Karl Schmidt-Rodenäs, Sylter Geschlechter um und nach Lorenz Petersen de haan, Bredstedt 1981, S. 390.

60 Diesen Gesichtspunkt vertritt auch der Föhrer Chronist C. F. Posselt (1796), Über den grönländischen Wallfischfang, a. a. O., S. 4: „. . . von den nachbleibenden Seefahrern zieht die Kauffahrteifahrt in dem Maasse immer mehrere an sich, als das schlechte Glück der leztern Fahrten der Kaufmanschaft Abneigung für Grönland beigebracht hat."

Prophet Elias", die unter den Kommandeuren Hans Carstens und Boy Taaken ausfuhren und seit 1710 bzw. 1714 nicht mehr als Grönlandfahrer erscheinen. Auch in anderer Hinsicht spiegelt sich in dem Verbleib der Schiffe die veränderte Einstellung der meisten Sylter Kommandeure zum Walfang wider. Während es in den guten Zeiten üblich war, die Führung des Schiffes in der engeren oder weiteren Verwandtschaft oder zumindest innerhalb der Insel zu tradieren, so zählt dieses Verhalten jetzt zur Ausnahme, wie es folgende Beispiele sichtbar machen: Cornelius Petersen de Hahn übergibt sein Schiff dem Peter Bruyn (1721), Dirck Taakens „De Nachtigall" übernimmt Jakob Douwe (1720), Peter Jensen Poen überläßt einem Rolof Boysen das Kommando (1720), der Grönlandfahrer des Peter Dirck Claasen wird von dem Föhrer Kommandeur Steffen Broersen weitergeführt (1749), und Andreas Jansen de Hahn hat den Amrumer Jacob Floor als Nachfolger (1731). Nur die Sylter Kommandeure Jürgen Schwennen und Meinert Petersen de Hahn übergeben die Schiffe ihren Landsleuten Lorenz Peters (1725) und Jan Dirck Claasen (1741).

Damit haben wir für die drei Inseln Föhr, Amrum und Sylt die unterschiedlich regionale Beteiligung an der Hamburger Grönlandfahrt aufgezeigt und nach Maßgabe der Quellen zu begründen versucht. Da diese gewonnenen Erkenntnisse teilweise von denen der Chronisten abweichen, ist eine kritische Interpretation ihrer Aussagen erforderlich.

So sieht der Sylter Chronist C. P. Hansen das Jahr 1713, den Friedensschluß von Utrecht, der den Spanischen Erbfolgekrieg beendete und eine Reihe seerechtlicher Fragen regelte, als einen „Wendepunkt in der Geschichte unseres Landes" an. „Die Inselfriesen begannen . . . mehr als früher sich an der von vielen Fesseln frei gewordenen Handelsschiffahrt, freilich auf holländischen, hamburgischen[61] u. a. Schiffen zu betheiligen, begannen eifriger als früher auf ihren Eilanden Schulen und namentlich Navigationsschulen einzurichten und selbige zu benutzen, um sich für höhere Posten auf Kauffahrteischiffen auszubilden . . . Kurz, es entwickelte sich ein totaler Umschwung in dem Leben der Inselfriesen, sowohl in politischer wie in sittlicher, in intellectueller wie in materieller und namentlich auch in pecuniairer Hinsicht. Aus den rohen und armseligen Fischern, Matrosen und Speckschneidern des 17. Jahrhunderts wurden im 18. Jahrhundert mehrentheils tüchtige Navigateure und Steuerleute und zum Theil wohlhabende und gebildete Schiffscapitaine. Aus den habsüchtigen und räuberischen Wattenschiffern und Strandläufern wurden mehrentheils ordentliche und gesittete Leute[62]."

---

61 Hierzu einige konkrete Zahlen über die Beteiligung der Inselfriesen an der Hamburger Handelsfahrt: In dem Zeitraum von 1761 bis 1765 – vorher liegen keine Quellen vor – heuerten 35 Föhrer, 142 Sylter und 11 Amrumer dort an.

62 C. P. Hansen, Chronik der Friesischen Uthlande, a. a. O., S. 171. Diese Aussage von Hansen ist jedoch nicht einheitlich. So modifiziert er sie, als er in seinem Werk Der Sylter-Friese, a. a. O., S. 170 f, die Ereignisse von 1713 wie folgt kommentiert: „Die meisten derselben (Sylter u. andere inselfriesische Seefahrer, Zusatz d. Verf.) bleiben jedoch noch lange bei ihren alten Gewohnheiten, schifften miteinander . . . nach Holland oder Hamburg, nahmen hier angekommen, . . . ‚Heuer' auf größeren Grönlandfahrern oder Handelsschiffen an . . ."

Diese Ansicht, daß das Jahr 1713 im gesamten Inselbereich Nordfrieslands schlagartig eine wirtschaftliche und eine damit verbundene gesellschaftliche Veränderung bewirkt hat, ist sachlich nicht zu vertreten. Zwar leiteten die Friedensschlüsse von Utrecht (1713) und Rastatt/Baden (1714) sowie die von Stockholm und Nystad (1720/21) eine Phase friedlicher Wirtschafts- und Handelspolitik ein und schufen damit günstige Voraussetzungen für die Handelsfahrt, aber nach Aussage der vorliegenden Untersuchungsergebnisse vollzog sich dieser Prozeß der Abwanderung aus dem Hamburger Walfang und der Hinwendung zur Handelsfahrt räumlich und zeitlich viel differenzierter. Die bereits aufgeführten Fakten und die im weiteren Verlauf dieser Untersuchung erzielten Ergebnisse widersprechen der zeitlich fixierten und lokalen pauschalierten Aussage C. P. Hansens. Zweifellos hat es eine Evolution gegeben, aber eine Wirtschafts- und Kulturrevolution fand auf den Nordfriesischen Inseln nicht statt. Im Vergleich mit C. P. Hansen wird die folgende Aussage des Föhrer Chronisten Peter Jung Peters, die sich allerdings nur auf die Entwicklung der Insel Föhr beschränkt, schon eher der Sachlage gerecht: „. . . bis zum amerikanischen Krieg (1775, Anm. d. Verf.) fuhren . . . beinahe sämmtliche Seefahrende dieser Insel nur auf den Wallfischfang[63]."

4.3 Die Insel Röm (Römö) und der Robbenfang

Eine weitere Variante zu den sehr unterschiedlichen Entwicklungen auf den Nordfriesischen Inseln liefert die Insel Röm. Wie bereits an anderer Stelle ausgeführt, wandten sich die Hamburger Reeder ab 1716 dem Robbenschlag zu, um die allgemein geringer werdenden Erträge im Walfang hierdurch zu kompensieren.

Es war der Kommandeur Hans Jürgen Duhn von Duhnby/Röm, der 1716 als erster seine erfolglose Waljagd durch das Schlagen von Robben auszugleichen versuchte und 33 Quardelen Robbenspeck und die entsprechende Anzahl von Fellen in Hamburg anlieferte. In den ab 1720 getrennt für den Robbenfang angelegten Listen der Handschrift 263 können wir erkennen, daß die Kommandeure von Röm in starkem Maße sich diesem neuen Zweig der Hamburger Grönlandfahrt zuwandten. So ist in diesem Jahre (1720) nachzuweisen, daß die Hälfte aller ausgeschickten Robbenfänger durch Kommandeure dieser Insel befehligt wurde. Den höchsten Anteil mit 83 % erreichte diese Gruppe im Jahre 1745, und 1756 – am Ende des hier untersuchten Zeitabschnitts – wurden von den 16 auslaufenden Robbenfängern 10 von Kommandeuren von Röm geführt

---

63 Peter Jung Peters, Beschreibung der Insel Föhr, a. a. O., S. 41. Diese Ansicht des Föhrer Chronisten wird auch weitgehend durch die Untersuchungen von Pieter Dekker über die Beteiligung der Föhrer am holländischen Walfang bestätigt: „Während der höchsten Blüte der Föhrer Walfangfahrt von den Niederlanden aus, dem Zeitraum 1758–1762, nahm Föhr hinsichtlich der Anzahl der Commandeure den zweiten Platz ein . . ."; Föhrer Seeleute bei der niederländischen Walfangfahrt besonders im 18. Jahrhundert, a. a. O., S. 150.

(62 %)[64]. Bei diesen Angaben muß noch berücksichtigt werden, daß hierin nur die Kommandeure enthalten sind, deren Herkunft sich einwandfrei nachweisen läßt. Vieles spricht dafür, daß – besonders in der Anfangszeit – die Werte höher anzusetzen sind, wenn sie die Wirklichkeit widerspiegeln sollen.

Die Anzahl der von Hamburg ausfahrenden Robbenfänger, der nachweisbare Anteil von Röm stammender Kommandeure und ein Vergleich der Durchschnittserträge im Robbenschlag und Walfang für den Zeitraum von 1720 bis 1756

Jahr	Zahl der Ausfahrten	Komman- deure von Röm	Anteil in %	Durchschnittlicher Tranertrag i. Quard.	
				Robbenfang	Walfang
1720	4	2	50	42	53
1721	6	2	33	50	106
1722	8	2	25	49	113
1723	10	4	40	34	18
1724	7	3	43	68	29
1725	12	4	33	43	64
1726	13	3	43	74	25
1727	16	3	19	87	52
1728	21	3	14	61	60
1729	22	4	18	94	58
1730	28	6	21	47	55
1731	27	6	22	46	24
1732	25	7	28	55	53
1733	14	5	36	82	38
1734	17	7	41	40	35
1735	12	4	33	59	75
1736	12	4	33	84	136
1737	9	2	22	50	88
1738	8	3	37	105	71
1739	9	3	33	111	137
1740	9	4	44	44	101
1741	5	3	60	76	31
1742	6	4	67	106	106
1743	8	5	62	80	121
1744	7	4	57	51	209
1745	6	5	83	69	97
1746	7	5	71	110	170
1747	7	4	57	116	185
1748	8	5	63	63	40
1749	10	5	50	136	125
1750	13	5	38	124	65
1751	12	7	58	136	81
1752	14	8	57	85	125
1753	18	11	61	64	114
1754	18	10	55	87	114
1755	16	11	69	117	108
1756	16	10	62	143	75

Die Tabelle auf der gegenüberliegenden Seite soll die Einzelheiten dieses Vorgangs verdeutlichen.

Zwar sind auch einige Kommandeure von den Nordfriesischen Inseln auf den Robbenfang gefahren, aber für Sylt, Föhr und Amrum hat dieser Zweig der Grönlandfahrt keine wesentliche Rolle gespielt. Sie blieben entweder bei dem Walfang, das gilt besonders für Föhr, oder sie wanderten in späteren Jahren in die Handelsfahrt ab. Für diesen ersten Zeitabschnitt der Untersuchung kann dieser Vorgang nur grob skizziert werden, erst in den Jahren nach 1756 erlauben die erarbeiteten Zahlen die Fluktuation für Hamburg zu präzisieren.

Für die starke Stellung der Seeleute von Röm im Hamburger Robbenfang müssen verschiedene Gründe genannt werden. So mag es angesichts allgemein fallender Erträge im Walfang sie motiviert haben, sich auf diesem neuen Gebiet zu betätigen und die entsprechenden Erfahrungen zu sammeln, um als Spezialisten noch viele Jahre lang einen ausreichenden Lebensunterhalt zu finden. Aufgrund ihrer in dem Hamburger Robbenfang erworbenen Spezialkenntnisse war ihnen außerdem die Möglichkeit gegeben, sich räumlich zu verändern. So ist es nachzuweisen, das 1761 die beiden von Holland ausfahrenden Robbenfänger mit Kommandeuren von Röm besetzt waren, die auch zweifellos einen Teil ihrer Mannschaft von der Insel rekrutiert haben werden[65]. Wie die obige Übersicht, bei der noch die Robbenfelle hinzugerechnet werden müssen, es deutlich zeigt, waren auch auf diesem Gebiet keine Traumergebnisse zu erzielen. Aber die Fangreisen werden sich doch gelohnt haben, zumal es auch sehr selten vorkam, daß sie mehrere Jahre hintereinander – wie bei einigen Walfängern – ohne Ertrag zurückkehrten. So war es auch für die Robbenfänger von Röm kein nachahmenswertes Beispiel, als der sonst auf den Robbenschlag ausfahrende Kommandeur Hans Jaspers von Röm 1726 nach der Straße Davis segelte, denn er kehrte mit einem leeren Schiff nach Hamburg zurück. Er blieb der einzige Kommandeur von Röm, der nach Aussage der vorhandenen Quellen von Hamburg aus ein solches Experiment unternahm.

Neben einer ausreichenden Existenzgrundlage wird auch der im Robbenfang geringere Zeitaufwand diesen Prozeß begünstigt haben. Diese Schiffe mußten so frühzeitig ausfahren – je nach Wetterlage, Ende Februar, Anfang März –, daß sie die jungen Robben im März und April erlegen konnten, deren Felle besonders wertvoll waren. Die verhältnismäßig früh beendete Fangsaison und das auf niedrigeren Breiten als das der Walfänger liegende Seegebiet ermöglichten es, in der Regel Ende Juni, Anfang Juli nach Hamburg zurückzukehren. Damit hatten diese Seeleute die Gelegenheit, entweder noch eine kleinere Reise in der Han-

---

64 Zu den Einzelheiten des Zeitabschnitts von 1750–1756 s. die entspr. Ausführungen in Absch. 4. 3.

65 So schreibt Pieter Dekker in seinem Werk „De laatste bloeiperiode van de Nederlandse arctische walvis-en robbevangst 1761–1775", Zaltbommel 1971, S. 51 (1761): „Onder deze Groenlandvaarders bevonden zich twee robbejagers. Deze . . . schepen werden bemand door van het Deense eiland Römö afkomstige commandeurs . . . Römö leverde, evenals voor de robbejagers van Hamburg, ook voor de weinige schepen uit onze streken verreweg de meeste bevelhebbers."

delsfahrt zu machen[66], oder sich noch etwas in der heimischen Landwirtschaft zu betätigen. Somit konnten unter Umständen schlechte Erträge im Robbenfang kompensiert werden. Neben diesen realistischen Motiven hat auch nach Aussage der Quellen sowohl eine Familien- als auch Inseltradition eine Rolle bei diesem Vorgang gespielt. Hierbei nimmt die Familie Jaspers (Jespersen) eine dominierende Stellung ein. Hans, Michel, Greyers, Teunis, Jan, Zwen und Jasper Jaspers sowie Jasper Hansen fuhren in dem Zeitraum von 1717 bis 1756 als Kommandeure 91mal auf Robbenfang. Auffällig ist das Bemühen, Schiff und Kommandeursposten innerhalb der Familie zu behalten, und erst wenn das nicht möglich war, wechselten Stellung, Schiff und Gewerbe zu anderen Seeleuten dieser Insel über. Es ist die Ausnahme, wenn ein nicht von Röm stammender Kommandeur die Nachfolge antrat. So hat dieses starke Zusammengehörigkeitsgefühl die führende Stellung Röms bei dem von Hamburg aus betriebenen Robbenfang mitbestimmt. Entscheidend jedoch war das gesicherte Einkommen in diesem Seefahrtszweig, denn von Gefühl und Tradition allein konnten die Bewohner dieser Insel nicht leben.

Da auch für den Robbenfang nur die Namen der Kommandeure quellenmäßig überliefert sind, wissen wir nicht, wie hoch der Anteil der übrigen Besatzungsmitglieder von Röm gewesen ist. Man darf aber ebenso wie im Walfang davon ausgehen, daß die Kommandeure die qualifizierteren Seeleute von Röm rekrutiert haben, d. h., die Steuerleute, Bootsleute, Zimmerleute, Köche und Matrosen sowie Schiffsjungen und Kochsmaate werden von dieser Insel gekommen sein. Aus der Tätigkeit im Robbenfang ergibt sich aber auch, daß hierfür – im Gegensatz zum Walfang – keine Harpuniere und Speckschneider benötigt werden, eine Tatsache, die noch im weiteren Verlauf dieser Untersuchung eine Rolle spielen wird.

4.4 Der Anteil nordfriesischer Kommandeure 1750—1756

Während in den Zeiten vor 1750 fast nur allgemeine Aussagen über den Anteil nordfriesischer Kommandeure auf Hamburger Wal- und Robbenfängern gemacht werden konnten, ist es für die Epoche von 1750 bis 1756 möglich, die Angaben zu präzisieren. Sie sind quellenmäßig dadurch abgesichert, weil zum einen das ab 1757 vorliegende Material zeitlich rückwärts verwendet wurde, zum anderen halfen die bereits gewonnenen sporadischen Ergebnisse, die restlichen Lücken teilweise zu schließen. Zwar sind in den ersten Jahren dieses Zeitabschnitts noch kleinere unbekannte Größen enthalten, sie nehmen aber in dem Grade ab, in dem sich die Untersuchung dem Endpunkt dieses ersten Abschnitts, dem Jahre 1756, nähert.

Die folgende Statistik soll zunächst einen Überblick über die erfaßbaren Daten geben, um so eine Basis für die anschließende Interpretation zu haben.

---

66 Hierfür gibt es in den späteren Quellen zahlreiche Belege.

1750
Walfang
Ausfahrten: 18[67]   Kommandeure von Föhr: 6 (33 %), Sylt: 1 (5 %)
Robbenfang
Ausfahrten: 13   Kommandeure von Röm: 5 (38 %)
Gesamtanteil in %: 39

1751
Walfang
Ausfahrten: 18[68]   Kommandeure von Föhr: 6 (33 %), Sylt: 1 (5 %)
Robbenfang
Ausfahrten: 12   Kommandeure von Röm: 7 (58 %)
Gesamtanteil in %: 47

1752
Walfang
Ausfahrten: 17[69]   Kommandeure von Föhr: 6 (35 %), Sylt: 2 (12 %),
Amrum: 1 (6 %)
Robbenfang
Ausfahrten: 14   Kommandeure von Röm: 8 (57 %)
Gesamtanteil in %: 55

1753
Walfang
Ausfahrten: 17[70]   Kommandeure von Föhr: 6 (35 %), Sylt: 2 (12 %),
Amrum: 1 (6 %)
Robbenfang
Ausfahrten: 18   Kommandeure von Röm: 11 (61 %)
Gesamtanteil in %: 57

1754
Walfang
Ausfahrten: 18[71]   Kommandeure von Föhr: 7 (39 %), Sylt: 2 (11 %),
Amrum: 1 (5 %)
Robbenfang
Ausfahrten: 18   Kommandeure von Röm: 10 (55 %)
Gesamtanteil in %: 55

---

67 In dieser Zahl sind 4 Fahrten zur Davis-Straße enthalten, 2 Föhrer Kd.
68 In dieser Zahl sind 5 Fahrten zur Davis-Straße enthalten, 2 Föhrer Kd.
69 wie Anm. 68
70 In dieser Zahl sind 3 Fahrten zur Davis-Straße enthalten, 1 Föhrer Kd.
71 In dieser Zahl ist eine Fahrt zur Davis-Straße enthalten.

1755
Walfang

Ausfahrten: 18   Kommandeure von Föhr: 7 (39 %), Sylt: 2 (11 %),
                 Amrum: 1 (5 %)
Robbenfang

Ausfahrten: 16   Kommandeure von Röm: 11 (69 %)
                 Gesamtanteil in %: 62

1756
Walfang

Ausfahrten: 18   Kommandeure von Föhr: 5 (28 %), Sylt: 1 (5 %),
                 Amrum: 1 (5 %)
Robbenfang

Ausfahrten: 16   Kommandeure von Röm: 10 (62 %)
                 Gesamtanteil in %: 50

Betrachten wir das hier zusammengetragene Zahlenmaterial, so können wir zunächst einmal feststellen, daß die Ausfahrten zum Walfang in diesem Zeitabschnitt fast konstant sind. Ihre Zahl schwankt nur zwischen 17 und 18. Die Reisen gehen meist in das konventionelle Fanggebiet, denn die Fahrten zur Davis-Straße bewegen sich in dem Zeitraum von 1750 bis 1754 nur zwischen 1 und 5 und werden danach wegen der schlechten Erträge zunächst ganz eingestellt.

Bemerkenswert ist der hohe Anteil der Föhrer Kommandeure. Die Insel stellt immerhin von 1750 bis 1755 zwischen 33 und 39 % aller von Hamburg auf den Walfang ausfahrenden Kommandeure und ist somit das dominierende Herkunftsgebiet dieses Personenkreises in der Hamburger Grönlandfahrt.

Die Sylter und Amrumer Kommandeure sind nur noch gering vertreten. Ihr Anteil liegt zwischen 5 und 12 %, sie haben sich somit weitgehend aus dem Hamburger Walfang zurückgezogen.

Die Ausfahrten zum Robbenfang – sie weisen mit 12 bis 18 Reisen pro Jahr eine größere Schwankungsbreite als der Walfang auf – haben allgemein eine steigende Tendenz und müssen demnach lohnend gewesen sein. Bemerkenswert ist, daß ab 1751 zwischen 50 und 69 % aller Kommandeure dieses Zweigs der Hamburger Grönlandfahrt von der Insel Röm kamen. Der Robbenfang hat sich fast zu einem Monopol dieser Insel entwickelt. Auffällig ist auch, daß weder Föhrer, Sylter, Amrumer noch andere Seeleute von den übrigen Distrikten des Untersuchungsgebietes in der Position eines auf den Robbenfang ausfahrenden Kommandeurs zu finden sind. Faßt man die bisherigen Ergebnisse auf den beiden Gebieten der Hamburger Grönlandfahrt – Wal- und Robbenfang – zusammen, so läßt sich feststellen, daß um die Mitte des 18. Jahrhunderts die Föhrer als Walfängerkommandeure und die Römer als Kommandeure auf den Robbenfängern den führenden Platz einnehmen. Die Sylter und Amrumer spielen im Walfang nur noch eine geringe Rolle. Eine weitere wichtige Erkenntnis besteht darin, daß kein Kommandeur – und das gilt für die gesamte bisherige

Epoche – aus dem übrigen Untersuchungsgebiet nachzuweisen ist. Weder von den Halligen und den übrigen Inseln des nordfriesischen Raumes – einschließlich Helgolands – noch aus dem Küstenbereich des Festlandes war ein Kommandeur nach Aussage der Quellen in der Hamburger Grönlandfahrt tätig. Das bedeutet nicht, daß Seeleute dieser Distrikte nicht in der hamburgischen Grönlandfahrt beschäftigt waren, aber entweder haben sie den Aufstieg in die Kommandeursposition nicht geschafft, oder – wie es von einem Teil der Halligen bekannt ist – lag ihr Tätigkeitsbereich nicht in Hamburg, sondern in Holland[72].

Daß diese Analyse über die Herkunft der Kommandeure auch die entsprechenden Folgerungen für die übrigen Mannschaftsmitglieder aus dem Untersuchungsgebiet gehabt hat, ist sicher: sie auf dieser Ebene zahlenmäßig zu belegen, kann erst im 2. Abschnitt der Untersuchung geleistet werden.

5 Die Beteiligung der Nordfriesen an der Hamburger Grönlandfahrt 1757–1781

Während es im ersten Teil der Untersuchung nur möglich war, aufgrund der lokalisierten Kommandeure allgemeine Rückschlüsse auf die Beteiligung der Nordfriesen an der Hamburger Grönlandfahrt zu ziehen, gestattet uns das ab 1757 bis 1759 zwar noch lückenhafte, aber das ab 1761 fast vollständig überlieferte Quellenmaterial eine detaillierte Untersuchung durchzuführen. Sie wird zunächst durch das Jahr 1781 begrenzt, weil aufgrund der damaligen politischen Situation die Unterlagen derart manipuliert wurden, daß sie zeitweilig keine gesicherten Aussagen garantieren.

Es liegt im Charakter einer demographischen Untersuchung, daß sie auf Quellen angewiesen ist, die die erforderlichen Daten der zu untersuchenden Personengruppen enthalten. Dabei können sie ihrer Entstehungsgeschichte nach aus sehr unterschiedlichen Gründen entstanden sein, wie es das folgende für diese Arbeit verwendete Material zeigen wird.

---

72 Lorenz Lorenzen, Genaue Beschreibung der wunderbaren Insel Nordmarsch, in: Vermischte historisch-politische Nachrichten von J. Friedrich Camerer, 2. Theil, Flensburg und Leipzig 1762, S. 104: „Aber wieder auf unsere Seefahrenden zu kommen, so lassen sie zwar hier zu Lande ihren Muth nicht merken, und sind nur gewohnt, die Schollen auf unsern Watten zu fischen: aber wenn sie außerhalb Landes kommen, so lassen sie in verschiedenen Gelegenheiten blicken, daß ihr tapferes Herz ihnen an der rechten Stelle liege, weil sie nicht allein in Sturm und Ungewitter . . ., sondern auch in Groenland und der Straße Davis den ungeheuren Leviathan oder Wallfisch beherzt an seinem Barte ergreifen dürfen. Um deswillen wird auch unsere Nation von den Hollaendern itzo sehr geliebt, und zu verschiedenen Officierbedienungen befördert. Vor einigen Jahren sind hier auf Nordmarsch 4 Commandeure zugleich gewesen, doch itzo haben wir keinen . . ."

5.1 Das Quellenmaterial

Das Kontrollregister des dänischen Gesandten in Hamburg: 1757–1759 und 1764–1798

Die zeitlich erste Quelle, die konkrete Aussagen über die aus dem nordfriesischen Raum stammenden und auf Hamburger Schiffen anheuernden Seeleute liefert, ist das im Landesarchiv Schleswig liegende „Verzeichniß, derer Königl. Dän. Unterthanen ... auf Hamburgischen und anderen Schiffen alß Matrosen oder sonstige Schiffs-Bediente von Hamburg ab außerhalb Landes gegangen, sambth den Nahmen der Schiffe, worauf sie sich vermiethet[73]". Den Anstoß zu diesem Kontrollregister gab eine Anordnung des dänischen Königs Friedrich V. um 1754, daß in der Hamburger Schiffahrt kein dänischer Untertan angenommen werden dürfte, wenn er nicht ein von dem dänischen Gesandten in Hamburg ausgestelltes „Attest" vorweisen könne[74]. Das Motiv für diese Maßnahme ist nicht eindeutig zu beantworten. So bestand einerseits aufgrund der politischen Lage ein Anlaß, sich die für die Ausrüstung der dänischen Flotte notwendigen Mannschaften durch derartige Kontrolle zu sichern. Doch wenn man andererseits bedenkt, daß in noch stärkerem Maße zu dieser Zeit Seeleute des dänischen Gesamtstaates auf holländischen Schiffen anheuerten, ohne daß sie entsprechend registriert wurden, so kann man sich des Verdachtes nicht erwehren, daß hier angesichts der gespannten Lage zwischen Dänemark und Hamburg ein Druckmittel gegen die Wirtschaft dieser Stadt angewandt werden sollte[75].

Die von der dänischen Gesandtschaft in Hamburg angefertigten Kontrollisten liegen zunächst für die Jahre von 1757 bis 1759 vor. Sie enthalten die Vor- und Nachnamen, den Herkunftsort und den Rang der aus dem dänischen Gesamtstaat stammenden Seeleute. Das Verzeichnis gibt ferner Auskunft über den Namen und die Nationalität des Schiffes sowie über den Zeitpunkt der Registrierung. Außerdem ist bei den von Hamburg auslaufenden Handelsschiffen der Hauptzielhafen der Reise angegeben, bei den Wal- und Robbenfängern hingegen heißt es nur allgemein „nach Groenland". In einem engen Zusammenhang mit der Kontrollfunktion dieser Quelle stehen die Angaben, für welchen

---

73 LAS, Abt. 65.2, Nr. 6800.

74 Ernst Baasch, Quellen zur Geschichte von Hamburgs Handel und Schiffahrt im 17., 18. und 19. Jahrhundert, Hamburg 1910, S. 5. – Da es zunächst organisatorische Schwierigkeiten gab, teilte der dänische Minister H. v. Johnn 1754 dem Rat der Stadt mit, daß sie „. . . die auf ihre Schiffe benöthigten Matrosen annoch ohne Atteste fernerhin annehmen mögte". Dieser Aufschub kann nicht von langer Dauer gewesen sein, oder nur einzelne Seeleute sind unter diese Ausnahmeregelung gefallen, denn ab März 1754 läßt sich bereits ein ausgestelltes Attest nachweisen; s. Abbildung 5.

75 Zur politischen Lage s. Olaf Klose, Die Jahrzehnte der Wiedervereinigung, in: Geschichte Schleswig-Holsteins, 6. Bd., Neumünster 1959, S. 71 ff.; zum Verhältnis Hamburg – Dänemark s. ebenda, S. 61 ff.

Daß Vorzeiger dieses , Tönnies Warner , — — ein Königl. Dänischer Unterthan , — von Itzehoë in Hollstein gebürthig, auf dem Hamburgl. Schiffe die Jfr. Magdalena, geführet von Commandeur Nickel Nummels , so zu einer Reise von hier nach Groenland auf der Elbe gegenwärtig Seegel-fertig lieget, sich als Matrose — zu engagiren Erlaubniß habe, solches wird hier-durch attestiret. Hamburg, den 1ten Martÿ, 1754.

Dienstgrad der Seemann bei einem eventuellen Einsatz auf der dänischen Kriegsflotte vorgesehen ist. Sie sind zwar nicht häufig, aber sie zeigen, daß die zivile und militärische Funktion nicht identisch sein müssen. So kann es nach Aussage dieser Quelle durchaus sein, daß ein Steuermann als Matrose auf einem Schiff der Flotte dienen muß[76]. Daß diese Regelung nicht dazu beigetragen hat, die Wehrfreudigkeit dieses Personenkreises zu fördern, wird an anderer Stelle aufgezeigt werden.

Einen interessanten Einblick in die damaligen Verhältnisse der Hamburger Seefahrt vermitteln auch die Begleitschreiben des dänischen Gesandten, die er jeweils den Meldelisten beifügte. So muß sich die Zahl der aus dem dänischen Gesamtstaat stammenden und von Hamburg ausfahrenden Seeleute durch den Krieg zwischen England und Frankreich (1755–1763) rückläufig entwickelt ha-

---

76 So ergibt sich zum Beispiel aus der Eintragung vom 7. 6. 1757, LAS Abt. 65.2, Nr. 6800, daß der Steuermann Jens Anskier als Matrose enrolliert war. Über ein weiteres eklatantes Beispiel dieser Art berichtet der im Auftrage Hamburger Reeder mit der Admiralität in Kopenhagen verhandelnde Agent Meinig von 1781: „Noch bis auf diese Stunde suppliciret ein Mann auf Sylt, der viele Jahre als Kauffarthey-Capitaine für holländische Rechnung gefahren und ein Vermögen von 12 000 Rthlr. besitzet, vergeblich um die Befreyung aus der Seedienst-Rolle, in die ihn der Enroullirungs-Chef zum gemeinen Matrosen aufgeführt hat." StAHam, Cl. VII, Lit. Ke, Nr. 8a.

ben. Denn in dem Schreiben zur Liste von 1757 heißt es: „. . . Wenn die Zahl nur 406 insgesamt ist, ist die Hauptursache der Krieg zwischen Frankreich und Großbritannien und die unmenschliche Art, wie die Handelsschiffe häufig bei dieser Gelegenheit von den Kapern beider Nationen behandelt werden. Und, da es natürlich ist, daß die Untertanen des Königs, die sich für irgendein Handelsschiff unter diesen verdrießlichen Umständen melden wollen, vorzugsweise nach dänischen Schiffen streben, in der Hoffnung, daß sie unter dem Schutz von der Flagge dieser Krone von den französischen und englischen Kapern mit mehr Rücksicht behandelt werden, als sie es wären, wenn sie sich an Bord von einigen anderen neutralen Schiffen ohne Schutz befänden, schließt es sich daraus, daß sich die größte Zahl unter ihnen in Altona meldet, um an Bord der dänischen Handelsschiffe zu dienen, wie es die Liste von Altona bestätigen wird, da die, die hierher kommen, sich allgemein auf den Schiffen verheuern, die nach Grönland zum Wal- und Robbenfang und nach dem Norden fahren, wo sie wissen, daß sie kein großes Risiko von seiten der Kaper eingehen[77].

Auch in den beiden folgenden Jahren, in denen die Zahlen auf 386 (1758) und 376 (1759) weiter zurückgehen, werden die genannten Gründe –, wenn auch sprachlich variiert – wiederholt. Nur für das Jahr 1759 fügt der Gesandte noch eine weitere Information hinzu, die gewisse Rückschlüsse – vor allem auf das Mobilitätsverhalten der Seeleute dieses Untersuchungsgebietes – zulassen: „Man versichert mir . . ., daß eine große Zahl von Matrosen aus unseren Inseln im Westen des Herzogtums Schleswig und Jütland direkt nach England und Holland auf kleinen Küstenschiffen oder anderen, die extra dafür dort anlegen, fährt, so daß der Grund möglicherweise hier liegt, warum nicht so viele hierher kommen."

Diese Interpretation von seiten des dänischen Diplomaten ist sicherlich richtig und auch aufschlußreich für das Verhalten der Seeleute. Was aber der Gesandte nicht bemerkt hat, war die Unvollständigkeit seiner Statistiken. Mit Hilfe der Handschrift 263 läßt sich nämlich für den Bereich der Grönlandfahrt nachweisen, daß sich einige aus dem Untersuchungsgebiet stammende Kommandeure mit ihren Besatzungen nicht bei der Gesandtschaft gemeldet haben. So fehlen 1757 die entsprechenden Angaben bei den Kommandeuren Johann Jürgen Knüttel und Nanning Riecks von Föhr und Michel Hansen von Röm, 1758 die von Hans Pieters von Röm und Boy Rickmers von Föhr und 1759 die von Hans Ericks von Röm sowie von Johann Jürgen Knüttel und Boy Rickmers von Föhr[78].

Abgesehen von diesen Leerstellen ganzer Besatzungen weisen auch einige der übrigen Listen Lücken auf. So fällt es bei der Zusammenstellung der einzelnen Besatzungen auf – sie haben sich nicht geschlossen gemeldet – daß verschiedene Positionen, die normalerweise mit Leuten aus dem Herkunftsbereich des Kom-

77 Die Begleitschreiben des dänischen Gesandten sind in französischer Sprache abgefaßt und Bestandteil der genannten Archivalien.
78 S. hierzu die näheren Angaben in der Dokumentation.

mandeurs rekrutiert wurden, nicht besetzt sind. Zwar haben sie sicherlich die Reisen nach Grönland unternommen, aber sich nicht registrieren lassen.

Hinter dieser Nichtbefolgung der königlichen Anordnung steht bei allen zweifellos kein Vorsatz, denn ein einheitliches Verhalten läßt sich in diesem Zeitraum nach Durchsicht der Quellen nicht nachweisen. Der Grund wird vielmehr darin zu suchen sein, daß zwischen der Ankunft der Seeleute aus Nordfriesland und dem Aussegeln der Grönlandfahrer keine Zeit für eine derartige Amtshandlung mehr vorhanden war. Diese Annahme wird auch dadurch bestätigt, daß sich in einigen Fällen nur Teile der Besatzung gemeldet haben. Es waren die Seeleute, die rechtzeitig mit den Schmackschiffen in Hamburg angekommen waren. Widrige Winde und schlechtes Wetter durchkreuzten häufig die geplanten Ankunftszeiten[79].

Ob diese Kontrollisten auch für die Handelsfahrt lückenhaft sind, läßt sich nicht nachweisen.

Auch wenn diese Quelle von 1757–1759 nicht ganz vollständig ist und nur einen regional und zeitlich begrenzten Abschnitt wiedergibt, so liegt ihre Bedeutung doch darin, daß wir zum erstenmal eine detaillierte Auskunft über einen Personenkreis erhalten, der seinen Erwerb in der Handels- und Grönlandfahrt Hamburgs fand[80].

Für den Zeitraum von 1760–1763 sind keine Kontrollisten des dänischen Gesandten überliefert. Ob sie verlorengegangen sind oder ob keine geführt worden sind, läßt sich nicht ausmachen. Sie setzen erst 1764 wieder ein und befinden sich im Reichsarchiv Kopenhagen[81].

Da die Quelle nach dem gleichen Prinzip wie die vorige angelegt ist, braucht sie in dieser Hinsicht nicht näher erläutert zu werden.

Ihre Bedeutung liegt darin, daß sie die ab 1761 für die Hamburger Grönlandfahrt vorliegenden Anmusterungsprotokolle des Wasserschouts für den Zeitraum von 1764 bis 1798 ergänzen und korrigieren kann, wenn Lücken, fehlerhafte Eintragungen oder unleserliche Stellen vorhanden sind.

An sich müßten die Angaben des Hamburger Wasserschouts – über diese Behörde wird noch ausführlich berichtet werden – und die des dänischen Gesandten hinsichtlich des aus dem Gesamtstaat stammenden Personenkreises identisch sein, denn jeder Seefahrer war verpflichtet, sich bei beiden Institutionen zu melden. Doch zeigt sich auch in diesem Zeitraum, daß sich bei weitem nicht alle „Untertanen" des dänischen Königs abgemeldet haben. Dies beweisen eindeutig die jetzt vorliegenden Musterungsprotokolle. Während diese Lük-

---

79 S. hierzu auch die Ausführungen von Jens Jacob Eschels, Lebensbeschreibung eines alten Seemannes, Altona 1835, S. 11 f.
80 Die Listen sind außerdem ein gutes Hilfsmittel, die ohne Ortsbezeichnungen erscheinenden Kommandeure späterer Grönlandfahrer zu lokalisieren, wenn sie sich hierin als Steuermann (mit Ortsbezeichnung) registrieren ließen.
81 RAK, T.K.U. Spec. del Hamburg, C. Gesandtskabarkiver nr. 198, Skibsliste 1764–98 . . . 1. bd. – Die Quelle führt die Bezeichnung: „Verzeichniß der mit auswärtigen Schiffen aus Hamburg abgegangenen Königl. Dänischen Unterthanen vom Jahre 1764 bis 1798 inclus."

ken aber nicht der Gesandtschaft, sondern den Seefahrern anzulasten sind, müssen die Leerstellen in den Protokollen des Wasserschouts – besonders in dem ersten Jahrzehnt – der legeren Amtsführung dieser Behörde zugeschrieben werden.

Da aber nun die Lücken beider Quellen nicht identisch sind, kann die Kontrolliste die weggelassenen Angaben des Schouts ersetzen, denn die Anmusterungsprotokolle bilden das Fundament dieser Untersuchung. Die Zahl der so gewonnenen personenstandlichen Daten schwankt zwischen 5 und 72 pro Jahr.

Auf die besondere Problematik dieser Kontrollisten, wie sie sich aufgrund der politischen Lage für die Zeit von 1782 bis 1795 zeigt, wird in einem späteren Zusammenhang einzugehen sein.

Die Handschrift 263

Da die Quelle bereits im ersten Teil dieser Arbeit ausführlich behandelt worden ist, braucht sie hier nicht näher erläutert zu werden. Im Zusammenhang mit diesem Zeitabschnitt kann gesagt werden, daß die Handschrift, die bis 1801 geführt worden ist, sehr zuverlässig für die sich auf Hamburg beziehenden Daten ist. Sowohl die Angaben des dänischen Gesandten in Hamburg hinsichtlich der Schiffsbewegungen als auch die Eintragungen in den Musterungsprotokollen des Wasserschouts – also von der Handschrift unabhängig geführte Quellen – stimmen mit ihr – abgesehen von einzelnen Schreibfehlern und Irrtümern – weitgehend überein. Diese Zuverlässigkeit konnte auch noch in einigen Fällen durch holländische und hamburgische Schiffsjournale, durch die entsprechenden Protokolle des Dispachewesens[82] und einzelne Informationen aus Kapitänsbriefen überprüft werden, deren detaillierte Angaben (Ertrag, Rückkehr, besondere Vorkommnisse) sich mit denen der Handschrift deckten.

Die Anmusterungsprotokolle des Hamburger Wasserschouts und ihre administrativen Grundlagen

Die wichtigste Quelle im Rahmen dieser Untersuchung sind die Anmusterungsprotokolle des Hamburger Wasserschouts, die ab 1760 für die Handelsfahrt, für die auf den Wal- und Robbenfang auslaufenden Schiffe erst ab 1761 vorliegen[83]. Da diese Unterlagen abhängig sind von den durch die Hamburger

---

82 Zur Feststellung von Havarien und sonstigen Schäden an Schiffen und Ladung bestellte der Hamburger Rat (Senat) seit 1639 einen Dispacheur, der durch Instruktionen gehalten war, über alle derartigen Fälle Buch zu führen. Die Protokolle der Dispacheure sind im Hamburger Staatsarchiv ab 1794 vorhanden (Umfang: 25 m), Bestandsverzeichnis 373–4.

83 StAHam, Archiv des Wasserschouts, Sig. I. A. 1. a–u, 1760–1845. Während in der Handelsfahrt neben den Anmusterungs- auch Abmusterungsprotokolle – sie sind ab 1792 überliefert – geführt wurden, fehlen diese für die gesamte Grönlandfahrt. Da diese Aussage auch für Altona zutrifft, scheint es für dieses Seefahrtsgebiet nicht

Bürgerschaft und den Rat erlassenen Vorschriften, ist es notwendig, die Entwicklung dieser Behörde zu untersuchen, um so die administrativen Grundlagen der Anmusterungsprotokolle darzulegen.

Ursprünglich spielte sich in Hamburg die An- und Abmusterung der Seeleute und alle damit zusammenhängenden Rechtsfragen im Rahmen des Hansischen Seerechts ab, das durch Gerichtsentscheidungen und Rechtsverordnungen des Hamburger Rats und der Bürgerschaft den veränderten Zeitbedingungen jeweils angepaßt wurde. Jeder Kapitän oder Kommandeur konnte seine Leute selbst einstellen und mit Einverständnis des Reeders mit ihnen die Heuer vereinbaren. Um einigermaßen sicher zu sein, daß die Seeleute auch die für ihre vorgesehene Stellung an Bord entsprechende Qualifikation besaßen, mußte jeder ein „Paßbord", eine Art Leistungs- und Führungszeugnis vorlegen, das ihm vom Kapitän oder Kommandeur des letzten Schiffes ausgestellt worden war. Konnte der Seemann dieses Dokument nicht vorweisen, so hatte er die Möglichkeit, sich von den „Schiffer-Alten, als der Personenkundige sonder Entgeld" ein entsprechendes Gutachten ausstellen zu lassen[84].

Der zunehmende Umfang der Seefahrt und häufige Differenzen in der Beurteilung und Auslegung von Vereinbarungen zwischen Reedern, Kapitänen und Besatzungsmitgliedern werden den Hamburger Senat veranlaßt haben, am 31. 8. 1691 eine der hamburgischen Admiralität untergeordnete Behörde, den Wasserschout einzurichten[85].

Da dieses „Reglement" bis zum 5. 12. 1766 in Kraft war und den rechtlichen Rahmen für die ab 1760 vorhandenen und für die vorliegende Untersuchung verwerteten Musterungsprotokolle bildet, muß es hier erläutert werden.

Jeder Seefahrer hatte sich nun bei dieser Behörde zu melden, die gehalten war, „ein Register von allen Seefahrenden Persohnen (zu) halten, zu welchem Ende alle diejenige, so zur See zu fahren geneigt, sich bey denselben anzugeben, ihre Nahmen anzeichnen zu lassen, und von ihren Herkommen und Auffenthalt gute Nachricht zu ertheilen schuldig seyn sollen". Der Wasserschout stellte

---

üblich gewesen zu sein, die Abmusterungen zu protokollieren. Der Grund hierfür liegt wohl in dem eindeutigen Reiseziel und den teilweise vom Fang abhängigen Heuererträgen.

84 S. hierzu J. Klefeker, Sammlung der Hamburgischen Gesetze und Verfassungen, Bd. VII, S. 86. Die entsprechende Verordnung ist abgedruckt bei Herman Langenbeck, a. a. O., S. 65 f.: „Kein Schiffer soll . . . Schiffs-Volck häuren, wie sie Nahmen haben mögen, sie haben dann gnügsame Paßbord ihres redlichen Verhaltens von ihren Schiffern, mit welchen sie gefahren haben, bei Poen dreißig Thaler vor jede Person . . . Jedoch sollen sich auch die Schiffere gegen ihre Schiffs-Kindere, so sie sich gebührlich verhalten, mit Mittheilung der Paßborten unweigerlich bezeigen. Weil aber die fremde weit abgesessene Schiffere nicht allewege bekannt, eins theils auch nicht schreiben und also auch keine Paßbort mitgeben können, dahero viel Unrichtigkeit und Unterschleif entstehen könnte, so soll den Alter-Leuten der Schiffer-Gesellschaft allhie, solche Pässe den Schiffs-Kindern frey, ohne Entgeltnüß mitzutheilen auferlegt seyn . . ."

85 Das „Reglement" ist abgedruckt in Herman Langenbeck, a. a. O., S. 103 ff.

dann dem Seemann eine Bescheinigung darüber aus, daß er „enregistriret sey". Ohne diese Unterlage, die gleichzeitig eine Art Führungszeugnis war und auch verhindern sollte, daß sich die Seeleute mehreren Kapitänen anboten, durfte kein Kapitän oder Kommandeur „Officirer, Matrosen oder Jungen in Dienste" nehmen. Damit aber die Verordnung auch wirksam kontrolliert werden konnte, mußte der Schout ein Protokollbuch führen, das die Vor- und Nachnamen, die Funktion, die Herkunftsorte und die Heuerabsprachen enthielt. Diese Unterlagen wurden vom Wasserschout verwahrt und gingen nicht mit an Bord. War der Seemann dann nach Rücksprache mit dem Kommandeur angenommen, so mußte er sich innerhalb von 24 Stunden an Bord begeben und helfen, das Schiff auszurüsten und es segelfertig zu machen. Für diese Tätigkeiten bekam der Seemann – wenn keine Sonderabsprachen bestanden – lediglich die tägliche Verpflegung. Aber „Luxusgüter" wie Zucker, Tee, Kaffee, Tabak, Wein usw. mußte er selber einkaufen[86]. Die Heuer trat erst dann in Kraft, wenn das Schiff „die rothe Tonne passiret und in See" war[87]. Diese weitgehend zu Lasten der Besatzungsmitglieder gehende Regelung half natürlich den Reedern, die Heuerkosten zu senken, zumal, wenn widrige Winde oder Eisgang die Ausfahrt verzögerten. Aber es gab auch Zeiten, in denen qualifizierte Seeleute Mangelware waren. So liegen zumindest für die Handelsfahrt viele Unterlagen darüber vor, daß der Beginn der Heuer oder – wie es in der Seemannssprache damals hieß – das „Drehen der Maat" bereits während der Liegezeit des Schiffes im Hafen begann. Die auf den Grönlandschiffen angeheuerten Besatzungsmitglieder bekamen alle einen Vorschuß, um entweder die für die Reise erforderlichen Sachen einzukaufen, oder als Überbrückungsgeld für die Familie. Für die aus Nordfriesland stammenden Seeleute ist es überliefert, daß die zurückkehrenden Schmackschiffer den Familien die Handgelder überbrachten oder für das Geld in den Hafenstädten Waren einkauften, die auf den Inseln und Halligen benötigt wurden[88].

---

86 Es kam auch vereinzelt vor, daß Tee und Zucker von seiten des Kommandeurs oder des Reeders kostenlos gestellt wurden. Dafür mußten sich aber die Seeleute verpflichten, während der Reise keinen Alkohol zu trinken. Diese Abmachungen wurden offiziell vom Wasserschout in das Musterungsprotokoll aufgenommen, zumal die Seeleute bei Zuwiderhandlungen mit einer empfindlichen Geldstrafe belegt wurden.
87 Ferber, Kurt, Die Entwicklung des Hamburger Tonnen-, Baken- und Leuchtfeuerwesens, in: ZHG, Bd. XVIII (1914), S. 7 ff.: „... Um das Jahr 1767 lagen von der See bis Hamburg, und zwar so nahe beieinander, daß von jeder Tonne die nächstfolgende bereits gesehen werden konnte ... Die äußerste Tonne war über zwei Jahrhunderte lang die Schartonne gewesen; bald nach 1661 ... wurden zwei weitere Tonnen nach der See zu gelegt, darunter die sogenannte ‚Rote Tonne', die bis in die neuere Zeit die äußerste Tonne gewesen ist." Nach Aussage der zeitgenössischen Karten befand sich die Tonne in der Elbmündung auf mittlerer Höhe des Vogelsandes; s. hierzu die Abbildg. bei J. Ludwig v. Hess, Hamburg, topographisch, politisch und historisch beschrieben, 2. Theil, Hbg. 1789 (i. Anhang).
88 Lorenzen, Lorenz, Genaue Beschreibung der wunderbaren Insel Nordmarsch, a. a. O., S. 103 f.

Allgemein unterscheiden die Protokolle zwischen zwei Arten von Vorschüssen: den Handgeldern und dem „Putt Wein".

Hatte sich ein Besatzungsmitglied für einen bestimmten monatlichen Betrag verheuert, so bekam der Seemann vor der Ausreise ein Handgeld, das in der Größenordnung von einer oder zwei Monatsgagen schwankte und nach Abschluß der Reise mit der verdienten Heuer verrechnet wurde. Für einen Teil der „Monathsfahrer", so wurde dieser Personenkreis damals bezeichnet, konnten je nach Heuervertrag noch vom Fang abhängige Prämien in Form von Fisch- oder Trangeld hinzukommen.

Anders hingegen verlief die finanzielle Regelung bei den „Partiniers", die „auf Hoffnung des Fangs" ausfuhren und vor der Ausreise ihren „Putt Wein", einen Vorschuß bekamen, der nach der Rückkehr mit ihren Ertragsanteilen an Fischgeld, Tran und Barten verrechnet wurde[89]. Damit mußten sie zufrieden sein und „abwarten, was Gott der Allmächtige durch seinen Segen ... bescheren wird[90]".

Beiden Zahlungen war also gemeinsam, daß sie für eine noch zu erbringende Leistung geleistet wurden. Um einem Mißbrauch vorzubeugen, sind in dem „Reglement" Bestimmungen aufgenommen worden, die verhindern sollten, daß die Seeleute mit dem empfangenen Geld davonliefen. So durfte der Angeheuerte ohne ausdrückliche Genehmigung des Kommandeurs weder in Hamburg noch sonst in einem Hafen an Land fahren oder dort übernachten. Kam es aber trotz der genannten Bestimmung vor, daß ein Besatzungsmitglied mit dem Vorschuß sein Schiff verließ – wegen der Witterungsverhältnisse gab es teilweise recht lange Liegezeiten –, so mußte der Kommandeur innerhalb von 24 Stunden dem Wasserschout hierüber Meldung machen, der dann versuchte, den Flüchtigen zu finden. War die Suche erfolgreich, so mußte der Ertappte nicht nur das empfangene Geld – sofern er es überhaupt noch hatte – zurückzahlen,

---

89 Langenbeck, H., Anmerkungen über das Hamburgische Schiff- und See-Recht, a. a. O., S. 506, kommentiert die Begriffe „Monath-Gelder und Parteniers" wie folgt: „... weiln auf diesen Reisen die Bedingung der Hauer, entweder auf eine gewisse Monathliche Gage, oder auf Hoffnung des Fangs geschiehet, so werden die ersten hier die Monath-Gelder, die anderen aber Parteniers genennet, welche entweder auf gar keine oder doch geringe Gage dienen, unter der Condition, daß sie von jeden Fisch, von jeden Quarteel oder zwey Tonnen Trahn ein genanntes zu geniessen haben solchen. Sie die Parteniers aber bekommen, wie sie es nennen, ein Pott Wein oder Hand-Geld wie es accodiret, welches ihnen an statt eines Monath-Geldes gerechnet wird. Unterdessen haben doch die Monath-Gelder auch von jedem Fisch etwas weniges zur Ergetzlichkeit zu geniessen, um sie zur Arbeit zu encouragiren." S. hierzu auch C. F. Posselt, Über den grönländischen Wallfischfang, a. a. O., S. 14. Diese Heuerabsprachen waren auch in der holländischen Grönlandfahrt üblich: „De Commandeur of Schipper krygt tot een gifte (doorgaans Een Pot Wyns genaamt;) 100, 125, 150 Guldens, ook somtyds veel meerder op handt;". Le Moine de l'Espine, Jaques, Le Long, Isaac, De Koophandel van Amsterdam, Rotterdam 1763, S. 169.
90 Die Formel ist Bestandteil der Muster-Rolle für Grönlandfahrer, s. hierzu das Faksimile Abb. 6.

sondern wurde außerdem noch bestraft. Verlief die Fahndung aber ergebnislos – und das war nach Aussage der Akten häufig der Fall –, so war der Wasserschout verpflichtet, den Betrag, den der Seemann bekommen hatte, dem Kommandeur oder Reeder zu ersetzen, und zwar aus der eigenen Tasche. Deshalb sicherte sich der Schout gegen diese Regreßansprüche ab. So mußte nach Aussage der ab 1760 vorliegenden Musterungsprotokolle jedes Besatzungsmitglied – mit Ausnahme des Kommandeurs –, das irgendeinen Vorschuß erhalten hatte, für diese Summe einen Bürgen stellen, dessen Name und Adresse in den Protokollen festgehalten wurden. Sicherlich wird es den aus der Umgebung Hamburgs stammenden Seeleuten – sofern sie vertrauenswürdig waren – leichtergefallen sein, eine entsprechende Adresse anzugeben, als denen, die aus entfernteren Gegenden stammten, besonders, wenn es sich um Einzelgänger handelte. Bei den Seeleuten aus Nordfriesland war es in der Regel so, daß der Kommandeur – wenn er auch aus diesem Gebiet stammte – die Bürgschaft übernahm. Fuhren sie aber auf Schiffen, die von einem nicht aus Nordfriesland stammenden Kommandeur befehligt wurden, bürgten entweder seefahrende Landsleute für sie, oder – vor allem bei längerer Zugehörigkeit zur Mannschaft – der Kommandeur trat für sie ein. Es gibt auch einige Fälle, in denen mehrere Matrosen, die aus dem gleichen Ort stammten, eine Bürgengemeinschaft bildeten[91]. Entscheidend für diese Auswahlkriterien war zweifellos, daß der Schout das Gefühl der Sicherheit hatte.

Es kam auch verschiedentlich vor, daß die Kommandeure von Cuxhaven aus mit dem von Bord gehenden Lotsen den Schout über das Fehlen einzelner Besatzungsmitglieder informierten, wobei nicht immer der Vorsatz, sondern auch Krankheitsfälle oder plötzlich auftretende günstige Windverhältnisse, die eine vorzeitige Abfahrt nötig machten, eine Rolle spielten[92]. In diesem Zusam-

91 Ein Beispiel für einen solchen Zusammenschluß findet sich im Protokoll des Wal- und Robbenfängers De Concordia v. 14. 2. 1774.

92 In den Akten des Wasserschouts sind eine Reihe von Unterlagen vorhanden, die zeigen, wie solch eine Angelegenheit geregelt wurde. So hatte z. B. im Februar 1789 der Matrose Peter Neuenburg aus Stade als Viertelpartfahrer auf dem Walfänger „De Fridericia" unter dem Kommandeur A. H. Krüger angeheuert und einen Vorschuß von 26 Mk. erhalten. Für ihn bürgte ein Johann Eggers, Hamburg, Vorsetzen. Als der Kommandeur bei der Ausfahrt feststellen mußte, daß der Matrose nicht an Bord war, sandte er folgendes Schreiben an den Hamburger Wasserschout: „Herrn Wasserschout. Ich thue berichten, daß Ich von meinen 1/4 Fahrers, dessen Nahme Peter Neenborg ist, nicht mitbekommen habe. Also bitte das Geld, nehmlich 26 M. Ein holen zu lassen und an meinen Herrn zu besorgen, der Bürge ist Johann Eggers, auf der Vorsetzen. Commandöer August Hinrich Krüger." Sein Name wurde daraufhin im Protokoll gestrichen und mit dem Vermerk „weg" gekennzeichnet. Stellte sich bei der weiteren Untersuchung der Desertation heraus, daß der Seemann „boshafterweise" – ein in derartigen Fällen von Commandeuren und Kapitänen häufig benutzter Ausdruck – sein Schiff verlassen hatte, wurde er mit Arrest bestraft und dürfte sicherlich in Zukunft nicht unerhebliche Schwierigkeiten in Hamburg gehabt haben, wieder ein Schiff zu bekommen.

menhang kann aufgrund der vorhandenen Unterlagen festgestellt werden, daß in der Zeit von 1761 bis 1839 kein Besatzungsmitglied aus Nordfriesland von einem Hamburger Wal- oder Robbenfänger desertiert ist. Es hätte wohl auch das Ende seiner seemännischen Laufbahn bedeutet.

Eine weitere Aufgabe des Wasserschouts bestand darin, Streitigkeiten zwischen den Besatzungsmitgliedern und den Kommandeuren bzw. Kapitänen mit juristischen Mitteln zu lösen. So sollten „die Matrosen keine Scheltworte gebrauchen, oder . . . sonsten Ungelegenheit machen", sondern den Schout einschalten, der die Fälle dann – je nach der Schwere – entweder selbst erledigte oder den juristischen Instanzen zur Entscheidung vorlegte. Die Bedeutung dieses – wenn auch nicht immer in die Praxis umgesetzten – neuen Denkansatzes, die Disziplin an Bord mit juristischen Mitteln zu steuern, wird besonders deutlich, wenn man sich den in dem Hamburger Schiffs- und Seerecht verzeichneten Katalog von Brachialstrafen vergegenwärtigt: „Lersen", eine Art Spießrutenlauf, von der Rahe fallen und Kielholen waren die gewöhnlichen Strafen, „womit grobe delicta nautica beleget" wurden[93].

In welchem Umfang nun die Paragraphen des Wasserschouts die Brachialjustiz an Bord verändert haben, ist nicht bekannt.

Trotz dieser gesetzlichen Regelungen verlief die weitere Entwicklung nicht ohne Konflikte zwischen den an der Seefahrt beteiligten Gruppen. Aus einer Eingabe von 26 Kapitänen an die Hamburger Commerz-Deputation, die Vorläuferin der Handelskammer, vom Jahre 1755 geht hervor, daß Diebstähle und Disziplinschwierigkeiten an Bord keine Einzelfälle waren. So beklagen sich die Kapitäne, „die die Ehre haben, in Diensten dieser Stadt löblichen Kaufmannsschaft zu fahren und hiesigen Schiffen vorgesetzt zu seyn", über das „gottlose Betragen unsers Volks, und selbst der Officirer, als Steuerleute, Bootsmänner etc. sehr gewöhnliche Vergreifung an den eingeladenen Gütern und der dadurch uns so offenbar folgende üble Nach-Ruf erwecket nicht nur bey Fremden, sondern gar wohl selbst bey hiesigen Einladern eine Furcht, in unsere Schiffe zu laden. Noch vermehrter und vergrößerter aber wird solche, da es seit einiger Zeit recht Mode unter dem Schiffs-Volk geworden, uns, denen ihnen vorgesetzten Schiffern, allen Gehorsam zu versagen, mit widerspenstiger Frechheit zu begegnen, ja gar, wenn wir nur gegen einen Jungen oder Matrosen die unaussetzliche Schärfe brauchen müssen, selbst mündlich mit Schelten und thätlich mit mördlichen Schlagen anzufallen und unserm Leben solchergestalt zu drohen, daß wir fast, um nicht ermordet oder über Bord geworfen zu werden und durch unser Leben zugleich unser anvertrautes Schiff mit der Ladung zum Be-

---

93 Einen Einblick in die Maßnahmen zur Aufrechterhaltung der Borddisziplin vermitteln uns die entsprechenden Kapitel in: Herman Langenbeck, Anmerkungen über das Hamburgische Schiff- und See-Recht, a. a. O., S. 55 ff. So heißt es dort: „. . . und da gleich der Schiffer einigen Schiffmann schlägt, mit der Hand oder Faust, ist er schuldig einen Hand-Schlag zu vertragen, und nicht mehr, jedoch ohne Wehre: . . . einem Schiffer stehet frey, seine Leute, wann sie es verdienet, zu züchtigen, es sey mit der Hand, Tau, Rotting oder Stock, und es wird nicht eben darauf gesehen, wie oft er zuschlägt, wann es nur mit Verstand und moderation geschiehet."

sten der Rheder und Befrachtere zu erhalten, solchen niederträchtigen rohen Menschen um Fristung unsers Lebens flehen und bitten müssen[94]".

Die Absicht dieser Eingabe wird am Schluß deutlich ausgesprochen: Die Commerz-Deputation möge sich beim Hamburger Rat dafür einsetzen, daß eine neue Verordnung „zur schleunigen scharfen Strafe gegen die Verbrecher und Frevler" erlassen wird, damit „durch eine strenge Disciplin" das „rohe Schiffsvolk" gebändigt werden kann.

Bei einer derart massiven Kritik an den bestehenden Zuständen war es nicht verwunderlich, daß die Eingabe geneigte Ohren fand, zumal hier gemeinsame Interessen auf handelspolitischem Gebiet vorlagen.

Wenn auch dieser Vorgang sich nicht unmittelbar auf den hier untersuchten Wal- und Robbenfang bezieht, so hat er doch mittelbar Einfluß gehabt auf den künftigen rechtlichen Rahmen, in dem sich die gesamte Seefahrt abspielte.

Als sich nämlich aufgrund der geschilderten Zustände eine Veränderung auf dem Gebiet des bisherigen Rechts abzeichnete, schaltete sich auch 1762 der damalige Wasserschout Heinrich Christian Mau – er war seit dem 1. 5. 1760 auf das Amt vereidigt – in die Diskussion ein und erläuterte in einer Eingabe an die Commerz-Deputation seine Vorstellungen[95]. Es handelt sich hier zweifellos um den Versuch, kurz nach der Übernahme des Amtes und nach einer Analyse der Schwierigkeiten seines Vorgängers[96] den gesetzgebenden Institutionen entsprechende Hinweise zu liefern, damit bei einer Neuregelung eine bessere Grundlage für die Tätigkeit des Schouts geschaffen würde.

Der Tenor seiner Vorschläge lag auf einer stärkeren Kontrolle der zur See fahrenden Personen. So bittet der Schout darum, daß alle Schiffe, „die mit Hamburger Flag und Pässe fahren", nur bei ihm – und nicht etwa in Altona – die Musterrollen anfertigen lassen. Er will damit verhindern, daß sich Seeleute auf verschiedenen Schiffen bewerben oder verkehrte Namen angeben. Dieser Versuch, eine zentrale Kontrollinstanz zu errichten, wird auch in dem Vorschlag deutlich, daß der Schout immer persönlich bei der Musterung anwesend sein soll. Obwohl ihm dieses Recht ausdrücklich in dem „Reglement" von 1691 zugestanden worden war, scheint es in der Praxis nicht mehr ausgeübt worden zu sein.

Eine weitere Verbesserung auf dem personellen Sektor der Seefahrt versprach sich das Amt von einem wiedereinzuführenden Führungs- und Qualifikationsnachweis, der Auskunft darüber geben sollte, auf welchem Schiff der Seemann gefahren und wie er sich geführt hat. Auch in diesem Fall konnte der Schout auf schlechte Erfahrungen hinweisen: „Weiter habe ich schon zu verschiedenen mahlen in Erfahrung gebracht, daß einige, die sich vor befahrne

---

94 Quellen zur Geschichte von Hamburgs Handel und Schiffahrt im 17., 18. und 19. Jhdt., hg. von Ernst Baasch, Hamburg 1910, S. 5 f.

95 Ebenda, S. 9 f.

96 Joh. Carstens war vom 1. 5. 1750 Schout in Hamburg. Es ist sicherlich kein Zufall, daß seit dem Amtsantritt von H. Chr. Mau die Anmusterungsprotokolle im Hamburger Staatsarchiv vorhanden sind.

Matrosen ausgeben und kaum eine Reise gethan, vorgeben, daß sie drei gethan; und haben sie gar noch nicht gefahren, so sagen sie doch, sie haben schon eine Reise gethan, welches sie mit Nennung des Commandeurs oder Schiffers Namen zu beweisen suchen. Dieses nun wird ihnen zweifelsohne von ihren Schlaf-Basen[97] so eingepräget, und dieses würde auch sogleich verhütet, wenn sie von ihrer letzten Reise einen Schein vorzeigen müssen." So würde „jeder sich befleißigen . . ., einen guten Namen zu behalten!"

Da diese verstärkte administrative Kontrolle mit höheren Kosten verbunden sein würde, spielten auch finanzielle Gesichtspunkte in dem „dienstfreundlichen Ersuchen" – unter diesem Titel brachte der Schout seine Verbesserungsvorschläge ein – eine Rolle. So bittet er darum, auch von den Matrosen die ihm zustehenden Gebühren kassieren zu dürfen; „denn man muß viel ausgeben, um ihnen, weil sie noch hier liegen an Bord zu bringen, ja zuweilen mehr als ich dabey verdiene, auch da einer gentzlich entläuft, ihm besser nachsetzen und aufsuchen lassen; dazu könnte es dienen; sonsten bleibt" nicht „viel nach, wenn man es alles aus seiner Börse nehmen soll".

Da die geschilderten Mißstände einen wichtigen Lebensnerv der Hamburger Wirtschaft berührten, hat der Senat schnell hierauf reagiert und teilweise die von den betroffenen Gruppen in ihren Eingaben gemachten Verbesserungsvorschläge in seinen Gesetzen berücksichtigt. So verkündete der Hamburger Senat am 5. 12. 1766 nicht nur eine gegen die Eigentumsdelikte gerichtete „Verordnung, nach welcher beym Laden und Löschen Schiffer, Schiffs-Officire und Schiffs-Volk, wie auch Leichter-Schiffer, Ever- und Jollenführer sich zu richten haben"[98], sondern auch unter dem gleichen Datum das „Revidirte Reglement des Wasser-Schouts"[99], das für den größten Teil der verwendeten Musterungsprotokolle die administrative Grundlage bildet.

Da es für den Wal- und Robbenfang keine speziellen Einstellungsvorschriften gab, sondern dieser in den allgemeinen Rahmen der Seefahrt eingeordnet war, werden im folgenden nur die Bestimmungen des „Reglements" von 1766 genannt, die für das Quellenmaterial der Grönlandfahrt eine Bedeutung haben:

„1. Es soll niemand, er sey Officier[100], Matrose oder Jung, von hieraus zur See zu fahren
   zugelassen werden, er habe sich denn zuvor bey dem hiesigen Wasser-Schout gemel-

---

97 Das waren die Quartiergeber der Matrosen, die darauf warteten, Heuer auf einem Schiff zu bekommen. Sie versorgten auch teilweise die Matrosen, nicht nur mit Lebensmitteln, sondern auch mit Spirituosen und Tabak. Manchmal geschah das auf Kredit, und wenn der Seemann ein Schiff gefunden hatte, bezahlte der Kapitän dem Quartierswirt die Rechnung. Der Hamburger Berg, das heutige Sankt Pauli, war damals ein Schwerpunkt der Matrosenquartiere. Für die nordfriesischen Seeleute in der Grönlandfahrt war es meistens nicht notwendig, in Hamburg Quartier zu machen, denn nach Ankunft der Schmackschiffe gingen sie unmittelbar an Bord.

98 Abgedruckt bei J. Klefeker, Sammlung der Hamburgischen Gesetze und Verfassungen, Bd. VI, S. 153 f.

99 Ebenda, S. 159 f.

100 Die Abgrenzung dieser Gruppe ist weder in den Schiffs- und Seerechten noch in der Literatur einheitlich. So zählt C. F. Posselt, Über den grönländischen Wallfischfang,

det, und ihm seinen Vor- und Zunamen, sein Alter, seinen Geburts-Ort, und in welcher Qualität er etwa schon gefahren, aufrichtig angezeiget.

2. Der Wasser-Schout muß von allen denen, die sich bey ihm anzeichnen lassen, ein accurates Register nach dem Alphabet halten, und einem jeden, der sich bey ihm gemeldet, gratis einen Schein geben, daß er in seinem Buche verzeichnet stehe[101].

3. Ohne Vorzeigung dieses Scheins muß kein Schiffer jemand in Dienst nehmen, bey 30 Rthlr. Strafe für eine jede Person, die er ohne solchen Schein mitgenommen hatte.

4. Den Rhedern und Schiffern steht zwar frey, Schiffs-Officiere, Matrosen oder Jungen, wenn sie den vorerwehnten Schein von dem Wasser-Schout aufzuweisen haben, selbst anzunehmen, und die Bedingungen mit ihnen zu verabreden: jedoch müssen sie solches längstens in vier Tagen dem Wasser-Schout anzeigen, und von ihm sowohl die Namen der Personen, als die Bedingungen, darauf sie angenommen worden, verzeichnen lassen, bey 3 Mark Strafe an den Schout für eine jede Person, die sie in solcher Zeit nicht angegeben haben.

5. Hievon muß der Wasser-Schout richtig Buch halten, damit er, wenn es verlangt wird, darüber ein Attest ertheilen könne.

6. Wenn der Schiffer über sein angenommenes Volk die Musterung halten will, so muß der Wasser-Schout dabei gegenwärtig seyn, wofür er für jede Person 6 Schilling von dem Schiffer bekömmt. Die Muster-Rolle[102] muß er für den Schiffer ausfertigen, und zugleich davon eine Abschrift an den Steuermann geben, ferner sowohl die Rolle als dieses revidirte Reglement . . . vorlesen und von allen diesen ein Exemplar an Bord mitgeben, damit sich niemand mit der Unwissenheit entschuldigen könne.

7. Alle hier in der Stadt wohnende, und alle fremde sich hier aufhaltende Schiffs-Leute müssen, wenn sie ihre Wohnung verändern, oder eine andere Schlafstelle beziehen, dem Schout solches unverzüglich bei 8 Schilling Strafe anzeigen, der solches unentgeldlich zu notieren schuldig ist.

8. Wer sich eines unrechten Namens bedienet, zahlet dafür 6 Mark an den Wasser-Schout.

9. Wer sich von den Officiern, es sey Steuermann, Schiffsmann[103] oder Bootsmann, für einen wohlbefahrnen Mann ausgiebt, und nachher zu dem, wozu er sich annehmen

a. a. O., S. 14, nur den Steuermann, den Speckschneider und seine Gehilfen sowie die Harpuniers zu diesem Kreis, während L. Brinner, Die deutsche Grönlandfahrt, a. a. O., S. 66 f., auch den Bootsmann, den Zimmermann, den Oberküper und den Schiemann noch zu den Schiffsoffizieren zählt.

101 Ein „accurates Register nach dem Alphabet" hat der Hamburger Wasserschout nicht geführt, sondern seine Bücher vorwiegend chronologisch geführt. Nach dem gleichen Prinzip verfuhr auch der Altonaer Wasserschout, doch fertigte er für jeden Band ein alphabetisches Register der Kapitänsnamen an.

102 Die Musterrolle darf nicht mit dem Musterungsprotokoll verwechselt werden; s. hierzu die Musterrolle des Wal- und Robbenfängers „De Anna Maria" vom 8. 3. 1766, Abb. 6.

103 Hiermit ist zweifellos der Schiemann gemeint, der in dem hier untersuchten Zeitraum fast ausschließlich auf den größeren Grönlandschiffen zu finden ist. In den ebenfalls ausgewerteten Protokollen der Hamburger Handelsfahrt von 1760–1827 ist kein Schiemann vorhanden. Über seinen Aufgabenbereich liegen unterschiedliche Beschreibungen vor.

lassen, nicht tüchtig befunden wird, der soll dem Schiffer nicht nur, was er empfangen, wiedergeben, sondern noch überdem die Hälfte von dem Lohn, das ihm versprochen worden, zur Strafe an die Seefahrenden Armen erlegen.

10. Würde jemand mit dem Gelde, das er auf seinen Lohn empfangen, weglaufen, der soll, wenn er ertappt wird 14 Tage mit Gefängniß auf Wasser und Brodt in der Rokkenkiste[104] gezüchtigt, und aus dieser Stadt und deren Gebiete verwiesen werden, der Schiffer aber soll bey 10 Rthlr. Strafe gehalten seyn, den Namen des Entloffenen dem Wasser-Schout anzuzeigen.

11. Wird der Entloffene nicht wieder ertappt, so soll der Schout dem Schiffer oder Rheder dasjenige, was sie ihm auf die Hand gegeben, wieder zu erstatten schuldig seyn. Dagegen ist er berechtigt, die einem Seefahrenden auf die Hand gegebene Gage, wenn er ihm dafür keine hinlängliche Sicherheit oder Bürgschaft stellen kann, so lange zu sich nehmen, bis er würklich absegelt."

Die übrigen Artikel fordern den Schout auf, das „Reglement" streng zu beachten, räumen ihm für kleinere Vergehen eine Art Schiedsgerichtsbarkeit ein und setzen ihn bei schwereren Fällen für Hilfsdienste der Justiz ein.

Die Absicht dieser neuen Verordnung, die teilweise der schon ausgeübten Praxis hinterherläuft, ist klar ersichtlich: die personelle Seite der Seefahrt und alle damit zusammenhängenden Fragen möglichst eindeutig zu regeln. Bisherige Lücken wurden durch zusätzliche Anordnungen geschlossen oder durch präzisere Formulierungen ausgefüllt und mögliche Vergehen mit fühlbaren Geldbußen bestraft.

Diese juristisch fundierte engmaschige Vorschrift muß auf dem allgemeinen Hintergrund der damaligen Zeit gesehen werden. Unzureichende persönliche Legitimationspapiere, ein stark fluktuierender – teilweise internationaler – Personenkreis, vielfach ohne örtliche Bindung, und fehlende amtlich anerkannte Qualifikationsnachweise für die seemännische Laufbahn hatten hier die Möglichkeit des Mißbrauchs in besonderem Maße eröffnet. Die Reaktion der hiervon betroffenen Gruppen spiegelt sich in diesen Verordnungen wider. Doch es wurden nicht nur die Einstellungsverfahren stärker kontrolliert, sondern auch für das Verhalten an Bord wurde eine Musterrolle sowohl für die Handelsfahrt[105] als auch für die nach Grönland fahrenden Besatzungen[106] gesetzlich vorgeschrieben.

---

104 S. hierzu H. Langenbeck, Anmerkungen . . ., a. a. O., S. 61 f.

105 Die „Revidirte Muster-Rolle" für die Handelsfahrt ist Bestandteil des Reglements für den Wasserschout vom 5. 12. 1766 und abgedruckt bei J. Klefeker, Sammlung der Hamburgischen Gesetze und Verfassungen, Bd. VI., S. 163 f.

106 Die Musterrollen blieben nach Aussage des Artikels 6 des Reglements in doppelter Ausfertigung an Bord. Das ist wohl der Grund, daß sie bei den sonstigen Unterlagen des Wasserschouts im Hamburger Staatsarchiv nicht vorhanden sind. Für die vorliegende Arbeit konnte jedoch eine aus dem Nachlaß des Sylter Kommandeurs Hans Hansen Teunis (Tönnies) jr. stammende Musterrolle eines von Hamburg ausfahrenden Grönlandfahrers herangezogen werden. Sie befindet sich im Sylter Archiv Westerland.

Wir unterschriebene Officiers und Matrosen bekennen, bey Unterzeichnung dieses, uns verhäuret zu haben, auf nachfolgende Conditiones:

Erstlich, daß wir verhäuret sind, um zu fahren mit dem Schiff, genannt: _Die Anna D. Maria,_ Hans Paul Gunger

worauf für: Commandeur commandiret

oder: der durch Veränderung oder Sterbfall in seine Stelle möchte gesetzet werden, daß wir mit dem obgenannten Schiff fahren sollen von dieser Stadt Hamburg nach Grönland, oder _Colless en-halve vaat..ogly behfogtes fagen_ und den Weg wieder zurück nach dieser Stadt, oder wo sonst unser gedestinirter Lösch-Platz seyn wird.

Zum andern, daß die bedungenen Monat-Gelder, wovon wir ein ieder unter uns einen Monat auf die Hand allhier empfangen, und wornach auch die noch verdienenden Monat-Gelder reguliret werden sollen, welche ihren Anfang nehmen, so bald das vorgemeldte Schiff die rothe Tonne passiret und in See ist, und wieder sich endigen, wenn von dem Commandeur oder dessen Reeders abgedanket werden. Wir Partieniers aber bekennen unserm bedungenen Part Wein empfangen zu haben, womit wir friedlich seyn, den Rest aber abzuwarten, was Gott der Allmächtige durch seinen Segen uns bescheren wird.

Zum Dritten soll niemand sich unterstehen, in Grönland, er sey Officier oder Matros, ausser Consens des Commandeurs, eine Schlupe vom Schiff zu nehmen, und damit an ein ander Schiff, oder aus Land zu fahren, bey Strafe sechs Marck Lübisch.

Zum Vierten verpflichten wir uns, wie oben gemeldet, in See zu gehen, wenn es der Commandeur für gut befindet, son-

sonder Gegen-Rede zu gebrauchen, auch auf der Reise im Sund-Werck, als im Eischen, alles fleißig zu thun, was der Commandeur uns commandiret, es mag Namen haben wie es wolle, nach unserm äussersten Vermögen, wie ehrlichen Officiern und Matrosen gebühret, treulich nachzukommen, dem Commandeur nicht zu contradiciren, bey Strafe nach des Commandeurs Gutbefinden.

Zum Fünften ist ein ieder gehalten, sein Quartier zu wachen, auch mit der Schlupe auf der Brand-Wacht zu liegen, es mag Monat-Gelder oder Partienier seyn, sich nicht von seinen Kleidern zu entblößen, auf daß, wenn der Commandeur rufet, in die Schlupe zu fallen, er alsbald parat sey, es mag seyn mit müßig Wetter oder sonst, auf daß die Fischerey dadurch nicht verhindert, noch Schiff und Guth in Gefahr gesetzet werde; so oft ein ieder darwider handelt, soll er, auf des Commandeurs Anfrage, wenn er zu Hause kommt, mit sechs Marck Lübisch gestraft werden.

Zum Sechsten, wenn das Gebeth oder der Gottes-Dienst im Schiff soll verrichtet werden, soll ein ieder sich dabin verfügen, wer darwider handelt, soll iedesmal mit sechs Schilling für die Armen gestraft werden.

Zum Siebenden geloben wir insgesammt, und ein ieder absonderlich, nebst dem gemeldten Commandeur, das Schiff und Guth, nach unserm äussersten Vermögen, gegen alle, so uns Leid thun wollen, helfen zu defendiren und zu beschirmen, als ehrlichen Officiers und Matrosen zustehet und gebühret; da iemand sich hierinn contrair erzeigen würde, soll nicht allein, laut dieser Stadt Rechten, sein wohlverdientes Lohn verlieren, sondern auch an Leib und Leben gestraft werden. Da aber iemand durch Defendirung Schiffs und Guths gequetschet oder verwundet würde, derselbe soll von Schiff und Guth wieder curiret, oder, da der Verwundete damit nicht friedlich, nach dieser Stadt Rechten belohnet werden.

Welche vorgeschriebene Strafen sollen, laut E. E. Raths allhier ordinirten Reglements, an den Wasser-Schout, HINRICH CHRISTIAN MAU, geliefert werden. ::

Das

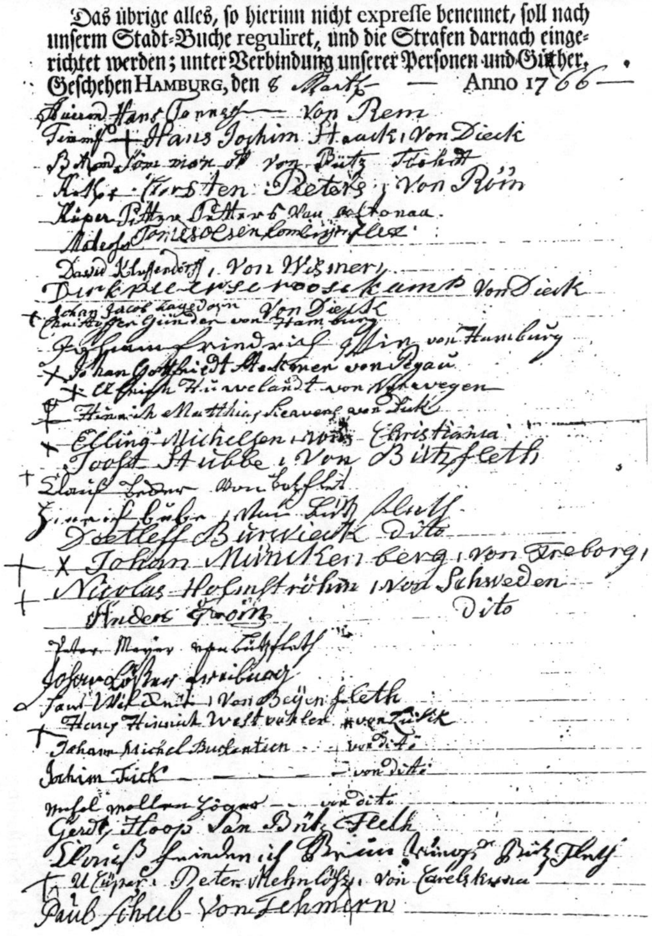
Das übrige alles, so hierinn nicht expresse benennet, soll nach unserm Stadt-Buche reguliret, und die Strafen darnach eingerichtet werden; unter Verbindung unserer Personen und Güther, Geschehen HAMBURG, den 8 Martz — Anno 1766 —

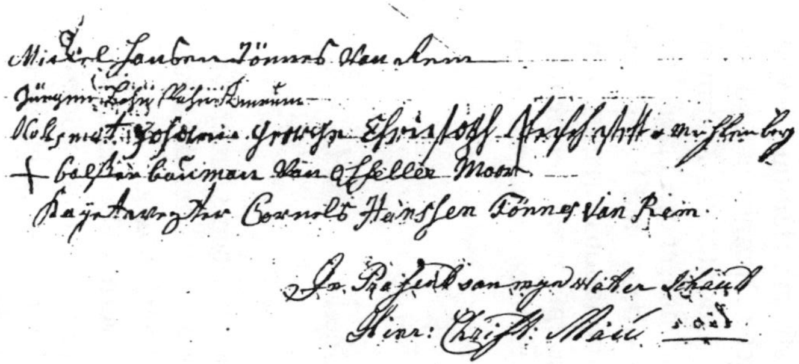

Abb. 6: Musterrolle des Wal- und Robbenfängers „De Anna Maria“, Kommandeur Hans Hansen Teunis von Sylt, vom 8. 3. 1766.
Dieser Katalog von Vorschriften vermittelt zwar einen Einblick, unter welchen besonderen Rechtsnormen das Leben und die Arbeit der von Hamburg nach Grönland fahrenden Seeleute stand, er gibt aber keine Auskunft darüber, wie sich die hier gesetzten Bedingungen zur Wirklichkeit verhielten. Die dominierende Rolle des Kapitäns oder Kommandeurs, des “Masters next God”, wie seine Rolle in der englischen Marine umschrieben wird, hat die soziale Atmosphäre an Bord entscheidend bestimmt.
Quelle: Sylter Archiv Westerland/Sylt

Dieser hier im Faksimile wiedergegebene und für alle auf Hamburger Wal- und Robbenfängern anheuernden Seeleute verbindliche Disziplinar- und Arbeitsvertrag sollte durch eine gesetzlich abgesicherte Autorität des Kommandeurs, durch die Regelung der mit der Heuer zusammenhängenden Fragen und konkrete Aussagen über eine an Bord verpflichtende Arbeits- und Verhaltensnorm mögliche – zu Streitigkeiten führende – Interpretationsvarianten ausschalten, wobei die eigenhändige Unterschrift und die spürbaren Heuereinbußen bei Zuwiderhandlungen sicherlich die Wirksamkeit noch verstärkt haben.

5.2 Die Musterungsprotokolle – Eine Analyse der Quelle

Nachdem die administrativen Voraussetzungen beschrieben worden sind, steht jetzt das eigentliche Quellenmaterial, auf dem im wesentlichen der zweite Teil dieser Untersuchung beruht, im Mittelpunkt der Betrachtung.

Um einen Einblick in die Musterungsprotokolle zu vermitteln, die in ihrer Anlage fast genormt waren, soll ihr schematischer Aufbau anhand von zwei Beispielen – an einem Walfänger durchschnittlicher Größe und an einem auf den Robbenfang ausfahrenden Schiff – verdeutlicht werden.

Das Grundschema eines Anmusterungsprotokolls für Walfänger

Datum:........[107]
Commandeur........Schip[108] de........ Na Groenland op Walfisch Vangst

	(Name)	(Herkunft)	(Angabe d. Bürgen)	(Bedingungen d. Heuer)
2. Steuermann	....	....	....	(Monatsheuer,
3. Speckschneider	....	....	....	Handgeld,
4. Speckschneidermaat	....	....	....	Fischgeld
5. Harpunier	....	....	....	oder/und
6. Harpunier	....	....	....	Anteile am
7. Harpunier u. Bootsmann[109]	....	....	....	Tranertrag)
8. Zimmermann	....	....	....	
9. Zimmermannsmaat	....	....	....	
10. Schiemann[110]	....	....	....	
11. Koch	....	....	....	
12. Oberküper	....	....	....	
13. Unterküper	....	....	....	
14. Meister/Chirurgus	....	....	....	
15.–43. Matrosen	....	....	....	
44. Kochsmaat	....	....	....	
45. Schiffsjunge	....	....	....	

Das Grundschema eines Anmusterungsprotokolls für Robbenfänger[111]

Datum:........
Commandeur........ Schip de........ na Rubben Slaen

	(Name)	(Herkunft)	(Angabe des Bürgen)	(Bedingungen der Heuer)
2. Steuermann	....	....	....	(Monatsheuer,
3. Zimmermann	....	....	....	Handgeld,
4. Bootsmann	....	....	....	Pauschalheuer
5. Koch	....	....	....	für die ganze
6. Küper	....	....	....	Reise und
7.–22. Matrosen	....	....	....	Beteiligungen
23. Kochsmaat	....	....	....	am Fang)
24. Schiffsjunge	....	....	....	

Nachdem nun die Schemata der Protokolle vorgestellt worden sind, soll im folgenden ihre inhaltliche Seite näher untersucht werden, um zum einen den Unterschied zwischen der vom Wasserschout ausgeübten Praxis und den diesem Amt erteilten Vorschriften zu erkennen, zum anderen sollen damit zugleich die Möglichkeiten – aber auch die Grenzen – für die Interpretation der Quelle verdeutlicht werden.

107 Das Ausstellungsdatum ist nicht identisch mit dem Zeitpunkt des Aussegelns, unter Umständen konnten mehrere Wochen dazwischenliegen.
108 Nur in ganz wenigen Fällen ist vom Hamburger Wasserschout die Größe des Schiffes (in Commerzlast [CL]) vermerkt worden. Man kann aber in etwa die Anzahl der Schaluppen berechnen, wenn man für je 7 Besatzungsmitglieder eine ansetzt.
109 Derartige Doppelfunktionen kamen häufig vor (Steuermann u. Harpun., Koch und Harpunier), da für jede Schaluppe ein Harpunier benötigt wurde.
110 Zur Herkunft des Wortes: Friedrich Kluge, Wortgeschichtliches Handbuch deutscher Schifferausdrücke älterer und neuerer Zeit, Kassel 1973, S. 687 f. Über die Tätigkeiten dieses Seemannes liegen folgende Definitionen vor: „Schimmann, der, welcher die inspection auf die Segel und was dazu gehörig, hat", H. Langenbeck, a. a. O., S. 79; „Schieman, ein Schiffs-Officier, hat insonderheit die Aufsicht auf die Anker-Touwen, die Pompen und Reinigkeit des Schiffes", C. G. Zorgdrager, a. a. O., S. 380.
111 Als Beispiel ist hier ein Schiff mittlerer Größe herangezogen worden, das ausschließlich auf den Robbenfang fuhr. Aufgrund wirtschaftlicher Überlegungen wurde dieser Schiffstyp in der Zeit nach 1755 – ein genaues Jahr läßt sich nicht angeben – so technisch und personell umgerüstet, daß er in der Lage war, sowohl auf den Robbenschlag als auch auf den Walfang auszufahren.

71

Die Personennamen und ihre Problematik

Während sich die Verordnung für den Wasserschout von 1691 noch damit begnügte, Namen, Herkommen und Aufenthalt des Seefahrers zu registrieren, verlangte das neue „Reglement" präzisere Angaben zur Person, nämlich den Vor- und Zunamen, das Alter, den Geburtsort und den Nachweis, „in welcher Qualität er etwa schon gefahren". Schon hier kann man feststellen, daß die Vorschrift und die Praxis der Behörde teilweise voneinander abweichen. In zahlreichen Fällen nämlich – und zwar besonders in den ersten Jahren des neuen „Reglements" – weisen die Listen, speziell bei den Grönlandfahrern, erhebliche Lücken auf. Zwar sind die vorgesehene Anzahl der Besatzungsmitglieder und die ihnen zugedachten Funktionen schematisch aufgezeichnet, denn die von der Anzahl her bestimmte Schablone war eine Grundlage für die dem Wasserschout zustehenden Gebühren und somit als Abrechnungsbeleg für den Reeder unbedingt erforderlich[112], aber es fehlen zum Teil die Namen. Die Gründe hierfür sind schon an anderer Stelle aufgezeigt worden.

Besonders auffällig ist es, daß vor allem die Seeleute auf den Grönlandfahrern nicht namentlich aufgezeichnet wurden – man kann sie durch Vergleich erschließen –, die aus dem Herkunftsbereich des Kommandeurs stammten und von ihm wohl schon vorher persönlich angenommen waren[113]. Das trifft sowohl für die aus Nordfriesland als auch für die aus anderen Schwerpunktgebieten stammenden Seeleute – Ameland, Borkum u. a. – zu.

Sicherlich darf man davon ausgehen, daß diese unvollständigen Anmusterungsprotokolle auch ein gewisses Vertrauensverhältnis zwischen den Kommandeuren und dem Schout widerspiegeln, zumal die vom Kommandeur angenommenen Seeleute kein Risiko bedeuteten, da er selbst über ihre Funktion an Bord entschied und ebenso die Bürgschaft für das empfangene Handgeld übernahm.

Daß die Quelle im Laufe der Jahre zuverlässiger wird, ist wohl nicht zuletzt auf die negativen Erfahrungen zurückzuführen, die der Schout mit seiner anfänglichen Buchführung machen mußte. Als dieses Amt nämlich auch personenstandliche Beurkundungen – vor allem Todeserklärungen infolge eines Schiffsuntergangs – vornehmen mußte, fehlten die entsprechenden Unterlagen[114]. Diese Lücken konnten – wie schon erwähnt – zum größten Teil durch die Kontrollisten des dänischen Gesandten geschlossen werden.

112 Die Gebühren für die Ausstellung eines Musterungsprotokolls richteten sich u. a. nach der Anzahl der Besatzung: von 15 bis 20 Mann – 1 Mark 8 Schilling, von 20 bis 30 Mann – 2 Mark 8 Schilling und von 30 bis 50 Mann – 3 Mark 8 Schilling.

113 So berichtet der Föhrer Chronist Peter Jung Peters, a. a. O., S. 46: „Der Theil der Seefahrer, deren Tüchtigkeit im Dienst und Rechtschaffenheit im Betragen und Umgang bekannt geworden war, wurde sehr geschätzt, und viele derselben wurden gewöhnlich sogleich beim Abschiede von der zurückgelegten Reise, oder bald nachher, zum Dienst fürs folgende Jahr wieder angenommen."

114 So verlangte ein Angehöriger eines Schiffsjungen, der 1762 in Hamburg angeheuert hatte und mit der gesamten Besatzung auf der Rückfahrt von Archangelsk ums Leben gekommen war, vom Wasserschout eine Beurkundung dieses Unglücks, damit

Ein weiteres Problem liegt in der Schreibweise der Personennamen. Ebenso wie in der Rechtschreibung, wo fehlende konventionelle Absprachen den Schreibkundigen der damaligen Zeit einen orthographischen Freiraum ermöglichten, waren auch die Personennamen keine standardisierte Größe. Fehlende, von einer informierten Bürokratie ausgestellte Legitimationspapiere waren zweifellos ein entscheidender Grund für die große Bandbreite der Schreibvarianten. So stand der Wasserschout in vielen Fällen vor dem Problem, die ihm mündlich gemachten Angaben – teilweise durch eine niederdeutsche, friesische oder dänische Aussprache gefärbt – schriftlich zu kodieren. Dabei ist noch zu bedenken, daß die regionalen Eigenheiten der Namengebung aus dem Rahmen seines Sprachhorizonts herausfielen. Besonders deutlich wird dieses Problem, wenn der Schout Namen aus dem englischen Sprachraum – wie z. B. Richard – gleichsam in phonetischer Lautschrift mit „Ritscherd" wiedergibt. Doch nicht nur die ausländischen, sondern auch die nordfriesischen Eigenheiten der Namengebung bereiteten ihm genug Schwierigkeiten. Für ihn war es sicherlich das einfachste, wenn er die Namenszettel von den Kommandeuren erhielt. Doch selbst eine derartige Vorlage bot keine Gewähr für eine einheitliche Schreibweise, denn auch die Seeleute selbst gingen nicht gerade kleinlich mit ihren Namen um. Das läßt sich vor allem an den Abmusterungsprotokollen der Handelsfahrt feststellen, bei denen die Seefahrer den Empfang der Heuer eigenhändig quittieren mußten, wobei aber vielfach die Unterschrift von der Schreibweise der Vorlage abwich. So unterschrieb der Sylter Matrose Meinert Lorentzen seine Heuerabrechnung mit „Manne Lorentzen", und der Föhrer Seemann Boy Boyssen quittierte den Empfang seines Geldes mit „Boye Bohnsen"[115].

Doch auch die Kurzformen bestimmter Namen geben diesem Problem eine weitere Variante. So wandelte sich zum Beispiel in einer bestimmten Zeitspanne – vielleicht eine Modeerscheinung – der Name Cornelius (Cornelis) in den Protokollen in Niels oder Nickel um – vor allem bei den Föhrern; oder, um eine entsprechende Erscheinung von Röm aufzuzeigen, aus einem Christian wurde ein Karsten, Carsten, Kersten oder Kresten. Dabei ist noch zu berücksichtigen, daß die Seeleute fast alle mehrere Vornamen hatten, die die Variationsmöglichkeiten noch vergrößerten. So benutzten plötzlich einige Seefahrer, ohne daß ein Grund erkennbar ist, mehrere Vornamen und erschwerten damit ihre Identifikation.

Diese hier aufgezeigten Probleme werden auch dadurch noch vergrößert, weil sie wegen der üblichen patronymischen Namengebung auch ihren Nieder-

---

ein Totenschein ausgestellt werden konnte. Da in diesem Fall aber die Anmusterungsliste nicht vollständig war, konnte der Schout nur bescheinigen, daß der Kapitän „seine Leute bey ihm" angenommen habe und daß darunter nach dem Berichte „des Reeders der Junge befindlich gewesen sein soll, dessen Nahme mir aber wegen schleuniger Abreise des obgedachten Schiffes nicht aufgegeben und also in meinem Protocoll in blanco stehen geblieben"; StAHam, Archiv des Wasserschouts, III A, 20. 7. 1786.

115 Die Beispiele sind entnommen aus den Altonaer Abmusterungsprotokollen von 1764, StAHam, DSt. Altona, Bestand 2, VII, b 1.

schlag in den Familiennamen fanden. Die Beinamen hingegen, seien es Flur- oder Ortsnamen (Duhn, Holm, Kamp) oder Berufsbezeichnungen (Decker, Bagger, Hjuler) und Spitznamen (Leuw, Wandal), bedeuten bei den in Nordfriesland häufig vorkommenden Namensgleichheiten eine große Hilfe, wenn man der sozialen Mobilität wegen Lebensläufe rekonstruieren muß.

Um die hier angesprochene Problematik in einem Teilbereich zu illustrieren und einen Eindruck von der Variationsbreite einzelner Namen zu vermitteln, sollen zwei Beispiele aus dem umfangreichen Material der personenstandlichen Untersuchung vorgeführt werden. So gibt es in den Protokollen des Hamburger Wasserschouts folgende Schreibweisen des in Nordfriesland vorkommenden Familiennamens Boysen: „Booysen, Boyssen, Boyesen, Boisen, Boissen, Beuksen, Boyksen, Bohn, Bohnsen, Boohn, Pohn, Poen, Pon und Poon", und der Familienname Loren(t)zen findet sich in folgenden Variationen: „Laurents, Laurenz, Lawrens, Lawrentz, Lorensen, Lorentzen, Lorenzen, Laurentsen, Laurits, Lauritsen, Laust und Laus."

Generell läßt sich feststellen, daß die Skala der Veränderungen im Verlauf der Zeit etwas abnimmt. Ein Grund hierfür liegt sicherlich in der gesammelten Erfahrung des Wasserschouts – H. Chr. Mau war immerhin fast 37 Jahre im Amt – mit den immer wiederkehrenden Namen. Daneben dürften die zunehmende Bürokratisierung, die besondere Impulse von den Enrollierung dieses Personenkreises bekam, und das Verbot der patronymischen Namensgebung zu den Standardisierungstendenzen beigetragen haben.

Eine weitere Variante zu den nordfriesischen Namen trugen die holländischen Formen bei. Doch bevor weitere Einzelheiten erörtert werden, hier zunächst eine Übersicht über die in den Hamburger Heuerlisten vorkommenden holländischen Namensformen, denen der entsprechende ursprüngliche Name gegenübergestellt wird[116]:

Ursprüngliche Form	*Holländische Form*
Arfst	Adrian
Brar	Barend
Broder	Broer
Erk/Erik/Erig	Dirk/Direk
Früdde	Frederik/Frerk
Gonne	Gerrit
Hay/Hark	Hendrik
Jens	Jan
Jürgen	Jurian
Knut/Knud	Claas
Nahmen	Nanning
Nickel	Cornelis/Cornels
Pay	Pieter
Pave	Paul
Rörd/Rört	Riewert/Rievert
Sönn/Sönne	Simon
Tücke	Teunis/Tönnies
Wögen	Willem

Bei diesem genormten Schema muß ebenfalls berücksichtigt werden, daß alle nur denkbaren Schreibweisen in den Akten des Wasserschouts vorkommen. Daß diese Vornamen auch die übliche patronymische Namengebung mitgemacht haben, kann durch viele Beispiele belegt werden[117]. So finden wir neben dem Jürgen Jürgensen die holländische Form Jurian Juriansen, und zu dem Arfst Arfsten gesellt sich entsprechend Arian Ariansen. Es ist nicht schwer einzusehen, daß durch den Einfluß dieser holländischen Namensformen das Spektrum stark vergrößert wurde. Hinzu kommt, daß dieser Vorgang nicht nach einheitlichen Maßstäben verlief. So finden wir einerseits holländische Familiennamen (Riewerts, Roeloffs, Ariansen), aber friesische Vornamen (Rörd, Nickel, Gonne), andererseits aber auch die holländische Form des Vornamens und einen friesischen Nachnamen. Es geht aber auch aus den Quellen hervor, daß ein und dieselbe Person sowohl unter dem friesischen Namen als auch unter der entsprechenden holländischen Form zu finden ist. So ist es nicht verwunderlich, daß der Hamburger Schout in bestimmten Fällen hinter dem eigentlichen Namen den Alternativnamen in die Protokolle eintrug: Arfst Ketels/Arian Cornelissen oder Rolof/Olof Hansen, Dirch/Erick Rolofs.

In jedem Einzelfall den Hintergrund für den Namenswechsel aufzudecken, ist nicht möglich. Ein Motiv für die „Hollandisierung" nordfriesischer Namen nennt uns der aus Nieblum/Föhr stammende Kapitän Jens Jacob Eschels (1757–1842): „Da ich ... an's Seefahren, von Holland aus, kam, mußte ich auch, so wie alle Föhringer derzeit, einen holländischen Namen haben, denn unsere Föhringer Namen klangen den Holländern nicht gut und sie spotteten darüber, also hieß ich auch auf Holländisch Jan (Jens heißt auf holländisch Jan) Jacobs, und habe ich mich dieses Namens von 1769 bis 1782 beim Seefahren bedient[118]." Sicherlich mögen die von Eschels angeführten Gründe für den Namenstransfer während des Dienstes auf holländischen Schiffen eine Rolle gespielt haben. Doch läßt sich mit diesen Argumenten nicht erklären, daß viele Seefahrer mit ihrer holländischen Namensform in Hamburg anheuerten. Im Gegenteil: In Analogie zu den von Eschels genannten Schwierigkeiten in Holland wäre es eher zu erwarten gewesen, daß sie in Hamburg unter ihrem ur-

116 S. hierzu die Ausführungen von Lorenz Braren, Geschlechter-Reihen St. Laurentii-Föhr, Bd. 1, Husum 1980 (Nachdruck), S. 41 f. Eine entsprechende Untersuchung über „De vernederlandste namen van de Noordfriese schepelingen" liegt aus Holland vor, in: Pieter Dekker, De laatste bloeiperiode van de Nederlandse arctische walvis- en robbenvangst 1761–1775, Zaltbommel, 1971, S. 290 f.
117 Es war üblich, daß der älteste Sohn den Vornamen des Großvaters – väterlicherseits – der zweite den des Großvaters mütterlicherseits und entsprechend die älteste Tochter den Vornamen der Großmutter väterlicherseits und die folgende der Großmutter mütterlicherseits bekam; s. hierzu das Beispiel b. Hugo Krohn, Entwicklung, Aufbau und Zusammensetzung der Sylter Bevölkerung, Kiel 1948 (maschinenschriftl. i. Sylter Archiv, Westerland), S. 80. – 1771 wurde die patronymische Namensgebung für das Hzgt. Schleswig verboten. Feste Familiennamen setzten sich jedoch erst allmählich durch; s. L. Braren, Geschlechterreihen, a. a. O., Teil 1, S. 41.
118 Jens Jacob Eschels, Lebensbeschreibung eines alten Seemannes, a. a. O., S. 2.

sprünglichen Namen in den Protokollen erscheinen. Zweifellos hat hier auch die Tradition eine Rolle gespielt, bei der man nicht mehr über die ursprünglichen Motive reflektierte. Diese konservative Einstellung wurde noch durch das Sozialprestige verstärkt, denn hinter dem Klang des fremden Namens stand eine Nation, die damals zu den führenden Seemächten der Welt gehörte und nicht nur in Nordfriesland in hohem Ansehen stand[119]. Der Name als Statussymbol und die schon angeführten Motive werden die Basis bilden, auf der die Wahrheit dieser sehr differenzierten Erscheinung angesiedelt werden kann.

Diese Aussage läßt sich auf alle Gebiete Nordfrieslands übertragen, wobei der Verbreitungsgrad dieser Namensformen, entsprechend dem zahlenmäßigen Anteil und der zeitlichen Dauer im Dienste der niederländischen Seefahrt, regional sehr unterschiedlich ist. Die Föhrer sind hier eindeutig dominierend, gefolgt von Amrum, Röm, Sylt und in Einzelfällen auch von den Halligen und vom Festland.

Daß auch diese – durchaus legale – Variationsmöglichkeit dem Hamburger Wasserschout die korrekte Erfassung der persönlichen Daten sehr erschwerte, ist schon erwähnt worden. Solange aber keine illegale Absicht damit verdeckt werden sollte, war sie problemlos. Daß es jedoch auch anders kommen konnte, wird in einem späteren Zusammenhang aufgezeigt werden. Aber nicht nur der Hamburger Behörde wurden hierdurch Schwierigkeiten bereitet, auch dem Genealogen im nordfriesischen Raum bringt diese Variationsmöglichkeit der Namen ein neues Hindernis auf dem Wege gesicherter Erkenntnisse. Nicht nur die patronymische Namensgebung, sondern auch der Wechselrahmen verhollandisierter Formen erschweren die Arbeit außerordentlich, so daß in manchen Fällen nur aufgrund von außerhalb der Person liegenden Kriterien (Schiff, Position etc.) die Identität nachgewiesen werden kann.

Aber trotz dieser Schwierigkeiten im genealogischen Bereich wäre das personenstandliche Material im Anhang dieser Untersuchung eine gute Basis, von der aus die Soziolinguistik mit ihrer Perspektive interessante Ergebnisse einbringen könnte. So spiegelt sich die Geschichte Nordfrieslands nicht nur in zahlreichen Lehnwörtern der inselfriesischen Dialekte wider, sondern findet auch – bis in die Gegenwart – ihren sprachlichen Niederschlag in den Namen der Bewohner.

Die Altersangaben

Obwohl das „Reglement" von 1766 die Altersangabe des Seefahrers ausdrücklich verlangte, ist sie in der Praxis erst sehr viel später eingeführt worden. Von einzelnen Ausnahmen abgesehen[120], ist sie bei den Seeleuten der Handels-

---

119 So schreibt der bekannte Kolberger Kapitän Joachim Nettelbeck in seinen Lebenserinnerungen: „. . . unter all unsern Schiffsleuten ‚galt es' für einen Glaubensartikel: daß, wer nicht von Holland aus auf dergleichen Schiffen gefahren wäre, auch für keinen rechtschaffenen Seemann gelten könne" (S. 14).

120 Im Musterungsprotokoll des Walfängers „De Twee Gesüster" von 1786 ist das Alter des von Föhr stammenden Matrosen Nanning Boysen/Namen Bohn (15 Jahre) an-

fahrt ab 1830, bei den Besatzungen der Grönlandfahrer ab 1831 in den Musterungsprotokollen vorhanden. Das Lebensalter wäre nicht nur ein gutes Hilfsmittel zur Identifizierung – besonders bei Namensgleichheit – gewesen, sondern hätte auch Aussagen über die Altersstruktur dieses Personenkreises leisten können.

Wenn der Schout über 60 Jahre diese Vorschrift nicht beachtete und die vorgesetzte Behörde keinen Anstoß daran nahm, muß diese Angabe bedeutungslos gewesen sein. Als der Hamburger Rat das „Reglement" mit der Altersangabe einführte, wollte er wohl verhindern, daß sich junge Leute für ältere ausgaben, um damit Vorteile bei der Einstufung an Bord zu erreichen. Doch die Seefahrt hatte ihre eigenen Kriterien: nicht das Alter war entscheidend, sondern die körperliche Konstitution. So konnte der Föhrer Jens Jacob Eschels trotz mehrjähriger seemännischer Erfahrung keine Heuer als Matrose bekommen, weil er „nur klein von Person war". Er mußte als Kochsmaat fahren[121]. Auch in den „Lebenserinnerungen des Grönlandfahrers und Schiffers Paul Frercksen" von Langeneß wird deutlich, nach welchen Gesichtspunkten ein Kommandeur über die Annahme eines Besatzungsmitgliedes entschied: „Gegen Frühjahr fuhr ich nach der Wyck und lief nach meinem Commandüer Hancke Bohn zu und fragte ihn mit meinem Hut ab, ob ich nicht künftigen Sommer mit ihm könnte für Jung-Matrose mitkommen. Er sprach zu mir: stehe einmal auf und laß mich sehen, ob du auch gewachsen bist. Wie ich das tat, versprach er mich mit ihm zu nehmen[122]."

In einzelnen Fällen konnten diese Altersangaben durch biographische Angaben und durch Datierung mit Hilfe von Grabsteinen rekonstruiert werden[123]. In größerem Umfang jedoch ist das eine Aufgabe, die nur in den einzelnen Herkunftsbereichen der Seeleute gelöst werden kann, soweit dort das entsprechende Quellenmaterial noch vorhanden ist.

Die Ortsangaben

Auch bei den Ortsangaben ist festzustellen, daß sie nicht immer dem „Reglement" entsprechen, das die Nennung des Geburtsortes verlangte. Nach Aussage der untersuchten Protokolle war es der Wohnsitz, der von den Seeleuten angegeben wurde. Denn verlegte z. B. ein nordfriesischer Kommandeur oder Steuermann – fast nur dieser Personenkreis machte Gebrauch davon – seinen Wohn-

gegeben. Vielleicht hängt diese Angabe mit den damals verlangten Freipässen zusammen.

121 Lebensbeschreibung eines alten Seemannes, a. a. O., S. 45.
122 Mitgeteilt von Friedrich Paulsen, kommentiert von Pieter Dekker, in: Nordfriesisches Jahrbuch 1973, NF, Bd. 9, S. 99.
123 Nur in Ausnahmefällen enthält das Kontrollregister des dänischen Gesandten in Hamburg Altersangaben: ein Bootsmann von Röm war 68, ein Speckschneider von Röm war 70 Jahre alt. Für Röm liegen einzelne Angaben über die Altersstruktur der Seefahrer vor; s. hierzu F. J. Falk, Grönlandfahrer der Nordseeinsel Röm, in: Studien und Materialien Nr. 17, Bredstedt 1983, S. 167 ff.

sitz nach Hamburg oder erwarb er das Bürgerrecht oder den Schutzbrief dieser Stadt, so erschien sein Name künftig in Verbindung mit dieser Stadt. Das trifft auch für die seefahrenden Mitglieder einer solchen Familie zu, die dann auch – es handelt sich vor allem um jüngere Seefahrer wie Kochsmaat oder Schiffsjunge – den Wohnsitz des Vaters angaben.

Die Genauigkeit der Ortsangaben ist sehr unterschiedlich. Ihre Bandbreite reicht von den in Hamburg wohnenden, mit der genauen Adresse versehenen Seeleute bis zur globalen Angabe eines Landes, ja sogar eines Kontinents, wenn in einigen Fällen als „Geburtsort" Finnland oder Amerika genannt werden.

Mit einer gewissen Einschränkung lassen sich diese Aussagen auf das in dieser Arbeit untersuchte Gebiet übertragen. Hier erscheint in den meisten Fällen nicht der Ort, sondern die allgemeine Angabe des Inselnamens[124]. Vereinzelt werden jedoch – es handelte sich ja auch nur um wenige Bewohner – die besonderen verfassungsrechtlichen Verhältnisse des Sylter Listlandes berücksichtigt, das nicht zum Amt Tondern, sondern zum Amt Ripen gehörte. Bei den Seeleuten, die aus diesem Gebiet der Insel stammten, wird List als Herkunftsort angegeben.

Wegen der fehlenden differenzierten Ortsangaben bei den Nordfriesischen Inseln lassen die vorliegenden Quellen unmittelbar keine Rückschlüsse auf Rekrutierungsschwerpunkte einzelner Inselorte für die Hamburger Grönlandfahrt zu[125].

Im Gegensatz zu den Inseln sind die Herkunftsangaben bei den Seeleuten des nordfriesischen Festlandes meistens genauer. Nicht nur die Städte Tondern und Husum, sondern auch die kleineren Ortschaften wie Ballum, Hoyer, Emmerleff, Scherrebek, Seiersleff u. a. werden hier genannt. Allerdings muß dabei berücksichtigt werden, daß auch Seefahrer kleinerer Ansiedlungen aus dem Umkreis dieser Orte sich dieser Angaben bedient haben. Doch ist dies keine Erscheinung, die speziell den nordfriesischen Raum betrifft, denn es läßt sich z. B. nachweisen, daß Seeleute aus den kleineren Dörfern der Umgebung Elmshorns wie Lieth, Hainholz, Klostersande und Vormstegen sich meistens unter der Herkunftsbezeichnung Elmshorn in die Protokolle eintragen ließen[126].

124 Die Entwicklung verläuft jedoch nicht ganz einheitlich; während dem Hamburger Wasserschout diese allgemeine Herkunftsangabe genügte, enthält die vom dänischen Gesandten angefertigte Kontrolliste für das Jahr 1796 bei zahlreichen Seeleuten von Föhr und Röm detailliertere Ortsbezeichnungen (Wester-Osterland/Föhr u. Nörre-Sönderland/Röm). Auch hier wird die Enrollierung eine Rolle gespielt haben.

125 Diese Pauschalangaben haben auch eine positive Seite, denn mancher Ort hätte bei der Häufigkeit bestimmter Namen, wegen fehlender Angaben des Kirchspiels und der variablen Schreibweise sicherlich nicht eindeutig lokalisiert werden können.

126 Daß der Hamburger Wasserschout mit seiner Praxis der Herkunftsbezeichnungen keinen Sonderfall darstellt, zeigt sich im Vergleich mit der entsprechenden Behörde Altonas, die in dieser Hinsicht nach dem gleichen Schema verfährt. Erst ab 1816 werden hier die Ortsbezeichnungen bei einem Teil der nordfriesischen Inselbewohner präziser.

Daß auch bei den Ortsangaben die gleichen variablen Schreibweisen wie bei den Personennamen anzutreffen sind, soll am Beispiel Amrum verdeutlicht werden. Von diesem Inselnamen sind folgende Varianten in den Hamburger Anmusterungsprotokollen anzutreffen: Amroa, Amrö, Amrom, Ammern, Amern und Ameröm. Deshalb konnte in einigen Fällen erst durch einen Vergleich – entweder mit einem anderen Protokoll oder mit der Kontrolliste des dänischen Gesandten – die richtige Angabe erschlossen werden.

Die Qualifikationen der angemusterten Seeleute

Weitaus wichtiger als die persönlichen Daten war für die eigentliche Seefahrt die Qualifikation des Angemusterten. Jedes Protokoll gibt daher Auskunft über die Funktion, die er an Bord zu übernehmen hatte. Das Problem bestand nun darin, den richtigen Mann seinen Fähigkeiten entsprechend einzusetzen, und zwar vor Antritt der Reise, denn in der damaligen Zeit gab es im deutschen Seerecht weder vorgeschriebene Ausbildungskriterien noch Prüfungsabschlüsse[127]. Um ein eventuelles Risiko in dieser Hinsicht auszuschalten, gab der Kapitän als der für Schiff und Mannschaft Verantwortliche den Seeleuten den Vorrang bei der Einstellung, über deren Qualifikation – und sei es nur vom Hörensagen verläßlicher Personen – er vorher informiert war. In dieser Einstellung liegt ein weiteres Motiv für den häufig festzustellenden Zusammenhang zwischen der Herkunft des Schiffsführers und einem Teil seiner Mannschaft.

Auch der Reeder, das muß in diesem Zusammenhang erwähnt werden, stand vor der gleichen Problematik, wenn er sein Schiff einem nicht bekannten Seefahrer übergab. Zwar verlangte das Hansische Seerecht von einem Kapitän, „daß er des Compasses, der Seen und Fahr-Wasser kündig seyn, das Schiff zu führen und zu steuern und zu löschen, und das Volck anzuführen und zu regieren müsse[128]", aber über eine entsprechende Prüfungsinstanz, vor der der Nachweis dieser Fähigkeiten erbracht werden könnte, fehlt jeglicher Hinweis. So muß man davon ausgehen, daß auch für diesen Personenkreis – das gilt sowohl für die Kommandeure als auch für die Kapitäne – die persönliche Bekanntschaft mit dem Reeder oder die Fürsprache eines Fachkollegen ihren beruflichen Aufstieg mehr gefördert haben als der Nachweis der oben beschriebenen Fähigkeiten. Daß dieser Vorgang auch durch verwandtschaftliche und lokale Faktoren beeinflußt worden ist, liegt auf der Hand[129].

---

127 Nur im französischen Seerecht war eine Art Examen für die Kapitäne vorgesehen. Voraussetzung war eine fünfjährige Fahrenszeit, dann wurde der Bewerber „. . . wegen seines Verstandes und Wissenschaft in der Seefahrt-Kunst von zwey Schiffer-Alten, in Gegenwart der Officirer der Admiralität öffentlich examiniret und bequem beurtheilet; wann er aber für Steuermann zwey Jahre gefahren könne er ohne weiteres Examen als Schiffer angenommen werden", H. Langenbeck, a. a. O., S. 22.
128 H. Langenbeck, a. a. O., S. 22 f.
129 Daß Herkunft und verwandtschaftliche Beziehungen den Aufstieg in die Kommandeurspositionen entscheidend beeinflußt haben, ergibt sich aus den detaillierten Angaben der anliegenden Dokumentation.

Der Vertreter des Kapitäns oder Kommandeurs war der Steuermann. Von ihm wurde damals, d. h., bevor die öffentlichen Navigationsschulen mit ihren klar umrissenen Lernzielen eingerichtet worden waren, verlangt, daß er „nach Angabe des Compasses und Senkbleyes die ganze Fahrt einrichtet". Er trug die alleinige Verantwortung für die „Haltung des See-Striches", die ihm nur dann abgenommen wurde, wenn ein Lotse an Bord war[130]. Er war ferner verpflichtet, ein „genaues Journal oder Tage-Buch von der ganzen Reise" zu führen „und darinn die Veränderung der Coursen und Winden, nebst den Meile, welche er jedes Etmal fortgesetzet zu haben vermeinet, auch die Breite und Länge, nebst der Abweichung der Magnet-Nadel, die ferner befundene Sande und Tiefen, die betroffenen Nothfälle, besonders auch die Einlaufung in einen Haven... fleißig nieder(zu)schreiben[131]."

Die Anforderungen für die beiden genannten Führungspositionen setzten also neben einer längeren seemännischen Praxis auch Kenntnisse voraus, die nur in einer speziellen theoretischen Ausbildung erworben werden konnten. Es waren die Navigationsschulen, die zunächst noch auf privater Basis den Seeleuten die notwendigen nautischen Kenntnisse beibrachten. Und es ist kein Zufall, daß gerade auf den Nordfriesischen Inseln zahlreiche derartige Ausbildungsstätten – meist von älteren Kapitänen geleitet – vorhanden waren, die in der winterlichen Ruhepause – vor allem in der Grönlandfahrt – den auf den sozialen Aufstieg bedachten Seeleuten die Qualifikationsvoraussetzung vermittelten. In der überdurchschnittlichen Zahl der im 17. und 18. Jahrhundert von den Nordfriesischen Inseln stammenden Kommandeure, Kapitäne und Steuerleute, die in der europäischen Handels- und Grönlandfahrt tätig waren, spiegelt sich die Bedeutung dieser Schulen wider.

Eine etwas niedrigere Position hatte der Bootsmann inne, der teilweise für die Ausrüstung des Schiffes verantwortlich war und das „Unter-Commando" über die Matrosen hatte. Sein Aufgabenbereich erstreckte sich auf das einwandfreie Funktionieren der Takelage. So mußte er sich davon überzeugen, daß „das Schiff mit Tauen, Blöcken und Segeln wohl versehen war", daß die „laufende und stehende Wand" in Ordnung war, und beim Absegeln und Anlegen des Schiffes war er sowohl für den Anker als auch für die richtige technische Durchführung der erteilten Segelanweisungen verantwortlich.

Eine Sonderrolle unter den Schiffsoffizieren – die Zuordnung zu dieser Gruppe ist nicht einheitlich – nimmt der Schiemann ein, der in dem hier untersuchten Zeitraum fast ausschließlich auf den größeren Grönlandschiffen zu finden ist[132]. Über seinen Tätigkeitsbereich liegen sehr unterschiedliche Beschreibun-

---

130 Zitiert nach J. Klefeker, a. a. O., Bd. VII, S. 110 f.
131 Mitunter war auch auf den Grönlandfahrern unter den Matrosen ein Lotse zu finden. Es waren elbkundige Seeleute, die die ganze Reise mitmachten, aber bei der Aus- und Einfahrt auf der Elbe den Kommandeur bei der Navigation unterstützten.
132 In den untersuchten Protokollen der Hamburger Handelsfahrt von 1760–1827 ist kein Schiemann vorhanden. Eine ähnliche Aussage läßt sich auch über Altona machen. Hier ist ebenfalls der Schiemann durchweg in der Grönlandfahrt anzutreffen. Nur in einem Protokoll läßt sich bei einem bewaffneten Handelsschiff das Amt –

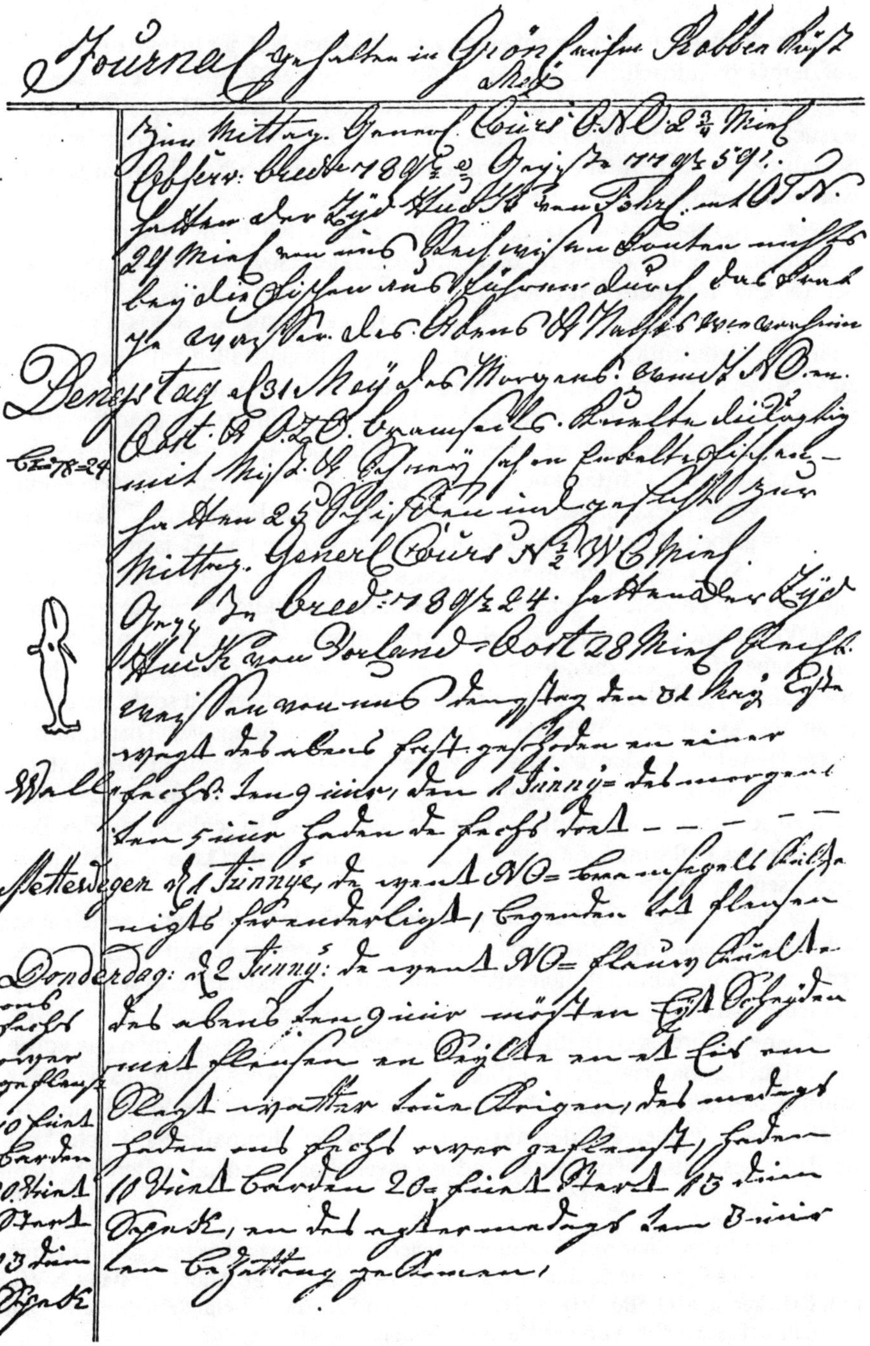

Abb. 7: Seite eines Schiffsjournals, geführt im Jahre 1803 auf dem hamburgischen Grönlandfahrer „De Lillie".
Quelle: Ernst Römer, Aus alten Schiffstagebüchern deutscher Grönlandfahrer, in: Seewart, Heft 5/6, Hamburg 1941

gen vor, doch wenn man sie auf einen gemeinsamen Nenner bringt, dann war er auf den Grönlandschiffen eine Art Magazinverwalter für die Taue, Fässer und sonstigen Gerätschaften. Wenn man die Protokolle in dieser Hinsicht näher untersucht, so gewinnt man in vielen Fällen den Eindruck, daß vor allem ältere Seefahrer, die körperlich den Strapazen einer Walfangreise nicht mehr ganz gewachsen waren, diesen Posten bekamen.

Weniger problematisch dagegen sind die Tätigkeiten des Schiffskochs zu umschreiben. Von ihm verlangte man „die besondere Sorge der Haushaltung des Schiffs und der Speise und des Tranks[133]." Doch darf diese kurze Definition nicht darüber hinwegtäuschen, wie schwierig es damals bei der langen Reisedauer der Grönlandfahrer war, die Mannschaft einigermaßen zufriedenstellend zu versorgen. In dem folgenden Bericht eines Matrosen wird die farblose Definition des Seerechts durch die Schilderung der Praxis illustriert: „Morgens um 4 Uhr grobe Graupen mit etwas Butter zum Frühstück, und so einen Morgen, wie den anderen. Der Mittagsküchenzettel bietet eben so wenig Abwechselung, eben so wenig Leckerbissen dar. Am Sonntage graue Erbsen mit Pökelfleisch; Montags gelbe Erbsen mit Stockfisch; Dienstags graue und Fleisch; Mittwochs gelbe und Stockfisch, Donnerstags eben so; Freitags graue und Fleisch, Sonnabends gelbe und Stockfisch, und so wechseln die leidigen grauen und gelben eine Woche wie die andere. Nur ein paar mahl gab es weiße Bohnen und zweymahl Sauerkraut, und man freut sich mehrere Tage zum voraus, wenn es heißt: etwas anders als Erbsen! . . . Das Brod, der Schiffszwieback, ist schlecht, und oft so alt, daß es ganz von Würmern zerfressen ist. Es sieht aus wie Torf, und muß erst aufgeweicht werden, ehe man es genießen kann. Diese groben Bissen stehen jedem zu Dienste, so oft er Lust hat, aber der Magen muß stark bellen, wenn man zu solchem Brode greift . . . Das Wasser ist eben so schlecht, als das Brod . . . Manches Faß stinkt wie eine Kloake, und dennoch darf kein Tropfen davon vergossen werden[134]."

Aus diesem sehr anschaulichen Bericht über den Tätigkeitsbereich eines Schiffskochs kann man entnehmen, daß dieser Posten nicht mit einer besonderen Qualifikation hinsichtlich einer raffinierten Kochkunst verbunden zu sein brauchte. Mit einigem Geschick und Interesse konnte sich ein Matrose während seiner Fahrenszeit in dieses Gebiet einarbeiten. Analysiert man das vorliegende Quellenmaterial, so ist auffällig, daß der Schiffskoch häufig aus dem Herkunftsgebiet des Mannschaftskaders stammte. Bei den für die Verpflegung zur Verfügung stehenden Zutaten dürfte das Motiv der „heimatlichen Küche" keine Rolle gespielt haben. Der Grund lag zweifellos im sozialen Bereich, denn

wohl in Verbindung mit einer militärischen Funktion – nachweisen; s. hierzu Prot. d. Schiffes Charlotte Sophia v. 1. 11. 1797, StAHam, D. St. Altona, Bestand 2, VII.

133 Klefeker, a. a. O., Bd. VII, S. 112; bei einigen Schiffen der Handelsfahrt sowie auf den Kriegsschiffen wird der Koch als Bottelier bezeichnet.

134 Friedrich Gottlob Köhler, Reise ins Eismeer und nach den Küsten von Grönland und Spitzbergen im Jahre 1801, Leipzig 1820, S. 24 f.; zur kritischen Kommentierung dieser Quelle s. Harald Voigt, in: Nordfriesisches Jahrbuch, NF, Bd. 18/19 (1982/83), S. 155–179.

ähnlich wie bei dem Schiemann war auch dieser Posten dafür geeignet, ältere und körperlich nicht mehr so leistungsfähige Seeleute aus dem Matrosenstand an Bord dieser Schiffe unterzubringen.

Die drei nächsten Funktionen, die an Bord der meisten Walfänger besetzt wurden, der Schiffszimmermann, der Küper (Böttcher) und der Meister (Chirurgus, Doctor) haben alle eine gemeinsame Grundlage. Es handelt sich bei ihnen um Berufe, die an Land gelernt und auch ausgeübt wurden und weitgehend durch das Zunftwesen der damaligen Zeit reglementiert wurden. Das ist auch der Grund dafür, daß in den Seerechten keine Qualifikationsmerkmale dieser Berufsgruppen vorhanden sind. Daß der Wasserschout und auch die Kommandeure bei der Einstellung dieser „Bordhandwerker" überfordert wurden, wenn sie unbekannte Leute dieser Berufsgruppen auf ihre Fähigkeiten prüfen sollten, liegt auf der Hand. Sie lösten dieses Problem, indem sie die zur Anmusterung sich meldenden Bewerber von einem in Hamburg ansässigen Meister der entsprechenden Zunft examinieren ließen.

Der Schiffszimmermann hatte vor allem die Aufgabe, die seiner Ausbildung entsprechenden Reparaturarbeiten an Bord durchzuführen. Besonders bei Havarien – und sie waren damals nicht selten – entschieden mitunter die handwerklichen Fähigkeiten dieses Berufsstandes über das Schicksal von Schiff und Besatzung. Wenn wir in den noch folgenden statistischen Übersichten feststellen, daß zahlreiche Schiffszimmerleute aus dem nordfriesischen Raum stammten, muß man dabei berücksichtigen, daß es sich bei ihnen nicht um zunftmäßig ausgebildete Handwerker handelt, sondern um Leute, die eine Erfahrung aus holzverarbeitenden Tätigkeiten mitbrachten und sich durch eine zusätzliche seemännische Praxis die praktische Qualifikation erworben hatten. Der Meister – er erscheint auch in den Musterungsprotokollen unter der Bezeichnung „Chirurgus" oder „Doctor" – war seiner Ausbildung nach ein Bader. Heuerte ein Mitglied dieses nach Aussage des Quellenmaterials sehr mobilen Berufsstandes auf einem Schiff an, so war es verpflichtet, „seine Kiste mit den nöthigen Medicamenten, Salben, Pflastern, und was dazu gehöret" mit an Bord zu bringen[135]. Weitere Einzelheiten über den Inhalt seiner „Kiste" und die sich daraus zu erschließenden Aufgaben vermittelt das Nachlaßverzeichnis eines während der Grönlandfahrt verstorbenen Meisters: „2 Aderlaß-Schnepper und eine dazu gehörige Binde, eine Tasche mit 3 Barbier-Messer und Streicher und ein Taschenbuch[136]." Um dem Meister die Anschaffung seiner Ausrüstung zu

---

135 Herman Langenbeck, a. a. O., S. 52.
136 Der Meister diente auf dem Wal- und Robbenfänger „De Maria Elisabeth" unter dem Kommandeur Cornelis Petersen Wandal von Röm. Der Nachlaß eines verstorbenen Seemannes wurde an Bord meistbietend versteigert und der Betrag zusammen mit der Abrechnung über die restliche Heuer dem Wasserschout übergeben, der darüber ein Schlußprotokoll anfertigte und die Beträge den Erben auszahlte; zu dem oben genannten Fall s. StAHam, Archiv d. Wasserschouts, III A. (18. 11. 1793). – Die Meister wurden teilweise auch für andere Arbeiten (Bordschreiber, Schaluppenruderer) eingesetzt; s. hierzu Brinner, a. a. O., S. 66, Anm. 1. – Die Mobilität dieses Berufsstandes verdeutlicht die Karte (Abb. 9).

ermöglichen, erhielt er entweder ein höheres Handgeld oder einen Vorschuß speziell für die erforderlichen Ausgaben.

Der „Doctor" ist auf allen größeren Grönlandschiffen zu finden, während die kleineren – meistens waren es Robbenfänger – keinen an Bord hatten. Die geringere Anzahl der Besatzung, die vielfach kürzere Reisedauer und die damit zusammenhängende Frage der Rentabilität können die Gründe gewesen sein, diesen Posten nicht zu besetzen.

Einen ähnlichen Rang im Schema der hierarchisch aufgebauten Musterungsprotokolle nahm der Küper ein, dem auf den größeren Grönlandfahrern noch ein Fachkollege als Unter-Küper zur Seite stand. Sie waren vor allem verantwortlich für die Fässer, die für den Transport von Walspeck und Robbenfellen, aber auch für Trinkwasser, Pökelfleisch und sonstige Verpflegungsvorräte verwendet wurden.

Den größten Anteil an den Besatzungen der Grönlandfahrer stellten die Matrosen, der je nach Größe des Schiffes zwischen 60 und 70 % schwankte. Während ein Handelsschiff gleicher Größe mit etwa 8 bis 10 Besatzungsmitgliedern auskam – die auf Handelsfahrt umgerüsteten Wal- und Robbenfänger geben hierüber eindeutig Auskunft –, hatte es auf der Grönlandfahrt durchschnittlich 40 bis 50 Seeleute an Bord. Daraus läßt sich erkennen, daß ein großer Teil der Besatzung bei der arktischen Seefahrt nicht unbedingt für die eigentliche Seetüchtigkeit des Schiffes erforderlich war, sondern als Hilfskräfte für den Fang eingesetzt werden mußte. Vor allem das Rudern der Schaluppen, der Wachdienst rund um die Uhr und die Verarbeitung des Fangs erforderten diesen hohen Personalaufwand. Unter diesem Gesichtspunkt muß daher die Gruppe der Matrosen differenziert werden, denn der Wasserschout hat sie einheitlich als Matrosen eingestuft[137]. So ist es auch zu erklären, daß die Kommandeure sich nur einen Teil der Matrosen, es waren die qualifizierten, aus ihrem Herkunftsbereich mitbrachten. Sie gehörten zum Kader, der für die Funktionsfähigkeit des Schiffes notwendig war. Die anderen Matrosen brauchten keine besonderen Fähigkeiten mitzubringen. Sie wurden während der Hinreise nach Grönland in die von ihnen zu leistenden Arbeiten von den erfahrenen Seeleuten eingewiesen und ausgebildet. Einen Einblick in diesen Vorgang vermittelt uns der Bericht eines Seilergesellen, der als Matrose auf einem Wal- und Robbenfänger angeheuert hatte, obwohl er das Meer nur vom Hörensagen kannte: „Bei ruhigem Wetter muß der erfahrene Matrose sich mit der jungen Mannschaft über das Tauwerk unterhalten, und sie üben, sich die Nahmen einzuprägen, die jedes Tau, jedes Leinchen hat, das sich nur im Kabelgat – der Platz zwischen Deck, wo das Leinzeug liegt – finden mag[138]."

Die Schlußlichter in der Bordhierarchie bildeten der Schiffsjunge – auch Kajütwächter genannt – und der Kochsmaat, der allerdings schon die erste Stufe

---

137 In den entsprechenden Protokollen der Hamburger und Altonaer Handelsfahrt finden wir die Bezeichnung Jungmann, einen Dienstgrad, der nach dem Kochsmaat kam.

138 F. G. Köhler, Reise ins Eismeer, a. a. O., S. 21.

des Aufstiegs erreicht hatte. Das durchschnittliche Alter der Schiffsjungen lag zwischen 10 und 14 Jahren. Sie hatten weder eine vorgeschriebene Ausbildungsordnung noch eine Abschlußprüfung abzulegen. Neben der allgemeinen Einführung in die seemännischen Tätigkeiten bestand ihre Tätigkeit darin, unter Anleitung Hilfsdienste einfachster Art zu leisten[139]. Nach einer durchschnittlichen Fahrenszeit von einem Jahr konnte der Junge zum Kochsmaat aufsteigen, ohne daß sich der Tätigkeitsbereich und auch die Heuer wesentlich änderten. Zum Schluß der vorliegenden Qualifikationsbeschreibungen sollen die beiden Positionen näher erläutert werden, die ausschließlich auf den Walfängern zu finden sind und dort einen gewichtigen Rang einnehmen. Es handelt sich um den Harpunier – durchschnittlich werden 2 bis 3 in den Protokollen dieser Schiffe genannt – und um den Speckschneider, dem noch ein Speckschneider-Maat für Hilfsdienste zur Seite stand.

Der Harpunier war derjenige, der mit der Wurfharpune aus der Schaluppe heraus den Wal zu erlegen hatte. Hier ist nicht der Platz, die von Abenteuern umrankten Geschichten dieses Berufes wiederzugeben. Nur die wichtigsten Grundlagen dieser Funktion seien genannt: Erfahrung, körperliche Gewandtheit und trainierte Wurftechnik sowie ein gehöriges Maß an Unerschrockenheit. Nach Aussage der Quellen war der Harpuniersposten in den meisten Fällen mit einer höheren seemännischen Funktionsstelle gekoppelt[140]. So finden wir häufig, daß seine Tätigkeit mit dem Zimmermann, Bootsmann, Steuermann, sogar mit dem Koch in Personalunion verbunden war. Nur für eine Kombination zwischen ihm und einem Meister oder Küper gibt es in den Quellen keine Hinweise, was auch erklärlich ist, wenn man sich die schon beschriebenen Berufskriterien vergegenwärtigt.

So war es also durchaus möglich, daß der Steuermann das Schiff bis zum eigentlichen Fangplatz navigatorisch leitete, dann aber bei der Sichtung eines Wals in der Schaluppe für das Harpunieren verantwortlich war. Daß diese Doppelfunktionen auch finanziell überdurchschnittliche Einnahmen erbrachten – vor allem wenn die Fangreisen erfolgreich waren –, beweisen die in den Protokollen festgelegten Heuerbedingungen. Die Bedeutung dieser Position im Walfang wird auch dadurch belegt, daß der Harpunier zu den Schiffsoffizieren gerechnet wurde.

Auch der Speckschneider gehörte diesem Führungskader an. Das mag zunächst etwas Verwunderung hervorrufen, wenn man sich vordergründig auf die Bedeutung des Ausdrucks beschränkt. Aber wenn man sich einmal die sehr de-

---

139 Zu den Tätigkeiten eines Schiffsjungen und Kochsmaats s. Jens Jacob Eschels, Lebensbeschreibung eines alten Seemannes, a. a. O., S. 15 ff.
140 So heißt es z. B. in einer Eingabe der Hamburger Reeder von 1781 an den dortigen dänischen Gesandten: „. . . wenn gleich die Officier verschiedene Nahmen tragen als Commandeur, Steuermann, Bootsmann, Koch, Speckschneider und Harponier, die Vier ersteren dennoch eigentlich auch Speckschneider und Harponiers gewesen seyn müssen, und das Manual dieser function völlig inne haben müssen". StAHam, Cl. VII, Lit. Ke, Nr. 8 a.

taillierten Tätigkeitsbeschreibungen bei C. G. Zorgdrager durchliest[141], die einen Einblick in den komplizierten und gefährlichen Ablauf beim Abspecken eines an der äußeren Bordwand befestigten Wales vermitteln, wird die hohe Bewertung dieses Spezialisten verständlich. Es besteht kein Zweifel, daß er neben dem Flensen – wie das Abspecken des Wales in der Fachsprache bezeichnet wird – auch andere Tätigkeiten an Bord ausgeübt hat.

Wie sich diese Qualifikationen finanziell in den Anmusterungsprotokollen widerspiegeln, wird in dem nun folgenden Abschnitt beschrieben.

Die Heuerbedingungen in der Grönlandfahrt

Bei der Handelsfahrt war die Entlöhnung allgemein so geregelt, daß der Seemann eine feste Monatsheuer mit dem Kapitän oder Reeder vereinbarte, die ihm dann – abzüglich aller Vorschüsse – über den in allen größeren Hafenstädten ansässigen Wasserschout ausbezahlt wurde. So läßt sich auf einfache Weise mit Hilfe der erhaltenen Abmusterungsprotokolle – wie z. B. in Hamburg oder Altona – konkret belegen, was ein Seefahrer in den verschiedenen Positionen in der Handelsfahrt verdient hat. In der Grönlandfahrt sind die entsprechenden Regelungen viel komplizierter. Es ist schon in einem anderen Zusammenhang darauf hingewiesen worden, daß weder von Hamburg noch von Altona Abmusterungsprotokolle angefertigt worden sind. Aus diesem Grunde kann hier nur der Versuch unternommen werden, aus der Vielzahl individueller Varianten die Grundzüge der Verdienstmöglichkeiten in der arktischen Seefahrt aufzuzeigen.

Unter diesem schematisierenden Gesichtspunkt sind von der Bezahlung her drei unterschiedliche Gruppen innerhalb der Besatzung erkennbar: die Part-, Halbpart- und Monatsfahrer.

Nach Aussage der Anmusterungsprotokolle waren die Kommandeure, Steuerleute, Harpuniere und Speckschneider durchweg Partfahrer. Das beinhaltet, daß sie vor Antritt der Reise den schon erwähnten „Pott Win" in unterschiedlicher Höhe erhielten. Es war die einzige sichere Heuer für die gesamte Fahrt. Der weitere Verdienst dieser Gruppe hing von den Fangerträgen ab. Die Anteile konnten sehr unterschiedlicher Art sein. Es war allgemein üblich, daß diese Gruppe von jedem Quardeel Tran eine bei der Anmusterung festgelegte Geldprämie erhielt[142]. Dieser Abrechnungsmodus war natürlich erst dann durchzuführen, wenn der Walspeck in den Tranbrennereien verarbeitet worden war[143].

Eine weitere Beteiligung am Ertrag war das „Fischgeld", das für jeden gefangenen Wal nach vereinbarten Sätzen auf die Partfahrer verteilt wurde. Solange

---

141 Alte und neue Grönländische Fischerei, a. a. O., S. 424 ff.
142 Brinner, a. a. O., S. 68.
143 C. G. Zorgdrager, a. a. O., S. 444: „Die Officier und Partenier, so bei dem Fisch und Faß oder Quartele gedienet haben, bekommen ein jeder etwas auf Rechnung; das übrige, wenn der Speck zu Tran gekochet . . ."

die erlegten Wale – zumindest im Durchschnitt – gewichtig waren, blieb diese Regelung bestehen[144].

Als nun im Verlauf des 18. Jahrhunderts durch die intensive Ausbeute die Wale häufig ein geringeres Gewicht aufwiesen, brachte diese Art der Ertragsbeteiligung finanzielle Nachteile für die Reeder. So wurde ab etwa 1776 in den Anmusterungsprotokollen eine neue Klausel eingeführt, die das „Fischgeld" an einen bestimmten Speckertrag koppelte, der in der Anfangszeit zwischen 30 und 35 Quardeelen Speck schwankte. Ab etwa 1780 aber setzte sich die Regelung durch, daß das „Fischgeld" für 32 Quardeelen gezahlt wurde. Dieser Umrechnungsmodus blieb bis in die 30er Jahre des 19. Jahrhunderts in der Hamburger Grönlandfahrt bestehen. Durch diese Koppelung zwischen „Fischgeld" und Speckertrag war es möglich, daß auch die Robbenfänger in den Genuß dieser Heuerbedingung kamen, denn sie konnten jetzt für ihren Robbenspeck die entsprechende Prämie kassieren. Diese Art der Fangbeteiligung war in der Hamburger arktischen Fischerei zwar vorherrschend, aber in einem Teil der Protokolle ist auch eine andere Regelung hinsichtlich des „Fischgeldes" vereinbart worden, und zwar wurde festgelegt, daß „Voer en Fis, de keen Maatsbaren het, man halff Visgeld betaalt word." Hier zog man also die Größe der Barten als Berechnungseinheit für das „Fischgeld" heran. Die nötigen Sachinformationen hierzu gibt uns der holländische Kommandeur C. G. Zorgdrager: Die Barten (Baarden) „sitzen dem Wallfische inwendig an den obern Lippen rund herum wie eine Reihe Zähne; sind inwendig im Mund ganz rauh wie Haare, hängen auch an beeden Seiten um die Zunge herum voll Haare: daraus werden die Balynen ausgehauen und zu Fischbein verarbeitet." Die Barten, „welche die rechte Länge haben, heissen Maatbarden[145]". Sie mußten etwa 2 m (6 englische Fuß) lang sein, wenn das volle „Fischgeld" bezahlt werden sollte. Im Grunde liefen beide Regelungen auf das gleiche hinaus, denn in den meisten Fällen bestand ein Zusammenhang zwischen der Länge der Barten und der Größe des Wales[146]. Die Besatzung war am Ertrag der Barten nicht beteiligt.

144 Ein Beispiel für die allmähliche Größenabnahme der Wale hat Brinner, a. a. O., S. 28, berechnet. So ergaben

„im Jahre 1674: 520	5/6 Fische	30 129 Q. Speck, dagegen
im Jahre 1697: 520	Fische aber nur	18 798 Q. Speck.
Unterschied:		11 331 Q. Speck."

Die überlieferten Größenangaben bei den Walen schwanken zwischen 130 und 2 Quardeelen Speck.

145 C. G. Zorgdrager, a. a. O., S. 473 f.; zu den Einzelheiten der Bartengewinnung s. ebenda, S. 426 f. u. 477.

146 In diesem Zusammenhang hat Moritz Lindemann, Die arktische Fischerei der deutschen Seestädte (1620–1868), Gotha 1869, S. 68 f. die entsprechenden Berechnungen angestellt. – Auch C. G. Zorgdrager, a. a. O., S. 447 f. weist auf die Relation zwischen der Länge der Barten und dem Tranertrag hin: „Ein Wallfisch, der 45 oder 50 Quartele Tran liefert, giebet gemeiniglich 400 Stücke Maatbaarden, alle mer als 6 Fuß lang." Aber es gab auch Ausnahmen: „. . . sintemal Fische von gleicher Größe bis weilen sehr ungleiche Baarden in der Länge und Schwere liefern" (ebenda, S.

Außer diesen hier aufgeführten Ertragsanteilen gab es auch noch Sonderver-
einbarungen für bestimmte Teile der Besatzung. So erhielt beispielsweise nach
Aussage eines Protokolls derjenige Harpunier, der die Harpune derart in den
Wal schleuderte, daß die anschließende Jagd erfolgreich endete, folgende Vergütung[147]:

„Vor en visch van 40   Vaeten hart[148] Speck en daen boven   40 Schilling
             van 30   tot 40 Vaeten   30 Schilling
             van 20   tot 30 Vaeten   20 Schilling
             van 10   tot 20 Vaeten   10 Schilling
             en daer onder   5 Schilling.“

Doch nicht nur für die Harpuniere, sondern auch für die Speckschneider und
ihre Gehilfen wurden in Einzelfällen noch finanzielle Sonderabsprachen vereinbart, durch die sie für jeden geflensten Wal ein „Schnidergelt" von 10 bzw. 5
Schilling erhielten. Daneben konnte die Besatzung auch noch in Ausnahmefällen mit zusätzlichen Einnahmen rechnen, die nur indirekt etwas mit dem eigentlichen Fang zu tun hatten. Wenn sie nämlich bei der Bergung eines im Eise
verunglückten Schiffes Güter retteten, erhielten sie nach den Vereinbarungen
des „Grönländischen Rechts" eine Prämie[149].

Neben diesen vom Fang oder vom Unglück anderer abhängigen Einnahmen
gab es auch noch die sichere Monatsheuer, die sich im allgemeinen nicht wesentlich von den in der Handelsfahrt gezahlten Sätzen unterschied. War dies die
einzige Einnahmequelle, wurde der Seemann als Monatsfahrer bezeichnet,
wählte er aber einen geringeren Satz als sichere Heuer und setzte nur teilweise
auf das Glück des Fanges, galt er als Halfpartfahrer[150].

Diese hier nur grob skizzierten Heuerabsprachen lassen das komplizierte System der Einkünfte in der Grönlandfahrt sichtbar werden. Es beschränkt sich
nicht nur auf den Hamburger Wal- und Robbenfang, sondern war mit geringen
Abweichungen in der gesamten europäischen Grönlandfahrt üblich.

427). – Zur wirtschaftlichen Nutzung der Barten s. W. Oesau, Schleswig-Holsteins
    Grönlandfahrt, a. a. O., S. 264 f.
147 S. Anmusterungsprotokoll des Walfängers „De Vrou Agneta" unter Kommandeur
    Cornelis Riewerts von Amrum (undat. 1767).
148 Der minderwertige Speck war schwammig oder von Fleischfasern durchzogen. Er
    brachte weniger Tran als der harte Speck.
149 Zu den Einzelheiten s. Brinner, a. a. O., S. 106 f. – Ein einmaliger Fall für eine Ne-
    beneinnahme wird für das Jahr 1752 überliefert. Bei der Ausfahrt entdeckten die
    Besatzungen der beiden Grönlandfahrer „De Frau Margaretha" u. „De twe Gesü-
    ster" unter den Föhrer Kommandeuren Nanning Rieks und Peter Knüttel in der
    Elbmündung „eine große drey Mast Gallijot, ohne Mann und Mauß, mit Ballast
    beladen." Das Schiff wurde von ihnen geborgen und der ihnen nach Seerecht zuste-
    hende Bergelohn auf die beiden Besatzungen verteilt. Alle Offiziere erhielten 50 bis
    60 Mark, die übrigen Seeleute bekamen eine Einheitsprämie von 15 Mark; StA-
    Ham, Hdschr. 263, S. 99 u. Brinner, a. a. O., S. 71, Anm. 1.
150 Vereinzelt kam es auch vor, daß ein Schiffsjunge nur „vor de Kost" die Reise mit-
    machte.

Generell läßt sich nach Durchsicht aller in den Anmusterungsprotokollen enthaltenen Heuerabsprachen sagen, daß vor allem die unmittelbar am Fang beteiligten oder in seemännischen Führungspositionen stehenden Seeleute sich stärker auf das Prämiensystem, auf die „Hoffnung auf den Fang", festlegten als die unteren Dienstgrade, bei denen die sichere Heuer mehr im Vordergrund ihrer Abmachungen stand. Es gibt aber auch Belege dafür, daß sich Seeleute verschiedener Heuergruppen – Part- und Monatsfahrer – zu einer Gemeinschaft zusammenschlossen und ihr Geld nach Abschluß der Reise gleichmäßig aufteilten[151]. Dieser Vertrag zwischen Sicherheit und Risiko sicherte zumindest einen Teil des lebensnotwendigen Unterhalts.

E. Kottmann hat dieses System der Entlohnung als „Lohnreizsystem" charakterisiert und darauf hingewiesen, daß „die Schiffsbesatzung nach den Vorstellungen des abwesenden Kapitaleigners" hinsichtlich ihres Arbeitseinsatzes geleitet wird, „d. h. qua Lohnes die Offiziere zu motivieren, sich selbst und die Mannschaft aufs äußerste anzustrengen, möglichst viele Wale zu erlegen und diese dann möglichst vollständig auszubeuten. Was die Offiziere als Lohnzwang von ihren Reedern zu spüren bekamen, gaben sie an die Mannschaft . . . als unmittelbaren Zwang in Form . . . ‚eiserner Disziplin' weiter; eine schlichte Notwendigkeit für die Offiziere, deren Lohn von den Anstrengungen der Gesamtbesatzung abhing[152]." Alle diese hier aufgezeigten finanziellen Gesichtspunkte bilden einen der Kontexte, unter denen die statistischen Einzeluntersuchungen über die nordfriesischen Seeleute in der Hamburger Grönlandfahrt gesehen werden müssen.

5.3 Die Geschichte der Hamburger Grönlandfahrt von 1757–1781

Nachdem eine Reihe von Voraussetzungen geklärt worden sind, soll der Umfang der Hamburger Grönlandfahrt in dem schon an anderer Stelle begründeten Zeitraum von 1757 bis 1781 skizziert werden. Die Zahl der Ausfahrten zeigte in dem ersten Jahrzehnt von 1757 bis 1767 eine steigende Tendenz: waren es 1757 noch 33 Reisen gewesen, so nahm die Zahl allmählich zu und erreichte mit 54 ausfahrenden Schiffen im Jahre 1767 einen neuen, letzten Höhepunkt in der Hamburger Grönlandfahrt. In den insgesamt zufriedenstellenden Fangerträgen und in der von politischen Krisen unbeeinflußten Epoche werden die Gründe der Konjunktur liegen[153]. In den folgenden vier Jahren konnte sich dieser Hamburger Seefahrtszweig in etwa auf diesem Niveau halten, doch dann begann ab

---

151 Anmusterungsprotokoll des Wal- und Robbenfängers „De Martin" v. 12. 2. 1777.
152 Kottmann, Die nordfriesische Beteiligung am holländischen Walfang, S. 92.
153 In dem gesamten Zeitraum kam es in der Grönlandfahrt nur zu einem Zwischenfall, als 1760 der Robbenfänger „De Martin" unter dem Kommandeur Tönnies Peters von Röm wegen unvollständiger Schiffspapiere von einem französischen Kaper aufgebracht wurde. Das Schiff wurde aber wieder freigegeben und der entstandene Schaden ersetzt; Hdschr. 263, S. 109.

1771 ein allmählicher Abstieg, der sich in uneinheitlichen Schwankungen zwischen 45 und 42 jährlichen Ausfahrten statistisch niederschlug.

Ein stärkerer Rückgang der Grönlandfahrt wurde durch die Katastrophe des Jahres 1777 eingeleitet, als von 45 ausfahrenden Schiffen 7 überhaupt nicht und 2 mit Beschädigungen nach Hamburg zurückkehrten. Ungünstige klimatische Verhältnisse in den Fanggebieten waren die Ursache dieses verlustreichen Jahres. Daß diese Schiffe nicht wieder durch Neubauten ersetzt werden – 1778 sind nur 35 Ausfahrten nachweisbar –, zeigt, daß die Ertragslage keinen Anreiz bot, neues Kapital zu investieren. So ist es auch zu erklären, daß in den Jahren bis 1781 die Zahl der ausfahrenden Schiffe auf 24 zurückging.

Bereits in der vergangenen Epoche hatten wir festgestellt, daß die Hamburger Grönlandfahrt sich auf neue Situationen einstellte, wenn es die wirtschaftliche Notwendigkeit erforderte. So waren der Robbenschlag und die Fahrten zur Davisstraße die Reaktion auf die sinkenden Erträge im Walfang. Auch in diesem Zeitabschnitt sind derartige Veränderungen nachweisbar. Während früher die Walfänger und die Robbenschläger ihre speziellen Fanggebiete aufsuchten, um dort entweder den Walen oder den Robben nachzustellen, wurden ab etwa 1750 in zunehmendem Maße ein Teil dieser Schiffe als kombinierte Wal- und Robbenfänger eingesetzt. Diese Maßnahme sollte das Risiko verkleinern, denn zuerst fuhren diese Grönlandfahrer in die Gebiete, in denen die Robben zu finden waren, und wenn dann die Ertragslage nicht zufriedenstellend war, segelten sie weiter auf den Walfang. Dieser kombinierte Einsatz setzte nicht nur eine entsprechende Veränderung der Schiffe voraus – sie mußten gegen das Treibeis verstärkt werden –, sondern hatte auch Konsequenzen für die Ausrüstung und für die personelle Besetzung.

Diese Umstellung der Hamburger Grönlandfahrt im einzelnen genau zu bestimmen, ist schwierig, denn aus den zurückgebrachten Erträgen ist sie nicht ohne weiteres erkennbar. Wenn ein Schiff nämlich im Robbenschlag ein gutes Ergebnis erzielt hatte, fuhr es nicht mehr auf den Walfang, sondern kehrte mit dieser Ladung nach Hamburg zurück[154]. Auch aus den Anmusterungsprotokollen ist nicht immer ersichtlich, ob es sich um ein Schiff handelte, das für den kombinierten Einsatz vorgesehen war, da der Hamburger Wasserschout das traditionelle Schema seiner Listen erst allmählich den neuen Gegebenheiten anpaßte. Die sicherste Quelle wären hierfür die Schiffsjournale, aber für diese Zeit sind sie uns nicht erhalten[155].

---

154 Die Handschrift 263 führt bis 1772 die Robbenfänger, Walfänger und die in die Davisstraße fahrenden Schiffe getrennt auf. Diese Einteilung wird aber nicht immer den tatsächlichen Gegebenheiten gerecht, wie die Untersuchungen der Besatzungslisten ergeben. Diese Unsicherheit bei der Katalogisierung spiegelt sich in einer Anmerkung dieser Quelle zum Jahre 1770 wider (S. 128): „Da dieß Jahr die mehrest Robbenschlagers auch auf der Fischerey mit außgerüstet worden, so ist die Ursache von der vergrößerten Zahl, die auf Beides ausgerüstet." Nach 1772 verzeichnet die Handschrift die Ausfahrten der Grönlandfahrer nur noch unter den Überschriften „Nach Grönland" und „Nach der Straße-Davied".

Die ersten Hinweise auf diese neue Entwicklung sind in dem schon erwähnten Melderegister des dänischen Gesandten zu finden. In ihm trugen sich Seeleute von Robbenfängern als Harpuniere und Speckschneider ein. Diese Spezialisten des Walfangs sind der sicherste Beweis für die Umstellung auf die neuen Fangmethoden. Auf der anderen Seite ist die Umrüstung eines bisherigen Walfängers auf den Robbenschlag nicht so eindeutig belegbar, denn die auf den Robbenfang spezialisierten Seeleute führten keine besondere Qualifikationsbezeichnung. Das Schlagen dieser Tiere war auch bei weitem nicht so kompliziert wie der Walfang und konnte in kurzer Zeit erlernt werden.

Diese hier aufgezeigten Veränderungen in der Grönlandfahrt verliefen jedoch nicht einheitlich. So gab es noch einige wenige Robbenfänger – es handelte sich wohl meist um Schiffe, die wegen ihrer ungenügenden Größe oder ihres Alters nicht umgerüstet werden konnten –, dann die kombinierten Wal- und Robbenfänger sowie eine kleine Zahl von Schiffen, die nur auf den Walfang östlich von Grönland oder in die Davisstraße fuhren[156].

Auf diesem Hintergrund muß die folgende Analyse über die Beteiligung der nordfriesischen Seeleute gesehen werden.

Abb. 8
Quelle: Handschrift 263 und die Anmusterungsprotokolle des Hamburger Wasserschouts 1761–1839, StAHam

Abb. 8: Die Ausfahrten der Hamburger Wal- und Robbenfänger 1757–1839

155 Zu dieser Zeit war der Steuermann verpflichtet, „. . . ein genaues Journal, oder Tage-Buch, von der ganzen Reise" zu führen; J. Klefeker, a. a. O., 7. Teil, S. 110. Bestimmungen über die Dauer der Aufbewahrung und den Verbleib gab es zu der Zeit noch nicht. Da das Journal als Beweismittel galt, sind auch einige Auszüge aus den Schiffstagebüchern der Grönlandfahrer in den Hamburger Havarieprotokollen enthalten; StAHam, Dispachewesen, 373–4 (ab 1794).

156 Die Beteiligung der Hamburger an den Fahrten zur Davisstraße war in diesem Zeitraum gering. So fuhren von 1757 bis 1781 nur 63 Schiffe in das Fanggebiet.

5.4 Der Anteil nordfriesischer Seeleute an der Hamburger Grönlandfahrt von 1757–1760 und 1761–1781

Der Zeitraum von 1757–1760

Für diese Epoche ist es zum erstenmal möglich, exakte Angaben über den Anteil nordfriesischer Kommandeure zu machen. Überblicken wir das im Anhang II zusammengestellte statistische Material, so können wir feststellen, daß in der Zeit von 1757–1760 über die Hälfte der in der Hamburger Grönlandfahrt tätigen Kommandeure aus Nordfriesland stammte, nämlich

> 1757: 64 %
> 1758: 62 %
> 1759: 56 %
> 1760: 60 %

Bereits im vorherigen Zeitraum hatte sich gezeigt, daß sich innerhalb Nordfrieslands unterschiedliche Schwerpunkte herauszubilden begannen. Sie konnten jedoch wegen des lückenhaften Quellenmaterials nur in ihren Umrissen beschrieben werden. Jetzt liegen konkrete Zahlen vor. Die nordfriesischen Kommandeure kamen hauptsächlich von Röm und Föhr, wie die folgenden Daten beweisen:

	Röm	.	*Föhr*
1757:	39 %		18 %
1758:	41 %		16 %
1759:	37 %		16 %
1760:	43 %		14 %

Mit weitem Abstand folgten Amrum mit gleichbleibenden 3 % und Sylt, das 1757 und 1758 ebenfalls noch mit 3 % beteiligt war, dann aber von 1759 bis 1772 keinen Kommandeur für Hamburg mehr stellte. Von den Halligen, vom nordfriesischen Festland und Helgoland sind keine Kommandeure in der Hamburger Grönlandfahrt tätig. Daß diesen Kommandeuren eine ihrer Anzahl und ihrem Herkunftsgebiet entsprechende Zahl von Seeleuten nach Hamburg folgt, wird in dem statistischen Material – auch wenn es für diesen Personenkreis nicht ganz vollständig ist – deutlich erkennbar. Die Größenordnung dieser Wanderbewegung ist aber erst von 1761 an zahlenmäßig exakt zu belegen.

Der Zeitraum von 1761–1781

Auch die Statistik (s. S. 93) zeigt, daß – mit Ausnahme von 1768 – Nordfriesland von 1761 bis 1777 über die Hälfte aller Hamburger Kommandeure stellte. Erst ab 1778 wurde dieser Wert unterschritten. Die Gründe hierfür lagen in dem unglücklichen Verlauf der Fangsaison von 1777. Von den sieben Schiffen, die nicht zurückkehrten, wurden fünf von Kommandeuren der Insel Röm befehligt. Zwar setzten einige von ihnen – vier haben die Katastrophe überlebt – die Fangreisen wieder fort, aber insgesamt ging wegen fehlender Rentabilität

Der prozentuale Anteil nordfriesischer Kommandeure

| Jahr | Gesamtanteil in % | Anteil der Herkunftsgebiete in % | | | |
		Röm	Föhr	Sylt	Amrum
1761	58	39	17	–	3
1762	61	46	10	–	5
1763	66	50	10	–	5
1764	63	46	12	–	5
1765	57	42	11	–	4
1766	54	42	11	–	–
1767	52	39	11	–	2
1768	49	38	9	–	2
1769	53	41	9	–	2
1770	57	43	12	–	2
1771	55	41	12	–	2
1772	59	40	14	2	2
1773	51	33	15	2	–
1774	52	39	11	2	–
1775	52	36	14	2	–
1776	53	40	11	2	–
1777	51	38	11	2	–
1778	46	31	11	3	–
1779	38	26	10	3	–
1780	41	27	10	3	–
1781	42	29	8	4	–
∅	53	38	11	1	2

die Zahl der ausfahrenden Schiffe zurück, so daß auch für die Nordfriesen die Aufstiegschancen zum Kommandeur geringer wurden.

Auch die schon vorher festgestellten Schwerpunkte für die Herkunft der Kommandeure blieben in diesem Zeitraum bestehen. Röm kann wiederum den dominierenden Anteil aufweisen, der zwischen 50 % und 26 % schwankt, gefolgt von Föhr, das 8 % bis 17 % aller Hamburger Kommandeure stellte. Im Gegensatz zu Röm ist bei den Föhrern kein Rückgang nach 1777 festzustellen, da ihre Schiffe von der Katastrophe nicht betroffen wurden.

Daß ab 1772 die Insel Sylt wieder einen Kommandeur stellte, mag zunächst erstaunlich erscheinen. Es handelt sich aber um keinen neuen Einstieg, sondern dahinter verbirgt sich ein Wechsel des Wohnortes. Es war der schon seit längerem in der Hamburger Grönlandfahrt tätige Kommandeur Hans Hansen Teunis von Röm, der durch Heirat mit einer Sylterin auf die Insel zog[157].

Am Beispiel Amrums läßt sich zum erstenmal detailliert nachweisen, wie sich hier der Prozeß des Ausstiegs aus der Grönlandfahrt vollzog. Bis 1772 standen noch ein bis zwei Schiffe unter dem Kommando von Amrumern. 1765 zog sich der eine – Peter Riewerts – aus der Hamburger Grönlandfahrt zurück. Der

157 Zu den Einzelheiten und den entsprechenden Quellen s. d. Dokumentation.

andere unternahm mit seinem Walfangschiff 1766 eine Handelsfahrt nach Archangelsk, fuhr aber in den folgenden Jahren wieder ins Eismeer. Diese Entwicklung spiegelt sich in der statistischen Übersicht wider, in der der Anteil der Amrumer Kommandeure zwischen 0 und 5 % schwankt. Obwohl die Erträge dieses Schiffes im großen und ganzen nicht schlecht waren, muß zwischen Reeder, Kommandeur und auch Teilen der Besatzung Einigkeit darüber geherrscht haben, daß in der Handelsfahrt eine größere Rentabilität zu erreichen sei; denn ab 1773 wurde das Schiff in der Archangelskfahrt eingesetzt. Der Kommandeur blieb – als Kapitän – an Bord und nahm das Hamburger Bürgerrecht an. Einige Amrumer Seeleute der alten Stammbesatzung machten die Handelsfahrten mit, denen sich weitere Seeleute dieser Insel anschlossen[158]. Damit war der letzte Amrumer Kommandeur – es war Cornelis Riewerts – aus der Hamburger Grönlandfahrt ausgeschieden. Als Tätigkeitsbereich spielte sie für die Amrumer Seeleute nur noch eine ganz geringe Rolle.

Von den Halligen, dem nordfriesischen Festland und von Helgoland waren wiederum keine Kommandeure in Hamburg tätig.

Der prozentuale Anteil nordfriesischer Steuerleute

Jahr	Gesamtanteil in %	Anteil der Herkunftsgebiete in %			
		Röm	Föhr	Sylt	Amrum
1761	58	39	17	–	3
1762	59	38	13	2	5
1763	66	50	11	–	5
1764	67	46	16	–	5
1765	62	42	17	–	2
1766	60	44	15	–	–
1767	59	39	18	–	2
1768	58	38	21	–	–
1769	62	41	19	–	2
1770	67	43	22	–	2
1771	63	41	20	–	2
1772	71	45	24	–	2
1773	67	38	29	–	–
1774	66	41	25	–	–
1775	66	41	25	–	–
1776	67	44	22	–	–
1777	60	44	15	–	–
1778	51	34	17	–	–
1779	55	32	22	–	–
1780	65	31	34	–	–
1781	62	33	29	–	–
∅	55	35	18	0,1	1

158 Von den elf für die Handelsfahrt angeheuerten Seeleuten stammten sieben von Amrum; Anmusterungsprotokoll v. 8. 5. 1773; s. hierzu auch die Angaben in der Dokumentation.

Welcher Zusammenhang zwischen dem Anteil der Kommandeure und den übrigen im Wal- und Robbenfang tätigen nordfriesischen Seeleuten besteht, sollen die folgenden Untersuchungen zeigen. Dabei werden sowohl einzelne Dienstgrade als auch besondere Gruppen der Besatzungen detailliert aufgeführt werden müssen, um ein differenziertes Ergebnis zu erzielen.

Hatten schon die Kommandeure einen sehr hohen Anteil an der Hamburger Grönlandfahrt, so liegen die entsprechenden Werte bei den nordfriesischen Steuerleuten noch höher. In den Jahren von 1764[159] bis 1781 stellten sie durchschnittlich 61 % aller Steuerleute auf den Wal- und Robbenfängern der Hansestadt, wobei der niedrigste Wert (1778) 51 % – eine Folge der vorherigen Katastrophe – und der höchste Wert (1772) 71 % betrug.

Es muß hierbei herausgestellt werden, daß alle aus Nordfriesland stammenden Kommandeure immer einen Steuermann aus ihrer Region an Bord hatten. Ohne Ausnahme waren die Herkunft des Kommandeurs und des Steuermanns bei dem hier untersuchten Personenkreis identisch.

Daraus ergibt sich, daß der über dem Prozentwert der Kommandeure liegende Anteil von Steuerleuten – er schwankt zwischen 4 % und 24 % – sich auf Schiffen anheuern mußte, die nicht von Landsleuten kommandiert wurden[160]. Während bei den Steuerleuten, die sich auf den von ihren nordfriesischen Landsleuten kommandierten Schiffen anheuerten, oft familiäre oder zumindest lokale Protektion behilflich war, werden es die auf den übrigen Grönlandfahrten dienenden Steuerleute weitaus schwerer gehabt haben, diese Position zu bekommen. Hier wird in den meisten Fällen die besondere Qualifikation den Ausschlag für den sozialen Aufstieg gegeben haben.

In dem hohen Anteil von Steuerleuten – und das gilt auch für den Kreis der Kommandeure – spiegelt sich zum einen der Wille wider, einen Führungsplatz in der Bordhierarchie zu bekommen, wobei erst die Qualifikation zum Steuermann den Weg zur Kommandobrücke frei machte[161]. Zum andern haben auch die Navigationsschulen auf den Nordfriesischen Inseln dazu beigetragen, um den Seeleuten diesen sozialen Aufstieg zu ermöglichen. Die hohe Quote dieses für den Kommandeursposten fachlich qualifizierten Personenkreises macht zu-

---

159 In den Daten für diesen Personenkreis sind bis 1763 einige Lücken vorhanden, daher sind die Werte ab 1764 eingesetzt worden.

160 Das Mehr an Steuerleuten gegenüber den Kommandeuren gleicher nordfriesischer Herkunft betrug: 1764: +4 %, 1765: +5 %, 1766: +6 %, 1767: +7 %, 1768: +9 %, 1769: +9 %, 1770: +10 %, 1771: +8 %, 1772: +12 %, 1773: +16 %, 1774: +14 %, 1775: +14 %, 1776: +14 %, 1777: +9 %, 1778: +5 %, 1779: +17 %, 1780: +24 %, 1781: +20 %.

161 So gibt Jens Jacob Eschels, a. a. O., S. XII seinen Söhnen den Ratschlag: „Auch rathe ich dir vor allen Dingen: lerne die Navigation oder Steuermannskunst, ... Denn ohne diese kannst du ja nie höher avanciren als zum Bootsmann, oder wenn du ein Handwerk gelernt hast, kannst du auch nicht höher kommen als Zimmermann, Küper oder Segelmacher; hast du aber die Steuermannskunst gelernt, dann kannst du in allen Fächern des Schiffsdienstes dich empfehlen."

gleich den Optimismus deutlich, mit dem man auf die Entwicklung der Hamburger Grönlandfahrt setzte.

Auch bei den Steuerleuten sind regionale Unterschiede erkennbar. So ist für Röm bis 1771 die Anzahl der Kommandeure und Steuerleute fast identisch, und auch in den Jahren bis 1781 verändert sich das Verhältnis zugunsten der Steuerleute um 2 % bis 6 %. So finden wir auch nur wenige dieser Schiffsoffiziere auf Grönlandfahrern, die von außerhalb Nordfrieslands stammenden Kommandeuren befehligt wurden. In stärkerem Maße drängten die Föhrer in diese Position, denn in der Zeit von 1761 bis 1781 waren durchschnittlich 9 % mehr Föhrer Steuerleute als Kommandeure dieser Insel in der Arktischen Seefahrt beschäftigt[162].

Nur ein Sylter Steuermann war noch 1762 in der Hamburger Grönlandfahrt beschäftigt, und selbst der ab 1772 auf der Insel wohnende Kommandeur Hansen Teunis hat die Statistik nicht positiv beeinflußt, denn er holte sich seinen Steuermann von seiner Heimatinsel Röm.

Für Amrum läßt sich feststellen, daß mit den Kommandeuren sich auch die Steuerleute aus der Grönlandfahrt zurückziehen. Nach 1772 war keiner mehr von ihnen dort tätig.

Der prozentuale Anteil nordfriesischer Schiffszimmerleute (einschließlich Maate)

Jahr	Gesamtanteil in %	Anteil der Herkunftsgebiete in %				
		Röm	Föhr	Sylt	Amrum	Nordfr. Festld.
1761	21	17	–	2	–	2
1762	20	18	2	–	–	–
1763	33	33	–	–	–	–
1764	33	27	2	2	2	–
1765	19	18	1	–	–	–
1766	18	17	1	–	–	–
1767	17	17	–	–	–	–
1768	18	15	1	1	–	1
1769	14	10	–	–	–	4
1770	11	8	3	–	–	–
1771	10	8	1	–	–	1
1772	18	11	5	–	1	1
1773	17	9	7	1	–	–
1774	17	11	5	–	–	1
1775	18	13	4	–	–	–
1776	19	10	7	–	–	1
1777	16	9	7	–	–	–
1778	14	5	7	–	2	–
1779	19	4	13	–	2	–
1780	23	8	12	–	2	–
1781	21	–	21	–	–	–
∅	19	12	5	0,3	0,4	0,5

162 Hierzu einige Daten: 1774 waren 18 % mehr Föhrer Steuerleute als Föhrer Kommandeure in Hamburg tätig; 1780 waren es sogar 24 %.

Von den Halligen, dem nordfriesischen Festland und von Helgoland hat sich kein Steuermann auf einem Hamburger Wal- und Robbenfänger verheuert.

Obwohl die Schiffszimmerleute und die ihnen als Helfer zugewiesenen Maate zum Kader des Schiffes gehörten, den der Kommandeur vorwiegend aus seinem Herkunftsbereich rekrutierte, lag ihr durchschnittlicher Anteil von 19 % weit unter dem der Kommandeure, die, wie bereits aufgezeigt, im Durchschnitt 50 % der Hamburger Grönlandfahrer befehligten. Den Grund für diese relativ geringe Beteiligung haben wir in der wirtschaftlichen Struktur der Nordfriesischen Inseln zu suchen, in der größere Schiffsbaubetriebe fehlten. Somit konnte hier kein qualifizierter Schiffszimmermann ausgebildet werden. Wenn trotzdem die Nordfriesen in dem schon beschriebenen Umfang in dieser Position tätig waren, werden sie eine handwerkliche Ausbildung gehabt haben, die den auf den Schiffen erforderlichen Tätigkeiten in etwa entsprach. Die lokale Protektion von seiten der Kommandeure wird dort ihre Grenzen gehabt haben, wo die Sicherheit des Schiffes und der Besatzung in Notfällen hätte gefährdet werden können. Denn gerade bei Havarien – und die waren in der Grönlandfahrt nicht selten – wurden die Qualifikationen des Schiffszimmermanns besonders gefordert. Diese sich an der sachlichen Notwendigkeit orientierende Einstellungspraxis spiegelt sich in den Anmusterungsprotokollen wider, nach denen die Schiffszimmerleute aus den Orten kamen, in denen eine größere Schiffsbauindustrie vorhanden war: Hamburg, Altona, Lübeck usw.

Auch bei den Schiffszimmerleuten war der Anteil innerhalb Nordfrieslands regional unterschiedlich. Den Schwerpunkt der Rekrutierung mit durchschnittlich 12 % bildete Röm, während Föhr 5 % als Durchschnittswert aufweisen konnte. Es fällt in der Statistik auf, daß diese Insel in den Jahren von 1761 bis 1771 entweder keinen oder nur in den Grenzen von 1 % bis 3 % Zimmerleute stellte. Ab 1772 wuchs dieser Anteil fast stetig und erreichte 1781 die Größe von 21 %. Hinter diesem Zuwachs, der auch bei den anderen Föhrer Statistiken zu bemerken ist, steckt zweifellos eine Anzahl Föhrer Seeleute, die in der zurückgehenden holländischen Grönlandfahrt keine Beschäftigung mehr fanden und nun ihr Glück in Hamburg suchten, wobei die Kommandeure dieser Insel den Ortswechsel erleichtert haben dürften.

Mit einem durchschnittlichen Anteil von 0,3 bzw. 0,4 % nehmen die Schiffszimmerleute von Sylt und Amrum nur noch einen geringen Platz in der Hamburger Grönlandfahrt ein. Zum erstenmal ist durch diesen Personenkreis das nordfriesische Festland mit einem Anteil von 0,5 % in der Hamburger Grönlandfahrt vertreten.

Nur die Halligen und Helgoland stellten während des gesamten Zeitraumes keinen Schiffszimmermann für die Wal- und Robbenfänger der Hansestadt.

Während der durchschnittliche Anteil nordfriesischer Kommandeure bei 50 % lag, weisen die Durchschnittswerte von 1761 bis 1781 bei den Bootsleuten 40 % und bei den Schiffsköchen 38 % auf. Obwohl beide Funktionsstellen zur Stammbesatzung eines Grönlandfahrers gehörten, hatte also der nordfriesische Kommandeur nicht immer einen Bootsmann oder Koch seiner Herkunftsregion an Bord. Sicherlich wird der Kommandeur sich bemüht haben, diese Seeleute aus seiner Umgebung anzuheuern, so daß von dieser Seite keine Hin-

Der prozentuale Anteil nordfriesischer Bootsleute und Schiffsköche

| | Gesamtanteil in % | | Anteil der Herkunftsgebiete in % | | | | | | | | | |
| | | | Röm | | Föhr | | Sylt | | Amrum | | Festld. | |
Jahr	Bootsl.	Köche	BtL.	Kö.	BtL.	Kö.	BtL.	Kö.	BtL.	Kö.	BtL.	Kö.
1761	47	44	28	25	11	8	3	3	5	5	–	3
1762	43	41	28	26	10	5	–	2	5	5	–	2
1763	39	50	31	37	5	8	–	–	–	3	3	3
1764	46	42	37	32	5	5	–	–	5	5	–	–
1765	45	38	34	25	6	6	–	–	4	6	–	–
1766	38	44	31	33	6	11	–	–	–	–	2	–
1767	41	41	26	28	11	5	2	–	2	4	–	4
1768	45	40	32	28	11	6	–	2	2	2	–	2
1769	36	41	26	32	7	6	–	2	2	2	–	–
1770	37	43	24	26	12	8	–	2	–	2	–	4
1771	41	45	28	26	12	12	–	2	–	2	–	2
1772	48	45	28	28	17	12	–	2	–	2	2	–
1773	48	42	24	24	15	15	–	2	–	–	–	–
1774	41	41	25	29	14	9	–	2	–	2	–	–
1775	41	39	32	27	9	7	–	–	–	2	–	2
1776	42	35	33	27	9	4	–	–	–	–	–	4
1777	42	27	33	24	7	2	–	–	–	–	2	–
1778	34	23	23	20	11	3	–	–	–	–	–	–
1779	26	29	16	19	10	6	–	3	–	–	–	–
1780	31	27	24	21	3	7	–	–	–	–	3	–
1781	33	29	17	21	17	8	–	–	–	–	–	–
∅	40	38	28	26	10	7	0,2	1	1	2	0,6	1

dernisse vorhanden waren. Es muß also allgemein an den Positionen gelegen haben, wenn die einheimischen Seeleute ihnen gegenüber eine gewisse Reserviertheit an den Tag gelegt haben. So mag es ein Grund für die fehlende Attraktivität gewesen sein, daß der Bootsmann als Vorgesetzter der Matrosen es nicht leicht gehabt haben wird, über eine größere Anzahl von teilweise unbefahrenen, bunt zusammengewürfelten Seeleuten das Kommando zu führen. Die Handelsfahrt hatte wegen der wesentlich geringeren Mannschaft – und gesicherter Heuer – weitaus bessere Bedingungen zu bieten. Auch der Schiffskoch wird angesichts seiner Verpflegungsvorräte nicht immer von der Mannschaft mit Lobreden bedacht worden sein, und schon gar nicht war er in der Lage, heimische Kost zu servieren.

Auch bei diesen Seeleuten lagen die Schwerpunkte ihrer Herkunft bei Röm (Bootsleute: 28 %, Schiffsköche: 26 %) und Föhr (Bootsleute: 10 %, Schiffsköche: 7 %). Mit weitem Abstand folgen Amrum (Bootsleute: 1 %, Schiffsköche: 2 %), Sylt (Bootsleute: 0,2 %, Schiffsköche: 1 %) und das nordfriesische Festland (Bootsleute: 0,6 %, Schiffsköche: 1 %).

Von den Halligen und von Helgoland waren in diesem Zeitraum keine Bootsleute und Schiffsköche in der Hamburger Grönlandfahrt tätig.

Der prozentuale Anteil nordfriesischer Schiemänner

| Jahr | Gesamtanteil in % | Anteil der Herkunftsgebiete in % | | | | |
		Röm	Föhr	Sylt	Amrum	Nordfr. Festld.
1761	44	–	28	5	11	–
1762	50	5	28	5	11	–
1763	44	–	19	6	18	–
1764	31	–	26	–	5	–
1765	27	–	18	–	9	–
1766	32	–	32	–	–	–
1767	30	–	26	–	4	–
1768	35	–	29	–	–	6
1769	18	–	18	–	–	–
1770	20	–	17	–	3	–
1771	16	–	12	–	3	–
1772	24	–	20	–	4	–
1773	21	–	21	–	–	–
1774	15	–	11	4	–	–
1775	27	–	20	3	3	–
1776	13	3	10	–	–	–
1777	16	3	13	–	–	–
1778	17	–	17	–	–	–
1779	13	–	13	–	–	–
1780	9	–	9	–	–	–
1781	11	5	5	–	–	–
∅	24	0,5	19	1	3	0,3

Auch bei den Schiemännern, die „insonderheit die Aufsicht auf die Anker-Touwen, die Pompen und die Reinigkeit des Schiffes" hatten[163], lag mit durchschnittlich 24 % der nordfriesische Anteil verhältnismäßig niedrig. In der Statistik fällt auf, daß Röm – sonst durchweg dominierend – nur durchschnittlich 0,5 % dieser Gruppe stellte und sogar noch von Sylt (1 %) und Amrum (3 %) übertroffen wurde. Den regionalen Schwerpunkt für die Herkunft dieser seemännischen Position bildete Föhr mit einem Durchschnitt von 19 %.

Der Grund für das auf den ersten Blick überraschende Ergebnis liegt in der unterschiedlichen Aufgabenstellung in der Grönlandfahrt. Die Kommandeure von Röm fuhren – wie bereits aufgezeigt – fast ausschließlich auf den Robbenschlag. Ihre Boote waren meistens kleiner als die der Walfänger und hatten keinen Schiemann an Bord[164].

163 C. G. Zorgdrager, a. a. O., S. 480.
164 Die Schiffsgröße ist bis 1780 nicht vom Hamburger Wasserschout vermerkt worden. Einen Einblick in die Größenverhältnisse der Grönlandschiffe vermittelt das Verzeichnis der von Hamburg auslaufenden Wal- und Robbenfänger ... für das Jahr 1781 im Anhang dieses Bandes.

Und auch als die Schiffe für den kombinierten Einsatz im Robbenschlag und Walfischfang umgerüstet wurden, fand die Position des Schiemanns keinen Eingang in die Mannschaftsaufstellung. Da also dieser seemännische Dienstgrad auf den unter den Kommandeuren der Insel Röm fahrenden Schiffen nicht vorhanden war, konnte er auch nicht mit Landsleuten besetzt werden. Die von Röm stammenden Schiemänner waren durchweg auf Schiffen tätig, die nicht von den Kommandeuren dieser Insel befehligt wurden[165].

Bei den Föhrer Kommandeuren hingegen, die mit den größeren Schiffen nach Grönland fuhren, gehörte der Schiemann zur Stammbesatzung und wurde infolgedessen meistens von der Insel angeheuert.

Vom nordfriesischen Festland war nur einmal ein Schiemann in Hamburg tätig. Die Halligen und Helgoland waren auch diesmal wieder nicht vertreten.

Nach den Steuerleuten mit durchschnittlich 62 % hatten die Harpuniere und Speckschneider, die unmittelbar am Fang und der Verarbeitung der Wale betei-

Der prozentuale Anteil nordfriesischer Harpuniere und Speckschneider

| | Gesamt-anteil in % | | Anteil der Herkunftsgebiete in % | | | | | | | | | | Nordfries. Festld. | |
| | | | Röm | | Föhr | | Sylt | | Amrum | | Hall. | | | |
Jahr	Hp.	Sp.	Hp.	Sp.	Hp.	Sp.	Hp.	Sp.	Hp.	Sp.	Hp.	Sp.	Hp.	Sp.
1761	41	43	–	5	33	30	2	–	6	8	–	–	–	–
1762	39	40	–	5	21	22	8	3	10	11	–	–	–	–
1763	35	35	–	–	22	23	–	–	12	12	–	–	–	–
1764	63	46	25	5	26	25	2	5	10	9	–	–	–	2
1765	48	40	17	6	22	28	1	–	6	6	–	–	–	–
1766	43	45	9	2	31	36	1	4	1	4	–	–	–	–
1767	57	60	13	6	40	43	1	1	2	8	–	–	–	1
1768	57	81	9	14	39	62	6	3	4	1	–	–	–	–
1769	61	69	21	5	38	50	–	9	2	2	–	1	–	1
1770	57	70	10	4	41	56	1	6	4	2	–	–	–	1
1771	60	63	16	3	39	54	–	2	3	2	–	–	2	1
1772	78	73	29	5	40	62	–	3	6	3	–	–	1	–
1773	67	70	23	1	41	68	1	1	–	–	–	–	1	–
1774	69	59	33	4	35	53	1	1	1	–	–	–	–	–
1775	66	68	24	3	40	64	1	1	1	–	–	–	–	–
1776	59	71	28	10	31	58	–	3	–	–	–	–	–	–
1777	58	71	27	9	27	60	–	2	2	–	–	–	–	–
1778	61	57	23	7	37	50	–	–	1	–	–	–	–	–
1779	45	62	17	12	28	50	–	–	1	–	–	–	–	–
1780	45	62	17	9	27	53	–	–	1	–	–	–	–	–
1781	42	51	16	8	26	43	–	–	–	–	–	–	–	–
∅	55	59	17	6	32	47	1	2	3	3	–	0,05	0,2	0,3

165 Eine Ausnahme macht das Jahr 1781, die durch die politischen Komplikationen bewirkt wurde.

ligten Fachleute, mit durchschnittlich 55 % bzw. 59 % den zweitgrößten Anteil nordfriesischer Seeleute in der Hamburger Grönlandfahrt. Dabei ist noch anzumerken, daß die Zahl der Harpuniere in Wirklichkeit höher lag, als sie die obige Statistik wiedergibt; denn in vielen Fällen war nach Aussage der Musterungsprotokolle die Tätigkeit des Harpuniers mit einer anderen Aufgabe an Bord verkoppelt. Häufig war der Steuermann, Bootsmann, Zimmermann und auch der Koch zugleich Harpunier. Um ein eindeutiges Zahlenmaterial zu bekommen, sind deshalb in dieser Statistik nur die Seeleute enthalten, die ausschließlich mit dieser Tätigkeitsbezeichnung in den Listen erscheinen.

Während wir bei der statistischen Untersuchung der Schiffszimmerleute, Bootsleute und Köche feststellen mußten, daß sie wegen fehlender Qualifikationsmöglichkeiten oder mangelnder Attraktivität des Postens nicht voll die Möglichkeiten ausschöpfen konnten oder wollten, die ihnen durch die regionale Verbundenheit des Kommandeurs gegeben waren, so ist der hohe Anteil der nordfriesischen Harpuniere und Speckschneider ein Beweis dafür, daß alle Voraussetzungen für sie günstig waren. Beide Posten waren am Ertrag finanziell beteiligt, dessen Höhe sie durch Einsatz, Wagemut, Fleiß und Ausdauer entscheidend mitbestimmen konnten. Damit genossen sie nicht nur an Bord das Ansehen des qualifizierten Spezialisten, sondern auch an Land umgab sie das Fluidum des Außergewöhnlichen.

Trotz der Gemeinsamkeit des hohen Anteils haben die nordfriesischen Harpuniere und Speckschneider ihn auf so unterschiedliche Weise erreicht, daß beide Positionen getrennt erläutert werden müssen. Bei den statistischen Durchschnittswerten fällt auf, daß Röm nur 6 %, Föhr aber 47 % aller in der Hamburger Grönlandfahrt tätigen Speckschneider stellte. Und auch bei den Harpunieren stellen wir mit durchschnittlich 32 % einen dominierenden Anteil Föhrs fest, während Röm nur 17 % aufweisen kann. Dieses auffällige und aus dem allgemeinen Rahmen der sonstigen Beteiligung herausfallende Ergebnis lag im wesentlichen darin begründet, daß ein großer Teil der Föhrer Seeleute sowohl in Holland als auch in Hamburg immer im Walfang beschäftigt war und somit für besondere Positionen die entsprechenden Leute für diesen Seefahrtszweig von der Insel zur Verfügung standen. Eine solche Situation trat ein, als die Robbenfänger auch für den Walfang eingesetzt wurden. Personell bedeutete diese Umstellung, daß zusätzlich Harpuniere und Speckschneider eingestellt werden mußten. Das war die große Chance für die Föhrer, die diese attraktiven Positionen besetzen konnten. Sicherlich werden auch die zahlreichen Föhrer Steuerleute auf den von fremden Kommandeuren befehligten Schiffen mit diesem Prozeß zusammenhängen, denn sie ließen sich ebenfalls als Harpuniere einsetzen. Daß sich ihnen auch andere Seeleute von Föhr – vor allem Matrosen, aber auch andere Dienstgrade – anschlossen, wird durch die im Anhang zusammengestellten Übersichten und durch die personenstandlichen Untersuchungen in der Dokumentation hinreichend bewiesen.

Auch bei diesen beiden Gruppen stellen wir fest, daß gegen Ende der 1760er Jahre Rückwanderer aus dem holländischen Walfang in Hamburg auftreten. Für manchen von ihnen kann der Wechsel des Arbeitsplatzes mit einem beruflichen Aufstieg verbunden gewesen sein.

Aufgrund dieser Entwicklung ist es erklärlich, daß von Röm nur wenig Speckschneider und Harpuniere auszuheben waren. Deshalb waren die Kommandeure dieser Insel gezwungen, auf ihren Schiffen diese Fachleute von Föhr anzuheuern, während es vorher eine Seltenheit war, daß ein Föhrer Seemann unter einem Kommandeur von Röm fuhr. Daß gegen Ende der Epoche die Zahl der Föhrer auf diesen Schiffen eine rückläufige Tendenz aufweist, spiegelt das Bemühen wider, nach der gewonnenen Erfahrung möglichst wieder einheimische Seeleute für diese Posten einzustellen.

Auch bei Sylt und Amrum zeigt sich, daß trotz der allgemein rückläufigen Beteiligung an der Hamburger Grönlandfahrt die Spezialisten dieser Inseln auch ohne Protektion durch einen einheimischen Kommandeur noch eine Chance hatten, ihre Erfahrungen nutzbringend zu verwerten. Doch gegen Ende der 1770er Jahre waren die personellen Reserven dieser Inseln verbraucht.

Das nordfriesische Festland stellte nur vereinzelt Seeleute für diese Positionen zur Verfügung. Aber diese Tatsache macht auch deutlich, daß es bei einem entsprechenden Bedarf auch für diese hier wohnenden Seeleute möglich war, in die mittlere Ebene der Bordhierarchie aufzusteigen.

Der prozentuale Anteil nordfriesischer Matrosen

Jahr	Gesamt-anteil in %	Röm	Föhr	Sylt	Amrum	Hallig.	Helgold.	Nordfr. Festld.
					Anteil der Herkunftsgebiete in %			
1761	12	6	2	3	1	–	0,2	0,4
1762	8	5	1	1	0,6	–	0,3	0,1
1763	14	9	1	1	1	–	–	2
1764	12	5	2	3	1	–	0,1	1
1765	10	5	2	2	1	–	–	0,3
1766	10	5	2	1	0,5	–	–	1
1767	9	4	1	2	0,1	–	–	1
1768	8	5	1	1	0,1	–	–	1
1769	11	4	2	3	0,5	0,1	0,1	1
1770	11	5	2	2	1	–	–	1
1771	8	3	3	0,3	1	–	0,1	0,5
1772	12	6	4	0,4	1	–	–	1
1773	15	6	5	2	1	–	0,1	1
1774	13	7	3	1	0,3	–	–	2
1775	15	7	4	2	1	–	0,1	1
1776	10	5	2	1	0,4	–	0,1	1
1777	9	6	3	0,4	0,6	–	0,1	0,2
1778	9	4	3	1	0,3	–	–	0,4
1779	8	4	3	1	0,1	–	0,1	0,1
1780	10	6	2	0,4	0,5	–	0,2	0,2
1781	5	0,3	4	–	–	–	0,1	–
∅	10	5	2	1	1	0,005	0,1	1

Wenn wir hier zum erstenmal einen Seemann von einer Hallig nachweisen können – er war als Speckschneider tätig –, so dürfte er ein weiterer Beweis dafür sein, daß der holländische Walfang einen rückläufigen Personalbedarf hatte.

Die Insel Helgoland ist auch mit diesen Positionen nicht in der Hamburger Grönlandfahrt vertreten.

Um die vorliegenden Prozentzahlen in ein reales Verhältnis einordnen zu können, sind einige Vorbemerkungen erforderlich. Bei den bisher untersuchten Seeleuten handelte es sich um Positionen, die

1. nur einmal an Bord vorkamen (Kommandeur, Steuermann, Bootsmann, Koch und Schiemann),
2. nur mit jeweils zwei Leuten besetzt wurden (Zimmermann und Speckschneider),
3. von einer kleineren Gruppe ausgefüllt wurden, deren Größe sich nach der Anzahl der mitgeführten Schaluppen richtete (Harpuniere).

Zählt man zu den hier genannten Posten noch den Meister (Chirurgus), die beiden Küper, den Kochsmaat und den Schiffsjungen hinzu, so ergeben sie zusammen etwa ein Drittel der Gesamtbesatzung, während die Matrosen die restlichen zwei Drittel ausmachten.

Unter diesen Größenverhältnissen muß die Statistik der Matrosen gesehen werden, die für Nordfriesland einen durchschnittlichen Gesamtanteil von 10 % ausweist. Aus den Quellen, die als Grundlage dieses Ergebnisses gedient haben, ist zu erkennen, welche Faktoren im einzelnen hierbei mitgewirkt haben. Im allgemeinen war es so, daß nur so viel Matrosen aus dcm Herkunftsbereich des Kommandeurs angeheuert wurden, um die Stammannschaft auf die erforderliche Stärke zu bringen; die restlichen Matrosen wurden erst in Hamburg an Bord genommen und teilweise erst auf See auf ihre neue Aufgabe vorbereitet[166]. Nur in wirtschaftlichen Krisenzeiten, wenn im holländischen Walfang kein personeller Bedarf vorhanden war oder eine Flaute in der Handelsfahrt herrschte, lag die Zahl der nordfriesischen Matrosen auf den Schiffen der Hamburger Grönlandfahrt höher. Da die höheren Posten schon vorher fest vergeben waren, kam nur eine Matrosenheuer in Frage, um die in Schwierigkeit geratenen einheimischen Seeleute mit Arbeit zu versorgen. Dieses soziale Problem verbirgt sich hinter dem sprunghaften Ansteigen der Statistik.

Normalerweise hatten die wenigen nordfriesischen Matrosen unter ihrem einheimischen Kommandeur alle die Chance, in der Bordhierarchie aufzusteigen. Das berufliche Fortkommen dürfte wohl das wichtigste Kriterium für die Zahl dieser Matrosen gewesen sein.

Auch für die Matrosen weist die Statistik eine unterschiedliche regionale Entwicklung auf. Mit durchschnittlich 5 % stellte Röm den Hauptteil, gefolgt von Föhr (2 %), Sylt (1 %) und Amrum (1 %). Die gleiche Anzahl (1 %) stellte auch das nordfriesische Festland. Wenn die Halligen einmal mit einem ganz geringen

---

166 Ein gutes Beispiel hierzu liefert Friedrich Gottlob Köhler, Reise ins Eismeer, a. a. O., S. 21.

Wert in der Statistik erscheinen, dürfen wir hieraus – in Verbindung mit den entsprechenden Schwankungen bei dem Föhrer Anteil – schließen, daß der Bedarf an Personal in der holländischen Grönlandfahrt rückläufig war. Helgoland, das bisher noch in keiner Statistik vertreten war, hat in geringem Umfang (0,1 %) Matrosen für die Hamburger Grönlandschiffe gestellt.

Der prozentuale Anteil nordfriesischer Kochsmaate und Schiffsjungen

Jahr	Gesamtanteil in %	Anteil der Herkunftsgebiete in %				
		Röm	Föhr	Sylt	Amrum	Nordfr. Festld.
1761	49	28	15	1	3	1
1762	47	32	10	–	5	–
1763	39	24	8	1	5	1
1764	44	31	7	1	4	–
1765	31	16	7	2	4	2
1766	31	21	10	–	–	–
1767	46	29	11	–	3	3
1768	41	27	12	1	1	–
1769	46	31	12	1	1	1
1770	52	31	14	3	1	3
1771	43	23	17	1	1	–
1772	59	34	21	1	1	1
1773	53	23	24	2	–	3
1774	50	31	16	–	1	2
1775	49	34	15	–	–	–
1776	51	35	15	–	–	1
1777	44	29	15	–	–	–
1778	51	31	18	1	–	–
1779	41	28	13	–	–	–
1780	45	27	14	–	2	2
1781	41	16	18	6	–	–
∅	45	28	14	1	1	1

Die Positionen des Schiffsjungen und des Kochsmaates bildeten im allgemeinen die Voraussetzung, um als vollbefahrener Matrose anerkannt zu werden. Beide Stellen dienten zur Ausbildung des seemännischen Nachwuchses, wobei die Grenze zwischen beiden nur durch die längere Fahrenszeit – meistens ein Jahr – und durch die körperliche Entwicklung gebildet wurde.

Nach Aussage der Statistik war fast die Hälfte aller Schiffsjungen- und Kochsmaatstellen mit Nordfriesen besetzt. Das ist nicht verwunderlich, wenn man die Einzelheiten dieses Prozesses anhand der personenstandlichen Untersuchungen vergegenwärtigt, aus denen hervorgeht, daß vielfach ein verwandtschaftliches Verhältnis zwischen den höheren Chargen – häufig waren es Kommandeure – und dem seemännischen Nachwuchs bestand. Und ein hoher Anteil von Schiffsoffizieren wirkte sich entsprechend auf die Nachwuchspositionen aus. Je höher der Rang an Bord war, um so sicherer war es, die Ausbildungsstellen zu bekommen. Söhne von Kommandeuren dürften hierbei keine Schwierigkeiten gehabt haben. Daß es aber auch möglich war, ohne Kommandeursprotektion diesen Ausbildungsweg einzuschlagen, zeigen die Werte von Sylt und Amrum, als die Inseln keinen Kommandeur mehr stellten. Und selbst die Seeleute des nordfriesischen Festlandes, die nur wenige Führungspositionen in der Hamburger Grönlandfahrt erreichen konnten, konnten – wenn auch in geringem Maße – ihren Nachwuchs unterbringen.

Wenn man sich die regional sehr unterschiedlichen Werte der höheren Chargen des Untersuchungsgebietes vergegenwärtigt, wird es verständlich, daß Röm mit durchschnittlich 28 % den ersten Rang in der Statistik einnimmt, gefolgt von Föhr, das im Durchschnitt 14 % dieser Plätze besetzte. Bemerkenswert ist auch, daß Sylt und Amrum die gleichen Anteile ($\emptyset$ 1 %) wie das nordfriesische Festland stellten.

Bei den hier gezeigten Voraussetzungen ist es nicht verwunderlich, daß die Halligen und Helgoland an den Nachwuchsstellen nicht beteiligt sind.

5.5 Die Barbiere (Meister) und Küper

Für beide Gruppen erübrigt sich eine statistische Übersicht, da aus dem gesamten Untersuchungsgebiet kein Küper und nur ein Barbier – er läßt sich von 1773 bis 1775 nachweisen – auf den Hamburger Grönlandschiffen anheuerten. Und selbst der auf Röm wohnende Barbier dürfte seinem Namen nach auf die Insel eingewandert sein[167].

Für die nordfriesischen Kommandeure dürfte es praktisch unmöglich gewesen sein, diese Berufsgruppen aus ihrem Herkunftsbereich anzuheuern, denn es waren vor allem städtische Gewerbe, die hier in Tondern und Husum ausgeübt wurden. Auf den Nordfriesischen Inseln lassen sich nur vereinzelt Barbiere nachweisen[168], für die Tätigkeit der Küper fehlt jeglicher Hinweis.

---

167 Es handelt sich um Ulrich Friedrich Wulf. Er fuhr 1773 und 1774 auf dem Walfänger „De Twe Gesüster" unter einem Kommandeur, der nicht aus Nordfriesland stammte. 1775 wechselt er das Schiff und verrichtet seinen Dienst auf dem Wal- und Robbenfänger „De Frau Agatha" unter dem Kommandeur Johann Hansen von Röm; s. hierzu die Angaben in der Dokumentation. Weitere Angehörige dieser Familie sind als Seeleute in der Hamburger Grönlandfahrt tätig.

168 Für Föhr wird um 1757 ein „Chirurgus" bezeugt, der in der Seefahrt tätig ist. In den Hamburger Quellen tritt er nicht in Erscheinung, er dürfte in der holländischen Grönlandfahrt gedient haben. Aufgrund seines Namens – es handelt sich um N. N. Dorbritz – kann zweifellos angenommen werden, daß es sich um einen Einwanderer handelt. Nachgewiesen wird er durch L. C. Peters, Richtiges Verzeichnis aller Seefahrenden der Gemeinde St. Laurenty von Anno 1757, in NF JB, Bd. 18 (1931), S. 100. Auch für Sylt gibt es vereinzelt Hinweise auf dort tätige Bader, s. Peter Schmidt-Eppendorf, Sylt – Memoiren einer Insel, a. a. O., S. 116 u. 277.

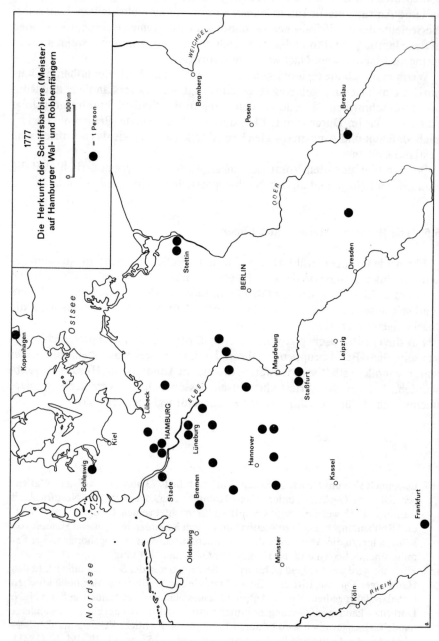

Abb. 9: Die Herkunft der Schiffsbarbiere (Meister) auf Hamburger Wal- und Robbenfängern im Jahr 1777

So wurden die Küper vor allem aus Hamburg und Altona rekrutiert, während sich die Barbiere als eine sehr wanderfreudige Zunft erwiesen und aus allen Teilen Deutschlands und Europas nach Hamburg kamen, um dort ihre Dienste auf den größeren Grönlandschiffen anzubieten.

Einen Einblick in die besondere Mobilität dieses Berufsstandes vermittelt beispielsweise die folgende Karte des Jahres 1777.

5.6 Der zahlenmäßige und prozentuale Gesamtanteil nordfriesischer Seeleute von 1761 bis 1781

Jahr	Gesamtanteil Anzahl der Seeleute	Anteil in %	Röm	%	Föhr	%	Sylt	%	Amrum %	Helg.	%	Nordfries. Festland %
1761	278	20	130=	9	87=	6	32=2		26=2	2=0,1		7=0,5
1762	247	17	137=	9	58=	4	18=1		29=2	3=0,2		2=0,1
1763	303	21	185=13		50=	3	13=1		31=2	–=–		24=2
1764	347	21	186=11		75=	4	38=2		32=2	1=0,1		15=1
1765	323	17	174=	9	84=	4	24=1		35=2	–=–		6=0,3
1766	347	17	191=	9	112=	5	24=1		10=0,5	–=–		10=0,5
1767	391	18	191=	9	126=	6	38=2		18=1	–=–		18=1
1768	384	18	205=10		128=	6	29=1		9=0,4	–=–		13=0,6
1769	429	20	200=	9	139=	6	49=2		17=1	1=0,1		21=1*
1770	411	20	181=	9	154=	8	34=2		21=1	–=–		21=1
1771	379	19	160=	8	174=	9	8=0,4		24=1	1=0,1		12=0,6
1772	412	24	191=11		175=10		10=0,6		24=1	–=–		12=0,7
1773	446	24	180=10		211=11		29=1		11=0,6	1=0,5		14=0,8
1774	406	23	206=11		151=	8	18=1		5=0,3	–=–		26=1
1775	433	24	203=11		175=10		26=1		10=0,6	1=0,1		18=1
1776	378	20	200=11		140=	7	14=1		5=0,3	1=0,1		18=1
1777	353	19	196=10		136=	7	7=0,4		9=0,5	1=0,1		4=0,2
1778	262	18	123=	8	121=	8	9=1		5=0,5	–=–		4=0,3
1779	215	17	101=	8	100=	8	9=1		3=0,2	1=0,1		1=0,1
1780	222	18	113=	9	92=	8	4=0,3		7=0,5	2=0,2		4=0,3
1781	148	15	48=	5	95=	9	4=0,4		–=–	1=0,1		–=–
∅		19		9		7	1		1	0,01		1

* Hier müssen 2 Seeleute von den Halligen hinzugerechnet werden (0,1 %).

Während die bisherigen Statistiken den Anteil der nordfriesischen Seeleute unter dem Gesichtspunkt ihrer Dienststellung auf den Hamburger Grönlandschiffen aufschlüsselten, werden anhand der obigen Tabelle die Gesamtbeteiligung und die regionalen Unterschiede dieser Entwicklung aufgezeigt. Bei der Diskussion der errechneten Werte wird zunächst das Jahr 1781 ausgeklammert, da es stark von politischen Ereignissen beeinflußt wurde, die auch zum Teil die folgende Epoche kennzeichnen und in diesem Zusammenhang dann ausführlich erläutert werden.

Zunächst kann allgemein festgestellt werden, daß in dem Zeitraum von 1761 bis 1780 zwischen 17 % und 24 % aller Seeleute der Hamburger Grönlandfahrt aus Nordfriesland stammten. Ihr durchschnittlicher Anteil lag bei 20 %, wobei erst die in den Einzeluntersuchungen gefundenen Werte – besonders für die Führungspositionen – die Aussage in einen differenzierten Kontext stellen.

Unter Berücksichtigung aller bisherigen Ergebnisse, der Größe und Dichte des Untersuchungsgebietes und der Kontinuität kann deshalb ausgesagt werden, daß Röm und Föhr – vor allem hinsichtlich der Führungspositionen – die dominierende Stellung bei der personellen Besetzung der Hamburger Grönlandschiffe einnahmen. Wie differenziert sich dieser Vorgang vollzog, soll im folgenden aufgezeigt und durch konkrete Zahlen veranschaulicht werden. 1761 musterten aus dem Untersuchungsgebiet 278 Seeleute in der Hamburger Eismeerfahrt an. Sie stellten 20 % aller Besatzungsmitglieder. Von ihnen stammten 130 (9 %) von Röm und 81 (6 %) von Föhr. Die restlichen 67 Seeleute (5 %) stellten Sylt (32 Seeleute = 2 %), Amrum (26 Seeleute = 2 %), Helgoland (2 Seeleute = 0,1 %) und das nordfriesische Festland (7 Seeleute = 0,5 %). Aufgrund der in der Dokumentation bearbeiteten Quellen muß der letzte Herkunftsbereich für den gesamten Zeitraum auf das von Röm in dieser Hinsicht beeinflußte Gebiet um Ballum, Emmerleff und Scherrebeck eingeengt werden. In den Jahren bis 1770 stellte Röm die größere Zahl von Seeleuten, doch konnte Föhr von 1765 seinen Anteil stetig steigern und den Vorsprung Röms allmählich aufholen.

Im Jahre 1773 erreichte die Beteiligung ihren Höhepunkt, obwohl die Zahl der nach Grönland auslaufenden Schiffe rückläufig war[169]. 446 Seeleute aus dem Untersuchungsgebiet heuerten zu dieser Zeit auf den Hamburger Wal- und Robbenfängern an und stellten damit 24 % der Mannschaften. Diesmal stellte Föhr mit 211 (11 %) Seefahrern das größte Kontingent; den zweiten Rang nahm Röm mit 180 (10 %) Seeleuten ein. Mit weitem Abstand folgten wiederum Sylt (29 Seeleute = 1 %), Amrum (11 Seeleute = 0,6 %), Helgoland (1 Seemann = 0,5 %) und das nordfriesische Festland um Scherrebek (14 Seeleute = 0,8 %). Wie ist es zu erklären, daß trotz der rückläufigen Konjunktur in der Hamburger Grönlandfahrt die Anteile von Röm und vor allem Föhrs eine steigende Tendenz aufweisen? Ausschlaggebend hierfür war wohl der stark rückläufige holländische Wal- und Robbenfang. Fuhren 1766 noch 167 holländische Schiffe nach Grönland, so verringerte sich ihre Zahl kontinuierlich auf 82 im Jahre 1780[170]. Die so frei gewordenen Seeleute – hauptsächlich von Röm und Föhr – wanderten entweder zur Handelsfahrt ab oder heuerten in der Hamburger Grönlandfahrt an, wo sie sicherlich die Protektion durch ihre Landsleute vorfanden. Das Alter, die Qualifikation und die Chancen, in der Handelsfahrt eine adäquate Heuer zu finden, dürften die wichtigsten Kriterien für die Entscheidung gewesen sein.

---

169 Die Zahl der Ausfahrten von Hamburg nach Grönland lag 1761 bei 36, stieg bis 1767 auf 54 an und fiel dann allmählich bis 1780 auf 29.

170 Einige Daten zur holländischen Grönlandfahrt sind in der Hdschr. 263 (StAHam), S. 109 ff. aufgezeichnet.

Auch das Katastrophenjahr von 1777, in dem sieben Hamburger Schiffe im grönländischen Eis verlorengingen[171], hat in der Statistik deutliche Spuren hinterlassen. Da die ohnehin schon fallende Tendenz durch den Rückgang um weitere zehn Ausfahrten im folgenden Jahr schlagartig beschleunigt wurde, verringerten sich die Beschäftigungsaussichten in diesem Hamburger Seefahrtszweig.

Über die Verluste an Seeleuten, die aus dem Untersuchungsgebiet stammten, liegen größtenteils sichere Informationen vor. So waren u. a. 50 Seeleute von Röm und drei von Föhr an Bord der verunglückten Schiffe, deren Namen in der Dokumentation dieser Untersuchung aufgezeichnet worden sind. Durch Vergleich dieses Materials mit den Aufzeichnungen des Ripener Chronisten Lorenz Hanssen war es möglich, genaue Zahlen zu ermitteln[172]. Mit Sicherheit läßt sich sagen, daß 24 Seeleute dieser Insel verunglückt sind. Die 26 Überlebenden kehrten erst nach langer Odyssee im Laufe des Jahres 1778 nach Röm zurück, so daß sie für die Fangsaison nicht rechtzeitig zur Verfügung standen. Erst im folgenden Jahr tauchen ihre Namen zum größten Teil in den Anmusterungsprotokollen wieder auf. Über das Schicksal der Föhrer ist nichts bekannt.

Daß aus dem hier behandelten Untersuchungsgebiet fast nur die Seeleute von Röm betroffen waren, spiegelt sich auch in der Statistik wider. Hatten 1777 noch 196 Seeleute dieser Insel in der Hamburger Eismeerfahrt angeheuert, so ging die Zahl im folgenden Jahre um 73 auf 123 zurück. Die Verluste an Menschen und Schiffen, die späte Rückkehr der geretteten Seeleute und vielleicht auch eine vorübergehende Schockwirkung haben diesen Rückgang bewirkt. Auf alle anderen statistischen Werte des Untersuchungsgebietes hat die Katastrophe keine Auswirkung gehabt, so daß die Interpretation von C. P. Hansen an den Tatsachen vorbeigeht, wenn er behauptet: „Kurz das Jahr 1777 war wie das Jahr 1744 ein wahres Tycho Brahe's Jahr für die friesischen Seefahrer, und verscheuchte sie vollständig von dem Walfischfange bei Grönland, zum Theil von der Schifffahrt auf den stürmischen Gewässern Europa's überhaupt[173]."

Auch eine andere Art der Kommentierung, die Wanda Oesau gibt, wird diesem Ereignis nicht gerecht, weil bei ihr die Katastrophe des Jahres 1777 mythologisiert und die Wirklichkeit verklärend dargestellt wird, wenn sie behauptet: „Und dennoch gingen Söhne und Enkel wieder zur See, weil sie dies als ihren gottgewollten Beruf auffaßten. Sie fühlten sich Gott so sehr verbunden, daß sie ihr ganzes Leben in seine Hände legten[174]."

Doch zurück zur Wirklichkeit! 1780 waren noch 222 Seeleute aus Nordfriesland in der Hamburger Grönlandfahrt tätig, die damit 18 % aller Besatzungsmitglieder stellten. 113 (9 %) kamen von Röm, Föhr stellte 92 (8 %). Damit bildeten die beiden Inseln weiterhin den Schwerpunkt der Rekrutierung. Da

171 Grundlegend hierzu: Y. Poortinga, Das Unglücksjahr 1777, in Nordfriesisches Jahrbuch, NF, Bd. 3, 1967, S. 183 ff.
172 Lorens Hanssen, Grønlandsfarerne i Aaret 1777, Fridericia 1806. Reprint Melbyhus 1977.
173 Chronik der Friesischen Uthlande, a. a. O., S. 214.
174 Hamburgs Grönlandfahrt auf Walfischfang und Robbenschlag, S. 173.

Sylt, Amrum, die Halligen, Helgoland und das nordfriesische Festland nur wenige oder gar keine Kommandeure für Hamburg stellten, war auch die Beteiligung der übrigen Seeleute entsprechend gering. Aufgrund der Einzeluntersuchungen konnten die Vorgänge sehr detailliert verfolgt werden. So blieben z. B. die Sylter Besatzungsmitglieder nach dem Ausscheiden ihrer Kommandeure noch teilweise in der Hamburger Grönlandfahrt tätig, aber sie fanden in der Regel nur eine ihrer Qualifikation entsprechende Stellung auf Schiffen, die nicht von nordfriesischen Landsleuten kommandiert wurden. Die Kommandeure aus Röm und Föhr holten sich ihre Leute von den eigenen Inseln. So blieben die Sylter – in kleinen Gruppen auf verschiedenen Schiffen – noch eine Zeitlang in ihrem Beruf beschäftigt, doch ihr sozialer Aufstieg war stark begrenzt. Keiner von ihnen hat es geschafft, in Hamburg eine Kommandeursposition zu erreichen. Ab und zu fanden noch einige ihrer Landsleute wieder den Weg zum Wal- und Robbenschlag, wobei momentane Motive eine Rolle gespielt haben dürften. Es war keine Kontinuität mehr vorhanden, und die statistischen Werte sanken zur Bedeutungslosigkeit herab.

Unter ähnlichen Bedingungen vollzog sich der Rückgang auf Amrum, wobei aber auffällt, daß diese Seeleute häufig auf den Föhrer Schiffen Beschäftigung fanden.

Während bisher die Beteiligung der nordfriesischen Seeleute an der Hamburger Grönlandfahrt zahlenmäßig erfaßt wurde, soll in den folgenden Ausführungen die Perspektive verändert werden, um darzustellen, welchen Stellenwert dieser Hamburger Seefahrtszweig innerhalb der seefahrenden nordfriesischen Bevölkerung einnahm. In diese Berechnung sollen nur die Inseln Röm, Föhr, Sylt und Amrum einbezogen werden, da zum einen die herausgefundenen statistischen Werte der Halligen, Helgolands und des nordfriesischen Festlandes sehr gering sind, und weil es zum anderen aufgrund der Quellenlage und der Gebietsstruktur große Schwierigkeiten bereiten würde, die Bevölkerung und ihren Anteil an der Seefahrt zahlenmäßig genau zu ermitteln. Die notwendigen Informationen, soweit die Angaben richtig waren und überliefert worden sind, lieferte die Volkszählung vom 15. 8. 1769, deren Ziel es war, „. . . die Bevölkerung des Staates nicht nur zu zählen, sondern auch demographisch und sozial zu beschreiben[175]." Auf dieser Grundlage gibt die folgende Tabelle Auskunft, welchen Stellenwert die Hamburger Grönlandfahrt für die Seefahrer der Inseln Röm[176], Föhr[177], Sylt[178] und Amrum[179] besaß.

---

175 Ingwer Ernst Momsen, Die allgemeinen Volkszählungen in Schleswig-Holstein in dänischer Zeit (1769–1860), Geschichte ihrer Organisation und ihrer Dokumente, in: QuFGSH, Bd. 66, Neumünster 1974, S. 22.

176 Mit welchen Schwierigkeiten es verbunden war, die Daten der Volkszählung 1769 für Röm zu erarbeiten, soll kurz dargestellt werden. Nach Auskunft des Reichsarchivs Kopenhagen (J. nr. 64-2, 1.2.82) liegen nur die Zähllisten für Süderland/Röm vor (Rtk. 352.31), die von Norderland/Röm sind verlorengegangen.
Bei der Zählung von 1769 hatte Süderland/Röm 899 Einwohner, von denen 110 (12 %) zur See fuhren. Rekonstruiert man die Einwohnerzahl für Norderland/Röm

5.7 Der zahlenmäßige und prozentuale Anteil der Hamburger Grönlandfahrt an den Seefahrern der Inseln Röm, Föhr, Sylt und Amrum von 1761 bis 1770 und 1771 bis 1780

	Röm	Föhr	Sylt	Amrum
Einwohner	1386	6146	2814	600
Seefahrer	278	1600	700	150
Davon durchschnittlich i. d. Hbg. Grönlandfahrt tätig:				
1. 1761–1770				
a) Anzahl:	178	101	30	23
b) Prozent:	64	6	4	15
2. 1771–1780				
a) Anzahl:	167	147	13	10
b) Prozent:	60	9	2	7

und den Anteil der Seefahrer in Analogie zu den Daten von 1769 und denen der nächsten Volkszählung von 1801, so müßte sich für Norderland/Röm eine Einwohnerzahl von 487 ergeben, von denen 59 (12 %) zur See fuhren. Röm hätte demnach 1769 insgesamt 1386 Einwohner gehabt, von denen 169 Seefahrer waren. Diese Werte können aber nicht stimmen, denn allein schon in der Hamburger Grönlandfahrt und Kauffahrteifahrt sind 203 Seeleute dieser Insel im Jahre 1769 namentlich nachweisbar. Mit Sicherheit werden sich auch noch einige in Altona und Kopenhagen verheuert haben. Bei der Zählung von 1769 haben sich zweifellos die Unsicherheiten bei den Angaben vor allem doppelter Erwerbsquellen – Landwirtschaft und Seefahrt – niedergeschlagen. Um die Zahl der Seefahrer der Wirklichkeit entsprechend zu rekonstruieren, kann man auf die prozentualen Anteile der Zählung von 1801 zurückgreifen, die für beide Gebiete Röms bei 20 % bzw. 21 % lagen. Auf dieser Basis – 20 % der Einwohner waren Seefahrer – sind die Angaben in der Tabelle zustande gekommen.

177 Die Angaben für Föhr stammen aus Peter Jung Peters, Beschreibung der Insel Föhr, in: Schleswig-Holstein-Lauenburgische Provinzialberichte (1824), 2. Heft, S. 45. Die Daten lassen sich nicht überprüfen, da nur die Zähllisten für Osterland-Föhr – ohne den Flecken Wyk – überliefert sind; s. hierzu I. E. Momsen, Die allgemeinen Volkszählungen in Schleswig-Holstein in dänischer Zeit (1769–1860), S. 62.

178 Die Daten für Sylt sind aus C. P. Hansen, Chronik der Friesischen Uthlande, S. 201 entnommen worden, da von den Unterlagen der Volkszählung von 1769 nur einige Tabellen einzelner Dörfer überliefert sind (LAS, Abt. 161, Nr. 464). Die von C. P. Hansen gemachten Angaben dürften der Wirklichkeit entsprechen; denn nach einer aus dem Jahre 1750 überlieferten Volkszählung hatte Sylt – ohne Listland – 2702 Einwohner, von denen 513 (19 %) zur See fuhren, LAS, Abt. 161, Nr. 10.

179 Herkunft der Daten wie Anmerkung 178.

Aufgrund der errechneten Werte läßt sich feststellen, daß für die Seefahrer von Röm die Beschäftigung in der Hamburger Grönlandfahrt mit Anteilen von 64 % im Zeitraum von 1761 bis 1770 und von 60 % in den Jahren von 1771 bis 1780 den dominierenden Platz einnahm. Mit weitem Abstand folgte in der Zeit von 1761 bis 1770 Amrum. 15 % der Seefahrer dieser Insel waren beim Hamburger Wal- und Robbenfang beschäftigt. Nachdem sich aber die Amrumer Kommandeure ab 1772 zurückgezogen hatten, ging auch der Anteil der Seeleute in den folgenden Jahren bis 1780 auf 7 % zurück. Von den Föhrer Seeleuten hatten sich von 1761 bis 1770 durchschnittlich 6 % jährlich in Hamburg verheuert. Als einzige von den Nordfriesischen Inseln konnten die Föhrer Seefahrer die Zahl ihrer Arbeitsplätze in Hamburg vergrößern und sich von 1771 bis 1780 einen durchschnittlichen Anteil von 9 % sichern[180]. Wie bereits in den Einzeluntersuchungen deutlich wurde, wird der sich vergrößernde Anteil auf die rückläufige Entwicklung der holländischen Grönlandfahrt zurückzuführen sein. Von Sylt waren von 1761 bis 1770 durchschnittlich nur noch 4 % der Seefahrer in der Hamburger Grönlandfahrt beschäftigt, und dieser Anteil ging in dem folgenden Zeitraum bis 1780 auf 2 % zurück. Bei allen Angaben muß aber auch berücksichtigt werden, daß ein großer Teil dieser insularen Seeleute eine qualifizierte Position innehatte, die bei entsprechenden Erträgen und Konjunkturen mit guten Verdienstmöglichkeiten verbunden war.

Die sogenannten „Goldenen Jahre" des Walfangs, die Zeiten eines Lorens Petersen de Hahn und eines „Glücklichen Matthias" waren vorbei, und man kann sich zweifellos hinsichtlich der Verdienstmöglichkeiten in dem Zeitraum von 1761 bis gegen Ende des Jahrhunderts der Ansicht des Föhrer Chronisten C. F. Posselt (1796) anschließen und sie auch auf die übrigen Inseln Nordfrieslands übertragen: „Der Wallfischfang brachte uns einen mässigen, aber ziemlich allgemein verbreiteten Wohlstand: von den Kommandeurs . . . wurden nur wenige reich; die mehresten wohlhabend, und nebenbei verdiente ein großer Theil Seeleute, die unter dem Namen von Schifsofficieren mitfuhren, in guten Jahren so viel, daß sie für ihr Alter erübrigen konnten[181]."

5.8 Die Herkunftsgebiete der Besatzungen auf den Hamburger Grönlandschiffen am Beispiel des Jahres 1775

Die bisherigen Ausführungen würden isoliert dastehen, wenn sie nicht in einen Gesamtzusammenhang gestellt würden. Das soll nun am Beispiel des Jahres 1775 geschehen, da zu diesem Zeitpunkt keine außergewöhnlichen Ereignisse das Ergebnis beeinflußt haben.

Von den vom Wasserschout aufgezeichneten Herkunftsangaben konnten 93 % lokalisiert werden. Die restlichen 7 % gehen teilweise auf das Konto des

---

180 Dieser Wert wird sicherlich höher gewesen sein (ca. 15 %), da ein starker Rückgang der Föhrer Seefahrer die Berechnungsgrundlage von 1769 verändert haben dürfte; s. hierzu die Ausführungen i. Abschnitt 6. 8..

181 Über den grönländischen Wallfischfang, a. a. O., S. 4.

Schouts, der einige Ortsnamen nach der Aussprache der Seeleute so niederschrieb, daß sie nicht mehr rekonstruiert werden konnten. Ebenso mußten häufig vorkommende Ortsangaben unberücksichtigt bleiben, wenn keine nähere Bestimmung vorhanden war, die eine einwandfreie Lokalisierung sicherte.

Um die Karte übersichtlich zu gestalten, wurde hinsichtlich der mannschaftlichen Differenzierung nur zwischen den Kommandeuren und den übrigen Besatzungsmitgliedern unterschieden.

Im Jahre 1775 waren 44 Kommandeure auf den Hamburger Grönlandschiffen beschäftigt. Obwohl dieser Personenkreis, wie an anderer Stelle bereits näher erläutert, in den Hamburger Musterungsprotokollen ohne Herkunftsangabe erscheint, konnten 42 von ihnen aufgrund vorheriger Angaben während ihrer Laufbahn lokalisiert werden.

Wie in den Einzeluntersuchungen der Jahre von 1761 bis 1780 bereits herausgestellt wurde, nahmen die Nordfriesen die dominierende Stellung unter den Seeleuten der Hamburger Grönlandfahrt ein. Diese Tatsache wird hier durch die Gesamtübersicht kartographisch veranschaulicht und zahlenmäßig abgesichert. Von den 44 von Hamburg ausfahrenden Kommandeuren stammten 23 (52 %) aus Nordfriesland, und zwar 16 (36 %) von Röm, 6 (14 %) von Föhr und einer (2 %) von Sylt.

187 (10,4 %) Seeleute der Insel Röm folgten den Kommandeuren und heuerten bis auf neun Leute ausschließlich auf den Schiffen an, die von ihren Landsleuten befehligt wurden[182]. Diese Feststellung gilt durchweg für den hier behandelten Zeitraum. Etwas anders in dieser Hinsicht verhielten sich die Föhrer, die 169 (9,4 %) Seefahrer stellten, von denen die eine Hälfte unter einem Kommandeur der Insel, die andere Hälfte in kleinen Gruppen auf fast allen von Hamburg ausfahrenden Grönlandschiffen anheuerte.

Auch die Sylter, die mit 25 (1 %) Seeleuten beteiligt waren, konnten nur zum Teil bei dem auf der Insel wohnenden Kommandeur anheuern, da er noch stark mit seiner Geburtsinsel Röm verbunden war und sich von dort auch teilweise seine qualifizierte Mannschaft holte. Die übrigen Sylter fuhren bei den Föhrern mit oder an Bord bei nicht aus Nordfriesland stammenden Kommandeuren.

Ähnlich verhielten sich auch die 10 (0,6 %) Seeleute von Amrum. Da diese Insel zu dieser Zeit keinen Kommandeur in Hamburg mehr stellte, heuerten sie bei den Föhrern an oder arbeiteten unter fremden Kommandeuren.

Die von dem nordfriesischen Festland – aus Ballum, Emmerleff und Umgebung – stammenden 18 (1 %) Seeleute fuhren bis auf zwei Mann auf Schiffen, die von Kommandeuren der Insel Röm befehligt wurden. Berücksichtigen wir noch den einen Matrosen von Helgoland, so stellte Nordfriesland zusammen mit den Kommandeuren insgesamt 433 Seefahrer. Das waren 24 % aller Seeleute, die 1775 in der Hamburger Grönlandfahrt beschäftigt waren.

---

182 Der Anteil der Nordfriesen an allen Grönlandfahrern ist jährlich erfaßt worden; s. hierzu im Anhang die Verzeichnisse der von Hamburg auslaufenden Wal- und Robbenfänger und der Anteil der Seeleute des Untersuchungsgebietes.

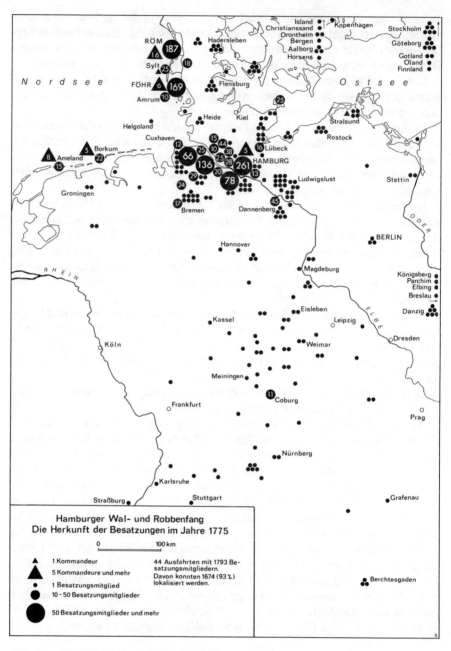

Hamburger Wal- und Robbenfang
Die Herkunft der Besatzungen im Jahre 1775

0   100 km

▲ 1 Kommandeur

▲ 5 Kommandeure und mehr

• 1 Besatzungsmitglied

● 10 - 50 Besatzungsmitglieder

⬤ 50 Besatzungsmitglieder und mehr

44 Ausfahrten mit 1793 Besatzungsmitgliedern.
Davon konnten 1674 (93 %)
lokalisiert werden.

Abb. 10:   Die Herkunft der Besatzungen im Jahre 1775
Quelle: Anmusterungsprotokolle des Hamburger Wasserschouts für die Wal-
und Robbenfänger 1775, StAHam

Diese Zahlen bekommen noch dadurch ein besonderes Gewicht, wenn man sie nach der Qualifikation aufschlüsselt, die die nordfriesischen Seeleute auf den Schiffen ausübten:

Speckschneider	68 %	Schiffsköche	39 %
Steuerleute	66 %	Schiemänner	27 %
Harpuniere	66 %	Schiffszimmerleute	18 %
Kommandeure	52 %	Matrosen[183]	17 %
Bootsleute	41 %	Bader (Meister)	3 %

Hamburg und seine nähere Umgebung war der nächstgrößere geschlossene Einzugsbereich. Von hier kamen 5 (11 %) Kommandeure. Bei dieser Angabe muß darauf hingewiesen werden, daß die meisten von ihnen ursprünglich nicht aus Hamburg, sondern aus anderen Gebieten stammten, aber oft schon als Steuermann – zum Teil als Mitglied einer von der Hansestadt ausfahrenden Kommandeursfamilie – das Bürgerrecht annahmen und ihren Wohnsitz nach Hamburg verlegten. Damit waren sie echte Bürger dieser Stadt und unterscheiden sich insofern von den nordfriesischen Kommandeuren, die zwar auch das Hamburger Bürgerrecht aus seerechtlichen Gründen – es ging hier um die Neutralität der Hansestadt – annehmen mußten, aber ihren Wohnsitz beibehielten[184]. Insgesamt heuerten 266 Hamburger Seeleute in der Grönlandfahrt dieser Stadt an und stellten damit 15 % aller Besatzungsmitglieder.

Einen interessanten Einblick und eine aufschlußreiche Vergleichsmöglichkeit bietet die Aufschlüsselung nach ihrer Qualifikation:

37 Küper	44 %	150 Matrosen (einschl. Schjg.)	12 %
26 Schiffszimmerleute	39 %	5 Kommandeure	11 %
15 Bootsleute	34 %	5 Steuerleute	11 %
7 Meister (Bader)	22 %	7 Harpuniere	7 %
6 Schiemänner	20 %	2 Speckschneider	3 %
6 Schiffsköche	14 %		

Bei einem Vergleich zwischen der Hamburger und der nordfriesischen Statistik läßt sich generell feststellen, daß Hamburg zum einen einen großen Teil des personellen Bedarfs an Küpern, Schiffszimmerleuten und Badern abdeckte, wobei die Werftindustrie und die entsprechenden Zünfte diesen Vorgang wesentlich beeinflußt haben; zum anderen konnte die Hansestadt aus ihrer Seefahrtstradition schöpfen und einen größeren Anteil an Bootsleuten, Schiemännern, Schiffsköchen und Matrosen für die Grönlandfahrt stellen.

Ein ähnliches Bild hinsichtlich ihrer Qualifikation zeigten die 78 Seeleute (4,6 %), die aus Altona und Umgebung stammten:

183 In dieser Zahl sind die Schiffsjungen und Kochsmaate enthalten.
184 Zum Teil bekamen die Kommandeure den Status eines „Schutzverwandten". Einige Informationen über die Daten der Einbürgerung nordfriesischer Kommandeure enthalten die Akten über die Kriegspässe, StAHam, Senatskanzlei I, Bd. 3 f.: „Der Commandeur Hans Hansen Tönnes junior ist 1766 den 22. Febr.: zum Schutzverwandten angenommen worden."

19 Küper	23 %	2 Schiffsköche	4 %
6 Schiffszimmerleute	9 %	1 Steuermann	2 %
3 Bootsleute	7 %	2 Harpuniere	2 %
45 Matrosen	4 %		

Wie bei Hamburg, so spiegelt sich auch bei dieser Zusammensetzung der Altonaer Besatzungsmitglieder die Wirtschaftsstruktur der Stadt wider.

Weitere größere Einzugsgebiete lagen elbabwärts von Hamburg auf beiden Seiten des Flusses, wie die folgende Übersicht zeigt:

linkselbisch	Seeleute	%	rechtselbisch	Seeleute	%
Altes Land	20	1	Wedel, Blankenese u. a.	28	1
Stade u. Umgebung			Uetersen	25	1
(Bützfleth, Twielenfleth,			Haseldorf u. Umgebg.	44	2
Himmelpforten, Engel-					
schoff u. a.	159	9	Elmshorn	38	2
Drochtersen u. Umgebung			Kremper Marsch u.		
(Assel, Krautsand u. a.)	74	4	Wilster Marsch	25	1
Freiburg u. Cuxhaven	37	2			

Beide Herkunftsgebiete weisen in bezug auf die Qualifikation der Seefahrer die gleichen Merkmale auf. So stammten aus den angeführten linkselbischen Gebieten insgesamt 290 Seefahrer (16 %), von denen 277 (15 %) als Matrosen dienten. Nur 13 hatten eine höhere Position, und zwar 4 Harpuniere, 3 Schiemänner, 3 Bootsleute, 2 Schiffsköche und 1 Speckschneider. Das rechtselbische Gebiet stellte 160 Seefahrer (9 %), von denen 152 (8 %) als Matrosen fuhren. Nur 8 Seeleute hatten eine höhere Qualifikation (3 Schiffsköche, 2 Schiemänner, 2 Schiffszimmerleute und 1 Speckschneider).

Ein weiterer größerer Herkunftsbereich für die Seeleute der Hamburger Grönlandfahrt lag an der Elbe im Gebiet von Lüchow, Dannenberg, Dömitz, Grabow u. a., aus dem 70 Seefahrer (4 %) stammten, die sich durchweg als Matrosen verheuerten.

Obwohl ein Kommandeur aus Stralsund stammte, hat es sich nur geringfügig auf die Rekrutierung aus diesem Gebiet ausgewirkt, denn ihm folgten nur vier Matrosen.

Einen geringen Anteil an Matrosen stellten noch Fehmarn und Lübeck mit insgesamt 41 (2 %) Seefahrern.

Die bei den Inseln Ameland und Borkum angegebenen Zahlen fallen wegen der Diskrepanz zwischen den Kommandeuren und den ihnen folgenden Besatzungsmitgliedern völlig aus dem bisherigen Rahmen. So stellte die westfriesische Insel Ameland zwar 8 Kommandeure (18 %), aber nur 15 Seeleute (0,8 %) von hier heuerten in Hamburg an. Ähnlich waren die Verhältnisse bei der ostfriesischen Insel Borkum, von der 5 Kommandeure (11 %) stammten, denen aber nur 22 Seeleute (1 %) zur Grönlandfahrt folgten.

Im Gegensatz zu Nordfriesland, wo die Kommandeure erwiesenermaßen den entscheidenden Einfluß auf die Rekrutierung aus diesem Gebiet hatten, haben die Kommandeure von Borkum und Ameland nur eine ganz geringe Anzahl von Seeleuten nach Hamburg mobilisieren können: 4 Steuerleute, 9 Harpuniere, 3 Speckschneider und 6 Matrosen kamen von Borkum, und Ameland stellte 5 Steuerleute, einen Harpunier und 9 Matrosen. Diese Werte des Jahres 1775 sind nicht etwa zufällig zustande gekommen, denn schon mit dem Einsetzen der Quellen von 1761 zeichnet sich diese Tendenz ab.

Eine wissenschaftlich fundierte Begründung läßt sich für dieses auffällige Verhalten der Seeleute von Borkum und Ameland im Rahmen dieser Arbeit und des Quellenmaterials nicht geben. Es kann nur die pauschale Feststellung getroffen werden, daß andere Gebiete und Zweige der Seefahrt für sie attraktiver gewesen sein müssen. Nur eine genaue und breitgefächerte Untersuchung unter Einbeziehung der holländischen Archive kann eine befriedigende Antwort geben.

Die Kommandeure von Borkum und Ameland deckten zum einen teilweise ihren Bedarf an qualifizierten Seeleuten aus der Umgebung von Bremen (Vegesack, Rönnebeck, Schönebeck u. a.), wo unter 50 Seeleuten (3 %) 7 Speckschneider, 3 Harpuniere, ein Bootsmann und ein Schiemann waren. Zum anderen bot sich auf den von Borkumer und Ameländer Kommandeuren geführten Schiffen den Föhrern und in geringerem Maße auch den Amrumer und Sylter Seefahrern die Gelegenheit, qualifizierte Positionen zu bekommen. Daß dieser Personenkreis diese berufliche Chance genutzt hat, zeigen die für jedes Jahr angefertigten Verzeichnisse, die als Anhang dieser Untersuchung beigefügt sind.

Auf der vorliegenden Karte zeichnet sich eine von Einzelpersonen oder kleineren Gruppen gebildete Einzugsschneise ab, die von Bayern über Sachsen nach Hamburg führt. Dieser Personenkreis setzte sich wohl hauptsächlich aus wandernden Handwerksgesellen – unter ihnen auch eine Anzahl von Badern – zusammen, denen sich wegen des großen Bedarfs an unqualifizierten Leuten auf den Grönlandschiffen die Gelegenheit eröffnete, als Matrose anzuheuern[185]. Sie machten meistens nur eine Reise mit. Dann war ihre Abenteuerlust befriedigt. Unter ihnen sind – im Gegensatz zur Handelsfahrt – keine von zu Hause ausgerissenen oder gescheiterten Existenzen zu vermuten, denn in Spitzbergen oder Grönland an Land zu gehen, dürfte nicht attraktiv gewesen sein. So hätte der Schout nach der entsprechenden Information von seiten der Behörden oder Eltern sie nach der Rückkehr arrestieren können[186].

---

185 Einen Einblick in die Zusammensetzung dieses Personenkreises vermittelt Friedrich Gottlob Köhler, Reise ins Eismeer . . ., Leipzig 1820.

186 In den Anlagen zu den Musterungsprotokollen findet sich nur ein Fall eines Matrosen aus Twielenfleth, bei dem zweifellos Schulden eine Rolle gespielt haben. So vermerkte der Schout am 15. 5. 1788 daß „. . . Auf des Herrn Gerichts-Verwalters . . . Befehl . . . der auf Robbenfang mit Commandeur Cornelis Petersen Leest, auf dem Schiffe Frau Anna fahrende Hans Jochim Winterbarg, bey seiner Ankunft hieselbst in Arrest gebracht werden" soll. StAHam, Archiv des Wasserschouts, I A 1 i.

Alle übrigen Gebiete haben – wie aus der Karte ersichtlich – nur eine ganz geringe Bedeutung für den personellen Bedarf der Hamburger Grönlandfahrt gehabt.

6 Die Beteiligung der Nordfriesen an der Hamburger Grönlandfahrt 1782–1815

6.0 Die Geschichte der Hamburger Grönlandfahrt 1782–1815

Während die vorherige Epoche in einem friedlichen Rahmen verlief, beeinflußten in der Zeit von 1782 bis 1815 die europäischen Konflikte zunehmend die Entwicklung dieses Seefahrtzweiges. Dabei wurde nicht nur die Hansestadt in die Wirren der Zeit verstrickt, sondern auch die Seeleute des Dänischen Gesamtstaates bekamen die Abkehr von der Neutralitätspolitik zu spüren. Um eine klare Perspektive zu bekommen, werden die Vorgänge getrennt dargestellt. Wie bereits an anderer Stelle berichtet, war die Anzahl der aus Hamburg ausfahrenden Grönlandschiffe seit Anfang der 70er Jahre stetig zurückgegangen. 1781 hatten nur noch 24 Schiffe die Reise ins Eismeer angetreten. Aber trotz der kriegerischen Auseinandersetzung zwischen Holland und England konnte Hamburg seine neutrale Stellung behaupten. Diese Neutralität wird zwar mit allerhand Auflagen hinsichtlich der Legitimationspapiere für Schiff und Besatzung verbunden[187], ermöglichte aber eine Steigerung der Ausfahrten, zumal auch der Tranpreis wegen der großen Schwierigkeiten der holländischen Konkurrenz entsprechend in die Höhe ging. Fuhren 1782 nur 23 Schiffe auf den Wal- und Robbenfang, so steigerte sich diese Zahl der Ausfahrten bis 1793 auf 33[188]. Im Jahre darauf begann jedoch die Kurve zu fallen, und die Zahl der nach Grönland auslaufenden Schiffe verringerte sich von 26 im Jahre 1794 auf 14 im Jahre 1803. Hier wird mangelnde wirtschaftliche Rentabilität der Grund des Rückgangs gewesen sein, wobei die starke englische Konkurrenz eine Rolle gespielt haben dürfte. Außerdem kamen neue Schwierigkeiten politischer Art hinzu. Denn als die im Frühjahr 1803 ausgefahrenen Grönlandschiffe im Sommer nach Hamburg zurückkehren wollten, hatten englische Kriegsschiffe als Reaktion auf die Besetzung des Königreiches Hannover durch die Franzosen die

---

187 So waren beispielsweise 24 Aktenseiten mit Dokumenten zahlreicher in- und ausländischer Behörden nötig, um die Neutralität des von dem Sylter Kommandeur Hans Hansen Teunis geführten Schiffes De Anna Maria zu beweisen; StAHam, Senatskanzlei I, Nr. 77, Bd. 3.
188 Hier die jährlichen Ausfahrten während dieses Zeitraumes: 1783: 24; 1784: 26; 1785: 24; 1786: 26; 1787: 30; 1788: 34; 1789: 32; 1790: 32; 1791: 35; 1792: 35.

Elbe blockiert, so daß sie Tönning anlaufen und dort überwintern mußten. Auch im folgenden Jahr blieb der Weg nach Hamburg gesperrt, und erst 1805 wurde die Elbe für Schiffe nach Grönland und Archangelsk wieder freigegeben, so daß 9 und in der nächsten Fangsaison 11 Schiffe auf den Wal- und Robbenfang ausfahren konnten[189]. Obwohl die Franzosen im November 1806 Hamburg besetzt hatten, konnten im nächsten Frühjahr mit englischer und französischer Zustimmung wieder 9 Grönlandfahrer auslaufen. Aber bereits im nächsten Jahr blieben die Schiffe wegen der verschärften Bestimmungen der Kontinentalsperre wieder im Hafen, und erst 1809 und 1810 konnten nach schwierigen Verhandlungen wieder 4 bzw. 7 Schiffe auf die Fangreise gehen[190]. Dann blieb die Elbe für die nächsten beiden Jahre blockiert, und erst 1813 konnten 2 Grönlandfahrer auslaufen. Bereits im nächsten Jahr wurde die Seefahrt wieder unterbrochen, aber nachdem die napoleonische Herrschaft zusammengebrochen war, konnten wieder im Jahre 1815 von Hamburg aus 4 Schiffe nach Grönland ausfahren.

Daß bei dieser hier geschilderten verworrenen Situation die Hamburger Grönlandfahrt fast zur Bedeutungslosigkeit herabsank, war nicht verwunderlich. Sie hat sich nie wieder von dieser Krise erholt.

6.1 Seefahrt oder Kriegsdienst. Konflikte zwischen nordfriesischen Seeleuten und ihren Landesherrn – ein historischer Rückblick –

Am Beispiel Hamburgs und Hollands wurde bereits aufgezeigt, daß die auswärtige Beschäftigung der Seeleute unterbrochen oder behindert wurde, wenn die Staaten in kriegerische Auseinandersetzungen verwickelt waren. Eine weitere Störung der beruflichen Tätigkeit trat aber auch dann ein, wenn der eigene Landesherr wegen militärischer Konflikte die nordfriesischen Seefahrer für seine Flotte benötigte. Daß diese Enrollierung – so lautete der Terminus für die Aushebung – nicht immer ohne Schwierigkeiten verlief, bezeugen die folgenden Überlieferungen. Die erste derartige Nachricht stammt aus dem Jahre 1673. Als „die junge Mannschaft außgeschrieben" wurde, gelang es den Syltern und Föhrern, sich durch einen Ausgleichsbetrag freizukaufen[191]. Vier Jahre später – im März 1677 – fand wiederum eine Enrollierung statt. Aber diesmal verlief die Aktion nicht so glatt, denn „. . . der nicht wollt Königl. Geld nehmen, wurd

---

189 Zu den Einzelheiten und den diplomatischen Aktivitäten Hamburgs s. Ludwig Brinner, Die deutsche Grönlandfahrt, a. a. O., S. 242 ff. Nach Angaben von Brinner sollen 1804 von Tönning 5 Schiffe nach Grönland gefahren sein. Da sie aber nicht von Hamburg ausgelaufen sind und der Wasserschout keine Anmusterungsprotokolle ausgefertigt hat, bleiben sie im Rahmen dieser Arbeit unberücksichtigt.

190 Wenn L. Brinner, a. a. O., S. 249 andere Zahlen für die auslaufenden Schiffe angibt, so liegt das wahrscheinlich daran, daß er die Anmusterungsprotokolle des Hamburger Wasserschouts in seiner Arbeit nicht berücksichtigt hat.

191 Chronik des Pastors Jacob Cruppius, der von 1670–1708 in Keitum tätig war; abgedruckt bei P. Schmidt-Eppendorf in: Sylt, Memoiren einer Insel, a. a. O., S. 105 f.

geprügelt als ein Hund. Die Leute Erschracken und nahmen Geld . . . Die übrigen Leute, deren Manß weg geflohen waren, wurden beplündert von den Soldaten[192]". Aus diesen negativen Erfahrungen zogen die Sylter – für sie ist es überliefert, aber die übrigen Nordfriesen werden in ähnlicher Weise reagiert haben – in Zukunft ihre Konsequenzen. Denn als im folgenden Jahre (1678) wieder ein „Königl. Capitain aufs Land" kam, „um wieder Volck in den Ohrlog zu preßen", hatten die Seeleute bereits die Insel verlassen[193]. Doch auch die königlichen Werber waren durch diese Erfahrung klüger geworden und stellten bei einer neuerlichen Aushebungsaktion im nächsten Jahre zunächst einmal alle Schiffe unter Bewachung, „daß kein Mensch weg kommen sollte." Aber diesmal kam die Hilfe von oben, meinte der Keitumer Pastor und Chronist Jacob Cruppius, denn „. . . Gott vom Himmel ließ 3 Tage Starcken Osten wind wehen, darüber ward das wad trucken und lieffen die Leuthe nach Wiedingharde zu Fuß hinweg[194]."

Als die Werber – begleitet von einem größeren militärischen Aufgebot – nach einer mehr als zehnjährigen Pause im Februar und März des Jahren 1689 wieder auf die Insel Sylt kamen, hatten sie etwas mehr Erfolg und konnten immerhin 93 Matrosen ausheben. Auch diese Aktion verlief nicht ohne Konflikte, denn das Werbekommando quartierte sich in den Häusern ein, „die die Ihrigen auß dem weg geschaffett hatten, biß den 26. Martij, da zogen sie wieder ab nach Tundern. Etlige thaten Ihren wirten viell bößes, sonderlig Kurtz vor dem Abzug[195]." Das Glück der Davongekommenen mußte entweder mit Drangsalierungen oder mit finanziellen Belastungen der Inselbewohner erkauft werden, aber das war zweifellos das kleinere Übel[196]. Die Gründe für diese Abwehrhaltung der Nordfriesen liegen vor allem im wirtschaftlichen Bereich. So wurde u. a. durch den Kriegsdienst die berufliche Karriere der Seeleute unterbrochen, denn die Reeder waren gezwungen, die meist zuvor mit den Kommandeuren vereinbarten Positionen an Bord mit anderen Leuten zu besetzen, die sich dann bei längerer Abwesenheit in die Qualifikation des Ausgehobenen einarbeiten konnten und somit unter Umständen die Stelle blockierten. So konnte der Dienst auf der Flotte einen sozialen Abstieg beinhalten. Dies gilt besonders für die nach Grönland fahrenden Seeleute, die hinsichtlich Schiff und Kommandeur sehr konservativ waren und nur dann diese wechselten, wenn entweder äußere Umstände sie dazu zwangen oder sich die Chance des Aufstiegs bot. Sicherlich hatte der Kriegsdienst auch negative Folgen für die Seeleute der Handelsfahrt. Aber sie waren flexibler, da sie meist keine festvereinbarten Heuerverträge hatten. Beide Gruppen mußten jedoch finanzielle Verschlechterungen in Kauf nehmen, da die Heuer auf der Flotte weitaus niedriger war als bei der zivilen Seefahrt.

192 ebenda, S. 109.
193 ebenda.
194 ebenda, S. 110.
195 ebenda, S. 118.
196 ebenda, S. 109.

Ein weiteres Motiv für die Ablehnung konnten die höheren Chargen für sich geltend machen. So wurden Steuerleute, Bootsleute, Harpuniere, Speckschneider, Schiemänner usw. nicht ihrem zivilen Rang entsprechend auf den Kriegsschiffen eingesetzt, sondern durchweg als Matrosen – hier lag die große Bedarfslücke – eingestuft[197]. Neben diesen wirtschaftlichen Argumenten werden die Seeleute auch sich darüber Gedanken gemacht haben, daß die Chancen, lebendig und unversehrt wieder nach Hause zu kommen, in der friedlichen Seefahrt größer waren als auf der Kriegsflotte des Königs. Hinzu kommt, daß die Behandlung auf den Orlogschiffen allgemein sehr hart gewesen sein muß. Es wird sicherlich nicht ohne Auswirkung geblieben sein, wenn der Keitumer Pastor 1677 berichten mußte: „Auß meinem Kirchspill zogen 31 in den Ohrlog, davon kamen 9 zu Tode. Die übrigen kamen um Martini zu Haußé, theilß seer krank und schwach[198].“ Es muß in diesem Zusammenhang darauf hingewiesen werden, daß diese Abwehrhaltung keinesfalls durch nationale Vorurteile den Landesherren gegenüber begründet wurde, wie es der Sylter Chronist C. P. Hansen an mehreren Stellen seiner Werke in unterschiedlicher Pointierung deutet, indem er seine nationale Perspektive des 19. Jahrhunderts auf die hier beschriebene Epoche projizierte[199]. Es ist auch kein Problem, das sich nur auf das nordfriesische Gebiet beschränkt. So wissen wir z. B. aus den Lebenserinnerungen des Kolberger Kapitäns Joachim Nettelbeck (1738–1824), welche Anstrengungen er und seine Mitbürger unternahmen, um den Werbern des preußischen Königs zu entkommen. Nationale Motive spielten hier mit Sicherheit keine Rolle[200].

197 Zu der unterschiedlichen Einstufung s. die Belege Anm. 76.
198 Chronik des Pastors Jacob Cruppius, a. a. O., S. 109.
199 So kommentiert er in seiner Chronik der Friesischen Uthlande, S. 148 die Aushebungsaktion von 1677 wie folgt: „Ueberdies mußten die Inselfriesen, statt ihrem gewohnten Gewerbe nachzugehen, wieder in den Krieg ziehen für einen König und eine Sache, die sie nicht liebten. . . . Alles dies empörte in dem Grade die Einwohner der Insel, daß sie beschlossen, um keinen Preis wieder an dem verhaßten Dienst auf der dänischen Flotte, wobei sie von den Dänen damals nie als ihnen gleichgestellte Freunde geachtet und behandelt wurden, Theil zu nehmen. – Von den holländischen und deutschen Seefahrern wurden die Friesen stets als Brüder angesehen und behandelt; ganz anders fanden sie es bei den Dänen, da waren sie wie die Möwen unter den Raben.“
200 Des Seefahrers und aufrechten Bürgers Joachim Nettelbeck wundersame Lebensgeschichte von ihm selbst erzählt, Ebenhausen/München, o. J., S. 48 f.: „Wenn nun schon unsere Bürgersöhne sich so ungern unter die militärische Fuchtel beugten, so wird es um so begreiflicher, daß die jungen Seefahrer unter ihnen diesen Abscheu in noch verstärktem Maße empfanden, je früher sie auswärts die goldene Freiheit schon gekostet hatten und je weniger ihre Hantierung mit dem gezwungenen Soldatendienste übereinstimmte. Wer es also irgend vermochte, entzog sich solcher Skaverei lieber durch die Flucht ins Ausland und ging dadurch dem Staate meist für immer verloren.“

Erst 1735 wurden durch eine Verordnung Christians VI. im Rahmen einer allgemeinen Reform der Landesverteidigung klare Verhältnisse geschaffen[201]. So bildeten jetzt die „an der Westsee liegenden Eyländer, als nämlich Römöe, Sylt, Foer, Amrom, Oland, Langenäes, Gröde, Habel, Butvel, Hoeg, Norsmark, Sydfal und Pelworm" einen ausschließlich für die Flotte reservierten Enrollierungsbezirk und waren somit von anderen Soldatendiensten und „dahin gehörigen Auflagen . . . zu ewigen Zeiten . . . gefreyet." Für den Dienst auf der Flotte aber, . . . „wenn sie desfalls angesagt werden", konnten die Bewohner . . . „selbst die verlangte Anzahl unter sich ausmachen . . .". Ebenfalls wird die finanzielle Entschädigung für die Ausgehobenen – es handelt sich um die Heuer, Vergütung für Wartezeiten und Reisekosten – eindeutig geregelt. Den Einberufenen und ihren Familien durften während des Dienstes keine Exekutionen und Schatzungen auferlegt werden.

Damit scheint im nordfriesischen Raum eine gewisse Ruhe eingekehrt zu sein, denn Nachrichten der oben geschilderten Art fehlen von nun ab in den Chroniken. Sicherlich ist das nicht nur ein Verdienst der königlichen Verordnung, sondern auch ein Niederschlag der späteren Neutralitätspolitik des dänischen Staates. Abgesehen von einzelnen Registrierungsmaßnahmen für die von Hamburg ausfahrenden Seeleute konnte dieser Personenkreis bis 1781 ungehindert seiner Tätigkeit nachgehen.

6.2 1780/81. Der dänische König braucht Matrosen – Verbote und Auflagen für die Seefahrer

Diese eben geschilderte Situation veränderte sich aber schlagartig, als im Jahre 1780 der Krieg zwischen Holland und England ausbrach[202]. Am 22. November dieses Jahres erließ nämlich König Christian VII. von Dänemark die Anordnung, „. . . daß, wie Wir allergnädigst für gut befunden haben, nicht allein bis auf weiters und so lange es benötigt werden möchte, die den Enrollierten durch Verordnung über die See-Enrollierung und später erlassene Anordnungen vergönnte Erlaubnis, mit Schiffen fremder Nationen zu fahren, aufzuheben, aber auch allen Seeleuten in Unseren Reichen und Ländern zu verbieten, seien es Steuerleute oder enrollierte Matrosen, ebenfalls bis auf weiters, sich auf solchen Schiffen anheuern zu lassen, oder das Land zu verlassen, um an fremden

---

201 Die „Königliche Verordnung und Privilegia für die enroullirte Seeleute auf den an der Westsee belegenen Inseln" vom 28. 1. 1735 ist abgedruckt in Eduard Ambrosius, Chronologisches Verzeichniß über verschiedene Königliche und Fürstliche Verordnungen und Verfügungen, zweytes Heft, Flensburg 1797, S. 38 f. Zur allgemeinen politischen Situation s. Geschichte Schleswig-Holstein, Bd. 6, Neumünster 1959, O. Klose, Die Jahrzehnte der Wiedervereinigung, 1721–1773.

202 Zum außenpolitischen Verhalten Dänemarks in dieser Zeit s. Christian Degn, Die Herzogtümer im Gesamtstaat 1773–1830, in: Geschichte Schleswig-Holsteins, hrsg. v. Olaf Klose, Bd. 6, Neumünster 1959, S. 190 ff.

Orten Heuer zu nehmen und sich damit der vorstehenden Ausschreibung zu entziehen[203]."

Abb. 11: Auszug der Verordnung König Christian VII. vom 22. 11. 1780
Quelle: RAK, Dänische Kanzlei, Abt. F, Nr. 32

203 Die Urkunde befindet sich im RAK, Dänische Kanzlei, Abt. F, Nr. 32 a. Für die Übersetzung aus dem Dänischen danke ich Herrn cand. mag. Tams Jörgensen vom Nordfriisk Instituut Bredstedt.

Im Klartext bedeutete das, daß kein Seefahrer außerhalb des Gesamtstaates eine Heuer aufnehmen durfte.

Bis 1783 blieb dieses generelle Verbot bestehen. Am 30. September dieses Jahres erlaubte Christan VII. „. . . den Bewohnern der an der westlichen Küste belegenen Inseln, und der übrigen zum Schleswigschen See-Enrollirungsdistrict gehörigen Mannschaft, unter folgenden Einschränkungen . . ., sich auf hamburgische oder andere fremde Kauffartey-Schiffe auf die vorhin übliche Weise zu verhäuern:

1) Daß, falls Unsere Schiffe ausgerüstet werden sollten, kein Seevolk aus bemeldeten Districten sich entfernen müßte, bis zuvörderst die zu deren Equipirung erforderliche Anzahl von Matrosen gestellt werden.

2) Daß zuerst Unsere Handlungs-Compagnien mit den zu Besetzung ihrer Schiffe benöthigten Matrosen zu versehen sind, und hiernächst die übrige Mannschaft auf fremde Schiffen in Häuer treten können.

3) Daß alle, die sich künftig in Hamburg verhäuern wollen, mit einem Beweis von dem Enrollirungs-Chef, oder falls sie zu den Nicht-Enrollirten gehören, von der gehörigen Obrigkeit dahin versehen seyn müssen, daß sie freye Leute und übrigens nicht gebunden wären.

4) Daß gedachte Erlaubniß-Scheine nicht für beständig gelten, sondern sich nur lediglich auf das nächstzufolgende Jahr erstrecken sollen, und falls der Genuß dieser Freyheit auf eine längere Zeit gewünschet werden möchte, deshalb jährlich aufs neue, und zwar im October- oder November-Monat, Ansuchung gethan werden müsse, da denn, nach Beschaffenheit der Umstände und der Conjuncturen, nähere Resolution zu gewärtigen wäre[204].“

Interpretiert man diesen Erlaß, so enthält er einige Unklarheiten. Es ist beispielsweise nicht ersichtlich, ob er auch für die auf den Grönlandfahrern dienenden Seeleute gedacht ist, da der Text nur die Handelsfahrt erwähnt. Jedenfalls haben die örtlichen Behörden den Erlaß im Sinne der nach Grönland fahrenden Seeleute ausgelegt, da eine Anzahl von ihnen mit einem Freipaß versehen in den Hamburger Anmusterungsprotokollen erscheint. Ferner ist nicht erklärlich, warum nur die in Hamburg auf fremden Schiffen anheuernden Seefahrer ein Freipaß verlangt wird, da Holland doch einen weitaus größeren Anteil

---

204 Chronologische Sammlung der Verordnungen und Verfügungen für die Herzogthümer Schleswig und Holstein, die Herrschaft Pinneberg, Grafschaft Ranzau und Stadt Altona, 1755 ff. Kiel 1800 ff. Bereits am 15. Februar 1781 war ein „Freund" des in Kopenhagen tätigen Hamburger Agenten Meinig durch perönliche Verbindung zu den dortigen Behörden über diese Pläne informiert: „So weiß ich aus einer anderen Quelle, daß dem Hamb. Rath durch unsere Gesandtschaft werde zu erkennen gegeben werden, wie man erst die Königl. Flotte mit der erforderl. Mannschaft versehen, als dann unsere eigenen Grönland-Fahrer bemannen müssen; und was alsdann an diensttüchtigen Leuten auf den Inseln gar übrig blieben, die Freyheit hätte, sich nach ihrer Convenientz anderswo zu verdingen." StAHam, Cl. VII, Lit. Ke, Nr. 8 a.

an Seeleuten dieses Enrollierungsbezirkes aufweisen konnte[205]. Überhaupt hat sich das Verfahren bei der Aushebung für den Seedienst „. . . als mangelhaft und nicht hinreichend geregelt erwiesen . . .", wie bei der späteren Neuordnung für das See-Enrollierungswesen eingestanden werden mußte[206].

Für den Zusammenhang mit dieser Arbeit ist es jedoch wichtig, daß die nord-friesischen Seeleute – wenn auch unter Auflagen – wieder auf den Hamburger Wal- und Robbenfängern anheuern konnten. Die Unklarheiten des vorherigen Erlasses werden wohl der Grund gewesen sein, daß am 3. November 1786 eine neue Resolution speziell für die Seeleute „. . . auf den Inseln an der Westküste des Herzogthums Schleswig" veröffentlicht wurde, die ihnen erlaubte, „. . . so-wohl auf fremden als inländischen Grönlands- und anderen Kauffahrteyschif-fen in Häuer zu treten." Die zeitliche Dauer dieser Erlaubnis wurde durch den allgemein gehaltenen Zusatz eingeschränkt: „. . . bis die Umstände eine andere Veranstaltung nothwendig machen[207]."

Doch auch dieser Text war nicht eindeutig formuliert, so daß nach Rückfra-gen der örtlichen Behörden in einem Reskript an die Amtshäuser von Tondern, Husum und Hadersleben vom 11. Januar 1787 nähere Erläuterungen gegeben werden mußten[208]. So blieb nicht nur der Paßzwang – aber diesmal für alle See-fahrer – bestehen, sondern auch das Verzeichnis mußte von den örtlichen Landvogteien weiterhin geführt werden, „. . . woraus man sehen könne, wo sie sind und wann die Rückkunft der Abwesenden erwartet werden könne . . ." Das Reskript brachte auch eine Erleichterung besonders für die in der Handelsfahrt tätigen Seeleute, denn sie brauchten nunmehr nur noch am Ende eines jeden Jahres „. . . gehörigen Orts schriftlich anzuzeigen, wo und auf welcher Reise sie sind und wann sie zurück zu kommen gedenken, damit man solches wisse, falls ihre Dienste nöthig seyn sollten."

Unter diesen Bedingungen konnten die Seeleute dank der Neutralität des Ge-samtstaates die nächsten zwei Jahrzehnte auf fremden Schiffen anheuern.

Als im Sommer 1807 Dänemark in die militärischen Auseinandersetzungen zwischen Frankreich und England einbezogen wurde, appellierte König Christi-an VII. an alle Seeleute, die auf fremden Schiffen fuhren, „. . . unverzüglich ins

205 Ein genauer Zahlenvergleich ist aufgrund des wissenschaftlichen Forschungsstandes nicht möglich. Aber einen Eindruck von den Größenverhältnissen vermittelt eine Angabe des Föhrer Chronisten Peter Jung Peters, Beschreibung der Insel Föhr, a. a. O., S. 45: „In der frühern Hälfte des März, im Jahre 1777, segelten an einem Tage 13 Schmacken mit etwa 1000 Seefahrenden, von hier nach Holland, Altona, Hamburg u. a. Orten ab." Da in der Hamburger Handels- und Grönlandfahrt dieses Jahres 138 Föhrer Seeleute anheuerten und Altona zu dieser Zeit noch keine bedeu-tende Rolle spielte, muß der weitaus größte Teil dieser Seefahrer nach Holland gese-gelt sein.

206 Durch eine Verordnung König Friedrich VI. im Jahre 1838 wurde das See-Enrollie-rungswesen neu geordnet: Chronologische Sammlung der Verordnungen und Ver-fügungen . . . für das Jahr 1838, Kiel 1839, S. 45 ff.

207 Chronologische Sammlung . . . a. a. O., 3. 11. 1786.

208 Chronologische Sammlung . . . a. a. O., 11. 1. 1787.

Vaterland zurück zu kommen . . . und sich gleich bey dem Enrollirungsofficier an dem Orte ihrer Ankunft . . ." zu melden[209]. Doch die militärischen Ereignisse machten diesen Appell wirkungslos. Nachdem die Engländer im September 1807 Kopenhagen in Schutt und Trümmer gelegt hatten, nahmen sie die gesamte dänische Flotte als Beute mit. Da auch die überwiegende Anzahl der dänischen Handelsflotte im Verlauf dieses Konfliktes verlorenging, bestand nur noch ein ganz geringer Bedarf an Seeleuten.

6.3 Hamburgs Bemühungen, die nordfriesischen Seeleute für die Grönlandfahrt freizustellen

Wenn wir uns vergegenwärtigen, daß vor allem die Seeleute von Röm und Föhr einen sehr bedeutenden Platz in der Hamburger Grönlandfahrt einnahmen, so mußte die Anordnung des dänischen Königs vom November 1780, die den Seeleuten des Gesamtstaates verbot, auf auswärtigen Schiffen zu dienen, den Lebensnerv dieses Seefahrtszweiges treffen[210]. Aufgrund dieser Sachlage ist es verständlich, daß alle an diesem Wirtschaftszweig interessierten Kreise der Hansestadt sich sehr bemühten, die erforderlichen Mannschaften für den Wal- und Robbenfang zu bekommen.

Auch für die in der Hamburger Grönlandfahrt tätigen Seefahrer bedeutete das Verbot des dänischen Königs einen harten Eingriff in ihre berufliche Entwicklung. Sie blieben deshalb nicht untätig, und nordfriesische Kommandeure informierten ihre Hamburger Reeder über die neue Situation. Am 22. Dezember 1780 berichtete der Kommandeur Johann Hansen von Röm – er befehligte das Schiff De Bloyende Hoop – seinem Reeder Willinck, „. . . daß hier auf Rem . . . eine Königliche Verordnung uns am 21. Dec. vorgelesen worden ist, daß Niemand von unsere Seefahrer außerhalb Landes reisen, oder außer dem Reiche sich verheuern solle, bis auf weitrer order. Ich denke daß diese Umstände, wegen den Volcke zu Königs Dienste nicht an uns gelangen wird; hier auf Rem haben wir kein einrollirtes Volck, aber wir sind bange, daß uns selbe aufhalten werden, und wir nicht zeitig genug in Früh-Jahr mit unser Volck werden reisen können[211] . . ." Auch der Kommandeur Rieck Jurians von Föhr gab am 3. Januar 1781 seinem Reeder D. H. Rowohl einen brieflichen Bericht über die neuen Zustände auf Föhr: „Wir haben hier diesen Jahres Wechsel eine große Veränderung, dero wir nicht gewohnt sind . . . Nun ist der Capn (Aushebungs-

---

209 Chronologische Sammlung . . . a. a. O., 31. 8. 1807.

210 Die Hamburger Handelsfahrt war nur in geringem Maße von dem Verbot betroffen. So waren beispielsweise 1780 nur 35 Seeleute aus Nordfriesland dort tätig, und zwar 10 von Röm, 4 von Föhr, 6 von Sylt, 3 von den Halligen, 8 Helgoländer und 4 vom nordfriesischen Festland.

211 StAHam, Cl. VII, Lit. Ke, Nr. 8a. Extract aus einem in holländischer Sprache geschriebenen Briefe des Commandeurs Jan Hansen.

offizier, Anm. d. Verf.) gekommen und hat die Nahmen jeder Seefahrenden aufgenommen, die unter 50 und über 14 Jahren haben, hat dabey die Commands Schiffers Capitaine ihre Rollen aufgefordert, von die Leute, die sie gehäuret haben, welches er bey jeder Nahm hat gezeichnet. Wir hoffen, daß es nichts mehr zu bedeuten hat, denn daß der König es wissen will, wie viel Seefahrende Er in sein Reich hat, die nicht enrolliret. Sollte es ja ein Fall der Noth geben, daß so viel Kriegs Schiffe ausrüsten, daß die Besatzung er nicht hätte von einrollirte, daß dan wol einige aus die werden getrocken, die unverhäuret und nach Holland, Engelland, Oostende denken zu fahren. So ich vernehme, wird auf nach Hamburg zu fahren so strict nicht gesehen, aber noch ist der Beschlag, daß keiner vom Lande muß, doch meinen wir in kurzen es wieder los zu sehen, wenn nur alles erst sey einberichtet. Wir haben ein Fahrzeug wieder befrachtet, um mit uns Guth auf gewöhnliche Zeit nach Hamburg zu Fahren[212]. . ."

Der hier anklingende Optimismus des Kommandeurs Rieck Jurians von Föhr sollte sich nur kurze Zeit später als nicht gerechtfertigt erweisen, denn auch die dänische Verwaltung blieb nicht untätig. So mußte auf Drängen des dänischen Gesandten in Hamburg am 15. Januar 1781 der Rat der Hansestadt dem Wasserschout verbieten, Seefahrer aus dem Gesamtstaat ohne Erlaubnisschein der dänischen Gesandtschaft anzunehmen[213]. Das war nichts Neues, denn diese Regelung bestand bereits seit 1754, war aber vom Schout nach Aussage der Unterlagen recht großzügig gehandhabt worden.

Angesichts dieser sich hinsichtlich der Bemannung abzeichnenden bedrohlichen Situation verfaßten die Hamburger Reeder Beerend Roosen und Gisbert Elking „als Deputirte der Strasse Davids und Grönländischen Rehdery" mit Hilfe des Advokaten G. de Vlieger folgende Bittschrift, die sie am 22. Januar 1781 dem Rat der Hansestadt vorlegten: „Die Directeurs derer von dieser Stadt nach Grönland und der Straße Davids auf den Wallfisch und Robbenfang fahrenden Schiffe sehen sich höchstgemüßiget . . . wegen eines in Hinsicht dieser Schiffahrt urplötzlich aufstoßenden Umstandes, der auch Ihnen viele Ungelegenheit machen würde, ihre gehorsamste Zuflucht zu nehmen, und haben uns ihre Deputirte, die Supplicanten aufgetragen, bei Hochderoselben deshalb die dringenste Vorstellung, zu einer baldmöglichsten Remediatur in dieser Sache ehrerbietigst zu überreichen.

Wie wichtig überhaupt die Grönländische Schiffahrt für Hamburg sey, wie unzählig viele Handwercker an den Schiffen selbst, an deren Geräthe, an denen Provisionen und Lebens Mitteln arbeiten, und davon ihren Lebens Aufenthalt haben, und über dies alles wie groß der Nutzen von dem sey, was diese Schiffe unter göttlichen Seegen zu Hause bringen, solches ist zu bekannt, als daß es der Länge nach erzählet werden dürfte, und Ew: Magnificiences Hoch- und Wol-

212 StAHam, ebd. Rieck Jurians war Kommandeur des Walfängers „De Frau Margaretha".
213 StAHam, ebd.

weise Herren haben auch aus diesem Grunde den bemerckten Handlungszweig ... jederzeit Stadtväterlich patrociniret und beschützet.

Dieser Grund berechtigt uns also auch zu der Hofnung, daß wir in unserem gegenwärtigen Anliegen nicht nur keine Fehlbitte thun, sondern auch auf das Baldigste darinn werden befördert werden. Des Königs von Dännemarck und Norwegen Majestät haben sich neuerlich bewogen gefunden in deren unter Höchstdero Hoheit gehörigen Jütländischen Inseln, die sonst von der enroulirung befreyet gewesen, alle See-Leute aufschreiben, und dabey von den Canzeln ablesen zu lassen, daß NB NB. kein Seefahrender sich aus dem Lande entfernen, noch auf fremde Schiffe Dienste nehmen sollte, bis auf weitere Ordre ...

Da nun aber die hiesigen nach Grönland und der Straße Davids auf dem Robben- und Fischfang fahrenden Schiffen ihre mehreste Mannschaft sowohl an Officiers als schlechte Matrosen aus den benandten (Röm und Föhr, Anm. d. Verf.) und andern Jütländischen Inseln bisher erhalten haben; so ist dieses Verboth, zumahl da es zu einer Zeit geschiehet, in welcher sich alle diese Leute zu ihrer neuen Fahrt allbereits eingerichtet haben, sowohl Ihnen selbst, als auch der hiesigen Direction höchst ungelegen.

Die Zeit ist da, daß die Commandeurs und Officiers, welche allbereits vorig Jahr die diesjährige Reise zu thun, sich gegen die Directeurs verbindlich gemacht haben, erscheinen sollten; über die 8. Tage wird auf der Straße Davids, und über 14. Tage bis 3. Wochen auf den Grönländischen Robben-Schlägern die Vorbereitungs-Anstalten zur Reise von diesen Leuten vorgenommen werden, und die Directeurs haben sich auf deren Ankunft verlassen, welche aber jezt durch mehrerwähntes Verboth wo nicht gar verhindert, doch wenigstens aufgehalten werden wird.

Hierdurch nun wird die Direction in der größesten Verlegenheit gesetzet, und, da bis jezt noch bey keines Menschen Denken, ein Zeitpunckt vorhanden gewesen ist, in welchem die Fahrt auf Grönland, vorausgesetzt den Göttlichen Seegen, einen so großen Nutzen hat schaffen können, als eben jetzt, da der Holländer ihre Fahrt durch den Bruch mit Engelland wo nicht gar gehemmet, doch höchst beschwerlich gemacht wird, so würden sie auch durch dieses Verboth, falls es nicht abgeändert wird, in den allergrößesten Schaden, der sich zugleich über die ganze Stadt und unzählig vielen anderen Menschen, die den Trahn gebrauchen, ausbreiten würde, versetzet werden. Denn, was die Verlegenheit, worinn die Direction sich jezt befindet, betrift, so ergiebt sich diese gleich daraus, daß selbige ihre gewöhnliche Commandeurs und Officiers entbehren, ohne andere an deren Stelle zu haben. Ein gemeiner Matrose fähret zwar auf jedem Gewässer und auf jedem Schiffe in Hinsicht seiner Rhederey mit gleichen Nutzen, aber ein Gönländischer Officier muß eine Mann seyn, der dieses von Jugend auf gelernet, der die Handgriffe, sowol bey Erlegung dieser großen Seethiere, als bey deren nachherigen Präparatur durch eine Menge von Erfahrungen sich eigen gemacht hat, und der das gemeine Volck dazu gehörig anzuführen weiß. Ein solcher Mann ist nicht allemahl zu haben, und wenn gleich die Directeurs damit anders woher z. E. aus den Holländischen Inseln versehen werden könnten, welches aber, bewandten Umständen nach, nicht glaublich ist, so sind doch diese Leute Ihnen theils unbekannt, theils aber würde es diesen neuen

Leuten selbst beschwerlich seyn, auf unbekandte Schiffe, wo ihnen Allen alles fremde ist, zu fahren, und hieraus ergiebt sich denn auch zugleich der große Schade, welcher nothwendig entstehen müßte, falls dieses Verboth ohne Einschränkung Stand hielt, indem da durch notorisch der Effect der Fischerey behindert, mithin weniger gefangen, und also die bereits sehr hohen Trahn Preise, wobey selbst die Armuth interessiret ist, noch mehr erhöhet werden müßten.

Dieses wird genug seyn, Ew.... Herren zu überzeugen, daß eine triftige Vorstellung bey des Königs von Dännemarck, Majestät, zur Einschränkung des quaest: Verboths höchstnotwendig sey; und da wir in diesem Stücke auf die bekannte Willfährigkeit unseres verehrungswürdigsten Senats uns zu verlassen hinlängliche und in der Erfahrung begründete Ursachen haben; so zweifeln wir auch keinesweges an der Erhörung unserer rechtlichen und gemeinnützigen Bitte, dahin nehmlich: des Ew.... Herren geruhen wollen, bei der hiesigen Königl. Dänischen Gesandschaft die nachdrücklichste Vorstellung zu thun:
daß des Königs Mayestät gnädigst besagtes Verboth, in soweit solches die Commandeurs und Officiers, welche sich auf die Schiffe der hiesigen Directeurs nach Grönland zu fahren engagiret haben, denn von deren Matrosen wollen wir gerne abstrahiren, pure aufzuheben die Königliche Gnade zu haben geruhen wolle.

Welche Vorstellung um so nöthiger eilig und triftig seyn möchte, da der Königl. Dänische Gesandschafts Secretaire, der Herr Canzley-Rath Kunad am vorigen Sonnabend einigen sich bereits hier befindenden Grönländischen Officiers, und die bereits ante publicationem des quaest: Verboths ihr Vaterland verlassen hatten, die sonst gewöhnlich ertheilte Erlaubniß Zettel, daß selbige sich auf hiesige Schiffe engagiren können, verweigert hat[214].

Gründe, welche dieser Vorstellung einverleibet werden und unserm Gesuche ein vorzügliches Gewicht geben können, überlassen wir zwar der Einsicht unserer verehrungswürdigen Obrigkeit; allein einige welche nur uns, da wir mit diesen Leuten sebst genauen Umgang haben, bekannt seyn können, und die das Interesse des Königs und dieser seiner Unterthanen selbst betrift, nehmen wir uns die Ehre diesem unserem Supplicato noch hinzuzufügen.

Dazu gehört dann

a) vorzüglich, daß diese für Officiers nach Grönland schon längst zu fahren gewohnte Leute des Königs Mayestät so wenig auf den Kriegs- als Kauffarthey-Schiffen im geringsten nützlich sind, denn selbige haben in ihrem Leben nichts anderes als Wallfische, Robben und Grönland gesehen, wissen

---

214 Nach Aussage der diesbezüglichen Quellen (RAK, T. K. U. A. Spec. del Hamburg, C. Gesandtskabsarkiver nr. 198, Skibsliste 1764–98, 1. bd.) ist dieses Argument richtig. Erst ab 20. Februar 1781 stellt die Gesandtschaft wieder Erlaubnisscheine aus. Bis April dieses Jahres wurden 178 Scheine an Seefahrer des Gesamtstaates ausgegeben. 1782 haben sich noch 31 Seeleute in das Kontrollregister eintragen lassen, und von 1783 bis 1794 haben nur noch 17 Seeleute einen Erlaubnisschein erhalten. Auch in dieser Liste spiegelt sich die Unsicherheit der Enrollierungsverordnungen wider.

daher so wenig mit Canonen umzugehen, als wenig Ihnen andere Gewässer bekannt sind.

b) diese Officiers sind die Häupter und gleichfalls die Versorger dieser Jütländischen Inseln; Sie verdienen ansehnlich, und Jeder der übrigen Einwohner genießet durch Ihnen den nöthigen Lebens-Unterhalt, so, daß falls es diesen gewehret würde, auf Grönland zu fahren, der größte Theil dieser Insulaner mit würde darunter leiden müssen.

c) diese Officiers haben sich durch sehr viele gefährliche Reisen, wobey selbige Leib und Guth gewaget, durch eine mäßige und gute Lebens Art und durch eine thätige Würksamkeit, deren sie sich beflissen, zu ihren Respve Chargen von Speckschneider, Harponier u.s.w. hinangeschwungen, und es wäre für ihnen sehr nachtheilig, wenn Sie die Früchte davon forthin nicht genießen sollten, welches gewiß als dann geschehen würde, wenn des Königs Mayestät diese wenige Mannschaft, deren Zahl über 150. bis 200. Mann nicht betragen kann, von dem gedachten Verboth zu eximiren nicht geneigen möchte, denn auf diesen Fall würden die hiesigen Directeurs die Chargen dieser Leute, so gut selbige könnten, durch andere besetzen müssen, und alle diese Officiers wären auf einmahl aus ihrer Nahrung und vom Brodte gebracht. Endlich würde es auch

e) einen Einfluß auf die Königliche Einnahmen nothwendig haben müssen, falls diese Officiers künftighin für schlechte Matrosen auf Königl. Dänische Schiffe fahren müßten, weil selbige so dann in einem ganzen Jahre kaum ein Drittheil von dem was Sie jetzt in 4. bis 5. Monathe verdienen, würden gewinnen können, mithin Sie auch nicht, so wenig für sich selbst, als für die übrigen Insulaner, die bisherigen Contribuenda an die Königlichen Cassen würden bezahlen können.

Diese und noch mehrere Gründe werden ohne Zweifel des Königs Mayestät zu der von uns ehrerbiethigst nachgesuchten Einschränkung des besagten Verboths, zumahl wann solches durch die kräftige Fürsprache Ew. Magnificences Hoch- und Wolweisen Herren unterstützet wird, zu bewegen vermögend seyn[215]..."

Diese aus der Notlage Hamburger Reeder entstandene Bittschrift beinhaltet zugleich eine durchaus zutreffende Interpretation des bisher erarbeiteten Zahlenmaterials, die nur in wenigen Punkten etwas eingeschränkt werden muß. Dabei muß man berücksichtigen, daß diese inhaltlichen Korrekturen nicht auf Informationsmängel zurückzuführen sind, sondern aus der taktischen Absicht des Textes resultieren.

So wird in der Eingabe die wirtschaftliche Bedeutung des Hamburger Wal- und Robbenfangs für die Nordfriesischen Inseln zu pauschal und teilweise zu hoch bewertet. Wir wissen aus den statistischen Werten, daß die Hamburger Grönlandfahrt für Sylt und Amrum zu dieser Zeit praktisch bedeutungslos war. Auch für Föhr war sie bei weitem nicht die dominierende Erwerbsquelle der Bevölkerung, denn nur durchschnittlich 9 % der Seefahrer waren in diesem

---

215 StAHam, Cl. VII, Lit. Ke, Nr. 8a.

Hamburger Seefahrtszweig beschäftigt. Nur für Röm mag diese in der Bittschrift genannte Bedeutung zutreffen, auch wenn sie wegen fehlender Quellen nicht zahlenmäßig genau belegt werden kann.

Es trifft auch zweifellos zu, daß die in der Grönlandfahrt tätigen Offiziere spezielle Qualifikationen besaßen, aber es ist übertrieben, wenn die Reeder den dänischen Gesandten in Hamburg mit folgendem Argument zu überzeugen versuchen: „. . . daß die Steurleute nur nach Grönland gefahren, und die Seekarten dahin nur allein verstehen, daß schon viele Exempel vorhanden sind, daß so wohl Commandeurs als Steurleute, wenn selbige um die West oder anders wohin als Schifs Capitaine oder Steurleute sich gebrauchen ließen, selbige wegen des Ihnen gänzlich unbekannte Fahr Wasser und Klippen ihre Schiffe und den Eigner in Schaden gesetzt haben[216]."

Dieses undifferenzierte Argument kann dadurch widerlegt werden, daß zum einen zahlreiche Kommandeure und Steuerleute wegen der rückläufigen Entwicklung der Hamburger Grönlandfahrt zur Handelsfahrt überwechselten und dort zur Zufriedenheit ihrer Reeder gedient haben, zum anderen war es in Zeiten wirtschaftlicher Hochkonjunktur und günstiger Rückkehrzeiten üblich, daß die Kommandeure mit ihrem Schiff noch eine Handelsreise beispielsweise nach Spanien oder Frankreich machten[217].

Die Argumente der Bittschrift bewirkten, daß der Hamburger Rat sich dem Anliegen der Grönlandreeder anschloß und nun auf diplomatischen Wegen die Freistellung der Seeleute zu erreichen versuchte. So wurde nicht nur der dänische Gesandte in Hamburg, Kanzleirat Christian August Kunad, ein enger Mitarbeiter des Grafen Heinrich Carl Schimmelmann, eingeschaltet, sondern auch der im Auftrage des Hamburger Rats in Kopenhagen tätige Agent Meinig sollte die anliegenden Probleme aufgrund seiner Verbindung zu einflußreichen Leuten in den dänischen Behörden zu lösen versuchen. Bereits am 26. Januar 1781 – der Termin für das Auslaufen der Wal- und Robbenfänger drängte – bekam der Kopenhagener Agent im Auftrage des Senats eine Kopie der Bittschrift zugesandt und sollte „. . . Sich dorten behörigen Orts, wo es erforderlich und sonderlich bey . . ." dem Grafen von Schimmelmann „. . . als welchem die Wichtigkeit dieser Art Handlung und dessen Einfluß in das dortige Interesse selbst am besten bekannt seyn wird, aufs angelegenste dafür zu verwenden, daß dem Ansuchen der Supplicanten gebetenermaßen deserirt werde[218]."

Der Hamburger Agent wurde unverzüglich tätig und hat „. . . alles möglich getreulich beobachtet, war zur Erfüllung der Wünsche der Directeure der Grönländischen Handlung in Hamburg" ihm „beförderlich seyn zu können geschienen hat." Dabei wurde Meinig vom Grafen Schimmelmann auf das „kräftigste"

---

216 StAHam, Cl. VII, Lit. Ke, Nr. 8a, Copia Billet an Herrn Canzeleyrath Kunad.
217 Von 1761 bis 1780 lassen sich 10 Handelsreisen von Grönlandfahrern nachweisen. Größere Havarien werden sie nicht gehabt haben, da sie im folgenden Frühjahr wieder auf den Wal- und Robbenfang ausfuhren.
218 StAHam, Cl. VII, Lit. Ke, Nr. 8a. – Schreiben an den Agenten Meinig vom 26. Januar 1781.

unterstützt, der auch dafür sorgte, daß sich der Staatsrat mit der Angelegenheit befaßte. Um aber „sogleich die Königliche Resolution zur ausfertigung bringen zu können", erbat Meinig auf Anraten des Grafen Schimmelmann „. . . ein genaues Verzeichniß von denjenigen Königl. Unterthanen, deren man zu dem dortigen Grönländischen Gewerke nothwendig bedarf[219]." Die Liste mit den Namen und Herkunftsgebieten der Offiziere, die „auf hiesige Schiffe nach Grönland" gefahren und „welche man dieses Jahr gern wieder hätte", sandte der Hamburger Rat am 23. Februar 1781 nach Kopenhagen[220].

Die erwartete königliche Resolution blieb aber aus, sicherlich weil die „Bedenken der Admiralität" hinsichtlich des eigenen personellen Bedarfs nicht ausgeräumt werden konnten[221].

Totz dieser Situation aber stellte der dänische Gesandte in Hamburg ab 20. Februar 1781 Erlaubnisscheine für die von der Hansestadt ausfahrenden Seeleute des Gesamtstaates aus, wobei er eindeutig die Grönlandfahrer bevorzugte. Denn von den vom 20. 2. bis 4. 4. ausgefertigten 178 Erlaubnisscheinen galten nur 2 für die Handelsfahrt[222]. Ungeklärt ist, wer dem dänischen Gesandten die Anweisung gegeben hat und warum nach dem 4. April dieses Jahres die Aktion beendet wird. Aus den überlieferten Quellen ist nur ersichtlich, daß es schwierig war, die Erlaubnis von Kopenhagen zu bekommen, und daß „durch den ordentlichen Weg nichts auszurichten" gewesen wäre[223]. Alles deutet darauf hin, daß mit Hilfe von Graf Schimmelmann und der Unterstützung der Deutschen Kanzlei das dänische Admiralskollegium ausgetrickst worden ist. Jedenfalls fuhren alle auf den Hamburger Grönlandschiffen angeheuerten nordfriesischen Seefahrer – mit Ausnahme von zwei Schiffsjungen, die wohl ihres Alters wegen nicht unter die Enrollierungsbestimmungen gefallen sind – im Frühjahr 1781 mit einer speziellen Erlaubnis auf den Wal- und Robbenfang aus. Damit war das Problem für dieses Jahr zwar gelöst, da aber das generelle Verbot vom November 1780 weiterhin bestand, mußten die davon betroffenen Kreise auch für die nächste Fangsaison mit Schwierigkeiten rechnen. So erbat der Agent Meinig im Dezember 1781 vom Hamburger Rat „die benöthigten Verhaltungs-Befehle" und meinte dazu, sich „mit einiger Hofnung schmeicheln zu dürfen, daß dieses Geschäft gegenwärtig wenigeren Schwierigkeiten ausgesetzt seyn werde,

219 ebenda, Schreiben des Agenten Meinig aus Kopenhagen vom 3. Februar 1781; zur Bedeutung des Grafen Heinrich Carl Schimmelmann s. Christian Degn, Sie Schimmelmanns im atlantischen Dreieckshandel, Neumünster 1974.
220 StAHam, ebenda, Schreiben des Hamburger Rats an den Agenten Meinig; diese Anforderungsliste enthält insgesamt 139 Namen, und zwar 48 von Röm, 56 von Föhr, 2 von List/Sylt, 9 aus Seestermühe, 4 aus Elmshorn, 7 aus Haseldorf, 3 aus Altona, 3 aus Haselau, 4 aus Hadersleben und je einen aus Ottensen, Neumühlen und Hetlingen.
221 StAHam, ebenda, Schreiben des Agenten Meinig aus Kopenhagen vom 10. und 17. Februar 1781.
222 RAK, T. K. U. A. Spec. del Hamburg, Gesandtskabsarkiver nr. 198, 1. bd.
223 StAHam, ebenda, Schreiben des Agenten Meinig an den Hamburger Rat vom 12. 2. 1782.

als im vorigen Jahr[224]." Doch die Hoffnungen wurden kurze Zeit später gedämpft, als der dänische Gesandte den Hamburger Reedern mitteilen ließ, daß „ohne Speciale Erlaubniß des Hofes keine Hofnung wäre, die benöthigten Commandeurs und Officiers für die hiesigen Grönländischen Schiffe auf dieses Jahr zu erhalten[225]."

So wurde wiederum eine Bittschrift abgefaßt und dem Hamburger Rat zugeleitet, der sie unterstützte und die entsprechenden diplomatischen Schritte bei dem dänischen Gesandten in der Hansestadt unternahm. Auch der Agent Meinig wurde wieder beauftragt, sich „behörigen Ortes und unter anderm auch bey des Herrn Schatzmeisters Grafen Schimmelmann Excellenz, als welche von dem Einflüße dieser Fischerey in das dortige Interesse vorzüglich unterrichtet sind, aufs angelegenste dabei zu verwenden[226]."

Die ersten Berichte des Agenten ließen einen gewissen Optimismus zu, denn er konnte „gehorsamst anzeigen, daß der Herr geheime Rath und Schatzmeister, Graf von Schimmelmann, Seiner Seits" ihm „allen Beystand in dieser Sache versprochen, und daß der Herr geheime Rath, Baron von Rosencrone," ihm „in der jüngsten Conferenz, zur Erreichung unseres Zweckes, gleichfalls alle gute Hofnung gegeben haben[227]." Auch die Deutsche Kanzlei in Kopenhagen wollte „. . . es an Bezeigung des guten Willens nicht fehlen" lassen, „besonders da man sich davon überzeugt hielt, daß auch selbst das Interesse der Königl. Unterthanen, durch diese ihnen bewürckte Freyheit befördert und der Dienst des Königs nicht gefährdet würde[228]."

Die endgültige Entscheidung aber ließ noch lange auf sich warten, denn das dänische Admiralitäts-Kollegium hatte gegen das Anliegen der Hamburger bedenken angemeldet, und der Agent Meinig wußte zu berichten, daß diese Behörde „. . . sogar der inländischen Kaufarthey-Fahrt in eben dergleichen Anliegen die größten Schwierigkeiten gemacht worden sind[229]."

Die Verhandlungen mit der Admiralität zogen sich dahin, und die Geduld der an der Hamburger Grönlandfahrt Beteiligten wurde stark strapaziert. Einen Einblick in diese bedrängte Situation vermittelt der folgende Brief, den der Anwalt der Hamburger Grönlandreeder, Gerard de Vlieger, am 1. März 1782 an den Rat der Hansestadt schrieb:

224 StAHam, ebenda, Schreiben des Agenten Meinig vom 22. Dezember 1781.
225 StAHam, ebenda, Schreiben der „Deputirten der Directeurs der von hier nach Grönland und der Straße Davids auf dem Robben- und Wallfisch-Fang abfahrenden Schiffe . . ." vom 18. Januar 1782.
226 StAHam, ebenda, Schreiben des Hamburger Rats an den Agenten Meinig in Kopenhagen vom 22. Januar 1782.
227 StAHam, ebenda, Schreiben des Agenten Meinig an den Hamburger Rat vom 2. Februar 1782.
228 StAHam, ebenda, Schreiben des Agenten Meinig an den Hamburger Rat vom 12. Februar 1782. Der Verbindungsmann Meinigs zur Deutschen Kanzlei war der „Geheime Rath" Carstens, den er als seinen „vieljährigen Gönner" titulierte.
229 ebenda.

„Ew. Magnificense

verzeihen, bitte ich gehorsamst, daß ich anzuzeigen nicht unterlassen darf, wie ich heute an der Börse zu meiner eigenen höchsten Verwunderung erfahren müssen, daß die auf den Robbenfang abgehende Schiffe bereits segelfertig sind, und nur auf guten Wind warten. – Kommt nun mit heutiger Post die erwünschte Königl. resolution nicht, so wäre die hiesige Rehderey noch schlimmer daran, als wenn selbige auf gar keine Dänische Unterthanen gerechnet, hingegen von Anfang an Leute anderer Nation besprochen hätten.

Auf den Fall der Herr Graf also nicht etwas wagen und einige Leute, die ich sodann nahmentlich aufzugeben nicht ermangeln werde, die pure Erlaubniß dieses Jahr fahren zu dürfen gratiöse ertheilen wollen, dann auf interims Scheine kommt es jetzo gar nicht mehr an, so weiß ich würklich nicht, wie so wohl diejenigen, die zu fahren intendiren, als auch der hiesigen Direction aus der Verlegenheit zu helfen seyn wird.

Ich wünschte recht sehr, das Ew. Magnificences, fals die anzukommende Post, das was wir hoffen nicht mitbringet, wenigstens für die Mannschaft derer auf dem Robbenfang gehende Schiffe die benöthigten Päße erwürken könnten, denn die Abfahrt der Schiffe richtet sich blos nach dem Winde, und wie bald kann dieser gut werden, da man dann gezwungen seyn würde alle Dänen hierzulassen, stattdeßen aber andere zu nehmen, das mir aber höchst verdrießlich seyn, auch alle Arbeit größtentheils nutzlos machen würde.

Was die nach Grönland zur Fischerey abgehenden Schiffe betrift, damit hatte es nun so eine gar große Eile nicht, weil diese noch 14 Tage liegen, an den Herrn Agenten aber bitte ich ganz gehorsahmst, daß noch heute geschrieben werde, wie abgeredet, und daß ich auf ein und anderes bald möglichst eine kleine Nachricht durch Dero Canzelisten erhalten möge, damit ich meiner ungeduldigen Principalschaft wenigstens einigen Trost geben kann[230]. . ."

Auf Grund dieses Notrufs bekam der Agent Meinig vom Hamburger Rat ein Schreiben, in dem er dringend gebeten wurde, „diese Angelegenheit . . . zur erfreulichen Endschaft zu befördern[231]."

Die Reeder verließen sich aber nicht nur auf einen eventuellen Erfolg des Kopenhagener Agenten und eine entsprechende königliche Resolution, sondern versuchten selbst mit juristischen Eingaben die Haltung des Rates hinsichtlich seines von ihm praktizierten Rechts oder seiner erlassenen Verordnungen zu erkunden. So wies der Advokat G. de Vlieger als Vertreter der Grönlandreeder in einer Eingabe vom 6. 3. 1782 den Rat auf die besondere Rechtsposition der Kommandeure hin, die ja Bürger dieser Stadt seien, und es würde keine Rolle spielen, „an welchen Ort sie ihr Domicilium aufgeschlagen, und sich ihre Familien aufhalten", und er meinte, „Was den Commandeurs Recht ist, auch denen übrigen officiers billig sein muß." Daher fragte er im Namen der Grönländischen Direktion an, „ob Ew. Magnificences, wann auch die von ihnen jetzt en-

---

230 StAHam, ebenda.
231 StAHam, ebenda, Schreiben des Hamburger Rats an den Agenten Meinig vom
      5. März 1782.

gagirte auf den Robbenschlägern sich befindende Königl. Dänische Unterthanen in den hiesigen Schutz treten werden, erlauben würden, daß solche ohne
dem Zettul quaest. der Musterrolle durch den Wasser Schaut Mau als hiesige
Schutzverwandte eingeschrieben werden mögen[232]." Dieser Vorschlag bedeutete, daß alle Seefahrer des Gesamtstaates, die auf den Robbenfängern angeheuert
hatten, den Status eines „Officirs" bekommen hätten, die dann der Wasserschout ohne Erlaubnisschein des dänischen Gesandten mit dem Vermerk „in
Schutz" in die Musterungsliste eingetragen hätte. Daß hier nur zunächst die
Seefahrer auf den Robbenfängern genannt werden, hängt mit der dringlichen
Ausreise dieser Schiffe zusammen.

Auf der gleichen Ebene lagen auch die Vorschläge, die am gleichen Tag von
den „Deputirten der Grönländischen Direction" dem Hamburger Rat gemacht
wurden. In ihrer Eingabe wiesen sie darauf hin, daß sie durch das Ausbleiben
der königlichen Resolution „wenigstens in Hinsicht unserer auf dem Robbenfang gehenden Schiffe, in einen ziemlichen Gedränge" sind, „aus welchem wir
überall nicht herauszukommen wissen, es wäre denn, daß Ew. Magnificences
... unserer gegenwärtigen Bitte statt zu geben hochgütigst geruheten[233]."
Der Umstand ist dieser: Der von Altona fahrende Robbenschläger machte
am vorigen Sonnabend den Anfang und ging die Elbe hinunter. Unsere dahin
destinirte Schiffe waren nichtweniger parat ein gleiches zu thun und ohngeachtet ihre Papirer von der Löbl. Kanzelei noch nicht retourniret worden, noch
retourniret werden konnten, weilen NB. die Nahmen derer Königl. Dänischen
Unterthanen, welche seit vielen Jahren damit gefahren haben, und auch jetzo
damit zu fahren intendiren, wegen fehlender Erlaubniß-Zettuln von der hohen
Königl. Gesandtschaft der Muster-Rolle von dem Wasser-Schauten Mau nicht
haben einverleibet werden können, welches diesen Officianten, der Ordnung
nach, nicht... zu thun erlaubt ist, bis die See-Fahrer die gemeine Muster-Rolle
unterschrieben haben... Denn es versteht sich... von selbst, daß die Abfahrt
der Schiffe aus dem Grunde nach der zu erwartenden hohen Königl. Resolution
nicht aufgehalten werden kann, weil wir zum voraus unmöglich wissen können,
ob die Gelegenheit zum Fange dieses Jahr sich früh oder spät eräugnen wird,
und ein guter Fang doch allemahl der ganze Zweck ist, der diese Entreprise be-
ziehlet wird, den wir also vorzüglich dabei alle mahl zum Augenmerk haben
müssen;
So gelanget an Ew. Magnificiences ... unser ehrerbietigstes Gesuch, Hochdieselben wollen der Hochlöbl. Kanzelei noch in heutiger Session ein Commis-
sorium dahin zu ertheilen geruhen:
Daß dieselbe denen von hier auf dem Robbenfang gehenden Schiffen die benötigten Papiere in gehöriger Form zu ertheilen zu befugen, ohngeachtet die
Namen derer darauf befindlichen Königl. Dänischen Unterthanen der Muster-
Rolle nicht einverleibet worden sind ..." Im Klartext bedeutet das also, daß

---

232 StAHam, ebenda, Nachschrift des Advokaten de Vlieger vom 6. März 1782
233 StAHam, ebenda, Eingabe der Deputierten an den Hamburger Rat vom 6. März
1782.

man die aus dem Gesamtstaat stammenden Seefahrer illegal anheuern wollte, ohne sich schriftlich festlegen zu wollen. Leerstellen in den Anmusterungsprotokollen wären das Ergebnis gewesen. Der Hamburger Rat scheint beide Anliegen nicht schriftlich beantwortet zu haben, jedenfalls liegen keine entsprechenden Quellen vor. Das ist auch nicht verwunderlich, denn ein in schriftlicher Form im Sinne der Grönlandreeder beantwortetes Schriftstück hätte eine politische Konfrontation mit dem dänischen Gesamtstaat zu Folge haben können.

Jedenfalls konnte der Hamburger Rat am 12. März 1782 dem Agenten Meinig mitteilen, daß „die Robbenschlägers... schon fort" sind[234]. „Die Directeurs haben sich geholfen, so gut sie gekonnt haben." Was sich hinter diesen Worten verbirgt und auf wessen Kosten das Problem gelöst worden ist, wird in einem späteren Kapitel entschlüsselt werden.

Die Robbenfänger waren also Anfang März in ihre Fanggebiete ausgelaufen, aber die Walfänger lagen noch im Hafen und sollten in acht bis vierzehn Tagen nach Grönland aussegeln. Für die aus dem Gesamtstaat stammenden Seeleute dieser Schiffe erhoffte man sich noch eine günstige Entscheidung aus Kopenhagen. Aber das königliche Admiralitätskollegium war nicht zu Konzessionen bereit, und es war sicherlich nur ein schwacher Trost für die Grönlandreeder, wenn Meinig am 12. März zu berichten wußte, daß „die Herren von der Admiralitaet... in den gütigsten Ausdrücken versichert" haben, „daß sie die Schwürigkeiten, die sie gegen den Wunsch dieser Hamburgischen Kaufleute anzeigen müßten, nicht aus Vorurtheilen, Eigensinn oder Wiederwillen gegen das Nachbarliche Interesse erhüben, sondern daß die gegenwärtige Verfassung des Landes es in der That also erfordere[235]." Am 15. März fiel im Staatsrat die Entscheidung, „... daß den benanndten Umständen nach, die gebetene Erlaubniß, für dieses Jahr nicht Statt finden könnte." Die Argumente der Deutschen Kanzlei hatten sich nicht durchsetzen können. Sie hatten „... alle Rechte und Freyheiten in deren Besitz diese Insulaner vermöge der ihnen verliehenen besonderen Königl. Privilegiorum sich befinden, umständlich angeführt und verteidiget, und der Admiralitaet dabey zu erkennen gegeben, daß seit des jüngsten Privilegii, welches die Einwohner dieser Inseln im Jahre 1735 erhalten, man kein Exempel wüßte, das zum Dienste der Marine Aushebungen unter ihnen wären vorgenommen worden, obgleich dringendere Umstände, als man jetzt noch absehen könnte, solches wohl erfordert hätten." Dieser wohlwollenden Interpretation königlicher Enrollierungspraxis entgegnete das Admiralitätskollegium, daß „... die Privilegia dieser Unterthanen... keineswegs so weit extendiret werden, daß selbige ganz und gar nicht zu Königl. Diensten sollten aufgefordert werden können, sondern sie genössen nur diese Befreyung so lange, als der König und der Staat ihrer nicht bedürften. Kaum hätte man jetzo so viel Leute, als man zur Bemannung der Königl. Schiffe benöthigt wäre, und was man außer diesen an tüchtigen Seefahrern nur auftreiben könnte, könnte man unmöglich

234 StAHam, ebenda.
235 StAHam, ebenda, Schreiben des Agenten Meinig an den Hamburger Rat.

der inländischen Kauffartheyfahrt entziehen, und eben mit dieser wäre man gegenwärtig in der äußersten Verlegenheit[236]."

Am 28. März 1782 teilte dann Graf Schimmelmann dem Hamburger Rat die Königliche Resolution mit, wobei er versicherte, daß es nicht an seinem guten Willen gelegen habe, wenn „der Beschluß nicht mehr nach dem Begehren Eines Hochedlen Raths und meinen eigenen Wünschen ausgefallen ist[237]."

Trotz dieses Entscheids fuhren alle Hamburger Walfänger nach Grönland aus. Auch für diese Schiffe werden die näheren Einzelheiten der personellen Besetzung noch erläutert werden.

Im Herbst des Jahres 1783 wurde – wie schon beschrieben – unter gewissen Auflagen das generelle Verbot aufgehoben, und die Seeleute des Gesamtstaates konnten, wenn ihnen ein Freipaß ausgestellt worden war, ab 1784 auf den Hamburger Grönlandschiffen anheuern.

Im großen und ganzen vollzog sich die Rekrutierung der Hamburger Grönlandfahrer mit den Seeleuten des Gesamtstaates unter diesen Bedingungen die nächsten fünfzehn Jahre. Doch dann tauchten die alten Schwierigkeiten wieder auf. So mußten 1799 die Hamburger Grönlandreeder abermals beim Senat vorstellig werden, „. . . daß denjenigen von den Königl. Unterthanen, die sie immer jährlich zu dieser Fahrt gebrauchen und im jüngst vergangenen Herbste zu der diesjährigen Expedition auf Grönland auch schon gedungen haben, gestattet werden möge, dies ihr Engagement zu erfüllen und das solchen die ihnen desfalls bereits ertheilten obrigkeitlichen Päße nicht weiter vorenthalten werden mögten[238]." Auch diesmal wurde der Agent Meinig wieder in die Verhandlungen mit den Kopenhagener Behörden eingeschaltet. In seiner Antwort an den Senat versicherte er zwar, daß er „auf eben dem Wege wie vor 16 Jahren für die Beförderung dieser Absicht sein Bestes gethan" habe, und schlug vor, wenn er vom Senat die entsprechenden Instruktionen bekäme, „. . . darüber ein für allemahl unmittelbar einen Antrag zu thun." Für dieses Jahr könne er den Reedern nur den Rat geben, sich „mit den Enroullirungsbeamten . . . sich auf die eine oder andere Weise darüber gütlich" zu einigen[239]. Was sich nun konkret hinter diesem Vorschlag verbirgt, wissen wir nicht. Tatsache aber ist, daß aus Kopenhagen eine ablehnende Antwort kam[240] und daß trotzdem die Seeleute des Gesamtstaates wieder nach Grönland fuhren. Daß die dänischen Behörden es mit ihren Verboten ernst meinten und ihren Untertanen mißtrauten, beweisen ihre Kontrollen auf der Elbe. So wurde 1801 der Hamburger Wal- und Robbenfänger „De Frau Anna" bei der Ausreise von den vor Altona stationierten dänischen Kriegsschiffen „. . . so lange angehalten, bis eidlich erkläret worden, daß

---

236 StAHam, ebenda, Schreiben des Agenten Meinig an den Hamburger Rat vom 16. März 1782.
237 StAHam, ebenda.
238 StAHam, ebenda, Schreiben des Agenten Meinig aus Kopenhagen vom 2. 3. 1799.
239 StAHam, ebenda.
240 StAHam, ebenda, Schreiben „Aus dem Departement der auswärtigen Angelegenheiten zu Kopenhagen den 19. März 1799."

keine geborenen Dänen an Bord wären[241]." Diese Erklärung konnte der Kommandeur mit ruhigem Gewissen abgeben, denn nach Aussage des Musterungsprotokolls war kein Seemann aus dem Gesamtstaat an Bord dieses Schiffes. Über weitere Einzelheiten liegen zu dieser Problematik keine Nachrichten vor.

6.4 Die Reaktionen der Seefahrer auf die königlichen Anordnungen

Während bisher die Problematik vor allem aus der Perspektive der dänischen und hamburgischen Obrigkeit und aus der Interessenlage der Hamburger Grönlandfahrer dargestellt wurde, soll nun das Material erläutert werden, das darüber Auskunft gibt, wie die betroffenen Seefahrer auf die königlichen Anordnungen reagiert haben. Allgemein läßt sich feststellen, daß alle betroffenen Seefahrer zweifellos um ihre berufliche Existenz bangten. Sie mußten befürchten – und das gilt nicht nur für die auf den Hamburger Grönlandfahrern tätigen Seeleute, sondern in noch stärkerem Maße für die in Holland und anderen nicht zum Gesamtstaat gehörenden Staaten beschäftigten Seefahrer – aus ihren Positionen und aus der ihnen vertrauten Arbeitswelt verdrängt zu werden. Doch über diese Ängste schweigen die Quellen. Nur für Föhr, Dagebüll und Galmsbüll liegen Nachrichten über sichtbare Reaktionen vor.

Als auf Föhr und Amrum am 17. Dezember 1780 das Verbot von den Kanzeln der Inselkirchen verkündet wurde, war man zunächst darüber empört, daß sich die Seefahrer zur Enrollierung in dem umständlich zu erreichenden Tondern einfinden sollten[242]. Durch Eingaben aber konnte erreicht werden, daß die Enrollierungsbeamten nach Föhr kamen, wo sie 689 Seefahrende im Alter zwischen 14 und 48 Jahren beider Inseln erfaßten, von denen sie 150 als Matrosen für den Dienst auf der königlichen Flotte verpflichteten. Um eine wirksame Kontrolle zu haben, durfte kein Insulaner ohne Passierschein des Landvogts die Inseln verlassen. Ungeschicktes Verhalten des Föhrer Landvogts, Gerüchte über eine angebliche Bevorzugung der Seefahrer von Röm, Fehlinterpretationen des Privilegs von 1735 und eine ungerechte Verteilung der Ausgehobenen – verbunden mit sozialen Vorwürfen – zwischen Osterland- und Westerlandföhr führten letztlich zu Tätlichkeiten und Sachbeschädigung und zur Weigerung der Ausgehobenen, nach Flensburg zu fahren, so daß der Föhrer Landvogt „. . . ein militärisches Exekutionskommando von wenigstens 100 Mann so eilig als möglich" über den Amtmann von Tondern anforderte. Die militärische Unterstüt-

---

241 StAHam, Dispachewesen, A. I. a, Nr. 255 v. 14. 8. 1801.
242 Die Ereignisse von Föhr sind ausführlich auf der Grundlage der auf der Insel vorhandenen Unterlagen dargestellt worden von Brar Roeloffs, Unruhe auf Westerlandföhr im Jahre 1781, in: Zwischen Eider und Wiedau, Heimatkalender für Nordfriesland, 1977 (S. 86 ff.) und 1978 (S. 104 ff.). Der Vorgang hatte noch ein langjähriges gerichtliches Nachspiel (Regreßpflicht); die entsprechenden Akten befinden sich teilweise im Reichsarchiv Kopenhagen (Kanzleiarchiv), Schreiben des RAK an Verfasser v. 10. 5. 1979.

zung kam von Rendsburg und verlieh den Anordnungen den entsprechenden Nachdruck, die dann auch befolgt wurden.

Auch eine Gruppe von festländischen Seefahrern aus Dagebüll und Galmsbüll bekam zu spüren, daß die dänischen Behörden streng über die Einhaltung des Verbotes von 1780 wachten. Obwohl sie erklärten, in Holland auf dänischen Schiffen eine Heuer annehmen zu wollen, wurde ihnen vom Zollverwalter in Tondern die Ausreise verweigert[243]. Die einheimischen Behörden gaben zum einen vor, nicht über das Verbot informiert worden zu sein, zum anderen pochten sie auf die alten Rechte, die angeblich den Bewohnern eine Befreiung von jeglichem Militärdienst eingeräumt hätten. Man meinte, es mit einem Willkürakt eines subalternen Beamten zu tun zu haben. Doch auch die einheimischen Behörden und Seefahrer dieses Gebietes wurden bald eines Besseren belehrt.

6.5 Der Ausweg: nordfriesische Seefahrer unter falscher Ortsbezeichnung

Es ist schon verschiedentlich darauf hingewiesen worden, daß trotz dieses Verbotes während des gesamten Zeitraumes die nordfriesischen Seeleute weiterhin auf den Hamburger Grönlandschiffen ihren Dienst versahen. Die genaue Analyse der Anmusterungsprotokolle, wie sie in der Dokumentation dieser Arbeit durchgeführt wurde, trug zur Klärung dieser bisher nicht bekannten Sachlage bei. So läßt sich feststellen, daß im ersten Jahr nach dem Verbot – also 1782 – noch alle nordfriesischen Seeleute unter richtigen Herkunftsbezeichnungen in der Hansestadt angeheuert haben, da sie – auf welchem Wege auch immer – Erlaubnisscheine der dänischen Gesandtschaft erhalten hatten[244]. Wenn die Gesamtzahl geringer war als im vergangenen Jahr, so liegt es zum Teil wohl darin begründet, daß einige Seeleute sich von den zu erwartenden Schwierigkeiten abschrecken ließen und lieber zu Hause den weiteren Verlauf der Dinge abwarten wollten.

In den Jahren 1782 und 1783 fuhren alle nordfriesischen Seefahrer unter falscher Ortsbezeichnung, wobei sie besonders Ortsnamen aus den linkselbischen Gebieten wie Stade, Drochtersen etc. nahmen. Aber auch hinsichtlich ihrer Personennamen waren sie sehr einfallsreich. So benutzten viele von ihnen – das trifft vor allem für die Föhrer zu – die „hollandisierte" Form ihres Namens, so daß beispielsweise eine Erck Knudsen identisch war mit Dirk Clasen. Auch durch Weglassung oder Hinzufügung eines oder mehrerer Vornamen versuchten die Seeleute ihre wahre Identität zu verschleiern, um in einem eventuellen Falle der Aufdeckung nicht so leicht dingfest gemacht werden zu können.

243 Zu den Einzelheiten s. Johannes Michelsen, Aus Galmsbüll letzter Zeit (1778 bis 1813), in: Nordfriesisches Jahrbuch N. F. 1968/69, Bredstedt 1969. Die Unsicherheit in der Beurteilung der Vorgänge liegt im fehlenden historischen Kontext begründet.
244 Im Zeitraum von 1783 bis 1794 wurden von der dänischen Gesandtschaft in Hamburg nur 17 Erlaubnisscheine ausgestellt.

Wie und unter welchen Bedingungen die Identifizierung – wenn auch nicht aller – Seeleute möglich war, ist in der Dokumentation ausführlich dargestellt worden und braucht deshalb hier nur kurz skizziert zu werden[245].

Da die nordfriesischen Seeleute nur unter besonderen Bedingungen wie Kommandeurswechsel oder Indienststellung eines neuen Schiffes u. ä. sich von ihrem Schiff trennten, war es möglich, durch Vergleiche zwischen den richtig geführten und den verfälschten Anmusterungsprotokollen viele „Untergetauchte" richtig zu lokalisieren. Ab 1784 trat dann ein Teil der Seeleute wieder unter der richtigen Ortsbezeichnung auf, da sie einen sogenannten Freipaß erhalten hatten, der andere Teil verheuerte sich weiterhin unter falscher Ortsbezeichnung. Diese beiden Gruppen bestimmten von 1782 bis 1795 und von 1810 bis 1815 die statistischen Angaben[246].

Diese illegale Lösung bei der Anmusterung in Hamburg läßt sich nur für die Seeleute Nordfrieslands nachweisen, alle anderen Seeleute des Gesamtstaats haben nach Aussage der Quellen die Verbote ihrer Obrigkeit befolgt. Das darf nicht so ausgelegt werden, daß diese Leute ehrlicher waren. Es muß vielmehr dabei bedacht werden, daß die nordfriesischen Seefahrer von allen an der Hamburger Grönlandfahrt interessierten Kreisen protegiert wurden und als größere geschlossene Gruppe moralische Skrupel leichter über Bord werfen konnten. Außerdem werden sie bei ihren Landsleuten zweifellos volles Verständnis für ihr Verhalten gefunden haben. Wenn auch die Chronisten den in diesem Kapitel aufgezeigten Sachverhalt nicht erwähnen[247], so darf man doch mit Sicherheit annehmen, daß hinter der Hand darüber gesprochen worden ist.

In diesem Zusammenhang muß die Frage gestellt werden, wie die Hamburger Behörden auf diese falschen Angaben in offiziellen Dokumenten, wie es die Anmusterungsprotokolle waren, reagiert haben, denn nach dem bereits erwähnten „Reglement" von 1766 wurden derartige Vergehen mit spürbaren Geldstrafen geahndet. Vergegenwärtigen wir uns noch einmal die Situation der

---

245 s. hierzu die Angaben in der Dokumentation im Anhang.
246 s. hierzu die statistischen Übersichten im Anhang.
247 So berichtet C. P. Hansen, Chronik der Friesischen Uthlande, a. a. O., S. 223: „Im folgenden Jahre 1781 sollten alle gegenwärtigen Seefahrer Sylts einer befohlenen Seesession wegen sich in Tondern einfinden und zwar mitten im Winter... Es waren plötzlich fast alle brauchbaren Matrosen auf der Insel verschwunden, man wußte nicht wie und wohin. Nur 76 Seefahrer, mehrentheils zum Kriegsdienst unbrauchbare oder wegen eines Patents bereits vom Kriegsdienst befreite, erschienen von Sylt aus in Tondern am Sessionstage, und nur 5 derselben wurden für die königliche Flotte ausgehoben." Und zum Jahre 1784 schreibt er folgendes (S. 224 f.): „Im Mai dieses Jahres kam ein königlicher Befehl, daß kein Seefahrer von den westlichen Inseln wegfahren dürfe. Im Juni wurden wiederum Seesessionen angestellt; allein die friesischen Seefahrer waren fast alle fort, und es wurden deshalb nur sehr wenige, auf Sylt 6 Mann, für die Kriegsflotte gezogen." Von Oland berichtet Paul Frercksen: „Gegen Weihnacht wurde es publiciert, daß kein Seefahrender aus dem Lande zu gehen sich unterstehen und reisen müßte, wie wohl nicht viele zu Hause waren auf den Insulen Hallige." NF JB (1973), S. 124.

1780er Jahre! Der Hamburger Senat war weder bereit, analog zu den Kommandeuren den Kreis der Schutzbürgerschaft zu erweitern, noch war er damit einverstanden, daß der Wasserschout statt der erforderlichen Angaben für die aus dem Gesamtstaat stammenden Seeleute in den Anmusterungsprotokollen Leerstellen ließ. Mit beiden Zugeständnissen hätte der Senat die Legalität verletzt und bei einer Aufdeckung der Sachlage Komplikationen mit Dänemark herbeigeführt. So wurde der Schwarze Peter weitergereicht an den Wasserschout und an die Seeleute, die nicht legal anheuern durften. Der Wasserschout – er war zu dieser Zeit schon über 20 Jahre im Amt – hat ohne jeden Zweifel erkannt, was hier gespielt wurde, denn es waren Seeleute, die zum Teil schon über ein Jahrzehnt Jahr für Jahr sich von ihm haben registrieren lassen und die sich nun falscher Ortsangaben und veränderter Namensformen bedienten. In wenigen Minuten hätte er mit Hilfe seiner Unterlagen den Tatbestand aufklären können[248]. Daß es sich um ein abgekartetes Spiel handelte, verdeutlicht einwandfrei das folgende Schreiben des Wasserschouts an den Senat der Hansestadt vom Dezember 1782: „Demnach mir im Jahre 1781 d. 15. January von einem Hochedlen und Hochweisen Rath, insinuiret worden, keine Königl. Dänische Matrosen ohne Erlaubniß Schein anzunehmen, welches den von mir und meinen Leuten auf das genaueste ist observiret und nachgelebet. Da aber einige Ihren Geburts Ort verleugnen, wen Sie darum befragt geworden, und uns einen andern Ort aufgeben, das ist uns unwissend. Dahingegen muß man täglich sehen, das der Altonaer Schout, sein Bedienter, wie auch die Schiffer selbiger nation alhier in der Stadt wie auch auf dem Hamburger Berge alle Wohnungen und Schlafstellen durchgehen, und nehmen so woll unsere als frembde Leute an, diesem nach wolte Einem Hoch Edlen und Hochweisen Rath Eiltlich ersucht haben, ob mir der gleichen freyheit nicht auch zugestanden werden möchte Dänische Unterthanen, auf unsere Schiffe anzunehmen[249]. . .“

Mit diesem Schreiben sicherten sich der Schout und auch der Senat als vorgesetzte Behörde rechtlich ab, und der Schout lieferte mit dem Hinweis auf Altona noch zusätzlich ein Scheinargument für ein korrektes Verhalten der Hamburger Behörden, denn diese Beschuldigung gegen den Altonaer Wasserschout hatte mit der vorliegenden Problematik überhaupt nichts zu tun.

Damit war der Schwarze Peter allein bei den nordfriesischen Seeleuten hängengeblieben, denn nur sie mußten mit einer Bestrafung rechnen, wenn die Angelegenheit ans Tageslicht kommen würde. Bis in die 90er Jahre hinein, verlief unter den aufgezeigten Bedingungen die Zusammenarbeit zwischen den nordfriesischen Seeleuten und dem Wasserschout reibungslos. Aber abnehmende Falschbuchungen und eine größer werdende Anzahl von Seeleuten mit Freipässen sowie die Belastungen einer über dreißigjährigen Dienstzeit scheinen die

---

248 Ein finanzielles Risiko hinsichtlich der Bürgschaft für das Handgeld bestand nicht, da der Kommandeur für diese Leute eintrat. So ist es auch andererseits zu erklären, daß der Wasserschout bei einem Altonaer Matrosen die unrichtigen Angaben aktenkundig machte, Prot. d. Walfängers „De hoopende Visser" v. 16. 3. 1787.
249 StAHam, Cl. VII, Lit. Ke, Nr. 8a (Hamb. Berg, das heutige St. Pauli).

Verhaltensweisen des Schouts hinsichtlich seiner Toleranz beeinflußt zu haben. So kam es zu Beginn der 90er Jahre zu einer Kontroverse zwischen ihm und den Seefahrern von Röm. Der Landvogt Peder Hansen Tönnies von Süderland/ Röm, er war seit 1794 im Amt[250], hatte sich bei der dänischen Kanzlei in Kopenhagen darüber beschwert, „daß die Päße welche er den dorthigen Seefahrenden Einwohnern ertheilt, hier in Hamburg nicht für gültig angesehen werden." Deshalb wurde der Hamburger Senat gebeten, „alles was hieher gehört gefälligst untersuchen zu laßen und zu veranlaßen, daß die Päße dieses Mannes, der die Obigkeit auf Römöe ist, welche mithin in Absicht auf dorthige Seefahrende gesetzmäßig sind, in Zukunft als gültig angesehen werden[251]." Um diesen Vorwürfen nachgehen zu können, erbaten sich die Hamburger nähere Angaben[252]. Doch das „würde zu umständlich seyn", hieß es in der Antwort, man verlange nur, „daß Ein Hochedler Rath beliebigst die Verfügung treffen wolle, daß in Zukunft die, von diesem im Königlichen Dienste stehenden Mann ausgefertigten Päße, hieselbst von den beykommenden als gültig anerkannt und angenommen werden[253]." Doch darauf ließen sich die Hamburger nicht ein und forderten durch einen Senatsbeschluß einen schriftlichen Bericht des Wasserschouts an, um endlich Klarheit in dieser dubiosen Angelegenheit zu bekommen. Da seine Ausführungen in Zusammenhang mit der vorliegenden Thematik ein illustratives Bild über die Praktiken jener Zeit sichtbar werden lassen, soll der Bericht im Wortlaut hier wiedergegeben werden:

„Bericht
über die Annahme der Königl. Dänischen Seeleute allhier.

Da wir Endes unterschriebenen bereits seit vielen Jahren her von unseren Verehrungswürdigen Oberen auf Requisition der Königlich Dänischen Regierung nicht nur den ausdrücklichen und angemessensten Befehl erhalten, sonder selbiger auch beynahe jedes Jahr erneuert wird, keine Dänischen Unterthan, ohne daß er von seiner Obrigkeit Erlaubniß dazu erhalten, hier auf Schiffen zu enrolliren.

Wir auch seit der Zeit schon dadurch manchen höchst unangenehmen und beschwerlichen Vorfall gehabt, daß sich dann und wann ein und anderer derselben durch die Angabe, aus einem anderen Lande gebürtig zu sein, auf die von hier abgehende Schiffe eingeschlichen; So hat uns die Klugheit und Erfahrung gelehrt, hiebey mit aller Vorsichtigkeit zu Werke zu gehen; Theils um aller Verantwortung auszuweichen. Theils aber und vorzüglich auch, um unsere Hohe Obrigkeit mit andern hohen Mächten auf keine Weise zu compromittiren. Zu diesem Ende also einzig und allein gebrauchen wir bey Annahme Königl. Dänischer Unterthanen auf die von dieser Stadt abgehenden Schiffe, so bald wir in Erfahrung bringen, das sie solche sind, folgende Vorsichtigkeit und Maasregeln:

250 Zu den Landvögten auf Röm s. Eduard Moritz, Die Insel Röm, a. a. O., S. 34 f.
251 StAHam, Cl. VII, Lit. Kd, Nr. 2, Vol. 3, Pro Memoria v. 22. 12. 1794.
252 ebenda, Konzept v. 2. 3. 1795.
253 ebenda, Pro Memoria v. 8. 4. 1795.

1) Nehmen wir wegen desfals erhaltenen Verbots keinen in Königl. Dänischen See-Diensten enrollirten Matrosen an;

2) Behalten wir von denen Dänischen Unterthanen, welche von ihrer Obrigkeit einen Erlaubnißpaß erhalten, diese Pässe bis zu ihrer Retour an diese Stadt zurück, wie wir denn davon an hundert noch bey uns liegende aufweisen können, ohne das es uns jemals als eine Hinabsetzung dieser Pässe zugerechnet wäre, und zwar um uns dadurch, wenn ihrenthalben Nachfragen geschehen, oder Erkundigung eingezogen werden sollte, legitimiren zu können, daß wir den uns desfals gewordenen Befehls auf das genaueste befolget;

3) Haben wir uns noch nie geweigert, wie denn auch solches in der Folge nie geschehen wird, diesen Leuten ihre Erlaubnißpässe nach ihrer Rückkehr an diese Stadt zurück zu geben; indem wir uns sehr wohlbeschieden, daß ihnen dieselben zur Legitimation, auf fremden Schiffen gefahren zu haben, alsdann allerdings nothwendig werden können, da ihnen solche im Gegentheil wehrend der Reise völig überflüßig sind, weil die an Bord des Schifs jederzeit sich befindliche Musterrolle eben diese und noch mehrere Dienste leistet. Wir unterschriebenen schmeicheln uns demnach, hiedurch so deutlich allüberzeugend bewiesen zu haben, das nichts weniger als eine Geringschätzung gegen die von Königl. Dänischen Obrigkeiten ausgefertigten Erlaubnis Päße, sondern im Gegentheil vielmehr eine wahre Achtung gegen und volles Vertrauen auf dieselben uns die Vorsicht eingeflößt, selbige zurück zu behalten, um selbige nemlich als einen vollen Beweis zu gebrauchen zu können. Das wir den auf Requisition der Hohen Königl. dänischen Regierung uns gewordenen Befehl pflichtmäßig respectirt und befolgt, welcher Beweis uns dagegen, vorzüglich während der Reise dieser Seeleute, gäntzlich mangeln würde, wenn selbige ihre Erlaubnispäße mitnehmen sollten.

Da wir nun gegen den Commandeur Hans Hanssen Tonnis welcher das Schiff de Anna Maria von hier auf Grönland führt, gleiche für Richtigkeit gebraucht imgleichen demselben wie seine Leute die Päße unter dem Vorwande zurückgefordert, solche gegen die etwa ihnen an Bord kommende französische Kaper gebrauchen zu wollen, mit aller Bescheidenheit vorgestellt, das selbige ihnen dazu nichts nützen könnten, weil sie nichts weiter beweisen, als deren Inhaber Erlaubniß hätten, auf fremden Schiffen zu fahren, uns aber zum Beweise dienten, das wir die Requisition der Hohen Königl. Dänisch. Regierung respectiret; So ist und bleibt es unbegreiflich, was diese Mann bewegen können, unsere ehrfurchtsvolle und aufrichtigste Hochachtung gegen jede von Gott verordnete Obrigkeit mit solchen schwartzen Farben abzuschildern und zu entstellen, imgleichen dadurch seine Obern zu hintergehen.

Hegen aber auch zu der uns notorisch bekannten Gerechtigkeitsliebe und Pflege unserer Hohen und Verehrungswürdigen Obern das feste Vertrauen, das hochdieselben uns gegen solche läppische Beschuldigungen hoch und rechtsgeneigten Beystand angedeihen lassen und schützen werden. Hamburg den 20 Aprill A° 1795

Hinrich Chrian Mau
als Beeidigter Wasser Schout
David Diederich Mau
als beeidigter Adjunctus[254]."

Nur auf der Grundlage der bereits erarbeiteten Informationen lassen sich die Einzelheiten dieses Textes sachgerecht interpretieren. Daß der Wasserschout auf seine stets korrekte Amtsführung hinweist, liegt in der Absicht dieses Schreibens. Wenn er auch auf das Problem der „untergetauchten" Seeleute meint hinweisen zu müssen, es aber gleichzeitig herunterspielt – „. . . dann und wann ein und anderer . . ." – so geschah es wohl in der Absicht, eventuelle weitere Vorwürfe des Beschwerdeführers abzublocken. Denn Hans Hansen Tönnies, gebürtig von Röm, aber wohnhaft auf Sylt, hatte als Kommandeur bereits 29 Fahrten von Hamburg nach Grönland hinter sich und dabei für seine Mannschaft in größerem Umfang – wie die Einzeluntersuchungen es eindeutig beweisen – auf die falsche Lokalisierung zurückgegriffen.

Der Vorwurf des Sylter Kommandeurs, der in der Beschwerde des mit ihm verwandten Landvogts vorgebracht wurde, daß der Schout die Pässe nicht anerkenne, ist ein Widerspruch in sich; denn wenn es so gewesen wäre, hätte der Schout die Seeleute gar nicht annehmen dürfen. Und auch sein Argument, die Pässe als Legitimation für eventuelle französische Piraten benutzen zu wollen, hat der Schout mit Recht zurückgewiesen, denn die an Bord befindliche Abschrift der Musterrolle gehörte nach dem damaligen Seerecht zu den in solchen Fällen verlangten Schiffspapieren[255].

Der wirkliche Grund des hier aufgezeigten Konfliktes ist vielmehr in der Tatsache zu suchen, daß der Schout allmählich wieder klare Verhältnisse in seiner Buchführung schaffen wollte und zumindest einen Mißbrauch der Pässe zu verhindern versuchte, indem er sie nach der Eintragung in die Musterrolle einbehielt. Denn die Verführung zum Mißbrauch war nicht nur durch die Lage der Seeleute, sondern auch durch die spärlichen inhaltlichen Identifikationsmerkmale des Passes gegeben. So enthielt das seit 1787 ausgegebene Paßformular im wesentlichen nur die folgenden Angaben: „Vorzeiger dieses N.N., welcher frey und sonsten ungebunden ist, kann nach N.N. reisen und auf fremden Schiffen fahren[256]." Nicht nur dem Hamburger Wasserschout, sondern auch den dänischen Behörden blieb die Möglichkeit des Mißbrauchs dieser Pässe nicht verborgen, denn im Jahre 1820 fand die Königl. Schlesw. Holst. Lauenb. Kanzlei es für zweckmäßig, um „. . . den mit den Enrollirungspatenten der Westseeinsulaner Statt findenden Mißbräuchen vorzubeugen, . . . daß die obrigkeitlichen

254 StAHam, Cl. VII, Lit. Ke, Nr. 2, Vol. 3.
255 In Zeiten kriegerischer Auseinandersetzungen benötigten die Hamburger Schiffe zum Nachweis der Neutralität folgende Papiere: einen Biel- oder Kaufbrief und die Musterrolle sowie eine eidesstattliche Erklärung, daß das Schiff „. . . mit keinen Kriegs-Geräthschaften oder contrabanden Waaren, noch mit militair Personen im Kriege begriffener" Staaten versehen ist; StAHam, Cl. VII, Lit. Ke, Nr. 3, Vol. 3b.
256 Chronologische Sammlung . . ., a. a. O., 11. 1. 1787.

Pässe, welche die Seefahrenden von den Westseeinseln zu der Fahrt mit fremden Schiffen erhalten, künftig mit einem Signalement (Alter, Statur, Haare, Stirn, Augenbrauen, Augen, Nase, Mund, Bart, Kinn, Gesicht, Gesichtsfarbe und besondere Kennzeichen, Zusatz des Verf. aufgrund des Paßformulars) versehen werden[257]." Überhaupt war den dänischen Behörden – wenn auch nicht in allen Einzelheiten – die Tatsache bekannt, daß eine Anzahl von Seeleuten illegal auf Schiffen fremder Mächte diente; denn angesichts der sich zuspitzenden politischen Lage ließ König Christian VII. im Spätsommer des Jahres 1807 von allen Kanzeln verkünden und an allen Grenzen und Fährstellen anschlagen, daß die Seeleute, „... welche entweder aus Unserm Dienste entwichen seyn, oder ohne Erlaubniß und Paß sich auf fremden Schiffen vermiethet haben möchten, wenn sie innerhalb vier Wochen, vom Tage der Bekanntmachung dieser Unserer Verfügung, an dem Orte, wo sie sich aufhalten, an gerechnet, sich wieder einfinden und angeben, von der Strafe, die sie durch gedachtes Vergehen verwirkt haben, frey seyn, und zugleich alle Privilegien, Freyheiten und Rechte genießen sollen, die, zufolge Unserer Seenrollirungs-Verordnung, Unsern Seeleuten zustehen.

Dagegen sollen diejenigen, welche nicht innerhalb des vorbestimmten Zeitraums dieser Unserer Einladung nachkommen, als treulos und Unserer Gnade unwürdig angesehen werden[258]." Die Frist für diesen „Rappel und Generalpardon" war noch nicht verstrichen, als die Ereignisse von Kopenhagen die Situation völlig veränderten, so daß keine Reaktionen sich schriftlich über den Erfolg der Maßnahme niederschlagen konnten.

Um das hier von den nordfriesischen Seeleuten aufgedeckte „schlitzohrige" Verhalten in einem etwas günstigeren Licht zu sehen, muß abschließend darauf hingewiesen werden, daß auch die Seefahrer und die Reeder anderer Nationen sich in besonderen Situationen derartiger Tricks bedient haben. So läßt sich beispielsweise bei einer näheren Untersuchung der Altonaer Anmusterungsprotokolle feststellen, daß in den 90er Jahren des 18. Jahrhunderts holländische Seeleute sich der Ortsnamen des Gesamtstaates bedienten, und der schon mehrfach erwähnte Jens Jacob Eschels, der auf holländischen Schiffen fuhr, mußte sich statt als Matrose als Passagier in die Musterrolle einschreiben lassen, um seinen Reedern eine Abgabe von 50 Dukaten zu ersparen[259].

6.6 Der Anteil nordfriesischer Seeleute an der Hamburger Grönlandfahrt von 1782–1815

Vorbemerkungen zu den statistischen Angaben

Bei den nun folgenden statistischen Angaben muß die aufgrund der geschilderten Vorgänge entstandene komplizierte Quellenlage berücksichtigt werden.

257 ebenda, 4. 11. 1820.
258 ebenda, 31. 8. 1807.
259 J. J. Eschels, a. a. O., S. 116.

So sind die Daten für die Kommandeure völlig zutreffend, weil dieser Personenkreis wegen seines besonderen Status nicht von den königlichen Anordnungen betroffen war. Auch die Steuerleute konnten fast alle einwandfrei identifiziert werden, da es durchweg üblich war, daß diese Seefahrer aus dem Kader des Schiffes nachrückten und zudem eine längere Fahrenszeit aufweisen mußten, so daß ausreichend Material für die richtige Lokalisierung zur Verfügung stand. Bei allen anderen Gruppen muß einkalkuliert werden, daß wegen des strengen Maßstabes bei der Korrektur der falschen Daten ihr Anteil etwas höher liegt als

Der prozentuale Anteil nordfriesischer Kommandeure und Steuerleute von 1782–1815

| Jahr | Gesamtanteil in % | | Anteil der Herkunftsgebiete in % | | | | | |
| | Kom. | Steuerl. | Röm | | Föhr | | Sylt | |
			Kom.	Steuerl.	Kom.	Steuerl.	Kom.	Steuerl.
1782	52	43	35	22	13	22	4	–
1783	54	62	33	37	17	25	4	–
1784	61	50	42	27	15	23	4	–
1785	62	75	42	42	17	33	4	–
1786	61	85	42	50	15	35	4	–
1787	67	73	43	53	20	20	3	–
1788	79	82	50	53	26	29	3	–
1789	75	87	47	50	25	37	3	–
1790	75	81	47	44	25	37	3	–
1791	71	83	46	46	23	34	3	3
1792	74	80	51	48	20	28	3	3
1793	73	79	54	51	15	24	3	3
1794	69	73	46	42	19	27	4	4
1795	70	80	45	40	20	30	5	10
1796	68	74	37	42	21	26	10	5
1797	63	79	37	37	16	37	10	5
1798	67	72	33	33	22	33	11	5
1799	61	67	28	28	22	33	11	5
1800	62	69	25	25	25	37	12	6
1801	65	23	29	23	23	–	12	–
1802	56	62	25	31	19	25	12	6
1803	64	50	28	25	21	25	14	–
1804	Keine Ausfahrten von Hamburg							
1805	67	78	44	44	22	33	–	–
1806	73	82	54	54	18	27	–	–
1807	67	77	33	33	33	44	–	–
1808	Keine Ausfahrten von Hamburg							
1809	25	50	–	–	25	50	–	–
1810	86	71	43	28	43	43	–	–
1811/12	Keine Ausfahrten von Hamburg							
1813	50	50	50	50	–	–	–	–
1814	Keine Ausfahrten von Hamburg							
1815	100	100	75	75	25	25	–	–
∅	56	60	34	33	18	25	4	2

der in den folgenden statistischen Übersichten angegebene Wert. Dieser Unsicherheitsfaktor ist wegen der unterschiedlichen Schwierigkeitsgrade für die Identifizierung der „untergetauchten" Seeleute schwankend und in den in der Dokumentation angeführten jährlichen Statistiken vermerkt. Außerdem muß darauf hingewiesen werden, daß von 1794 bis 1809 die überlieferten Daten korrekt sind, da in diesem Zeitraum keine falschen Angaben gemacht wurden.

Der prozentuale Anteil nordfriesischer Schiffszimmerleute (einschließlich Maate) und Schiemänner von 1782–1815

| Jahr | Gesamtanteil in % | | Röm | | Föhr | | Nordfr. Festland | |
	Schzl.	Schiem.	Schzl.	Schiem.	Schzl.	Schiem.	Schzl.	Schiem.
1782	13	–	3	–	11	–	–	–
1783	10	–	3	–	8	–	–	–
1784	20	19	2	6	17	12	–	–
1785	20	17	2	–	18	17	–	–
1786	20	23	4	–	15	18	–	4
1787	19	22	6	–	13	17	–	–
1788	27	31	7	11	20	19	–	–
1789	23	36	3	9	17	27	3	–
1790	21	39	2	13	18	26	2	–
1791	18	18	2	4	16	15	–	–
1792	23	25	3	4	20	21	–	–
1793	24	20	5	4	19	16	–	–
1794	30	32	9	9	22	23	–	–
1795	30	25	8	6	22	19	–	–
1796	37	29	9	6	28	23	–	–
1797	41	13	9	–	32	13	–	–
1798	47	22	6	–	41	22	–	–
1799	38	35	9	–	29	35	–	–
1800	32	27	7	–	25	27	–	–
1801	6	–	6	–	–	–	–	–
1802	26	23	10	8	16	15	–	–
1803	38	28	8	–	25	28	–	–*
1804	Keine Ausfahrten von Hamburg							
1805	18	25	6	–	12	25	–	–
1806	18	–	14	–	4	–	–	–
1807	11	12	5	12	5	–	–	–
1808	Keine Ausfahrten von Hamburg							
1809	–	–	–	–	–	–	–	–
1810	8	14	8	14	–	–	–	–
1811/12	Keine Ausfahrten von Hamburg							
1813	–	–	–	–	–	–	–	–
1814	Keine Ausfahrten von Hamburg							
1815	–	25	–	–	–	25	–	–
∅	18	16	4	3	13	13		

* Hier muß noch ein Schiffszimmermann von Sylt hinzugerechnet werden (4 %).

Wie bereits in der statistischen Untersuchung des vergangenen Zeitraumes festgestellt werden konnte, lag der durchschnittliche Anteil der nordfriesischen Kommandeure bei 53 %, der in dieser Epoche noch um 3 % auf 56 % gesteigert wurde. Hierbei waren Röm mit 34 %, Föhr mit 18 % und Sylt mit 4 % beteiligt. Im Vergleich zur vorherigen Epoche verringerten sich die Werte für Röm um 4 %, die von Föhr und Sylt steigerten sich um 7 % bzw. 3 %.

Es kann also festgestellt werden, daß auch in diesem Zeitraum mehr als die Hälfte aller in der Hamburger Grönlandfahrt tätigen Kommandeure aus Nordfriesland stammten, und zwar von den Inseln Röm, Föhr und Sylt. Die Amrumer Kommandeure waren seit 1772 nicht mehr in Hamburg tätig, und auch diesmal blieben die Halligen, Helgoland und das nordfriesische Festland ohne Anteil an diesem Personenkreis. Auch die nordfriesischen Steuerleute konnten ihre dominierende Position halten. Im Vergleich mit der vorherigen Epoche sank ihr durchschnittlicher Gesamtanteil von 61 % auf 60 %. Zwar mußte Röm einen Rückgang von 7 % – von 40 % auf 33 % – hinnehmen, aber die Steuerleute von Föhr und Sylt konnten dieses Minus fast ausgleichen, indem sie ihre Anteile um 4 % bzw. 2 % steigern konnten und jetzt 25 % bzw. 2 % aller in der Hamburger Grönlandfahrt tätigen Steuerleute stellten.

Von Amrum, Helgoland, den Halligen und vom nordfriesischen Festland war zu dieser Zeit kein Steuermann in diesem Hamburger Seefahrtszweig tätig.

Auch bei den Schiffszimmerleuten, an denen Nordfriesland aus den bereits genannten Gründen keinen sonderlich hohen Anteil besaß, vollzog sich keine grundlegende Veränderung. Ihr vorheriger Gesamtanteil verringerte sich in diesem Zeitraum lediglich um 1 % und betrug jetzt 18 %. Die Entwicklung verlief jedoch nicht einheitlich. So verheuerten sich von Röm zwar 8 % weniger Schiffszimmerleute, die aber von Föhr durch die gleiche durchschnittliche Zuwachsrate ausgeglichen werden konnten. Abgesehen von Sylt, das in diesen 34 Jahren nur einen Schiffszimmermann stellte, war nur noch das nordfriesische Festland in ganz geringem Umfang an diesem Personenkreis vertreten. Amrum, die Halligen und Helgoland waren überhaupt nicht mehr beteiligt.

Bei den Schiemännern hingegen sank der durchschnittliche Anteil gegenüber dem vorherigen Zeitraum um 8 % auf 16 %, wobei Röm allerdings einen Zuwachs von 2,5 % aufweisen konnte, während Föhrs Anteil um 6 % zurückging und jetzt nur noch 13 % betrug. Mit Ausnahme des nordfriesischen Festlandes, das während der gesamten Epoche nur noch einen Schiemann stellte, waren alle anderen Regionen des Untersuchungsgebietes bei diesem Dienstgrad überhaupt nicht mehr vertreten.

Bei Bootsleuten und Schiffsköchen ist im Vergleich zur vorherigen Epoche ein stärkerer Abwärtstrend festzustellen. So sank der durchschnittliche Anteil bei den Bootsleuten von 40 % auf 28 %, der der Schiffsköche von 38 % auf 21 %. Allerdings muß hierbei berücksichtigt werden, daß wegen der geschilderten Schwierigkeiten bei der Auswertung der Quellen – das gilt besonders für das erste Jahrzehnt dieses untersuchten Zeitraums – die erarbeiteten Werte um einige Prozente höher anzusetzen sind.

Vor allem Röm ist von diesem Rückgang betroffen. Bei den Bootsleuten verminderte sich der durchschnittliche Anteil von 28 % auf 17 % und bei den

Der prozentuale Anteil nordfriesischer Bootsleute und Schiffsköche von 1782–1815

| Jahr | Gesamtanteil in % | | Anteil der Herkunftsgebiete in % | | | | | | | |
| | | | Röm | | Föhr | | Amrum | | Nordfries. Festland | |
	Bootsl.	Köche	Bootsl.	Köche	Bootsl.	Köche	Bootsl.	Köche	Bootsl.	Köche
1782	17	13	9	4	9	9	–	–	–	–
1783	12	25	8	17	4	8	–	–	–	–
1784	15	27	4	11	11	11	–	–	–	4
1785	25	29	12	12	12	12	–	–	–	4
1786	27	35	15	19	11	11	–	–	–	4
1787	27	23	17	13	10	3	–	3	–	3
1788	35	35	9	26	23	6	–	–	–	3*
1789	41	34	28	25	12	6	–	3	–	–
1790	37	37	25	25	12	3	–	3	–	3
1791	43	37	28	28	14	8	–	–	–	–
1792	48	31	34	20	14	6	–	3	–	3
1793	48	27	36	15	12	9	–	–	–	3
1794	54	27	38	15	15	11	–	–	–	–
1795	55	30	35	15	20	15	–	–	–	–
1796	53	37	31	16	21	21	–	–	–	–
1797	42	31	21	16	21	16	–	–	–	–
1798	55	33	28	17	28	17	–	–	–	–
1799	67	39	22	17	44	22	–	–	–	–
1800	37	19	6	6	31	12	–	–	–	–
1801	6	6	6	6	–	–	–	–	–	–
1802	31	25	25	12	6	12	–	–	–	–
1803	36	36	21	14	14	14	–	–	–	–**
1804	Keine Ausfahrten von Hamburg									
1805	44	33	22	22	22	11	–	–	–	–
1806	36	27	27	18	9	9	–	–	–	–
1807	33	22	22	11	11	11	–	–	–	–
1808	Keine Ausfahrten von Hamburg									
1809	–	–	–	–	–	–	–	–	–	–
1810	14	14	14	14	–	–	–	–	–	–
1811/12	Keine Ausfahrten von Hamburg									
1813	–	–	–	–	–	–	–	–	–	–
1814	Keine Ausfahrten von Hamburg									
1815	25	–	25	–	–	–	–	–	–	–
Ø	28	21	17	12	11	8	–	0,3	–	1

* Hier muß noch ein Bootsmann von Sylt hinzugerechnet werden (3 %).
** Hier muß noch ein Schiffskoch von Sylt hinzugerechnet werden (7 %).

Schiffsköchen von 26 % auf nunmehr 12 %. Bei Föhr hingegen läßt sich bei beiden Dienstgraden eine Steigerung von 1 % feststellen, so daß diese Insel jetzt im Durchschnitt 11 % der Bootsleute und 8 % der Schiffsköche in der Hamburger Grönlandfahrt stellte. Das nordfriesische Festland war nur bei den Schiffsköchen mit durchschnittlich 1 % vertreten. Von Amrum kamen vier Schiffsköche und von Sylt ein Bootsmann und ein Koch. Helgoland und die Halligen konnten auch bei diesen Funktionsstellen keine Anteile aufweisen.

Der prozentuale Anteil nordfriesischer Harpuniers und Speckschneider von 1782–1815

| | Gesamtanteil in % | | Anteil der Herkunftsgebiete in % | | | | | |
| | | | Röm | | Föhr | | Sylt | |
Jahr	Hp.	Sp.	Hp.	Sp.	Hp.	Sp.	Hp.	Sp.
1782	17	36	–	–	17	36	–	–
1783	29	25	7	3	22	22	–	–
1784	30	42	7	3	23	39	–	–
1785	33	46	9	5	24	41	–	–
1786	41	70	18	10	22	60	–	–
1787	43	66	21	11	22	55	–	–
1788	48	67	23	12	25	53	–	2
1789	51	64	23	19	27	45	–	–
1790	52	58	25	12	27	46	–	–
1791	53	60	25	8	28	52	–	–
1792	54	62	26	14	28	48	–	–
1793	49	56	27	11	22	46	–	–
1794	55	67	23	16	30	51	2	–
1795	54	62	25	9	27	53	2	–
1796	51	59	20	13	29	46	2	–
1797	45	65	18	15	25	50	2	–
1798	44	55	12	13	29	42	2	–
1799	54	63	18	11	33	48	2	–*
1800	60	60	20	13	40	47	–	–
1801	5	3	5	–	–	3	–	–
1802	30	32	13	10	19	22	–	–
1803	38	46	9	8	26	38	3	–
1804	Keine Ausfahrten von Hamburg							
1805	30	41	13	12	17	29	–	–
1806	23	19	18	5	4	14	–	–
1807	33	35	11	12	22	23	–	–
1808	Keine Ausfahrten von Hamburg							
1809	12	–	–	–	12	–	–	–
1810	7	15	–	–	7	15	–	–
1811/12	Keine Ausfahrten von Hamburg							
1813	50	25	50	25	–	–	–	–
1814	Keine Ausfahrten von Hamburg							
1815	14	43	14	14	–	28	–	–
∅	32	39	14	8	18	31	0,4	0,06

* Hier muß noch ein Speckschneider vom nordfriesischen Festland hinzugerechnet werden (3 %).

Bei beiden in der Statistik aufgezeichneten Funktionsstellen ist ein deutlicher Rückgang erkennbar, der jedoch nicht nach einem einheitlichen Maßstab verlief. Während zu Beginn dieser Epoche im Vergleich zu vorher die anteilsmäßigen Werte wegen der politischen Lage und der damit zusammenhängenden Kompliziertheit der Quellen sich schlagartig rapide verringerten, war in den Jahren bis 1800 ein Anstieg zu verzeichnen, dessen Werte sich fast auf der Höhe der vergangenen Epoche bewegten. Doch ab 1801 fielen die Zahlen im allgemeinen stark ab. Die Wirren der Zeit werden wohl eine wesentliche Ursache gewesen sein, daß sich die Beteiligung der nordfriesischen Experten verringerte. In Prozenten ausgedrückt reduzierte sich im Vergleich zum vorherigen Zeitraum der durchschnittliche Gesamtanteil bei den nordfriesischen Harpuniers von 55 % auf 32 %, bei den Speckschneidern von 59 % auf 39 %.

Vor allem bei den Föhrern machte sich der Rückgang besonders bemerkbar. Bei den Harpuniers sank der Anteil von 32 % auf 18 % und bei den Speckschneidern von 47 % auf 31 %. Da sich die Seeleute dieser Insel hauptsächlich auf den Schiffen verheuerten, die den konventionellen Walfang betrieben, ist anzunehmen, daß diese stark rückläufigen Zahlen auch durch schlechte Erträge verursacht worden sind, aber genaue Angaben über die Ertragslage liegen nur bis 1801 vor. Diese Annahme wird jedoch durch die entsprechenden Zahlenwerte von Röm unterstützt. Die Kommandeure dieser Insel widmeten sich im wesentlichen dem Robbenschlag und stellten mit ihren Schiffen nur dann dem Wal nach, wenn dadurch schlechte Erträge kompensiert werden mußten. Diese Insel mußte bei den Harpuniers lediglich einen Rückgang von 17 % auf 14 % verbuchen, während bei den Speckschneidern der durchschnittliche Anteil von 6 % auf 8 % stieg.

Sylts Anteil, der in dem vorherigen Zeitraum schon sehr gering war, fiel weiter ab. Die Insel stellte nur noch 0,4 % bei den Harpuniers und 0,06 % bei den Speckschneidern.

Vom nordfriesischen Festland stammte nur noch ein Speckschneider, Amrum, die Halligen und Helgoland waren bei diesen Dienstgraden nicht vertreten.

Auch bei den Matrosen war die Beteiligung – allerdings in geringem Maße – rückläufig. Im Vergleich zum vorherigen Zeitraum fiel ihr durchschnittlicher Gesamtanteil von 10 % auf 7 %.

Diese rückläufige Entwicklung ging vor allem auf Kosten Röms, denn die Insel mußte für diesen Personenkreis einen Rückgang von 3 % verbuchen. Während Röm vorher noch durchschnittlich 5 % der Matrosen für die Hamburger Grönlandfahrt gestellt hatte, waren es jetzt nur noch 2 %.

Föhr allerdings kann für diese Gruppe von Seefahrern eine positive Bilanz aufweisen. Besonders in einigen Jahren dieser Epoche – beispielsweise 1794 und 1796 – heuerten überdurchschnittlich viel Matrosen dieser Insel auf den Hamburger Grönlandfahrern an. Der Grund dieses Andrangs dürfte in den Krisen der holländischen Seefahrt zu suchen sein. Föhr jedenfalls konnte seinen Anteil von vorher 2 % auf nunmehr 5 % steigern.

Sylt, Amrum und das nordfriesische Festland, die auch schon in dem vergangenen Zeitabschnitt mit jeweils 1 % nur ganz gering als Rekrutierungsgebiete für diesen Personenkreis in Erscheinung getreten waren, konnten jetzt nur noch Bruchteile (0,2 %, 0,02 % und 0,05 %) dieses Wertes aufweisen.

Helgoland und die Halligen, die vorher noch mit äußerst geringen Werten vertreten waren, stellten in diesem Zeitabschnitt keine Matrosen für die Hamburger Grönlandfahrt.

Der prozentuale Anteil nordfriesischer Matrosen von 1782–1815

Jahr	Gesamtanteil in %	Anteil der Herkunftsgebiete in %				Nord-fries. Festland
		Röm	Föhr	Sylt	Amrum	
1782	3	0,5	2	0,2	–	–
1783	4	0,6	3	0,2	–	–
1784	6	2	4	0,1	–	–
1785	10	3	7	–	–	0,1
1786	9	3	5	0,3	0,1	0,1
1787	10	5	5	–	0,2	0,4
1788	12	6	6	–	0,2	0,2
1789	11	5	6	–	0,1	–
1790	11	5	6	–	–	–
1791	12	5	7	0,1	–	–
1792	12	5	6	–	–	–
1793	11	5	6	0,2	–	0,3
1794	17	5	12	0,4	–	0,3
1795	13	5	7	0,4	–	–
1796	14	3	10	0,2	–	–
1797	11	3	8	0,2	–	–
1798	13	3	9	0,2	–	–
1799	5	1	4	–	–	–
1800	6	2	3	–	–	–
1801	1	1	0,2	–	–	–
1802	10	2	8	0,4	–	–
1803	9	2	7	–	–	–
1804	Keine Ausfahrten von Hamburg					
1805	9	2	6	–	–	–
1806	7	1	5	–	–	0,3
1807	15	2	12	–	–	–
1808	Keine Ausfahrten von Hamburg					
1809	–	–	–	–	–	–
1810	2	1	1	–	–	–
1811/12	Keine Ausfahrten von Hamburg					
1813	–	–	–	–	–	–
1814	Keine Ausfahrten von Hamburg					
1815	12	2	10	–	–	–
∅	7	2	5	0,2	0,02	0,05

Der prozentuale Anteil nordfriesischer Kochsmaate und Schiffsjungen von 1782–1815

	Gesamtanteil in %		Anteil der Herkunftsgebiete in % Röm		Föhr		Sylt	
Jahr	Kochsm.	Schjg.	Kochsm.	Schjg.	Kochsm.	Schjg.	Kochsm.	Schjg.
1782	9	16	–	4	9	12	–	–
1783	17	24	4	16	12	4	–	4
1784	27	35	11	15	15	15	–	4
1785	39	42	13	21	22	17	–	4 (1)
1786	36	54	16	38	16	15	–	– (2)
1787	41	73	21	47	17	27	–	– (3)
1788	48	69	26	41	20	28	–	– (4)
1789	48	73	31	43	17	30	–	–
1790	52	74	32	40	19	31	–	3 (5)
1791	35	67	18	36	15	25	–	3 (6)
1792	43	69	26	46	14	23	–	– (7)
1793	51	70	30	47	18	18	–	3 (8)
1794	46	72	15	45	23	24	–	3 (9)
1795	35	81	15	43	20	33	–	5
1796	52	75	31	35	21	30	–	10
1797	47	63	31	37	16	21	–	5
1798	33	65	17	33	17	25	–	10
1799	44	60	22	25	22	30	–	5
1800	44	65	19	29	25	29	–	6
1801	35	29	29	18	6	6	–	6
1802	44	50	19	31	25	19	–	–
1803	43	54	14	23	28	23	–	8
1804	Keine Ausfahrten von Hamburg							
1805	50	60	37	30	12	30	–	–
1806	27	54	18	45	9	9	–	–
1807	22	50	–	25	22	25	–	–
1808	Keine Ausfahrten von Hamburg							
1809	–	–	–	–	–	–	–	–
1810	50	54	33	36	17	18	–	–
1811/12	Keine Ausfahrten von Hamburg							
1813	–	50	–	50	–	–	–	–
1814	Keine Ausfahrten von Hamburg							
1815	75	100	50	75	25	25	–	–
⌀	32	48	17	29	14	17	–	2

1) Hier muß ein Kochsmaat v. nordfries. Festland hinzugerechnet werden (4 %).
2) Wie Anmerkung 1.
3) Hier muß ein Kochsmaat von Amrum hinzugerechnet werden (3 %).
4) Wie Anmerkung 1, aber 3 %.
5) Hier müssen ein Schiffsjunge und ein Kochsmaat v. nordfries. Festland hinzugerechnet werden (jeweils 3 %).
6) Wie Anmerkung 1, aber 3 %.
7) Wie Anmerkung 6.
8) Hier müssen ein Kochsmaat und ein Schiffsjunge v. nordfries. Festland hinzugerechnet werden (jeweils 3 %).
9) Hier müssen 2 Kochsmaate v. nordfries. Festland hinzugerechnet werden (8 %).

Nach Durchsicht dieser Statistik läßt sich generell feststellen, daß diese dem seemännischen Nachwuchs dienenden Positionen weitgehend ihren hohen Anteil gehalten haben. Diese Tatsache darf aber – wie bereits nachgewiesen – nicht isoliert betrachtet werden, sondern muß im Zusammenhang mit dem hohen Anteil vor allem an Kommandeuren und Steuerleuten gesehen werden, die diese beiden Stellen mit eigenen Söhnen, mit Verwandten oder Landsleuten besetzten, um den Jungen am Anfang ihrer seemännischen Ausbildung soziale Hilfestellung leisten zu können.

Die durchschnittliche Gesamtzahl für den Anteil der nordfriesischen Kochsmaate und Schiffsjungen war im Vergleich zum vorherigen Zeitraum um 5 % gesunken und betrug jetzt 40 %. Dieser Rückgang ging hauptsächlich auf Kosten Röms, das seinen Anteil an beiden Positionen von 28 % auf 23 % verminderte, während Föhr sich von 14 % auf 16 % steigern konnte. Auch Sylt, das in dieser Periode zeitweise zwei Kommandeure stellte, konnte 2 % dieses seemännischen Nachwuchses für sich verbuchen. Selbst vom nordfriesischen Festland, das weder Kommandeure noch Steuerleute gestellt hatte, kamen 1 % dieser jungen Seeleute. Amrum war nur einmal mit einem Kochsmaat beteiligt, und die übrigen Gebiete – die Halligen und Helgoland – waren bei diesem Personenkreis überhaupt nicht vertreten.

Eine interessante Perspektive eröffnet sich, wenn man die Zahlen der Kochsmaate mit denen der Schiffsjungen vergleicht. Auffällig ist, daß die Anzahl der Schiffsjungen meistens höher lag als die der Kochsmaate. So finden wir beispielsweise bei Röm 29 % Schiffsjungen, aber nur 17 % Kochsmaate, bei Föhr 17 % Schiffsjungen, aber nur 14 % Kochsmaate. Dieser Zahlenunterschied zeigt eindeutig, daß ein Teil der Schiffsjungen nach der erforderlichen Ausbildungszeit nicht mehr als Kochsmaat auf den Grönlandschiffen weiterdiente. Sie werden sich nach ihrer ersten seemännischen Erfahrung der Handelsfahrt zugewendet haben, deren Aussichten, optimistischer eingeschätzt wurden als die der Grönlandfahrt, mit der es in dieser Epoche abwärts ging. Für diese Interpretation sind die Zahlen von Sylt ein eindeutiger Beweis: Von den 17 Schiffsjungen, die die Insel in diesem Zeitraum stellte, hat keiner als Kochsmaat auf Hamburger Grönlandschiffen seine seemännische Laufbahn weitergeführt.

6.7 Der zahlenmäßige und prozentuale Gesamtanteil nordfriesischer Seeleute von 1782—1815

Jahr	Gesamtanteil Anzahl der Seeleute	Gesamtanteil Anteil in %	Anteil der Herkunftsgebiete Seeleute = % Röm	Föhr	Sylt	Amrum	Nordfries. Festland
1782	78	8	21= 2	55= 6	2=0,2	–	–
1783	102	10	38= 4	61= 6	3=0,3	–	–
1784	144	13	50= 5	90= 8	3=0,3	–	1=0,09
1785	178	18	61= 6	112=11	2=0,2	–	3=0,3
1786	205	19	85= 8	112=10	3=0,3	1=0,1	4=0,4
1787	248	20	118= 9	121=10	1=0,1	4=0,3	4=0,3
1788	334	23	158=11	167=12	3=0,3	2=0,1	4=0,3
1789	306	23	151=11	151=11	1=0,1	2=0,1	1=0,1
1790	302	22	144=11	153=11	2=0,1	1=0,1	2=0,1
1791	320	22	145=10	169=12	4=0,3	–	2=0,1
1792	328	22	162=11	161=11	2=0,1	1=0,1	2=0,1
1793	298	22	153=11	134=10	5=0,4	–	6=0,4
1794	296	27	114=10	171=15	7=0,6	–	4=0,4
1795	206	24	88=10	111=13	7=0,8	–	–
1796	204	25	72= 9	125=15	7=0,8	–	–
1797	179	22	64= 8	109=13	6=0,7	–	–
1798	180	23	57= 7	116=15	7=0,9	–	–
1799	149	19	47= 6	96=12	5=0,6	–	1=0,1
1800	126	18	42= 6	80=11	4=0,6	–	–
1801	37	5	26= 4	8= 1	3=0,4	–	–
1802	120	17	42= 6	73=10	5=0,7	–	–
1803	113	18	24= 5	73=12	6=1	–	–
1804	Keine Ausfahrten von Hamburg						
1805	71	18	30= 8	41=10	–	–	–
1806	68	14	35= 7	32= 7	–	–	1=0,2
1807	78	20	24= 6	54=14	–	–	–
1808	Keine Ausfahrten von Hamburg						
1809	4	2	–	4= 2	–	–	–
1810	31	10	16= 5	15= 5	–	–	–
1811/12	Keine Ausfahrten von Hamburg						
1813	6	6	6= 6	–	–	–	–
1814	Keine Ausfahrten von Hamburg						
1815	38	21	17= 9	21=12	–	–	–
∅		15	6	8	0,3	0,02	0,1

Insgesamt betrachtet, ging von 1782 bis 1815 der durchschnittliche Gesamtanteil nordfriesischer Seeleute in der Hamburger Grönlandfahrt im Vergleich zum vorherigen Zeitraum von 20 % auf 15 % zurück. Diese Entwicklung ging vor allem auf Kosten Röms. Während die Insel in der vorhergehenden Epoche mit durchschnittlich 9 % den Hauptanteil gestellt hatte, mußte sie nun einen Rückgang von 3 % verbuchen und stellte damit nur noch 6 % der Seefahrer. Föhr hingegen konnte den vorherigen Anteilswert um 1 % steigern und leistete mit 8 % den nordfriesischen Hauptbeitrag für die in Hamburg tätigen Grönlandfahrer. Alle übrigen Gebiete jedoch wiesen eine negative Bilanz auf. So gingen die Anteile bei Sylt von 1 % auf 0,3 %, bei Amrum von 1 % auf 0,02 % und beim nordfriesischen Festland von 1 % auf 0,1 % zurück. Helgoland und die Halligen, die schon vorher sehr schwach in der Statistik vertreten waren (Helgoland: 0,1 %, Halligen: 0,09 %), stellten in diesem Zeitraum überhaupt keine Seeleute mehr für diesen Hamburger Seefahrtszweig.

Um ein möglichst objektives Bild zu bekommen, ist es erforderlich, die Statistik dieser Epoche detailliert zu interpretieren, wobei das Jahr 1781 wegen der besonderen Umstände am Ende des vorherigen Zeitraums den Ausgangspunkt bilden soll.

Die durch das königliche Verbot vom November 1780 verursachte Unsicherheit für die aus dem Gesamtstaat stammenden Seeleute und die damit zusammenhängenden Behinderungen und Enrollierungen spiegeln sich in der Statistik des Jahres 1781 wider. So mußte Röm im Vergleich zum Vorjahr einen Rückgang von 4 % verzeichnen, in konkreten Zahlen ausgedrückt heißt das, daß 65 Seeleute dieser Insel weniger sich in Hamburg verheuern konnten. Die Föhrer ließen sich jedoch von diesen Wirren nicht beeindrucken. Während 1780 92 (8 %) der Hamburger Grönlandfahrt dienten, waren es in dem Krisenjahr 1781 sogar 95 (9 %). Auch die Sylter erschienen noch in gleicher Stärke (4 Seeleute = 0,4 %), und Helgoland stellte einen Matrosen (0,1 %). Seefahrer von Amrum und dem nordfriesischen Festland verheuerten sich in diesem Jahre nicht.

Wie bereits berichtet, fuhren alle nordfriesischen Seeleute mit einem Erlaubnisschein der dänischen Gesandtschaft nach Grönland, wobei die Frage nach der Legalität dieser Konzession im Zwielicht blieb.

Von 1782 bis 1796 und von 1810 bis 1815 trugen sich die nordfriesischen Seefahrer in wechselnder Zahl unter veränderten Namen und falschen Ortsangaben in die Anmusterungsprotokolle des Wasserschouts ein, so daß für diese genannten Zeiträume etwas höhere Werte der Realität entsprechen würden. Die folgenden Daten sollen einen Anhaltspunkt für die Größenordnung dieser Dunkelziffer vermitteln. Von 1782 bis 1794 – in den beiden letzten Jahren konnten alle Seeleute identifiziert werden – und von 1810 bis 1815 konnten 305 bzw. 9 Seefahrer, die mit großer Wahrscheinlichkeit aus dem Untersuchungsgebiet stammten, nicht lokalisiert werden. Im statistischen Anhang dieser Arbeit ist ihre Zahl für jedes Jahr aufgeschlüsselt.

Wie sich schon bei der statistischen Analyse des vorherigen Zeitraums gezeigt hatte, waren Röm und Föhr als Rekrutierungsschwerpunkte deutlich sichtbar geworden. Daß sich diese Entwicklung weiter fortsetzte, wird durch die nun vorliegenden Werte bestätigt. Röm und Föhr können von 1782 an stetig ihre Anteile von 2 % bzw. 6 % auf 10 % bzw. 15 % steigern. Ab 1796 allerdings zogen sich die Seeleute Röms allmählich aus der Hamburger Grönlandfahrt zurück; die Anteile dieser Insel schwanken bis 1800 zwischen 8 % und 6 %. Dagegen drängen die Föhrer Seeleute in verstärktem Maße in diesen Hamburger Seefahrtszweig ein, an dem sie von 1794 bis 1800 mit Anteilen zwischen 11 % und 15 % beteiligt sind. Hinter diesen Zuwachsraten stehen zweifellos die Föhrer Seeleute, die in der holländischen Seefahrt wegen des Krieges mit England ihre Beschäftigung in der Grönlandfahrt verloren hatten und nun in Hamburg ihre alte Tätigkeit aufnahmen. Ein Teil von ihnen ging auch in die Altonaer Grönlandfahrt, bei der in diesen Jahren ein starker Zuwachs von Föhrer Seeleuten beobachtet werden kann[260].

Die weitere Entwicklung nach 1800 verlief nicht mehr so stetig wie in den vergangenen Jahren, sondern wurde sowohl personell als auch hinsichtlich der Anzahl der Ausfahrten durch die politischen und militärischen Ereignisse dieser Zeit bestimmt. So fuhren 1801 zwar noch 17 Schiffe von Hamburg nach Grönland aus, doch die auf der Elbe stationierten dänischen Kanonenboote , die die von Hamburg auslaufenden Schiffe nach dänischen Untertanen kontrollierten, werden ein Grund dafür gewesen sein, daß sich in diesem Jahr nur 37 nordfriesische Seeleute in die Anmusterungsprotokolle einzeichnen ließen. Ihr Anteil fiel damit schlagartig auf 5 % zurück. Zwar heuerte in den beiden folgenden Jahren wieder eine größere Anzahl von nordfriesischen Seefahrern in der Hamburger Grönlandfahrt an – 1802 = 120 (17 %) und 1803 = 113 (18 %) – aber dieser Aufwärtstrend war nur von kurzer Dauer. Die Abhängigkeit der Hamburger Seefahrt von den Großmächten England und Frankreich und die damit verbundenen Behinderungen durch wiederholte Elbblockaden, das Anlaufen von Ausweichhäfen (Tönning) und die dadurch verursachten Schwierigkeiten hinsichtlich der Mannschaften, der Ausrüstung und des Löschens der Ladung bewirkten sowohl einen Rückgang der von den Reedern ausgesandten Schiffe, so daß sich die Beschäftigungschancen in diesem Seefahrtszweig stark verringerten, als auch eine fallende Attraktivitätstendenz wegen der Unsicherheit der Verdienstmöglichkeiten für die Seefahrer.

Wie sich diese Entwicklung in der Hamburger Grönlandfahrt in den Hauptrekrutierungsgebieten Nordfrieslands – Röm und Föhr – auf die dortigen Seefahrer ausgewirkt hat, soll die folgende Übersicht verdeutlichen.

260 Aufgrund der Auswertung der Anmusterungsprotokolle des Altonaer Wasserschouts lassen sich auf den von Altona auslaufenden Grönlandschiffen folgende Zahlen und prozentuale Anteile von Föhrer Seeleuten nachweisen: 1788 = 20 (5 %), 1789 = 21 (5 %), 1790 = 23 (5 %), 1791 = 22 (5 %), 1792 = 50 (12 %), 1793 = 55 (13 %), 1794 = 59 (14 %), 1795 = 59 (14 %), 1796 = 66 (14 %); StAHam, Dienststelle Altona, Bestand 2, VII a Bd. 1 ff.
1795 fuhr kein holländisches Schiff nach Grönland, 1796 waren 21, 1797 31 Schiffe unter fremder Flagge ausgefahren. 1798 wurde fast die gesamte Grönlandflotte der Niederländer (32 Schiffe) von den Engländern aufgebracht; s. hierzu Brinner, Die deutsche Grönlandfahrt, a. a. O., S. 241.

6.8 **Der zahlenmäßige und prozentuale Anteil der Hamburger Grönlandfahrt an den Seefahrern der Inseln Röm und Föhr von 1781–1815**

	Röm	Föhr
Einwohner:[261]	1522	4370
Seefahrer:	311	584
Davon durchschnittlich i. d. Hbg. Grönlandfahrt tätig:		
1. 1781–1790		
a) Anzahl:	66	112
b) Prozent:	21	19
2. 1791–1800		
a) Anzahl:	94	127
b) Prozent:	30	22
3. 1801–1815		
a) Anzahl:	15	21
b) Prozent:	5	3

Bei der Auswertung der vorliegenden Daten muß berücksichtigt werden, daß sich die Zahlen der Einwohner und Seefahrer für Röm und Föhr seit der Volkszählung von 1769 verändert haben. Bei Röm wuchs bis 1801 bzw. 1803 die Zahl der Einwohner und Seefahrer um etwa 9 %, bei Föhr hingegen ging im Vergleich zu 1769 die Einwohnerzahl um etwa 30 %, die Zahl der Seefahrer – wenn die Angabe von 1769 den Tatsachen entsprach – um etwa 65 % zurück. Diese stark rückläufige Entwicklung lag zum einen in der zunehmenden Hinwendung der Föhrer Seeleute zur Handelsfahrt begründet, die bei den höheren Positionen häufig mit einem Ortswechsel an den Sitz der Reederei verbunden war, zum anderen war die Fahrt in tropische Gebiete mit zahlreichen Todesfällen unter den Besatzungen verbunden, wobei das Gelbe Fieber einen besonders hohen Anteil hatte.

Während in dem vorherigen Jahrzehnt durchschnittlich 60 % der Seefahrer von Röm in der Hamburger Grönlandfahrt beschäftigt waren, ging dieser Anteil im Zeitraum von 1781 bis 1790 auf durchschnittlich 21 % zurück. Da aber ein Teil der Seeleute wegen der falschen Angaben nicht lokalisiert werden konnte, dürfte der Wert um einige Prozente höhergelegen haben, so daß wir zweifellos annehmen können, daß etwa ein Viertel der Seefahrer von Röm zu dieser

---

261 Die Daten für die Einwohner und Seefahrer beider Inseln sind den Volkszählungen von 1801 bzw. 1803 entnommen worden. Die Zähllisten für Röm – Norderland und Süderland – befinden sich im RAK, die Listen für Osterland-Föhr sind im LAS, Abt. 412, Nr. 48–49, die für Westerland-Föhr im RAK.

Zeit in der Hamburger Grönlandfahrt beschäftigt gewesen ist. Diese wichtige Stellung für den Erwerb der Römer Seeleute konnte Hamburg im nächsten Jahrzehnt bis 1800 noch stärker ausbauen, indem es 30 % der Seefahrer Röms im Wal- und Robbenfang beschäftigte. Dann aber ging der Anteil in dem von Krisen geschüttelten Zeitraum von 1801 bis 1815 auf durchschnittlich 5 % zurück, und dieser Hamburger Seefahrtszweig war für den Erwerb der Römer Seeleute praktisch bedeutungslos geworden. Ob es das endgültige Ende dieser Ära war, wird später noch geklärt werden.

Im Jahrzehnt von 1771 bis 1780 waren – wie bereits an anderer Stelle aufgezeigt – durchschnittlich 9 % der Föhrer Seeleute im Hamburger Wal- und Robbenfang beschäftigt. Bei dieser Angabe muß allerdings berücksichtigt werden, daß die hohe Seefahrerzahl von 1769 als Berechnungsgrundlage herangezogen worden ist. Da sich die Zahl der Seefahrer aber nicht schlagartig verringert haben dürfte, kann man den Wert ohne Bedenken um 15 % ansiedeln. Das würde auch mit den folgenden Beschäftigungsdaten übereinstimmen, die in den Jahrzehnten von 1781 bis 1800 aufzeigen, daß durchschnittlich 19 % bis 22 % aller Föhrer Seefahrer in der Hamburger Grönlandfahrt beschäftigt waren. Damit spielte der Hamburger Wal- und Robbenfang hinsichtlich des Erwerbs eine nicht unbedeutende Rolle für die Föhrer. Doch auch hier wirkten sich die Wirren der Napoleonischen Ära negativ aus, und so konnten in den Jahren zwischen 1801 und 1815 nur durchschnittlich noch 3 % der Föhrer Seeleute in der Hamburger Grönlandfahrt eine Beschäftigung finden.

Obwohl Sylt in diesem Zeitraum zeitweilig zwei Kommandeure stellte, blieb die Hamburger Grönlandfahrt für die Seefahrer dieser Insel fast ohne Bedeutung, denn die Zahl der dort Beschäftigten schwankte zwischen einem und sieben Seeleuten von insgesamt 528, wie sie die Volkszählung von 1803 auswies. Hier war schon seit Jahrzehnten die Tradition der Grönlandfahrt gebrochen, so daß die Kommandeure dieser Insel sich ihre Kader von Röm und Föhr besorgen mußten.

Auch für Amrum und das nordfriesische Festland war die Hamburger Grönlandfahrt praktisch ohne Bedeutung. Helgoland und die Halligen waren überhaupt nicht mehr in diesem Hamburger Seefahrtszweig vertreten.

6.9 Die Herkunftsgebiete der Besatzungen auf den Hamburger Grönlandfahrern am Beispiel des Jahres 1795

Ebenso wie die Karte von 1775 mit ihren entsprechenden Erklärungen den personellen Beitrag der Nordfriesen in einen Gesamtzusammenhang stellen sollte, um so die gefundenen Einzelergebnisse eines begrenzten Raumes durch den größeren Rahmen besser beurteilen zu können, soll auch dieser Abschnitt dazu dienen und zugleich durch Vergleiche die Veränderungen aufzeigen.

Das Jahr 1795 ist gewählt worden, weil erstmals seit 1782 die Anmusterungsprotokolle nicht mehr verfälscht waren, so daß alle aus dem Gesamtstaat stammenden Seeleute lokalisiert werden konnten. Auch nimmt dieses Jahr hinsicht-

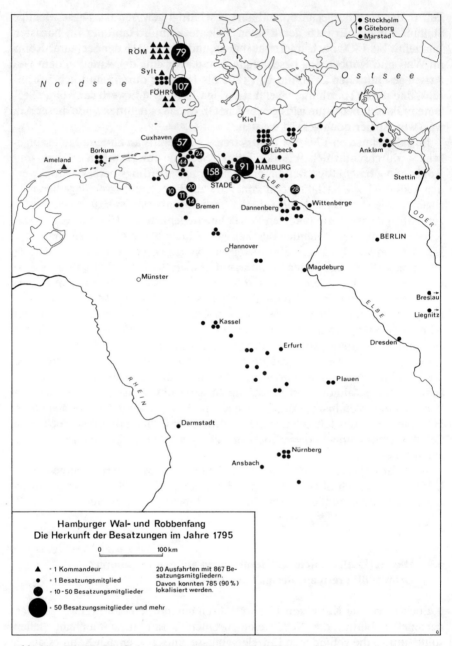

Abb. 12: Die Herkunft der Besatzungen im Jahre 1795
Quelle: Anmusterungsprotokolle des Hamburger Wasserschouts für die Wal-
und Robbenfänger 1795, StAHam

lich der Ausfahrten (20) einen Mittelwert ein, denn von 1782 bis 1803 schwankt die Zahl der ausfahrenden Grönlandschiffe zwischen 14 und 35.

Ingesamt hatten sich für diese Fangsaison 867 Seefahrer verheuert, von denen 785 (90 %) lokalisiert werden konnten. Von den 20 Kommandeuren konnte bei 18 die Herkunft geklärt werden.

Von den 20 Kommandeuren, die in diesem Jahr die Hamburger Grönlandschiffe befehligten, stammten 14 (70 %) aus Nordfriesland, und zwar 9 (45 %) von Röm, 4 (20 %) von Föhr und einer (5 %) von Sylt.

Zusammen mit den Kommandeuren heuerten 192 (23 %) nordfriesische Seeleute in Hamburg an, von ihnen waren:

81 %	Schiffsjungen	35 %	Kochsmaate
80 %	Steuerleute	30 %	Schiffszimmerleute
62 %	Speckschneider	30 %	Schiffsköche
55 %	Bootsleute	25 %	Schiemänner
54 %	Harpuniere	13 %	Matrosen

Verglichen mit den entsprechenden Zahlen des Jahres 1775 ergeben sich bei den einzelnen Positionen folgende Veränderungen der prozentualen Anteile:

Schiffsjungen	+ 28 %	Harpuniers	– 12 %
Kommandeure	+ 18 %	Kochsmaate	– 10 %
Steuerleute	+ 14 %	Schiffsköche	– 9 %
Bootsleute	+ 14 %	Speckschneider	– 6 %
Schiffszimmerleute	+ 12 %	Barbiere/Meister	– 3 %
Matrosen	+ 2 %	Schiemänner	– 2 %

Wenn auch die Gesamtzahl der nordfriesischen Seefahrer von 433 im Jahre 1795 auf 206 im Jahre 1795 gefallen war, so konnten sie den prozentualen Gesamtanteil von 24 % doch halten. Damit waren trotz des allgemeinen Rückgangs der Hamburger Grönlandfahrt die Nordfriesen noch immer die stärkste und von den Funktionen her auch die qualifizierteste Gruppe geblieben, wobei Röm mit 10 %, Föhr mit 13 % und Sylt mit 0,8 % beteiligt waren.

Es muß aber auch festgestellt werden, daß sich in diesen Werten ein zumindest reserviertes Verhalten der nordfriesischen Seefahrer widerspiegelt. Ihre Erwartungen, die sie in die Hamburger Grönlandfahrt setzten, waren nicht mehr so optimistisch, daß – wie in früheren Zeiten – ein höherer Anteil von Kommandeuren auch einen stärkeren Nachzug von anderen Seefahrern zur Folge hatte.

Wenden wir uns nun den übrigen Gebieten des Gesamtstaates zu, so fällt auf, daß die zahlreichen Rekrutierungsorte von Hadersleben über Flensburg bis hin zu Altona und den rechtselbischen Regionen im Vergleich zu der Karte von 1775 fast völlig weggefallen sind. Der Grund für diese augenfällige Erscheinung konnte durch die genaue Analyse der Anmusterungsprotokolle erarbeitet werden, denn er liegt in dem schon mehrfach erwähnten Verbot des dänischen Königs vom November 1780 und den übrigen restriktiven Maßnahmen. Während die nordfriesischen Seeleute es nämlich verstanden haben, mit Rückenstärkung durch die an der Hamburger Grönlandfahrt interessierten Kreise das Verbot zu umgehen oder sich Ausnahmegenehmigungen zu verschaffen, gehorchten die übrigen Seeleute des Gesamtstaates den Anordnungen ihres Königs und heuerten nicht mehr in Hamburg an. Sie verloren damit die Verbindung zur Hamburger Grönlandfahrt, und auch nach der Aufhebung der Restriktionen tauchten diese Orte nur noch in Einzelfällen in den Anmusterungsprotokollen auf.

Die folgenden Beispiele sollen die herausgefundenen Veränderungen illustrieren. Im Jahre 1775 hatte Elmshorn noch 37 Seeleute für die Grönlandschiffe der Hansestadt gestellt, 1795 war keiner mehr dort tätig. 1775 hatten sich 78 Seeleute von Altona für die Hamburger Grönlandfahrt verheuert, 1795 war es nur noch einer, der als Meister(Bader) dort beschäftigt war.

Hamburg stellte in diesem Jahr 93 Seefahrer (11 %) und mußte damit einen Rückgang von 4 % im Vergleich zu 1775 verbuchen.

Hinsichtlich der Sozialstruktur der Seeleute lassen sich keine grundlegenden Veränderungen feststellen, wie die folgende Übersicht zeigt:

22	Küper	55 %	5	Harpuniers	10 %
8	Schiffszimmerleute	22 %	47	Matrosen	8 %
3	Schiffsköche	17 %	2	Speckschneider	6 %
2	Kommandeure	10 %	1	Schiemann	6 %
2	Steuerleute	10 %	1	Bootsmann	5 %

Im Gegensatz zu den rechtselbischen Gebieten blieben die Rekrutierungsschwerpunkte auf der linken Seite der Elbe weiter bestehen. Insgesamt konnten sie ihre Anteilswerte steigern und damit die durch den Ausfall der rechtselbischen Seeleute entstandene Bedarfslücke ausfüllen.

So kamen 1795 aus Stade und Umgebung (Bützfleth, Himmelpforten, Twielenfleth, Engelschoff u. a.) 158 Seeleute, die damit ihren Anteil von 9 % im Jahre 1775 auf jetzt 18 % ausbauten. Ebenso konnten die Seefahrer aus Drochtersen und Cuxhaven mit den umliegenden Gebieten ihre Anteilswerte an der Hamburger Grönlandfahrt von 6 % auf 10 % steigern.

Zuwachsraten lassen sich auch für die Einzugsbereiche an der Weser nachweisen. So heuerten aus der Umgebung von Bremerhaven – hier kristallierte sich Spaden als Schwerpunkt heraus – und aus Bremen und Umgebung (Altenesch usw.) insgesamt 103 Seeleute in Hamburg an, die damit ihren Anteil im Vergleich zu 1775 von 5 % auf 12 % erweitern konnten. Auffällig dabei ist auch, daß aus diesen Weserbezirken eine relativ hohe Zahl von qualifizierten Besatzungsmitgliedern ausgehoben wurde (1 Kommandeur, 3 Steuerleute, 4 Harpuniers, 3 Speckschneider, 2 Köche, 1 Bootsmann und 1 Schiemann).

Wie schon 1775 festgestellt werden konnte, war die Beteiligung der Seefahrenden von den Inseln Ameland und Borkum sehr gering. 1795 war die Tendenz weiterhin rückläufig: Die Inseln stellten nur noch einen Kommandeur und vier Besatzungsmitglieder, so daß dieser Rekrutierungsbezirk fast bedeutungslos wurde. Den Ersatz lieferten – wie schon 1775 in Ansätzen sich gezeigt hatte – die genannten Gebiete um Bremen und Spaden.

Der Einzugsbereich Lüchow-Dannenberg und Umgebung konnte im Vergleich zu 1775 seine Anteile von 4 % auf 5 % geringfügig erhöhen. Damit sind die wichtigsten Herkunftsbereiche für die Besatzungen der Hamburger Grönlandfahrer genannt worden. Zusammenfassend läßt sich sagen, daß die Seefahrer von Föhr und Röm ihre dominierende Stellung in der Hamburger Grönlandfahrt halten konnten. Eine wichtige Veränderung zeichnete sich in der Zeit nach 1780 insofern ab, als daß die übrigen Gebiete des Gesamtstaates ihre personellen Anteile an diesem Hamburger Seefahrtszweig wegen der restriktiven Maßnahmen des dänischen Königs fast völlig einbüßten. Durch eine verstärkte Beteiligung von Seefahrenden aus den linkselbischen Gebieten und den Bezirken um Bremen und Bremerhaven und in geringerem Maße aus dem Bereich um Lüchow und Dannenberg wurde der personelle Bedarf in der Hamburger Grönlandfahrt gedeckt.

7. Die Beteiligung der Nordfriesen an der Hamburger Grönlandfahrt 1816—1839

7.0 Die Geschichte der Hamburger Grönlandfahrt von 1816—1839

Unmittelbar nach dem Zusammenbruch der Napoleonischen Herrschaft begannen die Hamburger Reeder wieder Schiffe nach Grönland zu schicken. Die nunmehr ungehinderte Fahrt und die Hoffnung, nach den Jahren relativ geringer Ausbeute – die Holländer waren längere Zeit nicht mehr nach Grönland ausgelaufen – wieder größere Erträge zu erzielen, werden die Grundlage für den Optimismus gewesen sein, der in den Jahren von 1816 bis 1820 in der Anzahl der Ausfahrten zu erkennen ist.

Wie bereits berichtet, fuhren 1815 schon wieder vier Schiffe zum Fang in das Eismeer aus, und in den nächsten Jahren wuchs die Zahl der jährlichen Ausfahrten an: 1816: 7, 1817: 12 und 1818: 13. Dann gingen die Ausfahrten allmählich zurück: 1819 segelten noch 11 Schiffe aus, und 1820 fuhren noch 10 Grönlandfahrer auf den Wal- und Robbenfang. Damit ging aber auch die sich abzeichnende Konjunktur bereits wieder zu Ende, denn mangelnde Rentabilität ließ die Anzahl der jährlichen Ausfahrten schlagartig zurückgehen, die in dem hier behandelten Zeitraum bis 1839 zwischen einem und drei auslaufenden Schiffen pendelten[262]. Damit hatte dieser Hamburger Seefahrtszweig endgültig

---

262 In dieser Größenordnung zwischen einem und drei jährlich auslaufenden Schiffen verlief die Hamburger Grönlandfahrt bis 1861. Die Schiffe und ihre Kommandeure sind listenmäßig erfaßt bei Wanda Oesau, Hamburgs Grönlandfahrt, S. 316. Die Anmusterungsprotokolle des Hamburger Wasserschouts liegen bis 1845 im StAHam vor, enthalten aber 1839 zum letzten Male Namen von Seeleuten des Untersuchungsgebietes, so daß die vorliegende Arbeit durch dieses Datum begrenzt wird.

seine Bedeutung für die Seefahrer und auch für die Wirtschaft dieser Stadt verloren. Ungefähr 6000 Fahrten hatten die Hamburger Grönlandfahrer unternommen, um Jagd zu machen auf Wale und Robben, auf das „Gold des Nordens".

7.1 Bemerkungen zur wirtschaftlichen und sozialen Lage in Nordfriesland

Bis 1807 hatten Wirtschaft und Seefahrt trotz einiger Behinderungen dank der Neutralität des Gesamtstaates eine Blütezeit erlebt. Doch die strikte Einhaltung der Kontinentalsperre, die den Handel weitgehend zum Erliegen brachte, der Staatsbankrott, bei dem viele ihr in der Seefahrt verdientes Geld verloren[263], sowie die großen Verluste der dänischen Handelsflotte führten zu einer wirtschaftlichen Notlage, die auch auf Nordfriesland starke Auswirkungen hatte. Wenn der Föhrer Chronist Peter Jung Peters feststellte, daß „die Volkszahl der Insel zu groß ist, um ohne Seefahrt sich ernähren zu können"[264], so läßt sich diese Aussage zweifellos auf alle nordfriesischen Inseln übertragen.

Wie sehr sich auch die Verhaltensweisen der Seefahrer durch die wirtschaftliche Misere veränderten, soll das folgende Beispiel von Föhr belegen. Während sich die nordfriesischen Seefahrer früher mit großer Energie und allen erdenklichen Tricks gegen den Dienst auf der königlichen Flotte gewehrt hatten, waren sie jetzt froh, einen derartigen Posten zu bekommen, wie Peter Jung Peters zu berichten weiß: „Theils durch den Ruin der Handlung gezwungen, theils durch Einladungen des bedrängten Vaterlandes eingeladen, verließen die Föhringer die Kauffahrteischiffe, und nahmen Dienst auf den Königl. Kanonierböten. Dieser Dienst war jedoch für den Erwerb der Insel im Allgemeinen, nach den Umständen, nicht unvortheilhaft. Vom Frühjahr bis gegen den Winter war dieser bedeutende Theil der Seefahrer, unter welchen mehrere Monats-Lieutnants waren, in Thätigkeit, und bekamen freien Unterhalt und zur gehörigen Zeit ihre verdienten Monatsgelder, so wie für die Wintermonate das bestimmte Kostgeld[265]." Aus diesem Beispiel wird zugleich ersichtlich, daß die Abneigung gegen den königlichen Dienst durch wirtschaftliche Interessen begründet war und nicht durch nationale motiviert wurde, wie es der Sylter Chronist C. P. Hansen der Nachwelt durch konstante Wiederholung zu suggerieren versuchte.

Die allgemeine Ansicht aller von der Seefahrt lebenden Nordfriesen hat zweifellos der Sylter Kapitän Jens Booysen ausgedrückt, wenn er meinte:

263 Peter Jung Peters, Beschreibung der Insel Föhr, a. a. O., S. 57: „In den letzten Jahren haben mehrere Einwohner bei den unglücklichen Conjuncturen . . . ihre Capitalien halb, andere ganz verloren."
264 ebenda, S. 86.
265 ebenda, S. 89; zur Lage auf Röm s. H. E. Sørensen, Rømøs Historie, a. a. O., S. 118 ff.; Hinweise zur wirtschaftlichen Situation auf Sylt gibt C. P. Hansen, Chronik der Friesischen Uthlande, a. a. O., S. 240 ff.

„Sollte . . . die Seefahrt sich nicht wieder etwas heben, so sind die Aussichten in die Zukunft für den Wohlstand . . . sehr trübe und entmuthigend[266].“

Wie die nordfriesischen Seeleute die Chancen nutzten, die ihnen wieder in der Hamburger Grönlandfahrt geboten wurden, werden die folgenden statistischen Untersuchungen zeigen, wobei für die Zeit von 1816 bis 1819 berücksichtigt werden muß, daß wiederum die Zahlen wegen der verfälschten Unterlagen in Wirklichkeit etwas höher lagen[267].

7.2 Der Anteil nordfriesischer Seeleute an der Hamburger Grönlandfahrt von 1816—1839

Der prozentuale Anteil nordfriesischer Kommandeure und Steuerleute von 1816–1839

| | Gesamtanteil in % | | Anteil der Herkunftsgebiete in % | | | |
| | | | Röm | | Föhr | |
Jahr	Kom.	Steuerl.	Kom.	Steuerl.	Kom.	Steuerl.
1816	86	86	43	57	43	28
1817	75	67	42	42	33	25
1818	85	77	46	46	38	31
1819	82	73	45	45	36	27
1820	80	80	50	50	30	30
1821	67	75	–	25	67	50
1822	33	50	–	25	33	25
1823	33	25	–	–	33	25
1824	–	–	–	–	–	–
1825	–	–	–	–	–	–
1826	–	–	–	–	–	–
1827	50	50	50	50	–	–
1828	50	50	50	50	–	–
1829	100	100	100	100	–	–
1830	100	100	100	100	–	–
1831	67	67	67	67	–	–
1832	67	67	67	67	–	–
1833	67	67	67	67	–	–
1834	33	33	33	33	–	–
1835	33	33	33	33	–	–
1836	–	–	–	–	–	–
1837	–	–	–	–	–	–
1838	–	–	–	–	–	–
1839	–	–	–	–	–	–
⌀	46	46	33	36	13	10

266 Jens Booysen, Beschreibung der Insel Silt in geographischer, statistischer und historischer Rücksicht, Schleswig 1828 (Neudruck Schleswig 1976), S. 63.

267 Hier ein Überblick über die Zahl der Seeleute, die nicht eindeutig dem nordfriesischen Raum zugeordnet werden konnten und deshalb nicht in den Statistiken berücksichtigt worden sind: 1816: 22, 1817: 48, 1818: 24 und 1819: 15 Seeleute.

Wenn man bedenkt, daß die Kommandeure die entscheidende Position für die Rekrutierung der nordfriesischen Seeleute innehatten, so läßt sich schon am äußeren Erscheinungsbild dieser Statistik erkennen, daß sich für die Seefahrer Nordfrieslands die Hamburger Grönlandfahrt ihrem Ende zuneigt. Während in den vergangenen Epochen die nordfriesischen Kommandeure und Steuerleute kontinuierlich ihren Dienst versahen und nur dann nicht ausfuhren, wenn die Hamburger Grönlandfahrt durch politische Ereignisse behindert wurde, so läßt sich aus der vorliegenden Statistik erkennen, daß sie sich von 1824 bis 1826 aus diesem Seefahrtszweig zeitweilig zurückzogen und ab 1836 überhaupt nicht mehr dort tätig waren.

In den ersten Jahren dieses Zeitabschnitts lag der durchschnittliche Gesamtanteil noch sehr hoch. Von 1816 bis 1821 betrug er bei den nordfriesischen Kommandeuren 79 %, bei den Steuerleuten 76 %. Doch dann fielen die Werte rapide ab, und in den Jahren 1822/23 sank der Anteil dieser Personengruppen auf 33 % bzs. 37 %. Nach der bereits erwähnten dreijährigen Unterbrechung heuerten diese Seefahrer wieder in der Hamburger Grönlandfahrt an und waren von 1827 bis 1835 an beiden Führungspositionen mit durchschnittlich 63 % beteiligt.

Nach 1835 waren keine nordfriesischen Kommandeure und Steuerleute auf Hamburger Wal- und Robbenfängern tätig.

Schlüsselt man diese Werte regional auf, so läßt sich feststellen, daß nur noch Röm und Föhr an diesen beiden Gruppen beteiligt waren. Da die Entwicklung jedoch sehr unterschiedlich verlief, ist es erforderlich, die statistischen Werte beider Inseln gesondert zu analysieren.

Röm stellte in den Jahren von 1816 bis 1820 durchschnittlich 45 % aller Hamburger Kommandeure. Von 1821 bis 1826 unterbrachen sie ihre dortige Tätigkeit, waren dann aber wieder von 1827 bis 1835 mit durchschnittlich 63 % in der Hamburger Grönlandfahrt tätig, wobei die Werte zwischen 33 % und 100 % pendelten.

Die Steuerleute der Insel stellten von 1816 bis 1822 einen Durchschnittsanteil von 41 % und waren sogar noch in Hamburg zeitweise tätig, als kein Kommandeur dieser Insel ein Schiff befehligte. Doch von 1823 bis 1826 unterbrachen auch sie ihren Dienst und heuerten erst 1827 zusammen mit den insularen Kommandeuren wieder in Hamburg an, mit denen sie bis 1835 einen Anteilswert von durchschnittlich 63 % gemeinsam hatten. Gemeinsam stellten sie auch mit dem Kommandeuren ihre Tätigkeit in Hamburg ein.

Weniger kompliziert hingegen verlief dieser Vorgang bei den Föhrer Kommandeuren und Steuerleuten. Sie waren von 1816 bis 1823 mit durchschnittlich 39 % bzw. 30 % an diesen Führungspositionen beteiligt, doch stellten beide Personengruppen schon 1824 ihre Tätigkeit in Hamburg endgültig ein.

Der Vollständigkeit halber muß in diesem Zusammenhang noch ein klärendes Wort über den Sylter Peter Peter Eschels gesagt werden, der als der letzte Grönlandkommandeur der Insel in die Sylter Annalen eingegangen ist. Nach Aussage des Anmusterungsprotokolls des Hamburger Wasserschouts fuhr P. P. Eschels 1836 als Kapitän – nicht als Kommandeur – mit dem Schiff „De Wettrenner" mit einer Frachtladung nach Hammerfest in Norwegen und hat von dort aus eine unglücklich verlaufene Reise ins Polareis unternommen, um Walrosse zu erlegen. Wegen dieser Umstände konnte er hier nicht statistisch berücksichtigt werden.

Der prozentuale Anteil nordfriesischer Schiffszimmerleute (einschließlich Maate) und Schiemänner von 1816–1839

| | | | Anteil der Herkunftsgebiete in % | | | | | |
| | Gesamtanteil in % | | Röm | | Föhr | | Nordfr. Festland | |
Jahr	Schzl.	Schiem.	Schzl.	Schiem.	Schzl.	Schiem.	Schzl.	Schiem.
1816	15	17	–	–	15	17	–	–
1817	25	18	–	–	21	18	4	–
1818	20	31	–	–	16	31	4	–
1819	33	27	–	9	28	18	5	–
1820	40	10	5	10	30	–	5	–
1821	66	–	–	–	66	–	–	–
1822	33	–	–	–	33	–	–	–
1823	–	–	–	–	–	–	–	–
1824	–	–	–	–	–	–	–	–
1825	–	–	–	–	–	–	–	–
1826	–	–	–	–	–	–	–	–
1827	25	–	25	–	–	–	–	–
1828	–	–	–	–	–	–	–	–
1829	25	–	25	–	–	–	–	–
1830	–	–	–	–	–	–	–	–
1831	–	–	–	–	–	–	–	–
1832	–	–	–	–	–	–	–	–
1833	–	–	–	–	–	–	–	–
1834	–	–	–	–	–	–	–	–
1835	16	–	16	–	–	–	–	–
1836–39	–	–	–	–	–	–	–	–
ø	12	4	3	0,8	9	3	0,7	

Im Vergleich zu der vorherigen Epoche, in der die nordfriesischen Schiffszimmerleute und Schiemänner einen durchschnittlichen Anteil von 18 % bzw. von 16 % aufwiesen, konnten beide Gruppen in den ersten Jahren dieses Zeitraumes ihre Anteilswerte steigern, die bei den Schiffszimmerleuten von 1816 bis 1822 bei 33 % und bei den Schiemännern von 1816 bis 1820 bei 21 % lagen. In den dann folgenden Jahren waren sie nur noch vereinzelt vertreten.

Schlüsselt man die Werte regional auf, so stellt man fest, daß vor allem Föhr mit 30 % bzw. 21 % den Hauptanteil dieser Gruppen stellte. Röm und das nordfriesische Festland waren in nur ganz geringem Maße bei den beiden Dienstgraden vertreten.

Der prozentuale Anteil nordfriesischer Bootsleute und Schiffsköche von 1816–1839

	Gesamtanteil in %		Anteil der Herkunftsgebiete in % Röm		Föhr	
Jahr	Bootsl.	Köche	Bootsl.	Köche	Bootsl.	Köche
1816	57	57	28	43	28	14
1817	42	42	25	17	17	25
1818	54	54	38	38	15	15
1819	64	73	36	45	27	27
1820	50	80	30	50	20	30
1821	67	33	–	–	67	33
1822	33	33	–	–	33	33
1823	33	33	–	–	33	33
1824	–	–	–	–	–	–
1825	–	–	–	–	–	–
1826	–	–	–	–	–	–
1827	50	50	50	50	–	–
1828	50	100	50	100	–	–
1829	100	100	100	100	–	–
1830	50	100	50	100	–	–
1831	–	67	–	67	–	–
1832	33	67	33	67	–	–
1833	–	67	–	67	–	–
1834	–	33	–	33	–	–
1835	–	33	–	33	–	–
1836–39	–	–	–	–	–	–
∅	28	42	18	34	10	9

Die Bootsleute und Schiffsköche standen, wie ein entsprechender Vergleich zeigt, in einer sehr engen Verbindung zu den Kommandeuren. Stellten diese ihre Tätigkeit ein oder unterbrachen sie sie für eine Zeitspanne, so verhielten sich die Bootsleute und Köche ebenso. Der durchschnittliche Gesamtanteil beider Gruppen lag von 1816 bis 1823 bei 50 % (Bootsleute) und 51 % (Schiffsköche), wobei – wie bei den Kommandeuren – Röm nur zunächst von 1816 mit 31 % und 39 % beteiligt war.

Die Föhrer Bootsleute und Köche waren wie ihre Kommandeure nur noch bis 1823 in der Hamburger Grönlandfahrt tätig, und zwar hatten sie einen Durchschnittsanteil von 30 % bzw. 26 %. Nach 1823 war kein Föhrer Bootsmann oder Schiffskoch mehr in diesem Hamburger Seefahrtszweig tätig.

Die Bootsleute und Köche von Röm nahmen nach dreijähriger Unterbrechung 1827 wieder Heuer in Hamburg und waren bis 1832 bzw. 1835 mit 47 % (Bootsleute) und 68 % (Schiffsköche) beteiligt. Nach 1835 hat sich kein Bootsmann oder Schiffskoch von Röm mehr in der Hamburger Grönlandfahrt verheuert.

Der prozentuale Anteil nordfriesischer Harpuniers und Speckschneider von 1816–1839

| | Gesamtanteil in % | | Anteil der Herkunftsgebiete in % | | | |
| | | | Röm | | Föhr | |
Jahr	Harp.	Speckschn.	Harp.	Speckschn.	Harp.	Speckschn.
1816	41	43	23	21	18	21
1817	37	25	13	4	23	21
1818	34	28	16	8	18	20
1819	37	32	25	9	12	23
1820	54	55	41	25	14	30
1821	14	16	–	–	14	16
1822	12	17	–	–	12	17
1823	–	20	–	–	–	20
1824	–	–	–	–	–	–
1825	–	–	–	–	–	–
1826	–	–	–	–	–	–
1827	40	50	40	50	–	–
1828	25	50	25	50	–	–
1829	50	67	50	67	–	–
1830	60	67	60	67	–	–
1831	50	50	50	50	–	–
1832	57	67	57	67	–	–
1833	67	50	67	50	–	–
1834	28	25	28	25	–	–
1835	12	33	12	33	–	–
1836–39	–	–	–	–	–	–
∅	26	29	21	22	5	7

Auch die Statistik der Harpuniers und Speckschneider weist auf eine enge Verbindung dieser Besatzungsmitglieder mit ihren Kommandeuren hin. Ebenso wie bei den Kommandeuren beschränkte sich ihre Herkunft nur auf Röm und Föhr.

Der Gesamtanteil nordfriesischer Harpuniers im Zeitraum von 1816 bis 1822 lag bei 33 %, von 1827 bis 1835 bei 43 %. Die Speckschneider waren von 1816 bis 1823 mit durchschnittlich 29 % und von 1827 bis 1835 mit 51 % beteiligt.

Während die Harpuniers und Speckschneider von Röm zunächst von 1816 bis 1820 einen Anteil von 24 % bzw. 13 % hatten, unterbrachen sie wie die Kommandeure dieser Insel ihre Tätigkeit in Hamburg und heuerten erst ab 1827 wieder dort an, wo sie dann bis 1835 mit durchschnittlich 43 % und 51 % beteiligt waren.

Die von Föhr stammenden Harpuniers und Speckschneider waren nur noch von 1816 bis 1822/23 in Hamburg tätig und stellten durchschnittlich 16 % bzw. 21 % dieser Dienstgrade.

Nach 1835 fahren keine nordfriesischen Harpuniers und Speckschneider mehr auf Hamburger Grönlandschiffen.

Der prozentuale Anteil nordfriesischer Matrosen von 1816–1839

Jahr	Gesamtanteil in %	Anteil der Herkunftsgebiete in %					
		Röm	Föhr	Sylt	Amrum	Helgol.	Nordfr. Festland
1816	25	17	7	–	–	–	2
1817	25	10	12	1	–	–	2
1818	23	9	12	–	–	0,3	1
1819	31	12	16	–	0,6	0,6	2
1820	37	19	15	–	–	0,7	2
1821	36	2	24	–	–	10	–
1822	36	2	16	–	–	18	–
1823	34	–	18	–	–	16	–
1824	14	3	11	–	–	–	–
1825	5	2	–	–	–	2	–
1826	3	–	3	–	–	–	–
1827	32	28	–	–	–	–	4
1828	29	26	2	–	–	–	2
1829	39	35	–	–	–	–	3
1830	32	19	2	–	–	2	10
1831	25	13	2	–	–	–	9
1832	28	20	1	–	–	–	7
1833	34	27	2	–	–	–	5
1834	16	11	2	–	–	–	2
1835	13	11	1	–	–	–	1
1836	–	–	–	–	–	–	–
1837	1	–	–	–	–	1	–
1838	–	–	–	–	–	–	–
1839	2	1	–	–	–	1	–
∅	22	11	6	0,04	0,02	2	2

Während im Zeitraum von 1782 bis 1815 der durchschnittliche Gesamtanteil der nordfriesischen Matrosen bei 7 % lag, steigerte er sich in dieser Epoche auf 22 %, wobei Röm mit 11 %, Föhr mit 6 %, Sylt mit 0,04 %, Amrum mit 0,02 % und Helgoland und das nordfriesische Festland mit je 2 % beteiligt waren. Bereits bei der Analyse der vorherigen Statistiken hatten wir festgestellt, daß der Anteil nordfriesischer Matrosen in wirtschaftlichen Krisenzeiten relativ hoch war, und so spiegelt sich auch in den vorliegenden Zahlen die allgemein schlechte Beschäftigungslage in der Seefahrt wider. Während in normalen Zeiten diese Matrosenstellen, bei denen keine besonderen Verdienstmöglichkeiten bestanden, den fremden Seeleuten überlassen wurden, waren die nordfriesischen Seeleute jetzt bereit, für eine verhältnismäßig geringe, aber sichere Heuer zu fahren. Die vorliegenden Werte zeigen deutlich, daß die Kommandeure ihren insularen Landsleuten diese Chance gegeben haben. Besonders die Seeleute von Röm und Föhr machten von diesem Angebot Gebrauch. Aber auch die Seefahrer des nordfriesischen Festlandes – das sich wie vorher auf das Gebiet um Ballum und Emmerleff beschränkt – profitierten in dieser Hinsicht von den Römer Kommandeuren, wie es die vorliegenden Zahlen deutlich belegen.

Besonders auffällig sind in dieser Statistik die Werte für Helgoland. Während in den frühen Zeiträumen Helgoländer Seeleute in nur ganz geringem Maße in der hamburgischen Grönlandfahrt gedient haben, stieg ihr Anteil in den Jahren von 1822 bis 1825 sprunghaft auf 10 bis 18 %. Durch die Analyse der entsprechenden Anmusterungsprotokolle konnte dieses Phänomen geklärt werden. So fuhren von 1822 bis 1825 einige englische Kommandeure auf Hamburger Schiffen nach Grönland, nahmen teilweise ihre Schiffsoffiziere aus England mit und heuerten eine Reihe von Helgoländer Matrosen an, wo sie wahrscheinlich eine Zwischenstation eingelegt haben, zumal die Insel seit 1807 in englischem Besitz war[268].

Da keine Kommandeure von Amrum und Sylt in Hamburg tätig waren, bestand auch für die Matrosen dieser Inseln kaum eine Möglichkeit, dort eine Heuer zu bekommen, obwohl das Bedürfnis angesichts der katastrophalen Wirtschaftslage zweifellos vorhanden war[269].

Die Halligen haben in diesem Zeitraum keine Matrosen für die Hamburger Grönlandfahrt gestellt.

Die in der nachfolgenden Statistik der Kochsmaate und Schiffsjungen aufgezeigten Werte stehen größenmäßig in einer sehr engen Beziehung zu denen der nordfriesischen Kommandeure und Steuerleute. Wenn diese ihre Tätigkeit einstellten oder zeitweise unterbrachen, wirkte sich das in gleicher Weise auf den seemännischen Nachwuchs aus. Teilweise waren es die Söhne dieser Schiffsoffiziere, wie es aus den Einzeluntersuchungen der Dokumentation hervorgeht. Ob auch sonstige verwandtschaftliche Beziehungen bei der Vergabe der in dieser Zeit knappen Nachwuchsstellen vorlagen, könnte nur mit Hilfe genealogischer Einzeluntersuchungen geklärt werden. Allgemein läßt sich feststellen, daß die Schiffsjungen nach der erforderlichen Ausbildungszeit meistens als Kochsmaate weiterfuhren. Die schlechte Beschäftigungslage in der Seefahrt dürfte der Grund für diese im Vergleich zur vorherigen Epoche veränderte Verhaltensweise gewesen sein. Jetzt war man froh, überhaupt ein Unterkommen in der Seefahrt gefunden zu haben.

Der durchschnittliche Gesamtanteil der nordfriesischen Kochsmaate und Schiffsjungen lag von 1816 bis 1821 bei 64 % bzw. bei 76 % und von 1827 bis 1835 bei 59 % bzw. 68 %. Abgesehen von einem Sylter Kochsmaaten stammte der gesamte seemännische Nachwuchs dieser Region von Röm und Föhr. Röm war hierbei von 1816 bis 1820 mit durchschnittlich 40 % (Kochsmaate) und 47 % (Schiffsjungen), Föhr von 1816 bis 1823 mit 35 % Kochsmaaten und 36 % Schiffsjungen beteiligt.

268 Auch in der Altonaer Grönlandfahrt waren von 1822 bis 1823 englische Kommandeure und Besatzungsmitglieder tätig. Auch sie heuerten Helgoländer Matrosen an.
269 In geringem Umfang haben sich Sylter in der Altonaer Grönlandfahrt verheuert. Ein Kommandeur dieser Insel war dort tätig und konnte 1817: 21, 1818: 21 und 1819: 23 Seeleuten von Sylt eine Heuer verschaffen.

Von 1827 bis 1835 stellte nur noch Röm die Anteile für den seemännischen Nachwuchs Nordfrieslands, die bei den Kochsmaaten bei 59 %, bei den Schiffsjungen bei 68 % lagen.

Nach 1835 waren keine Kochsmaate und Schiffsjungen aus Nordfriesland mehr in der Hamburger Grönlandfahrt tätig.

Der prozentuale Anteil nordfriesischer Kochsmaate und Schiffsjungen von 1816–1839

| | Gesamtanteil in % | | Anteil der Herkunftsgebiete in % | | | | | |
| | | | Röm | | Föhr | | Sylt | |
Jahr	Kochsm.	Schjg.	Kochsm.	Schjg.	Kochsm.	Schjg.	Kochsm.	Schjg.
1816	43	86	28	43	14	43	–	–
1817	75	69	42	38	25	31	8	–
1818	45	77	45	54	–	23	–	–
1819	64	73	45	45	18	27	–	–
1820	60	82	40	54	20	27	–	–
1821	100	67	–	–	100	67	–	–
1822	33	–	–	–	33	–	–	–
1823	33	33	–	–	33	33	–	–
1824	–	–	–	–	–	–	–	–
1825	–	–	–	–	–	–	–	–
1826	–	–	–	–	–	–	–	–
1827	50	50	50	50	–	–	–	–
1828	50	67	50	67	–	–	–	–
1829	100	100	100	100	–	–	–	–
1830	100	100	100	100	–	–	–	–
1831	67	67	67	67	–	–	–	–
1832	67	67	67	67	–	–	–	–
1833	33	100	33	100	–	–	–	–
1834	33	33	33	33	–	–	–	–
1835	33	33	33	33	–	–	–	–
1836–39	–	–	–	–	–	–	–	–
∅	41	46	30	35	10	10	0,3	

7.3 Der zahlenmäßige und prozentuale Gesamtanteil nordfriesischer Seeleute von 1816—1839

Jahr	Gesamtanteil Anzahl der Seeleute	Anteil in %	Röm	Föhr	Sylt	Amrum	Helgol.	Nordfr. Festld.
					Anteil der Herkunftsgebiete Seeleute = %			
1816	95	31	57=18	34=11	–	–	–	4=1
1817	158	29	64=12	82=15	4=1	–	–	8=1
1818	163	28	75=13	81=14	–	–	1= 0,2	6=1
1819	172	34	76=15	84=17	–	2=0,4	2= 0,4	8=2
1820	183	40	101=22	74=16	–	–	2= 0,4	6=1
1821	51	37	3= 2	39=28	–	–	9= 6	–
1822	42	30	3= 2	23=16	–	–	16=12	–
1823	31	26	–	20=17	–	–	11= 9	–
1824	5	8	2= 1	4= 6	–	–	–	–
1825	2	3	1= 1	–	–	–	1= 1	–
1826	1	2	–	1= 2	–	–	–	–
1827	29	32	27=30	–	–	–	–	2=2
1828	28	31	26=29	1= 1	–	–	–	1=1
1829	41	45	39=43	–	–	–	–	2=2
1830	35	39	27=30	1= 1	–	–	1= 1	6=7
1831	37	29	28=22	2= 1	–	–	–	7=5
1832	41	31	34=26	1= 1	–	–	–	6=5
1833	45	35	39=30	2= 1	–	–	–	4=3
1834	21	16	17=14	2= 1	–	–	–	2=1
1835	19	15	17=13	1= 1	–	–	–	1=1
1836	–	–	–	–	–	–	–	–
1837	1	1	–	–	–	–	1= 1	–
1838	–	–	–	–	–	–	–	–
1839	2	2	1= 1	–	–	–	1= 1	–
∅		23	13	6			1	1

Trotz der abnehmenden Ausfahrten der Hamburger Grönlandschiffe stieg im Vergleich zur vorherigen Epoche der prozentuale Gesamtanteil Nordfrieslands weiter von durchschnittlich 15 % auf 23 % an, wobei Röm sich von 6 % auf 13 % steigern konnte, Föhr allerdings von 8 % auf 6 % zurückfiel. Auch das nordfriesische Festland konnte seinen Anteil von 0,1 % auf 1 % erweitern. Helgoland, das im vorherigen Zeitraum überhaupt nicht vertreten war, stellte jetzt durchschnittlich 1 % der Seefahrenden. Sylt und Amrum waren praktisch ausgeschieden, und die Halligen stellten auch diesmal keine Seeleute für die Hamburger Grönlandfahrt.

Ein detailliertes Bild ergibt sich, wenn man die Werte regional aufschlüsselt. So kamen in dem Zeitraum von 1816 bis 1820 durchschnittlich 16 % aller in der Hamburger Grönlandfahrt beschäftigten Seeleute von Röm. In den darauffolgenden Jahren bis 1826 ging ihr Anteil auf 1 % zurück, weil sich die Kommandeure dieser Insel zeitweilig zurückzogen. Doch von 1827 bis 1835, nachdem die Kommandeure wieder ausfuhren, stieg auch der Anteil wieder auf durchschnittlich 26 %, wobei aber die entsprechenden absoluten Zahlen sehr gering waren.

Nach 1835 zogen sich die Seefahrer von Röm – von einer Ausnahme abgesehen – endgültig aus diesem Hamburger Seefahrtszweig zurück.

Auch Föhr war in den ersten acht Jahren dieser Epoche noch verhältnismäßig stark vertreten, so daß die Insel einen durchschnittlichen Anteil von 17 % aufweisen konnte. Nachdem jedoch die Föhrer Kommandeure ab 1824 ihre Tätigkeit in Hamburg eingestellt hatten, ging der durchschnittliche Anteil der Föhrer Seeleute in der Zeit von 1824 bis 1835 auf 1 % zurück. Nach 1835 war kein Seefahrer dieser Insel mehr in der Hamburger Grönlandfahrt beschäftigt.

Wenn auch in diesem Zeitraum der prozentuale Anteil Nordfrieslands streckenweise sehr hoch lag, so vermitteln diese relativen Werte doch nur ein einseitiges Bild. Denn trotz des boomartigen Anstiegs, der ab 1817 mit 158 Seeleuten des Untersuchungsgebietes begann, waren die dann folgenden Zuwachsraten derart gering, daß im Jahre 1820 die Höchstzahl bei nur 183 nordfriesischen Seefahrern lag. Mangelnde Rentabilität durch schlechte Erträge setzte dieser Entwicklung ein jähes Ende, und nur noch wenige nordfriesische Seeleute – die Zahl pendelt in dem Zeitraum von 1821 bis 1835 zwischen 0 und 51 – fuhren auf den zwei oder drei jährlich von Hamburg auslaufenden Grönlandschiffen mit. Sie waren die letzten Akteure in dem Schlußakt einer einstmals für die Geschichte Nordfrieslands bedeutenden Epoche.

Welche Rolle in dieser Epoche die Hamburger Grönlandfahrt für die Beschäftigung der Seefahrer von Röm und Föhr gespielt hat, soll die folgende Übersicht verdeutlichen, bei der als Berechnungsgrundlage wieder die Volkszählung von 1801/1803 dient.

7.4 **Der zahlenmäßige und prozentuale Anteil der Hamburger Grönlandfahrt an den Seefahrern der Insel Röm und Föhr von 1816—1839**

	Röm	Föhr
Einwohner:	1522	4370
Seefahrer:	311	584
Davon durchschnittlich i. d. Hbg. Grönlandfahrt tätig:		
1. 1816–1820		
a) Anzahl:	75	71
b) Prozent:	24	13
2. 1821–1839		
a) Anzahl:	14	5
b) Prozent:	4	1

Wenn wir uns vergegenwärtigen, daß durch die Wirren der Napoleonischen Ära nur noch durchschnittlich 5 % der Seefahrer von Röm und 3 % der Föhrer Seeleute in der Hamburger Grönlandfahrt beschäftigt waren, so spiegelt sich in den Daten des Zeitraumes von 1816 bis 1820 der Optimismus wider, den alle beteiligten Kreise in die jetzt unter Friedensbedingungen auslaufenden Schiffe setzten. Für die Erwerbssituation bedeutete das, daß von 1816 bis 1820 durchschnittlich 24 % der Seefahrer von Röm und 13 % der Föhrer Seeleute ihren Lebensunterhalt in diesem Hamburger Seefahrtszweig verdienen konnten[270]. Die Zahlen erhalten noch dadurch ein besonderes Gewicht, weil die von der Seefahrt abhängigen Bevölkerungskreise besonders durch die wirtschaftlichen Folgen der Kriege in ihrer Existenz betroffen waren. Aber die Konjunktur war nur von kurzer Dauer, denn die schlechte Ertragslage bewirkte, daß in dem Zeitraum von 1821 bis 1839 nur noch durchschnittlich 4 % der Seeleute von Röm und 1 % der Föhrer Seefahrer im Hamburger Wal- und Robbenfang eine Beschäftigung fanden. Damit war auch für Röm und Föhr die Hamburger Grönlandfahrt praktisch bedeutungslos geworden.

7.5 Die Herkunftsgebiete der Besatzungen auf den Hamburger Grönlandfahrern am Beispiel des Jahres 1820

Auch in der Endphase der Hamburger Grönlandfahrt sollen am Beispiel des Jahres 1820 die regionalen Ergebnisse für Nordfriesland in einen Gesamtzusammenhang gestellt und die Veränderungen seit 1795 in ihren Grundzügen aufgezeigt werden. Die Wahl dieses Zeitpunktes wurde zum einen dadurch bestimmt, daß die Anmusterungsprotokolle nach 1819 frei von Verfälschungen sind und somit ein eindeutiges Zahlenmaterial liefern konnten, zum anderen fuhr letztmalig eine größere Zahl – es handelt sich hier um zehn – von Grönlandschiffen von Hamburg aus. Auf ihnen waren 457 Seeleute verheuert, von denen 97 % lokalisiert werden konnten.

Trotz der rückläufigen Tendenz in der Hamburger Grönlandfahrt konnten die Nordfriesen, und zwar vorwiegend die Seefahrer von Röm und Föhr, ihren Gesamtanteil weiter erhöhen. Während er sich in den vergangenen Epochen bei normalen Zeiten im 20er-Bereich bewegte – 1795 waren es 24 % – stellte Nordfriesland jetzt 40 % aller in der Hamburger Grönlandfahrt verheuerten Seeleute. Wie hoch die einzelnen Funktionen dabei beteiligt waren, soll die folgende Übersicht aufschlüsseln:

82 %	Schiffsjungen	54 %	Harpuniers
80 %	Kommandeure	50 %	Bootsleute
80 %	Steuerleute	40 %	Schiffszimmerleute
80 %	Schiffsköche	37 %	Matrosen
60 %	Kochsmaate	10 %	Schiemänner
55 %	Speckschneider		

270 Bei diesen Angaben muß berücksichtigt werden, daß wegen falscher Angaben einige Seeleute nicht lokalisiert werden konnten.

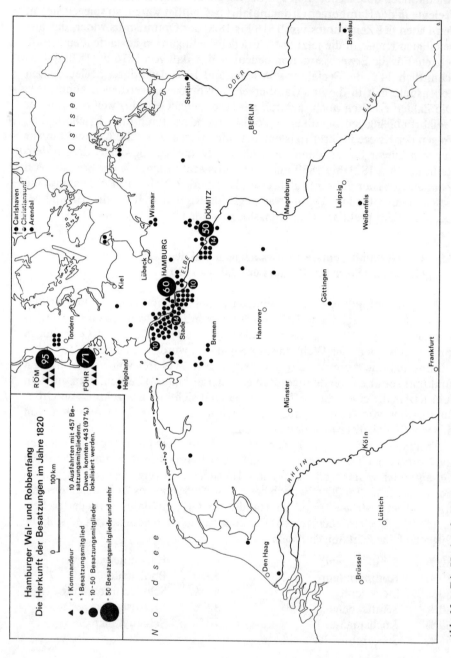

Hamburger Wal- und Robbenfang
Die Herkunft der Besatzungen im Jahre 1820

▲ = 1 Kommandeur
• = 1 Besatzungsmitglied
● = 10 - 50 Besatzungsmitglieder
⬤ = 50 Besatzungsmitglieder und mehr

10 Ausfahrten mit 457 Be-
satzungsmitgliedern.
Davon konnten 443 (97%)
lokalisiert werden.

Abb. 13: Die Herkunft der Besatzungen im Jahre 1820
Quelle: Anmusterungsprotokolle des Hamburger Wasserschouts für die Wal- und Robbenfänger 1820, StAHam

Verglichen mit den entsprechenden Werten des Jahres 1795 steigerte sich der prozentuale Anteil bei den folgenden Positionen:

Schiffsköche	+ 50 %	Kommandeure	+ 10 %
Kochsmaate	+ 25 %	Schiffszimmerleute	+ 10 %
Matrosen	+ 24 %	Schiffsjungen	+ 1 %

Bei den Steuerleuten und Harpuniers blieb der prozentuale Anteil von 80 % bzw. 54 % im Vergleich zu 1795 unverändert.

Rückläufige Anteilswerte wiesen die folgenden Positionen auf:

Schiemänner	– 15 %
Speckschneider	– 7 %
Bootsleute	– 5 %

Von den 183 nordfriesischen Seeleuten stammten 101 (22 %) von Röm, 74 (16 %) von Föhr, 2 (0,4 %) von Helgoland und 6 (1 %) vom nordfriesischen Festland aus der Gegend um Emmerleff und Ballum. Alle anderen Regionen Nordfrieslands waren nicht vertreten. Während bei den vorherigen Untersuchungen Hamburg als Einzugsbereich den 2. Rang einnahm, fiel die Hansestadt jetzt auf den 4. Platz zurück, verdrängt durch die Gebiete um Lüchow-Dannenberg und die rechtselbischen Marschen.

Das Gebiet um Lüchow-Dannenberg (Dömitz, Hitzacker u. a.), aus dem 1795 ca. 5 % der Besatzungsmitglieder stammte – durchweg Matrosen – konnte 1820 seinen Anteil auf 18 % steigern, darunter auch eine Anzahl von qualifizierteren Besatzungsmitgliedern, wie die folgende Übersicht verdeutlicht:

64 Matrosen	22 %	3 Bootsleute	30 %
6 Harpuniers	27 %	3 Speckschneider	15 %
5 Schiemänner	50 %	1 Schiffskoch	10 %

Dagegen zeigten die Anteilswerte der gesamten linkselbischen Gebiete – vom Alten Land bis Cuxhaven eine rückläufige Entwicklung an. Während 1795 dieser Rekrutierungsbereich einen Anteil von ca. 28 % hatte, kamen jetzt nur noch 18 % (82 Seeleute) aus diesen Gebieten.

Obwohl Hamburg seinen Anteil von 11 % im Jahre 1795 auf jetzt 13 % (60 Seeleute) steigern konnte, nahm die Hansestadt hinsichtlich ihres prozentualen Anteils hinter Nordfriesland (40 %) und Lüchow-Dannenberg sowie den linkselbischen Gebieten mit jeweils 18 % den 4. Platz ein. Neben einigen Schiffsoffizieren (1 Kommandeur, 1 Meister/Bader und 1 Speckschneider) stellte Hamburg 95 % der Küper, 25 % der Schiffszimmerleute und 10 % der Matrosen. Alle übrigen Gebiete waren für die Rekrutierung der Hamburger Grönlandschiffe praktisch bedeutungslos. Wie schon bei der Untersuchung von 1795 aufgezeigt wurde, stellten die rechtselbischen Gebiete (Haseldorfer-, Kremper-Marsch, Altona u. a.) wegen der restriktiven Anordnungen des dänischen Königs fast keine Seeleute mehr für die Hamburger Grönlandfahrt. Diese Feststellung gilt auch für 1820, denn alle Distrikte zusammen hatten mit nur zehn Seefahrern einen Anteil von 2 %.

Die Inseln Ameland und Borkum, die schon 1795 nur noch ganz schwach vertreten waren, schieden jetzt völlig als Rekrutierungsgebiete aus. Damit hing wohl auch zusammen, daß nur noch wenige Seefahrer aus der Umgebung Bremens sich in Hamburg verheuerten. Waren beispielsweise im Jahre 1795 noch 44 Seeleute aus Spaden gekommen, so stellte dieser Ort jetzt nur noch drei Seefahrer. Auch die Zahl der aus dem übrigen Deutschland kommenden Leute – meistens wandernde Handwerksgesellen – ging merklich zurück. Angesichts der allgemeinen Misere in der damaligen Seefahrt dürften sie große Schwierigkeiten gehabt haben, eine Heuer zu finden. Die Konkurrenz aus den genannten Rekrutierungsbezirken wird sehr stark gewesen sein, wofür schon alleine der ungewöhnlich hohe Anteil von 37 % bei den nordfriesischen Matrosen als Beweis herangezogen werden kann.

8 Die Schattenseiten der Grönlandfahrt: Krankheit, Schiffbruch, Tod

Das Bild wäre nur einseitig, wenn nicht auch die Schatten gezeichnet würden, die als Folge dieser Beschäftigung in weit entfernten, unwirklichen Gebieten auf die Seeleute und ihre Angehörigen fallen.

Hier muß an erster Stelle der Skorbut genannt werden, dem die Grönlandfahrer in den Anfangsjahren zu Hunderten erlagen. „Der beständige Genuß gesalzener und trockner Speisen, das lange Entbehren frischer Lebensmittel, zumal aus dem Pflanzenreiche, ist es nicht allein, was auf den Grönlandfahrern ... diese Krankheit erzeugt. Zu viel Ruhe und Unthätigkeit – Schlafen und Müssiggehen trägt bekanntlich seinen grossen Theil dazu bei, das skorbutische Gift zu entwickeln[271]."

Im Verlauf der Zeit haben eine sorgfältigere Auswahl der mitgeführten Nahrungsmittel, der bewußte Gebrauch entsprechender vitaminhaltiger Pflanzen sowie eine an Bord verordnete Bewegungtherapie diese Krankheit besiegt[272]. Sie trat nur noch in Extremfällen auf, wenn z. B. ein Schiff lange vom Eis eingeschlossen war und erst sehr spät die Rückreise antreten konnte. Dagegen scheinen die eigentlichen Unglücksfälle im grönländischen Seegebiet weit weniger Opfer gekostet zu haben. Die Gründe hierfür liegen einmal in der Tatsache, daß die Schiffe im Fanggebiet meistens verhältnismäßig dicht beieinanderlagen und sich so in Notfällen gegenseitig Hilfe leisten konnten; zum anderen war die Hil-

271 C. F. Posselt, Über den grönländischen Wallfischfang, a. a. O., S. 33.
272 Zu den Einzelheiten s. Wanda Oesau, Schleswig-Holsteins Grönlandfahrt, a. a. O., S. 278 f.

Abb. 14   Havarie im grönländischen Eis
Die zeitgenössische Darstellung zeigt zwei durch Eisgang havarierte Grönlandfahrer.
Deutlich sind die Rettungsmaßnahmen der Mannschaften zu erkennen: das Bergen der
Lebensmittel, der Bau von Zelten zum vorläufigen Schutz und die Sicherstellung der
Schaluppen, die später als Rettungsboote benutzt werden konnten.
Quelle: Zorgdrager S. 339.

feleistung nicht der mehr oder minder humanen Einstellung der Kommandeure überlassen, sondern seit 1696 durch das „Reglement, die Grönlandische Fischerey betreffend" gesetzlich geregelt. So heißt es hierin u. a.: „Erstlich, wann ein Schiff verunglückt, und der Commandeur und das Volk sich zu salviren suchen, so soll das erste Schiff, an welches sie gelangen, dieselbe aufnehmen, und wann dieses Schiff ein anders antrift, so soll es die Helfte von diesem geborgenen Volke Jenem übergeben, wie denn auch das Volk überzugehen schuldig ist, es wäre denn, daß besagtes zweite Schiff allbereits geborgen Volk einhätte, auf welchen Fall das geborgene Volk pro rata also vertheilet werden soll, daß ein jeder gleiche viel davon bekommt, und wann also diese Schiffe nachgehends wieder bey andere Schiffe kommen, sollen sie das Volk wieder also vertheilen, wie vorhin gemeldet ist[273]."

Als Ausnahme kann wohl jenes Verhalten eines Kommandeurs angesehen werden, von dem die Handschrift 263 zum Jahr 1754 vermerkt: „Commandeur N. Nummels ist den 24. Apr. alhier mit 8 Mann angelangt, nach dem wegen Nebeliche Wetter 6 Schaluppen mit 30 Mann ins Eyß verlohren, den 5. May ist er mit einer neuen Equipage wieder nach Groenland abgegangen; daß verlohren geschäzte Volk ist an Bord von Command. Hans Pieters (von Röm, Anmerk. d. Verf.) gekommen, welcher damit am 22. May alhier arrivirt, außer einigen, die wegen Frost, gestorben[274]." Sicherlich ist es kein Zufall, daß Nummels Name danach nicht mehr in den Kommandeurslisten erscheint.

Die Handschrift 263 enthält für die Zeit bis 1756 sehr wenig konkrete Angaben über Unglücksfälle, meistens vermerkt sie nur „ist verunglückt". Mit Hilfe der Listen der folgenden Jahre mit den Schiffs- und Kommandeursnamen läßt sich aber der Umfang der Havarie zum Teil rekonstruieren. Wenn zum Beispiel der Name des Kommandeurs, der ein solch verunglücktes Schiff geführt hat, im nächsten oder in einem der folgenden Jahre wieder erscheint, so kann man annehmen, daß zumindest ein Teil der Besatzung sich hat retten können; denn es ist wohl auszuschließen, daß der Kommandeur alleine mit dem Leben davongekommen ist.

Den Verlust des Schiffes und die Rettung der ganzen oder von Teilen der Besatzung können wir bei den folgenden Kommandeuren annehmen:

Andreas Peters von Röm – 1683
Hans Jürgen Duhn von Röm – 1702
Andreas Petersen de Hahn von Sylt – 1708
Jacob Flor von Amrum – 1727
Riewert Peters von Amrum – 1747
Cornelis Boysen von Sylt – 1756

273 Das „Reglement" ist abgedruckt bei Herman Langenbeck, Anmerkungen über das Hamburgische Schiff- und Seerecht, a. a. O., S. 499 ff.
274 Handschr. 263, S. 102; N. Nummels ist nicht zu lokalisieren. – Ein weiteres Beispiel für eine inhumane Verhaltensweise berichtet C. G. Zorgdrager, Alte und neue Grönländische Fischerei und Wallfischfang, a. a. O., S. 338 f.

Wenn aber Schiff und Kommandeur trotz des Vermerks „ist verunglückt" im nächsten Jahr wieder ausfahren, darf man sicherlich annehmen, daß Schiff und Besatzung zu einem späteren Zeitpunkt doch noch der Umklammerung des Eises entkommen sind. Ein solcher Sachverhalt kann für die folgenden Kommandeure und die von ihnen geführten Schiffe angenommen werden:

Kommandeur Matthias Peters von Föhr mit De St. Jan Baptist (1673)
Kommandeur Teunis Jaspers von Röm mit De Sara Galley (1730)
Kommandeur Teunis Jaspers von Röm mit De Maria Galley (1731).

Gänzlich auf Vermutungen angewiesen sind wir, wenn Kommandeur und Schiff nach einem derartigen Unglücksvermerk nicht mehr in den Quellen erscheinen. Die gesamte Bandbreite der Spekulation – von der Rettung der ganzen Mannschaft verbunden mit dem Abschied oder einem Wechsel des Hafens von seiten des Kommandeurs bis zum Totalverlust mit „Mann und Maus" – kann hier angewendet werden. Unter diese verschiedenen Interpretationsmöglichkeiten fallen Martin Peters von Amrum (1739) und Jan Dirck Claasen von Sylt (1755).

Überblicken wir die in diesem Kapitel zusammengestellte Verlustbilanz, so können wir feststellen, daß die nordfriesischen Seeleute von einer größeren Katastrophe in der Hamburger Grönlandfahrt verschont geblieben sind. Diese Aussage läßt sich auch auf die Fahrten der Schmackschiffe übertragen, die die Seeleute aus dem hier untersuchten Gebiet nach Hamburg und zurück beförderten. Im Gegensatz zu den in Holland dienenden Seeleuten, die von einer Reihe schwerer Unglücksfälle auf diesen Schiffen betroffen wurden[275], liegt für die von Hamburg ausfahrenden nur eine Nachricht aus dem Jahre 1702 über den Schiffbruch einer Schmack vor: „Sep. 9 kam Lorens Nissen aus Tinnum mit 108 Passagiren von Hamburg bey Liß[276] an; bey der Anfahrt mit dem boote nach Liß schlug das boot um und ertranken dabei Frödde Peters so wie Michel Jappen und sein Sohn aus Tinnum, Nickels Peter Clausen aus Wenningstedt, Erck Geicken sein Sohn und Rasmus sein Sohn und Jens Frödden aus Westerland[277]."

Auch diese hier geschilderten negativen Seiten der arktischen Seefahrt muß man mitbedenken, wenn man vom relativen Wohlstand spricht, den die Inseln und Halligen Nordfrieslands in dieser Epoche erreicht haben.

275 s. hierzu C. P. Hansen, Chronik der Friesischen Uthlande, a. a. O., S. 165 (1705), S. 166 (1711), S. 185 (1744) u. S. 186 (1744). Zur Bauweise der Schmackschiffe s. Hans Szymanski, Deutsche Segelschiffe, Norderstedt-Hamburg 1972, S. 88 ff.
276 List/Sylt.
277 Chronik von Henning Rinken aus dem Jahre 1843 ff; Sylter Archiv, Westerland; vgl. hierzu auch Peter Schmidt-Eppendorf, Sylt, Memorien einer Insel, a. a. O., S. 124.

Quelle: Handschrift 263 und Anmusterungsprotokolle des Hamburger
Wasserschouts 1761 – 1839, StAHam

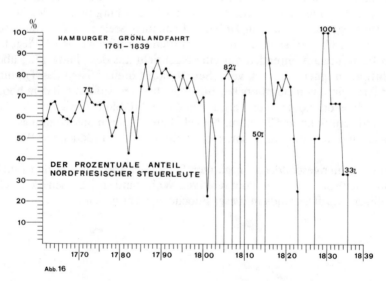

Quelle: Anmusterungsprotokolle des Hamburger Wasserschouts 1761 – 1839, StAHam

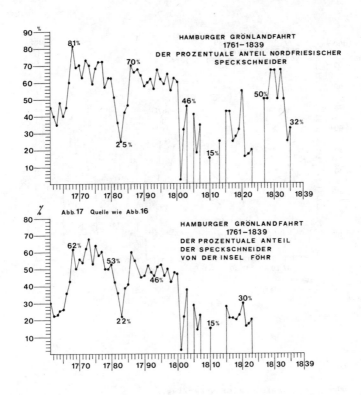

Abb.17 Quelle wie Abb.16

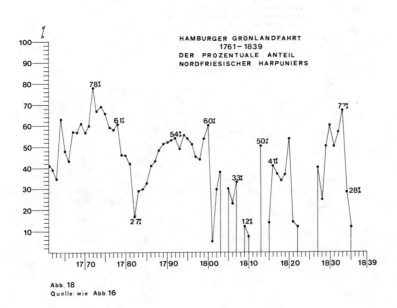

Abb. 18
Quelle: wie Abb.16

183

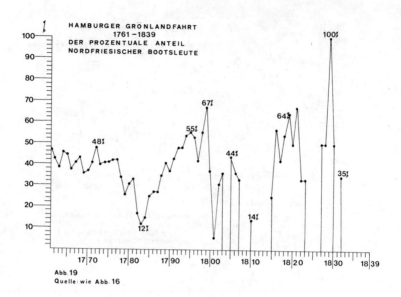

HAMBURGER GRÖNLANDFAHRT
1761–1839
DER PROZENTUALE ANTEIL
NORDFRIESISCHER BOOTSLEUTE

Abb. 19
Quelle: wie Abb. 16

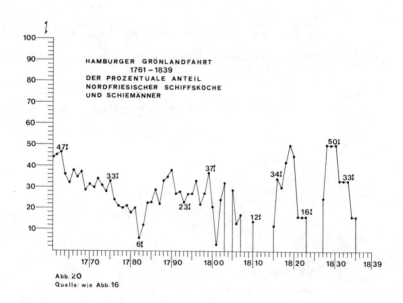

HAMBURGER GRÖNLANDFAHRT
1761–1839
DER PROZENTUALE ANTEIL
NORDFRIESISCHER SCHIFFSKÖCHE
UND SCHIEMÄNNER

Abb. 20
Quelle: wie Abb. 16

184

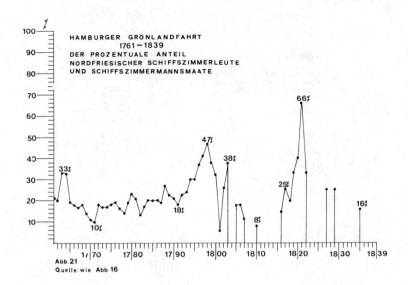

Abb.21
Quelle: wie Abb.16

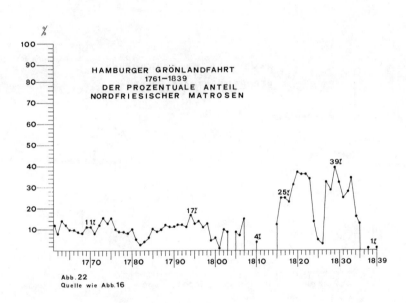

Abb.22
Quelle wie Abb.16

185

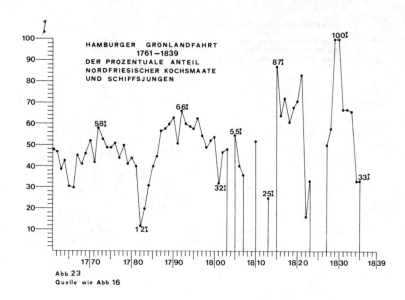

HAMBURGER GRÖNLANDFAHRT
1761—1839
DER PROZENTUALE ANTEIL
NORDFRIESISCHER KOCHSMAATE
UND SCHIFFSJUNGEN

Abb. 23
Quelle wie Abb. 16

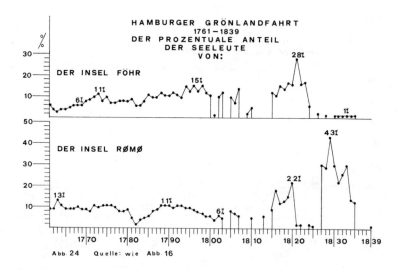

HAMBURGER GRÖNLANDFAHRT
1761—1839
DER PROZENTUALE ANTEIL
DER SEELEUTE
VON:

DER INSEL FÖHR

DER INSEL RØMØ

Abb. 24   Quelle: wie Abb. 16

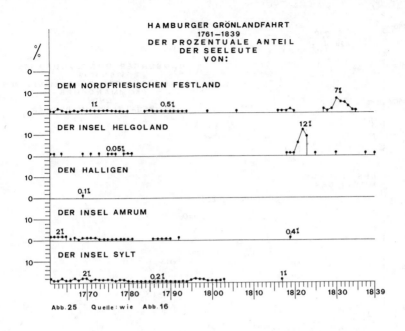

HAMBURGER GRÖNLANDFAHRT
1761–1839
DER PROZENTUALE ANTEIL
DER SEELEUTE
VON:

DEM NORDFRIESISCHEN FESTLAND

DER INSEL HELGOLAND

DEN HALLIGEN

DER INSEL AMRUM

DER INSEL SYLT

Abb. 25   Quelle: wie Abb. 16

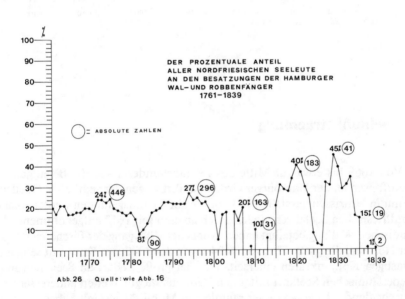

DER PROZENTUALE ANTEIL
ALLER NORDFRIESISCHEN SEELEUTE
AN DEN BESATZUNGEN DER HAMBURGER
WAL– UND ROBBENFÄNGER
1761–1839

◯ = ABSOLUTE ZAHLEN

Abb. 26   Quelle: wie Abb. 16

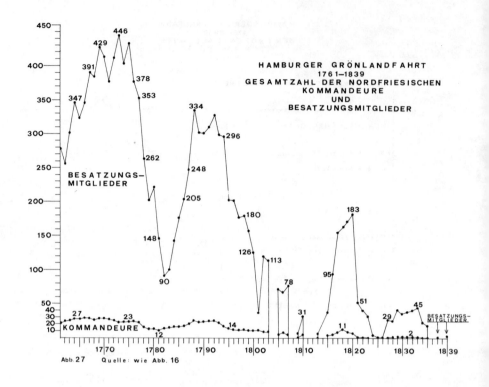

Abb. 27   Quelle: wie Abb. 16

9   Schlußbetrachtung

Von 1669 bis etwa zur Mitte des 18. Jahrhunderts war die Beteiligung der Nordfriesen an der Hamburger Grönlandfahrt wegen der spärlichen Quellenlage nur in Umrissen darstellbar. Es konnte aber herausgefunden werden, daß die nordfriesischen Seefahrer zunächst sich an dem seit 1612 aufgenommenen holländischen Walfang beteiligt haben, wobei der Rückgang der Fischereierträge in der Nordsee, die große Flut von 1634 sowie der 30jährige Krieg mit seinen ungünstigen Konjunkturen einerseits und der große Bedarf an Seeleuten in der niederländischen Seefahrt mit guten Verdienstmöglichkeiten andererseits eine entscheidende Rolle bei dieser räumlichen Mobilität gespielt haben.

Erst nachdem die Hamburger Reeder in stärkerem Maße Grönlandschiffe ausgerüstet hatten, war in der Hansestadt ein größerer Bedarf an qualifizierten Seeleuten für die arktische Seefahrt vorhanden. Da ab 1661 die Holländer aus Konkurrenzgründen es ihren im Walfang erfahrenen Landsleuten untersagt hatten, in fremde Dienste zu gehen, bot sich den nordfriesischen Seeleuten aufgrund ihrer in Holland gesammelten Erfahrung die Chance, in Hamburg quali-

188

fizierte Stellungen mit guten Verdienstmöglichkeiten zu bekommen und durch lokale und verwandtschaftliche Protektion Beschäftigung und günstige Aufstiegschancen für ihre dann folgenden Landsleute zu verschaffen.

Die See- und Grönlandfahrt von Holland und der Einstieg in die Führungspositionen der Hamburger Grönlandfahrt schufen eine neue Dimension, die in regional unterschiedlicher Akzentuierung die Sozial- und Wirtschaftsgeschichte dieses Landes für fast zwei Jahrhunderte nachhaltig beeinflußt hat. Wenn auch aufgrund der Quellenlage in der frühen Phase nur eine verhältnismäßig kleine Zahl von Kommandeuren – von Röm, Föhr, Sylt und Amrum – in der Hamburger Grönlandfahrt nachgewiesen werden konnte, so dürfen wir doch annehmen, daß ein Großteil der männlichen Bevölkerung in der Seefahrt den Lebensunterhalt verdiente, weil die Kommandeure erfahrungsgemäß ihre Stammbesatzungen aus ihrem Herkunftsbereich rekrutierten.

Da die Seefahrt sich zur Hauptbeschäftigung entwickelte, veränderte sich zum einen die berufliche Struktur auf den Inseln und Halligen, deren Bevölkerung sich vorher hauptsächlich durch die Landwirtschaft und den Fischfang an der Küste ernährt hatte, zum andern entwickelte sich diese Seefahrerregion in sozialer Hinsicht von einem Armutsgebiet zu einem relativen Wohlstandsbereich.

Erst ab 1761 – mit dem Beginn der Anmusterungsprotokolle des Hamburger Wasserschouts – war es möglich, für einen Teilbereich ein genaueres Bild zu zeichnen. Aus ihm wurde unter anderem sichtbar, daß die nordfriesischen Seefahrer besonders bei den Führungspositionen der Hamburger Grönlandfahrt einen hervorragenden Platz einnahmen, wie es zusammenfassend die folgende Übersicht mit den Durchschnittswerten für den Zeitraum von 1761 bis 1821 verdeutlicht:

Kommandeure	63 %	Schiffsköche	38 %
Steuerleute	67 %	Schiffszimmerleute	23 %
Speckschneider	42 %	Schiemänner	20 %
Harpuniers	40 %	Matrosen	15 %
Bootsleute	42 %	Kochsmaate u. Schiffsjungen	52 %

Diese hohen Werte – besonders bei dem Personenkreis mit Navigationskenntnissen – machen die Bedeutung der zahlreichen privaten Navigationsschulen sichtbar, die sich seit dem 17. Jahrhundert auf allen Inseln nachweisen lassen. Aus dieser Tabelle mit den hohen Anteilen von qualifizierten Seefahrern werden erfolgreiche berufliche Karrieren sichtbar; sie waren nicht nur ein Vorbild für berufliche Chancen, sondern gaben auch weitere Impulse für eine Mobilitätsbereitschaft. In diesen Zahlen spiegelt sich nicht zuletzt das hohe Ausbildungsniveau dieser Region wieder.

Eine weitere Komponente, die diese Werte stark beeinflußt hat, ist die Familientradition. Sie prägte nicht nur das Berufsprestige, sondern förderte auch das berufliche Fortkommen, indem Seefahrer vor allem der eigenen Familie und der näheren Verwandtschaft bei der Vermittlung offener Stellen den Vorzug gaben.

Doch auch die dänische Regierung hat diese Entwicklung insofern begünstigt, indem sie die Seefahrer dieser Region ab 1735 von allen militärischen Landdiensten freistellte und sie nur verpflichtete, im Kriegsfal auf der Flotte zu dienen.

Der durchschnittliche Gesamtanteil der nordfriesischen Seefahrer an den Besatzungen der Hamburger Grönlandschiffe lag in dem Zeitraum von 1761 bis 1821 bei 22 %. Die folgende Tabelle schlüsselt diesen Wert regional auf:

Föhr	10,6	%
Röm	9,6	%
Nordfr. Festland	0,7	%
Sylt	0,4	%
Amrum	0,3	%
Helgoland	0,3	%
Halligen	0,0003	%

Die Daten zeigen, daß sich die Entwicklung nicht einheitlich vollzog. Nur für Föhr und Röm spielte die Hamburger Grönlandfahrt hinsichtlich der Beschäftigung der dortigen Seefahrer in dieser Epoche noch eine Rolle. Bezogen auf die Seefahrenden dieser Inseln waren von Röm 36 %, von Föhr 13 % im Hamburger Wal- und Robbenfang beschäftigt. Die Sylter hatten sich schon um etwa 1750, die Amrumer etwa ein Jahrzehnt später aus der Grönlandfahrt der Hansestadt zurückgezogen und sich der Handelsfahrt zugewandt.

Nach der Aufhebung der Kontinentalsperre, die mit ihren mangelnden Verdienstmöglichkeiten und kriegsbedingten Abgaben große Vermögensverluste für die seefahrende Bevölkerung gebracht hatte, kam es noch kurzfristig zu einem kleinen Boom in der Hamburger Grönlandfahrt, aber mangelnde Rentabilität setzte ihm bald ein Ende, und ab 1821 fuhren nur noch jährlich zwei bis drei Grönlandschiffe aus. Damit war die Grönlandfahrt sowohl für die Wirtschaft Hamburgs als auch für die Beschäftigung der nordfriesischen Seeleute bedeutungslos geworden. Eine mehr als hundertfünfzigjährige Kooperation zwischen den Grönlandreedern der Hansestadt und den Seefahrern Nordfrieslands ging ihrem allmählichen Ende entgegen, aber dieses langjährige quantitative und qualitative Angebot an Personal für die Grönlandschiffe hatte zu einer Bindung an die Hansestadt geführt, die es den nordfriesischen Seefahrern ermöglichte, sich nunmehr in verstärktem Maße der Handelsfahrt Hamburgs zuzuwenden und ihnen somit den Weg in eine neue Epoche erleichterte.

Quellen und Literatur

1. Archivalien

I. Staatsarchiv Hamburg

Archiv des Wasserschouts:
Anmusterungsprotokolle I. A. 1. Bd. a–u (1760–1845).
Protokollierung der Todesfälle und Verwaltung der Nachlässe von Seeleuten, III. A. (1768–1831).
Protokollierung der Todesfälle und Verwaltung der Nachlässe von Seeleuten, III. B. (1801–1839).

Verzeichniß der seit Anno 1669 von Hamburg nach Grönland und der Straße-Davied zum Wall-Fisch und Robbenfangst gesandten Schiffe, Handschriftensammlung 263.

Commercium auf Grönland respectu Dänemark, Cl. VII Lit.. Ke, Nr. 9, Vol. 2.
Akte, betr. Gesuche der Deputierten der von hier nach Grönland etc. abfahrenden Schiffe, die erforderliche Mannschaft aus dem Königl. Dänischen Gebiete zu nehmen, 1781, 1782, 1784 ff.
Cl. VII Lit. Ke Nr. 8 a.
Akta betr. die Beschwerde des Königl. Dänischen Landvogts Tönnies auf Sönderland Romöe . . . 1794/95.
Dispachewesen, A. Protokolle Ia. I. Serie, ältere Reihe, Bd. 18 (1796) – Bd. 74 (1811) und AIb, I. Serie, jüngere Reihe, Bd. 1 (1815) – Bd. 40 (1839).
Kriegspässe, Senatskanzlei I, Bd. 1 ff.

II. Landesarchiv Schleswig-Holstein, Schleswig

Verzeichniß derer Königl. Dän. Unterthanen, so . . . auf Hamburgischen und anderen Schiffen alß Matrosen oder sonstige Schiffs-Bediente von Hamburg ab außerhalb Landes gegangen, sambt den Nahmen der Schiffe, worauf sie sich vermiethet. (1757–1759), Abt. 65, 2, Nr. 6 800.
Verzeichnis der Einwohnerschaft von Sylt, 1750, Abt. 161, Nr. 10.
Volkszählung 1769, Sylt, Abt. 161, Nr. 464.
Volkszählung 1803, Osterlandföhr, Abt. 412, Nr. 48–49.

III. Reichsarchiv Kopenhagen (Rigsarkivet København)

Gesandtskabsarkiver nr. 198, Skibsliste 1764–98 . . . 1 bd.
Verbot König Christian VII. v. 22. 11. 1780, Dänische Kanzlei, Abt. F. Nr. 32 a.
Unterlagen über Volkszählungen 1769, 1801, 1803, Rtk. 352.31.
Contobuch für die Abrechnung der mit Walfangschiffen ausgefahrenen und in Grönland zurückgebliebenen Mannschaft (1779–82), in: Den kgl. Grölandske Handel Regnskabsvaesenet.

IV. Sylter Archiv Westerland/Sylt

Rinken, Henning, Chronik aus dem Jahre 1843 (Kopie).
Musterrolle des Schiffes De Anna Maria v. 8. 3. 1766.

2. Literatur

Ambrosius, Eduard, Chronologisches Verzeichniß über verschiedene Königliche und
Fürstliche Verordnungen und Verfügungen, 2. Heft, Flensburg 1797.

Baasch, Ernst, Quellen zur Geschichte von Hamburgs Handel und Schiffahrt im 17., 18.
und 19. Jahrhundert, Hamburg 1910.

Ders., Hamburgs Convoyschiffahrt und Convoywesen. Ein Beitrag zur Geschichte der
Schiffahrt und Schiffahrtseinrichtungen im 17. und 18. Jahrhundert, Hamburg 1896.

Booysen, Jens, Beschreibung der Insel Silt in geographischer und historischer Rücksicht,
Schleswig 1828 (Neudruck Schleswig 1976).

Boysen, Jakob, Beitrag zur Beschreibung der Insel Föhr, in: Schleswig-Holsteinische Provinzialberichte, 5. Jg. (1791), Bd. 1, 7. Jg. (1793), Bd. 1 und 2.

Braren, Lorenz, Geschlechter-Reihen St. Laurentii – Föhr, 3 Bde., Husum 1980 (Nachdruck).

Brinner, Ludwig, Die deutsche Grönlandfahrt, in: Abhandlungen zur Verkehrs- und Seegeschichte, im Auftrage des Hansischen Geschichtsvereins hrsg. von Dietrich Schäfer,
Bd. VII, Berlin 1913.

Brockstedt, Jürgen, Die Schiffahrt Schleswig-Holsteins 1800–1850, in: ZSHG,
Bd. 102/103 (1977/78) (S. 139–154).

Ders., Die Schiffahrts- und Handelsbeziehungen Schleswig-Holsteins nach Lateinameri-
ka 1815–1848, in: Forschungen zur internationalen Sozial- und Wirtschaftsgeschichte,
Bd. 10, Köln 1975.

Ders., Wirtschaftlicher Aufstieg und soziale Mobilität in deutschen Seefahrerregionen
vom 17. bis 19. Jahrhundert. Probleme einer partiellen und abgebrochenen Moderni-
sierung, FU Berlin. Das Manuskript wurde freundlicherweise zur Verfügung gestellt.

Bullen, Christian, Eines Seefahrenden Journal oder Tag-Regißter, Bremen 1668.

Chronologische Sammlung der Verordnungen und Verfügungen für die Herzogthümer
Schleswig und Holstein, die Herrschaft Pinneberg, Grafschaft Ranzau und Stadt Altona 1755 ff., Kiel 1800 ff.

Clausen, August, Streiflichter durch die Geschichte und Chronik nordfriesischer Seefahrer, Beitrag zur Familienforschung der Flor- und Quedens-Geschlechter, o. O. 1969.

Dankwerth, Caspar, Newe Landesbeschreibung der zwey Hertzogthümer Schleswich
und Holstein, Husum 1652.

Degn, Christian, Die Herzogtümer im Gesamtstaat 1773–1830, in: Geschichte Schleswig-Holsteins, hrsg. von Olaf Klose, Bd. 6, Neumünster 1959 und 1960.

Dekker, Pieter, De laatste bloeiperiode van de Nederlandse Arctische walvis-en robbevangst 1761–1775, Zaltbommel 1971.

Ders., Föhrer Seeleute bei der niederländischen Walfangfahrt besonders im 18. Jahrhundert, in: Nordfriesisches Jahrbuch, N. F., Bd. 14 (1978), S. 113–160.

Dietz, Johann, Chirurgus unter Walfängern, Lübeck 1979 (Gekürzter Nachdruck).

Dirks Katt, Hidde, Dagboek eener Reize ter Walvisch-en Robbenvangst 1777 en 1778
door den Commandeur H. Dirks Kat, Haarlem 1818.

Eschels, Jens Jacob, Lebensbeschreibung eines alten Seemannes, Altona 1835.

Eschels, Peter, Eine Reise nach dem Eismeer im Jahre 1836, Aus dem hinterlassenen Journale des Kapitäns Peter Eschels, führend den Altonaer Schoner „Wettrenner", in: Deutsche Rundschau, Bd. CLXXXIV, Berlin 1920.

Falk, Fritz Joachim, Grönlandfahrer der Nordseeinsel Röm, Ein Beitrag zur Wirtschafts- und Sozialgeschichte der schleswigschen Westküste, in: Studien und Materialien, veröffentlicht im Nordfriisk Instituut, Nr. 17, Bredstedt 1983.

Ferber, Kurt, Die Entwicklung des Hamburger Tonnen-, Baken- und Leuchtfeuerwesens, in: Zeitschrift des Vereins für Hamburgische Geschichte, Bd. XVIII (1914).

Groot, Jeldert, Jansz, Beknopt en getrou verhaal van de reys van commandeur Jeldert Jansz Groot uit Texel na en in Groenland . . . Anno 1777 en 1778, Amsterdam 1779.

Hansen, Christian Peter, Die Insel Sylt in geschichtlicher und statistischer Hinsicht, Hamburg 1845.

Ders., Chronik der Friesischen Uthlande, Garding 1877.

Ders., Das Schleswig'sche Wattenmeer und die friesischen Inseln, Glogau 1865.

Ders., Der Badeort Westerland auf Sylt und dessen Bewohner, Garding 1870.

Ders., Der Sylter Friese, Kiel 1860.

Ders., Die Anfänge des Schulwesens oder eine Schulchronik der Insel Sylt, Garding 1879.

Hanssen, Lorens, Grønlandsfarerne i Aaret 1777, Fridericia 1806 (Nachdruck Melbyhus 1977).

Hess, Ludwig v., Hamburg, topographisch, politisch und historisch beschrieben, 2. Theil, Hamburg 1799.

Hitzigrath, H., Die politischen Beziehungen zwischen Hamburg und England . . . 1611–1660, Berlin 1907.

Janssen, Jacob, Commandeur Jacob Janssens merkwürdige Reise, welcher mit dem Schiffe die Frau Elisabeth . . ., Hamburg 1770.

Jessen, Wilhelm, Das Meer vernichtet – und segnet, Westerland 1967.

Klefeker, J., Sammlung der Hamburgischen Gesetze und Verfassungen, Hamburg 1769.

Klose, Olaf, Die Jahrzehnte der Wiedervereinigung 1721–1773, in: Geschichte Schleswig-Holsteins, hrsg. von Olaf Klose, Bd. 6, Neumünster 1959.

Köhler, Friedrich Gottlob, Reise ins Eismeer und nach den Küsten von Grönland und Spitzbergen im Jahre 1801, Leipzig 1820.

Kottmann, Elmar, Die nordfriesische Beteiligung am holländischen Walfang, Berlin 1977 (Freie wissenschaftliche Arbeit zur Erlangung des Grades eines Diplom-Volkswirts, FU Berlin).

Kresse, Walter, Materialien zur Entwicklungsgeschichte der Hamburger Handelsflotte 1765–1823, Mitteilungen aus dem Museum für Hamburgische Geschichte, N. F., Bd. III, Hamburg 1966.

Ders., Aus der Vergangenheit der Reiherstiegswerft in Hamburg, Hamburg o. J.

Kreuger, Harme Hendr., Echt historisch verhaal van drie zeelieden wegens het verongelukken van hun schip De Wilmiena . . ., Amsterdam 1778.

Krohn, Hugo, Alte Seemanns-Grabsteine auf Sylt, in: Nordfriesisches Jahrbuch, N. F., Bd. 8 (1972), S. 64–83.

Ders., Entwicklung, Aufbau und Zusammensetzung der Sylter Bevölkerung, Kiel 1948 (Maschinenschriftlich im Sylter Archiv Westerland).

Ders., Lorens de Hahn, in: Berichte aus dem Schleswig-Holsteinischen Freilichtmuseum, Heft 6, Neumünster 1969.

Ders., Sylter beim englischen Feldzug 1689/90, in: Jahrbuch des Nordfriesischen Instituts, Bd. 6, 1959/60, S. 107–110.

Langenbeck, Hermann, Anmerkungen über das Hamburgische Schiffs- und See-Recht . . ., Hamburg 1727.

Le Moine de l' Espine, Jaques; Le Long, Isaac, De Koophandel van Amsterdam, Rotterdam 1763.

Lindemann, Moritz, Die arktische Fischerei der deutschen Seestädte (1620–1868), Gotha 1869.

Link, Theodor, Flensburgs Überseehandel von 1755–1807, in: Quellen und Forschungen zur Geschichte Schleswig-Holsteins, Bd. 38, Neumünster 1959.

Lorenzen, Lorenz, Genaue Beschreibung der wunderbaren Insel Nordmarsch, in: Vermischte historisch-politische Nachrichten in Briefen von einigen merkwürdigen Gegenden der Herzogthümer Schleßwig und Hollstein, von Johann Friedrich Camerer, 2. Theil, Flensburg und Leipzig 1762.

Matthiessen, H. Chr., Chronik der Familie Matthiessen, in: ZSHG, Bd. 34 (1904).

Michelsen, Johannes, Aus Galmsbüll letzter Zeit (1778–1813), in: Nordfriesisches Jahrbuch, N. F., Bd. 4/5 (1968/69).

Möller, Theodor, Der Kirchhof in Nebel auf Amrum und seine alten Grabsteine, Neumünster 1928.

Momsen, Ingwer Ernst, Die allgemeinen Volkszählungen in Schleswig-Holstein in dänischer Zeit (1769–1860), Geschichte ihrer Organisation und ihrer Dokumente, in: Quellen und Forschungen zur Geschichte Schleswig-Holstein, Bd. 66, Neumünster 1974.

Mooy, Maarten, Omstandig Journaal van de reize naar Groenland . . . met het schip Frankendaal, Amsterdam 1787.

Moritz, Eduard, Die Insel Röm, in: Veröffentlichungen des Instituts für Meereskunde und des Geographischen Instituts an der Universität Berlin, Heft 14, Berlin 1909.

Münzing, Joachim, Wale und Walfang in historischen Darstellungen, Altonaer Museum in Hamburg, Katalog 1975.

Nathanson, M. L., Dänemarks Handel, Schiffahrt, Geld- und Finanzwesen von 1730–1830, Kopenhagen 1832.

Nerong, O. C., Die Kirchhöfe Föhrs, Dollerup 1903.

Ders., Föhr, früher und jetzt, Dollerup 1885.

Nettelbeck, Joachim, Des Seefahrers und aufrechten Bürgers Joachim Nettelbeck wundersame Lebensgeschichte, Ebenhausen, München o. J.

Oesau, Wanda, Hamburgs Grönlandfahrt auf Walfischfang und Robbenschlag im 17.–19. Jahrhundert, Glückstadt–Hamburg 1955.

Dies., Schleswig-Holsteins Grönlandfahrt auf Walfischfang und Robbenschlag vom 17.–19. Jahrhundert, Glückstadt–Hamburg–New York 1937.

Paulsen, Friedrich, Aus den Lebenserinnerungen des Grönlandfahrers und Schiffers Paul Frercksen, kommentiert von Pieter Dekker, in: Nordfriesisches Jahrbuch, N. F., Bd. 9 (1973), S. 95–132.

Peters, L. C., Richtiges Verzeichnis aller Seefahrenden der Gemeinde St. Laurenty von Anno 1757, in: Nordfriesisches Jahrbuch, Bd. 18 (1931).

Peters, Peter Jung, Beschreibung der Insel Föhr, in: Schleswig-Holstein-Lauenburgische Provinzialberichte 1823, Heft 4, 1824, Heft 1–4, 1825, Heft 1, 3, 4, 1826, Heft 1 und 3.

Pörksen, Erich, Chronik der Familie Quedens, Nebel/Amrum 1953.

Pontoppidan, Carl, Hval-og Robbefangsten udi Strat-Davis, ved Spitsbergen, og under Eilandet Jan Mayn samt dens vigtige Fordele, København 1785.

Poortinga, Y., Das Unglücksjahr 1777, in: Nordfriesisches Jahrbuch, N. F., Bd. 3 (1967).

Posselt, C. F., Über den grönländischen Wallfischfang, in: Schleswig-Holsteinische Provinzialberichte, 10. Jg., 1. Bd., 1. Heft (1796).

Ricards, Samuel, Handbuch der Kaufleute oder Allgemeine Uebersicht und Beschreibung des Handels der vornehmsten Europäischen Staaten, nebst Nachrichten von ihren natürlichen Produkten, Manufakturen und Fabriken, Bd. 1, Greifswald 1783.

Roeloffs, Brar, Unruhe auf Westerlandföhr im Jahre 1781, in: Zwischen Eider und Widau, Heimatkalender für Nordfriesland 1977 und 1978.

Römer, Ernst, Aus alten Schiffstagebüchern deutscher Grönlandfahrer, in: Seewart, Heft 5/6, Hamburg 1941.

Roeper, Jürgen, Kurzgefaßte wahrhaftige Nachricht von denen 1777 auf den Wallfischfang nach Grönland abgegangenen und daselbst verungl. Hambg. Schiffen, Altona 1778.

Schlee, Ernst, Leben auf der Insel, in: Föhr, Geschichte und Gestalt einer Insel, Münsterdorf–Itzehoe 1971.

Schmidt-Eppendorf, Peter, Sylt, Memoiren einer Insel, Husum 1977.

Schmidt-Rodenäs, Karl, Sylter Geschlechter um und nach Lorenz Petersen de haan, Bredstedt 1981.

Schurtz, G. N., Bericht von der Natur und Eigenschaft, auch Nachstellung und Fang des Walfisches, in: Capel, Rudolph, Vorstellungen des Norden, oder Bericht von einigen Nordländern, und absonderlich von dem sogenannten Grünlande, Hamburg 1675.

Sievers, Kai Detlev, Wanderungsbewegungen der Föhrer in vier Jahrhunderten, in: Zwischen Eider und Widau, Heimatkalender Nordfriesland 1974, S. 80–96.

Sørensen, H. E., Rømøs Historie, Melbyhus 1977.

Szymanski, Hans, Deutsche Segelschiffe, Norderstedt–Hamburg 1972.

Voigt, Harald, Nordfriesische Seeleute um 1800. Verklarungsprotokolle als Quelle regionalgeschichtlicher Forschung, in: Nordfriesisches Jahrbuch, N. F., Bd. 13 (1977), S. 81–105.

Ders., „Als ob sie förmlich bey ihnen in die Lehre gegeben" – Nordfriesische Seeleute als Ausbilder auf russischen Walfängern um 1800, in: Nordfriesisches Jahrbuch, N. F., Bd. 15 (1979), S. 71–79.

Ders., Die Abmusterungsprotokolle des Altonaer Wasserschouts 1764 bis 1770 und ihre Interpretation für die Handelsfahrt nordfriesischer Seeleute, in: Nordfriesisches Jahrbuch, N. F., Bd. 17 (1981), S. 41–71.

Ders., Die „Reise ins Eismeer und nach den Küsten von Grönland und Spitzbergen im Jahre 1801" des Friedrich Gottlob Köhler, Seilermeister in Pirna, Leipzig 1820. Textauszüge und kritischer Kommentar, in: Nordfriesisches Jahrbuch, N. F., Bd. 18/19 (1982/83), S. 155–179.

Zorgdrager, Cornelis Gysbertsz, Alte und neue Grönländische Fischerei und Wallfischfang, Leipzig 1723 (Nachdruck Kassel 1975).

Abkürzungsverzeichnis

Abt.	Abteilung
Anm.	Anmerkung
ders.	derselbe
dies.	dieselbe
ebd.	ebenda
Hrsg.	Herausgeber
LAS	Landesarchiv Schleswig-Holstein, Schleswig
N. F.	Neue Folge
Nr.	Nummer
o. J.	ohne Jahr
o. O.	ohne Ort
Prot.	Protokoll
QuFGSH	Quellen und Forschungen zur Geschichte Schleswig-Holsteins
RAK	Rigsarkivet (Reichsarchiv) Kopenhagen
S.	Seite
s.	siehe
StAHam	Staatsarchiv Hamburg
vgl.	vergleiche
ZHG	Zeitschrift des Vereins für Hamburgische Geschichte
ZSHG	Zeitschrift der Gesellschaft für Schleswig-Holsteinische Geschichte

ANHANG I

Übersicht über die aus dem Untersuchungsgebiet stammenden Kommandeure in der Hamburger Grönlandfahrt 1669–1756

Übersicht über die aus dem Untersuchungsgebiet stammenden
Kommandeure in der Hamburger Grönlandfahrt 1669 -1756

Röm

Peter Jaspers(Peder Jespers)[1]

Jahr	Name des Schiffes	Ertrag Wale	Quard.	Besondere Vorkommnisse
1669	De Liefde	3	175	
1670 -72	-	-	-	Keine Ausfahrten v.Hbg.
1673	De Abraham	13	680	
1674	"	6 1/2	426	
1675	"	5	320	
1676	-	-	-	Keine Ausfahrt v.Hbg.
1677	De Abraham	3	126	
1678-82	-	-	-	Keine Ausfahrten v.Hbg.
1683	De St.Jan Baptist	8	250	
1684	"	2	142	
1635	"	6	226	
1636	"	1/2	29 1/2	
1687-92	-	-	-	Keine Ausfahrten v.Hbg.
1693	De St.Anna	ohne Ertrag		
1694-98	-	-	-	Keine Ausfahrten v.Hbg.
1699	De Anna	2	120	
1700	"	1	40	
Insgesamt:		**50**	**2534**	

Cornelius Peters(Nils Pedersen)[2]

Jahr	Name des Schiffes	Ertrag Wale	Quard.	Besondere Vorkommnisse
1670	De St.Jan Baptist	11	620	
1671	De St.Nicolaus	7	420	
1672	De Liefde	9 1/2	396	
1673	"	11	560	
1674	De Engel Gabriel	11	635	
1675	"	6	300	
1676	"	1	9	
1677	De Jgfr.Johanna	11	550	
1678	"	3	176	
1679	De König David	3	150	"Mackerschaft"mit M.Feddes[3]
1680	"	10	370	
1681-82	-	-	-	Keine Ausfahrten v.Hbg.
1683	De Goode Vlieg	2	96	
1684	"	3	190	
1685-93	-	-	-	Keine Ausfahrten v.Hbg.
1694	De Immanuel	1 1/2	82	
1695	"	ohne Ertrag		
1696	"	2	95	
Insgesamt:		**92**	**4554**	

1)Er stammte aus Bolilmark/Röm,geb.1651,gest.1719;zur Herkunft s.
   W.Oesau,Hamburgs Grönlandfahrt,a.a.O.,S.221.Er stiftete 1704 zusammen mit anderen der Kirche in Kirkeby/Röm einen Kronleuchter;
   zu den Grönlandfahrten s.Handschr.263,S.1 ff.
2)Er gehörte mit zu den Stiftern des Kronleuchters für die Kirche
   in Kirkeby/Röm(1704).
3)"Mackerschaft" = gemeinsame Jagd und Teilung des Ertrages

Peter Andresen[1]

Jahr	Name des Schiffes	Ertrag Wale	Quard.	Besondere Vorkommnisse
1672	De Bleeker	11	450	
1673	"	9	500	
1674	"	8	525	
1675	De St.Peter	13 1/2	700	
1676	"	4	186	
1677	"	4 1/2	240	
1678	–	–	–	Keine Ausfahrt v.Hbg.
1679	De St.Peter	15	710	
1680	"	3	120	
1681	"	3	142	
1682	"	6	370	
1683	"	8	340	
1684	"	3	166	
	Insgesamt:	88	4449	

Jasper Jacobs[2]

Jahr	Name des Schiffes	Ertrag Wale	Quard.	Besondere Vorkommnisse
1673	De Salomons Gericht	13	700	
1674	"	4 1/2	233	
1675	"	11	580	
1676	"	1	50	
1677	"	4	160	
1678	De St.Anthony	8	306	
1679	"	5	280	
1680	"	17	640	
1681	"	10	550	
1682	"	15	600	
1683	"	2	58 1/2	
1684	"	2	116	
1685	"	4	156	
1686	"	1	86	
1687	"	6	180	
1688	"	ohne Ertrag		
1689	"	ohne Ertrag		
1690	–	–	–	Keine Ausfahrt v.Hbg.
1691	De Patientia	ohne Ertrag		
	Insgesamt:	103 1/2	4539 1/2	

1)Er gehörte zu den Stiftern des Leuchters in der Kirche zu Kirke-
by/Röm(1704);zu den Grönlandfahrten s.Handschr.263,S.4ff.
2)Es besteht zweifellos ein verwandtschaftliches Verhältnis zu dem
schon erwähnten Peter Jaspers;zu den Grönlandfahrten s.Handschr.
263,S.6 ff.

Andreas Peters(Arent Peters)[1]

Jahr	Name des Schiffes	Ertrag Wale	Quard.	Besondere Vorkommnisse
1675	De Liefde	4	213	
1676	–	–	–	Keine Ausfahrt v.Hbg.
1677	De (Gekrönte) Hoop	5	200	
1678	"	7	306	
1679	De St.Jakob	4	220	
1680	"	7	280	
1681	"	13	320	
1682	De Evangelist	5	325	
1683	De St.Jakob	–	–	Das Schiff ist verunglückt
1684 - 87	–	–	–	Keine Ausfahrten v.Hbg.
1688	De Abraham	ohne Ertrag		
1689	"	ohne Ertrag		
1690	"	9	475	Das Schiff wurde v.d.
1691	"	1/2	24	Franzosen gekapert u.mit
1692	"	3 1/2	140	einem Lösegeld v.21 000
1693	"	ohne Ertrag		Mark Courant belegt.
1694	–	–	–	Keine Ausfahrt v.Hbg.
1695	De Gekrönte Pand	ohne Ertrag		
1696	"	2 1/2	106	
1697	"	10	320	
1698	"	13 1/2	560	
1699-1714	–	–	–	Keine Ausfahrten v.Hbg.
1715	De Concordia	1	50	
1716	"	1/2	50	
1717-18	–	–	–	Keine Ausfahrt v.Hbg.
1719	De St.Peter	ohne Ertrag		
1720	"	2	82	davon 36 Qu.Robbenspeck
Insgesamt:		87 1/2	3671	

Carsten Andresen(Chresten Andersen) [2]

Jahr	Name des Schiffes	Ertrag Wale	Quard.	Besondere Vorkommnisse
1688	De Witte Baer	2	115	
1689	"	ohne Ertrag		
1690	"	8 1/2	440	Das Schiff wurde v.d.
1691	De Paradies	1/2	20	Franzosen gekapert u.mit
1692-97	(Keine Ausfahrten v.Hamburg)			einem Lösegeld v.12 000
1698	De Vigelantia	10	450	Mark Courant belegt.
Insgesamt:		21	1025	

[1])Er gehört zu den Stiftern des Kronleuchters in der Kirche zu Kirke-
by/Röm(1704);zu den Grönlandfahrten s.Handschr.263,S.9ff.
[2])Auch er gehört zu den Stiftern des Kronleuchters;zu den Grönlandfahrten s.Handschr.263,S.27ff.

Jens Jensen Kier(Jan Jansen Caer)[1]

Jahr	Name des Schiffes	Ertrag Wale	Quard.	Besondere Vorkommnisse
1674	De Immanuel	10	730	
	Insgesamt:	10	730	

Hans Jürgens Duhn[2]

Jahr	Name des Schiffes	Ertrag Wale	Quard.	Besondere Vorkommnisse
1700	De Witte Zwaen	1	70	
1701	"	10	330	
1702	"	–	–	Das Schiff ist verunglückt
1703	De St.Jakob	2 1/2	135	
1704-08	–	–	–	Keine Ausfahrten v.Hbg.
1709	De Witte Voss	1/2	20	
1710	"	ohne Ertrag		
1711-15	–	–	–	Keine Ausfahrten v.Hbg.
1716	De Maria	–	33(Robbenspeck)	
	Insgesamt:	14	588	

Hans Jaspers(Jespersen)[3]

Jahr	Name des Schiffes	Ertrag Robben	Quard.	Besondere Vorkommnisse
1717	De Maria	?	9	
1718	"	?	70	
1719	De Jonge Tobias	?	26	
1720	"	?	67	
1721	De Nordstern	?	63	
1722	De Jonge Jan	?	64	
1723	"	?	23	
1724	"	?	80	
1725	"	?	28	
1726	"	ohne Ertrag		Fahrt zur Davis-Straße
	Insgesamt:		430 Qu.Robbenspeck	

1)Er gehört zu den Stiftern des Kronleuchters für die Kirche in
Kirkeby/Röm(1704);der Beiname Kier läßt sich auch später auf
Röm nachweisen,s.Anhang III ;zu seiner Grönlandfahrt s.Handschr.
263,S.8.
2)Er stammt mit Sicherheit von Röm;der auf einer Ortsbezeichnung be-
ruhende Name Duhn (heute Duhnby/Kirkeby) ist bis heute überliefert;zu den Grönlandfahrten s.Handschr.263,S.41 ff.
3)Er gehört zu den Stiftern des Kronleuchters für die Kirche in
Kirkeby/Röm(1704).Er übernahm das von Jens Jensen,Röm geführte
Schiff.Zu den Grönlandfahrten s.Handschr.263,S.56 ff.Die Angaben
über die Anzahl der erlegten Robben sind nicht überliefert.

Michel Jaspers[1]

Jahr	Name des Schiffes	Ertrag Robben	Quard.	Besondere Vorkommnisse
1739	De Zeemann	?	75	
1740	"	?	10	
1741	De Maria Galley	?	47	Er übernimmt das Schiff v.
1742	"	?	112	Jan Jaspers, Röm.
1743	"	?	100	
1744	"	?	45	
1745	"	?	75	
1746	"	?	100	
1747	"	2092	115	
1748	"	838	34	
1749	De Sara Galley	2788	118	Er übernimmt das Schiff v.
1750	"	796	38	Peter Jürgensen Bundis, Röm.
1751	"	1400	129	
1752	"	500	23	Das Schiff übernimmt Hans Hansen Holm von Röm.

Insgesamt: 1021 Qu.Robbenspeck

Tönnies Peters[2]

Jahr	Name des Schiffes	Ertrag Robben	Quard.	Besondere Vorkommnisse
1745	De Jgfr.Maria u.Sara	?	75	
1746	"	?	80	
1747	"	3757	143	
1748	"	1440	54	
1749	"	1800	80	
1750	De Jonge Peter	2950	172	
1751	"	1065	90 1/2	
1752	"	1840	85	
1753	"	2362	92 1/2	
1754	"	2456	160	
1755	"	1866	119	
1756	"	3640	237	

1757-64 s.hierzu die Angaben im Anhang III

Ertrag(1745-1756) : 1388 Qu.Robbenspeck

1)Er ist wohl verwandt mit dem gen.H.Jaspers ;zu den Grönlandfahrten
  s.Handschr.263,S.84 ff.
2)Seine Herkunft von Röm ergibt sich aus den ab 1757 vorliegenden
  Quellen;zu seinen Grönlandfahrten s.Handschr.263,S.92 ff.

Greyers Jaspers (Geerd Jespersen)[1]

Jahr	Name des Schiffes	Ertrag Robben	Quard.	Besondere Vorkommnisse
1720	De St.Peter	?	54	
1721	"	?	62	
1722	"	?	93	
1723	"	?	31	
1724	"	?	53	
1725	"	?	86	
1726	De Anna	?	94	
1727	De St.Peter Galley	?	144	
1728	"	?	189	
1729	"	?	200	
1730	"	?	156	
1731	"	?	60	
1732	"	?	196	
1733	De Rebekka	?	128	
1734	De St.Peter Galley	?	66	
1735	–	–	–	Keine Ausfahrt v.Hbg.
1736	De Concordia	?	100	(hierin Speck von 1 Wal)
1737	–	–	–	Keine Ausfahrt v.Hbg.
1738	De Ester Galley	?	100	
1739	"	?	170	
1740	"	?	68	
1741	"	?	35	

Insgesamt: 2085 Qu.Robben-und Walspeck

Teunis Jaspers(Tönnies Jespersen)[2]

Jahr	Name des Schiffes	Ertrag Robben	Quard.	Besondere Vorkommnisse
1723	De Anna Margaretha	?	33	
1724	–	–	–	Keine Ausfahrt v.Hbg.
1725	De Sara Galley	?	90	Das Schiff wurde vorher
1726	"	?	128	von Jan Jaspers,Röm.ge-
1727	"	?	133	führt.
1728	"	?	105	
1729	"	?	144	
1730	"	–	–	Das Schiff ist verunglückt
1731	De Sara Galley	?	121	wohl geborgen
1732	"	?	100	
1733	"	?	85	
1734	"	?	60	
1735	"	?	90	
1736	"	?	120	(hierin Speck von 1/2 Wal;
1737	"	?	90	"Mackerschaft"mit Jan Jaspers
1738	"	?	134	von Röm)
1739	"	?	116	
1740	"	?	38	
1741	"	?	55	
1742	"	?	110	
1743	"	?	100	
1744	"	?	32	

Insgesamt: 1884 Qu.Robben-und Walspeck

[1]Aufgrund des Familiennamens kann er ohne Zweifel als Römer lokalisiert werden;er übernahm das von Andreas Peters,Röm geführte
Schiff De St.Peter;zu den Grönlandfahrten s.Handschr.263,S.60ff.
[2]Zum Nachweis der Herkunft s.obige Anmerkung;zu den Grönlandfahrten
Handschr.263,S.64ff.Von 1745-46 fährt er von Altona n.Grönland.

Jan Jaspers [1]

Jahr	Name des Schiffes	Ertrag Robben	Quard.	Besondere Vorkommnisse
1723	De Sara Galley	?	95	
1724	"	?	130	
1725	De Maria Galley	?	100	
1726	"	?	167	
1727	"	?	172	
1728	"	?	164	
1729	"	?	166	
1730	"	?	84	
1731	"	–	–	Das Schiff ist verunglückt,
1732	De Maria Galley	?	106	aber wohl geborgen worden.
1733	"	?	120	
1734	"	?	120	
1735	"	?	80	
1736	"	?	140	(hierin Speck v.1/2 Wal;
1737	"	?	80	"Mackerschaft"mit Teunis Jas-
1738	"	?	128	pers von Röm)
1739	"	?	150	
1740	"	?	52	Das Schiff übernimmt Michel Jaspers von Röm

Insgesamt: 2054 Qu.Robben-und Walspeck

Zwen Jaspers [2]

Jahr	Name des Schiffes	Ertrag Robben	Quard.	Besondere Vorkommnisse
1729	Da Agatha Johanna	?	147	
1730	"	?	64	
1731	"	?	111	
1732	"	?	70	
1733	"	?	93	
1734	"	?	50	

Insgesamt: 535 Qu.Robbenspeck

Cornelius Hansen Carl [3]

Jahr	Name des Schiffes	Ertrag Robben	Quard.	Besondere Vorkommnisse
1731	De Roos	ohne Ertrag		

1)Zu den Grönlandfahrten s.Handschr.263,S.64 ff.
2)Zu den Grönlandfahrten s.Handschrift 263,S.73 ff. 1736 fuhr
er von Altona auf den Robbenschlag,ebenda,S.81.
3)Aufgrund späterer Quellen kann die Familie zweifelsfrei auf
Röm lokalisiert werden; s.hierzu auch die entsprechenden Angaben im Anhang III.Zu seiner Grönlandfahrt s.Handschr. 263,
S.75.

Peter Jürgensen Bundis[1]

Jahr	Name des Schiffes	Wale	Ertrag Robben	Quard.	Besondere Vorkommnisse
1731	De Mercurius	–	?	110	
1732	"	–	?	60	
1733	"	1	?	65	
1734	"	2	?	100	
1735	"	1	?	36	
1736	"	3	?	120	
1737	"	3	?	150	
1738	"	ohne Ertrag			
1739–44	–	–	–	–	Keine Ausfahrten v.Hbg.
1745	De Sara Galley	–	?	92	Er übernimmt das Schiff
1746	"	–	?	100	von Teunis Jaspers,Röm.
1747	"	–	2120	88	
1748	"	–	811	35	
1749	De Maria Galley	–	2944	119	Er übernimmt das Schiff
1750	"	–	1586	84	von Michel Jaspers,Röm.
1751	"	–	1800	147	
1752	"	–	1440	72	
1753	"	–	532	27	
1754	"	–	784	49	Das Schiff übernimmt Jasper Jansen von Röm.

Insgesamt: 1454 Qu. Robben-und Walspeck

Michel Jansen[2]

Jahr	Name des Schiffes	Ertrag Robben	Quard.	Besondere Vorkommnisse
1738	De Jgfr.Maria u.Sara	?	148	
1739	De Twe Jonge Hermans	–	–	Das Schiff kehrte beschä-
1740	"	?	68	digt zurück.
1741	"	?	175	
1742	"	?	100	
1743	"	?	140	
1744	"	?	90	
1745	"	?	75	
1746	"	?	150	
1747	"	3000	113	
1748	"	2404	104	
1749	"	6500	305	
1750	"	2890	161	
1751	"	2638	225	
1752	"	2325	127	
1753	"	810	50	
1754	"	2000	128	
1755	"	2250	185	
1756	"	5672	345	

1757–64 s.hierzu die Angaben in Bd.2,S.5 ff.

Ertrag(1738–1756):   2689 Qu.Robbenspeck

1)Er stammte aus Sönderby/Röm,geb.1704,gest.15.5.1771,s.hierzu W. Oesau,Hamburgs Grönlandfahrt,a.a.O.,S.221f.;zu den Ausfahrten s.Handschr.363,S.76 ff.
2)Seine Herkunft von Röm ergibt sich aus den ab 1757 vorliegenden Quellen;zu seinen Grönlandfahrten s.Handschr.263,S.83 ff.

Hans Hansen Tönnies,sen.[1]

Jahr	Name des Schiffes	Ertrag Robben	Quard.	Besondere Vorkommnisse
1742	De Jgfr.Maria u.Sara	?	110	
1743	"	?	130	
1744	De Jgfr.Maria	?	84	
1745	"	?	75	
1746	"	?	140	
1747	–	–	–	Keine Ausfahrt v.Hbg.
1748	De Jgfr.Maria	2160	77	
1749	"	5560	267	
1750	"	3112	183	
1751	De Jgfr.Anna Maria[2]	?	224	
1752	"	3400	172	
1753	"	1126	53	
1754	"	6090	290	
1755	"	2700	200	
1756	"	1902	127	
1757-65	s.hierzu die Angaben in Bd.2,S.5 ff.			

Ertrag(1742-1756): 2132 Qu.Robbenspeck

1)Er stammte von Tvismark/Röm,geb.1726,gest.2.3.1783,s.hierzu
Hugo Krohn,Die Bevölkerung der Insel Sylt,Westerland/Sylt 1949,S.68
(maschinenschriftlich),Sylter Archiv;zu seinen Grönlandfahrten
s.Handschr.263,S.89ff.

2)Über dieses Schiff,das bis 1819 von Hamburg insgesamt 66 mal
auf den Wal-und Robbenfang ausfuhr und damit eine Spitzenpo-
sition einnimmt,liegen nähere Informationen im Hamburger Staatsarchiv vor.Die Fregatte,die ursprünglich "l'Aimable Reine d'
Hongrie"hieß,wurde auf der Fahrt von New York nach London
am 3.Mai 1745 im Seegebiet"von 49° 25'Breite und 10° Länge"
von drei französischen Kaperschiffen aufgebracht und nach
St.Malo dirigiert.Die Ladung des Schiffes,die u.a.aus Baumwolle,
Zucker und Indigo bestand,wurde an französische Kaufleute ver-
auktioniert.Das Schiff selbst wurde am 10.August 1745 öffentlich
versteigert und für 12 500 Pfund von dem Franzosen Jean Du
Buat als Mittelsmann der Hamburger Kaufleute Christopher und
Albert Lüttmann sowie Alexander Cornelius Spring erworben.Nach-
dem Jean Du Buat schriftlich erklärt hatte,daß er keinerlei
Interesse an dem Schiff habe,überführte Kapitän Simon Schröder
es im Auftrage der neuen Besitzer unter dem Namen "De (Jgfr.)
Anna Maria" nach Hamburg,wo es zu einer Schnau umgezimmert
wurde.Ab 1747 fährt die 80 Lasten große Schnau von Hamburg auf
den Wal-und Robbenfang,zunächst unter dem Kommandeur S.Schröder,
dann von 1751-1765 unter dem Kommandeur Hans Hansen Tönnies,sen
von Röm,der es dann seinem gleichnamigen Sohn übergab.
Quellen:StAHam,Senatskanzlei I,Kriegspässe 1781 u.1782,ferner
Handschr.263,S.94ff.Der Kompaß dieses Schiffes befindet sich
heute im Flensburger Museum.

(Schnau=zweimastiges Rahschiff,ein Vorläufer der Brigg)

Hans Peters[1]

Jahr	Name des Schiffes	Ertrag Wale	Robben	Quard.	Besondere Vorkommnisse
1752	De Sara Cäcilia	–	2800	136	
1753	"	–	1491	85	
1754	"	–	185	10	
1755	"	1	1333	146	
1756	"	–	1380	87 1/2	

1757-77 s.hierzu die Angaben im Anhang III

Ertrag(1752-56) :   464 1/2 Qu.Wal-und Robbenspeck

Hans Ericks[2]

Jahr	Name des Schiffes	Ertrag Robben	Quard.	Besondere Vorkommnisse
1753	De Jungfrau Maria	877	57	
1754	"	1047	84	
1755	"	1700	115	
1756		4500	233	

1757 -62 s.hierzu die Angaben im Anhang III

Ertrag(1753-56) :   489 Qu.Robbenspeck

Hans Hansen Holm[3]

Jahr	Name des Schiffes	Ertrag Robben	Quard.	Besondere Vorkommnisse
1753	De Sara Galley	1270	62	
1754	"	324	24	
1755	"	800	57	
1756	–	–	–	Keine Ausfahrt v.Hbg.

Insgesamt: 143 Qu.Robbenspeck

Andreas Zwen[4]

Jahr	Name des Schiffes	Ertrag Robben	Quard.	Besondere Vorkommnisse
1754	De Jonge Margaretha	1500	78 1/2	
1755	"	1000	72	
1756	"	2080	119 1/2	

1757-70 s.hierzu die Angaben im Anhang III

Ertrag(1754-56) :   270 Qu.Robbenspeck

1) Seine Herkunft von Röm ergibt sich aus den ab 1757 vorliegenden Quellen;zu seinen Grönlandfahrten s.Handschr.263,S.99ff.
2) Seine Herkunft von Röm ergibt sich aus den ab 1757 vorliegenden Quellen.Er ist zweifellos der Stifter eines Kronleuchters für die Kirche in Kirkeby/Röm;zu seinen Grönlandfahrten s.Handschr.263,S. 100 ff.
3) Aufgrund des Beinamens kann er zweifellos nach Röm lokalisiert werden;zu seinen Grönlandfahrten s.Handschr.263,S.100 ff.
4) Seine Herkunft von Röm ergibt sich aus den ab 1757 vorliegenden Quellen;zu seinen Grönlandfahrten s.Handschr.263,S.101 ff.

Jasper Jansen[1]

Jahr	Name des Schiffes	Ertrag Robben	Quard.	Besondere Vorkommnisse
1755	De Maria Galley	2840	143	Er übernimmt das Schiff
1756	"	1350	70	von Peter Jürgensen Bun-
1757	s.hierzu die Angaben im Anhang III			dis,Röm.

Ertrag(1755-56) :   213 Qu.Robbenspeck

Carsten Andresen Witt[2]

Jahr	Name des Schiffes	Ertrag Robben	Quard.	Besondere Vorkommnisse
1755	De Bloyende Hoop	2058	123	
1756	"	3400	171	
1757-63	s.hierzu die Angaben im Anhang III			

Ertrag(1755-56) :   294 Qu.Robbenspeck

Jasper Jaspers[3]

Jahr	Name des Schiffes	Ertrag Robben	Quard.	Besondere Vorkommnisse
1756	De Sara Galley	1710	87	Er übernimmt das Schiff
1757-60	s.hierzu die Angaben im Anhang III			von Hans Hansen Holm,Röm

Ertrag(1756) :   87 Qu.Robbenspeck

1)Seine Herkunft von Röm ergibt sich aus den Unterlagen von 1757;
  zu seinen Grönlandfahrten s.Handschr.263,S.102 ff.
2)Seine Herkunft von Röm ergibt sich aus den ab 1757 vorliegenden
  Quellen;zu seinen Grönlandfahrten s.Handschr.263,S.102 ff.
3)Seine Herkunft von Röm ergibt sich aus den ab 1757 vorliegenden
  Quellen;zu seinen Grönlandfahrten s.Handschr.263,S.104 ff.

Matthias Peters (Der "Glückliche Matthias")[1]

Jahr	Name des Schiffes	Ertrag Wale	Quard.	Besondere Vorkommnisse
1669	De St.Jan Baptist	13	898	
1670	"	11	560	
1671	"	14 1/2	750	
1672	"	21	900	
1673	"	–	–	"ist geblieben";Hdschr.263,
1674	"	17 1/2	927	S.5(wohl später freigekommen)
1675	"	18	1024	
1676	"	12	510	
1677	"	19 1/2	970	
1678	"	19	760	
1679	"	12	800	
1680	"	22	900	
1681	"	6	216	
1682-1690	Kommandeur auf holländischen Walfängern			
1691	De Gideon	2 1/2	112 1/2	"Mackerschaft" mit Matth.
1692	"	3 1/2	175	Matthiessen von Föhr
1693	"	7	390	
1694	"	7	300	
1695	"	4	200	
1696	"	7 1/2	300	
1697	"	17	600	
1698-1702	Kommandeur auf holländischen Walfängern			

| | Insgesamt: | 234 | 11292 | |

1)Am 24.12.1632 in Oldsum/Föhr geboren,16.9.1706 gestorben;sein
Grabstein befindet sich heute noch auf dem St.Laurentii Fried-
hof in Süderende/Föhr.Zur Genealogie dieser Familie s.H.Chr.
Matthiessen,Chronik der Familie Matthiessen,in:ZSHG,Bd.34(1904),
S.131 ff.Ob er schon vor 1669 in der Hamburger Grönlandfahrt
tätig war,läßt sich aufgrund der Quellenlage nicht feststellen.
Informiert hingegen sind wir dank der Forschungen von Pieter
Dekker über seine Tätigkeit in der holländischen Walfangfahrt
(Nordfriesisches Jahrbuch,NF,Bd.14(1978),S.124 f.Matthias Peters
fuhr"...von Rotterdam aus,und zwar für die Reederei Willem
Bastiaansz.Schepers in den Jahren 1682-1690 und 1698-1702.Während
des ersten Zeitabschnitts erfolgte das auf der "Gideon" und in
den letzten 4 Jahren auf "De Harder" bzw."De Harderin".Das letzt-
genannte Schiff kommandierte der "Glückliche Matthias" für die
Rotterdamer Reederei in den Jahren 1701-1702.Mit diesem Walfänger,der 36 Fässer mit Speck von einem tot aufgefundenen Wal
an Bord hatte,wurde Matthias Petersen 1702 von den Franzosen
aufgebracht.Für 8000 Gulden konnte das Schiff dann wieder frei-
gekauft werden,und am 1.Oktober des Jahres lief "De Harderin"
unter Matthias Petersen doch noch in die Maas ein.Nach diesem
Abenteuer war die sagenhafte Walfängerlaufbahn des "Glücklichen
Matthias" beendet".Insgesamt brachten die unter seiner Führung
stehenden Schiffe und Besatzungen 373 Wale ein.Zu den von Hamburg aus unternommenen Grönlandfahrten s.Hdschr.263,S.1 ff.

Föhr

Jan(John)Peters[1]

Jahr	Name des Schiffes	Wale	Ertrag Quard.	Besondere Vorkommnisse
1673	De Pelikan	14	830	
1674	"	11	670	
1675	"	6	370	
1676	–	–	–	keine Ausfahrt v.Hbg.
1677	"	15 1/2	830	
1678	"	16	603	
1679	"	19	850	
1680	"	14	650	
1681	"	6	180	
1682-84	–	–	–	keine Ausfahrten v.Hbg.
1685	De König David	8	260	
1686	De Gekrönte Liefde	2	145	
1687	"	4	180	
1688	"	ohne Ertrag		
1689	"	4 1/2	200	
1690	De Wapen v.Hamburg	3	160	
1691	De Wapen v.Dänemark	1/2	27	"Mackerschaft" m.Peter Peters

Insgesamt: 123 1/2 5955

1)2.11.1641 auf Föhr geboren,1691 in Hamburg gestorben;s.
   hierzu Lorenz Braren,Geschlechter-Reihen St.Laurentii-Föhr,
   Teil II,Husum 1980(Nachdruck),S.52 f.u.S.726.Im gleichen
   Zeitraum fuhr ein Kommandeur gleichen Namens von Hamburg aus.
   Von 1685 -1690 können wegen Schiffs-und Reedereiwechsels die
   beiden nicht mit Sicherheit unterschieden werden.
   Zu den von Hamburg unternommenen Grönlandfahrten s.Hdschr.263,
   S.5 ff.

Föhr

Matthias Matthiessen[1]

Jahr	Name des Schiffes	Ertrag Wale	Quard.	Besondere Vorkommnisse
1691	De Beurs v.Copenhagen	2 1/2	112 1/2	)"Mackerschaft" mit
1692	"	3 1/2	175	) Matthias Peters v.Föhr
1693	"	8	410	
1694	"	3 1/2	226	
1695	"	3	180	
1696	"	11	580	
1697	"	13	380	

Insgesamt: 44 1/2 2063 1/2

Otto(Okke) Matthiessen[2]

Jahr	Name des Schiffes	Ertrag Wale	Quard.	Besondere Vorkommnisse
1697	De Vigelantia	11	370	
1698 - 1703	Kommandeur auf holländischen Walfängern			
1704	De St.Peter	8	350	
1705	"	13	300	
1706	"	1	85	
1707	"	1	50	
1708	"	3	170	
1709	"	7	230	
1710	"	ohne Ertrag		
1711	"	ohne Ertrag		

Insgesamt: 44 1555

[1] Zweifellos hat eine verwandtschaftliche Beziehung zu Matthias Peters,dem "Glücklichen Matthias",bestanden.Dafür spricht nicht nur der Name,sondern auch die enge berufliche Verbindung.So arbeiten beide 1691 und 1692 als"Macker" beim Walfang zusammen und fahren von 1691 bis 1697 bei der gleichen Reederei.Außerdem erscheint er ab 1698 nicht mehr in den Hamburger Listen, so daß man annehmen kann,daß Matthias Matthiessen gemeinsam mit Matthias Peters zur holländischen Grönlandfahrt übergewechselt ist.-Zu seinen Hamburger Grönlandfahrten s.Hdschr.163, S.30 ff.

[2] Er war ein Sohn des Matthias Peters;H.Chr.Matthiessen,Chronik der Familie Matthiessen,a.a.O.,S.131ff.Zu seinen von Holland aus unternommenen Grönlandfahrten s.Pieter Dekker,Föhrer Seeleute bei der niederländischen Walfangfahrt besonders im 18. Jahrhundert,in:Nordfriesisches Jahrbuch,NF,Bd.14(1978),S.125f. Seine von Hamburg aus unternommenen Fahrten sind verzeichnet in der Hdschr.263,S.38 ff.

212

Föhr

Friedrich Paulsen(Früdde Paven) [1]

Jahr	Name des Schiffes	Ertrag Wale	Quard.	Besondere Vorkommnisse
1733	De Hamburger Börs	1/2	24 1/2	
1734	"	ohne Ertrag		
1735	"	1	45	
1736	"	3 1/2	145	
1737	"	2	145	
1738	"	1/2	36	
1739	"	6 1/2	250	
1740	De verguldete Zoon	4 1/2	150	
1741	"	1	16	Der Wal wurde tot gefunden
1742	"	1 1/2	65	
1743	"	ohne Ertrag		
1744	"	3	90	
1745	"	ohne Ertrag		
1746	"	5	200	
1747	"	3	165	
1748	"	1	47	
1749	"	1	44	
1750	"	ohne Ertrag		Fahrt zur Davis-Straße
1751	"	ohne Ertrag		"
	Insgesamt:	34	1422 1/2	

Jan Jürgen Knüttel [2]

Jahr	Name des Schiffes	Ertrag Wale	Quard.	Besondere Vorkommnisse
1743	De Drie Gebröders	5	200	
1744	"	5 1/2	306	
1745	"	3	209	
1746	"	4	150	
1747	"	7	236	
1748	"	ohne Ertrag		
1749	"	2	68 1/2	
1750	"	2	110 1/2	
1751	"	1	33	
1752	"	6	246 1/2	
1753	"	4	76	
1754	"	2	90	
1755	"	1/2	21 1/2	
1756	-	-	-	Keine Ausfahrt v.Hamburg
1757 -1767 s.hierzu die Angaben im Anhang III				
	Ertrag: (1743-1756):	42	1747	

Peter Knüttel [3]

Jahr	Name des Schiffes	Ertrag Wale	Quard.	Besondere Vorkommnisse
1752	De Twe Gesüsters	1	50	"Mackerschaft"m.Nanning
1753	"	5	103	Riecks von Föhr;Reise zur
1754	"	ohne Ertrag		Davis-Straße
1755	"	1/2	24 1/2	
	Insgesamt:	6 1/2	177 1/2	

[1] geb.27.9.1696 in Wrixum/Föhr,gest.23.8.1751 auf der Rückreise v.
der Davis-Straße,s.W.Oesau,Hamburgs Grönlandfahrt,a.a.O.,S.216;
zu seinen Grönlandfahrten s.Handschrift 263,S.78 ff.
[2] Seine Herkunft kann aus den späteren Anmusterungsprotokollen erschlossen werden;zu seinen Grönlandfahrten s.Handschr.263,S.90ff.
[3] Das verwandtschaftliche Verhältnis z.J.J.Knüttel ist nicht bekannt;zu den Grönlandfahrten s.Handschr.263,S.99ff.

Boy Rickmers [1]

Jahr	Name des Schiffes	Ertrag Wale	Quard.	Besondere Vorkommnisse
1738	De Gekr.Kaarseboom	3	160	
1739	"	2	100	
1740	"	2	90	
1741	"	2	100	
1742	"	1	30	
1743	"	4	140	
1744	"	7	216	
1745	De St.Peter	ohne Ertrag		
1746	"	4	200	
1747	"	6	275	
1748	"	7 1/2	290	
1749	"	3 3/4	204	
1750	"	ohne Ertrag		
1751	"	4	115	
1752	"	6 1/2	210	
1753	"	2	87	
1754	"	1	52	
1755	"	1	56	
1756	"	6	224	

1757-1763 s.hierzu die Angaben im Anhang III

Ertrag(1738-1756) :   62 3/4   2549

Boy Rickmers de Jonge [1]

Jahr	Name des Schiffes	Ertrag Wale	Quard.	Besondere Vorkommnisse
1754	De Jonge Geertruy	1	41	
1755	"	4	137	
1756	"	2	58	

1757-1780 s.hierzu die Angaben im Anhang III

Ertrag(1754-1756) :   7   236

Steffen Broersen[1]

Jahr	Name des Schiffes	Ertrag Wale	Quard.	Besondere Vorkommnisse
1750	De Stadts-Wohlfahrt	1	75	
1751	"	3	144	
1752	"	4	108	
1753	"	ohne Ertrag		
1754	"	1	50	
1755	"	2	98	
1756	"	2	105	

1757 s.hierzu die Angaben im Anhang III

Ertrag(1750-1756) :   13   580

[1] Die Herkunft aller Kommandeure v.Föhr ergibt sich aus den Anmusterungsprotokollen; zu den Reisen s.Hdschr.263,S.83ff, 101ff,96ff.

Föhr

Nanning Riecks [1]

Jahr	Name des Schiffes	Ertrag Wale	Ertrag Quard.	Besondere Vorkommnisse
1745	De Frau Margaretha	3	98	
1746	"	4	160	
1747	"	5	258	
1748	"	1/2	24	
1749	"	7	383	Fahrt zur Davis-Straße
1750	"	ohne Ertrag		"
1751	"	2	100	"
1752	"	1	50	"Mackerschaft"m.Peter Knüttel
1753	"	1	53	v.Föhr;Davis-Straße
1754	"	5	209	1/2 s.zu dieser Reise Anm. [2]
1755	"	2	104	
1756	"	3	78	

1757-1760 s.hierzu die Angaben im Anhang III

Ertrag(1755-1756) : 33 1/2 1517 1/2

Riewert Jacobs [3]

Jahr	Name des Schiffes	Ertrag Wale	Ertrag Quard.	Besondere Vorkommnisse
1750	De Verguldete Löwe	ohne Ertrag		
1751	"	1 1/3	50	
1752	"	1	57	
1753	"	4	177	
1754	"	ohne Ertrag		
1755	"	4 1/2	152	
1756	"	5	128	

1757-1761 s.hierzu die Angaben im Anhang III

Ertrag(1750-1756) : 15 5/6 564

[1])Seine Herkunft von Föhr ergibt sich aus den Anmusterungsprotokollen;zu den Grönlandreisen s.Handschr.263,S.91ff.
[2])Zu dieser Reise enthält die Handschrift 263,S.101 folgende Bemer-
kung:"Commandeur Nanning Ricks kam am 28 Apr.mit ein Leck Schiff
zurück,ward in der Geschwindigkeit gezimmert,daß er am 8 May
wieder in See ging."
[3])Seine Herkunft von Föhr ergibt sich aus den Anmusterungsprotokollen;zu den Grönlandreisen s.Handschr.263,S.96ff.

Lorens Petersen de Hahn[1]   Sylt

Jahr	Name des Schiffes	Ertrag Wale		Quard.	Besondere Vorkommnisse
1693	De Swaerte Arend	1		40	
1694	"	2		110	
1695	"	1		58	
1696	"	2		90	
1697	"	13		460	
1698	"	10	1/2	570	
1699	"	5		245	
1700	"	6		320	
1701	"	18	1/2	590	
1702	–	–		–	keine Ausf.v.Hbg.
1703	De Stadts Welvaerd	3		105	
1704	–	–		–	keine Ausf.v.Hbg.
1705	De Stadts Welvaerd	12		360	s.hierzu unten Anmerk.2
1706	"	2		100	
1707	–	–		–	keine Ausf.v.Hbg.
1708	De Stadts Welvaerd	1		40	
1709	"	3		136	
1710	"	1	1/2	75	
1711	"	13	1/2	325	
1712	"	7		325	
1713	–	–		–	keine Ausf.v.Hbg.
1714	De Stadts Welvaerd	5	1/2	185	
1715	"	6	1/2	354	
1716	"	1		21	
1717	"	5		222	
1718	"	1	1/2	60	
1719	"	7		332	
1720	"	5		194	
1721	De Fief Gebröders	13	1/2	532	
1722	De Stadts Welvaerd	4		165	
1723	"	ohne Ertrag			
1724	"	5		246	
1725	"	2		48	
1726	"	ohne Ertrag			
1727	"	4		190	
1728	"	1		53	
1729	"	2		67	
1730	"	ohne Ertrag			
1731	"	1		60	
1732	"	1		41	
1733	–	–		–	keine Ausf.v.Hbg.
1734	De Stadts Welvaerd	1		65	
1735	"	1		50	
	Insgesamt:	169		6834	

1)geb.1668,gest.1747;zu seiner Herkunft s.Hugo Krohn,Die Bevölkerung der Insel Sylt,Westerland 1949,S.75(Maschinenschr.im Sylter
Archiv),ferner C.P.Hansen,Der Badeort Westerland auf Sylt und
dessen Bewohner,Garding 1870,S.27 ff.-Er gehörte zu den Sylter
Seeleuten,die 1689/90 einen dänischen Truppentransport nach England begleiteten,hierzu Hugo Krohn,Sylter beim englischen Feldzug
1689/1690,in:Jahrb.d.Nordfriesischen Instituts,Bd.6(1959/60),S.
107f.Zu den Angaben über die Ausfahrten s.Handschrift 263,S.33 ff
2)Während des Krieges mit Frankreich fuhren die Grönlandfahrer
meistens unter Konvoy aus.Ein Teil von ihnen verpaßte auf der
Rückfahrt das Hamburger Konvoyschiff,deshalb schlossen sie sich
zu einem eigenen Konvoy zusammen;Lorens Petersen de Hahn war Vize
Kommandeur dieses Geleites,s.hierzu Brinner,Die Deutsche Grönland
fahrt,a.a.O.,S.331 u.527f.

216

Jan(Johann)Petersen de Hahn[1]

Jahr	Name des Schiffes	Ertrag Wale	Quard.	Besondere Vorkommniss
1697	De Drie Gebröders	10	410	
1698	"	9 1/2	400	
1699	De Elvstroom	3	140	
1700	"	4	170	
1701	"	18 1/2	640	
1702	"	1/2	20	
1703	"	3	105	
1704	-	-	-	keine Ausfahrt v.Hbg.
1705	-	-	-	"
1706	De Eykboom	1	50	
1707	De Neptunus	3	134	
1708	"	2	60	
1709	"	4	175	
1710	"	1/2	22	
1711	"	9	240	
1712	"	-	-	Schiff gekapert,s.Anm.2
1713	-	-	-	keine Ausfahrt v.Hbg.
1714	De Vreede	18	400	
1715	"	5	166	
1716	"	1	43	
1717	"	3	118	
1718	"	-	7	1/2(Robbenspeck)
1719	"	1	59	
1720	"	1	51	
1721	"	5	181	
1722	De Haan	4 1/2	200	"Mackerschaft"mit seinem
1723	"	ohne Ertrag		Sohn Andreas Jansen de
1724	"	1	40	Hahn
1725	"	2	48	
1726	"	ohne Ertrag		
1727	De St.Jacob	5	204	
1728	De Jgfr.Catharina	1	53	
	Insgesamt:	115 1/2	4136 1/2	

1)Er war der Bruder des schon erwähnten Kommandeurs Lorens Petersen de Hahn,s.hierzu:C.P.Hansen,Der Badeort Westerland...,a.a.O.,
S.53;zu den Daten der Grönlandfahrt s.Handschrift 263,S.38ff.
2)Das Schiff wurde beim Auslaufen von französischen Kapern genommen und mußte für 7000 Gulden "rancioniert",d.h.ausgelöst
werden.Ob das geschehen ist,wissen wir nicht.Das Schiff erscheint nicht mehr in den Listen.
1713 hat J.Petersen de Hahn der Morsumer Kirche einen Kronleuchter gestiftet,der die folgende Inschrift trägt:"Johann
Pietersen de Haen/Engel Jansens de Haens/Anno 1713/Gott zu
Ehren und der Kirchen zum Zirath/diese Krone verehret hat.",
s.hierzu:Peter Schmidt-Eppendorf,Sylt,Memoiren einer Insel,
a.a.O.,S.65.Vielleicht besteht hier ein Zusammenhang mit
seiner glücklichen Rückkehr aus der französischen Gefangen-
schaft.

Sylt

Jan(Johann)Petersen de Hahn[1]

Jahr	Name des Schiffes	Ertrag Wale	Quard.	Besondere Vorkommniss
1697	De Drie Gebröders	10	410	
1698	"	9 1/2	400	
1699	De Elvstroom	3	140	
1700	"	4	170	
1701	"	18 1/2	640	
1702	"	1/2	20	
1703	"	3	105	
1704	–	–	–	keine Ausfahrt v.Hbg.
1705	–	–	–	"
1706	De Eykboom	1	50	
1707	De Neptunus	3	134	
1708	"	2	60	
1709	"	4	175	
1710	"	1/2	22	
1711	"	9	240	
1712	"	–	–	Schiff gekapert,s.Anm.2
1713	–	–	–	keine Ausfahrt v.Hbg.
1714	De Vreede	18	400	
1715	"	5	166	
1716	"	1	43	
1717	"	3	118	
1718	"	–	7	1/2(Robbenspeck)
1719	"	1	59	
1720	"	1	51	
1721	"	5	181	
1722	De Haan	4 1/2	200	"Mackerschaft"mit seinem
1723	"	ohne Ertrag		Sohn Andreas Jansen de
1724	"	1	40	Hahn
1725	"	2	48	
1726	"	ohne Ertrag		
1727	De St.Jacob	5	204	
1728	De Jgfr.Catharina	1	53	
	Insgesamt:	115 1/2	4136 1/2	

1)Er war der Bruder des schon erwähnten Kommandeurs Lorens Petersen de Hahn,s.hierzu:C.P.Hansen,Der Badeort Westerland...,a.a.O.,
S.53;zu den Daten der Grönlandfahrt s.Handschrift 263,S.38ff.
2)Das Schiff wurde beim Auslaufen von französischen Kapern genommen und mußte für 7000 Gulden "rancioniert",d.h.ausgelöst
werden.Ob das geschehen ist,wissen wir nicht.Das Schiff erscheint nicht mehr in den Listen.
1713 hat J.Petersen de Hahn der Morsumer Kirche einen Kronleuchter gestiftet,der die folgende Inschrift trägt:"Johann
Pietersen de Haen/Engel Jansens de Haens/Anno 1713/Gott zu
Ehren und der Kirchen zum Zirath/diese Krone verehret hat.",
s.hierzu:Peter Schmidt-Eppendorf,Sylt,Memoiren einer Insel,
a.a.O.,S.65.Vielleicht besteht hier ein Zusammenhang mit
seiner glücklichen Rückkehr aus der französischen Gefangen-
schaft.

Sylt

Andreas Petersen de Hahn[1]

Jahr	Name des Schiffes	Ertrag Wale	Quard.	Besondere Vorkommnisse
1700	De Vigelantia	3	176	
1701	"	6	250	
1702	"	1 1/2	40	
1703	"	5	142	
1704	-	-	-	keine Ausfahrt v.Hbg.
1705	-	-	-	"
1706	-	-	-	"
1707	-	-	-	"
1708	De Rooseboom	4	?	Das Schiff ist verunglückt.
1709	-	-	-	keine Ausfahrt v.Hbg.
1710	-	-	-	"
1711	t'Paradies	4	120	
1712	"	5	215	
1713	"	1	75	
1714	"	4 1/2	160	
1715	"	2	80	
1716	"	3	110	
1717	"	2	97	
1718	"	ohne Ertrag		
1719	-	-	-	keine Ausfahrt v.Hbg.
1720	-	-	-	"
1721	-	-	-	"
1722	De Henricus	3	104	
1723	"	ohne Ertrag		
1724	"	"		
	Insgesamt:	44	1569	

Meinert(Meyndert) Petersen de Hahn[1]

Jahr	Name des Schiffes	Ertrag Wale	Quard.	Besondere Vorkommnisse
1711	De Witte Voss	3	94	
1712	-	-	-	keine Ausfahrt v.Hbg.
1713	-	-	-	"
1714	-	-	-	"
1715	t'Paradies	2	150	
1716	"	1	43	
1717	"	2	70	
1718	"	ohne Ertrag		
1719	-	-	-	keine Ausfahrt v.Hbg.
1720	-	-	-	"
1721	-	-	-	"
1722	-	-	-	"
1723	De Wapen v.Holland	ohne Ertrag		
1724	"	ohne Ertrag		
	Insgesamt:	8	357	

1)Beide sind Brüder von Lorens Petersen de Hahn,s.C.P.Hansen,
Der Badeort Westerland...,a.a.O.,S.53;zu den Ausfahrten von
A.P.de Hahn s.Handschrift 263,S.41ff.,zu den von M.P.de Hahn,
ebenda,S.51ff.

Peter Jensen Poen[1]

Jahr	Name des Schiffes	Ertrag Wale	Quard.	Besondere Vorkommnisse
1717	De St.Peter	ohne Ertrag		Schwerer Sturmschaden in
1718	"		"	d.Nordsee,7 Seeleute er-
1719	"		"	trunken
	Insgesamt:	ohne Ertrag		

Gerson Cruppius[2]

Jahr	Name des Schiffes	Ertrag Wale	Quard.	Besondere Vorkommnisse
1719	De Olifant	ohne Ertrag		
	Insgesamt:	ohne Ertrag		

Andreas Jansen de Hahn[3]

Jahr	Name des Schiffes	Ertrag Wale	Quard.	Besondere Vorkommnisse
1722	De Roos	4 1/2	200	"Mackerschaft"mit s.Vater
1723	"	ohne Ertrag		
1724	"		"	
1725-28	-	-	-	keine Ausfahrten v.Hbg.
1729	De Jgfr.Catharina	2	90	übernahm Schiff des Vaters
1730	"	ohne Ertrag		
	Insgesamt:	6 1/2	290	

1)Zu seiner Herkunft s.Hugo Krohn,Die Bevölkerung der Insel Sylt,
a.a.O.,S.126;zu seinen Grönlandfahrten s.Handschrift 263,S.56f.
2)Er war der älteste Sohn des aus Pommern stammenden,an der
Keitumer Kirche von 1669 bis 1708 wirkenden Predigers J.Cruppius
und wurde dort 1672 geboren;zu der Familie s.besonders Peter
Schmidt-Eppendorf,Sylt...,S.100 ff.;zu der Grönlandfahrt s.
Handschrift 263,S.58.
Im Gegensatz zu den spärlichen Nachrichten über seine seemännische Laufbahn sind wir über sein sonstiges Leben verhältnismäßig gut informiert.Folgendes hat C.P.Hansen überliefert:
Er...war in seiner Jugend ein wilder,ungerathener Bursche,wel-
cher seinem Vater,der ihn für die Kirche bestimmt hatte,sowie
seinen Studien entlief,zur See ging,sich auf allen Meeren wie
in den Häfen und Straßen der Seestädte,aber auch in den Sand-
wüsten Afrika's und auf den Eisfeldern Grönlands umhertummelte;
bis er es müde war,wieder heimkehrte,sich verheirathete,eini-
germaßen solide sich in seinem Geburtsorte einrichtete und
Schulmeister in Keitum wurde,d.h.eine Privatschule daselbst
anlegte,und bald Kinder im Lesen,Rechnen und Beten,bald Er-
wachsene in der Navigation,in der Geographie oder in Sprachen
unterrichtete,je nachdem sich Schüler bei ihm einfanden.Er war
und blieb übrigens in seinem Hause und in seiner Schule wie er
auf dem Schiffe gewesen war,roh und hitzig in seiner Sprache
wie in seinen Manieren."(Die Anfänge des Schulwesens oder einer
Schulchronik der Insel Sylt,Garding,S.20).Eine Variante dieses
Berichtes findet sich vom gleichen Verfasser in:Chronik der
Fries.Uthlande,a.a.O.,S.172.-Gerson Cruppius starb am 3.2.1753
im Alter von reichlich 80 Jahren.
3)Er war ein Sohn des schon erwähnten Kommandeurs Jan Petersen de
Hahn;zu seinen Grönlandfahrten s.Handschrift 263,S.62 ff.

Sylt

Cornelius Petersen de Hahn[1]

Jahr	Name des Schiffes	Ertrag Wale	Quard.	Besondere Vorkommnisse
1719	De König Salomon	–	22 (Robbenspeck)	
	Insgesamt:	1	22	

Hans Carstens[2]

Jahr	Name des Schiffes	Ertrag Wale	Quard.	Besondere Vorkommnisse
1693	De Goode Duyff	1	40	
1694	De Kg.v.Schweden	ohne Ertrag		
1695	De Goode Duyff	1	80	
1696	"	4	130	
1697	"	10	350	
1698	"	10 2/3	400	
1699	"	3	140	
1700	"	3	100	
1701	"	11	400	
1702	"	ohne Ertrag		
1703	"	2	110	
1704	–	–	–	keine Ausfahrt v.Hbg.
1705	"	3	180	
1706	"	1	20	
1707	t'Paradies	2	56	
1708	"	3	150	
1709	"	2	90	
1710	De Boom	1	60	
	Insgesamt:	57 2/3	2306	

Boy Taaken[3]

Jahr	Name des Schiffes	Ertrag Wale	Quard.	Besondere Vorkommnisse
1713	De Stadts Welvaert	3	175	
1714	De Prophet Elias	1	11	
	Insgesamt:	4	186	

Dirck Taaken[3]

Jahr	Name des Schiffes	Ertrag Wale	Quard.	Besondere Vorkommnisse
1718	De Nachtigall	ohne Ertrag		
1719	"	–	6 (Robbenspeck)	
	Insgesamt:	–	6	

1) Er war ein Bruder des erwähnten Kommandeurs Lorens Petersen de Hahn,s.C.P.Hansen,Der Badeort Westerland...a.a.O.,S.53;zur Grönlandfahrt s.Handschrift 263,S.57.
2) Zu seiner Herkunft s.Hugo Krohn,Die Bevölkerung der Insel Sylt, a.a.O.,S.14;zu seinen Grönlandfahrten s.Handschrift 263,S.14ff.
3) Zum Nachweis der Herkunft der beiden Kommandeure s.Hugo Krohn, Die Bevölkerung der Insel Sylt,a.a.O.,S.14;zu den Ausfahrten v. B.Taaken s.Handschrift 263,S.52 f.,zu denen v.D.Taaken,ebd.S.56f.

Sylt

Peter Jansen de Hahn[1]

Jahr	Name des Schiffes	Ertrag Wale	Quard.	Besondere Vorkommnisse
1720	De Wapen v.Holland	1/2	36	
1721	"	5	203	
1722	"	4	140	
	Insgesamt:	9 1/2	379	

Jürgen Schwennen[2]

Jahr	Name des Schiffes	Ertrag Wale	Quard.	Besondere Vorkommnisse
1731	De Wapen v.Hamburg	ohne Ertrag		
1732	"	1 1/3	65	
1733	"	1 1/2	103	
1734	"	1	60	
1735	"	6	420	
1736	"	4	200	
1737	"	ohne Ertrag		
1738	"	1	50	
1739	"	2 1/2	90	
	Insgesamt:	17 1/3	988	

Peter Dirck Claasen[3]

Jahr	Name des Schiffes	Ertrag Wale	Quard.	Besondere Vorkommnisse
1736	De Stadts Welvaert	6	250	
1737	"	1	35	
1738	"	3	140	
1739	"	2 1/2	160	
1740	"	5	200	
1741	"	1	55	
1742	"	1	36	"Mackerschaft" mit Jan Dirck
1743	"	4	200	Claasen
1744	"	3	140	
1745	"	1	45	
1746	"	4	190	
1747	"	3	200	
1748	"	ohne Ertrag		
1749	"	ohne Ertrag		
	Insgesamt:	34 1/2	1651	

1) Er war ein Sohn des schon erwähnten Kommandeurs Jan Petersen de Hahn;zu den Grönlandfahrten s.Handschrift 263,S.59 fr.Das Schiff übernimmt sein Onkel Meinert Petersen de Hahn.

2) Er war ein Schwiegersohn von Lorens Petersen de Hahn.und. stammte aus Keitum/Sylt;zur verwandtschaftlichen Beziehung s. Hugo Krohn,Lorens de Hahn,in:Berichte aus dem Schleswig-Holsteinischen Freilichtmuseum,Heft 6,Neumünster 1969,S.17;zu den Grönlandfahrten s.Handschrift 263,S.75ff.

3) Er war ebenfalls ein Schwiegersohn von Lorens Petersen de Hahn, dessen von ihm geführtes Schiff er übernimmt;zur verwandtschaftlichen Beziehung s.H.Krohn,Lorens de Hahn,a.a.O.,S.18;zu den Grönlandreisen s.Handschrift 263,S.85ff.-"De Stadts Welvaert" übernimmt der Föhrer Kommandeur Steffen Broersen.

Sylt

Jan Dirck Claasen[1]

Jahr	Name des Schiffes	Ertrag Wale	Quard.	Besondere Vorkommnisse
1741	De Wapen v.Hamburg	ohne Ertrag		
1742	"	1	36	"Mackerschaft"mit Peter
1743	"	3	140	Dirck Claasen
1744	"	3	120	
1745	"	2	101	
1746	"	4	200	
1747	"	2	123	
1748	"	1	48	
1749	"	1 11/12	89	
1750	"	2	130	
1751	"	1	43	
1752	"	5	265	
1753	"	3	104	
1754	"	1	28	
1755	"	–	–	mit drei Walen auf der Reise verunglückt
	Insgesamt:	29 11/12	1427	

Cornelis Boysen[2]

Jahr	Name des Schiffes	Ertrag Wale	Quard.	Besondere Vorkommnisse
1739	De Vergulde Walvis	4	180	
1740	"	2	80	
1741	"	ohne Ertrag		
1742	"	7 1/2	460	
1743	"	3	125	
1744	"	6	250	
1745	"	2	97	
1746	"	3	130	
1747-51	–	–	–	keine Ausfahrten v.Hamburg
1752	De Goode Zoon	1 1/2	115	
1753	"	2	35	
1754	"	13	320	
1755	"	5	205	
1756	"	–	–	mit 2 Walen a.d.Reise ver-
1757	De Concordia	2	120	unglückt
1758	"	ohne Ertrag		
	Insgesamt:	51	2117	

1)Er war zweifellos ein Bruder des schon erwähnten Kommandeurs
Peter Dirck Claasen.Zum Schiff s.die Angaben bei dem Sylter
Kommandeur Jürgen Schwennen;zu den Gröndlandreisen s.Handschrift
263,S.85ff.
2)Seine Herkunft von Sylt läßt sich aufgrund der Ortsangaben
seiner Besatzungsliste erschließen,die für 1758 teilweise überliefert ist;s.hierzu Anhang.III;zu seinen Grönlandfahrten s.
Handschrift 263,S.83ff.-Sein Schiff "De Vergulde Walvis" wurde
ab 1734 von einem Kommandeur Hans Boysen geführt.Ob zwischen
ihm -er ist seit 1714 in der Hamburger Grönlandfahrt nachweis-
bar-und dem Cornelis Boysen verwandtschaftliche Beziehungen
bestehen,läßt sich nicht nachweisen.Damit fehlt auch die Voraussetzung für eine örtliche Zuordnung.

Amrum

Boh Carstens[1]

Jahr	Name des Schiffes	Ertrag Wale	Quard.	Besondere Vorkommnisse
1669	De St.Jan Evangel.	8	470	
1670	"	4	304	
1671	"	16	630	
1672	"	15	630	
1673	–	–	–	keine Ausf.v.Hbg.
1674	De Abraham	10	486	
1675	"	8	400	
1676	–	–	–	keine Ausf.v.Hbg.
1677	De Abraham	5	295	
1678	–	–	–	keine Ausf.v.Hbg.
1679	⊥	–	–	keine Ausf.v.Hbg.
1680	De St.Salvator	8	270	
	Insgesamt:	74	3215	

Jacob Flor[2]

Jahr	Name des Schiffes	Ertrag Wale	Quard.	Besondere Vorkommnisse
1669	De St.Jacob	6	350	
1670	"	5	300	
1671	"	9	565	
	Insgesamt:	20	1215	

Johann(Jan)Flor[3]

Jahr	Name des Schiffes	Ertrag Wale	Quard.	Besondere Vorkommnisse
1670	De Hoop	5	370	
1671	"	9	390	
1672	De St.Jacob	9 1/2	410	
1673	"	15	670	
1674	"	11	650	
1675	"	8	350	
1676	–	–	–	keine Ausf.v.Hbg.
1677	De St.Jacob	2 1/2	120	
1678	De Abraham	1	72	
1679	–	–	–	keine Ausf.v.Hbg.
1680	De St.Jan Baptist	10	340	
1681	"	1	35	
	Insgesamt:	72	3407	

1)geb.1634,gest.1681;zum Nachweis seiner Herkunft s.W.Oesau,
Schleswig-Holsteins Grönlandfahrt,a.a.O.,;S.213.Zu den sonstigen
Daten s.Handschrift 263,S.1ff.
2)Zum Nachweis seiner Herkunft s.August Clausen,Streiflichter durch
die Geschichte und Chronik nordfriesischer Seefahrer,Beitrag zur
Familienforschung der Flor-und Quedens-Geschlechter,o.O.,1969,S.55.
sonstige Daten,Handschrift 263,S.1ff.
3)Quellen wie Anmerk.2,Handschrift 263,S.2ff.

Amrum

Jacob Flor[1]

Jahr	Name des Schiffes	Ertrag Wale	Quard.	Besondere Vorkommnisse
1715	De Liefde	3	147	
1716	"	ohne Ertrag		
1717	"	2	109	
1718	"	ohne Ertrag		
1719	De Anna Catherina	ohne Ertrag		
1720	"	3	217	
1721	"	5	225	
1722	"	6	281	
1723	"	ohne Ertrag		
1724	"	1 1/2	62	
1725	"	1	53	
1726	"	1/2	28	
1727	"	–	–	verunglückt mit 6 Walen
1728	De Vreede	1	60	
1729	"	1	73	
1730	"	ohne Ertrag		
1731	De Jgfr.Catharina	2	105	
1732	"	1 1/2	81	
1733	"	1/2	24 1/2	
1734	"	1	45	
1735	"	1	50	
	Insgesamt:	29	1560 1/2	

Martin Peters[2]

Jahr	Name des Schiffes	Ertrag Wale	Quard.	Besondere Vorkommniss
1737	De Jungfrau Anna	2	130	
1738	"	3	150	
1739	"	–	–	verunglückt mit 2 Walen
	Insgesamt:	5	280	

Riewert Peters[3]

Jahr	Name des Schiffes	Ertrag Wale	Quard.	Besondere Vorkommniss
1741	De Jonge Diana	2	75	
1742	"	4 1/2	180	
1743	"	1/2	23	
1744	"	9	320	
1745	"	2	140	
1746	"	5	190	
1747	"	–	–	Das Schiff ist verunglück
1748 -1751	–	–	–	keine Ausf.v.Hbg.
1752	De Gekrönte Hoop	2	116 1/2	
1753	"	2	88	
1754	"	3	139	
1755	"	3	132	
1756	"	2	77	
1757–1763	"	20	892 1/2	s.hierzu Anhang III
	Insgesamt:	55	2373	

1)geb.1672,gest.1745;zum Nachweis seiner Herkunft s.A.Clausen,
a.a.O.,S.47,sonstige Daten in der Handschrift 263,S.54ff.
2)geb.1697,gest.1788;zum Nachweis seiner Herkunft:Theodor Möller,
Der Kirchhof in Nebel auf Amrum und seine alten Grabsteine,Neu-
münster 1928,S.58f.;sonstige Daten:Handschrift 263,S.82 f.-1740
übernimmt er den Altonaer Walfänger"De König David",den er bis
1749 führt(Handschrift 263,S.84ff.)
3)Zur Herkunft s.W.Oesau,Schl.-Holst.Grönlandfahrt,a.a.O.,S.215;
sonstige Daten:Handschrift 263,S.85ff.

ANHANG II

Verzeichnis der von Hamburg auslaufenden Wal- und Robbenfänger und der Anteil der Seeleute des Untersuchungsgebietes 1757—1839

Verzeichnis
der von Hamburg auslaufenden Wal-und Robbenfänger
und der Anteil der Seeleute des Untersuchungsgebietes

Jahr:1757 +

Anteil
der folgenden Gebiete:

Schiffsname	Kommandeur	Herkunft	Bes.	Rö.	Fö.	Sy.	Am.	Ha.	He.	Fest
1.Jungfrau Maria	Hans Ericks	Röm	35	6	-	-	-	-	-	-
2.Frau Joh.Eleonora	Joh.Franck	Röm	30	5	-	-	-	-	-	-
3.Martin	Joh.Jürg.Bleeg	Röm	31	10	-	-	-	-	-	1
4.Jonge Peter	Tönn.Petersen	Röm	35	8	-	1	-	-	-	-
5.Jonge Margaretha	Andreas Zwen	Röm	25	9	-	-	-	-	-	-
6.Bloyende Hoop	C.Andres.Witt	Röm	36	11	-	-	-	-	-	-
7.Sara Cäcilia	Hans Petersen	Röm	39	7	-	2	-	-	-	-
8.Twe Jonge Hermans	Michel Jansen	Röm	36	9	-	-	-	-	-	-
9.Jgfr.Anna Maria	H.H.Tönnies	Röm	39	6	-	-	-	-	2	-
10.Sara Galley	Jasper Jaspers	Röm	25	4	-	-	-	-	-	-
11.Maria Galley	Jasper Jansen	Röm	27	14	-	-	-	-	-	1
12.Jgfr.Clara	Corn.Thomsen	Röm	35	12	-	-	-	-	-	-
13.Jonge Maria	Michel Hansen	Röm	34	1	-	-	-	-	-	-
14.Jonge Geertruy	B.Rickmers d.J.	Föhr	43	-	18	2	1	-	-	-
15.St.Peter	Boy Rickmers	Föhr	44	-	11	-	-	-	-	1
16.Verguldete Löwe	Riew.Jacobs	Föhr	44	-	8	-	-	-	-	-
17.Stadts-Wohlfahrt	St.Broersen	Föhr	?	-	12	2	-	-	-	-
18.Drei Gebröder	J.J.Knüttel	Föhr	45	-	1	-	-	-	-	-
19.Frau Margaretha	Nann.Riecks	Föhr	45	-	1	-	-	-	-	-
20.Concordia	Corn.Boysen	Sylt	?	-	-	11	-	-	-	-
21.Gekrönte Hoop	Riew.Peters	Amrum	43	-	-	-	14	-	-	-
22.Witte Voss	Steff.Jansen	Kein NF	45	-	-	-	-	-	1	-
23.Twe Gesüster	Tipke Tönnies	"	45	-	-	1	-	-	-	-
24.Maria Elisabeth	Jacob Jansen	"	45	-	-	5	-	-	-	-
25.König Salomon	W.Hendricks	"	45	-	-	-	-	-	-	-
26.Jonge Catharina	G.Gerritz	"	45	-	-	-	-	-	-	-
27.Waakende Kraan	Gerd Eyssen	"	42	-	-	-	-	-	-	-
28.Hoop op d.Walvis	Jan Gerritz	"	45	-	-	-	-	-	-	-
29.Jgfr.Maria	J.Barents	"	?	-	-	-	-	-	-	-
30.Visser	H.R.Scholl	"	?	-	-	-	-	-	-	-
31.Jgfr.Magdalena	J.N.Steinmetz	"	37	-	-	-	-	-	-	-
32.Jgfr.Anna	Chr.Hasselmann	"	?	-	-	-	-	-	-	-
33.Jgfr.Sara	S.Schröder	"	33	-	-	-	-	-	-	-

Die Zahlenangaben über den Anteil der Seefahrer des Untersuchungsgebietes sind nicht vollständig,da sich bei weitem nicht alle Seeleute des Gesamtstaates in das Kontrollregister des dänischen Gesandten in Hamburg eintragen ließen.
Allgemeine Anmerkungen zu den vorliegenden Verzeichnissen:
Bei den Schiffs- und Kommandeursnamen wurde die in den Quellen am
häufigsten verwendete Schreibweise wiedergegeben.
Der damals vor dem Schiffsnamen übliche Artikel "De" wurde aus Platz-
gründen weggelassen.Aus dem gleichen Grund wurde bei besonders langen
Schiffsnamen der mitunter vorhandene Zusatz "Frau" oder "Jungfrau"
nicht mit aufgenommen.Bei den im Anhang III zusammengestellten Mann-
schaftslisten sind aber alle Angaben aufgezeichnet.
Erklärung der hier verwendeten Abkürzungen:
NF = Nordfriese, Bes.= Besatzungsstärke des Schiffes, Rö. = Röm/Rømø,
Fö. = Föhr, Sy. = Sylt, Am. = Amrum, Ha. = Halligen, He. = Helgoland,
Fest. = nordfriesisches Festland in der im Text beschriebenen Ab-
grenzung.

der von Hamburg auslaufenden Wal-und Robbenfänger
und der Anteil der Seeleute des Untersuchungsgebietes

Jahr: 1758 +

Anteil
der folgenden Gebiete:

Schiffsname	Kommandeur	Herkunft	Bes.	Rö.	Fö.	Sy.	Am.	Ha.	He.	Fest
1.Jgfr.Anna Maria	H.H.Tönnies	Röm	39	6	–	1	–	–	–	–
2.Bloyende Hoop	C.Andres.Witt	Röm	36	14	–	–	–	–	–	–
3.Twe Jonge Hermans	Michel Jansen	Röm	36	8	–	–	–	–	–	–
4.Martin	Joh.J.Bleeg	Röm	31	9	–	–	–	–	–	3
5.Jonge Margaretha	Andreas Zwen	Röm	25	10	–	–	–	–	–	–
6.Jonge Maria	Michel Hansen	Röm	34	8	–	–	–	–	–	–
7.Jungfrau Maria	Hans Ericks	Röm	35	8	–	–	–	–	–	–
8.Jonge Peter	Tönn.Petersen	Röm	35	8	–	–	–	–	–	–
9.Jungfrau Clara	Corn.Thomsen	Röm	35	5	–	–	–	–	–	–
10.Johanna Eleonora	Joh.Franck	Röm	30	5	–	–	–	–	–	–
11.Maria Galley	Corn.Carstens	Röm	27	9	–	–	–	–	–	1
12.Sara Galley	Jasper Jaspers	Röm	25	3	–	–	–	–	–	–
13.Sara Cäcilia	Hans Pieters	Röm	39	1	–	1	–	–	–	–
14.Jonge Geertruy	B.Rickmers d.J.	Föhr	43	1	15	–	–	–	–	–
15.Frau Margaretha	Nanning Riecks	Föhr	45	–	17	1	–	–	–	–
16.Verguldete Löwe	Riewert. Jacobs	Föhr	44	–	12	–	–	–	–	–
17.Drei Gebröder	J.J.Knüttel	Föhr	45	–	10	–	–	–	–	–
18.St.Peter	Boy Rickmers	Föhr	44	–	1	–	–	–	–	–
19.Concordia	Corn.Boysen	Sylt	?	–	–	11	–	–	–	–
20.Gekrönte Hoop	Riewert Peters	Amrum	43	–	1	15	–	–	–	–
21.Hoop op d.Walvis	Johann Gerritz	Kein NF	45	–	1	–	–	–	–	–
22.Jungfrau Maria	Joh.Bahrens	"	?	–	2	1	1	–	–	–
23.Witte Voss	Steff.Jansen	"	45	–	–	–	–	–	–	–
24.König Salomon	W.Hendricks	"	45	–	–	–	–	–	–	–
25.Jonge Catharina	G.Gerritz	"	45	–	–	–	–	–	–	–
26.Waakende Kraan	G.Eyssen	"	42	–	–	–	–	–	–	–
27.Fr.Maria Elisabeth	Jacob Janssen	"	45	–	–	–	–	–	–	–
28.Twe Gesüster	Tipke Tönnies	"	45	–	–	–	–	–	–	–
30.Visser	H.R.Scholl	"	?	–	–	–	–	–	–	–
31.Unie	G.O.Hoeyemann	"	44	–	–	–	–	–	–	–
32.Jgfr.Magdalena	J.N.Steinmetz	"	37	–	–	–	–	–	–	–

+)s.hierzu die beim Verzeichnis v.1757 gemachten Anmerkungen

der von Hamburg auslaufenden Wal-und Robbenfänger
und der Anteil der Seeleute des Untersuchungsgebietes

Jahr:1759 +   Anteil
der folgenden Gebiete:

Schiffsname	Kommandeur	Herkunft	Bes.	Rö.	Fö.	Sy.	Am.	Ha.	He.	Fes
1.Twe Jonge Hermans	M.Janssen	Röm	36	10	–	–	–	–	–	–
2.Martin	Peter Tönnies	Röm	31	12	–	–	–	–	–	–
3.Bloyende Hoop	C.Andres.Witt	Röm	36	16	–	–	–	–	–	–
4.Sara Galley	Jasper Jaspers	Röm	25	5	–	–	–	–	–	–
5.Sara Cäcilia	Hans Petersen	Röm	39	5	–	6	–	–	–	2
6.Jgfr.Anna Maria	H.H.Tönnies	Röm	39	9	–	–	–	–	–	–
7.Jonge Margaretha	Andreas Zwen	Röm	25	12	–	–	–	1	–	–
8.Maria Galley	Cornel.Carstens	Röm	27	15	–	–	–	–	–	–
9.Jonge Peter	Tönnies Peters	Röm	35	10	–	–	–	–	–	2
10.Jungfrau Clara	Corn.Thomsen	Röm	35	6	–	–	–	–	–	–
11.Jonge Maria	Michel Hansen	Röm	34	9	–	–	–	–	–	–
12.Jungfrau Maria	Hans Ericks	Röm	35	3	–	–	–	–	–	–
13.St.Peter	Boy Rickmers	Föhr	44	–	1	–	–	–	–	–
14.Drei Gebröder	J.J.Knüttel	Föhr	45	–	3	–	–	–	–	–
15.Jonge Geertruy	B.Rickmers d.J.	Föhr	43	–	17	1	–	–	–	–
16.Frau Margaretha	Nanning Riecks	Föhr	45	–	11	1	–	–	–	–
17.Verguldete Löwe	Riewert Jacobs	Föhr	44	–	11	–	–	–	–	–
18.Gekrönte Hoop	Riewert Peters	Amrum	43	–	–	–	13	–	–	–
19.König Salomon	W.Hendricks	Kein NF	45	–	–	2	–	–	–	–
20.Waakende Kraan	Gerrit Eyssen	"	42	–	–	2	–	–	–	–
21.Witte Voss	Steff.Jansen	"	45	–	–	–	–	–	–	–
22.Jonge Catharina	G.Gerritz	"	45	–	–	–	–	–	–	–
23.Hoop op d.Walvis	Jan Gerritz	"	45	–	–	–	–	–	–	–
24.Jungfrau Maria	Jan Barents	"	?	–	–	–	–	–	–	–
25.Visser	H.R.Scholl	"	?	–	–	–	–	–	–	–
26.Unie	G.O.Hoeyemann	"	44	–	–	–	–	–	–	–
27.Fr.Maria Elisabeth	Jacob Jansen	"	45	–	–	–	–	–	–	–
28.Twe Gesüster	Tipke Tönnies	"	45	–	–	–	–	–	–	–
29.Concordia	Obbe Edtsken	"	45	–	–	–	–	–	–	–
30.Jungfrau Sara	Simon Schröder	"	33	–	–	–	–	–	–	–
31.Jgfr.Magdalena	J.N.Steinmetz	"	37	–	–	–	–	–	–	–
32.Jgfr.Joh.Eléonore	Chr.Hasselmann	"	30	–	–	–	–	–	–	–

+)s.hierzu die beim Verzeichnis v.1757 gemachten Anmerkungen

Verzeichnis
der von Hamburg auslaufenden Wal-und Robbenfänger
und der Anteil der Seeleute des Untersuchungsgebietes
Jahr:1760 +

Anteil
der folgenden Gebiete:

Schiffsname	Kommandeur	Herkunft	Bes.	Rö.	Fö.	Sy.	Am.	Ha.	He.	Fes
1.Maria Galley	Corn.Carstens	Röm	27	1	-	-	-	-	-	-
2.Sara Galley	Jasper Jaspers	Röm	25	2	-	-	-	-	-	-
3.Twe Jonge Hermans	Michael Jansen	Röm	36	5	-	-	-	-	-	-
4.Jungfrau Maria	Hans Ericks	Röm	35	3	-	-	-	-	-	-
5.Martin	Peter Tönnies	Röm	31	2	-	-	-	-	-	-
6.Jonge Peter	Tönnies Peters	Röm	35	3	-	-	-	-	-	-
7.Bloyende Hoop	C.Andres.Witt	Röm	36	4	-	-	-	-	-	-
8.Jgfr.Anna Maria	H.H.Tönnies	Röm	39	4	-	-	-	-	-	-
9.Sara Cäcilia	Hans Petersen	Röm	39	1	-	-	-	-	-	-
10.Jungfrau Clara	Corn.Thomsen	Röm	35	3	-	-	-	-	-	-
11.Jonge Maria	Michel Hansen	Röm	34	3	-	-	-	-	-	-
12.Jonge Margaretha	Peter Zwen	Röm	25	2	-	-	-	-	-	-
13.Anna	Thomas Zwen	Röm	34	1	-	-	-	-	-	-
14.Frau Elisabeth	Andreas Zwen	Röm	37	1	-	-	-	-	-	-
15.David	Jürgen Zwen	Röm	30	1	-	-	-	-	-	-
16.Jonge Geertruy	B.Rickmers d.J	Föhr	43	-	5	-	-	-	-	-
17.Drei Gebröder	J.J.Knüttel	Föhr	45	-	3	-	-	-	-	-
18.Frau Margaretha	Nanning Riecks	Föhr	45	-	4	-	-	-	-	-
19.St.Peter	Boy Rickmers	Föhr	44	-	1	-	-	-	-	-
20.Verguldete Löwe	Riewert Jacobs	Föhr	44	-	3	-	-	-	-	-
21.Gekrönte Hoop	Riewert Peters	Amrum	43	-	-	-	5	-	-	-
22.Niuwe Witte Voss	Steffen Jansen	Kein NF	44	-	-	-	-	-	-	-
23.Jonge Catharina	G.Gerritz	"	45	-	-	-	-	-	-	-
24.Waakende Kraan	Gerrit Eyssen	"	42	-	-	-	-	-	-	-
25.Fr.Maria Elisab.	Jacob Jansen	"	45	-	-	-	-	-	-	-
26.Hoop op d.Walvis	Jan Gerritz	"	45	-	-	-	-	-	-	-
27.Jungfrau Maria	Jan Barents	"	?	-	-	-	-	-	-	-
28.Unie	W.Schleeboom	"	44	-	-	-	-	-	-	-
29.König Salomon	W.Hendricks	"	45	-	-	-	-	-	-	-
30.Twe Gesüster	Tipke Tönnies	"	45	-	-	-	-	-	-	-
31.Concordia	Obbe Edtkes	"	45	-	-	-	-	-	-	-
32.Jungfrau Sara	Simon Schröder	"	33	-	-	-	-	-	-	-
33.Jgfr.Magdalena	J.N.Steinmetz	"	37	-	-	-	-	-	-	-
34.Visser ++	H.R.Scholl	"	?	-	-	-	-	-	-	-
35.Johanna Eleonora	Chr.Hasselmann	"	30	-	-	-	-	-	-	-

+)Für 1760 sind nur die Namen der Kommandeure und Schiffe,die Rückkehrdaten sowie die Fangerträge durch die Handschrift 263,StAHam,
überliefert.Unterlagen über die Mannschaften gibt es nicht.Die hier
zahlenmäßig ermittelten Seeleute des Untersuchungsgebietes sind
durch Vergleich der Angaben von 1758/59 und 1761 erschlossen worden.
Die Besatzungsstärken sind den Protokollen des Wasserschouts von
1761/62 entnommen worden;sie können geringfügig abweichen.
++)Das Schiff ist nicht zurückgekehrt,Hdschr.262,S.109.

der von Hamburg auslaufenden Wal-und Robbenfänger
und der Anteil der Seeleute des Untersuchungsgebietes

Jahr:1761   Anteil
                   der folgenden Gebiete:

Schiffsname	Kommandeur	Herkunft	Bes.	Rö	Fö	Sy	Am	Ha	He	Fest
1.David	Jürgen Zwen	Röm	30	9	–	–	–	–	–	–
2.Frau Elisabeth	Andreas Zwen	Röm	37	13	–	–	–	–	–	–
3.Jonge Maria	Michel Hansen	Röm	34	10	–	–	–	–	–	–
4.Sara Cäcilia	Hans Petersen	Röm	39	10	–	–	–	–	–	–
5.Jungfrau Maria	Hans Ericks	Röm	35	10	–	–	–	–	–	–
6.Jonge Peter	Tönn.Petersen	Röm	35	6	–	–	–	–	–	–
7.Jonge Margaretha	Peter Zwen	Röm	25	13	–	–	–	–	–	–
8.Maria Galley	Jasp.Carstens	Röm	27	4	–	1	–	–	–	2
9.Sara Galley	Corn.Carstens	Röm	25	10	–	–	–	–	–	–
10.Twe Jonge Hermans	Michel Jansen	Röm	36	9	–	–	–	–	–	–
11.Anna Maria	H.H.Tönnies	Röm	39	8	–	–	–	–	–	–
12.Anna	Thomas Zwen	Röm	34	8	–	–	–	–	–	–
13.Bloyende Hoop	C.Andres.Witt	Röm	36	10	–	–	–	–	–	–
14.Jungfrau Clara	Corn.Thomsen	Röm	35	10	–	–	–	–	–	–
15.Jonge Geertruy	B.Rickmers d.J.	Föhr	43	–	15	7	–	–	–	–
16.St.Peter	Boy Rickmers	Föhr	44	–	13	–	1	–	–	–
17.Frau Margaretha	Jurian Riecks	Föhr	45	–	15	–	–	–	–	–
18.Jonge Johann	Pet.Cornelis	Föhr	44	–	14	–	–	–	–	–
19.Drei Gebröders	J.J.Knüttel	Föhr	45	–	9	4	3	–	–	–
20.Verguldete Löwe	Riew.Jacobs	Föhr	44	–	12	4	–	–	–	–
21.Gekrönte Hoop	Riew.Peters	Amrum	43	–	–	–	19	–	–	–
22.Waakende Kraan	Gerd Eyssen	Kein NF	42	–	–	12	–	–	–	–
23.Maria Elisabeth	Jacob Jansen	"	45	–	–	1	–	–	–	1
24.Niuwe Witte Voss	Steff.Jansen	"	44	–	–	3	–	–	–	–
25.Jgfr.Magdalena	J.N.Steinmetz	"	37	–	1	–	–	–	–	–
26.Jgfr.Cläsina	Peter Ehlers	"	30	–	–	–	–	–	2	–
27.Frau Maria	Heere Lütjes	"	46	–	2	–	–	–	–	–
28.Twe Gesüster	Tipk.Tönnies	"	45	–	–	–	–	–	–	1
29.Unie	W.Schleeboom	"	44	–	–	–	3	–	–	3
30.Concordia	Obbe Edtkes	"	45	–	–	–	–	–	–	–
31.Johanna Eleonora	Ch.Hasselmann	"	30	–	–	–	–	–	–	–
32.König Salomon	W.Hendicks	"	45	–	–	–	–	–	–	–
33.Jonge Catharina	G.Gerritz	"	45	–	–	–	–	–	–	–
34.Witte Voss	Joh.Jansen	"	45	–	–	–	–	–	–	–
35.Hoop op d.Walvis	Jan Gerritz	"	33	–	–	–	–	–	–	–
36.Jungfrau Sara	S.Schröder	"	33	–	–	–	–	–	–	–

Verzeichnis
der von Hamburg auslaufenden Wal-und Robbenfänger
und der Anteil der Seeleute des Untersuchungsgebietes
Jahr:1762

Anteil
der folgenden Gebiete:

Schiffsname	Kommandeur	Herkunft	Bes.	Rö	Fö	Sy	Am	Ha	He	Fes
1.Johannes	Hans Erichs	Röm	34	12	-	-	-	-	-	-
2.Frau Elisabeth	Andreas Zwen	Röm	36	2	-	-	-	-	-	-
3.Jonge Margaretha	Peter Zwen	Röm	24	10	-	-	-	-	-	-
4.Jonge Maria	Michel Hansen	Röm	33	1	-	-	-	-	-	-
5.Fief Gebröder	Pet.Tönnies	Röm	38	9	-	-	-	-	1	-
6.Jungfrau Maria	Rasm.Lassen	Röm	35	12	-	-	-	-	-	-
7.Anna Maria	H.H.Tönnies	Röm	38	7	-	-	-	-	-	-
8.David	Jürgen Zwen	Röm	30	6	-	-	-	-	-	-
9.Twe Jonge Hermans	Michel Jansen	Röm	36	9	-	-	-	-	-	-
10.Martin	H.M.Jaspers	Röm	31	10	-	-	-	-	-	-
11.Sara Cäcilia	Hans Petersen	Röm	38	9	-	-	-	-	-	-
12.Anna	Thomas Zwen	Röm	34	1	-	-	-	-	-	-
13.Jgfr.Clara	Corn.Thomsen	Röm	37	1	-	-	-	-	1	-
14.Jonge Peter	Tönn.Petersen	Röm	36	6	-	-	-	-	-	-
15.Bloyende Hoop	C.Andr.Witt	Röm	36	13	-	-	-	-	-	-
16.Maria Galley +	Jasp.Carstens	Röm	25	8	-	-	-	-	-	1
17.Sara Galley	Corn.Carstens	Röm	25	8	-	-	-	-	-	-
18.Frau Agatha	Peter Michels	Röm	37	11	-	-	-	-	-	-
19.Jonge Geertruy	B.Rickmers d.J.	Föhr	43	-	15	-	-	-	-	-
20.Frau Margaretha	Jurian Riecks	Föhr	45	-	14	-	-	-	-	-
21.Jonge Johann	Peter Cornelis	Föhr	43	-	12	-	-	-	-	-
22.St.Peter	Boy Rickmers	Föhr	44	-	12	-	2	-	-	1
23.Gekrönte Hoop	Riewert Peters	Amrum	43	-	1	-	12	-	-	-
24.Verguldete Löwe	Corn.Riewerts	Amrum	43	-	-	-	14	-	-	-
25.Niuwe Witte Voss	Steff.Jansen	Kein NF	44	-	-	4	1	-	-	-
26.Witte Voss	Gerdt Geels	"	45	-	-	1	-	-	-	-
27.Twe Gesüster	Tipke Tönnies	"	45	-	-	2	-	-	1	-
28.Jungfrau Sara ++	W.Schleeboom	"	44	1	-	7	-	-	-	-
29.Waakende Kraan	Gerd Eyssen	"	43	-	-	4	-	-	-	-
30.Seerobbe	Obbe Edtsken	"	30	-	4	-	-	-	-	-
31.Fr.Johanna Eleon.	Ch.Hasselmann	"	31	-	-	-	-	-	-	-
32.Jgfr.Magdalena	J.N.Steinmetz	"	40	-	-	-	-	-	-	-
33.Jonge Catharina	Geldt Gerritz	"	45	-	-	-	-	-	-	-
34.Fr.Maria Elisab.	Jacob Jansen	"	32	-	-	-	-	-	-	-
35.Hoop op d.Walvis	Joh.Gerritz	"	45	-	-	-	-	-	-	-
36.Jungfrau Maria	Heere Lütges	"	45	-	-	-	-	-	-	-
37.König Salomon	W.Hendricks	"	46	-	-	-	-	-	-	-
38.Concordia	Obbe Edtkes	"	45	-	-	-	-	-	-	-
39.Jungfrau Sara	P.D.Ehlers	"	33	-	-	-	-	-	-	-

+ Das Schiff "ist auf der Rückreise mit aller Mannschaft geblieben".
++Das Schiff kehrte am 8.Mai 1762 beschädigt nach Hamburg zurück;
 beide Angaben:StAHam,Handschrift 263 S.111.

der von Hamburg auslaufenden Wal-und Robbenfänger
und der Anteil der Seeleute des Untersuchungsgebietes

Jahr: 1763

Anteil
der folgenden Gebiete:

Schiffsname	Kommandeur	Herkunft	Bes.	Rö.	Fö.	Sy.	Am.	Ha.	He.	Fest
1.Jonge Margaretha	Peter Zwen	Röm	24	8	–	1	–	–	–	–
2.David	Jürgen Zwen	Röm	30	15	–	–	–	–	–	–
3.Jonge Peter	Tönnes Peters.	Röm	36	5	–	–	–	–	–	–
4.Frau Elisabeth	Andreas Zwen	Röm	36	9	–	–	–	–	–	5
5.Jungfrau Maria +	Rasm.Lassen	Röm	36	9	–	–	–	–	–	–
6.Fief Gebröder	Pet.Tönnies	Röm	37	12	–	1	–	–	–	–
7.Twe Jonge Hermans	Michel Jansen	Röm	36	9	–	–	–	–	–	–
8.Johannes	Peter Michels	Röm	33	5	–	–	–	–	–	2
9.Jonge Maria	Michel Hansen	Röm	33	10	–	–	–	–	–	1
10.Jungfrau Clara	Corn.Thomsen	Röm	37	15	–	–	–	–	–	1
11.Frau Agatha	Peter Michels	Röm	36	12	–	–	–	–	–	–
12.Sara Cäcilia	Hans Petersen	Röm	38	7	–	–	–	–	–	1
13.Anna Maria	H.H.Tönnies	Röm	39	3	–	–	–	–	–	–
14.Bloyende Hoop	C.Andr.Witt	Röm	36	14	–	–	–	–	–	–
15.Hamburger Börse	Lorenz Hansen	Röm	31	9	1	–	–	–	–	1
16.Anna	Thomas Zwen	Röm	34	9	–	–	–	–	–	–
17.Zwaan	Matthias Zwen	Röm	34	13	–	–	–	–	–	3
18.Martin	H.M.Jaspers	Röm	31	11	–	–	–	–	–	6
19.Sara Galley	Cor.Carstens	Röm	25	10	–	–	–	–	–	1
20.Frau Margaretha	Jurian Riecks	Föhr	45	–	11	–	–	–	–	–
21.Jonge Geertruy	B.Rickmers d.J.	Föhr	43	–	10	1	–	–	–	–
22.Jonge Johann	Pet.Cornelis	Föhr	44	–	13	1	–	–	–	–
23.St.Peter	Boy Rickmers	Föhr	44	–	13	2	3	–	–	–
24.Gekrönte Hoop	Riew.Peters	Amrum	43	–	–	–	15	–	–	–
25.Verguldete Löwe	Corn.Riewerts	Amrum	44	–	–	3	13	–	–	–
26.Twe Gesüster	Tipke Tönnies	Kein NF	45	–	2	1	–	–	–	–
27.Waakende Kraan	Gerd Eyssen	"	43	–	–	3	–	–	–	–
28.König Salomon	W.Hendricks	"	43	–	–	–	–	–	–	–
29.Concordia	Obbe Edtkes	"	45	–	–	–	–	–	–	–
30.Jgfr.Magdalena	J.N.Steinmetz	"	37	–	–	–	–	–	–	–
31.Johanna Eleonora	H.Sonnberg	"	29	–	–	–	–	–	–	–
32.Jonge Catharina	G.Gerritz	"	37	–	–	–	–	–	–	–
33.Niuwe Witte Voss	Steffen Jansen	"	43	–	–	–	–	–	–	–
34.Jungfrau Maria	Heere Lütjes	"	44	–	–	–	–	–	–	–
35.Hoop op d.Walvis	Joh.Gerritz	."	44	–	–	–	–	–	–	–
36.Sara	Friedr.Klein	"	44	–	–	–	–	–	–	–
37.Maria Elisabeth	Jacob Jansen	"	44	–	–	–	–	–	–	–
38.Witte Voss	Gerrit Geelds	"	44	–	–	–	–	–	–	–

+ Das Schiff kehrte beschädigt zurück.

der von Hamburg auslaufenden Wal-und Robbenfänger
und der Anteil der Seeleute des Untersuchungsgebietes

Jahr:1764   Anteil
der folgenden Gebiete:

Schiffsname	Kommandeur	Herkunft	Bes.	Rö.	Fö.	Sy.	Am.	Ha.	He.	Fest
1.Johannes	Michel Michels	Röm	33	10	-	-	-	-	-	-
2.Anna Maria	H.H.Tönnies	Röm	39	4	-	1	-	-	-	-
3.David	Pet.Andresen	Röm	31	11	-	-	-	-	-	1
4.Fief Gebröder	Pet.Tönnies	Röm	37	10	-	1	-	-	-	-
5.Sara Cäcilia	Hans Petersen	Röm	38	13	-	1	-	-	-	-
6.Frau Hanna	Peter Jansen	Röm	38	6	-	-	-	-	-	1
7.Martin	H.M.Jaspers	Röm	32	9	-	-	-	-	-	1
8.Anna	Thomas Zwen	Röm	34	12	-	-	-	-	-	-
9.Bloyende Hoop	Jürgen Zwen	Röm	39	8	-	-	-	-	-	3
10.Twe Jonge Hermans	Michel Jansen	Röm	36	10	-	-	-	-	-	-
11.Jonge Maria	Michel Hansen	Röm	32	8	-	-	-	-	-	1
12.Frau Elisabeth	Andreas Zwen	Röm	36	9	-	-	-	-	-	-
13.Jungfrau Clara	Corn.Thomsen	Röm	37	9	-	-	-	-	-	1
14.Jonge Peter	Tönnes Peters.	Röm	36	6	-	-	-	-	-	-
15.Frau Agatha	Peter Michels	Röm	37	12	-	-	-	-	-	1
16.Sara Galley	Corn.Carstens	Röm	25	10	-	-	-	-	-	1
17.Jungfrau Maria	Rasm.Lassen	Röm	37	9	-	-	-	-	-	-
18.Zwaan	Matthias Zwen	Röm	34	11	-	-	-	-	-	2
19.Jonge Margaretha	Peter Zwen	Röm	24	12	-	-	-	-	-	-
20.Hamburger Börse	Lorenz Hansen	Röm	30	7	-	1	-	-	1	-
21.St.Peter	R. Boysen	Föhr	44	-	13	6	3	-	-	1
22.Frau Margaretha	Jurian Riecks	Föhr	45	-	17	-	-	-	-	-
23.Jonge Geertruy	B.Rickmers d.J.	Föhr	43	-	14	14	2	-	-	-
24.Jonge Johann	Pet.Cornelis	Föhr	44	-	15	1	-	-	-	-
25.Jacobus	J.J.Knüttel	Föhr	37	-	9	3	1	-	-	-
26.Verguldete Löwe	Corn.Riewerts	Amrum	45	-	-	3	12	-	-	-
27.Gekrönte Hoop	Pet.Riewerts	Amrum	43	-	-	1	14	-	-	1
28.Jgfr.Anna Elisab.	Ch.Hasselmann	Kein NF	44	-	4	-	-	-	-	-
29.Waakende Kraan	Gerrit Eyssen	"	43	-	-	1	-	-	-	-
30.Jgfr.Anna Margar.	Hidde Esders	"	43	-	-	3	-	-	-	1
31.Niuwe Witte Voss	Steffen Jans.	"	45	-	-	1	-	-	-	-
32.Twe Gesüster	Tipke Tönnies	"	45	-	2	-	-	-	-	-
33.Jungfrau Maria	Heere Lütjes	"	45	-	1	1	-	-	-	-
34.Sara	Friedr.Klein	"	43	-	-	-	-	-	-	-
35.Jonge Catharina	G.Gerritz	"	45	-	-	-	-	-	-	-
36.Witte Voss	G.Geelds	"	44	-	-	-	-	-	-	-
37.Jgfr.Magdalena	J.N.Steinmetz	"	38	-	-	-	-	-	-	-
38.Providentia	J.N.Steinmetz	"	33	-	-	-	-	-	-	-
39.Johanna Eleonora	H.Sonnberg	"	31	-	-	-	-	-	-	-
40.Concordia	Obbe Edtkes	"	44	-	-	-	-	-	-	-
41.König Salomon	W.Hendricks	"	44	-	-	-	-	-	-	-
42.Hoop op d.Walvis	Gerrit Jansen	"	45	-	-	-	-	-	-	-
43.Fr.Maria Elisab.	Jacob Jansen	"	44	-	-	-	-	-	-	-

Verzeichnis
der von Hamburg auslaufenden Wal-und Robbenfänger
und der Anteil der Seeleute des Untersuchungsgebietes

Jahr:1765

Anteil
der folgenden Gebiete:

Schiffsname	Kommandeur	Herkunft	Bes.	Rö.	Fö.	Sy.	Am.	Ha.	He.	Fest
1.Jungfrau Clara	Corn.Thomsen	Röm	37	6	-	-	-	-	-	-
2.Hamburger Börse	Lorenz Hansen	Röm	34	7	-	3	-	-	-	-
3.David	Pet.Andresen	Röm	33	9	-	-	-	-	-	1
4.Frau Agatha	Peter Michels	Röm	38	7	-	-	-	-	-	-
5.Jungfrau Maria	Rasm.Lassen	Röm	36	6	-	-	-	-	-	-
6.Zwaan	Matthias Zwen	Röm	39	10	-	-	-	-	-	2
7.Johannes	M.Michels	Röm	33	5	-	-	-	-	-	-
8.Sara Galley	C.Carstens	Röm	24	11	-	-	-	-	-	2
9.Maria Susanna	Michel Hansen	Röm	41	4	-	-	-	-	-	-
10.Jonge Margaretha	Peter Zwen	Röm	32	13	-	-	1	-	-	-
11.Frau Hanna	Peter Jansen	Röm	38	4	-	-	-	-	-	-
12.Fief Gebröder	Pet.Tönnies	Röm	40	8	-	-	-	-	-	-
13.Sara Cäcilia	Hans Petersen	Röm	38	8	-	-	-	-	-	-
14.Frau Elisabeth	Andreas Zwen	Röm	39	8	-	-	-	-	-	1
15.Jgfr.Anna Maria	H.H.Tönnies	Röm	38	3	-	-	-	-	-	-
16.Twe Jonge Hermans	P.Andres.Leest	Röm	38	8	-	-	-	-	-	-
17.Anna	Thomas Zwen	Röm	40	11	-	-	-	-	-	-
18.Jonge Peter	Eng.Carstens	Röm	36	9	-	-	-	-	-	-
19.Bloyende Hoop	Jürgen Zwen	Röm	39	13	-	-	-	-	-	-
20.Martin	H.M.Jaspers	Röm	32	6	-	-	-	-	-	-
21.Jonge Geertruy	B.Rickmers d.J.	Föhr	43	5	17	2	1	-	-	-
22.St.Peter	R.Boysen	Föhr	44	-	14	2	-	-	-	-
23.Frau Margaretha	Jurian Riecks	Föhr	45	-	10	-	-	-	-	-
24.Jonge Johann	Pet.Cornelis	Föhr	45	5	16	-	8	-	-	-
25.Jacobus	J.J.Knüttel	Föhr	36	4	11	3	-	-	-	-
26.Verguldete Löwe	C.Riewerts	Amrum	45	-	-	4	12	-	-	-
27.Gekrönte Hoop	P.Riewerts	Amrum	43	2	2	5	12	-	-	-
28.Mercurius	J.F.Lalling	Kein NF	42	-	4	-	-	-	-	-
29.Twe Gesüster	T.Tönnies	"	44	-	3	-	-	-	-	-
30.Jgfr.Anna Margar.	Hidde Esders	"	43	-	-	3	-	-	-	-
31.Hoopende Visser	Gerrit Jansen	"	45	-	1	1	-	-	-	-
32.König Salomon	W.Hendricks	"	45	-	-	-	1	-	-	-
33.Jungfrau Maria	H.Lütjes	"	45	-	2	1	-	-	-	-
34.Jgfr.Anna Elisab.	Ch.Hasselmann	"	42	2	4	-	-	-	-	-
35.Vogel Phönix	Jan Tromp	"	45	-	-	-	-	-	-	-
36.Concordia	O.Edtkes	"	45	-	-	-	-	-	-	-
37.Nordstern	H.Sonnberg	"	30	-	-	-	-	-	-	-
38.Jgfr.Magdalena	J.N.Steinmetz	"	38	-	-	-	-	-	-	-
39.Jonge Maria	J.Danker	"	33	-	-	-	-	-	-	-
40.Providentia	J.N.Steinmetz	"	34	-	-	-	-	-	-	-
41.Johannes	W.L.Schauer	"	33	-	-	-	-	-	-	-
42.Hoop op d.Walvis	G.Eyssen	"	44	-	-	-	-	-	-	-
43.Jonge Catharina	G.Gerritz	"	45	-	-	-	-	-	-	-
44.Jungfrau Sara	Friedr.Klein	"	44	-	-	-	-	-	-	-
45.Niuwe Witte Voss	Steff.Jansen	"	44	-	-	-	-	-	-	-
46.Fr.Maria Elisabeth	Jacob Jansen	"	45	-	-	-	-	-	-	-
47.Waakende Kraan	Gert Geelds	"	42	-	-	-	-	-	-	-

Verzeichnis
der von Hamburg auslaufenden Wal-und Robbenfänger
und der Anteil der Seeleute des Untersuchungsgebietes

Jahr:1766

Anteil
der folgenden Gebiete:

Schiffsname	Kommandeur	Herkunft	Bes.	Rö.	Fö.	Sy.	Am.	Ha.	He.	Fest.
1.Hamburger Börse	Corn.Jaspers	Röm	32	9	–	2	–	–	–	–
2.Frau Agathe	Peter Michels	Röm	38	11	–	–	–	–	–	1
3.Sara Galley	Corn.Carstens	Röm	25	9	–	–	–	–	–	–
4.Jgfr.Anna Maria	H.H.Tönnies	Röm	39	5	–	–	1	–	–	–
5.Fief Gebröder	Pet.Tönnies	Röm	38	11	–	1	–	–	–	–
6.Jonge Margaretha	Peter Zwen	Röm	24	12	–	–	–	–	–	–
7.Martin	H.M.Jaspers	Röm	32	5	–	–	–	–	–	–
8.Jungfrau Maria	Rasmus Lassen	Röm	36	6	–	–	–	–	–	–
9.Zwaan	Matthias Zwen	Röm	34	10	–	–	–	–	–	–
10.Bloyende Hoop	Jürgen Zwen	Röm	40	10	–	–	–	–	–	–
11.Hoffnung u.Geduld	Corn.H.Falck	Röm	35	8	–	–	–	–	–	–
12.Anna	Thomas Zwen	Röm	34	10	–	–	–	–	–	–
13.Hanna	Peter Jansen	Röm	29	9	–	–	–	–	–	–
14.Mercurius	P.M.Jaspers	Röm	39	8	–	–	1	–	–	–
15.Nordstern	Peter Petersen	Röm	31	3	–	–	–	–	–	1
16.Johannes	Michel Michels	Röm	36	10	–	–	–	–	–	1
17.Jungfrau Clara	Corn.Thomsen	Röm	37	9	–	–	–	–	–	–
18.Maria Susanna	Michel Hansen	Röm	43	8	–	–	–	–	–	–
19.Frau Elisabeth	Andreas Zwen	Röm	34	9	–	–	–	–	–	2
20.Twe Jonge Hermans	P.Andres.Leest	Röm	36	8	–	–	–	–	–	–
21.Jgfr.Sara Cäcilia	Hans Petersen	Röm	39	9	–	–	–	–	–	–
22.Jonge Peter	E.Carstens	Röm	36	10	–	–	1	–	–	1
23.St.Peter	M.Volkerts	Föhr	44	–	11	1	2	–	–	–
24 Jacobus	J.J.Knüttel	Föhr	42	–	11	2	1	–	–	–
25.Frau Margaretha	Jurian Riecks	Föhr	45	–	12	–	–	–	–	1
26.Jonge Johann	Pet.Cornelis	Föhr	44	1	13	1	2	–	–	–
27.Jonge Geertruy	B.Rickmers d.J.	Föhr	43	–	14	9	1	–	–	–
28.Gekrönte Hoop	W.Rolofs	Föhr	43	–	17	1	–	–	–	1
29.Jonge Maria	J.Danker	Kein NF	33	1	–	–	–	–	–	–
30.Jgfr.Anna Elisab.	Chr.Hasselmann	"	42	–	3	–	–	–	–	–
31.Mercurius	J.F.Lolling	"	42	–	2	–	1	–	–	–
32.Twe Gesüster	T.Tönnies	"	45	–	8	–	–	–	–	–
33.Jgfr.Anna Margar.	H.Esders	"	43	–	–	4	–	–	–	–
34.Patriot	S.Andresen	"	41	–	–	–	–	–	–	1
35.Witte Peerd	L.Lütges	"	45	–	2	1	–	–	–	2
36.Hoopende Visser	G.Janssen	"	45	–	1	–	–	–	–	–
37.Jonge Visser	W.Jelles	"	46	–	5	1	–	–	–	–
38.Jungfrau Maria	H.Lütjes	"	45	–	6	1	–	–	–	–
39.Margaretha u.Maria	W.Wessels	"	42	–	7	–	–	–	–	–
40.König Salomon	W.Hendricks	"	45	–	–	–	–	–	–	–
41.Jonge Catharina	G.Gerritz	"	45	–	–	–	–	–	–	–
42.Concordia	O.Edtkes	"	45	–	–	–	–	–	–	–
43.Vogel Phönix	Jan Tromp	"	45	–	–	–	–	–	–	–
44.Johannes	W.L.Schauer	"	33	–	–	–	–	–	–	–
45.Frau Elisabeth	A.H.Meyer	"	43	–	–	–	–	–	–	–
46.Jgfr.Magdalena	J.N.Steinmetz	"	38	–	–	–	–	–	–	–
47.Providentia	J.N.Steinmetz	"	34	–	–	–	–	–	–	–
48.Maria Elisabeth	Jacob Jansen	"	45	–	–	–	–	–	–	–
49.Jungfrau Sara	Friedr.Klein	"	44	–	–	–	–	–	–	–
50.Hoop op d.Walvis	Gerrit Eyssen	"	44	–	–	–	–	–	–	–
51.Niuwe Witte Voss	Steffen Jansen	"	44	–	–	–	–	–	–	–
52.Waakende Kraan	Gerrit Geelds	"	42	–	–	–	–	–	–	–

Verzeichnis
der von Hamburg auslaufenden Wal-und Robbenfänger
und der Anteil der Seeleute des Untersuchungsgebietes

Jahr:1767   Anteil
der folgenden Gebiete:

Schiffsname	Kommandeur	Herkunft	Bes.	Rö	Fö	Sy	Am	Ha	He	Fest
1.Maria Susanna	Michel Hansen	Röm	43	10	-	-	-	-	-	2
2.Mercurius	P.M.Jaspers	Röm	40	7	-	-	1	-	-	-
3.Johannes	Michel Michels	Röm	37	9	-	-	-	-	-	1
4.Hamburger Börse	Corn.Jaspers	Röm	32	7	-	2	-	-	-	1
5.Jonge Margaretha	Peter Zwen	Röm	24	10	-	-	-	-	-	-
6.Frau Hanna	Peter Jansen	Röm	38	8	-	-	-	-	-	-
7.Sara Cäcilia	Hans Petersen	Röm	39	11	-	-	-	-	-	-
8.Frau Agatha	Peter Michels	Röm	38	10	-	-	-	-	-	-
9.Fief Gebröder	Peter Tönnies	Röm	38	8	1	-	-	-	-	-
10.Anna	Thomas Zwen	Röm	34	11	-	-	-	-	-	-
11.Jonge Peter	E.Carstens	Röm	36	8	-	-	-	-	-	-
12.Zwaan	Matthias Zwen	Röm	34	10	-	-	-	-	-	2
13.Bloyende Hoop	Jürgen Zwen	Röm	41	9	-	5	-	-	-	-
14.Hoffnung u.Geduld	Pet.Andresen	Röm	36	9	-	-	-	-	-	1
15.Martin	H.M.Jaspers	Röm	34	14	-	-	-	-	-	1
16.Jgfr.Anna Maria	H.H.Tönnies	Röm	39	10	-	-	-	-	-	-
17.Twe Jonge Hermans	P.Andres.Leest	Röm	37	5	-	-	-	-	-	1
18.Jungfrau Clara	Corn.Thomsen	Röm	37	5	-	-	-	-	-	3
19.Sara Galley	C.Carstens	Röm	25	8	-	-	-	-	-	1
20.Jungfrau Maria	Z.C.Möller	Röm	37	8	-	-	-	-	-	2
21.Frau Elisabeth	Andreas Zwen	Röm	35	10	-	-	1	-	-	-
22.St.Peter	Rickm.Boysen	Föhr	47	-	12	4	2	-	-	-
23.Jacobus	J.J.Knüttel	Föhr	36	-	11	-	2	-	-	-
24.Frau Margaretha	Jurian Riecks	Föhr	45	-	13	1	-	-	-	-
25.Jonge Geertruy	B.Rickmers d.J.	Föhr	43	1	14	1	-	-	-	-
26.Anna Margaretha	Lorenz Riecks	Föhr	43	-	11	2	-	-	-	-
27.Jonge Johann	Broer Broers.	Föhr	46	1	17	9	-	-	-	-
28.Agneta	C.Riewerts	Amrum	42	-	-	6	11	-	-	-
29.Waakende Kraan	Gerrit Geels	Kein NF	42	-	3	-	-	-	-	-
30.Vogel Phönix	Jan Tromp	"	45	-	-	-	-	-	-	1
31.Witte Falck	P.D.Ehlers	"	42	2	4	-	-	-	-	1
32.Hoopende Visser	Gerrit Jansen	"	45	-	1	-	-	-	-	-
33.Jungfrau Maria	Heere Lütjes	"	45	-	3	2	-	-	-	-
34.Frau Elisabeth	H.Meyer	"	42	-	3	-	-	-	-	-
35.Hoopende Landmann	G.D.Visser	"	46	-	4	-	-	-	-	-
36.Anna Elisabeth	Ch.Hasselmann	"	42	-	4	-	-	-	-	-
37.Witte Peerd	Lütje Lütjes	"	45	-	3	4	-	-	-	-
38.Niuwe Witte Voss	Steffen Jans.	"	44	-	1	1	-	-	-	-
39.Margaretha u.Mar.	W.Wessels	"	42	-	4	-	-	-	-	1
40.Jonge Visser	Witge Jelles	"	46	-	6	-	-	-	-	-
41.Twe Gesüster	Tipke Tönnies	"	45	-	8	1	-	-	-	-
42.Hoop op d.Walvis	Gerd Eyssen	"	44	-	3	-	-	-	-	-
43.Fortuna	J.F.Lolling	"	42	-	-	-	1	-	-	-
44.Jgfr.Magdalena	J.N.Steinmetz	"	38	-	-	-	-	-	-	-
45.Patriot	Sev.Andresen	"	40	-	-	-	-	-	-	-
46.Providentia +	J.N.Steinmetz	"	34	-	-	-	-	-	-	-
47.Jgfr.Hypolite	Peter Hagenau	"	30	-	-	-	-	-	-	-
48.Johannes	W.L.Schauer	"	32	-	-	-	-	-	-	-
49.Concordia	Obbe Edtskes	"	44	-	-	-	-	-	-	-
50.König Salomon	W.Hendricks	"	44	-	-	-	-	-	-	-
51.Jonge Maria	Joh.Danker	"	32	-	-	-	-	-	-	-
52.Jonge Catharina	Geeld Gerritz	"	44	-	-	-	-	-	-	-
53.Maria Elisabeth	Jac.Jansen	"	44	-	-	-	-	-	-	-
54.Jungfrau Sara	Jan Rolofs	"	44	-	-	-	-	-	-	-

+ Das Schiff ist verunglückt;StAHam,Handschrift 263,S.120

Verzeichnis
der von Hamburg auslaufenden Wal-und Robbenfänger
und der Anteil der Seeleute des Untersuchungsgebietes

Jahr: 1768

Anteil
der folgenden Gebiete:

Schiffsname	Kommandeur	Herkunft	Bes.	Rö.	Fö.	Sy.	Am.	Ha.	He.	Fest.
1.Jungfrau Clara	Cornel.Thomsen	Röm	37	9	–	–	–	–	–	–
2.Zwaan	Matthias Zwen	Röm	34	11	–	–	–	–	–	3
3.Sara Galley	Corn.Carstens	Röm	25	8	1	–	–	–	–	1
4.Fief Gebröder	Peter Tönnies	Röm	38	7	1	–	–	–	–	–
5.Frau Agatha	Peter Michels	Röm	38	12	–	–	–	–	–	–
6.Jgfr.Anna Maria	H.H.Tönnies	Röm	39	11	–	1	–	–	–	–
7.Sara·Cäcilia	Hans Petersen	Röm	39	11	–	1	1	–	–	–
8.Hoffnung u.Geduld	Peter Andresen	Röm	36	10	–	1	–	–	–	2
9.Martin	H.M.Jaspers	Röm	34	15	–	–	–	–	–	–
10.Frau Hanna	Peter Jansen	Röm	38	9	–	–	–	–	–	–
11.Jungfrau Maria	Z.C.Möller	Röm	37	10	–	–	–	–	–	1
12.Frau Elisabeth	Andreas Zwen	Röm	35	12	1	–	–	–	–	–
13.Jonge Margaretha	Peter Zwen	Röm	25	11	–	–	–	–	–	–
14.Maria Susanna	Michel Hansen	Röm	43	12	1	–	–	–	–	–
15.Mercurius	P.M.Jaspers	Röm	40	9	1	–	–	–	–	–
16.Bloyende Hoop	Jürgen·Zwen	Röm	41	10	–	3	–	–	–	–
17.Anna	Thomas Zwen	Röm	34	10	–	–	–	–	–	1
18.Jonge Peter	E.Carstens	Röm	37	9	1	–	–	–	–	–
19.Twe Jonge Hermans	P.Andr.Leest	Röm	37	9	–	–	–	–	–	1
20.Johannes	Michel Michels	Röm	37	10	–	–	–	–	–	–
21.Jonge Johannes	Broer Broersen	Föhr	44	–	15	–	–	–	–	–
22.Frau Margaretha	Jurian Riecks	Föhr	44	–	14	2	–	–	–	–
23.Jonge Geertruy	B.Rickmers d.J.	Föhr	43	–	13	3	–	–	–	–
24.Griepenstein	Lorenz Riecks	Föhr	45	–	13	–	–	–	–	–
25.St.Peter	Rickm.Boysen	Föhr	44	–	13	1	1	–	–	–
26.Frau Agneta	Corn.Riewerts	Amrum	42	–	3	–	6	–	–	–
27.Jacobus	Volkert Clasen	Kein NF	36	–	2	–	–	–	–	–
28.Frau Elisabeth	A.H.Meyer	"	42	–	3	–	–	–	–	1
29.Patriot	S.Andresen	"	43	–	–	–	–	–	–	3
30.Witte Falck	P.D.Ehlers	"	43	–	4	–	–	–	–	–
31.Twe Gesüster	Tipke Tönnies	"	45	–	3	–	–	–	–	–
32.Jungfrau Sara	Jan Geerds	"	44	–	2	1	1	–	–	–
33.Hoop op d.Walvis	Gerd Eyssen	"	44	–	2	–	–	–	–	–
34.Fortuna	J.F.Lolling	"	42	–	4	–	–	–	–	–
35.Waakende Kraan	Gerrit Geelds	"	42	–	2	1	–	–	–	–
36.Maria Elisabeth	Jacob Jansen	"	45	–	–	1	–	–	–	–
37.Jgfr.Magdalena	J.N.Steinmetz	"	39	–	1	–	–	–	–	–
38.Margaretha u.Mar.	Wiebe Wessels	"	43	–	5	–	–	–	–	–
39.Jonge Catharina	Jan Rolofs	"	45	–	1	–	–	–	–	–
40.Anna Elisabeth	Ch.Hasselmann	"	43	–	5	–	–	–	–	–
41.Hoopende Landmann	G.D.Visser	"	46	–	3	–	–	–	–	–
42.Jonge Visser	Witge Jelles	"	46	–	6	–	–	–	–	–
43.Witte Peerd·	Martin Jansen	"	45	–	–	11	–	–	–	–
44.Hoopende Visser	Gerrit Janssen	"	45	–	1	3	–	–	–	–
45.Jungfrau Maria	Heere Lütjes	"	45	–	3	–	–	–	–	–
46.Niuwe Witte Voss	Steffen Jansen	"	44	–	3	–	–	–	–	–
47.König Salomon	W.Hendricks	"	44	–	1	–	–	–	–	–
48.Morgenstern	J.N.Steinmetz	"	42	–	–	–	–	–	–	–
49.Johannes	Fr.L.Heyne	"	32	–	–	–	–	–	–	–
50.Vogel Phönix	Jan Tromp	"	44	–	–	–	–	–	–	–
51.Jgfr.Hypolite	Peter Hagenau	"	29	–	–	–	–	–	–	–
52.Jonge Maria	Johann Danker	"	32	–	–	–	–	–	–	–
53.Concordia	Obbe Edtkes	"	44	–	–	–	–	–	–	–

der von Hamburg auslaufenden Wal-und Robbenfänger
und der Anteil der Seeleute des Untersuchungsgebietes

Jahr: 1769   Anteil
der folgenden Gebiete:

Schiffsname	Kommandeur	Herkunft	Bes.	Rö.	Fö.	Sy.	Am.	Ha.	He.	Fest
1.Bloyende Hoop	Jürgen Zwen	Röm	42	9	3	1	-	-	-	2
2.Anna	Thomas Zwen	Röm	34	10	-	-	-	-	-	2
3.Zwaan	Matthias Zwen	Röm	34	8	-	-	-	-	-	2
4.Sara Cäcilia	Hans Petersen	Röm	39	6	-	2	-	-	-	2
5.Jonge Peter	E.Carstens	Röm	37	11	1	-	-	-	-	-
6.Mercurius	P.M.Jaspers	Röm	40	8	1	-	-	-	-	1
7.Jonge Margaretha	Hans H.Carl	Röm	25	10	-	-	-	-	-	1
8.Sara Galley	P.J.Thomsen	Röm	25	6	1	-	-	-	-	1
9.Frau Elisabeth	Andreas Zwen	Röm	35	8	-	-	-	1	-	1
10.Jungfrau Clara	Joh.Jaspers	Röm	37	7	-	1	-	-	-	-
11.Jonge Maria	Jan Lamberts	Röm	33	9	-	-	-	-	-	-
12.Twe Jonge Hermans	Peter A.Leest	Röm	37	7	1	-	-	-	-	1
13.Hoffnung u.Geduld	Peter Andresen	Röm	36	9	-	1	-	-	-	-
14.Concordia	Peter Zwen	Röm	39	10	-	-	-	-	-	-
15.Jungfrau Maria	Zwen C.Möller	Röm	37	12	1	-	-	-	-	2
16.Frau Agatha	Peter Michels	Röm	38	10	-	1	-	-	-	1
17.Martin	H.M.Jaspers	Röm	36	13	-	1	-	-	-	2
18.Fief Gebröder	Peter Tönnies	Röm	38	7	2	-	-	-	-	-
19.Jgfr.Anna Maria	H.H.Tönnies	Röm	39	8	-	1	-	-	-	1
20.Frau Hanna	M.Balzer Groot	Röm	38	11	-	1	-	-	-	-
21.Maria Susanna	Michel Hansen	Röm	43	12	-	-	-	-	-	2
22.Johannes	Michel Michels	Röm	37	8	1	-	-	-	-	-
23.Jonge Johannes	Broer Broersen	Föhr	44	-	14	10	-	-	-	-
24.Frau Margaretha	Jurian Riecks	Föhr	43	-	18	5	-	-	-	-
25.Griepenstein	Lorenz Riecks	Föhr	44	1	15	6	-	-	1	-
26.St.Peter	R.Boysen	Föhr	43	-	14	5	4	-	-	-
27.Jonge Geertruy	B.Rickmers d.J.	Föhr	44	-	16	1	-	1	-	-
28.Frau Agneta	C.Riewerts	Amrum	43	-	-	-	11	-	-	-
29.Jonge Visser	Witge Jelles	Kein NF	46	-	2	-	1	-	-	-
30.Frau Elisabeth	A.H.Meyer	"	42	-	1	-	-	-	-	-
31.Patriot	Sev.Andresen	"	43	-	2	-	-	-	-	-
32.Jungfrau Maria	Heere Lütjes	"	45	-	2	-	-	-	-	-
33.Hoopende Visser	Gerrit Jansen	"	45	-	3	-	-	-	-	-
34.Anna Elisabeth	Ch.Hasselmann	"	43	-	4	-	-	-	-	-
35.Witte Falck	P.D.Ehlers	"	43	-	4	-	-	-	-	-
36.Vogel Phönix	Jan Tromp	"	45	-	2	-	-	-	-	-
37.Twe Gesüster	Tipke Tönnies	"	45	-	1	-	-	-	-	-
38.Hoopende Landmann	G.D.Visser	"	46	-	6	-	-	-	-	-
39.Fortuna	J.H.Hasselmann	"	42	-	5	-	-	-	-	-
40.Jgfr.Magdalena	J.N.Steinmetz	"	40	-	5	-	-	-	-	-
41.Jacobus	Volkert Clasen	"	38	-	3	-	-	-	-	-
42.Jungfrau Sara	Jan Geerds	"	44	-	1	-	1	-	-	-
43.Niuwe Witte Voss	Steffen Jansen	"	44	-	2	-	-	-	-	-
44.König Salomon	W.Hendricks	"	44	-	1	-	-	-	-	-
45.Witte Peerd	Mart.Jansen	"	45	-	2	11	-	-	-	-
46.Jonge Jacob	Wiebe Wessels	"	45	-	5	-	-	-	-	-
47.Maria Elisabeth	Jacob Jansen	"	45	-	-	2	-	-	-	-
48.Johannes	F.L.Heyne	"	32	-	-	-	-	-	-	-
49.Jonge Catharina	Johann Rolofs	"	44	-	-	-	-	-	-	-
50.Waakende Kraan +	Gerrit Geelds	"	41	-	-	-	-	-	-	-
51.Hoop op d.Walvis	Gerrit Eyssen	"	44	-	-	-	-	-	-	-
52.Concordia	Obbe Edtkes	"	44	-	-	-	-	-	-	-
53.Morgenstern	J.N.Steinmetz	"	43	-	-	-	-	-	-	-

+ Das Schiff ist mit der gesamten Besatzung verunglückt; StAHam, Archiv
des Wasserschouts III A, Schreiben v.5.5.1772.

der von Hamburg auslaufenden Wal-und Robbenfänger
und der Anteil der Seeleute des Untersuchungsgebietes

Jahr:1770   Anteil
                   der folgenden Gebiete:

Schiffsname	Kommandeur	Herkunft	Bes.	Rö.	Fö.	Sy.	Am.	Ha.	He.	Fest.
1.Frau Elisabeth	Andreas Zwen	Röm	36	7	3	-	-	-	-	-
2.Anna	Thomas Zwen	Röm	35	9	-	-	-	-	-	1
3.Jungfrau Maria	Zwen C.Möller	Röm	37	13	-	-	-	-	-	-
4.Frau Agatha	Pet.Michels	Röm	38	11	-	1	-	-	-	3
5.Zwaan	Matthias Zwen	Röm	34	9	-	-	-	-	-	-
6.Twe Jonge Hermans	Pet.Andr.Leest	Röm	37	9	1	1	-	-	-	1
7.Bloyende Hoop	Jürgen Zwen	Röm	41	7	4	2	-	-	-	-
8.Jgfr.Sara Cäcilia	Hans Petersen	Röm	39	7	1	1	-	-	-	-
9.Frau Hanna	M.Balzer Groot	Röm	40	9	1	1	-	-	-	-
10.Fief Gebröder	Peter Tönnes	Röm	38	10	1	-	-	-	-	-
11.Jonge Margaretha	Hans H.Carl	Röm	25	9	-	-	-	-	-	-
12.Jgfr.Anna Maria	H.H.Tönnies	Röm	41	4	1	2	-	-	-	1
13.Martin	H.M.Jaspers	Röm	36	9	1	-	-	-	-	3
14.Concordia	Peter Zwen	Röm	38	12	1	-	-	-	-	-
15.Maria Susanna	Michel Hansen	Röm	43	5	4	-	-	-	-	4
16.Johannes	Michel Michels	Röm	37	8	1	-	-	-	-	1
17.Jgfr.Clara	Joh.Jaspers	Röm	37	6	2	-	-	-	-	-
18.Mercurius	P.M.Jaspers	Röm	40	6	2	-	-	-	-	-
19.Jonge Peter	J.Jürgensen	Röm	41	8	4	-	-	-	-	-
20.Hoffnung u.Geduld	Peter Andresen	Röm	36	9	-	2	-	-	-	-
21.Jonge Maria	Jan Lamberts	Röm	34	7	-	-	-	-	-	3
22.Frau Margaretha	Jürgen Riecks	Föhr	45	1	14	2	-	-	-	-
23.St.Peter	Rickm.Boysen	Föhr	44	-	14	3	2	-	-	-
24.Jonge Geertruy	B.Rickmers dJ.	Föhr	44	2	15	3	2	-	-	-
25.Jonge Johann	Broer Broersen	Föhr	44	-	15	4	-	-	-	-
26.Griepenstein	Lorenz Riecks	Föhr	45	-	14	1	2	-	-	-
27.Sara Galley	H.Nannings	Föhr	25	-	9	2	3	-	-	-
28.Frau Agneta	C.Riewerts	Amrum	43	-	-	-	11	-	-	-
29.Patriot	S.Andresen	Kein NF	43	1	2	-	-	-	-	4
30.Witte Peerd	Martin Jansen	"	45	-	2	6	-	-	-	-
31.Jonge Visser	Witge Jelles	"	43	-	3	-	1	-	-	-
32.Morgenstern	J.N.Steinmetz	"	45	-	1	-	-	-	-	-
33.Jungfrau Maria	Heere Lütges	"	45	-	2	-	-	-	-	-
34.Jonge Jacob	Wiebe Wessels	"	44	-	6	-	-	-	-	-
35.Hoopende Visser	Gerrit Jansen	"	45	-	1	-	-	-	-	-
36.Witte Falck	P.D.Ehlers	"	43	-	4	-	-	-	-	-
37.Jgfr.Anna Elisab.	Ch.Hasselmann	"	43	-	4	-	-	-	-	-
38.Frau Elisabeth	Clas J.Ney	"	42	-	4	-	-	-	-	-
39.Twe Gesüster	T.Tönnies	"	45	-	3	-	-	-	-	-
40.Vogel Phönix	Jan Tromp	"	45	-	3	-	-	-	-	-
41.Hoopende Landmann	G.D.Visser	"	45	1	2	-	-	-	-	-
42.Concordia	Obbé Edskes	"	45	-	-	-	-	-	-	-
43.Jgfr.Magdalena	J.N.Steinmetz	"	41	1	5	-	-	-	-	-
44.König Salomon	W.Hendricks	"	44	-	1	-	-	-	-	-
45.Niuwe Witte Voss	Steffen Jansen	"	44	-	1	-	-	-	-	-
46.Jgfr.Sara	Jan Geerds	"	44	-	1	-	-	-	-	-
47.Fr.Maria Elisab.	Jacob Jansen	"	45	-	-	2	-	-	-	-
48.Hoop op d.Walvis	Geerd Eyssen	"	44	1	-	1	-	-	-	-
49.Jonge Catharina	Jan Rolofs	"	44	-	-	-	-	-	-	-

Verzeichnis
der von Hamburg auslaufenden Wal-und Robbenfänger
und der Anteil der Seeleute des Untersuchungsgebietes

Jahr: 1771

Anteil
der folgenden Gebiete:

Schiffsname	Kommandeur	Herkunft	Bes.	Rö.	Fö.	Sy.	Am.	Ha.	He.	Fest
1.Jonge Peter	J.Jürgensen	Röm	41	6	3	-	-	-	-	-
2.Zwaan	Matthias Zwen	Röm	35	8	-	-	-	-	-	2
3.Anna	Thomas Zwen	Röm	34	7	-	-	-	-	-	2
4.Frau Elisabeth	C.Jürgens Holm	Röm	35	6	1	-	-	-	-	-
5.Frau Agatha	Peter Michels	Röm	38	12	-	1	-	-	-	-
6.Jgfr.Anna Maria	H.H.Tönnies	Röm	39	5	2	1	-	-	-	-
7.Jonge Margaretha	H.Hansen Carl	Röm	25	9	-	-	-	-	-	-
8.Hoffnung u.Geduld	Peter Andresen	Röm	36	9	-	-	-	-	-	1
9.Concordia	Peter Zwen	Röm	38	10	-	1	-	-	-	-
10.Jungfrau Maria	Zwen C.Möller	Röm	38	10	-	-	-	-	-	-
11.Bloyende Hoop	Jürgen Zwen	Röm	42	10	2	-	-	-	-	-
12.Maria Susanna	Michel Hansen	Röm	43	6	2	-	-	-	-	1
13.Martin	H.M.Jaspers	Röm	36	7	-	-	-	-	-	-
14.Mercurius	P.M.Jaspers	Röm	41	7	2	-	-	-	-	-
15.Fief Gebröder	Peter Tönnies	Röm	38	6	2	-	-	-	-	-
16.Jonge Maria	Jan Lamberts	Röm	34	9	-	1	-	-	-	2
17.Frau Hanna	Michel Balzer	Röm	42	8	1	1	-	-	-	-
18.Twe Jonge Hermans	P.Andr.Leest	Röm	38	7	1	1	-	-	-	-
19.Sara Cäcilia	Hans Petersen	Röm	39	6	1	-	-	-	-	-
20.Johannes	Michel Michels	Röm	37	8	1	-	-	-	-	1
21.Jonge Geertruy	B.Rickmers d.J.	Föhr	44	-	15	-	4	-	-	-
22.Frau Margaretha	Jurian Riecks	Föhr	46	-	20	-	-	-	-	-
23.Sara Galley	Hendr.Nannings	Föhr	25	-	11	-	-	-	-	-
24.St.Peter	R.Boysen	Föhr	44	-	16	-	2	-	-	-
25.Jonge Johannes	Broer Broersen	Föhr	44	1	17	-	-	-	-	-
26.Griepenstein	Lorenz Riecks	Föhr	45	-	17	-	-	-	-	-
27.Frau Agneta	C.Riewerts	Amrum	41	-	-	-	15	-	-	-
28.Jungfrau Sara	Jan Geerdts	Kein NF	44	-	1	-	-	-	-	-
29.Patriot	Sev.Andresen	"	43	-	3	-	-	-	-	2
30.Jgfr.Magdalena	J.N.Steinmetz	"	41	-	2	-	-	-	-	-
31.Hoopende Landmann	G.D.Visser	"	45	-	6	-	-	-	-	-
32.Jonge Jacob	Wiebe Wessels	"	45	1	6	-	-	-	-	-
33.Hoopende Visser	Gerrit Jansen	"	44	-	2	-	-	-	-	-
34.Hoop op d.Walvis	Gerd Eyssen	"	44	2	3	-	1	-	-	-
35.König Salomon	W.Hendricks	"	44	-	-	-	2	-	-	-
36.Maria Elisabeth	Jacob Jansen	"	45	-	2	1	-	-	-	-
37.Niuwe Witte Voss	Steffen Jansen	"	44	-	3	-	-	-	-	-
38.Concordia	Obbe Edtkes	"	45	-	-	1	-	-	-	-
39.Jacobus	Volkert Clasen	"	40	-	2	-	-	-	-	1
40.Morgenstern	J.N.Steinmetz	"	45	-	1	-	-	-	-	-
41.Anna Elisabeth	Ch.Hasselmann	"	43	-	5	-	-	-	-	-
42.Witte Falck	J.H.Hasselmann	"	43	-	5	-	-	-	-	-
43.Witte Peerd	Martin Jansen	"	45	-	2	-	-	-	-	-
44.Jonge Visser	Witge Jelles	"	45	-	4	-	-	-	-	=
45.Twe Gesüster	Tipke Tönnies	"	45	-	4	-	-	-	1	-
46.Jungfrau Clara	H.Dircks.Katt·	"	37	-	5	-	-	-	-	-
47.Frau Elisabeth +	C.Jansen Ney	"	44	-	4	-	-	-	-	-
48.Vogel Phönix +	Jan Tromp	"	44	-	-	-	-	-	-	-
49.Jonge Catharina	Jan Rolofs	"	45	-	-	-	-	-	-	-

+Die Schiffe sind verunglückt;StAHam,Hdschr.263,
S.127f.

243

Verzeichnis
der von Hamburg auslaufenden Wal-und Robbenfänger
und der Anteil der Seeleute des Untersuchungsgebietes

Jahr: 1772

Anteil
der folgenden Gebiete:

Schiffsname	Kommandeur	Herkunft	Bes.	Rö	Fö	Sy	Am	Ha	He	Fes
1.Jonge Margaretha	H.Hansen Carl	Röm	25	10	–	–	–	–	–	–
2.Martin	H.M.Jaspers	Röm	36	12	1	–	–	–	–	–
3.Anna	Thomas Zwen	Röm	34	9	–	–	–	–	–	3
4.Johannes	Michel Michels	Röm	37	8	1	–	–	–	–	1
5.Hoffnung u.Geduld+	Peter Andresen	Röm	35	13	1	–	–	–	–	–
6.Fief Gebröder	Peter Tönnies	Röm	38	9	3	–	–	–	–	–
7.Jonge Maria	Jan Lamberts	Röm	33	14	–	1	–	–	–	1
8.Frau Agatha	Peter Michels	Röm	39	14	–	1	–	–	–	1
9.Frau Elisabeth	C.Jürgens Holm	Röm	35	11	1	–	–	–	–	2
10.Maria Susanna	Matthias Jess.	Röm	43	9	3	–	–	–	–	–
11.Sara Cäcilia	Hans Petersen	Röm	39	5	1	3	–	–	–	2
12.Concordia	Peter Zwen	Röm	39	20	–	–	–	–	–	–
13.Mercurius	P.M.Jaspers	Röm	41	6	2	–	–	–	–	–
14.Zwaan	Matthias Zwen	Röm	34	10	–	–	–	–	–	–
15.Bloyende Hoop	Jürgen Zwen	Röm	42	10	3	–	–	–	–	–
16.Jungfrau Maria	Zwen C.Möller	Röm	38	13	–	–	–	–	–	1
17.Twe Jonge Hermans	P.Andres.Leest	Röm	38	8	1	1	–	–	–	–
18.Sara Galley	Hendr.Nannings	Föhr	25	–	9	–	–	–	–	–
19.Jonge Geertruy	B.Rickmers dJ.	Föhr	44	–	22	–	–	–	–	–
20.Griepenstein	Lorenz Riecks	Föhr	45	–	17	–	–	–	–	–
21.Jonge Johannes	Broer Broersen	Föhr	44	–	18	–	–	–	–	–
22.Frau Margaretha	Jurian Riecks	Föhr	45	–	23	–	–	–	–	–
23.St.Peter	Volk.Boysen	Föhr	44	–	19	–	1	–	–	–
24.Jgfr.Anna Maria	H.H.Tönnies	Sylt	39	5	2	3	–	–	–	–
25.Frau Agneta	C.Riewerts	Amrum	43	–	1	–	15	–	–	–
26.Jungfrau Clara	H.Dircks.Katt	Kein NF	37	–	6	–	–	–	–	–
27.Patriot	Sev.Andresen	"	43	1	4	–	–	–	–	1
28.Twe Gesüster	Tipke Tönnies	"	45	–	2	–	3	–	–	–
29.Jonge Catharina	Jan Geerds	"	45	–	5	1	–	–	–	–
30.Hoopende Visser	Gerrit Jansen	"	45	–	2	–	–	–	–	–
31.Jonge Jacob	Wiebe Wessels	"	45	1	6	–	–	–	–	–
32.Niuwe Witte Voss	Steffen Jans.	"	44	–	1	–	–	–	–	–
33.Hoop op d.Walvis	Gerd Eyssen	"	44	2	–	–	1	–	–	–
34.Hoopende Landmann	G.D.Visser	"	44	–	4	–	–	–	–	–
35.Anna Elisabeth	Ch.Hasselmann	"	43	–	4	–	–	–	–	–
36.Witte Falck	J.H.Hasselmann	"	43	–	3	–	–	–	–	–
37.Jacobus	Volk.Clasen	"	41	–	–	–	–	4	–	–
38.Morgenstern	J.N.Steinmetz	"	44	–	2	–	–	–	–	–
39.Jonge Visser	Witge Jelles	"	45	–	5	–	–	–	–	–
40.Frau Hanna	C.Jansen Ney	"	43	1	3	–	–	–	–	–
41.König Salomon	W.Hendricks	"	44	–	–	–	–	–	–	–
42.Concordia	Obbe Edtkes	"	44	–	–	–	–	–	–	–

+ Das Schiff ist verunglückt;StAHam,Hdschr.263,S.130

244

Verzeichnis
der von Hamburg auslaufenden Wal-und Robbenfänger
und der Anteil der Seeleute des Untersuchungsgebietes

Jahr:1773

Anteil
der folgenden Gebiete:

Schiffsname	Kommandeur	Herkunft	Bes.	Rö	Fö	Sy	Am	Ha	He	Fest
1.Bloyende Hoop	Jürgen Zwen	Röm	42	14	3	–	–	–	–	–
2.Anna	Thomas Zwen	Röm	34	12	–	–	–	–	–	2
3.Johannes	Michel Michels	Röm	37	10	1	–	–	–	–	2
4.Martin	H.M.Jaspers	Röm	36	13	1	–	–	–	–	–
5.Maria Susanna	Matth.Jessen	Röm	43	10	2	–	–	–	–	–
6.Mercurius	P.M.Jaspers	Röm	41	7	1	–	–	–	–	–
7.Frau Elisabeth	C.Jürgens Holm	Röm	35	11	–	–	–	–	–	–
8.Zwaan	Matthias Zwen	Röm	34	12	–	–	–	–	–	–
9.Sara Cäcilia	Hans Petersen	Röm	39	9	1	1	–	–	–	2
10.Fief Gebröder	Peter Tönnies	Röm	38	8	2	–	–	–	–	–
11.Twe Jonge Hermans	P.Andr.Leest	Röm	38	9	1	–	–	–	–	–
12.Frau Agatha	Peter Michels	Röm	39	18	–	1	–	–	–	–
13.Jonge Margaretha	H.Hansen Carl	Röm	25	11	–	–	–	–	–	–
14.Jacobus	Pet.Andresen	Röm	42	12	2	–	–	–	–	–
15.Concordia	Peter Zwen	Röm	39	10	–	–	–	–	–	6
16.St.Peter	Volk.Boysen	Föhr	45	–	20	–	–	–	–	–
17.Peter +	Matth.Clasen	Föhr	43	–	17	2	5	–	–	–
18.Frau Margaretha	Jurian Riecks	Föhr	45	–	25	–	1	–	–	–
19.Jonge Geertruy	B.Rickmers d.J.	Föhr	44	–	24	2	–	–	–	–
20.Jonge Johannes	Broer Broersen	Föhr	44	2	19	5	2	–	–	–
21.Sara Galley	Hendr.Nannings	Föhr	25	–	9	–	–	–	–	–
22.Griepenstein	Lorenz Riecks	Föhr	45	–	15	–	–	–	–	–
23.Jgfr.Anna Maria	H.H.Tönnies	Sylt	39	4	1	6	–	–	–	–
24.Concordia	Obbe Edtkes	Kein NF	45	–	1	–	–	–	1	–
25.Twe Gesüster	J.Adri.Breedt	"	45	3	4	–	–	–	–	1
26.Jungfrau Clara	H.Dircks.Katt	"	37	–	6	–	–	–	–	–
27.Morgenstern	J.N.Steinmetz	"	45	–	4	–	–	–	–	–
28.Hoopende Visser	Gerrit Jansen	"	45	–	3	–	–	–	–	–
29.Hoop op d.Walvis	Geerd Eyssen	"	44	–	–	5	–	–	–	–
30.Jonge Maria	W.Jac.Melan	"	33	1	–	–	–	–	–	–
31.Hoopende Landmann	Ocke D.Meyer	"	45	–	7	–	–	–	–	–
32.Patriot	Sev.Andresen	"	43	2	4	–	–	–	–	–
33.Jonge Catharina	Jan Geerds	"	45	–	4	1	–	–	–	–
34.Witte Peerd	Mart.Jansen	"	45	–	1	1	–	–	–	–
35.Jungfrau Sara	Feike Ocken	"	45	–	3	–	–	–	–	–
36.Niuwe Witte Voss	Steffen Jansen	"	44	–	–	1	–	–	–	–
37.Anna Elisabeth	Ch.Hasselmann	"	43	–	4	–	–	–	–	–
38.Lilie	H.A.Hasselmann	"	41	–	5	–	–	–	–	–
39.Witte Falck	J.H.Hasselmann	"	43	–	3	–	–	–	–	–
40.König Salomon	W.Hendricks	"	44	–	1	2	–	–	–	–
41.Frau Anna	C.Jansen Ney	"	43	2	4	–	–	–	–	1
42.Jonge Peter	G.Jansen Ney	"	40	–	3	–	–	–	–	–
43.Jonge Visser	Witge Jelles	"	46	–	5	–	3	–	–	–
44.Jonge Jacob	Wiebe Wessels	"	44	–	5	2	–	–	–	–
45.Jgfr.Hypolite	Diedr.Krönke	"	25	–	–	–	–	–	–	–

+Für dieses Schiff ist zwar am 15.3.1773 vom Hamburger Wasserschout ein Musterungsprotokoll ausgefertigt worden,doch sollte
der Walfänger nach der Fangreise nach Amsterdam einlaufen.Bei
Pieter Dekker,De laatste Bloeiperiode van de Nederlandse Arctische
Walvis-en Robbevangst 1761-1775,wird das Schiff nicht erwähnt.

<u>Verzeichnis</u>
der von Hamburg auslaufenden Wal-und Robbenfänger
und der Anteil der Seeleute des Untersuchungsgebietes

Jahr: 1774   <u>Anteil</u>
                der folgenden Gebiete:

Schiffsname	Kommandeur	Herkunft	Bes.	Rö.	Fö.	Sy.	Am.	Ha.	He.	Fest
1.Anna	H.Hansen Carl	Röm	34	15	–	–	–	–	–	1
2.Frau Agatha	Peter Michels	Röm	39	12	–	–	–	–	–	–
3.Frau Elisabeth	C.Jürgens Holm	Röm	35	10	–	–	–	–	–	2
4.Jonge Peter	J.Andre.Leest	Röm	40	14	–	1	–	–	–	–
5.Zwaan	Matthias Zwen	Röm	34	10	–	–	–	–	–	2
6.Sara Galley	P.Cornelissen	Röm	25	11	1	–	–	–	–	4
7.Mercurius	P.M.Jaspers	Röm	41	8	1	–	–	–	–	–
8.Johannes	Michel Michels	Röm	37	14	–	–	–	–	–	–
9.Sara Cäcilia	Hans Petersen	Röm	40	8	–	1	–	–	–	2
10.Jacobus	Peter Andresen	Röm	41	10	2	–	–	–	–	–
11.Bloyende Hoop	Jürgen Zwen	Röm	42	13	2	–	–	–	–	–
12.Twe Jonge Hermans	P.Andre.Leest	Röm	38	9	1	–	–	–	–	–
13.Concordia	Peter Zwen	Röm	39	11	–	–	–	–	–	11
14.Maria Susanna	Matth.Jessen	Röm	43	10	2	–	–	–	–	1
15.Martin	H.M.Jaspers	Röm	36	14	–	–	–	–	–	–
16.Jonge Margaretha	Pet.P.Decker	Röm	25	12	–	–	–	–	–	–
17.Fief Gebröder	Peter Tönnies	Röm	38	6	2	–	–	–	–	2
18.Griepenstein	Lorenz Riecks	Föhr	45	1	12	–	–	–	–	1
19.Frau Margaretha	Jurian Riecks	Föhr	45	–	21	–	1	–	–	–
20.Jonge Johannes	Broer Broersen	Föhr	44	–	18	–	–	–	–	–
21.St.Peter	Volk.Boysen	Föhr	44	–	22	3	–	–	–	–
22.Jonge Geertruy	B.Rickmers d.J.	Föhr	44	1	19	2	1	–	–	–
23.Jgfr.Anna Maria	H.H.Tönnies	Sylt	40	4	1	4	–	–	–	–
24.Concordia	Obbe Edtkes	Kein NF	45	–	1	–	–	–	–	–
25.Hoopende Landmann	Ocke D.Meyer	"	45	–	4	–	–	–	–	–
26.Patriot	Sev.Andresen	"	43	1	4	–	–	–	–	–
27.Lilie	H.A.Hasselmann	"	41	–	4	–	–	–	–	–
28.Jungfrau Clara	H.Dircks.Katt	"	37	–	6	–	–	–	–	–
29.Twe Gesüster	J.Adr.Breedt	"	44	2	4	–	–	–	–	–
30.Witte Peerd	Mart.Jansen	"	44	–	1	1	–	–	–	–
31.Witte Falck	J.H.Hasselmann	"	42	–	4	3	–	–	–	–
32.Morgenstern	J.N.Steinmetz	"	45	–	2	–	–	–	–	–
33.Anna Elisabeth	Ch.Hasselmann	"	43	–	3	–	–	–	–	–
34.Niuwe Witte Voss	Steffen Jansen	"	44	2	1	–	–	–	–	–
35.Frau Anna	C.Jansen Ney	"	44	2	5	–	–	–	–	–
36.Jonge Jacob	Wiebe Wessels	"	46	4	4	1	–	–	–	–
37.Jonge Visser	Witge Jelles	"	45	2	3	–	3	–	–	–
38.Hoop op d.Walvis	Geerd Eyssen	"	44	–	–	2	–	–	–	–
39.Jungfrau Maria	Feike Ocken	"	45	–	1	–	–	–	–	–
40.König Salomon	W.Hendricks	"	44	–	–	–	–	–	–	–
41.Jonge Catharina	Jan Geerds	"	44	–	–	–	–	–	–	–
42.Jonge Maria	W.Jac.Melan	"	32	–	–	–	–	–	–	–
43.Jgfr.Hypolite	Diedr.Krönke	"	30	–	–	–	–	–	–	–
44.Hoopende Visser	Gerrit Jansen	"	44	–	–	–	–	–	–	–

der von Hamburg auslaufenden Wal-und Robbenfänger
und der Anteil der Seeleute des Untersuchungsgebietes

Jahr:1775   Anteil
der folgenden Gebiete:

Schiffsname	Kommandeur	Herkunft	Bes.	Rö.	Fö.	Sy.	Am.	Ha.	He.	Fest.
1.Bloyende Hoop	Jürgen Zwen	Röm	42	12	3	-	-	-	-	-
2.Twe Jonge Hermans	P.Andre.Leest	Röm	38	10	1	-	-	-	-	-
3.Frau Elisabeth	C.Jürgens Holm	Röm	35	11	-	-	-	-	-	-
4.Maria Susanna	Matth.Jessen	Röm	40	11	2	-	-	-	-	1
5.Mercurius	P.M.Jaspers	Röm	41	9	1	-	-	-	-	-
6.Sara Cäcilia	Hans Petersen	Röm	40	14	1	-	-	-	-	-
7.Zwaan	Matthias Zwen	Röm	34	11	-	-	-	-	-	2
8.Concordia	Peter Zwen	Röm	39	12	3	-	-	-	-	4
9.Jonge Margaretha	P.Pet.Decker	Röm	25	10	-	-	-	-	-	2
10.Martin	H.M.Jaspers	Röm	36	13	-	-	-	-	-	2
11.Anna	H.Hansen Carl	Röm	34	13	-	-	-	-	-	1
12.Jonge Peter	J.Andre.Leest	Röm	40	16	-	1	-	-	-	-
13.Jacobus	Pet.Andresen	Röm	41	13	1	-	-	-	-	1
14.Fief Gebröder	Peter Tönnies	Röm	38	11	2	-	-	-	-	1
15.Johannes	Michel Michels	Röm	37	11	1	-	-	-	-	-
16.Frau Agatha	Joh.Hansen	Röm	39	17	-	-	-	-	-	2
17.Heinrich u.Jacob	Ocke Johannes	Föhr	37	-	7	1	-	-	1	-
18.Jonge Johannes	Broer Broersen	Föhr	44	-	18	-	-	-	-	-
19.Frau Margaretha	Jurian Riecks	Föhr	45	-	22	-	3	-	-	-
20.Griepenstein	Lorenz Riecks	Föhr	45	3	13	-	-	-	-	1
21.Jonge Geertruy	B.Rickmers d.J.	Föhr	44	-	20	2	2	-	-	-
22.St.Peter	Volk.Boysen	Föhr	44	-	18	2	1	-	-	-
23.Jgfr.Anna Maria	H.H.Tönnies	Sylt	38	5	1	5	-	-	-	-
24.Jgfr.Clara	H.Dircks.Katt	Kein NF	37	-	6	-	-	-	-	-
25.Frau Anna	C.Jansen Ney	"	44	1	5	-	-	-	-	-
26.Jonge Jacob	Wiebe Wessels	"	45	-	6	-	1	-	-	-
27.Witte Peerd	Mart.Jansen	"	45	-	3	1	-	-	-	-
28.Niuwe Witte Voss	Steff.Jansen	"	44	-	1	5	-	-	-	-
29.König Salomon	W.Hendriks	"	44	-	-	3	-	-	-	-
30.Hoopende Visser	Gerrit Jansen	"	45	-	4	-	-	-	-	-
31.Jonge Catharina	Gerd Eyssen	"	45	-	1	6	-	-	-	-
32.Twe Gesüster	J.Adr.Breedt	"	45	-	4	-	-	-	-	-
33.Jonge Visser	Witge Jelles	"	46	-	3	-	3	-	-	-
34.Maria Elisabeth	J.Geerdts.	"	45	-	3	-	-	-	-	1
35.Concordia	Obbe Edtkes	"	45	-	2	-	-	-	-	-
36.Jungfrau Maria	Feike Ocken	"	45	-	3	-	-	-	-	-
37.Lilie	H.A.Hasselmann	"	42	-	4	-	-	-	-	-
38.Anna Elisabeth	Ch.Hasselmann	"	43	-	2	-	-	-	-	-
39.Morgenstern	J.N.Steinmetz	"	45	-	2	-	-	-	-	-
40.Patriot	Sev.Andresen	"	43	-	5	-	-	-	-	-
41.Witte Falck	J.H.Hasselmann	"	42	-	3	-	-	-	-	-
42.Hoopende Landmann	Ocke D.Meyer	"	45	-	4	-	-	-	-	-
43.Cathar.Margaretha	Johann Witt	"	30	-	-	-	-	-	-	-
44.Jonge Maria	W.Jac.Melahn	"	32	-	-	-	-	-	-	-

der von Hamburg auslaufenden Wal-und Robbenfänger
und der Anteil der Seeleute des Untersuchungsgebietes

Jahr:1776   Anteil
der folgenden Gebiete:

Schiffsname	Kommandeur	Herkunft	Bes.	Rö	Fö	Sy	Am	Ha	He	Fest
1.Jonge Peter	J.Andres.Leest	Röm	40	12	–	1	–	–	–	1
2.Maria Susanna	Matth.Jessen	Röm	43	11	1	–	–	–	–	2
3.Mercurius	P.M.Jaspers	Röm	41	7	1	–	–	–	–	–
4.Jacobus	Peter Andresen	Röm	41	10	1	–	–	–	–	–
5.Johannes	Michel Michels	Röm	37	11	1	–	–	–	–	–
6.Jonge Margaretha	P.P.Decker	Röm	25	8	–	–	–	–	–	7
7.Bloyende Hoop	Jürgen Zwen	Röm	42	8	3	–	–	–	–	–
8.Twe Jonge Hermans	Albert Jansen	Röm	39	11	1	–	–	–	–	–
9.Concordia	Peter Zwen	Röm	39	11	–	–	–	–	–	3
10.Zwaan	Matthias Zwen	Röm	34	10	–	–	–	–	–	–
11.Anna	H.Hansen Carl	Röm	34	12	–	–	–	–	–	–
12.Goode Hoop	Peter Cornelis	Röm	39	11	2	–	–	–	–	2
13.Sara Cäcilia	Hans Petersen	Röm	41	8	1	–	–	–	–	3
14.Frau Elisabeth	C.Jürgens Holm	Röm	35	7	2	–	–	–	–	–
15.Griepenstein	Andr.Jürgensen	Röm	45	12	–	–	–	–	–	–
16.Frau Agatha	Joh.Hansen	Röm	39	15	–	–	–	–	–	–
17.Fief Gebröder	Peter Tönnies	Röm	38	12	–	–	–	–	–	–
18.Martin	H.M.Jaspers	Röm	36	11	–	–	–	–	–	–
19.Heinrich u.Jacob	Ocke Johannes	Föhr	37	–	9	–	–	–	1	–
20.Jonge Johannes	Broer Broersen	Föhr	44	2	10	–	–	–	–	–
21.Frau Margaretha	Jurian Riecks	Föhr	45	–	18	–	2	–	–	–
22.Jonge Geertruy	B.Rickmers d.J.	Föhr	44	–	18	–	–	–	–	–
23.St.Peter	Volk.Boysen	Föhr	44	–	17	1	–	–	–	–
24.Jgfr.Anna Maria	H.H.Tönnies	Sylt	40	6	–	–	–	–	–	–
25.Patriot	Sev.Andresen	Kein NF	43	–	5	–	–	–	–	–
26.Hoopende Landmann	Ocke D.Meyer	"	44	–	4	–	–	–	–	–
27.Morgenstern	J.N.Steinmetz	"	45	–	2	–	–	–	–	–
28.Witte Falck	J.H.Hasselmann	"	43	–	4	–	–	–	–	–
29.Frau Anna	C.Jansen Ney	"	44	2	3	–	–	–	–	–
30.Jgfr.Clara	H.Dircks.Katt	"	38	–	6	–	–	–	–	–
31.Jungfrau Maria	Feike Ocken	"	45	–	3	–	–	–	–	–
32.Concordia	Obbe Edtkes	"	45	–	1	–	–	–	–	–
33.Maria Elisabeth	Jan Geerdts	"	45	–	2	–	–	–	–	–
34.Anna Elisabeth	Ch.Hasselmann	"	43	–	1	–	–	–	–	–
35.Lilie	H.A.Hasselmann	"	42	–	3	–	–	–	–	–
36.Jonge Jacob	Wiebe Wessels	"	45	1	4	1	–	–	–	–
37.Hoopende Visser	Gerrit Jansen	"	45	2	5	1	–	–	–	–
38.König Salomon	W.Hendricks	"	44	–	–	–	1	–	–	–
39.Niuwe Witte Voss	Steff.Jansen	"	44	–	1	–	–	–	–	–
40.Jonge Visser	Witge Jelles	"	46	–	1	–	2	–	–	–
41.Witte Peerd	Martin Jansen	"	45	–	3	1	–	–	–	–
42.Twe Gesüster	Jan Ad.Breedt	"	45	–	7	–	–	–	–	–
43.Jonge Catharina	Gerd Eyssen	"	45	–	–	5	–	–	–	–
44.Cathar.Margaretha	Johann Witt	"	30	–	–	–	–	–	–	–
45.Jonge Maria	W.Jac.Melahn	"	32	–	–	–	–	–	–	–

Verzeichnis
der von Hamburg auslaufenden Wal-und Robbenfänger
und der Anteil der Seeleute des Untersuchungsgebietes

Jahr:1777   Anteil
der folgenden Gebiete:

Schiffsname	Kommandeur	Herkunft	Bes.	Rö.	Fö.	Sy.	Am.	Ha.	He.	Fest
1.Fief Gebröder	Peter Tönnies	Röm	38	11	–	–	–	–	–	–
2.Maria Susanna	Matth.Jessen	Röm	43	11	1	–	–	–	–	1
3.Jonge Peter	J.Andr.Leest	Röm	40	12	2	–	–	–	–	–
4.Jonge Margaretha	P.P.Decker	Röm	25	11	–	–	–	–	–	–
5.Martin	H.M.Jaspers	Röm	36	12	–	–	–	–	–	–
6.Concordia	Peter Zwen	Röm	39	9	1	–	–	–	–	–
7.Zwaan	Matthias Zwen	Röm	34	12	–	–	–	–	–	1
8.Johannes	Michel Michels	Röm	37	10	–	–	–	–	–	–
9.Goode Hoop	Peter Cornelis	Röm	39	12	1	–	–	–	–	–
10.Bloyende Hoop	Jürgen Zwen	Röm	42	6	2	–	–	–	–	–
11.Anna	H.Hansen Carl	Röm	34	11	–	–	–	–	–	–
12.Griepenstein	Andr.Jürgensen	Röm	45	14	–	–	–	–	–	–
13.Frau Agatha+++	Johann Hansen	Röm	38	11	–	–	–	–	–	–
14.Twe Jonge Hermans+	Albert Jansen	Röm	38	11	1	–	–	–	–	–
15.Sara Cäcilia++	Hans Petersen	Röm	41	12	2	–	–	–	–	–
16.Mercurius++	H.Chr.Jaspers	Röm	41	7	–	–	–	–	–	–
17.Jacobus+	Peter Andresen	Röm	41	9	1	–	–	–	–	–
18.Frau Margaretha	Jurian Riecks	Föhr	45	1	20	1	3	–	–	–
19.Jonge Johannes	Broer Broersen	Föhr	44	–	11	–	–	–	–	–
20.St.Peter	Volk.Boysen	Föhr	44	1	17	1	2	–	–	–
21.Jonge Geertruy	B.Rickmers d.J.	Föhr	44	–	18	–	1	–	–	–
22.Heinrich u.Jacob	Ocke Johannes	Föhr	37	–	7	–	–	–	–	–
23.Jgfr.Anna Maria	H.H.Tönnies	Sylt	41	7	–	2	–	–	–	–
24.Niuwe Witte Voss	Steff.Jansen	Kein NF	44	–	1	–	–	–	–	–
25.Twe Gesüster	J.A.Breedt	"	45	–	7	–	–	–	–	–
26.Jonge Visser	Witge Jelles	"	46	–	4	–	2	–	1	–
27.Jonge Jacob	Wiebe Wessels	"	45	–	4	–	–	–	–	–
28.Jonge Catharina	Gerd Eyssen	"	45	–	1	1	–	–	–	–
29.Hoopende Visser	Gerrit Jansen	"	45	–	4	–	–	–	–	–
30.Jungfrau Maria	Feike Ocken	"	45	–	1	1	–	–	–	–
31.Maria Elisabeth	Jan Geerds	"	45	–	2	–	–	–	–	–
32.Morgenstern	J.N.Steinmetz	"	45	–	2	–	–	–	–	–
33.Hoopende Landmann	Ocke D.Meyer	"	45	–	1	–	–	–	–	–
34.Jgfr.Anna Elisab.	Ch.Hasselmann	"	43	–	1	–	–	–	–	–
35.Jungfrau Clara++	H.Dircks.Katt	"	38	3	3	–	–	–	–	–
36.Lilie	H.A.Hasselmann	"	42	–	4	–	–	–	–	–
37.Patriot	Sev.Andresen	"	44	–	6	–	–	–	–	2
38.Witte Falck	J.H.Hasselmann	"	43	–	4	–	–	–	–	–
39.Frau Anna	C.Jansen Ney	"	44	3	3	–	–	–	–	–
40.Witte Peerd +++	Mart.Jansen	"	45	–	4	1	1	–	–	–
41.Concordia	Obbe Edtkes	"	45	–	–	–	–	–	–	–
42.König Salomon	W.Hendricks	"	44	–	–	–	–	–	–	–
43.Frau Elisabeth	Matth.Hoffmann	"	33	–	–	–	–	–	–	–
44.Cathar.Margaretha	Johann Witt	"	30	–	–	–	–	–	–	–
45.Jonge Maria	W.Jac.Melahn	"	32	–	–	–	–	–	–	–

+   Totalverlust beider Schiffe am 20.8.1777 im Seegebiet um Grönland;Teile der Besatzungen konnten sich retten,s.hierzu Jürgen
Röper,Kurzgefaßte wahrhafte Nachricht v.d.i.Jahre 1777 auf d.
Wallfischfang n.Grönland abgegangenen u.daselbst verunglückten
fünf Hamburger Schiffen,Altona,1778,S.4

++   Totalverlust der drei Schiffe am 30.9.1777 im Seegebiet um Grönland;Teile der Besatzungen konnten sich retten,J.Röper,a.a.O.,S.5
u.Hidde Dirks Kat,Dagboek eener Reize ter Walvisch-en Robbenvangst 1777 en 1778 door den Kommandeur H.Dirks Kat,Haarlem,1818

+++ Die Schiffe sind verunglückt,StAHam,Handschrift 263,S.135f.

der von Hamburg auslaufenden Wal-und Robbenfänger
und der Anteil der Seeleute des Untersuchungsgebietes

Jahr: 1778

Anteil
der folgenden Gebiete:

Schiffsname	Kommandeur	Herkunft	Bes.	Rö	Fö	Sy	Am	Ha	He	Fest
1.Martin	H.M.Jaspers	Röm	36	11	–	–	–	–	–	–
2.Zwaan	Matthias Zwen	Röm	34	9	–	–	–	–	–	–
3.Griepenstein	And.Jürgensen	Röm	45	12	–	–	–	–	–	–
4.Anna	H.Hansen Carl	Röm	34	11	–	–	–	–	–	–
5.Jonge Margaretha	P.P.Decker	Röm	25	8	–	–	–	–	–	–
6.Goode Hoop	Peter Cornelis	Röm	40	9	1	–	–	–	–	–
7.Bloyende Hoop	Joh.Hansen	Röm	42	8	3	–	–	–	–	–
8.Concordia	Peter Zwen	Röm	39	11	–	–	–	–	–	–
9.Maria Susanna	Matthias Jess.	Röm	43	12	1	–	–	–	–	–
10.Johannes	Michel Michels	Röm	37	10	–	–	–	–	–	–
11.Jonge Peter	J.Andr.Leest	Röm	40	12	1	–	–	–	–	–
12.Heinrich u.Jacob	Ocke Johannes	Föhr	37	–	14	1	–	–	–	–
13.Frau Margaretha	Jurian Riecks	Föhr	45	–	21	–	3	–	–	–
14.Jonge Geertruy	B.Rickmers d.J.	Föhr	44	–	16	–	1	–	–	–
15.St.Peter	Volk.Boysen	Föhr	44	–	18	2	–	–	–	–
16.Jgfr.Anna Maria	H.H.Tönnies	Sylt	42	8	1	1	–	–	–	–
17.Morgenstern	J.N.Steinmetz	Kein NF	45	–	3	–	–	–	–	1
18.Frau Anna	C.Jansen Ney	"	44	2	2	–	–	–	–	–
19.Patriot	Sev.Andresen	"	43	–	5	–	–	–	–	1
20.Anna Elisabeth	Ch.Hasselmann	"	43	–	3	–	–	–	–	–
21.Niuwe Witte Voss	Steffen Jans.	"	44	–	2	2	–	–	–	–
22.König Salomon	W.Hendricks	"	44	–	–	1	–	–	–	–
23.Jonge Jacob	Wiebe Wessels	"	44	–	6	–	–	–	–	2
24.Jonge Visser	Witge Jelles	"	45	–	3	–	1	–	–	–
25.Hoopende Visser	G.Jansen	"	45	–	5	–	–	–	–	–
26.Twe Gesüster	J.Ad.Breedt	"	44	–	7	1	–	–	–	–
27.Witte Falck	J.H.Hasselmann	"	43	–	3	–	–	–	–	–
28.Lilie	H.A.Hasselmann	"	42	–	2	–	–	–	–	–
29.Maria Elisabeth	Jan Geerds	"	45	–	1	1	–	–	–	–
30.Jungfrau Maria	Feike Ocken	"	45	–	2	–	–	–	–	–
31.Concordia	Obbe Edtkes	"	45	–	1	–	–	–	–	–
32.Hoopende Landmann	Ocke D.Meyer	"	44	–	–	–	–	–	–	–
33.Cathar.Margaretha	Johann Witt	"	30	–	–	–	–	–	–	–
34.Jonge Maria	W.Jac.Melahn	"	32	–	–	–	–	–	–	–
35.Jonge Catharina	Gerrit Eyssen	"	44	–	–	–	–	–	–	–

Verzeichnis
der von Hamburg auslaufenden Wal-und Robbenfänger
und der Anteil der Seeleute des Untersuchungsgebietes

Jahr:1779   Anteil der folgenden Gebiete:

Schiffsname	Kommandeur	Herkunft	Bes.	Rö	Fö	Sy	Am	Ha	He	Fest.
1.Jonge Margaretha	P.P.Decker	Röm	25	9	-	-	-	-	-	-
2.Anna	H.Hansen Carl	Röm	34	13	-	-	-	-	-	-
3.Concordia	Andr.Jürgensen	Röm	39	11	-	-	-	-	-	-
4.Zwaan	Matthias Zwen	Röm	34	10	-	-	-	-	-	-
5.Maria Susanna	Matth.Jessen	Röm	43	14	1	-	-	-	-	-
6.Bloyende Hoop	Johann Hansen	Röm	42	11	-	-	-	-	-	-
7.Martin	Michel Jaspers	Röm	36	13	-	-	-	-	-	-
8.Johannes	Michel Michels	Röm	37	6	-	-	-	-	-	-
9.St.Peter	Volk.Boysen	Föhr	44	2	18	-	2	-	-	1
10.Frau Margaretha	Rieck Jurians	Föhr	45	-	17	2	-	-	-	-
11.Jonge Geertruy	B.Rickmers d.J.	Föhr	44	-	18	3	-	-	-	-
12.Jgfr.Anna Maria	H.H.Tönnies	Sylt	42	9	-	3	-	-	-	-
13.Hoopende Landmann	Ocke D.Meyer	Kein NF	45	-	1	-	-	-	-	-
14.Morgenstern	J.N.Steinmetz	"	45	1	3	-	-	-	-	-
15.Patriot	Sev.Andresen	"	44	-	5	-	-	-	-	-
16.Heinrich u.Jacob	J.A.Winter	"	38	1	2	-	-	-	-	-
17.Maria Elisabeth	Jan Geerds	"	45	-	3	-	-	-	-	-
18.Concordia	Obbe Edtkes	"	45	-	1	-	-	-	-	-
19.Witte Falck	J.H.Hasselmann	"	43	-	3	-	-	-	-	-
20.Lilie	H.A.Hasselmann	"	42	-	1	-	-	-	-	-
21.Anna Elisabeth	Ch.Hasselmann	"	43	-	1	-	-	-	1	-
22.Jonge Visser	Witge Jelles	"	46	-	3	-	1	-	-	-
23.Jonge Jacob	Wiebe Wessels	"	45	-	4	-	-	-	-	-
24.Twe Gesüster	J.A.Breedt	"	45	-	9	-	-	-	-	-
25.Niuwe Witte Voss	Steff.Jansen	"	44	-	1	-	-	-	-	-
26.Jungfrau Maria	C.Jansen Ney	"	45	-	2	1	-	-	-	-
27.Hoopende Visser	G.Jansen	"	45	-	4	-	-	-	-	-
28.Griepenstein	J.H.Grube	"	45	1	3	-	-	-	-	-
29.Cathar.Margaretha	Johann Witt	"	30	-	-	-	-	-	-	-
30.König Salomon	W.Hendricks	"	44	-	-	-	-	-	-	-
31.Jonge Catharina	Gerrit Eyssen	"	44	-	-	-	-	-	-	-

der von Hamburg auslaufenden Wal-und Robbenfänger
und der Anteil der Seeleute des Untersuchungsgebietes

Jahr:1780

Anteil
der folgenden Gebiete:

Schiffsname	Kommandeur	Herkunft	Bes.	Rö.	Fö.	Sy.	Am.	Ha.	He.	Fest
1.Concordia	A.Jürgensen	Röm	39	13	–	–	–	–	–	–
2.Martin	H.M.Jaspers	Röm	36	15	–	–	–	–	–	–
3.Jonge Margaretha	Peter Zwen	Röm	25	9	–	–	–	–	–	–
4.Bloyende Hoop	Joh.Hansen	Röm	41	12	2	–	–	–	–	2
5.Anna	H.Hansen Carl	Röm	34	15	–	–	–	–	–	–
6.Zwaan	Matthias Zwen	Röm	34	10	–	–	–	–	–	–
7.Maria Susanna	Matth.Jessen	Röm	43	14	1	–	–	–	–	–
8.Johannes	Michel Michels	Röm	37	10	–	–	–	–	–	–
9.Jonge Geertruy	B.Rickmers d.J.	Föhr	44	–	16	–	1	–	–	–
10.St.Peter	Volk.Boysen	Föhr	44	–	15	–	1	–	–	–
11.Frau Margaretha	Rieck Jurians	Föhr	45	–	17	–	–	–	–	–
12.Jgfr.Anna Maria	H.H.Tönnies	Sylt	43	7	–	2	–	–	–	–
13.Twe Gesüster	Jan A.Breedt	Kein NF	45	–	5	–	–	–	–	–
14.Jonge Visser	Witge Jelles	"	45	–	5	–	2	–	–	–
15.Witte Falck	J.H.Hasselmann	"	43	–	3	–	–	–	–	–
16.Maria Elisabeth	Steff.Jansen	"	45	–	2	1	–	–	–	–
17.Jonge Catharina	Gerrit Eyssen	"	45	3	–	–	–	–	–	–
18.König Salomon	W.Hendricks	"	44	–	1	–	3	–	–	–
19.Jungfrau Maria	C.Jansen Ney	"	45	2	4	1	–	–	–	–
20.Hoopende Visser	G.Jansen	"	45	1	5	–	–	–	1	–
21.Lilie	H.A.Hasselmann	"	42	–	2	–	–	–	–	–
22.Patriot	Sev.Andresen	"	44	–	5	–	–	–	–	2
23.Concordia	Obbe Edtkes	"	46	–	1	–	–	–	–	–
24.Anna Elisabeth	Ch.Hasselmann	"	43	1	1	–	–	–	1	–
25.Griepenstein	J.H.Grube	"	45	–	3	–	–	–	–	–
26.Jonge Jacob	Wiebe Wessels	"	45	–	2	–	–	–	–	–
27.Morgenstern	J.N.Steinmetz	"	45	1	2	–	–	–	–	–
28.Hoopende Landmann	Ocke D.Meyer	"	44	–	–	–	–	–	–	–
29.Grönland	Johann Witt	"	30	–	–	–	–	–	–	–

<u>Verzeichnis</u>
der von Hamburg auslaufenden Wal-und Robbenfänger
und der Anteil der Seeleute des Untersuchungsgebietes

Jahr:1781

<u>Anteil</u>
der folgenden Gebiete:

Schiffsname	Kommandeur	Herkunft	Bes.	Rö.	Fö.	Sy.	Am.	Ha.	He.	Fest
1.Martin,80 Last +	H.M.Jaspers	Röm	37	8	-	-	-	-	-	-
2.Anna,55 Last	H.Hansen Carl	Röm	34	7	-	-	-	-	-	-
3.Zwaan,60 Last	Matthias Zwen	Röm	33	4	-	-	-	-	-	-
4.Johannes,80 Last	Michel Michels	Röm	37	6	-	-	-	-	-	-
5.Maria Susanna,120 L	Matth.Jessen	Röm	44	7	1	-	-	-	-	-
6.Concordia,80 Last	Andr.Jürgensen	Röm	39	6	· -	-	-	-	-	-
7.Bloyende Hoop,80 L	Albert Jansen	Röm	42	5	4	-	-	-	-	-
8.St.Peter,150 Last	Volk.Boysen	Föhr	45	-	24	-	-	-	-	-
9.Fr.Margaretha,150L	Rieck Jurians	Föhr	45	-	25	-	-	-	-	-
10.Anna Maria,80 L.	H.H.Tönnies	Sylt	43	3	-	4	-	-	-	-
11.Jgfr.Maria,150 L.	C.Jansen Ney	Kein NF	45	-	8	-	-	-	-	-
12.Patriot,100 Last	Sev.Andresen	"	44	-	4	-	-	-	-	-
13.Griepenstein,140L	J.H.Grube	"	45	-	3	-	-	-	-	-
14.Lilie,90 Last	H.A.Hasselmann	"	43	-	2	-	-	-	-	-
15.Anna Elisab.,100L	Ch.Hasselmann	"	45	-	4	-	-	-	-	-
16.Hoopende Viss.,140	Gerrit Jansen	"	45	-	8	-	-	-	.1	-
17.Concordia,110 L.	Obbe Edtkes	"	45	-	1	-	-	-	-	-
18.Twe Gesüster,150L	Jan A.Breedt	"	45	-	5	-	-	-	-	-
19.Jonge Jacob,140 L	Wiebe Wessels	"	45	-	7	-	-	-	-	-
20.König Salomon,?L	W.Hendricks	"	44	-	1	-	-	-	-	-
21.Hoop.Landmann,140	Ocke D.Meyer	"	44	-	-	-	-	-	-	-
22.Jg.Catharina,140L	Gerrit Eyssen	"	44	-	-	-	-	-	-	-
23.Maria Elisab.,?L	Steff.Jansen	"	44	-	-	-	-	-	-	-
24.Grönland,60 L ++	Johann Witt	"	30	-	-	-	-	-	-	-

+ Die Musterungsprotokolle des Hamburger Wasserschouts enthalten
im allgemeinen keine Größenangaben der Schiffe.Nur für die Jahre
1781/82 und nach 1828 werden sie sowohl bei den Walfang-als auch
bei den Handelsschiffen in den meisten Fällen angegeben.
Die Größenangabe bei den meisten Schiffen dieser Liste steht in
Zusammenhang mit der Ausstellung von Seepässen,die aufgrund der
politischen Lage die Neutralität der Hamburger Schiffe dokumen-
tieren sollten.
1 Last = 4000 hamburgische Pfund,1 hamburgisches Pfund=484,6 Gramm;
ab 1815 wird die Trächtigkeit der Schiffe in Commerz-Last(CL) an-
gegeben:1 CL=6000 Pfd.
++Das Schiff kehrte bereits am 28.4.1781 nach Hamburg zurück;wahr-
scheinlich hatte es Havarie,StAHam,Hdschr.263,S.140

der von Hamburg auslaufenden Wal-und Robbenfänger
und der Anteil der Seeleute des Untersuchungsgebietes

Jahr: 1782

Anteil
der folgenden Gebiete:

Schiffsname	Kommandeur	Herkunft	Bes.	Rö	Fö	Sy	Am	Ha	He	Fest
1.Zwaan	Matthias Zwen	Röm	33	4	–	–	–	–	–	–
2.Anna	H.Hansen Carl	Röm	33	5	–	–	–	–	–	–
3.Maria Susanna	Matth.Jessen	Röm	43	1	1	–	–	–	–	–
4.Concordia	Andr.Jürgensen	Röm	38	4	–	–	–	–	–	–
5.Anna Elisabeth	Jasper Jansen	Röm	42	2	–	–	–	–	–	–
6.Johannes	Michel Michels	Röm	36	1	–	–	–	–	–	–
7.Bloyende Hoop	Albert Jansen	Röm	41	1	–	–	–	–	–	–
8.Martin	H.M.Jaspers	Röm	37	1	–	–	–	–	–	–
9.Frau Margaretha	Rieck Jurians	Föhr	44	–	17	–	–	–	–	–
10.Twe Gesüster	Boy Jurians	Föhr	45	–	8	–	–	–	–	–
11.St.Peter	Volk.Boysen	Föhr	45	–	17	–	–	–	–	–
12.Jgfr.Anna Maria	H.H.Tönnies	Sylt	42	2	–	2	–	–	–	–
13.Jonge Jacob	Wiebe Wessels	Kein NF	44	–	3	–	–	–	–	–
14.Jungfrau Maria	C.Jansen Ney	"	44	–	3	–	–	–	–	–
15.Hoopende Visser	Gerrit Jansen	"	45	–	4	–	–	–	–	–
16.Concordia	Obbe Edtkes	"	44	–	1	–	–	–	–	–
17.Patriot	Sev.Andresen	"	43	–	1	–	–	–	–	–
18.König Salomon	W.Hendricks	"	43	–	–	–	–	–	–	–
19.Hoopende Landmann	Ocke D.Meyer	"	44	–	–	–	–	–	–	–
20.Griepenstein +	J.H.Grube	"	44	–	–	–	–	–	–	–
21.Jonge Catharina	Gerrit Eyssen	"	44	–	–	–	–	–	–	–
22.Lilie	H.A.Hasselmann	"	42	–	–	–	–	–	–	–
23.Maria Elisabeth	Steff.Jansen	"	44	–	–	–	–	–	–	–

+ Das Schiff kehrte bereits am 18.5.1782 beschädigt nach Hamburg
zurück;StAHam,Hdschr.263,S.141.

Verzeichnis
der von Hamburg auslaufenden Wal-und Robbenfänger
und der Anteil der Seeleute des Untersuchungsgebietes

Jahr:1783

Anteil
der folgenden Gebiete:

Schiffsname	Kommandeur	Herkunft	Bes.	Rö	Fö	Sy	Am	Ha	He	Fest
1.Zwaan	Matthias Zwen	Röm	33	7	-	-	-	-	-	-
2.Johannes	Michel Michels	Röm	36	4	-	-	-	-	-	-
3.Concordia	A.Jürgensen	Röm	38	5	-	-	-	-	-	-
4.Martin	H.M.Jaspers	Röm	36	3	-	-	-	-	-	-
5.Maria Susanna	Matth.Jessen	Röm	43	5	1	-	-	-	-	-
6.Anna Elisabeth	Jasper Jansen	Röm	42	2	1	-	-	-	-	-
7.Anna	H.Hansen Carl	Röm	33	5	-	-	-	-	-	-
8.Bloyende Hoop	Albert Jansen	Röm	41	5	1	-	-	-	-	-
9.Twe Gesüster	Boy Jurians	Föhr	44	-	9	-	-	-	-	-
10.St.Peter	Volk.Boysen	Föhr	43	-	14	-	-	-	-	-
11.Frau Margaretha	Rieck Jurians	Föhr	44	-	17	-	-	-	-	-
12.Jonge David	Lor.Hendricks	Föhr	44	-	10	-	-	-	-	-
13.Jgfr.Anna Maria	H.H.Tönnies	Sylt	42	2	-	3	-	-	-	-
14.Griepenstein	J.H.Grube	Kein NF	44	-	1	-	-	-	-	-
15.Hoopende Visser	Gerrit Jansen	"	44	-	3	-	-	-	-	-
16.Lilie	H.A.Hasselmann	"	41	-	-	-	-	-	-	-
17.Jungfrau Maria	C.Jansen Ney	"	44	-	1	-	-	-	-	-
18.Jonge Jacob	Wiebe Wessels	"	44	-	3	-	-	-	-	-
19.Hoopende Landmann	Ocke D.Meyer	"	45	-	-	-	-	-	-	-
20.Concordia +	Obbe Edtkes	"	44	-	-	-	-	-	-	-
21.Patriot	Sev.Andresen	"	43	-	-	-	-	-	-	-
22.Maria Elisabeth	Steff.Jansen	"	44	-	-	-	-	-	-	-
23.König Salomon	Willm Hendriks	"	45	-	-	-	-	-	-	-
24.Jonge Catharina	Gerrit Eyssen	"	45	-	-	-	-	-	-	-

+ Das Schiff ist mit der gesamten Besatzung bei Kap Farewell unter-
gegangen;StAHam,Hdschr.263,S.142 und Schreiben des Hamburger
Wasserschouts v.29.1.1784,StAHam,Archiv d.Wasserschouts,III A.

Verzeichnis
der von Hamburg auslaufenden Wal-und Robbenfänger
und der Anteil der Seeleute des Untersuchungsgebietes

Jahr:1784

Anteil
der folgenden Gebiete:

Schiffsname	Kommandeur	Herkunft	Bes.	Rö.	Fö.	Sy.	Am.	Ha.	He.	Fest.
1.Anna	H.Hansen Carl	Röm	33	7	-	-	-	-	-	-
2.Maria Susanna	Matth.Jessen	Röm	42	7	-	-	-	-	-	-
3.Johannes	Jürgen Jessen	Röm	36	5	-	-	-	-	-	-
4.Griepenstein	Andr.Jürgensen	Röm	44	3	1	-	-	-	-	1
5.Blaumar +	Peter P.Holm	Röm	33	7	-	-	-	-	-	-
6.Anna Elisabeth	Jasper Jansen	Röm	43	3	1	-	-	-	-	-
7.Maria Elisabeth	C.P.Wandal	Röm	45	3	1	-	-	-	-	-
8.Bloyende Hoop	Albert Jansen	Röm	42	4	2	-	-	-	-	-
9.Martin	Corn.Jürgens	Röm	36	2	-	-	-	-	-	-
10.Zwaan	Jürg.Jürgensen	Röm	33	4	-	-	-	-	-	-
11.Witte Falck	P.H.Tönnies	Röm	42	4	1	-	-	-	-	-
12.St.Peter	Volk.Boysen	Föhr	44	-	18	-	-	-	-	-
13.Twe Gesüster	Boy Jurians	Föhr	45	-	14	-	-	-	-	-
14.Frau Margaretha	Rieck Jurians	Föhr	44	-	18	-	-	-	-	-
15.Jonge David	L.Hendricks	Föhr	44	-	23	-	-	-	-	-
16.Jgfr.Anna Maria	H.Hansen Tönn.	Sylt	41	1	1	3	-	-	-	-
17.Jonge Jacob	Wiebe Wessels	Kein NF	44	-	3	-	-	-	-	-
18.Jungfrau Maria	C.Jansen Ney	"	44	-	2	-	-	-	-	-
19.Hoopende Visser	Gerrit Jansen	"	44	-	4	-	-	-	-	-
20.Maria Elisabeth++	Steff.Jansen	"	44	-	1	-	-	-	-	-
21.Jonge Catharina++	Gerrit Eyssen	"	44	-	-	-	-	-	-	-
22.König Salomon ++	W.Hendricks	"	44	-	-	-	-	-	-	-
23.Patriot	H.Wilckens	"	44	-	-	-	-	-	-	-
24.Lilie	H.A.Hasselmann	"	43	-	-	-	-	-	-	-
25.Concordia	J.H.Grube	"	38	-	-	-	-	-	-	-
26.Hoopende Landmann	Ocke D.Meyer	"	45	-	-	-	-	-	-	-

+Dieses in den Quellen nur einmal vorkommende Schiff gibt einige Rät-
sel auf.Zwar wurde am 16.2.1784 vom Hamburger Wasserschout für die
"na Gronland op Robben en Wallfischfang" bestimmte "Blaumar" ein voll-
ständiges -wenn auch aufgrund der politischen Verhältnisse für die
an Bord befindlichen dänischen Besatzungsmitglieder nicht immer mit
den richtigen Ortsangaben versehenes- Musterungsprotokoll erstellt.
In der Handschrift 263,StAHam,wird das Schiff aber nicht erwähnt.Es
kann sich vielleicht um den Walfänger"Mars" handeln,der 1783 unter
dem Kommandeur H.Chr.Jaspers v.Röm von Hamburg nach Ostende über-
führt werden sollte,aber wegen widriger Witterungsverhältnisse zurückkehren mußte;Aktenschreiben des Wasserschouts v.1.11.1783,
StAHam,Archiv d.Wasserschouts,III A,S.46.
++Über diese drei Schiffe liegt folgender Bericht vor:"Die drey dem
Herrn Roosen(Name d.Reeders) gehörigen Schiffe waren am 23.April nach
der See gesegelt,mußten wegen contrairen Wind wieder zurückkehren und
lagen bey der Rosbaack(b.Cuxhaven)vor Anker,um mit dem ersten guten
Wind wieder in See gehen zu können.Am 24.Apr.des Morgens um 11 Uhr
kam ganz ohne vormuthung ein gewaltiger Orcaen aus W.N.W.,dadurch das
Schiff von Gerrit Eyssen in einen Augenblick mit aller Manschaft das
unterste oben gekehret ward,daß auch nicht eine Seele geborgen worden.
Die beiden anderen hatten ihre Masten gekapt und kamen auf dem Vogell-
Sand oder dabey auf den Strand,doch die schwere Brandung von der See,
die vornemlich über das Schiff von Steffen Jansen stark war,nam auch
von der Equipagie 31 Mann weg,...das Schiff v.Willem Hendricks hatte
es etwaß besser,davon ward die ganze Mannschaft geborgen..."StAHam,
Hdschr.263,S.143.Da 1785 die Maria Elisabeth und König Salomon wieder
zum Walfang ausfahren,müssen die beiden Schiffe geborgen worden sein.

der von Hamburg auslaufenden Wal-und Robbenfänger
und der Anteil der Seeleute des Untersuchungsgebietes

Jahr:1785

Anteil
der folgenden Gebiete:

Schiffsname	Kommandeur	Herkunft	Bes.	Rö.	Fö.	Sy.	Am.	Ha.	He.	Fest
1.Griepenstein	A.Jürgensen	Röm.	44	7	–	–	–	–	–	3
2.Martin	Corn.Jürgens	Röm	36	3	–	–	–	–	–	–
3.Bloyende Hoop	Albert Jansen	Röm	42	3	2	–	–	–	–	–
4.Zwaan	Jürg.Jürgensen	Röm	33	7	–	–	–	–	–	–
5.Anna Elisabeth +	Jasper Jansen	Röm	43	6	1	–	–	–	–	–
6.Johannes	Jürgen Jessen	Röm	36	7	–	–	–	–	–	–
7.Anna	H.Hansen Carl	Röm	33	7	–	–	–	–	–	–
8.Maria Susanna	Matth.Jessen	Röm	43	11	–	–	–	–	–	–
9.Witte Falck	P.Hansen Tönn.	Röm	43	4	1	–	–	–	–	–
10.Maria Elisabeth	C.Pet.Wandal	Röm	43	3	2	–	–	–	–	–
11.Twe Gesüster	Boy Jurians	Föhr	45	–	17	–	–	–	–	–
12.St.Peter	Volk.Boysen	Föhr	45	–	22	–	–	–	–	–
13.Frau Margaretha	Rieck Jurians	Föhr	44	–	26	–	–	–	–	–
14.Jonge David	Lor.Hendricks	Föhr	44	–	27	–	–	–	–	–
15.Jgfr.Anna Maria	H.H.Tönnies	Sylt	43	2	1	2	–	–	–	–
16.Anna Margaretha	Joh.H.Grube	Kein NF	40	–	3	–	–	–	–	–
17.Jungfrau Maria	C.Jansen Ney	"	44	–	2	–	–	–	–	–
18.Jonge Jacob	Wiebe Wessels	"	44	–	2	–	–	–	–	–
19.Hoopende Visser	Gerrit Jansen	"	44	–	4	–	–	–	–	–
20.Lilie	H.A.Hasselmann	"	42	–	–	–	–	–	–	–
21.Frau Elisabeth	G.N.Hasselmann	"	40	1	2	–	–	–	–	–
22.Hoopende Landmann	Ocke D.Meyer	"	44	–	–	–	–	–	–	–
23.König Salomon	W.Hendricks	"	45	–	–	–	–	–	–	–
24.Patriot	H.Wilckens	"	44	–	–	–	–	–	–	–

+ In der Handschrift 263(StAHam) wird der Name des Schiffes irrtümlich mit "Maria Elisabeth" angegeben(S.146).Der gleiche Fehler
findet sich bei Wanda Oesau,Hamburgs Grönlandfahrt auf Walfischfang und Robbenschlag,Glückstadt-Hamburg,1955,S.311.

Verzeichnis
der von Hamburg auslaufenden Wal-und Robbenfänger
und der Anteil der Seeleute des Untersuchungsgebietes

Jahr:1786

Anteil
der folgenden Gebiete:

Schiffsname	Kommandeur	Herkunft	Bes.	Rö.	Fö.	Sy.	Am.	Ha.	He.	Fest
1.Maria Susanna	Matth.Jessen	Röm	43	11	1	–	–	–	–	–
2.Zwaan	Jürg.Jürgensen	Röm	33	7	–	–	–	–	–	–
3.Bloyende Hoop	Albert Jansen	Röm	43	7	1	–	–	–	–	–
4.Witte Falck	P.H.Tönnies	Röm	43	7	1	2	–	–	–	–
5.Martin	Corn.Jürgens	Röm	37	6	–	–	–	–	–	–
6.Maria Elisabeth	C.Pet.Wandal	Röm	42	4	4	–	–	–	–	–
7.Concordia	A.Jürgensen	Röm	33	5	–	–	–	–	–	–
8.Johannes	Jürgen Jessen	Röm	37.	9	–	–	–	–	–	–
9.Griepenstein	P.Hansen Carl	Röm	44	8	–	–	–	–	–	4
10.Anna Elisabeth	Jasper Jansen	Röm	43	5	2	–	–	–	–	–
11.Anna	H.Hansen Carl	Röm	33	8	–	–	–	–	–	–
12.St.Peter	Volk.Boysen	Föhr	45	–	22	–	1	–	–	–
13.Jonge David	Lor.Hendricks	Föhr	44	–	22	–	–	–	–	–
14.Twe Gesüster	Boy Jurians	Föhr	45	–	21	–	–	–	–	–
15.Frau Margaretha	Peter Boysen	Föhr	44	–	22	–	–	–	–	–
16.Jgfr.Anna Maria	H.H.Tönnies	Sylt	42	5	1	1	–	–	–	–
17.Anna Margaretha	Joh.H.Grube	Kein NF	40	–	3	–	–	–	–	–
18.Jonge Jacob	Wiebe Wessels	"	45	–	1	–	–	–	–	–
19.Hoopende Visser	Gerrit Jansen	"	44	–	2	–	–	–	–	–
20.Frau Elisabeth	G.N.Hasselmann	"	33	2	1	–	–	–	–	–
21.Hoopende Landmann	Ocke D.Meyer	"	45	–	2	–	–	–	–	–
22.Jungfrau Maria	C.Jansen Ney	"	44	–	2	–	–	–	–	–
23.Lilie	H.A.Hasselmann	"	42	1	1	–	–	–	–	–
24.Twede Patriot	Sev.Andresen	"	44	–	3	–	–	–	–	–
25.König Salomon	W.Hendricks	"	45	–	–	–	–	–	–	–
26.Patriot +	H.Wilckens	"	44	–	–	–	–	–	–	–

+ Das Schiff kehrte am 13.5.1786 beschädigt nach Hamburg zurück;
StAHam,Hdschr.263,S.146

258

Verzeichnis
der von Hamburg auslaufenden Wal-und Robbenfänger
und der Anteil der Seeleute des Untersuchungsgebietes

Jahr:1787   **Anteil**
der folgenden Gebiete:

Schiffsname	Kommandeur	Herkunft	Bes.	Rö.	Fö.	Sy.	Am.	Ha.	He.	Fest
1.Anna	H.Hansen Carl	Röm	34	9	-	-	-	-	-	-
2.Martin	Corn.Jürgens	Röm	37	6	-	-	-	-	-	-
3.Frau Margaretha +	P.Hansen Carl	Röm	42	12	-	-	-	-	-	-
4.Zwaan	Jürg.Jürgens.	Röm	34	6	-	-	-	-	-	-
5.Maria Elisabeth	C.Pet.Wandal	Röm	43	8	2	-	-	-	-	-
6.Catharina Margar.	Peter P.Holm	Röm	38	13	-	-	-	-	-	1
7.Bloyende Hoop	Albert Jansen	Röm	41	6	2	-	-	-	-	-
8.Concordia	Andr.Jürgensen	Röm	33	7	-	-	-	-	-	-
9.Maria Susanna	Matth.Jessen	Röm	45	11	-	-	-	-	-	-
10.Anna Elisabeth	Jasper Jansen	Röm	44	10	2	-	-	-	-	-
11.Griepenstein .	Corn.Andresen	Röm	44	8	-	-	-	-	-	3
12.Johannes	P.Mich.Leest	Röm	36	6	-	-	-	-	-	-
13.Vertrauen	H.Pet.Lüders	Röm	41	8	1	-	-	-	-	-
14.Jonge David	Lor.Hendricks	Föhr	45	-	22	-	-	-	-	-
15.Johanna Magdalena	Peter Boysen	Föhr	45		21	-	-	-	-	-
16.Elisabeth Cäcilia	Jürg.Cornelis	Föhr	39	-	6	-	-	-	-	-
17.Justina Eleonora	Corn.Jacobsen	Föhr	44	-	10	-	-	-	-	-
18.Twe Gesüster	Boy Jurians	Föhr	45	-	19	-	1	-	-	-
19.St.Peter	Volk.Boysen	Föhr	45	-	21	-	3	-	-	-
20.Jgfr.Anna Maria	H.H.Tönnies	Sylt	42	5	2	1	-	-	-	-
21.Jonge Jacob	Wiebe Wessels	Kein NF	45	-	3	-	-	-	-	-
22.Jungfrau Maria	C.Jansen Ney	"	44	-	2	-	-	-	-	-
23.Hoopende Visser	Gerrit Jansen	"	44	-	3	-	-	-	-	-
24.Twede Patriot	Sev.Andresen	"	44	-	2	-	-	-	-	-
25.Lilie	H.A.Hasselmann	"	42	1	2	-	-	-	-	-
26.Anna Margaretha	Joh.H.Grube	"	40	-	1	-	-	-	-	-
27.Frau Elisabeth ++	G.N.Hasselmann	"	33	2	-	-	-	-	-	-
28.Hoopende Landmann	Ocke D.Meyer	"	45	-	-	-	-	-	-	-
29.König Salomon	W.Hendricks	"	45	-	-	-	-	-	-	-
30.Patriot	H.Wilckens	"	44	-	-	-	-	-	-	-

+ In der Handschrift 263,S.151 wird der Namè des Schiffes irrtümlich
mit "Sophia" angegeben.Der gleiche Fehler findet sich bei Wanda
Oesau,Hamburgs Grönlandfahrt auf Walfischfang und Robbenschlag,
Glückstadt-Hamburg,1955,S.312.
++Das Schiff erlitt auf der Hinfahrt Havarie und lief Bergen an.

Verzeichnis
der von Hamburg auslaufenden Wal-und Robbenfänger
und der Anteil der Seeleute des Untersuchungsgebietes

Jahr:1788

Anteil
der folgenden Gebiete:

Schiffsname	Kommandeur	Herkunft	Bes.	Rö.	Fö.	Sy.	Am.	Ha.	He.	Fest
1.Maria Susanna	Matth.Jessen	Röm	44	11	1	-	-	-	-	-
2.Johannes	P.Mich.Leest	Röm	38	8	-	-	-	-	-	1
3.Catharina Margar.	Peter P.Holm	Röm	38	15	-	-	-	-	-	-
4.Bloyende Hoop	Albert Jansen	Röm	42	8	1	-	-	-	-	-
5.Martin	Corn.Jürgens	Röm	35	6	-	-	-	-	-	-
6.Anna Elisabeth	Jasper Jansen	Röm	43	9	2	-	-	-	-	-
7.Vertrouwen	H.Peter Lüders	Röm	44	10	1	-	-	-	-	-
8.Griepenstein	Corn.Andresen	Röm	44	8	2	-	-	-	-	-
9.Frau Anna	H.Hansen Carl	Röm	43	11	1	-	-	-	-	-
10.Frau Margaretha	P.Hansen Carl	Röm	42	14	-	-	-	-	-	1
11.Frau Anna Margar.	Jürgen Hansen	Röm	41	6	-	-	-	-	-	-
12.Concordia	Andr.Jürgensen	Röm	33	4	-	-	-	-	-	1
13.Maria Elisabeth	C.Pet.Wandal	Röm	44	9	3	-	-	-	-	-
14.Frau Elisabeth	Knud M.Holm	Röm	36	12	-	-	-	-	-	-
15.Frau Anna	C.Peters.Leest	Röm	33	6	-	-	-	-	-	1
16.Roosenbaum	J.Mich.Leest	Röm	42	8	1	-	-	-	-	-
17.Zwaan	Jürg.Jürgensen	Röm	34	7	-	-	-	-	-	-
18.St.Peter	Volk.Boysen	Föhr	45	-	23	-	2	-	-	-
19.Twe Gesüster	Boy Jurians	Föhr	45	-	21	-	-	-	-	-
20.Anna Margaretha	Rieck Volkerts	Föhr	43	-	12	-	-	-	-	-
21.Justina Eleonora	Corn.Jacobsen	Föhr	44	-	16	-	-	-	-	-
22.Jgfr.Johanna	Peter Boysen	Föhr	45	-	19	-	-	-	-	-
23.Jonge Jacob	Lor.Adriansen	Föhr	45	-	19	-	-	-	-	-
24.Jonge David	Lor.Hendricks	Föhr	45	-	25	-	-	-	-	-
25.Elisabeth Cäcilia	Jürgen Cornelis	Föhr	39	-	7	-	-	-	-	-
26.Gute Erwartung	Boy Cornelis	Föhr	42	-	4	-	-	-	-	-
27.Jgfr.Anna Maria	H.H.Tönnies	Sylt	43	5	1	3	-	-	-	-
28.Hoopende Visser	Gerrit Jansen	Kein NF	44	-	3	-	-	-	-	-
29.Lilie	H.A.Hasselmann	"	43	1	2	-	-	-	-	-
30.Jungfrau Maria	C.Jansen Ney	"	44	-	3	-	-	-	-	-
31.Hoopende Landmann	Ocke D.Meyer	"	45	-	-	-	-	-	-	-
32.Patriot	H.Wilckens	"	44	-	-	-	-	-	-	-
33.Tweede Patriot	Sev.Andresen	"	45	-	-	-	-	-	-	-
34.König Salomon	W.Hendricks	"	45	-	-	-	-	-	-	-

Verzeichnis
der von Hamburg auslaufenden Wal-und Robbenfänger
und der Anteil der Seeleute des Untersuchungsgebietes

Jahr:1789

Anteil
der folgenden Gebiete:

Schiffsname	Kommandeur	Herkunft	Bes.	Rö.	Fö.	Sy.	Am.	Ha.	He.	Fest
1.Roosenbaum	J.Mich.Leest	Röm	43	11	–	–	–	–	–	–
2.Maria Elisabeth	C.Pet.Wandal	Röm	44	7	2	–	–	–	–	–
3.Johannes	P.Mich.Leest	Röm	38	10	–	–	–	–	–	–
4.Zwaan	J.Jürgensen	Röm	34	7	–	–	–	–	–	–
5.Maria Susanna	Matth.Jessen	Röm	44	10	–	–	–	–	–	–
6.Frau Elisabeth	K.Mich.Holm	Röm	34	11	–	–	–	–	–	–
7.Catharina Margar.	P.Peters Holm	Röm	38	13	–	–	–	–	–	–
8.Bloyende Hoop	Albert Jansen	Röm	44	8	1	–	–	–	–	–
9.Martin	C.Jürgensen	Röm	36	5	–	–	–	–	–	–
10.Concordia	C.Andresen	Röm	34	9	–	–	–	–	–	–
11.Frau Anna	C.Peters.Leest	Röm	34	12	–	–	–	–	–	–
12.Vertrouwen	H.P.Lüders	Röm	43	10	2	–	–	–	–	–
13.Frau Anna	H.Hansen Carl	Röm	43	9	1	–	–	–	–	–
14.Anna Elisabeth	Jasper Jansen	Röm	43	8	2	–	–	–	–	–
15.Frau Margaretha	P.Hansen Carl	Röm	43	13	–	–	–	–	–	–
16.Jonge David	Lor.Hendricks	Föhr	46	–	22	–	–	–	–	–
17.St.Peter	Volk.Boysen	Föhr	45	–	18	–	2	–	–	1
18.Twe Gesüster	Boy Jurians	Föhr	45	–	20	–	–	–	–	–
19.Jonge Jacob	Lor.Adriansen	Föhr	44	–	20	–	–	–	–	–
20.Gute Erwartung	Boy Cornelis	Föhr	42	–	6	–	–	–	–	–
21.Justina Eleonora	Corn.Jacobsen	Föhr	44	1	16	–	–	–	–	–
22.Johanna Magdalena	Peter Boysen	Föhr	44	–	18	–	–	–	–	–
23.Elisabeth Cäcilia	Jürg.Cornelis	Föhr	41	–	11	–	–	–	–	–
24.Jgfr.Anna Maria	H.H.Tönnies	Sylt	43	6	2	1	–	–	–	–
25.Jungfrau Maria +	C.Jansen Ney	Kein NF	44	–	3	–	–	–	–	–
26.Lilie	H.A.Hasselmann	"	43	1	3	–	–	–	–	–
27.Hoopende Landmann	Ocke D.Meyer	"	45	–	–	–	–	–	–	–
28.Hoopende Visser	Gerrit Jansen	"	45	–	3	–	–	–	–	–
29.Fridericia	A.H.Krüger	"	42	–	1	–	–	–	–	–
30.Twede Patriot	Sev.Andresen	"	44	–	–	–	–	–	–	–
31.Patriot	H.Wilckens	"	44	–	–	–	–	–	–	–
32.König Salomon	W.Hendricks	"	45	–	–	–	–	–	–	–

+Das Schiff ist auf der Reise verunglückt;StAHam,Hdschr.263,S.156

Verzeichnis
der von Hamburg auslaufenden Wal-und Robbenfänger
und der Anteil der Seeleute des Untersuchungsgebietes

Jahr:1790 Anteil
der folgenden Gebiete:

Schiffsname	Kommandeur	Herkunft	Bes.	Rö.	Fö.	Sy.	Am.	Ha.	He.	Fest
1.Concordia	Corn.Andresen	Röm	34	11	–	–	–	–	–	–
2.Maria Elisabeth	C.Pet.Wandal	Röm	43	8	2	–	–	–	–	–
3.Anna Elisabeth	Jasper Jansen	Röm	43	9	2	–	–	–	–	–
4.Bloyende Hoop	Albert Jansen	Röm	44	9	1	–	–	–	–	–
5.Vertrouwen	H.Peter Lüders	Röm	43	6	2	–	–	–	–	–
6.Catharina Margar.	P.Peters.Holm	Röm	38	13	–	–	–	–	–	–
7.Frau Anna	C.Peters Leest	Röm	34	10	–	–	–	–	–	–
8.Maria Susanna	Matth.Jessen	Röm	44	8	1	–	–	–	–	1
9.Frau Elisabeth	K.Mich.Holm	Röm	34	11	–	–	–	–	–	–
10.Frau Anna	H.Hansen Carl	Röm	43	10	–	–	–	–	–	–
11.Martin	Cornel.Jürgens	Röm	36	6	–	–	–	–	–	–
12.Frau Margaretha	P.Hansen Carl	Röm	43	13	–	–	–	–	–	–
13.Zwaan	J.Jürgensen	Röm	34	8	–	–	–	–	–	–
14.Johannes	P.Mich.Leest	Röm	38	12	–	–	–	–	–	–
15.Providentia	A.Jürgensen	Röm	42	5	–	–	–	–	–	–
16.St.Peter	Volk.Boysen	Föhr	45	–	20	–	1	–	–	1
17.Justina Eleonora	C.Jacobsen	Föhr	43	–	15	–	–	–	–	–
18.Twe Gesüster	Boy Jurians	Föhr	45	–	19	–	–	–	–	–
19.Gute Erwartung	Boy Cornelis	Föhr	43	–	6	–	–	–	–	–
20.Jonge David	Lor.Hendricks	Föhr	45	–	21	–	–	–	–	–
21.Johanna Magdalena	Peter Boysen	Föhr	45	–	21	–	–	–	–	–
22.Jonge Jacob	L.Adriansen	Föhr	44	–	21	–	–	–	–	–
23.Elisabeth Cäcilia	Jürg.Cornelis	Föhr	42	–	9	–	–	–	–	–
24.Jgfr.Anna Maria	H.H.Tönnies	Sylt	45	4	2	2	–	–	–	–
25.Roosenbaum	C.Jansen Ney	Kein NF	44	–	2	–	–	–	–	–
26.Lilie	H.A.Hasselmann	"	43	1	2	–	–	–	–	–
27.Fridericia	A.H.Hasselmann	"	43	–	2	–	–	–	–	–
28.Hoopende Visser	Gerrit Jansen	"	45	–	3	–	–	–	–	–
29.Hoopende Landmann	Ocke D.Meyer	"	45	–	2	–	–	–	–	–
30.Tweede Patriot	Sev.Andresen	"	45	–	–	–	–	–	–	–
31.König Salomon	W.Hendricks	"	45	–	–	–	–	–	–	–
32.Patriot	H.Wilckens	"	43	–	–	–	–	–	–	–

Verzeichnis
der von Hamburg auslaufenden Wal-und Robbenfänger
und der Anteil der Seeleute des Untersuchungsgebietes

Jahr: 1791

Anteil
der folgenden Gebiete:

Schiffsname	Kommandeur	Herkunft	Bes.	Rö.	Fö.	Sy.	Am.	Ha.	He.	Fest
1.Catharina Margaret.	P.Peters Holm	Röm	37	12	–	–	–	–	–	–
2.Bloyende Hoop	Albert Jansen	Röm	43	9	1	–	–	–	–	–
3.Vertrouwen	Hans P.Lüders	Röm	43	8	3	–	–	–	–	–
4.Anna Elisabeth	Jasper Jansen	Röm	43	11	2	–	–	–	–	–
5.Jonge Martin	H.Hansen Carl	Röm	42	6	–	1	–	–	–	1
6.Frau Elisabeth	K.Michels Holm	Röm	33	10	–	–	–	–	–	–
7.Martin	Corn.Jürgens	Röm	36	8	–	–	–	–	–	–
8.Providentia	Andr.Jürgensen	Röm	41	5	–	–	–	–	–	–
9.Maria Elisabeth	C.Pet.Wandal	Röm	44	9	1	–	–	–	–	–
10.Zwaan	Jürg.Jürgensen	Röm	33	6	–	–	–	–	–	–
11.Frau Anna	C.Peters.Leest	Röm	33	11	–	–	–	–	–	–
12.Concordia	Corn.Andresen	Röm	33	11	–	–	–	–	–	–
13.Maria Susanna	Matth.Jessen	Röm	43	11	2	–	–	–	–	–
14.Frau Margaretha	P.Hansen Carl	Röm	42	12	–	–	–	–	–	1
15.Johannes	P.Mich.Leest	Röm	37	7	–	–	–	–	–	–
16.Frau Anna	H.Hansen Carl	Röm	42	8	1	–	–	–	–	–
17.Justina Eleonora+	Corn.Jacobsen	Föhr	43	–	10	–	–	–	–	–
18.Twe Gesüster	Boy Jurians	Föhr	45	–	23	–	–	–	–	–
19.Jonge Jacob	Lor.Adriansen	Föhr	45	–	12	–	–	–	–	–
20.Elisabeth Cäcilia	Jürgen Cornel.	Föhr	41	–	8	–	–	–	–	–
21.Jonge David	Lor.Hendricks	Föhr	45	–	29	–	–	–	–	–
22.St.Peter	Volk.Boysen	Föhr	45	–	23	–	–	–	–	–
23.Gute Erwartung	Boy Cornelis	Föhr	43	–	10	–	–	–	–	–
24.Johanna Magdalena	Peter Boysen	Föhr	45	–	25	–	–	–	–	–
25.Jgfr.Anna Maria	H.H.Tönnies	Sylt	43	–	2	3	–	–	–	–
26.Roosenbaum	C.Jansen Ney	Kein NF	44	–	3	–	–	–	–	–
27.König Salomon	Clas Lührs	"	44	–	2	–	–	–	–	–
28.Hoopende Landmann	Ocke D.Meyer	"	44	–	1	–	–	–	–	–
29.Elisabeth	Joh.H.Flömer	"	36	–	3	–	–	–	–	–
30.Lilie	H.A.Hasselmann	"	42	1	1	–	–	–	–	–
31.Fridericia	A.H.Krüger	"	43	–	2	–	–	–	–	–
32.Hoopende Visser++	Gerrit Jansen	"	45	–	5	–	–	–	–	–
33.Patriot	H.Wilckens	"	44	–	–	–	–	–	–	–
34.Twede Patriot	Sev.Andresen	"	44	–	–	–	–	–	–	–
35.Margaretha Magdal.	F.Jung	"	34	–	–	–	–	–	–	–

+ Das Schiff kehrte am 20.6.1791 wegen Havarie nach Hamburg zurück.
++ Das Schiff kehrte am 25.4.1791 wegen Havarie nach Hamburg zurück;
beide Angaben StAHam,Hdschr.263,S.161f.

<u>Verzeichnis</u>
der von Hamburg auslaufenden Wal-und Robbenfänger
und der Anteil der Seeleute des Untersuchungsgebietes

Jahr:1792 <u>Anteil</u>
der folgenden Gebiete:

Schiffsname	Kommandeur	Herkunft	Bes.	Rö	Fö	Sy	Am	Ha	He	Fest
1.Johannes	P.Mich.Leest	Röm	38	8	–	–	–	–	–	–
2.Catharina Margare.	P.Peters.Holm	Röm	38	10	–	–	–	–	–	–
3.Anna Elisabeth	Jasper Jansen	Röm	44	9	5	–	–	–	–	–
4.Maria Susanna	Matth.Jessen	Röm	45	12	3	–	–	–	–	1
5.Zwaan	Jürg.Jürgensen	Röm	34	7	–	–	–	–	–	–
6.Frau Margaretha	P.Hansen Carl	Röm	43	12	–	–	–	–	–	–
7.Frau Anna	C.Peters Leest	Röm	34	10	–	–	–	–	–	–
8.Bloyende Hoop	Albert Jansen	Röm	44	9	2	–	–	–	–	–
9.Lilie	P.Jansen Leest	Röm	43	4	1	–	–	–	–	–
10.Frau Anna	H.Hansen Carl	Röm	43	9	–	–	–	–	–	–
11.St.Marcus	H.Pet.Tagholm	Röm	35	8	–	–	–	–	–	–
12.Maria Elisabeth	C.Pet.Wandal	Röm	44	9	1	–	–	–	–	–
13.Vertrouwen	H.Peter Lüders	Röm	44	9	3	–	–	–	–	–
14.Martin	Corn.Jürgens	Röm	37	8	–	–	–	–	–	–
15.Frau Elisabeth	Knud M.Holm	Röm	34	11	–	–	–	–	–	–
16.Concordia	Corn.Andresen	Röm	34	12	–	–	–	–	–	–
17.Providentia	A.Jürgensen	Röm	42	7	–	–	–	–	–	–
18.Jonge Martin	H.Hansen Carl	Röm	43	7	–	–	–	–	–	1
19.Twe Gesüster +	Boy Jurians	Föhr	45	–	25	–	–	–	–	–
20.St.Peter	Volk.Boysen	Föhr	45	–	22	1	–	–	–	–
21.Johanna Magdalena	Peter Boysen	Föhr	45	–	21	–	–	–	–	–
22.Jonge David	Lor.Hendricks	Föhr	45	–	28	–	–	–	–	–
23.Gute Erwartung	Boy Cornelis	Föhr	43	–	8	–	–	–	–	–
24.Jonge Jacob	Lor.Adriansen	Föhr	45	–	13	–	–	–	–	–
25.Elisabeth Cäcilia	Jürg.Cornelis	Föhr	42	–	7	–	–	–	–	–
26.Jgfr.Anna Maria	H.H.Tönnies	Sylt	44	1	2	2	–	–	–	–
27.Elisabeth	J.H.Flömer	Kein NF	36	–	3	–	–	–	–	–
28.König Salomon	Claus Lührs	"	45	–	6	–	–	–	–	–
29.Hoopende Landmann	Ocke D.Meyer	"	46	–	7	–	–	–	–	–
30.Roosenbaum	C.Jansen Ney	"	45	–	3	–	–	–	–	–
31.Fredericia	A.H.Krüger	"	43	–	1	–	–	–	–	–
32.Justina Eleonora	Hinrich Lübbe	"	44	–	–	–	–	–	–	–
33.Margar.Magdalena	F.Jung	"	35	–	–	–	–	–	–	–
34.Patriot	H.Wilckens	"	44	–	–	–	–	–	–	–
35.Twede Patriot	Sev.Andresen	"	44	–	–	–	–	–	–	–

+ Das Schiff kehrte am 9.5.1792 beschädigt nach Hamburg zurück.

der von Hamburg auslaufenden Wal-und Robbenfänger
und der Anteil der Seeleute des Untersuchungsgebietes

Jahr:1793

Anteil
der folgenden Gebiete:

Schiffsname	Kommandeur	Herkunft	Bes.	Rö.	Fö.	Sy.	Am.	Ha.	He.	Fest
1.St.Marcus	H.P.Tagholm	Röm	35	7	-	-	-	-	-	-
2.Zwaan +	Knud Andresen	Röm	34	4	-	-	-	-	-	-
3.Anna Elisabeth	Jasper Jansen	Röm	44	10	3	-	-	-	-	-
4.Jonge Martin	H.Hansen Carl	Röm	43	6	-	-	-	-	-	1
5.Maria Elisabeth	C.Pet.Wandal	Röm	44	9	1	-	-	-	-	-
6.Johannes	P.Mich.Leest	Röm	38	10	-	-	-	-	-	-
7.Lilie	P.Jans.Leest	Röm	43	6	1	-	-	-	-	-
8.Frau Anna	H.Hansen Carl	Röm	43	9	-	1	-	-	-	-
9.Providentia	J.Jürgensen	Röm	42	6	-	-	-	-	-	-
10.Frau Margaretha	P.Hansen Carl	Röm	43	11	-	-	-	-	-	1
11.Bloyende Hoop	Albert Jansen	Röm	44	6	2	-	-	-	-	-
12.Gute Erwartung	J.Pet.Bundis	Röm	43	7	-	-	-	-	-	-
13.Martin	Corn.Jürgens	Röm	37	7	-	-	-	-	-	-
14.Catharina Margar.	P.Peters.Holm	Röm	38	10	-	-	-	-	-	-
15.Maria Susanna	Matth.Jessen	Röm	45	13	2	-	-	-	-	1
16.Vertrouwen	H.Peter Lüders	Röm	43	10	2	-	-	-	-	-
17.Concordia	Corn.Andresen	Röm	34	9	-	-	-	-	-	-
18.Frau Anna	C.Peters.Leest	Röm	34	11	-	-	-	-	-	-
19.Elisabeth Cäcilia	Jürg.Cornelis	Föhr	42	1	6	-	-	-	-	-
20.Johanna Magdalena	Peter Boysen	Föhr	45	-	27	1	-	-	-	-
21.Jonge Jacob	L.Adriansen	Föhr	43	-	13	-	-	-	-	-
22.St.Peter	Volk.Boysen	Föhr	45	-	29	-	-	-	-	-
23.Jonge David	Lor.Hendricks	Föhr	45	-	28	-	-	-	-	3
24.Jgfr.Anna Maria	H.H.Tönnies	Sylt	44	1	2	3	-	-	-	-
25.Hoopende Landmann	Ocke D.Meyer	Kein NF	46	-	7	-	-	-	-	-
26.Fridericia	A.H.Krüger	"	43	-	1	-	-	-	-	-
27.Roosenbaum	C.Jansen Ney	"	45	-	3	-	-	-	-	-
28.Elisabeth	J.H.Flömer	"	37	-	3	-	-	-	-	-
29.König Salomon	Clas Lührs	"	45	-	4	-	-	-	-	-
30.Margar.Magdalena	F.Jung	"	35	-	-	-	-	-	-	-
31.Twede Patriot	Sev.Andresen	"	44	-	-	-	-	-	-	-
32.Justina Eleonora	Hinrich Lübbe	"	43	-	-	-	-	-	-	-
33.Patriot	H.Wilckens	"	45	-	-	-	-	-	-	-

+ Das Schiff ist verunglückt.

Verzeichnis
der von Hamburg auslaufenden Wal-und Robbenfänger
und der Anteil der Seeleute des Untersuchungsgebietes

Jahr: 1794

Anteil
der folgenden Gebiete:

Schiffsname	Kommandeur	Herkunft	Bes.	Rö.	Fö.	Sy.	Am.	Ha.	He.	Fest
1. Maria Susanna	Matth.Jessen	Röm	45	12	3	–	–	–	–	–
2. Martin	Corn.Jürgens	Röm	37	6	–	–	–	–	–	–
3. Johannes	P.Mich.Leest	Röm	38	10	–	–	–	–	–	–
4. Bloyende Hoop	Albert Jansen	Röm	44	5	3	–	–	–	–	–
5. Concordia	Corn.Andresen	Röm	34	10	–	–	–	–	–	–
6. Frau Anna	H.Hansen Carl	Röm	44	13	–	2	–	–	–	–
7. Jonge Martin	H.Hansen Carl	Röm	43	8	–	–	–	–	–	2
8. Frau Margaretha	P.Hansen Carl	Röm	43·	11	–	–	–	–	–	2
9. Lilie	P.Jansen Leest	Röm	43	12	2	–	–	–	–	–
10. Anna Elisabeth	Jasper Jansen	Röm	44	8	2	–	–	–	–	–
11. Maria Elisabeth	C.Pet.Wandal	Röm	44	9	2	–	–	–	–	–
12. Vertrouwen	H.Pet.Lüders	Röm	44	9	3	–	–	–	–	–
13. Jonge Jacob +	L.Adriansen	Föhr	45	–	16	–	–	–	–	–
14. Elisabeth Cäcilia	Jürgen Cornel.	Föhr	42	1	11	–	–	–	–	–
15. St.Peter	Volk.Boysen	Föhr	45	–	39	–	–	–	–	–
16. Jonge David	L.Hendricks	Föhr	45	–	30	–	–	–	–	–
17. Johanna Magdalena	Peter Boysen	Föhr	45	–	27	–	–	–	–	–
18. Jgfr.Anna Maria	H.Hansen Tönn.	Sylt	44	–	2	5	–	–	–	–
19. Hoopende Landmann	Ocke D.Meyer	Kein NF	47	–	18	–	–	–	–	–
20. König Salomon	Claus Lührs	"	45	–	6	–	–	–	–	–
21. Roosenbaum	C.Jansen Ney	"	45	–	2	–	–	–	–	–
22. Twede Patriot	J.C.Baumann	"	44	–	1	–	–	–	–	–
23. Elisabeth ++	J.H.Flömer	"	37	–	4	–	–	–	–	–
24. Margaretha Magdal.	F.Jung	"	35	–	–	–	–	–	–	–
25. Justina Eleonora	Hinrich Lübbe	"	43	–	–	–	–	–	–	–
26. Patriot	H.Wilckens	"	44	–	–	–	–	–	–	–

+ Das Schiff kehrte beschädigt von der Reise zurück. Das Datum der
Ankunft in Hamburg ist nicht angegeben.
++ Das Schiff kehrte beschädigt nach Hamburg zurück; zu den Einzelheiten s.das Havarieprotokoll v.8.1.1795, StAHam, Dispachewesen,
373-4, A.I.a.18.

der von Hamburg auslaufenden Wal-und Robbenfänger
und der Anteil der Seeleute des Untersuchungsgebietes

Jahr:1795 — Anteil der folgenden Gebiete:

Schiffsname	Kommandeur	Herkunft	Bes.	Rö.	Fö.	Sy.	Am.	Ha.	He.	Fest
1.Concordia	Corn.Andresen	Röm	35	10	-	-	-	-	-	-
2.Frau Anna	Zwen A.H.Carl	Röm	44	8	-	1	-	-	-	-
3.Lilie	Peter J.Leest	Röm	44	7	2	1	-	-	-	-
4.Jonge Martin	H.Hansen Carl	Röm	44	13	-	-	-	-	-	-
5.Martin	Corn.Jürgens	Röm	38	7	-	-	-	-	-	-
6.Elisabeth Cäcilia	A.Peters.Dahl	Röm	39	10	2	-	-	-	-	-
7.Frau Margaretha	P.Hansen Carl	Röm	44	16	-	-	-	-	-	-
8.Bloyende Hoop	Albert Jansen	Röm	44	6	2	-	-	-	-	-
9.Maria Elisabeth	C.Pet.Wandal	Röm	44	11	1	-	-	-	-	-
10.St.Peter	Volk.Boysen	Föhr	45	-	28	-	-	-	-	-
11.De Jonge David	L.Hendricks	Föhr	45	-	22	-	-	-	-	-
12.Maria Susanna	Rol.Riewerts	Föhr	44	-	9	-	-	-	-	-
13.Johanna Magdalena	Peter Boysen	Föhr	45	-	24	-	-	-	-	-
14.Jgfr.Anna Maria	H.H.Tönnies	Sylt	44	-	2	5	-	-	-	-
15.Hoopende Landmann	Ocke D.Meyer	Kein NF	46	-	14	-	-	-	-	-
16.Twede Patriot	J.C.Baumann	"	44	-	3	-	-	-	-	-
17.Roosenbaum	C.Jansen Ney	".	45	-	2	-	-	-	-	-
18.König Salomon	Clas Lührs	"	45	-	-	-	-	-	-	-
19.Justina Eleonora	Hinrich Lübbe	"	44	-	-	-	-	-	-	-
20.Anna Elisabeth	H.Wilckens	"	44	-	-	-	-	-	-	-

Jahr:1796 — Anteil der folgenden Gebiete:

Schiffsname	Kommandeur	Herkunft	Bes.	Rö.	Fö.	Sy.	Am.	Ha.	He.	Fest
1.Martin	Corn.Jürgens	Röm	38	8	-	-	-	-	-	-
2.Frau Margaretha	P.Hansén Carl	Röm	44	13	-	-	-	-	-	-
3.Bloyende Hoop	Alb.Jansen	Röm	45	10	2	-	-	-	-	-
4.Concordia	C.Andresen	Röm	35	8	-	-	-	-	-	-
5.Frau Anna +	Zwen A.H.Carl	Röm	44	8	-	-	-	-	-	-
6.Jonge Martin	H.Hansen Carl	Röm	44	11	-	-	-	-	-	-
7.Elisabeth Cäcilia	A.Peters.Dahl	Röm	39	11	3	-	-	-	-	-
8.Johanna Magdalena	Peter Boysen	Föhr	45	-	30	-	-	-	-	-
9.Jonge David	L.Hendricks	Föhr	45	-	31	-	-	-	-	-
10.St.Peter	Volk.Boysen	Föhr	45	-	30	-	-	-	-	-
11.Maria Susanna	Rol.Riewerts	Föhr	44	-	16	-	-	-	-	-
12.Jgfr.Anna Maria	H.H.Tönnies	Sylt	44	-	2	5	-	-	-	-
13.Lilie	P.P.Hansen	Sylt	43	3	3	2	-	-	-	-
14.Minerva	Joh.Petersen	Kein NF	44	-	1	-	-	-	-	-
15.Roosenbaum	C.Jansen Ney	"	45	-	3	-	-	-	-	-
16.Twede Patriot	Ratje Wilckens	"	44	-	4	-	-	-	-	-
17.Justina Eleonora	Hinrich Lübbe	"	44	-	-	-	-	-	-	-
18.Fama	Clas Lührs	"	45	-	-	-	-	-	-	-
19.Anna Elisabeth	Died.Köser	"	44	-	-	-	-	-	-	-

+ Das Schiff kehrte beschädigt nach Hamburg zurück. Der Sachschaden
betrug laut Protokoll v.10.11.1796 insgesamt 3162 Mark Banco u.
8 Schillinge;StAHam,Dispachewesen,373-4,A.I.a.18,Nr.223.

Verzeichnis
der von Hamburg auslaufenden Wal-und Robbenfänger
und der Anteil der Seeleute des Untersuchungsgebietes

Jahr:1797

Anteil
der folgenden Gebiete:

Schiffsname	Kommandeur	Herkunft	Bes.	Rö.	Fö.	Sy.	Am.	Ha.	He.	Fest
1.Frau Margaretha	P.Hansen Carl	Röm	44	12	–	–	–	–	–	–
2.Bloyende Hoop	Alb.Jansen	Röm	44	6	3	–	–	–	–	–
3.Concordia	Corn.Andresen	Röm	34	10	–	–	–	–	–	–
4.Martin	Corn.Jürgens	Röm	38	8	–	–	–	–	–	–
5.Frau Anna	Zwen A.H.Carl	Röm	43	9	–	–	–	–	–	–
6.Elisabeth Cäcilia	A.Peters Dahl	Röm	38	8	2	–	–	–	–	–
7.Jonge Martin	H.Hansen Carl	Röm	43	11	–	–	–	–	–	–
8.Johanna Magdalena	Peter Boysen	Föhr	45	–	31	–	–	–	–	–
9.Jonge David	L.Hendricks	Föhr	45	–	32	–	–	–	–	–
10.Maria Susanna	Rol.Riewerts	Föhr	44	–	17	–	–	–	–	–
11.Lilie	P.P.Hansen	Sylt	43	–	7	1	–	–	–	–
12.Jgfr.Anna Maria	H.H.Tönnies	Sylt	44	–	3	5	–	–	–	–
13.Roosenbaum	C.Jansen Ney	Kein NF	48	–	3	–	–	–	–	–
14.Fama	Clas Lührs	"	46	–	1	–	–	–	–	–
15.Minerva	Joh.Petersen	"	44	–	6	–	–	–	–	–
16.Twede Patriot	Ratge Wilkens	"	44	–	4	–	–	–	–	–
17.Justina Eleonora	Hinrich Lübbe	"	44	–	–	–	–	–	–	–
18.Frau Anna	J.C.Gebhardt	"	34	–	–	–	–	–	–	–
19.Anna Elisabeth	Died.Köser	"	44	–	–	–	–	–	–	–

Jahr: 1798

Anteil
der folgenden Gebiete:

Schiffsname	Kommandeur	Herkunft	Bes.	Rö.	Fö.	Sy.	Am.	Ha.	He.	Fest
1.Frau Margaretha	P.Hansen Carl	Röm	43	12	–	–	–	–	–	–
2.Concordia	Corn.Andresen	Röm	34	7	–	–	–	–	–	–
3.Elisabeth Cäcilia +	A.Peters.Dahl	Röm	38	9	1	–	–	–	–	–
4.Jonge Martin	H.Hansen Carl	Röm	42	9	1	–	–	–	–	–
5.Bloyende Hoop	Albert Jansen	Röm	44	6	1	–	–	–	–	–
6.Frau Anna	Zwen A.H.Carl	Röm	43	9	1	–	–	–	–	–
7.Johanna Magdalena	Peter Boysen	Föhr	45	–	25	–	–	–	–	–
8.Jonge David	Lor.Hendricks	Föhr	45	–	25	–	–	–	–	–
9.St.Peter	Volk.Boysen	Föhr	46	–	27	–	–	–	–	–
10.Maria Susanna	Rol.Riewerts	Föhr	44	–	15	–	–	–	–	–
11.Jgfr.Anna Maria	H.H.Tönnies	Sylt	43	1	3	5	–	–	–	–
12.Lilie	P.Pet.Hansen	Sylt	44	2	6	2	–	–	–	–
13.Roosenbaum	C.Jansen Ney	Kein NF	46	1	3	–	–	–	–	–
14.Frau Anna	F.Tiedemann	"	44	1	–	–	–	–	–	–
15.Justina Eleonora	Hinrich Lübbe	"	44	–	3	–	–	–	–	–
16.Twede Patriot	R.Wilckens	"	45	–	5	–	–	–	–	–
17.Anna Elisabeth	D.Köser	"	44	–	–	–	–	–	–	–
18.Fäma	Clas Lührs	"	45	–	–	–	–	–	–	–

+ Das Schiff erlitt auf der Hinfahrt durch einen schweren Sturm
Havarie und mußte als Nothafen Bergen/Norwegen anlaufen.Es konnte
aber später die Fangreise fortsetzen;StAHam,Dispachewesen,373-4,
A.I.a.25.Protokoll v.27.11.1798(Nr.1044).

Verzeichnis
der von Hamburg auslaufenden Wal-und Robbenfänger
und der Anteil der Seeleute des Untersuchungsgebietes

Jahr:1799

Anteil
der folgenden Gebiete:

Schiffsname	Kommandeur	Herkunft	Bes.	Rö.	Fö.	Sy.	Am.	Ha.	He.	Fest
1.Bloyende Hoop	Albert Jansen	Röm	44	7	2	-	-	-	-	-
2.Elisab.Cäcilia +	Andr.Pet.Dahl	Röm	38	9	-	-	-	-	-	-
3.Jonge Martin	H.Hansen Carl	Röm	43	9	4	-	-	-	-	1
4.Frau Anna	Zwen A.H.Carl	Röm	43	11	1	-	-	-	-	-
5.Frau Margaretha	H.Pet.Carl	Röm	42	11	-	-	-	-	-	-
6.St.Peter	Volk.Boysen	Föhr	45	-	16	-	-	-	-	-
7.Jonge David	Lor.Hendricks	Föhr	45	-	18	-	-	-	-	-
8.Johanna Magdalena	Peter Boysen	Föhr	45	-	17	-	-	-	-	-
9.Maria Susanna	Rol.Riewerts	Föhr	44	-	16	-	-	-	-	-
10.Jgfr.Anna Maria	H.H.Tönnies	Sylt	44	-	2	3	-	-	-	-
11.Lilie	P.P.Hansen	Sylt	44	-	6	2	-	-	-	-
12.Twede Patriot	R.Wilckens	Kein NF	45	-	7	-	-	-	-	-
13.Maria Elisabeth	H.Wilckens	"	45	-	2	-	-	-	-	-
14.Fama	Claus Lührs	"	45	-	1	-	-	-	-	-
15.Roosenbaum	C.Jansen Ney	"	45	-	4	-	-	-	-	-
16.Frau Anna	Fr.Tiedemann	"	35	-	-	-	-	-	-	-
17.Anna Elisabeth	Diedr.Köser	"	44	-	-	-	-	-	-	-
18.Justina Eleonora	Hinrich Lübbe	"	44	-	-	-	-	-	-	-

+ Das Schiff ist verunglückt;StAHam,Hdschr.263,S.184

Verzeichnis
der von Hamburg auslaufenden Wal-und Robbenfänger
und der Anteil der Seeleute des Untersuchungsgebietes

Jahr:1800

Anteil
der folgenden Gebiete:

Schiffsname	Kommandeur	Herkunft	Bes.	Rö	Fö	Sy	Am	Ha	He	Fest
1.Jonge Martin	H.Hansen Carl	Röm	42	11	1	–	–	–	–	–
2.Frau Anna	Zwen A.H.Carl	Röm	42	12	–	–	–	–	–	–
3.Frau Margaretha	Hans P.Carl	Röm	42	13	–	–	–	–	–	–
4.Bloyende Hoop	A.Alb.Jansen	Röm	44	5	1	–	–	–	–	–
5.Maria Susanna	Rolof Riewerts	Föhr	44	–	13	–	–	–	–	–
6.Johanna Magdalena+	Peter Boysen	Föhr	45	–	17	–	–	–	–	–
7.Jonge David	Matth.Riewerts	Föhr	45	–	15	–	–	–	–	–
8.St.Peter	Volk.Boysen	Föhr	45	–	17	–	–	–	–	–
9.Jgfr.Anna Maria	H.H.Tönnies	Sylt	44	1	2	2	–	–	–	–
10.Lilie	Peter P.Hansen	Sylt	43	–	4	2	–	–	–	–
11.Roosenbaum	C.Jansen Ney	Kein NF	45	–	5	–	–	–	–	–
12.Justina Eleonora	Hinrich Lübbe	"	44	–	4	–	–	–	–	–
13.Maria Elisabeth	Hinr.Wilckens	"	44	–	1	–	–	–	–	–
14.Frau Anna	Fr.Tiedemann	"	36	–	–	–	–	–	–	–
15.Fama	Claus Lührs	"	45	–	–	–	–	–	–	–
16.Anna Elisabeth++	Died.Köser	"	44	–	–	–	–	–	–	–

+ Das Schiff kehrte wegen Havarie am 21.6.1800 nach Hamburg zurück;
  StAHam,Hdschr.263,S.184.Einzelheiten des Schadens ergeben sich
  aus dem Protokoll,in dem die Schadensregulierung durch die Versicherung geklärt wird.Danach war nicht nur der Schiffskörper in
  Mitleidenschaft gezogen,sondern auch zwei Schalupen mit der gesamten Ausrüstung in einem Sturm über Bord gegangen;StAHam,Dispache-
  wesen,A.I.a.37 v.30.9.1800.
++ Das Schiff erlitt Havarie auf der Elbe,konnte aber die Reise nach
  kurzer Unterbrechung fortsetzen,StAHam,Dispachewesen,A.I.a.41 v.
  15.9.1801.

Verzeichnis
der von Hamburg auslaufenden Wal-und Robbenfänger
und der Anteil der Seeleute des Untersuchungsgebietes

Jahr:1801   <u>Anteil</u>
der folgenden Gebiete:

Schiffsname	Kommandeur	Herkunft	Bes.	Rö.	Fö.	Sy.	Am.	Ha.	He.	Fest
1.Tweede Patriot ++	A.Peters Dahl	Röm	44	5	–	–	–	–	–	–
2.Jonge Martin	H.Hansen Carl	Röm	44	5	1	–	–	–	–	–
3.Frau Anna	Zwen A.H.Carl	Röm	43	4	–	–	–	–	–	–
4.Frau Margaretha	Hans P.Carl	Röm	44	5	–	–	–	–	–	–
5.Bloyende Hoop	A.Alb.Jansen	Röm	44	4	–	–	–	–	–	–
6.Maria Susanna	Rolof Riewerts	Föhr	44	–	4	–	–	–	–	–
7.St.Peter	Volk.Boysen	Föhr	45	–	1	–	–	–	–	–
8.Johanna Magdalena	Peter Boysen	Föhr	45	–	1	–	–	–	–	–
9.Jonge David	Matth.Riewerts	Föhr	45	–	1	–	–	–	–	–
10.Jgfr.Anna Maria	H.H.Tönnies	Sylt	44	1	–	2	–	–	–	–
11.Lilie	P.P.Hansen	Sylt	43	2	–	1	–	–	–	–
12.Frau Anna +	Fr.Tiedemann	Kein NF	36	–	–	–	–	–	–	–
13.Justina Eleonora	Hinrich Lübbe	"	44	–	–	–	–	–	–	–
14.Anna Elisabeth	Diedrich Köser	"	44	–	–	–	–	–	–	–
15.Maria Elisabeth	H.Wilckens	"	44	–	–	–	–	–	–	–
16.Fama	Claus Lührs	"	45	–	–	–	–	–	–	–
17.Roosenbaum	C.Jansen Ney	"	47	–	–	–	–	–	–	–

+ Da das Schiff das Ankertau wegen eines Sturmes kappen mußte,wurde über den Schaden ein Protokoll angefertigt.Interessant in dem Bericht ist der folgende Hinweis:"Dieses Schiff ist den 11.Martz d.J. (1801) von hier nach Groenland auf den Robbenfang unter Segel gegangen.Als solches bey den vor Altona stationierten Dänischen Kriegsschiffe gekommen,ist es so lange angehalten,bis eidlich erkläret worden,daß keine geborenen Dänen an Bord wären".StAHam, Dispachewesen,A.I.a,Nr.255 v.14.8.1801.

++Das Schiff machte nach der Rückkehr von der Fangreise noch eine Handelsfahrt von Hamburg nach Bordeaux.Auf der Rückreise wurde das mit Wein und Stückgütern beladene Schiff vom Blitz getroffen und strandete im Sturm an der holländischen Küste.Das Schiff ging verloren,die Ladung konnte teilweise geborgen werden;StAHam,Dispachewesen I A 1 a 47 Nr.442,453,454 u.I A 1 a 48 Nr.463.

der von Hamburg auslaufenden Wal-und Robbenfänger
und der Anteil der Seeleute des Untersuchungsgebietes

Jahr:1802

Anteil
der folgenden Gebiete:

Schiffsname	Kommandeur	Herkunft	Bes.	Rö.	Fö.	Sy.	Am.	Ha.	He.	Fest
1.Frau Anna	Zwen A.H.Carl	Röm	44	10	–	–	–	–	–	–
2.Bloyende Hoop	A.Alb.Jansen	Röm	44	5	–	–	–	–	–	–
3.Jonge Martin	H.Hansen Carl	Röm	44	11	2	1	–	–	–	–
4.Hoffnung	Corn.Andresen	Röm	43	10	–	–	–	–	–	–
5.Maria Susanna	Rolof Riewerts	Föhr	44	–	10	–	–	–	–	–
6.Jonge David	Matth.Riewerts	Föhr	45	–	25	–	–	–	–	–
7.Johanna Magdalena	Peter Boysen	Föhr	45	–	26	–	–	–	–	–
8.Jgfr.Anna Maria	H.H.Tönnies	Sylt	44	2	1	2	–	–	–	–
9.Lilie+	Pet.P.Hansen	Sylt	44	1	7	2	–	–	–	–
10.Roosenbaum	C.Jansen Ney	Kein NF	46	–	2	–	–	–	–	–
11.Catharina Elisab††	H.Hartmann	"	50	3	–	–	–	–	–	–
12.Frau Anna	Fr.Tiedemann	"	37	–	–	–	–	–	–	–
13.Anna Elisabeth	Diedr.Köser	"	44	–	–	–	–	–	–	–
14.Maria Elisabeth	H.Wilckens	"	44	–	–	–	–	–	–	–
15.Fama	Claus Lührs	"	45	–	–	–	–	–	–	–
16.Justina Eleonora	Hinrich Lübbe	"	44	–	–	–	–	–	–	–

+ Das Schiff kehrte bereits am 31.5.1802 wieder nach Hamburg zurück,
da 5 Seeleute gestorben waren und die übrige Besatzung teilweise
krank war;Schiffsjournal dieser Reise in Auszügen veröffentlicht
bei Ernst Römer,a.a.O.,S.20ff.Da das Schiff durch Eisgang einen
geringen Schaden erlitten hatte,wurde wegen der Versicherung ein
Protokoll angefertigt,aus dem sich weitere Einzelheiten ergeben.
So war die Krankheit"ohne Ansteckung,noch epidemisch"..Wegen der
Krankheit an Bord hatte der Helgoländer Lotse ein hohes Lotsen-
geld gefordert.Das Schiff kam in Quarantäne,so daß die"Equipage"
erst am 29.6.abgemustert werden konnte;StAHam,Dispachewesen
I A 1 a 48,Nr.503 v.22.12.1802.
++Das Schiff mußte wegen schwerer Havarie und des Verlustes aller
Schalupen nach dem einstimmigen Beschluß aller Schiffsoffiziere
vorzeitig die Rückreise antreten;StAHam,Dispachewesen I A 1 a 48,
Nr.48 v.8.1.1803.

der von Hamburg auslaufenden Wal-und Robbenfänger
und der Anteil der Seeleute des Untersuchungsgebietes

Jahr: 1803

Anteil
der folgenden Gebiete:

Schiffsname	Kommandeur	Herkunft	Bes.	Rö.	Fö.	Sy.	Am.	Ha.	He.	Fest
1.Hoffnung	Corn.Andresen	Röm	42	9	-	-	-	-	-	-
2.Bloyende Hoop	A.Alb.Jansen	Röm	44	4	-	-	-	-	-	-
3.Jonge Martin	H.Hansen Carl	Röm	44	10	-	-	-	-	-	-
4.Frau Anna	Zwen A.H.Carl	Röm	43	9	-	-	-	-	-	-
5.Jonge David	Matth.Riewerts	Föhr	46	-	20	-	-	-	-	-
6.Johanna Magdalena	Peter Boysen	Föhr	45	-	25	-	-	-	-	-
7.Maria Susanna	Rolof Riewerts	Föhr	44	-	12	-	-	-	-	-
8.Jgfr.Anna Maria	H.H.Tönnies	Sylt	44	1	3	2	-	-	-	-
9.Lilie +	P.Pet.Hansen	Sylt	44	1	6	4	-	-	-	-
10.Roosenbaum	R.Jansen Ney	Kein NF	46	-	3	-	-	-	-	-
11.Anna Elisabeth	Diedr.Köser	"	44	-	2	-	-	-	-	-
12.Fama	Harm Meyer	"	45	-	2	-	-	-	-	-
13.Maria Elisabeth	T.v.Holten	"	44	-	-	-	-	-	-	-
14.Frau Anna	Fr.Tiedemann	"	37	-	-	-	-	-	-	-

+ Auf der Rückreise von dem Fanggebiet um Spitzbergen wurde das
Schiff von englischen Kriegsschiffen aufgebracht und nach Yar-
mouth beordert.Es kam aber bald wieder frei und segelte im
Oktober 1803 nach Friedrichsstadt;Auszüge aus dem Schiffsjournal
dieser Reise sind veröffentlicht bei Ernst Römer,a.a.0.,S.22f.

Aufgrund der politischen Lage sind in den Musterungsprotokollen des Hamburger Wasserschouts für 1804 keine Ausfahrten von
Wal-und Robbenfängern verzeichnet.

Jahr:1805

Anteil
der folgenden Gebiete:

Schiffsname	Kommandeur	Herkunft	Bes.	Rö.	Fö.	Sy.	Am.	Ha.	He.	Fest
1.Hoffnung	Corn.Andresen	Röm	42	9	-	-	-	-	-	-
2.Jonge Martin	H.Hansen Carl	Röm	44	9	-	-	-	-	-	-
3.Bloyende Hoop	A.Alb.Jansen	Röm	44	2	-	-	-	-	-	-
4.Frau Anna	Zwen A.H.Carl	Röm	43	10	1	-	-	-	-	-
5.Jgfr.Anna Maria	Brar H.Braren	Föhr	43	-	5	-	-	-	-	-
6.Frau Anna	C.Cornelissen	Föhr	36	-	12	-	-	-	-	-
7.Fama	H.Sioerts	Kein NF	49	-	20	-	-	-	-	-
8.Roosenbaum	R.Jansen Ney	"	49	-	3	-	-	-	-	-
9.Anna Elisabeth	Jacob Waller	"	44	-	-	-	-	-	-	-

der von Hamburg auslaufenden Wal-und Robbenfänger
und der Anteil der Seeleute des Untersuchungsgebietes

Jahr: 1806 — Anteil der folgenden Gebiete:

Schiffsname	Kommandeur	Herkunft	Bes.	Rö.	Fö.	Sy.	Am.	Ha.	He.	Fest
1.Frau Anna	Zwen A.H.Carl	Röm	44	5	2	-	-	-	-	-
2.Frau Margaretha	H.Hansen Carl	Röm	45	8	-	-	-	-	-	-
3.Bloyende Hoop	A.Alb.Jansen	Röm	44	3	-	-	-	-	-	-
4.Jonge Martin	J.Pet.Lützen	Röm	44	5	-	-	-	-	-	-
5.Johann Abraham	Corn.H.Peters	Röm	44	8	-	-	-	-	-	-
6.Hoffnung	Corn.Andresen	Röm	42	6	-	-	-	-	-	-
7.Frau Anna	C.Cornelissen	Föhr	36	-	15	-	-	-	-	-
8.Jgfr.Anna Maria	Brar H.Braren	Föhr	47	-	11	-	-	-	-	-
9.Roosenbaum	R.Jansen Ney	Kein NF	49	-	4	-	-	-	-	1
10.Anna Elisabeth	Jacob Waller	"	44	-	-	-	-	-	-	-
11.Pauline	Dirck Köser	"	44	-	-	-	-	-	-	-

Jahr: 1807 — Anteil der folgenden Gebiete:

Schiffsname	Kommandeur	Herkunft	Bes.	Rö.	Fö.	Sy.	Am.	Ha.	He.	Fest
1.Johann Abraham	Corn.H.Peters	Röm	44	9	1	-	-	-	-	-
2.Bloyende Hoop	A.Alb.Jansen	Röm	45	10	-	-	-	-	-	-
3.Jonge Martin	J.P.Lützen	Röm	45	5	-	-	-	-	-	-
4.Jgfr.Anna Maria	Brar H.Braren	Föhr	45	-	16	-	-	-	-	-
5.Frau Anna	C.Cornelissen	Föhr	36	-	15	-	-	-	-	-
6.Börsenhalle	Ocke Bohn	Föhr	44	-	19	-	-	-	-	-
7.Roosenbaum	R.Jansen Ney	Kein NF	48	-	3	-	-	-	-	-
8.Anna Elisabeth	Jacob Waller	"	45	-	-	-	-	-	-	-
9.Pauline	Dirck Köser	"	45	-	-	-	-	-	-	-

Aufgrund der politischen Lage sind in den Musterungsprotokollen des Hamburger Wasserschouts für 1808 keine Ausfahrten von Wal- und Robbenfängern verzeichnet.

Jahr: 1809 — Anteil der folgenden Gebiete:

Schiffsname	Kommandeur	Herkunft	Bes.	Rö.	Fö.	Sy.	Am.	Ha.	He.	Fe
1.Börsenhalle	Ocke Bohn	Föhr	44	-	3	-	-	-	-	.
2.Roosenbaum	R.Jansen Ney	Kein NF	48	-	1	-	-	-	-	.
3.Anna Elisabeth	Jacob Waller	"	44	-	-	-	-	-	-	
4.Pauline	Dirck Köser	"	44	-	-	-	-	-	-	

der von Hamburg auslaufenden Wal-und Robbenfänger
und der Anteil der Seeleute des Untersuchungsgebietes

Jahr:1810

Anteil
der folgenden Gebiete:

Schiffsname	Kommandeur	Herkunft	Bes.	Rö.	Fö.	Sy.	Am.	Ha.	He.	Fest
1.Frau Margaretha	H.Hansen Carl	Röm	46	6	–	–	–	–	–	–
2.Johann Abraham	Corn.H.Peters	Röm	45	6	1	–	–	–	–	–
3.Bloyende Hoop	A.Alb.Jansen	Röm	46	4	–	–	–	–	–	–
4.Frau Anna	C.Cornelissen	Föhr	36	–	5	–	–	–	–	–
5.Börsenhalle	Olof Ocken	Föhr	44	–	4	–	–	–	–	–
6.Jgfr.Anna Maria	Brar H.Braren	Föhr	44	–	5	–	–	–	–	–
7.Roosenbaum	R.Jansen Ney	Kein NF	49	–	–	–	–	–	–	–

Aufgrund der politischen Lage sind in den Musterungsprotokollen
des Hamburger Wasserschouts für 1811 und 1812 keine Ausfahrten von
Wal-und Robbenfängern verzeichnet.

Jahr:1813

Anteil
der folgenden Gebiete:

Schiffsname	Kommandeur	Herkunft	Bes.	Rö.	Fö.	Sy.	Am.	Ha.	He.	Fest
1.Jonge Martin	Zwen A.H.Carl	Röm	45	6	–	–	–	–	–	–
2.Roosenbaum	R.Jansen Ney	Kein NF	48	–	–	–	–	–	–	–

Aufgrund der politischen Lage sind in den Musterungsprotokollen
des Hamburger Wasserschouts für 1814 keine Ausfahrten von Wal-
und Robbenfängern verzeichnet.

Jahr:1815

Anteil
der folgenden Gebiete:

Schiffsname	Kommandeur	Herkunft	Bes.	Rö.	Fö.	Sy.	Am.	Ha.	He.	Fest
1.Jonge Martin	J.P.Lützen	Röm	44	9	1	–	–	–	–	–
2.Johann Abraham	Corn.H.Peters	Röm	44	3	1	–	–	–	–	–
3.Bloyende Hoop	A.Alb.Jansen	Röm	46	5	1	–	–	–	–	–
4.Jgfr.Anna Maria	Brar H.Braren	Föhr	45	–	18	–	–	–	–	–

Verzeichnis
der von Hamburg auslaufenden Wal-und Robbenfänger
und der Anteil der Seeleute des Untersuchungsgebietes

Jahr: 1816 — Anteil der folgenden Gebiete:

Schiffsname	Kommandeur	Herkunft	Bes.	Rö.	Fö.	Sy.	Am.	Ha.	He.	Fest.
1. Frau Anna	H. Hansen Carl	Röm	45	22	2	–	–	–	–	2
2. Johann Abraham	Corn. H. Peters	Röm	45	18	4	–	–	–	–	2
3. Jonge Martin	J. Pet. Lützen	Röm	45	16	1	–	–	–	–	–
4. Bloyende Hoop	Riewert Rolofs	Föhr	45	–	4	–	–	–	–	–
5. Jgfr. Anna Maria	Brar H. Braren	Föhr	45	–	10	–	–	–	–	–
6. Leonore	Oluf Ocken	Föhr	44	–	13	–	–	–	–	–
7. Hoffnung	Peter Nagel	Kein NF	40	1	–	–	–	–	–	–

Jahr: 1817 — Anteil der folgenden Gebiete:

Schiffsname	Kommandeur	Herkunft	Bes.	Rö.	Fö.	Sy.	Am.	Ha.	He.	Fest.
1. Frau Anna	Corn. H. Peters	Röm	46	17	5	–	–	–	–	3
2. Frau Anna	H. Hansen Carl	Röm	51	11	1	–	–	–	–	1
3. Hoffnung	H. R. Lassen	Röm	41	14	–	–	–	–	–	2
4. Johann Abraham	Andr. Möller	Röm	45	13	–	–	–	–	–	2
5. Jonge Martin	Jürg. P. Lützen	Röm	45	9	1	–	–	–	–	–
6. Jgfr. Anna Maria	Brar H. Braren	Föhr	45	–	9	1	–	–	–	–
7. Leonore	Olof Ocken	Föhr	48	–	32	–	–	–	–	–
8. Rina und Sara	Nick. Fedders	Föhr	42	–	27	–	–	–	–	–
9. Bloyende Hoop	Riewert Rolofs	Föhr	45	–	3	3	–	–	–	–
10. Roosenbaum	R. Jansen Ney	Kein NF	51	–	4	–	–	–	–	–
11. Hansa	Dirck Köser	"	45	–	–	–	–	–	–	–
12. Pauline	J. D. A. Harmsen	"	44	–	–	–	–	–	–	–

der von Hamburg auslaufenden Wal-und Robbenfänger
und der Anteil der Seeleute des Untersuchungsgebietes

Jahr:1818

Anteil
der folgenden Gebiete:

Schiffsname	Kommandeur	Herkunft	Bes.	Rö.	Fö.	Sy.	Am.	Ha.	He.	Fest
1.Frau Anna	H.Hansen Carl	Röm	50	10	2	–	–	–	–	1
2.Fortuna	Jens S.Kier	Röm	45	16	1	–	–	–	–	–
3.Johann Abraham	Andreas Möller	Röm	45	12	–	–	–	–	–	3
4.Jonge Martin	J.Peter Lützen	Röm	45	12	–	–	–	–	–	–
5.Hoffnung	H.Rasm.Lassen	Röm	41	11	–	–	–	–	–	–
6.Frau Anna	Corn.H.Peters	Röm	46	14	4	–	–	–	–	2
7.Rina und Sara	Nick.Fedders	Föhr	42	–	25	–	–	–	–	–
8.Hansa	Jac.O.Ocken	Föhr	45	–	17	–	–	–	–	–
9.Roosenbaum	Olof Ocken	Föhr	49	–	20	–	–	–	1	–
10.Bloyende Hoop	Riewert Rolofs	Föhr	46	–	7	–	–	–	–	–
11.Jgfr.Anna Maria	Brar H.Braren	Föhr	45	–	5	–	–	–	–	–
12.Anna Elisabeth	J.D.A.Harmsen	Kein NF	44	–	–	–	–	–	–	–
13.Leonore	Dirck Köser	"	46	–	–	–	–	–	–	–

Jahr: 1819

Anteil
der folgenden Gebiete:

Schiffsname	Kommandeur	Herkunft	Bes.	Rö.	Fö.	Sy.	Am.	Ha.	He.	Fest
1.Johann Abraham	Andreas Möller	Röm	45	13	–	–	–	–	–	2
2.Frau Anna	H.Hansen Carl	Röm	50	13	3	–	–	–	–	–
3.Frau Anna	Corn.H.Peters	Röm	46	14	4	–	–	–	–	2
4.Jonge Martin	J.Pet.Lützen	Röm	45	14	1	–	–	–	–	–
5.Fortuna	J.Sörens.Kier	Röm	46	22	2	–	–	–	–	2
6.Rina und Sara	Nick.Fedders	Föhr	43	–	17	–	1	–	–	–
7.Roosenbaum	Olof Ocken	Föhr	48	–	31	–	–	–	–	–
8.Jgfr.Anna Maria	Brar H.Braren	Föhr	45	–	11	–	1	–	1	–
9.Bloyende Hoop	Riewert Rolofs	Föhr	46	–	14	–	–	–	1	1
10.Seehund +	Hinr.Vollers	Kein NF	41	–	1	–	–	–	–	1
11.Anna Elisabeth	J.D.A.Harmsen	"	44	–	–	–	–	–	–	–

+) Aus unerklärlichen Gründen wird dieses Schiff vom Hamburger
Wasserschout mit dem wenig sinnvollen Namen "De verdrehete ver-
drehende Genie " bezeichnet.Während Wanda Oesau,Hamburgs Grönlandfahrt...,S.315,Anm.1 als richtigen Schiffsnamen "De Hoffnung"
annimmt,ohne es allerdings näher zu begründen,spricht die Identität des Kommandeurs und einiger Besatzungsmitglieder dafür,
daß es sich um das 1820 unter dem Namen "De Seehund" auslaufende
Schiff handelt.

Jahr: 1820

Anteil
der folgenden Gebiete:

Schiffsname	Kommandeur	Herkunft	Bes.	Rö.	Fö.	Sy.	Am.	Ha.	He.	Fest
1.Frau Anna	Corn.H.Peters	Röm	47	21	2	–	–	–	–	1
2.Frau Anna	H.Hansen Carl	Röm	49	22	4	–	–	–	2	1
3.Johann Abraham	Andr.Möller	Röm	45	19	–	–	–	–	–	4
4.Mathilde	N.Claussen	Röm	47	23	1	–	–	–	–	–
5.Jonge Martin	H.P.Lützen	Röm	44	11	–	–	–	–	–	–
6.Roosenbaum	Olof Ocken	Föhr	49	2	28	–	–	–	–	–
7.Bloyende Hoop	Rolof Rolofs	Föhr	46	2	18	–	–	–	–	–
8.Maria	Riew.Rolofs	Föhr	45	–	21	–	–	–	–	–
9.Seehund	Hinr.Vollers	Kein NF	42	1	–	–	–	–	–	–
10.Anna Elisabeth	J.D.A.Harmsen	"	43	–	–	–	–	–	–	–

Verzeichnis
der von Hamburg auslaufenden Wal–und Robbenfänger
und der Anteil der Seeleute des Untersuchungsgebietes

Jahr: 1821

Anteil der folgenden Gebiete:

Schiffsname	Kommandeur	Herkunft	Bes.	Rö.	Fö.	Sy.	Am.	Ha.	He.	Fest
1.Roosenbaum	Olof Ocken	Föhr	49	–	15	–	–	–	7	–
2.Maria	Riewert Rolofs	Föhr	45	1	23	–	–	–	–	–
3.Anna Elisabeth	J.D.A.Harmsen	Kein NF	44	2	1	–	–	–	2	–

Jahr: 1822

Anteil der folgenden Gebiete:

Schiffsname	Kommandeur	Herkunft	Bes.	Rö.	Fö.	Sy.	Am.	Ha.	He.	Fest
1.Maria	Olof Ocken	Föhr	45	–	20	–	–	–	4	–
2.Anna Elisabeth	J.D.A.Harmsen	Kein NF	44	3	–	–	–	–	–	–
3.Roosenbaum	J.Jampson	"	50	–	3	–	–	–	12	–

Jahr: 1823

Anteil der folgenden Gebiete:

Schiffsname	Kommandeur	Herkunft	Bes.	Rö.	Fö.	Sy.	Am.	Ha.	He.	Fest
1.Maria	Olof Ocken	Föhr	45	–	20	–	–	–	6	–
2.Charles	John Rose	Kein NF	29	–	–	–	–	–	5	–
3.Anna Elisabeth	J.D.A.Harmsen	"	44	–	–	–	–	–	–	–

Jahr: 1824

Anteil der folgenden Gebiete:

Schiffsname	Kommandeur	Herkunft	Bes.	Rö.	Fö.	Sy.	Am.	Ha.	He.	Fest
1.Jgfr.Anna Elisabeth	J.D.A.Harmsen	Kein NF	43	1	4	–	–	–	–	–
2.Charles	R.Thomson	"	20	–	–	–	–	–	–	–

Jahr: 1825

Anteil der folgenden Gebiete:

Schiffsname	Kommandeur	Herkunft	Bes.	Rö.	Fö.	Sy.	Am.	Ha.	He.	Fest
1.Jgfr.Anna Elisabeth	J.D.A.Harmsen	Kein NF	44	1	–	–	–	–	–	–
2.Charles	R.Thomson	"	28	–	–	–	–	–	1	–

Verzeichnis
der von Hamburg auslaufenden Wal-und Robbenfänger
und der Anteil der Seeleute des Untersuchungsgebietes

Jahr: 1826

Anteil der folgenden Gebiete:

Schiffsname	Kommandeur	Herkunft	Bes.	Rö.	Fö.	Sy.	Am.	Ha.	He.	Fest
1.Jgfr.Anna Elisabeth	J.D.A.Harmsen	Kein NF	44	1	–	–	–	–	–	–

Jahr: 1827

Anteil der folgenden Gebiete:

Schiffsname	Kommandeur	Herkunft	Bes.	Rö.	Fö.	Sy.	Am.	Ha.	He.	Fest
1.Jonge Martin	H.Hansen Carl	Röm	45	27	–	–	–	–	–	2
2.Jgfr.Anna Elisabeth	J.D.A.Harmsen	Kein NF	44	–	–	–	–	–	–	–

Jahr:1828

Anteil der folgenden Gebiete:

Schiffsname	Kommandeur	Herkunft	Bes.	Rö.	Fö.	Sy.	Am.	Ha.	He.	Fest
1.Jonge Martin	H.Hansen Carl	Röm	45	23	–	–	–	–	–	1
2.Äolus	J.D.A.Harmsen	Kein NF	44	3	1	–	–	–	–	–

Jahr:1829

Anteil der folgenden Gebiete:

Schiffsname	Kommandeur	Herkunft	Bes.	Rö.	Fö.	Sy.	Am.	Ha.	He.	Fest
1.Äolus	E.N.Wandal	Röm	45	20	–	–	–	–	–	1
2.Jonge Martin	H.Hansen Carl	Röm	46	19	–	–	–	–	–	1

Jahr:1830

Anteil der folgenden Gebiete:

Schiffsname	Kommandeur	Herkunft	Bes.	Rö.	Fö.	Sy.	Am.	Ha.	He.	Fes
1.Jonge Martin	H.Hansen Carl	Röm	45	14	–	–	–	–	–	3
2.Äolus	E.N.Wandal	Röm	45	13	1	–	–	–	1	3

Jahr:1831

Anteil der folgenden Gebiete:

Schiffsname	Kommandeur	Herkunft	Bes.	Rö.	Fö.	Sy.	Am.	Ha.	He.	Fest
1.Jonge Martin	H.Hansen Carl	Röm	46	14	2	–	–	–	–	6
2.Hoffnung	Zwen A.Carl	Röm	37	14	–	–	–	–	–	1
3.Äolus	Jochen Voss	Kein NF	46	–	–	–	–	–	–	–

Jahr:1832

Anteil der folgenden Gebiete:

Schiffsname	Kommandeur	Herkunft	Bes.	Rö.	Fö.	Sy.	Am.	Ha.	He.	Fes
1.Jonge Martin	H.Hansen Carl	Röm	46	16	–	–	–	–	–	5
2.Hoffnung	Zwen A.Carl	Röm	38	18	–	–	–	–	–	1
3.Äolus	Jochen Voss	Kein NF	46	–	1	–	–	–	–	–

<u>Verzeichnis</u>
der von Hamburg auslaufenden Wal-und Robbenfänger
und der Anteil der Seeleute des Untersuchungsgebietes

Jahr:1833

Anteil
der folgenden Gebiete:

Schiffsname	Kommandeur	Herkunft	Bes.	Rö.	Fö.	Sy.	Am.	Ha.	He.	Fes
1.Hoffnung	Zwen A.Carl	Röm	38	23	–	–	–	–	–	2
2.Jonge Martin	H.Hansen Carl	Röm	46	16	2	–	–	–	–	1
3.Äolus	Jochen Voss	Kein NF	45	–	–	–	–	–	–	1

Jahr:1834

Anteil
der folgenden Gebiete:

Schiffsname	Kommandeur	Herkunft	Bes.	Rö.	Fö.	Sy.	Am.	Ha.	He.	Fes
1.Hoffnung	Zwen A.Carl	Röm	38	17	2	–	–	–	–	2
2.Äolus	Jochen Voss	Kein NF	45	–	–	–	–	–	–	–
3.Jonge Martin	Ludwig Meyn	"	45	–	–	–	–	–	–	–

Jahr:1835

Anteil
der folgenden Gebiete:

Schiffsname	Kommandeur	Herkunft	Bes.	Rö.	Fö.	Sy.	Am.	Ha.	He.	Fes
1.Hoffnung	Zwen A.Carl	Röm	38	17	–	–	–	–	–	–
2.Äolus	Jochen Voss	Kein NF	46	–	1	–	–	–	–	1
3.Jonge Martin	Ludwig Meyn	"	46	–	–	–	–	–	–	–

Jahr:1836

Anteil
der folgenden Gebiete:

Schiffsname	Kommandeur	Herkunft	Bes.	Rö.	Fö.	Sy.	Am.	Ha.	He.	Fe
1.Jonge Martin	Ludwig Meyn	Kein NF	46	–	–	–	–	–	–	–
2.Äolus	Jochen Voss	"	46	–	–	–	–	–	–	–
3.Hoffnung	Otto Mehlen	"	38	–	–	–	–	–	–	–

Im April des Jahres 1836 fuhr das Hamburger Schiff "De Wettrenner"
unter Kapitän Peter Peter Eschels,Westerland/Sylt, mit Fracht von
Hamburg nach Hammerfest/Norwegen.An Bord befanden sich außer dem
Kapitän noch sechs Seefahrer,darunter folgende aus dem Untersuchungs-
gebiet:
Dirck Peter Eschels von Sylt,Jungmann(Leichtmatrose),19 Jahre,
Eschel Michels Decker von Sylt,Schiffsjunge,14 Jahre;
StAHam,Archiv d.Wasserschouts,I.A.1.s. v. 23.4.1836.
Von Hammerfest aus unternahm das Schiff eine Reise ins Polareis,er-
legte 23 Walrosse,aber ging im Eis verloren;s.hierzu C.P.Hansen,
Der Badeort Westerland auf Sylt und seine Bewohner,Garding 1870,S.
161 ff.-Der Neffe des Kapitän Eschels,M.B.Decker,fertigte eine Abschrift vom Schiffsjournal dieser Reise an.Es ist in Auszügen veröffentlicht in: Deutsche Rundschau,Bd.CLXXXIV,Berlin 1920,S.224ff.
Da das Schiff aufgrund der obigen Angaben aus dem gesetzten Rahmen
der vorliegenden Untersuchung herausfällt,ist es in dem obigen Verzeichnis und der Statistik nicht berücksichtigt worden.

Verzeichnis
der von Hamburg auslaufenden Wal-und Robbenfänger
und der Anteil der Seeleute des Untersuchungsgebietes

Jahr: 1837 — Anteil der folgenden Gebiete:

Schiffsname	Kommandeur	Herkunft	Bes.	Rö.	Fö.	Sy.	Am.	Ha.	He.	Fe
1.Jonge Martin	Ludwig Meyn	Kein NF	49	–	–	–	–	–	1	–
2.Äolus	Jochen Voss	"	47	–	–	–	–	–	–	–
3.Hoffnung	Otto Mehlen	"	40	–	–	–	–	–	–	–

Jahr:1838 — Anteil der folgenden Gebiete:

Schiffsname	Kommandeur	Herkunft	Bes.	Rö.	Fö.	Sy.	Am.	Ha.	He.	Fe
1.Äolus	Jochen Voss	Kein NF	46	–	–	–	–	–	–	–
2.Hoffnung	Otto Mehlen	"	44	–	–	–	–	–	–	–

Jahr:1839 — Anteil der folgenden Gebiete:

Schiffsname	Kommandeur	Herkunft	Bes.	Rö.	Fö.	Sy.	Am.	Ha.	He.	Fe
1.Äolus	Jochen Voss	Kein NF	47	1	–	–	–	–	–	–
2.Hoffnung	Michel Büther	"	42	–	–	–	–	–	–	–
3.Jonge Conrad	Otto Mehlen	"	50	–	–	–	–	–	1	–

ANHANG III

Dokumentation: Namen, Herkunft und Rang der Seeleute, Schiffsnamen, Fangergebnisse, Rückkehrtermine, Angaben über Havarien und Untergänge, statistische Übersichten 1757—1835

Inhaltsverzeichnis

Vorbemerkung

Diese Dokumentation ist die Grundlage für die demographische Untersuchung und Darstellung im Textteil dieses Buches. In dem Umfang der Arbeit spiegelt sich nicht zuletzt die Bedeutung wider, die die Seefahrt in der Geschichte des nordfriesischen Raumes einnimmt. Der folgende Überblick soll ein Bild vom Umfang, Inhalt und Aufbau der Dokumentation vermitteln.

Für den Zeitraum von 1757 bis 1760 konnten nur 629 Seeleute aus dem Untersuchungsgebiet – es ist auf Seite 17 kartographisch gekennzeichnet – durch das etwas isoliert dastehende Material des Schleswiger Landesarchivs namentlich erfaßt werden. Erst ab 1761 durch die Anmusterungsprotokolle des Hamburger Wasserschouts (StAHam) und durch die teilweise ergänzende Quelle des Reichsarchivs Kopenhagen steht die Dokumentation auf einer breiten, gesicherten Basis, deren Umfang die folgenden Zahlen verdeutlichen:

Von 1757 bis 1839 fuhren von Hamburg 1713 Schiffe zum Wal- und Robbenfang aus, die – ab 1761 gerechnet – 65 158 Seeleute an Bord hatten, von denen 13 065 (20 %) aus dem Untersuchungsgebiet stammten, und zwar

von Röm	6 137 Seeleute (9 %)
von Föhr	5 644 Seeleute (8,6 %)
von Sylt	529 Seeleute (0,8 %)
von Amrum	344 Seeleute (0,5 %)
von den Halligen	2 Seeleute (0,03 %)
von Helgoland	61 Seeleute (0,09 %)
vom nordfriesischen Festland	348 Seeleute (0,5 %).

423 Seeleute, die mit großer Wahrscheinlichkeit aus dem Untersuchungsgebiet stammten, konnten wegen falscher Angaben nicht einwandfrei identifiziert werden.

Diese Zahlenangaben, – wie im statistischen Anhang erkennbar – differenziert aufgeschlüsselt und systematisiert, hätten an sich ausgereicht, um die neuen Erkenntnisse aus dieser Untersuchung zu belegen. Das hätte aber bedeutet, daß gerade auf die in der Regionalgeschichte bestehende Möglichkeit, abstrakte Vorgänge menschlich nachvollziehbar zu machen, verzichtet worden wäre. Denn hinter diesen abstrakten Zahlen stehen die konkreten Lebensdaten der Menschen, deren Nachfahren teilweise heute noch hier leben. Diese Einstellung zur Regionalgeschichte hat mich veranlaßt, nicht die Elektronische Datenverarbeitung heranzuziehen. Sie hätte mir sicherlich viel Arbeit ersparen können, aber der Einsatz dieses technischen Hilfsmittels hätte auch bedeutet, daß fast keine Impulse für weitere Forschungen auf der lokalen Ebene ausgegangen wären. Wenn der heutige Mensch schon in vielen Fällen Schwierigkeiten hat, seine computergesteuerte Gehaltsabrechnung zu interpretieren, wie kann man dann erwarten, daß er die elektronisch verschlüsselten Werte vergangener Jahrhunderte für sich nutzbar machen kann? Deshalb enthält dieser Band die Namen der Seeleute, ihre Funktionen an Bord, ihre Herkunft sowie die Namen der Hamburger Wal- und Robbenfänger, auf denen sie anheuerten.

Die angeführten Fangerträge vermitteln ein ungefähres Bild vom Verdienst, da viele Seeleute des Untersuchungsgebietes anteilmäßig am Ergebnis der Reise beteiligt waren. Die Angaben lassen auch die besonderen wirtschaftlichen Folgen erkennen, wenn das Schiff „ledig", d. h. ohne Ertrag nach Hamburg zurückkehrte. In diesem Rahmen müssen auch die Rückkehrdaten sowie die Hinweise auf Havarie oder Verlust der Schiffe gesehen werden. Sie geben Auskunft über den zeitlichen Aufwand, die Strapazen und Risiken einer Reise.

Die Angaben über jede Fangsaison stehen in chronologischer Reihenfolge. Innerhalb der jährlichen Ordnung bestimmt die Herkunft des Kommandeurs die Reihenfolge des Materials. Den Inseln Röm, Föhr, Sylt und Amrum – andere Regionen des Untersuchungsgebietes haben hier keine Kommandeure gestellt – folgen die nicht aus dem nordfriesischen Raum stammenden Kommandeure, soweit sie Seeleute an Bord hatten, die in den Rahmen dieser Arbeit gehören.

Die Schreibweise der Personen-, Schiffs- und Ortsnamen richtet sich in den meisten Fällen nach der am häufigsten vorkommenden Form, nicht zuletzt auch deshalb, damit der mit den Quellen nicht vertraute Benutzer den Sinn der Angaben erkennen kann. Ein Schiffs- und Kommandeursregister ist im Rahmen dieser Ausgabe nicht angefertigt worden, um die ohnehin schon voluminöse Arbeit nicht noch umfangreicher werden zu lassen. Als Hilfsmittel der Orientierung können die im Anhang I chronologisch und nach der Herkunft geordneten Kommandeursdaten und die im Anhang II verzeichneten jährlichen Ausfahrten herangezogen werden.

Ein gesondertes Schiffs- und Kommandeursregister für den Zeitraum von 1757 bis 1839 ist für die maschinenschriftliche Dokumentationsausgabe erstellt worden, die im Reichsarchiv Kopenhagen, im Staatsarchiv Hamburg, im Schleswig-Holsteinischen Landesarchiv Schleswig und im Sylter Archiv Westerland hinterlegt ist.

Abb. 28: Kopie eines Musterungsprotokolls des Walfängers „De St. Peter", Kommandeur·Volkert Boysen von Föhr, vom 22. 3. 1774.
Quelle: StAHam, Archiv des Wasserschouts, I. A. 1. e.

A⁰ 1774 d 22 Mart.

1. Comd: Völckert Boÿssen. d St: Peter
   Na Groland gi der Wallvischfang.

#	Name		
2.	A. Michel Völckerts na Veur	75 b	22/6
3.	Sc: Andreas Völckerts v d.	75	21
4.	d. Marcus Peterssen v d	60	20
5.	d Harp: Okke Freerks v d	50	16
6.	d. Lorentz Hinrichs v d	50	16
7.	d. Jacob Flohr v d.	50	16
8.	T. Harm Lottje v Hittlerschantz b Comd	36	3 v.
9.	ond San Arians v Föhr	22	3
10.	B. Cornelis Willms v d b Comd	30	6
11.	Sch: Riwert Hinrichs v d. b d	30	5
12.	d. Nanning Cornelissen v d b d	30	5
13.	C. Jacob Peterssen v Hamburg	17	
14.	ond Joh: Paul Sander v d. b Swembeck i Swood bÿ Wale	17	1.
15.	Meister Kreplin	21	5.
16.	M. Roloff Hinrichs v Veur b Comd	21	2.
17.	d. Boÿe Völckerts v d. b d	21	2.
18.	d. Direk Willms v d. b d	21	2.
19.	d. Peter Nagel v Aade b Bügtman	20	1
20.	d. Direk Klintwort v d b d	20	2.
21.	d. Hinr. Nagel v d. b d	15	1.
22.	d. Peter Hagena v d b d	20	2
23.	d. Peter Voß v Wismar b Comd bÿ Cohrs	21	2.
24.	d. Broer Broers v Veur b d	21	2.
25.	d. Riwert Flohr v d. b d	21	1
26.	d. Claas Bliesch v d. b d	21	2.
27.	d. Hinrich Andreas Peterssen v Hamburg b Comd	21	2.
28.	d. Joh. Siwers v d. in Ekholt i Hambrooken hoff	21	2.
29.	d. Joh: Willh: Schäfer v A. Grabau b Comd	21	2.
30.	d. Jochim Jacob Frede v d b d	21	2
31.	d. Hinr Völckerts v Veur b d	20	2
32.	d. Andreas Cornelis v Silt b d	20	1
33.	d. Carl Hinr Engelbrecht v Hamb: b Gevd. i d Sweinstwidt	21	1
34.	d. Joh. Mich: Höwa v Altengottern Sax: b Marco frdd P.	19	2
35.	d. Joh. Gottlob Arick v Arfdel. b Rill i Habenburg	16	1
36.	d. Peter Boÿssen v Silt b Comd	20	2.
37.	d. Peter Grott v Neumühlen b Hans Schagt nu Loot	14	1
38.	d. Hans Carstens v Föh b Comd	14	1.
39.	d. Claas Peter Geicken v Silt b d	14	1
40.	d. Nanning Roloffs v Föhr b d	21	2.
41.	d. Georg Roschet v Nürnberg b Rill in Habenburg	14	1.
42.	T. Riwert Flohr v Veur	9	0/3
43.	P.A. Jacob Peterssen v Hamburg		1.
44.	T. Völckert Michels v Veur		

Schiff/Kommandeur	Name/Herkunft/Rang der Seeleute	Daten/Quelle Fangergebnis
De Jungfrau Maria Robbenfänger Hans Ericks von Röm	Jürgen Jürgens v.Röm,Steuermann Lambert Jürgens v.Röm,Zimmermann Johann Jaspers v.Röm,Bootsmann Peter Jaspers v.Röm,Koch Lorentz Cornelius v.Röm,Matrose	LAS Abt.65.2 Nr.6800 3.3.1757 Rückk.:7.8. 1757 [1] Ertrag:1450 Robben=105 1/2 Quardelen Speck [2]
De Frau Johanna Eleonora Robbenfänger Johann Franck von Röm	Hans Holm v.Röm,Steuermann Rolof Siewersen v.Röm,Zimmermann Hans Möller v.Röm,Bootsmann Cornelis Carstens v.Röm,Koch	ebenda,1.3.1757 Rückk.:7.8.1757 Ertr.:700 Robben=30 Quard. Speck
De Martin Robbenfänger Johann Jürgen Bleeck(Bleeg)von Röm	Cornelis Hansen v.Röm,Steuermann Pieter Pieters v.Röm,Bootsmann Carsten Cornelis v.Röm,Koch Johann Cornelis v.Röm,Matrose Lorentz Lorentzen v.Röm,Matrose Cornelius Kurtzen v.Röm,Matrose Albert Peters v.Röm,Matrose Jürgen Cornelsen v.Röm,Matrose Lorentz Janssen v.Bröns,Matrose Lorentz Kurtzen v.Röm,Schiffsjge.	ebenda,2.u.9.3. 1757 Rückk.:3.8.1757 Ertr.:1400 Robben=52 1/2 Qu. Speck
De Jonge Peter Wal-u.Robbenfänger Tönnies Peters von Röm	Peter Tönnies v.Röm,Steuermann Albert Carstens v.Röm,Bootsmann Hans Erick Andresen v.Röm,Zimmerm. Peter Michel Jaspers v.Röm,Koch Clas Thiessen v.Sylt,Speckschneid. Jasper Carstens v.Röm,Harpunier Jürgen Holm v.Röm,Matrose Michel Jürgens v.Röm,Matrose	ebenda,3.,9.u. 15.3.1757 Rückk.:9.8.1757 Ertr.:1200 Robben=71 Quardel. Speck
De Jonge Margaretha Wal-u.Robbenfänger Andreas Zwen von Röm	Jürgen Zwen v.Röm,Steuermann Jens Engelbrechts v.Röm,Bootsmann Cornelis Peters v.Röm,Harpunier Siebrandt Anders v.Röm,Schiffsgast(Matrose) Cordt Jürgens v.Röm,Matrose Niels Nielsen v.Röm,Schiffsjunge [3] Peter Moritzen v.Röm,Schiffsjunge Engelbrecht Jansen v.Röm,Schiffsj.	ebenda,4.u.8.3. 1757 Rückk.:6.8.1757 Ertr.:830 Robben=35 1/2 Quar. Speck
De Bloyende Hoop Wal-u.Robbenfänger Carsten Andresen Witt von Röm	Michel Michelsen v.Röm,Steuermann Peter Thomsen v.Röm,Harpunier Peter Lorenzen v.Röm,Harpunier Hans Peters v.Röm,Speckschneider Zwen Carstens v.Röm,Zimmermann Cornelis Hansen v.Röm,Koch Lorentz Jansen v.Röm,Bootsmann Johann Jansen v.Röm,Matrose Johann Michels v.Röm,Matrose Hans Schmidt v.Röm,Matrose	ebenda,7.u.9.3. 1757 Rückk.:10.8.1757 Ertr.:1875 Robb. =135 Quard. Speck

[1]Die Daten für die Rückkehr der Schiffe.sowie die Fangergebnisse bis 1801 sind-soweit nicht anders vermerkt-dem "Verzeichnis der seit Anno 1669 von Hamburg nach Groenland und der Straße-Davied zum Wall-Fisch und Robben-fangst gesandten Schiffe"entnommen worden; StAHam,Handschrift 263(zit.:Handschrift 263).

[2]Quardeel(Quardel)=ca.220 Pfd.

[3]Da die vorl.Quelle in vielen Fällen nicht zwischen Kochsmaat und Schiffsjungen differenziert,kann man annehmen,daß bei mehreren aufgeführten Schiffsjungen ein Kochsmaat darunter ist.

Schiff/Kommandeur	Name/Herkunft/Rang der Seeleute	Daten/Quelle Fangergebnis
De Sara Cäcilia Wal-u.Robbenfänger Hans Pieters von Röm	Dirck Meinert Hahn v.Sylt,Steuerm. Hendrick Hendricks v.Sylt,Specksch. Andres Andresen v.Röm,Bootsmann Pieter Pieters v.Röm,Harpunier Cornelius Carstens v.Röm,Harpunier Hans Carstens v.Röm,Koch Jürgen Michels(hier:Nickels)v.Röm, Matrose Johann Carstens v.Röm,Schiffsjunge	ebenda,12.3. 1757 Rückk.:6.8.1757 Ertr.:1 Wal= 35 1/2 Quard. Speck u.380 Rob- ben=16 Quardel. Speck
De Twe Jonge Her- mans Wal-u.Robbenfänger Michel Jansen von Röm	Peter Jansen v.Röm,Steuermann Hans Jansen v.Röm,Zimmermann Peter Jansen v.Röm,Koch Hans Carstens v.Röm,Harpunier Peter Andresen v.Röm,Harpunier Cornelis Matthiessen v.Röm,Matrose Carsten Jansen v.Röm,Schiffsjunge Johann Jansen v.Röm,Schiffsjunge	ebenda,5.u.15.3. 1757 Rückk.:1.8.1757 Ertr.:2000 Rob- ben=123 1/2 Quardelen Speck
De Jgfr.Anna Maria Wal-u.Robbenfänger Hans Hansen Tön- nies,sen.von Röm	Hans Peters v.Röm,Steuermann Jürgen Michelsen v.Röm,Bootsmann Peter Holm v.Röm,Koch Hans Cornelissen v.Röm,Harpunier Hans Hansen Holm v.Röm,Zimmermann Jasper Jürgens v.Helgoland,Matrose Jasper Jaspers v.Helgoland,Matrose	ebenda,25.2.u. 5.3.1757 Rückk.:1.8.1757 Ertr.:2800 Rob- ben=124 Quard. Speck
De Sara Galley Wal-u.Robbenfänger Jasper Jaspers von Röm	Cornelis Jaspers v.Röm(Altona), Steuermann Zwen Steffensen v.Röm,Bootsmann Peter Jürgens v.Röm,Koch	ebenda,9.u.10.3. 1757 Rückk.:4.8.1757 Ertr.:1 Wal=40 Quardel.Speck
De Maria Galley Robbenfänger Jasper Jansen von Röm	Johann Carstens v.Röm,Steuermann Jürgen Pieters v.Röm,Zimmermann Hans Petersen v.Röm,Bootsmann Andres Carstens v.Röm,Koch Cornelis Peters v.Röm,Speckschn. Hans Siebrandtsen v.Röm,Matrose Jürgen Balzersen v.Röm,Matrose Pieter Claasen v.Röm,Matrose Pieter Jaspersen v.Röm,Matrose Jasper Michelsen v.Röm,Matrose Lorentz Carstens v.Tondern,Matrose Johann Claasen v.Röm,Kochsmaat Carsten Hansen v.Röm,Schiffsjunge Jürgen Bundes v.Röm,Schiffsjunge	ebenda,9.u.16.3. 1757 Rückk.:5.8.1757 Ertr.:890 Robben =38 Quardel. Speck
De Jgfr.Clara Wal-u.Robbenfänger Cornelis Thomsen von Röm	Hans Jaspers v.Röm,Steuermann Siebrandt Hendricks v.Röm,Bootsm. Peter Jaspers v.Röm,Harpunier Pieter Kortsen v.Röm,Matrose Hans Jaspers v.Röm,Matrose Lorenz Andresen v.Röm,Matrose Peter Michelsen v.Röm,Matrose Erick Hansen v.Röm,Matrose Peter Jaspers v.Röm,Matrose Siebrandt Jansen v.Röm,Matrose Peter Duhn(Duen)v.Röm,Matrose	ebenda,14.3. 1757 Rückk.:8.8.1757 Ertr.:2030 Rob- ben=137 Quardel. Speck

Schiff/Kommandeur	Name/Herkunft/Rang der Seeleute	Daten/Quelle Fangergebnis
De Jonge Maria ? Michel Hansen von Röm(Seine Herkunft wird durch spätere Quellen belegt)	Die aus dem dänischen Gesamtstaat stammenden Besatzungsmitglieder haben sich nicht registrieren lassen.	StAHam,Hdschr. 263,S.105 Rückk.:9.8.1757 Ertr.:1400 Robben=90 Quardel. Speck
De Jonge Geertruy Walfänger Boy Rickmers de Jonge von Föhr	Peter Cornelissen v.Föhr,Steuerm. Cornelis Riewerts(Röhrs)v.Amrum, Bootsmann Frerck Ariansen v.Föhr,Koch Rolof Dircksen v.Föhr,Speckschneid. Cornel.Rickmers v.Föhr,Speckschn. Peter Cornelissen v.Föhr,Harpunier Peter Simon Winter v.Föhr,Harpun. Arian Frercks v.Föhr,Steuerer Arian Helmers(?)v.Föhr,Steuerer[1] Frerck Boysen v.Föhr,Matrose Frerck Arians v.Föhr,Matrose Arian Dircks v.Föhr,Matrose Rickmer Nannings v.Föhr,Matrose Peter Hinrichs v.Föhr,Matrose Hinrich Nannings v.Föhr,Matrose Boy Taackes v.Sylt,Matrose Hans Taackes v.Sylt,Matrose Dirck Rolfs v.Föhr,Kochsmaat Cornelius Petersen v.Föhr,Kochsm. Broer Nannings v.Föhr,Schiffsjge.	LAS Abt.65.2. Nr.6800 28.,29.3.u.6.4. 1757 Rückk.:13.9. 1757 Ertr.:2 Wale u. 1Cajelot(Pottwal)=126 1/2 Quard.Speck
De St.Peter Walfänger Boye Rickmers von Föhr	Frerck Lorentzen v.Föhr,Steuerm. Jürgen Hendricks v.Föhr,Speckschn. Michel Boysen v.Föhr,Speckschneid. Jürgen Jansen v.Föhr,Harpunier Peter Jacobs v.Föhr,Harpunier Riewert Frercks v.Föhr,Harpunier Boy Arians v.Föhr,Schiemann Clement Arians v.Föhr,Matrose Riewert Jansen v.Föhr,Matrose Ocke Frercks v.Föhr,Matrose Siewert Nickelsen v.Husum,Matrose	ebenda,9.4.1757 Rückk.:6.8.1757 Ertr.:3 Wale= 146 Quard.Speck
De Verguldete Löwe Walfänger Riewert Jacobs von Föhr	Rolof Carstens v.Föhr,Speckschn. Jürgen Boysen v.Föhr,Speckschn. Hinrich Boysen v.Föhr,Harpunier Boy Jürgens v.Föhr,Harpunier Friedrich Peters v.Föhr,Harpunier Boye Hendricks v.Föhr,Matrose Friedrich Jelles v.Föhr,Matrose	ebenda,7.4.1757 Rückk.:11.8. 1757 Ertr.:2 Wale= 104 Quardelen Speck

1) Diese Funktionsbezeichnung ist in den Musterungsprotokollen des Hamburger Wasserschouts sehr selten zu finden.Sie war auf holländischen Schiffen üblich.Es handelt sich hierbei um Seeleute,die für das Steuerruder einer Schaluppe verantwortlich waren.C.G. Zordragers alte und neue Grönländische Fischerei und Wallfischfang...,Leipzig 1723,S.481:"Steurder wird der Bootsknecht genennet,der das Steuer-Ruder in einer Chaloupe regieret."

Eine Möglichkeit,einen Teil der Föhrer Seeleute näher zu lokalisieren,bietet die folgende Quelle:Richtiges Verzeichnis aller Seefahrenden der Gemeinde St Laurenty von Anno 1757,mitgeteilt v. L.C.Peters-Husum,in:Jahrbuch d.Nordfr.Vereins,Bd.18(1931),S.99ff.

Schiff/Kommandeur	Name/Herkunft/Rang der Seeleute	Daten/Quelle Fangergebnis
De Stadts-Wohl-fahrt Walfänger Steffen Broersen von Föhr	Sönne Bonckens v.Föhr,Steuermann Teunis Hendricks v.Föhr,Speckschn. Frerck Christians v.Föhr,Harpunier Hans Hansen v.Föhr,Harpunier Hans Boysen v.Föhr,Harpunier Cornelis Hansen v.Föhr,Harpunier Rördt Knudten v.Föhr,Bootsmann Lorentz Eysack(!) v.Föhr,Koch Johann Hansen v.Sylt,Matrose Thomas Boysen v.Sylt,Matrose Broder Johnsen v.Föhr,Matrose Christian Peters v.Föhr,Matrose Hans Taden v.Föhr,Schiffsjunge	ebenda,29.3.u. 6.4.1757 Rückk.:11.8.1757 ohne Ertrag
De Drei Gebröder Walfänger Johann Jürgen Knüttel von Föhr(Seine Herkunft wird durch spätere Quellen belegt.)	Die aus dem dänischen Gesamtstaat stammenden Besatzungsmitglieder haben sich nicht registrieren lassen.	StAHam,Hdschr. 263,S.104 Rückk.:11.8.1757 Ertr.:2 Wale= 104 Quardel. Speck
De Frau Margaretha Walfänger Nanning Riecks von Föhr	s.o.	ebenda,S.104 Rück.:6.8.1757 Ertr.:2 Wale= 108 Quardelen Speck
De Concordia Walfänger Cornelis Boysen von Sylt	Peter Frercks v.Sylt,Steuermann Boy Heycken v.Sylt,Speckschneider Peter Corn.Decker v.Sylt,Speckschn. Thomas Dircksen v.Sylt,Harpunier Hans Cornelissen v.Sylt,Harpunier Peter Jansen v.Sylt,Harpunier Hans Geicken v.Sylt,Matrose Christian Peters v.Sylt,Matrose Peter Jansen v.Sylt,Matrose Dirck Petersen v.Sylt,Schiffsjunge	LAS Abt.65.2. Nr.6800 6.4.1757 Rückk.:9.8.1757 Ertr.:2 Wale= 120 Quard.Speck
De Gekrönte Hoop Walfänger Riewert Peters von Amrum	Peter Riewerts v.Amrum,Steuermann Peter Andresen v.Amrum,Speckschn. Jürgen Peters v.Amrum,Speckschn. Simon Cornelis v.Amrum,Bootsmann Pieter Janss v.Amrum,Harpunier Jacob Simons v.Amrum,Harpunier Cornelis Janss v.Amrum,Schiemann Martin Langhals(!)v.Amrum,Koch Andreas Janss v.Amrum,Matrose Nanning Cornelis v.Amrum,Matrose Arian Simons v.Amrum,Matrose Andres Cornelis v.Amrum,Schiffsjge. Boy Jürgens v.Amrum,Schiffsjunge	ebenda,29.3.1757 Rückk.:15.8.1757 Ertr.:7 Wale = 451 Quard.Speck
De Witte Voss Walfänger Steffen Janssen	Jacob Ericks v.Helgoland,Matrose	ebenda,17.3.1757 Rückk.:12.8.1757 Ertr.:3 Wale= 104 Quard.Speck

294

Schiff/Kommandeur	Name/Herkunft/Rang der Seeleute	Daten/Quelle Fangergebnis
De Twe Gesüster Walfänger Tipke Tönnies	Peter Cornelis v.Sylt,Schiemann	ebenda,29.3.1757 Rückk.:1.7.1757 Ertr.:4 Wale = 214 Quard.Speck
De Maria Elisabeth[1] Walfänger Jacob Jansen	Johann Clasen v.Sylt,Steuermann Peter Meinerts v.Sylt,Matrose Peter Jacobs v.Sylt,Matrose Clas Jansen v.Sylt,Matrose Christian Petersen v.Sylt,Matrose	ebenda,21.u.29. 3.1757 Rückk.:12.8.1757 ohne Ertrag

1) Über dieses Schiff sind aufgrund der Forschungen von Walter
Kresse,Aus der Vergangenheit der Reiherstiegwerft in Hamburg,S.14
Herausgeber:Deutsche Werft Hamburg,Hamburg 1961 nähere Ein-
zelheiten bekannt.Das Fleutschiff "De (Frau) Maria Elisabeth"
wurde 1748/49 für den Hamburger Reeder Berend Roosens auf der
Reiherstiegwerft gebaut.Technische Daten:Länge "im Kiehl"
34,50 m,Länge"über Steben" 37,50 m,Breite "in sin Flak"6,15 m,
Breite "auf die Kimmen"7,40 m,Breite "auf unterst Deck" 9,00 m,
Breite "auf oberst Deck" 7,50 m,Tiefgang "holl im Raum von
dem Kiehl bis an Deck" 4,05 m,Tiefgang "holl im Zwischendeck"
1,95 m,Laderaum für 800-900 Speckfässer,Besatzung 45-50 Mann;
Ausrüstung:10 Speckmesser,12 Handhäckgen,5 Baardmesser,6 Strant-
messer,6 Baardklauen,einzelne Speckblöcke,doppelte Speck-takel-
Blöcke,1 Strich-oder Schneidbank,1 Speckhaspel,12 Bankhäckgen,
7 Kapmesser,4 Bankmesser,100 Oxhofte,30 Pypen,450 Fässer oder
Quardeelen,50 halbe Fäßlein.

Schiff/Kommandeur	Name/Herkunft/Rang der Seeleute	Daten/Quelle Fangergebnis
De Jgfr.Anna Maria Wal-u.Robbenfänger Hans Hansen Tönnies,sen.v.Röm	Rasmus Lorentzen v.Röm,Steuermann Jes Matthiessen v.Röm,Bootsmann Peter Petersen v.Röm,Koch Cornelis Cornelsen v.Röm,Harpunier Lambert Jürgensen v.Röm,Zimmermann Johann Michaelsen v.Sylt,Speckschn.	LAS,Abt.65.2 Nr.6800 3.3.1758 Rückk.:13.7. 1758 Ertr.:2470 Robben=117 Quardel. Speck
De Bloyende Hoop Wal-u.Robbenfänger Carsten Andresen Witt von Röm	Michel Michelsen v.Röm,Steuermann Cornelius Hansen v.Röm,Bootsmann Pieter Lorenzen(Loersen)v.Röm,Koch Pieter Michels v.Röm,Harpunier Peter Thomsen v.Röm,Harpunier Hans Petersen Tag v.Röm,Matrose Mads Carstensen v.Röm,Matrose Cornelius Steffensen v.Röm,Matrose Jasper Michelsen v.Röm,Matrose Peter Michelsen v.Röm,Matrose Jens Jensen v.Röm,Matrose Jens Petersen v.Röm,Speckschneider Hans Christians v.Röm,Matrose	ebenda,6.u.10.3. 1758 Rückk.:10.7.1758 Ertr.:1182 Robben=60 1/2 Qu. Speck
De Twe Jonge Hermans Wal-u.Robbenfänger Michel Jansen von Röm	Peter Jansen v.Röm,Steuermann Hans Hanssen v.Röm,Zimmermann Pieter Hanssen v.Röm,Koch Peter Andresen v.Röm,Harpunier Cornelius Madsen v.Röm,Matrose Hans Michelsen v.Röm,Matrose Carsten Jansen v.Röm,Matrose	ebenda,6.u.9.3. 1758 Rückk.:13.7. 1758 Ertr.:2014 Robben=103 1/2 Qu. Speck
De Martin Wal-u.Robbenfänger Johann Jürgen Bleeck(Bleeg)von Röm	Cornelius Hansen v.Röm,Steuermann Peter Jansen v.Röm,Zimmermann Cornelius Christians v.Röm,Koch Cornelius Cornelsen v.Röm,Harpun. Albert Petersen v.Röm,Matrose Carsten Hansen v.Ballum,Matrose Carsten Cornelsen v.Bröns,Matrose Lorentz Jansen v.Bröns,Matrose Siebrandt Hansen v.Röm,Matrose Jürgen Cornelsen v.Röm,Matrose Geerd Jansen v.Röm,Schiffsjunge	ebenda,6.u.9.3. 1758 Rückk.:23.7. 1758 Ertr.:862 Robben=50 Quardel. Speck
De Jonge Margaretha Wal-u.Robbenfänger Andreas Zwen von Röm	Jürgen Zwen v.Röm,Steuermann Rolf Siebrandtsen v.Röm,Zimmermann Cornelius Peters v.Röm,Harpunier Cord Jürgens v.Röm,Koch Cornelius Carstens v.Röm,Matrose Zwen Andresen v.Röm,Matrose Peter Moritzen v.Röm,Schiffsjunge Cornelius Cornelsen v.Röm,Schiffsj. Hans Christiansen v.Röm,Schiffsjge.	ebenda,9.3.1758 Rückk.:10.7. 1758 Ertr.:1500 Robben=75 Quardel. Speck
De Jonge Maria Wal-u.Robbenfänger Michel Hansen von Röm	Peter Zwen v.Röm,Steuermann Hans Carstens v.Röm,Bootsmann Jasper Hansen v.Röm,Koch Cornelius Carstens v.Röm,Harpunier Matthias Zwen v.Röm,Matrose Johann Carstens v.Röm,Matrose Peter Cornelius v.Röm,Schiffsjunge	ebenda,22.2.u. 9.3.1758 Rückk.:29.7. 1758 Ertr.:2403 Robben=79 1/2 Qu. Speck

Schiff/Kommandeur	Name/Herkunft/Rang der Seeleute	Daten/Quelle Fangergebnis
De Jgfr.Maria Robbenfänger Hans Ericks von Röm	Jürgen Jürgens v.Röm,Steuermann[1] Jürgen Lamberts v.Röm,Zimmermann Lorentz Cornelius v.Röm,Bootsmann Pieter Jaspers v.Röm,Matrose Pieter Wilms(Wil)v.Röm,Matrose Cornelius Carstens v.Röm,Kochsmaat Johann Hansen v.Röm,Schiffsjunge	ebenda,6.3.1758 Rückk.:10.7. 1758 Ertr.:1968 Robben=103 Quard. Speck
De Jonge Peter Wal-u.Robbenfänger Tönnies Petersen von Röm	Peter Tönnies v.Röm,Steuermann Hans Erck Andresen v.Röm,Zimmermann Michael Cornelisen v.Röm,Bootsmann Andreas Andresen v.Röm,Koch Carsten Jürgens v.Röm,Harpunier Johann Jaspers v.Röm,Harpunier Pieter Cornelsen v.Röm,Matrose	ebenda,8.3.1758 Rückk.:12.7. 1758 Ertr.:2700 Robben=116 1/2 Qu. Speck
De Jungfrau Clara Wal-u.Robbenfänger Cornelius Thomsen von Röm	Hans Michel Jaspers v.Röm,Steuerm. Siebrandt Hendricksen v.Röm,Bootsm. Hans Jaspers v.Röm,Koch Peter Jaspers v.Röm,Harpunier	ebenda,22.2. 1758 Rückk.:29.7. 1758 Ertr.:1568 Robben=117 Quard. Speck
De Frau Johanna Eleonora Wal-u.Robbenfänger Johann Franck von Röm	Hans Hansen v.Röm,Steuermann Jürgen Michaelsen v.Röm,Bootsmann Carsten Jaspers v.Röm,Koch Hans Petersen v.Röm,Harpunier	ebenda,1.3.1758 Rückk.:14.7. 1758 Ertr.:870 Robben=39 Quard. Speck
De Maria Galley Robbenfänger Cornelis Carstens von Röm	Jasper Carstens v.Röm,Steuermann Hans Hansen v.Röm,Zimmermann Hans Peters v.Röm,Bootsmann Michel Lorentz v.Röm,Koch Cornelius Rolef v.Ballum,Matrose Jan Balzer v.Röm,Matrose Cornelius Hansen v.Röm,Matrose Michel Janssen v.Röm,Matrose Jürgen Bundes v.Röm,Schiffsjunge	ebenda,1.u.10.3. 1758 Rückk.:29.7. 1758 Ertr.:2700 Robben=62 1/2 Qu. Speck
De Sara Galley Robbenfänger Jasper Jaspers von Röm	Cornelius Jaspers v.Röm(Altona), Steuermann Peter Jürgens v.Röm,Bootsmann	ebenda,1.3.1758 Rückk.:23.7. 1758 Ertr.:1400 Robben=62 1/2 Qu. Speck
De Sara Cäcilia Wal-u.Robbenfänger Hans Pieters von Röm	Dirck Meinert Hahn v.Sylt,Steuerm. Die aus dem dänischen Gesamtstaat stammenden Besatzungsmitglieder haben sich nicht registrieren lassen.Der obige Name ist durch Vergleich der Listen von 1757 und 1759 erschlossen worden.	StAHam,Hdschr. 263,S.106 Rückk.:29.7. 1758 Ertr.:1 Wal= 46 1/2 Quard. Speck

1)Von 1759 bis 1771 fährt er unter dem verhollandisierten Namen Jurriaan Jurriaansz de Jonge als Kommandeur eines Wal-und Robbenfängers im Dienste holländischer Reedereien;s.hierzu H.E.Sørensen, Rømøs Historie,Melbyhus 1977,S.71.

Schiff/Kommandeur	Name/Herkunft/Rang der Seeleute	Daten/Quelle Fangergebnis
De Jonge Geertruy Walfänger Boye Rickmers von Föhr	Volker Cornelissen v.Föhr,Steuerm. Andreas Ammons v.Föhr,Speckschneid. Peter Cornelissen v.Föhr,Harpunier Nanning Rolofs v.Föhr,Bootsmann Simon Peters v.Föhr,Schiemann Arian Frercks v.Föhr,Koch Cornelis Rickmers v.Föhr,Speckschn. Wilhelm Rolofs v.Föhr,Matrose (hier wohl irrt.Speckschneider) Frerck Arians v.Föhr,Matrose Peter Henrichsen v.Föhr,Matrose Rickmer Nannings v.Föhr,Matrose Henrich Nannings v.Föhr,Matrose Jasper Jansen v.Röm(hier wohl irrt. Föhr),Matrose Cornelis Pieters v.Föhr,Kochsmaat Rickmer Pieters v.Föhr,Schiffsjunge	LAS,Abt.65.2. Nr.6800 29.3.u.1.4.1758 Rückk.:30.7. 1758 Ertr.:2 1/2 Wale=190 Quardel. Speck
De Frau Margaretha Walfänger Nanning Riecks von Föhr	Arian Broerssen v.Föhr,Steuermann Boy Simons v.Föhr,Speckschneider Jürgen Lorenzen v.Föhr,Speckschneid. Rolof Lorenzen v.Föhr,Harpunier Rieck Jürgens v.Föhr,Harpunier Cornelius Lorenzen v.Föhr,Harpun. Jürgen Hansen v.Föhr,Schiemann Rieck Riewerts v.Föhr,Matrose Boy Jürgens v.Föhr,Matrose Wilhelm Broersen v.Föhr,Matrose Rolof Flohr v.Föhr,Matrose Dirck Jürgens v.Föhr,Matrose Riewert Riewerts v.Föhr,Matrose Volkert Wilms v.Föhr,Matrose Johann Hansen v.Sylt,Matrose Hans Christians v.Föhr,Kochsmaat Peter Cornelissen v.Föhr,Schiffsj.	ebenda,30.u.31. 3.1758 Rückk.:25.7. 1758 Ertr.:3 Wale= 135 Quardel. Speck
De Verguldete Lö- we Walfänger Riewert Jacobs von Föhr	Volkert Janssen v.Föhr,Steuermann Michel Arians v.Föhr,Speckschneider Henrich Arians v.Föhr,Speckschneid. Boy Jürgens v.Föhr,Harpunier Friedrich Peters v.Föhr,Harpunier Dirck Drewes v.Föhr,Harpunier Peter Johannen v.Föhr,Koch Boy Hendricks v.Föhr,Matrose Symon Cornelissen v.Föhr,Matrose Andreas Volkerts v.Föhr,Schiffsjge. Johann Volkerts v.Föhr,Schiffsjge.	ebenda,4.4.1758 Rückk.:19.8. 1758 Ertr.:1/2 Wal= 23 1/2 Quard. Speck
De Drei Gebröder Walfänger Johann Jürgen Knüttel von Föhr	Otto Johann Eschels v.Föhr,Steuerm. Johann Christians v.Föhr,Speckschn. Cornelis Nannings v.Föhr,Speckschn. Jürgen Rolofs v.Föhr,Harpunier Simon Arians v.Föhr,Harpunier Boy Volkerts v.Föhr,Harpunier Joh.Friedr.Lorentzen v.Föhr,Schiem. Söncke Volkerts v.Föhr,Matrose Wilhelm Frercks v.Föhr,Matrose	ebenda,1.4.1758 Rückk.:28.7. 1758 Ertr.:1 Wal=72 Quard.Speck

Schiff/Kommandeur	1758 Name/Herkunft/Rang der Seeleute	Daten/Quelle Fangergebnis
De St.Peter Walfänger Boy Rickmers von Föhr	Die aus dem dänischen Gesamtstaat stammenden Besatzungsmitglieder haben sich nicht registrieren lassen	StAHam,Hdschr. 263,S.106 Rückk.:15.7. 1758 Ertr.:1 Wal= 15 1/2 Quard. Speck
De Concordia Walfänger Cornelis Boysen von Sylt	Boy Henrick Schmid v.Sylt,Steuerm. Peter Cornelis Decker v.Sylt,Speck Hinrich Henricks v.Sylt,Speckschn. Thomas Dircks v.Sylt,Harpunier Hans Cornelissen Löwe v.Sylt,Harp. Wilhelm Janssen v.Sylt,Harpunier Hans Janssen v.Sylt,Matrose Pieter Meinerts v.Sylt,Matrose Heike Uven v.Sylt,Matrose Boye Boysen v.Sylt,Schiffsjunge	LAS,Abt.65.2 Nr.6800 30.3.u.1.4. 1758 Rückk.:29.7. 1758 ohne Ertrag
De Gekrönte Hoop Walfänger Riewert Peters v. Amrum	Peter Riewerts v.Amrum,Steuermann Peter Andresen v.Amrum,Speckschn. Jürgen Peters v.Amrum,Speckschn. Simon Cornelissen v.Amrum,Bootsm. Cornelis Riewerts v.Amrum,Harpun. Jacob Simons v.Amrum,Harpunier Peter Cornelissen v.Amrum,Schiem. Andreas Jansen v.Amrum,Koch Peter Boysen v.Amrum,Matrose Matthias Boysen v.Amrum,Matrose Arian Simonsen v.Amrum,Matrose Andreas Cornelissen v.Amrum,Matr. Johann Clasen v.Sylt,Matrose Andreas Nannings v.Amrum,Schiffsj. Andreas Pieters v.Amrum,Schiffsj.	ebenda,29.3. 1758 Rückk.:19.8. 1758 Ertr.:1 Wal=16 Quard.Speck
De Hoop op den Walvis Walfänger Johann Gerritz	Hinrich Hinrichs v.Föhr,Speckschn.	ebenda,10.4. 1758 Rückk.:3.8.1758 Ertr.:2 Wale= 146 Quard.Speck
De Jungfrau Maria Walfänger Johann Bahrens	Nanning Peters v.Amrum,Steuermann Gottfried Ernst v.Föhr,Speckschn. Gottfried Ernst v.Föhr,Harpunier Nicolaus Jansen v.Sylt,Matrose	ebenda,29.3. 1758 Rückk.:3.8.1758 Ertr.:1 Wal=55 Quard.Speck

Schiff/Kommandeur	Name/Herkunft/Rang der Seeleute	Daten/Quelle Fangergebnis
De Twe Jonge Hermans Wal-u.Robbenfäng. Michael Janssen von Röm	Peter Michels v.Röm,Steuermann Hans Janssen v.Röm,Zimmermann Peter Janssen v.Röm,Harpunier Peter Hanssen v.Röm,Harpunier Peter Anderssen v.Röm,Harpunier Cornelius Madsen v.Röm,Harpunier Engelbrecht Janssen v.Röm,Matrose Hans Michaels v.Röm,Matrose Carsten Janssen v.Röm,Matrose	LAS Abt.65.2 Nr.6800 3.3.1759 Rückkehr:24.7. 1759 Ertrag:4002 Robben=167 Quard. Speck
De Martin Wal-u.Robbenfäng. Peter Tönnies von Röm.Er war 1758 Steuermann auf dem Wal-u. Robbenfänger "De Jonge Peter."	Jürgen Zwen von Röm,Steuermann Jasper Jaspers v.Röm,Bootsmann Tönnies Hanssen v.Röm,Zimmermann Siebrandt Jansen v.Röm,Koch Matthias Zwen v.Röm,Harpunier Jürgen Michaelsen v.Röm,Speckschn. Carsten Cornelissen v.Röm,Matrose Carsten Pieters v.Röm,Matrose Jürgen Michaelis v.Röm,Matrose Jasper Carstens v.Röm,Schiffsjge. Michael Carstens v.Röm,Schiffsjge.	ebenda,2.u.3.3. 1759 Rückkehr:25.7. 1759 Ertrag:3550 Robben=187 Quard. Speck
De Bloyende Hoop Wal-u.Robbenfäng. Carsten Andresen von Röm	Michael Michaelsen v.Röm,Steuerm. Peter Petersen v.Röm,Zimmermann Jürgen Michaelis v.Röm,Bootsmann Peter Michaelis von Röm,Koch Peter Thomsen v.Röm,Harpunier Cornelius Hansen v.Röm,Harpunier Jens Petersen v.Röm,Speckschneid. Peter Adam v.Röm,Matrose Jens Jenssen v.Röm,Matrose Mads Chrestensen v.Röm,Matrose Jasper Michelsen v.Röm,Matrose Peter Michelsen v.Röm,Matrose Jens Hanssen von Röm,Matrose Albradt Janssen v.Röm,Matrose Hans Hanssen v.Röm,Matrose	ebenda,3.3.1759 Rückkehr:30.7. 1759 Ertrag:2650 Robben=138 Quard. Speck
De Sara Galley Wal-u.Robbenfäng. Jasper Jaspers von Röm	Peter Jürgens v.Röm,Bootsmann Cornelis Christians v.Röm,Harpunier Jasper Michelsen v.Röm,Kochsmaat Michael Jaspers v.Röm,Schiffsjge.	ebenda,5.3.1759 Rückkehr:15.7. 1759 Ertrag:2494 Robben=125 Quard. Speck
De Sara Cäcilia Wal-u.Robbenfänger Hans Petersen von Röm	Dierck Meynert Hahn v.Sylt,Steuerm. Pieter Cornelius Decker v.Sylt,Sp. Hans Cornelissen v.Sylt,Speckschn. Heyke Boysen von Sylt,Harpunier Peter Claussen v.Sylt,Harpunier Peter Heyken v.Sylt,Harpunier Peter Jaspers v.Röm,Schiemann Jasper Carstens v.Röm,Matrose Peter Tönnies von Röm,Matrose Andreas Andresen v.Ballum,Matrose Jürgen Peters von Röm,Matrose Nicolai Petersen v.Tondern,Matrose	ebenda,17.3.u. 2.4.1759 Rückkehr:19.8. 1759 Ertrag:11 1/2 Quard.Robbenspeck

Schiff/Kommandeur	Name/Herkunft/Rang der Seeleute	Daten/Quelle Fangergebnis
De Anna Maria Wal-u.Robbenfänger Hans Hanssen Tönnies von Röm	Rasmus Lorentz v.Röm,Steuermann Jess Matthiessen v.Röm,Bootsmann Lambert Jürgensen v.Röm,Zimmermann Peter Peters v.Röm,Koch Cornels Cornelissen v.Röm,Harpunier Peter Lorentz v.Röm,Speckschneid. Christian Cornelissen v.Röm,Matros Cornels Cornelssen v.Röm,Matrose	ebenda,7.3.1759 Rückkehr:26.7. 1759 Ertrag:4400 Rob- ben=187 Quard. Speck
De Jonge Marga- retha Wal-u.Robbenfänger Andreas Zwen von Röm	Tönnies Zwen v.Röm,Steuermann Andreas Matthiessen v.Röm,Koch Carsten Jaspers v.Röm,Harpunier Zwen Andresen Kimer v.Röm,Matrose Pieter Jaspers v.Röm,Matrose Jasper Brodersen v.Röm,Matrose Johann Hanssen v.Röm,Matrose Johann Chrestensen v.Röm,Matrose Casper Petersen von Nordstrand,M. Hans Christian Jaspers v.Röm,Schj. Christian Jürgensen v.Röm,Schiffsj Peter Moritzen v.Röm,Schiffsjunge	ebenda,6.u.8.3. 1759 Rückkehr:27.7. 1759 Ertrag:2700 Rob- ben=128 Quard. Speck
De Maria Galley Robbenfänger Cornelis Carstens von Röm	Jasper Karstens v.Röm,Steuermann Hans Hansen v.Röm,Zimmermann Hans Pieters v.Röm,Bootsmann Michael Lorentz v.Röm,Koch Cornelius Rolof v.Röm,Matrose[1] Hans Jürgens v.Röm,Matrose Carsten Pieters v.Röm,Matrose Hans Hanssen v.Röm,Matrose Johann Andresen v.Röm,Matrose Siebrandt Siebrandts v.Röm,Matrose Pieter Michaelis v.Röm,Matrose Johann Baustius v.Röm,Matrose Rasmus Michaelis v.Röm,Schiffsjge. Jürgen Bundes v.Röm,Schiffsjge.	ebenda,5.3.1759 Rückkehr:6.8. 1759 Ertrag:1300 Rob- ben=53 Quard. Speck
De Jonge Peter Wal-u.Robbenfänger Tönnies Peters von Röm	Michael Cornelsen v.Röm,Steuerm. Hans Erck Andresen v.Röm,Zimmerm. Peter Michelsen v.Röm,Koch Michael Brodersen v.Röm,Harpunier Andreas Hanssen Schmidt v.Röm,Mat. Jasper Janssen v.Röm,Matrose Jürgen Jürgensen v.Röm,Matrose Pieter Cornelissen v.Bröns,Matr. Welles Hanssen v.Bröns,Matrose Jasper Hansen v.Röm,Schiffsjunge Jürgen Tönnsen v.Röm.Schiffsjunge	ebenda,6.3.1759 Rückkehr:25.7. 1759 Ertrag:2800 Rob- ben=120 Quard. Speck
De Jungfrau Clara Wal-u.Robbenfänger Cornelis Thomsen von Röm	Hans Jaspers v.Röm,Steuermann Cornelis Hansen v.Röm,Bootsmann Carsten Jürgens v.Röm,Koch Johann Jaspers v.Röm,Harpunier Lorentz Andresen v.Röm,Matrose	ebenda,23.2. 1759 Rückkehr:1.8. 1759 Ertrag:3600 Rob- ben=166 Quard. Speck
	1)1758 erscheint er auf diesem Schiff unter der Ortsbezeichnung Ballum.	

Schiff/Kommandeur	Name/Herkunft/Rang der Seeleute	Daten/Quelle Fangergebnis
De Jonge Maria Wal-u.Robbenfänger Michel Hansen von Röm	Pieter Zwen v.Röm,Steuermann Hans Carstens v.Röm,Bootsmann Jasper Hansen v.Röm,Koch Cornelis Carstens v.Röm,Harpunier Albert Peters v.Röm,Matrose Peter Cornelissen v.Röm,Matrose Michel Hans Thomsen v.Röm,Matrose Jürgen Jess(Jevs)v.Röm,Schiffsjunge	ebenda,23.1.u. 5.3.1759 Rückk.:27.7. 1759 Ertr.:4524 Rob- ben=196 Quard. Speck
De Jungfrau Maria Robbenfänger Hans Ericks von Röm	Die aus dem dänischen Gesamtstaat stammenden Besatzungsmitglieder haben sich nicht registrieren lassen. Peter Jaspers v.Röm,Matrose Peter Willms v.Röm,Matrose (durch Listenvergleich erschlossen)	StAHam,Hdschr. 263,S.107 Rückk.:26.7. 1759 Ertr.:2550 Rob- ben=115 1/2 Quardel.Speck
De St.Peter Walfänger Boy Rickmers von Föhr	s.o.	ebenda,S.107 Rückk.:14.8. 1759 ohne Ertrag
De Drei Gebröder Walfänger Johann Jürgen Knüttel von Föhr	s.o. Otto Johann Eschels v.Föhr,Steuerm. Boy Volkerts v.Föhr,Harpunier Beide Namen wurden durch Vergleich der Listen von 1758 und 1761 er- schlossen	ebenda,S.107 Rückk.:5.8.1759 Ertr.:1 Wal= 60 1/2 Quardel. Speck
De Jonge Geertruy Walfänger Boye Rickmers de Jonge von Föhr	Volkert Cornelis v.Föhr,Steuermann Andreas Ammons v.Föhr,Speckschn. Pieter Cornelis v.Föhr,Speckschn. Nanning Rolofs v.Föhr,Bootsmann Wilhelm Rolofs v.Föhr,Harpunier Matthias Clausen v.Föhr,Harpunier Simon Peters v.Föhr,Schiemann Arian Friedrichs v.Föhr,Koch Volkert Willms v.Föhr,Matrose Boye Nannings v.Föhr,Matrose Arian Peters v.Föhr,Matrose Hinrich Nannings v.Föhr,Matrose Peter Hinrichs v.Föhr,Matrose Friedrich Arians v.Föhr,Matrose Taacke Dircks v.Sylt,Matrose Broer Nannings v.Föhr,Kochsmaat Friedrich Riewerts v.Föhr,Schjge.	LAS,Abt.65.2. Nr.6800 3.4.1759 Rückk.:14.8. 1759 ohne Ertrag
De Frau Margaretha Walfänger Nanning Riecks von Föhr	Rickmer Riewerts v.Föhr,Harpun. Johann Claussen v.Föhr,Schiemann Frerck Arians v.Föhr,Koch Boye Jürgens v.Föhr,Matrose Dirck Rolofs v.Föhr,Matrose Dirck Jürgens v.Föhr,Matrose Peter Jürgens v.Föhr,Matrose Arian Rolofs v.Föhr,Matrose Peter Janssen v.Sylt,Matrose Hans Christians v.Föhr,Kochsmaat Johann Peters v.Föhr,Schiffsjunge	ebenda,28.3. 1759 Rückk.:8.8.1759 ohne Ertrag

Schiff/Kommandeur	Name/Herkunft/Rang der Seeleute	Daten/Quelle Fangergebnis
De Verguldete Löwe Walfänger Riewert Jacobs von Föhr	Volkert Jansen v.Föhr,Steuermann Henrich Harms v.Föhr,Bootsmann Pieter Jansen v.Föhr,Koch Henrich Nannings v.Föhr,Matrose Hinrich Eschels v.Föhr,Matrose Boye Fedders v.Föhr,Matrose Boye Jürgens v.Föhr,Matrose Boye Henricks v.Föhr,Matrose Pieter Martens v.Föhr,Matrose Andreas Volkerts v.Föhr,Matrose	ebenda,6.4.1759 Rückk.:14.8. 1759 Ertr.:4 1/2 Wa- le=224 Quardel. Speck
De Gekrönte Hoop Walfänger Riewert Peters von Amrum	Peter Riewerts v.Amrum,Steuermann Pieter Andresen v.Amrum,Speckschn. Nanning Peters v.Amrum,Speckschn. Riewert Riecks v.Amrum,Bootsmann Pieter Riewerts v.Amrum,Harpunier Casper Quedens v.Amrum,Harpunier Boye Quedens v.Amrum,Schiemann Andreas Jansen v.Amrum,Koch Peter Boysen v.Amrum,Matrose Jacob Bielenberg v.Amrum,Matrose Gerrit Boysen v.Amrum,Schiffsjge. Andreas Nanning v.Amrum,Schiffsj.	ebenda,28.3. 1759 Rückk.:12.8. 1759 ohne Ertrag
De König Salomon 1 Walfänger Willem Hendriks	Johann Classen v.Sylt,Matrose Peter Michelsen Koiper v.Sylt, Matrose	ebenda,22.3. 1759 Rückk.:12.9. 1759 ohne Ertrag
De Waakende Kraan2 Walfänger Gerrit Eyssen	Joachim Manges v.Sylt,Matrose Nis Christiansen v.Sylt,Matrose	ebenda,23.3. 1759 Rückk.:14.8. 1759 Ertr.:12 1/2 Quard.Robben- speck

1)Das Fleutschiff wurde 1754 für den Hamburger Reeder Berend
   Roosens auf der Reiherstiegwerft in Hamburg gebaut;es hatte
   eine Größe von ca.225 BRT,Walter Kresse,Aus der Vergangenheit
   der Reiherstiegwerft in Hamburg,a.a.O.,S.14.
2)Das Schiff wurde 1717 auf der Reiherstiegwerft in Hamburg gebaut,ca.150 Last groß(225 BRT);ebenda,S.11.

Schiff/Kommandeur	Name/Herkunft/Rang der Seeleute	Daten/Quelle Fangergebnis
De Maria Galley[1] Robbenfänger Cornelis Carstens von Röm	Trotz des Vergleichs der Listen v. 1759 und 1761 konnten keine Seeleute identifiziert werden.	StAHam,Hdschr. 263,S.109 Rückk.:13.7.1760 Ertr.:2640 Robben=126 Quardel. Speck
De Sara Galley Wal-u.Robbenfänger Jasper Jaspers von Röm	Peter Jürgen v.Röm,Steuermann (1759:Bootsmann)	ebenda,S.109 Rückk.:29.7.1760 Ertr.:1037 Robben=62 1/2 Qu. Speck
De Twe Jonge Hermans Wal-u.Robbenfänger Michael Jansen von Röm	Peter Michels v.Röm,Steuermann Hans Jansen v.Röm,Zimmermann Peter Jansen v.Röm,Harpunier Peter Andresen v.Röm,Harpunier	ebenda,S.109 Rückk.:5.7.1760 Ertr.:3835 Robben=282 Quardel. Speck
De Jungfrau Maria Robbenfänger Hans Ericks von Röm	Peter Jaspers v.Röm,Koch Peter Wilms v.Röm,Matrose	ebenda,S.109 Rückk.:12.7.1760 Ertr.:3075 Robben=180 Quard. Speck
De Martin Wal-u.Robbenfänger Peter Tönnies von Röm	Michel Carstens v.Röm,Schiffsjunge (durch Vergleich der Listen von 1759 und 1762) Über den Grund der späten Rückkehr liegt folgender Bericht vor: "Der Commandeur Pieter Tönnies ward am 24.Juny ohngefähr bey Hittland von einem franz.Kaper aus der Uhrsache weil er keinen Bielbrief (Schiffspapier,das die technischen Daten des Schiffes enthält,Anm.d. Verfassers) gehabt,genommen und am 8.July zu Bergen aufgebracht,wo er nach langem Liegen am 16.Sept.unter Caution der Herren P.Bové & Sohn frey gegeben ist,den 29.Oct. von da abgegangen und den 20.Nov. alhier angelangt... 1761,16.Juny ist das Schiff vom Parlement zu Paries frey gesprochen und dem Kaper ist auferlegt,alle Kosten zu bezahlen."(Hdschr.263,S.109).	ebenda,S.109 Rückk.:20.11. 1760(s.hierzu nebensteh.Anm.) Ertr.:3072 Robben=149 Quard. Speck
De Jonge Peter Wal-u.Robbenfänger Tönnies Peters von Röm	Hans Erck Andresen v.Röm,Zimmerm. Jürgen Tönnies v.Röm,Schiffsjunge	ebenda,S.109 Rückk.:5.7.1760 Ertr.:2566 Robben=142 Quardel. Speck
De Bloyende Hoop Wal-u.Robbenfänger Carsten Andresen Witt von Röm	Michel Michels v.Röm,Steuermann Peter Petersen Holm v.Röm,Zimmerm. Peter Thomsen v.Röm,Harpunier	ebenda,S.109 Rückk.:4.7.1760 Ertr.:3072 Quard. Speck

1)Für 1760 sind nur die Namen der Kommandeure und Schiffe,die Rückkehrdaten sowie die Erträge durch die Hdschr.263 überliefert.Unterlagen über die Mannschaften gibt es nicht.Die hier aufgeführten Namen der Besatzungsmitglieder sind durch Vergleich der vorhandenen Unterlagen von 1758/59 und 1761/62 erschlossen worden.

Schiff/Kommandeur	Name/Herkunft/Rang der Seeleute	Daten/Quelle Fangergebnis
De Jgfr.Anna Maria Wal-u.Robbenfänger Hans Hansen Tönnies von Röm	Rasmus Lorenzen v.Röm,Steuermann Peter Petersen v.Röm,Koch Peter Lorenzen v.Röm,Speckschneid.	ebenda,S.109 Rückk.:14.7.1760 Ertr.:3268 Robben=216 1/2 Quar. Speck
De Sara Cäcilia Wal-u.Robbenfänger Hans Petersen von Röm	Kein Seefahrer nachweisbar	ebenda,S.109 Rückk.:28.7.1760 Ertr.:3200 Robben=167 1/2 Qu. Speck
De Jgfr.Clara Wal-u.Robbenfänger Cornelis Thomsen von Röm	Hans Michel Jaspers v.Röm,Steuerm. Carsten Jürgens v.Röm,Koch	ebenda,S.109 Rückk.:28.7.1760 Ertr.:1984 Robben=101 1/2 Qu. Speck
De Jonge Maria Wal-u.Robbenfänger Michel Hansen von Röm	Hans Carstens v.Röm,Bootsmann Jürgen Jessen v.Röm,Kochsmaat	ebenda,S.109 Rückk.:26.7.1760 Ertr.:2885 Robben=161 Quard. Speck
De Jonge Margaretha Wal-u.Robbenfänger Peter Zwen von Röm	Johann Hansen v.Röm,Matrose	ebenda,S.109 Rückk.:12.7.1760 Ertr.:2000 Robben=101 1/2 Qu. Speck
De Anna Robbenfänger Thomas Zwen von Röm	Ein Vergleich ist nicht möglich,da das Schiff 1760 erstmalig eingesetzt wird.	ebenda,S.109 Rückk.:10.7.1760 Ertr.:1500 Robben=71 1/2 Qu. Speck
De Frau Elisabeth Robbenfänger Andreas Zwen von Röm	s.o.	ebenda,S.109 Rückk.:12.7.1760 Ertr.:1750 Robben=82 Quardel. Speck
De David Robbenfänger Jürgen Zwen von Röm	s.o.	ebenda,S.109 Rückk.:2028 Robben=103 Quard. Speck
De Jonge Geertruy Walfänger Boy Rickmers de Jonge von Föhr	Volkert Cornelis v.Föhr,Steuermann Peter Cornelis v.Föhr,Speckschneid. Wilhelm Rolofs v.Föhr,Harpunier Hinrich Nannings v.Föhr,Matrose (1761:Schiemann)	ebenda,S.108 Rückk.:24.8.1760 Ertr.:3 1/2 Wale =165 1/2 Quard. Speck
De Drei Gebröder Walfänger Johann Jürgen Knüttel von Föhr	Otto Johann Eschels v.Föhr,Steuerm. Boy Volkerts v.Föhr,Harpunier	ebenda,S.108 Rückk.:1.8.1760 Ertr.:3 Wale= 103 Quard.Speck
De Frau Margaretha Walfänger Nanning Riecks von Föhr	Arian Rolofs v.Föhr,Matrose (1761:Speckschneider) Boy Jürgens v.Föhr,Matrose Erick(Dirck)Jürgens v.Föhr,Matrose	ebenda,S.108 Rückk.:28.7.1760 Ertr.:2 1/2 Wale =145 1/2 Quard. Speck
De St.Peter Walfänger Boy Rickmers von Föhr	Da sich die Mannschaft aus dem Untersuchungsgebiet sich 1758 u. 1759 nicht registrieren ließ,ist ein Vergleich nicht möglich.	ebenda,S.108 Rückk.:28.7.1760 Ertr.:2 Wale = 127 1/2 Quard. Speck

Schiff/Kommandeur	Name/Herkunft/Rang der Seeleute	Daten/Quelle Fangergebnis
De Verguldete Löwe Walfänger Riewert Jacobs von Föhr	Volkert Jansen v.Föhr,Steuermann Henrich Nannings v.Föhr,Matrose (1761:Steuerer)	ebenda,S.108 Rückk.:28.7.1760 Ertr.:1 1/2 Wale= 75 1/2 Quardel. Speck
De Gekrönte Hoop Walfänger Riewert Peters von Amrum	Peter Riewerts v.Amrum,Steuermann Nanning Peters v.Amrum,Speckschn. Peter Boysen v.Amrum,Matrose Andreas Nannings v.Amrum,Kochsmaat (1761:Matrose)	ebenda,S.108 Rückk.:18.8.1760 Ertr.:2 1/2 Wale= 98 1/2 Quardel. Speck

Schiff/Kommandeur	Name/Herkunft/Rang der Seeleute	Daten/Quelle Fangergebnis
De David Besatzung:30 Robbenfänger Jürgen Zwen von Röm.Er war 1759 Steuermann des Robbenfängers "De Martin".	Hans Jürgensen v.Röm,Steuermann Siebrand Jansen v.Röm,Bootsmann Jens Engelbrechtsen v.Röm,Matrose Engelbrecht ·Jensen v.Röm,Matrose Hans Carstens von Röm,Matrose Hans Jürgensen von Röm,Matrose Jasper Carstens von Röm,Matrose Michel Jaspers von Röm,Matrose	StAHam,Archiv des Wasser- schouts,I.A.1.a. 18.2.1761 Rückkehr:13.7. 1761 Ertrag:2100 Rob- ben=123 1/2 Qu. Speck
De Frau Elisabeth Besatzung:37 Robbenfänger Andreas Zwen von Röm.Er war bis 1759 Kommandeur des Robbenfängers "De Jonge Marga- retha".	Peter Michel Jaspers v.Röm,Steuerm. Jasper Carstens v.Röm,Zimmermann Niels Nielsen v.Röm,Bootsmann Lorenz Andresen von Röm,Koch Hans Petersen von Röm,Matrose Christian Jaspers v.Röm,Matrose Peter Jansen von Röm,Matrose Jan Hansen von Röm,Matrose Peter Moritzen von Röm,Matrose Peter Hansen von Röm,Matrose Jürgen Cornelis v.Röm,Kochsmaat Hans Christian Jaspers v.Röm,Schj.	ebenda,26.2. 1761 Rückkehr:24.7. 1761 Ertrag:1700 Rob- ben=93 Quard. Speck
De Jonge Maria Besatzung:34 Wal-u.Robbenfänger Michel Hansen von Röm	Cornels Hansen v.Röm,Steuermann [1] Hans Carstens v.Röm,Bootsmann Cornelis Matthiessen v.Röm,Koch Jan Peters v.Röm,Speckschneider Jürgen Cornelis v.Röm,Speckschn. Peter Thomsen v.Röm,Matrose Christian Lamberts v.Röm,Matrose Nicolaus Peters v.Röm,Matrose Jürgen Jessen von Röm,Matrose	ebenda,17.2. 1761 Rückkehr:20.7. 1761 Ertrag:2830 Rob- ben=182 Quard. Speck
De Sara Cäcilia Besatzung:39 Wal-u.Robbenfänger Hans Petersen von Röm	Peter Andresen v.Röm,Steuermann Jan Matzen von Röm,Matrose Matthias Nissen von Röm,Matrose Sören Matzen von Röm,Matrose Johann Ottsen von Röm,Matrose Matthias Matzen von Röm,Matrose Cornelis Andresen von Röm,Matrose Peter Eschels von Röm,Matrose Peter Carstens von Röm,Schiffsjge.	ebenda,20.2. 1761 Rückkehr:27.7. 1761 Ertrag:1/2 Wal, 2200 Robben = 124 Quard.Speck
De Jgfr.Maria Besatzung:35 Robbenfänger Hans Ericks von Röm	Zwen Carstens v.Röm,Steuermann Peter Cornelis v.Röm,Zimmermann Hans Petersen v.Röm,Bootsmann Peter Jaspers von Röm,Koch Peter Wilms von Röm,Matrose Peter Tag von Röm,Matrose Jürgen Knudsen von Röm,Matrose Gerd Lorenzen v.Röm,Kochsmaat Hans Cornels von Röm,Schiffsjunge	ebenda,24.2. 1761 Rückkehr:23.7. 1761 Ertrag:357 Rob- ben=16 Quard. Speck
De Jonge Peter Besatzung:35 Robbenfänger Tönnes Petersen von Röm	Albert Carstens v.Röm,Steuermann Hans Erck Andresen v.Röm,Zimmerm. Cornelis Hansen v.Röm,Bootsmann Carsten Petersen v.Röm,Matrose Jürgen Tönnies v.Röm,Schiffsjge.	ebenda,27.2. 1761 Rückkehr:22.7. 1761 Ertrag:1600 Rob- ben=80 Qu.Speck

[1]Von 1763-1766 fährt er als Kommandeur eines Wal-u.Robbenfängers
im Dienste holländischer Reedereien;H.E.Sørensen,Rømøs Historie,S.71

Schiff/Kommandeur	Name/Herkunft/Rang der Seeleute	Daten/Quelle Fangergebnis
De Jonge Margaretha Besatzung:25 Robbenfänger Peter Zwen von Röm.Er war 1759 Steuermann des Wal-u.Robbenfängers "De Jonge Maria".	Andreas Christiansen v.Röm,Steuerm. Jasper Hansen v.Röm,Bootsmann Johann Lamberts v.Röm,Koch Hans Cornelsen von Röm,Matrose Johann Hansen von Röm,Matrose Andreas Hansen Schmidt v.Röm,Matr. Peter Michelsen Holm v.Röm,Matrose Hans Hansen Falck v.Röm,Matrose Lorenz Cordsen von Röm,Matrose Siebrand Andresen von Röm,Matrose Cornelis Andresen v.Röm,Kochsmaat Cornelis Jürgensen v.Röm,Schiffsj.	ebenda,4.3.1761 Rückkehr:26.7. 1761 Ertrag:990 Robben=52 1/2 Qu. Speck
De Maria Galley Besatzung:27 Robbenfänger Jasper Carstens von Röm.Er war 1759 Steuermann dieses Schiffes.	Johann Jaspers v.Röm,Steuermann Boy Clasen v.Sylt,Zimmermann Lorenz Michelsen v.Röm,Bootsmann Erck Cornelsen v.Ballum,Koch Jürgen Ericks v.Ballum,Kochsmaat Cornelis Michelsen v.Röm,Schiffsj.	ebenda,4.3.1761 Rückkehr:2.8. 1761 Ertrag:750 Robben=32 1/2 Qu. Speck
De Sara Galley Besatzung:25 Robbenfänger Cornelis Carstens von Röm	Peter Jürgens v.Röm,Steuermann Peter Cornelissen v.Röm,Zimmermann Johann Lorenz v.Röm,Bootsmann Michel Lorenz v.Röm,Koch Lorenz Jansen von Röm,Matrose Cornelis Peters von Röm,Matrose Jürgen Boysen v.Röm,Matrose Jan Peters v.Röm,Kochsmaat Michel Jürgens v.Röm,Schiffsjunge	ebenda,4.3.1761 Rückkehr:24.7. 1761 Ertrag:880 Robben=59 Quard. Speck
De Twe Jonge Hermans Besatzung:36 Robbenfänger Michel Jansen von Röm	Peter Michelsen v.Röm,Steuermann Hans Jansen v.Röm,Zimmermann Peter Jansen v.Röm,Matrose Peter Andresen von Röm,Matrose Lorenz Lorenzen v.Röm,Matrose Peter Jansen von Röm,Matrose Cornelis Petersen v.Röm,Matrose Matthias Hansen v.Röm,Schiffsjunge	ebenda,24.3. 1761 Rückkehr:15.7. 1761 Ertrag:2278 Robben=121 1/2 Qu. Speck
De Anna Maria Besatzung:39 Robbenfänger Hans Hansen Tönnies von Röm	Rasmus Lorenz v.Röm,Steuermann Peter Petersen v.Röm,Koch Peter Petersen v.Röm,Matrose Peter Lorenzen v.Röm,Matrose Hans Tönnies v.Röm,Matrose Jürgen Lorenzen v.Röm,Matrose Hans Tönnies von Röm,Schiffsjunge	ebenda,13.3. 1761 Rückkehr:16.7. 1761 Ertrag:2800 Robben=157 1/2 Qu. Speck
De Anna Besatzung:34 Robbenfänger Thomas Zwen von Röm	Matthias Zwen v.Röm,Steuermann Hans Hanssen Holm v.Röm,Zimmermann Peter Hansen v.Röm,Koch Zwen Andresen von Röm,Matrose Jan Jürgensen v.Röm,Matrose Jürgen Jensen von Röm,Kochsmaat Jens Carstens v.Röm,Schiffsjunge	ebenda,23.3. 1761 Rückkehr:15.7. 1761 Ertrag:3100 Robben=204 Quard. Speck

Schiff/Kommandeur	Name/Herkunft/Rang der Seeleute	Daten/Quelle Fangergebnis
De Bloyende Hoop Besatzung:36 Robbenfänger Carsten Andresen Witt von Röm	Michel Michelsen v.Röm,Steuermann Peter Petersen Holm v.Röm,Zimmerm. Lorenz Cornelsen v.Röm,Bootsmann Tönnes Hansen v.Röm,Koch Hans Hansen v.Röm,Matrose Peter Thomsen v.Röm,Matrose Jürgen Jürgensen v.Röm,Matrose Matthias Jürgensen v.Röm,Kochsmaat Carsten Petersen v.Röm,Schiffsjge.	ebenda,26.2. 1761 Rückkehr:25.7. 1761 Ertrag:520 Rob- ben=24 1/2 Qu. Speck
De Jungfrau Clara Besatzung:35 Robbenfänger Cornelis Thomsen von Röm	Hans Michel Jaspers v.Röm,Steuerm. Lambert Jürgens v.Röm,Zimmermann Michel Petersen v.Röm,Bootsmann Andreas Matthiessen v.Röm,Koch Carsten Jürgensen v.Röm,Matrose Jan Siebrandsen v.Röm,Matrose Carsten Hansen v.Röm,Matrose Peter Cornelis v.Röm,Matrose Michel Carstens v.Röm,Kochsmaat	ebenda,17.2. 1761 Rückkehr:26.7. Ertrag:1750 Rob- ben=107 Qu.Speck
De Jonge Geertruy Besatzung:43 Walfänger Boy Rickmers de Jonge von Föhr	Volkert Cornelis v.Föhr,Steuermann Riewert Hinderichs v.Föhr,Speck. Peter Cornelis v.Föhr,Speckschn. Wilhelm Rolofs v.Föhr,Harpunier Rickmer Nannings v.Föhr,Harpunier Rickmer Riewert v.Föhr,Bootsmann Hinderich Nannings v.Föhr,Schiem. Arian Jürgens v.Föhr,Koch Meinert Hinrichs v.Sylt,Matrose Meinert Meinertsen v.Sylt,Matrose Peter Petersen v.Sylt,Matrose Jacob Jansen Klein v.Sylt,Matrose Boy Clasen v.Sylt,Matrose Peter Eschels v.Sylt,Matrose Rickmer Peters v.Sylt,Matrose Riewert Riewertsen v.Föhr,Matrose Johann Riewerts v.Föhr,Matrose Hinderik Hinderiks v.Föhr,Matrose Lorenz Paulsen v.Föhr,Matrose Jürgen Cornelsen v.Föhr,Matrose Jacob Cornelsen v.Föhr,Schiffsjge.	ebenda,9.2.1761 Rückkehr:17.9. 1761 Ertrag:3 Wale= 180 Qu.Speck
De St.Peter Besatzung:44 Walfänger Boy Rickmers von Föhr	Frerck Lorenzen v.Föhr,Steuermann Riewert Jürgens v.Föhr,Speckschn. Riewert Rolofs v.Föhr,Speckschn. Jan Casper Quedens v.Amrum,Harp. Oke Frercks v.Föhr,Harpunier Boy Arians v.Föhr,Harpunier Johannes Lorenzen v.Föhr,Schiemann Volkert Boysen v.Föhr,Matrose Riewert Jacobs von Föhr,Matrose Hinrik Arians v.Föhr,Matrose Jürgen Petersen v.Föhr,Kochsmaat Boy Lorenzen v.Föhr,Schiffsjunge Clas Jansen v.Föhr,Schiffsjunge	ebenda,4.4.1761 Rückkehr:15.9. 1761 Ertrag:1/2 Wal= 23 Quard.Speck

Schiff/Kommandeur	Name/Herkunft/Rang der Seeleute	Daten/Quelle Fangergebnis
De Frau Margaretha Besatzung:45 Walfänger Jurian Riecks von Föhr	Rieck Jürgens v.Föhr,Steuermann Arian Rolofs v.Föhr,Speckschneider Jürgen Lorenzen v.Föhr,Speckschn. Jacob Jacobsen v.Föhr,Harpunier Rolof Lorenzen v.Föhr,Harpunier Hinrick Petersen v.Föhr,Harpunier Jan Clasen von Föhr,Schiemann Lorenz Jansen v.Föhr,Koch Frerck Riewerts von Föhr,Matrose Boy Jürgens v.Föhr,Matrose Erik Jürgens von Föhr,Matrose Riewert Ericks von Föhr,Matrose Boy Jansen v.Föhr,Kochsmaat Frerck Arians v.Föhr,Schiffsjunge	ebenda,undat. 1761 Rückkehr:18.8. 1761 Ertrag:1 Wal= 33 1/2 Quard. Speck
De Jonge Johann Besatzung:44 Walfänger Peter Cornelis von Föhr.Er war 1757 Steuermann d.Walfängers "De Jonge Geertruy."	Jacob Jacobs von Föhr,Steuermann Rolof Hendriks v.Föhr,Speckschn. Peter Jacobs v.Föhr,Speckschneider Lorenz Jürgens v.Föhr,Harpunier Dirck Lorenzen v.Föhr,Harpunier Jürgen Riecks v.Föhr,Bootsmann Jacob Lorenzen v.Föhr,Schiemann Adrian Willms v.Föhr,Koch Rieck Volkerts von Föhr,Matrose Nanning Willms v.Föhr,Matrose Cornelis Jacobs v.Föhr,Matrose Cornelis Peters v.Föhr,Matrose Peter Petersen v.Föhr,Schiffsjge.	ebenda,undat. 1761 Rückkehr:16.9. 1761 Ertrag:1 1/2 Wale=86 1/2 Qu. Speck
De Drei Gebröders Besatzung:45 Walfänger Johann Jürgen Knü- tel von Föhr	Otto Jan Eschels v.Föhr,Steuermann Boy Jürgens v.Föhr,Speckschneider Cornelis Nanning v.Amrum,Speckschn. Boy Volkerts v.Föhr,Harpunier Clas Hindriks v.Föhr,Harpunier Osewald Conradt v.Föhr,Harpunier Herrman Papke v.Föhr,Bootsmann Christopher Vigerö v.Föhr,Schiem. Thies Clasen v.Sylt,Matrose Thies Jacobs v.Sylt,Matrose Broder Boysen v.Sylt,Matrose Boy Michels v.Sylt,Matrose Nanning Cornelis v.Amrum,Matrose Clas Cornelsen v.Amrum,Kochsmaat Daniel Knüttel v.Föhr,Schiffsjge.	ebenda,undat. 1761 Rückkehr:19.8. 1761 Ertrag:2 1/2 Wale=162 Quard. Speck
De Verguldete Löwe Besatzung:44 Walfänger Riewert Jacobs von Föhr	Volckert Jansen v.Föhr,Steuermann Frerck Peters v.Föhr,Speckschneider Dirck Hinrichs von Föhr,Speckschn. Rolof Nannings v.Föhr,Harpunier Dirck Jacobs v.Föhr,Harpunier Teunis Riewerts v.Föhr,Harpunier Jan Ariansen v.Föhr,Bootsmann Hendrik Nannings v.Föhr,Steuerer Jan Kalbach v.Sylt,Matrose Boy Dircks v.Sylt,Matrose Jan Arians v.Föhr,Matrose Boye Dircks v.Sylt,Matrose Andreas Cornelissen v.Sylt,Matrose Jacob Riewerts v.Föhr,Kochsmaat Jacob Volkerts v.Föhr,Schiffsjunge	ebenda,11.4.1761 Rückkehr:26.8. 1761 ohne Ertrag Das gesamte Pro- tokoll enthält keine Ortsanga- ben;sie sind durch Vergleich ergänzt worden.

Schiff/Kommandeur	Name/Herkunft/Rang der Seeleute	Daten/Quelle Fangergebnis
De Gekrönte Hoop Besatzung:43 Walfänger Riewert Peters von Amrum	Peter Riewerts v.Amrum,Steuermann Nanning Peters v.Amrum,Speckschn. Volkert Riewerts v.Amrum,Specksch. Cornelis Riewerts v.Amrum,Harpun. Peter Jacobs v.Amrum,Harpunier Simon Cornelis v.Amrum,Bootsmann Jurian Adrians v.Amrum,Schiemann Cornelis Clasen v.Amrum,Koch Jürgen Boysen v.Amrum,Matrose Clas Jurians v.Amrum,Matrose Frerck Barentz v.Amrum,Matrose Boy Boysen v.Amrum,Matrose Andres Nannings v.Amrum,Matrose Barent Frercks v.Amrum,Matrose Peter Boysen v.Amrum,Matrose Peter Hansen v.Amrum,Matrose Arian Boysen v.Amrum,Matrose Peter Nannings v.Amrum,Schiffsjge.	ebenda,3.3.1761 Rückk.:20.9.1761 Ertr.:1/2 Wal= 23 Quard.Speck
De Waakende Kraan Besatzung:42 Walfänger Gerd Eyssen	Cornelis Carstens v.Sylt,Bootsmann Michel Cornelis v.Sylt,Schiemann Hinrich Cornelis v.Sylt,Koch Dirck Thiessen v.Sylt,Matrose Boy Andresen v.Sylt,Matrose Andreas Geicken v.Sylt,Matrose Peter Petersen v.Sylt,Matrose Jacob Carstens v.Sylt,Matrose Martin Nickelsen v.Sylt,Matrose Jasper Zwen v.Sylt,Matrose Peter Lorenzen v.Sylt,Matrose Hans Lorenzen v.Sylt,Kochsmaat	ebenda,3.4.1761 Rückk.:23.8.1761 Ertr.:2 Wale= 138 Quard.Speck
De Maria Elisabeth Besatzung:45 Walfänger Jacob Jansen	Redlef Martens v.Tondern,Matrose Peter Jacobs v.Sylt,Matrose	ebenda,undat. Rückk.:23.8.1761 Ertr.:3 Wale = 130 Quard.Speck
De Niuwe Witte Voss Besatzung:44 Walfänger Steffen Jansen	Hans Cornelis Löw v.Sylt,Harpunier Heycke Dircks v.Sylt,Matrose Peter Hansen Löw v.Sylt,Matrose	ebenda,undat. Rückk.:23.8.1761 Ertr.:3 Wale= 130 Quard.Speck
De Jgfr.Magdalena Besatzung:37 Wal-u.Robbenfänger Johann Nicolaus Steinmetz	Jan Cornelis v.Föhr,Matrose	ebenda,14.3.1761 Rückk.:27.7.1761 Ertr.:1/2 Wal u. 1950 Robben=129 Quard.Speck
De Jgfr.Cläsina Besatzung:30 Wal-u.Robbenfänger Peter Ehlers	Jacob Jacobs v.Helgoland,Matrose Erick Jacobs v.Helgoland,Matrose	ebenda,18.2.1761 Rückk.:27.7.1761 Ertr.:1 Wal u. 661 Robben= 56 1/2 Quard. Speck
De Frau Maria Besatzung:46 Walfänger Heere Lütjes	Boy Volkerts v.Föhr,Harpunier Gottfried Ernst v.Föhr,Harpunier	ebenda,7.3.1761 Rückk.:6.8.1761 Ertr.:1 1/2 Wale =127 Quard.Speck

Schiff/Kommandeur	Name/Herkunft/Rang der Seeleute	Daten/Quelle Fangergebnis
De Twe Gesüster Besatzung:45 Walfänger Davisstraße Tipke Tönnies	Cornelius Petersen v.Tondern,Matr.	ebenda,19.2.1761 Rückk.:19.8.1761 Ertr.:2 Wale= 111 Quard.Speck
De Unie Besatzung:44 Walfänger Willem Martens Schleeboom	Nanning Lorenzen v.Amrum,Bootsm. Jacob Cornelis v.Amrum,Koch Jacob Simons v.Amrum,Schiemann Hans Hansen v.Hoyer,Zimmermann Hans Cornels v.Ballum,Matrose Christian Clasen v.Hoyer,Matrose	ebenda,3.3.1761 Rückk.:25.9.1761 ohne Ertrag

Schiff/Kommandeur	Name/Herkunft/Rang der Seeleute	Daten/Quelle Fangergebnis
De Johannes Besatzung:34 Robbenfänger Hans Erichs von Röm	Hans Peters Holm v.Röm,Steuermann Peter Cornelis v.Röm,Zimmermann Carsten Jaspers v.Röm,Bootsmann Peter Hansen v.Röm,Koch Peter Willms v.Röm,Matrose Jacob Jessen v.Röm,Matrose Paul Rolofs v.Röm,Matrose Mam Arens v.Röm,Matrose Gert Cornelsen Witt v.Röm,Matrose Peter Jaspersen v.Röm,Matrose Jürgen Jansen Bleeg v.Röm,Schiffsj	StAHam,Archiv des Wasser- schouts,I.A.1.a. 4.2.1762 Rückkehr:22.7. 1762 Ertrag:1500 Rob- ben=73 Quard. Speck
De Frau Elisabeth Besatzung:36 Robbenfänger Andreas Zwen von Röm	Peter Michel Jaspers v.Röm,Steuerm Das Protokoll enthält 7 Leerstel- len.	ebenda,24.2. 1762 Rückkehr:18.7. 1762 Ertrag:2920 Rob- ben=168 1/2 Qu. Speck
De Jonge Margare- tha Besatzung:24 Robbenfänger Peter Zwen von Röm	Andreas Christiansen v.Röm,Steuerm Lorenz Jürgensen v.Röm,Zimmermann Jürgen Clasen v.Röm,Bootsmann Peter Michelsen v.Röm,Koch Hans Cornelsen v.Röm,Matrose Rasmus Jansen v.Röm,Matrose Peter Moritzen v.Röm,Matrose Hans Michelsen v.Röm,Kochsmaat Cornelis Jürgensen v.Röm,Schiffsj.	ebenda,1.3.1762 Rückkehr:15.7. 1762 Ertrag:1300 Rob- ben=68 1/2 Qu. Speck
De Jonge Maria Besatzung:33 Robbenfänger Michel Hansen von Röm	Das Protokoll enthält 6 Leerstel- len.	ebenda,4.2.1762 Rückkehr:8.7. 1762 Ertrag:3650 Rob- ben=159 Qu.Speck
De Fief Gebröder Besatzung:38 Robbenfänger Peter Tönnies von Röm	Lorenz Hansen v.Röm,Steuermann Hans Siebrands.Möller v.Röm,Zimm. Hans Balzer v.Röm,Bootsmann Hans Cornelsen v.Röm,Koch Casper Petersen v.Helgoland,Matr. Carsten Jansen v.Röm,Matrose Carsten Peters v.Röm,Matrose Jasper Carstens v.Röm,Matrose Siebrand Hansen v.Röm,Schiffsjunge	ebenda,13.2. 1762 Rückkehr:29.7. 1762 Ertrag:2528 Rob- ben=134 Qu.Speck
De Jungfrau Maria Besatzung:35 Robbenfänger Rasmus Lassen von Röm.Er ist sicher- lich identisch mit dem seit 1758 erwähnten St.M. Rasmus Lorenz der "Anna Maria".	Michel Peters v.Röm,Steuermann Hans Hansen Holm v.Röm,Zimmermann Hans Peters v.Röm,Bootsmann Peter Jaspers v.Röm,Koch Jasper Holm v.Röm,Matrose Lars Cornelissen v.Röm,Matrose Jan Carstens v.Röm,Matrose Cornelis Cornelissen v.Röm,Matrose Peter Cordsen v.Röm,Matrose Peter Michelsen v.Röm,Kochsmaat Michel Hansen v.Röm,Schiffsjunge Cornelis Cornelissen v.Röm, "	ebenda,12.2. 1762 Rückkehr:18.7. 1762 Ertrag:1250 Rob- ben=75 Qu.Speck

313

Schiff/Kommandeur	Name/Herkunft/Rang der Seeleute	Daten/Quelle Fangergebnis
De Anna Maria Besatzung:38 Robbenfänger Hans Hansen Tönnies von Röm	Peter Peters v.Röm,Steuermann Peter Peters v.Röm,Koch. Peter Lorenzen v.Röm,Matrose Cornelis Matzen v.Röm,Matrose Peter Lorenzen v.Röm,Matrose Hans Tönnies d.Jge.v.Röm,Schiffsj.	ebenda,22.2. 1762 Rückkehr:8.7. 1762 Ertrag:2960 Robben=164 Qu.Speck
De David Besatzung:30 Robbenfänger Jürgen Zwen von Röm	Cornelis Peters v.Röm,Steuermann Matthias Jessen v.Röm,Matrose Jens Hansen v.Röm,Matrose Johann Siebrandsen v.Röm,Matrose Albert Petersen v.Röm,Schiffsjunge	ebenda,1.3.1762 Rückkehr:17.7. 1762 Ertrag:900 Robben=63 Qu.Speck
De Twe Jonge Hermans Besatzung:36 Robbenfänger Michel Jansen von Röm	Peter Jansen v.Röm,Steuermann Peter Hansen v.Röm,Koch Zwen Clasen v.Röm,Matrose Peter Andresen v.Röm,Matrose Jasper Jansen v.Röm,Matrose Cornelis Petersen v.Röm,Matrose Jürgen Cords von Röm,Kochsmaat Hans Cornelissen v.Röm,Schiffsjge.	ebenda,18.2. 1762 Rückkehr:8.7. 1762 Ertrag:3000 Robben=192 Quard. Speck
De Martin Besatzung:31 Robbenfänger Hans Michel Jaspers von Röm.Er war 1761 Steuermann des Robbenfängers"De Jgfr. Clara".	Johannes Jaspers v.Röm,Steuermann Peter Tönnessen v.Röm,Bootsmann Carsten Lamberts v.Röm,Koch Johann Carstens v.Röm,Matrose Jochim Cornelissen v.Röm,Matrose Carsten Hansen v.Röm,Matrose Peter Cornelissen v.Röm,Matrose Michel Carstens v.Röm,Kochsmaat Carsten Peters v.Röm,Schiffsjunge	ebenda,1.3.1762 Rückkehr:27.7. 1762 Ertrag:2300 Robben=116 1/2 Qu.· Speck
De Sara Cäcilia Besatzung:38 Robbenfänger Hans Petersen von Röm	Carsten Jürgens v.Röm,Steuermann Jürgen Hansen v.Röm,Bootsmann Cornelis Cornelissen v.Röm,Koch Peter Cornelissen v.Röm,Matrose Sören Matzen Kier v.Röm,Matrose Cornelis Andresen v.Röm,Matrose Peter Cornelissen v.Röm,Kochsmaat Peter Carstens v.Röm,Schiffsjunge	ebenda,19.2. 1762 Rückkehr:31.7. 1762 Ertrag:3250 Robben=158 Qu.Speck
De Anna Besatzung:34 Robbenfänger Thomas Zwen von Röm	Das Protokoll enthält 12 Leerstellen..	ebenda,22.2.1762 Rückkehr:17.7. 1762 Ertrag:1800 Robben=135 Qu.Speck
De Jgfr.Clara Besatzung:37 Robbenfänger Cornelis Thomsen von Röm	Hinrich Erich Schaut v.Helgol.,Mat Das Protokoll enthält 16 Leerstellen.	ebenda,4.2.1762 Rückkehr:29.7. 1762 Ertrag:2780 Robben=131 Quard. Speck
De Jonge Peter Besatzung:36 Robbenfänger Tönnes Petersen von Röm	Albert Christiansen v.Röm,Steuerm. Hans Erik Andresen v.Röm,Zimmerm. Christian Jürgens v.Röm,Bootsmann Zwen Moritzen v.Röm,Kochsmaat Jürgen Tönnissen v.Röm,Schiffsjge.	ebenda,22.2.1762 Rückkehr:13.7. 1762 Ertrag:2300 Robben=131 Quard. Speck

Schiff/Kommandeur	Name/Herkunft/Rang der Seeleute	Daten/Quelle Fangergebnis
De Bloyende Hoop Besatzung:36 Robbenfänger Carsten Andresen Witt von Röm	Tönnes Hansen v.Röm,Steuermann Peter Petersen Holm v.Röm,Zimmerm. Erik Hansen v.Röm,Bootsmann Jürgen Hansen v.Röm,Koch Carsten Carstens v.Röm,Matrose Peter Johann Matzen v.Röm,Matrose Hans Jensen Möller v.Röm,Matrose Hans Petersen Tag v.Röm,Matrose Jürgen Jürgensen v.Röm,Matrose Matthias Jürgensen v.Röm,Matrose Carsten Petersen v.Röm,Kochsmaat Peter Carstens Möller v.Röm,Schjg.	ebenda,24.2. 1762 Rückkehr:6.7. 1762 Ertrag:1900 Rob- ben=130 Quard. Speck
De Maria Galley Besatzung:25 Wal-u.Robbenfänger Jasper Carstens von Röm	Jürgen Michelsen v.Röm,Steuermann Lorenz Michelsen v.Röm,Bootsmann Erck Cornelis v.Ballum,Koch Johann Alberts v.Röm,Speckschneid. Jasper Brodersen v.Röm,Speckschn. Cornelis Michelsen v.Röm,Matrose Albert Hansen v.Röm,Kochsmaat Michel Jürgens v.Röm,Schiffsjunge	ebenda,26.2. 1762 Das Schiff ist auf der Rückrei- se mit der ge- samten Besat- zung unterge- gangen,StAHam, Handschrift 263,S.112.
De Sara Galley Besatzung:25 Robbenfänger Cornelius Carstens von Röm	Peter Jürgens v.Röm,Steuermann Johann Lamberts v.Röm,Zimmermann Jürgen Balzer v.Röm,Bootsmann Jürgen Boysen v.Röm,Matrose Lorenz Jansen v.Röm,Matrose Jan Peters v.Röm,Kochsmaat Michel Balzer v.Röm,Schiffsjunge	ebenda,26.2. 1762 Rückkehr:22.7. 1762 Ertrag:900 Rob- ben=63 Quard. Speck
De Frau Agatha Besatzung:37 Robbenfänger Peter Michels von Röm.Er war 1761 Steuermann des Robbenfängers "De Twe Jonge Hermans"	Michel Michels von Röm,Steuermann Hans Jansen v.Röm,Zimmermann Jost Matthiessen v.Röm,Bootsmann Hans Peters v.Röm,Koch Johann Lorenz v.Röm,Matrose Albert Petersen v.Röm,Matrose Albert Jansen v.Röm,Matrose Johann Josten v.Röm,Matrose Peter Hansen v.Röm,Kochsmaat Matthias Jansen v.Röm,Schiffsjunge	ebenda,13.2. 1762 Rückkehr:8.7. 1762 Ertrag:3750 Rob- ben=223 Quard. Speck
De Jonge Geertruy Besatzung:43 Walfänger Boy Rickmers de Jonge von Föhr	Jürgen Lorenzen v.Föhr,Steuermann Riewert Hinrichs v.Föhr,Speckschn. Peter Cornelis v.Föhr,Speckschneid. Hinrich Nannings v.Föhr,Harpunier Willem Rolofs v.Föhr,Harpunier Rickmer Riewerts v.Föhr,Bootsmann Jürgen Cornelsen v.Föhr,Schiemann Arian Jürgens v.Föhr,Matrose Rickmer Eschels v.Föhr,Matrose Rickmer Peters v.Föhr,Matrose Broer Nannings v.Föhr,Matrose Jens Christiansen v.Föhr,Matrose Rolof Cornelis v.Föhr,Kochsmaat Volkert Peters v.Föhr,Schiffsjunge	ebenda,2.4.1762 Rückkehr:10.8. 1762 Ertrag:4 Wale= 115 1/2 Quard. Speck

Schiff/Kommandeur	Name/Herkunft/Rang der Seeleute	Daten/Quelle Fangergebnis
De Frau Margaretha Besatzung:45 Walfänger Jurian Riecks von Föhr	Rickmer Jürgens v.Föhr,Steuermann Arian Rolofs v.Föhr,Speckschneider Rolof Lorenzen v.Föhr,Speckschn. Jacob Jacobsen v.Föhr,Harpunier Hinrich Petersen v.Föhr,Harpunier Boy Jurians v.Föhr,Harpunier Johann Clasen v.Föhr,Schiemann Lorenz Jansen v.Föhr,Koch Daniel R.Knüttel v.Föhr,Matrose Boa Jansen v.Föhr,Matrose Rolof Lorenz v.Föhr,Matrose Hinrich Riewerts v.Föhr,Kochsmaat Friedrich Arians v.Föhr,Schiffsj.	ebenda,12.3. 1762 Rückkehr:9.8. 1762 Ertrag:1/2 Wal= 31 1/2 Quard. Speck
De Jonge Johann Besatzung:43 Walfänger Peter Cornelis von Föhr	Jacob Jacobs v.Föhr,Steuermann Rolof Hindriks v.Föhr,Speckschn. Peter Jacobs v.Föhr,Speckschneid. Lorenz Jurians v.Föhr,Harpunier Dirck Lorenzen v.Föhr,Harpunier Cornelis Simons v.Föhr,Harpunier Rickmer Nannings v.Föhr,Bootsmann Cornelis Peters v.Föhr,Schiemann Dirck Rolofs v.Föhr,Koch Jan Boysen v.Föhr,Kochsmaat Peter Peters v.Föhr,Schiffsjunge	ebenda,13.3. 1762 Rückkehr:2.8. 1762 Ertrag:2 Wale= 71 1/2 Quard. Speck
De St.Peter Besatzung:44 Walfänger Boy Rickmers von Föhr	Rickmer Boysen v.Föhr,Steuermann Riewert Jürgens v.Föhr,Speckschn. Ocke Frercks v.Föhr,Harpunier Boy Arians v.Föhr,Harpunier Hinrich Riewerts v.Föhr,Zimmermann Jan Lornsen v.Föhr,Bootsmann Clas Riewerts v.Föhr,Schiemann Nanning Jacobs v.Föhr,Matrose Hinrick Arians v.Föhr,Matrose Andreas Matthias v.Emmerleff,Matr. Andreas Nanning v.Amrum,Matrose Nanning Riecks v.Amrum,Matrose Jürgen Petersen v.Föhr,Kochsmaat Boy Lorenzen v.Föhr,Schiffsjunge	ebenda,23.3. 1762 Rückkehr:23.3. 1762 Ertrag:1/2 Wal= 31 1/2 Quard. Speck
De Gekrönte Hoop Besatzung:43 Walfänger Riewert Peters von Amrum	Peter Riewerts v.Amrum,Steuermann Nanning Peters v.Amrum,Speckschn. Cornelis Nannings v.Amrum,Speck. Broer Peters v.Amrum,Harpunier Andreas Jansen v.Amrum,Harpunier Jacob Simonsen v.Amrum,Bootsmann Jürgen Ariansen v.Amrum,Schiemann Cornelis Clasen v.Amrum,Koch Riewert Riewertsen v.Föhr,Matrose Peter Nannings v.Amrum,Matrose Clas Cornelis v.Amrum,Kochsmaat Cornelis Cornelissen v.Amrum,Schj.	ebenda,3.4.1762 Rückkehr:10.8. 1762 Ertrag:2 Wale= 98 Quard.Speck

Schiff/Kommandeur	Name/Herkunft/Rang der Seeleute	Daten/Quelle Fangergebnis
De Verguldete Löwe Besatzung:43 Walfänger Cornelis Riewerts von Amrum	Volkert Riecks v.Amrum,Steuermann Simon Cornelis v.Amrum,Speckschn. Peter Jacobs v.Amrum,Speckschn. Cornelis Peters v.Amrum,Harpunier Barend Jansen v.Amrum,Harpunier Volkert Boysen v.Amrum,Bootsmann Jacob Cornelsen v.Amrum,Schiemann Martin Carstens v.Amrum,Harpunier Johann Leenderts v.Amrum,Matrose Clas Willms v.Amrum,Matrose Arian Boysen v.Amrum,Matrose Rieck Volkerts v.Amrum,Kochsmaat Boy Classen v.Amrum,Schiffsjunge	ebenda,22.3. 1762 Rückkehr:10.8. 1762 Ertrag:1 Wal= 93 Quard.Speck
De Niuwe Witte Voss Besatzung:44 Walfänger Steffen Jansen	Hans Cornelis Löwe v.Sylt,Harpun. Jan Boysen v.Sylt,Harpunier Hans Cornelsen v.Sylt,Harpunier Clas Jansen v.Sylt,Matrose Nanning Boysen v.Amrum,Koch	ebenda,2.4.1762 Rückkehr:7.8. 1762 Ertrag:1 Wal= 51 Quard.Speck
De Witte Voss Besatzung:45 Walfänger Gerdt Geels	Jan Leister v.Sylt,Matrose	ebenda,17.3.1762 Rückkehr:7.8. 1762 ohne Ertrag
De Twe Gesüster Besatzung:45 Walfänger Tipke Tönnies	Rickmer Evers v.Helgoland,Matrose Siebrand Boysen v.Sylt,Matrose Knud Boysen v.Sylt,Matrose Das Protokoll enthält 9 Leerstell.	ebenda,20.2.1762 Rückkehr:11.8. 1762 Ertrag:1 Wal= 54 Quard.Speck
De Jgfr.Sara Besatzung:44 Walfänger Willem Martens Schleeboom	Andreas Meinerts Clasen v.Sylt,StM Hinr. Hinrichsen v.Sylt,Speckschn. Peter Michels.Koops v.Sylt,Harp. Hans Christians v.Röm,Schiemann Cornelis Peters v.Sylt,Koch Jan Siebrand Decker v.Sylt,Matrose Uwe Petersen v.Sylt,Matrose Broder Bohn v.Sylt,Matrose	ebenda,17.3. 1762 Rückkehr:8.5. 1762,beschädigt ohne Ertrag
De Waakende Kraan Besatzung:43 Walfänger Gerd Eyssen	Michel Cornelis v.Sylt,Schiemann Dirck Thiessen v.Sylt,Matrose Peter Jansen Fries v.Sylt,Matrose Jens Christiansen v.Sylt,Matrose	ebenda,17.3. 1762 Rückkehr:30.8. 1762 Ertrag:2 Wale= 117 Qu.Speck
De Seerobbe Besatzung:30 Walfänger Obbe Edtsken	Jürgen Jacobsen v.Föhr,Steuermann[1] Frederik Luhesen(?)v.Föhr,Speck. Jürgen Brodersn v.Föhr,Bootsmann Boy Frercks v.Föhr,Schiemann	ebenda,9.3.1762 Für die Rück- kehr und den Ertrag liegen keine Angaben vor.

1)Von 1763-1771 fährt er als Kommandeur eines Wal-und Robbenfängers
   im Dienste holländischer Reedereien;H.E.Sørensen,Rømøs Historie,
   a.a.O.,S.71.Hier wird irrtümlich seine Herkunft von Röm angegeben.

Schiff/Kommandeur	Name/Herkunft/Rang der Seeleute	Daten/Quelle Fangergebnis
De Jonge Margaretha Besatzung:24 Robbenfänger Peter Zwen von Röm	Hans Petersen v.Röm,Steuermann Lorenz Cornelsen v.Röm,Zimmermann Hinrich Cornelsen v.Röm,Bootsmann Peter Michelsen v.Röm,Koch Hans Cornelsen v.Röm,Matrose Peter Moritzen v.Röm,Matrose Siebrand Jansen v.Röm,Matrose Tönnes Dircksen v.Sylt,Matrose	StAHam,Archiv des Wasser-schouts,I.A.1.a. 9.3.1763 Rückkehr:21.7. 1763 Ertrag:1600 Robben=93 Quard. Speck
De David Besatzung:30 Robbenfänger Jürgen Zwen von Röm	Albert Petersen v.Röm,Steuermann Jürgen Jürgensen v.Röm,Bootsmann Andreas Matthiessen v.Röm,Koch Johannes Bleeg v.Röm,Matrose Lorenz Cornelsen v.Röm,Matrose Sören Hansen v.Röm,Matrose Jürgen Jürgensen v.Röm,Matrose Peter Sörensen v.Röm,Matrose Jens Petersen v.Röm,Matrose Lars Sörensen v.Röm,Matrose Niels Jensen v.Röm,Matrose Gerd Cornelissen v.Röm,Matrose Peter Cornelissen v.Röm,Matrose Andreas Hansen v.Röm,Schiffsjunge	ebenda,1.3.1763 Rückkehr:21.7. 1763 Ertrag:600 Robben=40 1/2 Qu. Speck
De Jonge Peter Besatzung:36 Robbenfänger Tönnes Petersen von Röm	Albert Carstens v.Röm,Steuermann Hans Erik Andresen v.Röm,Zimmerm. Jürgen Tönnessen v.Röm,Matrose Siebrand Hansen v.Röm,Schiffsjunge	ebenda,25.2.1763 Rückkehr:22.7. 1763 Ertrag:1200 Robben=65 Quard. Speck
De Frau Elisabeth Besatzung:36 Robbenfänger Andreas Zwen von Röm	Peter Michel Jaspers v.Röm,Steuerm. Jasper Carstens v.Röm,Zimmermann Carsten Jaspers v.Röm,Bootsmann Lorenz Andresen v.Röm,Koch Jürgen Jürgens v.Röm,Matrose Hans Christian Jaspers v.Röm,Matr. Siebrand Jürgens v.Röm,Matrose Thomas Cornelis v.Dahler,Matrose Boy Hansen v.Dahler,Matrose Peter Jürgensen v.Dahler,Matrose Mads Jacobsen v.Dahler,Matrose Hermann Brodersen v.Husum,Matrose Andreas Bundes v.Röm,Schiffsjunge	ebenda,21.2. 1763 Rückkehr:21.7. 1763 Ertrag:2200 Robben=127 1/2 Qu. Speck
De Jungfrau Maria Besatzung:36 Robbenfänger Rasmus Lassen von Röm	Michel Petersen v.Röm,Steuermann Hans Holm v.Röm,Zimmermann Peter Jaspers v.Röm,Koch Siebrand Matthiessen v.Röm,Matrose Peter Kohrsen v.Röm,Matrose Jasper Holm v.Röm,Matrose Peter Michels v.Röm,Kochsmaat Michel Tönnies v.Röm,Schiffsjunge	ebenda,23.2. .1763 Das Schiff kehrte ohne Ertrag beschädigt zurück.

Schiff/Kommandeur	Name/Herkunft/Rang der Seeleute	Daten/Quelle Fangergebnis
De Fief Gebröder Besatzung:37 Robbenfänger Peter Tönnies von Röm	Jan Bartels v.Röm,Steuermann Hans Siebrands.Möller v.Röm,Zimm. Cornelis Jürgens v.Röm,Bootsmann Hans Cornelsen v.Röm,Koch Carsten Jansen v.Röm,Matrose Carsten Peters v.Röm,Matrose Jürgen Michels v.Röm,Matrose Jasper Carstens v.Röm,Matrose Zwen Matthiessen v.Röm,Matrose Jürgen Carlsen v.Röm,Matrose Hans Jan Möller v.Sylt,Kochsmaat Peter Jansen v.Röm,Schiffsjunge	ebenda,21.2. 1763 Rückkehr:21.7. 1763 Ertrag:2500 Rob- ben=126 Quard. Speck
De Twe Jonge Her- mans Besatzung:36 Robbenfänger Michel Jansen von Röm	Peter Jansen v.Röm,Steuermann Zwen Carstens v.Röm,Zimmermann Peter Hansen v.Röm,Koch Jasper Jansen v.Röm,Matrose Cornelis Peters v.Röm,Matrose Hans Cornelsen v.Röm,Matrose Albert Jansen v.Röm,Matrose Jürgen Cords v.Röm,Schiffsjunge	ebenda,19.2. 1763 Rückkehr:24.7. 1763 Ertrag:4200 Rob- ben=239 Quard. Speck
De Johannes Besatzung:33 Robbenfänger Michel Michels von Röm.Er war Steuer- mann auf dem Rob- benfänger "De Agatha".	Hans Petersen v.Röm,Steuermann Knud Siebrandsen v.Röm,Zimmermann Matthias Jansen v.Röm,Matrose Carsten Andresen v.Bodsbüll,Bootsm. Thomas Carsten v.Bodsbüll,Kochsm. Peter Hansen v.Röm,Schiffsjunge	ebenda,21.2. 1763 Rückkehr:21.7. 1763 Ertrag:1707 Rob- ben=108 1/2 Qu. Speck
De Jonge Maria Besatzung:33 Wal-u.Robbenfänger Michel Hansen von Röm	Jan Ottessen v.Röm,Steuermann Peter Hansen v.Röm,Zimmermann Peter Hansen v.Röm,Bootsmann Cornelis Peters v.Röm,Matrose Peter Lorenz v.Röm,Matrose Lorenz Nielsen v.Röm,Matrose Jens Petersen v.Röm,Matrose Jan Carstensen v.Röm,Matrose Jens Michelsen v.Ballum,Matrose Peter Michels v.Röm,Schiffsjunge	ebenda,21.2. 1763 Rückkehr:27.7. 1763 Ertrag:1/2 Wal, 1036 Robben= 91 Quardel. Speck
De Jungfrau Clara Besatzung:37 Robbenfänger Cornelis Thomsen von Röm	Lorenz Cornelsen v.Röm,Steuermann Lorenz Andresen v.Röm,Koch Nicolaus Petersen v.Röm,Matrose Peter Andresen v.Röm,Matrose Lars Andresen v.Röm,Matrose Thomas Hansen v.Röm,Matrose Marius Lorenzen v.Röm,Matrose Jess Jessen v.Röm,Matrose Peter Thomsen v.Bröns,Matrose Jan Petersen v.Röm,Matrose Peter Hansen v.Röm,Matrose Christian Petersen v.Röm,Matrose Lars Jansen v.Röm,Matrose Michel Carstens v.Röm,Matrose Cornelis Christiansen v.Röm,Matr.	ebenda,21.2. 1763 Rückkehr:19.7. 1763 Ertrag:2600 Rob- ben=159 Quard. Speck

Schiff/Kommandeur	Name/Herkunft/Rang der Seeleute	Daten/Quelle Fangergebnis
De Frau Agatha Besatzung:36 Robbenfänger Peter Michels von Röm	Johannes Jaspers v.Röm,Steuermann Hans Hansen v.Röm,Zimmermann Jost Matthiessen v.Röm,Bootsmann Carsten Carstens v.Röm,Koch Jan Hansen v.Röm,Matrose Carsten Lamberts v.Röm,Matrose Jan Lorenz Falck v.Röm,Matrose Jürgen Peters v.Röm,Matrose Jan Lorenzen v.Röm,Matrose Jan Jost v.Röm,Matrose Cordt Peters v.Röm,Schiffsjunge	ebenda,19.2. 1763 Rückkehr:14.6. 1763 Ertrag:5470 Robben=286 Quard. Speck
De Sara Cäcilia Besatzung:38 Robbenfänger Hans Petersen von Röm	Carsten Jürgensen v.Röm,Steuermann Cornelis Cornelsen v.Röm,Bootsmann Peter Nielsen v.Emmerleff,Matrose Cornelis Petersen v.Röm,Matrose Cornelis Andresen v.Röm,Matrose Peter Cornelis v.Röm,Matrose Lorenz Jürgens v.Röm,Matrose	ebenda,22.2. 1763 Rückkehr:22.7. 1763 Ertrag:2990 Robben=167 1/2 Qu. Speck
De Anna Maria Besatzung:39 Robbenfänger Hans Hansen Tönnies v.Röm	Michel Balzer v.Röm,Steuermann Peter Lorenzen v.Röm,Koch	ebenda,22.2. 1763 Rückkehr:20.7. 1763 Ertrag:2130 Robben=127 Quard. Speck
De Bloyende Hoop Besatzung:36 Robbenfänger Carsten Andresen Witt von Röm	Hans Petersen Holm v.Röm,Steuerm. Lorenz Jürgens v.Röm,Zimmermann Erik Hansen v.Röm,Bootsmann Jürgen Hansen v.Röm,Koch Peter Michels Holm v.Röm,Matrose Peter Wilms v.Röm,Matrose Hans Petersen Tag v.Röm,Matrose Hans Jansen v.Röm,Matrose Jürgen Jürgensen v.Röm,Matrose Carsten Petersen v.Röm,Matrose Matthias Jürgensen v.Röm,Matrose Jürgen Hansen Bleeg v.Röm,Kochsm. Peter Carsten Möller v.Röm,Schiffj	ebenda,20.2. 1763 Rückkehr:20.7. 1763 Ertrag:1300 Robben=73 Quard. Speck
De Hamburger Börse Besatzung:31 Robbenfänger Lorenz Hansen von Röm.Er war 1762 Steuermann des Robbenfängers "De Fief Gebröder".	Hans Hansen v.Röm,Steuermann Erik Cornelsen v.Röm,Zimmermann Wilm Tönnes v.Röm,Bootsmann Claus Michels v.Röm,Koch Riewert Riewerts v.Föhr,Matrose Carsten Petersen von Röm,Matrose Matthias Boysen v.Bröns,Matrose Hans Corsen von Bröns,Matrose Hans Petersen v.Bröns,Matrose Andreas Michelsen v.Bröns,Matrose Carsten Jaspers v.Röm,Matrose Peter Cornelsen v.Röm,Matrose Cornelis Petersen v.Röm,Schiffsjg.	ebenda,23.2. 1763 Rückkehr:21.7. 1763 Ertrag:359 Robben=20 1/2 Qu. Speck

Schiff/Kommandeur	1763 Name/Herkunft/Rang der Seeleute	Daten/Quelle Fangergebnis
De Anna Besatzung:34 Robbenfänger Thomas Zwen von Röm	Jan Andresen v.Röm,Steuermann Niels Christensen v.Röm,Zimmermann Hans Hansen v.Röm,Koch Zwen Steffens v.Röm,Matrose Cornelis Matzen v.Röm,Matrose Christian Jürgens v.Röm,Matrose Jürgen Jessen v.Röm,Matrose Peter Jansen v.Röm,Schiffsjunge	ebenda,22.2. 1763 Rückkehr:24.6. 1763 Ertrag:3535 Rob- ben=200 Quard. Speck
De Zwaan Besatzung:34 Robbenfänger Matthias Zwen von Röm.Er war 1761 Steuermann des Robbenfängers "De Anna".Sein Grabstein befin- det sich auf dem Friedhof Kirkeby/ Röm.	Peter Andresen v.Röm,Steuermann Peter Nielsen v.Röm,Zimmermann Cornelis Jürgensen v.Röm,Bootsmann Matthias Jessen v.Röm,Koch Lorenz Lorenzen v.Röm,Matrose Michel Andresen v.Röm,Matrose Jürgen Lorenzen v.Röm,Matrose Jens Jürgensen v.Röm,Matrose Hans Hansen v.Röm,Matrose Cornelis Andresen v.Röm,Matrose Michel Carstens v.Röm,Matrose Jens Jacobs v.Tondern,Matrose Mads Jens Toft v.Ballum,Matrose Mads Bennissen v.Ballum,Matrose Peter Hansen v.Röm,Schiffsjunge	ebenda,19.2. 1763 Rückkehr:24.6. 1763 Ertrag:2980 Rob- ben=160 1/2 Qu. Speck.
De Martin Besatzung:31 Robbenfänger Hans Michel Jas- pers von Röm	Peter Jaspers v.Röm,Steuermann Peter Carstens v.Röm,Zimmermann Peter Tönnessen v.Röm,Bootsmann Carsten Cornelsen v.Bröns,Koch Hans Jacobsen v.Bröns,Matrose Hans Petersen v.Bröns,Matrose Peter Cornelsen v.Bröns,Matrose Carsten Hansen v.Röm,Matrose Hans Matthiessen v.Röm,Matrose Hans Brodersen v.Röm,Matrose Carsten Petersen v.Röm,Matrose Jasper Hansen v.Röm,Matrose Hans Christiansen v.Röm,Matrose Willm Cornelsen v.Bröns,Matrose Matthias Petersen v.Bröns,Matrose Andreas Hansen v.Röm,Schiffsjunge	ebenda,23.2. 1763 Rückkehr:21.7. 1763 Ertrag:900 Rob- ben=79 Quard. Speck
De Sara Galley Besatzung:25 Robbenfänger Cornelius Carstens von Röm	Peter Jürgens v.Röm,Steuermann Lorenz Jansen v.Röm,Zimmermann Jürgen Balzer v.Röm,Bootsmann Jan Hinrichs v.Röm,Koch Cornelis Petersen v.Bröns,Matrose Erik Sievertsen v.Röm,Matrose Cornelis Cornelissen v.Röm,Matrose Hans Matthiessen v.Röm,Matrose Michel Balzer v.Röm,Kochsmaat Jürgen Cornelsen v.Röm,Schiffsjge.	ebenda,1.3.1763 Rückkehr:21.7. 1763 Ertrag:620 Rob- ben=49 Quard. Speck

Schiff/Kommandeur	Name/Herkunft/Rang der Seeleute	Daten/Quelle Fangergebnis
De Frau Margaretha Besatzung:45 Walfänger Jurian Riecks von Föhr	Rickmer Jürgens v.Föhr,Steuermann Arian Rolofs v.Föhr,Speckschneider Rolof Lorenz v.Föhr,Speckschneider Jacob Jacobsen v.Föhr,Harpunier Boy Jurians v.Föhr,Harpunier Boy Jurians d.Jge.v.Föhr,Harpunier Boy Petersen v.Föhr,Schiemann Boy Peters v.Föhr,Koch Friedrich Arians v.Föhr,Matrose Hinrik Riewerts v.Föhr,Kochsmaat	ebenda,1.3.1763 Rückkehr:21.7. 1763 Ertrag:9 Wale= 261 1/2 Quard. Speck
De. Jonge Geertruy Besatzung:43 Walfänger Boy Rickmers de Jonge von Föhr	Jürgen Lorenzen v.Föhr,Steuermann Cornelis Rickmers v.Föhr,Specksch. Wilm Rolofs v.Föhr,Speckschneider Hinrich Nannings v.Föhr,Harpunier Arian Jürgens v.Föhr,Harpunier Peter Hindriks v.Föhr,Schiemann Broer Nannings v.Föhr,Koch Rickmer Eschels v.Föhr,Matrose Heycke Boysen v.Sylt,Matrose Hinrich Jansen v.Föhr,Matrose	ebenda,13.4. 1763 Rückkehr:24.7. 1763 Ertrag:5 Wale= 188 Quard.Speck
De Jonge Johann Besatzung:44 Walfänger Peter Cornelis von Föhr	Jacob Jacobs v.Föhr,Steuermann Rolof Henderiks v.Föhr,Speckschn. Willm Volkers v.Föhr,Speckschneid. Arian Lorenz v.Föhr,Harpunier Dirck Lorenz v.Föhr,Harpunier Rickmer Nannings v.Föhr,Bootsmann Cornelis Peters v.Föhr,Schiemann Frerck Arians v.Föhr,Koch Rickmer Peters v.Föhr,Matrose Tönnes Cornelis v.Sylt,Matrose Volkert Willmsen v.Föhr,Matrose Volkert Christiansen v.Föhr,KM Peter Petersen v.Föhr,Schiffsjge.	ebenda,12.3. 1763 Rückkehr:21.7. 1763 Ertrag:6 Wale= 206 Quardel. Speck
De St.Peter Besatzung:44 Walfänger Boy Rickmers von Föhr	Rickmer Boysen v.Föhr,Steuermann Riewert Jürgens v.Föhr,Speckschn. Riewert Rolofs v.Föhr,Speckschn. Ocke Frercks v.Föhr,Harpunier Boy Arians v.Föhr,Harpunier Jan Lorenz v.Föhr,Bootsmann Peter Cornelis v.Amrum,Schiemann Hinrik Arians v.Föhr,Matrose Hinrik Riewerts v.Föhr,Matrose Andreas Nanning v.Amrum,Matrose Nanning Cornelis v.Föhr,Matrose Boy Petersen v.Amrum,Matrose Peter Jacobs v.Sylt,Matrose Andres Cornelsen v.Sylt,Matrose Nanning Jacobs v.Föhr,Kochsmaat Jacob Riwerts v.Föhr,Schiffsjunge Rolof Rolofs v.Föhr,Schiffsjunge	ebenda,30.3. 1763 Rückkehr:2.8. 1763 Ertrag:1 Wal= 44 1/2 Quard. Speck

Schiff/Kommandeur	1763 Name/Herkunft/Rang der Seeleute	Daten/Quelle Fangergebnis
De Gekrönte Hoop Besatzung:43 Walfänger Riewert Peters von Amrum	Peter Riewerts v.Amrum,Steuermann Nanning Peters v.Amrum,Speckschn. Cornelis Nannings v.Amrum,Speck. Volkert Boysen v.Amrum,Harpunier Simon Simonsen v.Amrum,Harpunier Andreas Jansen v.Amrum,Harpunier Jürgen Boysen v.Amrum,Schiemann Andreas Petersen v.Amrum,Koch Peter Nannings v.Amrum,Matrose Cornelis Andresen v.Amrum,Matrose Siebrand Luberg v.Amrum,Matrose Clas Cornelis Dircks v.Amrum,Matr. Simon Simonsen v.Amrum,Kochsmaat Cornelis Dircks v.Amrum,Schiffsj.	ebenda,12.3. 1763 Rückkehr:1.8. 1763 Ertrag:7 Wale= 206 Quard.Speck
De Verguldete Löwe Besatzung:44 Walfänger Cornelis Riewerts von Amrum	Volkert Riecks v.Amrum,Steuermann Simon Cornelis v.Amrum,Speckschn. Peter Jacobs v.Amrum,Speckschneid. Boy Boysen v.Amrum,Harpunier Barend Jansen v.Amrum,Harpunier Cornelis Peters v.Amrum,Harpunier Jan Barendsen v.Amrum,Schiemann Magnus Cornelis v.Amrum,Matrose Simon Davids v.Amrum,Matrose Arian Boysen v.Amrum,Matrose Peter Michelsen v.Sylt,Matrose Dirck Jansen v.Sylt,Matrose Michel Peters v.Sylt,Matrose Ricklef Volkerts v.Amrum,Kochsmaat Boy Clasen v.Amrum,Schiffsjunge	ebenda,11.3. 1763 Rückkehr:10.8. 1763 Ertrag:1 Wal= 62 Quard.Speck
De Twe Gesüster Besatzung:45 Walfänger Tipke Tönnies	Jurian Hinderiks v.Föhr,Harpunier Paulus Jansen v.Föhr,Harpunier Hans Meinerts v.Sylt,Matrose	ebenda,11.3. 1763 Rückkehr:22.7. 1763 Ertrag:12 Wale= 356 Quard.Speck
De Waakende Kraan Besatzung:43 Walfänger Gerd Eyssen	Michel Cornelis v.Sylt,Schiemann Ewerts Fred Leuw v.Sylt,Matrose Boy Jansen Clasen v.Sylt,Matrose	ebenda,30.3. 1763 Rückkehr:12.8. 1763 ohne Ertrag

Schiff/Kommandeur	Name/Herkunft/Rang der Seeleute	Daten/Quelle Fangergebnis
De Johannes Besatzung:33 Robbenfänger Michel Michels von Röm	Peter Petersen v.Röm,Steuermann Siebrand Siebrandsen v.Röm,Zimmerm. Carsten Andresen v.Röm,Bootsmann Peter Andresen v.Röm,Matrose Hans Andresen v.Röm,Matrose Carsten Petersen v.Röm,Matrose Thomas Carstensen v.Röm,Matrose Siebrand Cords v.Röm,Matrose Cordt Siebrandsen v.Röm,Schiffsj.	StAHam,Archiv des Wasser- schouts,I.A.1. b.20.2.1764 Rückkehr:9.7. 1764 Ertrag:176 1/2 Quardel.Tran
De Anna Maria Besatzung:39 Wal-u.Robbenfänger Hans Hansen Tön- nies von Röm	Hans Peters v.Röm,Steuermann Peter Michelsen v.Sylt,Speckschn. Hans Tönnies,jr.v.Röm,Speckschn. Peter Lorenzen v.Röm,Koch	ebenda,18.2. 1764 Rückkehr:30.6. 1764 Ertrag:212 Qu. Tran
De David Besatzung:31 Wal-u.Robbenfänger Peter Andresen von Röm.Er war 1763 Steuermann auf dem Robbenfänger "De Zwaan".	Jan Ottensen v.Röm,Steuermann Cornelis Lorenzen v.Röm,Zimmerm. Johann Hinrichs v.Röm,Bootsmann Cornelis Peters v.Röm,Koch Hans Jasper Möller v.Röm,Harpunier Jasper Michels v.Röm,Harpunier Peter Nielsen v.Emmerleff,Matrose Jens Hansen v.Röm,Matrose Peter Ottesen v.Röm,Matrose Hans Michels v.Röm,Kochsmaat Jasper Möller v.Röm,Schiffsjunge	ebenda,18.2. 1764 Rückkehr:4.7. 1764 Ertrag:97 Qu. Tran
De Fief Gebröder Besatzung:37 Wal-u.Robbenfänger Peter Tönnies von Röm	Johann Balzer v.Röm,Steuermann Hans Siebrandsen Möller v.Röm,ZM Carsten Jansen v.Röm,Bootsmann Hans Cornelsen v.Röm,Koch Carsten Petersen v.Röm,Harpunier Tönnies Ericks v.Sylt,Speckschn. Jasper Carstens v.Röm,Matrose Zwen Matzen(Moritzen⁺)v.Röm,Matr.[1] Michel Balzer v.Röm,Matrose Peter Jansen v.Röm,Schiffsjunge	ebenda,18.2. 1764 Rückkehr:2.8. 1764 Ertrag:127 Qu. Tran
De Sara Cäcilia Besatzung:38 Robbenfänger Hans Petersen von Röm	Carsten Jürgens Tag v.Röm,Steuerm. Boy Clasen v.Sylt,Zimmermann Cornelis Cornelisen Leest v.Röm,BM Peter Cornelissen Leest v.Röm,Koch Jasper Jansen v.Röm,Matrose Cornelis Jürgens v.Röm,Matrose Jürgen Balzers v.Röm,Matrose Johann Cornelis v.Röm,Matrose Hans Petersen v.Röm,Matrose Peter Carstens v.Röm,Matrose Jürgen Cornelissen v.Röm,Matrose Peter Cornelissen v.Röm,Kochsmaat Lorenz Hansen v.Röm,Schiffsjunge	ebenda,26.2. 1764 Rückkehr:4.7. 1764 Ertrag:197 Qu. Tran

1) Alle mit einem + versehenen Angaben stammen aus dem"Verzeichniß
der mit auswärtigen Schiffen aus Hamburg abgegangenen Königl.
Dänischen Unterthanen",RAK,T.K.U.A.,Spec.del Hamburg,C.Gesandt-
skabsarkiver nr.198,Skibsliste 1764-98,1.bd. Sinn dieser Quelle
war es,die Wehrpflichtigen zu erfassen.

Schiff/Kommandeur	Name/Herkunft/Rang der Seeleute	Daten/Quelle Fangergebnis
De Frau Hanna Besatzung:38 Robbenfänger Peter Jansen von Röm.Er war 1763 Steuermann auf dem Robbenfänger "De Twe Jonge Hermans."	Michel Balzers v.Röm,Steuermann Lorenz Lorenzen v.Röm,Matrose Hans Cornelsen v.Röm,Matrose Andres Christiansen v.Ballum,Matr. Peter Michels v.Röm,Kochsmaat Cordt Peters v.Röm,Schiffsjunge	ebenda,21.2. 1764 Rückkehr:30.6. 1764. Ertrag:210 1/2 Quard.Tran
De Martin Besatzung:32 Robbenfänger Hans Michel Jaspers von Röm	Peter Jaspers v.Röm,Steuermann Peter Thomßen v.Röm,Bootsmann Carsten Jürgens v.Röm,Koch Christian Johannsen v.Röm,Matrose Carsten Petersen v.Röm,Matrose Jürgen Thomsen v.Röm,Matrose Lorens Jürgens v.Röm,Matrose Willem Cornelsen v.Bröns,Matrose Andreas Hansen v.Röm,Schiffsjunge	ebenda,7.3. 1764 Rückkehr:24.7. 1764 Ertrag:101 Qu. Tran
De Anna Besatzung:34 Wal-u.Robbenfänger Thomas Zwen von Röm	Hans Ericks v.Röm,Steuermann Jacob Lorenz(Cornelius[+])v.Röm,ZM Hans Hansen,v.Röm,Koch Lars(Casper[+])Michels v.Röm,Matrose Jens Rasmussen v.Röm,Harpunier Carsten Petersen v.Röm,Harpunier Jürgen Jensen v.Röm,Matrose Zwen Andresen v.Röm,Matrose Jasper Rassmussen v.Röm,Matrose Peter Jensen v.Röm,Kochsmaat Thomas Petersen v.Röm,Schiffsjunge	ebenda,20.2. 1764
De Bloyende.Hoop Besatzung:39. Wal-u.Robbenfänger Jürgen Zwen von Röm	Engelbrecht Peters v.Röm,Steuerm. Jürgen Jürgensen v.Röm,Harpunier Broer Siebrands v.Röm,Matrose Siebrand Matzen Kier v.Röm,Harpun. Tönnes Willmsen v.Röm,Matrose Cornelis Jansen v.Röm,Matrose Niels Jensen v.Ballum,Matrose Johann Paulsen v.Dahler,Matrose Johann Hoer v.Ballum,Matrose Hans Hansen Tönnes v.Röm,Schiffsj.	ebenda,17.2. 1764 Rückkehr:4.7. 1764 Ertrag: 191 Qu. Tran
De Twe Jonge Hermans Besatzung:36 Wal-u.Robbenfänger Michel Jansen von Röm	Peter Andresen v.Röm,Steuermann Jan Lamberts v.Röm,Zimmermann Erik Hansen v. Röm,Bootsmann Carsten Carstens v.Röm,Matrose Engelbert Jansen v.Röm,Matrose Cornelis Petersen v.Röm,Matrose Gerd Jansen v.Röm,Matrose Jürgen Cords v.Röm,Kochsmaat Engelbert Peters v.Röm,Schiffsj.	ebenda,18.2. 1764 Rückkehr:19.6. 1764 Ertrag:221 1/2 Quard.Tran
De Jonge Maria Besatzung:32 Robbenfänger Michel Hansen von Röm	Cornelis Carstens v.Röm,Steuerm. Peter Hänsen v.Röm,Zimmermann Peter Hansen v.Röm,Bootsmann Peter Lorenz v.Röm,Matrose Hans Peters Tag v.Röm,Matrose Hans Hansen Holm v.Röm,Matrose Jens Michelsen v.Ballum,Matrose Peter Michels v.Röm,Schiffsjunge	ebenda,20.2. 1764 Rückkehr:24.7. 1764 Ertrag:131 Qu. Tran

Schiff/Kommandeur	Name/Herkunft/Rang der Seeleute	Daten/Quelle Fangergebnis
De Frau Elisabeth Besatzung:36 Wal-u.Robbenfänger Andreas Zwen von Röm	Peter Michel Jaspers v.Röm,Steuerm. Jasper Carstens v.Röm,Zimmermann Christian Jaspers v.Röm,Bootsmann Lorenz Andresen v.Röm,Koch Christian Jaspers v.Röm,Harpunier Hans Christian Jaspers v.Röm,Matr. Siebrand Jürgens v.Röm,Matrose Andreas Jürgens v.Röm,Schiffsjunge	ebenda,20.2. 1764 Rückkehr:24.6. 1764 Ertrag:186 1/2 Quard.Speck
De Jungfrau Clara Besatzung:37 Robbenfänger Cornelis Thomsen von Röm	Lorenz Cornelsen v.Röm,Steuermann Thomas Hansen v.Röm,Bootsmann Christian Petersen v.Röm,Koch Carsten Carstens v.Röm,Matrose Peter Thomsen v.Röm,Matrose Jens Christiansen v.Röm,Matrose Clas Ebsen v.Röm,Matrose Siebrand Jansen v.Bröns, Matrose Peter Hansen v.Röm,Schiffsjunge	ebenda,20.2. 1764 Rückkehr:8.7. 1764 Ertrag:166 Qu. Tran
De Jonge Peter Besatzung:36 Robbenfänger Tönnes Petersen von Röm	Engelbert Christiansen v.Röm,StM Hans Erik Andresen v.Röm,Zimmerm. Moritz Michelsen v.Röm,Bootsmann Jürgen Tönnessen v.Röm,Matrose Jürgen Michelsen v.Röm,Schiffsjge.	ebenda,21.2. 1764 Rückkehr:4.7. 1764 Ertrag:136 Qu. Tran
De Frau Agatha Besatzung:37 Wal-u.Robbenfänger Peter Michels von Röm	Johannes Jaspers v.Röm,Steuermann Hans Jansen v.Röm,Zimmermann Jost Matthiessen v.Röm,Bootsmann Jan Hansen v.Röm,Koch Johann Lorenz v.Röm,Harpunier Carsten Lamberts v.Röm,Harpunier Jan Lorenz Oksen v.Röm,Matrose Peter Jansen Adolf von Röm,Matrose Engelbrecht Carstens v.Röm,Matrose Jan Andresen v.Emmerleff,Matrose Jan Josts v.Röm,Kochsmaat Jasper Geerdts v.Röm,Schiffsjunge	ebenda,18.2. 1764 Rückkehr:19.6. 1764 Ertrag:238 1/2 Quard.Tran
De Sara Galley Besatzung:25 Wal-u.Robbenfänger Cornelius Carstens von Röm	Cornelius Petersen v.Röm,Steuerm. Tönnes Hansen v.Röm,Zimmermann Johann Johannsen v.Röm,Bootsmann Johann Hansen v.Röm,Koch Cornelis Peters v.Bröns,Speckschn. Lorenz Hansen v.Röm,Speckschneid. Peter Cornelis v.Röm,Matrose Matthias Jürgens v.Röm,Matrose Jürgen Hansen v.Röm,Kochsmaat Jürgen Cornelsen v.Röm,Schiffsjge.	ebenda,28.2. 1764 Rückkehr:20.7. 1764 Ertrag:82 Qu. Tran
De Jungfrau Maria Besatzung:37 Robbenfänger Rasmus Lassen von Röm	Peter Jaspers v.Röm,Steuermann Peter Peters.Holm v.Röm,Zimmermann Hans Matthiessen v.Röm,Bootsmann Cornelis Christiansen v.Röm,Koch Carsten Jürgens v.Röm,Matrose Michel Hansen v.Röm,Matrose Michel Jacobs v.Röm,Kochsmaat Peter Petersen v.Röm,Schiffsjunge	ebenda,20.2. 1764 Rückkehr:23.7. 1764 Ertrag:116 Qu. Tran

Schiff/Kommandeur	Name/Herkunft/Rang der Seeleute	Daten/Quelle Fangergebnis
De Zwaan Besatzung:34 Wal-u.Robbenfänger Matthias Zwen von Röm	Siebrand Jansen v.Röm,Steuermann Peter Cornelis v.Röm,Zimmermann Lorenz Siebrandsen v.Röm,Bootsmann Matthias Jessen v.Röm,Koch Cornelis Jaspers v.Röm,Harpunier Michel Andresen v.Röm,Harpunier Hans Hansen v.Röm,Matrose Cornelis Andresen v.Röm,Matrose Johann Jürgens v.Röm,Matrose Michel Carstens v.Röm,Matrose Niels Larsen v.Ballum,Matrose Marcus Jenssen v.Ballum,Matrose	ebenda,20.2. 1764 Rückkehr:4.7. 1764 Ertrag:173 Qu. Tran
De Jonge Margare- tha Besatzung:24 Robbenfänger Peter Zwen von Röm	Hans Petersen v.Röm,Steuermann Laurens Cornelsen v.Röm,Zimmermann Jasper Hansen v.Röm,Bootsmann Peter Michelsen v.Röm,Koch Rasmus Jansen v.Röm,Matrose Matthias Hansen v.Röm,Matrose Hans Jebsen v.Röm,Matrose Peter Moritzen v.Röm,Matrose Hans Cornelsen v.Röm,Matrose Cornelis Jürgensen v.Röm,Kochsmaat Peter Hansen Carl v.Röm,Schiffsjg.	ebenda,1.3. 1764 Rückkehr:24.6. 1764 Ertrag:105 1/2 Quard.Tran
De Hamburger Börse Besatzung:30 Robbenfänger Lorenz Hansen von Röm	Peter Michels v.Röm,Steuermann Cornelis Carstens v.Röm,Zimmermann Peter Hans Jürgens v.Röm,Bootsmann Carsten Jaspers v.Röm,Koch Claus Michels v.Röm,Matrose Cornelis Eriks v.Sylt,Matrose Casper Peter Mohr v.Helgol.,Matr. Matthias Andresen v.Röm,Schiffsjg.	ebenda,18.2. 1764 Rückkehr:5.8. 1764 Ertrag:83 Qu. Tran
De St.Peter Besatzung:44 Walfänger Rickmer Boysen von Föhr.Er war 1763 Steuermann dieses Schiffes.	Michel Volkerts v.Föhr,Steuermann Boy Rolofs v.Föhr,Speckschneider Ocke Frercks v.Föhr,Speckschneid. Riewert Jürgens v.Föhr,Harpunier Jürgen Jacobs v.Föhr,Harpunier Lorenz Hendriks v.Föhr,Harpunier Matthias Boysen v.Föhr,Bootsmann Dirck Clasen/Erck Knudsen v.Föhr, Schiemann Jan Jansen v.Föhr,Matrose Jürgen Willems v.Föhr,Matrose Jürgen Arians v.Amrum,Matrose Nanning Cornelsen v.Amrum,Matrose Clas Cornelsen v.Amrum,Matrose Matthias Jacob Jansen v.Sylt,Matr. Peter Jacobs v.Sylt,Matrose Dirck Michelsen v.Sylt,Matrose Andreas Cornelis v.Sylt,Matrose Thomas Cornelis v.Sylt,Matrose Hinrich Dircksen v.Sylt,Matrose Wilhelm Sylvester v.Niebüll,Matr. Boy Lorenz v.Föhr,Kochsmaat Rolof Rolofs v.Föhr,Schiffsjunge	ebenda,20.3. 1764 Rückkehr:7.8. 1764 Ertrag:3 Wale= 168 Quard. Tran

Schiff/Kommandeur	Name/Herkunft/Rang der Seeleute	Daten/Quelle Fangergebnis
De Frau Margaretha Besatzung:45 Walfänger Jurian Riecks von Föhr	Rickmer Jürgens v.Föhr,Steuermann Jürgen Cornelis v.Föhr,Speckschn. Rolof Lorenz v.Föhr,Speckschneid. Jacob Jacobsen v.Föhr,Harpunier Boy Jurians v.Föhr,Harpunier Boy Jurians de Jonge v.Föhr,Harp. Boy Petersen v.Föhr,Schiemann Rolof Jansen v.Föhr,Matrose Peter Hendricks v.Föhr,Matrose Rickmer Eschels v.Föhr,Matrose Rolof Jansen v.Föhr,Matrose Peter Hendricks v.Föhr,Matrose Boy Jurians v.Föhr,Matrose Rickmer Mangensen v.Föhr,Matrose Clas Jansen v.Föhr,Matrose Rolof Jansen d.Jge.v.Föhr,Kochsmaat Die meisten Ortsnamen sind durch die Skibsliste,RAK ergänzt worden.	ebenda,19.3. 1764 Rückkehr,15.8. 1764 Ertrag:1 1/2 Wale=73 1/2 Qu. Tran
De Jonge Geertruy Besatzung:43 Walfänger Boy Rickmers de Jonge von Föhr	Jürgen Lorenzen v.Föhr,Steuermann Cornelis Rickmers v.Föhr,Specksch. Willm Rolofs v.Föhr,Speckschneider Hinrich Nannings v.Föhr,Bootsmann Arian Jürgens v.Föhr,Harpunier Jürgen Cornelsen v.Föhr,Harpunier Peter Hendricks v.Föhr,Schiemann Broer Nannings v.Föhr,Koch Jürgen Arians v.Amrum,Zimmermann Hinrich Jansen v.Föhr,Matrose Rolof Jansen v.Föhr,Matrose Jürgen Cornelis v.Föhr,Matrose Volkert Petersen v.Amrum,Matrose Meinert Philippus v.Sylt,Matrose Andreas Petersen v.Sylt,Matrose Ewert Nickelsen v.Sylt,Matrose Boy Hendricksen Smidt v.Sylt,Matr. Thomas Lorenzen v.Sylt,Matrose Johann Thiessen v.Sylt,Matrose Clas Thiessen v.Sylt,Matrose Meinert Hinrichs v.Sylt,Matrose Peter Clasen v.Sylt,Matrose Peter Michel Boysen v.Sylt,Matrose Cornelis Boysen v.Sylt,Matrose Peter Wulf v.Sylt,Matrose Willm Jansen v.Sylt,Matrose Jacob Jansen Klein v.Sylt,Matrose Rolof Willms v.Föhr,Kochsmaat Rickmer Lorenz v.Föhr,Schiffsjunge	ebenda,14.3. 1764 Rückkehr:10.8. 1764 ohne Ertrag

Schiff/Kommandeur	1764 Name/Herkunft/Rang der Seeleute	Daten/Quelle Fangergebnis
De Jonge Johann Besatzung:44 Walfänger Peter Cornelis von Föhr	Jacob Jacobs v.Föhr,Steuermann Boy Simons v.Föhr,Speckschneider Riewert Rolofs v.Föhr,Speckschn. Arian Lorenz v.Föhr,Harpunier Cornelis Peters v.Föhr,Harpunier Dirck Lorenz v.Föhr,Zimmermann Jurian Boysen v.Föhr,Schiemann Jacob Petersen v.Föhr,Koch Riewert Riewerts v.Föhr,Matrose Lorenz Peter Bohn v.Sylt,Matrose Rolof Boysen v.Föhr,Matrose Jan Riecks v.Föhr,Matrose Peter Boysen v.Föhr,Matrose Peter Petersen v.Föhr,Matrose Peter Riecks v.Föhr,Schiffsjunge	ebenda,14.3. 1764 Rückkehr:15.8. 1764 ohne Ertrag
De Jacobus Besatzung:37 Walfänger Jürgen Knüttel von Föhr	Daniel Richard Knüttel v.Föhr,StM Rolof Jürgens v.Föhr,Speckschn.[+] Johannes Christiansen v.Föhr,Sp. Cornelis Nannings v.Amrum,Harpun. Jürgen Christoph Wigerel v.Föhr,Hp Osewald Conrad v.Föhr,Harpunier Hinrich Nannings v.Föhr,Schiemann Nanning Hendricks v.Föhr,Matrose Arian Hendriks v.Föhr,Matrose Johann Hansen v.Sylt,Matrose Andreas Heyken Flohr v.Sylt,Matr. Friedrich Peters v.Sylt,Schiffsj.	ebenda,27.3. 1764 Rückkehr:7.8. 1764 Ertrag:1 Wal= 64 1/2 Quard. Tran
De Verguldete Löwe Besatzung:45 Walfänger Cornelis Riewerts von Amrum	Simon Cornelis v.Amrum,Steuermann Peter Jacobs v.Amrum,Speckschneid. Barend Jansen v.Amrum,Speckschn. Jan Lenderts v.Amrum,Harpunier Simon Frercks v.Amrum,Harpunier Boy Boysen v.Amrum,Bootsmann Frerck Barens v.Amrum,Koch Arian Boysen v.Amrum,Matrose Simon Davids v.Amrum,Matrose Johann Jacobs v.Sylt,Matrose Jacob Jansen v.Sylt,Matrose Peter Jansen v.Sylt,Matrose Simon Clasen v.Amrum,Kochsmaat Boy Clasen v.Amrum,Schiffsjunge	ebenda,24.3. 1764 Rückkehr:9.8. 1764 Ertrag: 1 Wal= 93 Qu.Tran
De Gekrönte Hoop Besatzung:43 Walfänger Peter Riewerts von Amrum.Er war bisher Steuermann dieses Schiffes.	Jürgen Riecks(Flohr+)v.Amrum,StM Volkert Riecks(Flohr+)v.Amrum,Sp. Nanning Lorenz v.Amrum,Speckschn. Jacob Siemsen v.Amrum,Bootsmann Andreas Jansen v.Amrum,Harpunier Jürgen Boysen v.Amrum,Harpunier Andreas Nannings v.Amrum,Schiemann Andreas Petersen v.Amrum,Koch Peter Nannings v.Amrum,Matrose Cornelis Cornelsen v.Amrum,Matrose Riewert Volkerts v.Amrum,Matrose Marcus Hinrich Sneiher(Schmitz+) von Sylt,Matrose Cornelis Lorenz v.Ballum,Matrose Cornelis Dircks v.Amrum,Kochsmaat Simon Simonsen v.Amrum,Schiffsjge.	ebenda,19.3. 1764 Rückkehr:11.8. 1764 ohne Ertrag

Schiff/Kommandeur	Name/Herkunft/Rang der Seeleute	Daten/Quelle Fangergebnis
De Jungfrau Anna Elisabeth Besatzung:44 Walfänger Christoph Hasselmann	Arian Rolofs v.Föhr,Steuermann Nanning Jansen v.Föhr,Matrose+ Peter Petersen v.Föhr,Matrose+ Arian Dircksen v.Föhr,Matrose+	ebenda,20.2. 1764 Rückkehr:2.8. 1764 Ertrag:153 Qu. Tran
De Waakende Kraan Besatzung:43 Walfänger Gerrit Eyssen	Cornelis Carstens v.Sylt,Harpun.+	ebenda,24.3. 1764 Rückkehr:8.8. 1764 ohne Ertrag
De Jungfrau Anna Margaretha Besatzung:43 Walfänger Hidde Esders	Lorenz Paulsen v.Emmerleff,Matrose Hans Cornelsen Löw v.Sylt,Matrose Boy Boysen v.Sylt,Matrose Dirck Dircksen v.Sylt,Matrose	ebenda,2.3.1764 Rückkehr:8.8. 1764 ohne Ertrag
De Niuwe Witte Voss Besatzung:45 Walfänger Steffen Jansen	Peter Jansen v.Sylt,Matrose	ebenda,27.3. 1764 Rückkehr:7.8. 1764 Ertrag:3 Wale= 145 Qu.Tran
De Twe Gesüster Besatzung:45 Walfänger Tipke Tönnies	Paulus Jansen v.Föhr,Steuermann Jurian Hinderiks v.Föhr,Harpunier	ebenda,14.3. 1764 Rückkehr:7.8. 1764 Ertrag:2 1/2 Wale=86 Quard. Tran
De Jungfrau Maria Besatzung:45 Walfänger Heere Lütjes	Jurian Hendriks v.Föhr,Speckschn. Peter Jacobsen v.Sylt,Matrose	ebenda,19.3. 1764 Rückkehr:7.8. 1764 Ertrag:2 1/2 Wale=200 Qu. Tran

Schiff/Kommandeur	Name/Herkunft/Rang der Seeleute	Daten/Quelle Fangergebnis
De Jungfrau Clara Besatzung:37 Robbenfänger Cornelis Thomsen von Röm	Carsten Jürgensen v.Röm,Steuerm.+ Tönnes Willms v.Röm,Bootsmann+ Peter Tag v.Röm,Matrose+ Lorenz Andresen v.Röm,Matrose+ Cord Andresen v.Röm,Matrose+	StAH,Archiv des Wasserschouts, I.A.1.b. 11.2.1765 Rückkehr:13.7. 1765 Ertrag:2043 Rob- ben=144 Qu.Tran
De Hamburger Börse Besatzung:34 Robbenfänger Lorenz Hansen von Röm	Peter Michels v.Röm,Steuermann Peter Hans Jürgens v.Röm,Bootsmann Carsten Jaspers v.Röm,Koch Matthias Matthiessen v.Röm,Matrose Johann Andresen v.Röm,Matrose Carsten Rasmus v.Röm,Matrose+ Dirck Cornelis Decker v.Sylt,Mat.+ Cornelis Ercks v.Sylt,Matrose+ Eschel Dircks v.Sylt,Schiffsjunge	ebenda,18.2. 1765 Rückkehr:20.7. 1765 Ertrag:880 Rob- ben=44 Qu.Tran
De David Besatzung:33 Robbenfänger Peter Andresen von Röm	Clas Michelsen v.Röm,Steuermann Johann Hinrichs v.Röm,Bootsmann Johannes Jacobsen v.Röm,Koch Lorenz Cordsen v.Röm,Matrose Jens Carstens v.Röm,Matrose+ Johann Cornelsen v.Tondern,Matr.+ Jens Carstens v.Röm,Matrose+ Hans Nielsen v.Röm,Kochsmaat+ Jasper Möller v.Röm,Schiffsjunge+	ebenda,18.2. 1765 Rückkehr:20.7. 1765 Ertrag:380 Rob- ben=24 1/2 Qu. Tran
De Frau Agatha Besatzung:38 Robbenfänger Peter Michels von Röm	Zwen Carstens v.Röm,Steuermann Hans Jansen v.Röm,Zimmermann Jost Matthiessen v.Röm,Bootsmann Jan Hansen v.Röm,Koch Carsten Cornelsen v.Röm,Matrose Johannes Petersen v.Röm,Matrose+	ebenda,19.2. 1765 Rückkehr:21.6. 1765 Ertrag:4232 Rob- ben=192 Qu.Tran
De Jungfrau Maria Besatzung:36 Robbenfänger Rasmus Lassen von Röm	Michel Sievers v.Röm,Steuermann Cornelis Lorenzen v.Röm,Zimmerm. Jürgen Jansen v.Röm,Bootsmann Michel Hansen v.Röm,Matrose Michel Jürgens v.Röm,Schiffsjunge	ebenda,19.2. 1765 Rückkehr:19.7. 1765 Ertrag:2202 Rob- ben=134 Qu.Tran
De Zwaan Besatzung:39 Robbenfänger Matthias Zwen von Röm	Jan Andresen v.Röm,Steuermann Lorenz Möller v.Röm,Bootsmann Peter Lorenz v.Röm,Matrose Hans Holm v.Röm,Zimmermann+ Carsten Jaspers v.Röm,Matrose+ Michel Carstens v.Röm,Matrose+ Nels Andresen v.Röm,Matrose+ Peter Nelsen v.Röm,Matrose+ Peter Peters v.Röm,Kochsmaat+ Jens Andresen v.Ballum,Schiffsj.+ Mads Fout(?)v.Ballum,Schiffsj.+	ebenda,19.2. 1765 Rückkehr:18.7. 1765 Ertrag:1430 Robben=125 1/2 Quard.Tran
De Johannes Besatzung:33 Robbenfänger Michel Michels von Röm	Peter Petersen v.Röm,Steuermann+ Christian Andresen v.Röm,Bootsm.+ Jan Lamberts v.Röm,Zimmermann+ Peter Tonson v.Röm,Matrose	ebenda,undat. Rückkehr:18.7. 1765 Ertrag:1682 Rob- ben=128 Qu.Tran

Schiff/Kommandeur	Name/Herkunft/Rang der Seeleute	Daten/Quelle Fangergebnis
De Sara Galley Besatzung:24 Robbenfänger Cornelius Carstens von Röm	Cornelis Peters v.Röm,Steuermann Tönnes Hansen v.Röm,Zimmermann Carsten Jürgens v.Röm,Bootsmann Jan Hansen v.Röm,Koch Lorenz Jansen v.Röm,Speckschneid. Matthias Jürgens v.Röm,Matrose Cornelis Peters v.Bröns,Matrose Andreas Carstens v.Ballum,Matrose Peter Andresen v.Röm,Matrose Christian Jansen v.Röm,Matrose Jürgen Jansen v.Röm,Kochsmaat Jürgen Cornelis v.Röm,Schiffsj.+	ebenda,1.3. 1765 Rückkehr:25.7. 1765 Ertrag:612 Robben=34 Qu.Tran
De Maria Susanna Besatzung:41 Robbenfänger Michel Hansen von Röm.Er war 1764 Kommand.d.Robbenf. "De Jönge Maria".	Cornelius Carstens v.Röm,Steuerm.+ Hans Holm v.Röm,Zimmermann(?)+ Hans Peters v.Röm,Bootsmann(?)+	ebenda,11.2. 1765 Rückkehr:19.7. 1765 Ertrag:4300 Robben=235 1/2 Qu.Tran
De Jonge Marga- retha Besatzung:32 Wal-u.Robbenfänger Peter Zwen von Röm	Hans Peters v.Röm.Steuermann Jasper Hansen v.Röm,Bootsmann Peter Moritzen v.Röm,Koch Hans Cornelissen v.Röm,Harpunier+ Lorenz Cornelsen v.Röm,Zimmerm.+ Hans Jepsen v.Röm,Matrose+ Rasmus Jensen v.Röm,Matrose+ Peter Smidt v.Röm,Matrose+ Cornelis Jürgens v.Röm,Matrose+ Johannes Jürgens v.Röm,Matrose+ Cornelis Clasen v.Amrum,Matrose Michel Jürgens v.Röm,Matrose Cornelis Hansen v.Röm,Schiffsj.+	ebenda,1.3. 1765 Rückkehr:18.7. 1765 Ertrag:750 Robben=35 Qu.Tran .
De Frau Hanna Besatzung:38 Robbenfänger Peter Jansen von Röm	Michel Balzers v.Röm,Steuermann Lorenz Lorenzen v.Röm,Bootsmann Michel Andresen v.Röm,Matrose	ebenda,18.2. 1765 Rückkehr:14.7. 1765 Ertrag:4832 Robben,1/2 Caselot (Pottwal)=225 Quard.Tran
De Fief Gebröder Besatzung:40 Wal-u.Robbenfänger Peter Tönnies von Röm	Carsten Carstens v.Röm,Steuermann Matthias Jessen v.Röm,Bootsmann Hans Cornelsen v.Röm,Koch Cornelis Jaspers v.Röm,Harpunier Tönnes Dircks v.Röm,Speckschneid.+ Jasper Carstens v.Röm,Matrose+ Zwen Moritz v.Röm,Matrose+	ebenda,18.2. 1765 Rückkehr:29.6. 1765 Ertrag:3970 Robben=196 1/2 Quard.Tran
De Sara Cäcilia Besatzung:38 Robbenfänger Hans Petersen von Röm	Jan Balzers v.Röm,Steuermann Cornel.Cornelissen Leest v.Röm,BM Peter Cornelissen Leest v.Röm,Koch Jürgen Balzers v.Röm,Matrose Jasper Jansen v.Röm,Matrose Hans Cornelsen v.Röm,Matrose Lorentz Hansen v.Röm,Schiffsjunge	ebenda,18.2. 1765 Rückkehr:29.6. 1765 Ertrag:4090 Robben=210 Qu. Tran

Schiff/Kommandeur	Name/Herkunft/Rang der Seeleute	Daten/Quelle Fangergebnis
De Frau Elisabeth Besatzung:39 Robbenfänger Andreas Zwen von Röm	Peter Mich.Jaspers v.Röm,Steuerm. Michel Carstens v.Röm,Koch Jasper Carstens v.Röm,Zimmermann+ Carsten Jürgens v.Röm,Matrose+ Siebrand Jürgens v.Röm,Matrose+ Jens Carstens v.Röm,Matrose+ Berend Christopher v.Husum,Matrose Andres Bundes v.Röm,Schiffsjunge+	ebenda,18.2. 1765 Rückkehr:18.7. 1765 Ertrag:2020= 101 Quard.Tran
De Anna Maria Besatzung:38 Robbenfänger Hans Hansen Tön- nies von Röm	Hans Petersen Holm v.Röm,Steuerm. Michel Petersen v.Röm,Zimmermann	ebenda,18.2. 1765 Rückkehr:17.7. 1765 Ertrag:2602 Rob- ben=163 1/2 Quard.Tran
De Twe Jonge Her- mans Besatzung:38 Wal-u.Robbenfänger Peter Andresen Leest von Röm.Er war vorher Steu- ermann dieses Schiffes.	Cornelis Hansen Falck v.Röm,St.M. Cornelis Carstens v.Röm,Bootsmann Erick Hansen v.Röm,Harpunier Engelbret Jansen v.Röm,Harpunier+ Sybrandt Hansen v.Röm,Matrose+ Peter Andresen v.Röm,Schiffsjunge+ Johannes Peters v.Röm,Schiffsj.+	ebenda,19.2. 1765 Rückkehr:14.7. 1765 Ertrag:2660 Robben,1/2 Ca- selot(Pottwal)= 231 Quard.Tran
De Anna Besatzung:40 Wal-u.Robbenfänger Thomas Zwen von Röm	Hans Carstens v.Röm,Steuermann Jens Hansen v.Röm,Bootsmann Lorenz Christensen v.Röm,Zimmerm.+ Carsten Petersen v.Röm,Harpunier+ Nicolai Petersen v.Röm,Matrose+ Zwen Andresen v.Röm,Matrose Jürgen Jessen v.Röm,Matrose+ Peter Hansen v.Röm,Matrose+ Peter Sybrandtsen v.Röm,Matrose+ Thomas Petersen v.Röm,Matrose+	ebenda,19.2. 1765 Rückkehr:18.7. 1765 Ertrag:2650 Robben=123 Qu. Tran
De Jonge Peter Besatzung:36 Robbenfänger Engelbrecht Car- stens von Röm.Er war vorher Steuer- mann dieses Schiffes.	Moritz Michelsen v.Röm,Steuermann Hans Erck Andresen v.Röm,Zimmerm. Peter Hansen v.Röm,Bootsmann Jan Jansen v.Röm,Koch+ Michel Hansen v.Röm,Matrose+ Jürgen Tönnies v.Röm,Matrose+ Jürgen Michels v.Röm,Matrose+ Matthias Jensen v.Röm,Schiffsjg.	ebenda,18.2. 1765 Rückkehr:19.7. 1765 Ertrag:1306 Robben=130 Qu. Tran
De Bloyende Hoop Besatzung:39 Wal-u.Robbenfänger Jürgen Zwen von Röm	Engelbr.(Albert+)Peters v.Röm,STM Peter Jansen v.Röm,Koch u.Harp. Carsten Jürgens v.Röm,Harpunier Jürgen Jürgens v.Röm,Harpunier Siebrand Matzen v.Röm,Harpunier Peter Thomsen v.Röm,Matrose+ Broer Sörensen v.Röm,Matrose+ Lorenz Jansen v.Röm,Matrose+ Engelbrecht Peters v.Röm,Matrose+ Andreas Hansen v.Röm,Matrose+ Peter Hansen v.Röm,Kochsmaat+ Peter Hansen Tönnies v.Röm,Schiffj	ebenda,18.2. 1765 Rückkehr:16.7. 1765 Ertrag:1930 Robben=106 Qu. Tran

Schiff/Kommandeur	Name/Herkunft/Rang der Seeleute	Daten/Quelle Fangergebnis
De Martin Besatzung:32 Wal-u.Robbenfänger Hans Michel Jas- pers von Röm	Peter Jaspers v.Röm,Steuermann Carsten Jürgens v.Röm,Koch Peter Thomsen v.Röm,Harpunier Jürgen Peters v.Röm,Matrose+ Cornelis Hansen v.Röm,Matrose+	ebenda,17.2. 1765 Rückkehr:19.7. 1765 Ertrag:1596 Robben=118 Qu. Tran
De Jonge Geertruy Besatzung:43 Walfänger Boy Rickmers de Jonge von Föhr	Cornelis Rickmers v.Föhr,Steuerm. Jan Jacobs v.Föhr,Speckschneider Nanning Rolofs v.Föhr,Speckschn. Arian Jürgens v.Föhr,Harpunier Peter Hendricks v.Föhr,Harpunier Cornelis Boysen v.Föhr,Harpunier Hinrich Nannings v.Föhr,BM u.Harp. Johann Clasen v.Föhr,Schiemann Jürgen Cornelsen v.Föhr,Koch Asmus Petersen v.Sylt,Matrose Meinert Hinrichs v.Sylt,Matrose Siebrand Jürgens Holm v.Röm,Matr. Hans Cornelis v.Röm,Matrose Jürgen Lorenzen v.Röm,Matrose Jürgen Josten v.Röm,Matrose Jens Josten v.Röm,Matrose Volkert Petersen v.Amrum,Matrose Broer Nannings v.Föhr,Matrose Frerck Arians v.Föhr,Matrose Hinrich Jansen v.Föhr,Matrose Riewert Cornelsen v.Föhr,Matrose Wilm Volkerts v.Föhr,Matrose Broer Boysen v.Föhr,Kochsmaat Rolof Boysen v.Föhr,Schiffsjunge	ebenda,undat. 1765 Rückkehr:18.7. 1765 Ertrag:7 Wale= 267 Quardel. Tran
De St.Peter Besatzung:44 Walfänger Rickmer Boysen von Föhr	Michel Volkers v.Föhr,Steuermann Boy Rolofs v.Föhr,Speckschneider Ocke Frercks v.Föhr,Speckschneid. Riewert Jürgens v.Föhr,Harpunier. Lorentz Hendriks v.Föhr,Harpunier Volkert Boysen v.Föhr,Harpunier Rolof Boysen v.Föhr,Bootsmann Dirck Clasen v.Föhr,Schiemann· Carl Carlsen v.Föhr,Koch Lorenz Hansen v.Föhr,Matrose Jürgen Jensen v.Föhr,Matrose Jacob Jansen v.Sylt,Matrose Andreas Cornelsen v.Sylt,Matrose Jacob Hendriks v.Föhr,Kochsmaat Riewert Simons v.Föhr,Schiffsjg.	ebenda,1.4. 1765 Rückkehr:20.7. 1765 Ertrag:4 Wale= 212 1/2 Quard. Tran
De Frau Margare- tha Besatzung:45 Walfänger Jurian Riecks von Föhr	Rickmer Jürgens v.Föhr,Steuermann Rolof Lorenz v.Föhr,Speckschn.+ Boy Jurians v.Föhr,Speckschneid.+ Jacob Jacobs v.Föhr,Harpunier+ Boy Jurians v.Föhr,Harpunier+ Boy Peters v.Föhr,Matrose+ Rickmer Mangensen v.Föhr,Matr.+ Rolof Jansen de Jonge v.Föhr,Mat.+ Rolof Jansen v.Föhr,Matrose+ Ein Teil der Funktionen ist durch das Protokoll von 1766 ergänzt worden.	ebenda,undat. 1765 Rückkehr:20.7. 1765 Ertrag:6 Wale= 294. Quard.Tran

Schiff/Kommandeur	Name/Herkunft/Rang der Seeleute	Daten/Quelle Fangergebnis
De Jonge Johann Besatzung:45 Walfänger Peter Cornelis von Föhr	Lorenz Riecks v.Föhr,Steuermann Boy Simonsen v.Föhr,Speckschneider Riewert Rolofs v.Föhr,Speckschneid. Cornelis Peters v.Föhr,Harpunier Jurian Boysen v.Föhr,Bootsm.u.Harp. Dirck Lorenz v.Föhr,Zimmermann Jelle(?)Rolofs v.Föhr,Schiemann Johann Riecks v.Föhr,Koch Boy Boysen v.Amrum,Matrose Frerck Barens v.Amrum,Matrose Peter Boysen v.Föhr,Matrose Peter Peters v.Föhr,Matrose Jasper Carstens v.Röm,Matrose Jan Jansen v.Röm,Matrose Swen Moritz v.Röm,Matrose Cornelis Andresen v.Röm,Matrose Nanning Riecks v.Föhr,Matrose Friedrich Arians v.Föhr,Matrose Arian Nannings v.Föhr,Matrose Riewert Riewerts v.Föhr,Matrose Jürgen Arians v.Amrum,Matrose Nanning Cornelis v.Amrum,Matrose Clas Cornelis v.Amrum,Matrose Boy Boysen v.Amrum,Matrose Carsten Boysen v.Amrum,Matrose Boy Matthiessen v.Amrum,Matrose Peter Riecks v.Föhr,Kochsmaat Peter Jansen v.Röm,Schiffsjunge+	ebenda,4.4.1765 Rückkehr:13.9. 1765 Ertrag:1 Wal= 46 Quardelen Tran
De Jacobus Besatzung:36 Walfänger Johann Jürgen Knüttel von Föhr	Daniel Richard Knüttel v.Föhr,StM Rolof Jürgens v.Föhr,Speckschneid. Johann Christiansen v.Föhr,Speck. Osewaldt Conrad v.Föhr,Harpunier Riewert Frercks v.Föhr,Harpunier Boy Adriansen v.Föhr,Harpunier Hinrich Nannings v.Föhr,Schiemann Johann Hanssen v.Sylt,Matrose Frerck Riewerts v.Föhr,Matrose Arian Hinriks v.Föhr,Matrose Peter Meinerts v.Sylt,Matrose Christian Jaspers v.Röm,Matrose Jan Siebrandtsen v.Röm,Matrose Michel Lorenzen v.Röm,Matrose Ewert Jansen v.Röm,Matrose Hans Peters v.Föhr,Kochsmaat Gerdt Peters v.Sylt,Schiffsjunge	ebenda,1.4.1765 Rückkehr:25.7. 1765 Ertrag:1 Wal= 62 Quard.Tran
De Verguldete Löwe Besatzung:45 Walfänger Cornelis Riewerts von Amrum	Barend Jansen v.Amrum,Steuermann Peter Jacobs v.Amrum,Speckschneid. Nanning Lorenzen v.Amrum,Specksch. Jan Lendertsen v.Amrum,Bootsm.u.H. Simon Frercks v.Amrum,Harpunier Jürgen Boysen v.Amrum,Harpunier Jürgen Carstens v.Amrum,Schiemann Arian Boysen v.Amrum,Koch Jacob Jacobsen v.Sylt,Matrose Diedrich Cornels.Decker v.Sylt,Mat. Cornelis Dircksen Decker v.Sylt,"	ebenda,1.4.1765 Rückkehr:17.8. 1765 ohne Ertrag

b.w.

Schiff/Kommandeur	Name/Herkunft/Rang der Seeleute	Daten/Quelle Fangergebnis
	Peter Hansen v.Sylt,Matrose Simon Clasen v.Amrum,Kochsmaat Boy Clasen v.Amrum,Schiffsjunge Jens Jensen v.Amrum,Schiffsjunge	
De Gekrönte Hoop Besatzung:43 Walfänger Peter Riewerts von Amrum	Jürgen Lorenzen v.Föhr,Steuermann Volkert Flohr v.Amrum,Speckschneid. Jan Casper Quedens v.Amrum,Speck. Jacob Siemsen v.Amrum,Bootsm.u.H. Peter Riewerts v.Amrum,Harpunier Andreas Jansen v.Amrum,Harpunier Jasper Carstens v.Röm,Zimmermann Andreas Nannings v.Amrum,Schiemann Nickels Jansen v.Amrum,Koch · Peter Petersen v.Röm,Matrose Clas Jacobsen v.Sylt,Matrose Thomas Lorenzen v.Sylt,Matrose Jürgen Andresen v.Sylt,Matrose+ Andreas Hansen v.Sylt,Matrose+ Andreas Sörensen v.Sylt,Matrose+ Peter Nannings v.Amrum,Matrose Boy Petersen v.Amrum,Matrose Rickmer Volkerts v.Amrum,Matrose Cornelis Cornelsen v.Amrum,Kochsm. Matthias Jürgensen v.Föhr,Schiffsj.	ebenda,März 1765 Rückkehr:17.8. 1765 ohne Ertrag
De Mercurius Besatzung:42 Walfänger Jan Fockes Lalling	Boy Peters v.Föhr,Speckschneider Rickmer Eschels v.Föhr,Matrose Johannes Frercks v.Föhr,Matrose Peter Paulsen v.Föhr,Matrose	ebenda,März 1765 Rückkehr:12.8. 1765 Ertrag:1/2 Wal= 41 Quard.Tran
De Twe Gesüster Besatzung:44 Walfänger Tipke Tönnies	Paul Jenssen v.Föhr,Steuermann+ Jürgen Hendricks v.Föhr,Harpunier+ Cornelis Frercks v.Föhr,Matrose	ebenda,undat. 1765 Rückkehr:15.8. 1765 Ertrag:2 Wale= 44 1/2 Qu.Tran
De Jungfrau Anna Margaretha Besatzung:43 Walfänger Hidde Esders	Hans Cornelsen Löw v.Sylt,Harpun. Peter Boysen v.Sylt,Matrose Lorenz Clasen v.Sylt,Matrose	ebenda,undat. 1765 Rückkehr:24.7. 1765 Ertrag:2 Wale= 57 Qu.Tran
De Hoopende Visser Besatzung:45 Walfänger Gerrit Jansen	Peter Cornelis v.Föhr,Speckschn. Johann Kalbach v.Sylt,Matrose	ebenda,undat. 1765 Rückkehr:21.7. 1765 Ertrag:6 1/2 Wale 300 Qu.Tran
De König Salomon Besatzung:45 Walfänger Willem Hendricks	Peter Petersen v.Amrum,Koch	ebenda,11.2.1765 Rückkehr:9.8. 1765 Ertrag:3 1/2 W.= 232 1/2 Qu.Tran

Schiff/Kommandeur	Name/Herkunft/Rang der Seeleute	Daten/Quelle Fangergebnis
De Jungfrau Maria Besatzung:45 Walfänger Heere Lütjes	Jürgen Hinrichs v.Föhr,Speckschn. Riewert Peters v.Föhr,Harpunier Peter Jansen v.Sylt,Matrose	ebenda,undat. 1765 Rückkehr:15.8. 1765 ohne Ertrag
De Jungfrau Anna Elisabeth Besatzung:42 Walfänger Christopher Hassel- mann	Arian Rolofs v.Föhr,Steuermann Peter Petersen v.Röm,Speckschneid. Arian Dircks v.Röm,Harpunier Cornelis Jürgens v.Föhr,Matrose Frerck Arians v.Föhr,Matrose Clas Frercks v.Föhr,Matrose	ebenda,20.2. 1765 Rückkehr:11.8. 1765 Ertrag:1 Wal u.? Robben= 110 Quard.Tran

Schiff/Kommandeur	Name/Herkunft/Rang der Seeleute	Daten/Quelle Fangergebnis
De Hamburger Börse Besatzung:32 Wal-u.Robbenfänger Cornelis Jaspers von Röm.In den bisherigen Protokollen ist er nicht nachweisbar.	Michel Hansen Holm v.Röm,Steuermann Jasper Michels v.Röm,Bootsmann Dirck Cornels.Decker v.Sylt,Speck. Hans Hansen Falck v.Röm,Koch Cornelis Andresen v.Röm,Matrose Cornelis Decker v.Sylt,Matrose Jens Jacobsen Holm v.Röm,Matrose Lorentz Cortz v.Röm,Matrose Matthias Jaspers v.Röm,Matrose Matthias Jansen v.Röm,Schiffsjunge	StAH,Archiv des Wasserschouts, I.A.1.b. 13.2.1766 Rückkehr:13.8. 1766 Ertrag:280 Robben=15 Qu.Tran
De Frau Agatha Besatzung:38 Wal-u.Robbenfänger Peter Michels von Röm	Zwen Carstens v.Röm,Steuermann Hans Jansen v.Röm,Zimmermann Jost Matthiessen v.Röm,Bootsmann Carsten Jaspers v.Röm,Koch Peter Jansen v.Röm,Matrose Jan Jost v.Röm,Matrose Carsten Lamberts v.Röm,Matrose Peter Thomsen v.Bröns,Matrose Johannes Hansen v.Röm,Matrose Cornelis Jansen v.Röm,Kochsmaat Andreas Petersen v.Röm,Schiffsjge.	ebenda,undat. 1766 Rückkehr:28.7. 1766 Ertrag:2105 Robben=111 1/2 Quardel.Tran
De Sara Galley Besatzung:25 Wal-u.Robbenfänger Cornelis Carstens von Röm	Cornelis Petersen v.Röm,Steuermann Jacob Lorenzen v.Röm,Zimmermann Carsten Carstens v.Röm,Bootsmann Cornelis Peters v.Röm(Bröns+),Koch Michel Lorenzen v.Röm,Speckschneid. Matthias Jürgens v.Röm,Matrose Jürgen Hansen(Jans.+)v.Röm,Matrose Jürgen Cornelis v.Röm,Schiffsjunge	ebenda,undat. 1766 Rückkehr:7.8. 1766 Ertrag:1478 Robben=62 1/2 Quard.Tran
De Jgfr.Anna Maria Besatzung:39 Wal-u.Robbenfänger Hans Hansen Tönnies jr.v.Röm.Er übernimmt das Schiff von seinem Vater.	Hans Tönnies v.Röm,Steuermann Carsten Peters v.Röm,Koch Jürgen Boysen v.Amrum,Speckschneid. Michel Hansen Tönnes v.Röm,Matrose Cornelis Hansen Tönnes v.Röm,Schjg.	ebenda,undat. 1766 Rückkehr:13.7. 1766 Ertrag:2253 Robben=99 Qu. Tran
De Fief Gebröder Besatzung:38 Wal-u.Robbenfänger Peter Tönnes von Röm	Carsten Carstens v.Röm,Steuermann Matthias Jessen v.Röm,Bootsmann Peter Clasen v.Röm.Zimmermann+ Hans Cornelis v.Röm,Koch Tönnies Dircksen v.Sylt,Speckschn. Jasper Carstens v.Röm,Matrose Jürgen Michels v.Röm,Matrose Jürgen Tönnies v.Röm,Matrose Hans Michel Clasen v.Röm,Matrose Siebrandt Hansen v.Röm,Kochsmaat Peter Jansen v.Röm,Schiffsjunge	ebenda,undat. 1766 Rückkehr:12.8. 1766 Ertrag:1156 Robben=50 Qu. Tran
De Jonge Margaretha Besatzung:24 Wal-u.Robbenfänger Peter Zwen von Röm	Carsten Jürgens v.Röm,Steuermann Hans Cornelis v.Röm,Harpunier Lorenz Cornelis v.Röm,Zimmermann Hinrich Cornelis v.Röm,Bootsmann Jan Jürgens v.Röm,Koch Christian Thomsen v.Röm,Matrose Johannes Clasen v.Röm,Matrose Cornelis Jürgens v.Röm,Matrose Peter Smidt v.Röm,Matrose Rasmus Jansen v.Röm,Matrose Cornelis Hansen v.Röm,Schiffsjunge	ebenda,undat. 1766 Rückkehr:4.8. 1766 Ertrag:650 Robben=32 1/2 Qu. Tran

338

Schiff/Kommandeur	Name/Herkunft/Rang der Seeleute	Daten/Quelle Fangergebnis
De Martin Besatzung:32 Robbenfänger Hans Michel Jaspers von Röm	Cord Jürgens v.Röm,Steuermann Jürgen Andresen v.Röm,Zimmermann Carsten Jürgens v.Röm,Koch Peter Schmidt v.Röm,Matrose	ebenda,undat. 1766 Rückkehr:7.8. 1766 Ertrag:261 Robben=15 1/2 Qu. Tran
De Jungfrau Maria Besatzung:36 Robbenfänger Rasmus Lassen von Röm	Michel Siewers v.Röm,Steuermann Cornelis Lorenz.Küper v.Röm.Zimmer. Jürgen Hansen v.Röm,Bootsmann Peter Lorenzen v.Röm,Koch Peter Petersen v.Röm,Schiffsjunge	ebenda,undat. 1766 Rückkehr:12.8. 1766 Ertrag:400 Robben=22 1/2 Qu. Tran
De Zwaan Besatzung:34 Wal-u.Robbenfänger Matthias Zwen von Röm	Hans Hansen v.Röm,Steuermann Carsten Petersen v.Röm,Bootsmann Cornelis Carstens v.Röm,Koch Carsten Jaspers v.Röm,Harpunier Hans Cornelis v.Röm,Matrose Michel Carstens v.Röm,Matrose Peter Hansen v.Röm,Matrose Peter Cornelis v.Röm,Matrose Peter Cornelissen v.Röm,Schiffsjg.	ebenda,undat. 1766 Rückkehr:14.7. 1766 Ertrag:2500 Robben=125 Qu. Tran
De Bloyende Hoop Besatzung:40 Wal-u.Robbenfänger Jürgen Zwen v.Röm	Jürgen Jürgensen v.Röm,Steuermann Jens Hansen v.Röm,Harpunier Michel Jürgens v.Röm,Harpunier Hans Hansen Frank v.Röm,Matrose Thomas Lorenzen v.Röm,Matrose Cornelis Peters v.Röm,Matrose Hans Cornelsen v.Röm,Matrose Peter Hansen v.Röm,Kochsmaat Peter Hansen Tönnies v.Röm,Schiffs.	ebenda,13.2. 1766 Rückkehr:29.7. 1766 Ertrag:4709 Robben=226 Qu. Tran
De Hoffnung und Geduld Besatzung:35 Cornelis Hansen Falck von Röm.Er war 1765 Steuermann des Robbenfängers "De Twe Jonge Hermans."	Peter Hansen Falck v.Röm,Steuerm. Jan Lorenz Falck v.Röm,Bootsmann Peter Jansen v.Röm,Koch Peter Tomson von Röm,Matrose Engelbrecht Jansen v.Röm,Matrose Lorenz Jansen v.Röm,Matrose Andreas Carstens v.Röm,Schiffsjge.	ebenda,undat. 1766 Rückkehr:11.8. 1767 Ertrag:250 Robben=11 1/2 Qu. Tran
De Anna Besatzung:34 Robbenfänger Thomas Zwen von Röm	Jürgen Cornelis v.Röm,Steuermann Cord Siebrandts(Knud Sörns+) von Röm,Zimmermann Johannes Hansen v.Röm,Bootsmann Peter Michels v.Röm,Koch Zwen Andresen v.Röm,Matrose Thomas Petersen v.Röm,Matrose Peter Siebrandsen v.Röm,Matrose+ Peter Jansen(Hansen+)v.Röm,Matrose Johann Hansen v.Röm,Schiffsjunge	ebenda,12.2. 1766 Rückkehr:14.7. 1766 Ertrag:1570 Robben=77 Qu. Tran

Schiff/Kommandeur	Name/Herkunft/Rang der Seeleute	Daten/Quelle Fangergebnis
De Frau Hanna Besatzung:29 Robbenfänger Peter Jansen von Röm	Michel Balzer Groot v.Röm,Steuerm. Michel Peters v.Röm,Zimmermann Lorenz Lorenzen v.Röm,Bootsmann Johann Ocksen v.Röm,Matrose Clas Michels v.Röm,Matrose Carsten Petersen v.Röm,Matrose Cornelis Jansen v.Röm,Kochsmaat Cordt Petersen v.Röm,Schiffsjunge	ebenda,undat. 1766 Rückkehr:29.7. 1766 Ertrag:1025 Robben=44 Quard. Tran
De Mercurius Besatzung:39 Wal-u.Robbenfänger Peter Michel Jas- pers v.Röm.Er war 1765 Steuermann d. Robbenfängers "De Frau Elisabeth."	Peter Jürgens v.Röm,Steuermann Johann Friedrichs v.Röm,Bootsmann Lorenz Andresen v.Röm,Koch Cornelis Nannings v.Amrum,Specksch. Andreas Jürgensen v.Röm,Matrose Albert Jansen v.Röm,Matrose Hans Christian Jaspers v.Röm,Matr. Zwen Carstens v.Röm,Matrose	ebenda,7.2.1766 Rückkehr:8.8. 1766 Ertrag:912 Rob- ben=47 Qu.Tran
De Nordstern Besatzung:31 Robbenfänger Peter Petersen von Röm.Er war 1765 Steuermann des Rob- benfängers "De Jo- hannes."	Lorenz Cornels.Falck v.Röm,Steuerm. Cornelis Siebrandts v.Ballum,Boots. Thomas Hansen v.Röm,Koch Johannes Siebrandtsen v.Röm,Matrose	ebenda,undat. 1766 Rückkehr:8.8. 1766 Ertrag:250 Rob- ben=9 Qu.Tran
De Johannes Besatzung:36 Robbenfänger Michel Michels von Röm	Johannes Lambertsen v.Röm,Steuerm. Siebrandt Hansen v.Röm,Bootsmann+ Peter Jaspers v.Röm,Koch Jasper Geerts v.Röm,Matrose Michel Andresen v.Röm,Matrose Christian Petersen v.Röm,Matrose Peter Andresen v.Röm,Matrose Carsten Peters v.Röm,Matrose Michel Peters v.Röm,Schiffsjunge+	ebenda,undat. 1766 Rückkehr:9.8. 1766 Ertrag:800 Rob- ben=50 Qu.Tran
De Jungfrau Clara Besatzung:37 Robbenfänger Cornelis Thomsen von Röm	Cornelis(Carsten+) Jürgens v.Röm, Steuermann Tönnes Willms v.Röm,Bootsmann Peter Cornelis Tag v.Röm,Koch Thomas Christiansen v.Röm,Matrose Peter Hansen Jurig v.Röm,Matrose+ Peter Petersen v.Röm,Matrose+ Peter Hansen v.Röm,Matrose+ Michel Jaspers v.Röm,Schiffsjunge+	ebenda,undat. 1766 Rückkehr:1.8. 1766 Ertrag:759 Rob- ben=35 Quard. Tran
De Maria Susanna Besatzung:43 Wal-u.Robbenfänger Michel Hansen von Röm	Cornelis Carstens v.Röm,Steuermann Johannes Christians.Smidt v.Röm,ZM Jasper Hansen v.Röm,Harpunier Cornelis Matthiessen v.Röm,Harpun. Hans Peters v.Röm,Matrose Peter Michels v.Röm,Matrose Peter Lorenzen v.Röm,Matrose	ebenda,undat. 1766 Rückkehr:4.8. 1766 Ertrag:1503 Rob- ben=69 1/2 Qu. Tran

Schiff/Kommandeur	Name/Herkunft/Rang der Seeleute	Daten/Quelle Fangergebnis
De Frau Elisabeth Besatzung:34 Robbenfänger Andreas Zwen von Röm	Carsten Cornelis Holm v.Röm,StM Jasper Carstens v.Röm,Zimmermann Hans Jensen Möller v.Röm,Bootsmann Peter Moritzen v.Röm,Koch Siebrand Jürgens v.Röm,Matrose Jürgen Jessen v.Röm,Matrose Johann Carstens v.Röm,Matrose Berend Jansen v.Emmerleff,Matrose Jacob Jansen v.Emmerleff,Matrose+ Hans Carsten Holm v.Röm,Schiffsj.	ebenda,12.2. 1766 Rückkehr:10.8. 1766 Ertrag:631 Rob- ben=35 Quard. Tran
De Twe Jonge Her- mans Besatzung:36 Wal-u.Robbenfänger Peter Andresen Leest von Röm	Joh.Andresen Leest v.Röm,Steuerm. Erck Hansen v.Röm,Harpunier Cornelis Carstens v.Röm,Zimmermann Peter Andresen v.Röm,Matrose Johannes Johannsen v.Röm,Matrose Peter Hansen v.Röm,Matrose Cornelis Peters v.Röm,Schiffsjunge	ebenda,17.2. 1766 Rückkehr:12.8. 1766 Ertrag:1980 Robben=95 Qu. Tran
De Jungfrau Sara Cäcilia Besatzung:39 Robbenfänger Hans Petersen von Röm	Jasper Jansen v.Röm,Steuermann Cornelis Cornelissen v.Röm,Bootsm. Peter Cornelis v.Röm,Koch Peter Carstens v.Röm,Matrose Peter Petersen v.Röm,Matrose Peter Jessen v.Röm,Matrose Jürgen Boysen v.Röm,Matrose Lorenz Hansen v.Röm,Schiffsjunge	ebenda,13.2. 1766 Rückkehr:14.7. 1766 Ertrag:3700 Robben=169 Qu. Tran
De Jonge Peter Besatzung:36 Robbenfänger Engelbrecht Car- stens von Röm	Moritz Michelsen v.Röm,Steuermann Hans Erick Andresen v.Röm,Zimmerm. Peter Michelsen v.Röm,Bootsmann Cornelis Clasen v.Amrum,Matrose Lars Michelsen v.Röm,Matrose Siebrand Matzen v.Röm,Matrose Jasper Jaspers v.Röm,Matrose Andreas Bundes v.Röm,Matrose Michel Jansen v.Röm,Matrose B.Christiansen v.Ballum,Matrose+ Peter Michels v.Röm,Schiffsjunge	ebenda,undat. 1766 Rückkehr:10.8. 1766 Ertrag:980 Rob- ben=44 Qu.Tran
De St.Peter Besatzung:44 Walfänger Michel Volkerts von Föhr.Er war 1765 Steuermann dieses Schiffes.	Volkert Boysen v.Föhr,Steuermann Boy Rolofs v.Föhr,Speckschneider Ocke Frercks v.Föhr,Speckschneid. Lorenz Hindericks v.Föhr,Harpunier Riekert Jürgens v.Föhr,Harpunier Rolof Boysen v.Föhr,Bootsmann Dirck Clasen v.Föhr,Schiemann Jacob Jacobsen v.Föhr,Koch Peter Thiesen v.Sylt,Matrose Nanning Cornelis v.Amrum,Matrose Wilm Cornelis v.Amrum,Matrose Riewert Simons v.Föhr,Kochsmaat Clas Dircksen v.Föhr,Schiffsjunge	ebenda,undat. 1766 Rückkehr:17.8. 1766 ohne Ertrag

Schiff/Kommandeur	Name/Herkunft/Rang der Seeleute	Daten/Quelle Fangergebnis
De Jacobus Besatzung:42 Walfänger Johann Jürgen Knüttel von Föhr	Daniel Richard Knüttel v.Föhr,StM Rolof Jürgens v.Föhr,Speckschneid. Johannes Christians v.Föhr,Speck. Osewald Conrads v.Föhr,Harpunier Riewert Frercks v.Föhr,Harpunier Boy Arians v.Föhr,Harpunier Hinrich Nannings v.Föhr,Schiemann Frerck Riewerts v.Föhr,Matrose Arian Boysen v.Amrum,Matrose Geert Petersen v.Sylt,Matrose Peter Meinerts v.Sylt,Matrose Nanning Hendriks v.Föhr,Matrose Nanning Nannings v.Föhr,Schiffsj.	ebenda,undat. 1766 Rückkehr:15.8. 1766 Ertrag:1 Wal= 40 Qu.Tran
De Frau Margaretha Besatzung:45 Walfänger Jurian Riecks von Föhr	Rieck Jurians v.Föhr,Steuermann Rolof Lorenzen v.Föhr,Speckschn. Boy Jurians v.Föhr,Speckschneid. Boy Jurians v.Föhr,Harpunier Jacob Jurians v.Föhr,Harpunier Boy Peters v.Föhr,Schiemann+ Rickmer Mangens v.Föhr,Koch+ Rolof Jans.de Jonge v.Föhr,Matr.+ Rolof Jansen v.Föhr,Matrose+ Ocke Andresen v.Föhr,Matrose+ Riewert Broersen v.Föhr,Matrose+ Paul Paulsen v.Husum,Matrose Adrian Adriansen v.Föhr,Schiffsj.	ebenda,undat. 1766 Rückkehr:12.8. 1766 Ertrag:2 Wale= 94 Quard.Tran
De Jonge Johann Besatzung:44 Walfänger Peter Cornelis von Föhr	Dirck Lorenzen v.Föhr,Steuermann Cornelis Boysen v.Föhr,Speckschn. Riewert Rolofs v.Föhr,Speckschn. Rickmer Riewerts v.Föhr,Harpunier Johann Riecks v.Föhr,Harpunier Riewert Jansen v.Föhr,Bootsmann Jelle Rolofs v.Föhr,Schiemann Dirck Rolofs v.Föhr,Koch Peter Peters v.Föhr,Matrose Johann Cornelis v.Sylt,Matrose Tönnes Hansen v.Röm,Matrose Boy Matthiessen v.Amrum,Matrose Boy Cornelsen v.Föhr,Matrose Jürgen Arians v.Amrum,Matrose Friedrich Dircks v.Föhr,Kochsmaat Cornelius Marcus v.Föhr,Schiffsj.	ebenda,undat. 1766 Rückkehr:15.8. 1766 Ertrag:1("todten" Wal=9 1/2 Quard. Tran
De Jonge Geertruy Besatzung:43 Walfänger Boy Rickmers de Jonge von Föhr	Cornelis Rickmers v.Föhr,Steuerm. Jan Jacobs v.Föhr,Speckschneider Nanning Rolofs v.Föhr,Speckschn. Arian Jürgens v.Föhr,Harpunier Hinrich Nannings v.Föhr,Bootm.u.H. Peter Hinricks v.Föhr,Harpunier Cornelis Cornelissen v.Föhr,Schiem. Broer Nannings v.Föhr,Koch Riewert Cornelis v.Föhr,Matrose Frerck Arians v.Föhr,Matrose Hinrich Jansen v.Föhr,Matrose Volkert Petersen v.Amrum,Matrose	ebenda,undat. 1766 Rückkehr: 16.9. 1766 Ertrag:1 Wal= 45 Quard.Tran

342

Schiff/Kommandeur	Name/Herkunft/Rang der Seeleute	Daten/Quelle Fangergebnis
	Matthias Hinrich Jürgens v.Sylt,M. Matthias Jürgens v.Sylt,Matrose Boy Andresen v.Sylt,Matrose Peter Heycke Carstens v.Sylt,Matr. Clas Petersen v.Sylt,Matrose Peter Michels v.Sylt,Matrose Meinert Hinrichs v.Sylt,Matrose Cornelis Petersen Klein v.Sylt,M. Peter Peters.Klein v.Sylt,Matrose+ Cornelis Jansen v.Föhr,Kochsmaat Rolof Boysen v.Föhr,Schiffsjunge	
De Gekrönte Hoop Besatzung:43 Walfänger Willm Rolofs;er stammt sicherlich von Föhr.Dafür spricht die nebenstehende Mannschaftsliste.	Arian Rolofs v.Föhr,Steuermann Peter Clasen v.Föhr,Speckschneid. Rolof Rolofsen v.Föhr,Speckschn. Simon Peters v.Föhr,Harpunier Jürgen Cornelissen v.Föhr,Harpunier Frerck Arians v.Föhr,Harpunier Cornelis Cornelissen v.Föhr,Zimm. Peter Frercks v.Föhr,Schiemann Rolof Clasen v.Föhr,Koch Boy Hinrich Schmidt v.Sylt,Matrose Rolof Willms v.Föhr,Matrose Peter H.Petersen v.Emmerleff,Matr. Jürgen Hendricks v.Föhr,Matrose Rolof Cornelis v.Föhr,Matrose Frerck Adriansen v.Föhr,Matrose Adrian Frercks v.Föhr,Matrose Rolof Rolofs v.Föhr,Matrose+ Dirck Rolofs v.Föhr,Schiffsjunge+	ebenda,undat. 1766 Rückkehr:13.8. 1766 Ertrag:1 Wal= 12 Quardel. Tran
De Jonge Maria Besatzung:33 Robbenfänger Johann Danker	Engelbrecht(Carsten+)Jürgens von Röm,Steuermann	ebenda,undat. 1766 Rückkehr:13.8. 1766 Ertrag:400 Robben=19 Qu.Tran
De Jgfr.Anna Elisabeth Besatzung:42 Wal-u.Robbenfänger Christoph Hasselmann	Peter Petersen v.Föhr,Steuermann+ Cornelis Jacobsen v.Föhr,Specksch+ Arian Dircksen v.Föhr,Matrose+·	ebenda,undat. 1766 Rückkehr:10.8. 1766 Ertrag:1 Caselot (Pottwal)20 Qu. u.30 Qu.Robben-Tran
De Mercurius Besatzung:42 Walfänger Jan Fockes Lolling	Peter Andresen v.Föhr,Koch+ Jürgen Christiansen v.Föhr,Schiem.+ Simon Cornelis v.Amrum,Harpunier	ebenda,undat. 1766 Rückkehr:17.8. 1766 ohne Ertrag
De Twe Gesüster Besatzung:45 Walfänger Tipke Tönnies	Paul Jenssen v.Föhr,Steuermann+ Jan Hendricks v.Föhr,Harpunier+ Cornelis Frederiks v.Föhr,Schiem.+ Rolof Jansen v.Föhr,Matrose+ Rolof Jansen v.Föhr,Matrose Johann Rolofs v.Föhr,Matrose Simon Jurians v.Föhr,Matrose Rickmer Eschels v.Föhr,Matrose	ebenda,undat. 1766 Rückkehr:8.9. 1766 ohne Ertrag

Schiff/Kommandeur	Name/Herkunft/Rang der Seeleute	Daten/Quelle Fangergebnis
De Jgfr.Anna Margaretha Besatzung:43 Walfänger Hidde Esders	Hans Cornelis v.Sylt,Harpunier Andreas Petersen v.Sylt,Matrose Peter Hansen v.Sylt,Matrose Peter Thiessen v.Sylt,Matrose	ebenda,undat. 1766 Rückkehr:13.8. 1766 Ertrag:1 Wal= 56 1/2 Qu.Tran
De Patriot Besatzung:41 Walfänger Severin Andresen	Rasmus Andresen v.Husum,Matrose	ebenda,3.2.1766 Rückk.11.8.1766 Ertr.:35 1/2 Qu. Wal-o.Robbentran
De Witte Peerd Besatzung:45 Walfänger Lütge Lütges	Willem Volkers v.Föhr,Harpunier Peter Carstens v.Dagebüll,Matrose Nicolaus Jansen v.Dagebüll,Matrose Johann Kalbach v.Sylt,Matrose Volkert Willms v.Föhr,Matrose	ebenda,4.3.1766 Rückk.18.8.1766 ohne Ertrag
De Hoopende Visser Besatzung:45 Walfänger Gerrit Janssen	Peter Cornelis v.Föhr,Speckschn.	ebenda,undat. 1766 Rückk.:13.8.1766 Ertrag:1 Wal= 14 Quard.Tran
De Jonge Visser Besatzung:46 Walfänger Witge Jelles	Jurian Ockes v.Föhr,Speckschneider Dirck Jansen v.Föhr,Speckschneid. Willem Willms v.Föhr,Harpunier Cornelis Jansen v.Sylt,Matrose+ Ocke Willms v.Föhr,Kochsmaat Boy Ockes v.Föhr,Schiffsjunge	ebenda;undat. 1766 Rückkehr:18.8. 1766 Ertrag:1 1/2 Wale=60 1/2 Qu. Tran
De Jungfrau Maria Besatzung:45 Walfänger Heere Lütjes	Jürgen Henricks v.Föhr,Speckschn. Peter Peters v.Föhr,Harpunier Hinrich Peters v.Föhr,Harpunier Willem Jansen v.Föhr,Harpunier Lorenz Clasen v.Sylt,Matrose Peter Cornelis v.Föhr,Matrose Johann Johannes v.Föhr,Matrose	ebenda,undat. 1766 Rückkehr:18.8. 1766 Ertrag:1 Wal= 51 Quard.Tran
De Jgfr.Margaretha und Maria Besatzung:42 Walfänger Wiebe Wessels	Friedrich Clasen Klein v.Föhr,Sp. Lorenz Jurians v.Föhr,Speckschn. Riewert Riewerts v.Föhr,Harpunier Johan Clasen v.Föhr,Harpunier Jurian Boysen v.Föhr,Harpunier Peter Boysen v.Föhr,Matrose Jurian Frercks v.Föhr,Matrose	ebenda,undat. 1766 Rückkehr:18.8. 1766 Ertrag:1 1/3 Wale=29 1/2 Qu. Tran

	1767	Daten/Quelle
Schiff/Kommandeur	Name/Herkunft/Rang der Seeleute	Fangergebnis

De Maria Susanna
Besatzung:43
Wal-u.Robbenfänger
Michel Hansen von
Röm
	Peter Peters v.Röm,Steuermann
	Joh.Christians.Schmidt v.Röm,Zimm.
	Jasper Hansen v.Röm,Koch
	Christian Andresen v.Ballum(Röm+),
	                  Speckschneider
	Peter Michels v.Röm,Speckschneider
	Lorenz Carstens v.Röm,Matrose
	Hans Andresen v.Röm,Matrose
	Peter Michels v.Röm,Matrose
	Jens Petersen v.Ballum,Matrose+
	Siebrand Jansen v.Röm,Kochsmaat+
	Michel Cornelissen v.Röm,Schiffsj.
		StAHam,Archiv
		d.Wasserschouts,
		I.A.1.b.
		16.2.1767
		Rückkehr:2.7.
		       1767
		Ertrag:4600
		Robben=232 1/2
		Quard.Tran

De Mercurius
Besatzung:40
Wal-u.Robbenfänger
Peter Michel Jas-
pers von Röm
	Peter Jürgensen v.Röm,Steuermann
	Albert Jansen v.Röm,Bootsmann
	Lorenz Andresen v.Röm,Koch
	Jürgen Boysen v.Amrum,Speckschneid.
	Hans Christian Jaspers v.Röm,Harp.
	Michel Jürgens v.Röm,Harpunier
	Peter Egidus v.Röm,Schiffsjunge
		ebenda,16.2.
		       1767
		Rückkehr:3.7.
		       1767
		Ertrag:3500
		Robben=175 Qu.
		Tran

De Johannes
Besatzung:37
Robbenfänger
Michel Michels von
Röm
	Johann Lamberts v.Röm,Steuermann
	Lambert Jürgens v.Röm,Zimmermann
	Siebrand Hansen v.Röm,Bootsmann
	Peter Jaspers v.Röm,Koch
	Peter Andresen v.Röm,Matrose
	Carsten Peters v.Röm,Matrose
	Cornelis Hansen v.Röm,Matrose
	Friedrich Jochims v.Ballum,Kochsm.
	Michel Peters v.Röm,Schiffsjunge
		ebenda,16.2.
		       1767
		Rückkehr:18.6.
		       1767
		Ertrag:1200
		Robben=56 Qu.
		Tran

De Hamburger Börse
Besatzung:32
Wal-u.Robbenfänger
Cornelis Jaspers
von Röm
	Jasper Michels v.Röm,Steuermann
	Hans Hansen v.Röm,Bootsmann
	Johann Willms v.Röm,Koch
	Cornelis Dircks.Decker v.Sylt,Speck.
	Matthias Jaspers v.Röm,Matrose
	Jürgen Jansen v.Röm,Matrose
	Dirck Cornelis Decker v.Sylt,Matr.
	Martin Bartelsen v.Brede,Matrose
	Matthias Jansen v.Röm,Schiffsjunge
		ebenda,17.2.
		       1767
		Rückkehr:21.7.
		       1767
		Ertrag:450 Rob-
		ben=24 Qu.Tran

De Jonge Margaretha
Besatzung:24
Wal-u.Robbenfänger
Peter Zwen von
Röm
	Michel Cornelis v.Röm,Steuermann
	Cord Siebrandsen v.Röm,Zimmermann
	Hinrich Cornelsen v.Röm,Bootsmann
	Rasmus Jansen v.Röm,Koch
	Peter Moritzen v.Röm,Harpunier+
	Cornelis Andresen v.Röm,Harpunier
	Cornelis Jürgensen v.Röm,Matrose
	Siebrandt Cordsen v.Röm,Matrose
	Hans Jansen v.Röm,Schiffsjunge
		ebenda,23.2.
		       1767
		Rückkehr:16.7.
		       1767
		Ertrag:1000
		Robben=52 1/2
		Quard.Tran

De Frau Hanna
Besatzung:38
Robbenfänger
Peter Jansen von
Röm
	Michel Balzer Groot v.Röm,Steuerm.
	Michel Peters v.Röm,Zimmermann
	Peter Jansen v.Röm,Bootsmann
	Michel Bartelsen v.Röm,Matrose
	Cordt Petersen v.Röm,Matrose
	Claus Michels v.Röm,Matrose
	Cornelis Jansen Bleeg v.Röm,Schiff.
		ebenda,16.2.
		       1767
		Rückkehr:28.6.
		       1767
		Ertrag:4500
		Robben=239 Qu.
		Tran

Schiff/Kommandeur	Name/Herkunft/Rang der Seeleute	Daten/Quelle Fangergebnis
De Sara Cäcilia Besatzung:39 Robbenfänger Hans Petersen von Röm	Jasper Jansen v.Röm,Steuermann Cornelis Corneliss.Leest v.Röm,BM Peter Corneliss.Leest v.Röm,Koch Peter Jaspers v.Röm,Matrose Zwen Tönnies v.Röm,Matrose Peter Adam v.Röm,Matrose Peter Carstens v.Röm,Matrose Peter Cornelis v.Röm,Matrose Peter Thomsen v.Röm,Matrose Lorenz Hansen v.Röm,Schiffsjunge	ebenda,16.2. 1767 Rückkehr:2.7. 1767 Ertrag:4000 Robben=195 Qu. Tran
De Frau Agatha Besatzung:38 Wal-u.Robbenfänger Peter Michels von Röm	Rasmus Lassen v.Röm,Steuermann Johann Hansen v.Röm,Zimmermann Jost Matthiessen v.Röm,Bootsmann Carsten Jaspers v.Röm,Koch Hans Jaspers v.Röm,Harpunier Jasper Gerrits v.Röm,Matrose+ Hans Hansen v.Röm,Matrose Johann Jost v.Röm,Matrose Andreas Peters Witt v.Röm,Schiffsj.	ebenda,16.2. 1767 Rückkehr:27.6. 1767 Ertrag:4700 Robben=229 1/2 Quard.Tran
De Fief Gebröder Besatzung:38 Wal-u.Robbenfänger Peter Tönnies von Röm	Matthias Jessen v.Röm,Steuermann Peter Clasen v.Röm,Zimmermann Hans Cornelsen v.Röm,Koch Jurian Hendricks v.Föhr,Speckschn.+ Jasper Carstens v.Röm,Matrose Jürgen Tönnes v.Röm,Matrose Hans Michel Clasen v.Röm,Matrose Peter Jansen v.Röm,Schiffsjunge	ebenda,16.2. 1767 Rückkehr:28.6. 1767 Ertrag:4500 Robben=239 Qu. Tran
De Anna Besatzung:34 Robbenfänger Thomas Zwen von Röm	Jürgen Cornelis v.Röm,Steuermann Peter Petersen v.Röm,Zimmermann Peter Michel Tagholm v.Röm,Bootsm. Peter Michelsen Holm v.Röm,Koch Carsten Petersen v.Röm,Matrose Zwen Andresen v.Röm,Matrose Peter Jansen v.Röm,Matrose Thomas Petersen v.Röm,Matrose Hans Carstens v.Röm,Kochsmaat Jens Hansen v.Röm,Schiffsjunge	ebenda,16.2. 1767 Rückkehr:4.7. 1767 Ertrag:2250 Robben=150 Qu. Tran
De Jonge Peter Besatzung:36 Robbenfänger Engelbrecht Car- stens von Röm	Moritz Michels von Röm,Steuermann Hans Erck Andresen v.Röm,Zimmermann Peter Hansen Falck v.Röm,Bootsmann Peter Hansen v.Röm,Matrose Jens Hansen v.Röm,Matrose Siebrandt Hansen v.Röm,Kochsmaat Gottfried Moritz v.Röm,Schiffsjunge	ebenda,16.2. 1767 Rückkehr:4.7. 1767 Ertrag:2600 Robben=103 Qu. Tran
De Zwaan Besatzung:34 Wal-u.Robbenfänger Matthias Zwen von Röm	Hans Carl v.Röm,Steuermann Cornelis Carstens v.Röm,Koch Carsten Jaspers v.Röm,Harpunier Hans Cornelis v.Röm,Harpunier Max Tost v.Ballum,Matrose Peter Hansen v.Röm,Matrose Andreas Larsen v.Röm,Matrose Hans Knudsen v.Brede,Matrose Michel Witt v.Röm,Matrose Peter Cornelis v.Röm,Kochsmaat Peter Holm v.Röm,Schiffsjunge+	ebenda,16.2. 1767 Rückkehr:3.7. 1767 Ertrag:2650 Robben=151 Qu. Tran

Schiff/Kommandeur	Name/Herkunft/Rang der Seeleute	Daten/Quelle Fangergebnis
De Bloyende Hoop Besatzung:41 Robbenfänger Jürgen Zwen von Röm	Jürgen Jürgensen v.Röm,Steuermann Broer Siebrandsen v.Röm,Matrose Sören Matzen v.Röm,Matrose Jens Matzen v.Röm,Matrose Hans Cornelissen v.Sylt,Matrose Dirck Meinerts Hahn v.Sylt,Matrose Michel Steffens v.Sylt,Matrose Hans Franck v.Röm,Matrose Peter Tönnessen v.Röm,Matrose Niels Petersen v.Röm,Matrose Albert Dircksen Hahn v.Sylt,Matr. Jürgen Jürgensen von Sylt,Matrose Andreas Carsten Witt v.Röm,Schjge.	ebenda,16.2, 1767 Rückkehr:18.7. 1767 Ertrag:2400 Robben=123 1/2 Quard.Tran
De Hoffnung und Geduld Besatzung:36 Robbenfänger Peter Andresen von Röm	Peter Michels v.Röm,Steuermann Nicolaus Petersen v.Röm,Koch Johannes Hinrichs v.Röm,Matrose Johannes Hansen v.Röm,Matrose Tönnies Dircksen v.Röm,Matrose Christian Juriansen v.Röm,Matrose Jürgen Bartelsen v.Brede,Matrose Jasper Petersen v.Röm,Kochsmaat Hinrich Johannes v.Röm,Schiffsjge.	ebenda,16.2. 1767 Rückkehr:24.5. 1767 Ertrag:3600 Robben=220 1/2 Quard.Tran
De Martin Besatzung:34 Robbenfänger Hans Michel Jas- pers v.Röm	Carsten Jürgens v.Röm,Steuermann Jürgen Andresen v.Röm,Zimmermann Carsten Jürgens Holm v.Röm,Bootsm. Michel Carstens v.Röm,Koch Peter Petersen v.Röm,Matrose Clas Hansen v.Tondern,Matrose Michel Carstens v.Röm,Matrose Hans Cornelis v.Röm,Matrose Iwe Hansen v.Röm,Matrose Lorenz Hansen v.Röm,Matrose Jürgen Michelsen v.Röm,Matrose Christian Paulsen v.Röm,Matrose Clement Carstens v.Röm,Kochsmaat Jürgen Carstens v.Röm,Schiffsjunge	ebenda,16.2. 1767 Rückkehr:19.7. 1767 Ertrag:1600 Robben=89 1/2 Quard.Tran
De Jgfr.Anna Maria Besatzung:39 Wal-u.Robbenfänger Hans Hansen Tön- nies jr.von Röm	Cornelis Hansen Falck v.Röm,St.M Lorenz Lorenzen v.Röm,Bootsmann Peter Lorenz Witt v.Röm,Koch Peter Lorenz v.Röm,Speckschneider Johannes Lorenz v.Röm,Matrose Johannes Rasmus Prest v.Röm,Matr. Jürgen Lorenz v.Röm,Matrose Peter Petersen Witt v.Röm,Kochsm. Cornelis Hansen Tönnies v.Röm, Schiffsjunge	ebenda,16.2. 1767 Rückkehr:30.6. 1767 Ertrag:3348 Robben=171 Qu. Tran
De Twe Jonge Her- mans Besatzung:37 Wal-u.Robbenfänger Peter Andresen Leest von Röm	Johann Andresen Leest v.Röm,St.M. Cornelis Carstens v.Röm,Zimmermann Erich Hansen v.Röm,Harpunier Peter Andresen v.Bröns,Matrose Cornelis Peters v.Röm,Schiffsjunge	ebenda,10.2. 1767 Rückkehr:28.6. 1767 Ertrag:4700 Robben=229 1/2 Quard.Tran

Schiff/Kommandeur	Name/Herkunft/Rang der Seeleute	Daten/Quelle Fangergebnis
De Jungfrau Clara Besatzung:37 Robbenfänger Cornelis Thomsen von Röm	Lorenz Cornelissen v.Röm,Steuerm. Lorenz Cornelis v.Röm,Zimmermann Tönnes Willms v.Röm,Bootsmann Peter Thomsen v.Bröns,Koch Jens Nielsen v.Bröns,Matrose Thomas Peters v.Bröns,Kochsmaat Michel Cornelis von Röm,Schiffsj.	ebenda,16.2. 1767 Rückkehr:4.6. 1767 Ertrag:2100 Robben=115 Qu. Tran
De Sara Galley Besatzung:25 Robbenfänger Cornelius Carstens von Röm	Cornelis Petersen v.Röm,Steuermann Jacob Lorenzen v.Röm,Zimmermann Carsten Carstens v.Röm,Bootsmann Cornelius Peters v.Bröns,Koch Michel Lorenzen v.Röm,Speckschn. Jürgen Jansen v.Röm,Matrose Hans Michels v.Röm,Kochsmaat Jürgen Cornelis v.Röm,Schiffsjunge	ebenda,23.2. 1767 Rückkehr:19.7. 1767 Ertrag:1338 Robben=69 Qu. Tran
De Jungfrau Maria Besatzung:37 Wal-u.Robbenfänger Zwen Carstens Möller von Röm.Er war 1766 Steuermann auf dem Robbenfänger "De Frau Agatha".	Christian Lambertsen v.Röm,Steuerm Jens Hansen v.Röm,Zimmermann Peter Hansen v.Röm,Koch Cornelis Hansen v.Röm,Harpunier Christian Jürgens v.Röm,Harpunier Hans Petersen v.Röm,Speckschneid. Cornelis Cornelsen v.Bröns,Matrose Thomas Matzen v.Mögeltondern,KM Hans Petersen v.Röm,Schiffsjunge	ebenda,16.2. 1767 Rückkehr:2.7. 1767 Ertrag:3600 Robben=207 Qu. Tran
De Frau Elisabeth Besatzung:35 Robbenfänger Andreas Zwen von Röm	Carsten Cornelis Holm v.Röm,StM Jasper Carstens v.Röm,Zimmermann Hans Jansen v.Röm,Bootsmann Jürgen Bundes v.Röm,Koch Nanning Lorenz v.Amrum,Speckschn. Sören Jürgensen v.Röm,Matrose Andreas Bundes v.Röm,Matrose Christian Jürgensen v.Röm,Matrose Cornelis Jansen v.Röm,Kochsmaat Hans Christian Holm v.Röm,Schjge.	ebenda,16.2. 1767 Rückkehr:4.7. 1767 Ertrag:2200 Robben=122 1/2 Quard.Tran
De St.Peter Besatzung:47 Walfänger Rickmer Boysen von Föhr	Michel Volkers v.Föhr,Steuermann Boy Rolofs v.Föhr,Speckschneider Volkert Boysen v.Föhr,Speckschn. Ocke Frercks v.Föhr,Harpunier Lorenz Hinderiks v.Föhr,Harpunier Andreas Volkers v.Föhr,Harpunier Rolof Boysen v.Föhr,Bootsmann Riewert Hendriks v.Föhr,Schiemann Nanning Cornelis v.Amrum,Koch Andreas Cornelis v.Sylt,Matrose Andreas Cornelissen v.Sylt,Matrose Jacob Hinrichs v.Sylt,Matrose Willm Cornelis v.Amrum,Matrose Thomas Cornelis v.Sylt,Matrose Hendrik Volkers v.Föhr,Matrose Riewert Simons v.Föhr,Kochsmaat Peter Teunis von Föhr,Schiffsjge.	ebenda,undat. 1767 Rückkehr:26.8. 1767 ohne Ertrag

Schiff/Kommandeur	Name/Herkunft/Rang der Seeleute	Daten/Quelle Fangergebnis
De Jacobus Besatzung:36 Walfänger Johann Jürgen Knüttel von Föhr	Daniel Richard Knüttel v.Föhr,StM Rolof Jurians v.Föhr,Speckschn. Johannes Christiansen v.Föhr,Speck. Boy Arians v.Föhr,Harpunier Osewald Conrads v.Föhr,Harpunier Riewert Frercks v.Föhr,Harpunier Jacob Eschels v.Föhr,Bootsmann Hinrich Nannings v.Föhr,Schiemann Johannes Leenderts v.Amrum,Matrose Hinrich Arians v.Föhr,Matrose Johann Jansen v.Amrum,Kochsmaat Hanning Hendricks von Föhr,Schiffs- junge	ebenda,undat. 1767 Rückkehr:15.8. 1767 ohne Ertrag
De Frau Margaretha Besatzung:45 Walfänger Jurian Riecks von Föhr.	Rieck Jurians v.Föhr,Steuermann Rolof Lorenzen v.Föhr,Speckschneid. Boy Jurians v.Föhr,Speckschneid. Jacob Jacobs v.Föhr,Harpunier Boy Jurians v.Föhr,Harpunier Rolof Jansen v.Föhr,Schiemann Clas Frercks v.Föhr,Matrose Jürgen Hinrichs v.Föhr,Matrose Andreas Cornelis v.Föhr,Matrose Peter Alberts v.Sylt,Matrose Rolof Dircks v.Föhr,Matrose Johann Hinrichs v.Föhr,Kochsmaat Hendrik Ocke Flohr v.Föhr,Schjge.	ebenda,13.3. 1767 Rückkehr:24.8. 1767 Ertrag:1 Wal= 23 1/2 Quard. Tran
De Jonge Geertruy Besatzung:43 Walfänger Boy Rickmers de Jonge von Föhr	Cornelis Rickmers v.Föhr,Steuerm. Jan Jacobs v.Föhr,Speckschneider Nanning Rolofs v.Föhr,Speckschn. Arian Jurians v.Föhr,Harpunier Peter Hinricks v.Föhr,Harpunier Hinrich Nannings v.Föhr,Bootsm.u. Harpunier Cornelis Cornelissen v.Föhr,Schie. Riewert Cornelissen v.Föhr,Koch Frerck Ariansen v.Föhr,Matrose Rolof Willms v.Föhr,Matrose Rolof Dircks v.Föhr,Matrose Peter Hansen v.Röm,Matrose Cornelis Boysen v.Sylt,Matrose Cornelis Janssen v.Föhr,Kochsmaat Rolof Boysen v.Föhr,Schiffsjunge	ebenda,16.3. 1767 Rückkehr:25.8. 1767 Ertrag:1 Wal= 49 Quard.Tran
De Jgfr.Anna Mar- garetha Besatzung:43 Walfänger Lorenz Riecks von Föhr.Er war 1765 Steuermann des Walfängers "De Jon- ge Johann".	Riewert Boysen v.Föhr,Steuermann Cornelis Cornelissen v.Föhr,Speck. Willm Cornelissen v.Föhr,Specksch. Rickmer Riewerts v.Föhr,Harpunier Rieck Volkerts v.Föhr,Harpunier Broer Nannings v.Föhr,Harpunier Jan Simons v.Föhr,Bootsmann Hendrick Jansen v.Föhr,Schiemann Jan Janssen v.Sylt,Matrose Heycke Boysen v.Sylt,Matrose Jacob Marcksen v.Föhr,Kochsmaat Rolof Lorenz v.Föhr,Schiffsjunge	ebenda,9.3. 1767 Rückkehr: 29.8.1767 Ertrag:2 Wale= 102 1/2 Quard. Tran

Schiff/Kommandeur	Name/Herkunft/Rang der Seeleute	Daten/Quelle Fangergebnis
De Jonge Johann Besatzung:46 Walfänger Broer Broerssen;er stammt sicherlich von Föhr.Dafür spricht die nebenstehende Mannschaftsliste.	Willm Arians v.Föhr,Steuermann Peter Clasen v.Föhr,Speckschneider Nanning Jansen v.Föhr,Speckschneid. Volkert Broersen v.Föhr,Harpunier Jurian Hendricks v.Föhr,Harpunier Jurian Cornelissen v.Föhr,Harpunier Dirck Boysen v.Föhr,Bootsmann Boy Frercks v.Föhr,Schiemann Johann Johannes v.Föhr,Koch Valentin Boysen v.Föhr,Matrose Frerck Simons v.Föhr,Matrose Jurian Frercks v.Föhr,Matrose Hinrich Peters v.Föhr,Matrose Rieck Willms v.Föhr,Matrose Paul Berens v.Sylt,Matrose+ Bleick Jensen v.Sylt,Matrose Johann Peter Hansen v.Sylt,Matrose Boy Cornelissen v.Sylt,Matrose Peter Peters Christians v.Sylt,Mat. Johannes Hansen v.Sylt,Matrose Peter Boysen von Sylt,Matrose Onne Peter Hansen v.Sylt,Matrose Bleick Ochsen v.Sylt,Matrose Hans Carstens v.Röm,Matrose Rieck Jürgens v.Föhr,Kochsmaat Broer Broersen v.Föhr,Schiffsjunge	ebenda,undat. 1767 Rückkehr:8.8. 1767 ohne Ertrag
De Frau Agneta Besatzung:42 Walfänger Cornelis Riewerts von Amrum.Er war vorher Kommandeur des Walfängers "De Verguldete Löwe".	Berend Jansen v.Amrum,Steuermann Simon Frercks v.Amrum,Speckschneid. Boy Boysen v.Amrum,Speckschneider Andreas Jansen v.Amrum,Harpunier Jürgen Boysen v.Amrum,Harpunier Rolof Simons v.Amrum,Bootsm.u.Harp. Adrian Boysen v.Amrum,Koch Johann Jacobsen v.Sylt,Schiemann Boy Urbans v.Amrum,Matrose Johannes Hansen v.Sylt,Matrose Johannes Jansen v.Sylt,Matrose Boy Boysen Hahn v.Sylt,Matrose Boy Andresen v.Sylt,Matrose Jan Michelsen v.Sylt,Matrose Matthias Matthiessen v.Amr.,Kochsm. Riewert Cornelissen v.Amr.Schiffsj.	ebenda,undat. 1767 Rückkehr:12.9. 1767 ohne Ertrag
De Waakende Kraan Besatzung:42 Walfänger Gerrit Geels	Nanning Broersen v.Föhr,Speckschn. Riewert Rolofs v.Föhr,Speckschn. Jacob Broersen v.Föhr,Matrose Die Herkunftsnachweise konnten mit Hilfe der Liste v.1768 erschlossen werden.In der Skibsliste,RAK,haben sie sich nicht registrieren lassen.	ebenda,undat. 1767 Rückkehr:13.8. 1767 Ertrag:1 Wal= 41 Quard.Tran
De Vogel Phönix Besatzung:45 Walfänger Davisstraße Jan Tromp	Johannes Jantzen v.Hoyer,Matrose	ebenda,undat. 1767 Rückkehr:24.8. 1767 Ertrag:2 Wale= 129 Quard.Tran

Schiff/Kommandeur	Name/Herkunft/Rang der Seeleute	Daten/Quelle Fangergebnis
De Witte Falck Besatzung:42 Walfänger Peter D.Ehlers	Peter Knüttel v.Föhr,Steuermann Rolof Peters v.Föhr,Harpunier Boy Volkerts v.Föhr,Harpunier Johannes Peters v.Föhr,Matrose Johannes Siebrandtsen v.Röm,Matrose Thomas Jacobsen v.Röm,Matrose Asmus Petersen v.Husum,Matrose	ebenda,4.3.1767 Rückkehr:24.8. 1767 Ertrag:1 Wal= 52 Quard.Tran
De Hoopende Visser Besatzung:45 Walfänger Gerrit Jansen	Peter Cornelis v.Föhr,Speckschneid.	ebenda,undat. 1767 Rückkehr:24.8. 1767 Ertrag:1/2 Wal= 40 Quard.Tran
De Jungfrau Maria Besatzung:45 Walfänger Heere Lütjes	Jürgen Henricks v.Föhr,Speckschn. Riewert Peters v.Föhr,Harpunier Hinrich Peters v.Föhr,Harpunier Boy Peters v.Sylt,Matrose Thomas Jansen v.Sylt,Matrose	ebenda,undat. 1767 Rückkehr:24.8. 1767 Ertrag:1/2 Wal= 40 Quard.Tran
De Frau Elisabeth Besatzung:42 Wal-u.Robbenfänger Hinrich Meyer	Riewert Jansen v.Föhr,Steuermann Martin Nickelsen v.Föhr,Speckschn. Hans Johannes v.Föhr,Harpunier	ebenda,16.2. 1767 Rückkehr:15.8. 1767 Ertrag:1 Wal u. 3750 Robben= 247 Quard.Tran
De Hoopende Land- mann Besatzung:46 Walfänger Gald Dooden Visser	Boy Peters v.Föhr,Speckschneider Boy Jürgens v.Föhr,Speckschneider Hans Jürgens v.Föhr,Harpunier Volkert Boysen v.Föhr,Matrose	ebenda,19.2. 1767 Rückkehr:26.8. 1767 ohne Ertrag
De Jungfrau Anna Elisabeth Besatzung:42 Christopher Hassel- mann	Peter Petersen v.Föhr,Steuermann Jacob Boysen v.Föhr,Speckschneid. Arian Dircks v.Föhr,Speckschneid. Simon Hansen v.Föhr,Harpunier	ebenda,14.2. 1767 Rückkehr:12.8. 1767 Ertrag:2500 Rob- ben=157 Qu.Tran
De Witte Peerd Besatzung:45 Walfänger Lütje Lütjes	Elmar Cohlsen v.Föhr,Speckschneid. Riewert Hinrichs v.Föhr,Harpunier Rolof Dircks v.Föhr,Harpunier Johann Calberg v.Sylt,Bootsmann Clas Jacobs v.Sylt,Matrose Peter Geicken v.Sylt,Matrose Tönnies Gotthardt v.Sylt,Matrose	ebenda,16.3. 1767 Rückkehr:15.8. 1767 Ertrag:1 Wal 1 (Boutskop)=7 Quard.Tran
De Niuwe Witte Voss Besatzung:44 Walfänger Steffen Jansen	Arian Cornelis v.Föhr,Speckschneid. Hans Cornelis Löwe(Leuw)v.Sylt, Harpunier Die Liste ist sehr unvollständig. Durch Vergleich mit den Listen 1762,1768 u.1769 konnten die Her- kunftsangaben erschlossen werden. In der Skibsliste,RAK,sind sie nicht registriert.	ebenda,undat. 1767 Rückkehr:26.8. 1767 ohne Ertrag

1) Auch "Butzkopf" genannt;eine ausführliche Beschreibung dieses
   zur Familie der Wale zählenden Tieres gibt Fridrich Martens,
   Spitzbergische oder Groenländische Reisebeschreibung gethan im
   Jahre 1671,Hamburg 1675,S.93f.

Schiff/Kommandeur	Name/Herkunft/Rang der Seeleute	Daten/Quelle Fangergebnis
De Jgfr.Margaretha und Maria Besatzung:42 Walfänger Wiebe Wessels	Lorenz Jürgens v.Föhr,Speckschn. Riewert Riewerts v.Föhr,Harpunier Johann Clasen v.Föhr,Harpunier Jürgen Boysen v.Föhr,Bootsm.u.Harp. Matthias Siewertsen v.Tondern,Mat.	ebenda,undat. 1767 Rückkehr:24.8. 1767 ohne Ertrag
De Jonge Visser Besatzung:46 Walfänger Witge Jelles	Jurian Ockes v.Föhr,Speckschneid. Dirck Jansen v.Föhr,Speckschneider Willm Willms v.Föhr,Harpunier Ocke Willms v.Föhr,Matrose Willm Willms v.Föhr,Kochsmaat Boy Ockes v.Föhr,Schiffsjunge	ebenda,5.3.1767 Rückkehr:24.8. 1767 ohne Ertrag
De Twe Gesüster Besatzung:45 Walfänger Tipke Tönnies	Paulus Jansen v.Föhr,Steuermann Jan Hinrichs v.Föhr,Harpunier Cornelis Friedrichs v.Föhr,Schiem. Rickmer Eschels v.Föhr,Matrose Jürg.Christ.Wickgreve v.Föhr,Matr. Rolof Jansen v.Föhr,Koch Jan Rolofs v.Föhr,Matrose Cornelis Clasen v.Föhr,Matrose Johann Leister v.Sylt,Matrose	ebenda,13.3. 1767 Rückkehr:13.8. 1767 ohne Ertrag
De Hoop op den Walvis Besatzung:44 Walfänger Gerd Eyssen	Frerck Rolofs v.Föhr,Speckschneid. Rickmer Nannings v.Föhr,Harpunier Broer Rolofs v.Föhr,Harpunier Die Liste ist sehr unvollständig. Durch Vergleich mit der Liste von 1768 konnten die Herkunftsangaben erschlossen werden.In der Skibs- liste,RAK,sind sie nicht registr.	ebenda,undat. 1767 Rückkehr:13.8. 1767 Ertrag:1 Wal= 80 Qu.Tran
De Fortuna Besatzung:42 Walfänger Jan Fockes Lolling	Dirck Jürgens Groot v.Amrum,Speck- schneider	ebenda,13.3.1767 Rückkehr:26.8. 1767 Ertrag:1 Wal= 95 Quard.Tran

Schiff/Kommandeur	Name/Herkunft/Rang der Seeleute	Daten/Quelle Fangergebnis
De Jungfrau Clara Besatzung:37 Wal-u.Robbenfänger Cornelis Thomsen von Röm	Lorenz Cornelis v.Röm,Steuermann Tönnes Willms v.Röm,Bootsmann Wilhelm Cornelis v.Röm,Koch Hans Peters v.Röm,Harpunier Johann Carstens v.Röm,Speckschneid. Andreas Möller v.Röm,Matrose Peter Petersen v.Röm,Kochsmaat Michel Cornelis v.Röm,Schiffsjunge	StAHam,Archiv des Wasser-schouts,I.A.1. c. 16.2.1768 Rückkehr:17.7. 1768 Ertrag:2500 Robben=118 1/2 Quard.Tran
De Zwaan Besatzung:34 Robbenfänger Matthias Zwen von Röm	Hans Carl v.Röm,Steuermann Hinrich Ewers(Jansen+)v.Hoyer,ZM Peter Jessen v.Röm,Bootsmann Michel Carstens v.Röm,Koch Michel Jürgens v.Röm,Matrose Jasper Michels v.Röm,Matrose Peter Hansen Tag v.Röm,Matrose Peter Nielsen v.Röm,Matrose Michel Lorenzen v.Röm,Matrose Marcus Toft v.Ballum,Matrose+ Matthias Jansen v.Ballum,Matrose Jens Michelsen v.Röm,Kochsmaat Peter Petersen Holm v.Röm,Schjge.	ebenda,18.2. 1768 Rückkehr:4.7. 1768 Ertrag:2700 Robben=136 1/2 Quard.Tran
De Sara Galley Besatzung:25 Wal-u.Robbenfänger Cornelius Carstens von Röm	Peter Jürgens v.Röm,Steuermann Jacob Lorenzen v.Röm,Zimmermann Carsten Carstensen v.Röm,Bootsmann Cornelis Peters v.Bröns,Koch Frerck Rolofs v.Föhr,Speckschneid. Matthias Jürgens v.Röm,Matrose Jürgen Cornelis v.Röm,Matrose Jürgen Jansen v.Röm,Matrose Jürgen Carstens v.Röm,Schiffsjunge	ebenda,22.2. 1768 Rückkehr:16.7. 1768 Ertrag:1990 Robben=100 1/2 Quard.Tran
De Fief Gebröder Besatzung:38 Wal-u.Robbenfänger Peter Tönnies von Röm	Matthias Jessen v.Röm,Steuermann Hans Cornelsen v.Röm,Koch Jürgen Hinrichs v.Föhr,Speckschn. Peter Andresen v.Röm,Speckschneid. Jasper Carstens v.Röm,Matrose Peter Jansen Leest v.Röm,Matrose Lorenz Michels v.Röm,Matrose	ebenda,17.2. 1768 Rückkehr:3.7. 1768 Ertrag:1 Wal u. 3050 Robben= 209 Quard.Tran u.1538 Pfd. Barten
De Frau Agatha Besatzung:38 Robbenfänger Peter Michels von Röm	Rasmus Lassen v.Röm,Steuermann Johann Hansen v.Röm,Zimmermann Jost Matthiessen v.Röm,Bootsmann Carsten Jaspers v.Röm,Koch Johann Jost v.Röm,Matrose Jasper Geertsen v.Röm,Matrose Jürgen Peters v.Röm,Matrose Truels Petersen v.Röm,Matrose Albert Jansen v.Röm,Matrose Hans Jürgens v.Röm,Kochsmaat Andreas Petersen Witt v.Röm,Schjge.	ebenda,17.2. 1768 Rückkehr:23.6. 1768 Ertrag:1800 Robben=270(?) Quard.Tran

Schiff/Kommandeur	Name/Herkunft/Rang der Seeleute	Daten/Quelle Fangergebnis
De Jgfr.Anna Maria Besatzung:39 Wal-u.Robbenfänger Hans Hansen Tönnies jr.v.Röm	Jan Lorenzen v.Röm,Steuermann Cornelis Lorenzen v.Röm,Zimmermann Johann Rasmussen v.Röm,Bootsmann Peter Lorenzen v.Röm,Koch Peter Lorenzen Prest v.Röm,Specksch. Lorenz Michelsen Holm v.Röm,Matrose Peter Hansen Tönnies v.Röm,Matrose Jürgen Michels v.Röm,Matrose Tönnies Dircksen v.Sylt,Matrose Andreas Michelsen v.Röm,Matrose Cornelis Hansen Tönnies v.Röm, Schiffsjunge	ebenda,12.2. 1768 Rückkehr:25.6. 1768 Ertrag:4700 Robben=199 Qu. Tran
De Sara Cäcilia Besatzung:39 Wal-u.Robbenfänger Hans Petersen von Röm	Jasper Jansen v.Röm,Steuermann Cornelis Cornelis.Leest v.Röm,BM Peter Cornelissen Leest v.Röm,Koch. Carsten Jansen v.Amrum,Harpunier Peter Carsten Leest v.Röm,Matrose Cornelis Petersen Leest v.Röm,Mat. Peter Adam v.Röm,Matrose Cornelis Siebrands v.Röm,Matrose Boy Andresen v.Sylt,Matrose Zwen Tönnies v.Röm,Matrose Peter Tönnies v.Röm,Matrose Lorenz Hansen v.Röm,Schiffsjunge	ebenda,12.2. 1768 Rückkehr:29.6. 1768 Ertrag:5200 Robben=240 1/2 Quard.Tran
De Hoffnung und Geduld Besatzung:36 Wal-u.Robbenfänger Peter Andresen von Röm	Peter Michels v.Röm,Steuermann Carsten Jürgens v.Röm,Koch Dirck Corn.Decker v.Sylt,Speckschn. Jürgen Bartels v.Brede,Matrose Martin Bartels v.Brede,Matrose Nicolaus Peters v.Röm,Matrose Johann Hinrichs v.Röm,Matrose Christian Hansen v.Röm,Matrose Cornelis Cornelissen v.Röm,Matrose Hans Cornelsen v.Röm,Matrose Jürgen Carstens v.Röm,Kochsmaat Jasper Peters v.Röm,Schiffsjunge	ebenda,16.2. 1768 Rückkehr:13.7. 1768 Ertrag:1 Case-lot(Pottwal)u. 1390 Robben= 119 Quard.Tran
De Martin Besatzung:34 Robbenfänger Hans Michel Jaspers von Röm	Carsten Jürgens v.Röm,Steuermann Jürgen Andresen v.Röm,Zimmermann Peter Hansen v.Röm,Bootsmann Peter Hansen v.Röm,Koch Jürgen Jansen v.Röm,Matrose Christen Christensen v.Röm,Matrose Michel Carstens v.Röm,Matrose Lorenz Hansen v.Röm,Matrose Siebrand Jansen v.Röm,Matrose Jewe Hansen v.Röm,Matrose Matthias Andersen v.Röm,Matrose Jürgen Carstens v.Röm,Matrose Michael Carstens v.Röm,Kochsmaat Jürgen Carstens v.Röm,Schiffsjunge	ebenda,undat. 1768 Rückkehr:15.7. 1768 Ertrag:2351 Robben=138 1/2 Quard.Tran

Schiff/Kommandeur	Name/Herkunft/Rang der Seeleute	Daten/Quelle Fangergebnis
De Frau Hanna Besatzung:38 Robbenfänger Peter Jansen von Röm	Michel Balzer Groot v.Röm,Steuerm. Michel Petersen v.Röm,Zimmermann Peter Jansen v.Röm,Bootsmann Clas Michels v.Röm,Matrose Cord Petersen v.Röm,Matrose Jürgen Lorenz v.Röm,Matrose Carsten Cornelissen v.Röm,Kochsmaat Cornelis Jansen Bleek v.Röm,Schjge.	ebenda,16.2. 1768 Rückkehr:3.7. 1768 Ertrag:2790 Robben=167 1/2 Quard.Tran
De Jungfrau Maria Besatzung:37 Wal-u.Robbenfänger Swen Carsten Möl- ler von Röm	Carsten Lamberts v.Röm,Steuermann Johann Hansen v.Röm,Zimmermann Carsten Jürgens v.Röm,Bootsmann Peter Hansen v.Röm,Koch Cornelis Peters v.Röm,Harpunier Peter Jaspers v.Röm,Harpunier Hans Peters v.Röm,Speckschneider Peter Jansen v.Röm,Speckschneider Matthias Andresen v.Bröns,Matrose Hans Peters v.Röm,Schiffsjunge	ebenda,17.2. 1768 Rückkehr:27.6. 1768 Ertrag:2284 Robben=162 1/2 Quard.Tran
De Frau Elisabeth Besatzung:35 Robbenfänger Andreas Zwen von Röm	Christian Jürgen Holm v.Röm,Steuer. Jásper Carstens v.Röm,Zimmermann Engelbrecht Jansen v.Röm,Bootsmann Jürgen Bundis v.Röm,Koch Lorenz Hinrichsen v.Föhr,Matrose Jürgen Cortsen v.Röm,Matrose Christian Jürgens v.Röm,Matrose Christian Andreas Bundes v.Röm,Mat. Siebrand Jürgensen Holm v.Röm,Matr. Jens Nissen v.Röm,Matrose Siebrand Cortsen v.Röm,Matrose Andreas Christiansen v.Röm,Schjge.	ebenda,16.2. 1768 Rückkehr:20.7. 1768 Ertrag:2400 Robben=137 Qu. Tran
De Jonge Marga- retha Besatzung:25 Robbenfänger Peter Zwen von Röm	Hans Cornelis v.Röm,Steuermann Cord Siebrandsen v.Röm,Zimmermann Hans Cornelissen v.Röm,Bootsmann Rasmus Jansen v.Röm,Koch Johann Jansen v.Röm,Matrose Cornelis Hansen v.Röm,Matrose Cornelis Jürgens v.Röm,Matrose Hans Hansen Falck v.Röm,Matrose Johann Siebrandsen v.Röm,Matrose Cornelis Jürgensen v.Röm,Schiffsj.	ebenda,16.2. 1768 Rückkehr:30.6. 1768 Ertrag:1900 Robben=108 Qu. Tran
De Maria Susanna Besatzung:43 Wal-u.Robbenfänger Michel Hansen von Röm	Peter Peters v.Röm,Steuermann Joh.Christiansen Schmidt v.Röm,ZM Cornelis Matthiessen v.Röm,Koch Jasper Hansen v.Röm,Harpunier' Hinrich Cornelissen v.Föhr,Speck. Peter Michels v.Röm,Matrose Thomas Jacobsen v.Röm,Matrose Peter Petersen v.Röm,Matrose Hans Andresen v.Röm,Matrose Jens Peters v.Röm,Matrose Siebrand Jansen v.Röm,Kochsmaat Peter Michels v.Röm,Schiffsjunge	ebenda,17.2. 1768 Rückkehr:12.7. 1768 Ertrag:5000 Robben=223 1/2 Quard.Tran

Schiff/Kommandeur	Name/Herkunft/Rang der Seeleute	Daten/Quelle Fangergebnis
De Mercurius Besatzung:40 Wal-u.Robbenfänger Peter Michel Jas- pers von Röm	Andreas Jürgensen v.Röm,Steuerm.+ Lorenz Lorenzen v.Röm,Bootsmann + Lorenz Andresen v.Röm,Koch Boy Peters v.Föhr,Speckschneider Hans Christian Jaspers v.Röm,Harp. Peter Jaspersen Kaper v.Röm,Harp. Jasper Cornelissen v.Röm,Matrose Clement Carstens v.Röm,Kochsmaat Peter Egidius v.Röm,Schiffsjunge	ebenda,16.2. 1768 Rückkehr:17.7. 1768 Ertrag:2678 Robben=148 Qu. Tran
De Bloyende Hoop Besatzung:41 Wal-u.Robbenfänger Jürgen Zwen von Röm	Jürgen Jürgensen v.Röm,Steuermann Sören Matzen v.Röm,Koch Peter Jürgens v.Sylt,Harpunier+ Hans Cornel.Schmidt v.Röm,Specksch. Dirck Meinerts Hahn v.Sylt,Specksch. Jürgen Jürgensen v.Sylt,Matrose+ Peter Hansen v.Röm,Matrose Jürgen Petersen v.Röm,Matrose Broer Siebrandtsen v.Röm,Matrose Jens Matzen v.Röm,Matrose Gerdt Jürgens v.Röm,Kochsmaat Jürgen Jürgens v.Röm,Schiffsjunge	ebenda,18.2. 1768 Rückkehr:19.8. 1768 Ertrag:9 Wale u.1200 Robben= 212 Quardel. Tran u.1604Pfd. Barten
De Anna Besatzung:34 Robbenfänger Thomas Zwen von Röm	Jürgen Nielsen v.Röm,Steuermann Peter Willmsen v.Röm,Zimmermann Peter Michels Holm v.Röm,Bootsmann Peter Michels v.Röm,Koch Carsten Peters v.Röm,Matrose Peter Moritz v.Röm,Matrose Zwen Steffens v.Röm,Matrose Jens Christensen v.Röm,Matrose+ Hans Eschels v.Scherrebeck,Matrose Jens Hansen v.Röm,Schiffsjunge	ebenda,16.2. 1768 Rückkehr:4.7. 1768 Ertrag:3700 Robben=188 1/2 Quard.Tran
De Jonge Peter Besatzung:37 Robbenfänger Engelbrecht Car- stens von Röm	Moritz Michelsen v.Röm,Steuermann Hans Erick Andresen v.Röm,Zimmerm. Jens Hansen Falck v.Röm,Bootsmann Willm Nannings v.Föhr,Speckschneid. Johann Hansen v.Röm,Matrose Peter Hansen v.Röm,Matrose Carsten Jaspers v.Röm,Matrose Peter Michel Leest v.Röm,Kochsmaat Matthias Jansen v.Röm,Schiffsjunge	ebenda,16.2. 1768 Rückkehr:27.6. 1768 Ertrag:3700 Robben=169 1/2 Quard.Tran
De Twe Jonge Her- mans Besatzung:37 Wal-u.Robbenfänger Peter Andresen Leest von Röm	Johann Andresen Leest v.Röm,Steuer. Cornelis Carstens v.Röm,Zimmermann Willem Schmidt v.Röm,Bootsmann Andreas Hansen v.Röm,Speckschneider Cord Cornelis v.Röm,Speckschneider Erick Hansen v.Röm,Matrose Cornelis Peters v.Röm,Matrose Jens Jensen v.Ballum,Matrose Siebrandt Hansen v.Röm,Schiffsjunge	ebenda,17.2. 1768 Rückkehr:27.6. 1768 Ertrag:2508 Robben=130 Quardel.Tran
De Johannes Besatzung:37 Wal-u.Robbenfänger Michel Michels von Röm	Johannes Lamberts v.Röm,Steuermann Lorenz Christiansen v.Röm,Zimmerm. Siebrandt Jansen v.Röm,Bootsmann Peter Holm v.Röm,Harpunier Christian Christiansen v.Röm,Speck. Hans Hansen v.Röm,Matrose Carsten Peters v.Röm,Matrose Jürgen Jessen v.Röm,Matrose Hans Peters v.Röm,Schiffsjunge	ebenda,13.2. 1768 Rückkehr:4.7. 1768 Ertrag:3552 Robben=187 Qu.

Schiff/Kommandeur	Name/Herkunft/Rang der Seeleute	Daten/Quelle Fangergebnis
De Jonge Johannes Besatzung:44 Walfänger Broer Broersen von Föhr	Rickmer Riewerts v.Föhr,Steuermann Cornelis Rickmers v.Föhr,Speckschn. Adrian Lorenzen v.Föhr,Speckschn. Frerck Riewerts v.Föhr,Harpunier Dirck Boysen v.Föhr,Harpunier Jurian Broersen v.Föhr,Harpunier Frerck Riewerts v.Föhr,Zimmerm.-M. Jürgen Frercks v.Föhr,Bootsmann Cornelis Frercks v.Föhr,Schiemann Joh.Friedrich Lorenz v.Föhr,Koch Hendrick Riewerts v.Föhr,Matrose Rickmer Jurians v.Föhr,Matrose Broer Volkerts v.Föhr,Kochsmaat Broer Broersen v.Föhr,Schiffsjunge	ebenda,10.3. 1768 Rückkehr:24.8. 1768 Ertrag:5 1/4 Wale=246 Quard. Tran u.6228Pfd. Barten
De Frau Margaretha Besatzung:44 Walfänger Jurian Riecks von Föhr	Rieck Jurians v.Föhr,Steuermann Rolof Lorenz v.Föhr,Speckschneid. Boy Jurians v.Föhr,Speckschneider Jacob Jacobs v.Föhr,Harpunier Boy Jurians v.Föhr,Harpunier Boy Jansen v.Föhr,Harpunier Jurian Hendricks v.Föhr,Schiemann Cornelis Nannings v.Föhr,Matrose Frerck Arians v.Föhr,Matrose Jurian Hendricks v.Föhr,Matrose Jacob Cornelissen v.Föhr,Matrose Peter Alberts v.Sylt,Matrose Peter Bleicken v.Sylt,Matrose Jan Hendricks v.Föhr,Kochsmaat Hendrick Flohr v.Föhr,Schiffsjunge	ebenda,19.3. 1768 Rückkehr:20.8. 1768 Ertrag:1 Wal= 15 1/2 Quard. Tran u.380 Pfd. Barten
De Jonge Geertruy Besatzung:43 Walfänger Boy Rickmers de Jonge von Föhr	Cornelis Rickmers v.Föhr,Steuerm. Johann Jacobs v.Föhr,Speckschneid. Nanning Rolofs v.Föhr,Speckschn. Arian Jurians v.Föhr,Harpunier Hinrich Nannings v.Föhr,Bootsm.u.H. Peter Hendricks v.Föhr,Harpunier Tönnies Hinrichs v.Föhr,Schiemann Riewert Cornelis v.Föhr,Koch Cornelis Jansen v.Föhr,Matrose Rolof Dircks v.Föhr,Matrose Michel Peters v.Sylt,Zimmerm.-Maat Peter Peters.Christiansen v.Sylt, Matrose Johann Jacobsen v.Sylt,Matrose Frerck Jansen v.Föhr,Kochsmaat Rolof Boysen v.Föhr,Schiffsjunge	ebenda,undat. 1768 Rückkehr:8.8. 1768 Ertrag:6 Wale= 259 Quardel. Tran u.6739 Pfd.Barten
De Griepenstein Besatzung:45 Walfänger Lorenz Riecks von Föhr.Er war vorher Kommandeur des Walfängers "De Jgfr.Anna Margare- tha."	Riewert Boysen v.Föhr,Steuermann Ocke(Arian+)Lorenz v.Föhr,Specksch. Willm Cornelissen v.Föhr,Speckschn. Broer Nannings v.Föhr,Harpunier Rickmer Peters v.Föhr,Harpunier Rickmer Volkerts v.Föhr,Harpunier Johann Simonsen v.Föhr,Bootsmann Jürgen Rolofsen v.Föhr,Schiemann Jurian Frercks v.Föhr,Koch Lorenz Ocken v.Föhr,Matrose Jacob Marcus v.Föhr,Kochsmaat Rolof Lorenzen v.Föhr,Schiffsjunge	ebenda,18.3. 1768 Rückkehr:25.8. ohne Ertrag

Schiff/Kommandeur	Name/Herkunft/Rang der Seeleute	Daten/Quelle Fangergebnis
De St.Peter Besatzung:44 Walfänger Rickmer Boysen von Föhr	Michel Volkerts v.Föhr,Steuermann Boy Rolofs v.Föhr,Speckschneider Ocke Frercks v.Föhr,Speckschneider Volker Volkerts v.Föhr,Harpunier Lorenz Hindricks v.Föhr,Harpunier Andreas Volkerts v.Föhr,Harpunier Rolof Boysen v.Föhr,Bootsmann Riewert Hendricks v.Föhr,Schiemann Nanning Cornelsen v.Amrum,Koch Riewert Simons v.Föhr,Matrose Jürgen Christophers v.Föhr,Matrose Andreas Cornelissen v.Sylt,Matrose Peter Teunis v.Föhr,Kochsmaat Hendrick Volkerts v.Föhr,Schiffsj.+	ebenda,undat. 1768 Rückkehr:2.8. 1768 Ertrag:5 Wale= 235 1/2 Quard. Tran u.5975 Pfd. Barten
De Frau Agneta Besatzung:42 Walfänger Cornelis Riewerts von Amrum	Broer Siemsen v.Föhr,Steuermann Cornelis Clasen v.Amrum,Bootsmann Rolof Riewerts v.Föhr,Speckschneid. Andreas Jansen v.Amrum,Speckschn. Jürgen Boysen v.Amrum,Harpunier Adrian Boysen v.Amrum,Harpunier Riewert Rolofs v.Föhr,Matrose Riewert Cornelissen v.Amrum,Schjge.	ebenda,12.2. 1768 Rückkehr:10.9. 1768 Ertrag:32 Qu. Tran
De Jacobus Besatzung:36 Walfänger Volkert Clasen	Broer Riecks v.Föhr,Speckschneid.+ Adrian Rolofsen v.Föhr,Speckschn.+	ebenda,13.2. 1768 Rückkehr:22.8. 1768 Ertrag:1/2 Wal= 9 1/2 Qu.Tran u.262 1/2 Pfd. Barten
De Frau Elisabeth Besatzung:42 Wal-u.Robbenfänger Andreas Hinrich Meyer	Riewert Jansen v.Föhr,Steuermann Martinus Nickelsen v.Föhr,Specksch. Hans Johannes v.Föhr,Harpunier Asmus Petersen v.Husum,Matrose	ebenda,15.2. 1768 Rückkehr:20.8. 1768 Ertrag:700 Rob- ben=27 1/2 Qu. Tran
De Patriot Besatzung:43 Wal-u.Robbenfänger Severin Andresen	Rasmus Andresen v.Tondern,Schiemann Johann Jansen v.Tondern,Matrose Hans Petersen v.Tondern,Matrose	ebenda,12.2. 1768 Rückkehr:4.7. 1768 Ertrag:1 Wal u.? Robben= 187 Qu.Tran u. 2250 Pfd.Barten
De Witte Falck Besatzung:43 Walfänger Peter Diedrich Ehlers	Jacob Boysen v.Föhr,Steuermann Rolof Peters v.Föhr,Speckschneider Boy Volkerts v.Föhr,Speckschneider Boy Rolofs v.Föhr,Schiffsjunge +	ebenda,13.2. 1768 Rückkehr:10.9. 1768 Ertrag:2 Wale ? Robben=80 Qu.Tran u.920 Pfd.Barten

Schiff/Kommandeur	Name/Herkunft/Rang der Seeleute	Daten/Quelle Fangergebnis
De Twe Gesüster Besatzung:45 Walfänger Davisstraße Tipke Tönnies	Paulus Jansen v.Föhr,Steuermann Jan Hinrichs v.Föhr,Harpunier Jürg.Christ.Wiegreff v.Föhr,Harp.	ebenda,13.2. 1768 Rückkehr:13.8. 1768 Ertrag:3 Wale= 141 1/2 Qu.Tran u.3813 Pfd.Bart.
De Jungfrau Sara Besatzung:44 Walfänger Jan Geerds	Hendrick Frercks v.Föhr,Harpunier Hendrick Jansen v.Föhr,Harpunier Heycke Uwen v.Sylt,Harpunier Dirck Jurian Groot v.Amrum,Matrose	ebenda,22.3. 1768 Rückkehr:1.9. 1768 Ertrag:1 Wal= 40 1/2 Qu.Tran u.1130 Pfd.Bart.
De Hoop op den Walvis Besatzung:44 Walfänger Gerd Eyssen	Rickmer Nannings v.Föhr,Harpunier Broer Rolofs v.Föhr,Harpunier	ebenda,22.3. 1768 Rückkehr:1.9. 1768 Ertrag:2 1/2 Wale=143 Qu. Tran u.4400 Pfd.Barten
De Fortuna Besatzung:42 Walfänger Jan Fockes Lolling	Adrian Jürgens v.Föhr,Speckschneid. Adrian Lorenz v.Föhr,Speckschneid. Boy Ariansen v.Föhr,Harpunier Rickmer Eschels v.Föhr,Matrose	ebenda,13.3. 1768 Rückkehr:15.8. 1768 ohne Ertrag
De Waakende Kraan Besatzung:42 Walfänger Gerrit Geelds	Nanning Broersen v.Föhr,Speckschn. Riewert Rolofs v.Föhr,Speckschneid. Peter Andresen v.Sylt,Harpunier	ebenda,19.3. 1768 Rückkehr:13.8. 1768 Ertrag:3 Wale= 111 Qu.Tran u. 3414 Pfd.Barten
De Frau Maria Eli- sabeth Besatzung:45 Walfänger Jacob Jansen	Cornelis Peters v.Sylt,Koch Ortsangabe ergänzt durch die Liste von 1769	ebenda,22.3. 1768 Rückkehr:1.9. 1768 Ertrag:9 Wale= 245 Qu.Tran u. 5800 Pfd.Barten
De Jgfr.Magdalena Besatzung:39 Wal-u.Robbenfänger Johann Nicolaus Steinmetz	Riewert Jürgensen v.Föhr,Speckschn.	ebenda,undat. 1768 Rückkehr:2.8. 1768 Ertrag:565 Rob- ben=56 Qu.Tran
De Jgfr.Margaretha und Maria Besatzung:43 Walfänger Wiebe Wessels	Boy Hinrichs v.Föhr,Speckschneider Lorenz Juriansen v.Föhr,Speckschn. Riewert Riewerts v.Föhr,Harpunier Johann Clasen v.Föhr,Harpunier Jürgen Boysen v.Föhr,Bootsmann	ebenda:14.2. 1768 Das Schiff ist verunglückt.

Schiff/Kommandeur	Name/Herkunft/Rang der Seeleute	Daten/Quelle Fangergebnis
De Jonge Catharina Besatzung:45 Walfänger Davissstraße Jan Rolofs	Cornelis Peters v.Föhr,Harpunier	ebenda,10.2. 1768 Rückkehr:11.8. 1768 Ertrag:4 Wale= 279 Qu.Tran u. 7224 Pfd.Barten
De Jgfr.Anna Elisabeth Besatzung:43 Walfänger Christoph Hasselmann	Adrian Dircks v.Föhr,Steuermann Jürgen Adriansen v.Föhr,Speckschn. Rolof Dircks v.Föhr,Speckschneider Hinrich Cornelsen v.Föhr,Speckschn. Clas Frercksen v.Föhr,Bootsmann+	ebenda,undat. 1768 Rückkehr:k.Ang. Ertrag:keine Angabe
De Hoopende Landmann Besatzung:46 Walfänger Gald Dooden Visser	Boy Peters v.Föhr,Steuermann Boy Jürgens v.Föhr,Speckschneider Hans Jansen v.Föhr,Speckschneider Die Ortsangaben sind durch die Liste v.1767 ergänzt worden.In der Skibsliste,RAK sind die Seeleute nicht registriert.	ebenda,3.2.1768 Rückkehr:30.8. 1768 Ertrag:3 Wale= 100 Quard.Tran u.3432 Pfd.Barten
De Jonge Visser Besatzung:46 Walfänger Witge Jelles	Jürgen Ockens v.Föhr,Speckschneider Dirck Jansen v.Föhr,Speckschneider Willm Willms v.Föhr,Harpunier Simon Frercks v.Föhr,Harpunier Willm Willms v.Föhr,Kochsmaat Boy Jurians v.Föhr,Schiffsjunge	ebenda,18.2. 1768 Rückkehr:13.8. 1768 Ertrag:11 Quard. Tran
De Witte Peerd Besatzung:45 Walfänger Martin Jansen	Peter Clasen v.Sylt,Harpunier Johann Kahlbach v.Sylt,Harpunier Tönnies Gotthardt v.Sylt,Matrose Clas Jacobs v.Sylt,Matrose+ Michel Petersen v.Sylt,Matrose Johann Peter Hansen v.Sylt,Matrose Boy Jensen v.Sylt,Matrose Dirck Thiessen v.Sylt,Matrose Thies Peter Thiessen v.Sylt,Matrose Cornelis Petersen v.Sylt,Matrose Cornelis Peters v.Sylt,Matrose	ebenda,10.3. 1768 Rückkehr:14.8. 1768 Ertrag:1/2 Wal= 17 1/2 Qu.Tran u.981 Pfd.Barter
De Hoopende Visser Besatzung:45 Walfänger Gerrit Janssen	Peter Cornelis v.Föhr,Speckschneid. Peter Boysen v.Sylt,Matrose Thomas Jansen v.Sylt,Matrose Cornelis Ewerts v.Sylt,Schiffsjunge	ebenda,9.3.1768 Rückkehr:19.8. 1768 ohne Ertrag
De Jungfrau Maria Besatzung:45 Walfänger Heere Lütjes	Jurian Hendricks v.Föhr,Speckschn. Riewert Peters v.Föhr,Harpunier Hinrich Peters v.Föhr,Harpunier	ebenda,9.3.1768 Rückkehr:2.9. 1768 Ertrag:1 1/3 Wale=81 Qu.Tran u.2565 Pfd.Bart.
De Niuwe Witte Voss Besatzung:44 Walfänger Steffen Jansen	Frerck Cornelissen v.Föhr,Specksch. Arian Cornelis v.Föhr,Speckschneid. Ocke Johannes v.Föhr,Harpunier	ebenda,19.3. 1768 Rückkehr:1.9. 1768 Ertr.:5 Wale= 140 1/2 Qu.Tran u.3295 Pfd.Bart.
De König Salomon Besatzung:44 Walfänger Willem Hendricks	Cornelis Cornelissen v.Föhr,Harp.	ebenda,21.3.1768 Rückk.:13.8.1768 Ertrag:1 Wal= 80 Qu.Tran u. 1950 Pfd.Barten

Schiff/Kommandeur	Name/Herkunft/Rang der Seeleute	Daten/Quelle Fangergebnis
De Bloyende Hoop Besatzung:42 Wal-u.Robbenfänger Jürgen Zwen von Röm	Jürgen Jürgensen v.Röm,Steuermann Jürgen Ocken v.Föhr,Speckschneider Heycke Heyckens v.Sylt,Speckschn. Dirck Boysen v.Föhr,Harpunier Peter Hans.Andresen v.Röm,Harpun.+ Boy Jürgens v.Föhr,Matrose Broer Sörensen v.Röm,Matrose Johann Cornelissen v.Röm,Matrose Johann Cornelissen v.Röm,Matrose Peter Carstens v.Röm,Matrose Jens Nielsen v.Ballum,Matrose+ Jens Cornelis v.Bröns,Matrose+ Michel Jacobs v.Röm,Kochsmaat Zwen Hansen v.Röm,Schiffsjunge	StAHam,Archiv des Wasser- schouts,I.A.1. c. 13.2.1769 Rückkehr:19.8. 1769 Ertrag:4 Wale u.? Robben= 222 Quard.Tran u.2011 Pfd. Barten
De Anna Besatzung:34 Wal-u.Robbenfänger Thomas Zwen von Röm	Cornelis Peters v.Röm,Steuermann Lorenz Nielsen v.Bröns,Zimmermann Peter Holm v.Röm,Bootsmann Peter Michels.(Matthiessen+) von Röm,Koch Siebrandt Hans.Falck v.Röm,Harpun. Jens Hansen v.Röm,Matrose Carsten Peters v.Röm,Matrose Willm Cornelissen v.Bröns,Matrose Hans Carstens v.Röm,Matrose Siebrandt Jensen v.Röm,Kochsmaat Johann Hansen v.Röm,Schiffsjunge	ebenda,13.2. 1769 Rückkehr:11.7. 1769 Ertrag:360 Rob- ben=47 Quard. Tran
De Zwaan Besatzung:34 Wal-u.Robbenfänger Matthias Zwen von Röm	Peter Willms v.Röm,Steuermann Jens Hansen v.Röm,Bootsmann Thomas Hansen v.Röm,Koch Michel Jürgens v.Röm,Harpunier Cornelis Hansen v.Röm,Harpunier Marcus Toft v.Ballum,Matrose Peter Hansen Tag v.Röm,Matrose Friedrich Jacobs v.Ballum,Kochsm. Jens Michels v.Röm,Schiffsjunge	ebenda,14.2. 1769 Rückkehr:24.6. 1769 Ertrag:2900 Robben=181 Qu. Tran
De Sara Cäcilia Besatzung:39 Wal-u.Robbenfänger Hans Petersen von Röm	Jasper Jansen v.Röm,Steuermann Cornelis Cornelissen v.Röm,Bootsm. Peter Cornelissen v.Röm,Koch Dirck Meinerts Hahn v.Sylt,Speck. Peter Carstens v.Röm,Harpunier Cornelis Andresen v.Ballum,Matrose Lorens Hansen v.List/Sylt,Matrose Cornelis Petersen v.Röm,Schiffsjge.	ebenda,15.2. 1769 Rückkehr:13.7. 1769 Ertrag:1 Wal, 2000 Robben= 193 1/2 Quard. Tran u.2244 Pfd. Barten
De Jonge Peter Besatzung:37 Wal-u.Robbenfänger Engelbrecht Car- stens von Röm	Moritz Michelsen v.Röm,Steuermann Hans Erick Andresen v.Röm,Zimmerm. Cornelis Jaspers v.Röm,Bootsmann Cornelis Carstens v.Röm,Harpunier Willm Nannings v.Föhr,Speckschn. Carsten Jaspers v.Röm,Harpunier Hans Michel Hansen v.Röm,Matrose Cornelis Andresen v.Röm,Matrose Peter Hansen v.Röm,Matrose Gottfried Moritzen v.Röm,Kochsmaat Hendrik Johannsen v.Röm,Schiffsj.	ebenda,13.2. 1769 Rückkehr:1.8. 1769 Ertrag:340 Rob- ben=16 Quard. Tran

361

Schiff/Kommandeur	Name/Herkunft/Rang der Seeleute	Daten/Quelle Fangergebnis
De Mercurius Besatzung:40 Wal-u.Robbenfänger Peter Michel Jaspers von Röm	Andreas Jürgens v.Röm,Steuermann Carsten Petersen v.Röm,Bootsmann Carsten Petersen v.Röm,Koch Jan Boysen v.Föhr,Speckschneider Hans Christian Jaspers v.Röm,Harp. Hans Cortsen v.Ballum,Matrose Jasper Cornelissen v.Röm,Matrose Clement Carstens v.Röm,Kochsmaat Peter Egidius v.Röm,Schiffsjunge	ebenda,13.2. 1769 Rückkehr:13.7. 1769 Ertrag:1800 Robben=140 Qu. Tran
De Jonge Margare- tha Besatzung:25 Wal-u.Robbenfänger Hans Hansen Carl[1] von Röm.Er war 1768 Steuermann des Wal-u.Robben- fängers "De Zwaan"!	Peter Jessen v.Röm,Steuermann Andreas Cornelis v.Ballum,Zimmerm. Hans Cornelissen v.Röm,Bootsmann Andreas Matthiessen v.Röm,Harpun. Carsten Hansen v.Röm,Koch Cornelis Petersen Leest v.Röm,Mat. Johann Siebrandts v.Röm,Matrose Cornelis Hansen Bleeg v.Röm,Matr. Christian Peters Leest v.Röm,Matr. Ewalt Jürgensen v.Röm,Schiffsjunge	ebenda,20.2. 1769 Rückkehr:10.7. 1769 Ertrag:265 Rob- ben=56 Quard. Tran
De Sara Galley Besatzung:25 Wal-u.Robbenfänger Peter Jürgen Thom- sen von Röm.Er war 1768 Steuermann dieses Schiffes.	Christian Jürgens v.Röm,Steuermann Carsten Carstens v.Röm,Bootsmann+ Andreas Carstens v.Röm,Koch+ Albert Berens v.Röm,Harpunier Jan Willmsen v.Föhr,Speckschneider Hans Hansen v.Bröns,Zimmermann Cornelis Jürgens v.Röm,Schiffsjung.	ebenda,20.2. 1769 Rückkehr:29.7. 1769 Ertrag:800 Rob- ben=47 Quard. Tran
De Frau Elisabeth Besatzung:35 Wal-u.Robbenfänger Andreas Zwen von Röm	Carsten Jürgens.Holm v.Röm,Steuer. Jasper Carstens v.Röm,Zimmermann Siebrand Jürgens Holm v.Röm,Koch Jan Hendricks v.Nordmarsch,Speck. Johann Jost v.Röm,Matrose Andreas Bundes v.Röm,Matrose Hans Matzen v.Scherrebeck,Matrose Sören Hansen v.Röm,Matrose Andreas Carsten Witt v.Röm,Schjge.	ebenda,17.2. 1769 Rückkehr:27.7. 1769 Ertrag:1120 Robben=68 Quard. Tran
De Jungfrau Clara Besatzung:37 Wal-u.Robbenfänger Johannes Jaspers von Röm.Er ist sicherlich iden- tisch mit dem Steuermann des Wal-und Robben- fängers "De Frau Agatha"(1764).	Peter Peters v.Röm,Steuermann Andreas Hansen v.Röm,Koch Johann Kalbach v.Sylt,Speckschn. Lorenz Cornelis v.Röm,Speckschn. Michel Christiansen v.Röm,Matrose Jasper Christians v.Röm,Matrose Jürgen Christians v.Röm,Schiffsj.	ebenda,13.2. 1769 Rückkehr:27.7. 1769 Ertrag:1526 Rob- ben=77 1/2 Quard Tran
De Jonge Maria Besatzung:33 Wal-u.Robbenfänger Jan Lamberts von Röm.Er war 1768 Steuermann des Wal-u.Robbenfäng. "De Johannes".	Carsten Lamberts v.Röm,Steuermann Hans Jaspers Tagholm v.Röm,Bootsm. Peter Andresen v.Röm,Koch Hans Petersen v.Röm,Speckschneider Matthias Andresen v.Röm,Matrose Peter Jansen v.Röm,Matrose Cordt Hansen v.Röm,Kochsmaat Michel Peters v.Röm,Schiffsjunge	ebenda,13.2. 1769 Rückkehr:25.7. 1769 Ertrag:1328 Rob- ben=83 1/2 Qu. Tran

[1])Zur Genealogie der Familie Carl s.Wanda Oesau,Schleswig-Holsteins
Grönlandfahrt auf Walfischfang und Robbenschlag vom 17.-19. Jahrhundert,Glückstadt 1937,S.226 f.und die dort aufgeführte Literatur.

Schiff/Kommandeur	Name/Herkunft/Rang der Seeleute	Daten/Quelle Fangergebnis
De Twe Jonge Hermans Besatzung:37 Wal-u.Robbenfänger Peter Andresen Leest von Röm	Jan Andresen Leest v.Röm,Steuerm. Cornelis Carstens v.Röm,Zimmerm. Simon Matthiessen v.Föhr,Specksch. Erick Hansen v.Röm,Matrose Peter Andresen v.Bröns,Matrose Thomas Peters v.Röm,Matrose Cornelis Peters v.Röm,Matrose Matthias Jansen v.Röm,Schiffsjge.	ebenda,16.2. 1769 Rückkehr:3.7. 1769 Ertrag:1 Wal u. 3600 Robben= 253 1/2 Quard. Tran u.1683 Pfd. Barten
De Hoffnung und Geduld Besatzung:36 Wal-u.Robbenfänger Peter Andresen von Röm	Peter Michels v.Röm,Steuermann Lorenz Andresen v.Röm,Koch Nicolai Peters v.Röm,Harpunier Peter Carstens v.Röm,Harpunier+ Tönnies Hansen v.Röm,Harpunier Dirck Decker v.Sylt,Speckschneid. Hans Cornelissen v.Röm,Matrose Jens Matthiessen v.Röm,Matrose Hans Michels v.Röm,Schiffsjunge	ebenda,13.2. 1769 Rückkehr:18.7. 1769 Ertrag:1200 Robben=68 1/2 Quardel.Tran
De Concordia Besatzung:39 Wal-u.Robbenfänger Peter Zwen von Röm	Albert Jansen v.Röm,Steuermann Lorenz Christiansen v.Röm,Zimmerm. Rasmus Jensen v.Röm,Koch Hans Hansen Falck v.Röm,Harpunier Willem Hansen v.Röm,Harpunier Cornelis Jürgens v.Röm,Harpunier Jürgen Michelsen v.Röm,Matrose Jürgen Hansen v.Röm,Matrose Siebrandt Peters v.Röm,Schiffsjge.	ebenda,13.2. 1769 Rückkehr:18.7. 1769 Ertrag:1500 Robben=77 Quard. Tran
De Jungfrau Maria Besatzung:37 Wal-u.Robbenfänger Zwen Carsten Möller von Röm	Jurian Corneliss.Bleeg v.Röm,StM Johann Hansen v.Röm,Zimmermann Carsten Jürgens v.Röm,Bootsmann Peter Jaspers v.Röm,Koch Cornelis Petersen v.Röm,Harpunier Peter Lorenz v.Röm,Speckschneid. Arian Rolofs v.Föhr,Speckschneid. Hans Eschels v.Scherrebeck,Matr.. Rasmus Petersen v.Scherrebeck,Ma. Michel Cornelissen v.Röm,Matrose Christ.Christians.Möller v.Röm,M. Thomas Jacobsen v.Röm,Matrose Hans Hansen v.Röm,Kochsmaat Peter Cornelis v.Röm,Schiffsjunge	ebenda,17.2. 1769 Rückkehr:28.7. 1769 Ertrag:2400 Robben=131 Qu. Tran
De Frau Agatha Besatzung:38 Wal-u.Robbenfänger Peter Michels von Röm	Johann Hansen v.Röm,Steuermann Carsten Jaspers v.Röm,Zimmermann Jost Matthiessen v.Röm,Bootsmann Jurian Peters.Bong v.Ballum,Matr. Peter Thiessen Bohn v.Sylt,Speck. Jens Christiansen v.Röm,Matrose Jasper Geertsen v.Röm,Matrose Cornelis Jansen Bleeg v.Röm,Matr. Engelbrecht Jansen v.Röm,Matrose+ Carsten Cornelissen v.Röm,Kochsm. Andreas Peters.Witt v.Röm,Schjge.	ebenda,17.2. 1769 Rückkehr:7.6. 1769 Ertrag:5500 Robben=297 Qu. Tran

Schiff/Kommandeur	Name/Herkunft/Rang der Seeleute	Daten/Quelle Fangergebnis
De Martin Besatzung:36 Wal-u.Robbenfänger Hans Michel Jaspers von Röm	Carsten Jürgensen v.Röm,Steuerm. Jürgen Hansen v.Röm,Bootsmann Peter Hansen v.Röm,Koch Cornelis Carstens v.Röm,Harpunier Siebrandt Jansen v.Röm,Matrose Christian Enwoltsen v.Ballum,Mat. Cornelis Lorenz v.Ballum,Matrose Carsten Carstensen v.Röm,Matrose Matthias Andresen v.Röm,Matrose Jürgen Lorenz v.Röm,Matrose Matz Hansen v.Röm,Matrose Lorenz Hansen v.Röm,Matrose Cornelis Petersen v.List/Sylt,M.+ Matthias Petersen v.Röm,Kochsmaat Matthias Carstens v.Röm,Schiffsj.	ebenda,13.2.1769 Rückkehr:22.7. 1769 Ertrag:1180 Robben=74 Quardel. Tran
De Fief Gebröder Besatzung:38 Wal-u.Robbenfänger Peter Tönnies von Röm	Matthias Jessen v.Röm,Steuermann Jürgen Hinrichs v.Föhr,Speckschn. Peter Cornelis v.Föhr,Harpunier Jasper Carstens v.Röm,Harpunier Hans Cornelis v.Röm,Koch Peter Jansen Leest v.Röm,Matrose Peter Gerdt Jürgens v.Röm,Kochsm. Cornelis Michels v.Röm,Schiffsjg.	ebenda,16.2.1769 Rückkehr:13.7. 1769 Ertrag:1 Wal u. 900 Robben= 132 Quardel.Tran u.2244 Pfd.Bart.
De Jgfr.Anna Maria Besatzung:39 Wal-u.Robbenfänger Hans Hansen Tönnies von Röm	Jan Lorenzen v.Röm,Steuermann Cornelis Lorenzen Kyper v.Röm,ZM. Lorenz Michels.Holm v.Röm,Bootsm. Johann Ochsen v.Röm,Koch Clas Peters.Vries v.Sylt,Specksch. Peter Lorenzen Witt v.Röm,Matrose Knudt Jürgens v.Bröns,Matrose Andreas Peters.Witt v.Röm,Kochsm. Cornelis Hansen Tönnes v.Röm,Schj	ebenda,15.2.1769 Rückkehr:13.7. 1769 Ertrag:2900 Robben=134 Quard. Tran
De Frau Hanna Besatzung:38 Wal-u.Robbenfänger Michel Balzer Groot von Röm.Er war 1768 Steuermann dieses Schiffes.	Johann Balzer v.Röm,Steuermann Clas Michels v.Röm,Bootsmann Peter Hansen v.Röm,Koch Clas Thiessen v.Sylt,Speckschneid. Cord Petersen v.Röm,Speckschneid. Carsten Jansen v.Röm,Matrose Michel Balzer v.Röm,Matrose Johann Siebrandt v.Röm,Matrose Hans Bleeg v.Röm,Matrose Lorenz Clements v.Röm,Kochsmaat Cornelis Peters v.Röm,Schiffsjge.	ebenda,16.2.1769 Rückkehr:2.8. 1769 Ertrag:1160 Robben=60 1/2 Quard Tran
De Maria Susanna Besatzung:43 Wal-u.Robbenfänger Michel Hansen von Röm	Peter Peters v.Röm,Steuermann Joh.Christians.Schmidt v.Röm,ZM Lorenz Lorenzen v.Röm,Bootsmann Siebrandt Matthiessen v.Röm,Koch Jasper Hansen v.Röm,Harpunier Christian Andresen Knuis von Ballum,Speckschneider Hans Andresen v.Ballum,Matrose Johann Petersen v.Röm,Matrose Johann Petersen v.Röm,Matrose Peter Michels v.Röm,Matrose Peter Michels v.Röm,Matrose Peter Peters v.Röm,Matrose Andreas Hansen v.Röm,Schiffsjunge	ebenda,14.2.1769 Rückkehr:4.8. 1769 Ertrag:2100 Robben=125 Quard. Tran

Schiff/Kommandeur	Name/Herkunft/Rang der Seeleute	Daten/Quelle Fangergebnis
De Johannes Besatzung:37 Wal-u.Robbenfänger Michel Michels von Röm	Peter Jansen v.Röm,Steuermann Jürgen Jessen v.Röm,Matrose Carsten Peters v.Röm,Matrose Riewert Cornelis v.Föhr,Speckschn. Hans Jansen v.Röm,Matrose Christian Christiansen v.Röm,Matr. Peter Cornelissen v.Röm,Matrose Hans Peters v.Röm,Schiffsjunge	ebenda,13.2.1769 Rückkehr:3.7. 1769 Ertrag:1 Wal u. 3975 Robben = 264 1/2 Quard. Tran u.1724 Pfd. Barten
De Jonge Johannes Besatzung:44 Walfänger Broer Broersen von Föhr.	Jacob Rolofs v.Föhr,Steuermann Cornelis Riecks v.Föhr,Speckschn. Arian(Ocke+)Lorenzen v.Föhr,Speck. Jurian Cornelis v.Föhr,Harpunier Rolof Riewerts v.Föhr,Harpunier Jurian Frercks v.Föhr,Bootsmann Peter Frercks v.Föhr,Schiemann Hendrick Riewerts v.Föhr,Koch Hendrick Petersen v.Föhr,Matrose Lorenz Jansen v.Föhr,Matrose Cornelis Petersen v.Sylt,Matrose Andreas Hennings v.Sylt,Matrose Henning Hennings v.Sylt,Matrose Boy Boysen v.Sylt,Matrose Paul Berents v.Sylt,Matrose Clas Clasen v.Sylt,Matrose Peter Jansen v.Sylt,Matrose Dirck Jansen v.Sylt,Matrose Boy Simons v.Sylt,Matrose Simon Petersen Klein v.Sylt,Matrose Rieck Riecks v.Föhr,Matrose+ Broer Volkerts v.Föhr,Kochsmaat Broer Broersen v.Föhr,Schiffsjunge	ebenda,4.3.1769 Rückkehr:19.8. 1769 Ertrag:3 Wale = 94 Quard.Tran u. 2273 Pfd.Barten
De Frau Margaretha Besatzung:43 Walfänger Jurian Riecks von Föhr	Rieck Jurians v.Föhr,Steuermann Rolof Lorenzen v.Föhr,Speckschneid. Rolof Jürgens v.Föhr,Speckschneid: Jacob Jacobs v.Föhr,Harpunier Boy Jürgens v.Föhr,Harpunier+ Boy Jansen v.Föhr,Harpunier Jürgen Hinrichs v.Föhr,Schiemann+ Friedrich Arians v.Föhr,Matrose Hinrich Boysen v.Föhr,Matrose+ Dirck Rolofs v.Föhr,Matrose Jacob Cornelissen v.Föhr,Matrose Jürgen Hinrichs v.Föhr,Matrose Hinrich Flohr v.Föhr,Matrose Rolof Boysen v.Föhr,Matrose Johann Hinrichs v.Föhr,Matrose Johann Thomsen v.Sylt,Matrose Simon Jansen v.Sylt,Matrose Boy Peters v.Sylt,Matrose Peter Boysen v.Sylt,Matrose Peter Petersen Klein v.Sylt,Matro. Cornelis Broersen v.Föhr,Kochsmaat Riewert Broersen v.Föhr,Schiffsj.	ebenda,13.3.1769 Rückkehr:3.9. 1769 Ertrag:2 1/2 Wa- le=94 Quardel. Tran u.2170 Pfd. Barten

Schiff/Kommandeur	Name/Herkunft/Rang der Seeleute	Daten/Quelle Fangergebnis
De Griepenstein Besatzung:44 Walfänger Lorenz Riecks von Föhr	Riewert Boysen v.Föhr,Steuermann Ocke Lorenzen v.Föhr,Speckschneid. Rieck Volkers v.Föhr,Speckschneid. Broer Nannings v.Föhr,Harpunier Rickmer Petersen v.Föhr,Harpunier Jürgen Boysen v.Föhr,Harpunier Jürgen Rolofs v.Föhr,Bootsmann Peter Boysen v.Föhr,Schiemann Cornelis Riewerts v.Föhr,Koch Arian Frercks v.Föhr,Matrose Cornelis Cornelissen v.Föhr,Matr. Lorenz Ocken v.Föhr,Matrose Peter Jacobs v.Helgoland,Matrose Simon Peters v.Röm,Matrose Peter Petersen v.Sylt,Matrose Nis Clasen v.Sylt,Matrose Hans Steffens v.Sylt,Matrose Clas Michelsen v.Sylt,Matrose Hans Jacobs v.Sylt,Matrose Peter Andresen v.Sylt,Matrose Jacob Macksen v.Föhr,Kochsmaat Rolof Lorenzen v.Föhr,Schiffsjunge	ebenda,13.3. 1769 Rückkehr:4.7. 1769 Ertrag:15 Wale= 340 Quardel. Tran u.7763 Pfd. Barten
De St.Peter Besatzung:43 Walfänger Rickmer Boysen von Föhr	Michel Volkerts v.Föhr,Steuermann Boy Rolofs v.Föhr,Speckschneider Ocke Frercks v.Föhr,Speckschneid. Andreas Volkerts v.Föhr,Harpunier Lorenz Hendricks v.Föhr,Harpunier Arian Jansen v.Föhr,Harpunier Rolof Boysen v.Föhr,Bootsmann Riewert Hendricks v.Föhr,Schiemann Nanning Cornelissen v.Amrum,Koch Rickmer Eschels v.Föhr,Matrose Hinrick Volkerts v.Föhr,Matrose Hinrick Simons v.Föhr,Matrose Boy Thiessen v.Sylt,Matrose Boy Symonsen v.Sylt,Matrose Andreas Cornelissen v.Sylt,Matrose Peter Thies Boysen v.Sylt,Matrose Johann Otto v.Sylt,Matrose Willm Cornelissen v.Amrum,Matrose Jacob Hansen v.Amrum,Matrose Claas Cornelissen v.Amrum,Matrose Peter Teunis v.Föhr,Kochsmaat Paul Boysen v.Föhr,Schiffsjunge	ebenda,13.3. 1769 Rückkehr:4.8. 1769 Ertrag:6 Wale= 150 Quardel. Tran u.3136 Pfd. Barten
De Jonge Geertruy Besatzung:44 Walfänger Boy Rickmers de Jonge von Föhr	Cornelis Rickmers v.Föhr,Steuerm. Gottfried Ernst v.Föhr,Speckschn. Nanning Rolofs v.Föhr,Speckschn. Arian Jürgens v.Föhr,Harpunier Peter Hinrichs v.Föhr,Harpunier Hinrich Nannings v.Föhr,Bootm.u.H. Hinrich Frercks v.Föhr,Schiemann Johann Riecks v.Föhr,Koch Hindrick Ariansen v.Föhr,Matrose Rolof Dircksen v.Föhr,Matrose Rickmer Broersen v.Föhr,Matrose Peter Riecks v.Föhr,Matrose Rolof Boysen v.Föhr,Matrose Broer Johnsen v.Nordmarsch,Matrose b.w.	ebenda,13.3. 1769 Rückkehr:28.7. 1769 Ertrag:17 Wale= 411 Quard.Tran u.7700 Pfd.Bar- ten

Schiff/Kommandeur	Name/Herkunft/Rang der Seeleute	Daten/Quelle Fangergebnis
	Johann Jacobs v.Sylt,Matrose Jacob Jansen v.Sylt,Matrose Frerck Jansen v.Föhr,Kochsmaat Dirck Broers v.Föhr,Schiffsjunge	
De Frau Agneta Besatzung:43 Walfänger Cornelis Riewerts von Amrum	Simon Dircks v.Amrum,Steuermann Cornelis Peters v.Amrum,Speckschn+ Boy Boysen v.Amrum,Speckschneider Rolof Simons v.Amrum,Harpunier Cornelis Clasen v.Amrum,Bootsmann Boy Urbans v.Amrum,Matrose Boy Matthiessen v.Amrum,Matrose Arian Boysen v.Amrum,Matrose Jürgen Boysen v.Amrum,Matrose Riewert Cornelis v.Amrum,Schiffsj.	ebenda,16.2. 1769 Rückkehr:20.8. 1769 Ertrag:11 Wale= 250 Quard.Tran u.4920 Pfd.Bar- ten
De Jonge Visser Besatzung:46 Walfänger Witge Jelles	Willm Willms v.Föhr,Speckschneid. Simon Frercks v.Amrum,Harpunier Wilmm Willms v.Föhr,Schiffsjunge	ebenda,16.2.1769 Rückk.:8.8.1769 Ertr.:2 1/2 Wale u.? Robb.=166 Qu. Tran u.2866 Pfd. Barten
De Frau Elisabeth Besatzung:42 Wal-u.Robbenfänger Andreas·Hinrich Meyer	Hans Johannes v.Föhr,Steuermann	ebenda,13.2.1769 Rückk.:21.7.1769 Ertr.:1 Wal,1950 Robb.=167 1/2 Qu.Tran u.441 Pfd.Barten
De Patriot Besatzung:43 Walfänger Severin Andresen	Cornelis Jacobs v.Föhr,Speckschn. Jurian Cornelis v.Föhr,Harpunier	ebenda,9.3.1769 Rückk.:8.8.1769 Ertrag:3 Wale, ? Robb.=137 Qu. Tran u.2428 Pfd. Barten
De Jungfrau Maria Besatzung:45 Walfänger Heere Lütjes	Riewert Peters v.Föhr,Speckschneid. Hendrick Peters v.Föhr,Speckschn. Die Ortsangaben sind durch die Liste von 1768 ergänzt worden.In der Skibsliste sind die Seeleute nicht registriert(RAK).	ebenda,20.3.1769 Rückk.:11.8.1769 Ertr.:9 1/2 Wale =188 Quard.Tran u.3438 Pfd.Bar- ten
De Hoopende Visser Besatzung:45 Walfänger Gerrit Jansen	Jurian Hendricks v.Föhr,Speckschn. Broer Volkerts v.Föhr,Speckschneid. Rickmer Nannings v.Föhr,Harpunier	ebenda,20.3.1769 Rückk.:17.8.1769 Ertr.:9 Wale.= 240 1/2 Qu.Tran u.5998 Pfd.Bart.
De Jgfr.Anna Eli- sabeth Besatzung:43 Walfänger Christoph Hassel- mann	Arian Jurians v.Föhr,Steuermann Jürgen Arians v.Föhr,Speckschneid. Nanning Jansen v.Föhr,Speckschn. Rolof Dircks v.Föhr,Harpunier	ebenda,6.2.1769 Rückkehr:25.6. 1769 Ertr.:9 Wale= 336 Qu.Tran u. 8822 Pfd.Barten
De Witte Falck Besatzung:43 Walfänger Peter D.Ehlers	Hendrick Broers v.Föhr,Steuermann Dirck Hendricks v.Föhr,Speckschn. Jacob Lorenz v.Föhr,Speckschneider Daniel Richard Knüttel v.Föhr,Harp.	ebenda,7.2.1769 Rückk.13.7.1769 Ertrag:4 Wale,? Robb.=196 Qu. Tran u.3376 Pfd. Barten

Schiff/Kommandeur	Name/Herkunft/Rang der Seeleute	Daten/Quelle Fangergebnis
De Vogel Phönix Besatzung:45 Walfänger Davisstraße Jan Tromp	Frerck Clasen v.Föhr,Speckschneid. Rolof Boysen v.Föhr,Harpunier Die Ortsangaben sind durch die Liste von 1770 ergänzt worden.In der Skibsliste,RAK sind die See- leute nicht registriert.	ebenda,1.2.1769 Rückkehr:2.8.1769 Ertr.:1 1/4 Wal= 109 1/2 Qu.Tran u.2888 1/2 Pfd. Barten
De Twe Gesüster Besatzung:45 Walfänger Davisstraße Tipke Tönnies	Jan Rolofs v.Föhr,Matrose	ebenda,7.2.1769 Rückk.:2.8.1769 Ertr.:1 1/4 Wal= 109 1/2 Qu.Tran u.2888 1/2 Pfd. Barten
De Hoopende Land- mann Besatzung:46 Walfänger Gald Dooden Visser	Boy Peters v.Föhr,Steuermann Dirck Arians v.Föhr,Speckschneider Jan Riecks v.Föhr,Harpunier Peter Hendricks v.Föhr,Harpunier Boy Hendricks v.Föhr,Harpunier Hendrick Boysen v.Föhr,Kochsmaat	ebenda,15.2.1769 Rückk.:5.8.1769 Ertr.:2 1/2 Wale u.? Robb.=155 1/2 Quard.Tran u.3170 Pfd.Barten
De Fortuna Besatzung:42 Walfänger Jochim Hinrich Hasselmann	Arian Dircks v.Föhr,Steuermann+ Hinrich Cornelissen v.Föhr,Speck.+ Matthias Simons v.Föhr,Speckschn.+ Peter Riewerts v.Föhr,Harpunier+ Claus Frercks v.Föhr,Harpunier+	ebenda,6.2.1769 Rückkehr:8.8.1769 Ertr.:3 Wale= 84 Quard.Tran u. 2025 Pfd.Barten
De Jgfr.Magdalena Besatzung:40 Wal-u.Robbenfänger Johann Nicolaus Steinmetz	Riewert Jurians v.Föhr,Speckschn. Jan Nissen v.Föhr,Speckschneider Cornelis Hendricks v.Föhr,Harpunier Volkert Volkerts v.Föhr,Harpunier Cornelis Broers v.Föhr,Matrose	ebenda,10.2.1769 Rückkehr:5.8.1769 Ertr.:2 Wale,295 Robb.=87 Qu.Tran u.2822 Pfd.Bar= ten
De Jacobus Besatzung:38 Walfänger Volkert Clasen	Dirck Rolofs v.Föhr,Harpunier Rolof Dircksen v.Föhr,Speckschneid. Hendrick Riewerts v.Föhr,Speckschn.	ebenda,8.2.1769 Rückk.:8.8.1769 Ertr.:2 1/2 Wale= 79 Quard.Tran u. 2592 1/2 Pfd. Barten
De Jungfrau Sara Besatzung:44 Walfänger Jan Geerds	Hendrick Jansen v.Föhr,Harpunier Dirck Jurians Groot v.Amrum,Matrose Die Ortsangaben sind nach der Liste von 1768 ergänzt worden.In der Skibsliste(RAK)sind die Seeleute nicht registriert.	ebenda,12.3.1769 Rückk.:17.8.1769 Ertr.:6 Wale= 123 Quard.Tran u. 2160 Pfd.Barten
De Niuwe Witte Voss Besatzung:44 Walfänger Steffen Jansen	Arian Cornelis v.Föhr,Harpunier Cornelis Arians v.Föhr,Schiffsjunge Die Ortsangaben sind teilweise nach der Liste von 1768 ergänzt worden. In der Skibsliste(RAK) sind die Seeleute nicht registriert.	ebenda,12.3.1769 Rückkehr:4.8.1769 Ertr.:14 Wale= 330 Quard.Tran u. 6404 Pfd.Barten
De König Salomon Besatzung:44 Walfänger Willem Hendricks	Cornelis Cornelissen v.Föhr,Harpun. Die Ortsangabe ist nach der Liste von 1768 ergänzt worden.In der Skibsliste(RAK) ist der Seemann nicht registriert.	ebenda,10.3.1769 Rückkehr:8.8.1769 Ertrag:11 Wale= 307 Quard.Tran u.6430 Pfd.Bar- ten

368

Schiff/Kommandeur	Name/Herkunft/Rang der Seeleute	Daten/Quelle Fangergebnis
De Witte Peerd Besatzung:45 Walfänger Martin Jansen	Jacob Riecks v.Föhr,Speckschneider Peter Clasen v.Sylt,Speckschneider Cornelis Cornelissen v.Föhr,Harp. Michel Petersen v.Sylt,Matrose Johann Peter Hansen v.Sylt,Matrose Boy Jensen v.Sylt,Matrose Johann Hansen v.Sylt,Matrose Erick Boysen v.Sylt,Matrose Clas Peters v.Sylt,Matrose Clas Jacobs v.Sylt,Matrose Martin Cornelissen v.Sylt,Matrose Thies Peter Thiessen v.Sylt,Matr. Johann Simons Peer v.Sylt,Matrose	ebenda,13.3. 1769 Rückkehr:4.7. 1769 Ertrag:11 Wale= 427 Quardel. Tran u.9703 Pfd. Barten
De Jonge Jacob Besatzung:45 Walfänger Wiebe Wessels	Arian Rolofs v.Föhr,Speckschneider Lorenz Jürgens v.Föhr,Speckschneid. Jan Clasen v.Föhr,Harpunier Riewert Riewerts v.Föhr,Harpunier Boy Hinrichs v.Föhr,Harpunier	ebenda,17.3. 1769 Rückkehr:11.8. 1769 Ertrag:7 Wale = 174 Quardel. Tran u.3890 Pfd. Barten
De Frau Maria Elisabeth Besatzung:45 Walfänger Jacob Jansen	Cornelis Peters v.Sylt,Koch Andreas Cornelissen v.Sylt,Kochsm. Die Ortsangaben sind nach der Li- ste von 1770 ergänzt worden.In der Skibsliste,RAK,sind die Seeleute nicht registriert. Zu der Fahrt dieses Schiffes s.den folgenden Bericht:Commandeur Jacob Janssens Merkwürdige Reise,welcher mit dem Schiffe Die Frau Maria Elisabeth den 7.April nach Grön- land auf den Walfischfang gegangen, bis zum 20.November im Eise fest- gewesen......,Hamburg 1770.	ebenda,10.3.1769 Rückkehr:13.12. 1769 Ertrag:14 Wale= 236 Quard.Tran u.3118 Pfd.Bar- ten

Schiff/Kommandeur	Name/Herkunft/Rang der Seeleute	Daten/Quelle Fangergebnis
De Frau Elisabeth Besatzung:36 Wal-u.Robbenfänger Andreas Zwen von Röm	Carsten Jürgens.Holm v.Röm,Steuerm. Albert Jansen v.Röm,Bootsmann Siebrandt Jürgens Holm v.Röm,Koch Riewert Cornelissen v.Föhr,Speck. Arian Dircks v.Föhr,Speckschneider Andreas Bundes v.Röm,Matrose Andreas Carsten Witt v.Röm,Matrose Dirck Arians v.Föhr,Schiffsjunge Cornelis Jürgens v.Röm,Schiffsjge.	StAHam,Archiv des Wasserschouts I.A.1.c. 13.2.1770 Rückk.:9.6.1770 Ertrag:2958 Rob- ben=131 Quard. Tran
De Anna Besatzung:35 Wal-u.Robbenfänger Thomas Zwen von Röm	Cornelis Peters v.Röm,Steuermann Cornelis Lorenzen v.Röm,Zimmermann Peter Michels Tagholm v.Röm,Bootsm. Willm Cornelissen v.Bröns,Koch Siebrandt Hansen Falck v.Röm,Matr. Carsten Zwensen v.Röm,Matrose Jens Hansen v.Röm,Matrose Simon(Sören+)Jensen v.Röm,Kochsm. Jens Hansen v.Röm,Schiffsjunge	ebenda,16.2.1770 Rückkehr:6.7.1770 Ertrag:3300 Rob- ben=172 1/2 Qu. Tran
De Jungfrau Maria Besatzung:37 Wal-u.Robbenfänger Zwen Carsten Möl- ler von Röm	Jurian Cornelissen Bleeck v.Röm, Steuermann Johann Hansen v.Röm,Zimmermann Cornelis Peters.Wandal v.Röm,Boots. Peter Hansen v.Röm,Koch Carsten Jürgens v.Röm,Matrose Cornelis Carstens v.Röm,Matrose Peter Lorenz v.Röm,Matrose Peter Cornelissen Falck v.Röm,Matr. Carsten Cornelis v.Röm,Matrose Thomas Jacobsen v.Röm,Matrose Hans Hansen v.Röm,Kochsmaat Carsten Peters v.Röm,Schiffsjunge	ebenda,16.2.1770 Rückk.:7.7.1777 Ertrag:1500 Rob- ben=175 1/2 Qua. Tran
De Frau Agatha Besatzung:38 Wal-u.Robbenfänger Peter Michels von Röm	Johann Hansen v.Röm,Steuermann Carsten Jaspers v.Röm,Zimmermann Jost Matthiessen v.Röm,Bootsmann Peter Thiessen Bohn v.Sylt,Speck. Siebrandt Petersen v.Röm,Matrose Jürgen Claussen v.Röm,Matrose+ Hans Petersen v.Bröns,Matrose+ Matthias Andresen v.Röm,Matrose+ Cornelis Jansen Bleeck v.Röm,Matr. Engelbrecht Jansen v.Röm,Matrose Hinrich Cornelissen v.Röm,Matrose Niels Hansen Blohm v.Tondern,Matr. Hans Hansen Blohm v.Tondern,Matr. Andreas Petersen Witt v.Röm,Schjg.	ebenda,16.2.1770 Rückkehr:16.6. 1770 Ertrag:3484 Rob- ben=274 Quard. Tran
De Zwaan Besatzung:34 Robbenfänger Matthias Zwen von Röm	Peter Willm Tag v.Röm,Steuermann Lorenz Michels.Holm v.Röm,Bootsm. Siebrandt Matthiessen v.Röm,Koch Carsten Hansen v.Röm,Matrose Christian Johannsen v.Röm,Matrose Peter Hansen Tag v.Röm,Matrose Peter Holm v.Röm,Matrose Siebrandt Petersen v.Röm,Schiffsjg.	ebenda,16.2.1770 Rückkehr:17.6. 1770 Ertrag:3800 Rob- ben=192 1/2 Qu. Tran

Schiff/Kommandeur	Name/Herkunft/Rang der Seeleute	Daten/Quelle Fangergebnis
De Twe Jonge Hermans Besatzung:37 Wal-u.Robbenfänger Peter Andresen Leest von Röm	Cornelis Andresen Leest v.Röm,StM Cornelis Carstens v.Röm;Zimmerm. Simon Matthiessen v.Föhr,Specksch. Andreas Hansen v.Röm,Matrose Peter Andresen v.Röm,Matrose Thomas Peters v.Röm,Matrose Cornelis Peters v.Röm,Matrose Erick Hansen v.Röm,Matrose Jürgen Mommsen v.Ballum,Matrose Andreas Abelgaard v.List/Sylt,Mat. Matthias Jansen v.Röm,Schiffsjunge	ebenda,16.2. 1770 Rückkehr:17.6. 1770 Ertr.:2 Wale u. 543 Robben= 306 1/2 Quard. Tran u.4022 Pfd. Barten
De Bloyende Hoop Besatzung:41 Wal-u.Robbenfänger Jürgen Zwen von Röm	Cornelis Jürgens v.Röm,Steuermann Jürgen Ocken v.Föhr,Speckschneider Heycke Boysen v.Föhr,Speckschneid. Dirck Boysen v.Föhr,Harpunier Peter Hans Jürgens v.List/Sylt,Ha. Andreas Cornelis v.Röm,Zimmermann Boy Jürgens v.Föhr,Matrose Ernst Willms v.Sylt,Matrose Broer Siebrandts v.Röm,Matrose Peter Carstens v.Röm,Matrose Michel Jacobs v.Röm,Kochsmaat Michel Jaspers v.Röm,Schiffsjunge	ebenda,16.2.1770 Rückk.:21.7.1770 Ertrag:500 Robben=173 Quard. Tran
De Jgfr.Sara Cäcilia Besatzung:39 Wal-u.Robbenfänger Hans Petersen von Röm	Jasper Jansen von Röm,Steuermann Cornelis Cornelissen v.Röm,Bootsm. Peter Cornelis Leest v.Röm,Koch Peter Carsten Leest v.Röm,Harpun. Dirck Meinerts Haan v.Sylt,Speck. Willm Nannings v.Föhr,Matrose Peter Teunis v.Röm,Matrose Johann Michelsen v.Röm,Schiffsjge.	ebenda,14.2.1770 Rückk.:21.6.1770 Ertrag:4067 Robben=185 Quard. Tran
De Frau Hanna Besatzung:40 Wal-u.Robbenfänger Michel Balzer Groot von Röm	Clas Michels v.Röm,Steuermann Rasmus Jansen v.Röm,Koch Arian Riewerts v.Föhr,Speckschneid. Cornelis Jürgens v.Röm,Harpunier Peter Clasen v.Röm,Harpunier Hans Hansen Bleeck v.Röm,Matrose Johann Siebrandts v.Röm,Matrose Joh.Jürgensen Groot v.List/Sylt,M. Carsten Carstens v.Röm,Kochsmaat Cornelis Petersen v.Röm,Schiffsj.	ebenda,16.2.1770 Rückk.:2.7.1770 Ertrag:1203 Robben=254 Quardel. Tran
De Fief Gebröder Besatzung:38 Wal-u.Robbenfänger Peter Tönnes von Röm	Matthias Jessen v.Röm,Steuermann Hans Cornelis v.Röm,Koch Jasper Carstens v.Röm,Harpunier Ocke Lorenz v.Föhr,Speckschneider Peter Jansen Leest v.Röm,Matrose Lorenz Hansen v.Röm,Matrose Peter Cornelis v.Röm,Matrose Peter Geerdt Jansen(Jörgsen+) v. Röm,Matrose Johann Matthiessen v.Röm,Schiffsj. Peter Thomsen v.Röm,Schiffsjunge+	ebenda,14.2.1770 Rückk.:21.7.1770 Ertrag:1 Wal u. 1215 Robben = 113 Quard.Tran u.2000 Pfd.Barten

Schiff/Kommandour	Name/Herkunft/Rang der Seeleute	Daten/Quelle Fangergebnis
De Jonge Margaretha Besatzung:25 Wal-u.Robbenfänger Hans Hansen Carl von Röm	Peter Jessen v.Röm,Steuermann Michel Carstens v.Röm,Bootsmann Andreas Matthiessen v.Röm,Koch Hans Hansen Falck v.Röm,Harpunier Hans Jürgensen v.Röm,Matrose Marks Jenssen v.Röm,Matrose Christian Peters.Leest v.Röm,Kochs. Jürgen Carstens v.Röm,Schiffsjunge	ebenda,21.2.1770 Rückkehr:6.7. 1770 Ertrag:1909 Robben=92 1/2 Quard. Tran
De Jgfr.Anna Maria Besatzung:41 Wal-u.Robbenfänger Hans Hansen Tönnies von Röm	Johann Lorenzen v.Röm,Steuermann Clas Peters Vries v.Sylt,Speckschn. Hendrick Cornelissen v.Föhr,Matrose Cornelis Hansen Tönnes v.Röm,Matr. Knud Jürgens v.Bröns,Matrose+ Jasper Michels v.Röm,Matrose Cornelis Clasen Vries v.Sylt,Schjg.	ebenda,14.2.1770 Rückk.:14.7.1770 Ertrag:4548 Robben=232 Quard. Tran
De Martin Besatzung:36 Robbenfänger Hans Michel Jaspers von Röm	Carsten Peters.Leest v.Röm,Steuerm. Peter Lorenz v.Röm,Bootsmann Michel Carstens v.Röm,Koch Dirck Jansen v.Föhr,Speckschneider+ Cornelis Lorenz v.Ballum,Matrose Christian Lorenz v.Ballum,Matrose Christian Enwoltsen v.Ballum,Matr. Jan Ocksen v.Röm,Matrose Carsten Carstens.Möller v.Röm,Matr. Peter Carstens v.Röm,Kochsmaat Jasper Hansen v.Röm,Schiffsjunge Jürgen Holm v.Röm,Schiffsgast+	ebenda,13.2.1770 Rückkehr:29.7. 1770 Ertrag:1710 Robben=97 1/2 Quard. Tran
De Concordia Besatzung:38 Wal-u.Robbenfänger Peter Zwen von Röm	Michel Cornelissen v.Röm,Steuerm. Jasper Christiansen v.Röm,Zimmerm. Jürg. Jensen v.Röm,Bootsmann Peter Michels v.Röm,Koch Hendrick Cornelissen v.Föhr,Harp. Hans Cordsen v.Röm,Matrose Jürgen Carlsen v.Röm,Matrose Johann Siebrandtsen v.Röm,Matrose Hans Cornelissen v.Röm,Matrose Michel Jürgens v.Röm,Matrose Peter Rasmussen v.Röm,Kochsmaat Jürgen Hansen v.Röm,Schiffsjunge	ebenda,16.2.1770 Rückkehr:23.6. 1770 Ertrag:3500 Robben=156 Quard. Tran
De Maria Susanna Besatzung:43 Wal-u.Robbenfänger Michel Hansen von Röm	Engelbrecht Petersen v.Röm,Steuerm. Hans Jansen v.Föhr,Bootsmann Matthias Petersen v.Föhr,Speckschn. Peter Michels v.Röm,Matrose Clas Andresen v.Reisby,Koch Peter Andresen v.Reisby,Matrose Peter Michelsen v.Röm,Matrose Peter Jansen v.Föhr,Matrose Hans Andresen v.Ballum,Matrose Peter Thomsen v.Röm,Matrose Johann Hansen v.Reisby(Ballum+),KM Jens Matthiessen v.Föhr,Schiffsjung.	ebenda,14.2.1770 Rückkehr:15.8. 1770 Ertrag:1300 Robben=82 Quard. Tran

Schiff/Kommandeur	Name/Herkunft/Rang der Seeleute	Daten/Quelle Fangergebnis
De Johannes Besatzung:37 Wal-u.Robbenfänger Michel Michels von Röm	Peter Jansen v.Röm,Steuermann Jürgen Jessen v.Röm,Bootsmann Cornelis Boysen v.Föhr,Speckschn. Hans Cornelis Leest v.Röm,Specksch. Carsten Petersen v.Röm,Matrose Hans Jansen v.Röm,Matrose Christian Christiansen v.Röm,Matr. Cord Siemsen v.Emmerleff,Matrose Hans Peters v.Röm,Schiffsjunge	ebenda,15.2. 1770 Rückkehr:28.7. 1770 Ertrag:2900 Robben=126 Quard. Tran
De Jgfr.Clara Besatzung:37 Wal-u.Robbenfänger Johannes Jaspers v. Röm	Peter Petersen Decker v.Röm,Steuerm. Christian Jürgens v.Röm,Koch Christian Jaspers v.Röm,Harpunier Eschel Volkers v.Föhr,Speckschneid. Johann Lorenzen v.Föhr,Harpunier Jasper Christiansen v.Röm,Kochsmaat Matthias Christiansen v.Röm,Schiffs-junge	ebenda,14.2. 1770 Rückkehr:14.8. 1770 Ertrag:450 Robben=27 Quard. Tran
De Mercurius Besatzung:40 Wal-u.Robbenfänger Peter Michel Jaspers von Röm	Hans Christian Jaspers v.Röm,StM Jan Jacobs v.Föhr,Speckschneider Jurian Cornelis de Jonge von Föhr, Harpunier Peter Hansen Falck v.Röm,Bootsm.u. Harpunier Matthias Andresen v.Röm,Matrose Clement Carstens v.Röm,Kochsmaat Jes Peters v.Röm,Schiffsjunge	ebenda,12.2. 1770 Rückkehr:18.8. 1770 Ertrag:11 Wale u.1900 Robben=289 Quard.Tran u.3600 Pfd. Barten
De Jonge Peter Besatzung:41 Wal-u.Robbenfänger Jürgen Jürgensen von Röm.Er war 1769 Steuermann des Wal-u.Robben-fängers "De Bloy-ende Hoop".	Christian Jürgensen v.Röm,Steuerm. Broer Rickmers v.Föhr,Speckschn. Jacob Rolofs v.Föhr,Speckschneider Rolof Riewerts v.Föhr,Harpunier Cornelis Peters v.Föhr,Matrose+ Peter Hansen v.Röm,Harpunier Andreas Jürgens v.Röm,Harpunier Cornelis Petersen v.Röm,Koch Cornelis Hansen v.Röm,Matrose Hans Carstens v.Röm,Matrose Andreas Peters v.Röm,Schiffsjunge	ebenda,16.2. 1770 Rückkehr:17.8. 1770 Ertrag:689 Robben=42 1/2 Qu. Tran
De Hoffnung und Gedüld Besatzung:36 Wal-u.Robbenfänger Peter Andresen von Röm	Peter Michels v.Röm,Steuermann Lorenz Andresen v.Röm,Koch. Nicolas Peters v.Röm,Harpunier+ Dirck Corneliss.Decker v.Sylt,Speck Johann Matthiessen v.Röm,Speckschn. Hans Cornelissen v.Röm,Matrose Michel Hansen Küper v.Röm,Matrose Peter Cornelis Carstens v.Röm,Matr. Michel Dircksen Decker v.Sylt,KM Hans Michels v.Röm,Schiffsjunge	ebenda,12.2. 1770 Rückkehr:18.7. 1770 Ertrag:2500 Robben=117 Quard. Tran
De Jonge Maria Besatzung:34 Robbenfänger Jan Lamberts von Röm	Christian Lamberts v.Röm,Steuermann Hans Jaspers v.Röm,Bootsmann Jan Peters v.Röm,Koch Christian Andresen v.Ballum,Speck. Peter Jansen v.Röm,Speckschneider Boy Jürgens v.Ballum,Matrose Peter Moritzen v.Röm,Matrose Ewert Christiansen v.Emmerleff,KM Michel Peters v.Röm,Schiffsjunge	ebenda,13.2. 1770 Rückk.:12.7.1770 Ertrag:2430 Robben=135 1/2 Qu. Tran

Schiff/Kommandeur	Name/Herkunft/Rang der Seeleute	Daten/Quelle Fangergebnis
De Frau Margaretha Besatzung:45 Walfänger Jürgen Riecks von Föhr	Rickmer Jürgensen v.Föhr,Steuerm. Rolof Lorenzen v.Föhr,Speckschneid. Boy Jürgensen v.Föhr,Speckschneid. Cornelis Petersen v.Föhr,Harpunier Boy Jürgensen v.Föhr,Harpunier Boy Jansen v.Föhr,Harpunier Jurian Hendricks v.Föhr,Schiemann Rolof Boysen v.Föhr,Matrose Frederick Arians v.Föhr,Matrose Johann Hendricks v.Föhr,Matrose Boy Boysen v.Föhr,Matrose Simon Jansen v.Sylt,Matrose Lorenz Flohr v.Sylt,Matrose . Riewert Broersen v.Föhr,Kochsmaat Cornelis Broersen v.Föhr,Schiffsj. Jan Pietersen v.Röm,Schiffsjunge+	ebenda,16.3. 1770 Rückkehr:22.8. 1770 Ertrag:6 1/2 Wale=196 1/2 Qu. Tran u.4012 1/2 Pfd.Barten
De St.Peter Besatzung:44 Walfänger Rickmer Boysen von Föhr	Michel Volkers v.Föhr,Steuermann Boy Rolofs v.Föhr,Speckschneider Ocke Frercks v.Föhr,Speckschneider Andreas Volkers v.Föhr,Harpunier Adrian Jansen v.Föhr,Harpunier Lorenz Hendricks v.Föhr,Harpunier Joh.Rolof Boysen v.Föhr,Bootsmann Riewert Hendricks v.Föhr,Schiemann Nanning Cornelissen v.Amrum,Koch Hinrich Volkers v.Föhr,Matrose Volkert Volkerts v.Föhr,Matrose Peter Teunis v.Föhr,Matrose Nanning Rolofs v.Föhr,Matrose Boy Simonsen v.Sylt,Matrose Johann Otto v.Sylt,Matrose Andreas Cornelissen v.Sylt,Matrose Willm Cornelissen v.Amrum,Matrose Paul Boysen v.Föhr,Kochsmaat	ebenda,12.3.1770 Rückkehr:22.8. 1770 Ertrag:6 1/2 Wale = 196 1/2 Quard. Tran u.4012 1/2 Pfd.Barten
De Jonge Geertruy Besatzung:44 Walfänger Boy Rickmers de Jonge von Föhr	Cornel.Rickmers de Jonge v.Föhr, Steuermann Nanning Rolofs v.Föhr,Speckschneid. Gottfried Ernst v.Föhr,Speckschn. Adrian Jürgens v.Föhr,Harpunier Peter Hendricks v.Föhr,Harpunier Lorenz Arians.v.Föhr,Bootsm.u.Harp. Johann Riecks v.Föhr,Koch Andreas Jacobs v.Föhr,Zimmermann+ Rolof Dircksen v.Föhr,Matrose Peter Riecks v.Föhr,Matrose Frerck Jansen v.Föhr,Matrose Rolof Boysen v.Föhr,Matrose Jürgen Cornelissen v.Röm,Matrose Jasper Cornelissen v.Röm,Matrose Johann Jacobs v.Sylt,Matrose Jacob Jansen v.Sylt,Matrose Peter Eschels v.Sylt,Matrose+ Jacob Hansen v.Amrum,Matrose Johann Leederts v.Amrum,Matrose Paulus Leenderts v.Föhr,Kochsmaat Rieck Peters v.Föhr,Schiffsjunge	ebenda,18.3.1770 Rückkehr:26.8. 1770 Ertrag:242 Robben =13 Quard.Tran

Schiff/Kommandeur	Name/Herkunft/Rang der Seeleute	Daten/Quelle Fangergebnis
De Jonge Johann Besatzung:44 Walfänger Broer Broersen von Föhr	Cornelis Adrians de Jonge v.Föhr, Steuermann Cornelis Riecks v.Föhr,Speckschneid Nanning Cornelis v.Föhr,Speckschn. Boy Arians v.Föhr,Harpunier Jurian Frederiks v.Föhr,Harpunier Clas Frederiks v.Föhr,Harpunier Riewert Riewerts v.Föhr,Bootsmann Peter Frercks v.Föhr,Schiemann Lorenz Jansen v.Föhr,Koch Broer Volkerts v.Föhr,Matrose Hinrick Petersen v.Föhr,Matrose Jacob Cornelis v.Föhr,Matrose Steffen Taacke v.Sylt,Matrose Nis Nissen v.Sylt,Matrose Peter Steffens v.Sylt,Matrose Boy Cornelissen v.Sylt,Matrose Arian Cornelis v.Föhr,Kochsmaat Broer Broersen v.Föhr,Schiffsjunge	ebenda,13.3.1770 Rückkehr:22.8. 1770 Ertrag:2 Wale= 144 Quardel.Tran u.3500 Pfd.Barten
De Griepenstein Besatzung:45 Walfänger Lorenz Riecks von Föhr	Riewert Boysen v.Föhr,Steuermann+ Arian Lorenz v.Föhr,Speckschneider Rieck Volkerts v.Föhr,Speckschn. Jürgen Boysen v.Föhr,Harpunier Hendrick Jansen v.Föhr,Harpunier Cornelis Riewerts v.Föhr,Bootsmann Peter Boysen v.Föhr,Schiemann Clas Arians v.Föhr,Koch Jürgen Hendricks v.Föhr,Matrose Jacob Marcs v.Föhr,Matrose Lorenz Ocken v.Föhr,Matrose Dirck Urbans v.Amrum,Matrose Boy Urbans v.Amrum,Matrose Thies Peter Thiessen v.Sylt,Matr. Cornelis Marcs v.Föhr,Kochsmaat Lorenz Lorenzen v.Föhr,Schiffsjge.	ebenda,13.3.1770 Rückkehr:26.8. 1770 ohne Ertrag
De Sara Galley Besatzung:25 Wal-u.Robbenfänger Hendrick Nannings von Föhr.Für seine Herkunft von Föhr spricht die neben- stehende Mann- schaftsliste.Als Steuermann ist er in der Hamburger Grönlandfahrt nicht nachweisbar.	Jurian Broersen v.Föhr,Steuermann Jan Willmsen v.Föhr,Speckschneider Broer Nannings v.Föhr,Harpunier Hendrick Frercks v.Föhr,Bootsm.u. Harpunier Johann Riewerts v.Föhr,Schiemann Hendrick Riewerts v.Föhr,Koch Johann Thomsen v.Sylt,Matrose Dirck Petersen v.Sylt,Matrose Dirck Jurians Groot v.Amrum,Matr. Jan Leenderts v.Amrum,Matrose+ Jacob Hansen v.Amrum,Matrose+ Matthias Cornelissen v.Föhr,Kochsm. Ocke Beelendorp v.Föhr,Schiffsjge.	ebenda,10.3.1770 Rückkehr:23.8. 1770 Ertrag:12 1/2 Quard.Tran;nähe- re Angaben feh- len.

Schiff/Kommandeur	Name/Herkunft/Rang der Seeleute	Daten/Quelle Fangergebnis

De Frau Agneta
Besatzung:43
Walfänger
Cornelis Riewerts
von Amrum
	Peter Riewerts v.Amrum,Steuermann
	Lorenz(Cornelius+)Peters v.Amrum,
	                Speckschneider
	Boye Bohn v.Amrum,Speckschneider
	Cornelius Clasen v.Amrum,Harpunier
	Rolof Simons v.Amrum,Harpunier
	Arian Boysen v.Amrum,Harpunier
	Cornelis Jansen v.Amrum,Schiemann
	Rieck Tönnies v.Amrum,Matrose
	Boy Jansen v.Amrum,Matrose
	Riewert Cornelissen v.Amrum,Schjge.
		ebenda,12.2.1770
		Rückkehr:30.7.
		         1770
		Ertrag:1 Wal =
		70 Quardel.Tran
		u.1600 Pfd.Bar-
		ten

De Patriot Besatzung:43 Wal-u.Robbenfänger Severin Andresen	Hendrick Cornelissen v.Föhr,Speck. Jürgen Cornelissen v.Föhr,Harpun. Siebrandt Hansen v.Röm,Matrose+ Johannes Jansen v.Husum,Matrose Paul Jansen v.Husum,Matrose Andreas Christensen v.Husum,Matr. Peter Jansen v.Husum,Kochsmaat	ebenda,12.2.1770 Rückk.:7.7.1770 Ertr.:2 Wale, 2700 Robben= 253 Qu.Tran u. 3600 Pfd.Barten
De Witte Peerd Besatzung:45 Wal-u.Robbenfänger Martin Jansen	Jacob Riecks v.Föhr,Speckschneider Peter Clasen v.Sylt,Speckschneider Cornelis Cornelissen v.Föhr,Harp. Johann Peter Hansen v.Sylt,Matr. Johann Hansen v.Sylt,Matrose Dirck Thiessen v.Sylt,Matrose Michel Cornelissen v.Sylt,Matrose Peter Eschels v.Sylt,Matrose	ebenda,12.3.1770 Rückk.:20.8.1770 Ertr.:1 Wal,63 Robben=74 Quard. Tran u.1600 Pfd. Barten
De Jonge Visser Besatzung:43 Wal-u.Robbenfänger Witge Jelles	Willem Willems v.Föhr,Speckschn.+ Hinrick Riewerts v.Föhr,Harpunier+ Simon Frercks v.Amrum,Harpunier+ Willem Willems v.Föhr,Schiffsjge.	ebenda,12.2.1770 Rückk.:25.8.1770 Ertr.:1 Wal,1080 Robben=132 Quard. Tran u.2100 Pfd. Barten
De Morgenstern Besatzung:45 Wal-u.Robbenfänger Johann Nicolaus Steinmetz jr.	Hinrick Cornelissen v.Föhr,Speck- schneider	ebenda,9.2.1770 Rückk.:4.7.1770 Ertr.:2 Wale, 2450 Robben=247 Quard.Tran u. 4029 Pfd.Barten
De Jungfrau Maria Besatzung:45 Walfänger Heere Lütges	Riewert Peters v.Föhr,Speckschn. Hendrick Peters v.Föhr,Harpunier	ebenda,15.3.1770 Rückk.:10.10. 1770 ohne Ertrag
De Jonge Jacob Besatzung:44 Walfänger Wiebe Wessels	Peter Cornelis v.Föhr,Speckschn. Johannes Clasen v.Föhr,Harpunier Riewert Riewerts v.Föhr,Harpunier Boy Hendricks v.Föhr,Harpunier Peter Hendricks v.Föhr,Schiemann Matthias Matthiessen v.Föhr,Matr.	ebenda,12.3.1770 Rückk.:31.8.1770 Ertr.:7 Wale = 265 Quard.Tran u.6100 Pfd.Bar- ten
De Hoopende Visser Besatzung:45 Walfänger Gerrit Jansen	Rickmer Nannings von Föhr,Harpun.	ebenda,15.3.1770 Rückk.:22.8.1770 Ertr.:3 Wale=196 Quard.Tran u. 4600 Pfd.Barten

Schiff/Kommandeur	Name/Herkunft/Rang der Seeleute	Daten/Quelle Fangergebnis
De Witte Falck Besatzung:43 Wal-u.Robbenfänger Peter Diedr.Ehlers	Hinrick Broersen v.Föhr,Steuermann Boy Bohn v.Föhr,Speckschneider Jacob Lorenzen v.Föhr,Speckschn. Daniel Richard Knüttel v.Föhr,Harp.	ebenda,8.2.1770 Rückk.:18.8.1770 Ertr.:300 Robben = 18 Quard.Tran
De Jgfr.Anna Eli- sabeth Besatzung:43 Walfänger Christopher Hassel- mann	Arian Jürgens v.Föhr,Steuermann Jürgen Arians v.Föhr,Speckschneid. Nanning Jansen v.Föhr,Speckschneid. Rolof Dircks v.Föhr,Harpunier	ebenda,7.2.1770 Rückk.:18.8.1770 Ertr.:3 Wale= 196 Quard.Tran u. 5560 Pfd.Barten
De Frau Elisabeth Besatzung:42 Wal-u.Robbenfänger Clas Jansen Ney	Hans Johannes v.Föhr,Steuermann Jacob Boysen v.Föhr,Speckschneid. Jurian Cornelissen v.Föhr,Harpun. Johann Jansen v.Föhr,Harpunier	ebenda,12.2.1770 Rückk.:21.7.1770 Ertr.:1 Wal,1594 Robben=121 Quard. Tran u.1250 Pfd. Barten
De Twe Gesüster Besatzung:45 Walfänger Davisstraße Tipke Tönnes	Paulus Jansen v.Föhr,Steuermann Johann Hansen v.Föhr,Speckschneid. Johann Hendricks v.Föhr,Speckschn.	ebenda,7.2.1770 Rückk.:8.8.1770 ohne Ertrag
De Vogel Phönix Besatzung:45 Walfänger Davisstraße Jan Tromp	Frerck Clasen v.Föhr,Speckschneid. Rolof Boysen(v.Beyren) v.Föhr,Har. Arian Hendricks v.Föhr,Harpunier	ebenda,12.2.1770 Rückk.:4.8.1770 Ertr.:3 Wale.= 184 Qu.Tran u. 4550 Pfd.Barten
De Hoopende Land- mann Besatzung:45 Wal-u.Robbenfänger Gald Doeden Visser	Carsten Jürgens Holm v.Röm,Steuerm. Riewert Cornelissen v.Föhr,Speck. Arian Dircks v.Föhr,Speckschneider	ebenda,20.2.1770 Rückk.:22.8.1770 Ertr.:2 Wale u. 1850 Robben = 211 Quard.Tran u.3700 Pfd.Bar- ten
De Concordia Besatzung:45 Walfänger Davisstraße Obbe Edskes	Matthis Andresen v.Scherrebeck, Matrose	ebenda,14.2.1770 Rückk.:7.8.1770 Ertr.:3 Wale= 167 Quard.Tran u.4500 Pfd.Bar- ten
De Jgfr.Magdalena Besatzung:41 Wal-u.Robbenfänger Johann Nicolaus Steinmetz	Clas Simonsen v.Föhr,Zimmermann+ Johann Cornel.Möller v.Röm,Koch Riewert Jurians v.Föhr,Speckschn. Johann Nissen v.Föhr,Speckschneid. Cornelis Hendricks v.Föhr,Harpun. Cornelis Broersen v.Föhr,Matrose	ebenda,13.2.1770 Rückk.:19.8.1770 Ertr.:1734 Robber =132 Quard.Tran
De König Salomon Besatzung:44 Walfänger Willm Hendricks	Cornelis Cornelissen v.Föhr,Harp. Die Ortsangabe ist durch die Liste von 1768 ergänzt worden.In der Skibsliste ist der Seemann nicht registriert(RAK).	ebenda,19.3.1770 Rückk.:23.8.1770 Ertrag: 1/4 Wal= 25 Quard.Tran u. 350 Pfd.Barten

Schiff/Kommandeur	Name/Herkunft/Rang der Seeleute	Daten/Quelle Fangergebnis
De Niuwe Witte Voss Besatzung:44 Walfänger Steffen Jansen	Arian Cornelis v.Föhr,Harpunier Die Ortsangabe ist durch die Liste von 1768 ergänzt worden.In der Skibsliste(RAK) ist der Seemann nicht registriert.	ebenda,19.3.1770 Rückk.:22.8.1770 Ertr.: 1/2 Wal= 33 Quard.Tran u. 900 Pfd.Barten
De Jgfr.Sara Besatzung:44 Walfänger Jan Geerds	Riewert Paulsen v.Föhr,Matrose	ebenda,19.3.1770 Rückk.:6.10.1770 Ertr.:1 Wal=49 Quard.Tran u. 1400 Pfd.Barten
De Frau Maria Elisabeth Besatzung:45 Walfänger Jacob Jansen	Cornelis Peters v.Sylt,Koch Andreas Cornelissen v.Sylt,Kochs- maat	ebenda,17.3.1770 Rückk.:22.8.1770 Ertr.: 1/2 Wal= 33 Quard.Tran u. 900 Pfd.Barten
De Hoop op den Walvis Besatzung:44 Walfänger Geerd Eyssen	Thomas Jensen v.Sylt,Matrose Nicolaus Hansen v.Röm,Matrose	ebenda,19.3.1770 Rückk.:23.8.1770 Ertr.: 1/4 Wal= 25 Quard.Tran u. 350 Pfd.Barten

Schiff/Kommandeur	Name/Herkunft/Rang der Seeleute	Daten/Quelle Fangergebnis
De Jonge Peter Besatzung:41 Walfänger Jürgen Jürgensen von Röm	Christian Jürgensen v.Röm,Steuerm. Broer Rickmers v.Föhr,Speckschneid. Jacob Rolofs v.Föhr,Speckschneider Andreas Jürgensen v.Röm,Harpunier Peter Hansen v.Röm,Harpunier Rolof Riewerts v.Föhr,Harpunier Matthias Peters v.Röm,Kochsmaat Andreas Peters v.Röm,Schiffsjunge	StAHam,Archiv des Wasserschouts I.A.1.d. 12.2.1771 Rückk.:2.10.1771 Ertrag:1 Wal= 55 Quard.Tran
De Zwaan Besatzung:35 Wal-u.Robbenfänger Matthias Zwenn von Röm	Peter Willms Tag v.Röm,Steuerman Jens Nielsen v.Röm,Speckschneider Jürgen Nielsen v.Bröns,Speckschn. Cornelis Schouw v.Bröns,Harpunier Peter Peters.Tagholm v.Röm,Harpun. Peter Petersen Holm v.Röm,Harpun. Lorenz Michelsen Holm v.Röm,Boots. Sören Matzen v.Röm,Koch Jens Hansen v.Röm,Schiffsjunge	ebenda,12.2.1771 Rückkehr:17.7. 1771 Ertrag:1585 Rob- ben=99 Quardel. Tran
De Anna Besatzung:34 Wal-u.Robbenfänger Thomas Zwen von Röm	Peter Petersen Teunis v.Röm,Steuer. Hans Siebrandtsen v.Röm,Zimmermann Jan Carstensen Preest v.Röm,Harp. Peter Jansen Röms v.Scherrebeck, Koch+ Willm Nielsen v.Bröns,Matrose Siebrandt Jansen v.Röm,Matrose Siebrandt Peters v.Röm,Matrose Cornelis Peters v.Röm,Schiffsjunge	ebenda,12.2.1771 Rückkehr:17.7. 1771 Ertrag:1200 Rob- ben=72 Quardel. Tran
De Frau Elisabeth Besatzung:35 Wal-u.Robbenfänger Carsten Jürgens Holm v.Röm.Er war 1770 Steuermann dieses Schiffes.	Hans Jaspers v.Röm,Steuermann Rolof Cornelissen v.Föhr,Specksch. Siebrand Jürgens v.Röm,Specksmann Peter Michels.Tagholm v.Röm,Koch Andreas Bundes v.Röm,Matrose Cornelis Jürgens v.Röm,Schiffsjge.	ebenda,13.2.1771 Rückkehr:22.8. 1771 Ertrag:500 Robben =23 Quard.Tran
De Frau Agatha Besatzung:38 Wal-u.Robbenfänger Peter Michels von Röm	Johann Hansen v.Röm,Steuermann Carsten Jaspers v.Röm,Zimmermann Jost Matthiessen v.Röm,Bootsmann Albert Jansen v.Röm,Koch Peter Thiessen Bohn v.Sylt,Speck. Jasper Gerritsen v.Röm,Matrose Cornelis Hansen v.Röm,Matrose Carsten Cornelis v.Röm,Matrose Cornelis Carstens v.Röm,Matrose Siebrandt Petersen v.Röm,Matrose Engelbrecht Jansen v.Röm,Matrose Andreas Petersen v.Röm,Schiffsjge.	ebenda,15.2.1771 Rückkehr:24.7. 1771 Ertrag:3 Wale u. 1500 Robben= 272 Quardel.Tran u.6659 Pfd.Bar- ten
De Jgfr.Anna Maria Besatzung:39 Wal-u.Robbenfänger Hans Hansen Tönnes von Röm	Johann Lorenzen v.Röm,Steuermann Riewert Cornelissen v.Föhr,Speck. Hendrick Cornelissen v.Föhr,Harp. Jasper Michels v.Röm,Harpunier Cornelis Hansen Tönnes v.Röm,Matr. Cord Jürgens v.Röm,Matrose Peter Jürgensen v.List/Sylt,Schjge.	ebenda,12.2.1771 Rückkehr:14.8. 1771 Ertrag:2 Wale u. 200 Robben=105 Quard.Tran u. 2095 Pfd.Barten

Schiff/Kommandeur	Name/Herkunft/Rang der Seeleute	Daten/Quelle Fangergebnis
De Jonge Marga-retha Besatzung:25 Robbenfänger Hans Hansen Carl von Röm	Jens Hansen Barbes v.Röm,Steuerm. Michel Carstens v.Röm,Bootsmann Andreas Matthiessen Dahl v.Röm,Koch Peter Carl v.Röm,Matrose Hans Jansen v.Röm,Matrose Matthias Jansen v.Röm,Matrose Jan Andersen v.Röm,Kochsmaat Carsten Michels v.Röm,Schiffsjunge	ebenda,19.2.1771 Rückkehr:18.7. 1771 Ertrag:520 Rob- ben=28 Quardel. Tran
De Hoffnung und Geduld Besatzung:36 Robbenfänger Peter Andresen von Röm	Peter Michels v.Röm,Steuerman Jacob Lorenzen v.Röm,Zimmermann Carsten Peters v.Röm,Bootsmann Lorenz Andresen v.Röm,Koch Boy Hansen v.Emmerleff,Matrose Peter Carstens v.Röm,Matrose Michel Hansen v.Röm,Matrose Hans Cornelissen v.Röm,Matrose Peter Egidius v.Röm,Schiffsjunge	ebenda,12.2.1771 Rückkehr:23.7. 1771 Ertrag:1393 Rob- ben=118 1/2 Qu. Tran
De Concordia Besatzung:38 Wal-u.Robbenfänger Peter Zwen von Röm	Hans Peters.Holm v.Röm,Steuermann Jürgen Jansen v.Röm,Bootsmann Peter Michels.Holm v.Röm,Koch Michel Jürgens v.Röm,Harpunier Hans Cornelissen v.Sylt,Speckschn. Cordt Siebrandtsen v.Röm,Matrose Cornelis Peters v.Röm,Matrose Boy Cornelissen v.Röm,Matrose Christian Petersen v.Röm,Matrose Zwen Hansen v.Röm,Schiffsjunge	ebenda,12.2.1771 Rückkehr:27.7. 1771 Ertrag: 1 Wal u. 1300 Robben = 140 1/2 Quard. Tran u.1870 Pfd. Barten
De Jungfrau Maria Besatzung:38 Wal-u.Robbenfänger Zwen Carsten Möl- ler von Röm	Jurian Cornelissen Bleeck v.Röm, Steuerman Peter Peters v.Röm,Zimmermann Cornelis Petersen Wandal v.Röm,BM Peter Jaspers v.Röm,Koch Carsten Jürgens v.Röm,Harpunier Peter Cornelius Falck v.Röm,Harp. Cord Petersen v.Röm,Matrose Hans Hansen v.Röm,Matrose Peter Zwen v.Röm,Schiffsjunge	ebenda,14.2.1771 Rückkehr:23.7. 1771 Ertrag:462 Robber =25 Quard.Tran
De Bloyende Hoop Besatzung:42 Walfänger Jürgen Zwen von Röm	Cornelis Jürgens v.Röm,Steuermann Andreas Cornelis v.Röm,Zimmermann Dirck Boysen v.Föhr,Harpunier Jürgen Ockessen v.Föhr,Speckschn. Hans Jansen v.Röm,Harpunier Peter Hans Jürgens v.Röm,Harpunier Siebrandt Cornelis v.Röm,Matrose Hans Jürgens v.Röm,Matrose Cornelis Jansen v.Röm,Matrose Broer Siebrandts v.Röm,Matrose Michel Cornelissen v.Röm,Schiffsj.	ebenda,12.2.1771 Rückkehr:30.9. 1771 Ertrag:2 Wale= 41 Quardel.Tran
De Maria Susanna Besatzung:43 Wal-u.Robbenfänger Michel Hansen von Röm	Jürgen Hansen v.Röm,Steuermann Matthias Petersen v.Föhr,Speckschn. Hans Jansen v.Föhr,Harpunier Peter Michels v.Röm,Harpunier Lars Andresen v.Reisby,Harpunier Hans Erick Andresen v.Röm,Zimmerm. Andreas Christiansen v.Röm,Bootsm. Jürgen Jürgens v.Röm,Schiffsjunge	ebenda,13.2.1771 Rückkehr:8.9. 1771 Ertrag:350 Rob- ben=14 1/2 Quard. Tran

Schiff/Kommandeur	Name/Herkunft/Rang der Seeleute	Daten/Quelle Fangergebnis
De Martin Besatzung:36 Wal-u.Robbenfänger Hans Michel Jas- pers von Röm	Carsten Petersen Leest v.Röm,StM Johannes Jaspers v.Röm,Harpunier Siebrandt Hansen Falck v.Röm,BM Nicolaus Petersen v.Röm,Koch Matthias Carstens v.Röm,Kochsmaat Jasper Hansen v.Röm,Schiffsjunge	ebenda,12.2.1771 Rückk.:22.7.1771 Ertrag:2 Wale u. 140 Robben=131 Quard.Tran u. 3740 Pfd.Barten
De Mercurius Besatzung:41 Wal-u.Robbenfänger Peter Michel Jas- pers von Röm	Hans Christian Jaspers v.Röm,StM Boy Volkers v.Föhr,Speckschneider Jürgen Cornelis de Jonge v.Föhr,Hp. Peter Hansen v.Röm,Bootsm.u.Harp. Michel Carstens v.Röm,Koch u.Harp. Jürgen Cornelis v.Röm,Matrose+ Clement Carstens v.Röm,Kochsmaat Jürgen Carstens v.Röm,Schiffsjunge	ebenda,12.2.1771 Rückkehr:6.8. 1771 ohne Ertrag
De Fief Gebröder Besatzung:38 Wal-u.Robbenfänger Peter Tönnes von Röm	Matthias Jessen v.Röm,Steuermann Jasper Carstens v.Röm,Bootsmann Hans Cornelissen v.Röm,Koch Ocke Lorenzen v.Föhr,Speckschneid. Boy Arians v.Föhr,Harpunier Siebrandt Hansen v.Röm,Matrose Johann Matthiessen v.Röm,Schiffsj.	ebenda,13.2.1771 Rückk.:28.7.1771 Ertrag:3 Wale= 115 1/2 Quard. Tran
De Jonge Maria Besatzung:34 Wal-u.Robbenfänger Jan Lamberts von Röm	Carsten Lamberts v.Röm,Steuermann Michel Cornelissen v.Röm,Bootsmann Johann Petersen v.Röm,Koch Hans Cornelissen v.Röm,Harpunier Christian Knus v.Röm,Speckschneid. Peter Michels v.Röm,Matrose Peter Jansen v.Röm,Matrose Peter Meynerts v.Sylt,Matrose Cornelis Christiansen v.Hoyer,Matr. Hans Ipsen v.Bröns,Matrose Hans Peters v.Röm,Schiffsjunge	ebenda,13.2.1771 Rückk.:23.7.1771 Ertrag:700 Rob- ben=33 Quard. Tran
De Frau Hanna Besatzung:42 Wal-u.Robbenfänger Michel Balzer von Röm	Clas Michels v.Röm,Steuermann Jurian Riewerts v.Föhr,Speckschn. Jürgen Balzer Klein v.Röm,Harpun. Peter Clasen v.Röm,Harpunier Jacob Jessen v.Röm,Harpunier Rasmus Jansen v.Röm,Koch Hans Bleeck v.Röm,Matrose Joh.Jürgensen Groot v.List/Sylt,M. Peter Christiansen v.Röm,Schiffsj.	ebenda,13.2.1771 Rückk.:17.8.1771 Ertrag:764 Robben =20 1/2 Quard. Tran
De Twe Jonge Her- mans Besatzung:38 Wal-u.Robbenfänger Peter Andresen Leest v.Röm	Joh.Andresen Leest v.Röm,Steuerm. Simon Matthiessen v.Föhr,Specksch. Dirck Hansen v.Röm,Matrose Lorenz Lorenzen v.Röm,Matrose Thomas Peters v.Röm,Matrose Matthias Jansen v.Röm,Matrose Andreas Abelgaard v.List/Sylt,Mat. Peter Jürgens v.Röm,Schiffsjunge	ebenda,14.2.1771 Es liegen keine weiteren Angaben vor.
De Sara Cäcilia Besatzung:39 Wal-u.Robbenfänger Hans Petersen von Röm	Jasper Jansen v.Röm,Steuermann Peter Carstens v.Röm,Speckschneid. Hans Otto Christians.v.Föhr,Speck. Cornelis Cornelissen v.Röm,Bootsm. Clas Cornelissen v.Röm,Koch Albert Cornelis v.Röm,Schiffsjunge	ebenda,12.2.1771 Rückk.:26.7.1771 Ertr.:1 Wal u. 2357 Robben = 213 Quard.Tran u.1859 Pfd.Bar- ten

Schiff/Kommandeur	Name/Herkunft/Rang der Seeleute	Daten/Quelle Fangergebnis
De Johannes Besatzung:37 Wal-u.Robbenfänger Michel Michels von Röm	Peter Jansen Lützen v.Röm,Steuerm. Friedrich Clasen v.Föhr,Speckschn. Carsten Petersen v.Röm,Harpunier Hans Hansen v.Bröns,Zimmermann Jürgen Jessen v.Röm,Bootsmann Christian Christiansen v.Röm,Matr. Willm Hansen v.Röm,Matrose Andreas Carstens v.Röm,Matrose Jürgen Jaspers v.Röm,Schiffsjunge	ebenda,13.2.1771 Rückk.:3.10.1771 Ertr.:258 Rob- ben=21 Quard. Tran
De Jonge Geertruy Besatzung:44 Walfänger Boy Rickmers de Jonge von Föhr	Cornelis Rickmers v.Föhr,Steuerm. Gottfried Ernst v.Föhr,Speckschn. Nanning Rolofs v.Föhr,Speckschneid. Arian Jürgens v.Föhr,Harpunier Lorens Arians v.Föhr,Bootsm.u.Harp. Peter Hinricks v.Föhr,Harpunier Dirck Jürgens v.Föhr,Zimmermann Boy Peters von Föhr,Koch Rolof Dircks v.Föhr,Matrose Volkert Peters v.Amrum,Matrose Rolof Boysen v.Föhr,Matrose Peter Tönnies v.Föhr,Matrose Friedrich Jansen v.Föhr,Matrose Jacob Hansen v.Amrum,Matrose Matthias Martin v.Amrum,Matrose Peter Boysen v.Amrum,Matrose Paul Leenderts v.Föhr,Kochsmaat Rieck Peters v.Föhr,Schiffsjunge	ebenda,23.3.1771 Rückk.:4.8.1771 Ertrag:2 Wale= 118 Quard.Tran u.3175 Pfd.Bar- ten
De Frau Margaretha Besatzung:46 Walfänger Jurian Riecks von Föhr	Rickmer Jürgensen v.Föhr,Steuerm. Rolof Lorenzen v.Föhr,Speckschn. Boy Jürgens v.Föhr,Speckschneider Boy Jürgens v.Föhr,Harpunier Boy Jansen v.Föhr,Harpunier Cornelis Petersen v.Föhr,Harpunier Jürgen Hinrichs v.Föhr,Schiemann Rolof Boysen v.Föhr,Matrose Arian Ariansen v.Föhr,Matrose Johann Hinrichs v.Föhr,Matrose Boy Boysen v.Föhr,Matrose Peter Jansen v.Föhr,Matrose Friedrich Ariansen v.Föhr,Matrose Johannes Hansen v.Föhr,Matrose Paul Petersen v.Föhr,Matrose Friedrich Ariansen v.Föhr,Matrose Riewert Broersen v.Föhr,Kochsmaat Cornelis Broersen v.Föhr,Schiffsj. Frerck Broersen v.Föhr,Schiffsjge.	ebenda,26.3.1771 Rückk.:2.8.1771 Ertr.:3 Wale = 120 Quard.Tran u. 2900 Pfd.Barten
De Sara Galley Besatzung:25 Wal-u.Robbenfänger Hendrick Nannings von Föhr	Rolof Willms v.Föhr,Steuermann Volkert Peters v.Föhr,Speckschneid. Broer Nannings v.Föhr,Harpunier Hinrich Frercks v.Föhr,Harpunier Broer Cornelissen v.Föhr,Koch Rieck Broersen v.Föhr,Schiemann Arian Frercks v.Föhr,Matrose Arian Dircks v.Föhr,Matrose Jürgen Carstens v.Föhr,Kochsmaat Johann Peters v.Föhr,Schiffsjunge	ebenda,26.3.1771 Rückk.:20.8.1771 Ertrag:73 Robben = 4 Quardel. Tran

Schiff/Kommandeur	Name/Herkunft/Rang der Seeleute	Fangergebnis
De St.Peter Besatzung:44 Walfänger Rickmer Boysen von Föhr	Michel Volkers v.Föhr,Steuermann Jürgen Nannings v.Föhr,Speckschn. Andreas Volkers v.Föhr,Speckschn. Ocke Frercks v.Föhr,Harpunier Lorenz Hinrichs v.Föhr,Harpunier Johann Jürgens v.Föhr,Harpunier Volker Volkerts v.Föhr,Bootsmann Riewert Hinrichs v.Föhr,Schiemann Nanning Cornelissen v.Föhr,Koch Nanning Rolofs v.Föhr,Matrose Clas Cornelis v.Amrum,Matrose Willm Cornelis v.Amrum,Matrose Hinrich Flohr v.Föhr,Matrose Peter Broersen v.Föhr,Matrose Hinrich Volkers v.Föhr,Matrose Peter Petersen v.Föhr,Kochsmaat Martin Rolofs v.Föhr,Schiffsjunge	ebenda,23.3.1771 Rückk.:3.10.1771 Ertrag:1 1/2 Wale = 86 1/2 Qu. Tran u.1852 Pfd. Barten
De Jonge Johannes Besatzung:44 Walfänger Broer Broersen von Föhr	Cornelis Arians de Jonge v.Föhr, Steuermann Cornelis Riecks v.Föhr,Speckschn. Arian Cornelis v.Föhr,Speckschn. Jurian Hendricks v.Föhr,Harpunier Jan Clasen v.Föhr,Harpunier Boy Hendricks v.Föhr,Harpunier Cornelis Jacobs v.Föhr,Bootsmann Peter Frercks v.Föhr,Schiemann Jacob Cornelis v.Föhr,Matrose Hendrick Peters v.Föhr,Matrose Broer Broersen v.Föhr,Matrose Broer Volkerts v.Föhr,Matrose Peter Jansen v.Röm,Matrose Boy Jürgens v.Föhr,Matrose Hendrick Peters v.Föhr,Matrose Arian Cornelis v.Föhr,Kochsmaat Broer Riewerts v.Föhr,Schiffsjunge	ebenda,23.3.1771 Rückk.:7.9.1771 Ertrag:7 Wale = 150 1/2 Quard. Tran u.2580 Pfd. Barten
De Griepenstein Besatzung:45 Walfänger Lorenz Riecks von Föhr	Riewert Boysen v.Föhr,Steuermann Ocke Lorenz v.Föhr,Speckschneider Rieck Volkers v.Föhr,Speckschneid. Jürgen Boysen v.Föhr,Harpunier Peter Riewerts v.Föhr,Harpunier Hinrich Jansen v..Föhr,Harpunier Rolof Rolofsen v.Föhr,Bootsmann Peter Hinrichs v.Föhr,Koch Peter Boysen v.Föhr,Schiemann Dirck Rolofs v.Föhr,Matrose Peter Hinrichs v.Föhr,Matrose Jacob Marksen v.Föhr,Matrose Lorenz Ariansen v.Föhr,Matrose Riewert Cornelissen v.Föhr,Matrose Cornelis Marcks v.Föhr,Kochsmaat Rolof Lorenz v.Föhr,Schiffsjunge	ebenda,22.3.1771 Rückk.:4.10.1771 Ertrag:1 Wal = 28 1/2 Quardel. Tran

Schiff/Kommandeur	Name/Herkunft/Rang der Seeleute	Daten/Quelle Fangergebnis
De Frau Agneta Besatzung:41 Walfänger Cornelis Riewerts von Amrum	Peter Riewerts v.Amrum,Steuermann Broer Peters v.Amrum,Speckschneid. Boy Boysen v.Amrum,Speckschneider Arian Boysen v.Amrum,Harpunier Rolof Simons v.Amrum,Harpunier Cornelis Jansen v.Amrum,Harpunier Jacob Simonsen v.Amrum,Schiemann Boy Urbans v.Amrum,Koch Dirck Jurians Groot v.Amrum,Matro. Boy Jansen v.Amrum,Matrose Clas Willms v.Amrum,Matrose Rieck Tönnes v.Amrum,Matrose Dirck Urbans v.Amrum,Matrose Riewert Cornelis v.Amrum,Schiffsj.	ebenda,19.3.1771 Rückkehr:3.10. 1771 Ertrag:9 1/2 Quardel.Tran; nähere Angaben fehlen.
De Jungfrau Sara Besatzung:44 Walfänger Jan Geerdts	Peter Jacobs v.Föhr,Speckschneider Die Ortsangabe konnte durch die Liste von 1772 ergänzt werden.In der Skibsliste(RAK)ist der Seemann nicht registriert.	ebenda,26.2.1771 Rückk.:6.10.1771 ohne Ertrag
De Patriot Besatzung:43 Walfänger Severin Andresen	Hendrick Cornelis v.Föhr,Speckschn. Jürgen Cornelis v.Föhr,Speckschn. Jacob Cornelis v.Föhr,Harpunier Paul Jansen v.Husum,Matrose Johannes Peters v.Husum,Matrose	ebenda,14.2.1771 Rückk.:17.9.1771 Ertr.:4 Wale= 105 Quard.Tran u. 2040 Pfd.Barten
De Jgfr.Magdalena Besatzung:41 Wal-u.Robbenfänger Johann Nicolaus Steinmetz	Cornelis Hendricks v.Föhr,Harpunier Cornelis Broersen v.Föhr,Harpunier	ebenda,11.2.1771 Rückk.:20.8.1771 Ertr.: 1/6 Wal u.90 Robben=18 Quard.Tran u. 263 Pfd.Barten
De Hoopende Land- mann Besatzung:45 Walfänger Gald Doeden Visser	Boy Peters v.Föhr,Steuermann Dirck Arians v.Föhr,Speckschneider Jan Riecks v.Föhr,Speckschneider Peter Hendricks v.Föhr,Harpunier Boy Hayen v.Föhr,Harpunier Hinrich Boysen v.Föhr,Kochsmaat	ebenda,14.2.1771 Rückk.:2.10.1771 Ertr.:2 Wale= 38 Quard.Tran
De Jonge Jacob Besatzung:45 Walfänger Wiebe Wessels	Jürgen Hinrichs v.Föhr,Speckschn. Lorenz Jürgens v.Föhr,Speckschn. Riewert Riewert v.Föhr,Harpunier Johann Lorenz v.Föhr,Harpunier Riewert Riewerts v.Föhr,Bootsmann Hans Egidius v.Röm,Matrose Riewert Riewerts v.Föhr,Kochsmaat	ebenda,15.3.1771 Rückk.:4.10.1771 Ertrag:3 Wale = 116 1/2 Quard. Tran
De Hoopende Visser Besatzung:44 Walfänger Gerrit Jansen	Riewert Peters v.Föhr,Speckschneid. Riewert Nannings v.Föhr,Harpunier	ebenda,März 1771 Rückk.:5.10.1771 Ertr.:3 Wale= 104 Quard.Tran
De Hoop op den Walvis Besatzung:44 Walfänger Gerd Eyssen	David Jan Hendricks v.Föhr,Koch Boy Boysen v.Amrum,Matrose Christian Juriansen v.Röm,Matrose Jurian Christiansen v.Röm,Matrose Johann Hendricks v.Föhr,Matrose Riewert Cornelissen v.Föhr,Matrose	ebenda,28.2.1771 Rückk.:4.10.1771 ohne Ertrag

Schiff/Kommandeur	Name/Herkunft/Rang der Seeleute	Daten/Quelle Fangergebnis
De König Salomon Besatzung:44 Walfänger Willem Hendricks	Johann Leenderts v.Amrum,Harpunier Cornelis Clement v.Amrum,Matrose	ebenda,März 1771 Rückk.:4.10.1771 ohne Ertrag
De Frau Maria Elisabeth Besatzung:45 Walfänger Jacob Jansen	Cornelis Peters v.Sylt,Koch Johann Willms v.Föhr,Matrose Ketel Hansen v.Föhr,Matrose	ebenda,28.2.1771 Rückk.4.10.1771 ohne Ertrag
De Niuwe Witte Voss Besatzung:44 Walfänger Steffen Jansen	Nanning Nannings v.Föhr,Speckschn. Arian Cornelis v.Föhr,Speckschn. Cornelis Arians v.Föhr,Schiffsjge Die Ortsangaben sind durch andere Listen ergänzt worden.In der Skibsliste sind sie nicht registriert.	ebenda,undat. 1771 Rückk.4.10.1771 Ertr.:1 Wal = 7 Quard.Tran
De Concordia Besatzung:45 Walfänger Davisstraße Obbe Edkes	Peter Christian Beuks v.Sylt,Matr.	ebenda,13.2.1771 Rückk.:3.10.1771 Ertr.:21 1/2 Qu. Tran;sie sind von einem Havaristen im Seegebiet um Grönland geborgen worden.
De Jacobus Besatzung:40 Walfänger Volkert Clasen	Jens Carstens v.Föhr,Speckschneid. Jan Hansen v.Föhr,Speckschneider+ Asmus Petersen v.Husum,Matrose	ebenda,14.2.1771 Rückk.:8.9.1771 Ertr.:8 1/2 Qu. Tran
De Morgenstern Besatzung:45 Wal-u.Robbenfänger Johann Nicolaus Steinmetz jr.	Hinrich Cornelissen v.Föhr,Speck.	ebenda,12.2.1771 Rückk.:17.8.1771 Ertr.:1/3 Wal u. 160 Robben=41 Qu. Tran u.525 Pfd. Barten
De Jgfr.Anna Elisabeth Besatzung:43 Wal-u.Robbenfänger Christopher Hasselmann	Daniel Richard Knüttel v.Föhr,StM Jürgen Ariansen v.Föhr,Speckschn. Nanning Jansen v.Föhr,Speckschn. Friedrich Rolofs v.Föhr,Harpunier Rolof Dircks v.Föhr,Harpunier	ebenda,13.2.1771 Rückk.:5.8.1771 Ertr.:2 Wale u. 90 Robben=52 1/2 Quard.Tran
De Witte Falck Besatzung:43 Wal u.Robbenfänger Jochim Hinrich Hasselmann	Hinrick Broerssen v.Föhr,Steuerm. Hinrich Cornelissen v.Föhr,Speck. Jan Broersen v.Föhr,Harpunier Clas Frercks v.Föhr,Harpunier Willm Hendricks v.Föhr,Harpunier	ebenda,13.2.1771 Rückk.:7.9.1771 Ertr.:1 Wal u. 500 Robben=38 Quard.Tran
De Witte Peerd Besatzung:45 Walfänger Martin Jansen	Jacob Riecks v.Föhr,Speckschneider Cornelis Cornelissen v.Föhr,Harp.	ebenda,23.3.1771 Rückk.:3.10.1771 ohne Ertrag

385

Schiff/Kommandeur	Name/Herkunft/Rang der Seeleute	Daten/Quelle Fangergebnis
De Jonge Visser Besatzung:45 Walfänger Witge Jelles	Willm Willms v.Föhr,Speckschneider Hendrick Riewerts v.Föhr,Harpunier Simon Fredericks v.Föhr,Harpunier Willm Willms v.Föhr,Kochsmaat	ebenda,16.2.1771 Rückk.:30.8.1771 Ertr.:6 Wale= 161 Quard.Tran
De Twe Gesüster Besatzung:45 Walfänger Tipke Tönnies	Frerck Peters v.Föhr,Speckschneid. Paulus Jansen v.Föhr,Speckschneid. Jacob Riewerts v.Föhr,Harpunier Johann Riewerts v.Föhr,Harpunier Casper Peters v.Helgoland,Matrose	ebenda,25.3.1771 Rückk.:2.10.1771 Ertr.:1 Wal=14 Quar.Tran u.300 Pfd.Barten
De Jungfrau Clara Besatzung:37 Wal-u.Robbenfänger Hidde Dircksen Katt	Peter Hinrichs v.Föhr,Bootsm.u.Hp. Cornelis Cornelissen v.Föhr,Speck. Ocke Johannes v.Föhr,Speckschneid. Hinrich Petersen v.Föhr,Harpunier Cornelis Cornelissen v.Föhr,Harp.	ebenda,14.2.1771 Rückk.:6.8.1771 ohne Ertrag
De Frau Elisabeth Besatzung:44 Wal-u.Robbenfänger Clas Jansen Ney	Hans Johannes v.Föhr,Steuermann Jacob Boysen v.Föhr,Speckschneid. Johann Johannes v.Föhr,Harpunier Jürgen Cornelis v.Föhr,Harpunier	ebenda,14.2.1771 Das Schiff ging im Seegebiet um Grönland,"um die Ost"verloren. St.Ham,Hand- schrift 263,S.127 Die Mannschaft scheint gerettet worden zu sein.

Schiff/Kommandeur	Name/Herkunft/Rang der Seeleute	Daten/Quelle Fangergebnis
De Jonge Margaretha Besatzung:25 Wal-u.Robbenfänger Hans Hansen Carl von Röm	Johann Hansen v.Röm,Steuermann Peter Carl v.Röm,Bootsmann Andreas Matthiessen v.Röm,Koch Michel Carstens v.Röm,Harpunier Jürgen Carstens v.Röm,Matrose Marcus Jensen Toft v.Röm,Matrose Hans Jensen v.Röm,Matrose Niels Hansen v.Röm,Matrose Carsten Michels v.Röm,Schiffsjge.	StAHam,Archiv des Wasser- schouts,I.A.1.d. 20.2.1772 Rückk.:21.7.1772 Ertr.:1200 Rob- ben=126 Quardel. Tran
De Martin Besatzung:36 Wal-u.Robbenfänger Hans Michel Jaspers von Röm	Carsten Jürgen Leest v.Röm,Steuer. Siebrandt Hansen Falck v.Röm,BM Hans Hansen Falck v.Röm,Koch Jacob Lorenzen v.Föhr,Speckschneid. Johannes Jaspers v.Röm,Harpunier Lorenz Cornelissen v.Röm,Harpunier Michel Carstens v.Röm,Harpunier Simon Petersen v.Röm,Matrose Carsten Petersen v.Röm,Matrose Jasper Carstens v.Röm,Matrose Peter Egidius v.Röm,Kochsmaat Jasper Hans Michels v.Röm,Schiffsj.	ebenda,11.2.1772 Rückk.:16.7.1772 Ertr.:2258 Rob- ben=130 Quard. Tran
De Anna Besatzung:34 Wal-u.Robbenfänger Thomas Zwen von Röm	Peter Petersen Decker v.Röm,StM Hans Siebrandts.Möller v.Röm,ZM Peter Hansen Röms v.Röm,Koch Johann Carst.Prest v.Röm,Harpunier Wilhelm Cornelis v.Bröns,Matrose Andreas Andres.Cornelis v.Scherre- beck,Matrose Siebrandt Peters v.Röm,Matrose Jasper Sörens v.Röm,Matrose Jan Hansen v.Röm,Matrose+ Hans Peters v.Scherrebeck,Kochsm. Cornelis Peters v.Röm,Schiffsjunge	ebenda,12.2.1772 Rückk.:16.7.1772 Ertr.:1800 Rob- ben=218 Quard. Tran
De Johannes Besatzung:37 Wal-u.Robbenfänger Michel Michels von Röm	Jürgen Jessen v.Röm,Steuermann Friedrich Clasen v.Föhr,Speckschn. Christian Jurians v.Röm,Harpunier Carsten Petersen von Röm,Harpunier Hans Hansen v.Bröns,Zimmermann Willm Hansen v.Röm,Matrose Andreas Michel Peters v.Röm,Matr. Andreas Carstens v.Röm,Matrose Jürgen Jaspers v.Röm,Schiffsjunge	ebenda,12.2.1772 Rückk.:6.7.1772 Ertr.:3122 Rob- ben=261 Quard. Tran
De Hoffnung und Geduld Besatzung:35 Wal-u.Robbenfänger Peter Andresen von Röm	Clas Michels v.Röm,Steuermann Jacob Lorenzen v.Röm,Zimmermann Moritz Michelsen v.Röm,Bootsmann Lorenz Andresen v.Röm,Koch Jan Willms v.Föhr,Speckschneider Johann Jost v.Röm,Harpunier Rasmus Truelsen v.Röm,Harpunier Gottfried Moritz v.Röm,Matrose Andreas Carstens v.Röm,Matrose Lorenz Lorenzen v.Röm,Matrose Lorenz Cornelissen v.Röm,Matrose+ Michel Petersen v.Röm,Kochsmaat Cornelis Petersen v.Röm,Schiffsj.	ebenda,11.2.1772 Das Schiff ist verunglückt; nähere Angaben fehlen,StAHam, Handschrift 263, S.130.

Schiff/Kommandeur	Name/Herkunft/Rang der Seeleute	Daten/Quelle Fangergebnis
De Fief Gebröder Besatzung:38 Wal-u.Robbenfänger Peter Tönnes von Röm	Peter Cornelissen v.Röm,Steuermann Ocke Lorenzen v.Föhr,Speckschneid. Rolof Jansen v.Föhr,Harpunier Peter Gerd Jürgens v.Röm,Harpunier Hans Peters v.Röm,Bootsmann Hans Cornelissen v.Röm,Koch Peter Hansen Leest v.Röm,Matrose Cornelis Petersen v.Röm,Matrose Boy Frercks v.Föhr,Matrose Jens Andresen v.Röm,Kochsmaat Jens Matthiessen v.Röm,Schiffsjge.	ebenda,17.2.1772 Rückk.:11.7.1772 Ertr.:6 Wale u. 454 Robben = 224 1/2 Quard. Tran u.4366 Pfd. Barten
De Jonge Maria Besatzung:33 Wal-u.Robbenfänger Jan Lamberts von Röm	Carsten Lamberts v.Röm,Steuermann Hans Erick Andresen v.Röm,Zimmerm. Peter Hansen v.Röm,Bootsmann Peter Michels v.Röm,Koch Hans Cornelissen v.Röm,Harpunier Jacob Jessen v.Röm,Harpunier Carsten Eggers v.Röm,Matrose Peter Jansen v.Röm,Matrose Rasmus Jansen v.Röm,Matrose Siebrandt Jansen v.Röm,Matrose Ippe Hansen v.Röm,Matrose Carsten Hansen v.Röm,Kochsmaat Jens Peters v.Röm,Schiffsjunge	ebenda,12.2.1772 Rückk.:29.5.1772 Ertr.:800 Robben = 35 Quard.Tran
De Frau Agatha Besatzung:39 Wal-u.Robbenfänger Peter Michels von Röm	Rasmus Lassen v.Röm,Steuermann Carsten Jaspers v.Röm,Zimmermann Albert Jansen v.Röm,Bootsmann Cornelis Lorenzen v.Röm,Koch Peter Thiessen Bohn v.Sylt,Speck. Cornelius Carstens v.Röm,Harpunier Hans Cordtsen v.Ballum,Harpunier Carsten Zwen v.Röm,Matrose Albert Jansen v.Röm,Matrose Johann Hansen v.Röm,Matrose Cordt Ottsen v.Röm,Matrose Peter Hansen v.Röm,Matrose Clas Peters v.Röm,Matrose Andreas Petersen v.Röm,Kochsmaat Hans Peters v.Röm,Schiffsjunge	ebenda,15.2.1772 Rückk.:6.7.1772 Ertr.1050 Robben= 114 Quard.Tran

De Frau Elisabeth Besatzung:35 Wal-u.Robbenfänger Carsten Jürgens Holm von Röm	Siebrandt Jürgens v.Röm,Steuermann
	Cord Siebrandts v.Röm,Zimmerm.-Maat
	Peter Hansen v.Röm,Bootsmann
	Peter Michel Tagholm v.Röm,Koch
	Rolof Cornelis v.Föhr,Speckschn.
	Andreas Jürgens Bundes v.Röm,Speck.
	Cord Matthiessen v.Bodsbüll/Ballum,
	        Matrose
	Aude Bartumsen v.Bodsbüll/Ballum,
	        Matrose
	Jost Matthiessen v.Röm,Matrose
	Matthias Andresen v.Röm,Matrose
	Jürgen Carstens v.Röm,Matrose
	Christian Peters.Leest v.Röm,KM
	Cornelis Jürgens v.Röm,Schiffsjge.
		ebenda,15.2.1772
		Rückk.:16.8.1772
		Ertr.:3400 Robben=134 Quard.
		Tran

Schiff/Kommandeur	Name/Herkunft/Rang der Seeleute	Daten/Quelle Fangergebnis
De Maria Susanna Besatzung:43 Wal-u.Robbenfänger Matthias Jessen von Röm.Er war 1771 Steuermann des Wal-und Robben- fängers"De Fief Gebröder".	Jasper Jansen v.Röm,Steuermann Cornelis Arians de Jonge v.Föhr, 　　　　　　　Speckschneider Rolof Riewerts v.Föhr,Harpunier Carsten Becker v.Röm,Harpunier+ Hans Jürgens v.Röm,Harpunier Jost Matthiessen v.Röm,Bootsmann Carsten Petersen v.Röm,Koch Carsten Petersen v.Röm,Matrose Arian Cornelis v.Föhr,Matrose Siebrandt Hans.Möller v.Röm,Matro. Niels Petersen v.Röm,Schiffsjunge	ebenda,11.2.1772 Rückk.:11.7.1772 Ertr.:3 Wale u. 2000 Robben = 255 Quard.Tran u.2549 Pfd.Bar- ten
De Sara Cäcilia Besatzung:39 Wal-u.Robbenfänger Hans Petersen von Röm	Peter Carstens v.Röm,Steuermann Jan(Jürgen+)Jacobs v.Föhr,Specksch. Peter Hans Jürgens v.Sylt,Specksch. Cornelis Cornelis.Leest v.Röm,BM Cordt Cornelissen v.Sylt,Koch Lorenz Hansen v.Röm,Matrose Joh.Peter Abelgaard v.Sylt,Matrose Christian Hansen v.Ballum,Matrose Emanuel Blohm v.Tondern,Matrose Albert Corn.Hansen v.Röm,Schiffsj.	ebenda,12.2.1772 Rückk.:11.7.1772 Ertr.:5000 Rob- ben=241 Quard. Tran
De Concordia Besatzung:39 Wal-u.Robbenfänger Peter Zwen von Röm	Engelbrecht Carstens v.Röm,Steuerm. Michel Hansen v.Röm,Koch Cornelis Peters v.Röm,Harpunier Peter Thomsen v.Röm,Matrose Boy Cornelissen v.Röm,Matrose Siebrandt Nicolassen v.Röm,Matrose Thomas Petersen v.Röm,Matrose Jost Matthiessen v.Röm,Matrose Christian Geerdsen v.Röm,Matrose Niels Petersen v.Röm,Matrose Christian Johannsen v.Röm,Matrose Hendrik Mohns v.Röm,Matrose Johann Hansen v.Röm,Matrose Peter Hansen v.Röm,Matrose Jürgen Hansen v.Röm,Matrose Peter Michels v.Röm,Matrose Jasper Cornelissen v.Röm,Matrose Peter Siebrandsen v.Röm,Kochsmaat Zwen Hansen v.Röm,Schiffsjunge	ebenda,12.2.1772 Rückk.:17.7.1772 Ertr.:186 1/2 Quard.Tran; nähere Angaben fehlen.
De Mercurius Besatzung:41 Wal-u.Robbenfänger Peter Michel Jas- pers von Röm	Hans Christian Jaspers v.Röm,StM Jacob Rolofs v.Föhr,Speckschneid. Jasper Carstens v.Röm,Harpunier Carsten Peters v.Röm,Bootsmann Jürgen Cornelis de Jonge v.Föhr, 　　　　　　　Harpunier Clement Carstens v.Röm,Matrose Matthias Carstens v.Röm,Schiffsj.	ebenda,14.2.1772 Rückk.:11.7.1772 Ertr.:1 Wal u. 2380 Robben = 260 Quard.Tran u.1238 Pfd.Bar- ten

Schiff/Kommandeur	Name/Herkunft/Rang der Seeleute	Daten/Quelle Fangergebnis
De Zwaan Besatzung:34 Wal-u.Robbenfänger Matthias Zwen von Röm	Andreas Jürgensen v.Röm,Steuerm. Lorenz Michelsen v.Röm,Bootsmann Siebrandt Matthiessen v.Röm,Koch Michel Jürgens v.Röm,Speckschn. Cornelis Peters.Schoff v.Bröns,Ma. Carsten Jaspers v.Röm,Matrose Peter Peters.Tagholm v.Röm,Matrose Peter Peters.Holm v.Röm,Matrose Jürgen Jürgens v.Röm,Kochsmaat Hans Petersen v.Röm,Schiffsjunge	ebenda,12.2.1772 Rückk.:16.7.1772 Ertr.:2000 Robben=235 Quard. Tran
De Bloyende Hoop Besatzung:42 Wal-u.Robbenfänger Jürgen Zwen von Röm	Cornelis Jürgens v.Röm,Steuermann Jürgen Riewerts v.Föhr,Speckschn. Dirck Boysen v.Föhr,Speckschneid. Jürgen Hansen Bundes v.Röm,Harp. Hans Johannsen v.Röm,Harpunier Hans Jaspers v.Röm,Harpunier Andreas Cornelis v.Röm,Zimmermann Riewert Jürgens v.Föhr,Matrose Christian Johannsen v.Röm,Matrose Cornelis Jürgens v.Röm,Matrose Peter Christiansen v.Röm,Kochsmaat Peter Cornelissen v.Röm,Schiffsjge	ebenda,15.2.1772 Rückk.:14.7.1772 Ertr.:1 Wal u. 950 Robben = 226 1/2 Quard. Tran u.1315 Pfd. Barten
De Jungfrau Maria Besatzung:38 Wal-u.Robbenfänger Zwen Carsten Möller von Röm	Jürgen Cornelissen Bleeg v.Röm, Steuermann Peter Peters v.Röm,Zimmermann Cornelis Peters v.Röm,Bootsmann Peter Jaspers v.Röm,Koch Carsten Jürgens v.Röm,Harpunier Peter Lorenzen Witt v.Röm,Harpun. Peter Lorenz v.Röm,Speckschneider Cordt Peters v.Röm,Matrose Peter Cornelis Falck v.Röm,Matrose Matthias Nicolassen v.Tondern,Mat. Carsten Peters v.Röm,Matrose Jasper Peters v.Röm,Kochsmaat Peter Zwen v.Röm,Schiffsjunge	ebenda,15.2.1772 Rückk.:8.7.1772 Ertr.:1428 Robben = 166 Quard. Tran
De Twe Jonge Hermans Besatzung:38 Wal-u.Robbenfänger Peter Andresen Leest von Röm	Johann Andresen Leest v.Röm,Steuer. Simon Matthiessen v.Föhr,Specksch. Erick Hansen v.Röm,Harpunier Lorenz Lorenzen v.Röm,Harpunier Thomas Peters v.Röm,Harpunier Andreas Hansen v.Röm,Matrose Matthias Jansen v.Röm,Matrose Andreas Abelgaard v.List/Sylt,Mat. Peter Jürgens v.Röm,Schiffsjunge	ebenda,15.2.1772 Rückk.:13.7.1772 Ertr.:983 Robben=183 Quard. Tran
De Sara Galley Besatzung:25 Wal-u.Robbenfänger Hendrik Nannings von Föhr	Rolof Willms v.Föhr,Steuermann Volkert Peters v.Föhr,Speckschneid Broer Nannings v.Föhr,Harpunier Peter Volkerts v.Föhr,Zimmermann Hinrick Frercks v.Föhr,Bootsm.u.H. Arian Frercks v.Föhr,Koch Rieck Broersen v.Föhr,Schiemann Johann Petersen v.Föhr,Schiffsjge. Die Herkunftsbezeichnungen und die Funktionen sind teilweise nach der Skibsliste(RAK) verändert worden.	ebenda,21.2.1772 Rückk.:17.7.1772 Ertr.:1 Wal = 56 1/2 Quardel. Tran u.1195 Pfd. Barten

Schiff/Kommandeur	1772 Name/Herkunft/Rang der Seeleute	Daten/Quelle Fangergebnis
De Jonge Geertruy Besatzung:44 Walfänger Boy Rickmers de Jonge von Föhr	Cornelis Rickmers v.Föhr,Steuerm. Gottfried Ernst v.Föhr,Speckschn. Nanning Rolofs v.Föhr,Speckschn. Arian Jurians v.Föhr,Harpunier Peter Hendricks v.Föhr,Harpunier Dirck Jurians v.Föhr,Zimmerm.u.H. Lorenz Arians v.Föhr,Bootsm.u.H. Rolof Rolofs(Dircks+)v.Föhr,Koch Rolof Boysen v.Föhr,Matrose Hinrick Frercks v.Föhr,Matrose Arian Lorenz v.Föhr,Matrose Frerck Hinrichs v.Föhr,Matrose Frerck Jansen v.Föhr,Matrose Peter Boysen v.Föhr,Matrose Jacob Hendricks v.Föhr,Matrose Riewert Flohr v.Föhr,Matrose Peter Tönnes v.Föhr,Matrose Jürgen Cornelis v.Föhr,Matrose Paul Leenderts v.Föhr,Matrose Cornelis Nannings v.Föhr,Kochsmaat Rickmer Petersen v.Föhr,Schiffsj.	ebenda,24.3. 1772 Rückkehr:22.8. 1772 Ertrag:3 Wale= 152 Quard.Tran u.3798 Pfd. Barten
De Griepenstein Besatzung:45 Walfänger Lorenz Riecks von Föhr	Riewert Boysen v.Föhr,Steuermann Peter Cornelis v.Föhr,Speckschn. Rieck Volkerts v.Föhr,Speckschn. Peter Riewerts v.Föhr,Harpunier Jurian Boysen v.Föhr,Harpunier Hendrick Jansen v.Föhr,Harpunier Rolof Rolofs v.Föhr,Bootsmann Boy Ariansen v.Föhr,Schiemann Peter Hendricks v.Föhr,Koch Jacob Marks v.Föhr,Matrose Dirck Rolofs v.Föhr,Matrose Hinrick Petersen v.Föhr,Matrose Rolof Clasen v.Föhr,Matrose Rolof Lorenzen v.Föhr,Matrose Arian Petersen v.Föhr,Kochsmaat Riewert Clasen v.Föhr,Schiffsjge.	ebenda,19.3. 1772 Rückkehr:22.8. 1772 Ertrag:1 1/2 Wale=74 Quard. Tran u.2314 Pfd. Barten
De Jonge Johannes Besatzung:44 Walfänger Broer Broersen von Föhr	Arian Dircks v.Föhr,Steuermann Cornelis Rickmers v.Föhr,Specksch. Friedr.Hendricks v.Föhr,Speckschn. Jan Clasen v.Föhr,Harpunier Boy Hendricks v.Föhr,Harpunier Jurian Hendricks v.Föhr,Harpunier Cornelis Jacobs v.Föhr,Bootsmann Peter Frercks v.Föhr,Schiemann Cornelis Jansen v.Föhr,Koch Jacob Cornelis v.Föhr,Matrose Boy Cornelis v.Föhr,Matrose Broer Volkerts v.Föhr,Matrose Dirck Arians v.Föhr,Matrose Johannes Boysen v.Föhr,Matrose Broer Broersen v.Föhr,Matrose Cornelis Jacobs v.Föhr,Kochsmaat Broer Riewerts v.Föhr,Schiffsjunge	ebenda,21.3.1772 Rückk.:15.8.1772 Ertrag:3 1/2 Wale=157 Quard. Tran u.3663 Pfd. Barten

Schiff/Kommandeur	Name/Herkunft/Rang der Seeleute	Daten/Quelle Fangergebnis
De Frau Margaretha Besatzung:45 Walfänger Jurian Riecks von Föhr	Boy Jürgens v.Föhr,Steuermann Rolof Lorenzen v.Föhr,Speckschn. Boy Jurians v.Föhr,Speckschneider Cornelis Petersen v.Föhr,Harpun. Boy Jansen v.Föhr,Harpunier Arian Ariansen v.Föhr,Harpunier Lütje Jannen v.Föhr,Zimmermann Jurian Hendricks v.Föhr,Schiemann Paul Peters v.Föhr,Matrose Johann Lütjen v.Föhr,Matrose Johann Hinricks v.Föhr,Matrose Rolof Boysen v.Föhr,Matrose Boy Boysen v.Föhr,Matrose Jacob Jacobsen v.Föhr,Matrose Carsten Rolofs v.Föhr,Matrose Jacob Rolofs v.Föhr,Matrose Frerck Arians v.Föhr,Matrose Cornelis Broersen v.Föhr,Matrose Peter Jansen v.Föhr,Matrose Riewert Broersen v.Föhr,Matrose Jannes Hansen v.Föhr,Kochsmaat Peter Davids v.Föhr,Schiffsjunge	ebenda,20.3.1772 Rückk.:17.8.1772 Ertrag:4 Wale= 230 Quard.Tran u.6210 Pfd.Bar- ten
De St.Peter Besatzung:44 Walfänger Volkert Boysen von Föhr.Für seine Herkunft von Föhr spricht die neben- stehende Mann- schaftsliste.Als Steuermann ist er in der Hamburger Grönlandfahrt nicht nachweisbar.	Michel Volkerts v.Föhr,Steuermann Jacob Rickmers v.Föhr,Speckschn. Andreas Volkers v.Föhr,Speckschn. Volker Volkers v.Föhr,Harpunier Ocke Frercks v.Föhr,Harpunier Lorenz Hinricks v.Föhr,Harpunier Jacob Flohr v.Föhr,Bootsmann Riewert Hendricks v.Föhr,Schiemann Nanning Cornelissen v.Föhr,Koch Nanning Rolofs v.Föhr,Matrose Willm Cornelis v.Amrum,Matrose Paul Boysen v.Föhr,Matrose Peter Broersen v.Föhr,Matrose Hendrick Volkerts v.Föhr,Matrose Martin Rolofs v.Föhr,Matrose Cornelis Peters v.Föhr,Matrose Boy Peters v.Föhr,Matrose Peter Petersen v.Föhr,Kochsmaat Philipp Peters v.Föhr,Schiffsj.+	ebenda,17.3.1772 Rückk.:14.8.1772 Ertrag:7 Wale= 288 Quard.Tran u.6923 Pfd.Bar- ten
De Jgfr.Anna Maria Besatzung:39 Wal-u.Robbenfänger Hans Hansen Tön- nies von Sylt.Er wurde bisher unter Röm geführt.Tön- nies heiratete aber am 21.11.1771 Margarethe Jürgen- sen von List/Sylt und verlegte sei- nen Wohnsitz nach dort.	Johann Lorenzen v.Röm,Steuermann Riewert Cornelissen v.Föhr,Harp. Jasper Michel Möller v.Röm,Harp. Jens Hansen v.Röm,Harpunier Marcus v.Beyern v.Föhr,Speckschn.+ Johann Lorenzen v.Sylt,Matrose Carl Tönnies v.Röm,Matrose Cornelis Tönnes v.Röm,Matrose Jens Rasmussen v.Sylt,Matrose Peter Jürgensen v.List/Sylt,Schj.	ebenda,12.2.1772 Rückk.:28.7.1772 Ertrag:1150 Rob- ben=169 Quard. Tran

Schiff/Kommandeur	Name/Herkunft/Rang der Seeleute	Daten/Quelle Fangergebnis
De Frau Agneta Besatzung:43 Walfänger Cornelis Riewerts von Amrum,er gibt den Walfang künft. auf,wird Bürger in Hbg.(Hbg.Bürger- buch,30.4.1773)u. geht mit diesem Schiff auf Handels- fahrt;s.Prot.des Wasserschouts v. 8.5.1773,Reise d. Schiffes v.Hbg. n. Archangelsk.	Peter Riewerts v.Amrum,Steuermann Broer Peters v.Amrum,Speckschneid. Arian Boysen v.Amrum,Speckschneid. Jacob Simonsen v.Amrum,Harpunier Peter Nannings v.Amrum,Harpunier Jürgen Boysen v.Amrum,Harpunier Clas Boysen v.Amrum,Zimmerm.-Maat Cornelis Cornelissen v.Amrum, Schiemann Boy Boysen v.Amrum,Koch Boy Simonsen v.Amrum,Matrose Peter Jürgens v.Amrum,Matrose Riewert Cornelis v.Amrum,Matrose Cornelis Frercks v.Föhr,Matrose Boy Jansen v.Amrum,Matrose Johann Bendixen v.Amrum,Schiffsj.	ebenda,23.3.1772 Rückk.:4.9.1772 Ertrag:3 Wale= 175 Quard.Tran u.4188 Pfd. Barten
De Jungfrau Clara Besatzung:37 Wal-u.Robbenfänger Hidde Dircksen Katt	Hans Johannes v.Föhr,Steuermann Cornelis Cornelissen v.Föhr,Speck. Hinrich Petersen v.Föhr,Speckschn. Peter Henrichs v.Föhr,Harpunier Peter Hinrichs v.Föhr,Bootsmann Cornelis Cornelissen v.Föhr,Schj.	ebenda,12.2.1772 Rückk.:1.7.1772 Ertrag:6 Wale u. 180 Robben = 203 Quard.Tran u.4584 Pfd.Bar- ten
De Patriot Besatzung:43 Wal-u.Robbenfänger Severin Andresen	Hinrich Cornelis v.Föhr,Speckschn. Jürgen Cornelis v.Föhr,Speckschn. Jacob Cornelis v.Föhr,Harpunier Cornelis Cornelissen v.Föhr,Harp. Andreas Christians v.Ballum,BM Matthias Peters.v.Röm,Kochsmaat	ebenda,15.2.1772 Rückk.:17.8.1772. Ertr.:4 Wale u. 1100 Robben = 283 Quard.Tran u.5400 Pfd.Bar- ten
De Twe Gesüster Besatzung:45 Walfänger Tipke Tönnies	Boy Volkerts v.Föhr,Speckschneid. Johann Riewerts v.Föhr,Harpunier Clas Cornelis v.Amrum,Matrose Jacob Hansen v.Amrum,Matrose Christian Hansen v.Amrum,Matrose	ebenda,20.3.1772 Rückk.:22.8.1772 Ertrag:2 Wale = 79 Quard.Tran u.1842 Pfd.Bar- ten
De Jonge Catharina Besatzung:45 Walfänger Davisstraße Jan Geerds	Ocke Jansen v.Föhr,Speckschneider Peter Jacobs v.Föhr,Speckschneider Cornelis Clasen v.Föhr,Harpunier Rickmer Peters v.Föhr,Harpunier Clas Jansen v.Sylt,Matrose Rolof Ockes v.Föhr,Schiffsjunge	ebenda,11.2.1772 Rückk.:15.8.1772 Ertr.:5 Wale= 290 Quard.Tran u.7898 Pfd.Bar- ten
De Hoopende Visser Besatzung:45 Walfänger Gerrit Jansen	Riewert Peters v.Föhr,Speckschneid. Rickmer Nannings v.Föhr,Harpunier	ebenda,11.3.1772 Rückk.:18.8.1772 Ertr.:5 Wale= 236 Quard.Tran u.5522 Pfd.Bar- ten
De Jonge Jacob Besatzung:45 Walfänger Wiebe Wessels	Lorenz Juriansen v.Föhr,Speckschn. Broer Simons v.Föhr,Speckschneider Jan Lorenz v.Föhr,Harpunier Riewert Riewerts v.Föhr,Harpunier Riewert Riewerts v.Föhr,Bootsmann Peter Egidius v.Röm,Matrose Riewert Riewerts v.Föhr,Kochsmaat	ebenda,15.3.1772 Rückk.:17.8.1772 Ertr.:3 1/4 Wal= 203 Quard.Tran u.5152 Pfd.Bar- ten

Schiff/Kommandeur	Name/Herkunft/Rang der Seeleute	Daten/Quelle Fangergebnis
De Niuwe Witte Voss Besatzung:44 Walfänger Steffen Jansen	Cornelis Arians v.Föhr,Schiffsjge. Das Protokoll weist 7 Leerstellen auf.In der Skibsliste(RAK) sind die Seeleute nicht registriert.	ebenda,19.3.1772 Rückk.:2.9.1772 Ertr.: 1 1/3 Wal =64 1/2 Quard. Tran u.910 Pfd. Barten
De Hoop op den Walvis Besatzung:44 Walfänger Gerd Eyssen	Johann Hinrichs v.Röm,Matrose Nicolaus Hansen v.Röm,Matrose Boy Boysen v.Amrum,Matrose	ebenda,17.3.1772 Rückk.:18.8.1772 Ertr.:4 1/2 Wale =209 Quard.Tran u.4926 Pfd.Bar- ten
De Hoopende Land- mann Besatzung:44 Wal-u.Robbenfänger Gald Doeden Visser	Boy Peters v.Föhr,Steuermann Jan Riecks v.Föhr,Speckschneider Peter Hendricks v.Föhr,Speckschn. Boy Hendricks v.Föhr,Harpunier	ebenda,13.2.1772 Rückk.:16.7.1772 Ertr.:4 Wale u. 2285 Robben= 294 Quard.Tran u.4573 Pfd.Bar- ten
De Jgfr.Anna Eli- sabeth Besatzung:43 Wal-u.Robbenfänger Christopher Hassel- mann	Ocke Johannes v.Föhr,Steuermann Nanning Jansen v.Föhr,Speckschn. Rolof Dircks v.Föhr,Harpunier Johann Nannings v.Föhr,Matrose	ebenda,13.2.1772 Rückk.:16.7.1772 Ertr.:6 1/2 Wale u.700 Robben= 268 Quard.Tran u.5529 Pfd.Barten
De Witte Falck Besatzung:43 Wal-u.Robbenfänger Jochim Hinrich Hasselmann	Hendrick Cornelis v.Föhr,Steuermann Clas Frercks v.Föhr,Harpunier Willm Hendricks v.Föhr,Harpunier	ebenda,13.2.1772 Rückk.:17.7.1772 Ertr.:5 Wale u. 1000 Robben= 258 Quard.Tran u. 4578 Pfd.Barten
De Jacobus Besatzung:41 Wal-u.Robbenfänger Volkert Clasen	Andreas Jansen v.Amrum,Harpunier Cornelis Jansen v.Amrum,Harpunier Boy Boysen v.Amrum,Harpunier Clas Willms v.Amrum,Matrose	ebenda,12.2.1772 Rückk.:17.8.1772 Ertr.:3 Wale u. 60 Robben=69 1/2 Quard.Tran u. 1433 Pfd.Barten
De Morgenstern Besatzung:44 Wal-u.Robbenfänger Johann Nicolaus Steinmetz jr.	Hinrich Cornelis v.Föhr,Speckschn. Rolf Willms v.Föhr,Harpunier	ebenda,12.2.1772 Rückk.:13.7.1772 Ertr.:1 Wal u. 1500 Robben=158 Quard.Tran u. 1155 Pfd.Barten
De Jonge Visser Besatzung:45 Walfänger Witge Jelles	Willm Willms v.Föhr,Speckschneid. Hinrich Riewerts v.Föhr,Harpunier Simon Frercks v.Föhr,Harpunier Willm Willms v.Föhr,Kochsmaat Hans(Jürgen+)Willms v.Föhr,Schiffs- junge	ebenda,13.2.1772 Rückk.:19.8.1772 Ertr.:8 1/2 Wale =388 Quard.Tran u.9288 Pfd.Bar- ten
De Frau Hanna Besatzung:43 Walfänger Clas Jansen Ney	Cornelis Jürgens v.Röm,Steuermann Jürgen Ocken v.Föhr,Speckschneider Jürgen Cornelissen v.Föhr,Harpunier Johann Johannsen v.Föhr,Harpunier	ebenda,11.2.1772 Rückk.:1.7.1772 Ertr.:7 Wale = 307 1/2 Quardel. Tran u.7635 Pfd. Barten

Schiff/Kommandeur	Name/Herkunft/Rang der Seeleute	Daten/Quelle Fangergebnis
De Bloyende Hoop Besatzung:42 Wal-u.Robbenfänger Jürgen Zwen von Röm	Cornelis Jürgens v.Röm,Steuermann Jürgen Riewerts v.Föhr,Speckschn. Dirck Boysen v.Föhr,Speckschneid. Engelbrecht Carstens v.Röm,Harpun. Hans Jaspers v.Röm,Harpunier Hans Jansen v.Röm,Harpunier Andreas Cornelis v.Röm,Zimmermann Christian Jansen v.Röm,Zimmerm.-Mt. Siebrandt Ohlsen v.Röm,Matrose Lorenz Clements v.Röm,Matrose Lorenz Jansen v.Röm,Matrose Hans Lorenz v.Röm,Matrose Peter Michels v.Röm,Matrose Matthias Möller v.Röm,Matrose Andreas Peters.Witt v.Röm,Kochsmt. Arian Riewerts v.Föhr,Schiffsjunge	StAHam,Archiv d.Wasserschouts I.A.1.d. 18.2.1773 Rückk.:3.7.1773 Ertr.:2 Wale u. ? Robben = 330 1/2 Quard. Tran
De Anna Besatzung:34 Wal-u.Robbenfänger Thomas Zwen von Röm	Peter Peters.Decker v.Röm,Steuerm. Hans Siebrandts.Möller v.Röm,Zimm. Hans Peters.Holm v.Röm,Bootsmann Hans Cornelissen v.Röm,Koch Peter Clasen v.Röm,Harpunier Jasper Sörensen v.Röm,Harpunier Willm Cornelis v.Bröns,Harpunier Peter Jansen v.Röm,Matrose Jens Hansen v.Röm,Matrose Siebrandt Jansen v.Röm,Matrose Siebrandt Petersen v.Röm,Matrose Hans Peters v.Scherrebeck,Kochsmt. Niels Peters v.Röm,Schiffsjunge	ebenda,15.2.1773 Rückk.:5.7.1773 Ertr.:205 1/2 Quard.Tran; nähere Angaben liegen nicht vor.
De Johannes Besatzung:37 Wal-u.Robbenfänger Michel Michels von Röm	Jürgen Jessen v.Röm,Steuermann Carsten Petersen v.Röm,Harpunier Carsten Jürgens v.Röm,Harpunier Rolofs Hinrichs v.Föhr,Speckschn. Hans Erick Andresen v.Röm,Zimmerm. Siebrandt Cordtsen v.Röm,Matrose Wilm Jansen v.Röm,Matrose Andreas Michel Peters v.Röm,Matrose Andreas Carstens v.Röm,Matrose Christian Christians v.Schads,Matr. Siebrandt Christians,v.Schads,KM Jürgen Jaspers v.Röm,Schiffsjunge	ebenda,10.2.1773 Rückk.:2.7.1773 Ertr.:1 Wal u. ? Robben =266 Quard.Tran
De Martin Besatzung:36 Wal-u.Robbenfänger Hans Michel Jas- pers von Röm	Peter Jürgensen v.Röm,Steuermann Frerck Clasen v.Föhr,Speckschneid. Lorenz Cornelis v.Röm,Harpunier Jürgen Bundes v.Röm,Harpunier Michel Carstens v.Röm,Harpunier Siebrandt Hansen Falck v.Röm,Boots. Hans Hansen Falck v.Röm,Koch Jürgen Cornelissen v.Röm,Matrose Jasper Carstens v.Röm,Matrose Peter Cornelissen v.Röm,Matrose Christian Peters v.Röm,Matrose Andreas Matthiessen v.Röm,Matrose Jasper Hansen v.Röm,Schiffsjunge	ebenda,12.2.1773 Rückk.:6.7.1773 Ertr.: 1/2 Wal u.? Robben = 159 1/2 Quard. Tran

Schiff/Kommandeur	Name/Herkunft/Rang der Seeleute	Daten/Quelle Fangergebnis
De Maria Susanna Besatzung:43 Wal-u.Robbenfänger Matthias Jessen von Röm	Jasper Hansen v.Röm,Steuermann Cornelis Arians de Jonge v.Föhr, Speckschneider Carsten Peters v.Röm,Koch Rolof Riewerts v.Föhr,Harpunier Peter Jessen v.Röm,Harpunier Hans Jürgensen v.Röm,Matrose Cornelis Peters v.Röm,Matrose Peter Moritzen v.Röm,Matrose Siebrandt Hansen v.Röm,Matrose Jost Matthiessen v.Röm,Matrose Cornelis Jürgensen v.Röm,Schiffsj.	ebenda,10.2.1773 Rückk.:3.7.1773 Ertr.:1 Wal u.? Robben=333 Quard. Tran
De Mercurius Besatzung:41 Wal-u.Robbenfänger Peter Michel Jas- pers v.Röm	Hans Christian Jaspers v.Röm,StM Jürgen Arians v.Föhr,Speckschneid. Jürgen Cornelissen v.Röm,Speckschn. Jasper Carstens v.Röm,Matrose Carsten Peters v.Röm,Bootsm.u.Harp. Clement Carstens v.Röm,Matrose Carsten Hansen v.Röm,Schiffsjunge	ebenda,1.2.1773 Rück.:2.8.1773 Ertr.:144 1/2 Quard.Tran; nähere Angaben liegen nicht vor.
De Frau Elisabeth Besatzung:35 Wal-u.Robbenfänger Carsten Jürgens Holm von Röm	Siebrand Jürgens Holm v.Röm,Steuer. Peter Jansen Lütz v.Röm,Bootsmann Peter Michelsen Holm v.Röm,Koch Jost Matthiessen v.Röm,Matrose Jürgen Jürgensen v.Röm,Matrose Corn.Christ.Jürgens.Holm v.Röm,Mat. Carsten Jürgensen v.Röm,Matrose Jürgen Jürgensen v.Röm,Matrose Peter Christiansen v.Röm,Kochsmaat Carsten Nicolassen v.Röm,Schiffsj.	ebenda,11.2.1773 Rückk.:12.7.1773 Ertr.:1 Wal u.? Robben=245 Quard. Tran
De Zwaan Besatzung:34 Wal-u.Robbenfänger Matthias Zwen von Röm	Andreas Jürgensen v.Röm,Steuermann Lars Michelsen v.Röm,Bootsmann Sören(Zwen+)Matzen v.Röm,Koch Christian Nielsen v.Röm,Matrose Peter Peters Tagholm v.Röm,Matrose Michel Jürgens v.Röm,Matrose Carsten Jaspers v.Röm,Matrose Graus(?)Christensen v.Röm,Matrose Christian Petersen v.Röm,Matrose Peter Petersen Holm v.Röm,Matrose Matthias Hansen v.Röm,Schiffsjunge	ebenda,15.2.1773 Rückk.:12.6.1773 Ertr.:206 Quard. Tran;nähere An- gaben liegen nicht vor.
De Sara Cäcilia Besatzung:39 Wal-u.Robbenfänger Hans Petersen von Röm	Peter Carstens.Leest v.Röm,Steuerm. Boy Rickmers v.Föhr,Speckschneider Cornelis Cornelissen v.Röm,Bootsm. Carsten Jürgensen v.Röm,Harpunier Michel Cornelis v.Röm,Harpunier Cord Cornelissen v.Sylt,Koch Cord Siebrandt v.Röm,Matrose Lorenz Carstens v.Röm,Matrose Lorenz Jaspers v.Röm,Matrose Jürgen Carstens v.Röm,Matrose Emanuel Bloom v.Tondern,Matrose Jens Larsen v.Scherrebeck,Matrose	ebenda,1o.2.1773 Rückk.:2.7.1773 Ertr.:2 Wale u. ? Robben =350 Quard.Tran

396

Schiff/Kommandeur	Name/Herkunft/Rang der Seeleute	Fangergebnis
De Fief Gebröder Besatzung:38 Wal-u.Robbenfänger Peter Tönnies von Röm	Peter Cornelis v.Röm,Steuermann Ocke Lorenzen v.Föhr,Speckschneid. Rolof Jansen v.Föhr,Harpunier Hans Peters v.Röm,Bootsmann Hans Cornelis v.Röm,Koch Peter Jansen Leest v.Röm,Matrose Cornelis Michels v.Röm,Matrose Johann Andresen v.Röm,Kochsmaat Jan Matthiessen v.Röm,Schiffsjunge	ebenda,17.2.1773 Rückk.:23.8.1773 Ertr.:1 Wal u.? Robben=89 1/2 Quardel.Tran
De Twe Jonge Her- mans Besatzung:38 Wal-u.Robbenfänger Peter Andresen Leest von Röm	Joh.Andresen Leest v.Röm,Steuerm. Thomas Peters v.Röm,Koch Simon Matthiessen v.Föhr,Speckschn. Matthias Jansen v.Röm,Matrose Dirck Hansen v.Röm,Matrose Lorenz Lorenzen v.Röm,Matrose Cordt Peters v.Röm,Matrose Jeppe(Jan+)Peters v.Röm,Kochsmaat Andreas Michel Leest v.Röm,Schiffs- junge	ebenda,18.2.1773 Rückk.:3.7.1773 Ertr.:1 Wal u.? Robben=312 Quard. Tran
De Frau Agatha Besatzung:39 Wal-u.Robbenfänger Peter Michels von Röm	Albert Jansen v.Röm,Steuermann Peter Thiessen Bohn v.Sylt,Speck. Jan Lamberts v.Röm,Harpunier Carsten Jaspers v.Röm,Zimmermann Carsten Lamberts v.Röm,Bootsmann Cornelis Lorenz v.Röm,Koch Cornelis Carstens v.Röm,Matrose Albert Jansen v.Röm,Matrose Peter Hansen v.Röm,Matrose Peter Michel's Holm v.Röm,Matrose Jürgen Hansen v.Röm,Matrose Michel Cornelis v.Röm,Matrose Carsten Zwen v.Röm,Matrose Cornelis Peters v.Röm,Matrose Cornelis Ottsen v.Röm,Matrose Hans Peters v.Röm,Matrose Peter Jürgens v.Röm,Kochsmaat Hans Jürgens v.Röm,Schiffsjunge	ebenda,18.2.1773 Rückk.:12.7.1773 Ertr.:180 Quard. Tran;nähere An- gaben liegen nicht vor.
De Jonge Margaretha Besatzung:25 Robbenfänger Hans Hansen Carl von Röm	Johann Hansen v.Röm,Steuermann Peter Hansen Carl v.Röm,Bootsmann Michel Carstens v.Röm,Koch Hans Bundes von Röm,Matrose Matthias Jansen v.Röm,Matrose Christian Peters Leest v.Röm,Matr. Carsten Jürgens v.Röm,Matrose Matthias Jürgens v.Röm,Matrose Matthias Carstens v.Röm,Kochsmaat Carsten Michels v.Röm,Schiffsjunge	ebenda,15.2.1773 Rückk.:5.7.1773 Ertr.:54 1/2 Qu. Tran;nähere An- gaben liegen nicht vor.
De Jacobus Besatzung:42 Wal-u.Robbenfänger Peter Andresen von Röm.Er war bisher Kommandeur des Wal-u.Robbenfängers "De Hoffnung und Geduld."	Clas Michels v.Röm,Steuermann Broer Simons v.Föhr,Speckschneider Frederik Hendriks v.Föhr,Specksch. Moritz Michelsen v.Röm,Harpunier Johannes Jost v.Röm,Harpunier Rasmus Truelsen v.Röm,Harpunier Jan Petersen v.Röm,Koch Broer Siebrandts v.Röm,Matrose Gottfried Moritz v.Röm,Matrose Peter Jansen v.Röm,Matrose Rasmus Petersen v.Röm,Matrose b.w.	ebenda,11.2.1773 Rückk.:12.8.1773 Ertr.:4 Wale=86 Quardel.Tran

Schiff/Kommandeur	Name/Herkunft/Rang der Seeleute	Daten/Quelle Fangergebnis
	Michel Peters v.Röm,Kochsmaat Jasper Peters v.Röm,Schiffsjunge	
De Concordia Besatzung:39 Wal-u.Robbenfänger Peter Zwen von Röm	Jürgen Hansen Bundes v.Röm,Steuerm. Jacob Lorenzen v.Röm,Zimmermann Jasper Cornelissen v.Röm,Bootsmann Johann Hansen v.Röm,Koch Boy Cornelis v.Döstrup(1772:Röm),M. Siebrand Nicolassen v.Döstrup(1772: Röm),Matrose Nis Jessen von Scherrebeck,Matrose Jan Andresen v.Scherrebeck,Matrose Christian Hansen v.Scherrebeck,Mat. Peter Michels v.Röm,Harpunier Cornelis Hansen Falck v.Röm,Harpuni. Peter Cornelis v.Röm,Harpunier Jürgen Hansen v.Röm,Matrose Peter Siebrandsen von Scherrebeck (1772:Röm),Kochsmaat Zwen Hansen v.Röm,Schiffsjunge	ebenda,15.2.1773 Rück.:13.7.1773 Ertr.: 1/2 Wal u.? Robben= 239 Quardelen Tran
De St.Peter Besatzung:45 Walfänger Volkert Boysen von Föhr	Michel Volkerts v.Föhr,Steuermann Jacob Rickmers v.Föhr,Speckschneid. Andreas Volkerts v.Föhr,Speckschn. Ocke Frercks v.Föhr,Harpunier Lorenz Hindricks v.Föhr,Harpunier Jacob Flohr v.Föhr,Harpunier Jan Arians v.Föhr,Zimmermannsmaat Cornelis Willms v.Föhr,Bootsmann Riewert Hendricks v.Föhr,Schiemann Nanning Cornelissen v.Föhr,Koch Paul Boysen v.Föhr,Matrose Ocke Bohn v.Föhr,Matrose Bohn Ocke v.Föhr,Matrose Rolof Jürgens v.Föhr,Matrose Dirck Willms v.Föhr,Matrose Hinrich Volkerts v.Föhr,Matrose Nanning Rolofs v.Föhr,Matrose Peter Petersen v.Föhr,Kochsmaat Riewert Flohr v.Föhr,Schiffsjunge	ebenda,15.3.1773 Rückk.:18.8.1773 Ertr.:2 Wale= 102 Quard.Tran
De Peter. Besatzung:43 Walfänger Matthias Clasen vor Föhr.Für seine Her- kunft von Föhr spricht die neben- stehende Mann- schaftsliste.	Clas Clasen v.Föhr,Steuermann Matthias Jacobs v.Föhr,Speckschn. Rieck Volkerts v.Föhr,Speckschneid. Jan Riecks v.Föhr,Harpunier Peter Riewerts v.Föhr,Harpunier Boy Volkerts v.Föhr,Harpunier Rolof Riewerts v.Föhr,Zimmermann Cornelis Jürgens v.Föhr,Bootsmann Dirck Arians v.Föhr,Schiemann Peter Broersen v.Föhr,Koch Jan Simons v.Föhr,Matrose Cornelis Jansen v.Föhr,Matrose Andreas Jansen v.Amrum,Matrose Cornelis Jansen v.Amrum,Matrose Carsten Boysen v.Amrum,Matrose Jacob Hansen v.Amrum,Matrose Arian Peters v.Föhr,Matrose Christian Hansen v.Amrum,Matrose Jacob Hendricks v.Sylt,Matrose	ebenda,15.3.1773 Dies Schiff ist nur einmal von Hamburg zum Wal- fang ausgelau- fen;die Rückreise sollte nach Am- sterdam erfolgen.

Schiff/Kommandeur	Name/Herkunft/Rang der Seeleute	Daten/Quelle Fangergebnis
	Hendrick Michels v.Sylt,Matrose Arian Tönnies v.Föhr,Matrose Jan Clasen v.Föhr,Kochsmaat Peter Matthiessen v.Föhr,Schiffsj.	
De Frau Margaretha Besatzung:45 Walfänger Jurian Riecks von Föhr	Rieck Jurians v.Föhr,Steuermann+ Rolof Lorenzen v.Föhr,Speckschn.+ Cornelis Peters v.Föhr,Harpun.+ Boy Jung Jensen v.Föhr,Harpun.+ Peter Volkerts v.Föhr,Zimmermann Arian Ariansen v.Föhr,Schieman Boy Jurians v.Föhr,Matrose+ Jürgen Hinrichs v.Föhr,Matrose+ Tönnes Urbans v.Amrum,Matrose Frerck Arians v.Föhr,Matrose Peter Jansen v.Föhr,Matrose Cornelis Broersen v.Föhr,Matrose Jacob Jacobsen v.Föhr,Matrose Rieck Broersen v.Föhr,Matrose Rolof Boysen v.Föhr,Matrose Boy Boysen v.Föhr,Matrose Carsten Rolofs v.Föhr,Matrose Frerck Rolofs v.Föhr,Matrose Johann Hennings v.Föhr,Matrose Dirck Arians v.Föhr,Matrose Valentin Broers v.Föhr,Matrose Riewert Broersen v.Föhr,Matrose Paul Petersen v.Föhr,Matrose Peter Davids v.Föhr,Kochsmaat Cornelis Rolofs v.Föhr,Schiffsjge.	ebenda,11.3.1773 Rück.:3.8.1773 Ertr.:4 Wale = 179 Quardelen Tran
De Jonge Geertruy Besatzung:44 Walfänger Boy Rickmers de Jonge von Föhr	Cornelis Rickmers v.Föhr,Steuerm. Riewert Boysen v.Föhr,Speckschneid. Michel Boysen v.Föhr,Speckschneid. Peter Hinrichs v.Föhr,Harpunier Rolof Boysen v.Föhr,Harpunier Lorenz Ariansen v.Föhr,Bootsm.u.H. Dirck Jürgens v.Föhr,Zimmermann Jacob Hinrichs v.Föhr,Zimmerm.-Mt. Frerck Hinrichs v.Föhr,Koch Hinrich Frercks v.Föhr,Matrose Lorenz Hinrichs v.Föhr,Matrose Arian Frercks v.Föhr,Matrose Peter Riewerts v.Föhr,Matrose Frerck Jurians v.Föhr,Matrose Arian Lorenzen v.Föhr,Matrose Frerck Jansen v.Föhr,Matrose Adrian Jansen v.Föhr,Matrose Riewert Flohr v.Föhr,Matrose Peter Tönnes v.Föhr,Matrose Paul Leenderts v.Föhr,Matrose Jürgen Cornelissen v.Föhr,Matrose Peter Clasen v.Sylt,Matrose Andreas Dircks v.Sylt,Matrose Frerck Peters v.Föhr,Kochsmaat+ Rickmer Peters v.Föhr,Schiffsjunge	ebenda,11.3.1773 Rückk.:17.8.1773 Ertr.:2 1/2 Wale =179 Quardelen Tran

Schiff/Kommandeur	Name/Herkunft/Rang der Seeleute	Daten/Quelle Fangergebnis
De Jonge Johannes Besatzung:44 Walfänger Broer Broersen von Föhr	Jacob Rolofs v.Föhr,Steuermann Boy Hendricks v.Föhr,Speckschneid. Peter Peters v.Föhr,Speckschneider Peter Frercks v.Föhr,Harpunier Jan Clasen v.Föhr,Harpunier Hinrich Jansen v.Föhr,Harpunier Riewert Riewerts v.Föhr,Bootsmann Boy Frercks v.Föhr,Schiemann Lorenz Jansen v.Föhr,Koch Dirck Rolofs v.Föhr,Matrose Boy Cornelis v.Föhr,Matrose Volkert Peters v.Föhr,Matrose Jacob Peters v.Föhr,Matrose Hinrich Jacobs v.Föhr,Matrose Broer Volkerts v.Föhr,Matrose Andreas Hennings v.Sylt,Matrose Cornelis Peters v.Sylt,Matrose Michel Lorenz Peters v.Röm,Matrose Peter Hansen Bleeck v.Sylt,Matrose Cornelis Jürgens v.Röm,Matrose Willm Cornelis v.Amrum,Matrose Matthias Martins v.Amrum,Matrose Lorenz Peters von Sylt,Matrose Hinrich Hinrichs v.Sylt,Matrose Broer Broers de Jonge v.Föhr,Matr. Rolof Jansen v.Föhr,Kochsmaat Broer Riewerts v.Föhr,Schiffsjunge	ebenda,18.3.1773 Rückk.:19.6.1773 Ertr.:1 1/2 Wale =80 1/2 Quard. Tran
De Sara Galley Besatzung 25 Wal-u.Robbenfänger Hendrick Nannings von Föhr	Rolof Willms v.Föhr,Steuermann Frerck Arians v.Föhr,Speckschneid. Cornelis Hendricks v.Föhr,Bootsm. David Jan Hendricks v.Föhr,Koch Boy Frercks v.Föhr,Matrose Jacob Andresen v.Föhr,Schiemann Cornelis Clasen v.Föhr,Kochsmaat Johannes Petersen v.Föhr,Schiffsj.	ebenda,24.2.1772 Rückk.:17.8.1773 ohne Ertrag
De Griepenstein Besatzung:45 Walfänger Lorenz Riecks von Föhr	Jürgen Bohn v.Föhr,Steuermann Peter Cornelis v.Föhr,Speckschneid. Matthias Siemsen v.Föhr,Speckschn. Hinrich Boysen v.Föhr,Harpunier Hinrich Frercks v.Föhr,Harpunier Peter Boysen v.Föhr,Harpunier Hinrich Hinrichsen v.Föhr,Bootsmann Frerck Riewerts v.Föhr,Schiemann Jan Jansen v.Föhr,Koch Riewert Jurians v.Föhr,Matrose Rolof Lorenz v.Föhr,Matrose Jacob Matzen v.Föhr,Matrose Elmert Arians v.Föhr,Kochsmaat Riewert Rolofs v.Föhr,Schiffsjunge	ebenda,11.2.1773 Rückk.:12.8.1773 Ertr.:1 1/2 Wale =98 1/2 Quardel. Tran

Schiff/Kommandeur	Name/Herkunft/Rang der Seeleute	Daten/Quelle Fangergebnis
De Jgfr.Anna Maria Besatzung:39 Wal-u.Robbenfänger Hans Hansen Tönnies von Sylt	Johann Lorenzen v.Röm,Steuermann Cornelis Peters Wandal v.Röm,Harp. Peter Hansen Jürgens v.List/Sylt, Harpunier Boy Riewerts v.Föhr,Speckschneider Mahns Petersen v.Sylt,Matrose Peter Lorenzen v.List/Sylt,Matrose Heycke Michels v.Sylt,Matrose Jasper Michels v.Röm,Matrose Cornelis Hansen Teunis v.Röm,Matr. Peter Jürgensen v.List/Sylt,Schjge.	ebenda,10.2.1773 Rückk.:6.7.1773 Ertr.:2 Wale u. ? Robben =277 Quardelen Tran
De Concordia Besatzung:45 Walfänger Davisstraße Obbe Edtkes	Paul Johannsen v.Föhr,Harpunier Casper Peters v.Helgoland,Matrose	ebenda,28.1.1773 Rückk.:23.8.1773 Ertr.:5 Wale= 275 Quardelen Tran
De Twe Gesüster Besatzung:45 Walfänger Jan Adriansen Breedt;er war von 1769 bis 1772 Kommandeur des Walfängers"De Oststrom"von Altona, StAHam,Handschr. 263,S.123-130.	Rolof Hendricks v.Föhr,Speckschn. Nanning Willms v.Föhr,Speckschn. Rolof Boysen v.Föhr,Harpunier Ulrich Friedrich Wulf v.Röm,Meister Hinrich Wulf v.Röm,Matrose Paul Fedders v.Husum,Matrose Rieck Nannings v.Föhr,Kochsmaat Hinrich Wulf v.Röm,Schiffsjunge	ebenda,17.3.1773 Rückk.:28.8.1773 Ertr.:1 1/6 Wal =94 Quardelen Tran
De Jungfrau Clara Besatzung:37 Wal-u.Robbenfänger Hidde Dircksen Katt	Jan Johannes v.Föhr,Steuermann Cornelis Cornelissen v.Föhr,Speck. Hinrich Peters v.Föhr,Speckschneid. Rieck Jurians v.Föhr,Harpunier Peter Hinrichs v.Föhr,Bootsm.u.H. Cornelis Cornelissen v.Föhr,Schjge.	ebenda,11.2.1773 Rückk.:22.8.1773 Ertr.:1 Wal u.? Robben=110 Quard. Tran
De Morgenstern Besatzung:45 Wal-u.Robbenfänger Johann Nicolaus Steinmetz	Hendrick Willms v.Föhr,Steuermann Hendrick Cornelis v.Föhr,Speckschn. Jurian Frercks v.Föhr,Harpunier Hinrich Hinrichs v.Föhr,Matrose	ebenda,undat.1773 Rückk.:28.7.1773 Ertr.:1Wal u.? Robben=221 Quard. Tran
De Hoopende Visser Besatzung:45 Walfänger Gerrit Jansen	Riewert Peters v.Föhr,Speckschn. Rickmer Nannings v.Föhr,Harpunier Arian Jürgens v.Föhr,Harpunier	ebenda,18.3.1773 Rückk.:23.8.1773 Ertr.:1 1/6 Wal =94 Quard.Tran
De Hoop op den Walvis Besatzung:44 Walfänger Geerd Eyssen	Dirck Michelis v.Sylt,Zimmerm.-Mt. Clas Peters v.Sylt,Matrose Peter Andresen v.Sylt,Matrose Friedrich Jansen v.Sylt,Matrose Friedrich Clement v.Sylt,Kochsmaat	ebenda,15.3.1773 Rückk.:16.9.1773 Ertr.:1 Wal=50 Quard.Tran
De Jonge Maria Besatzung:33 Wal-u.Robbenfänger Wilcken Jacob Melan	Peter Egidius v.Röm,Matrose	ebenda,11.2.1773 Rückk.:7.7.1773 Ertr.:1/2 Wal u. ?Robben=208 1/2 Quard.Tran

Schiff/Kommandeur	Name/Herkunft/Rang der Seeleute	Daten/Quelle Fangergebnis
De Hoopende Land- mann Besatzung:45 Wal-u.Robbenfänger Ocke Daniel Meyer	Hans Jansen v.Föhr,Steuermann Jan Riecks v.Föhr,Speckschneider Peter Hendricks v.Föhr,Speckschn. Boy Hendricks v.Föhr,Harpunier Nanning Hendricks v.Föhr,Matrose Hinrich Boysen v.Föhr,Matrose Volkert Hendricks v.Föhr,Kochsmaat	ebenda,10.2.1773 Rückk.:4.8.1773 Ertr.:2 Wale u. ? Robben=270 1/2 Quard.Tran
De Patriot Besatzung:43 Wal-u.Robbenfänger Severin Andresen	Hendrick Cornelissen v.Föhr,Speck. Jürgen Cornelissen v.Föhr,Specksch Andreas Christiansen v.Röm,Harpun. Cornelis Cornelissen v.Föhr,Harp. Thomas Christiansen v.Röm,Bootsm. Cornelis Hendricks v.Föhr,Schiffsj	ebenda,10.2.1773 Rückk.:5.8.1773 Ertr.:139 Quard. Tran;nähere An- gaben liegen nicht vor.
De Jonge Catharina Besatzung:45 Walfänger Davisstraße Jan Geerds	Peter Jacobs v.Föhr,Speckschneider Cornelis Clasen v.Föhr,Harpunier Rickmer Peters v.Föhr,Harpunier Jan Riewerts v.Föhr,Harpunier Hinrich Andresen v.Sylt,Matrose	ebenda,28.1.1773 Rückk.:24.8.1773 Ertr.:4 Wale= 240 Quardelen Tran
De Witte Peerd Besatzung:45 Walfänger Martin Jansen	Boy Rolofs v.Föhr,Speckschneider Hinrich Boysen v.Sylt,Matrose	ebenda,17.3.1773 Rückk.:22.8.1773 Ertr.:3 1/6 Wale= 190 Quard.Tran
De Jungfrau Sara Besatzung:45 Walfänger Feike Ocken	Boy Arians v.Föhr,Speckschneider Willm Peters v.Föhr,Matrose Peter Willms v.Föhr,Matrose	ebenda,15.3.1773 Rückk.:23.8.1773 Ertr.: 1/2 Wal= 10 Quard.Tran
De Niuwe Witte Voss Besatzung:44 Walfänger Steffen Jansen	Hans Cornelis Löw v.Sylt,Matrose	ebenda,15.3.1773 Rückk.:1.10.1773 Ertr.:1 Wal = 47 Quardel.Tran
De Jgfr.Anna Eli- sabeth Besatzung:43 Wal-u.Robbenfänger Christopher Hassel- mann	Adrian Dircks v.Föhr,Steuermann Nanning Jansen v.Föhr,Speckschneid. Boy Volkerts v.Föhr,Speckschneider Rolof Dircksen v.Föhr,Harpunier	ebenda,13.2.1773 Rückk.:4.8.1773 Ertr.:84 Quard. Tran;nähere An- gaben liegen nicht vor.
De Lilie Besatzung:41 Wal-u.Robbenfänger Hinrich August Hasselmann	Ocke Johannes v.Föhr,Steuermann Adrian Cornelissen v.Speckschneid. Adrian Riewerts v.Föhr,Speckschn. Cornelis Johannes v.Föhr,Harpunier Rickmer Willms v.Föhr,Harpunier	ebenda,10.2.1773 Rückk.:4.8.1773 Ertr.:48 1/2 Qu. Tran;nähere An- gaben liegen nicht vor.
De Witte Falck Besatzung:43 Wal-u.Robbenfänger Jochim Hinrich Hasselmann	Hinrich Brunsen v.Föhr,Steuermann Adrian Boysen v.Föhr,Speckschneid. Clas Frercks v.Föhr,Harpunier	ebenda,17.2.1773 Rückk.:14.5.1773 Ertr.:120 Quard. Tran;nähere An- gaben liegen nicht vor.

Schiff/Kommandeur	Name/Herkunft/Rang der Seeleute	Daten/Quelle Fangergebnis
De König Salomon Besatzung:44 Walfänger Willem Hendricks	Cornelis Broders v.Föhr,Matrose Johannes Lorenzen v.Sylt,Matrose Jens Lorenzen v.Sylt,Matrose	ebenda,15.3.1773 Rückk.:18.9.1773 Ertr.: 1/2 Wal = 10 Quard.Tran
De Frau Anna Besatzung:43 Walfänger Clas Jansen Ney	Cornelis Jürgens v.Röm,Steuermann Jürgen Ockes v.Föhr,Speckschneider Jürgen Cornelis v.Föhr,Harpunier Johann Johannsen v.Föhr,Harpunier Johannes Carstens v.Röm,Matrose Jens Matthiessen v.Scherrebeck,Mat. Nanning Jürgens v.Föhr,Schiffsjung.	ebenda,16.3.1773 Rückk.:24.8.1773 Ertr.:10 1/2 Qu. Tran;nähere An- gaben liegen nicht vor.
De Jonge Peter Besatzung:40 Walfänger Gerrit Jansen Ney	Arian Peters v.Föhr,Speckschneider Jürgen Broers v.Föhr,Harpunier Rolof Dircks v.Föhr,Harpunier	ebenda,17.3.1773 Rückk.:24.8.1773 Ertr.:10 1/2 Qu. Tran;nähere An- gaben liegen nicht vor.
De Jonge Visser Besatzung:46 Walfänger Witge Jelles	Willm Willms v.Föhr,Speckschneider Simon Frercks v.Föhr,Harpunier Hinrich Riewerts v.Föhr,Harpunier Clas Willms v.Amrum,Matrose Boy Jansen v.Amrum,Matrose Peter Jürgens v.Amrum,Matrose Willm Willms v.Föhr,Kochsmaat Hans Willms v.Föhr,Schiffsjunge	ebenda,17.3.1773 Rückk.:24.8.1773 Ertr.:1/2 Wal= 28 Quard.Tran
De Jonge Jacob Besatzung:44 Walfänger Wiebe Wessels	Lorenz Jürgensen v.Föhr,Speckschn. Jan Lorenzen v.Föhr,Harpunier Riewert Riewerts v.Föhr,Harpunier Jacob Jansen von Sylt,Matrose Johann Siebrandt Dircksen v.Sylt,M. Riewert Riewerts v.Föhr,Matrose Matthias Cornelissen v.Föhr,Koch	ebenda,12.3.1773 Rückk.:24.8.1773 Ertr.: 1/3 "Com- bars" =10 1/2 Quard.Tran

Schiff/Kommandeur	Name/Herkunft/Rang der Seeleute	Daten/Quelle Fangergebnis
De Anna Besatzung:34 Wal-u.Robbenfänger Hans Hansen Carl von Röm.Er war vor- her Kommandeur des Wal-u.Robbenfängers "De Jonge Margare- tha".	Jürgen Jürgens v.Röm,Steuermann Hans Siebrandtsen Möller v.Röm,ZM Peter Hansen v.Röm,Bootsmann Michel Hansen Cüper v.Röm,Koch Hans Cornelissen v.Röm,Harpunier Hans Peters v.Röm,Matrose Hans Buw v.Röm,Matrose Johann Peters v.Röm,Matrose Christian Peters v.Röm,Matrose Siebrandt Peters v.Röm,Matrose Christian Sörensen v.Scherrebeck,M Matthias Jürgensen v.Röm,Matrose Jens Hansen v.Röm,Matrose Carsten Michels v.Röm,Kochsmaat Cornelis Petersen v.Röm,Schiffsjge.	StAHam,Archiv d. Wasserschouts I.A.1.e 14.2.1774 Rückk.:13.6.1774 Ertrag:146 Quard. Speck=209 1/2 Quard.Tran;nähere Angaben liegen nicht vor.
De Frau Agatha Besatzung:39 Wal-u.Robbenfänger Peter Michels von Röm	Johann Hansen v.Röm,Steuermann Carsten Jaspers v.Röm,Zimmermann Carsten Lamberts v.Röm,Bootsmann Cornelis Lorenzen v.Röm,Koch Jan Lamberts v.Röm,Harpunier Cornel.Carst.Ticksen v.Röm,Harpun. Cornelis Carstens v.Röm,Matrose Engelbrecht Jansen v.Röm,Matrose Peter Jansen v.Röm,Matrose Peter Jürgens v.Röm,Kochsmaat Carsten Peters v.Röm,Schiffsjunge	ebenda,14.2.1774 Rückk.:12.7.1774 Ertr.:152 Quard. Speck=217 Quard. Tran;nähere An- gaben liegen nicht vor.
De Frau Elisabeth Besatzung:35 Wal-u.Robbenfänger Carsten Jürgens Holm von Röm	Siebrandt Jürgens Holm v.Röm,StM Peter Jansen Luit v.Röm,Bootsmann Peter Michels.Holm v.Röm,Matr. Carsten Peters v.Scherrebeck,Matr. Corn.Christ.Jürgens Holm v.Röm,Mat. Peter Cornelissen v.Röm,Matrose Andres Jürgens.Bundes v.Röm,Matrose Jost Matthiessen v.Röm,Matrose Jens Jepsen v.Ballum,Matrose Carsten Nicolassen v.Röm,Kochsmaat Peter Petersen Kaper v.Röm,Schjge.	ebenda,9.2.1774 Rückk.:27.7.1774 Ertr.:2 Wale = 36 Quard.Speck= 64 1/2 Quard. Tran
De Jonge Peter Besatzung:40 Wal-u.Robbenfänger Johann Andresen Leest von Röm.Er war 1773 Steuer- mann des Wal-und Robbenfängers "De Twe Jonge Hermans".	Jasper Michelsen Möller v.Röm,StM Peter Thiessen Bohn v.Sylt,Speck. Peter Peters v.Röm,Harpunier Peter Moritzen v.Röm,Harpunier Lorenz Lorenzen v.Röm,Bootsmann Christian Jansen v.Röm,Zimmermann Peter Jaspers v.Röm,Koch Jacob Hansen v.Röm,Matrose Christian Jansen v.Röm,Matrose Johann Siebrandts v.Röm,Matrose Jürgen Jansen v.Röm,Matrose Andreas Möller v.Röm,Matrose Jasper Petersen v.Röm,Kochsmaat Hans Jürgens v.Röm,Schiffsjunge	ebenda,10.2.1774 Rückk.:18.7.1774 Ertr.:3 Wale= 160 Quard.Speck= 231 Quard.Tran

	1774	Daten/Quelle
Schiff/Kommandeur	Name/Herkunft/Rang der Seeleute	Fangergebnis

Schiff/Kommandeur	Name/Herkunft/Rang der Seeleute	Daten/Quelle Fangergebnis
De Zwaan Besatzung:34 Wal-u.Robbenfänger Matthias Zwen von Röm	Andreas Jürgensen v.Röm,Steuermann Lars Michelsen v.Röm,Bootsmann Sören Matzen v.Röm,Koch Cornelis Peters v.Röm,Matrose Michel Jürgens v.Röm,Harpunier Christian Petersen v.Bröns,Matrose Gregorius Christians.v.Bröns,Matr. Peter Peters.Holm v.Röm,Matrose Matthias Hansen v.Röm,Matrose Peter Peters.Tagholm v.Röm,Matrose Carsten Jaspers v.Röm,Matrose	ebenda,14.2.1774 Rückk.:12.6.1774 Ertr.:150 Quard. Speck=238 Quard. Tran;nähere Ang. liegen nicht vor.
De Sara Galley Besatzung:25 Wal-u.Robbenfänger Peter Cornelissen von Röm.Er war 1773 Steuermann des Wal- u.Robbenfängers "De Fief Gebröder".	Lorenz Cornelissen Tag v.Röm,StM Carsten Hansen v.Röm,Bootsmann Peter Hansen v.Röm,Koch Jürgen Cornelsen v.Röm,Harpunier Hendrick Volkers v.Föhr,Speckschn. Matthias Andresen v.Röm,Matrose Johannes Petersen v.Scherrebeck,M. Hans Eskelsen Borg v.Scherrebeck,M. Lorenz Lorenzen v.Röm,Matrose Jens Remmersen v.Scherrebeck,Matr. Peter Jansen v.Scherrebeck,Matrose Peter Christiansen v.Röm,Matrose Cornelis Hansen v.Röm,Matrose Jens Andresen v.Röm,Kochsmaat Jasper Andresen v.Röm,Schiffsjunge	ebenda,17.2.1774 Rückk.:5.5.1774 Ertr.:150 Quard. Speck=191 Quard. Tran;nähere An- gaben liegen nicht vor.
De Mercurius Besatzung:41 Wal-u.Robbenfänger Peter Michel Jas- pers von Röm	Hans Christian Jaspers v.Röm,StM Jacob Rolofs v.Föhr,Speckschneider Carsten Jürgens v.Röm,Speckschneid. Jasper Carstens v.Röm,Harpunier Siebrandt Jansen v.Röm,Harpunier Carsten Peters v.Röm,Bootsmann Carsten Hansen v.Röm,Matrose Jürgen Jürgens v.Röm,Schiffsjunge	ebenda,11.2.1774 Rückk.:16.7.1774 Ertr.:2 Wale u.? Robben=162 Quard. Speck=237 1/2 Quardel.Tran
De Johannes Besatzung:37 Wal-u.Robbenfänger Michel Michels von Röm	Jürgen Jessen v.Röm,Steuermann Carsten Petersen v.Röm,Harpunier Carsten Jürgens v.Röm,Harpunier Hans Erick Andresen v.Röm,Zimmerm. Peter Lorenzen v.Röm,Speckschneid. Jens Jessen v.Röm,Koch+ Michel Jasper Cornelsen v.Röm,Matr. Andreas Michel Peters v.Röm,Matro. Andreas Carsten Witt v.Röm,Matrose Willm Hansen v.Röm,Matrose Peter Lorenz Carstens v.Röm,Matrose Hans Cornelis v.Röm,Kochsmaat Jürgen Jaspers v.Röm,Schiffsjunge	ebenda,10.2.1774 Rückk.:2.8.1774 Ertr.:55 Quard. Speck=83 1/2 Qu. Tran;nähere An- gaben liegen nicht vor.
De Sara Cäcilia Besatzung:40 Wal-u.Robbenfänger Hans Petersen von Röm	Peter Carstens v.Röm,Steuermann Cornelis Cornelissen v.Röm,Bootsm. Cord Cornelissen v.Sylt,Koch Michel Cornelissen v.Röm,Harpunier Jürgen Carstens v.Röm,Harpunier Carsten Jürgens v.Röm,Harpunier Siebrandt Cords v.Röm,Matrose Matthias Andresen v.Scherrebeck,M. Andreas Hansen v.Ballum,Matrose Albert Cornelis Hansen v.Röm,Schj.	ebenda,9.2.1774 Rückk.:20.7.1774 Ertr.:1 Wal u.? Robben=140 Quard. Speck=200 Quard. Tran

Schiff/Kommandeur	Name/Herkunft/Rang der Seeleute	Daten/Quelle Fangergebnis
De Jacobus Besatzung:41 Wal-u.Robbenfänger Peter Andresen von Röm	Rasmus Truelsen v.Röm,Steuermann Broer Simons v.Föhr,Speckschneider Frederik Hendriks v.Föhr,Specksch. Moritz Michelsen v.Röm,Harpunier Hans Johanns.Franck v.Röm,Harpunier Johann Christ.Carstens v.Röm,Harp. Broer Siebrandts v.Röm,Matrose Rasmus Petersen v.Röm,Matrose Matthias Peters v.Röm,Matrose Hans Matthiessen v.Röm,Kochsmaat Peter Jaspers Peters von Röm,Schj.	ebenda,11.2.1774 Rückk.:25.7.1774 Ertr.:4 Wale = 70 Quard.Speck= 106 Quard.Tran
De Bloyende Hoop Besatzung:42 Wal-u.Robbenfänger Jürgen Zwen von Röm	Cornelis Jürgensen v.Röm,Steuerm. Jürgen Riewerts v.Föhr,Speckschn. Dirck Boysen v.Föhr,Speckschneider Hans Jürgens v.Röm,Harpunier Hans Jaspers v.Röm,Harpunier Jan Peters v.Röm,Harpunier Andreas Cornelis v.Röm,Zimmermann Lorenz Clementsen v.Röm,Matrose Jürgen Carstens v.Röm,Matrose Michel Lorenz Peters v.Röm,Matrose Peter Michels.Leest v.Röm,Matrose Franz Lorenzen v.Röm,Matrose Adrian Jürgens v.Föhr,Kochsmaat Hans Peters v.Röm,Schiffsjunge	ebenda,16.2.1774 Rückk.:16.7.1774 Ertr.:1 Wal u.? Robben=186 Qu. Speck=267 1/2 Quard.Tran
De Twe Jonge Her- mans Besatzung:38 Wal-u.Robbenfänger Peter Andresen Leest von Röm	Engelbrecht Jansen v.Röm,Steuerm. Thomas Peters v.Röm,Koch Simon Matthiessen v.Föhr,Speckschn. Erick Hansen v.Röm,Harpunier Andres Hansen v.Röm,Harpunier+ Matthias Jansen v.Röm,Matrose Knud Peters v.Röm,Matrose Jeppe Peters v.Röm,Kochsmaat Andreas Michelsen v.Röm,Schiffsjge.	ebenda,10.2.1774 Rückk.:19.7.1774 Ertr.:160 Quard. Speck=226 Quard. Tran;nähere An- gaben liegen nicht vor.
De Concordia Besatzung:39 Wal-u.Robbenfänger Peter Zwen von Röm	Jürgen Hansen Bundes v.Röm,Steuerm. Jacob Lorenzen v.Röm,Zimmermann Jasper Cornelis v.Röm,Bootsmann Jens Hansen v.Röm,Koch Cornelis Peters v.Röm,Harpunier Lorenz Danielsen v.Scherrebeck,M. Jan Hansen v.Scherrebeck,Matrose Hans Senus v.Scherrebeck,Matrose Peter Jacobs v.Scherrebeck,Matrose Casper Densen v.Scherrebeck,Matr. Matthias Berends v.Scherrebeck,M. Peter Hansen Röms v.Scherrebeck,M. Thomas Peters v.Scherrebeck,Matr. Siebrand Nicolassen v.Scherrebeck Peter Siebrandsen v.Scherrebeck,M. Hans Peters v.Scherrebeck,Matrose Peter Hansen Falck v.Röm,Speckschn. Carsten Peters v.Röm,Matrose Jürgen Hansen v.Röm,Matrose Cornelis Thoms.Hansen v.Röm,Kochsm. Zwen Hansen v.Röm,Schiffsjunge	ebenda,14.2.1774 Rückk.:3.8.1774 Ertr.:16 Quard. Speck=24 1/2 Quard.Tran;nähe- re Angaben lie- gen nicht vor.

Schiff/Kommandeur	Name/Herkunft/Rang der Seeleute	Daten/Quelle Fangergebnis
De Maria Susanna Besatzung:43 Wal-u.Robbenfänger Matthias Jessen von Röm	Jasper Jansen(Jessen+) v.Röm,StM Thomas Carstens v.Ballum,Bootsm.+ Cornel.Adrians.de Jonge v.Föhr,Sp. Peter Jessen v.Röm,Harpunier Rolof Riewerts v.Föhr,Harpunier Carsten Peters v.Röm,Koch Carsten Eggersen v.Röm,Matrose Johannes Petersen v.Röm,Matrose Jost Matthiessen v.Röm,Matrose Hans Jürgens v.Röm,Matrose Cornelis Petersen v.Röm,Kochsmaat Jasper Cornelis v.Röm,Schiffsjunge	ebenda,9.2.1774 Rückk.:6.8.1774 Ertr.:56 Quard. Speck=79 1/2 Quard.Tran;nä- here Angaben liegen nicht vor.
De Martin Besatzung:36 Wal-u.Robbenfänger Hans Michel Jas- pers von Röm	Peter Jürgensen v.Röm,Steuermann Jürgen Bundes v.Röm,Harpunier Michel Carstens v.Röm,Harpunier Peter Petersen Klent v.Röm,Bootsm. Peter Michels Holm v.Röm,Koch Jasper Sörensen v.Röm,Matrose Peter Klent v.Röm,Matrose Christian Petersen v.Röm,Matrose Carsten Falck v.Röm,Matrose Matthias Carstens v.Röm,Matrose Jan Hansen v.Röm,Matrose Jasper Carstens v.Röm,Matrose Jasper Hansen v.Röm,Matrose	ebenda,11.2.1774 Rückk.:19.7.1774 Ertr.:77 Quard. Speck=115 1/2 Quard.Tran;nä- here Angaben liegen nicht vor.
De Jonge Margare- tha Besatzung:25 Wal-u.Robbenfänger Peter Petersen Decker von Röm.Er war 1773 Steuer- mann des Wal-und Robbenfängers "De Anna".	Peter Clasen v.Röm,Steuermann Cordt Siebrandt v.Röm,Zimmermann Michel Carstens v.Röm,Bootsmann Nicolas Peters v.Röm,Koch Peter Lorenz.Witt v.Röm,Harpunier Gottfried Moritz v.Röm,Matrose Matthias Jansen v.Röm,Matrose Knudt Michels v.Röm,Matrose Knud Ottsen v.Röm,Matrose Zwen Carstens v.Röm,Kochsmaat Cornelis Truelsen v.Röm,Schiffsjge.	ebenda,17.2.1774 Rückk.:29.6.1774 Ertr.:94 Quard. Speck=132 Quard. Tran;nähere An- gaben liegen nicht vor.
De Fief Gebröder Besatzung:38 Wal-u.Robbenfänger Peter Tönnes von Röm	Albert(Engelbrecht+) Carstens v. Röm,Steuermann Ocke(Arian+)Lorenz.v.Föhr,Specksch. Hans Cornelis Carl v.Röm,Koch u.H. Peter Jansen Leest v.Röm,Harpunier Rolof Jansen v.Föhr,Harpunier Cornelis Michels v.Röm,Matrose Peter Gerd Jürgens v.Röm,Matrose Hans Andresen v.Ballum(1773:Röm), Kochsmaat Jens Matthiessen v.Ballum(1773:Röm) Schiffsjunge	ebenda,14.2.1774 Rückk.:6.8.1774 Ertr.:75 Quard. Speck=109 Quard. Tran;nähere An- gaben liegen nicht vor.

Schiff/Kommandeur	Name/Herkunft/Rang der Seeleute	Daten/Quelle Fangergebnis
De Griepenstein Besatzung:45 Walfänger Lorenz Riecks von Föhr	Jurian Boysen v.Föhr,Steuermann Dirck Arians v.Föhr,Speckschneider Matthias Siemsen v.Föhr,Speckschn. Hans Cornelißen v.Röm,Harpunier Broer Nannings v.Föhr,Harpunier Peter Boysen v.Föhr,Harpunier Hans Hansen v.Bröns,Zimmermann Friedrich Jürgens v.Föhr,Bootsmann Frerck Riewerts v.Föhr,Schiemann Jacob Marksen v.Föhr,Koch Rolof Lorenzen v.Föhr,Matrose Ketel Nannings v.Föhr,Kochsmaat Boy Nannings v.Föhr,Schiffsjunge	ebenda,10.2.1774 Rückk.:6.8.1774 Ertr.:2 Wale= 71 Quardel.Speck= 106 1/2 Qu.Tran
De Frau Margaretha Besatzung:45 Walfänger Jurian Riecks von Föhr	Boy Jurians v.Föhr,Steuermann Rolof Lorenzen v.Föhr,Speckschneid. Boy Jurians v.Föhr,Speckschneider Boy Jansen v.Föhr,Harpunier Cornelis Peters v.Föhr,Harpunier Arian Arians v.Föhr,Harpunier Peter Volkers v.Föhr,Zimmermann Boy Boysen v.Föhr,Matrose Rolof Boysen v.Föhr,Matrose Frerck Arians v.Föhr,Matrose Dirck Arians v.Föhr,Matrose Peter Davids v.Föhr,Matrose Rolof Jung Nielsen v.Föhr,Matrose Falting Braren v.Föhr,Matrose Frederik Rolofs v.Föhr,Matrose Rördt Braren v.Föhr,Matrose Jap Jappen v.Föhr,Matrose Niels Christiansen v.Föhr,Matrose Tönnes Urban v.Amrum,Matrose Hinrich Lorenzen v.Föhr,Kochsmaat Lorenz Ohls v.Föhr,Schiffsjunge	ebenda,15.3.1774 Rückk.:6.8.1774 Ertr.:3 1/2 Wale =115 Quard.Speck =168 1/2 Quard. Tran
De Jonge Johannes Besatzung:44 Walfänger Broer Broersen von Föhr	Rickmer Riewerts v.Föhr,Steuermann Frerck Hinrichs v.Föhr,Speckschn. Adrian Petersen v.Föhr,Speckschn. Johannes Clasen v.Föhr,Harpunier Peter Frercks v.Föhr,Harpunier Hinrich Jansen v.Föhr,Harpunier Hinrich Volkers v.Föhr,Schiemann Rolof Boysen v.Föhr,Bootsmann Lorenz Jansen v.Föhr,Koch Jacob Peters v.Föhr,Matrose Hinrich Peters v.Föhr,Matrose Broer Volkers v.Föhr,Matrose Jacob Jacobsen v.Föhr,Matrose Peter Willms v.Föhr,Matrose Peter(Clas+)Frercks v.Föhr,Matrose Rolof Jansen v.Föhr,Kochsmaat Hinrich Broers v.Föhr,Schiffsjunge	ebenda,17.3.1774 Rückk.:7.8.1774 Ertr.:1 1/2 Wale =80 Quard.Speck= 107 Quard.Tran

Schiff/Kommandeur	Name/Herkunft/Rang der Seeleute	Daten/Quelle Fangergebnis
De St.Peter Besatzung:44 Walfänger Volkert Boysen von Föhr	Michel Volkerts v.Föhr,Steuermann Andreas Volkerts v.Föhr,Speckschn. Marcus Petersen v.Föhr,Speckschn. Ocke Frercks v.Föhr,Harpunier Lorenz Hinrichs v.Föhr,Harpunier Jacob Flohr v.Föhr,Harpunier Jan Arians v.Föhr,Zimmermannsmaat Cornelis Willms v.Föhr,Bootsmann Riewert Hinrichs v.Föhr,Schiemann Nanning Cornelissen v.Föhr,Koch Rolof Hinrichs v.Föhr,Matrose Boy Volkerts v.Föhr,Matrose Dirck Willms v.Föhr,Matrose Broer Broers v.Föhr,Matrose Clas Bliesch(Bliest+)v.Föhr,Matrose Riewert Flor v.Föhr,Matrose Hinrich Volkerts v.Föhr,Matrose Hans Carstens v.Föhr,Matrose Nanning Rolofs v.Föhr,Matrose Andreas Cornelis v.Sylt,Matrose Peter Boysen v.Sylt,Matrose Clas Peter Geicken v.Sylt,Matrose Riewert Flohr v.Föhr,Schiffsjunge Volkert Michels v.Föhr,Schiffsjunge	ebenda,22.3.1774 Rückk.:6.8.1774 Ertr.:3 1/2 Wale =115 Quard.Speck =168 1/2 Quard. Tran
De Jonge Geertruy Besatzung:44 Walfänger Boy Rickmers de Jonge von Föhr	Cornelis Rickmers v.Föhr,Steuermann Riewert Boysen v.Föhr,Speckschneid. Lorenz Adrians v.Föhr,Bootsm.u.H.+ Michel Boysen v.Föhr,Harpunier+ Peter Hinrichs v.Föhr,Harpunier Rolof Boysen v.Föhr,Harpunier Dirck Jürgens v.Föhr,Zimmermann Arian Jürgens v.Föhr,Koch Lorenz Jürgens v.Föhr,Matrose Gerrit Broersen v.Föhr,Matrose+ Hendrick Frercks v.Föhr,Matrose Jürgen Cornelis v.Föhr,Matrose Frerck Jansen v.Föhr,Matrose Rickmer Peters v.Föhr,Matrose Paul Leenderts v.Föhr,Matrose Nanning Jung Rörd v.Föhr,Matrose Johann Jacobs v.Sylt,Matrose Peter Clasen v.Sylt,Matrose Ewert Jürgens v.Röm,Matrose Arian Lorenzen v.Föhr,Matrose Frerck Peters v.Amrum,Kochsmaat Broer Broersen v.Föhr,Schiffsjunge	ebenda,18.3.1774 Rückk.:7.8.1774 Ertrag:2 Wale= 55 Quard.Speck= 88 1/2 Quard. Tran
De Jgfr.Anna Maria Besatzung:40 Wal-u.Robbenfänger Hans Hansen Tönnies von Sylt	Cornelis Hansen Tönnies v.Röm,StM+ Boy Riewerts v.Föhr,Speckschneider+ Cornelis Peters.Wandal v.Röm,Harp.+ Pet.Hans.Jürgens v.List/Sylt,Harp.+ Peter Tönnies v.Röm,Harpunier+ Uwe Hansen v.Sylt,Matrose Andreas Jürgens v.List/Sylt,Matrose Andreas Peters.Witt v.Röm,Schiffsj.	ebenda,9.2.1774 Rückk.:20.7.1774 Ertr.:2 Wale u. ? Robben=180 Qu. Speck=267 Quard. Tran

Schiff/Kommandeur	Name/Herkunft/Rang der Seeleute	Daten/Quelle Fangergebnis
De Concordia Besatzung:45 Walfänger Davisstraße Obbe Edtkes	Paulus Jansen v.Föhr,Harpunier	ebenda,14.2.1774 Rückk.:10.8.1774 Ertr.:4 Wale= 170 Quard.Speck =261 Quard.Tran
De Hoopende Land-mann Besatzung:45 Wal-u.Robbenfänger Ocke Daniel Meyer	Hans Jansen v.Föhr,Steuermann Jan Riecks v.Föhr,Speckschneider Peter Hendricks v.Föhr,Speckschn. Boy Hendricks v.Föhr,Harpunier	ebenda,11.2.1774 Rückk.:30.9.1774 Ertr.:1Wal u.? Robben=130 Quard. Speck;weitere Angaben fehlen.
De Patriot Besatzung:43 Wal-u.Robbenfänger Severin Andresen	Hendrick Cornelis v.Föhr,Speckschn. Jürgen Cornelis v.Föhr,Speckschn. Andreas Christiansen v.Röm,Harp. Boy Cornelis v.Föhr,Harpunier Cornelis Hendricks v.Föhr,Schiffsj.	ebenda,6.8.1774 Rückk.:6.8.1774 Ertr.:55 Quard. Speck=64 Quard. Tran;nähere An-gaben liegen nicht vor.
De Lilie Besatzung:41 Wal-u.Robbenfänger Hinrich August Hasselmann	Ocke Johannes v.Föhr,Steuermann Arian Cornelis v.Föhr,Speckschn. Peter Petersen v.Föhr,Harpunier Cornelis Johannes v.Föhr,Harpunier	ebenda,14.2.1774 Rückk.:5.8.1774 Ertr.:2 Wale= u.?Robben=190 Quard.Speck= 251 Quard.Tran
De Jungfrau Clara Besatzung:37 Wal-u.Robbenfänger Hidde Dircksen Katt	Hans Johannsen v.Föhr,Steuermann Cornelis Cornelissen v.Föhr,Speck. Hinrich Peters v.Föhr,Speckschn. Peter Hinrichs v.Föhr,Bootsm.u.H. Dirck Jürgens v.Föhr,Harpunier+ Cornelis Cornelissen v.Föhr,Schj.	ebenda,11.2.1774 Rückk.:13.8.1774 ? Robben=80 Qu. Speck=117 1/2 Quard.Tran
De Twe Gesüster Besatzung:44 Walfänger Jan Adriansen Breedt	Ulrich Hinrich Wulff v.Röm,Meister+ Jacob Riecks v.Föhr,Speckschneider Christian Cornelis Clasen v.Föhr, Harpunier+ Rolof Boysen v.Föhr,Harpunier+ Matthias Riewerts v.Föhr,Matrose Hinrich Wulff v.Röm,Schiffsjunge	ebenda,undat. 1774 Rückk.:7.8.1774 Ertr.:1 1/2 Wale =70 Quard.Speck= 96 1/2 Quard. Tran
De Witte Peerd Besatzung:44 Walfänger Martin Jansen	Boy Rolofs v.Föhr,Speckschneider Hinrich Boysen v.Sylt,Matrose	ebenda,undat. 1774 Rückk.:6.8.1774 Ertr.:1 1/2 Wale =70 Quard.Speck= 96 1/2 Quard. Tran
De Witte Falck Besatzung:42 Walfänger Jochim Hinrich Hasselmann	Hinrich Broersen v.Föhr,Steuermann Adrian Broersen v.Föhr,Speckschn. Dirck Cornelis v.Föhr,Harpunier Clas Frercks v.Föhr,Bootsmann Peter Lorenzen v.List/Sylt,Schiem. Johannes Lorenzen v.List/Sylt,Matr. Hinrich Jacobs v.Sylt,Matrose	ebenda,28.3.1774 Rückk.:13.8.1774 Ertrag:2 Wale = 80 Quard.Speck= 125 Quard.Tran

410

Schiff/Kommandeur	Name/Herkunft/Rang der Seeleute	Daten/Quelle Fangergebnis
De Morgenstern Besatzung:45 Wal-u.Robbenfänger Johann Nicolaus Steinmetz	Rolof Willms v.Föhr,Harpunier Boy Riewerts v.Föhr,Harpunier+	ebenda,19.2.1774 Rückk.:20.7.1774 Ertr.:5Wale=165 Qu.Speck=235 Qu. Tran
De Jgfr.Anna Eli- sabeth Besatzung:43 Wal-u.Robbenfänger Christoph Hassel- mann	Adrian Dircks v.Föhr,Steuermann Nanning Jansen v.Föhr,Speckschneid. Rolof Dircksen v.Föhr,Harpunier	ebenda,14.2.1774 Rückk.:6.8.1774 Ertr.:2 Wale u.? Robben=135 Quard. Speck=203 Quard. Tran
De Niuwe Witte Voss Besatzung:44 Walfänger Steffen Jansen	Nanning Nannings v.Föhr,Speckschn. Siebrand Hansen v.Röm,Matrose Cornelis Jansen v.Röm,Matrose	ebenda,12.3.1774 Rückk.:23.8.1774 Ertr.:7 Wale= 200 Quard.Speck; weitere Angaben fehlen.
De Frau Anna Besatzung:44 Wal-u.Robbenfänger Clas Jansen Ney	Cornelis Jürgens v.Föhr,Steuermann Jürgen Ockes v.Föhr,Speckschneider Jürgen Cornelis v.Föhr,Speckschn. Jürgen Broers v.Föhr,Harpunier Peter Andresen v.Röm,Matrose Peter Tönnies v.Röm,Matrose Nanning Jürgens v.Föhr,Schiffsjung	ebenda,11.2.1774 Rückk.:19.7.1774 Ertr.:6 Wale=260 Quard.Speck= 372 1/2 Quard. Tran
De Jonge Jacob Besatzung:46 Walfänger Wiebe Wessels	Lorenz Juriansen v.Föhr,Speckschn. Johannes Lorenzen v.Föhr,Harpunier Riewert Riewerts v.Föhr,Harpunier Cornelis Cornelissen v.Röm,Matrose Clement Carstens v.Röm,Matrose Carsten Cornelis v.Röm,Matrose Hinrich Ries v.Röm,Matrose Riewert Riewerts v.Föhr,Matrose Jacob Jacobsen v.Sylt,Matrose	ebenda,14.3.1774 Rückk.:7.8.1774 Ertr.:2 1/2 Wale =120 Quard.Speck =170 Quard.Tran
De Jonge Visser Besatzung:45 Walfänger Witge Jelles	Willem Willems v.Föhr,Speckschneid Simon Frercks v.Amrum,Harpunier Hinrich Riewerts v.Föhr,Harpunier Jürgen Christians v.Röm,Matrose Lorenz Jessen v.Röm,Matrose Clas Willms v.Amrum,Matrose Boy Jensen v.Amrum,Matrose Hans Willms v.Föhr,Kochsmaat	ebenda,14.3.1774 Rückk.:24.7.1774 Ertr.:7 Wale= 190 Quard.Speck= 280 Quard.Tran
De Hoop op den Walvis Besatzung:44 Walfänger Geerd Eyssen	Jens Michels v.Sylt,Matrose Cornelis Peters v.Sylt,Matrose	ebenda,17.3.1774 Rückk.:10.8.1774 Ertr.:6 Wale= 140 Quard.Speck= 223 Quard.Tran
De Jungfrau Maria Besatzung:45 Walfänger Davisstraße Feike Ocken	Boy Arians v.Föhr,Harpunier	ebenda,15.2.1774 Rückk.:14.9.1774 Ertr.: 1/2 Wal= 25 Quard.Speck= 31 Quard.Tran

Schiff/Kommandeur	Name/Herkunft/Rang der Seeleute	Daten/Quelle Fangergebnis
De Bloyende Hoop Besatzung:42 Wal-u.Robbenfänger Jürgen Zwen von Röm	Jürgen Jürgens v.Röm,Steuermann Jurian Riewerts v.Föhr,Speckschn. Dirck Boysen v.Föhr,Speckschneider Hans Jaspers v.Röm,Harpunier Peter Jürgens v.Röm,Harpunier Peter Michels v.Röm,Harpunier Andreas Cornelis v.Röm,Zimmermann Lorenz Jansen v.Röm,Zimmerm.-Maat Hans Petersen Möller v.Röm,Matrose Jacob Friedrichsen v.Röm,Matrose Peter Zwen v.Röm,Matrose Hans Finboom(?)v.Röm,Matrose Arian Jürgens v.Föhr,Kochsmaat Henning Wulf v.Röm,Schiffsjunge	StAHam,Archiv d. Wasserschouts, I.A.1.e. 14.2.1775 Rückk.:20.7.1775 Ertr.:52 Quard. Speck=79 Quard. Tran;nähere Angaben liegen nicht vor.
De Twe Jonge Hermans Besatzung:38 Wal-u.Robbenfänger Peter Andresen Leest von Röm	Albert Jansen v.Röm,Steuermann Simon Matthiessen v.Föhr,Specksch. Thomas Peters v.Röm,Koch Erick Hansen v.Röm,Harpunier Matthias Jansen v.Röm,Matrose Andreas Hansen v.Röm,Matrose Gypt(Jeppe?)Petersen v.Röm,Matrose Cordt Peters v.Röm,Matrose Hans Peters v.Röm,Kochsmaat Andreas Michels v.Röm,Schiffsjunge	ebenda,13.2.1775 Rückk.:5.7.1775 Ertr.:208 Quard. Speck=292 Quard. Tran;nähere Angaben liegen nicht vor.
De Frau Elisabeth Besatzung:35 Wal-u.Robbenfänger Carsten Jürgens Holm von Röm	Siebrandt Jürgens.Holm v.Röm,St.M Peter Michels v.Röm,Harpunier Peter Hansen Lüth v.Röm,Bootsm.u.H Andreas Bundes v.Röm,Harpunier Jürgen Jürgens v.Röm,Matrose Michel Jasper Cornelissen v.Röm,M Cornelis Christians.Holm v.Röm,M Jost Matthiessen Jemerk v.Röm,Mat. Steffen Zwensen v.Röm,Kochsmaat Jürgen Peters.Kaper v.Röm,Schiffsj	ebenda,9.2.1775 Rückk.:20.6.1775 Ertrag:47 Quard. Speck = 76 Qu. Tran;nähere Angaben liegen nicht vor.
De Maria Susanna Besatzung:40 Wal-u.Robbenfänger Matthias Jessen von Röm	Jasper Jansen v.Röm,Steuermann Corn.Adrians.de Jonge v.Föhr,Speck Rolof Riewerts v.Föhr,Harpunier+ Peter Jessen v.Röm,Harpunier Thomas Christiansen v.Röm,Bootsm. Carsten Petersen v.Röm,Koch Jost Matthiessen v.Röm,Matrose Hans Peters Jürgens v.Röm,Matrose+ Jasper Carstens v.Röm,Matrose+ Johannes Japsen v.Ballum,Matrose Peter Moritz v.Röm,Matrose Niels Jürgens v.Röm,Kochsmaat Hans Peters v.Röm,Schiffsjunge	ebenda,9.2.1775 Rückk.:24.7.1775 Ertr.:1 Wal u.? Robben=100 Quard. Speck=144 Quard. Tran
De Mercurius Besatzung:41 Wal-u.Robbenfänger Peter Michel Jaspers von Röm	Hans Christian Jaspers v.Röm,StM Peter Cornelis v.Föhr,Speckschneid Jasper Carstens v.Röm,Harpunier Carsten Jürgens v.Röm,Harpunier Carsten Peters v.Röm,Bootsm.u.H. Hans Michel Christians v.Röm,Matr. Jasper Carstens v.Röm,Matrose Jürgen Jürgens v.Röm,Kochsmaat Jasper Hansen v.Röm,Schiffsjunge	ebenda,undat. 1775 Rückk.:12.8.1775 Ertr.:56 Quard. Speck=93 Quard. Tran;nähere Angaben liegen nicht vor.

	1775	Daten/Quelle
Schiff/Kommandeur	Name/Herkunft/Rang der Seeleute	Fangergebnis
De Sara Cäcilia Besatzung:40 Wal-u.Robbenfänger Hans Petersen von Röm	Peter Carstens v.Röm,Steuermann Arian Ariansen v.Föhr,Speckschn. Michel Cornelis v.Röm,Harpunier Carsten Jürgens v.Röm,Harpunier Cornelis Cornelissen v.Röm,Bootsm. Jürgen Cornelis v.Röm,Koch Lorenz Hansen v.Röm,Matrose+ Siebrandt Cohrs v.Röm,Matrose Andreas Hansen v.Röm,Matrose Jasper Hansen v.Röm,Matrose Peter Carstens v.Röm,Matrose Peter Möller v.Röm,Matrose Peter Carstens v.Röm,Matrose Albert Cornelissen v.Röm,Schiffsj.	ebenda,11.2.1775 Rückk.:30.7.1775 Ertr.:1/2 Wal u. ? Robben=114 Qu. Speck=167 Quard. Tran

De Zwaan
Besatzung:34
Wal-u.Robbenfänger
Matthias Zwen von
Röm
	Andreas Jürgens v.Röm,Steuermann
	Lars Michels.Holm v.Röm,Bootsmann
	Sören Matzen v.Röm,Koch
	Cornelis Peters v.Bröns,Matrose
	Peter Petersen Holm v.Röm,Matrose
	Gregorius Christiansen v.Hvidding
	          (1774:Bröns),M.
	Jürgen Hansen v.Röm,Matrose
	Peter Gerd Jürgens v.Röm,Matrose
	Carsten Eggersen v.Röm,Matrose
	Peter Petersen Tagholm v.Röm,Matr.
	Michel Jürgens v.Röm,Matrose
	Hans Jürgensen v.Röm,Schiffsjunge
		ebenda,undat.
		    1775
		Rückk.:21.6.1775
		Ertr.:150 Quard.
		Speck=220 Quard.
		Tran;nähere An-
		gaben liegen
		nicht vor.

De Concordia
Besatzung:39
Wal-u.Robbenfänger
Peter Zwen von
Röm
	Jens(Jan+)Jürgens v.Röm,Steuermann
	Ocke Boysen v.Föhr,Speckschneider
	Cornelis Peters v.Röm,Harpunier
	Jasper Cornelissen v.Röm,Bootsmann
	Jacob Lorenzen v.Röm,Zimmermann
	Jens Hansen v.Röm,Koch
	Peter Lorenzen v.Röm,Matrose
	Jürgen Hansen v.Röm,Matrose
	Lorenz Danielsen v.Scherrebeck,Ma.
	Boy Ocken v.Föhr,Matrose
	Jans Ocken v.Föhr,Matrose
	Hans Eschels v.Scherrebeck,Matrose
	Siebrandt Nicolassen v.Scherrebeck,
	          Matrose
	Peter Siebrandtsen v.Scherrebeck,M.
	Jens Petersen v.Röm,Matrose
	Cord(Knud+)Michels v.Röm,Matrose
	Cornelis Thoms.Hans.v.Röm,Kochsm.
	Zwen Hansen v.Röm,Schiffsjunge
		ebenda,undat.
		    1775
		Rückk.:18.7.1775
		Ertr.:104 Quard.
		Speck=164 Quard.
		Tran;nähere An-
		gaben liegen
		nicht vor.

De Jonge Margare- tha Besatzung:25 Wal-u.Robbenfänger Peter Petersen Decker von Röm	Peter Clasen v.Röm,Steuermann Peter Lorenzen v.Röm,Harpunier Cordt Siebrandts v.Röm,Zimmermann Michel Carstens v.Röm,Bootsmann Peter Hansen Röms v.Scherrebeck,Ko. Thomas Petersen v.Röm,Matrose Matthias Jansen v.Ballum,Matrose Gottfried Moritz v.Röm,Matrose Knud Ottsen v.Röm,Matrose Zwen Christiansen v.Röm,Kochsmaat Peter Petersen v.Röm,Schiffsjunge	ebenda,16.2.1775 Rückk.:14.7.1775 Ertr.:27 Quard. Speck=36 Quard. Tran;nähere An- gaben liegen nicht vor.

413

Schiff/Kommandeur	Name/Herkunft/Rang der Seeleute	Daten/Quelle Fangergebnis
De Martin Besatzung:36 Wal-u.Robbenfänger Hans Michel Jaspers von Röm	Cornelis Thomsen v.Röm,Steuermann Peter Peters.Klint v.Röm,Bootsmann Peter Michelsen Holm v.Röm,Koch Carsten Peters.v.Röm,Matrose Peter Simonsen v.Bröns,Matrose Jasper Sörensen v.Röm,Matrose Siebr.Lorenz+Cornelis Tag v.Röm,M. Jürgen Bundes v.Röm,Matrose Peter Petersen Klint v.Röm,Matrose Matthias Carstens v.Röm,Matrose Carsten Jagelsen v.Ballum,Matrose Johannes Jansen v.Röm,Matrose Cornelis Cornelissen v.Röm,Kochsm. Carsten Jaspers v.Röm,Schiffsjunge	ebenda,9.2.1775 Rückk.:18.7.1775 Ertr.:55 Quard. Speck=78 1/2 Quard.Tran;nähere Angaben liegen nicht vor
De Anna Besatzung:34 Wal-u.Robbenfänger Hans Hansen Carl von Röm	Peter Hansen Carl v.Röm,Steuermann Hans Sörensen v.Röm,Zimmermann Hans Nielsen Ewers v.Röm,Bootsmann Michel Hansen Küper v.Röm,Koch Niels Petersen v.Röm,Harpunier Matthias Andresen v.Röm,Matrose Hans Peters v.Röm,Matrose Christian Petersen v.Röm,Matrose Matthias Jürgens v.Röm,Matrose Carsten Michels v.Röm,Matrose Carsten Siebrandts.v.Scherrebeck,M Niels Petersen v.Röm,Kochsmaat Hans Hansen Carl v.Röm,Schiffsjge.	ebenda,14.2.1775 Rückk.:23.6.1775 Ertr.:140 Quard. Speck=204 Quard. Tran;nähere Angaben liegen nicht vor.
De Jonge Peter Besatzung:40 Wal-u.Robbenfänger Johann Andresen Leest von Röm	Jasper Michels Möller v.Röm,StM Peter Thiessen Bohn v.Sylt,Speck. Lorenz Lorenzen v.Röm,Bootsmann Peter Jaspers v.Röm,Koch Peter Petersen v.Röm,Harpunier Cornelis Jürgens v.Röm,Harpunier Carsten Jansen v.Röm,Zimmerm.-Maat Christian Johannsen v.Röm,Matrose. Andreas Andresen Möller v.Röm,Mat. Siebrand Petersen Holm v.Röm,Matr. Jürgen Johannsen v.Röm,Matrose Johann Siebrandts v.Röm,Matrose Peter Cornelis Schwermer v.Röm,Mat. Jasper Peters v.Röm,Matrose Carsten Hansen v.Röm,Kochsmaat Peter Ericks v.Röm,Schiffsjunge	ebenda,13.2.1775 Rückk.:17.8.1775 Ertr.:40 Quard. Speck=56 Quard. Tran;nähere Angaben liegen nicht vor.
De Jacobus Besatzung:41 Wal-u.Robbenfänger Peter Andresen von Röm	Rasmus Truelsen v.Röm,Steuermann Jürgen Cornel.d.Jonge v.Föhr,Speck. Jürgen Hansen v.Röm,Speckschneider Moritz Michelsen v.Röm,Harpunier Joh.Christian Carstens v.Röm,Harp. Siebrandt Hansen Falck v.Röm,Harp. Andreas Carstens v.Röm,Koch Niels Jürgens v.Röm,Matrose Rasmus Petersen v.Röm,Matrose Matthias Petersen v.Röm,Matrose Broer Siebrandts v.Röm,Matrose Hans Matthiessen v.Döstrup(1774: Röm),Matrose Nicolas Andresen v.Röm,Kochsmaat Cornelis Truelsen v.Röm,Schiffsjge.	ebenda,9.2.1775 Rückk.:19.8.1775 Ertr.:64 Quard. Speck=83 1/2 Qu. Tran;nähere Angaben liegen nicht vor.

Schiff/Kommandeur	Name/Herkunft/Rang der Seeleute	Daten/Quelle Fangergebnis
De Fief Gebröder Besatzung:38 Wal-u.Robbenfänger Peter Tönnies von Röm	Engelbrecht Carstens v.Röm,StM Ocke Lorenzen v.Föhr,Speckschneid. Rolof Johannsen v.Föhr,Harpunier Peter Jansen Leest v.Röm,Harpunier Peter Petersen v.Röm,Zimmermann Johannes Lorenzen v.Röm,Bootsmann Hans Cornelis v.Röm,Koch Jens Matthiessen v.Ballum(hier: Röm),Matr. Jens Andresen v.Röm,Matrose Peter Bundes Christians v.Röm,Mat. Andreas Michels v.Röm,Matrose Hans Andresen v.Röm,Kochsmaat Isaak Andresen v.Röm,Schiffsjunge	ebenda,13.2.1775 Rückk.:17.8.1775 Ertr.:30 Quard. Speck=39 Quard. Tran;nähere Angaben liegen nicht vor.
De Johannes Besatzung:37 Wal-u.Robbenfänger Michel Michels von Röm	Jürgen Jessen v.Röm,Steuermann Rolof Hinrichs v.Föhr,Speckschn. Jens Jessen v.Röm,Bootsmann Carsten Jürgensen v.Röm,Koch Carsten Peters v.Röm,Harpunier Willm Hansen v.Röm,Harpunier Hans Erick Andresen v.Röm,Zimmerm. Christian Christiansen v.Röm,Matr. Jürgen Jaspers v.Röm,Matrose Hans Cornelissen v.Röm,Kochsmaat Carsten Carstens v.Röm,Schiffsjge.	ebenda,11.2.1775 Rückk.:20.7.1775 Ertr.:141 Quard. Speck=203 Quard. Tran;nähere Angaben liegen nicht vor.
De Frau Agatha Besatzung:39 Wal-u.Robbenfänger Johann Hansen von Röm.Er war 1774 Steuermann dieses Schiffes.	Hans Cornelis v.Röm,Steuermann Peter Hansen v.Röm,Speckschneider Carsten Jaspers v.Röm,Zimmermann Johann Lamberts v.Röm,Bootsmann Cornelis Lorenzen v.Röm,Koch Cornelis Carstens v.Röm,Harpunier Ulrich Friedrich Wulf v.Röm,Meist+ Hans Petersen v.Röm,Matrose Jacob Hansen v.Döstrup,Matrose Jens Andresen v.Döstrup,Matrose Albert Jansen v.Röm,Matrose Cornelis Carstens v.Röm,Matrose Franz Lorenzen v.Röm,Matrose Carsten Peters v.Röm,Matrose Niels Rasmussen v.Röm,Matrose Peter Jansen v.Röm,Matrose Peter Jürgens v.Röm,Kochsmaat Hans Ericks v.Röm,Schiffsjunge	ebenda,13.2.1775 Rückk.:20.7.1775 Ertr.:208 Quard. Speck=292 Quard. Tran;nähere Angaben liegen nicht vor.
De Heinrich und Jacob Besatzung:37 Wal-u.Robbenfänger Ocke Johannes von Föhr.Er war 1774 Steuermann des Wal-u.Robbenfäng. "De Lilie".	Clement(Ermert+)Clasen v.Föhr,StM Hendrik Boysen v.Föhr,Speckschneid. Jan Jansen v.Föhr,Harpunier Jürgen Boysen v.Föhr,Harpunier Frerck Simons v.Föhr,Schiemann Casper Peters v.Helgoland,Matrose Friedrich Clements v.Sylt,Matrose Rickmer Arians v.Föhr,Schiffsjge.	ebenda,8.2.1775 Rückk.:12.8.1775 Ertr.:13 Quard. Speck=20 1/2 Qu. Tran;nähere Angaben liegen nicht vor.

Schiff/Kommandeur	Name/Herkunft/Rang der Seeleute	Daton/Quelle Fangergebnis
De Jonge Johannes Besatzung:44 Walfänger Broer Broersen von Föhr	Rickmer Riewerts v.Föhr,Steuermann Boy Jürgens v.Föhr,Speckschneider Arian Petersen v.Föhr,Speckschn. Johannes Clasen v.Föhr,Harpunier Hinrich Jansen v.Föhr,Harpunier Broer Broers.de Jonge v.Föhr,Harp. Rolof Riewerts v.Föhr,Zimmermann Nanning Rolofs v.Föhr,Bootsmann Hendrick Dircks v.Föhr,Schiemann Lorenz Jansen v.Föhr,Koch Hendrick Peters v.Föhr,Matrose Paul Volkerts v.Föhr,Matrose Riewert Arians v.Föhr,Matrose Cornelis Nannings v.Föhr,Matrose Johannes Broers v.Föhr,Matrose Rolof Jansen v.Föhr,Kochsmaat Hinrich Broersen v.Föhr,Schiffsj.	ebenda,23.3.1775 Rückk.:20.9.1775 ohne Ertrag
De Frau Margaretha Besatzung:45 Walfänger Jurian Riecks von Föhr	Boy Jurians v.Föhr,Steuermann+ Rolof Lorenzen v.Föhr,Speckschn.+ Jürgen Jacobsen v.Föhr,Speckschn.+ Boy Jansen v.Föhr,Harpunier+ Rieck Broersen v.Föhr,Harpunier+ Cornelis Jürgens v.Föhr,Harpunier+ Peter Volkerts v.Föhr,Zimmermann Rolof Boysen v.Föhr,Schiemann Jacob Jacobs v.Föhr,Matrose Boy Boysen v.Föhr,Matrose Frederick Rolofs v.Föhr,Matrose Rolof Jung Nickelsen v.Föhr,Matr. Dirck Arians v.Föhr,Matrose Cornelis Broers v.Föhr,Matrose Arian Lorenzen v.Föhr,Matrose Tönnies Urban v.Amrum,Matrose Lorenz Ohlsen v.Föhr,Matrose Valentin Broers v.Föhr,Matrose Christian Hansen v.Amrum,Matrose Boy Martin v.Amrum,Matrose Friedrich Arians v.Föhr,Matrose Hinrich Lorenzen v.Föhr,Kochsmaat Peter Bohn v.Föhr,Schiffsjunge Lorenz Ohlsen v.Föhr,Schiffsjge.+	ebenda,18.3.1775 Rückk.:20.9.1775 ohne Ertrag
De Griepenstein Besatzung:45 Walfänger Lorenz Riecks von Föhr	Jacob Rolofs v.Föhr,Steuermann Lorenz Hinrichs v.Föhr,Speckschn. Nanning Hinrichs v.Föhr,Speckschn. Broer Nannings v.Föhr,Harpunier Peter Boysen v.Föhr,Harpunier Rolof Lorenzen v.Föhr,Harpunier Frerck Jurians v.Föhr,Bootsmann Rolof Hansen v.Föhr,Schiemann Jacob Markens v.Föhr,Koch Johann Carstens Preest v.Röm,Matr. Carsten Hansen v.Röm,Matrose Jürgen Carstens v.Röm,Matrose Christian Matzen v.Tondern,Matrose Johannes Clasen v.Föhr,Matrose Rolof Nannings v.Föhr,Kochsmaat Rolof Frercks v.Föhr,Schiffsjunge	ebenda,11.2.1775 Rückk.:23.8.1775 Ertr.:18 Quard. Speck=22 1/2 Qu. Tran;nähere Angaben liegen nicht vor.

Schiff/Kommandeur	Name/Herkunft/Rang der Seeleute	Fangergebnis
De Jonge Geertruy Besatzung:44 Walfänger Boy Rickmers de Jonge von Föhr	Rolof Boysen v.Föhr,Steuermann Riewert Boysen v.Föhr,Speckschneid. Michel Boysen v.Föhr,Speckschneid. Peter Hinrichs v.Föhr,Harpunier Lorenz Hinrichs v.Föhr,Harpunier Rolof Cornelis v.Föhr,Bootsm.u.Hp. Dirck Jürgens v.Föhr,Zimmermann Frerck Jansen v.Föhr,Schiemann Arian Jürgens v.Föhr,Koch Frerck Simonsen v.Föhr,Matrose Hinrich Frercks v.Föhr,Matrose Rickmer Petersen v.Föhr,Matrose Paul Leenderts v.Föhr,Matrose Nanning Riewerts v.Föhr,Matrose Arian Tönnies v.Föhr,Matrose Frerck Peters v.Amrum(Föhr+),Matr. Johannes Cornelis v.Föhr,Matrose Jacob Jansen v.Sylt,Matrose Clas Cornelis v.Amrum,Matrose Rolof Frercks v.Föhr,Matrose Jens Peter Decker v.Sylt,Matrose Broer Leenderts v.Föhr,Kochsmaat Broer Broers v.Föhr,Schiffsjunge	ebenda,22.3.1775 Rückk.:20.9.1775 ohne Ertrag
De St.Peter Besatzung:44 Walfänger Volkert Boysen von Föhr	Andreas Volkerts v.Föhr,Steuerm.+ Hinrich Cornelis v.Föhr,Specksch.+ Lorenz Hinrichs v.Föhr,Speckschn.+ Volkert Cornelis v.Föhr,Harpunier+ Jacob Flohr v.Föhr,Harpunier+ Paul Boysen v.Föhr,Harpunier+ Willm Rolofs v.Föhr,Bootsmann Riewert Hendricks v.Föhr,Schiemann Nanning Cornelis v.Amrum,Koch Andreas Cornelissen v.Sylt,Matrose Clas Peter Geicken v.Sylt,Matrose Dirck Willms v.Föhr,Matrose Nanning Rolofs v.Föhr,Matrose Hinrich Volkerts v.Föhr,Matrose Riewert Flohr v.Föhr,Matrose Lorenz Carl(Cudel+)v.Föhr,Matrose Arian Jansen v.Föhr,Matrose Johannes Jansen v.Föhr,Matrose Volkert Friedrichs v.Föhr,Matrose Willm Cornelis v.Föhr,Kochsmaat	ebenda,18.3.1775 Rückk.:19.9.1775 ohne Ertrag
De Jgfr.Anna Maria Besatzung:38 Wal-u.Robbenfänger Hans Hansen Tön- nies von Sylt	Cornelis Hansen Tönnies v.Röm,StM Broer Simons v.Föhr,Speckschneider Carsten Lamberts v.Röm,Bootsmann Peter Hansen Jürgens v.List/Sylt,H. Cornelis Peters.Wandal v.Röm,Harp. Peter Hansen v.Röm,Matrose Uwe Hansen v.Sylt,Schiemann Lorenz Cornelis v.Röm,Matrose Andreas Jürgens v.List/Sylt,Matr. Andreas Dircks v.Sylt,Matrose	ebenda,9.2.1775 Rückk.:20.7.1775 Ertr.:1 Wal u.? Robben=180 Quard. Speck=270 Quard. Tran

Schiff/Kommandeur	Name/Herkunft/Rang der Seeleute	Daten/Quelle Fangergebnis
De Jgfr.Clara Besatzung:37 Wal-u.Robbenfänger Hidde Dircksen Katt	Hans Johannsen v.Föhr,Steuermann Cornelis Cornelissen v.Föhr,Speck. Hinrich Peters.v.Föhr,Speckschneid Peter Hinrichs v.Föhr,Harpunier Rieck Jurians v.Föhr,Harpunier Cornelis Cornelissen v.Föhr,Matr.	ebenda,13.2.1775 Rückk.:18.8.1775 Ertr.:30 Quard. Speck=44 Quard. Tran;nähere Angaben liegen nicht vor.
De Frau Anna Besatzung:44 Wal-u.Robbenfänger Clas Jansen Ney	Cornelis Jürgens v.Röm,Steuermann Jürgen Ockes v.Föhr,Speckschneider Jürgen Cornelissen v.Föhr,Specksch Jürgen Broersen v.Föhr,Harpunier Peter Tönnes v.Föhr,Matrose Nanning Jürgens v.Föhr,Matrose	ebenda,14.2.1775 Rückk.:30.7.1775 Ertr.:1/2 Wal u. ? Robben=74 Qu. Speck=107 Quard. Tran
De Jonge Jacob Besatzung:45 Walfänger Wiebe Wessels	Lorenz Jurians v.Föhr,Speckschneid Riewert Riewerts v.Föhr,Harpunier Johannes Lorenzen v.Föhr,Harpunier Arian Boysen v.Amrum,Schiemann Jürgen Lorenzen v.Föhr,Matrose+ Riewert Riewerts v.Föhr,Matrose+ Peter Peters v.Föhr,Matrose+	ebenda,15.3.1775 Rückk.:21.9.1775 Ertr.:1 Wal =50 Quard.Speck= 65 1/2 Quard. Tran
De Witte Peerd Besatzung:45 Walfänger Martin Jansen	Boy Rolofs v.Föhr,Speckschneider Riewert Cornelissen v.Föhr,Harpun. Johann Ottsen v.Sylt,Matrose Broer Rickmers v.Föhr,Matrose	ebenda,18.3.1775 Rückk.:20.9.1775 Ertr.:1 Wal=15 Quard.Speck=25 Quard.Tran
De Niuwe Witte Voss Besatzung:44 Walfänger Steffen Jansen	Nanning Nannings v.Föhr,Speckschn. Steffen Taacken v.Sylt,Matrose Steffen Nis Taacken v.Sylt,Matrose Zwen Tedes Boysen v.Sylt,Matrose Peter Clasen v.Sylt,Matrose Cornelis Peters v.Sylt,Matrose	ebenda,15.3.1775 Rückk.:20.9.1775 Ertr.:1 Wal =14 Quard.Speck=23 Quard.Tran
De König Salomon Besatzung:44 Walfänger Willem Hendriks	Johannes Lorenzen v.Sylt,Matrose Boy Michels v.Sylt,Matrose Peter Erichsen Schmidt v.Sylt,Matr.	ebenda,15.3.1775 Rückk.:20.9.1775 ohne Ertrag
De Hoopende Visser Besatzung:45 Walfänger Gerrit Jansen	Frerck Hendriks v.Föhr,Speckschn. Riewert Peters v.Föhr,Speckschneid Hendrik Frercks v.Föhr,Harpunier Riewert Rolofs v.Föhr,Schiffsjunge	ebenda,18.3.1775 Rückk.:20.9.1775 Ertr.:1 Wal=30 Qu.Speck=40 Qu. Tran
De Jonge Catharina Besatzung:45 Walfänger Gerd Eyssen	Hendrik Nannings v.Föhr,Harpunier Jens Michels v.Sylt,Matrose Cornelis Peters v.Sylt,Matrose Peter Thomsen v.Sylt,Matrose Lorenz Jensen Groot v.Sylt,Matrose Jan Jans Peters v.Sylt,Matrose Mahns Peters v.Sylt,Matrose	ebenda,13.3.1775 Rückk.:20.9.1775 Ertr.:3 Wale= 130 Quard.Speck= 194 Quard.Tran
De Twe Gesüster Besatzung:45 Walfänger Jan Adriansen Breedt	Jacob Riecks v.Föhr,Speckschneider Rolof Boysen v.Föhr,Harpunier Frerck Riewerts v.Föhr,Harpunier Matthias Riewert v.Föhr,Matrose	ebenda,16.3.1775 Rückk.:20.9.1775 ohne Ertrag

Schiff/Kommandeur	Name/Herkunft/Rang der Seeleute	Daten/Quelle Fangergebnis
De Jonge Visser Besatzung:46 Walfänger Witge Jelles	Willm Willms v.Föhr,Speckschneider Simon Frercks v.Amrum,Harpunier Hinrich Riewerts v.Föhr,Harpunier Boy Jansen v.Amrum,Matrose Clas Willms v.Amrum,Matrose Hans Willms v.Föhr,Matrose	ebenda,15.3.1775 Rückk.:21.9.1775 ohne Ertrag
De Frau Maria Eli- sabeth Besatzung:45 Walfänger Davisstraße Jan Geerdts	Peter Jacobs v.Föhr,Speckschneider Rolof Marcussen v.Föhr,Harpunier Hendrik Hendriksen v.Föhr,Harpun. Paul Feddersen v.Husum,Matrose	ebenda,8.2.1775 Rückk.:28.8.1775 Ertr.:1/2 Wal= 25 Quard.Speck= 37 Quard.Tran
De Concordia Besatzung:45 Walfänger Davisstraße Obbe Edtkes	Dirck Clasen v.Föhr,Harpunier David (Peter+) Peters v.Föhr,Matr.	ebenda,15.2.1775 Rückk.:28.8.1775 Ertr.:1/2 Wal= 25 Qu.Speck=37 Quard.Tran
De Jungfrau Maria Besatzung:45 Walfänger Davisstraße Feike Ocken	Paulus Jansen v.Föhr,Steuermann Boy Arians v.Föhr,Harpunier Cornelis Peters v.Föhr,Harpunier	ebenda,15.2.1775 Rückk.:28.8.1775 ohne Ertrag
De Lilie Besatzung:42 Wal-u.Robbenfänger Hinrich August Hasselmann	Arian Dircks v.Föhr,Steuermann Arian Cornelis v.Föhr,Speckschneid. Peter Petersen v.Föhr,Harpunier Cornelis Johannes v.Föhr,Harpunier	ebenda,8.2.1775 Rückk.:13.8.1775 Ertr.:80Qu.Speck =120 Qurd.Tran; nähere Angaben liegen nicht vor
De Jgfr.Anna Eli- sabeth Besatzung:43 Wal-u.Robbenfänger Christoph Hassel- mann	Nanning Jansen v.Föhr,Speckschn. Arian Rolofsen v.Föhr,Speckschn.	ebenda,8.2.1775 Rückk.:19.9.1775 Ertr.:40 Quard. Speck=56 1/2 Qu. Tran;nähere An- gaben liegen nicht vor.
De Morgenstern Besatzung:45 Wal-u.Robbenfänger Joh.Nicolaus Stein- metz	Boy Riewerts v.Föhr,Speckschneider Rolof Willms v.Föhr,Harpunier	ebenda,10.2.1775 Rückk.:5.7.1775 Ertr.:142 Quard. Speck=196 Quard. Tran;nähere An- gaben liegen nicht vor.
De Patriot Besatzung:43 Wal-u.Robbenfänger Severin Andresen	Hendrik Cornelissen v.Föhr,Speck. Jürgen Cornelissen v.Föhr,Speck. Boy Cornelissen v.Föhr,Harpunier Arian Cornelissen v.Föhr,Harpunier Cornelis Hendriks v.Föhr,Matrose	ebenda,9.2.1775 Rückk.:18.8.1775 Ertr.:20 Quard. Speck=36 1/2 Qu. Tran;nähere An- gaben liegen nicht vor.
De Witte Falck Besatzung:42 Wal-u.Robbenfänger Joch.Hinrich Has- selmann.	Hinrich Brodersen v.Föhr,Steuerm. Clas Frercks v.Föhr,Harpunier Volkert Boysen v.Föhr,Matrose	ebenda,9.2.1775 Rückk.:13.8.1775 Ertr.:1 Wal=70 Qu.Speck=98 1/2 Quard.Tran
De Hoopende Land- mann Besatzung:45 Wal-u.Robbenfänger Ocke Daniel Meyer	Hans Hansen v.Föhr,Steuermann Johannes Riecks v.Föhr,Speckschn. Peter Hinrichs v.Föhr,Speckschn. Boy Hinrichs v.Föhr,Harpunier	ebenda,15.2.1775 Rückk.:21.8.1775 Ertr.:3Wale=130 Qu.Speck=188 Qu. Tran

419

Schiff/Kommandeur	Name/Herkunft/Rang der Seeleute	Daten/Quelle Fangergebnis
De Jonge Peter Besatzung:40 Wal-u.Robbenfänger Johann Andresen Leest von Röm	Peter Petersen v.Röm,Steuermann Lorenz Lorenzen v.Röm,Bootsmann Peter Jaspers v.Röm,Koch Hans Cornelissen v.Sylt,Speckschn. Cordt Peters v.Röm,Harpunier Jürgen Bundes v.Röm,Harpunier Carsten Jansen v.Röm,Zimmermann Christian Christiansen v.Ballum,M Rasmus Petersen v.Röm,Matrose Johannes Petersen v.Röm,Matrose Christian Jansen v.Röm,Matrose Carsten Hansen v.Röm,Matrose Peter Ericksen v.Röm,Schiffsjunge	StAHam,Archiv d. Wasserschouts, I.A.1.e. 13.2.1776 Rückk.:8.8.1776 Ertr.:54 Quard. Speck=77 Quard. Tran;nähere An- gaben liegen nicht vor.
De Maria Susanna Besatzung:43 Wal-u.Robbenfänger Matthias Jessen von Röm	Jasper Jansen v.Röm,Steuermann Rolof Riewerts v.Föhr,Speckschneid Peter Jessen v.Röm,Bootsmann Carsten Petersen v.Röm,Koch Peter Moritzen v.Röm,Harpunier Johann Balzer v.Röm,Harpunier Siebrand Erichsen v.Ballum,Matrose Niels Jürgensen v.Röm,Matrose Clas Andr.Dickmann v.Ballum,Matr. Peter Andresen v.Röm,Matrose Cornelis Michelsen v.Röm,Matrose Christian Michelsen v.Röm,Kochsm. Jasper Cornelissen v.Röm,Schiffsj.	ebenda,13.2.1776 Rückk.:8.8.1776 Ertr.:4 Wale= 70 Quard.Speck= 100 Quard.Tran
De Mercurius Besatzung:41 Wal-u.Robbenfänger Peter Michel Jas- pers von Röm	Hans Christian Jaspers v.Röm,StM Nanning Jansen v.Föhr,Speckschneid Carsten Jürgens v.Röm,Speckschneid Hans Johanns.Frank v.Röm,Harpunier Rasmus Truelsen v.Röm,Bootsm.u.H. Peter Egidius v.Röm,Matrose Jasper Hansen v.Röm,Schiffsjunge	ebenda,13.2.1776 Rückk.:2.8.1776 Ertr.:6 Wale= 182 Quard.Speck= 296 Quard.Tran
De Jacobus Besatzung:41 Wal-u.Robbenfänger Peter Andresen von Röm	Carsten Peters v.Röm,Steuermann Jürgen Cornelis v.Föhr,Speckschn. Michel Balzer v.Röm,Speckschneid. Clas Michels v.Röm,Harpunier Siebrandt Hansen v.Röm,Harpunier Peter Hansen v.Röm,Harpunier Cornelis Hansen v.Röm,Koch Gottfried Moritz v.Röm,Matrose Nicolai Andresen v.Röm,Matrose Cornelis Truelsen v.Röm,Schiffsj.	ebenda,14.2.1776 Rückk.:8.8.1776 Ertr.:6 Wale= 116 Quard.Speck= 150 Quard.Tran
De Johannes Besatzung:37 Wal-u.Robbenfänger Michel Michels von Röm	Jürgen Jessen v.Röm,Steuermann Jens Jessen v.Röm,Bootsmann Carsten Peters v.Röm,Koch Jens(Willm+)Hansen v.Röm,Harpunier Rolof Hinricks v.Föhr,Speckschneid Hans Erick Andresen v.Röm,Zimmerm. Christian Christiansen v.Röm,Matr. Jürgen Jaspers v.Röm,Matrose Hans Cornelissen v.Röm,Matrose Michel Peters v.Röm,Matrose Michel Jansen Michels v.Röm,Schjg.	ebenda,13.2.1776 Rückk.:15.7.1776 Ertr.:116 Quard. Speck=171 Quard. Tran;nähere An- gaben liegen nicht vor.

Schiff/Kommandeur	Name/Herkunft/Rang der Seeleute	Daten/Quelle Fangergebnis
De Jonge Margare-tha Besatzung:25 Wal-u.Robbenfänger Peter Petersen Decker von Röm	Peter Clasen v.Röm,Steuermann Hans Eschels v.Scherrebeck,Zimmer. Johannes Carstens v.Röm,Bootsmann Peter Hansen Röms v.Scherrebeck, Koch Niels Jensen v.Lügumkloster,Matr. Hinrich Jensen v.Lügumkloster,Mat. Peter Lorenz v.Röm,Matrose Carsten Peters.Möller v.Röm,Matr. Thomas Petersen v.Scherrebeck,Mat. Cornelis Petersen v.Scherrebeck,M. Lorenz Cornelissen v.Röm,Matrose Hans Peters Röms v.Scherrebeck,Ma. Zwen Christians v.Röm,Kochsmaat Peter Petersen Decker v.Röm,Schjg.	ebenda,22.2.1776 Rückk.:13.7.1776 Ertr.:17 Quard. Speck=20 1/2 Quard.Tran; nähere Angaben liegen nicht vor.
De Bloyende Hoop Besatzung:42 Wal-u.Robbenfänger Jürgen Zwen von Röm	Hans Jaspers v.Röm,Steuermann Jürgen Riewerts v.Föhr,Speckschn. Dirck Boysen v.Föhr,Speckschneider Peter Jürgens v.Röm,Harpunier Engelbrecht Carstens v.Röm,Harpun. Hans Cornelissen v.Röm,Harpunier Hans Peters.Möller v.Röm,Matrose Jacob Friedrichsen v.Röm,Matrose Lorenz Jensen v.Röm,Kochsmaat Jan Riewerts v.Föhr,Schiffsjunge	ebenda,24.2.1776 Rückk.:2.8.1776 Ertr.:4 Wale= 130 Quard.Speck= 184 Quard.Tran
De Twe Jonge Her-mans Besatzung:39 Wal-u.Robbenfänger Albert Jansen von Röm.Er war 1775 Steuermann dieses Schiffes.	Hans Cornelissen v.Röm,Steuermann Jacob Bohn v.Föhr,Speckschneider Cornelis Lorenzen v.Röm,Zimmerm.+ Thomas Peters v.Röm,Harpunier Johann Jansen Witt v.Röm,Koch Peter Jürgens v.Röm,Matrose Jess Peters v.Röm,Matrose Jasper Sörens v.Röm,Matrose Siebrandt Peters.Holm v.Röm,Matro. Johannes Hansen v.Röm,Kochsmaat Andreas Michelsen v.Röm,Schiffsj.	ebenda,14.2.1776 Rückk.:15.7.1776 Ertr.:140 Quard. Speck=195 1/2 Qard.Tran;nähere Angaben liegen nicht vor.

De Concordia
Besatzung:39
Wal-u.Robbenfänger
Peter Zwen von
Röm
	Jan Jurians v.Röm,Steuermann
	Peter Lorenz v.Röm,Speckschneider
	Jacob Lorenzen v.Röm,Zimmermann
	Jasper Cornelis v.Röm,Bootsmann
	Johannes Hansen v.Röm,Koch
	Cornelis Peters v.Röm,Harpunier
	Christian Siebrandtsen v.Scherre-
	                beck,Matrose
	Siebrandt Jansen v.Bröns,Matrose
	Peter Cornelis v.Röm,Matrose
	Andreas Hansen Schmidt v.Emmerleff,
	                Matrose+
	Zwen Hansen v.Röm,Matrose
	Knud Michels v.Röm,Matrose
	Lorenz Jacobsen v.Röm,Schiffsjunge
		ebenda,20.2.1776
		Rückk.:1.7.1776
		Ertr.:88 Quard.
		Speck=132 1/2
		Quard.Tran;
		nähere Angaben
		liegen nicht vor

Schiff/Kommandeur	Name/Herkunft/Rang der Seeleute	Daten/Quelle Fangergebnis
De Zwaan Besatzung:34 Wal-u.Robbenfänger Matthias Zwen von Röm	Jürgen Jürgens v.Röm,Steuermann Lorenz Michels Holm v.Röm,Bootsm. Siebrandt Matthiessen v.Röm,Koch Peter Peters.Holm v.Röm,Matrose Peter Gerd Jürgens v.Röm,Matrose Niels Jürgen Zwen v.Röm,Matrose Michel Jürgens v.Röm,Matrose Hans Jürgensen v.Röm,Kochsmaat Johannes Peters v.Röm,Schiffsjunge	ebenda,20.2.1776 Rückk.:25.7.1776 Ertr.:103 Quard. Speck=156 Quard. Tran;nähere An- gaben liegen nicht vor.
De Anna Besatzung:34 Wal-u.Robbenfänger Hans Hansen Carl von Röm	Peter Hansen Carl v.Röm,Steuermann Hans Siebrandts.Möller v.Röm,Zim. Christian Jürgens v.Röm,Bootsmann Michel Hansen Küper v.Röm,Koch Cornelis Petersen v.Röm,Harpunier Hans Peters v.Röm,Matrose Michel Peters v.Röm,Matrose Jürgen Jürgensen v.Röm,Matrose Carsten Michels v.Röm,Matrose Niels Petersen v.Röm,Kochsmaat Jeppe Cornelissen v.Röm,Schiffsjg.	ebenda,19.2.1776 Rückk.:2.7.1776 Ertr.:120 Quard. Speck=185 1/2 Quard.Tran;nähe- re Angaben lie- gen nicht vor.
De Goode Hoop Besatzung:39 Wal-u.Robbenfänger Peter Cornelis von Röm.Er war vorher Kommandeur des Wal-u.Robbenfäng. "De Sara Galley".	Jürgen Cornelis v.Röm,Steuermann Rolof Tönnies v.Föhr;Speckschneid. Lorenz Cornelis Tag v.Röm,Harpun. Andreas Lorenz.Carstens v.Röm,Harp. Rolof Marcus v.Föhr,Harpunier Cornelis Peters v.Röm,Bootsmann Peter Hansen v.Röm,Koch Matthias Behrends v.Ballum,Matrose Jasper Hansen v.Röm,Matrose Peter Siebrandts v.Ballum,Matrose Matthias Petersen v.Röm,Matrose Michel Cornelis v.Röm,Matrose Henning Wulf v.Röm,Kochsmaat Cornelis Cornelissen v.Röm,Schiffs- junge	ebenda,17.2.1776 Rückk.:8.8.1776 Ertr.:4 1/2 Wale u.? Robben=100 Quard.Speck=164· Quard.Tran.
De Sara Cäcilia Besatzung:41 Wal-u.Robbenfänger Hans Petersen von Röm	Peter Carstens v.Röm,Steuermann Peter Jansen v.Röm,Bootsmann Carsten Jürgens v.Röm,Harpunier Lorenz Hansen v.Röm,Harpunier Arian Ariansen v.Föhr,Speckschneid. Thomas Christiansen v.Ballum,Koch Cornelis Andresen v.Röm,Matrose Cornelis Hansen v.Röm,Matrose Johannes Hansen v.Ballum,Matrose Johannes Cornelissen(Andresen+)v. Ballum,Kochsmaat Cornelis Michels v.Röm,Schiffsjge.	ebenda,13.2.1776 Rückk.:15.7.1776 Ertr.:4 Wale u. ? Robben=148 Quard.Speck = 207 Quard.Tran
De Frau Elisabeth Besatzung:35 Wal-u.Robbenfänger Carsten Jürgens Holm von Röm	Rolof Willms v.Föhr,Steuermann Hendrick Boysen v.Föhr,Speckschn. Andreas Bundes v.Röm,Bootsm.u.Harp. Nicolaus Peters.v.Röm,Koch u.Harp. Corn.Christ.Jürgens.Holm v.Röm,Mat. Steffen Zwensen v.Röm,Matrose Carsten Nicolassen v.Röm,Kochsmaat Peter Petersen Kaper v.Röm,Schiffs- junge	ebenda,13.2.1776 Rückk.:4.8.1776 Ertr.:48 Quard. Speck=77 Quard. Tran;nähere An- gaben liegen nicht vor.

Schiff/Kommandeur	Name/Herkunft/Rang der Seeleute	Daten/Quelle Fangergebnis
De Griepenstein Besatzung:45 Wal-u.Robbenfänger Andreas Jürgensen von Röm.Er war 1775 Steuermann des Wal-u.Robben- fängers "De Zwaan"!	Cornelis Jürgens v.Röm,Steuermann Carsten Alberts Leest v.Röm,Speck. Cornelis Jürgens v.Röm,Harpunier Peter Michels.Leest v.Röm,Harpun. Joh.Carstens.Preest v.Röm,BM u.H. Michel Carstens v.Röm,Koch u.Harp. Carsten Jaspers v.Röm,Matrose Hans Buw v.Röm,Matrose Jürgen Jürgens v.Röm,Matrose Johannes Carstens v.Röm,Kochsmaat Jasper Peters v.Röm,Schiffsjunge	ebenda,14.2.1776 Rückk.:8.8.1776 Ertr.:1 Wal u. ? Robben=56 Qu. Speck=86 Quard. Tran
De Frau Agatha Besatzung:39 Wal-u.Robbenfänger Johann Hansen von Röm	Johann Lamberts v.Röm,Steuermann Hans Peters v.Röm,Bootsmann Carsten Jaspers v.Röm,Zimmermann Peter Hansen v.Röm,Speckschneider Erich Hansen v.Röm,Harpunier Cornelis Carstens v.Röm,Harpunier Cornelis Carstens v.Röm,Matrose Franz Lorenzen v.Röm,Matrose Hans Petersen Lüders v.Röm,Matrose Niels Rasmussen v.Röm,Matrose Carsten Peter Michels.v.Röm,Matr. Peter Schwermer v.Röm,Matrose Hans Petersen v.Röm,Kochsmaat Hans Erichsen v.Röm,Schiffsjunge	ebenda,14.2.1776 Rückk.:15.7.1776 Ertr.:? Robben=150 Qu. Speck=201 1/2 Quard.Tran
De Fief Gebröder Besatzung:38 Wal-u.Robbenfänger Peter Tönnies von Röm	Jasper Carstens Möller v.Röm,StM Michel Cornelissen v.Röm,Specksch. Peter Jansen Leest v.Röm,Harpunier Jürgen Michels v.Röm,Harpunier Matthias Jürgensen v.Röm,Koch Johannes Andresen v.Röm,Matrose Jens Matthiessen v.Röm,Matrose Hans Andresen v.Röm,Matrose Peter Christians Bundes v.Röm,Mat. Carsten Petersen v.Röm,Kochsmaat Isaak Andresen v.Röm,Schiffsjunge	ebenda,14.2.1776 Rückk.:8.8.1776 Ertr.:4 Wale= 106 Quard.Speck= 164 Quard.Tran
De Martin Besatzung:36 Wal-u.Robbenfänger Hans Michel Jas- pers von Röm	Jürgen Hansen Bundes v.Röm,Steuerm Jürgen Balzer Klein v.Röm,Specksch Peter Michel Tagholm v.Röm,Harpun. Peter Klint v.Röm,Bootsmann Peter Michels.Holm v.Röm,Koch Jürgen Carstens v.Röm,Matrose Matthias Carstens v.Röm,Matrose Carsten Falck v.Röm,Matrose Hans Johannsen Kramer v.Röm,Kochsm. Carsten Hans Michels v.Röm,Schjge.	ebenda,13.2.1776 Rückk.:27.7.1776 Ertrag:48 Quard. Speck=65 1/2 Qu. Tran;nähere An- gaben liegen nicht vor.
De Heinrich und Jacob Besatzung:37 Wal-u.Robbenfänger Ocke Johannes von Föhr	Rolof Jansen v.Föhr,Steuermann Simon Matthiessen v.Föhr,Speckschn Frerck Simons v.Föhr,Speckschneid. Willm Jansen v.Föhr,Harpunier Jan Jansen v.Föhr,Harpunier Cornelis Riewerts v.Föhr,Bootsmann Casper Peters v.Helgoland,Matrose Matthias Simons v.Föhr,Kochsmaat Rickmer Adrians v.Föhr,Schiffsjge.	ebenda,19.2.1776 Rückk.:22.8.1776 Ertr.:5 5/6 Wale =100 Quard.Speck =167 Quard.Tran

Schiff/Kommandeur	Name/Herkunft/Rang der Seeleute	Daten/Quelle Fangergebnis
De Jonge Johannes Besatzung:44 Walfänger Broer Broersen von Föhr	Johannes Lorenzen v.Röm,Steuermann Arian Lorenzen v.Föhr,Speckschn. Hinrich Jansen v.Föhr,Speckschn. Lorenz Hinrichs v.Föhr,Harpunier Johannes Clasen v.Föhr,Harpunier Broer Broersen v.Föhr,Harpunier Frerck Jurians v.Föhr,Bootsmann Broer Volkers v.Föhr,Schiemann+ Johann Rolofs v.Föhr,Matrose+ Lorenz Jansen v.Röm,Kochsmaat Hinrich Broersen v.Föhr,Schiffsjg.	ebenda,28.2.1776 Rückk.:23.8.1776 Ertr.:4 1/2 Wale =90 Quard.Speck =140 Quardel. Tran
De Frau Margaretha Besatzung:45 Walfänger Jurian Riecks von Föhr	Boy Jürgens v.Föhr,Steuermann Rolof Lorenzen v.Föhr,Speckschn. Jürgen Jacobsen v.Föhr,Speckschn. Cornelis Jürgens v.Föhr,Harpunier Boy Jansen v.Föhr,Harpunier Rickmer Broersen v.Föhr,Harpunier Peter Volkerts v.Föhr,Zimmermann Joh.Hinrichs v.Föhr,Zimmerm.-Maat Peter Frercks v.Föhr,Schiemann Tönnies Urbans v.Amrum,Matrose Gerrit Urbans v.Amrum,Matrose Arian Lorenzen v.Föhr,Matrose Jacob Jacobsen v.Föhr,Matrose Dirck Arians v.Föhr,Matrose Falting Bruhnsen v.Föhr,Matrose Lorenz Rolofs v.Föhr,Matrose Johannes Broersen v.Föhr,Matrose Peter Bohn v.Föhr,Kochsmaat Arian Bohn v.Föhr,Schiffsjunge	ebenda,23.3.1776 Rückk.:17.8.1776 Ertr.:4 Wale= 108 Quard.Speck= 164 Quard.Tran
De Jonge Geertruy Besatzung:44 Walfänger Boy Rickmers de Jonge von Föhr	Rolof Boysen v.Föhr,Steuermann Riewert Boysen v.Föhr,Speckschn. Riewert Volkerts v.Föhr,Speckschn. Rolof Lorenzen v.Föhr,Harpunier Rolof Corneliss.v.Föhr,Bootsm.u.H. Frerck Jansen v.Föhr,Harpunier Dirck Jurians v.Föhr,Zimmermann Johan.Frercks v.Föhr,Zimmerm.-Maat Arian Jürgens v.Föhr,Koch Rickmer Petersen v.Föhr,Matrose Nickels Jürgens v.Föhr,Matrose Jens Petersen v.Föhr,Matrose Broer Broersen v.Föhr,Matrose Broer Leenderts v.Föhr,Kochsmaat Peter Matthiessen v.Föhr,Schiffsj.	ebenda,20.3.1776 Rückk.:20.8.1776 Ertr.:2 Wale= 20 Quard.Speck= 38 Quard.Tran
De St.Peter Besatzung:44 Walfänger Volkert Boysen von Föhr	Andreas Volkerts v.Föhr,Steuermann Hendrick Cornelissen v.Föhr,Speck. Lorenz Hinrichs v.Föhr,Speckschn. Volkert Cornelissen v.Föhr,Harp. Jacob Flohr v.Föhr,Harpunier Paul Boysen v.Föhr,Harpunier Willm Rolofs v.Föhr,Bootsmann Hinrich Volkerts v.Föhr,Schiemann Nanning Cornelissen v.Föhr,Koch Andreas Cornelissen(Helberg+) v. Sylt,Matrose	ebenda,22.3.1776 Rückk.:2.8.1776 Ertr.:7 Wale= 115 Quard.Speck= 184 1/2 Quard. Tran

Schiff/Kommandeur	Name/Herkunft/Rang der Seeleute	Daten/Quelle Fangergebnis
	Nanning Rolofs v.Föhr,Matrose Dirck Willms v.Föhr,Matrose Rolof Nannings v.Föhr,Matrose Riewert Flohr v.Föhr,Matrose Simon Frercks v.Föhr,Harpunier+ Riewert Flohr v.Föhr,Matrose Willm Cornelissen v.Föhr,Schiffsj.	
De Jgfr.Anna Maria Besatzung:40 Wal-u.Robbenfänger Hans Hansen Tön- nies von Sylt	Cornelis Hansen Tönnies v.Röm,StM Carsten Lamberts v.Röm,Bootsmann Cornelis Peters Wandal v.Röm,Harp. Peter Hans Jurians v.Röm,Harpunier Cornelis Lorenzen v.Röm,Harpunier Peter Clasen v.Sylt,Speckschneider Balzer Jürgens v.Sylt,Matrose+ Jürgen Balzer v.Sylt,Matrose+(H.+) Peter Carstens v.Röm,Schiffsjunge	ebenda,15.2.1776 Rückk.:14.8.1776 Ertr.:2 Wale u. ? Robben=80 Qu. Speck =126 1/2 Quard.Tran
De Patriot Besatzung:43 Wal-u.Robbenfänger Severin Andresen	Jürgen Cornelissen v.Föhr,Steuerm. Hendrick Cornelissen v.Föhr,Speck. Boy Cornelissen v.Föhr,Speckschn. Arian Arians v.Föhr,Harpunier Cornelis Hendricks v.Föhr,Matrose	ebenda,13.2.1776 Rückk.:5.8.1776 Ertr.:5 1/2 Wale u.? Robben =240 Quard.Speck= 351 1/2 Quard. Tran
De Hoopende Land- mann Besatzung:44 Wal-u.Robbenfänger Ocke Daniel Meyer	Hans Jansen v.Föhr,Steuermann Johannes Riecks v.Föhr,Speckschn. Peter Hendricks v.Föhr,Speckschn. Boy Hayen v.Föhr,Harpunier	ebenda,12.2.1776 Rückk.:2.8.1776 Ertr.: 6 Wale u. ? Robben=200 Qu. Speck=297 Quard. Tran
De Morgenstern Besatzung:45 Wal-u.Robbenfänger Johann Nicolaus Steinmetz	Hinrich Boysen v.Föhr,Speckschneid. Boy Riewerts v.Föhr,Speckschneider	ebenda,14.2.1776 Rückk.:31.7.1776 Ertr.:2 1/2 Wale =62 Quard.Speck= 93 Quard.Tran
De Witte Falck Besatzung:43 Wal-u.Robbenfänger Jochim Hinrich Hasselmann	Dirck Cornelis v.Föhr,Speckschneid. Paul Dircks v.Föhr,Speckschneider Clas Frercks v.Föhr,Harpunier Volkert Boysen v.Föhr,Harpunier	ebenda,14.2.1776 Rückk.:2.8.1776 Ertr.:6 Wale =. 110 Quard.Speck= 165 1/2 Quard. Tran
De Frau Anna Besatzung:44 Wal-u.Robbenfänger Clas Jansen Ney	Cornelis Jürgens v.Röm,Steuermann Jürgen Ockes v.Föhr,Speckschneider Jürgen Cornelis v.Föhr,Speckschn. Jürgen Broersen v.Föhr,Harpunier Peter Tönnies v.Röm,Matrose	ebenda,14.2.1776 Rückk.:3.8.1776 Ertr.:3 Wale= 64 Quard.Speck= 84 Quard.Tran
De Jgfr.Clara Besatzung:38 Wal-u.Robbenfänger Hidde Dircksen Katt	Hans Johannes v.Föhr,Steuermann Cornelis Cornelissen v.Föhr,Speck. Hinrich Petersen v.Föhr,Speckschn. Rieck Jurians v.Föhr,Harpunier Cornelis Cornelissen v.Föhr,Matrose Peter(Hinrichs+)Cornelissen v.Föhr, Matrose	ebenda,14.2.1776 Rückk.:3.8.1776 Ertr.:1 Wal u.? Robben=50 Quard. Speck=78 Quard. Tran

425

Schiff/Kommandeur	Name/Herkunft/Rang der Seeleute	Daten/Quelle Fangergebnis
De Jungfrau Maria Besatzung:45 Walfänger Davisstraße Feike Ocken	Christian Johannes v.Föhr,Steuerm. Eschel Jacobs v.Föhr,Speckschneid. Cornelis Peters v.Föhr,Harpunier	ebenda,19.2.1776 Rückk.:23.8.1776 Ertr.:2 1/2 Wale =100 Quard.Speck =140 Quard.Tran
De Concordia Besatzung:45 Walfänger Davisstraße Obbe Edtkes	Dirck Clasen v.Föhr,Harpunier	ebenda,22.2.1776 Rückk.:23.8.1776 Ertr.:2 1/2 Wale =100 Quard.Speck =140 Quard.Tran
De Frau Maria Eli- sabeth Besatzung:45 Walfänger Davisstraße Jan Geerdts	Peter Jacobs v.Föhr,Speckschneider Hendrik Hendriks.v.Föhr,Harpunier	ebenda,18.2.1776 Rückk.:23.8.1776 Ertr.:2 Wale= 100 Quard.Speck= 139 Quard.Tran
De Jgfr.Anna Eli- sabeth Besatzung:43 Walfänger Christoph Hassel- mann	Clas Frercks v.Föhr,Harpunier	ebenda,undat. 1776 Rückk.:31.7.1776 Ertr.:2 Wale= 76 Quard.Speck= 150(?) Quard. Tran
De Lilie Besatzung:42 Walfänger Hinrich August Hasselmann	Adrian Dircks v.Föhr,Steuermann Arian Cornelis v.Föhr,Speckschneid. Cornelis Johannes v.Föhr,Harpunier	ebenda,13.2.1776 Rückk.:2.8.1776 Ertr.:6 Wale = 160 Quard.Speck= 235 Quard.Tran
De Jonge Jacob Besatzung:45 Walfänger Wiebe Wessels	Lorenz Jürgens v.Föhr,Speckschn. Johannes Lorenzen v.Föhr,Harpunier Riewert Riewerts v.Föhr,Harpunier. Johannes Thomsen v.Sylt,Matrose Johannes Hansen v.Röm,Matrose Riewert Riewerts v.Föhr,Matrose	ebenda,15.3.1776 Rückk.:23.8.1776 Ertr.:7 Wale= 180 Quard.Speck= 252 Quard.Tran
De Hoopende Visser Besatzung:45 Walfänger Gerrit Jansen	Frerck Hendricks v.Föhr,Speckschn. Riewert Peters v.Föhr,Speckschneid. Hendrik Frercks v.Föhr,Harpunier Bend Nielsen v.Röm,Zimmerm.-Maat Jürgen Hansen v.Röm,Schiemann Dirck Hansen v.Sylt,Matrose Hendrick Frercks v.Föhr,Matrose Riewert Rolofs v.Föhr,Schiffsjunge	ebenda,22.3.1776 Rückk.:23.8.1776 Ertr.:5 1/2 Wale =200 Quard.Speck =281 Quard.Tran
De König Salomon Besatzung:44 Walfänger Willem Hendricks	Jürgen Jung Bohn(Jongeboer)v.Am- rum,Matrose	ebenda,20.3.1776 Rückk.:17.8.1776 Ertr.:4 Wale = 78 Quard.Speck= 114 Quard.Tran

Schiff/Kommandeur	Name/Herkunft/Rang der Seeleute	Daten/Quelle Fangergebnis
De Niuwe Witte Voss Besatzung:44 Walfänger Steffen Jansen	Nanning Nannings v.Föhr,Speckschn.	ebenda,20.3.1776 Rückk.:23.8.1776 Ertr.:5 1/2 Wale =110 Quard.Speck =168 Quard.Tran
De Jonge Visser Besatzung:46 Walfänger Witge Jelles	Boy Jansen v.Amrum,Matrose Clas Willms v.Amrum,Matrose Hinrich Riewerts v.Föhr,Harpunier+	ebenda,20.3.1776 Rückk.:22.8.1776 Ertr.:8 Wale= 190 Quard.Speck= 268 Quard.Tran
De Witte Peerd Besatzung:45 Walfänger Martin Jansen	Boy Rolofs v.Föhr,Speckschneider Riewert Clasen v.Föhr,Harpunier Johannes Otto v.Sylt,Matrose Hinrich Lorenz v.Föhr,Kochsmaat	ebenda,18.3.1776 Rückk.:22.8.1776 Ertr.:4 Wale= 90 Quard.Speck= 124 Quard.Tran
De Twe Gesüster Besatzung:45 Walfänger Jan Adriansen Breedt	Jacob Riecks v.Föhr,Speckschneider Rolof Boysen v.Föhr,Harpunier Christ.Cornelis Clasen v.Föhr,Harp Frerck Riewerts v.Föhr,Zimmermann Matthias Riewerts v.Föhr,Matrose Peter Tönnissen v.Föhr,Matrose Frerck Riewerts v.Föhr,Schiffsjge.	ebenda,15.3.1776 Rückk.:2.8.1776 Ertr.:3Wale=155 Quard.Speck = 219 Quard.Tran
De Jonge Catharina Besatzung:45 Walfänger Gerd Eyssen	Johannes Petersen v.Sylt,Matrose Cornelis Uwe Flohr v.Sylt,Matrose Andreas Cornelis v.Sylt,Matrose Manus Peters v.Sylt,Matrose+ Lorenz Jansen v.Sylt,Matrose+	ebenda,20.3.1776 Rückk.:21.8.1776 Ertr.:5 Wale= 117 Quard.Speck= 184 Quard.Tran

Schiff/Kommandeur	Name/Herkunft/Rang der Seeleute	Daten/Quelle Fangergebnis
De Fief Gebröder Besatzung:38 Wal-u.Robbenfänger Peter Tönnies von Röm	Jasper Carsten Möller v.Röm,Steuer Michel Cornelis v.Röm,Speckschn. Peter Jansen Leest v.Röm,Harpunier Cornelis Carstens v.Röm,Zimmermann Matthias Jürgens v.Röm,Koch Johannes Hansen Erichs v.Röm,Matr. Jens Matthiessen v.Röm,Matrose Jens Andresen v.Röm,Matrose Carsten Peters v.Röm,Matrose Carsten Cornelis v.Röm,Schiffsjge.	StAHam,Archiv d. Wasserschouts, I.A.1.e. 11.2.1777 Rückk.:6.8.1777 Ertr.:2 1/2 Wale =46 Quard.Speck= 75 Quard.Tran
De Maria Susanna Besatzung:43 Wal-u.Robbenfänger Matthias Jessen von Röm	Peter Jessen+(Jansen)v.Röm,Steuerm Rolof Riewerts v.Föhr,Speckschn.+ Peter Moritzen v.Röm,Harpunier Carsten Peters v.Röm,Harpunier Matthias Jansen v.Röm,Harpunier Carsten Peters Möller v.Röm,Koch Nicolaus Andresen v.Ballum,Matrose Cornelis Jürgens v.Röm,Matrose Peter Andresen v.Röm,Matrose Christian Nicolassen v.Röm,Matrose Cornelis Michelsen v.Röm,Kochsmaat Jasper Carstens(Cornelissen+) v. Röm,Schiffsjunge.	ebenda,12.2.1777 Rückk.:6.8.1777 Ertr.:1 1/2 Wale u.? Robben=57 Quardel.Speck= 88 Quard.Tran
De Jonge Peter Besatzung:40 Wal-u.Robbenfänger Johann Andresen Leest von Röm	Jürgen Cornelis v.Röm,Steuermann Simon Matthiessen v.Föhr,Speckschn. Johannes Lorenzen v.Röm,Bootsmann Jürgen Bundes v.Röm,Koch Michel Cornelis v.Röm,Harpunier Carsten Jansen v.Röm,Zimmermann Peter Jansen v.Röm,Matrose Rasmus Petersen v.Röm,Matrose Andreas Petersen v.Röm,Matrose Christian Johannsen v.Röm,Matrose Lorenz Jansen v.Röm,Matrose Matthias Simonsen v.Föhr,Kochsmaat Peter Petersen v.Röm,Schiffsjunge	ebenda,12.2.1777 Rückk.:27.10. 1777 Ertr.:2 Wale= 80 Quard.Speck= 112 1/2 Quardel. Tran
De Jonge Margare- tha Besatzung:25 Wal-u.Robbenfänger Peter Petersen Decker von Röm	Peter Petersen Tagholm v.Röm,StM Cord Siebrandts v.Röm,Zimmermann Carsten Hansen v.Röm,Bootsmann Peter Hansen v.Röm,Koch Jacob Peter Abelgaard v.Röm,Matr. Matthias Peters v.Röm,Matrose Jürgen Cornelis Bundes v.Röm,Matr. Hinrich Christian Gries v.Röm,Matr. Peter Petersen Kaper v.Röm,Kochsm. Peter Petersen Decker v.Röm,Schj.	ebenda,17.2.1777 Rückk.:11.7.1777 Ertr.:10 Quard. Speck=12 Quard. Tran;nähere An- gaben liegen nicht vor.
De Martin Besatzung:36 Wal-u.Robbenfänger Hans Michel Jaspers von Röm	Cornelis Jürgens v.Röm,Steuermann Lorenz Corneliss.Tag v.Röm,Bootsm. Cornelis Lorenzen v.Röm,Koch Cornelis Thomas Hansen v.Röm,Matr. Jürgen Carstens v.Röm,Matrose Hans Jürgens v.Röm,Matrose Cornelis Andresen v.Röm,Matrose Jasper Sörensen v.Röm,Matrose Matthias Carstens v.Röm,Matrose Hans Johanns.Kramer v.Röm,Kochsm. Carsten Hans Michels v.Röm,Schjge.	ebenda,12.2.1777 Rückk.:26.7.1777 Ertr.: 1/2 Wal u.? Robben=58 Quard.Speck = 77 Quardelen Tran

Schiff/Kommandeur	Name/Herkunft/Rang der Seeleute	Daten/Quelle Fangergebnis
De Concordia Besatzung:39 Wal-u.Robbenfänger Peter Zwen von Röm	Jan Jürgensen v.Röm,Steuermann Adrian Cornelis Out v.Föhr,Speck. Jasper Cornelis v.Röm,Bootsmann Johannes Hansen v.Röm,Koch Jacob Lorenzen v.Röm,Zimmermann Cornelis Peters v.Röm,Harpunier Matthias Peters v.Röm,Matrose Peter Cornelis v.Röm,Matrose Peter Cornelissen v.Röm,Schiffsjge.	ebenda,13.2.1777 Rückk.:26.7.1777 Ertr.:1 Wal u.? Robben =60 Quard. Speck=89 Quard. Tran
De Zwaan Besatzung:34 Wal-u.Robbenfänger Matthias Zwen von Röm	Jürgen Jürgensen v.Röm,Steuermann Lars Michelsen Holm v.Röm,Bootsm. Siebrandt Matthiessen v.Röm,Koch Niels Zwensen v.Röm,Matrose Zwen Hansen v.Röm,Matrose Michel Jürgens v.Röm,Matrose Hendrick Johannes v.Röm,Matrose Töge Knudtsen v.Bröns,Matrose Peter Holm v.Röm,Matrose Peter Gerd Jürgens v.Röm,Matrose Hans Jürgensen v.Röm,Kochsmaat Johannes Petersen v.Röm,Schiffsj.	ebenda,13.2.1777 Rückk.:6.7.1777 Ertr.:80 Quard. Speck=116 1/2 Quard.Tran; nähere Angaben liegen nicht vor.
De Johannes Besatzung:37 Wal-u.Robbenfänger Michel Michels von Röm	Jürgen Jessen v.Röm,Steuermann Carsten Petersen v.Röm,Bootsmann Peter Michels Holm v.Röm,Koch Jens Hansen Falck v.Röm,Speckschn. Andreas Michel Petersen v.Röm,Harp. Hans Cornelis Falck v.Röm,Matrose Michel Petersen v.Röm,Matrose Peter Peters.Tagholm v.Röm,Matrose Michel Jansen Michels v.Röm,Schjge.	ebenda,undat.1777 Rückk.:26.7.1777 Ertr.:1 Combars u.? Robben=40 Quard.Speck=48 Quard.Tran
De Goode Hoop Besatzung:39 Wal-u.Robbenfänger Peter Cornelis von Röm	Siebrandt Jürgens Holm v.Röm,StM Hinrich Jansen v.Föhr,Speckschneid. Andreas Larsen v.Röm,Harpunier Johannes Hansen v.Röm,Harpunier Cornelis Peters v.Röm,Bootsmann Michel Petersen v.Röm,Matrose Jasper Cornelis v.Röm,Matrose Carsten Nicolassen·v.Röm,Matrose Jasper Hansen v.Röm,Matrose Peter Egidius v.Röm,Matrose Isaak Andresen v.Röm,Kochsmaat Cornelis Cornelissen v.Röm,Schjge.	ebenda,13.2.1777 Rückk.:9.9.1777 Ertr.:1 Wal=30 Quard.Speck=48 Quard.Tran
De Bloyende Hoop Besatzung:42 Wal-u.Robbenfänger Jürgen Zwen von Röm	Engelbrecht Carstens v.Röm,Steuerm. Johann Riewerts v.Föhr,Speckschn.+ Dirck Boysen v.Föhr,Speckschneider Peter Jürgens v.Röm,Harpunier. Hans Cornelissen v.Röm,Harpunier Peter Cornelissen v.Röm,Harpunier Lorenz Siebrandts v.Röm,Kochsmaat	ebenda,17.2.1777 Rückk.:30.5.1777 Ertr.:28 Quard. Speck=38 Quard. Tran;nähere An- gaben liegen nicht vor.
De Anna Besatzung:34 Wal-u.Robbenfänger Hans Hansen Carl von Röm	Peter Hansen Carl v.Röm,Steuermann Hans Siebrandt Möller v.Röm,Zimm. Christian Jürgensen v.Röm,Bootsmann Michel Jansen Küper v.Röm,Koch Cornelis Petersen v.Röm,Matrose Michel Carstens v.Röm,Matrose Hans Petersen v.Röm,Matrose Carsten Michels v.Röm,Matrose Peter Ericksen v.Röm,Kochsmaat Jeppe Cornelissen v.Röm,Schiffsjge.	ebenda,13.2.1777 Rückk.:6.7.1777 Etr.:88 Quard. Speck=124 1/2 Quard.Tran;nähe- re Angaben lie- gen nicht vor.

Schiff/Kommandeur	Name/Herkunft/Rang der Seeleute	Daten/Quelle Fangergebnis
De Griepenstein Besatzung:45 Wal-u.Robbenfänger Andreas Jürgensen von Röm	Cornelis Jürgens v.Röm,Steuermann Willm Hansen v.Röm,Speckschneider Peter Michels Tagholm v.Röm,Harp.+ Johann Carstens Preest v.Röm, Bootsmann u.Harpunier Michel Carstens v.Röm,Harpunier Peter Michels Leest v.Röm,Harpun. Peter Lorenzen v.Röm,Matrose Hans Buw v.Röm,Matrose Andreas Carstens v.Röm,Matrose Jürgen Jürgens v.Röm,Matrose Knud Michels v.Röm,Matrose Cornelis Peters v.Röm,Kochsmaat Lorenz Jacobsen v.Röm,Schiffsjunge	ebenda,12.2.1777 Rückk.:4.8.1777 Ertr.:1/2 Wal u. ? Robben=53 Qu. Speck=76 Quard. Tran
De Frau Agatha Besatzung:38 Wal-u.Robbenfänger Johann Hansen von Röm	Johann Lamberts v.Röm,Steuermann Peter Hansen v.Röm,Speckschneider Carsten Jaspers v.Röm,Zimmermann Hans Peters v.Röm,Harpunier Cornelis Carstens v.Röm,Harpunier Franz Lorenzen v.Röm,Matrose Peter Siebrandts v.Röm,Matrose Hans Petersen v.Röm,Matrose Carsten Petersen v.Röm,Matrose Erick Hansen v.Röm,Kochsmaat	ebenda,11.2.1777 Das Schiff "ist verunglückt." StAHam,Hand- schrift 263,S. 136.Nähere An- gaben liegen nicht vor.
De Twe Jonge Her- mans Besatzung:38 Wal-u.Robbenfänger Albert Jansen von Röm	Hans Cornelissen v.Röm,Steuermann Jacob Rolofs v.Föhr,Speckschneider Thomas Petersen v.Röm,Harpunier Jürgen Jansen v.Röm,Harpunier Johan.Jansen Witt v.Röm,Bootsmann Peter Lorenzen Witt v.Röm,Koch Peter Jürgens v.Röm,Matrose Andreas Hansen v.Röm,Matrose Jacob Peters v.Röm,Matrose Johannes Johannsen v.Röm,Kochsmaat Andreas Michelsen Leest v.Röm, Schiffsjunge	ebenda,12.2.1777 Totalverlust des Schiffes am 20.8 1777 im Seege- biet um Grönland die Besatzung kann sich teil- weise retten; s.hierzu Jürgen Roeper,Kurzge- faßte wahrh. Nachricht v.den. 1777 auf d.Wall- fischfang n.Grön- land abgegang. u.daselbst ver- ungl.Hbg.Schif- fen...,Altona 1778,S.4
De Sara Cäcilia Besatzung:41 Wal-u.Robbenfänger Hans Petersen von Röm.Er starb am 20. 9.1777 auf See an Skorbut,Roeper,a.a. 0.,S.5	Jasper Jansen v.Röm,Steuermann Arian Ariansen v.Föhr,Speckschn.+ Jürgen Boysen v.Föhr,Harpunier+ Carsten Jürgens v.Röm,Harpunier Lorenz Hansen v.Röm,Harpunier Cornelis Cornelissen v.Röm,Bootsm. Thomas Christiansen v.Röm(1776:Bal- lum),Koch Cornelis Matthiessen v.Röm,Matrose Siebrandt Cordts v.Röm,Matrose Hans Jansen v.Röm,Matrose Cornelis Peters v.Röm,Matrose Siebrandt Peters.Holm v.Röm,Matrose Cornelis Tönnies v.Röm,Schiffsjge.	ebenda,11.2.1777 Totalverlust des Schiffes am 30.9. 1777 im Seege- biet um Grönland; die Besatzung kann sich teil- weise retten, Roeper,a.a.O., S.5

Wegen der unterstrichenen Namen s.die Anmerkung auf Seite 431.

Schiff/Kommandeur	Name/Herkunft/Rang der Seeleute	Daten/Quelle Fangergebnis
De Mercurius Besatzung:41 Wal-u.Robbenfänger Hans Christian Jaspers von Röm. Er war 1776 Steu- ermann dieses Schiffes.	Rasmus Truelsen v.Röm,Steuermann Carsten Jürgens v.Röm,Speckschn. Peter Hansen(Jansen+)v.Röm,Bootsm. u.Speckschneider Hans Johannsen Franck v.Röm,Harp. Michel Carstens v.Röm,Harpunier Jasper Hansen v.Röm,Schiffsjunge	ebenda,11.2.1777 Totalverlust des Schiffes am 30.9 1777 im Seege- biet um Grön- land;die Besat- zung kann sich teilweise ret- ten,Roeper,a.a.O S.5
De Jacobus Besatzung:41 Wal-u.Robbenfänger Peter Andresen von Röm	Carsten Peters v.Röm,Steuermann Jürgen Cornelissen v.Föhr,Speck. Moritz Michelsen v.Röm,Speckschn. Nicolai Peters v.Röm,Harpunier Jasper Möller v.Röm,Harpunier Jan Peters v.Röm,Harpunier Gottfried Moritz v.Röm,Schiemann Jens Moritz v.Röm,Matrose Broer Truelsen v.Röm,Matrose	ebenda,11.2.1777 Totalverlust des Schiffes am 20. 8.1777 im Seege- biet um Grön- land;die Besat- zung kann sich teilweise ret- ten,Roeper,a.a. O.,S.4
De Frau Margaretha Besatzung:45 Walfänger Jurian Riecks von Föhr	Boy Jurians v.Föhr,Steuermann Rolof Lorenzen v.Föhr,Speckschn. Rieck Broersen v.Föhr,Speckschn. Peter Bohn v.Föhr,Harpunier Boy Jansen v.Föhr,Harpunier Cornelis Jürgens v.Föhr,Harpunier Peter Volkerts v.Föhr,Zimmermann Jürgen Hinrichs v.Föhr,Zimm.-Maat Peter Frercks v.Föhr,Schiemann Gerrit Urbans v.Amrum,Matrose Simon Jacobs v.Amrum,Matrose Christian Baarens v.Amrum,Matrose Hinrich Riewerts v.Föhr,Matrose Adrian Lorenzen v.Föhr,Matrose Jacob Jacobsen v.Föhr,Matrose Olof Nannings v.Föhr,Matrose Lorenz Rolofs v.Föhr,Matrose Rolof Hindricks v.Föhr,Matrose Peter Boysen v.Föhr,Matrose Jürgen Jaspers v.Röm,Matrose Dirck Hansen Ohm v.Sylt,Matrose Dirck Rolofs v.Föhr,Kochsmaat Johannes Broersen v.Föhr,Schiffsj. Ocke Boysen v.Föhr,Schiffsjunge	ebenda,21.3.1777 Rückk.:3.8.1777 Ertr.:5 Wale = 90 Quard.Speck= 140 Quard.Tran
De Jonge Johannes Besatzung:44 Wal-u.Robbenfänger Broer Broersen von Föhr	Boy Cornelissen v.Föhr,Steuermann Arian Rolofs v.Föhr,Speckschneider Rolof Marcus v.Föhr,Speckschneider Broer Broersen v.Föhr,Harpunier Lorenz Hinrichs v.Föhr,Harpunier Hinrich Cornelissen v.Föhr,Harp. Frerck Jürgens v.Föhr,Bootsmann Broer Volkerts v.Föhr,Schiemann Hinrich Broersen v.Föhr,Matrose Arian Cornelissen v.Föhr,Schiffsj.	ebenda,12.2.1777 Rückk.:5.9.1777 Ertr.:1/2 Wal= 5 Quard.Speck= 7 Quard.Tran

1)Die Seeleute,deren Namen unterstrichen sind,wurden nachweislich
gerettet;s.hierzu die Namensliste bei Lorens Hanssen,Grønlands-
farerne i Aaret 1777,Fridericia 1806,Neuausgabe Melbyhus 1977 u.
Wanda Oesau,Schl.-Holst.Grönlandfahrt,a.a.O.,S.225.

431

Schiff/Kommandeur	Name/Herkunft/Rang der Seeleute	Daten/Quelle Fangergebnis
De St.Peter Besatzung:44 Walfänger Volkert Boysen von Föhr	Paul Boysen v.Föhr,Steuermann Hendrick Cornelissen v.Föhr,Speck. Lorenz Hinrichs v.Föhr,Speckschn. Volkert Cornelissen v.Föhr,Harp. Jacob Flohr v.Föhr,Harpunier Willm Rolofs v.Föhr,Harpunier Hinrich Cornelis v.Föhr,Bootsmann Hinrich Volkerts v.Föhr,Schiemann Nanning Cornelissen v.Föhr,Koch Andreas Clasen v.Amrum,Matrose Jürgen Dircks v.Amrum,Matrose Eschel Volkerts v.Föhr,Matrose Riewert Jurians v.Föhr,Matrose Dirck Willms v.Föhr,Matrose Riewert Flohr v.Föhr,Matrose Rolof Mannings v.Föhr,Matrose Willm Cornelissen v.Föhr,Matrose Boy Peter Geicken v.Sylt,Matrose Cornelis Hansen v.Röm,Matrose Volkert Michels v.Föhr,Schiffsjge.	ebenda,21.3.1777 Rückk.:6.9.1777 Ertr.:1 Wal = 9 Quard.Speck= 14 Quard.Tran
De Jonge Geertruy Besatzung:44 Walfänger Boy Rickmers de Jonge von Föhr	Rolof Boy Rickmers v.Föhr,Steuerm. Riewert Volkerts v.Föhr,Specksch.+ Riewert Boysen v.Föhr,Speckschneid. Rolof Cornelissen v.Föhr,Bootsm.u. Harpunier Frerck Jansen v.Föhr,Harpunier Rolof Lorenzen Rieck v.Föhr,Harp. Dirck Jürgens v.Föhr,Zimmermann Johannes Frercks v.Föhr,Zimm.-Maat Hinrich Frercks v.Föhr,Matrose Rickmer Peters v.Föhr,Matrose Boy Peters v.Föhr,Matrose Adrian Cornelis v.Föhr,Matrose Broer Broersen v.Föhr,Matrose Jürgen Gerrits v.Amrum,Matrose Broer Leenderts v.Föhr,Matrose Riewert Jürgens v.Föhr,Matrose Hans Harms v.Föhr,Kochsmaat Peter Matthiessen v.Föhr,Schiffsj.	ebenda,21.3.1777 Rückk.:23.8.1777 =85 Quard.Speck= 126 Quard.Tran Ertr.:2 1/2 Wale
De Heinrich und Jacob Besatzung:37 Wal-u.Robbenfänger Ocke Johannes von Föhr	Rolof Willms v.Föhr,Steuermann Arian Riewerts v.Föhr,Speckschneid. Frerck Simons v.Föhr,Speckschneid. Johannes Johannsen v.Föhr,Harpun. Clas Tornpretz v.Föhr,Kochsmaat Rickmer Arians v.Föhr,Schiffsjunge	ebenda,12.2.1777 Rückk.:4.8.1777 Ertr.:4 Wale = 65 Quard.Speck= 110 Quard.Tran
De Jgfr.Anna Maria Besatzung:41 Wal-u.Robbenfänger Hans Hansen Tön- nies von Sylt	Cornelis Hans.Tönnies v.Röm,StM Peter Clasen v.Sylt,Speckschneider+ Carsten Lamberts v.Röm,BM u.Speck. Peter Hansen Tönnies v.Röm,Harp. Cornelis Peters v.Röm,Harpunier Peter Hans Jürgensen v.Röm,Harpun. Peter Zwen Möller v.Röm,Matrose Hans Rasmussen v.Röm,Schiffsjunge	ebenda,11.2.1777 Rückk.:6.9.1777 Ertr.:2 Wale u.? Robben=30 Quard. Speck = 52 Quard Tran

Schiff/Kommandeur	Name/Herkunft/Rang der Seeleute	Daten/Quelle Fangergebnis
De Niuwe Witte Voss Besatzung:44 Walfänger Steffen Jansen	Nanning Nannings v.Föhr,Speckschn.	ebenda,13.3.1777 Rückk.:6.9.1777 ohne Ertrag
De Twe Gesüster Besatzung:45 Walfänger Jan Adriansen Breedt	Jacob Riecks v.Föhr,Speckschneider Rolof Boysen v.Föhr,Harpunier Riewert Riewerts v.Föhr,Zimmermann Friedrich Riewerts v.Föhr,Harpun. Matthias Riewerts v.Föhr,Matrose Peter Tönnies v.Föhr,Matrose Friedrich Riewerts v.Föhr,Schjge.	ebenda,20.3.1777 Rückk.:1.8.1777 Ertr.:4 Wale = 120 Quard.Speck= 165 Quard.Tran
De Jonge Visser Besatzung:46 Walfänger Witge Jelles	Willm Willms v.Föhr,Speckschneider Simon Frercks v.Amrum,Harpunier Hinrich Riewerts v.Föhr,Harpunier Clas Willms v.Amrum,Matrose Jürgen Hinrichs v.Föhr,Matrose Cornelis Petersen v.Föhr.Matrose Peter Daniels v.Helgoland,Matrose	ebenda,20.3.1777 Rückk.:16.8.1777 Ertr.:1 Wal=30 Quard.Speck = 43 Quard.Tran
De Jonge Jacob Besatzung:45 Walfänger Wiebe Wessels	Lorenz Jürgens v.Föhr,Speckschneid. Johann Lorenz v.Föhr,Harpunier Riewert Riewerts v.Föhr,Harpunier Riewert Riewerts v.Föhr,Schiemann	ebenda,21.3.1777 Rückk.:29.7.1777 Ertr.:3 1/2 Wale =80 Quard.Speck= 114 1/2 Quard. Tran
De Jonge Catharina Besatzung:45 Walfänger Gerd Eyssen	David Jan Hendricks v.Föhr,Matrose Jacob Hendricks v.Sylt,Matrose	ebenda,24.3.1777 Rückk.:8.9.1777 Ertr.:10 Wale= 114 Quard.Speck= 192 Quard.Tran
De Hoopende Visser Besatzung:45 Walfänger Gerrit Jansen	Riewert Peters v.Föhr,Speckschn. Hendrick Friedrichs v.Föhr,Harpun. Boy Hendricks v.Föhr,Harpunier Riewert Rolofs v.Föhr,Matrose	ebenda,18.3.1777 Rückk.:7.8.1777 Ertr.:1/2 Wal= 30 Quard.Speck= 40 Quard.Tran
De Jungfrau Maria Besatzung:45 Walfänger Davisstraße Feike Ocken	Simon Christiansen v.Föhr,Matrose Thomas Jansen Groot v.Sylt,Matrose	ebenda,14.2.1777 Rückk.:8.8.1777 Ertr.:2 1/2 Wale =100 Quard.Speck =140 Quard.Tran
De Frau Maria Eli- sabeth Besatzung:45 Walfänger Davisstraße Jan Geerds	Peter Jacobs v.Föhr,Speckschneider Jan Knieff(?)v.Föhr,Speckschneider	ebenda,13.2.1777 Rückk.:23.8.1777 Ertr.:2 Wale= 100 Quard.Speck= 139 Quard.Tran
De Morgenstern Besatzung:45 Wal-u.Robbenfänger Johann Nicolaus Steinmetz	Hinrich Boysen v.Föhr,Speckschn. Boy Riewerts v.Föhr,Speckschneider	ebenda,12.2.1777 Rückk.:3.8.1777 Ertr.:4 1/2 Wale =90 Quard.Speck= 131 Quard.Tran

Schiff/Kommandeur	Name/Herkunft/Rang der Seeleute	Daten/Quelle Fangergebnis
De Hoopende Land- mann Besatzung:45 Wal-u.Robbenfänger Ocke Daniel Meyer	Boy Hinrichs v.Föhr,Speckschneider	ebenda,15.2.1777 Das Schiff ist "beim Absegeln" auf Grund gelau- fen und kehrte "beschädigt zu rück."StAHam, Hdschr.263,S.136
De Jgfr.Anna Eli- sabeth Besatzung:43 Wal-u.Robbenfänger Christoph Hassel- mann	Boy Adriansen v.Föhr,Harpunier	ebenda,10.2.1777 Rückk.:4.8.1777 Ertr.:1 1/2 Wale u.? Robben=66 Quard.Speck=85 Quard.Tran
De Jgfr.Clara Besatzung:38 Wal-u.Robbenfänger Hidde Dircksen Katt	Jan Jessen v.Röm,Steuermann Cornelis Cornelissen v.Föhr,Speck. Hinrick Petersen v.Föhr,Speckschn. Peter Hinrichsen v.Föhr,Harpunier Peter Carstens v.Röm,Matrose Jens Matthiessen v.Röm,Matrose	ebenda,10.2.1777 Totalverlust des Schiffes am 30.9. 1777 im Seege- biet um Grönland die Besatzung kann sich teil- weise retten, Roeper,a.a.O.,S. 5
De Lilie Besatzung:42 Wal-u.Robbenfänger Hinrich August Hasselmann	Adrian Dircks v.Föhr,Steuermann Arian Cornelissen v.Föhr,Speckschn Cornelis Johannes v.Föhr,Harpunier Rolof Arians v.Föhr,Schiffsjunge	ebenda,13.2.1777 Rückk.:4.8.1777 Ertr.:10 Quard. Speck=15 1/2 Qu. Tran;nähere An- gaben liegen nicht vor.
De Patriot Besatzung:44 Wal-u.Robbenfänger Severin Andresen	Jürgen Cornelissen v.Föhr,Steuerm. Hendrick Cornelissen v.Föhr,Speck. Boy Cornelissen v.Föhr,Speckschn. Jens Thomsen v.Tondern,Harpunier Arian Arians v.Föhr,Harpunier Andreas Christiansen Kröes v. Ballum,Bootsmann Willm Cornelissen v.Föhr,Matrose Cornelis Hinrichs v.Föhr,Matrose	ebenda,13.2.1777 Rückk.:28.7.1777 Ertr.:2 Wale= 80 Quard.Speck= 121 Quard.Tran
De Witte Falck Besatzung:43 Wal-u.Robbenfänger Jochim Hinrich Hasselmann	Dirck Cornelis v.Föhr,Speckschn. Paul Cornelis v.Föhr,Speckschneid. Clas Frercks v.Föhr,Harpunier Volkert Boysen v.Föhr,Harpunier	ebenda,31.1.1777 Rückk.:5.9.1777 Ertr.:2 1/2 Wale u.? Robben=92 Quard.Speck= 124 1/2 Quard. Tran
De Frau Anna Besatzung:44 Wal-u.Robbenfänger Clas Jansen Ney	Cornelis Jürgens v.Röm,Steuermann Jürgen Ockes v.Föhr,Speckschneider Jürgen Cornelis v.Föhr,Speckschn. Jürgen Broersen v.Föhr,Harpunier Peter Tönnies v.Röm,Bootsmann Cornelis Petersen v.Röm,Schiffsjge	ebenda,12.2.1777 Rückk.:4.8.1777 Ertr.:1 Wal u.? Robben=45 Quard. Speck=58 1/2 Qu. Tran
De Witte Peerd Besatzung:45 Walfänger Martin Jansen	Boy Rolofs v.Föhr,Speckschneider Jan Dircksen Spruyt v.Amrum,Harp. Riewert Cornelis v.Föhr,Harpunier Hinrich Lorenzen v.Föhr,Matrose Boy Hinrichs v.Föhr,Matrose Johannes Ottsen v.Sylt,Matrose	ebenda,20.3.1777 Totalverlust d. Schiffes a.65 Grad nördl.Breite Die Besatzung wird gerettet.

1778

Schiff/Kommandeur	Name/Herkunft/Rang der Seeleute	Daten/Quelle Fangergebnis
De Martin Besatzung:36 Wal-u.Robbenfänger Hans Michel Jaspers von Röm	Cornelis Jürgens v.Röm,Steuermann Johann Carstens Preest v.Röm,BM Peter Gerd Jürgens v.Röm,Harpunier Jürgen Hansen v.Röm,Harpunier Cornelis Andresen v.Röm,Harpunier Jürgen Carstens v.Röm,Matrose Matthias Carstens v.Röm,Matrose Hans Michel Jaspers v.Röm,Matrose Johann Johanns.Kramer v.Röm,Kochsm Niels Carstens v.Röm,Schiffsjunge	StAHam,Archiv d. Wasserschouts, I.A.1.f. 13.2.1778 Rückk.:5.7.1778 Ertr.:1/2 Wal u. ? Robben =113 Quard.Speck= 187 Quard.Tran
De Zwaan Besatzung:34 Wal-u.Robbenfänger Matthias Zwen von Röm	Jürgen Jürgens v.Röm,Steuermann Siebrandt Matthiessen v.Röm,Koch Michel Jürgens v.Röm,Matrose Thomas Jacobsen v.Röm,Matrose Hans Jürgensen v.Röm,Matrose Tönnies Knudsen v.Röm,Matrose Michel Siebrandts v.Röm,Kochsmaat Johannes Petersen v.Röm,Schiffsjg.	ebenda,14.2.1778 Rückk.:24.5.1778 Ertr.:145 Quard. Speck=207 1/2 Quard.Tran;nähe- re Angaben lie- gen nicht vor.
De Griepenstein Besatzung:45 Wal-u.Robbenfänger Andreas Jürgensen von Röm	Johannes Jürgens v.Röm,Steuermann Willm Hansen Tag v.Röm,Speckschn. Michel Cornelis Leest v.Röm,Speck. Peter Andresen v.Röm,Harpunier Knud Michels v.Röm,Harpunier Corn.Thomsen Hansen v.Röm,Matrose+ Jürgen Michels Leest v.Röm,Matrose Jürgen Jürgens v.Röm,Matrose Peter Cornelis v.Röm,Matrose Lorenz Jacobsen v.Röm,Kochsmaat Jasper Petersen Möller v.Röm,Schj.	ebenda,11.2.1778 Rückk.:4.8.1778 Ertr.:100 Quard. Speck=147 Quard. Tran;nähere An- gaben liegen nicht vor.
De Anna Besatzung:34 Wal-u.Robbenfänger Hans Hansen Carl von Röm	Peter Hansen Carl v.Röm,Steuermann Hans Siebr.Möller v.Röm,Zimmermann Christian Jürgens v.Röm,Bootsmann Michel Hansen Küper v.Röm,Koch Cornelis Petersen v.Röm,Harpunier Carsten Michels v.Röm,Matrose Michel Carstens v.Röm,Matrose Peter Ericksen v.Röm,Matrose Hans Petersen v.Röm,Matrose Hans Hansen Carl v.Röm,Schiffsjge.	ebenda,14.2.1778 Rückk.:17.6.1778 Ertr.:140 Quard. Speck=207 Quard. Tran;nähere An- gaben liegen nicht vor.
De Jonge Margare-tha Besatzung:25 Wal-u.Robbenfänger Peter Petersen Decker von Röm	Peter Petersen Tagholm v.Röm,StM Carsten Hansen v.Röm,Bootsmann Peter Hansen v.Röm,Koch Peter Petersen Holm v.Röm,Matrose Andreas Carstensen v.Röm,Matrose Hans Hansen Peters v.Röm,Kochsmaat Peter Petersen Decker v.Röm,Schjg.	ebenda,undat. Rückk.:11.7.1778 Ertr.:25 Quard. Speck=30 Quard. Tran;nähere An- gaben liegen nicht vor.
De Goode Hoop Besatzung:40 Wal-u.Robbenfänger Peter Cornelis von Röm	Siebrandt Jürgen Holm v.Röm,StM Hinrich Volkerts v.Föhr,Speckschn. Andreas Larsen v.Röm,Harpunier Johannes Hansen v.Röm,Harpunier Michel Cornelis v.Röm,Harpunier Jasper Möller v.Röm,Matrose Cornelis Peters v.Röm,Matrose Cornelis Cornelissen v.Röm,Kochsm. Michel Petersen v.Röm,Schiffsjunge	ebenda,12.2.1778 Rückk.:10.8.1778 Ertr.:1/2 Wal u. ? Robben=60 Quard Speck=90 Quard. Tran

Schiff/Kommandeur	Name/Herkunft/Rang der Seeleute	Daten/Quelle Fangergebnis
De Bloyende Hoop Besatzung:42 Wal-u.Robbenfänger Johann Hansen von Röm.Er war bisher Kommandeur des Wal-und Robben-fängers "De Frau Agathe".Das Schiff war 1777 verun-glückt.	Hans Jaspers v.Röm,Steuermann Jurian Riewerts v.Föhr,Speckschn. Dirck Boysen v.Föhr,Speckschneider Erick Hansen v.Röm,Harpunier Peter Cornelissen Leest v.Röm,Harp Hans Cornelissen v.Röm,Harpunier Hans Ericksen v.Röm,Matrose Cornelis Carstens v.Röm,Matrose Hinrich Jürgens v.Föhr,Kochsmaat Jasper Jansen v.Röm,Schiffsjunge	ebenda,11.2.1778 Rückk.:12.7.1778 Ertr.:6 Wale u. ? Robben=247 Quard.Speck = 381 Quardel. Tran
De Concordia Besatzung:39 Wal-u.Robbenfänger Peter Zwen von Röm	Johann Lamberts v.Röm,Steuermann Jasper Cornelissen v.Röm,Bootsmann Johannes Hansen v.Röm,Koch Jacob Lorenzen v.Röm,Zimmermann Engelbrecht Carstens v.Röm,Harpun. Zwen Hansen v.Röm,Matrose Gregorius Christiansen v.Röm,Matr. Matthias Petersen v.Röm,Matrose Hans Cornelis v.Röm,Kochsmaat Jasper Jacobsen v.Röm,Schiffsjunge	ebenda,14.2.1778 Rückk.:19.7.1778 Ertr.:112 Quard. Speck=165 1/2 Quard.Tran; nähere Angaben liegen nicht vor
De Maria Susanna Besatzung:43 Wal-u.Robbenfänger Matthias Jessen von Röm	Peter Jessen v.Röm,Steuermann Rolof Riewerts v.Föhr,Speckschn. Peter Moritzen v.Röm,Speckschneid. Carsten Peters v.Röm,Bootsmann Carsten Peters v.Röm,Koch Matthias Jansen v.Röm,Harpunier Hans Petersen v.Röm,Matrose Hans Petersen Möller v.Röm,Matrose Christian Michelsen v.Röm,Matrose Peter Siebrandtsen v.Röm,Matrose Jeppe(Matth.+)Cornelissen v.Röm, Kochsmaat Jasper Cornelissen v.Röm,Schiffsj.	ebenda,11.2.1778 Rückk.:23.7.1778 Ertr.:1 Wal u.? Robben=117 Quard Speck=167 Quard. Tran
De Johannes Besatzung:37 Wal-u.Robbenfänger Michel Michels von Röm	Jürgen Jessen v.Röm,Steuermann Jens Hansen Falck v.Röm,Speckschn. Carsten Petersen v.Röm,Bootsmann Andreas Michel Peters v.Röm,Koch Peter Michels v.Röm,Harpunier Christian Peters v.Röm,Matrose Carsten Petersen v.Röm,Matrose Peter Petersen v.Röm,Kochsmaat Michel Jansen Michels v.Röm,Schj.	ebenda,11.2.1778 Rückk.:23.7.1778 Ertr.:55 Quard. Speck =88 Quard. Tran;nähere An- gaben liegen nicht vor.
De Jonge Peter Besatzung:40 Wal-u.Robbenfänger Johann Andresen Leest v.Röm	Jürgen Cornelissen v.Röm,Steuerm. Simon Matthiessen v.Föhr,Specksch. Johann Lorenzen v.Röm,Bootsmann Michel Cornelis v.Röm,Koch Jürgen Bundes v.Röm,Harpunier Carsten Jansen v.Röm,Zimmermann Christian Hansen v.Röm,Matrose Jens Jansen v.Röm,Matrose Peter Petersen v.Röm,Matrose Lorenz Jansen v.Röm,Matrose Carsten Nicolassen v.Röm,Matrose Peter Petersen v.Röm,Schiffsjunge	ebenda,11.2.1778 Rückk.:9.8.1778 Ertr.:80 Quard. Speck=107 Quard. Tran;nähere An- gaben liegen nicht vor.

Schiff/Kommandeur	Name/Herkunft/Rang der Seeleute	Fangergebnis
De Heinrich und Jacob Besatzung:37 Walfänger Ocke Johannes von Föhr	Rolof Willms v.Föhr,Steuermann Arian Riewerts v.Föhr,Speckschn. Frerck Simons v.Föhr,Speckschneid. Johannes Johanns v.Föhr,Harpunier Jacob Hendricks v.Föhr,Harpunier Rickmer Willms v.Föhr,Bootsm.u.H. Hendrick Frercks v.Föhr,Schiemann Friedrich Dircksen v.Föhr,Matrose Zwen Marcus Roode v.Sylt,Matrose Peter Cornelissen v.Föhr,Matrose Cornelis Peters v.Föhr,Matrose Rickmer Arians v.Föhr,Matrose Cornelis Jacobs v.Föhr,Kochsmaat Jürgen Boysen v.Föhr,Schiffsjunge	ebenda,11.3.1778 Rückk.:10.8.1778 Ertr.:1 Wal=35 Quard.Speck=52 Quard Tran
De Frau Margaretha Besatzung:45 Walfänger Jurian Riecks von Föhr	Boy Jurians v.Föhr,Steuermann Rolof Lorenzen v.Föhr,Speckschn. Rieck Broersen v.Föhr,Speckschneid. Boy Hansen v.Föhr,Harpunier Cornelis Juriansen v.Föhr,Harpun. Peter Bohn v.Föhr,Bootsmann Peter Frercks v.Föhr,Schiemann Peter Volkerts v.Föhr,Zimmermann Jürgen Hendricks v.Föhr,Zimm.-Maat Johann Bahrens v.Amrum,Matrose Boy Jürgens v.Amrum,Matrose Olof Nannings v.Föhr,Matrose Arian Riewerts v.Föhr,Matrose Johannes Broersen v.Föhr,Matrose Rolof Hendricks v.Föhr,Matrose Peter Boysen v.Föhr,Matrose Lorenz Rolofs v.Föhr,Matrose Arian Lorenzen v.Föhr,Matrose Jappe Jappen v.Föhr,Matrose Magnus Cornelissen v.Amrum,Matrose Ocke Bohn v.Föhr,Kochsmaat Dirck Rolofs v.Föhr,Schiffsjunge Jürgen Rickmers v.Föhr,Schiffsjge.	ebenda,17.3.1778 Rückk.:30.8.1778 Ertr.:1/2 Wal= 30 Quard.Speck= 39 1/2 Quard. Tran
De Jonge Geertruy Besatzung:44 Walfänger Boy Rickmers de Jonge von Föhr	Rolof Boy Rickmers v.Föhr,Steuerm. Boy Jürgens v.Föhr,Speckschneider Hinrich Nannings v.Föhr,Speckschn. Rolof Lorenzen Riecks v.Föhr,Harp. Peter Hinrichs v.Föhr,Harpunier Rolof Cornelis v.Föhr,Bootsm.u.H. Dirck Jurians v.Föhr,Zimmermann Clas Willms v.Amrum,Zimmerm.-Maat+ Rickmer Peters v.Föhr,Matrose Boy Hayen v.Föhr,Matrose Dirck Willms v.Föhr,Matrose Broer Leenderts v.Föhr,Matrose Andreas Harms v.Föhr,Matrose Johannes Volkerts v.Föhr,Matrose Jürgen Cornelis v.Föhr,Kochsmaat Boy Rickmers v.Föhr,Schiffsjunge	ebenda,24.3.1778 Rückk.:10.8.1778 ohne Ertrag

Schiff/Kommandeur	Name/Herkunft/Rang der Seeleute	Daten/Quelle Fangergebnis
De St.Peter Besatzung:44 Walfänger Volkert Boysen von Föhr	Paul Boysen v.Föhr,Steuermann Hinrich Cornelissen v.Föhr,Speck. Lorenz Hinrichsen v.Föhr,Specksch. Ocke Frercks v.Föhr,Harpunier Volkert Cornelissen v.Föhr,Harpun. Willm Rolofsen v.Föhr,Harpunier Hinrich Cornelissen v.Föhr,Bootsm. Riewert Flohr v.Föhr,Schiemann Nanning Cornelissen v.Föhr,Koch Thomas Johann.Thomsen v.Sylt,Matr. Lorenz Johann.Thomsen v.Sylt,Matr. Eschel Volkerts v.Föhr,Matrose Riewert Flohr v.Föhr,Matrose Riewert Jürgens v.Föhr,Matrose Arian Riewerts v.Föhr,Matrose Arian Geerts v.Föhr,Matrose Volkert Michels v.Föhr,Matrose Cornelis Boysen v.Föhr,Kochsmaat Martin Flohr v.Föhr,Schiffsjunge	ebenda,19.3.1778 Rückk.:9.8.1778 Ertr.:2 Wale= 25 Quard.Speck= 38 1/2 Quard. Tran
De Jgfr.Anna Maria Besatzung:42 Wal-u.Robbenfänger Hans Hansen Tönnies von Sylt	Cornelis Hansen Tönnies v.Röm,StM Tönnies Peters v.Föhr,Speckschn. Peter Jürgens v.Röm,Bootsmann Cornelis Peters.Wandal v.Röm,Harp. Cornelis Lorenzen v.Röm,Harpunier Peter Zwen Möller v.Röm,Matrose Jasper Petersen v.Röm,Matrose Jürgen Peter Thomsen v.Röm,Kochsm. Johann Carstens Lamberts v.Röm, Schiffsjunge	ebenda,undat. Rückk.:4.7.1778 Ertr.:208 Quard. Speck=328 Quard. Tran;nähere Angaben liegen nicht vor.
De Morgenstern Besatzung:45 Wal-u.Robbenfänger Johann Nicolaus Steinmetz	Arian Cornelissen Out v.Föhr,Speck Boy Riewerts v.Föhr,Harpunier Hans Lassen v.Husum,Matrose Daniel Dorbritz v.Föhr,Schiffsjge.	ebenda,11.2.1778 Rückk.:28.7.1778 Ertr.:1 Wal u.? Robben=164 Quard. Speck=240 Quard. Tran
De Frau Anna Besatzung:44 Wal-u.Robbenfänger Clas Jansen Ney	Jürgen Cornelis v.Föhr,Speckschn. Jürgen Broers v.Föhr,Speckschneid. Peter Tönnies v.Röm,Matrose Cornelis Petersen v.Röm,Schiffsjge	ebenda,11.2.1778 Rückk.:8.8.1778 Ertr.:6 Wale u.? Robben=108 Quard. Speck=154 Quard. Tran
De Patriot Besatzung:43 Wal-u.Robbenfänger Severin Andresen	Jürgen Cornelis v.Föhr,Steuermann Hendrick Cornelissen v.Föhr,Speck. Boy Cornelissen v.Föhr,Speckschn. Arian Arians v.Föhr,Harpunier Cornelis Hendricks v.Föhr,Matrose Andreas Cornelissen v.Bröns,Matr.	ebenda,14.2.1778 Rückk.:31.7.1778 Ertr.:1 Wal u.? Robben.=90 Quard. Speck=159 Quard. Tran
De Jgfr.Anna Elisabeth Besatzung:43 Wal-u.Robbenfänger Christoph Hasselmann	Arian Dircks v.Föhr,Steuermann Boy Ariansen v.Föhr,Speckschneid. Rolof Arians v.Föhr,Schiffsjunge	ebenda,13.2.1778 Rückk.:10.8.1778 Ertr.:2 1/2 Wale u.? Robben=75 Quard.Speck=115 Quard.Tran

Schiff/Kommandeur	Name/Herkunft/Rang der Seeleute	Daten/Quelle Fangergebnis
De Niuwe Witte Voss Besatzung:44 Walfänger Steffen Jansen	Elmer Clasen v.Föhr,Speckschneider Johannes Kalbach v.Sylt;Matrose Jurian Cornelis v.Föhr,Matrose Johannes Siebrandts v.Sylt,Matrose	ebenda,21.3.1778 Rückk.:30.8.1778 Ertr.:2 1/2 Wale =90 Quard.Speck= 127 Quard.Tran
De König Salomon Besatzung:44 Walfänger Willem Hendricks	Jacob Carstens v.Sylt,Matrose	ebenda,21.3.1778 Rückk.:30.8.1778 Ertr.:6 Wale=50 Quard.Speck=79 Quard.Tran
De Jonge Jacob Besatzung:44 Walfänger Wiebe Wessels	Lorenz Jürgens v.Föhr,Speckschn. Riewert Riewerts v.Föhr,Harpunier Johannes Lorenz v.Föhr,Harpunier Riewert Riewerts v.Föhr,Schiemann Adrian Cornelissen v.Föhr,Matrose Arian Frercks v.Föhr,Matrose Dirck Geerds v.Ballum,Matrose Otto Dircks v.Ballum,Matrose	ebenda,17.3.1778 Rückk.:9.8.1778 ohne Ertrag
De Jonge Visser Besatzung:45 Walfänger Witge Jelles	Hinrich Riewerts v.Föhr,Harpunier Willm Willms v.Föhr,Speckschneider Simon Frercks v.Amrum,Harpunier Jürgen Hinrichs v.Föhr,Matrose	ebenda,26.3.1778 Rückk.:11.8.1778 Ertr.:2 Wale=60 Quard.Speck= 83 1/2 Quard. Tran
De Hoopende Visser Besatzung:45 Walfänger Gerrit Jansen	Riewert Peters v.Föhr,Speckschn. Boy Hendricks v.Föhr,Harpunier Hendrick Frercks v.Föhr,Harpunier Cornelis Clasen v.Föhr,Harpunier Riewert Rolofs v.Föhr,Matrose	ebenda,12.3.1778 Rückk.:9.8.1778 Ertr.:5 Wale=75 Quard.Speck=104 Quard.Tran
De Twe Gesüster Besatzung:44 Walfänger Jan Adriansen Breedt	Jacob Riecks v.Föhr,Speckschneider Rolof Boysen v.Föhr,Harpunier Riewert Riewerts v.Föhr,Harpunier Frerck Riewerts v.Föhr,Zimmermann Jürgen Hinrichsen v.Föhr,Matrose Matthias Riewerts v.Föhr,Matrose Peter Cornelis Klein v.Sylt,Matr. Frerck Riewerts v.Föhr,Schiffsjge.	ebenda,18.3.1778 Rückk.:9.8.1778 Ertr.:6 Wale=85 Quard.Speck=121 Quard.Tran
De Witte Falck Besatzung:43 Wal-u.Robbenfänger Jochim Hinrich Hasselmann	Riewert Boysen v.Föhr,Speckschn. Peter Cornelissen v.Föhr,Speckschn Volkert Boysen v.Föhr,Harpunier	ebenda,11.2.1778 Rückk.:19.7.1778 Ertr.:4 1/2 Wale u.? Robben=170 Quard.Speck= 243 1/2 Quard. Tran
De Lilie Besatzung:42 Wal-u.Robbenfänger Hinrich August Hasselmann	Arian Cornelissen v.Föhr,Speckschn Cornelis Johannes v.Föhr,Harpunier	ebenda,13.2.1778 Rückk.:10.8.1778 Ertr.:2 1/2 Wale u.? Robben=70 Quard.Speck=111 Quard.Tran

Schiff/Kommandeur	Name/Herkunft/Rang der Seeleute	Daton/Quelle Fangergebnis
De Frau Maria Eli-sabeth Besatzung:45 Walfänger Davisstraße Jan Geerds	Peter Jacobs v.Föhr,Speckschneid. Hans Clasen v.Sylt,Schiffsjunge	ebenda,undat. Rückk.:12.8.1778 ohne Ertrag
De Jungfrau Maria Besatzung:45 Walfänger Davisstraße Feike Ocken	Cornelis Peters v.Föhr,Harpunier Arian Hendricks v.Föhr,Harpunier	ebenda,3.2.1778 Rückk.:12.8.1778 ohne Ertrag
De Concordia Besatzung:45 Walfänger Davisstraße Obbe Edtkes	Dirck Clasen v.Föhr,Harpunier	ebenda,12.2.1778 Rückk.:10.8.1778 Ertr.:1 Wal=60 Quard.Speck=80 Quard.Tran

Schiff/Kommandeur	Name/Herkunft/Rang der Seeleute	Daten/Quelle Fangergebnis
De Jonge Margaretha. Besatzung:25 Wal-u.Robbenfänger Peter Petersen Decker von Röm	Moritz Michelsen v.Röm,Steuermann Jens Jacobsen Holm v.Röm,Koch Peter Petersen Holm v.Röm,Matrose Jan Hansen v.Röm,Matrose Matthias Nicolassen v.Röm,Matrose Peter Petersen v.Röm,Matrose Jürgen Peter Thomsen v.Röm,Kochsm. Hans Moritzen v.Röm,Schiffsjunge	StAHam,Archiv d. Wasserschouts, I.A.1.f. 15.2.1779 Rückk.:3.7.1779 Ertr.:20 Quard. Speck=35 1/2 Qu. Tran;nähere Angaben liegen nicht vor.
De Anna Besatzung:34 Wal-u.Robbenfänger Hans Hansen Carl von Röm	Peter Hansen Carl v.Röm,Steuerm. Hans Siebrandtsen Möller v.Röm,ZM Carsten Jürgens v.Röm,Bootsmann Michel Hansen Küper v.Röm,Koch Cornelis Peters v.Röm,Matrose Carsten Michels v.Röm,Matrose Hans Peters v.Röm,Matrose Michel Carstens v.Röm,Matrose Peter Clasen v.Röm,Matrose Lorenz Matzen v.Röm,Matrose Jürgen Carstens v.Röm,Kochsmaat Hans Hansen Carl v.Röm,Schiffsjge.	ebenda,12.2.1779 Rückk.:18.6.1779 Ertr.:138 Quard. Speck=200 1/2 Quard.Tran;nähere Angaben liegen nicht vor.
De Concordia Besatzung:39 Wal-u.Robbenfänger Andreas Jürgensen von Röm.Er war vorher Kommandeur des Wal-und Robbenfängers"De Griepenstein".	Jan Jürgens v.Röm,Steuermann Michel Cornelis.Leest v.Röm,Speck. Jens Hansen v.Röm,Harpunier Willm Hansen v.Röm,Bootsm.u.Harp. Johann Hansen v.Röm,Koch u.Harp. Jürgen Jürgens v.Röm,Matrose Niels Michelsen Leest v.Röm,Matr. Lorenz Jacobs v.Röm,Matrose Jasper Jacobs v.Röm,Kochsmaat Jasper Petersen Möller v.Röm,Schj.	ebenda,10.2.1779 Rückk.:3.7.1779 Ertr.:120 Quard. Speck=192 Quard. Tran;nähere Angaben liegen nicht vor.
De Zwaan Besatzung:34 Wal-u.Robbenfänger Matthias Zwen von Röm	Jürgen Jürgens v.Röm,Steuermann Thomas Petersen v.Röm,Harpunier Siebrandt Matthiessen v.Röm,Koch Hans Ericksen v.Röm,Matrose Thomas Jacobsen v.Röm,Matrose Christian Lorenzen v.Röm,Matrose Hans Jürgensen v.Röm,Matrose Michel Siebrandts v.Röm,Kochsmaat Georg Andreas Jürgens v.Röm,Schj.	ebenda,12.2.1779 Rückk.:7.6.1779 Ertr.:160 Quard. Speck=239 Quard. Tran;nähere Angaben liegen nicht vor.
De Maria Susanna Besatzung:43 Wal-u.Robbenfänger Matthias Jessen von Röm	Engelbrecht Carstens v.Röm,Steuerm. Rolof Riewerts v.Föhr,Speckschneid. Carsten Peters v.Röm,Koch u.Harp. Zwen Torbens v.Röm,Bootsm.u.Harp. Matthias Jansen v.Röm,Harpunier Peter Moritzen v.Röm,Speckschneid. Hans Peter Lüders v.Röm,Matrose Peter Sörensen v.Röm,Matrose Niels Johannsen v.Röm,Matrose Peter Cornel.Schwermer v.Röm,Matr. Christian Michels v.Röm,Matrose Jasper Nielsen v.Röm,Matrose Jappe Cornelissen v.Röm,Kochsmaat Cornelis Siebrandts v.Röm,Schiffsj.	ebenda,11.2.1779 Rückk.:30.6.1779 Ertr.:1 1/2 Wale u.? Robben=200 Quard.Speck= 311 1/2 Quard. Tran

Schiff/Kommandeur	Name/Herkunft/Rang der Seeleute	Daten/Quelle Fangergebnis
De Bloyende Hoop Besatzung:42 Wal-u.Robbenfänger Johann Hansen von Röm	Hans Jaspers v.Röm,Steuermann Hinrich Hansen v.Röm,Harpunier Albert Jansen v.Röm,Harpunier Hans Cornelissen v.Röm,Harpunier Carsten Jansen v.Röm,Zimmermann Jens Jensen v.Röm,Matrose Cornelis Carstens v.Röm,Matrose Jasper Jansen v.Röm,Matrose Peter Nicolassen v.Röm,Kochsmaat Hans Jansen v.Röm,Schiffsjunge	ebenda,10.2.1779 Rückk.:23.7.1779 Ertr.:1/2 Wal u. ? Robben=130 Qu. Speck=179 Quard. Tran
De Martin Besatzung:36 Wal-u.Robbenfänger Hans Michel Jas- pers von Röm	Cornelis Jürgensen v.Röm,Steuerm. Cornelis Andresen v.Röm,Bootsmann Peter Gerd Jürgens v.Röm,Harpunier Jürgen Carstens v.Röm,Harpunier Jürgen Hansen Tag v.Röm,Harpunier Lorenz Corneliss.Tag v.Röm,Speck. Matthias Carstens v.Röm,Matrose Carsten Carstens Witt v.Röm,Matr. Jasper Hans Michels v.Röm,Matrose Carsten Hans Michelsen v.Röm,Matr. Cornelis Thomsen v.Röm,Kochsmaat Cornelis Carstens v.Röm,Schiffsj.	ebenda,11.2.1779 Rückk.:30.6.1779 Ertr.:1 1/2 Wale u.? Robben=105 Quard.Speck= 147 1/2 Quard. Tran
De Johannes Besatzung:37 Wal-u.Robbenfänger Michel Michels von Röm	Jürgen Jessen v.Röm,Steuermann Jens Hansen Falck v.Röm,Speckschn. Carsten Peters v.Röm,Koch Christian Johannsen v.Röm,Matrose Michel Jansen Michels v.Röm,Schj. Das Protokoll enthält 4 Leerstel- len.Die Namen sind teilweise durch Vergleich der Listen von 1778 und 1780 ergänzt worden.	ebenda,9.2.1779 Rückk.:13.7.1779 Ertr.:1 Wal u.? Robben=77 Quard. Speck=112 Quard. Tran
De St.Peter Besatzung:44 Walfänger Volkert Boysen von Föhr	Paul Boysen v.Föhr,Steuermann Hinrich Cornelissen v.Föhr,Speck. Lorenz Hinrichsen v.Föhr,Speckschn. Ocke Frercks v.Föhr,Harpunier Volkert Cornelis v.Föhr,Harpunier Willm Rolofsen v.Föhr,Harpunier Peter Cornelis v.Föhr,Zimmermann Clas Willms v.Amrum,Zimmerm.-Maat Hinrich Cornelissen v.Föhr,Bootsm. Riewert Flohr v.Föhr,Schiemann Nanning Cornelis v.Föhr,Koch Arian Volkerts v.Föhr,Matrose Riewert Flohr v.Föhr,Matrose Cornelis Boysen v.Föhr,Matrose Volkert Michels v.Föhr,Matrose Steffen Zwen v.Röm,Matrose Johannes Bendixen v.Amrum,Matrose Cornelis Willms v.Föhr,Matrose Steffen Zwensen v.Röm,Matrose Michel Clemens v.Tondern,Matrose Arian Boysen v.Föhr,Kochsmaat Martin Flohr v.Föhr,Schiffsjunge	ebenda,undat. Rückk.:2.10.1779 ohne Ertrag

Schiff/Kommandeur	Name/Herkunft/Rang der Seeleute	Daten/Quelle Fangergebnis
De Frau Margaretha Besatzung:45 Walfänger Rieck Jurians von Föhr.Es handelt sich sicherlich um den Sohn des bisherigen Komman- deurs Jurian Riecks,der von 1761-1773 Steuer- mann dieses Schif- fes war und zwi- schenzeitlich eine Funktion außerhalb Hamburgs übernommen hatte.	Boy Jurians v.Föhr,Steuermann Lorenz Arians v.Föhr,Speckschneid. Rieck Broersen v.Föhr,Speckschn. Boy Hansen v.Föhr,Harpunier Cornelis Jurians v.Föhr,Harpunier Peter Boysen v.Föhr,Bootsm.u.Harp. Jacob Rolofs v.Föhr,Zimmermann Nanning Rolofs v.Föhr,Zimmerm.-Mt. Peter Frercks v.Föhr,Schiemann Hans Hansen v.Sylt,Matrose Jens Christian Jensen v.Sylt,Matr. Arian Lorenzen v.Föhr,Matrose Rolof Nannings v.Föhr,Matrose Johannes Broersen v.Föhr,Matrose ? Cornelissen v.Föhr,Matrose Cornelis Jürgens v.Föhr,Matrose Arian Hinrichs v.Föhr,Matrose Dirck Rolofs v.Föhr,Kochsmaat Jürgen Riecks v.Föhr,Schiffsjunge	ebenda,16.3.1779 Rückk.:27.8.1779 Ertr.:2 Wale= 90 Quard.Speck= 133 1/2 Quard. Tran
De Jonge Geertruy Besatzung:44 Walfänger Boy Rickmers de Jonge von Föhr	Rolof Boysen v.Föhr,Steuermann Boy Jurians v.Föhr,Speckschneider Hendrick Nannings v.Föhr,Speckschn. Rolof Cornelissen v.Föhr,Bootsm.u. Harpunier Rolof Lorenzen v.Föhr,Harpunier Rickmer Peters v.Föhr,Harpunier Dirck Jurians v.Föhr,Zimmermann Jan Frercks v.Föhr,Zimmerm.-Maat Riewert Jurians v.Föhr,Schiemann Johannes Clasen v.Föhr,Koch Asmus Peters v.Sylt,Matrose Boy Hinrichs v.Föhr,Matrose Dirck Willms v.Föhr,Matrose Johannes Volkerts v.Föhr,Matrose Martin Hansen v.Föhr,Matrose Peter Davids v.Föhr,Matrose Clas Nannings v.Sylt,Matrose Meinert Dircks v.Sylt,Matrose Broer Broersen v.Föhr,Kochsmaat Gottfried Hinrichs v.Föhr,Schiffsj	ebenda,16.3.1779 Rückk.:25.9.1779 Ertr.:1 Wal=39 Quard.Speck=49 Quard.Tran
De Jgfr.Anna Maria Besatzung:42 Wal-u.Robbenfänger Hans Hansen Tön- nies von Sylt	Cornelis Hansen Tönnies v.Röm,StM Cornelis Peters.Wandal v.Röm,Harp. Michael Heynson v.Röm,Speckschn.+ Peter Jürgens v.Röm,Bootsm.u.Harp. Cornelis Lorenzen v.Röm,Harpunier Jasper Jansen v.Röm,Harpunier Johann Kalbach v.Sylt,Koch Hans Rasmussen v.Röm,Matrose Peter Zwen Holm(Möller+)v.Röm,Matr. Andreas Jürgens v.Sylt,Matrose Johann Carsten Lamberts v.Röm, Schiffsjunge	ebenda,6.2.1779 Rückk.:23.6.1779 Ertr.:2 Wale u. ? Robben=216 Quard.Speck=333 Quard.Tran

Schiff/Kommandeur	Name/Herkunft/Rang der Seeleute	Daten/Quelle Fangergebnis
De Hoopende Land- mann Besatzung:45 Wal-u.Robbenfänger Ocke Daniel Meyer	Rickmer Riewerts v.Föhr,Steuermann	ebenda,8.2.1779 Rückk.:17.9.1779 Ertr.:60 Quard. Speck=94 Quard. Tran;nähere An- gaben liegen nicht vor.
De Morgenstern Besatzung:45 Wal-u.Robbenfänger Johann Nicolaus Steinmetz	Rolof Willms v.Föhr,Steuermann Boy Riewerts v.Föhr,Speckschneider Jasper Jansen v.Röm,Kochsmaat Daniel Dorbritz v.Föhr,Schiffsjge.	ebenda,6.2.1779 Rückk.:23.7.1779 Ertr.:1 1/2 Wale +? Robben=122 Quard.Speck=185 Quard.Tran
De Patriot Besatzung:44 Wal-u.Robbenfänger Severin Andresen	Jürgen Cornelis v.Föhr,Steuermann Hendrick Cornelis v.Föhr,Speckschn Boy Cornelis v.Föhr,Speckschneider Arian Arians v.Föhr,Harpunier Cornelis Hendricks v.Föhr,Matrose	ebenda,3.2.1779 Rückk.:31.7.1779 Ertr.:1/2 Wal u. ? Robben=80 Qu. Speck =135 1/2 Quard.Tran
De Heinrich und Jacob Besatzung:38 Wal-u.Robbenfänger Jan Abraham Winter	Jan Lorenzen Falck v.Röm,Steuerm. Arian Riewerts v.Föhr,Speckschn. Frerck Simons v.Föhr,Speckschneid.	ebenda,4.2.1779 Rückk.:25.8.1779 Ertr.:1/2 Wal u.? Robben=11 Quard.Speck=16 Quard.Tran
De Maria Elisabeth Besatzung:45 Walfänger Davisstraße Jan Geerds	Peter Jacobs v.Föhr,Speckschneider Cornelis Peters v.Föhr,Harpunier Volkert Volkerts v.Föhr,Harpunier	ebenda,3.2.1779 Rückk.:25.8.1779 ohne Ertrag
De Concordia Besatzung:45 Walfänger Davisstraße Obbe Edtkes	Dirck Clasen v.Föhr,Harpunier	ebenda,4.2.1779 Rückk.:25.8.1779 ohne Ertrag
De Witte Falck Besatzung:43 Wal-u.Robbenfänger Jochim Hinrich Hasselmann	Riewert Boysen v.Föhr,Speckschn. Paul Cornelsen v.Föhr,Speckschn. Volkert Boysen v.Föhr,Harpunier	ebenda,6.2.1779 Rückk.:25.8.1779 Ertr.:1 1/2 Wale u.? Robben=95 Quard.Speck= 130 1/2 Quard. Tran
De Lilie Besatzung:42 Wal-u.Robbenfänger Hinrich August Hasselmann	Arian Cornelissen v.Föhr,Speckschn.	ebenda,4.2.1779 Rückk.:25.8.1779 Ertr.:1 1/2 Wale u.? Robben=100 Quard.Speck= 131 1/2 Quard. Tran
De Jgfr.Anna Eli- sabeth Besatzung:43 Wal-u.Robbenfänger Christoph Hassel- mann	Jürgen Arians v.Föhr,Speckschneid. Rickmer Peters Krohn v.Helgoland, Matrose	ebenda,4.2.1779 Rückk.:17.9.1779 Ertr.:1 Wal u.? Robben=36 Quard. Speck=45 Quard. Tran

Schiff/Kommandeur	Name/Herkunft/Rang der Seeleute	Daten/Quelle Fangergebnis
De Jonge Visser Besatzung:46 Walfänger Witge Jelles	Willm Willms v.Föhr,Speckschneid. Simon Frercks v.Amrum,Harpunier Hinrich Riewerts v.Föhr,Harpunier Jürgen Hinrichs v.Föhr,Matrose	ebenda,16.3.1779 Rückk.:25.8.1779 Ertr.:1 1/2 Wale =70 Quard.Speck =92 Quard.Tran
De Jonge Jacob Besatzung:45 Walfänger Wiebe Wessels	Lorenz Jürgens v.Föhr,Speckschn. Johannes Lorenzen v.Föhr,Harpunier Riewert Riewerts v.Föhr,Harpunier Adrian Cornelissen v.Föhr,Matrose	ebenda,15.3.1779 Rückk.:25.8.1779 Ertr.:1 1/2 Wale =70 Quard.Speck= 92 Quard.Tran
De Twe Gesüster Besatzung:45 Walfänger Jan Adriansen Breedt	Jacob Riecks v.Föhr,Speckschneid. Rolof Boysen v.Föhr,Harpunier Riewert Riewerts v.Föhr,Harpunier Friedrich Riewerts v.Föhr,Zimmerm. Riewert Jansen v.Föhr,Zimmerm.-Mt. Matthias Riewerts v.Föhr,Matrose Friedrich Riewerts v.Föhr,Matrose Boy Michels v.Föhr,Matrose Hinrich Jansen v.Föhr,Kochsmaat	ebenda,16.3.1779 Rückk.:27.8.1779 Ertr.:2 Wale=80 Quard.Speck=107 Quard.Tran
De Niuwe Witte Voss Besatzung:44 Walfänger Steffen Jansen	Elmar Clasen v.Föhr,Speckschneid.	ebenda,11.3.1779 Rückk.:7.10.1779 ohne Ertrag
De Jungfrau Maria Besatzung:45 Walfänger Clas Jansen Ney	Jürgen Cornelis v.Föhr,Speckschn. Jürgen Broersen v.Föhr,Speckschn. Peter Boysen Schmidt v.Sylt,Matr.	ebenda,15.3.1779 Rückk.:25.9.1779 ohne Ertrag
De Hoopende Visser Besatzung:45 Walfänger Gerrit Jansen	Riewert Peters v.Föhr,Speckschneid Hinrich Frercks v.Föhr,Harpunier Boy Hendricks v.Föhr,Harpunier Cornelis Clasen v.Föhr,Harpunier	ebenda,18.3.1779 Rückk.:12.10.1779 Ertr.:1/2 Wal= 30 Quard.Speck= 38 Quard.Tran
De Griepenstein Besatzung:45 Wal-u.Robbenfänger Johann Hinrich Grube	Arian Dircks v.Föhr,Steuermann Jürgen Ocken v.Föhr,Speckschneider Jürgen Matthiessen v.Föhr,Speck. Hans Peter Möller v.Röm,Matrose	ebenda,8.2.1779 Rückk.:15.7.1779 Ertr.:1 Wal u.? Robben=60 Quard. Speck=91 Quard. Tran

445

Schiff/Kommandeur	Name/Herkunft/Rang der Seeleute	Daten/Quelle Fangergebnis
De Concordia Besatzung:39 Wal-u.Robbenfänger Andreas Jürgensen von Röm	Jan Jurians von Röm,Steuermann Michel Cornel.Leest v.Röm,Specksch. Johann Hansen v.Röm,Harpunier+ Peter Michelsen Leest v.Röm,Bootsm. Johannes Hansen v.Röm,Koch Niels Michels.Leest v.Röm,Matrose Peter Cornelissen v.Röm,Matrose Jacob Thomsen v.Röm,Matrose Lorenz Jacobs v.Röm,Matrose Jürgen Jürgens v.Röm,Matrose Jasper Jacobs v.Röm,Kochsmaat Cordt Andresen v.Röm,Schiffsjunge	StAHam,Archiv d. Wasserschouts I.A.1.f. 9.2.1780 Rückk.:7.7.1780 Ertr.:160 Quard. Speck=237 Quard. Tran;nähere An- gaben liegen nicht vor.
De Martin Besatzung:36 Wal-u.Robbenfänger Hans Michel Jas- pers von Röm	Cornelis Jürgens v.Röm,Steuermann Cornelis Andresen v.Röm,Bootsmann Peter Gerd Jürgens v.Röm,Harpunier Jürgen Hansen Tag v.Röm,Harpunier Jürgen Carstens v.Röm,Harpunier Lorenz Cornelissen Tag v.Röm,Matr. Matthias Carstens v.Röm,Matrose Jasper Hansen Michels.v.Röm,Matr. Carsten Hans Michelsen v.Röm,Matr. Cornelis Cornelissen Thomsen v.Röm, Matrose Carsten Carstensen Witt v.Röm,Matr. Peter Hansen v.Röm,Matrose Michel Peters v.Röm,Kochsmaat Johannes Siebrandtsen v.Röm,Schj.	ebenda,10.2.1780 Rückk.:28.7.1780 Ertr.:128 Quard. Speck=181 1/2 Quard.Tran;nä- here Angaben liegen nicht vor.
De Jonge Margare- tha Besatzung:25 Robbenfänger Peter Zwen von Röm	Jens Hansen v.Röm,Steuermann Cornelis Carstens v.Röm,Zimmermann Peter Cornelissen v.Röm,Bootsmann Christian Petersen v.Röm,Koch Joh.Hans Ericksen v.Röm,Matrose Michel Siebrandtsen v.Röm,Matrose Jürgen Peter Thomsen v.Röm,Kochsm. Otto Johannes v.Röm,Schiffsjunge	ebenda,22.2.1780 Rückk.:22.5.1780 ohne Ertrag
De Bloyende Hoop Besatzung:41 Wal-u.Robbenfänger Johannes Hansen von Röm	Albert Jansen v.Röm,Steuermann Jürgen Riewerts v.Föhr,Speckschn. Dirck Boysen v.Föhr,Speckschneider Carsten Jaspers v.Röm,Zimmermann Hans Cornelis v.Röm,Harpunier Erick Hansen v.Röm,Harpunier Siebrandt Siebrandts.v.Ballum,Matr. Jacob Poveritz v.Ballum,Matrose Cornelis Carstens v.Röm,Matrose Hans Jensen v.Röm,Matrose Franz Lorenzen v.Röm,Matrose Hans Ericksen v.Röm,Matrose Jasper Hansen v.Röm,Matrose Peter Nielsen Lassen von Röm,KM Hans Jansen v.Röm,Schiffsjunge	ebenda,9.2.1780 Rückk.:12.7.1780 Ertr.:190 Quard. Speck=268 Quard. Tran;nähere An- gaben liegen nicht vor.

Schiff/Kommandeur	Name/Herkunft/Rang der Seeleute	Daten/Quelle Fangergebnis
De Anna Besatzung:34 Wal-u.Robbenfänger Hans Hansen Carl von Röm	Johann Andresen Leest v.Röm,Steu. Hans Siebrandts.Möller v.Röm,Zim. Christian Jürgens v.Röm,Bootsmann Michel Hansen Küper v.Röm,Koch Michel Carstens v.Röm,Matrose Cornelis Petersen v.Röm,Matrose Carsten Michels v.Röm,Matrose Peter Ericksen v.Röm,Matrose Hans Peters v.Röm,Matrose Peter Petersen Falck v.Röm,Matrose Peter Peters.Decker v.Röm,Matrose Thomas Petersen v.Röm,Matrose+ Jürgen Carstens v.Röm,Kochsmaat Carsten Siebrandts v.Röm,Schiffsj.	ebenda,12.2.1780 Rückk.:2.5.1780 Ertr.:158 Quard. Speck=233 Quard. Tran;nähere An- gaben liegen nicht vor.
De Zwaan Besatzung:34 Wal-u.Robbenfänger Matthias Zwen von Röm	Jürgen Jürgensen v.Röm,Steuermann Siebrandt Matthiessen Kier v.Röm, Koch Hans Christian Jaspers v.Röm,Harp. Thomas Jacobsen v.Röm,Matrose Hans Ericksen v.Röm,Matrose Hans Jürgensen v.Röm,Matrose Johannes Petersen v.Röm,Matrose Peter Petersen v.Röm,Kochsmaat Georg Andr.Jürgens.v.Röm,Schiffsj.	ebenda,12.2.1780 Rückk.:2.5.1780 Ertr.:154 Quard. Speck=221 Quard. Tran;nähere An- gaben liegen nicht vor.
De Maria Susanna Besatzung:43 Wal-u.Robbenfänger Matthias Jessen von Röm	Engelbrecht Carstens v.Röm,Steuerm Rolof Riewerts v.Föhr,Speckschn.+ Peter Moritzen v.Röm,Speckschneid. Zwen Torbensen v.Röm,Bootsmann Carsten Peters v.Röm,Koch Carsten Jansen v.Röm,Zimmermann Matthias Jansen v.Röm,Harpunier Peter Sörensen v.Röm,Matrose Niels Thomsen v.Röm,Matrose Jeppe Nielsen v.Röm,Matrose Hans Lüders v.Röm,Matrose Jasper Nielsen v.Röm,Matrose Niels Sörensen v.Röm,Kochsmaat Jens Petersen v.Röm,Schiffsjunge	ebenda,9.2.1780 Rückk.:28.7.1780 Ertr.:195 Quard. Speck=277 1/2 Quard.Tran;nähe- re Angaben lie- gen nicht vor.
De Johannes Besatzung:37 Wal-u.Robbenfänger Michel Michels von Röm	Jürgen Jessen v.Röm,Steuermann Joh.Lorenzen Falck v.Röm,Bootsmann Peter Andresen v.Röm,Koch Jens Hansen Falck v.Röm,Speckschn. Michel Carstens v.Röm,Harpunier Cornelis Peters v.Röm,Matrose Michel Peters v.Röm,Matrose Michel Jansen Michels v.Röm,Matr. Peter Peters.Holm v.Röm,Schiffsj.	ebenda,8.2.1780 Rückk.:5.7.1780 Ertr.:136 Quard. Speck=198 1/2 Quard.Tran;nähe- re Angaben lie- gen nicht vor.
De Jonge Geertruy Besatzung:44 Walfänger Boy Rickmers de Jonge von Föhr	Rolof Boysen v.Föhr,Steuermann Boy Jürgens v.Föhr,Speckschneider Jürgen Ocken v.Föhr,Speckschneider Rolof Cornelis v.Föhr,Bootsm.u.Ha. Riewert Jurians v.Föhr,Harpunier Rickmer Petersen v.Föhr,Harpunier Dirck Jurians v.Föhr,Zimmermann Boy Hendricks v.Föhr,Zimmerm.-Maat Lorenz Jansen v.Föhr,Koch b.w.	ebenda,17.3.1780 Rück.:11.10.1780 ohne Ertrag

Schiff/Kommandeur	Name/Herkunft/Rang der Seeleute	Daten/Quelle Fangergebnis
	Boy Cornelis v.Amrum,Matrose Johann Volkerts v.Föhr,Matrose Hinrich Jürgensen v.Föhr,Matrose Peter Davids v.Föhr,Matrose Cornelis Jürgensen v.Föhr,Matrose Broer Broersen v.Föhr,Kochsmaat Rickmer Boysen v.Föhr,Schiffsjge.	
De St.Peter Besatzung:44 Walfänger Volkert Boysen von Föhr	Paul Boysen v.Föhr,Steuermann Ocke Frercks v.Föhr,Speckschneider Lorenz Hinrichs v.Föhr,Speckschn. Andreas Cornelissen v.Föhr,Harpun. Nanning Cornelissen v.Föhr,Harp. Hinrich Cornelis v.Föhr,Harpunier Riewert Flohr v.Föhr,Schiemann Peter Cornelissen v.Föhr,Zimmerm. Clas Willms v.Amr.,Zimmerm.-Maat Nanning Cornelis v.Föhr,Koch Cornelis Willms v.Föhr,Matrose Volker Michels v.Föhr,Matrose Martin Flohr v.Föhr,Matrose Arian Boysen v.Föhr,Kochsmaat Volkert Rolofsen v.Föhr,Schiffsjg.	ebenda,17.3.1780 Rückk.:22.8.1780 Ertr.:15 Wale= 170 Quard.Speck= 271 1/2 Quard. Tran
De Frau Margaretha Besatzung:45 Walfänger Rieck Jurians von Föhr	Boy Jurians v.Föhr,Steuermann Lorenz Arfsten v.Föhr,Speckschn. Rieck Broersen v.Föhr,Speckschn. Broer Volkerts v.Föhr,Harpunier Boy Jansen v.Föhr,Harpunier Cornelis Jürgens v.Föhr,Harpunier Jacob Rolofs v.Föhr,Zimmermann Nanning Rolofs v.Föhr,Zimm.-Maat Simon Boysen v.Föhr,Schiemann Arian Lorenzen v.Föhr,Matrose Volkert Arians v.Föhr,Matrose Volkert Riewerts v.Föhr,Matrose Jan Broersen v.Föhr,Matrose Arian Hinrichs v.Föhr,Matrose Dirck Rolofs v.Föhr,Kochsmaat Jürgen Riecks v.Föhr,Schiffsjunge	ebenda,15.3.1780 Rückk.:20.8.1780 Ertr.:6 Wale= 80 Quard.Speck= 118 Quard.Tran
De Anna Maria Besatzung:43 Wal-u.Robbenfänger Hans Hansen Tön- nies von Sylt	Cornel.Peters.Wandal v.Röm,Steuerm. Jasper Jansen v.Röm,Speckschneider Peter Jürgens v.Röm,Bootsmann Peter Zwen v.Röm,Matrose Hans Rasmussen v.Röm,Matrose Andreas Jürgen Peters v.Sylt,Matr. Friedrich Alexander v.Röm,Matrose Joh.Carsten Lamberts v.Röm,Schiffs- junge	ebenda,9.2.1780 Rückk.:18.5.1780 Ertr.:200 Quard. Speck=314 Quard. Tran;nähere An- gaben fehlen.
De Twe Gesüster Besatzung:45 Walfänger Jan Adriansen Breedt	Rolof Boysen v.Föhr,Steuermann Adrian Adriansen v.Föhr,Harpunier Frerck Riewerts v.Föhr,Zimmermann Boy Michels v.Föhr,Matrose Hinrich Jansen v.Föhr,Kochsmaat	ebenda,15.3.1780 Rückk.:11.10.1780 Ertr.:5 1/2 Wale= 128 Quard.Speck= 170 1/2 Quard. Tran

Schiff/Kommandeur	Name/Herkunft/Rang der Seeleute	Daten/Quelle Fangergebnis
De Jonge Visser Besatzung:45 Walfänger Witge Jelles	Riewert Riewerts v.Föhr,Steuermann Jacob Riecks v.Föhr,Speckschneider Willm Willms v.Föhr,Speckschneider Hinrich Riewerts v.Föhr,Harpunier Simon Frercks v.Amrum,Harpunier Johann Friedr.Rönne v.Föhr,Matrose Friedrich Simons v.Amrum,Kochsmaat	ebenda,15.3.1780 Rückk.:11.10.178(Ertr.:2 1/2 Wale =110 Quard.Speck =143 Quard.Tran
De Witte Falck Besatzung:43 Wal-u.Robbenfänger Jochim Hinrich Hasselmann	Riewert Boysen v.Föhr,Speckschn. Paul Cornelis v.Föhr,Speckschneid. Volkert Boysen v.Föhr,Harpunier	ebenda,9.2.1780 Rückk.:26.8.1780 Ertr.:1 1/2 Wale u.? Robben =62 Quard.Speck=81 Quard.Tran
De Frau Maria Eli- sabeth Besatzung:45 Walfänger Steffen Jansen	Elmert Clasen v.Föhr,Speckschneid. Boy Jensen v.Föhr,Matrose Jacob Michelsen v.Sylt,Matrose	ebenda,14.3.1780 Rückk.:24.8.1780 ohne Ertrag
De Jonge Catharina Besatzung:45 Walfänger Gerrit Eyssen	Willm Hansen v.Röm,Harpunier Cornel.Johanns.Leest v.Röm,Matrose Rasmus Sörensen v.Röm,Matrose	ebenda,21.3.1780 Rückk.:11.10.178(Ertr.:11 1/2 Wal(=150 Quard.Speck =238 1/2 Quard. Tran
De König Salomon Besatzung:44 Walfänger Willm Hendricks	Jan Clasen v.Föhr,Harpunier Jürgen Jung Boon v.Amrum,Matrose Jürgen Carstens v.Amrum,Matrose Johannes Barens v.Amrum,Matrose	ebenda,18.3.1780 Rückk.:11.10.178(Ertr.:4 1/2 Wale =110 Quard.Speck =162 1/2 Quard. Tran
De Jungfrau Maria Besatzung:45 Walfänger Clas Jansen Ney	Jürgen Broersen v.Föhr,Steuermann Jürgen Cornelis v.Föhr,Speckschn. Johannes Johannes v.Föhr,Specksch. Steffen Zwensen v.Röm,Matrose Christian Petersen v.Röm,Matrose Dirck Willms v.Föhr,Matrose Peter Boysen Schmidt v.Sylt,Matr.+	ebenda,25.3.1780 Rückk.:24.8.1780 Ertr.:6 Wale= 114 Quard.Speck= 156 Quard.Tran
De Hoopende Visser Besatzung:45 Walfänger Gerrit Jansen	Rickmer Nannings v.Föhr,Steuerm. Riewert Peters v.Föhr,Speckschn. Hinrich Frercks v.Föhr,Harpunier Hendrick Peters v.Föhr,Harpunier Cornel.Cornelis v.Föhr,Harpunier Erich Petersen v.Helgoland,Matrose Cornelis Johannsen v.Röm,Matrose	ebenda,15.3.1780 Rückk.:11.10.178(Ertr.:11 1/2 Wa- le=215 Quard. Speck=304 Quard. Tran
De Lilie Besatzung:42 Wal-u.Robbenfänger Hinrich August Hasselmann	Arian Cornelis v.Föhr,Speckschn. Arian Arians v.Föhr,Schiffsjunge	ebenda,8.2.1780 Rückk.:26.8.1780 3 Wale u.? Robb. =140 Quard.Speck =199 Quard.Tran

Schiff/Kommandeur	Name/Herkunft/Rang der Seeleute	Daten/Quelle Fangergebnis
De Patriot Besatzung:44 Wal-u.Robbenfänger Severin Andresen	Jürgen Cornelis v.Föhr,Steuermann Hendrick Cornelissen v.Föhr,Speck. Boy Cornelissen v.Föhr,Speckschn. Hinrich Flohr v.Föhr,Harpunier Andreas Christians.Knoes v.Ballum, Bootsmann Cornelis Hendricks v.Föhr,Matrose Tönnes Tönnies v.Ballum,Schiffsj.	ebenda,8.2.1780 Rückk.:14.7.1780 Ertr.:160 Quard. Speck=273 1/2 Quard.Tran;nähe- re Angaben lie- gen nicht vor.
De Concordia Besatzung:46 Walfänger Davisstraße Obbe Edtkes	Dirck Clasen v.Föhr,Harpunier	ebenda,9.2.1780 Rückk.:16.8.1780 Ertr.:2 Wale= 100 Quard.Speck= 137 1/2 Quard. Tran
De Jgfr.Anna Eli- sabeth Besatzung:43 Wal-u.Robbenfänger Christoph Hassel- mann	Peter Adrians v.Föhr,Speckschneid. Hans Petersen Holm v.Röm,Harpunier Peter Krohn v.Helgoland,Matrose	ebenda,8.2.1780 Rückk.:26.8.1780 Ertr.:1/2 Wal u. ? Robben=140 Qu. Speck=192 Quard. Tran
De Griepenstein Besatzung:45 Wal-u.Robbenfänger Johann Hinrich Grube	Arian Dircks v.Föhr,Steuermann Jürgen Ocken v.Föhr,Speckschneider Jürgen Matthiessen v.Föhr,Speck.	ebenda,8.2.1780 Rückk.:19.7.1780 Ertr.:9 Wale u. ? Robben =165 Quard.Speck= 254 1/2 Quard. Tran
De Jonge Jacob Besatzung:45 Walfänger Wiebe Wessels	Johannes Lorenz v.Föhr,Harpunier Broer Nannings v.Föhr,Harpunier	ebenda,14.3.1780 Rückk.:11.10.178# Ertr.:7 1/2 Wale =136 Quard.Speck =192 Quard.Tran
De Morgenstern Besatzung:45 Wal-u.Robbenfänger Johann Nicolaus Steinmetz	Rolof Willms v.Föhr,Steuermann Jasper Jansen v.Röm,Matrose Daniel Dorbritz v.Föhr,Matrose	ebenda,8.2.1780 Rückk.:4.8.1780 Ertr.:100 Quard. Speck=139 1/2 Quard.Tran;nähe- re Angaben lie- gen nicht vor.

Schiff/Kommandeur	Name/Herkunft/Rang der Seeleute	Daten/Quelle Fangergebnis
De Martin Besatzung:37 Wal-u.Robbenfänger Hans Michel Jaspers von Röm [1] Größe:80 Last; 1 Last=4000 hamb. Pfund,1 hamb.Pfd.= 484,6 Gramm	Niels Jürgensen v.Röm,Steuermann Cornelis Andresen v.Röm,Bootsmann Hans Michel Jaspers v.Röm,Koch Jasper Hansen v.Röm,Harpunier Christian Hansen v.Röm,Harpunier Christian Peters.Tagholm v.Röm,Ha. Matthias Jens Christiansen v.Röm, Schiemann	StAHam,Archiv d. Wasserschouts, I.A.1.f. 8.2.1781 Rückk.:23.7.1781 Ertr.:41 Quard. Speck=58 Quard. Tran;nähere Angaben liegen nicht vor.
De Anna Besatzung:34 Wal-u.Robbenfänger Hans Hansen Carl von Röm Größe:55 Last	Johann Andres.Leest v.Röm,Steuerm. Cornelis Peters.Leest v.Röm,Boots. Michel Hansen Cüper v.Röm,Koch Carsten Michels Tagholm v.Röm,Har. Jes Peter.Nielsen Leest v.Röm, Speckschneider(70 J.+) Georg Jürgens v.Röm,Schiffsjunge	ebenda,6.2.1781 Rückk.:30.6.1781 Ertr.:85 Quard. Speck=117 Quard. Tran;nähere Angaben liegen nicht vor.
De Zwaan Besatzung:33 Robbenfänger Matthias Zwen von Röm Größe:60 Last	Jürgen Jürgens v.Röm,Steuermann Sören Matzen Kier v.Röm,Koch Peter Jürgensen v.Röm,Schiffsjunge	ebenda,6.2.1781 Rückk.:30.6.1781 Ertr.:90 Quard. Speck=126 Quard. Tran;nähere Angaben liegen nicht vor.
De Johannes Besatzung:37 Robbenfänger Michel Michels von Röm Größe:80 Last	Jurian Jessen v.Röm,Steuermann Peter Andresen v.Röm,Koch Peter Jans.Michels.v.Röm,Matrose Peter Peters.Holm v.Röm,Kochsmaat+ Peter Peters Möller v.Röm,Schiffsj.	ebenda,6.2.1781 Rückk.:17.7.1781 Ertr.:42 Quard. Speck=57 Quard. Tran;nähere Angaben liegen nicht vor.
De Maria Susanna Besatzung:44 Wal-u.Robbenfänger Matthias Jessen von Röm Größe:120 Last	Zwen Torbensen v.Röm,Steuermann Olof Jung Rörden v.Föhr,Speckschn. Christian Peters.Möller v.Röm,Koch Peter Moritzen v.Röm,Harpunier Andreas Lorenz Carstens v.Röm,Har. Peter Matzen v.Röm,Kochsmaat+ Carsten Albrecht v.Röm,Schiffsjge.	ebenda,6.2.1781 Rückk.:17.7.1781 Ertr.:10 Wale u. ? Robben=188 Qu. Speck=266 1/2 Quard.Tran
De Concordia Besatzung:39 Wal-u.Robbenfänger Andreas Jürgensen von Röm Größe:80 Last	Peter Michels Leest v.Röm,Steuerm. Carsten Jaspers v.Röm,Bootsmann (68 Jahre +) Michel Nielsen Leest v.Röm,Speck. Jürgen Jürgensen v.Röm,Harpunier Jens Hansen Bleeg v.Röm,Harpunier	ebenda,7.2.1781 Rückk.:19.7.1781 Ertr.:110 Quard. Speck=153 1/2 Quard.Tran;nähere Angaben liegen nicht vor.
De Bloyende Hoop Besatzung:42 Wal-u.Robbenfänger Albert Jansen von Röm.Er war 1780 Steuermann dieses Schiffes. Größe:80 Last	Jens Lausten Falck v.Röm,Steuerm. Jürgen Jung Rörden v.Föhr,Speck. Erick Bohn v.Föhr,Speckschneider Hans Niels.Bentsen v.Röm,Harpunier Carsten Jaspers Gay v.Röm,Harpun. Jasper Jensen v.Röm,Matrose Peter Nicol.Andresen v.Röm,Kochsm. Erken Bohn v.Föhr,Schiffsjunge	ebenda,7.2.1781 Rückk.:24.8.1781 Ertr.:8 Wale=80 Quard.Speck=116 Quard.Tran

1)In den Musterungsprotokollen des Hamburger Wasserschouts werden
im allgemeinen keine Angaben über die Trächtigkeit der Schiffe
gemacht.Nur für die Jahre 1781/82 und nach 1828 werden die Größen
sowohl bei den Walfang-als auch den Handelsschiffen in den meisten
Fällen angegeben.

Schiff/Kommandeur	Name/Herkunft/Rang der Seeleute	Daten/Quelle Fangergebnis
De Frau Margaretha Besatzung:45 Walfänger Rieck Jurians von Föhr Größe:150 Last	Boy Jürgens v.Föhr,Steuermann Lorenz Ariansen v.Föhr,Speckschn. Rickmer Broersen v.Föhr,Speckschn. Boy Jung Jensen v.Föhr,Harpunier Cornelis Jürgens v.Föhr,Harpunier Broer Volkerts v.Föhr,Harpunier Peter Volkerts v.Föhr,Zimmermann Rörd Jansen v.Föhr,Zimmerm.-Maat Boy Jürgens v.Föhr,Bootsmann Jan Broersen v.Föhr,Schiemann Lorenz Jansen v.Föhr,Koch Boh Jürgens v.Föhr,Matrose Cornelis Boysen v.Föhr,Matrose Joha. Friedrich Rönne v.Föhr,Matr. Peter Boysen v.Föhr,Matrose Rolof Jurians Jansen v.Föhr,Matr. Jürgen Nickelsen v.Föhr,Matrose Erich Olofs v.Föhr,Matrose Jürgen Rickmers v.Föhr,Matrose Rolof Tönnies v.Föhr,Matrose Boh Rörden v.Föhr,Matrose Rolof Jansen v.Föhr,Matrose Boy Olofs v.Föhr,Kochsmaat Jürgen Braren v.Föhr,Schiffsjunge	ebenda,15.3.1781 Rückk.:23.7.1781 Ertr.:13 1/2 Wa- le=300 Quardel. Speck=404 Quard. Tran
De St.Peter Besatzung:45 Walfänger Volkert Boysen von Föhr Größe:150 Last	Paul Boysen v.Föhr,Steuermann Ocke Frercks v.Föhr,Speckschneider Lorenz Hayen v.Föhr,Speckschneider Andreas Nickelsen v.Föhr,Harpunier Nanning Nickelsen v.Föhr,Harpunier Jung Rörd Flohr v.Föhr,Harpunier Peter Knutten v.Föhr,Zimmermann Nanning Hendricks v.Föhr,Zimm.-Mt Hinrick Jung Nickelsen v.Föhr,BM Nanning Cornelis v.Föhr,Koch Nickel Rickmers v.Föhr,Matrose Nanning Bohn v.Föhr,Matrose Nickel Olofs v.Föhr,Matrose Nickel Nickelsen v.Föhr,Matrose Martin Flohr v.Föhr,Matrose Arfst Sönnen v.Föhr,Matrose Volkert Olofs v.Föhr,Matrose Jacob Olofs v.Föhr,Matrose Nickels Jürgensen v.Föhr,Matrose Arfst Bohn v.Föhr,Matrose Boy Nickels v.Föhr,Matrose Ocke Paulsen v.Föhr,Kochsmaat Peter Nickels v.Föhr,Schiffsjunge	ebenda,15.3.1781 Rückk.:19.7.1781 Ertr.:9 Wale= 215 Quard.Speck= 334 Quard.Tran
De Jgfr.Anna Maria Besatzung:43 Wal-u.Robbenfänger Hans Hansen Tön- nies von Sylt Größe:80 Last	Cornelis Peters Wandal v.Röm,StM Niels Leest Cüper v.Röm,Speckschn. Peter Jürg.Thomsen v.Röm,Bootsmann Rasmus Brun v.List/Sylt,Kochsmaat Georg Pet.Hansen v.List/Sylt,Schj. Harm Carstens v.Sylt,Schiffsjunge+	ebenda,7.2.1781 Rückk.:17.7.1781 Ertr.:8 Wale u.? Robben=175 Quard. Speck=251 Quard. Tran

1781

Schiff/Kommandeur	Name/Herkunft/Rang der Seeleute	Daten/Quelle Fangergebnis
De Jungfrau Maria Besatzung:45 Wal-u.Robbenfänger Clas Jansen Ney Größe:150 Last	Jürgen Broersen v.Föhr,Steuermann Jürgen Cornelissen v.Föhr,Specksch. Friedrich Dircks v.Föhr,Speckschn. Simon Nannings v.Föhr,Zimmermann Dirck Dircksen v.Föhr,Zimm.-Maat Jappe Ocken v.Föhr,Matrose Hans Rolofs v.Föhr,Matrose+ Olof Braren v.Föhr,Schiffsjunge+	ebenda,18.1.1781 Rückk.:27.7.1781 Ertr.:9 Wale= 150 Quard.Speck= 225 Quard.Tran
De Patriot Besatzung:44 Wal-u.Robbenfänger Severin Andresen Größe:100 Last	Jürgen Nickelsen v.Föhr,Steuermann Hinrich Cornelsen v.Föhr,Speckschn. Boy Nickelsen v.Föhr,Speckschneid. Hinrich Flohr v.Föhr,Harpunier	ebenda,8.2.1781 Rückk.:18.7.1781 Ertr.:7 Wale u.? Robben=160 Quard Speck=225 Quard. Tran
De Griepenstein Besatzung:45 Wal-u.Robbenfänger Johann Hinrich Grube Größe:140 Last	Ocke Ercken v.Föhr,Steuermann Jürgen Ocken v.Föhr,Speckschneider Jürgen Matzen v.Föhr,Speckschneid.	ebenda,7.2.1781 Rückk.:20.7.1781 Ertr.:6 Wale=150 Quard.Speck= 211 1/2 Quard. Tran
De Lilie Besatzung:43 Wal-u.Robbenfänger Hinrich August Hasselmann Größe:90 Last	Arfst Ketels v.Föhr,Speckschneid.+ Arfst Arfsten v.Föhr,Schiffsjge.+	ebenda,6.2.1781 Rückk.:23.8.1781 Ertr.:3 1/2 Wale u. ? Robben=70 Quard.Speck = 130 1/2 Quard. Tran
De Jgfr.Anna Elisabeth Besatzung:45 Wal-u.Robbenfänger Christoph Hasselmann Größe:100 Last	Jürgen Ketels v.Föhr,Speckschneid. Paul Jung Nickels.v.Föhr,Speckschn. Jung Nickels Pauls v.Föhr,Matrose Arfst Arfsten v.Föhr,Schiffsjunge+	ebenda,6.2.1781 Rückk.:23.8.1781 Ertr.:3 1/2 Wale u.? Robben=70 Quard.Speck= 100 1/2 Qu.Tran
De Hoopende Visser Besatzung:45 Walfänger Gerrit Jansen Größe:140 Last	Rickmer Nannings v.Föhr,Steuermann Rörd Peters v.Föhr,Speckschneider Hinrich Frödden v.Föhr,Harpunier Hay Peters v.Föhr,Harpunier Nickel Nickels v.Föhr,Harpunier Johann Thomsen v.Föhr,Bootsmann+ Hay Jensen v.Föhr,Matrose . Jens Sörensen v.Föhr,Matrose Erick Peters.Klithmann v.Helgoland, Matrose	ebenda,16.3.1781 Rückk.:19.7.1781 Ertr.:5 Wale=230 Quard.Speck= 331 1/2 Quard. Tran
De Concordia Besatzung:45 Walfänger Davisstraße Obbe Edtkes Größe:110 Last	Dirck Clasen v.Föhr,Harpunier	ebenda,14.2.1781 Rückk.:15.8.1781 Ertr.:40 Quard. Speck=57 Quard. Tran;nähere Angaben liegen nicht vor.

453

Schiff/Kommandeur	Name/Herkunft/Rang der Seeleute	Daten/Quelle Fangergebnis
De Twe Gesüster Besatzung:45 Walfänger Jan Adriansen Breedt Größe:150 Last	Rolof Boysen v.Föhr,Steuermann Arian Arians v.Föhr,Harpunier Fröd Rörden v.Föhr,Zimmermann Joh.Friedr.Dorbritz v.Föhr,KM + Olof Lorenzen v.Föhr,Schiffsjunge	ebenda,15.3.1781 Rückk.:23.7.1781 Ertr.:13 1/2 Wale=300 Quard. Speck=404 Quard. Tran
De Jonge Jacob Besatzung:45 Walfänger Wiebe Wessels Größe:140 Last	Johannes Lorenzen v.Föhr,Harpunier Broer Nannings v.Föhr,Harpunier Riewert Riewerts v.Föhr,Harpunier Dirck Jurians v.Föhr,Zimmermann Jung Rörd Jürgens v.Föhr,Bootsmann Nickel Ketels v.Föhr,Matrose Jürgen Jürgens v.Föhr,Matrose	ebenda,12.3.1781 Rückk.:20.7.1781 Ertr.:9 Wale= 300 Quard.Speck= 417 Quard.Tran
De König Salomon Besatzung:44 Walfänger Willem Hendricks Größe:Angabe fehlt	Jan Clasen v.Föhr,Harpunier	ebenda,15.3.1781 Rückk.:23.7.1781 Ertr.:6 Wale= 114 Quard.Speck; weitere Angaben fehlen.

Erläuterungen zu den Angaben von 1782 - 1795
und von 1810 - 1819

Die in den Musterungsprotokollen des Hamburger Wasserschouts verzeichneten Seeleute des vorliegenden Untersuchungsgebietes treten ab 1782 bis 1795 und von 1810
bis 1819 ganz oder teilweise unter falschen Ortsbezeichnungen auf.Die Gründe hierfür liegen in der politischen Situation der damaligen Zeit,die im Textband
näher erläutert worden ist.
Durch Vergleich der Protokolle konnte ein großer Teil
der Seefahrer identifiziert und ihrem richtigen Her-
kunftsbezirk zugeordnet werden.Dabei ist folgendes
Prinzip angewandt worden:steht hinter einer Ortsbezeichnung des Untersuchungsgebietes eine eingeklammerte
Jahreszahl,so bedeutet sie,daß in dem Jahr der Seemann
auf dem gleichen Schiff mit seiner richtigen Herkunft
nachgewiesen werden kann.
Hierzu ein Beispiel:

Schiff	Name/Herkunft/Rang	Datum
De St.Peter	Peter Knudsen v.Föhr(1781)	20.3.1782
	hier:Wismar,Zimmermann	

Die eingeklammerte Jahreszahl beweist,daß der Zimmermann Peter Knudsen(Knutten) 1781 auf dem Walfänger "De
St.Peter" unter der richtigen Ortsbezeichnung Föhr zu
finden ist und 1782 sich mit dem falschen Herkunftsort
Wismar in das Musterungsprotokoll eintragen ließ.Dabei
ist noch zu berücksichtigen,daß nicht nur die gewöhnlichen Variationsbreiten bei den Personennamen zu finden sind(Knudsen,Knutten,Knuten,Knutsen,Knudtsen etc.),
sondern auch -vor allem bei den Föhrer Seeleuten -
häufig holländische und friesische Namensübersetzungen
in teilweise jährlich wechselnder Anwendung erschei-
nen.So ist Peter Knudsen durchaus identisch mit Pieter
Classen.Auch zu diesem Problem sind im Textband ausführliche Erläuterungen zu finden.

Wegen des langen Zeitraumes dieser Fälschungen ist es
möglich,daß der Identifizierte zwischenzeitlich an Bord
eine andere - meist höhere Funktion - übernommen haben
kann.

Vereinzelt konnten auch Seefahrer - besonders wenn sie
einen wenig verbreiteten Namen trugen oder eine qualifi-
ziertere Bordfunktion innehatten - identifiziert werden,
obwohl sie das Schiff wechselten.In diesen Fällen ist
der jeweilige Schiffsname und die Jahreszahl des Musterungsprotokolls angegeben,die zum Nachweis der richtigen
Herkunft führen.

Kann aufgrund bestimmter Kriterien,z.B.durch spezifische
Namen(Jasper,Rörd,Frödden usw.)unter Berücksichtigung des
Kontextes der Quelle(Herkunft des Kommandeurs und der
Mehrzahl der Schiffsoffiziere)angenommen werden,daß der
Seemann wahrscheinlich einem bestimmten Raum des Untersuchungsgebietes zugeordnet werden kann,so ist zwar das
Herkunftsgebiet angegeben worden,doch ist in die für die
Jahreszahl vorgesehene Klammer ein Fragezeichen gesetzt
worden.Alle in diesem Zusammenhang mit einem Fragezeichen
versehenen Angaben sind bei der statistischen Auswertung
nicht berücksichtigt worden.Obwohl es z.B.schwerfällt,
einen Speckschneider Boy Riewerts von Föhr(?) bei der
wissenschaftlichen Auswertung nur in die Gruppe der Nicht-
identifizierten einzuordnen,soll dieses Prinzip jegliches
spekulative Element ausschalten.

Hat der Wasserschout in den Protokollen vermerkt,daß
der Seemann einen Paß vorweisen konnte,der ihn vom

militärischen Dienst befreite,so ist das bei den Angaben zur
Person mit einem eingeklammerten P vermerkt worden.
In gleicher Weise ist verfahren worden,wenn der Schout
ihn als Schutzbürger Hamburgs ausweist.Auch dies ist bei
den betreffenden Seeleuten angegeben worden.Ob in allen
Fällen diese Angabe rechtlich einwandfrei ist,muß angesichts
einer über diesen Sachverhalt überlieferten Korrespondenz
zwischen den Rechtsvertrtern der Hamburger Reeder und dem
Senat bezweifelt werden,der hinsichtlich der Neutralität
der Stadt äußerst strenge Maßstäbe für die Überlassung
des Bürgerrechts anlegte.
In einigen Fällen sind in den Jahren nach 1782 im Zusammenhang mit der Ausstellung von Kriegspässen die Daten
für die Schutzbürgerschaft der Kommandeure überliefert.
Nach Aussage der Musterungsprotokolle machen auch ihre
Söhne von diesem Recht Gebrauch.Bei allen Seeleuten des
Untersuchungsgebietes,von denen man annehmen darf,daß sie
sich legal der Ortsbezeichnung Hamburg bedienen,ist daher
hinter der ursprünglichen Herkunftsangabe(Röm,Föhr usw.)
die eingeklammerte Abkürzung Hbg.gesetzt worden.In sehr
vielen Fällen ist die verwandtschaftliche Beziehung mit
den Kommandeuren deutlich erkennbar.Dieser Gesichtpunkt
ist insofern für die vorliegende Untersuchung wichtig,
weil dadurch die Schiffsjungen,die vorher noch nicht
unter ihrer ursprünglichen Herkunft in den Protokollen
erschienen sind, einwandfrei einem bestimmten Distrikt
zugeordnet werden können.

der Namen und Ortsangaben aus den Anmusterungsprotokollen des
Hamburger Wal-und Robbenfängers "De Vrou Margaretha" von 1781 und
1782

		1781			1782
Nr.	Rang	Name u.Herkunft	Nr.	Rang	Name u.Herkunft
1.	Kom.	Rick Jurians (Föhr)	1.	Kom.	Rick Juryans (Föhr)
2.	St.	Boje Jürgens v.Föhr	2.	St.	Peter Bohn v.d.Weser
3.	Sp.	Lorentz Arianssen v.F.	3.	Sp.	Rik Broersen v.d.Weser
4.	Sp.	Rickmer Broersen v.F.	4.	Sp.	Boje Jurians v.Freeborg
5.	Harp.	Boje Jung Jenssen v.F.	5.	Harp.	Broer Volkers v.d.Weser
6.	Harp.	Corn.Jürgens v.Föhr	6.	Harp.	Cornelis Jürgens v.d.Weser
7.	Harp.	Broer Volkers v.Föhr	7.	Harp.	Boje Jensen v.d.Weser
8.	Zimm.	Peter Volkers v.Föhr	8.	Zimm.	Peter Volkers v.Freeborg
9.	2.Zimm.	Roerd Jentzen v.Föhr	9.	2.Zim.	Carsten Rolfsen v.d.Weser
10.	Bm.	Boje Jürgens v.Föhr	1o.	Bm.	Jens Broedersen v.Aselt
11.	Schi.	Jan Broersen v.Föhr	11.	Schi.	Reik Cornelissen v.d.Weser
12.	K.	Laurentz Jantzen v.F.	12.	K.	Lorentz Jansen v.Aselt
13.	Kü.	H.Hinr.Fikken v.Hbg.	13.	Kü.	H.Hinr.Fikken v.Hbg.
14.	Kü.	Joh.B.Meinke v.Hbg.	14.	Kü.	Joh.B.Meinke v.Hbg.
15.	Mst.	G.S.Dorbeitz v.Dornbg.	15.	Mst.	G.S.Dorbeitz v.Zerbst
16.	Matr.	H.N.Trieloff v.Altona	16.	Matr.	J.Köper v.Freeborg
17.	"	J.H.Schnäher v.Dankbg.	17.	"	H.Lentz v.Freeborg
18.	"	L.Kornhaas v.Freebg.	18.	"	Cl.Elgers v.d.Ost
19.	"	J.Gätke von Freeborg	19.	"	J.D.Feil v.Freeborg
20.	"	Chr.Toll v.Beverstorp	20.	"	D.Hashagen v.Neenkerken
21.	"	J.H.Grönwolt v.Hamelv.	21.	"	J.Dreyer v.Neenkerken
22.	"	H.Lüders v.Elmshorn	22.	"	J.P.Deede von Stade
23.	"	Chr.Engelbregt v.Colm.	23.	"	Cl.Halmk von Stade
24.	"	J.Schram v.A.Danbarg	24.	"	Cl.Krönk v.d.Ost
25.	"	J.H.Breitenbach v.Hbg.	25.	"	J.Tiedemann v.Freeborg
26.	"	A.Fehter v.Fehrt	26.	"	N.Lentz von Freeborg
27.	"	C.H.Krafft v.Stresa	27."	"	J.Fink von Neenkerken
28.	"	Cl.Holtz v.Hbg.	28.	"	H.Plüschau v.Haseldorp
29.	"	J.Wendt v.Hbg.	29.	"	Peter Roloff v.Haseldorp
30.	"	Roloff Janssen v.Föhr	30.	"	Claas Möller v.Haseldorp
31.	"	Corn.Boyssen v.Föhr	31.	"	J.H.Stoffers v.Haseldorp
32.	"	Joh.Fr.Rönne von Föhr	32.	"	Broer Boysen von Freeborg
33.	"	Pieter Boyssen v.Föhr	33.	"	Pieter Boysen von Freeborg
34.	"	Roloff Jur.Janssen "	34.	"	Sören Jensen v.Gottenborg
35.	"	Jürgen Nickkelsen v.F.	35.	"	Dirk Rolofs von Freeborg
36.	"	Matth.Fischer v.Hbg.	36.	"	Jurian Rieks von Hbg.
37.	"	Erich Oloffs v.Föhr	37.	"	L.Koornhaas v.Freeborg
38.	"	Jürgen Rickmers v.Föhr	38.	"	M.Meyer v.Wishagen
39.	"	Roloff Tönnies v.Föhr	39.	"	Jac.Möller v.Wishagen
40.	"	Boh Röerden von Föhr	40.	"	Rik Nannings v.d.Weser
41.	"	H.Jenselmann v.Horneb.	41.	"	Jürgen Cornelis v.d.Weser
42.	"	P.v.d.Reyt v.Drogters	42.	"	Boye Ketels von Asel
43.	"	J.Eggers von Spaden	43.	"	Boy Oles von Asel
44.	Kmt.	Boje Oloffs v.Föhr	44.	Kmt.	Roloff Ariansen v.Asel
45.	Jg.	Jürgen Braren v.Föhr	45.	Jg.	Jurian Broerssen v.Asel

Durch Vergleich der obigen Anmusterungsprotokolle wird deutlich,
mit welchen Methoden die Personennamen und die Ortsangaben der
nordfriesischen Seefahrer verändert wurden,um die Anordnungen
des dänischen Königs zu unterlaufen und den Hamburger Behörden
keine außenpolitischen Schwierigkeiten zu bereiten.

Schiff/Kommandeur	Name/Herkunft/Rang der Seeleute	Daten/Quelle Fangergebnis
De Zwaan Besatzung:33 Wal-u.Robbenfänger Matthias Zwen von Röm	Jürgen Jürgensen v.Röm(1780), hier:Hbg.,"in Schutz",Steuermann Siebrandt Matthiessen v.Röm(1780), hier:Bützfleth,Koch Thomas Jacobsen v.Röm(1780),hier: Bützfleth,Matrose	StAHam,Archiv d. Wasserschouts, I.A.1.g. 11.2.1782 Rückk.:10.7.1782 Ertr.:120 Quard. Speck=171 Quard. Tran;nähere An- gaben liegen nicht vor.
De Anna Besatzung:33 Wal-u.Robbenfänger Hans Hansen Carl von Röm	Jan Andresen Leest v.Röm(1780), hier:Hbg.,"in Schutz",Steuermann Hans Siebrandt Möller v.Röm,(1780) hier:Hbg.,Zimmermann Cornelis Petersen Leest v.Röm, (1780),hier:Hbg.,Bootsmann Hans Hansen Carl v.Röm(1779),hier: Hbg.,Matrose	ebenda,11.2.1782 Rückk.:21.6.1782 Ertrag:144 Quard. Speck=196 Quard. Tran;nähere An- gaben liegen nicht vor.
De Maria Susanna Besatzung:43 Wal-u.Robbenfänger Matthias Jessen von Röm	Rolof Riewerts v.Föhr(1781),hier: Hamelwörden,Speckschneider	ebenda,7.2.1782 Rückk.:9.7.1782 Ertr.:9 Wale u.? Robben=240 Quard. Speck=353 Quard. Tran
De Concordia Besatzung:38 Wal-u.Robbenfänger Andreas Jürgensen von Röm	Cornelis Andresen v.Röm(1780), Bootsmann a.d.Wal-u.Robbenfänger "De Martin",hier:Hbg.,Steuermann Lorenz Jacobs v.Röm(1780),hier: Hbg."in Schutz",Matrose Cord Andresen v.Röm(1780),hier: Hbg.,Schiffsjunge	ebenda,11.2.1782 Rückk.:14.7.1782 Ertr.:160 Quard. Speck=243 Quard. Tran;nähere An- gaben liegen nicht vor.
De Anna Elisabeth Besatzung:42 Wal-u.Robbenfänger Jasper Jansen.Ein Steuermann dieses Namens ist in den Hamburger Muste- rungsprotokollen nicht nachweisbar. Er stammt sicher- lich von Röm.Da- für spricht-vor allem in den fol- genden Jahren-die Herkunft der Schiffsoffiziere.	Jurian Michels v.Röm(1787),hier: Hbg.,"in Schutz",Steuermann Jurian Riewerts v.Föhr(?),hier: Hamelwörden,Speckschneider Cornelissen Michels v.Röm(?),hier: Hbg."in Schutz",Harpunier Johann Jansen v.Röm(?),hier:Hbg., "in Schutz",Harpunier	ebenda,7.2.1782 Rückk.:9.7.1782 Ertr.:9 Wale u.? Robben=238 Quard. Speck=350 Quard. Tran
De Frau Margaretha Besatzung:44 Walfänger Rieck Jurians von Föhr	Peter Boysen v.Föhr(1785),hier: v.d.Weser,Steuermann Rieck Broersen v.Föhr(1781),hier: v.d.Weser,Speckschneider Boy Jurians v.Föhr(1785),hier:Frei- burg,Speckschneider Broer Volkerts v.Föhr(1781),hier: v.d.Weser,Harpunier Cornelis Jürgens v.Föhr(1781),hier: v.d.Weser,Harpunier b.w.	ebenda,undat. Rückk.:19.7.1782 Ertr.:16 1/2 Wale=200 Quard. Speck=317 Quard. Tran

Schiff/Kommandeur	Name/Herkunft/Rang der Seeleute	Daten/Quelle Fangergebnis
	Boy Jansen v.Föhr(1781),hier:v.d. Weser,Harpunier	
	Peter Volkerts v.Föhr(1781),hier: Freiburg,Zimmermann	
	Carsten Rolofsen v.Föhr(?),hier: v.d.Weser,Zimmermannsmaat	
	Jens Brodersen v.Föhr(1785),hier: Assel,Bootsmann	
	Lorenz Jansen v.Föhr(1785),hier: Assel,Koch	
	Rieck Cornelissen v.Föhr(?),hier: v.d.Weser,Schiemann	
	Broer Boysen v.Föhr(?),hier:Freiburg,Matrose	
	Peter Boysen v.Föhr(1781),hier: Freiburg,Matrose	
	Dirck Rolofs v.Föhr(1781),hier: Freiburg,Matrose	
	Jurian Riecks v.Föhr(1780),hier: Hbg.,Matrose	
	Rieck Nannings v.Föhr(?),hier: v.d.Weser,Matrose	
	Jürgen Cornelis v.Föhr(1781),hier: v.d.Weser,Matrose	
	Boy Ketels v.Föhr(?),hier:Assel, Matrose	
	Boy Rolofs v.Föhr(1781),hier:Assel, Matrose	
	Rolof Ariansen v.Föhr(1785),hier: Assel,Kochsmaat	
	Jurian Broersen v.Föhr(1781),hier: Assel,Schiffsjunge	
De Twe Gesüster Besatzung:45 Walfänger Boy Jurians von Föhr.Er war 1781 Steuermann auf dem Walfänger "De Frau Margaretha."	Lorenz Arians v.Föhr(1784),hier: Borkum,Steuermann	ebenda,19.3.1782 Rückk.:27.7.1782 Ertr.:9 Wale= 170 Quard.Speck= 230 Quard.Tran
	Arian Arians v.Föhr(1781),hier: Bremen-Lehe,Speckschneider	
	Riewert Jurians v.Föhr(1784),hier: v.d.Weser,Harpunier	
	Albert Matthiessen v.Föhr(?),hier: v.d.Weser,Zimmermannsmaat	
	Rolof Jansen v.Föhr(?),hier:v.d. Weser,Matrose	
	Jürgen Jürgens v.Föhr(1784),hier: Spaden,Matrose	
	Cornelis Riecks v.Föhr(?),hier: Bremen-Lehe,Matrose	
	Boy Riewerts v.Föhr(?),hier:Bützfleth,Matrose	
	Hinrich Cornelissen v.Föhr(1784), hier:v.d.Weser,Matrose	
	Cornelis Rolofs v.Föhr(?),hier: Bremen-Lehe,Matrose	
	Rolof Nannings v.Föhr(1784),hier: Borkum,Schiffsjunge	
	Lorenz Rolofsen v.Föhr(1784),hier: Borkum,Schiffsjunge	

Schiff/Kommandeur	Name/Herkunft/Rang der Seeleute	Daten/Quelle Fangergebnis
De St.Peter Besatzung:45 Walfänger Volkert Boysen von Föhr	Lorenz Hendricks v.Föhr(1781), hier:Spaden,Steuermann Ocke Frercks v.Föhr(1781),hier: Borkum,Speckschneider Andreas Cornelis v.Föhr(1781), hier:Borkum,Speckschneider Hendrick Cornelis v.Föhr(1785), hier:Bremen-Lehe,Harpunier Arian Simons v.Föhr(1784),hier: Borkum,Harpunier Nanning Cornelis v.Föhr(1781), hier:Spaden,Harpunier Peter Knudsen v.Föhr(1781),hier: Wismar,Zimmermann Clas Willms v.Föhr(1784),hier: Spaden,Zimmermannsmaat Boy Nickels v.Föhr(1781),hier: Bremen-Lehe,Bootsmann Nanning Cornelis Duhn v.Föhr(1781), hier:Drochtersen,Koch Peter Nickels v.Föhr(1781),hier: Bremen-Lehe,Matrose Cornelis Riecks v.Föhr(1785),hier: Borkum,Matrose Simon Hinrichs v.Föhr(?),hier: Stade,Matrose Frerck Cornelis v.Föhr(?),hier: Borkum,Matrose Hinrich Jacobs v.Föhr(?),hier: Ameland,Matrose Martin Flohr v.Föhr(1781),hier: Stade,Matrose Cornelis Cornelissen v.Föhr(1781), hier:Schiermonnikoog,Matrose Clas Volkerts v.Föhr(?),hier: Ameland,Matrose Johannes Lorenzen v.Föhr(1786), hier:Spaden,Matrose Peter Petersen v.Föhr(?),hier: Stade,Matrose Dirck Lorenzen v.Föhr(?),hier: Stade,Matrose Ocke Pauls v.Föhr(1781),hier: Ameland,Kochsmaat Lorenz Petersen v.Föhr(?),hier: Hbg.,Schiffsjunge	ebenda,19.7.1782 Rückk.:19.7.1782 Ertr.:16 1/2 Wale=200 Quard. Speck=317 Quard. Tran
De Anna Maria Besatzung:42 Wal-u.Robbenfänger Hans Hansen Tön- nies von Sylt	Cornelis Peters Wandal v.Röm(1781), hier:Hbg.,Steuermann Peter Jürgen Thomsen v.Röm(1781), hier:Hbg.,Bootsmann Andreas Jürgensen v.Sylt(1780), hier:Hbg.,Matrose	ebenda,7.2.1782 Rückk.:17.7.1782 Ertr.:5 Wale u.? Robben=125 Quard. Speck=185 Quard. Tran

Schiff/Kommandeur	Name/Herkunft/Rang der Seeleute	Daten/Quelle Fangergebnis
De Jungfrau Maria Besatzung:44 Walfänger Clas Jansen Ney	Jürgen Cornelissen v.Föhr(1781), hier:Hbg.,Speckschneider Frederick Dircks v.Föhr(1781), hier:Bremen,Speckschneider Simon Nannings v.Föhr(1781),hier: Spaden,Zimmermann Nanning Simons v.Föhr(?),hier: Bremen,Schiffsjunge	ebenda,23.3.1782 Rückk.:27.7.1782 Ertr.:6 Wale = 95 Quard.Speck= 134 Quard.Tran
De Jonge Jacob Besatzung:44 Walfänger Wiebe Wessels	Johannes Lorenzen v.Föhr(1781), hier:Bremen-Lehe,Speckschneider Broer Nannings v.Föhr(1781),hier: Bremen-Lehe,Harpunier Riewert Riewertsen v.Föhr(1781), hier:Schönebeck,Harpunier	ebenda,27.3.1782 Rückk.:29.7.1782 Ertr.:4 Wale= 100 Quard.Speck= 152 Quard.Tran
De Hoopende Visser Besatzung:45 Walfänger Gerrit Jansen	Cornelis Cornelissen v.Föhr(1781), hier:Hbg.,Steuermann(1781 noch Harpunier) Hinrich Frercks v.Föhr(1781),hier: Hbg.,Speckschneider Hinrich Peters v.Föhr(1781),hier: Hbg.,Speckschneider Riewert Peters v.Föhr(1781),hier: Hbg.,Speckschneider	ebenda,27.3.1782 Rückk.:29.7.1782 Ertr.:4 Wale= 100 Quard.Speck= 152 Quard.Tran
De Concordia Besatzung:44 Walfänger Obbe Edtkes	Dirck Clasen v.Föhr(1781),hier: Bevern,Harpunier	ebenda,6.2.1782 Rückk.:29.7.1782 Ertr.:3 Wale= 130 Quard.Speck= 203 Quard.Tran
De Patriot Besatzung:43 Wal-u.Robbenfänger Severin Andresen	Jürgen Cornelissen v.Föhr(1781), hier:Hbg.,Steuermann	ebenda,8.2.1782 Rückk.:17.7.1782 Ertr.:5 1/2 Wale =110 Quard.Speck 177 Quard.Tran
De Johannes Besatzung:38 Wal-u.Robbenfänger Michel Michels von Röm	Das Protokoll enthält 4 Leerstel- len.	ebenda,6.2.1782 Rückk.:14.7.1782 Ertr.:40 Quard. Speck=55 1/2 Qu. Tran
De Martin Besatzung:38 Wal-u.Robbenfänger Hans Michel Jas- pers von Röm	Das Protokoll enthält 4 Leerstel- len.	ebenda,6.2.1782 Rückk.:9.7.1782 Ertr.:118 Quard. Speck=164 Quard. Tran
De Bloyende Hoop Besatzung:41 Wal-u.Robbenfänger Albert Jansen von Röm	Das Protokoll enthält 8 Leerstel- len. Bei den letzten drei Schiffen ist eine Rekonstruktion der Leerstel- len durch einen Vergleich der Pro- tokolle von 1781 und 1783 wissen- schaftlich nicht vertretbar,da die Quellenlage wegen der Fälschungen zu unsicher ist.	ebenda,7.2.1782 Rückk.:10.7.1782 Ertr.:11 Wale u. ? Robben=240 Qu. Speck=339 Quard. Tran

Schiff/Kommandeur	Name/Herkunft/Rang der Seeleute	Daten/Quelle Fangergebnis
De Zwaan Besatzung:33 Robbenfänger Matthias Zwen von Röm.Er starb am 3.9.1783 im Alter von 45 Jahren.Sein Grabstein befindet sich auf dem Friedhof v.Kirke- by/Röm.	Jürgen Jürgensen v.Röm(1781),hier: Hbg.,Steuermann Siebrandt Matthiessen Kier v.Röm (1780),hier:Hbg.,Koch Lorenz Jacobsen v.Röm(1788),hier: Göteborg,Matrose Hans Petersen Holm v.Röm(?),hier: Göteborg,Matrose Georg Andreas Jürgens v.Röm(1780), hier:Hbg.,Matrose Andreas Jacobsen v.Röm(1788),hier: Hbg.,Kochsmaat Peter Jürgen Zwen v.Röm(Hbg.), Schiffsjunge	StAHam,Archiv d. Wasserschouts, I.A.1.h. 10.2.1783 Rückk.:10.6.1783 Ertr.:3023 Rob- ben=145 Quard. Speck=196 1/2 Quard.Tran
De Johannes Besatzung:36 Wal-u.Robbenfänger Michel Michels von Röm	Jürgen Jessen v.Röm(1781),hier: Hbg.,Steuermann Peter Hansen Bleeg v.Röm(?),hier: Hbg.,Bootsmann Peter Andresen v.Röm(1781),hier: Hbg.,Koch Jürgen Andresen v.Röm(?),hier: Vegesack,Speckschneider Cornelis Hansen v.Röm(?),hier: Hbg.,Harpunier Peter Petersen(Möller) von Röm (1781),hier:Hbg.,Schiffsjunge	ebenda,7.2.1783 Rückk.:1.8.1783 Ertr.:1 Wal u. 170 Robben=22 Quard.Speck= 34 1/2 Quard. Tran
De Concordia Besatzung:38 Wal-u.Robbenfänger Andreas Jürgensen von Röm	Cornelis Andresen v.Röm(1786, als Steuermann auf dem Walfänger "De Griepenstein"),hier:Hbg."in Schutz",Steuermann Michel Cornelis v.Röm(1780),hier: Hbg.,Speckschneider Cord Andresen v.Röm(1780),hier: Hbg.,Matrose Peter Andresen von Röm(1786),hier: Hbg.,Schiffsjunge;er ist 1786 Koch auf dem Walfänger "De Griepen- stein." Ein Teil der Besatzung wechselt 1784 zusammen mit dem Kommandeur auf den Walfänger De Griepenstein" über und konnte so teilweise identifiziert werden.	ebenda,8.2.1783 Rückk.:17.7.1783 Ertr.:4410 Rob- ben=210 Quard. Speck=310 Quard. Tran
De Martin Besatzung:36 Robbenfänger Hans Michel Jas- pers von Röm	Cornelis Jürgens v.Röm(1781),hier: Leerstelle,Steuermann Cornelis Cornelissen von Röm(1780), hier:Ostende,Matrose	ebenda,6.2.1783 Rückk.:17.7.1783 Ertr.:2500 Rob.- ben=120 Quard. Speck=177 1/2 Quard.Tran
De Maria Susanna Besatzung:43 Wal-u.Robbenfänger Matthias Jessen von Röm	Zwen Torbensen v.Röm(1788),hier: Hbg.,Steuermann Rolof Riewerts v.Föhr(1781),hier: Hbg.,Speckschneider Peter Moritz v.Röm(1781),hier:Hbg., Harpunier Andreas Lorenz Carstens v.Röm(1781) hier:Hbg.,Harpunier Carsten Petersen Möller v.Röm(1786) hier:Hbg.,Koch	ebenda,7.2.1783 Rückk.:23.7.1783 Ertr.:5 Wale= 67 Quard.Speck= 92 1/2 Quard. Tran u1635 Pfd. Barten

Schiff/Kommandeur	Name/Herkunft/Rang der Seeleute	Daten/Quelle Fangergebnis
De Anna Elisabeth Besatzung:42 Wal-u.Robbenfänger Jasper Jansen von Röm	Jürgen Michels v.Röm(1787),hier: Hbg.,Steuermann Jurian Riewerts v.Föhr(?),hier: Hbg.,Speckschneider Jürgen Cornelsen v.Föhr(1781),hier: Hbg.,Harpunier Cornelis Michels v.Röm(?),hier: Hbg.,Harpunier Jürgen Jürgensen v.?,hier:Hamel-wörden,Matrose Johannes Siebrandt v.Röm(?),hier: Hamelwörden,Schiffsjunge	ebenda,7.2.1783 Rückk.:21.7.1783 Ertr.:6 Wale u. 1940 Robben = 220 Quard.Speck= 320 Quard.Tran u.4595 Pfd.Barten
De Anna Besatzung:33 Wal-u.Robbenfänger Hans Hansen Carl von Röm	Johann Andresen Leest v.Röm(1781), hier:Hbg.,Steuermann Hans Siebrandt Möller v.Röm(1787), hier:Hbg.,Zimmermann u.Harpunier Cornelis Petersen Leest von Röm (1786),hier:Hbg.,Bootsmann Michel Hansen v.Röm(1781),hier: Hbg.,Koch Carsten Petersen v.Röm(?),hier: Hbg.,Harpunier Lorenz Cornelissen Woort v.Röm(?), hier:Lübeck,Matrose Cornelis Jürgens Petersen v.Röm(?), hier:Freiburg,Matrose Michel Jansen v.Röm(?),hier:Hbg., Schiffsjunge	ebenda,10.2.1783 Rückk.:11.6.1783 Ertr.:2890 Robben=145 Quard. Speck=202 1/2 Quard.Tran
De Bloyende Hoop Besatzung:41 Wal-u.Robbenfänger Albert Jansen von Röm	Peter Jürgen Thomsen von Röm(1782, als Bootsmann auf dem Wal-u.Rob-benfänger "De Jgfr.Anna Maria), hier:Hbg.,Steuermann Dirck Boysen v.Föhr(1781),hier: Hbg.,Speckschneider Hans Cornelis Hansen v.Röm(1781), hier:v.Amt Danberg,Harpunier Carsten Jaspers v.Röm(1781),hier: v.Amt Danberg,Harpunier Boy Dircks v.Föhr(1786),hier:Hbg., Kochsmaat Gerd Jansen v.Röm(1786),hier:Hbg., Schiffsjunge	ebenda,8.2.1783 Rückk.:20.7.1783 Ertr.:6 Wale u. 535 Robben=134 Quard.Speck=196 Quard.Tran und 2644 Pfd.Barten
De Twe Gesüster Besatzung:44 Walfänger Boy Jurians von Föhr	Lorenz Arians v.Föhr(1784),hier: Borkum,Steuermann Arian Arians v.Föhr(1784),hier: Bremen-Lehe,Speckschneider Riewert Jürgens v.Föhr(1784),hier: Spaden,Harpunier Hendrick Volkerts v.Föhr(1784), hier:Borkum,Harpunier Jürgen Jürgens v.Föhr(1784),hier: Spaden,Matrose Boy Riecks v.Föhr(?),hier:Bützfleth Matrose Rickmer Bohn v.Föhr(?),hier:Stade, Matrose Rolof Nannings v.Föhr(1784),hier: Borkum,Matrose	ebenda,21.3.1783 Rück.:6.9.1783 Ertr.:3 1/2 Wale= 88 Quard.Speck= 120 1/2 Quard. Tran

Schiff/Kommandeur	Name/Herkunft/Rang der Seeleute	Daten/Quelle Fangergebnis
	Cornelis Riecks v.Föhr(?),hier: Bremen-Lehe,Matrose Hinrich Cornelissen v.Föhr(1784), hier:Spaden,Matrose Hinrich Jürgensen v.Föhr(1784), hier:Spaden,Matrose	
De St.Peter Besatzung:43 Walfänger Volkert Boysen von Föhr	Andreas Nickelsen v.Föhr(1784), hier:Bremen,Steuermann Ocke Frercks v.Föhr(1784),hier: Spaden,Speckschneider Arian Simons v.Föhr(1784),hier: Borkum,Speckschneider Nanning Cornelis v.Föhr(1781),hier: Spaden,Harpunier Arian Paulsen v.Föhr(?),hier: Ameland,Harpunier Hinrich Cornelis v.Föhr(1784), hier:Bremen-Lehe,Harpunier Peter Knudten v.Föhr(1784),hier: Wismar,Zimmermann Nanning Cornelis Duhn v.Föhr(1784), hier:Drochtersen,Koch Peter Nickels v.Föhr(1784),hier: Bremen,Matrose Simon Hinrichs v.Föhr(?),hier: Ameland,Matrose Paul Adrians v.Föhr(?),hier:Ame- land,Matrose Oluf Nickels v.Föhr(1786),hier: Bremen,Matrose Paul Ocken v.Föhr(1784),hier:Bre- men,Matrose Cornelis Cornelissen v.Föhr(1785), hier:Rostock,Matrose Johannes Lorenzen v.Föhr(1786), hier:Wismar,Matrose Johannes Hansen v.?,hier:Göteborg, Matrose Hans Andresen v.?,hier:Göteborg, Matrose Jacob Nannings v.Föhr(1784),v.Am- rum(1786),hier:Wismar,Kochsmaat	ebenda,10.3.1783 Rückk.:15.8.1783 Ertr.:6 Wale= 130 Quard.Speck= 192 Quard.Tran u.4070 Pfd.Bar- ten
De Frau Margaretha Besatzung:44 Walfänger Rieck Jurians von Föhr	Peter Boysen v.Föhr(1784),hier: v.d.Weser,Steuermann Boy Jürgens v.Föhr(1784),hier:Frei- burg,Speckschneider Cornelis Jürgens v.Föhr(1784),hier: Bremen,Harpunier Boy Jansen v.Föhr(1781),hier:Bre- men,Harpunier Broer Volkerts v.Föhr(1784),hier: v.d.Weser,Harpunier Peter Jung Nickelsen v.Föhr(1784), hier:Bremen,Zimmermann b.w.	ebenda,20.3.1783 Rückk.:8.9.1783 Ertr.:3 1/2 Wale =88 Quard.Speck= 120 1/2 Quard. Tran

Schiff/Kommandeur	Name/Herkunft/Rang der Seeleute	Daten/Quelle Fangergebnis
	Jens Broedersen v.Föhr(1784), hier:Assel,Bootsmann Lorenz Jansen v.Föhr(1784),hier: v.d.Weser,Koch Jürgen Broersen v.Föhr(1784),hier: Freiburg,Matrose Fedder Bohn v.Föhr(1784),hier: Freiburg,Matrose Matthias Alberts v.Föhr(1784),hier: Freiburg,Matrose Dirck Rolofs v.Föhr(1781),hier: Freiburg,Matrose Boy Rolofs v.Föhr(1784),hier:Frei- burg,Matrose Jürgen Riecks v.Föhr(1781),hier: Hbg.,Matrose Cornelis Adrians v.Föhr(?),hier: Assel,Matrose Willm Willms v.Föhr(?),hier:Assel, Matrose Arian Clasen v.Föhr(1785),hier: Assel,Kochsmaat Rolof Arians v.Föhr(?),hier:Assel, Schiffsjunge	
De Jonge David Besatzung:44 Walfänger Lorenz Hendricks von Föhr.Er war 1784 Steuermann des Walfängers "De St.Peter";hier al- lerdings unter der falschen Ortsanga- be "Spaden".Unter der Ortsangabe "Föhr" war er 1780 und 1781 als Speck- schneider auf dem Walfänger "De St. Peter" tätig.	Jacob Hendricks v.Föhr(1784),hier: Leerstelle,Steuermann Jacob Riecks v.Föhr(?),hier:Spaden, Speckschneider Rolof Tönnies v.Föhr(1784),hier: Bremen,Speckschneider Hinrich Jansen v.Föhr(?),hier:Bor- kum,Harpunier Clas Arians v.Föhr(1784),hier:Ame- land,Harpunier Hinrich Jacobs v.Föhr(1785),hier: Ameland,Matrose Boy Riecks v.Föhr(?),hier:Stade, Matrose Dirck Lorenzen v.Föhr(1784),hier: Stade,Matrose Boy Jansen v.Föhr(?),hier:v.d.We- ser,Matrose Johannes Jansen v.Föhr(?),hier:v. d.Weser,Matrose Ocke Paulsen v.Föhr(?),hier:v.d. Weser,Matrose Peter Boysen v.Föhr(1784),hier: Göteborg,Matrose Boy Cornelis v.Föhr(1784),hier: Göteborg,Matrose Willm Willms v.Föhr(?),hier:Fries- land,Matrose Simon Cornelis v.Föhr(?),hier:Ame- land,Matrose Riewert Simons v.Föhr(?),hier:Ame- land,Matrose	ebenda,21.3.1783 Rückk.:6.10.1783 Ertr.:3 1/2 Wale= 100 Quard.Speck= 140 Quard.Tran

466

Schiff/Kommandeur	Name/Herkunft/Rang der Seeleute	Daten/Quelle Fangergebnis
	Simon Frercks v.Föhr(?),hier:Ameland,Matrose Frerck Simons v.Föhr(?),hier:Ameland,Matrose Arian Hinrichs v.Föhr(1785),hier:Ameland,Matrose Riewert Cornelis v.Föhr(1784),hier:Freiburg,Kochsmaat Boy Boysen v.Föhr(?),hier:Freiburg,Schiffsjunge	
De Jgfr.Anna Maria Besatzung:42 Wal-u.Robbenfänger Hans Hansen Tönnies von Sylt	Cornelis Petersen Wandal v.Röm (1781),hier:Hbg.,Steuermann Peter Michels v.Röm(1785),hier:Hbg.,Bootsmann Clas Michel Holm v.Röm(?),hier:Stade,Schiemann Andreas Jürgensen v.Sylt(1780),hier:v.d.Oste,Matrose Georg Peter Hansen v.List/Sylt (1781),hier:Bremen,Schiffsjunge	ebenda,undat. Rückk.:23.7.1783 Ertr.:4 Wale u. 3816 Robben = 220 Quard.Speck= 318 Quard.Tran u.1894 Pfd.Barten
De. Griepenstein Besatzung:44 Walfänger Johann Hinrich Grube	Ocke Ericks v.Föhr(1781),hier:Bremen,Steuermann Frerck Hinrichsen v.Föhr(?),hier:Bremen-Lehe,Speckschneider Frerck Simons v.Föhr(?),hier:Spaden,Speckschneider Hinrich Frercks v.Föhr(?),hier:Bremen-Lehe,Matrose Riewert Riewertsen v.Föhr(?),hier:Bremen-Lehe,Matrose	ebenda,13.3.1783 Rückk.:9.8.1783 Ertr.:5 Wale= 95 Quard.Speck= 137 Quard.Tran u.3005 Pfd.Barten
De Hoopende Visser Besatzung:44 Walfänger Gerrit Jansen	Rickmer Nannings v.Föhr(1781),hier:Hbg.,Steuermann Cornelis Cornelissen v.Föhr(1781),hier:Hbg.,Speckschneider Nanning Nannings v.Föhr(1784),hier:Vegesack,Harpunier Boy Boysen v.Föhr(?),hier:Vegesack,Bootsmann	ebenda,15.3.1783 Rückk.:5.10.1783 Ertr.:1 Wal = 35 Quard.Speck= 50 Quard.Tran u. 1409 Pfd.Barten
De Lilie Besatzung:41 Wal-u.Robbenfänger Hinrich August Hasselmann	Riewert Broersen v.Föhr(?),hier:Neuland,Harpunier	ebenda,8.2.1783 Rückk.:9.8.1783 Ertr.:5 Wale u. 502 Robben=105 Quard.Speck= 161 1/2 Quard. Tran
De Jungfrau Maria Besatzung:44 Walfänger Clas Jansen Ney	Simon Nannings v.Föhr(1781),hier:Spaden,Zimmermann u.Harpunier Nanning Simons v.Föhr(?),hier:Spaden,Schiffsjunge	ebenda,22.3.1783 Rückk.:5.8.1783 Ertr.:13 Wale= 220 Quard.Speck= 340 Quard.Tran u.6422 Pfd.Barten
De Jonge Jacob Besatzung:44 Walfänger Wiebe Wessels	Jan Lorenzen v.Föhr(1781),hier:Schönebeck,Harpunier Riewert Riewerts v.Föhr(1781),hier:Schönebeck,Harpunier Broer Nannings v.Föhr(1781),hier:Schönebeck,Harpunier	ebenda,11.3.1783 Rückk.:17.8.1783 Ertr.:6 Wale = 112 Quard.Speck = 175 Quard.Tran u. 3427 Pfd.Barten

467

Schiff/Kommandeur	Name/Herkunft/Rang der Seeleute	Daten/Quelle Fangergebnis
De Anna Besatzung:33 Wal-u.Robbenfänger Hans Hansen Carl von Röm	Cornelis Petersen Leest v.Röm(1786), hier:Hbg.,Steuermann Hans Siebrandt Möller v.Röm(1787), hier:Hbg.,Zimmermann u.Harpunier Carsten Michels v.Röm(1779),hier: Bützfleth,Harpunier Siebrandt Matthiessen v.Röm(1787), hier:Hbg.,Koch Peter Hansen v.Röm(?),hier:Bremen, Matrose Carl Carls Tönniessen v.Röm(?), hier:Bremen,Matrose Peter Jürgen Zwensen v.Röm(1786), hier:Hbg.,Matrose Matthias Siebrandtsen v.Röm(?), hier:Bremen,Matrose Hans Hansen Carl v.Röm(1779),hier: Hbg.,Matrose Albert Matthiessen v.Röm(?),hier: Hbg.,Schiffsjunge	StAHam,Archiv d. Wasserschouts, I.A.1.h. 16.2.1784 Rückk.:11.6.1784 Ertr.:1720 Rob- ben=60 Quardel. Speck=85 Quard. Tran
De Maria Susanna Besatzung:42 Wal-u.Robbenfänger Matthias Jessen von Röm	Zwen Torbensen v.Röm(1788),hier: Hbg.,Steuermann Rolof Riewerts v.Föhr(?),hier:Hbg., Speckschneider Andreas Lorenzen Carstensen von Röm(1781),hier:Hbg.,Harpunier Jürgen Boysen v.Föhr(?),hier: Vegesack,Harpunier Carsten Petersen Möller v.Röm(1786), hier:Hbg.,Koch Cornelis Thomsen v.Röm(?),hier: Vegesack,Matrose Andreas Jansen v.Röm(?),hier:Vege- sack,Matrose Jes Petersen v.Röm(1786),hier: Twielenfleth,Matrose Peter Jansen v.Röm(1786),hier: Hbg.,Kochsmaat Jürgen Jansen v.Röm(1786),hier: Hbg.,Schiffsjunge	ebenda,16.2.1784 Rückk.:24.7.1784 Ertr.:3 Wale u. 1940 Robben = 170 Quard.Speck= 244 Quard.Tran u.3430 Pfd.Bar- ten
De Johannes Besatzung:36 Wal-u.Robbenfänger Jürgen Jessen von Röm.Er war 1783 Steuermann dieses Schiffes.1781 wird seine Herkunft von Röm belegt.	Peter Moritz v.Röm(1788),hier: Hbg.,Steuermann Lorenz Ariansen v.Föhr(?),hier: Twielenfleth,Speckschneider Jürgen Cornelis Bundis(1786),hier: Twielenfleth,Harpunier Peter Andresen v.Röm(1780),hier: Hbg.,Koch Peter Petersen(Möller) v.Röm(1781), hier:Hbg.,Kochsmaat. Peter Jürgens v.Röm(?),hier:Hbg., Schiffsjunge	ebenda,16.2.1784 Rückk.:12.7.1784 Ertr.:1150 Rob- ben=36 Quardel. Speck=51 Quard. Tran

Schiff/Kommandeur	Name/Herkunft/Rang der Seeleute	Daten/Quelle Fangergebnis
De Griepenstein Besatzung:44 Wal-u.Robbenfänger Andreas Jürgensen von Röm.Er war 1783 Kommandeur des Wal-und Robben- fängers "De Concordia".	Cornelis Hansen v.Röm(?),hier:Hbg., Steuermann Michel Cornelissen Leest v.Röm (1785),hier:Hbg.,Speckschneider Hinrich Olde v.Föhr,Speckschneider Rolof Boysen v.Föhr(?),hier:Spaden, Bootsmann Peter Hansen Römsen v.Scherrebeck (1786),hier:Lübeck,Koch Andreas Jensen Winter v.Röm(?), hier:Lübeck,Matrose Cornelis Ottsen v.Röm/Sylt(?), hier:Lübeck,Matrose Johannes Matthiessen v.Röm(?),hier: Göteborg,Matrose Cornelis Petersen v.Röm(?),hier: Göteborg,Matrose Cord Andresen v.Röm(1780),hier: Göteborg,Matrose Johann Petersen v.Röm(?),hier: Lübeck,Kochsmaat Jürgen Andresen v.Röm(?),hier: Hbg.,Schiffsjunge	ebenda,16.3.1784 Rückk.:1.7.1784 Ertr.:1307 Rob- ben=40 Quard. Speck=56 Quard. Tran
De Blaumar(?) Besatzung:33 Wal-u.Robbenfänger Peter Petersen Holm von Röm.Er ist wohl identisch mit dem 1777/78 auf dem Wal-u.Rob- benfänger"De Jonge Margaretha" fahren- den Steuermann Peter Petersen Tagholm v.Röm; z.diesem Schiff s.die Anmerkung bei der Übersicht der Ausfahrten von 1784(Bd.I d.Unters)	Johannes Jürgens v.Röm(?),hier: Ostfriesland,Steuermann Michel Cornelis Leest v.Röm(?), hier:Lübeck,Harpunier Knut Michels v.Röm(?),hier:Lübeck, Harpunier Peter Michelsen Holm v.Röm,Harpun. Johann Christiansen v.Röm(?),hier: Ostende,Bootsmann Johann Jacobs Holm v.Röm(?),hier: Ameland,Koch Jan Nielsen v.Röm,Matrose Cornelis Rasmus v.Röm,Matrose Hans Petersen Möller v.Röm,Matrose Backen Peters v.Röm,Matrose Lorenz Matthiessen v.Röm,Matrose Andreas Petersen v.Röm(?),hier: Ostende,Kochsmaat	ebenda,16.2.1784 weitere Angaben liegen nicht vor.
De Anna Elisabeth Besatzung:43 Wal-u.Robbenfänger Jasper Jansen von Röm	Jürgen Michels v.Röm(1787),hier: Hbg.,Steuermann Peter Petersen v.?,hier:Brake, Speckschneider Ocke Jürgens v.Föhr(1787),hier: Bremen,Harpunier Jasper Cornelis v.Röm(?),hier: Amsterdam,Harpunier Jürgen Jürgens v.?,hier:Brake, Matrose Jan Jaspers v.Röm(1787),hier:Lü- beck,Schiffsjunge	ebenda,16.2.1784 Rückk.:26.7.1784 Ertr.: 1 1/2 Wale u.1400 Rob- ben=104 Quard. Speck=152 Quard. Tran u.2471 Pfd. Barten

Schiff/Kommandeur	Name/Herkunft/Rang der Seeleute	Daten/Quelle Fangergebnis
De Maria Elisabeth Besatzung:45 Wal-u.Robbenfänger Cornelis Petersen Wandal von Röm.Er war 1783 Steuermann des Wal-u. Robbenfängers "De Jgfr.Anna Maria", hier unter der falschen Ortsbezeichnung Hamburg. 1780 wird seine Herkunft von Röm belegt.	Cornelis Peters v.Röm(?),hier:Hbg. Steuermann Simon Matthiessen v.Föhr(?),hier: Brake,Speckschneider Peter Hinrichs v.Föhr(1786),hier: Brake,Speckschneider Clas Michel Holm v.Röm(?),hier: Stade,Harpunier Hans Peter Möller v.Röm,Bootsmann Jürgen Petersen v.Röm(?),hier: Twielenfleth,Kochsmaat Peter Hansen v.Röm,Schiffsjunge	ebenda,16.2.1784 Rückk.:26.7.1784 Ertr.:2 Wale u. 1100 Robben=68 Quard.Speck= 90 Quard.Tran u. 760 Pfd.Barten
De Bloyende Hoop Besatzung:42 Wal-u.Robbenfänger Albert Jansen von Röm	Peter Jürgens v.Röm(1783),hier: Hbg.,Steuermann Dirck Boysen v.Föhr(1781),hier: Hbg.,Speckschneider Johann Hans Cornelis Bentsen v. Röm(1781),hier:Vegesack,Harpunier Gerd Jansen v.Röm(1786),hier:Vegesack,Matrose Cornelis Michels v.Röm(?),hier: Hbg.,Harpunier Jürgen Petersen v.Röm(?),hier:Vegesack,Matrose Boy Dircks v.Föhr(1786),hier:Hbg., Matrose Andreas Jürgens v.Röm(?),hier: Vegesack,Schiffsjunge	ebenda,16.2.1784 Rückk.:27.7.1784 Ertr.:906 Robben =50 Quard.Speck= 70 1/2 Quard. Tran
De Martin Besatzung:36 Wal-u.Robbenfänger Cornelis Jürgens von Röm.Er war 1781 Steuermann dieses Schiffes; 1782/83 weisen die Protokolle Leerstellen auf.	Johann Carsten Holm v.Röm(?),hier: Hbg.,Steuermann Jasper Hinrich Michelsen v.Röm(?), hier:Hbg.,Harpunier Cornelis Cornelissen v.Röm(1780), hier:Lübeck,Matrose Cornelis Petersen v.Röm(?),hier: Lübeck,Schiffsjunge	ebenda,16.2.1784 Rückk.:12.7.1784 Ertr.:1206 Robbe =42 Quard.Speck= 56 Quard.Tran
De Zwaan Besatzung:33 Wal-u.Robbenfänger Jürgen Jürgensen von Röm.Er war seit 1776 Steuermann dieses Schiffes.	Johann Hansen Balzer v.Röm,Steuerm. Carsten Jürgens v.Röm(?),hier: Bützfleth,Harpunier Georg Andreas Jürgensen v.Röm(1780) hier:Hbg.,Matrose Andreas Jacobsen v.Röm(1788),hier: Hbg.,Kochsmaat Jasper Petersen v.Röm(?),hier: Bützfleth,Schiffsjunge	ebenda,16.2.1784 Rückk.:6.8.1784 Ertr.:1 Wal = 41 Quard.Speck= 56 Quard.Tran u. 1555 Pfd.Barten
De Witte Falck Besatzung:42 Wal-u.Robbenfänger Peter Hansen Tönnies v.Röm.Er kann aufgrund des Namens von Röm stammen.Als Steuermann	Rolof Willms v.Föhr(1785),hier: Vegesack,Steuermann Nanning Willms v.Föhr(?),hier: Vegesack,Speckschneider Carsten Jürgensen v.Röm(?),hier: Stockholm,Harpunier Riewert Broersen v.Föhr(?),hier: Neuland,Harpunier	ebenda,16.2.1784 Rückk.:27.8.1784 Ertr.:1 Wal=42 Quard.Speck=49 Quard.Tran u. 490 Pfd.Barten

Schiff/Kommandeur	Name/Herkunft/Rang der Seeleute	Daten/Quelle Fangergebnis
kommt er in der Hamburger Grönlandfahrt nicht vor.Er muß also von außerhalb gekommen sein.Vielleicht ist er identisch mit dem Harpunier Peter Tönnies,der 1774 auf der "Jgfr. Anna Maria"unter dem Kommandeur Hans Hansen Tönnies fährt.	Hans Ericks v.Röm,Schiemann Peter Siebrandt v.Röm(?),hier: Lübeck,Koch Andreas Petersen v.Röm(1788,als Steuermann auf dem Walfänger "De Maria Elisabeth),hier:Lübeck,Matr. Hans Petersen v.?,hier:Lübeck, Matrose Carsten Jürgensen v.?,hier:Stockholm,Matrose Christian Jürgensen v.?,hier:Göteborg,Kochsmaat Jürgen Michelsen v.Röm(1786),hier: Lübeck,Schiffsjunge	
De St.Peter Besatzung:44 Walfänger Volkert Boysen von Föhr	Andreas Nickelsen v.Föhr(P),St.M. Ocke Frercks v.Föhr(P),Speckschn. Arfst Sönnen v.Föhr(P),Speckschn. Hinr.Jung Nickels.v.Föhr(P),Harp. Boy Nickels v.Föhr(P),Harpunier Jacob Namens v.Föhr(P),Harpunier Peter Knudtsen v.Föhr(?),Zimmerm. Jens Wögens v.Föhr(P),Zimmerm.-Mt. Martin Flohr v.Föhr(P),Bootsmann Nanning Cornelissen v.Föhr(P),Koch Niels Rickmers v.Föhr(P),Matrose Nickel(?) Sörensen v.Föhr(1787), hier:Göteborg,Matrose Peter Nickels v.Föhr(P),Matrose Nickel Nickelsen v.Föhr(P),Matrose Paul Ocken v.Föhr(P),Matrose Jens Namens v.Föhr(P),Matrose Jacob Namens v.Föhr,1786:Amrum, Kochsmaat Olof Olofs v.Föhr,Schiffsjunge	ebenda,24.3.1784 Rückk.:28.8.1784 Ertr.:3 Wale=. 95 Quard.Speck= 134 Quard.Tran u.3235 Pfd.Barten
De Twe Gesüster Besatzung:45 Walfänger Boy Jurians von Föhr	Lorenz Arfsten v.Föhr,Steuermann Jung Arfst Arfsten v.Föhr(P),Speck Hinrich Volkerts v.Föhr(P),Harpun. Rickleff Jung Namens v.Föhr(P), Harpunier Fröd Rörden v.Föhr(P),Zimmermann Jürgen Arfsten v.Föhr(P),Schiemann Gottfried Hinrichsen v.Föhr(P),Ma. Olof Namens v.Föhr(P),Matrose Hinrich Jürgensen v.Föhr(P),Matr. Lorenz Olofs v.Föhr(P),Matrose Hinrich Nickelsen v.Föhr(P),Matr. Namen Frödden v.Föhr(P),Kochsmaat Namen Bohn v.Föhr(P)-13 Jahre-Schiffsjunge	ebenda,4.3.1784 Rückk.:28.7.1784 Ertr.:5 Wale= 160 Quard.Speck= 221 Quard.Tran u.5300 Pfd.Barten
De Frau Margaretha Besatzung:44 Walfänger Rieck Jurians von Föhr	Peter Bohn v.Föhr(P),Steuermann Rieck Broersen v.Föhr(P),Speckschn. Boy Jürgens v.Föhr(P),Speckschnei. Cornelis Jürgens v.Föhr(P),Harpun. Broer Volkerts v.Föhr(P),Harpunier Jürgen Rickmers v.Föhr(P),Harpun. Peter Jung Nickelsen v.Föhr(P), Zimmermann b.w.	ebenda,13.3.1784 Rückk.:17.8.1784 Ertr.:2 Wale= 70 Quard.Speck= 98 Quard.Tran u. 3084 Pfd.Barten

Schiff/Kommandeur	Name/Herkunft/Rang der Seeleute	Daten/Quelle Fangergebnis
	Peter Hansen v.Föhr(P),Zimm.-Maat Jens Broedersen v.Föhr(P),Bootsm. Lorenz Jansen v.Föhr(P),Koch Jürgen Braren v.Föhr(P),Matrose Jap Japsen v.Föhr(P),Matrose Ocke Paulsen v.Föhr(P),Matrose Fedder Bohn v.Föhr(P),Matrose Matthias Alberts v.Föhr(P),Matrose Boy Rolofs v.Föhr(P),Matrose Albert Alberts.v.Föhr(P),Kochsmaat Hinrich Hinrichsen v.Föhr(P), Schiffsjunge	
De Jonge David Besatzung:44 Walfänger Lorenz Hendricks von Föhr	Jacob Hendricks v.Föhr(P),Steuerm. Rolof Teunissen v.Föhr(P),Specksch Olde Hinrichs.v.Föhr(P),Speckschn. Clas Arfsten v.Föhr(P),Harpunier Boh Jensen v.Föhr(P),Harpunier Lorenz Wögens v.Föhr(P),Harpunier Danklef Lorenzen v.Föhr(P),ZM-Maat Sam Heyen v.Föhr(P),Bootsmann Hinrich Frödden v.Föhr(P),Schiem. Wögen Harcken v.Föhr(P),Koch Erck Lorenzen v.Föhr(P),Matrose Hey Ipken v.Föhr(P),Matrose Rickmer Magensen v.Föhr(P),Matrose Boh Ketels v.Föhr(P),Matrose Ocke Boysen v.Föhr(?),hier:Bremen, Matrose Rieck Namens v.Föhr(P),Matrose Hey Frödden v.Föhr(P),Matrose Boh Bohn v.Föhr(P),Matrose Peter Bohn v.Föhr(P),Matrose Rörd Nielsen v.Föhr(P),Matrose Olof Jepken v.Föhr(P),Matrose Danklef Jepken v.Föhr,Kochsmaat Namen Jürgens v.Föhr,Schiffsjunge	ebenda,13.3.1784 Rückk.:22.10. 1784 Ertr.:3 1/2 Wale =120 Quard.Speck =156 Quard.Tran u.4020 Pfd.Bar- ten
De Jgfr.Anna Maria Besatzung:41 Wal-u.Robbenfänger Hans Hansen Tön- nies von Sylt	Peter Michels v.Röm(1785),hier: Hbg.,Steuermann Peter Boysen v.Föhr(1787),hier: Vegesack,Harpunier Andreas Christiansen v.Röm(?),hier: Vegesack,Bootsmann Andreas Jürgens v.Sylt(1780),hier: v.d.Oste,Matrose Georg Peter Hansen v.List/Sylt (1781),hier:Hbg.,Schiffsjunge	ebenda,16.2.1784 Rückk.:26.7.1784 Ertr.:2 Wale und 1808 Robben = 125 Quard.Speck= 185 Quard.Tran u.4300 Pfd.Bar- ten
De Jonge Jacob Besatzung:44 Walfänger Wiebe Wessels	Johann Lorenzen v.Föhr(P),Harpunier Broer Nannings v.Föhr(P),Harpunier Rörd Rörden v.Föhr(P),Harpunier	ebenda,13.3.1784 Rückk.:17.8.1784 Ertr.:3 Wale= 17 Quard.Speck= 26 1/2 Quard. Tran u.332 Pfd. Barten

Schiff/Kommandeur	Name/Herkunft/Rang der Seeleute	Daten/Quelle Fangergebnis
De Jungfrau Maria Besatzung:44 Walfänger Clas Jansen Ney	Jürgen Cornelis v.Föhr(1794),hier: Hbg.,Speckschneider Simon Nannings v.Föhr(1781),hier: Spaden,Zimmermann Nanning Simons v.Föhr(?),hier: Ameland,Matrose	ebenda,24.3.1784 Rückk.:8.8.1784 Ertr.:4 Wale= 55 Quard.Speck= 79 Quard.Tran u. 1084 Pfd.Barten
De Hoopende.Visser Besatzung:44 Walfänger Gerrit Jansen	Nickel Nickelsen v.Föhr(P),Steuerm. Rörd Petersen v.Föhr(P),Speckschn. Nanning Nannings v.Föhr(P),Speck. Olof Lorenzen v.Föhr(P),Zimmermann	ebenda,29.3.1784 Rückk.:21.10. 1784 Ertr.:1/2 Wal=30 Quard.Speck= 44 1/2 Quard.Tran u.1371 Pfd.Barten
De Maria Elisabeth Besatzung:44 Walfänger Steffen Jansen	Jep Riewerts v.Föhr,Speckschneider Rörd Rörden v.Föhr(?),hier:Borkum, Harpunier	ebenda,29.3.1784 Das Schiff ver- unglückte durch Sturm in der Elbmündung;31 Seeleute ertran- ken,der Kommand., der Speckschn., der Steuermann und 11 Matrosen wurden gerettet, StAHam,Handschr. 263,S.143.

Schiff/Kommandeur	Name/Herkunft/Rang der Seeleute	Daten/Quelle Fangergebnis
De Griepenstein Besatzung:44 Walfänger Andreas Jürgensen von Röm	Cornelis Andresen v.Röm(1786), hier:Hbg.,Steuermann Michel Cornelis Leest v.Röm(1780, als Speckschneider auf dem Wal-u. Robbenfänger "De Concordia"),hier: Bremen,Speckschneider Johann Lorenzen Falck v.Röm(1787), hier:Hbg.,Speckschneider Peter Andresen v.Röm(1786),hier: Hbg.,Harpunier Cornelis Nickelsen v.?,hier:Hbg., Harpunier Peter Hansen Römsen v.Scherrebeck (1786),hier:Lübeck,Koch Cornelis Thomsen v.Röm(?),hier: Bremen,Matrose Carsten Petersen v.Röm(?),hier: Bremen,Matrose Cornelis Hansen v.Röm(?),hier: Bremen,Matrose Christian Jürgensen v.Röm(?),hier: Bremen,Matrose Jacob Andresen v.Röm(?),hier: Lübeck,Matrose Siebrandt Hemsen v.Röm(?),hier: Göteborg,Matrose Michel Hansen v.Röm(?),hier: Göteborg,Matrose Cornelis Jansen v.Scherrebeck(1786) hier:Göteborg,Matrose Christian Christiansen v.Röm(?), hier:Göteborg,Matrose Johann Petersen v.Röm(?),hier: Göteborg,Matrose Cord Andresen v.Röm(1780,als Schiffsjunge auf dem Wal-u.Robben-fänger "De Concordia"),hier:Göte-borg,Matrose Cornelis Ottsen v.Röm(?),hier: Göteborg,Matrose Isaak Petersen v.Scherrebeck(1786), hier:Lübeck,Kochsmaat Jürgen Andresen v.Röm(wohl Sohn des Kommandeurs),hier:Hbg.Schiffs-junge	StAHam,Archiv d. Wasserschouts, I.A.1.h. 12.3.1785 Rückk.:8.8.1785 Ertr.:7 Wale = 110 Quard.Speck= 157 Quard.Tran u.2812 Pfd.Bar-ten
De Martin Besatzung:36 Wal-u.Robbenfänger Cornelis Jürgens von Röm	Jasper Hans Michelsen v.Röm(1788), hier:Hbg.,Steuermann Jasper Cornelsen v.Röm(1786),hier: Amsterdam,Harpunier Peter Andresen v.Röm(?),hier:Hbg., Kochsmaat Peter Andresen v.Röm(?),hier:Hbg., Schiffsjunge	ebenda,8.2.1785 Rückk.:30.7.1785 Ertr.:1146 Robber =37 Quard.Speck= 52 Quard.Tran

Schiff/Kommandeur	Name/Herkunft/Rang der Seeleute	Fangergebnis
De Bloyende Hoop Besatzung:42 Wal-u.Robbenfänger Albert Jansen von Röm	Peter Jürgens v.Röm(1783)hier: Hbg.,Steuermann Dirck Boysen v.Föhr(1781),hier: Hbg.,Speckschneider Olof Boysen v.Föhr(?),hier:Bremen, Speckschneider Siebrandt Cordsen v.Röm(?),hier: Göteborg,Harpunier Johann Carstens v.Röm(?),hier:Bre- men,Matrose Gerd Jansen v.Röm(1786),hier:Hbg., Matrose Andreas Cordsen v.Röm(?),hier:Hbg. Matrose Boy Dircksen v.Föhr(1786),hier: Hbg.,Kochsmaat Andreas Jürgens v.Röm(?),hier: Hbg.,Schiffsjunge	ebenda,8.2.1785 Rückk.:2.8.1785 Ertr.:3 Wale u. 100 Robben = 90 Quard.Speck= 144 Quard.Tran 2841 Pfd.Barten
De Zwaan Besatzung:33 Wal-u.Robbenfänger Jürgen Jürgensen von Röm	Jens Hansen Balzer v.Röm,Steuerm. Michel Hansen v.Röm(1786),hier: Bützfleth,Harpunier Jürgen Petersen v.Röm(?),hier: Vegesack,Matrose Carsten Carstensen Witt v.Röm(1788) hier:Bremen,Matrose Georg Andreas Jürgens v.Röm(1780), hier:Hbg.,Matrose Andreas Jacobsen v.Röm(1788),hier: Hbg.,Matrose Zwen Hansen Carl v.Röm(1788),hier: Hbg.,Schiffsjunge	ebenda,8.2.1785 Rückk.:26.7.1785 Ertr.:1471 Rob- ben=50 Quard. Speck=66 Quard. Tran
De Anna Elisabeth Besatzung:43 Wal-u.Robbenfänger Jasper Jansen von Röm	Jürgen Michelsen v.Röm(1787),hier: Hbg.,Steuermann Ocke Jürgens v.Föhr(1787),hier: Bremen,Harpunier Michel Carstens v.Röm(1786),hier: Lübeck,Matrose Jens Jasper Siebrandt v.Röm(1786), hier:Lübeck,Matrose Jürgen Jürgensen v.Röm(?),hier: Bremen,Matrose Hans Siebrandt Holm v.Röm(1787), hier:Lübeck,Kochsmaat Johann Jaspers v.Röm(1787),hier: Lübeck,Schiffsjunge	ebenda,8.2.1785 Rückk.:13.9.1785 Ertr.:1/2 Wal = 19 Quard.Speck= 25 Quard.Tran u. 633 Pfd.Barten
De Johannes Besatzung:36 Wal-u.Robbenfänger Jürgen Jessen von Röm	Peter Moritz v.Röm(1788),hier:Hbg., Steuermann Jürgen Cornelsen v.Röm(1786),hier: Twielenfleth,Bootsmann u.Harpunier Carsten Jürgensen v.Röm(1786), hier:Stockholm,Koch u.Harpunier Jürgen Carstensen v.Röm(?),hier: Twielenfleth,Harpunier Michel Petersen v.Röm(1786),hier: Hbg.,Matrose Peter Petersen v.Röm(1789),hier: Hbg.,Kochsmaat Peter Petersen v.Röm(1789),hier: Hbg.,Schiffsjunge	ebenda,8.2.1785 Rückk.:30.7.1785 Ertr.:830 Rob- ben=28 Quard. Speck=39 1/2 Qu. Tran

Schiff/Kommandeur	Name/Herkunft/Rang der Seeleute	Daten/Quelle Fangergebnis
De Anna Besatzung:33 Wal-u.Robbenfänger Hans Hansen Carl von Röm	Cornelis Petersen Leest v.Röm(1786) hier:Hbg.,Steuermann Hans Siebrandt Möller v.Röm(1787), hier:Hbg.,Zimmermann Carsten Michels v.Röm(1779),hier: Bützfleth,Bootsmann Siebrandt Matthiessen v.Röm(1787), hier:Hbg.,Koch Hans Hansen Carl v.Röm(1779),hier: Hbg.,Matrose Jürgen Peter Zwen v.Röm(1786), hier:Hbg.,Matrose	ebenda,8.2.1785 Rückk.:8.7.1785 Ertr.:2320 Rob- ben=80 Quard. Speck=111 Quard. Tran
De Maria Susanna Besatzung:43 Wal-u.Robbenfänger Matthias Jessen von Röm	Zwen Tönnies v.Röm(1788),hier: Hbg.,Steuermann Peter Jansen v.Röm(?),hier:Hbg., Speckschneider Carsten Petersen v.Röm(1786),hier: Twielenfleth,Koch u.Harpunier Andreas Carstens v.Röm(1781),hier: Termünde,Harpunier Jacob Cornelis v.Röm(1779),hier: Hbg.,Matrose Jasper Jansen v.Röm(1787),hier: Hbg.,Matrose Jes Petersen v.Röm(1786),hier: Hbg.,Matrose Carsten Carstensen Petersen v.Röm (1786),hier:Hbg.,Matrose Carsten Engelbrecht v.Röm(1788), hier:Hbg.,Matrose Peter Jansen v.Röm(1786),hier: Hbg.,Kochsmaat Jürgen Jansen v.Röm(1786),hier: Hbg.,Schiffsjunge	ebenda,8.2.1785 Rückk.:6.8.1785 Ertr.:2 Wale u. 58 Robben=57 Qu. Speck=78 Quard. Tran u.2054 Pfd. Barten
De Witte Falck Besatzung:43 Wal-u.Robbenfänger Peter Hansen Tön- nies von Röm	Rolof Willms v.Föhr(1780,als Steu- ermann auf dem Walfänger "De Morgenstern),hier:Vegesack,Steuer- mann Jürgen Cornelsen v.?,hier:Vegesack, Speckschneider Michel Carstens v.Röm(?),hier:Lü- beck,Speckschneider Andreas Petersen(Dahl)v.Röm(1788, als Steuermann auf dem Wal-u.Rob- benfänger"De Maria Elisabeth), hier:Lübeck,Bootsmann u.Harpunier Peter Petersen v.Röm(?),hier:Lü- beck,Harpunier Andreas Rasmussen v.Röm(?),hier: Lübeck,Koch Johann Andreas Carsten Leest v. Röm(?),hier:Hbg.,Matrose Jasper Petersen v.Röm(?),hier: Hbg.,Matrose Peter Hansen v.Röm(?),hier:Göte- borg,Matrose Johannes Christiansen v.Röm,Matro. Jürgen Michelsen v.Röm(1786),hier: Lübeck,Schiffsjunge	ebenda,8.2.1785 Rückk.:13.8.1785 Ertr.:3 Wale=68 Quard.Speck=88 Quard.Tran u. 2015 Pfd.Barten

Schiff/Kommandeur	Name/Herkunft/Rang der Seeleute	Daten/Quelle Fangergebnis
De Maria Elisabeth Besatzung:43 Wal-u.Robbenfänger Cornelis Petersen Wandal von Röm	Jürgen Cornelis v.Föhr(1781,als Steuermann auf dem Walfänger "De Patriot"),hier:Hbg.,Steuermann Simon Matthiessen v.Föhr(?.),hier: Vegesack,Speckschneider Peter Hinrichsen v.Föhr(1786),hier: Vegesack,Speckschneider Cornelis Lorenzen v.Röm(1786), hier:Vegesack,Harpunier Cornelis Jürgens v.?,hier:Vegesack, Harpunier Peter Hansen v.Röm(1784),hier:Bre- men,Matrose Hans Petersen v.Röm(?),hier:Bremen, Matrose Jürgen Petersen v.Röm(?),hier: Twielenfleth,Schiffsjunge	ebenda,8.2.1785 Rückk.:2.8.1785 Ertr.:3 Wale u. 100 Robben =70 Quard.Speck=105 Quard.Tran u. 2090 Pfd.Barten
De Twe Gesüster Besatzung:45 Walfänger Boy Jurians von Föhr	Lorenz Arians v.Föhr(P),Steuermann Arian Arians v.Föhr(P),Speckschn. Broer Nannings v.Föhr(P),Harpunier Dirck Jürgens v.Föhr(P),Zimmermann Frerck Peters v.Föhr(P),Zimm.-Maat Jürgen Arfsten v.Föhr(P),Schiemann Hinrich Hinrichs v.Föhr(P),Matrose Gottfried Hinrichs v.Föhr(P),Matr. Rolof Nannings v.Föhr(P),Matrose Riewert Petersen v.Föhr(P),Matrose Olof Frercks v.Föhr(P),Matrose Hinrich Jürgens v.Föhr(P),Matrose Boy Frercks v.Föhr(P),Matrose Nanning Frercks v.Föhr(P),Matrose Jung Rörd Arfsten v.Föhr(P),Kochs- maat Nanning Boysen v.Föhr(P),Schiffsj.	ebenda,21.3.1785 Rückk.:13.8.1785 Ertr.:5 1/2 Wale =120 Quard.Speck =167 1/2 Quard. Tran u.3075 Pfd. Barten
De St.Peter Besatzung:45 Walfänger Volkert Boysen von Föhr	Andreas Nickels v.Föhr(P),Steuerm. Ocke Frercks v.Föhr(P),Speckschn. Hinrich Flohr v.Föhr(P),Speckschn. Boy Nickels v.Föhr(P),Harpunier Hinrich Nickels v.Föhr(P),Harpunier Jung Arfst Paven v.Föhr(P),Harpun. Martin Flohr v.Föhr(P),Bootsmann Peter Nickels v.Föhr(P),Schiemann Nanning Ketels v.Föhr(P),Koch Michel Sörensen v.Föhr(1787),hier: Stockholm,Matrose Cornelis Rickmers v.Föhr(P),Matr. Rolof Cornelis v.Föhr(P),Matrose Johann Nannings v.Föhr(P),Matrose Cornelis Cornelissen v.Föhr(P),Mat. Harm Hendricks v.Föhr(P),Matrose Arian Boysen v.Föhr(P),Matrose Rickmer Lorenzen v.Föhr(P),Matrose Rolof Jansen v.Föhr(P),Matrose Rolof Rolofsen v.Föhr(P),Matrose Jacob Nannings v.Föhr(1784)v.Am- rum(1788),hier:Wedel,Kochsmaat Andreas Nickels v.Föhr(P),Schiffsj.	ebenda,22.3.1785 Rückk.:13.8.1785 Ertr.:1 Wal =60 Quard.Speck = 78 Quard.Tran u. 2145 Pfd.Barten

Schiff/Kommandeur	Name/Herkunft/Rang der Seeleute	Daten/Quelle Fangergebnis
De Frau Margaretha Besatzung:44 Walfänger Rieck Jurians von Föhr	Peter Boysen v.Föhr(P),Steuermann Rickmer Broersen v.Föhr(P),Speck. Boy Jürgens v.Föhr(P),Speckschn. Jürgen Riecks v.Föhr(P),Harpunier Cornelis Jürgens v.Föhr(P),Harpun. Jens Broersen v.Föhr(P),Harpunier Willm Jansen v.Föhr(P),Zimmermann Arian Boysen v.Föhr(P),Zimmerm.-M. Johann Broersen v.Föhr(P),Bootsm. Lorenz Jansen v.Föhr(P),Koch Peter Nickelsen v.Föhr(1784), hier:Altenbruch,Matrose Matthias Alberts v.Föhr(P),Matrose Arian Boysen v.Föhr(P),Matrose Jürgen Broersen v.Föhr(P),Matrose Jacob Jacobsen v.Föhr(P),Matrose Boy Volkerts v.Föhr(P),Matrose Hinrich Dircks v.Föhr(P),Matrose Boy Rolofs v.Föhr(P),Matrose Arian Clasen v.Föhr(P),Matrose Fedder Boysen v.Föhr(P),Matrose Johann Hemsen v.Föhr(P),Matrose Albert Alberts v.Föhr(P),Matrose Arian Jensen v.Föhr(P),Matrose Riewert Boysen v.Föhr(P),Kochsmaat Nickels Hinrichsen v.Föhr(P), Schiffsjunge	ebenda,21.3.1785 Rückk.:13.8.1785 Ertr.:4 1/2 Wale u.30 Robben =70 Quard.Speck = 97 Quard.Tran u. 1695 Pfd.Barten
De Jonge David Besatzung:44 Walfänger Lorenz Hendricks von Föhr	Jacob Hinrichs v.Föhr(P),Steuerm. Rolof Teunis.v.Föhr(P),Speckschn. Arian Hendricks v.Föhr(P),Specksch Clas Arians v.Föhr(P),Harpunier Lorenz Willms v.Föhr(P),Harpunier Matthias Riewerts v.Föhr(P),Harp. Lorenz Lorenzen v.Föhr(P),Zimmerm. Dirck Lorenzen v.Föhr(P),Zimm.-Mt. Simon Hendricks v.Föhr(P),Schiem. Broer Broersen v.Föhr(P),Bootsmann Willm Hendricks v.Föhr(P),Koch Dirck Lorenzen v.Föhr(P),Matrose Boy Boysen v.Föhr(P),Matrose Hinrich Jacobs v.Föhr(P),Matrose Hinrich Frercks v.Föhr(P),Matrose Hinrich Cornelis v.Föhr(P),Matrose Riewert Cornelis v.Föhr(P),Matrose Ocke Jürgens v.Föhr(P),Matrose Boy Cornelis v.Föhr(P),Matrose Peter Friedrichs v.Föhr(P),Matr. Cornelis Cornelissen v.Föhr(P),M. Arian Hendricks v.Föhr(P),Matrose Friedrich Riewerts v.Föhr(P),Matr. Rolof Jacobs v.Föhr(P),Matrose Nanning Jurians v.Föhr(P),Kochsm. Dirck Jacobs v.Föhr(P),Schiffsjge.	ebenda,22.3.1785 Rückk.:23.9.1785 Ertr.:2 Wale = 80 Quard.Speck= 107 Quard.Tran u.2815 Pfd.Bar- ten

Schiff/Kommandeur	Name/Herkunft/Rang der Seeleute	Daten/Quelle Fangergebnis
De Jgfr.Anna Maria Besatzung:43 Wal-u.Robbenfänger Hans Hansen Tön- nies von Sylt	Peter Michelsen Leest v.Röm,Steu. Boy Cornelsen v.Föhr(?),hier:Bre- men,Speckschneider Peter Boysen v.Föhr(1787),hier: Vegesack,Speckschneider Moritz Michels v.Röm(1789),hier: Vegesack,Bootsmann und Harpunier Peter Petersen v.Röm(?),hier:Bre- men,Matrose Carsten Lorenzen v.Röm(?),hier: Bremen,Matrose Johannes Dircks v.Föhr(?),hier: Göteborg,Matrose Peter Hansen v.Sylt(1781),hier: Bremen,Schiffsjunge	ebenda,8.2.1785 Rückk.:13.9.1785 Ertr.:2 Wale=90 Quard.Speck=125 Quard.Tran u. 3803 Pfd.Barten
De Anna Margaretha Besatzung:40 Wal-u.Robbenfänger Johann Hinrich Grube	Broer Volkerts v.Föhr(1786,als Steuermann auf dem Walfänger "De Frau Margaretha)hier:v.d.Brak, Steuermann Boy Jensen v.Föhr(1786),hier:Vege- sack,Speckschneider Rolof Hansen v.Föhr(1786),hier:v. d.Brak,Speckschneider	ebenda,8.2.1785 Rückk.:8.8.1785 Ertr.:3 Wale=36 Quard.Speck=70 Quard.Tran u. 1542 Pfd.Barten
De Jungfrau Maria Besatzung:44 Walfänger Clas Jansen Ney	Simon Nannings v.Föhr(1794),hier: Spaden,Zimmermann u.Harpunier Nanning Simons v.Föhr(1794),hier: Spaden,Matrose	ebenda,16.3.1785 Rückk.:8.8.1785 Ertr.:12 Wale = 135 Quard.Speck= 214 Quard.Tran u. 1450 Pfd.Barten
De Jonge Jacob Besatzung:44 Walfänger Wiebe Wessels	Johannes Lorenzen v.Föhr(1784), hier:Bremen,Harpunier Riewert Riewerts v.Föhr(1784),hier: Bremen,Harpunier	ebenda,30.3.1785 Rückk.:27.9.1785 ohne Ertrag
De Hoopende Visser Besatzung:44 Walfänger Gerrit Jansen	Nickel Nickels v.Föhr,Steuermann Rörd Peters v.Föhr,Speckschneider Arian Rolofs v.Föhr,Speckschneider Cornelis Cornelissen v.Föhr(?), hier:Cuxhaven,Matrose Cornelis Broersen v.Föhr(1787), hier:Cuxhaven,Matrose	ebenda,23.3.1785 Rückk.:25.9.1785 Ertr.:1 Wal=40 Quard.Speck=60 Quard.Tran u. 1582 Pfd.Barten
De Lilie Besatzung:42 Wal-u.Robbenfänger Hinrich August Hasselmann	Rieck Riewerts v.Föhr(?),hier:Ve- gesack,Steuermann Jürgen Matthiessen v.Föhr(?),hier: Vegesack,Speckschneider	ebenda,8.2.1785 Rückk.:13.8.1785 Ertr.:2 Wale = 65 Quard.Speck= 92 Quard.Tran u. 2670 Pfd.Barten
De Frau Elisabeth Besatzung:40 Wal-u.Robbenfänger Georg Nicolaus Hasselmann	Clas Michel Holm v.Röm(1786),hier: Stade,Steuermann Nanning Willms v.Föhr,Speckschneid. Riewert Broersen v.Föhr,Speckschn. Hans Cornelsen Bentsen v.Röm(?), hier:Bützfleth,Harpunier	ebenda,8.2.1785 Rückk.:8.8.1785 Ertr.:1 Wal=36 Quard.Speck=50 Quard.Tran u. 1045 Pfd.Barten

Schiff/Kommandeur	Name/Herkunft/Rang der Seeleute	Daten/Quelle Fangergebnis
De Maria Susanna Besatzung:43 Wal-u.Robbenfänger Matthias Jessen von Röm	Zwen Torbensen v.Röm,Steuermann Rolof Riewerts v.Föhr,Speckschn. Andreas Lorenz Carstensen v.Röm (1781),hier:Bützfleth,Harpunier Hinrich Jansen v.Röm,Harpunier Carsten Petersen v.Röm,Koch Carsten Petersen v.Röm,Matrose Jasper Jansen v.Röm(1787),hier: Göteborg,Matrose Johannes Christiansen v.Röm(?), hier:Göteborg,Matrose Jasper Albertsen v.Röm,Matrose Jes Peter Dahl v.Röm,Matrose Peter Jansen v.Röm,Kochsmaat Jürgen Jansen v.Röm,Schiffsjunge	StAHam,Archiv d. Wasserschouts I.A.1.h. 7.2.1786 Rückk.:2.6.1786 Ertr.:4204 Rob- ben=208 Quard. Speck=295 Quard. Tran
De Zwaan Besatzung:33 Wal-u.Robbenfänger Jürgen Jürgensen von Röm	Jens Hansen Balzer(Barwers) v.Röm (1785),hier:Bremen,Steuermann Jürgen Petersen v.Röm(?),hier: Bützfleth,Speckschneider Michel Hansen v.Röm,Harpunier Hans Cornelis v.Röm(1790),hier: Friesland,Matrose Jasper Cornelis v.Röm(?),hier: Friesland,Matrose Georg Andreas Jürgensen v.Röm(1780) hier:Hbg.,Matrose Andreas Jacobsen v.Röm(1788).,hier: Hbg.,Matrose Zwen Hansen Carl v.Röm(1788,als Schiffsjunge auf dem Wal-u.Robben- fänger "De Anna")hier:Hbg., Schiffsjunge	ebenda,11.2.1786 Rückk.:23.7.1786 Ertr.:2418 Rob- ben=83 Quard. Speck=113 Quard. Tran
De Bloyende Hoop Besatzung:43 Wal-u.Robbenfänger Albert Jansen von Röm	Jürgen Hansen v.Röm,Steuermann Siebrandt Clasen v.Röm,Speckschn. Carsten Lamberts v.Röm,Matrose Gerd Jansen v.Röm,Matrose Michel Jansen v.Röm,Matrose Boy Dircks v.Föhr,Kochsmaat Jürgen Petersen v.Röm,Schiffsjunge	ebenda,8.2.1786 Rückk.:10.7.1786 Ertr.:3 Wale u. 2020 Robben = 208 Quard.Speck= 288 Quard.Tran u.4197 Pfd.Bar- ten
De Witte Falck Besatzung:43 Wal-u.Robbenfänger Peter Hansen Tön- nies von Röm	Hans Peter Lüders v.Röm,Steuerm. Fedder Jürgensen v.Föhr,Speckschn. Jep Cornelissen v.Röm,Bootsmann Carsten Carstens Witt v.Röm,Koch Andreas Jürgens v.Sylt,Matrose Johann Carstens v.Sylt,Matrose Jürgen Michelsen v.Röm,Matrose Willm Hansen Tag v.Röm,Matrose Wulf Cornelsen v.Röm,Schiffsjunge	ebenda,8.2.1786 Rückk.:16.5.1786 Ertr.:436 Robben =14 Quard.Speck= 17 Quard.Tran
De Martin Besatzung:37 Wal-u.Robbenfänger Cornelis Jürgens von Röm	Jasper Hans Michelsen v.Röm(1788) hier:Hbg.,Steuermann Jasper Cornelissen v.Röm,Harpunier Michel Carstens v.Röm,Harpunier Peter Carstens v.Röm,Kochsmaat Cornelis Jaspers v.Röm,Schiffsjge.	ebenda,7.2.1786 Rückk.:17.6.1786 Ertr.:3658 Rob- ben=153 Quard. Speck=221 Quard. Tran

Schiff/Kommandeur	Name/Herkunft/Rang der Seeleute	Daten/Quelle Fangergebnis
De Maria Elisabeth Besatzung:42 Wal-u.Robbenfänger Cornelis Petersen Wandal von Röm	Jürgen Cornelis v.Föhr(s.1785), hier:Hbg.,Steuermann Rolof Boysen v.Föhr,Speckschneider Peter Hinrichsen v.Föhr,Speckschn. Andreas Petersen v.Röm,Harpunier Cornelis Lorenzen v.Röm,Zimmermann Teunis Petersen v.Röm(?),hier: Göteborg,Matrose Christian Thomsen v.Röm(?),hier: Vegesack,Matrose Andreas Siebrand Holm v.Röm,Matr. Cornelis Jürgens v.Föhr,Schiffsj.	ebenda,7.2.1786 Rückk.:11.7.1786 Ertr.:2 Wale u. 4254 Robben = 248 Quard.Speck= 377 1/2 Quard. Tran u.1245 Pfd. Barten
De Concordia Besatzung:33 Robbenfänger Andreas Jürgensen von Röm.Er war 1785 Kommandeur des Wal-u.Robben- fängers "De Grie- penstein".	Cornelis(Carsten)Michels v.Röm (1789,als Steuermann auf dem Wal- fänger "De Frau Elisabeth),hier: Hbg.,Steuermann Jürgen Carstens v.Röm(?),hier:Twie- lenfleth,Bootsmann Peter Andresen v.Röm,Koch Cornelis Cornelissen v.Röm(?),hier: Stockholm,Matrose Cornelis Carstens v.Röm(?),hier: Stockholm,Matrose Jacob Andresen v.Röm(?),hier:Lü- beck,Matrose Cornelis Thomsen v.Röm(?),hier: Bremen,Matrose Cornelis Hans Thomsen v.Röm(?), hier:Bremen,Matrose Cord Andresen v.Röm(1780),hier: Hbg.,Matrose Peter Andresen v.Röm(?),hier:Bre- men,Kochsmaat Jürgen Andresen v.Röm(Wohl Sohn des Kommandeurs),hier:Hbg.,Schjge.	ebenda,9.2.1786 Rückk.:12.6.1786 Ertr.:3360 Rob- ben=150 Quard. Speck=229 1/2 Quard.Tran
De Johannes Besatzung:37 Wal-u.Robbenfänger Jürgen Jessen von Röm	Peter Moritz v.Röm(s.hierzu das Protokoll des Walfängers "De Ver- trouwen"v.1788),hier:Hbg.,Steuerm. Jürgen Cornelsen v.Röm,Bootsm.u.H. Carsten Jürgens v.Röm,Koch u.Harp. Jasper Carstens Möller v.Röm,Harp. Peter Cornelis v.Röm,Matrose Michel Peters v.Röm,Matrose Jürg.Zwen Peters v.Röm,Matrose Jürgen Michels v.Röm,Schiffsjunge	ebenda,7.2.1786 Rückk.:28.7.1786 Ertr.:643 Robben= 30 Quard.Speck= 42 Quard.Tran
De Griepenstein Besatzung:44 Walfänger Peter Hansen Carl von Röm.Er war 1779 Steuermann auf dem Wal-u.Rob- benfänger"De Anna". Von 1780-1785 war er Kommandeur des Wal-u.Robbenfängers "De Kleen Kollmar" v.Kollmar;W.Oesau, Schl.-Hol.Grönland- fahrt,a.a.O.,S.187.	Cornelis Andresen v.Röm,Steuermann Michel Cornelsen Leest v.Röm(1788), hier:Bremen,Speckschneider Johann Lorenzen Falck v.Röm(1787), hier:Bremen,Speckschneider Johann Andresen v.Röm(1790),hier: Stockholm,Harpunier Peter Christiansen v.Röm,Bootsmann Cornelis Lorenzen v.Scherrebeck, Schiemann Peter Hansen Römsen v.Scherrebeck, Koch b.w.	ebenda,6.3.1786 Rückk.:1.8.1786 Ertr.:3 Wale= 80 Quard.Speck= 135 1/2 Quard. Tran u.2803 Pfd. Barten

Schiff/Kommandeur	Name/Herkunft/Rang der Seeleute	Daten/Quelle Fangergebnis
	Cornelis Jansen v.Scherrebeck,Mat. Jasper Möller v.Röm,Matrose Isaak Petersen v.Scherrebeck,Kochsmaat Hans Carl v.Röm(Wohl Sohn des Kommandeurs),hier:Hbg.,Schiffsjge.	
De Anna Elisabeth Besatzung:43 Wal-u.Robbenfänger Jasper Jansen von Röm	Jürgen Michels v.Röm(1787),hier: Hbg.,Steuermann Simon Matthiessen v.Föhr,Speckschn. Michel Carstens v.Röm,Harpunier Ocke Jurians v.Föhr,Harpunier Jens Siebrandt v.Röm,Kochsmaat Hans Petersen v.Röm,Schiffsjunge	ebenda,7.2.1786 Rückk.:10.7.1786 Ertr.:3 Wale u. 3553 Robben = 246 Quard.Speck= 353 Quard.Tran u. 3658 Pfd.Barten
De Anna Besatzung:33 Wal-u.Robbenfänger Hans Hansen Carl von Röm	Corn.Peters.Leest v.Röm,Steuermann Hans Siebrandt Möller v.Röm(1787), hier:Bützfleth,Steuermann Carsten Michels v.Röm(?),hier: Bützfleth,Bootsmann Siebrandt Matthiessen v.Röm(1787), hier:Bützfleth,Koch Hans Hansen Carl(1789,wohl Sohn des Kommandeurs),hier:Hbg.,Matr. Hans Hinrichsen Borg(Bleeg?)v.Röm, Matrose Peter Jürgen Zwen v.Röm,Matrose Jasper Cornelissen v.Röm,Kochsmaat Carsten Winter v.Röm(?),Schiffsj.	ebenda,10.2.1786 Rückk.:23.6.1786 Ertr.:4050 Robben=160 Quard. Speck=223 Quard. Tran
De St.Peter Besatzung:45 Walfänger Volkert Boysen von Föhr	Andreas Nickelsen v.Föhr,Steuerm. Ocke Frercks v.Föhr,Speckschneid. Johann Lorenz v.Föhr,Speckschneid. Jung Arfst Paulsen(Pauven)v.Föhr, Harpunier Hinrich Cornelissen v.Föhr,Harpun. Boy Cornelissen v.Föhr,Harpunier Peter Knutten v.Föhr,Zimmermann Martin Flohr v.Föhr,Bootsmann Peter Michels v.Föhr,Schiemann Nanning Cornelis v.Föhr(1787:Amrum),Koch Michael Sörensen v.Föhr(1787), hier:Stockholm,Matrose Paul Ocken v.Föhr,Matrose Nickel Nickelsen v.Föhr,Matrose Olof Nickelsen v.Föhr,Matrose Jacob Nannings v.Amrum,Matrose Harm Hendricks v.Föhr,Matrose Hinrich Nickelsen v.Föhr,Matrose Rickmer Lorenzen v.Föhr,Matrose Arian Boysen v.Föhr,Matrose Andreas Nickels v.Föhr,Matrose Rickmer Rörden v.Föhr,Kochsmaat Wögen Gönnen v.Föhr,Schiffsjunge	ebenda,18.3.1786 Rückk.:14.7.1786 Ertr.:17 Wale = 260 Quard.Speck= 398 Quard.Tran u.6690 Pfd.Barten

Schiff/Kommandeur	Name/Herkunft/Rang der Seeleute	Daten/Quelle Fangergebnis
De Jonge David Besatzung:44 Walfänger Lorenz Hendricks von Föhr	Jacob Hinrichs v.Föhr,Steuermann Rolof Tönnies v.Föhr,Speckschneid. Matthias Riewerts v.Föhr,Specksch. Broer Broersen v.Föhr,Harpunier Dirck Lorenzen v.Föhr,Harpunier Lorenz Willms v.Föhr,Harpunier Lorenz Lorenzen v.Föhr,Zimmermann Danklef Lorenzen v.Föhr,Zimm.-Maat Simon Hendricks v.Föhr,Bootsmann Frerck Riewerts v.Föhr,Schiemann Wögen Harcken(1780:Willm Hendricks) von Föhr,hier:Hbg.,Koch Jürgen Braren v.Föhr,Matrose Hinrich Cornelis v.Föhr,Matrose Riewert Cornelis v.Föhr,Matrose Lorenz Lorenzen v.Föhr,Matrose Rolof de Junge Jansen v.Föhr,Matr. Arian Hendricks v.Föhr,Matrose Boy Boysen v.Föhr,Matrose Hendrick Früdden v.Föhr(1784), hier:Bremen,Matrose Nanning Jürgensen v.Föhr,Matrose Danklef Jepken v.Föhr,Schiffsjunge	ebenda,17.3.1786 Rückk.:8.8.1786 Ertr.:9 Wale = 170 Quard.Speck= 251 Quard.Tran
De Twe Gesüster Besatzung:45 Walfänger Boy Jurians von Föhr	Lorenz Ariansen v.Föhr,Steuermann Arian Ariansen v.Föhr,Speckschneid. Broer Nannings v.Föhr,Speckschneid. Hinrich Volkerts v.Föhr,Harpunier Jürgen Arfsten v.Föhr,Harpunier Dirck Jürgens v.Föhr,Zimmermann Frerck Peters v.Föhr,Zimm.-Maat Hendrick Jürgens v.Föhr,Schiemann Riewert Petersen v.Föhr,Matrose Gottfriedt Hinrichsen v.Föhr,Matr. Olof Früdden v.Föhr,Matrose Nanning Früdden v.Föhr,Matrose Lorenz Olofs v.Föhr,Matrose Jacob Lorenz v.Föhr,Matrose Paul Petersen v.Föhr,Matrose Nickel Nickelsen v.Föhr,Matrose Fedder Früdden v.Föhr,Matrose Hinrich Hinrichsen v.Föhr,Matrose Nanning Boysen v.Föhr,Matrose Jung Rörd Arfsten v.Föhr,Kochsmaat	ebenda,17.3.1786 Rückk.:2.8.1786 Ertr.:9 1/2 Wale =175 Quard.Speck =255 1/2 Quard. Tran u.5201 Pfd. Barten
De Frau Margaretha Besatzung:44 Walfänger Peter Boysen von Föhr.Er war vorher Steuermann dieses Schiffes.	Broer volkerts v.Föhr,Steuermann Boy Jürgens v.Föhr,Speckschneider Cornelis Jürgens v.Föhr,Speckschn. Jürgen Riecks v.Föhr,Harpunier Jens Brodersen v.Föhr,Harpunier Broder Brodersen v.Föhr,Harpunier Willm Hansen v.Föhr,Zimmermann Ricklef Nahmens v.Föhr,Zimmerm.-Mt. Johann Broersen v.Föhr,Bootsmann Lorenz Jansen v.Föhr,Koch Arian Frercks v.Föhr,Matrose Matthias Simonsen v.Föhr,Matrose Hinrich Dircks v.Föhr,Matrose Johann Sönken v.Föhr,Matrose b.w.	ebenda,1.3.1786 Rückk.:2.8.1786 Ertr.:9 1/2 Wale= 175 Quard.Speck= 255 1/2 Quard. Tran u.5201 Pfd. Barten

Schiff/Kommandeur	Name/Herkunft/Rang der Seeleute	Daten/Quelle Fangergebnis
	Matthias Alberts v.Föhr,Matrose Albert Albertsen v.Föhr,Matrose Boy Volkerts v.Föhr,Matrose Boy Arians v.Föhr,Matrose Riewert Boysen v.Föhr,Matrose Broer Jürgensen v.Föhr,Kochsmaat Jürgen Ketelsen v.Föhr,Schiffsjge.	
De Jgfr.Anna Maria Besatzung:42 Wal-u.Robbenfänger Hans Hanssen Tönnies von Sylt	Peter Michels v.Röm(1785),hier: Hbg.,Steuermann Peter Boysen v.Föhr(1787),hier: Vegesack,Speckschneider Peter Hans Jürgens v.Röm(1788), hier:v.d.Weser,Speckschneider Moritz Michelsen v.Röm(1789),hier: Vegesack,Bootsmann Cornelis Christiansen v.Röm(?), hier:v.d.Oste,Matrose Peter Michels v.Röm(1789),hier: Twielenfleth,Matrose Jürgen Petersen v.Röm(?),hier: Twielenfleth,Matrose Peter Hansen v.Sylt(?),hier:Finkenwerder,Kochsmaat Johann Georg Petersen v.Röm(1789), hier:v.d.Weser,Schiffsjunge	ebenda,7.2.1786 Rückk.:26.7.1786 Ertr.:7075 Robben=232 Quard. Speck=351 1/2 Quard.Tran
De Anna Margaretha Besatzung:40 Wal-u.Robbenfänger Johann Hinrich Grube	Olof Bohn v.Föhr,Steuermann Boh Jensen v.Föhr,Speckschneider Olof Hansen v.Föhr,Speckschneider	ebenda,8.2.1786 Rückk.:25.7.1786 Ertr.:7 Wale = 100 Quard.Speck= 173 Quard.Tran u.3242 Pfd.Barten
De Jonge Jacob Besatzung:45 Walfänger Wiebe Wessels	Riewert Riewerts v.Föhr(1784), hier:Schönebeck,Harpunier Riewert Riewerts v.Föhr(?),hier: Schönebeck,Matrose	ebenda,15.3.1786 Rückk.:5.8.1786 Ertr.:7 1/2 Wale= 100 Quard.Speck= 145 1/2 Quard. Tran u.2787 Pfd. Barten
De Hoopende Visser Besatzung:44 Walfänger Gerrit Jansen	Nickel Nickelsen v.Föhr,Steuermann Riewert Peters v.Föhr,Speckschn. Jürgen Nannings v.Föhr(?),hier: Vegesack,Bootsmann Cornelis Cornelis v.Föhr(?),hier: v.d.Brak,Matrose	ebenda,20.3.1786 Rückk.:12.9.1786 Ertr.:4 Wale=48 Quard.Speck=72 Quard.Tran u. 3650 Pfd.Barten
De Frau Elisabeth Besatzung:33 Wal-u.Robbenfänger Georg Nicolaus Hasselmann	Clas Michel Holm v.Röm,Steuermann Nanning Willms v.Föhr(1785),hier: Vegesack,Speckschneider Hans Cornelissen Carl/Bentson v. Röm(1785),hier:Vegesack,Harpunier Riek Willms v.Föhr(?),hier:Vegesack,Schiffsjunge	ebenda,7.2.1786 Rückk.:12.7.1786 Ertr.:2772 Robben=100 Quard. Speck=147 Quard. Tran

Schiff/Kommandeur	Name/Herkunft/Rang der Seeleute	Daten/Quelle Fangergebnis
De Hoopende Land-mann Besatzung:45 Wal-u.Robbenfänger Ocke Daniel Meyer	Peter Petersen Schwarz v.Föhr, Steuermann Peter Hayen/Hendricks Ocken v.Föhr, Speckschneider Der Alternativname ist vom Schout eingetragen worden.	ebenda,7.2.1786 Rückk.:18.8.1786 Ertr.:5 Wale = 180 Quard.Speck= 271 Quard.Tran u.7200 Pfd.Bar-ten
De Jungfrau Maria Besatzung:44 Walfänger Clas Jansen Ney	Jürgen Cornelis v.Föhr(1781),hier: Spaden,Speckschneider Frerck Dircks v.Föhr(1781),hier: Spaden,Speckschneider Nanning Simons v.Föhr(?),hier:Spa-den,Matrose	ebenda,23.3.1786 Rückk.:7.8.1786 Ertr.:7 1/2 Wale =120 Quard.Speck= 177 Quard.Tran u. 4444 Pfd.Barten
De Lilie Besatzung:42 Wal-u.Robbenfänger Hinrich August Hasselmann	Peter Jansen v.Röm,Steuermann Arfst Ketels/Arian Cornelissen v. Föhr,Speckschneider Der Alternativname ist vom Schout eingetragen worden.	ebenda,7.2.1786 Rückk.:12.7.1786 Ertr.:7 Wale u. 2159 Robben = 200 Quard.Speck= 288 Quard.Tran u.1150 Pfd.Bar-ten
De Twede Patriot Besatzung:44 Wal-u.Robbenfänger Severin Andresen	Riewert Broersen v.Föhr,Steuermann Rieck Broersen v.Föhr,Speckschneid. Rickmer Arfsten v.Föhr,Speckschn.	ebenda,8.2.1786 Rückk.:9.7.1786 Ertr.:6 Wale u. 1351 Robben = 200 Quard.Speck= 291 1/2 Quard. Tran u.2820 Pfd. Barten

485

Schiff/Kommandeur	Name/Herkunft/Rang der Seeleute	Daten/Quelle . Fangergebnis
De Anna Besatzung:34 Wal-u.Robbenfänger Hans Hansen Carl von Röm	Cornelis Peters.Leest v.Röm,Steu. Hans Siebrandt Möller v.Röm,Zimm. Carsten Hansen v.Röm,Bootsmann Siebrandt Matthiessen v.Röm,Koch Hans Hansen Carl v.Röm(1789),hier: Hbg.,Harpunier Cornelis Hansen Peters v.Röm(1789), hier:Harling,Matrose Jasper Peters v.Röm(?),hier:Har- ling,Matrose Cornelis Jansen v.Röm(1789),hier: Göteborg,Kochsmaat Zwen Hansen Carl v.Röm(1788),hier: Hbg.,Schiffsjunge	StAHam,Archiv d. Wasserschouts I.A.1.i. 6.2.1787 Rückk.:27.6.1787 Ertr.:2560 Rob- ben=110 Quard. Speck=161 1/2 Quard.Tran
De Martin Besatzung:37 Wal-u.Robbenfänger Cornelis Jürgens von Röm	Jasper Hans Michels v.Röm,Steuerm. Jasper Cornelissen v.Röm,Harpunier Michel Carstens v.Röm(1788),hier: Lübeck,Harpunier Peter Jansen v.Röm(?),hier:Bütz- fleth,Matrose Peter Möller v.Röm(1792),hier: Dannenberg,Kochsmaat Cornelis Jaspers v.Röm,Schiffsjge.	ebenda,3.2.1787 Rückk.:13.7.1787 Ertr.:925 Robben= 32 Quard.Speck= 42 1/2 Quard. Tran
De Frau Margaretha Besatzung:42 Wal-u.Robbenfänger Peter Hansen Carl von Röm.Er war 1786 Kommandeur des Walfängers "De Griepenstein".	Johann Matthiessen v.Röm,Steuerm. Jürgen Balzer Klein v.Röm,Specksch. Jens Hansen Barbar v.Röm,Speckschn. Peter Christiansen v.Röm,BM u.Harp. Jürgen Peters v.Röm,Harpunier Andreas Lorenz.Carstens v.Röm,Harp. Jürgen Petersen v.Röm,Matrose Siebrandt Christiansen v.Röm(?), hier:Oldenburg,Matrose Jasper Möller v.Röm,Matrose Cornelis Carstens v.Röm(?),hier: Stockholm,Matrose Jan Franck v.Röm(1788),hier:Har- ling,Matrose Jens Jacobsen v.Röm(?),hier:Stock- holm,Matrose Lorenz Petersen v.Röm(?),hier: Stockholm,Matrose Peter Carsten Winter v.Röm(1788), hier:Göteborg,Kochsmaat Hans Carl v.Röm,Schiffsjunge	ebenda,6.2.1787 Rückk.:27.6.1787 Ertr.:3300 Rob- ben=110 Quard. Speck=202 Quard. Tran.In der Hand- schrift 263,S. 151,StAHam,wird der Name des Schiffes irrtüm- lich mit"Sophia" angegeben.Der gleiche Fehler findet sich bei W.Oesau,Hbgs. Grönlandfahrt,S. 312.
De Zwaan Besatzung:34 Wal-u.Robbenfänger Jürgen Jürgensen von Röm	Matthias Carstens v.Röm,Steuermann Michel Hansen v.Röm(1786),hier: Bützfleth,Harpunier Andreas Jacobsen v.Röm(1788),hier: Bützfleth,Matrose Carsten. Carstens v.Röm,Matrose Peter Hansen Petersen v.Röm(?), hier:Bützfleth,Kochsmaat Jürgen Jürgensen v.Röm,Schiffsjge.	ebenda,6.2.1787 Rückk.:27.6.1787 Ertr.:2100 Rob- ben=90 Quard. Speck=122 Quard. Tran

Schiff/Kommandeur	Name/Herkunft/Rang der Seeleute	Daten/Quelle Fangergebnis
De Maria Elisabeth Besatzung:43 Wal-u.Robbenfänger Cornelis Petersen Wandal von Röm	Andreas Petersen v.Röm,Steuermann Rolof Boysen v.Föhr,Speckschneider Peter Hinrichs v.Föhr,Speckschneid. Hans Christian Holm v.Röm,Harpun. Joh.Carstens Lamberts v.Röm,Harp. Jasper Peters v.Röm,Matrose Matthias Siebrandts v.Röm,Matrose Hans Siebrandt Holm v.Röm,Matrose Matthias Jansen v.Röm,Schiffsjge.	ebenda,?.2.1787 Rückk.:28.7.1787 Ertr.:2 1/2 Wale u.2950 Robben= 152 Quard.Speck= 232 1/2 Quard. Tran u.2127 Pfd. Barten.
De Catharina Margaretha Besatzung:38 Wal-u.Robbenfänger Peter Petersen Holm v.Röm.Er ist sicherlich identisch mit dem Kommandeur,der 1784 den Hamburger Wal- und Robbenfänger "De Blaumar"befehligte.	Hans Peters.Tagholm v.Röm,Steuerm. Hans Petersen Möller v.Röm,Harpun. Hans Petersen Kaper v.Röm,Harpun. Hans Nielsen Falck v.Röm,Bootsmann und Harpunier Jürgen Jens Johannsen v.Röm,Zimm. Hans Petersen Möller v.Röm,Matrose Jürgen Peters v.Röm,Matrose Peter Cornelis v.Röm,Matrose Cornelis Lorenzen v.Scherrebeck,M. Matthias Nicolassen v.Röm,Matrose Enoch Cornelissen v.Röm,Matrose Lorenz Carstens v.Röm,Kochsmaat Carsten Lorenz v.Röm,Schiffsjunge	ebenda,3.2.1787 Rückk.:1.6.1787 Ertr.:3844 Robben=150 Quard. Speck=228 Quard. Tran
De Bloyende Hoop Besatzung:41 Wal-u.Robbenfänger Albert Jansen von Röm	Jürgen Hansen v.Röm,Steuermann Dirck Boysen v.Föhr,Speckschneider Siebrandt Carstensen v.Röm,Speck. Gerd Jansen v.Röm,Matrose Hans Jürgen Leest v.Röm(?),hier: Stockholm,Matrose Michel Jansen v.Röm,Matrose Boy Dircks v.Föhr,Kochsmaat Jürgen Petersen v.Röm,Schiffsjunge	ebenda,3.2.1787 Rückk.:28.7.1787 Ertr.:1 1/2 Wale u.1331 Robben=100 Quard.Speck=127 Quard.Tran u.2086 Pfd.Barten.
De Concordia Besatzung:33 Wal-u.Robbenfänger Andreas Jürgensen von Röm	Carsten Michels v.Röm(1789,als Steuermann auf dem Wal-u.Robbenfänger"De Frau Elisabeth"),hier: Bützfleth,Steuermann Jürgen Cornelsen v.Röm,Harpunier Jürgen Carstens v.Röm(?),hier: Bremen,Bootsmann u.Harpunier Peter Andresen v.Röm(1786),hier: Bremen,Koch u.Harpunier Cord Andresen v.Röm(1780),hier: Hbg.,Matrose Peter Cornelis v.Röm,Matrose Wulf Cornelissen v.Röm(?),hier: Göteborg,Matrose Cornelis Hansen Thomsen v.Röm(?), hier:Bremen,Matrose Peter Nicolassen v.Röm(?),hier: Twielenfleth,Matrose Peter Petersen v.Röm(?),hier:Bremen,Kochsmaat Hans Petersen v.Röm(1789),hier: Hbg.,Schiffsjunge	ebenda,7.2.1787 Rückk.:26.6.1787 Ertr.:3100 Robben=115 Quard. Speck=165 Quard. Tran

Schiff/Kommandeur	Name/Herkunft/Rang der Seeleute	Daten/Quelle Fangergebnis
De Maria Susanna Besatzung:45 Wal-u.Robbenfänger Matthias Jessen von Röm	Zwen Torbensen v.Röm,Steuermann Carsten Petersen v.Röm(1788),hier: Twielenfleth,Koch u.Harpunier Cornelis Michelsen v.Röm(?),hier: Twielenfleth,Harpunier Jens Peters v.Röm.Zimmermannsmaat Ewald Nielsen v.Röm(?),hier:Hbg., Bootsmann Andreas Jansen v.Röm,Matrose Jasper Jansen v.Röm,Matrose Niels Jansen v.Röm,Matrose Jes Jessen v.Röm,Matrose Carsten Albertsen v.Röm,Matrose Jürgen Jansen v.Röm,Kochsmaat Michel Jürgens v.Röm,Schiffsjunge	ebenda,5.2.1787 Rückk.:23.7.1787 Ertr.:1 1/2 Wale u.3448 Robben = 135 Quard.Speck= 195 Quard.Tran u.790 Pfd.Barten.
De Anna Elisabeth Besatzung:44 Wal-u.Robbenfänger Jasper Jansen von Röm	Jürgen Michels v.Röm,Steuermann Ocke Jürgens v.Föhr,Harpunier Peter Wögens v.Föhr,Speckschneider Cornelis Cornelissen Möller v.Röm (?),hier:Harling,Zimmermannsmaat Johann Siebrandts v.Röm,Matrose Michel Peters v.Röm,Matrose Carsten Cornelissen v.Röm,Matrose Jasper Cornelis v.Röm,Matrose Jürgen Michelsen v.Röm,Matrose Jan Jaspers v.Röm,Matrose Jes Jacobs v.Röm,Schiffsjunge	ebenda,3.2.1787 Rückk.:19.7.1787 Ertr.:3 Wale u. 3500 Robben= 190 Quard.Speck= 283 1/2 Quard. Tran u.2150 Pfd. Barten
De Griepenstein Besatzung:44 Walfänger Cornelis Andresen von Röm.Er war 1785/86 Steuermann dieses Schiffes. Seine.Herkunft von Röm ergibt sich aus dem Protokoll von 1786;vorher führte er die Ortsbezeich- nung Hamburg.	Johannes Andresen v.Röm(1788), hier:Stockholm,Steuermann Jan Lorenz.Falck v.Röm,Speckschn. Michel Cornelis Leest v.Röm(1788), hier:Bremen,Harpunier Peter Hansen Römsen v.Scherrebeck, Koch Cornelis Cornelissen v.Röm(1788), hier:Stockholm,Matrose Andreas Carstensen v.Röm(?),hier: Stockholm,Matrose Matthias Jessen v.Röm(?),hier: Göteborg,Matrose Jasper Cornelis v.Röm(1788),hier: Lübeck,Matrose Jacob Andresen v.Röm(?),hier:Lü- beck,Matrose Siebrandt Siebrandtsen v.Röm(?), hier:Göteborg,Matrose Isaak Römsen v.Scherrebeck,Matrose Christian Cornelis v.Röm(?),hier: Carlscrona,Matrose Tönnies Hansen v.Röm(?),hier: Rostock,Matrose Cornelis Petersen v.Scherrebeck,M. Jan Cornelis v.Röm(?),hier:Carls- crona,Matrose Jasper Jürgensen v.Röm(1789),hier: Lübeck,Kochsmaat Jürgen Michelsen v.Röm,Schiffsjge.	ebenda,9.3.1787 Rückk.:22.8.1787 Ertr.:1 Wal=3 Quard.Speck=5 Quard.Tran

Schiff/Kommandeur	Name/Herkunft/Rang der Seeleute	Daten/Quelle Fangergebnis
De Johannes Besatzung:36 Wal-u.Robbenfänger Peter Michelsen Leest von Röm.Er war v.1784-1786 Steuermann des Wal-u.Robbenfän- gers"De Jgfr.Anna Maria"Vorher war er Bootsm.u.Steu- ermann des Wal-u. Robbenfängers"De Concordia",wo er die richtige Orts- bezeichnung Röm führte.	Clas Michel Holm v.Röm(1786),hier: Stade,Steuermann Michel Cornelis Leest v.Röm(1788), hier:Bremen;Speckschneider Johann Hansen v.Röm(?),hier:Bre- men,Bootsmann Cornelis Michels v.Röm(1788),hier: Lübeck,Harpunier Peter Petersen v.Röm(1788),hier: Göteborg,Matrose Hans Johannsen v.Röm(?),hier:Finn- land,Matrose Zwen Peters v.Röm(1788),hier:Finn- land,Matrose Carsten Jansen v.Röm(?),hier:Hbg., Schiffsjunge	ebenda,5.2.1787 Rückk.:13.7.1787 Ertr.:1784 Rob- ben=67 Quard. Speck=97 Quard. Tran
De Vertrouwen Besatzung:41 Wal-u.Robbenfänger Hans Peter Lüders von Röm.Er war 1786 Steuermann des Wal-u.Robben- fängers "De Witte Falck".	Peter Moritz v.Röm(1788),hier: Hbg.,Steuermann Nanning Willms v.Föhr,Speckschneid. Jep Cornelis v.Röm,Bootsm.u.Harp. Andreas Carstens Witt v.Röm,Koch Hans Jansen v.Röm,Matrose Johann Lorenzen v.Röm,Matrose Peter Michelsen Holm v.Röm,Matrose Clas Jürgens Becker v.Röm,Schiffsj	ebenda,3.2.1787 Rückk.:19.7.1787 Ertr.:3 Wale u. 2880 Robben= 180 Quard.Speck= 281 1/2 Quard. Tran u.2585 Pfd. Barten.
De Jonge David Besatzung:45 Walfänger Lorenz Hendricks von Föhr	Matthias Riewerts v.Föhr,Steuerm. Jacob Hinrichs v.Föhr,Speckschn. Rolof Tönnies v.Föhr,Speckschneider Lorenz Willms v.Föhr,Harpunier Broer Broers v.Föhr,Harpunier Dirck Lorenz v.Föhr,Harpunier Lorenz Lorenzen v.Föhr,Zimmermann Danklef Lorenzen v.Föhr,Zimm.-Maat Simon Hendricks v.Föhr,Bootsmann Frerck Riewerts v.Föhr,Schiemann Wögen Harcken v.Föhr,Koch Boh Bohn v.Föhr,Matrose Riewert Cornelis v.Föhr,Matrose Hinrich Cornelis v.Föhr,Matrose Jurian Broersen v.Föhr,Matrose Arian Hendricks v.Föhr,Matrose Lorenz Lorenzen v.Föhr,Matrose Dirck Jacobs v.Föhr,Matrose Cornelis Cornelissen v.Föhr,Matr. Casper Rann v.Föhr,Kochsmaat Simon Clasen v.Föhr,Schiffsjunge	ebenda,19.3.1787 Rückk.:1.8.1787 Ertr.:11 Wale = 220 Quard.Speck= 316 Quard.Tran u.8408 Pfd.Bar- ten
De Jgfr.Johanna Magdalena Besatzung:45 Walfänger Peter Boysen von Föhr.Er war vorher Kommandeur des Wal- fängers "De Frau Margaretha".	Broer Volkerts v.Föhr,Steuermann Peter Rörden v.Föhr,Speckschneider Jürgen Riecks v.Föhr,Speckschneid. Olof Ocken v.Föhr,Harpunier Broer Broersen v.Föhr,Harpunier Wilhelm Jansen v.Föhr,Zimmermann Ricklef Namens v.Föhr,Zimm.-Maat b.w.	ebenda,13.3.1787 Rückk.:22.8.1787 Ertr.:4 1/2 Wale =75 Quard.Speck= 119 1/2 Quard. Tran u.1925 Pfd. Barten

Schiff/Kommandeur	Name/Herkunft/Rang der Seeleute	Daten/Quelle Fangergebnis
	Hans Simons v.Föhr,Bootsmann Hinrich Jürgens v.Föhr,Schiemann Hinrich Dircks v.Föhr,Matrose Matthias Alberts v.Föhr,Matrose Albert Petersen v.Föhr,Matrose Arian Jansen v.Föhr,Matrose Johann Süncken v.Föhr,Matrose Clas Dorbritz v.Föhr,Matrose Broer Jürgens v.Föhr,Matrose Cornelis Broers v.Föhr,Matrose Rolof Peters v.Föhr,Kochsmaat Jürgen Ketelsen v.Föhr,Schiffsjge. Lorenz Riecks v.Föhr,Schiffsjunge	
De Elisabeth Cäci-lia Besatzung:39 Wal-u.Robbenfänger Jürgen Cornelis von Föhr.Er ist wohl mit dem 1785 genannten Steuer- mann des Wal-u. Robbenfängers "De Maria Elisabeth" identisch.	Boy Cornelis v.Föhr(1788,als Kom- mandeur d.Wal-u.Robbenfängers "De Gute Erwartung"),hier:Bremen-Lehe, Steuermann Rolof/Olof Hansen v.Föhr,Specksch. Dirck/Erick Rolofs v.Föhr,Specksch. Jürgen Jürgens v.Föhr(1789),hier: Bremen,Matrose Cornelis Jürgens v.Föhr(wohl Sohn des Kommandeurs),hier:Hbg.,Schjge. Die Alternativnamen sind vom Schout eingetragen worden.	ebenda,6.2.1787 Rückk.:28.7.1787 Ertr.:1 Wal u. 1445 Robben=100 Quard.Speck=133 Quard.Tran u. 1502 Pfd.Barten
De Justina Eleono-ra Besatzung:44 Wal-u.Robbenfänger Cornelis Jacobsen von Föhr.Da er in den bisherigen Li- sten nicht er- schienen ist,muß er außerhalb Ham- burgs als Komman- deur oder Steuer- mann gefahren sein. Die Zusammenset- zung der Mann- schaft spricht da- für,daß er von Föhr stammt.	Jacob Flohr v.Föhr,Steuermann Jürgen Cornelis v.Föhr,Speckschn. Willm Willms v.Föhr,Speckschneider Riewert Riecks v.Föhr(1788),hier: Oldenburg,Harpunier Elmert Adrians v.Föhr,Harpunier Boy Rolofs v.Föhr(?)hier:Elsfleth, Bootsmann Jurian Willms v.Föhr,Matrose Hans Carstens v.Föhr(1788),hier: Emden,Schiemann Peter Willms v.Föhr,Kochsmaat Riewert Adrians v.Föhr,Schiffsjge.	ebenda,7.2.1787 Rückk.:5.7.1787 Ertr.:5 Wale u. 3125 Robben = 200 Quard.Speck= 270 Quard.Tran u.2550 Pfd.Bar- ten
De Twe Gesüster Besatzung:45 Walfänger Boy Jurians von Föhr	Lorenz Arians v.Föhr,Steuermann Arian Ariansen v.Föhr,Speckschn. Broer Nannings v.Föhr,Speckschneid. Hinrich Volkerts v.Föhr,Harpunier Jürgen Arfsten v.Föhr,Harpunier Dirck Jürgens v.Föhr,Zimmermann Fröd Peters v.Föhr,Zimmerm.-Maat Gottfried Hinrichs v.Föhr,Schiem. Boy Volkerts v.Föhr,Matrose Nanning Boysen v.Föhr,Matrose Hinrich Hinrichsen v.Föhr,Matrose Lorenz Olofs v.Föhr,Matrose	ebenda,13.3.1787 Rückk.:13.8.1787 Ertr.:6 1/2 Wale =135 Quard.Speck =184 Quard.Tran u.4205 Pfd.Bar- ten

Schiff/Kommandeur	Name/Herkunft/Rang der Seeleute	Daten/Quelle Fangergebnis
	Sören Jensen v.Amrum,Matrose Rörd Rörden v.Föhr,Matrose Fedder Früdden v.Föhr,Matrose Nickel Nickelsen v.Föhr,Matrose Paul Petersen v.Föhr,Matrose Riewert Arians v.Föhr,Kochsmaat Jürgen Rickmer v.Föhr,Schiffsjunge	
De St.Peter · Besatzung:45 Walfänger Volkert Boysen von Föhr	Boy Nickels v.Föhr,Steuermann Ocke Frercks v.Föhr,Speckschneider Jacob Jappen v.Föhr,Speckschneider Arian Paulsen v.Föhr,Harpunier Hendrick Cornelis v.Föhr,Harpunier Jan Lorenzen v.Föhr,Harpunier Martin Flohr v.Föhr,Bootsmann Willm Cornelissen v.Föhr,Schiemann Nanning Cornelsen v.Amrum,Koch Paul Ocken v.Föhr,Matrose Jacob Nannings v.Amrum,Matrose Jens Nickelsen v.Föhr,Matrose Olof Nickelsen v.Föhr,Matrose Johannes Jepsen v.Föhr,Matrose Arian Bohn v.Föhr,Matrose Rickmer Riewerts v.Föhr,Matrose Andreas Nickels v.Föhr,Matrose Ocke Paulsen v.Föhr,Matrose Nickel Sörensen v.Föhr,Matrose Broder Bastians v.Föhr,Matrose Cornelis Rolofs v.Föhr,Matrose· Rieck Nannings v.Amrum,Kochsmaat Riewert Jacobs v.Föhr,Schiffsjunge	ebenda,19.3.1787 Rückk.:12.8.1787 Ertr.:2 Wale=90 Quard.Speck= 127 1/2 Quard. Tran
De Jgfr.Anna Maria Besatzung:42 Wal-u.Robbenfänger Hans Hansen Tön- nies von Sylt	Peter Hans Jürgensen v.Röm(1789), hier:v.d.Weser,Steuermann Peter Boysen v.Föhr,Speckschneider Cornelis Johannes v.Föhr,Speckschn. Moritz Michels v.Röm(1789),hier: v.d.Weser,Bootsmann u.Harpunier Jacob Petersen Falck v.Röm(1788, als Steuermann des Wal-u.Robben- fängers"De Bloyende Hoop),hier: Bremen,Matrose Peter Michelsen v.Röm(1789),hier: Twielenfleth,Matrose Georg Petersen v.Röm(1789),hier:v. d.Weser,Schiffsjunge	ebenda,5.2.1787 Rückk.:20.7.1787 Ertr.:7 Wale u. 2427 Robben = 232 Quard.Speck= 357 Quard.Tran u.3858 Pfd.Bar- ten
De Jonge Jacob Besatzung:45 Walfänger Wiebe Wessels	Riewert Riewertsen v.Föhr(1784), hier:Vegesack,Speckschneider Frerck Peters v.Föhr(?),hier:Frei- burg,Zimmermann Jan Volkerts v.Föhr,Matrose Riewert Riewertsen v.Föhr(1788), hier:Schönebeck,Matrose	ebenda,19.3.1787 Rückk.:16.8.1787 Ertr.:1 Wal=38 Quard.Speck=52 Quard.Tran u. 2505 Pfd.Barten
De Jungfrau Maria Besatzung:44 Walfänger Clas Jansen Ney	Jürgen Cornelis v.Föhr(1794),hier: Hbg.,Speckschneider Simon Nannings v.Föhr(1794),hier: Spaden,Zimmermann u.Harpunier	ebenda,21.3.1787 Rückk.:14.8.1787 Ertr.:4 Wale = 110 Quard.Speck= 162 Quard.Tran u. 3432 Pfd.Barten

Schiff/Kommandeur	Name/Herkunft/Rang der Seeleute	Daten/Quelle Fangergebnis
De Hoopende Visser Besatzung:44 Walfänger Gerrit Jansen	Riewert Peters v.Föhr,Speckschn. Rieck Nannings v.Föhr(?),hier: Vegesack,Harpunier Jurian Nannings v.Föhr(?),hier: v.d.Weser,Bootsmann Ketel Broders v.Föhr,Matrose Peter Rörden v.Föhr,Schiffsjunge	ebenda,16.3.1787 Rückk.:13.8.1787 Ertr.:1 Wal = 25 Quard.Tran= 33 1/2 Quard. Tran u.841 Pfd. Barten
De Twede Patriot Besatzung:44 Wal-u.Robbenfänger Severin Andresen	Rickmer Broersen v.Föhr,Speckschn. Rickmer Arfsten v.Föhr,Speckschn.	ebenda,5.2.1787 Rückk.:27.7.1787 Ertr.:5 Wale u. 2306 Robben=200 Quard.Speck=281 Quard.Tran u. 3320 Pfd.Barten
De Lilie Besatzung:42 Wal-u.Robbenfänger Hinrich August Hasselmann	Peter Jansen v.Röm(1786),hier: Vegesack,Steuermann Arfst Ketels/Arian Cornelis v.Föhr, Speckschneider Boy Adriansen/Arfsten v.Föhr,Harp. Die Alternativnamen sind vom Schout eingetragen worden.	ebenda,5.2.1787 Rückk.:1.8.1787 Ertr.:3 Wale u. 514 Robben=115 Quard.Speck=185 Quard.Tran u. 3960 Pfd.Barten
De Anna Margaretha Besatzung:40 Wal-u.Robbenfänger Johann Hinrich Grube	Jürgen Boy Adriansen v.Föhr(?), hier:Bremen,Steuermann Simon Matthiessen/Jong Sönck Matzer von Föhr,Speckschneider Der Alternativname wurde vom Schout eingetragen.	ebenda,7.2.1787 Rückk.:28.7.1787 Ertr.:2 Wale=20 Quard.Speck =38 Quard.Tran u.560 Pfd.Barten
De Frau Elisabeth Besatzung:33 Wal-u.Robbenfänger Georg Nicolaus Hasselmann	Lorenz Michelsen Holm v.Röm,Steuer. Michel Clasen v.Röm,Schiffsjunge	ebenda,6.2.1787 Wegen Havarie mußte das Schiff Bergen anlaufen und konnte zum Fang nicht mehr eingesetzt wer- den;StAHam,Hand- schrift 263,S. 151.

Schiff/Kommandeur	Name/Herkunft/Rang der Seeleute	Daten/Quelle Fangergebnis
De Maria Susanna Besatzung:44 Wal-u.Robbenfänger Matthias Jessen von Röm	Zwen Torbensen v.Röm,Steuermann Rolof Riewerts v.Föhr,Speckschneid. Andreas Jansen v.Röm,Bootsm.u.Harp. Carsten Petersen v.Röm,Koch u.Harp. Truels Jensen v.Röm,Zimmerm.-Maat Jes Petersen v.Röm,Matrose Peter Petersen Leest v.Röm,Matrose Carsten Engelberts.Leest v.Röm,Mat. Lorenz Lorenzen v.Röm,Matrose Johann Jansen v.Röm,Kochsmaat Michel Jürgens v.Röm,Schiffsjunge	StAHam,Archiv d. Wasserschouts, I.A.1.i. 4.2.1788 Rückk.:5.8.1788 Ertr.:968 Robben= 36 Quard.Speck= 50 Quard.Tran
De Johannes Besatzung:38 Wal-u.Robbenfänger Peter Michelsen Leest von Röm	Cornelis Michels v.Röm,Steuermann Michel Cornelissen Leest v.Röm, Speckschneider Niels Christiansen Arnom v.Ballum, Koch Peter Andresen v.Röm,Harpunier Peter Petersen v.Röm,Matrose Zwen Petersen v.Röm,Matrose Jens Jensen v.Röm,Matrose Balzer Jürgensen v.Röm,Schiffsjunge	ebenda,4.2.1788 Rückk.:29.7.1788 Ertr.:1/2 Wal u. 561 Robben=28 Quard.Speck=40 Quard.Tran u.99 Pfd.Barten
De Catharina Mar- garetha Besatzung:38 Wal-u.Robbenfänger Peter Petersen Holm von Röm	Hans Peters.Tagholm v.Röm,Steuerm. Johann Balzer Groot v.Röm,Specksch. Hans Peters.Möller v.Röm,Harpunier Johannes Petersen v.Röm,Zimmermann Johann Moritzen v.Röm,Zimmermanns- maat und Harpunier Peter Petersen Kaper v.Röm,Bootsm. und Harpunier Hans Jensen v.Röm,Matrose Jens Siebrandts v.Röm,Matrose Jürgen Cornelis v.Röm,Matrose Jürgen Peters v.Röm,Matrose Jens Jaspersen Witt v.Röm,Matrose Peter Hansen v.Röm,Matrose Carsten Lorenzen v.Röm,Kochsmaat Jürgen Cornelis v.Röm,Schiffsjunge	ebenda,5.2.1788 Rückk.:3.7.1788 Ertr.:1/2 Wal u. 1/2 Combars u. 1800 Robben= 84 Quard.Speck= 144 1/2 Quard. Tran u.795 Pfd. Barten
De Bloyende Hoop Besatzung:42 Wal-u.Robbenfänger Albert Jansen von Röm	Jacob Petersen Falck v.Röm,Steuerm. Dirck Boysen v.Föhr,Speckschneider Siebrandt Cords v.Röm,Speckschneid. Gerd Jansen v.Röm,Matrose Peter Engelbert Bleeg v.Röm,Matrose Christian Cords v.Röm,Matrose Jürgen Petersen v.Röm,Kochsmaat Albert Albertsen v.Röm,Schiffsjge.	ebenda,1.2.1788 Rückk.:31.7.1788 Ertr.:3 Wale u. 47 Robben=30 Qu. Speck=43 Quard. Tran u.559 Pfd. Barten
De Martin Besatzung:35 Wal-u.Robbenfänger Cornelis Jürgens von Röm	Jasper Hans Michels v.Röm,Steuerm. Michel Carstensen v.Röm,Harpunier Siebrandt Christiansen v.Röm(?), hier:Stockholm,Matrose Peter Cornelis v.Röm(1792),hier: Göteborg,Matrose Cornelis Jaspers v.Röm(1789),hier: Amt Dähms,Kochsmaat Hans Carstens v.Röm(1793),hier: Freiburg,Schiffsjunge	ebenda,4.2.1788 Rückk.:29.7.1788 Ertr.:1/2 Wal = 4 Quard.Speck= 6 1/2 Quard.Tran u.99 Pfd.Barten

Schiff/Kommandeur	Name/Herkunft/Rang der Seeleute	Daten/Quelle Fangergebnis
De Anna Elisabeth Besatzung:43 Wal-u.Robbenfänger Jasper Jansen von Röm	Ocke Jürgens v.Föhr,Steuermann Peter Willms v.Föhr,Speckschneider Jasper Cornelsen v.Röm,Harpunier Simon Rolofs v.Föhr(?),hier:Hbg., Zimmermann Peter Cornelis v.Röm,Schiemann Jürgen Michels v.Röm,Matrose Michel Peters v.Röm(1790),hier: Stade,Matrose Andreas Peters v.Röm,Matrose Jan Jaspers v.Röm,Matrose Johann Jaspers v.Röm,Matrose Peter Petersen v.Röm,Schiffsjunge	ebenda,1.2.1788 Rückk.:30.7.1788 Ertr.:1 Wal u. 2926 Robben = 108 Quard.Speck= 155 Quard.Tran u.140 Pfd.Barten
De Vertrouwen Besatzung:44 Wal-u.Robbenfänger Hans Peter Lüders von Röm	Peter Moritz v.Röm(v.1777-1781 als Harpunier und Speckschneider auf dem Wal-u.Robbenfänger "De Maria Susanna")hier:Hbg.,Steuermann Nanning Willms v.Föhr(1789),hier: Vegesack,Speckschneider Carsten Carstens Witt v.Röm,Harp. Cornelis Lorenzen Cüper v.Röm,ZM Andreas Carsten Witt.v.Röm,Koch Jens Lorenzen v.Röm,Matrose Carsten Eggers v.Röm,Matrose Cornelis Michels Siewers v.Röm,Mat. Clas Jürgens Becker v.Röm,Matrose Rieck Willms v.Föhr(?),hier:Vege- sack,Kochsmaat Hans Christian Winter v.Röm,Schjge.	ebenda,1.2.1788 Rückk.:7.8.1788 Ertr.:382 Robben =14 Quard.Speck= 18 Quard.Tran
De Griepenstein Besatzung:44 Walfänger Cornelis Andresen von Röm	Johann Andreas Dahl v.Röm,Steuerm. Boy Jürgens v.Föhr,Speckschneider Michel Cornelis v.Röm,Harpunier Christian Hansen v.Röm,Schiemann Cornelis Cornelsen v.Röm,Koch Cornelis Jürgen Zwen v.Röm(?),hier: Bremen,Matrose Cornelis Matthiessen v.Röm(?), hier:Rostock,Matrose Tönnes Hansen v.Röm(?),hier: Rostock,Matrose Jasper Cornelis v.Röm,Matrose Jacob Petersen v.Röm(?),hier: Rostock,Matrose Riewert Boysen v.Föhr,Matrose Jasper Jürgensen v.Röm(1789),hier: Lübeck,Kochsmaat Jürgen Michelsen v.Röm,Schiffsjge.	ebenda,18.3.1788 Rückk.:3.9.1788 Ertr.:1 Wal=24 Quard.Speck=28 Quard.Tran u. 803 Pfd.Barten; der Kommandeur übernahm 1789 d.WF "De Concor- dia".Ein Teil der alten Besatzung wechselte auf das neue Schiff über,so daß eini- ge identifiziert werden konnten.
De Frau Anna Besatzung:43 Wal-u.Robbenfänger Hans Hansen Carl von Röm	Hans Hansen Carl v.Röm,Steuermann Boy Arians v.Föhr(1789),hier:Brake, Speckschneider Hans Siebrandt Möller v.Röm,Harpun. Peter Christiansen v.Röm,Bootsm.u. Harpunier Siebrandt Matthiessen v.Röm,Koch Cornelis Hans.Peters v.Röm,Matrose Peter Jürgen Zwen v.Röm,Matrose Andreas Jürgensen v.Röm,Matrose Zwen Andresen Carl.v.Röm,Matrose Cornelis Jansen v.Röm,Kochsmaat Jens Siebrandts Kier v.Röm,Schjge	ebenda,5.2.1788 Rückk.:2.7.1788 Ertr.:1/2 Wal u. 5540 Robben = 208 Quard.Speck= 328 Quard.Tran u.1058 Pfd.Bar- ten

Schiff/Kommandeur	Name/Herkunft/Rang der Seeleute	Fangergebnis
De Frau Margaretha Besatzung:42 Wal-u.Robbenfänger Peter Hansen Carl von Röm	Johann Matthiessen v.Röm,Steuerm. Jürgen Balzer Klein v.Röm,Speck. Jens Hansen Barbers v.Röm,Speck. Cornelis Carstens v.Röm(?),hier: Stockholm,Zimmermann Michel Hansen v.Röm,Koch u.Harpun. Andreas Lorenz.Carstens v.Röm,Harp. Jürgen Peters v.Röm,Harpunier Jasper Peters.Möller v.Röm,Matrose Johann Franck v.Röm,Matrose Peter Petersen Larsen v.Röm(1795), hier:Göteborg,Matrose Jürgen Petersen v.Röm(1787),hier: Stockholm,Matrose Albert Matthiessen v.Röm,Matrose Isaak Petersen v.Scherrebeck(1786), hier:Lübeck,Matrose Carsten Petersen Winter v.Röm,KM Hans Carl v.Röm(1789),hier:Hbg., Schiffsjunge	ebenda,4.2.1788 Rückk.:2.7.1788 Ertr.:1/2 Wal u. 5000 Robben= 168 Quard.Speck= 301 Quard.Tran u.1057 Pfd.Barten
De Frau Anna Margaretha Besatzung:41 Wal-u.Robbenfänger Jürgen Hansen von Röm.Er war 1787 Steuermann des Wal-u.Robbenfängers "De Bloyende Hoop."	Hans Nielsen v.Röm,Steuermann Johannes Christiansen v.Röm(?), hier:Stade,Speckschneider Cornelius Johannsen v.Röm(?),hier: Stade,Speckschneider Christian Thoms.Schmidt v.Röm,Mat. Michel Petersen v.Röm,Matrose Carsten Cornelis v.Röm,Matrose Peter Petersen v.Röm,Schiffsjunge	ebenda,8.2.1788 Rückk.:28.7.1788 Ertr.:4 Quard. Speck=8 1/2 Qu. Tran;nähere Angaben liegen nicht vor.
De Concordia Besatzung:33 Wal-u.Robbenfänger Andreas Jürgensen von Röm	Jürgen Carstensen v.Röm(1787), hier:Bremen,Steuermann Cord Andresen v.Röm(1785),hier: Hbg.,Harpunier Carsten Hansen v.Röm(?),hier:Vegesack,Bootsmann Peter Falck Peters v.Röm(?),hier: Amsterdam,Matrose Wulf Cornelissen v.Röm(?),hier: Göteborg,Matrose Joh.Matth.Berent v.Scherrebeck,Ma. Johann Franck v.Röm(1789),hier: Hbg.,Schiffsjunge	ebenda,5.2.1788 Rückk.:24.7.1788 Ertr.:2560 Robben=93 Quard. Speck=127 1/2 Quard.Tran
De Maria Elisabeth Besatzung:44 Wal-u.Robbenfänger Cornelis Petersen Wandal von Röm	Andreas Peters.Dahl v.Röm,Steuerm. Rolof Boysen v.Föhr(1786),hier: Bremen,Speckschneider Arian Arians v.Föhr(1789),hier: Brake,Speckschneider Hans Christian Holm v.Röm,Harpun. Carsten Lamberts v.Röm,Harpunier Arian Arians v.Föhr(1789),hier: Brake,Zimmermannsmaat Jacob Nicolassen v.Röm,Matrose Jasper Peters v.Röm,Matrose Carsten Zwen Möller v.Röm,Matrose Hans Siebrandt Holm v.Röm(1786), hier:Bremen,Matrose Peter Cornelis v.Röm,Schiffsjunge	ebenda,1.2.1788 Rückk.:2.9.1788 Ertr.:1 Wal = 24 Quard.Speck= 38 Quard.Tran u. 590 Pfd.Barten

Schiff/Kommandeur	Name/Herkunft/Rang der Seeleute	Daten/Quelle Fangergebnis
De Frau Elisabeth Besatzung:36 Wal-u.Robbenfänger Knud Michels Holm von Röm.Er ist wahrscheinlich identisch mit dem Lorenz Michels Holm,der 1787 Steuermann dieses Schiffes war.	Carsten Michels v.Röm,Steuermann Cornelis Carstens v.Röm,Speckschn. Lorenz Cornelis Word v.Röm,Harp. Jürgen Jans.Johannsen v.Röm,Harp. Peter Siebrandtsen v.Röm,Schiemann Hans Jansen v.Röm,Koch Hans Tönniessen v.Röm,Matrose Peter Petersen v.Röm,Matrose Jasper Petersen Witt v.Röm(1789), hier:Bützfleth,Matrose Christian Christensen v.Röm,Kochs- maat Peter Petersen Kramer(Kromos?) v. Röm,Schiffsjunge	ebenda,5.2.1788 Rückk.:5.7.1788 Ertr.:1 Wal u. 2703 Robben = 150 Quard.Speck= 194 Quard.Tran u.1421 Pfd. Barten
De Frau Anna Besatzung:33 Wal-u.Robbenfänger Cornelis Petersen Leest von Röm.Er war 1787 Steuer- mann dieses Schif- fes.	Carsten Hans Petersen v.Röm,StM Carsten Leest v.Röm(?),hier:Hbg., Harpunier Carsten Jürgens v.Röm,Harpunier Hans Cornelissen v.Röm,Koch Boy Matthiessen v.Föhr(?),hier: "Drossel",Matrose Peter Jansen Leest v.Röm(1789), hier:Twielenfleth,Matrose Isaak Petersen v.Scherrebeck(1786), hier:Stockholm,Kochsmaat Cornelis Jansen de Vries v.Röm (1790),hier:Stockholm,Schiffsjge.	ebenda,6.2.1788 Rückk.:3.7.1788 Ertr.:1/2 Wal u. 1/2 Combars u. 1300 Robben= 94 Quard.Speck= 149 Quard.Tran u.795 Pfd.Bar- ten
De Roosenbaum Besatzung:42 Wal-u.Robbenfänger Jürgen Michels Leest von Röm.Er war 1787 Steuer- mann des Wal-und Robbenfängers "De Anna Elisa- beth".	Cornelis Michels v.Röm(1789),hier: Lübeck,Steuermann Olde Arian Hinrichs.v.Föhr,Speck. Johann Lamberts v.Röm(1789),hier: Bremen,Speckschneider Peter Cornelis Bundis v.Röm(1789), hier:Lübeck,Harpunier Carsten Cornelis v.Röm,Koch Peter Cornelis v.Röm(?),hier: Stade,Matrose Carsten Andresen v.Röm(1789),hier: Stade,Matrose Hans Peters v.Röm(1789),hier:Hbg., Kochsmaat Jürgen Matthiessen v.Röm(1789), hier:Hbg.,Schiffsjunge	ebenda,6.2.1788 Rückk.:29.7.1788 Ertr.:560 Robben =23 Quard.Speck =27 Quard.Tran
De Zwaan Besatzung:34 Wal-u.Robbenfänger Jürgen Jürgensen von Röm	Matthias Carstens v.Röm,Steuermann Lorenz Jacobsen v.Röm,Harpunier Peter Peters.Kaper v.Röm,Koch Andreas Jacobsen v.Röm,Matrose Carsten Carstens v.Röm(1787),hier: Bützfleth,Matrose Jürgen Jürgensen v.Röm,Schiffsjge.	ebenda,4.2.1788 Rückk.:5.7.1788 Ertr.:3170 Rob- ben=112 Quard. Speck=157 1/2 Quard.Tran

Schiff/Kommandeur	Name/Herkunft/Rang der Seeleute	Daten/Quelle Fangergebnis
De St.Peter Besatzung:45 Walfänger Volkert Boysen von Föhr	Boy Nickels v.Föhr,Steuermann Ocke Frercks v.Föhr,Speckschneider Jacob Jappen v.Föhr,Speckschneider Jan Lorenzen v.Föhr,Harpunier Arian Paulsen v.Föhr,Harpunier Hendrick Cornelis v.Föhr,Harpunier Jan Namens v.Föhr,Zimmermann Willm Cornelis v.Föhr,Bootsmann Nanning Cornelis v.Föhr(1790:Am- rum),Koch Andreas Nickels v.Föhr,Matrose Olof Nickels v.Föhr,Matrose Paul Ocken v.Föhr,Matrose Broer Bastians v.Föhr,Matrose Cornelis Rolofs v.Föhr,Matrose Harm Hindricksen v.Föhr,Matrose Peter Rolofs v.Föhr,Matrose Boy Dankleffs v.Föhr,Matrose Arian Bohn v.Föhr,Matrose Rickmer Rörden v.Föhr,Matrose Riewert Jacobs v.Föhr,Matrose Jacob Nannings v.Amrum,Matrose Rieck Nannings v.Amrum,Matrose Ocke Jacobs v.Föhr,Kochsmaat Rickmer Volkerts v.Föhr,Schiffsjge.	ebenda,17.3.1788 Rückk.:7.8.1788 Ertr.:2 Wale u. 27 Robben=50 Quardel.Speck= 69 1/2 Quardel. Tran u.1720 Pfd. Barten
De Twe Gesüster Besatzung:45 Walfänger Boy Jurians von Föhr	Rickmer Nannings v.Föhr,Steuermann Arian Arians v.Föhr,Speckschneider Broer Nannings v.Föhr,Speckschneid. Hinrich Volkerts v.Föhr,Harpunier Jürgen Ariansen v.Föhr,Harpunier Dirck Jürgens v.Föhr,Zimmermann Frödden Peters v.Föhr,Zimmerm.-Mt Boy Volkerts v.Föhr,Matrose Cornelis Cornelissen v.Föhr,Matr. Lorenz Olofs v.Föhr,Matrose Nanning Boysen v.Föhr,Matrose Nickel Nickelsen v.Föhr,Matrose Paul Petersen v.Föhr,Matrose Riewert Riewerts v.Föhr,Matrose Fedder Früdden v.Föhr,Matrose Riewert Adriansen v.Föhr,Matrose Ketel Nickelsen v.Föhr,Matrose Rörd Jürgens v.Föhr,Matrose Jürgen Rickmers v.Föhr,Kochsmaat Boy Ketels v.Föhr,Schiffsjunge	ebenda,17.3.1788 Rückk.:15.8.1788 Ertr.:2 Wale =16 Quardel.Speck= 23 1/2 Quardel. Tran u.319 Pfd. Barten
De Anna Margaretha Besatzung:43 Wal-u.Robbenfänger Rieck Volkerts von Föhr.Als Steuermann hat er bisher auf Hamburger Wal-und Robbenfängern nicht gefahren.Für seine Herkunft von Föhr spricht die neben- stehende Mann- schaftsliste.	Jacob Flohr v.Föhr,Steuermann Nanning Ockesson v.Föhr,Speckschn. Rolof Boysen v.Föhr,Speckschneider Lorenz Rolofs v.Föhr,Harpunier Hinrich Jansen v.Föhr,Harpunier Jürgen Willms v.Föhr,Bootsmann Riewert Riewerts v.Föhr,Schiemann Peter Willms v.Föhr,Kochsmaat Hinrich Beckling v.Föhr,Schiffsjge. Clas Flohr v.Föhr,Schiffsjunge Boy Volkerts v.Föhr,Schiffsjunge	ebenda,5.2.1788 Rückk.:14.8.1788 Ertr.:1 1/2 Wale= 15 Quardel.Speck= 22 1/2 Quardel. Tran

Schiff/Kommandeur	Name/Herkunft/Rang der Seeleute	Daten/Quelle Fangergebnis
De Justina Eleono-ra Besatzung:44 Wal-u.Robbenfänger Cornelis Jacobsen von Föhr	Rolof Peters v.Föhr,Steuermann Jürgen Cornelis v.Föhr,Speckschn. Willm Willms v.Föhr,Speckschneider Elmert Arians v.Föhr,Bootsm.u.Har. Jan Cornelissen v.Föhr,Harpunier Riewert Riecks v.Föhr,Harpunier Boy Arians v.Föhr,Zimmerm.-Maat Tönnes Willms v.Föhr(1789),hier: Stade,Bootsmann(?) wohl BM-Maat Hans Carstens v.Föhr,Schiemann Jürgen Riecks v.Föhr(?),hier: Stralsund,Matrose Peter Rolofs v.Föhr,Matrose Cornelis Arians v.Föhr,Matrose Boy Breckling v.Föhr,Matrose Claus Boysen v.Föhr,Kochsmaat Riewert Hendricksen v.Föhr,Schjge. Cornelis Jürgens v.Föhr,Schiffsj.	ebenda,8.2.1788 Rückk.:15.8.1788 Ertr.:1 1/2 Wale =15 Quardel. Speck=22 1/2 Quard.Tran
De Jgfr.Johanna Magdalena Besatzung:45 Walfänger Peter Boysen von Föhr	Broer Volkerts v.Föhr,Steuermann Peter Riewerts v.Föhr,Speckschneid. Cornelis Jürgens v.Föhr,Speckschn. Jürgen Riecks v.Föhr,Harpunier Olof Ocken v.Föhr,Harpunier Riewert Clasen v.Föhr,Harpunier Willm Jansen v.Föhr,Zimmermann Ricklef Namens v.Föhr,Zimmerm.-Mt Hans Simons v.Föhr,Bootsmann Hendrick Jürgens v.Föhr,Schiemann Jürgen Ketelsen v.Föhr,Matrose Johann Süncken v.Föhr,Matrose Boy Rolofs v.Föhr,Matrose Rolof Rolofsen v.Föhr,Matrose Albert Alberts v.Föhr,Matrose Simon Rolofs v.Föhr,Matrose Rolof Peters v.Föhr,Kochsmaat Lorenz Riecks v.Föhr,Schiffsjunge	ebenda,17.3.1788 Rückk.:13.8.1788 Ertr.:6 Wale = 130 Quard.Speck= 194 Quard.Tran u.4380 Pfd. Barten
De Jonge Jacob Besatzung:45 Walfänger Lorenz Adriansen von Föhr.Er war 1787 Steuermann des Walfängers "De Twe Gesüster".	Arian Dircks v.Föhr,Steuermann Rieck Broersen v.Föhr,Speckschneid. Riewert Riewers v.Föhr,Speckschn. Hans Peters v.Föhr,Harpunier Friedrich Riewerts v.Föhr,Zimmerm. Broer Rolofs v.Föhr,Zimmerm.-Maat Arfst Bohn v.Föhr,Bootsmann Riewert Peters v.Föhr,Schiemann Rolof Rolofs v.Föhr,Matrose Cornelis Riecks v.Föhr,Matrose Peter Peters v.Föhr,Matrose Boy Dircksen v.Föhr,Matrose Nickel Matthiessen v.Föhr,Matrose Arian Rolofs v.Föhr,Matrose Riewert Riewerts v.Föhr,Matrose Boy Dircks v.Föhr,Matrose Ocke Hendricks v.Föhr,Matrose Andreas Geesen v.Föhr,Schiffsjunge	ebenda,18.3.1788 Rückk.:7.10.1788 Ertr.:1/2 Wal = 10 Quard.Speck= 15 1/2 Quard. Tran u.230 Pfd. Barten

	1788	Daten/Quelle
Schiff/Kommandeur	Name/Herkunft/Rang der Seeleute	Fangergebnis
De Jonge David Besatzung:45 Walfänger Lorenz Hendricks von Föhr	Matthias Riewerts v.Föhr,Steuerm. Jacob Hinrichs v.Föhr,Speckschn. Rolof Tönnies v.Föhr,Speckschneid. Broer Broers v.Föhr,Harpunier Lorenz Willms v.Föhr,Harpunier Dirck Lorenzen v.Föhr,Harpunier Lorenz Lorenzen v.Föhr,Zimmermann Danklef Lorenzen v.Föhr,Zimm.-Maat Simon Hendricks v.Föhr,Bootsmann Frerck Riewerts v.Föhr,Schiemann Wögen Harcken v.Föhr,Koch Matthias Cornelis v.Föhr(?),hier: Lübeck,Matrose Jurian Broersen v.Föhr,Matrose Riewert Cornelissen v.Föhr,Matrose Hendrick Cornelissen v.Föhr,Matr. Boh Bohn v.Föhr,Matrose Arian Hendricks v.Föhr,Matrose Dirck Jacobs v.Föhr,Matrose Riewert Ariansen v.Föhr,Matrose Simon Cornelissen v.Föhr,Matrose Paul Simons v.Föhr,Matrose Cornelis Cornelissen v.Föhr,Matr. Cornelis Cornelissen v.Föhr,KM Casper Ronnie(1787:Rann)v.Föhr, Kochsmaat Simon Clasen v.Föhr,Schiffsjunge	ebenda,17.3.1788 Rückk.:15.8.1788 Ertr.:3 3/4 Wale= 100 Quard.Speck= 136 Quard.Tran u. 3555 Pfd.Barten
De Elisabeth Cä- cilia Besatzung:39 Wal-u.Robbenfänger Jürgen Cornelis von Föhr	Dirck Rolofs v.Föhr,Steuermann Rolof Hansen v.Föhr(1787),hier: Brake,Speckschneider Klemt Arfsten/Clas Arians v.Föhr, Speckschneider Martin Flohr v.Föhr(1789),hier: Bützfleth,Harpunier Jürgen Jürgens v.Föhr(1789),hier: Brake,Harpunier Cornelis Jürgens v.Föhr(wohl Sohn des Kommandeurs),hier:Hbg.,Matrose Die Alternativnamen wurden vom Schout eingetragen.	ebenda,7.2.1788 Rückk.:11.8.1788 Ertr.:15 Quard. Speck=21 Quard.
De Gute Erwartung Besatzung:42 Wal-u.Robbenfänger Boy Cornelis von Föhr.Er war 1787 Steuermann des Wal-und Robbenfän- gers"De Elisabeth Cäcilia"-unter der falschen Ortsbe- zeichnung Bremen- Lehe.Seine Her- kunft von Föhr bestätigen sowohl die nebenstehende als auch spätere Mannschaftslisten.	Hendrick Broersen v.Föhr(1789), hier:Bremen-Lehe,Steuermann Hinrich Riewerts/Hay Rörden v. Föhr,Speckschneider Hendrick Lorenzen v.Föhr(?),hier: Brake,Speckschneider Cornelis Cornelissen v.Föhr(?), hier:Danzig,Harpunier Ocke Boysen v.Föhr(?),hier:Lübeck, Harpunier Jap Jappen v.Föhr,Bootsmann Rolof Cornelis v.Föhr(?),hier: Helsingborg,Schiemann Hendrick Hendricks v.Föhr(?),hier: Helsingborg,Koch Ketel Hayen/Hendricks v.Föhr,Schj. Die Alternativnamen wurden vom Schout eingetragen.	ebenda,5.2.1788 Rückk.:3.8.1788 Ertr.:1697 Rob- ben=65 Quard. Speck=80 Quard. Tran

Schiff/Kommandeur	Name/Herkunft/Rang der Seeleute	Daten/Quelle Fangergebnis
De Jgfr.Anna Maria Besatzung:43 Wal-u.Robbenfänger Hans Hansen Tön- nies von Sylt	Peter Hans Jürgensen v.Röm(1789), hier:v.d.Weser,Steuermann Peter Jürgens v.Sylt(1794),hier: Vegesack,Speckschneider Rickmer Arfsten v.Föhr,Speckschn. Moritz Michels v.Röm(1789),hier: Vegesack,Harpunier Hans Jürgens v.Sylt,Bootsmann Matthias Matthiessen v.Föhr(?), hier:Lübeck,Matrose Georg Peters v.Röm(1789),hier: Bremervörde,Matrose Peter Jürgens v.Röm(1789),hier: Vegesack,Matrose Peter Michels v.Röm(1789),hier: Twielenfleth,Matrose Jens Jensen v.? (?),hier:Bremer- vörde,Schiffsjunge	ebenda,1.2.1788 Rückk.:8.8.1788 Ertr.:3 Wale u. 3784 Robben = 132 Quard.Speck= 197 1/2 Quard. Tran u.1700 Pfd. Barten
De Hoopende Visser Besatzung:44 Walfänger Gerrit Jansen	Riewert Peters v.Föhr,Speckschneid. Jürgen Nannings v.Föhr(?),hier: Vegesack,Harpunier Rolof Broers v.Föhr,Harpunier Cornelis Broers v.Föhr(1787),hier: Cuxhaven,Bootsmann	ebenda,26.3.1788 Rückk.:4.10.1788 Ertr.:1 Wal =25 Quard.Speck= 35 1/2 Quard. Tran u.720 Pfd. Barten
De Lilie Besatzung:43 Wal-u.Robbenfänger Hinrich August Hasselmann	Peter Jansen Leest v.Röm(1789), hier:Vegesack,Steuermann Arfst Ketels/Arian Cornelis v.Föhr Speckschneider Rörd Broersen/Riewert Broersen v. Föhr,Harpunier Die Alternativnamen wurden vom Schout eingetragen.	ebenda,1.2.1788 Rückk.:7.8.1788 Ertr.:2 Wale u. 256 Robben=25 Quard.Speck=38 Quard.Tran u. 305 Pfd.Barten
De Jungfrau Maria Besatzung:44 Walfänger Clas Jansen Ney	Jürgen Cornelis v.Föhr(1794),hier: Hbg.,Speckschneider Simon Nannings v.Föhr(1794),hier: Spaden,Zimmermann u.Harpunier Nanning Simons v.Föhr(wohl Sohn des og.Zimmermanns)hier:Spaden, Matrose Clas Jansen Ney übernimmt 1790 den Hamburger Wal-u.Robbenfänger "De Roosenbaum".Diese Seeleute wechseln auf das neue Schiff über und konn- ten so identifiziert werden.	ebenda,19.3.1788 Rückk.:6.8.1788 Ertr.:2 1/2 Wale u.11 Robben =64 Quard.Speck=88 Quard.Tran u. 2505 Pfd.Barten

Schiff/Kommandeur	Name/Herkunft/Rang der Seeleute	Daten/Quelle Fangergebnis
De Roosenbaum Besatzung:43 Wal-u.Robbenfänger Jürgen Michels Leest von Röm	Cornelis Michels Leest v.Röm,Steu. Michel Cornelis Leest v.Röm,Speck. Johann Lambertsen v.Röm,Speckschn. Peter Cornelis Bundis v.Röm,Harp. Carsten Cornelis v.Röm,Koch Carsten Rasmussen Möller v.Röm,Mat Carsten Andresen v.Röm,Matrose Jürgen Matthiessen v.Röm,Kochsmaat Balzer Jürgensen v.Röm,Schiffsjge. Hans Peters v.Röm,Schiffsjunge	StAHam,Archiv d. Wasserschouts, I.A.1.i. 6.2.1789 Rückk.:25.7.1789 Ertr.:1300 Rob- ben=73 Quardel. Speck=95 Quard. Tran
De Maria Elisabeth Besatzung:44 Wal-u.Robbenfänger Cornelis Petersen Wandal	Andreas Petersen Dahl v.Röm(1788), hier:Hbg.,Steuermann Arian Ariansen v.Föhr,Speckschnei. Carsten Petersen v.Röm(1790),hier: Bremen,Speckschneider Johann Carsten Lamberts v.Röm(1788) hier:Hamburg,Harpunier Peter Möller v.Röm(?),hier:Bremen, Matrose Peter Hansen v.Röm(1790),hier: Bremen,Matrose Jasper Petersen v.Röm,Matrose Arian Arians v.Föhr,Matrose Peter Cornelissen v.Röm(1790), hier:Hbg.,Kochsmaat	ebenda,4.2.1789 Rückk.:25.7.1789 Ertr.:17 Wale u. 460 Robben=232 Quard.Speck = 360 1/2 Quardel. Tran u.7424 Pfd. Barten
De Johannes Besatzung:38 Wal-u.Robbenfänger Peter Michels Leest von Röm	Cornelis Michels v.Röm(1788),hier: Hbg.,Steuermann Jan Lorenz.Falck v.Röm,Speckschn. Peter Cornelissen v.Röm,Harpunier Matthias Jürgens v.Röm,Bootsm.u.H. Peter Andresen v.Röm,Koch u.Harp. Jasper Jansen v.Röm(?),hier:Bre- men,Matrose Peter Jansen Falck v.Röm,Matrose Zwen Petersen v.Röm,Matrose Jens Jensen v.Röm,Matrose Balzer Cornelissen v.Röm,Schiffsj.	ebenda,3.2.1789 Rückk.:7.7.1789 Ertr.: 1 Wal u. 1914 Robben = 118 Quard.Speck= 170 1/2 Quard. Tran u.1805 Pfd. Barten
De Zwaan Besatzung:34 Wal-u.Robbenfänger Jürgen Jürgensen von Röm	Matthias Christians.Leest v.Röm, Steuermann Lorenz Jacobs v.Röm,Harpunier Peter Petersen Kaper v.Röm,Koch Andreas Jacobsen v.Röm,Matrose Johann Jaspers v.Röm(1790),hier: Lübeck,Matrose Jürgen Jürgensen v.Röm,Schiffsjge.	ebenda,6.2.1789 Rückk.:2.7.1789 Ertr.:1027 Robber =54 Quard.Speck= 78 Quard.Tran
De Maria Susanna Besatzung:44 Wal-u.Robbenfänger Matthias Jessen von Röm	Engelbrecht Carstens v.Röm,Steuer. Lorenz Jacobsen v.Röm(1792),hier: v.d.Weser,Koch u.Harpunier Andreas Jansen v.Röm,Bootsm.u.Harp. Lorenz Lorenzen v.Röm,Matrose Carsten.Engelbertsen v.Röm,Matrose Jens Petersen v.Röm,Matrose Peter Petersen Leest v.Röm,Matrose Johann Jansen v.Röm,Matrose Michel Jessen v.Röm,Schiffsjunge	ebenda,4.2.1789 Rückk.:3.8.1789 Ertr.:2 Wale u. 442 Robben = 36 Quard.Speck= 55 1/2 Quardel. Tran u.638 Pfd. Barten

Schiff/Kommandeur	Name/Herkunft/Rang der Seeleute	Daten/Quelle Fangergebnis
De Frau Elisabeth Besatzung:34 Wal-u.Robbenfänger Knud Michels Holm von Röm	Carsten Michels v.Röm,Steuermann Cornelis Carstens v.Röm,Speckschn. Jürg.Jens Johannsen v.Röm,Harpun. Hans Jansen .v.Röm,Harpunier Peter Siebrandtsen v.Röm,Schiemann Michel Carstens v.Röm,Koch Peter Michels v.Röm(?),hier:Bre- men,Matrose Siebrandt Holm v.Röm(?),hier:Bre- men,Matrose Peter Petersen v.Röm,Matrose Jasper Petersen Witt v.Röm,Matrose Cornelis Matthiessen v.Röm(?), hier:Lübeck,Matrose Jürgen Michels v.Röm,Kochsmaat Peter Petersen Kramer(Kromose) v. Röm,Schiffsjunge	ebenda,7.2.1789 Rückk.:3.7.1789 Ertr.:1470 Rob- ben=55 Quardel. Speck=78 Quard. Tran
De Catharina Mar- garetha Besatzung:38 Wal-u.Robbenfänger Peter Petersen Holm von Röm	Hans Peters.Tagholm v.Röm,Steuerm. Cornelis Jürgens v.Röm,Speckschn. Hans Peters.Möller v.Röm,Harpunier Peter Jansen Möller v.Röm,Harpun. Johannes Peters v.Röm,Zimmermann Nielsen Falck v.Röm,Bootsmann Ennoch Cornelis v.Röm,Matrose Jan Jaspers Witt v.Röm,Matrose Jürgen Petersen Holm v.Röm,Matrose Peter Hansen v.Röm,Matrose Carsten Lorenzen v.Röm,Kochsmaat Jürgen Cornelis v.Röm,Schiffsjunge	ebenda,5.2.1789 Rückk.:30.6.1789 Ertr.:2859 Rob- ben=100 Quardel. Speck=162 1/2 Quard.Tran
De Bloyende Hoop Besatzung:44 Wal-u.Robbenfänger Albert Jansen von Röm	Andreas Michels Leest v.Röm,StM Dirck Boysen v.Föhr,Speckschneider Siebrandt Cords v.Röm,Speckschneid. Gerd Jansen v.Röm,Schiemann Cord Cords v.Röm,Matrose Peter Engelbert Bleeg v.Röm,Matro. Jürgen Petersen v.Röm,Kochsmaat Albert Alberts v.Röm,Schiffsjunge	ebenda,4.2.1789 Rückk.:4.8.1789 Ertr.:1 Wal u. 1398 Robben = 48 Quard.Speck= 77 1/2 Quardel. Tran u.388 Pfd. Barten
De Martin Besatzung:36 Wal-u.Robbenfänger Cornelis Jürgensen von Röm	Jasper Hans Michelsen v.Röm(1788), hier:Hbg.,Steuermann Michel Cornelis v.Röm,Harpunier Niels Johannsen v.Röm(?),hier: Bremen,Matrose Paul Christian Hansen v.Röm(?), hier:Göteborg,Matrose Cornelis Jaspers v.Röm,Matrose Hans Carstens v.Röm(1793),hier: Freiburg,Schiffsjunge	ebenda,4.2.1789 Rückk.:7.7.1789 Ertr.:1945 Rob- ben=89 Quardel. Speck=128 Quard. Tran
De Concordia Besatzung:34 Wal-u.Robbenfänger Cornelis Andresen von Röm.Er war vor- her Kommandeur des Wal-u.Robbenfäng. "De Griepenstein".	Johann Andreas Dahl v.Röm(1788), hier:Hbg.,Steuermann Christian Hansen v.Röm,Bootsm.u.H. Hans Franck v.Röm,Harpunier Clas Jürgen Beckmann v.Röm,Matrose Jürgen Cornelissen v.Röm,Matrose Jasper Cornelissen v.Röm,Matrose Jasper Jürgensen v.Röm,Kochsmaat Johann Petersen Franck v.Röm,Schj.	ebenda,7.2.1789 Rückk.:1.7.1789 Ertr.:2354 Rob- ben=85 Quardel. Speck=124 Quard. Tran

Schiff/Kommandeur	Name/Herkunft/Rang der Seeleute	Daten/Quelle Fangergebnis
De Frau Anna Besatzung:34 Wal-u.Robbenfänger Cornelis Petersen Leest von Röm	Carsten Hans Michels.v.Röm,Steuerm. Hans Jensen v.Röm,Speckschneider Peter Jürgen Zwen v.Röm,Harpunier Peter Cornelis Möller v.Röm,Harp. Carsten Jürgens v.Röm,Bootsmann Hans Cornelissen v.Röm,Koch Peter Jansen v.Röm,Matrose Jasper Martensen v.Röm,Matrose Cornelis Hansen Bleeck v.Röm,Matr. Jürgen Petersen v.Röm,Kochsmaat Cornelis Jansen v.Röm,Schiffsjunge	ebenda,9.2.1789 Rückk.:30.6.1789 Ertr.:2224 Rob- ben = 84 Quard. Speck=119 1/2 Quard.Tran
De Vertrouwen Besatzung:43 Wal-u.Robbenfänger Hans Peter Lüders von Röm	Peter Moritz v.Röm(1788),hier: Hbg.,Steuermann Nanning Wögens v.Föhr,Speckschnei. Carsten Carstens Witt v.Röm,Harp. Peter Tagholm v.Röm,Bootsm.u.Harp. Cornelis Lorenzen Küper v.Röm (1788),hier:Vegesack,Zimmermann Cornelis Michels.Siewers von Röm (1788),hier:Vegesack,Matrose Jens Lorenzen v.Röm(1788),hier: Vegesack,Matrose Hans Cornelis.Winter v.Röm,Matrose Reckling Namens v.Föhr,Matrose Cornelis Hansen v.Röm,Matrose Matthias Jessen v.Röm,Schiffsjge.	ebenda,3.2.1789 Rückk.:25.7.1789 Ertr.:5 1/2 Wale u.2681 Robben = 226 Quard.Speck= 329 Quard.Tran u.4900 Pfd.Bar- ten
De Frau Anna Besatzung:43 Wal-u.Robbenfänger Hans Hansen Carl von Röm	Hans Hansen Carl v.Röm(1789), hier:Hbg.,Steuermann Boy Arians v.Föhr,Speckschneider Hans Siebrandt Möller v.Röm,Harp. Peter Carsten Witt v.Röm,Bootsmann u.Harpunier Siebrandt Matthiessen Kier v.Röm, Koch u.Harpunier Zwen Hansen Carl v.Röm(1788),hier: Hbg.,Matrose Andreas Jürgensen v.Röm,Matrose Cornelis Hans Peters v.Röm,Matrose Jens Siebrandtsen Kier v.Röm,Schj.	ebenda,5.2.1789 Rückk.:16.7.1789 Ertr.:2 1/2 Wale u.680 Robben = 120 Quard.Speck= 180 Quard.Tran u.3345 Pfd.Bar- ten
De Anna Elisabeth Besatzung:43 Wal-u.Robbenfänger Jasper Jansen von Röm	Arian Jürgens v.Föhr(1788),hier: Hbg.,Steuermann Jasper Cornelissen v.Röm(1788), hier:Hbg.,Speckschneider Peter Wilms v.Föhr(1788),hier: Hbg.,Speckschneider Jürgen Michelsen v.Röm(1790),hier: Hbg.,Harpunier Peter Jürgens v.Röm(?),hier:Bre- mervörde,Matrose Simon Rolofs v.Föhr(?),hier:Hbg., Zimmermann Andreas Petersen v.Röm,Matrose Peter Cornelissen v.Röm,Matrose Johann Jaspers v.Röm,Matrose Peter Cornelissen v.Röm,Kochsmaat Jens Jessen v.Röm,Schiffsjunge	ebenda,4.2.1789 Rückk.:4.8.1789 Ertr.:1 1/2 Wale u.3806 Robben= 180 Quard.Speck= 262 1/2 Quard. Tran u.1600 Pfd. Barten

Schiff/Kommandeur	Name/Herkunft/Rang der Seeleute	Daten/Quelle Fangergebnis
De Frau Margaretha Besatzung:43 Wal-u.Robbenfänger Peter Hansen Carl von Röm	Johann Matthiessen v.Röm(1788), hier:Hbg.,Steuermann Jürgen Balzer Klein v.Röm-Anmerkung des Wasserschouts:"Tod". - Speckschneider Jens Hansen Barbes v.Röm,Speckschn. Jürgen Peters v.Röm(1788),hier: Hbg.,Harpunier Andreas Lorenz Carstensen v.Röm (1788),hier:Hbg.,Harpunier Michel Hansen v.Röm(1788),hier: Hbg.,Koch u.Harpunier Peter Petersen Larsen v.Röm(1795), hier:"Saus",Bootsmann Peter Boysen Lorenzen v.Röm(1795), hier:Göteborg,Matrose Albert Matthiessen v.Röm,Matrose Johann Franck v.Röm(1788),hier: Hbg.,Matrose Jürgen Petersen v.Röm,Matrose Lorenz Cornelis Woord v.Röm,Matr. Peter Carsten Winter v.Röm,Kochsm. Hans Carl v.Röm,Schiffsjunge	ebenda,5.2.1789 Rückk.:20.7.1789 Ertr.:14 Wale u. 351 Robben=170 Quard.Speck=317 Quard.Tran u. 5570 Pfd.Barten
De Jonge David Besatzung:46 Walfänger Lorenz Hendricks von Föhr	Matthias Riewerts v.Föhr,Steuerm. Jacob Hendricks v.Föhr,Speckschn. Rolof Tönnies v.Föhr,Speckschneid. Broer Broers v.Föhr,Harpunier Dirck Lorenzen v.Föhr,Harpunier Lorenz Wögens v.Föhr,Harpunier Lorenz Lorenzen v.Föhr,Zimmermann Dankleff Lorenzen v.Föhr,Zimm.-Mt. Simon Hendricks v.Föhr(1788),hier: Cuxhaven,Bootsmann Frerck Riewerts v.Föhr,Schiemann Riewert Matthiessen v.Föhr(1790), hier:Assel,Koch Riewert Cornelissen v.Föhr,Matrose Cornelis Cornelissen v.Föhr,Matr. Boy Boysen v.Föhr,Matrose Lorenz Lorenzen v.Föhr,Matrose Simon Cornelissen v.Föhr,Matrose Elmert Volkerts v.Föhr,Matrose Riewert(Remmert)Hindericks v.Föhr, Matrose-vor Antritt d.Reise erkrankt- Riewert Frercks v.Föhr,Matrose Simon Clasen v.Föhr,Matrose Dirck Jacobs v.Föhr,Matrose Casper Ronne v.Föhr(1787),hier: Hbg.,Kochsmaat Rickmer Hansen v.Föhr(1791),hier: Hbg.,Schiffsjunge	ebenda,13.3.1789 Rückk.:19.8.1789 Ertr.:5 Wale = 170 Quard.Speck= 218 Quard.Tran u.6500 Pfd.Barten

Schiff/Kommandeur	Name/Herkunft/Rang der Seeleute	Daten/Quelle Fangergebnis
De St.Peter Besatzung:45 Walfänger Volkert Boysen von Föhr	Boy Nickels v.Föhr,Steuermann Ocke Frercks v.Föhr,Speckschneider Jacob Jappen v.Föhr,Speckschneid. Peter Nickels v.Föhr,Harpunier Jan Lorenzen v.Föhr,Harpunier Arian Paulsen v.Föhr,Harpunier Jan Namens v.Föhr,Zimmermann Christian Hansen v.Tondern,Zimmer- mannsmaat Erick Jürgens v.Föhr,Bootsmann Paul Ocken v.Föhr,Schiemann Nanning Cornelissen v.Amrum,Koch Rickmer Rörden v.Föhr,Matrose Volkert Volkerts v.Föhr(?),hier: Bremen,Matrose Riewert Jacobs v.Föhr,Matrose Rieck Nannings v.Amrum,Matrose Jürgen Hinrichsen v.Föhr,Matrose Hinrich Cornelissen v.Föhr,Matrose Ocke Jacobs v.Föhr,Matrose Paul Jong Arfsten v.Föhr(1790), hier:Freiburg,Matrose Lorenz Jensen v.Föhr,Kochsmaat Rickmer Volkerts v.Föhr,Schiffsj.	ebenda,13.3.1789 Rückk.:25.7.1789 Ertr.:11 Wale = 210 Quard.Speck= 316 Quard.Tran u.6550 Pfd.Bar- ten
De Twe Gesüster Besatzung:45 Walfänger Boy Jurians von Föhr	Jürgen Ariansen v.Föhr,Steuermann Broer Nannings v.Föhr,Speckschn. Lorenz Hendricks v.Föhr,Speckschn. Gottfried Hinrichsen v.Föhr,Harp. Broer Broersen v.Föhr(?),hier: Spaden,Harpunier Dirck Jürgens v.Föhr,Zimmermann Matthias Alberts v.Föhr,Zimm.-Maat Olof Jürgens v.Föhr,Schiemann Jürgen Ketels v.Föhr,Matrose Nickel Nickelsen v.Föhr,Matrose Lorenz Olofs v.Föhr,Matrose Nanning Boysen v.Föhr(1788),hier: Hbg.,Matrose Rörd Rörden v.Föhr,Matrose Rörd Jürgens v.Föhr,Matrose Riewert Andresen v.Föhr,Matrose Johann Boysen v.Föhr,Matrose Boy Volkerts v.Föhr(1790),hier: Bremen-Lehe,Matrose Jürgen Rickmers v.Föhr,Matrose Bohn Bohns v.Föhr,Kochsmaat Boy Ketels v.Föhr,Schiffsjunge	ebenda,13.3.1789 Rückk.:28.7.1789 Ertr.: 8 Wale= 145 Quard.Tran u.4559 Pfd.Bar- ten
De Jonge Jacob Besatzung:44 Walfänger Lorenz Adriansen von Föhr	Arian Arians v.Föhr,Steuermann Rickmer Broersen v.Föhr(1788),hier: Bremen-Lehe,Speckschneider Boy Jurians v.Föhr(1790),hier: Vegesack,Speckschneider Hay Hayen v.Föhr,Harpunier Simon Nickelsen v.Föhr,Harpunier Hans Peters v.Föhr,Harpunier b.w.	ebenda,14.3.1789 Rückk.:9.8.1789 Ertr.:3 1/2 Wale =60 Quard.Speck= 82 Quard.Tran u. 2228 Pfd.Barten

Schiff/Kommandeur	Name/Herkunft/Rang der Seeleute	Daten/Quelle Fangergebnis
	Friedrich Riewerts v.Föhr,Zimmerm. (Diese Angaben sind vom Schout wieder gestrichen worden.) Broer Rolofs.v.Föhr,Zimmermannsmaat Arfst Bohn v.Föhr,Bootsmann Riewert Peters v.Föhr,Schiemann Boy Dircks v.Föhr,Matrose Peter Petersen v.Föhr,Matrose Broer Boysen v.Föhr,Matrose(Bootsmannsmaat) Jürgen Ketelsen v.Föhr,Matrose Riewert Boysen v.Föhr,Matrose Nickel Matthiessen v.Föhr,Matrose Boy Dircks v.Föhr,Matrose Arian Rolofs v.Föhr,Matrose Andreas Geesen v.Föhr,Schiffsjunge Rickmer Jong Arfsten v.Föhr,Schj.	
De Gute Erwartung Besatzung:42 Wal-u.Robbenfänger Boy Cornelis von Föhr	Hindrick Broersen v.Föhr,Steuerm. Hendrick Rörden v.Föhr(1788),hier: Stade,Speckschneider Hindrick Lorenzen v.Föhr(?),hier: v.d.Brake,Speckschneider Cornelis Hindricks v.Föhr(1791), hier:Lübeck,Harpunier Arian Boysen v.Föhr(1791),hier: Lübeck,Harpunier Cornelis Cornelissen v.Föhr(?), hier:Bremen,Bootsmann Ketel Rörden v.Föhr(1788),hier: Stade,Kochsmaat Jan Broersen v.Föhr(?),hier:Bremen-Lehe,Schiffsjunge	ebenda,5.2.1789 Rückk.:6.8.1789 Ertr.:1 1/2 Wale u.2838 Robben= 160 Quard.Speck= 216 Quard.Tran u. 1890 Pfd.Barten
De Justina Eleonora Besatzung:44 Wal-u.Robbenfänger Cornelis Jacobsen von Föhr	Elmert Arians v.Föhr,Steuermann Lorenz Hendricks v.Föhr,Speckschn. Johann Cornelissen v.Föhr,Specksch. Hans Carstens v.Föhr,Harpunier Rolof Broersen v.Föhr,Harpunier Boy Adriansen v.Föhr,Zimmerm.-Maat Jürgen Nannings v.Föhr,Bootsmann Tönnes Willms v.Föhr,Schiemann Lorenz Jansen v.Föhr,Koch Hans Jürgen Peters v.Röm,Matrose Hay Lorenzen v.Föhr,Matrose Jens Broersen v.Föhr,Matrose Johann Jacobs v.Föhr,Schiffsjunge Boy Rickmers v.Föhr,Schiffsjunge Riewert Hendricks v.Föhr,Schiffsj. Clas Boysen v.Föhr,Schiffsjunge	ebenda,11.2.1789 Rückk.:27.7.1789 Ertr.:5 Wale=120 Quard.Speck = 161 1/2 Quardel. Tran u.4395 Pfd. Barten
De Jgfr.Johanna Magdalena Besatzung:44 Walfänger Peter Boysen von Föhr	Broer Volkerts v.Föhr,Steuermann Peter Rörden v.Föhr,Speckschneider Cornelis Jürgens v.Föhr,Speckschn. Jürgen Riecks v.Föhr,Harpunier Olof Ocken v.Föhr,Harpunier Riewert Clasen v.Föhr(1788),hier: Schönemoor,Harpunier Willm Jansen v.Föhr,Zimmermann	ebenda,13.3.1789 Rückk.:18.8.1789 Ertr.:9 Wale= 110 Quard.Speck= 170 1/2 Quardel. Tran u.3470Pfd. Barten

Schiff/Kommandeur	Name/Herkunft/Rang der Seeleute	Daten/Quelle Fangergebnis
	Hindrick Jürgens v.Föhr,Schiemann Johann Süncken v.Föhr,Matrose Rolof Rolofsen v.Föhr,Matrose Broer Jürgensen v.Föhr,Matrose Rolof Jansen v.Föhr,Matrose Boy Rolofs v.Föhr(1788),hier:Bre- men,Matrose Simon Rolofs v.Föhr,Matrose Rolof Petersen v.Föhr,Matrose Jap Ketels v.Föhr,Kochsmaat Lorenz Riecks v.Föhr,Schiffsjunge	
De Elisabeth Cäci- lia Besatzung:41 Wal-u.Robbenfänger Jürgen Cornelis von Föhr	Jacob Flohr von Föhr(1788,als Steuermann auf dem Wal-und Robben- fänger "De Anna Margaretha")hier: Mulsum,Steuermann Clas Arians v.Föhr(1788),hier: Spaden,Speckschneider Jürgen Jürgensen v.Föhr,Harpunier Martin Flohr v.Föhr,Harpunier Rolof Nannings v.Föhr,Zimmermann Friedrich Peters v.Föhr,Zimm.-Maat Cornelis Jürgens v.Föhr,Matrose Martin Jürgens v.Föhr,Matrose Anm.d.Protok.:Söhne d.Kommandeurs Clas Flohr v.Föhr(1788),hier:Mul- sum,Matrose Cornelis Rolofs v.Föhr(?),hier: Preddöhl,Matrose Cornelis Riewerts v.Föhr,Schiffsj.	ebenda,4.2.1789 Rückk.:8.6.1786 Ertr.:2302 Rob- ben=80 Quardel. Speck=135 Quard. Tran
De Jgfr.Anna Maria Besatzung:43 Wal-u.Robbenfänger Hans Hansen Tön- nies von Sylt	Peter Hans Jürgens v.Röm,Steuerm. Peter Boysen v.Föhr(1787),hier: Hbg.,Speckschneider Rieck Arians v.Föhr(1788),hier: Hbg.,Speckschneider Moritz Michelsen v.Röm,Bootsm.u.H. Jan Moritz v.Röm,Matrose Peter Michels v.Röm,Matrose Georg Petersen v.Röm,Matrose Peter Petersen v.Röm,Schiffsjunge	ebenda,3.2.1789 Rückk.:25.7.1789 Ertr.:14 Wale u. 1245 Robben = 224 Quard.Speck= 350 Quard.Tran u. 5156 Pfd.Barten
De Jungfrau Maria Besatzung:44 Walfänger Clas Jansen Ney	Jürgen Cornelis v.Föhr(1794),hier: Spaden,Speckschneider Arian Cornelissen v.Föhr(?),hier: Spaden,Harpunier Simon Nannings v.Föhr(1794),hier: Spaden,Zimmermann u.Harpunier Nanning Simons v.Föhr(s.1788),hier: Spaden,Matrose Zur Frage der Identifikation s. d.Protokoll dieses Schiffes v.1788.	ebenda,19.3.1789 Das Schiff ist auf der Reise verunglückt, StAHam,Handschr. 263,S.156.Der Kommandeur über- nimmt 1790 ein anderes Schiff.
De Lilie Besatzung:43 Wal-u.Robbenfänger Hinrich August Hasselmann	Peter Jansen Leest v.Röm,Steuerm. Arian Cornelissen v.Föhr,Speckschn. Riewert Broersen v.Föhr,Harpunier Boy Ariansen v.Föhr,Matrose	ebenda,5.2.1789 Rückk.:25.7.1789 Ertr.:3 1/2 Wale u.3282 Robben= 190 Quard.Speck= 280 1/2 Quard. Tran u.1900 Pfd. Barten

Schiff/Kommandeur	Name/Herkunft/Rang der Seeleute	Daten/Quelle Fangergebnis
De Hoopende Land- mann Besatzung:45 Walfänger Ocke Daniel Meyer	Lorenz Jurians v.Föhr(?),hier: Elsfleth,Speckschneider Riewert Lorenzen v.Föhr(?),hier: Elsfleth,Matrose	ebenda,16.3.1789 Rückk.:10.8.1789 Ertr.:4 Wale = 100 Quard.Speck= 157 Quard.Tran u.4907 Pfd.Bar- ten
De Hoopende Visser Besatzung:45 Walfänger Gerrit Jansen	Riewert Riewerts v.Föhr,Steuerm. Riewert Petersen v.Föhr,Speckschn. Riewert Riewertsen v.Föhr,Matrose	ebenda,24.3.1789 Rückk.:12.9.1789 Ertr.:2 Wale=50 Quard.Speck=69 Quard.Tran u. 1571 Pfd.Barten
De Fridericia Besatzung:42 Wal-u.Robbenfänger August Hinrich Krüger	Dirck Rolofs/Erick Olofs v.Föhr, Steuermann Die Alternativnamen sind vom Schout eingetragen worden.	ebenda,10.2.1789 Rückk.:2.8.1789 Ertr.:2000 Rob- ben=55 Quard. Speck=108 Quard. Tran

Schiff/Kommandeur	Name/Herkunft/Rang der Seeleute	Daten/Quelle Fangergebnis
De Concordia Besatzung:34 Wal-u.Robbenfänger Cornelis Andresen von Röm	Johann Andreas Dahl v.Röm(1788), hier:Hbg.,Steuermann Hans Franck v.Röm,Harpunier Cornelis Michels Leest v.Röm,Harp. Joh.Christian Hansen v.Röm,Bootsm. Michel Hansen v.Röm,Koch Jasper Cornelis v.Röm,Matrose Jes Jürgen Carstens v.Röm,Matrose Michel Petersen v.Röm,Matrose Michel Cornelis Leest v.Röm,Matr. Hans Siebrandts v.Röm,Schiffsjunge	StAHam,Archiv d. Wasserschouts, I.A.1.k 3.2.1790 Rückk.:30.6.1790 Ertr.:2014 Rob- ben=90 Quardel. Speck=139 Quard. Tran
De Maria Elisabeth Besatzung:43 Wal-u.Robbenfänger Cornelis Petersen Wandal von Röm	Andreas Petersen Dahl v.Röm(1788), hier:Hbg.,Steuermann Arian Arians v.Föhr(1789),hier: Vegesack,Speckschneider Carsten Petersen v.Röm,Speckschn. Peter Ercksen v.Röm,Harpunier Albert Petersen v.Röm,Matrose Peter Hansen v.Röm,Matrose Arian Arians v.Föhr(1789),hier: Vegesack,Matrose Matthias Carstensen v.Röm,Kochsm. Peter Cornelis v.Röm,Schiffsjunge	ebenda,1.2.1790 Rückk.:30.6.1790 Ertr.:5 Wale u. 2904 Robben = 280 Quard.Speck= 431 1/2 Quard. Tran u.5302 Pfd. Barten
De Anna Elisabeth Besatzung:43 Wal-u.Robbenfänger Jasper Jansen von Röm	Arian Jürgens v.Föhr(1792),hier: Hbg.,Steuermann Peter Willms v.Föhr(1788),hier: Hbg.,Speckschneider Jürgen Michelsen v.Röm,Harpunier Jan Moritzen v.Röm,Harpunier Peter Michels v.Röm,Matrose Michel Peters v.Röm,Matrose Andreas Peters v.Röm,Matrose Peter Cornelis v.Röm,Matrose Jens Jansen v.Röm,Kochsmaat Peter Peters v.Röm,Schiffsjunge	ebenda,1.2.1790 Rückk.:19.7.1790 Ertr.:1/2 Wal u. 1827 Robben = 110 Quard.Speck= 151 1/2 Quard. Tran u.991 Pfd. Barten
De Bloyende Hoop Besatzung:44 Wal-u.Robbenfänger Albert Jansen von Röm	Andreas Michelsen Leest v.Röm(1791) hier:Hbg.,Steuermann Dirck Boysen v.Föhr,Speckschneider Siebrandt Cords v.Röm,Speckschneid. Gerrit Jansen Witt v.Röm,Schiemann Peter Engelbrecht Bleeg v.Röm,Koch Cornelis Michels Siewers v.Röm,Mat. Jürgen Peters v.Röm,Matrose Matthias Michels v.Röm,Kochsmaat Albert Alberts v.Röm,Schiffsjunge	ebenda,1.2.1790 Rückk.:19.7.1790 Ertr.:2 Wale u.2033 Robben= 128 Quard.Speck= 188 Quard.Tran u.1225 Pfd.Bar- ten
De Vertrouwen Besatzung:43 Wal-u.Robbenfänger Hans Peter Lüders on Röm	Nanning Wögens v.Föhr,Speckschn. Carsten Carstens Witt v.Röm,Harp. Hans Peters.Möller v.Röm,Bootsmann ü.Harpunier Cornelis Andresen v.Röm,Matrose Hans Christian Winter v.Röm,Matr. Cornelis Michels.Siewers v.Röm,Mat. Wögen Namens v.Föhr,Schiffsjunge	ebenda,1.2.1790 Rückk.:10.8.1790 Ertr.:1 Wal u. 203 Robben=20 Quardel.Speck= 29 Quard.Tran u. 158 Pfd.Barten

Schiff/Kommandeur	Name/Herkunft/Rang der Seeleute	Daten/Quelle Fangergebnis
De Catharina Margaretha Besatzung:38 Wal-u.Robbenfänger Peter Petersen Holm von Röm	Hans Peters.Tagholm v.Röm,Steuerm. Jacob Peters v.Röm,Speckschneider Hans Cornelissen Falck v.Röm,Bootsmann und Harpunier Peter Hansen Möller v.Röm,Harpun. Peter Hansen v.Röm,Matrose Peter Michelsen v.Röm,Matrose Ulrich Friedrich Wulf v.Röm,Matr. Peter Matzen(Mesch)v.Röm,Matrose Cornelis Johannsen v.Röm,Matrose Enoch Cornelissen v.Röm,Matrose Carsten Lorenzen v.Röm,Kochsmaat Jürgen Cornelis v.Röm,Schiffsjge.	ebenda,3.2.1790 Rückk.:8.7.1790 Ertr.:2793 Robben=108 Quard. Speck=176 Quard. Tran
De Frau Anna Besatzung:34 Wal-u.Robbenfänger Cornelis Petersen Leest	Carsten Hans Michels v.Röm,Steuerm. Hans Cornelis.Carl v.Röm,Harpunier C.Jürgen Peters Leest v.Röm,Bootsmann u.Harpunier Cornel.Cornelissen Thomsen v.Röm,Koch u.Harpunier Peter Cornelissen Möller v.Röm,Har. Peter Jürgen Zwen v.Röm,Harpunier Peter Jansen Leest v.Röm,Matrose Jürgen Petersen v.Röm,Kochsmaat Cornelis Jansen v.Röm,Schiffsjunge	ebenda,4.2.1790 Rückk.:29.6.1790 Ertr.:1500 Robben=62 Quardel. Speck=101 1/2 Quard.Tran
De Maria Susanna Besatzung:44 Wal-u.Robbenfänger Matthias Jessen von Röm	Rolof Riewerts v.Föhr,Steuermann Jes Peters v.Röm,Harpunier Niels Arnom v.Ballum,Koch Peter Cornelissen v.Röm,Matrose Carsten Cornelis v.Röm,Matrose Peter Peters.Tönnies v.Röm,Matrose Jürgen Jensen v.Röm,Matrose Carsten Engelbrechtsen v.Röm,Matr. Michel Jessen v.Röm,Schiffsjunge	ebenda,1.2.1790 Rückk.:10.7.1790 Ertr.:1 Wal u. 2310 Robben = 114 Quard.Speck= 165 1/2 Quard. Tran u.85 Pfd. Barten
De Frau Elisabeth Besatzung:34 Wal-u.Robbenfänger Knud Michelsen Holm v.Röm	Carsten Michels v.Röm,Steuermann Matthias Siebrandts v.Röm,Speck. Jürgen Jens Johannsen v.Röm,Harp. Jans Jansen v.Röm,Koch u.Harpunier Peter Siebrandtsen v.Röm,Schiemann Michel Carstensen v.Röm,Matrose Jan Jansen v.Röm,Matrose Lars Siebrandts v.Röm,Matrose Carsten Carstens v.Röm,Kochsmaat Andreas Michels v.Röm,Schiffsjunge	ebenda,3.2.1790 Rückk.:30.6.1790 Ertr.:1579 Robben=80 Quard. Speck=116 Quard. Tran
De Frau Anna Besatzung:43 Wal-u.Robbenfänger Hans Hansen Carl von Röm	Hans Hansen Carl v.Röm(1788),hier: Hbg.,Steuermann Cornelis Hans.Peters v.Röm,Harpun. Hans Siebrandt Möller v.Röm,Zimmer. Peter Christiansen v.Röm,BM u.Harp. Siebrandt Matthiessen v.Röm,Koch u.Harpunier Nis Petersen Möller v.Röm,Matrose Carl Carlsen v.Röm,Matrose Jens Siebrandts.Kier v.Röm,Kochsm. Jasper Hansen Schou v.Röm,Schiffsj.	ebenda,3.2.1790 Rückk.:29.5.1790 Ertr.:3422 Robben=208 Quardel. Speck=315 Quard. Tran

Schiff/Kommandeur	Name/Herkunft/Rang der Seeleute	Daten/Quelle Fangergebnis
De Martin Besatzung:36 Wal-u.Robbenfänger Cornelis Jürgens von Röm	Jasper Hans Michels v.Röm,Steuerm. Arian Rolofs v.Föhr(?),hier:Stade, Speckschneider Michel Cornelis v.Röm,Harpunier Peter Cornelis Bundes v.Röm(1792), hier:Freiburg,Matrose Peter Möller v.Röm(1792),hier: Freiburg,Matrose Hans Carstens v.Röm(1792),hier: Freiburg,Schiffsjunge	ebenda,1.2.1790 Rückk.:9.7.1790 Ertr.:1892 Rob- ben=80 Quard. Speck=112 1/2 Quard.Tran
De Frau Margaretha Besatzung:43 Wal-u.Robbenfänger Peter Hansen Carl von Röm	Jürgen Peters Bundes v.Röm(1787), hier:Hbg.,Steuermann Jens Hansen Barbes v.Röm,Speckschn. Andreas Lor.Carstens v.Röm,Harpun. Joh.Andreas Jürgens v.Röm,Harpun. Johann Cornelis.Woord v.Röm,Koch Peter Peter Larsen v.Röm(1792), hier:"Sass",Bootsmann Peter Boysen Lorenzen v.Röm(1795), hier:Göteborg,Matrose Jan Jaspersen Witt v.Röm(?),hier: Harlingen,Matrose Hans Petersen v.Röm(1792),hier: Göteborg,Matrose Christian Petersen v.Röm(?),hier: Göteborg,Matrose Jasper Möller v.Röm(1788),hier: Bützfleth,Matrose Carsten Petersen Winter v.Röm,Matr. Jürgen Michelsen v.Röm,Kochsmaat Hans Carl v.Röm(1789),hier:Hbg., Schiffsjunge	ebenda,3.2.1790 Rückk.:1.7.1790 Ertr.:1 Wal u. 1940 Robben = 130 Quard.Speck= 219 Quard.Tran u.1945 Pfd.Bar- ten
De Zwaan Besatzung:34 Wal-u.Robbenfänger Jürgen Jürgensen von Röm	Matthias Carsten Leest v.Röm,StM Cornelis Hansen Bleeg v.Röm,Harp. Andreas Jacobs v.Röm,Koch Johann Jaspers v.Röm(1789),hier: Lübeck,Matrose Jürgen Michel Hansen v.Röm,Matrose Jürgen Matthiessen v.Röm,Kochsmaat Jürgen Jürgensen v.Röm(1789),hier: Hbg.,Schiffsjunge	ebenda,3.2.1790 Rückk.:29.6.1790 Ertr.:2313 Rob- ben=120 Quard. Speck=171 1/2 Quard.Tran
De Johannes Besatzung:38 Wal-u.Robbenfänger Peter Michelsen Leest von Röm	Cornelis Michels v.Röm(1788),hier: Hbg.,Steuermann Joh.Lorenzen Falck v.Röm,Speckschn. Jürgen Cornelis.Bundis v.Röm,Harp. Peter Cornelissen v.Röm,Bootsm.u.H. Peter Andresen v.Röm,Koch u.Harp. Peter Petersen Möller v.Röm,Matr. Zwen Petersen v.Röm,Matrose Peter Petersen v.Röm,Matrose Peter Jansen Falck v.Röm,Matrose Peter Kromöse Peters v.Röm,Kochsm. Balzer Cornelis v.Röm,Schiffsjunge	ebenda,1.2.1790 Rückk.:9.7.1790 Ertr.:608 Robben =24 Quard.Speck= 35 Quard.Tran

Schiff/Kommandeur	Name/Herkunft/Rang der Seeleute	Daten/Quelle Fangergebnis
De Providentia Besatzung:42 Wal-u.Robbenfänger Andreas Jürgensen von Röm.Er war 1788 Kommandeur des Wal-und Robben- fängers "De Con- cordia".	Cord Andresen v.Röm(1785,als Matr. auf dem Walfänger "De Griepen- stein"),hier:Hbg.,Steuermann Carsten Hansen v.Röm(?),hier:Hbg., Bootsmann Hans Thomsen Schmidt v.Röm(?), hier:Finkenwerder,Matrose Christian Bundis Andresen v.Röm(?), hier:Hbg.,Matrose Andreas Jürgens v.Röm(wohl Sohn des Kommandeurs),hier:Hbg.,Matr. Johann Franck v.Röm(1792),hier: Magdeburg,Matrose Hans Peters v.Röm(?),hier:Finken- werder,Kochsmaat Johann Franck v.Röm,Schiffsjunge	ebenda,29.1.1790 Rückk.:26.6.1790 Ertr.:2815 Rob- ben=135 Quard. Speck=201 1/2 Quard.Tran
De St.Peter Besatzung:45 Walfänger Volckert Boysen von Föhr	Boy Nickels v.Föhr,Steuermann Ocke Frercks v.Föhr,Speckschneider Jacob Jappen v.Föhr,Speckschneid. Jens Lorenzen v.Föhr,Harpunier Hendrick Cornelis v.Föhr,Harpunier Jung Arfst Paven v.Föhr,Harpunier Jan Namens v.Föhr,Zimmermann Christ.Hansen v.Tondern,Zimmerm.Mt Erick Jürgen Namens v.Föhr,Bootsm. Paul Ocken v.Föhr(1789),hier: Freiburg,Schiemann Nanning Cornelissen v.Amrum(1789), hier:Altenbruch,Koch Ocke Jacobs v.Föhr,Matrose Hinrich Cornelissen v.Föhr,Matr. Rickmer Rörden v.Föhr,Matrose Gönne Carstens v.Föhr,Matrose Jung Erick Ketels v.Föhr,Matrose Dres Volkerts v.Föhr,Matrose Oluf Nickelsen v.Föhr,Matrose Carsten Ercken v.Föhr,Matrose Lorenz Jensen v.Föhr,Kochsmaat Rickmer Volkert Flohr v.Föhr,Schj.	ebenda,9.3.1790 Rückk.:9.8.1790 Ertr.:4 Wale = 105 Quard.Speck= 162 1/2 Quard. Tran u.4047 Pfd. Barten
De Justina Eleo- nora Besatzung:43 Wal-u.Robbenfänger Cornelis Jacobsen von Föhr	Elmert Adrians v.Föhr,Steuermann Lorenz Hendricks v.Föhr,Speckschn. Jan Cornelissen v.Föhr,Speckschn. Hans Carstens v.Föhr,Harpunier Boy Adriansen v.Föhr,Harpunier Riewert Riewerts v.Föhr,Bootsmann Tönnies Willms v.Föhr(1789),hier: Stade,Schiemann Lorenz Jansen v.Föhr,Koch Nickels Jensen v.Föhr,Bootsm.-Maat Hay Lorenzen v.Föhr,Matrose Riewert Hendricks v.Föhr,Matrose Jan Jacobs v.Föhr,Kochsmaat Boy Rickmers v.Föhr,Schiffsjunge Peter Willms v.Föhr,Schiffsjunge	ebenda,8.2.1790 Rückk.:8.8.1790 Ertr.:2 Wale u. 350 Robben=40 Quard.Speck= 87 1/2 Quard. Tran u.1340 Pfd.Barten

Schiff/Kommandeur	Name/Herkunft/Rang der Seeleute	Daten/Quelle Fangergebnis
De Twe Gesüster Besatzung:45 Walfänger Boy Jurians von Föhr	Lorenz Adriansen v.Föhr(1789), hier:Spaden,Steuermann Broer Nannings v.Föhr,Speckschneid. Lorenz Hendricks v.Föhr,Speckschn. Gottfried Hinrichsen v.Föhr,Harp. Erick Jürgens v.Föhr,Zimmermann Matthias Alberts v.Föhr,Zimm.-Maat Olof Jürgens v.Föhr,Schiemann Nanning Boysen v.Föhr(1788),hier: Hbg.,Matrose Lorenz Olofs v.Föhr,Matrose Rörd Jürgens v.Föhr,Matrose Boy Volkerts v.Föhr,Matrose Johann Boysen v.Föhr,Matrose Riewert Arians v.Föhr(1788),hier: Freiburg,Matrose Boy Ketels v.Föhr,Matrose Boh Bohn v.Föhr,Matrose Jürgen Rickmers v.Föhr,Matrose Johann Friedrich Dening v.Föhr,KM Nanning Broersen v.Föhr,Schiffsj.	ebenda,10.3.1790 Rückk.:20.8.1790 Ertr.:1/2 Wal= 32 Quard.Speck= 42 Quard.Tran u. 1272 Pfd.Barten
De Gute Erwartung Besatzung:43 Wal-u.Robbenfänger Boy Cornelis von Föhr	Cornelis Hendricks v.Föhr,Steuerm. Hendrick Riewerts v.Föhr,Speckschn. Peter Tönnissen v.Föhr(1791),hier: Lübeck,Speckschneider Jürgen Willms v.Föhr(1791),hier: Lübeck,Harpunier Cornelis Riewerts v.Föhr,Schiffsj.	ebenda,1.2.1790 Rückk.:21.7.1790 Ertr.:1 Wal u. 1967 Robben=102 Quard.Speck=154 Quard.Tran u.540 Pfd.Barten
De Jonge David Besatzung:45 Walfänger Lorenz Hendricks von Föhr	Matthias Riewerts v.Föhr,Steuerm. Jacob Hendricks v.Föhr,Speckschn. Rolof Tönnies v.Föhr,Harpunier Dirck Lorenzen v.Föhr,Harpunier Broer Broers v.Föhr,Harpunier Lorenz Willms v.Föhr,Harpunier Lorenz Lorenzen v.Föhr,Zimmermann Danklef Lorenzen v.Föhr,Zimm.-Maat Simon Hendricks v.Föhr,Bootsmann Frerck Riewerts v.Föhr,Schiemann Riewert Matthiessen v.Föhr,Koch Riewert Cornelissen v.Föhr,Matrose Hendrick Cornelis v.Föhr,Matrose Cornelis Cornelissen v.Föhr,Matr. Dirck Jacobs v.Föhr,Matrose Lorenz Lorenzen v.Föhr,Matrose Boy Boysen v.Föhr,Matrose Riewert Boysen v.Föhr,Matrose;er ist vor Antritt der Reise erkrankt. Simon Cornelissen v.Föhr,Matrose Riewert Frercks v.Föhr,Matrose Simon Clasen v.Föhr,Matrose Boy Bahnsen Breckling v.Föhr,Matr. Wögen Frödden v.Föhr,Kochsmaat Rickmer Arfsten v.Föhr,Schiffsjge.	ebenda,10.3.1790 Rückk.:16.8.1790 Ertr.2 Wale=70 Quard.Speck=92 Quard.Tran u. 2746 Pfd.Barten

1790

Schiff/Kommandeur	Name/Herkunft/Rang der Seeleute	Daten/Quelle Fangergebnis
De Jgfr.Johanna Magdalena Besatzung:45 Walfänger Peter Boysen von Föhr	Broer Volkerts v.Föhr,Steuermann Hinrich Jansen v.Föhr,Speckschneid. Cornelis Jürgens v.Föhr,Speckschn. Jürgen Riecks v.Föhr,Harpunier Oluf Ocken v.Föhr,Harpunier Riewert Clasen v.Föhr,Harpunier Willm Jansen v.Föhr,Zimmermann Hans Rickmers v.Föhr,Zimmerm.-Maat Hinrich Jürgens v.Föhr,Schiemann Johann Süncken v.Föhr,Matrose Broer Jürgensen v.Föhr,Matrose Simon Rolofs v.Föhr,Matrose Rolof Jansen v.Föhr,Matrose Boy Rolofs v.Föhr,Matrose Friedrich Rörden v.Föhr,Matrose Broer Jacobs v.Föhr,Matrose Lorenz Riecks v.Föhr,Matrose Jap Ketels v.Föhr,Matrose Lorenz Jürgens v.Föhr,Kochsmaat Jacob Ocken v.Föhr,Schiffsjunge	ebenda,10.3.1790 Rückk.:31.8.1790 Ertr.:1/2 Wal= 32 Quardel.Speck: 42 Quard.Tran u. 1350 Pfd.Barten
De Jonge Jacob Besatzung:44 Walfänger Lorenz Adriansen von Föhr	Arian Arians v.Föhr,Steuermann Rickmer Broersen v.Föhr,Speckschn. Boy Jurians v.Föhr,Speckschneider Simon Nickelsen v.Föhr,Harpunier Hay Hayen v.Föhr,Harpunier Hans Peters v.Föhr,Harpunier Friedrich Riewerts v.Föhr,Zimmerm. Broer Rolofs v.Föhr,Zimmerm.-Maat Riewert Petersen v.Föhr,Bootsmann Broer Boysen v.Föhr,Schiemann Nickel Nickels.v.Föhr,Bootsm.-Maat Ocke Hinrichs v.Föhr,Matrose Nickels Matthiessen v.Föhr,Matrose Boy Dircks v.Föhr,Matrose Ocke Olofs v.Föhr,Matrose Andreas Geesen v.Föhr,Matrose Boy Dircks v.Föhr,Matrose Rolof Peters v.Föhr,Schiffsjunge Boh Jürgen Bohn v.Föhr,Kochsmaat Rörd Frödden v.Föhr,Schiffsjunge	ebenda,11.3.1790 Rückk.:31.8.1790 Ertr.:1 1/2 Wale =30 Quard.Speck= 45 Quard.Tran u. 1115 Pfd.Barten
De Elisabeth Cäcilia Besatzung:42 Wal-u.Robbenfänger Jürgen Cornelis von Föhr	Jacob Flohr v.Föhr(1789),hier: Hbg.,Steuermann Peter Hendricks v.Föhr(?),hier: Hbg.,Speckschneider Jürgen Petersen v.Föhr(?),hier: Brake,Harpunier Jürgen Jürgens v.Föhr(1789),hier: Hbg.,Harpunier Martin Flohr v.Föhr(1789),hier: Hbg.,Harpunier Rieck Nannings v.Föhr(1789),hier: Hbg.,Zimmermann Cornelis Jürgens v.Föhr(Hbg.),Matr. Martin Jürgens v.Föhr(Hbg.),Matros. -Söhne des Kommandeurs- Clas Flohr v.Föhr,Matrose Cord Ketel Hendricks v.Föhr,Schjge.	ebenda,1.2.1790 Rückk.:10.7.1790 Ertr.:1548 Robben=75 Quardel. Speck=117 1/2 Quard.Tran

514

Schiff/Kommandeur	Name/Herkunft/Rang der Seeleute	Daten/Quelle Fangergebnis
De Jgfr.Anna Maria Besatzung:45 Wal-u.Robbenfänger Hans Hansen Tönnies von Sylt	Hans Peter Jürgens v.Röm(1789), hier:Vegesack,Steuermann Peter Boysen v.Föhr(1787),hier: Hbg.,Speckschneider Rickmer Arians v.Föhr(1792),hier: Hbg.,Speckschneider Jasper Cornelissen v.Röm,Harpunier Moritz Michels v.Röm,Bootsmann Peter Jürgens v.Röm(1788),hier:Elm, Schiemann Tönnies Hans Tönnies v.Sylt(Sohn des Kommandeurs),hier:Hbg.,Schiffsjunge	ebenda,1.2.1790 Rückk.:30.6.1790 Ertr.:3 Wale u. 2751 Robben = 224 Quard.Speck= 357 Quard.Tran u.3890 Pfd.Barten
De Roosenbaum Besatzung:44 Wal-u.Robbenfänger Clas Jansen Ney	Jürgen Cornelis v.Föhr(1794),hier: Hbg.,Speckschneider Simon Nannings v.Föhr(1794),hier: Spaden,Harpunier	ebenda,2.2.1790 Rückk.:25.7.1790 Ertr.:1160 Robben=70 Quard. Speck=98 Quard. Tran
De Lilie Besatzung:43 Wal-u.Robbenfänger Hinrich August Hasselmann	Peter Jansen Leest v.Röm,Steuerm. Riewert Broersen v.Föhr,Harpunier Boy Arians v.Föhr,Matrose	ebenda,3.2.1790 Rückk.:25.7.1790 Ertr.:1 Wal u. 2190 Robben=130 Quard.Speck=190 Quard.Tran u. 1545 Pfd.Barten
De Fridericia Besatzung:44 Wal-u.Robbenfänger August Hinrich Krüger	Dirck Rolofs v.Föhr,Steuermann Hinrich Jensen v.Föhr,Harpunier	ebenda,1.2.1790 Rückk.:27.7.1790 Ertr.:2328 Robben=120 Quard. Speck=208 Quard. Tran
De Hoopende Visser Besatzung:45 Wal-u.Robbenfänger Gerrit Jansen	Riewert Riewertsen v.Föhr,Steuerm. Rörd Petersen v.Föhr,Speckschneid. Riewert Riewertsen v.Föhr,Matrose	ebenda,1.2.1790 Rückk.:1.9.1790 ohne Ertrag
De Hoopende Landmann Besatzung:45 Walfänger Ocke Daniel Meyer	Lorenz Jurians v.Föhr(?),hier:Elsfleth,Speckschneider Rolof Boysen v.Föhr(1794),hier: Elsfleth,Speckschneider Riewert Lorenz v.Föhr(1794),hier: Elsfleth,Matrose	ebenda,undatiert Rückk.:31.8.1790 Ertr.:2 Wale=18 Quard.Speck=28 Quard.Tran u. 230 Pfd.Barten

Schiff/Kommandeur	Name/Herkunft/Rang der Seeleute	Daten/Quelle Fangergebnis
De Catharina Margaretha Besatzung:37 Wal-u.Robbenfänger Peter Petersen Holm von Röm	Hans Peters.Tagholm v.Röm,Steuerm. Jacob Peters Falck v.Röm,Speckschn. Peter Hans.Möller v.Röm,Harpunier Cornelis Siebr.Backer v.Röm,Harpun. Johannes Petersen v.Röm,Zimmermann Enoch Cornelissen v.Röm,Matrose Ulrich Wulf v.Röm,Matrose Peter Matthiessen Mersk v.Röm,Matr. Peter Hansen v.Röm,Matrose Carst.Jans.Siebrandts v.Röm,Kochsm. Jürgen Cornelis v.Röm,Schiffsjunge	StAHam,Archiv d. Wasserschouts, I.A.1.k. 27.1.1791 Rückk.:7.7.1791 Ertr.:410 Robben= 11 Quard.Speck= 18 Quard.Tran
De Bloyende Hoop Besatzung:43 Wal-u.Robbenfänger Albert Jansen von Röm	Andreas Michels.Leest v.Röm,Steuer. Dirck Boysen v.Föhr,Speckschneider Peter Peters.Tagholm v.Röm,Harpun. Peter Engelbr.Bleeg v.Röm,Koch Michel Jansen v.Röm,Matrose Corn.Michels Siewert v.Röm,Matrose Jürgen Peters v.Röm,Matrose Albert Alberts v.Röm,Matrose Jan Alberts v.Röm,Schiffsjunge	ebenda,27.1.1791 Rückk.:10.8.1791 Ertr.:1 1/2 Wale u.120 Robben=76 Quard.Speck=123 Quard.Tran u. 3410 Pfd.Barten
De Vertrouwen Besatzung:43 Wal-u.Robbenfänger Hans Peter Lüders von Röm	Peter Moritz v.Röm(1788),hier:Hbg., Steuermann Nanning Wögens v.Föhr,Speckschneid. Andreas Peters v.Röm,Bootsm.u.Harp. Carsten Carstens Witt v.Röm,Harpun. Corn.Michels Siewers v.Röm,Koch Hans Christian Winter v.Röm,Matrose Matthias Jansen v.Röm,Matrose Ricklef Namens v.Föhr,Matrose Wögen Namens v.Föhr,Matrose Cord Peters v.Röm,Schiffsjunge	ebenda,27.1.1791 Rückk.:10.8.1791 Ertr.:1 1/2 Wale= 64 Quard.Speck= 90 Quard.Tran u. 2772 Pfd.Barten
De Anna Elisabeth Besatzung:43 Wal-u.Robbenfänger Jasper Jansen von Röm	Jürgen Michels v.Röm,Steuermann Peter Willms v.Föhr(1792),hier: Hbg.,Speckschneider Arian Jürgens v.Föhr(1792),hier: Hbg.,Speckschneider Jochim Peters v.Röm(1794),hier: "Lensen",Bootsmann u.Harpunier Jan Moritzen v.Röm,Harpunier Peter Michels v.Röm,Matrose Michel Peters v.Röm,Matrose Jan Jaspers v.Röm,Matrose Jes Jacobs v.Röm,Matrose Andreas Peters v.Röm,Matrose Peter Cornelis v.Röm,Matrose Peter Peters v.Röm,Schiffsjunge	ebenda,28.1.1791 Rückk.:21.8.1791 Ertr.:1 Wal u. 147 Robben=44 Quard.Speck= 66 1/2 Quard.Tran u.1719 Pfd.Bar- ten
De Jonge Martin Besatzung:42 Wal-u.Robbenfänger Hans Hansen Carl von Röm.Er war 1790 Steuermann d.Wal- u.Robbenfängers "De Frau Anna".	Cornelis Hans.Peters v.Röm,Steuerm. Carsten Hans.Michels v.Röm,Harpun. Carsten Hansen v.Röm,Bootsm.u.Harp. Peter Cornelissen v.Röm,Koch u.Har. Matthias Jensen.v.Sylt,Matrose Niels Andr.Christensen v.Hjerpstedt Kochsmaat Cornelis Matthiessen v.Röm,Schiffs- junge	ebenda,27.1.1791 Rückk.:6.8.1791 Ertr.:396 Robben =10 Quard.Speck= 12 1/2 Quardel. Tran

Schiff/Kommandeur	Name/Herkunft/Rang der Seeleute	Daten/Quelle Fangergebnis
De Frau Elisabeth Besatzung:33 Wal-u.Robbenfänger Knud Michelsen Holm von Röm	Carsten Michels v.Röm,Steuermann Matthias Siebrandts v.Röm,Specksch. Hans Jansen v.Röm,Koch u.Harpunier Jürgen Jens Johannsen v.Röm,Harp. Jan Lorenzen v.Röm(?),hier:Vege- sack,Zimmermann Peter Siebrandts v.Röm,Schiemann Jan Jansen v.Röm,Matrose Carsten Cornelis v.Röm,Matrose Matthias Carstensen v.Röm,Kochsm. Andreas Michels v.Röm,Schiffsjge.	ebenda,29.1.1791 Rückk.:4.7.1791 Ertr.:1 Wal u. 279 Robben = 45 Quard.Speck= 61 Quard.Tran u. 651 Pfd.Barten
De Martin Besatzung:36 Wal-u.Robbenfänger Cornelis Jürgens von Röm	Jasper Hans Michels v.Röm,Steuerm. Johann Carstens v.Röm(1788),hier: Freiburg,Bootsmann u.Harpunier Jürgen Hansen v.Röm(1790),hier: Bremen,Harpunier Peter Cornelis v.Röm,Harpunier Peter Carsten Möller v.Röm(1792), hier:Bremen,Matrose Cornelis Jaspers v.Röm,Matrose Hans Carstens v.Röm(1793),hier: Freiburg,Schiffsjunge	ebenda,26.1.1791 Rückk.:10.7.1791 Ertr.:681 Robben =22 Quard.Speck= 30 1/2 Quard. Tran
De Providentia Besatzung:41 Wal-u.Robbenfänger Andreas Jürgensen von Röm	Cord Andresen v.Röm(1785),hier: Hbg.,Steuermann Carsten Bundes Hansen Schouw v. Röm(1796),hier:Harburg,Matrose Wulf Cornelissen v.Röm(?),hier: Harburg,Matrose Hans Thomsen Schmidt v.Röm(?), hier:Harburg,Matrose Andreas Jürgen Backer v.Röm(1788), hier:Lübeck,Matrose Johann Franck v.Röm(1792),hier: Hbg.,Matrose Hans Petersen v.Röm(?),hier:Har- burg,Kochsmaat Franck Petersen v.Röm(?),hier:Har- burg,Schiffsjunge	ebenda,27.1.1791 Rückk.:11.7.1791 Ertr.:956 Rob- ben=26 Quard. Speck=34 1/2 Quard.Tran
De Maria Elisabeth Besatzung:44 Wal-u.Robbenfänger Cornelis Petersen Wandal von Röm	Andreas Petersen Dahl v.Röm(1788), hier:Hbg.,Steuermann Arian Arians v.Föhr(1792),hier: Vegesack,Speckschneider Carsten Petersen v.Röm,Speckschn. Peter Ercksen v.Röm,Bootsm.u.Harp. Johann Carsten Lamberts v.Röm (1788),hier:Hbg.,Harpunier Peter Cornelis Witt v.Röm,Matrose Hans Petersen Bleeg v.Röm,Matrose Peter Cornelis v.Röm,Matrose Albert Cornelissen v.Röm,Schiffsj.	ebenda,29.1.1791 Rückk.:24.8.1791 Ertr.:560 Rob- ben = 14 Quard. Speck=19 1/2 Quard.Tran
De Zwaan Besatzung:33 Wal-u.Robbenfänger Jürgen Jürgensen von Röm	Matthias Christens.Leest v.Röm, Steuermann Peter Petersen v.Röm,Koch u.Harp. Andreas Jacobsen v.Röm,Harpunier Jürgen Michel Jansen v.Röm,Matrose Jürgen Jürgensen v.Röm,Schiffsj.	ebenda,29.1.1791 Rückk.:4.7.1791 Ertr.:771 Rob- ben=28 Quard. Speck=36 Quard. Tran

Schiff/Kommandeur	Name/Herkunft/Rang der Seeleute	Daten/Quelle Fangergebnis
De Frau Anna Besatzung:33 Wal-u.Robbenfänger Cornelis Petersen Leest von Röm	Peter Nicolaus Möller v.Röm,Steuer. C.Jürgen Pet.Leest v.Röm,Bootsm.u. Harpunier Corn.Cornelissen Thoms.v.Röm,Koch u.Harpunier Jasper Cornelissen Möller v.Röm,H. Hans Cornelissen v.Röm,Harpunier Peter Cornelissen Möller v.Röm,Har. Johann Jacobs Holm v.Röm,Matrose Peter Jansen Leest v.Röm,Matrose Cornelis Jansen v.Röm,Matrose Peter Lorenzen v.Röm,Kochsmaat	ebenda,27.1.1791 Rückk.:10.7.1791 Ertr.:565 Robben=19 Quard. Speck=24 1/2 Quard.Tran
De Concordia Besatzung:33 Wal-u.Robbenfänger Cornelis Andresen von Röm	Johann Andreas Dahl v.Röm(1788), hier:Hbg.,Steuermann Peter Peters Witt v.Röm,Bootsm.u.H. Peter Andresen v.Röm,Koch u.Harpun. Hans Franck v.Röm,Harpunier Peter Petersen v.Röm,Matrose Jasper Cornelis v.Röm,Matrose Jacob Jürgen Carstens v.Röm,Matrose Michel Christensen v.Röm,Matrose Carsten Carstens v.Röm,Kochsmaat Hans Siebrandts v.Röm,Schiffsjunge	ebenda,27.1.1791 Rückk.:9.7.1791 Ertr.:1/2 Wal u. 429 Robben =29 Quard.Speck = 40 1/2 Quard. Tran u.840 Pfd. Barten
De Maria Susanna Besatzung:43 Wal-u.Robbenfänger Matthias Jessen von Röm	Rolof Riewerts v.Föhr,Steuermann Hendrick Lorenzen v.Föhr(1793), hier:v.d.Brake,Speckschneider Jürgen Jessen v.Röm,Harpunier Jes Peters v.Röm,Harpunier Lorenz Jacobsen v.Röm(1792),hier: Vegesack,Koch Michel Jürgen Jessen v.Röm,Matrose Peter Tönnies v.Röm,Matrose Jürgen Jessen v.Röm,Matrose Lorenz Lorenzen v.Röm,Matrose Carsten Alberts v.Röm,Matrose Jacob Jessen v.Röm,Matrose Tönnies Peters v.Röm,Schiffsjunge	ebenda,26.1.1791 Rückk.:2.8.1791 Ertr.:1/2 Wal u. 194 Robben=30 Quard.Speck = 34 1/2 Quard. Tran u.1300 Pfd. Barten
De Frau Margaretha Besatzung:42 Wal-u.Robbenfänger Peter Hansen Carl von Röm	Jürgen Peter Bundis v.Röm(1787), hier:Hbg.,Steuermann Peter Petersen Larsen v.Röm(1795), hier: Sasel ,Speckschneider Jan Andreas Jürgens v.Röm,Bootsmann u.Harpuni. Andreas Lorenz Carstens v.Röm,Harp. Lorenz Cornelis.Woort v.Röm,Koch Peter Carsten Winter v.Röm,Matrose Jasper Möller v.Röm,Matrose Hans Petersen v.Röm,Matrose Pet.Boysen Lorenzen v.Röm(1795), hier:Göteborg,Matrose Hans Peters Carl v.Röm,Matrose Peter Krommöse Peters v.Röm,Kochsm. Hans Andresen v.Ballum,Schiffsjunge	ebenda,27.1.1791 Rückk.:14.8.1791 Ertr.:1 Quardel. Tran;nähere Angaben fehlen

Schiff/Kommandeur	Name/Herkunft/Rang der Seeleute	Daten/Quelle Fangergebnis
De Johannes Besatzung37 Wal-u.Robbenfänger Peter Michelsen Leest von Röm	Cornelis Michels Leest v.Röm(1792) hier:Hbg.,Steuermann C.Hansen Thoms.v.Röm,Bootsm.u.Harp. Jürgen Cornelis Bundis v.Röm,Harp. Peter Jansen Falck v.Röm,Matrose Balzer(Bartels) Jürgens v.Röm,KM Balzer Cornelsen v.Röm,Schiffsjge.	ebenda,26.1.1791 Rückk.:10.7.1791 Ertr.:1/2 Wal u. 542 Robben=34 Quard.Speck=48 Quard.Tran u. 840 Pfd.Barten
De Frau Anna Besatzung:42 Wal-u.Robbenfänger Hans Hansen Carl von Röm	Hans Michel Bundis v.Röm,Steuerm. Boy Arians v.Föhr,Speckschneider Peter Petersen v.Röm,Bootsm.u.Harp. Siebr.Matthiessen Kier v.Röm,Koch u.Harpunier Siebrandt Möller v.Röm,Harpunier Zwen Peters v.Röm,Matrose Zwen Andresen Hansen v.Röm,Matrose Jens Siebrandtsen Kier v.Röm,Matr. Jasper Hansen Schouw v.Röm,Schiffs- junge	ebenda,27.1.1791 Rückk.:6.8.1791 Ertr.:580 Robben =16 Quard.Speck= 23 1/2 Quard. Tran
De Justina Eleono- ra Besatzung:43 Wal-u.Robbenfänger Cornelis Jacobsen von Föhr	Volkert Arfsten v.Föhr,Steuermann Rickmer Broersen v.Föhr,Speckschn. Jan Cornelissen v.Föhr,Speckschn. Hans Carstens v.Föhr,Harpunier Rolof Broers v.Föhr,Harpunier Riewert Riewerts v.Föhr,Bootsmann Nickels Jensen v.Föhr,Bootsm.-Maat Riewert Hendricks v.Föhr,Matrose Jan Jacobs v.Föhr,Matrose Boy Rickmers v.Föhr,Schiffsjunge	ebenda,4.2.1791 Rückk.:20.6.1791 Ertr.:200 Robben= 6 Quard.Speck= 6 1/2 Quard. Tran;das Schiff hat auf der Rei- se Havarie ge- habt und kehrte vorzeitig zu- rück,StAHam, Handschrift 263, S.162.
De Twe Gesüster Besatzung:45 Walfänger Boy Jurians von Föhr	Jürgen Arfsten v.Föhr,Steuermann Broer Nannings v.Föhr,Speckschneid. Lorenz Hendricks v.Föhr,Speckschn. Gottfried Hinrichsen v.Föhr,Harp. Erick Jürgens v.Föhr,Zimmermann Matthias Alberts v.Föhr,Zimmerm.-M. Olof Jürgens v.Föhr,Schiemann Riewert Riewertsen v.Föhr,Matrose Nanning Boysen v.Föhr,Matrose Lorenz Olofs v.Föhr,Matrose Lorenz Jung Jansen v.Föhr,Matrose Siebrandt Jensen v.Föhr(?),hier: Assel,Matrose Boy Ariansen v.Föhr(?),hier:Assel, Matrose Jung Rörd Arfsten v.Föhr,Matrose Knudt Flohr v.Föhr,Matrose Jens Bohn v.Föhr,Matrose Knudt Namens v.Föhr,Matrose Jan Braren(Baarèn)v.Föhr,Matrose Boy Ketels v.Föhr,Matrose Jürgen Rickmers v.Föhr,Matrose Boh Bohn v.Föhr,Matrose Joh.Friedrich Däning v.Föhr,Kochsm. Nanning Broersen v.Föhr,Schiffsjge.	ebenda,14.3.1791 Rückk.:28.8.1791 ohne Ertrag

Schiff/Kommandeur	Name/Herkunft/Rang der Seeleute	Daten/Quelle Fangergebnis
De Jonge Jacob Besatzung:45 Wal-u.Robbenfänger Lorenz Adriansen von Föhr	Jacob Flohr v.Föhr,Steuermann Hay Hayen v.Föhr,Speckschneider Hans Peters v.Föhr,Speckschneider Nickel Nickelsen v.Föhr,Harpunier Cornelis Rolofs v.Föhr,Harpunier Friedrich Riewerts v.Föhr,Zimmerm. Lorenz Hendricksen v.Föhr,Bootsmann Nickel Matthiessen v.Föhr,Schiem. Rörd Rörden v.Föhr,Matrose Frerck Hinrichs v.Föhr(1792),hier: Hbg.,Kochsmaat Wögen Olofs v.Föhr,Schiffsjunge	ebenda,26.1.1791 Rückk.:22.7.1791 Ertr.:3 Wale= 120 Quard.Speck= 161 Quard.Tran u.5234 Pfd.Bar- ten
De Elisabeth Cäci- lia Besatzung:41 Wal-u.Robbenfänger Jürgen Cornelis von Föhr	Martin Flohr v.Föhr(1789),hier: Hbg.,Steuermann Jürgen Jürgens v.Föhr,Harpunier Ricklef Namens v.Föhr,Zimmermann Martin Jürgens v.Föhr(Hbg.),Matr. Cornelis Jürgens v.Föhr(Hbg.),Matr. (Söhne des Kommandeurs) Peter Peters v.Föhr(1794),hier: Lübeck,Matrose Cornelis Hendricks v.Föhr(1790), hier:Bremen,Schiffsjunge	ebenda,28.1.1791 Rückk.:20.8.1791 ohne Ertrag
De Jonge David Besatzung:45 Walfänger Lorenz Hendricks von Föhr	Matthias Riewerts v.Föhr,Steuerm. Jacob Hendricks v.Föhr,Speckschn. Dirck Lorenzen v.Föhr,Speckschneid. Friedrich Riewerts v.Föhr,Harpun. Lorenz Willms v.Föhr,Harpunier Broer Broersen v.Föhr,Harpunier Dankleff Lorenzen v.Föhr,Zimmerm. Lorenz Lorenzen v.Föhr,Zimm.-Maat Simon Hendricks v.Föhr(1790),hier: Cuxhaven,Bootsmann Riewert Matthiessen v.Föhr,Koch Riewert Cornelissen v.Föhr,Matrose Hinrich Cornelissen v.Föhr,Matrose Cornelis Cornelissen v.Föhr,Matr. Dirck Jacobs v.Föhr,Matrose Boy Boysen v.Föhr,Matrose Riewert Boysen v.Föhr,Matrose Boh Jürgen Bohn v.Föhr,Matrose Fröd Hayen v.Föhr,Matrose Nickels Frödden v.Föhr,Matrose Boy Bahnsen Breckling v.Föhr,Matr. Hinrich Nickels v.Föhr,Matrose Knud Boysen v.Föhr,Matrose Riewert Frercks v.Föhr,Matrose Simon Clasen v.Föhr,Matrose Ocke Olufs v.Föhr,Matrose Jung Rörd Nickels v.Föhr,Matrose Wögen Frödden v.Föhr,Kochsmaat Rickmer Arfsten v.Föhr,Schiffsjge.	ebenda,15.3.1791 Rückk.:7.9.1791 ohne Ertrag

520

Schiff/Kommandeur	Name/Herkunft/Rang der Seeleute	Daten/Quelle Fangergebnis
De St.Peter Besatzung:45 Walfänger Volkert Boysen von Föhr	Boy Nickels v.Föhr,Steuermann Ocke Frercks v.Föhr,Speckschneider Jacob Jappen v.Föhr,Speckschneider Hendriek Cornelis v.Föhr,Harpunier Jan Lorenzen v.Föhr,Harpunier Paul Ocken v.Föhr,Harpunier Johann Namens v.Föhr,Zimmermann Volkert Jensen v.Föhr,Bootsmann Andreas Nickels v.Föhr,Schiemann Nanning Cornelis v.Föhr(1788),hier: Altenbruch,Koch(bei ihm wechseln häufig die Herkunftsangaben zwi- schen Amrum und Föhr) Ocke Jacobs v.Föhr,Matrose Ocke Matthiessen v.Föhr,Matrose Simon Bonken(Boysen?) v.Föhr,Matr. Nickel Jensen v.Föhr,Matrose Friedrich Hendricks v.Föhr,Matrose Peter Bohn v.Föhr,Matrose Hinrich Riewerts v.Föhr,Matrose (Die Angabe ist gestrichen) Jens Volkers v.Föhr,Matrose Tönnies Jürgens v.Föhr(?),hier: Freiburg,Matrose Hinrich Jung Nannings v.Föhr(1792), hier:Freiburg,Matrose Rickmer Volkert Flohr v.Föhr(1790), hier:Hbg.,Matrose Riewert Peters v.Föhr(?),hier:Hbg., Matrose Hay Nickels v.Föhr(1790),hier:Hbg., Matrose Lorenz Jensen v.Föhr,Kochsmaat Nanning Peters v.Föhr,Schiffsjunge	ebenda,14.3.1791 Rückk.:25.8.1791 Ertr.:1 Wal=9 Quard.Speck= 14 1/2 Quard. Tran u.230 Pfd. Barten
De Gute Erwartung Besatzung:43 Wal-u.Robbenfänger Boy Cornelis von Föhr	Cornelis Hendricks v.Föhr,Steuerm. Arian Arians v.Föhr,Speckschneider Jürgen Tönnies v.Föhr,Speckschneid. Jürgen Willms v.Föhr,Harpunier Simon Nickelsen v.Föhr,Harpunier Arfst Bohn v.Föhr,Bootsmann Cornelis Adriansen v.Föhr(?),hier: Stade,Matrose Cornelis Cornelissen v.Föhr,Matrose Cornelis Hendricks v.Föhr,Matrose Jürgen Rolofs v.Föhr,Schiffsjunge	ebenda,27.1.1791 Rückk.:2.8.1791 Ertr.:1/2 Wal= 28 Quard.Speck= 33 Quard.Tran u. 1325 Pfd.Barten
De Jgfr.Johanna Magdalena Besatzung:45 Walfänger Peter Boysen von Föhr	Broer Volkerts v.Föhr,Steuermann Hinrich Jansen v.Föhr,Speckschn. Cornelis Jürgens v.Föhr,Speckschn. Olof Ocken v.Föhr,Harpunier Riewert Clasen v.Föhr,Harpunier Jürgen Riecks v.Föhr,Harpunier Willm Jansen v.Föhr,Zimmermann Hans Rickmers v.Föhr,Zimmerm.-Maat b.w.	ebenda,14.3.1791 Rückk.:6.9.1791 ohne Ertrag

Schiff/Kommandeur	Name/Herkunft/Rang der Seeleute	Daten/Quelle Fangergebnis
	Hinrich Cornelissen v.Föhr(?),hier: Bremen,Bootsmann Johann Johannsen v.Föhr,Schiemann Hendrick Jürgens v.Föhr,Koch Johann Söncken v.Föhr,Matrose Lorenz Riecks v.Föhr,Matrose Broer Jürgens v.Föhr,Matrose Rolof Rolofs v.Föhr,Matrose Hendrick Riewerts v.Föhr,Matrose Jap Ketels v.Föhr,Matrose Broder Jacobs v.Föhr,Matrose Jürgen Ketelsen v.Föhr,Matrose Ocke Hinrichs v.Föhr,Matrose Friedrich Rörden v.Föhr,Matrose Riewert Rolofs v.Föhr,Matrose Jacob Ocken v.Föhr,Matrose Lorenz Jürgens v.Föhr,Kochsmaat Broer Riecks v.Föhr,Schiffsjunge	
De Jgfr.Anna Maria Besatzung:43 Wal-u.Robbenfänger Hans Hansen Tönnies von Sylt	Peter Hans Jürgensen v.Sylt(1794), hier:Bremen,Steuermann Peter Boysen v.Föhr(1792),hier: Hbg.,Speckschneider Rickmer Arfsten v.Föhr(1792),hier: Hbg.,Speckschneider Tönnies Hansen Tönnies v.Sylt(Hbg.) Schiffsjunge	ebenda,29.1.1791 Rückk.:20.8.1791 Ertr.:3.Wale u. 203 Robben=178 Quard.Speck=221 Quard.Tran u. 5485 Pfd.Barten
De Roosenbaum Besatzung:44 Wal-u.Robbenfänger Clas Jansen Ney	Jürgen Cornelis v.Föhr(1794),hier: Spaden,Speckschneider Simon Nannings v.Föhr(1795),hier: Spaden,Zimmermann u.Harpunier Jürgen Simons v.Föhr(1796),hier: Spaden,Schiffsjunge	ebenda,3.2.1791 Rückk.:11.8.1791 Ertr.:1 1/2 Wale u.308 Robben = 59 Quard.Speck= 96 Quard.Tran u. 2230 Pfd.Barten
De König Salomon Besatzung:44 Walfänger Clas Lührs	Arian Hinrichsen v.Föhr,Matrose Nanning Simonsen v.Föhr(1794),hier: Spaden,Matrose	ebenda,16.3.1791 Rückk.:25.8.1791 ohne Ertrag
De Hoopende Land- mann Besatzung:44 Wal-u.Robbenfänger Ocke Daniel Meyer	Rolof Jürgens v.Föhr,Speckschneid.	ebenda,26.1.1791 Rückk.:22.8.1791 Ertr.:7 Quard. Tran;weitere An- gaben fehlen
De Elisabeth Besatzung:36 Wal-u.Robbenfänger Joh.Hinrich Flömer	Riewert Riewertsen v.Föhr,Steuerm. Cornelis Broers v.Föhr,Harpunier Jürgen Nannings v.Föhr,Harpunier	ebenda,26.1.1791 Rückk.:24.8.1791 Ertr.:130 Robben =3 Quard.Speck= 5 1/2 Quard.Tran
De Lilie Besatzung:42 Wal-u.Robbenfänger Hinrich August Hasselmann	Peter Jansen Leest v.Röm,Steuerm. Riewert Bruhnsen v.Föhr,Harpunier Boy Adriansen v.Föhr,Matrose;er ist vor Antritt der Reise erkrankt, der Name ist gestrichen.	ebenda,31.1.1791 Rückk.:23.8.1791 Ertr.:1 Quard. Tran;nähere An- gaben fehlen

Schiff/Kommandeur	1791 Name/Herkunft/Rang der Seeleute	Daten/Quelle Fangergebnis
De Fridericia Besatzung:43 Wal-u.Robbenfänger August Hinrich Krüger	Dirck Rolofs v.Föhr,Steuermann Hinrich Jansen v.Föhr,Speckschneid.	ebenda,26.1.1791 Rückk.:25.8.1791 Ertr.:200 Robben =4 Quard.Speck= 9 Quard.Tran
De Hoopende Visser Besatzung:45 Wal-u.Robbenfänger Gerrit Jansen	Cornelis Cornelissen v.Föhr,Steuer. Peter Hinrichsen v.Föhr,Speckschn. Jürgen Boysen v.Föhr,Harpunier Elmert Adrians v.Föhr,Harpunier Cornelis Cornelissen v.Föhr,Matrose	ebenda,1.2.1791 Das Schiff kehr- te am 25.4.1791 wegen Havarie ohne Ertrag nach Hamburg zurück.

Schiff/Kommandeur	Name/Herkunft/Rang der Seeleute	Daten/Quelle Fangergebnis
De Johannes Besatzung:38 Wal-u.Robbenfänger Peter Michelsen Leest von Röm	Cornelis Michels v.Röm,Steuermann Niels Hans.Thomsen v.Röm,Bootsmann u.Harpunier Carsten Jansen v.Röm,Zimm.u.Harp. Jan Lorenzen Falck v.Röm,Harpunier Peter Jansen Falck v.Röm,Matrose Balzer Jürgensen v.Röm,Kochsmaat Balzer Cornelsen v.Röm,Schiffsjge.	StAHam,Archiv d. Wasserschouts I.A.1.k. 11.2.1792 Rückk.:26.8.1792 Ertr.:1960 Rob- ben=75 Quard. Speck=107 1/2 Quard.Tran
De Catharina Mar- garetha Besatzung:38 Wal-u.Robbenfänger Peter Petersen Holm von Röm	Hans Möller Petersen Holm v.Röm, Steuermann Jac.Peters.Falck v.Röm,Speckschn. Corn.Siebrandt Bakker v.Röm,Harp. Hans Jansen Preest v.Röm,BM u.Harp. Peter Matthies.Mersk v.Röm,Matrose Peter Cornelis v.Röm,Matrose Jasper Jansen v.Röm,Matrose Carsten Jans.Siebrandts v.Röm,Matr. Peter Peters v.Röm,Schiffsjunge	ebenda,11.2.1792 Rückk.:27.7.1792 Ertr.:727 Robben =25 Quard.Speck= 46 Quard.Tran
De Anna Elisabeth Besatzung:44 Wal-u.Robbenfänger Jasper Jansen von Röm	Jürgen Michels v.Röm,Steuermann Peter Wögens v.Föhr,Speckschneider Arian Jürgens v.Föhr,Speckschneid. Jochim Peters v.Föhr(1794),hier: Leezen,Bootsmann u.Harpunier Andreas Jacobs v.Röm,Harpunier Peter Holm v.Röm,Harpunier Simon Rolofs v.Föhr(?),hier:Reiher- stieg,Zimmermann Willm Peters v.Föhr,Matrose Paul Lütjens v.Föhr,Matrose Peter Michels v.Röm,Matrose Michel Peters v.Röm,Matrose Jan Jaspers v.Röm,Matrose Jens Jessen v.Röm,Matrose Hans Cornelissen v.Röm,Schiffsjge.	ebenda,10.2.1792 Rückk.:30.7.1792 Ertr.:7 Wale u. 140 Robben =125 Quard.Speck = 204 Quard.Tran u.4742 Pfd.Bar- ten
De Maria Susanna Besatzung:45 Wal-u.Robbenfänger Matthias Jessen von Röm	Rolof Riewerts v.Föhr,Steuermann Lorenz Jacobsen v.Röm,Speckschn. Jes Peters v.Röm,Bootsmann u.Harp. Jürgen Jessen v.Röm,Harpunier Lorenz Hendricks v.Föhr(1793), hier:Cuxhaven,Harpunier Niels Arnom v.Ballum(1790),hier: Stockholm,Koch Lorenz Lorenzen v.Röm,Matrose Cornelis Lorenzen v.Röm,Matrose Knud Petersen Bleeg v.Röm,Matrose Jürgen Jansen v.Röm,Matrose Zwen Peters v.Röm,Matrose Michel Jessen v.Röm,Matrose Andreas Peters v.Röm,Kochsmaat Tönnies Alberts v.Röm,Schiffsjunge Boy Rolofs v.Föhr,Schiffsjunge	ebenda,10.2.1792 Rückk.:27.6.1792 Ertr.:8 Wale u. 90 Robben=156. Quard.Speck= 222 1/2 Quard. Tran u.5180 Pfd. Barten

Schiff/Kommandeur	Name/Herkunft/Rang der Seeleute	Daten/Quelle Fangergebnis
De Zwaan Besatzung:34 Wal-u.Robbenfänger Jürgen Jürgensen von Röm	Matthias Carstens.Leest v.Röm,StM Peter Peters.v.Röm,Koch u.Harpun. Jens Moritzen v.Röm,Harpunier Jürgen Jürgensen v.Röm(Hbg),Matr. Joh.Chr.Peters Franck v.Röm,Kochs- maat Carsten Jürgens Holm v.Röm,Schjge.	ebenda,11.2.1792 Rückk.:24.7.1792 Ertr.:825 Robben =27 Quard.Speck= 34 1/2 Quard. Tran
De Frau Margaretha Besatzung:43 Wal-u.Robbenfänger Peter Hansen Carl von Röm	Jürgen Peters Bundis v.Röm(1788), hier:Hbg.,Steuermann Peter Petersen Larsen v.Röm(1795), hier:Sasel,Speckschneider Joh.Andr.Jürgens v.Röm,Bootsm.u.H. Andr.Lorenz Carstens v.Röm,Harpun. Lorenz Cornelsen Woort v.Röm,Koch (Der Name ist vom Schout gestrich.) Hans Petersen v.Röm,Matrose Carsten Peter Winter v.Röm,Matr. Pet.Kromös Petersen v.Röm,Matrose Peter Boysen Lorenzen v.Röm(1795), hier:Göteborg,Matrose Hans Peter Carl v.Röm(1791),hier: Hbg.,Matrose Peter Cornelissen v.Röm,Kochsmaat Hans Andresen v.Röm(1793:Ballum), Schiffsjunge	ebenda,10.2.1792 Rückk.:31.7.1792 Ertr.:2 Wale u. 1643 Robben = 79 Quard.Speck= 126 Quard.Tran u.3730 Pfd.Bar- ten
De Frau Anna Besatzung:34 Wal-u.Robbenfänger Cornelis Petersen Leest von Röm	Peter Nicolaus Möller v.Röm,StM Corn.Jürg.Peters Leest v.Röm, Bootsmann u.Harpunier Corn.Cornelissen Thoms.v.Röm,Koch u.Harpunier Jasper Cornelis Möller v.Röm,Harp. Hans Cornelissen v.Röm,Harpunier Friedrich Peters v.Röm,Matrose Peter Jansen Leest v.Röm,Matrose Andreas Jens Hansen v.Röm,Matrose· Peter Lorenzen v.Röm,Schiffsjunge	ebenda,10.2.1792 Rückk.:1.9.6.1792 Ertr.:809 Rob- ben=23 Quard. Speck=40 Quard. Tran
De Bloyende Hoop Besatzung:44 Wal-u.Robbenfänger Albert Jansen von Röm	Andreas Michels Leest v.Röm,StM Dirck Boysen v.Föhr,Speckschneider Geert Jansen v.Röm,Harpunier Peter Engelbrechts Bleeg v.Röm,Ko. Boy Dircks v.Föhr,Matrose Michel Jansen v.Röm,Matrose Corn.Michelsen Siewers v.Röm,Matr. Jürgen Peters v.Röm,Matrose Albert Alberts v.Röm,Matrose Jan Alberts v.Röm,Schiffsjunge	ebenda,10.2.1792 Rückk.:2.8.1792 Ertr.:2 1/2 Wale u.66 Robben=80 Quard.Speck= 127 1/2 Quard. Tran u.3480 Pfd. Barten
De Lilie Besatzung:43 Wal-u.Robbenfänger Peter Jansen Leest von Röm.Er war von 1787-1791 Steuer- mann dieses Schiffes	Carsten Hans Michels v.Röm,Steuerm. Riewert Broersen v.Föhr,Harpunier Johann Petersen v.Röm(1794),hier: Ohlenwoldt,Matrose Peter Cornelis .Petersen v.Röm, Schiffsjunge	ebenda,14.2.1792 Rückk.:2.8.1792 Ertr.:6 Wale u. 167 Robben=66 Quard.Speck = 93 1/2 Quard. Tran u.1200 Pfd. Barten

Schiff/Kommandeur	Name/Herkunft/Rang der Seeleute	Daten/Quelle Fangergebnis
De Frau Anna Besatzung:43 Wal-u.Robbenfänger Hans Hansen Carl von Röm	Hans Michels Bundes v.Röm,Steuerm. Lorenz Jacobs v.Röm,Speckschneider Peter Carsten Winter v.Röm,BM u.H. Siebr.Matthiessen Kier v.Röm,Koch u.Harpunier Zwen Andreas Hansen Carl v.Röm (1791),hier:Hbg.,Harpunier Tönnies Tönnissen v.Röm(?),hier: Amsterdam,Matrose Peter Petersen v.Röm(?),hier:Har- burg,Matrose Jens Siebrandtsen Kier v.Röm,Matr. Jasper Hansen Schou v.Röm,Koehsm. Corn.Matthiessen Möller v.Röm,Schj.	ebenda,10.2.1792 Rückk.:27.7.1792 Ertr.:1 1/2 Wale u.1643 Robben= 95 Quard.Speck= 158 Quard.Tran u.1954 Pfd.Bar- ten
De St.Marcus Besatzung:35 Wal-u.Robbenfänger Hans Petersen Tag- holm von Röm.Er war 1791 Steuer- mann des Wal-und Robbenfängers "De Catharina Marga- retha".	Peter Tagholm v.Röm,Steuermann Carsten Petersen Tagholm v.Röm, Bootsmann u.Harpunier Matthias Siebrandts v.Röm,Harpun. Ullrich Friedr.Wulff v.Röm,Harp. Andreas Petersen v.Röm,Matrose Hans Andresen v.Röm(?),hier:Lübeck, Matrose Jasper Jansen v.Röm(?),hier:Lübeck, Matrose Carsten Lorenzen v.Röm(?),hier: "Bargdorff",Matrose Jasper Matthiessen v.Röm(1793), hier:Bremen,Kochsmaat Matthias Jansen v.Röm(1793),hier: Bremen,Schiffsjunge	ebenda,11.2.1792 Rückk.:3.7.1792 Ertr.:930 Robben =26 Quard.Speck= 39 Quard.Tran
De Maria Elisabeth Besatzung:44 Wal-u.Robbenfänger Cornelis Petersen Wandal von Röm	Andreas Petersen Dahl v.Röm(1788), hier:Hbg.,Steuermann Arian Arians v.Föhr,Speckschneider Johann Carstens Lamberts v.Röm (1788),hier:Hbg.,Speckschneider Peter Ercksen v.Röm,Bootsm.u.Harp. Peter Cornelis Witt v.Röm,Matrose Hans Peters Bleeg v.Röm,Matrose Peter Cornelis v.Röm,Matrose Carsten Cornelissen v.Röm,Matrose Albert Cornelissen v.Röm,Schiffsj.	ebenda,10.2.1792 Rückk.:6.8.1792 Ertr.:12 Wale u. 500 Robben=168 Quard.Speck=252 Quard.Tran u. 5250 Pfd.Barten
De Vertrouwen Besatzung:44 Wal-u.Robbenfänger Hans Peter Lüders von Röm	Peter Moritz v.Röm(1787),hier: Hbg.,Steuermann Nanning Willms v.Föhr,Speckschn. Andreas Peters v.Röm,BM u.Harpun. Cornelis Michels Siewers v.Röm,Har. Franz Friedrichsen v.Röm,Zimm.-Mt Jasper Tagholm Lorenz v.Röm(?), hier:Drochtersen,Koch Hans Christian Winter v.Röm,Matrose Jürgen Jansen v.Röm(1793),hier: Stade,Matrose Matthias Jansen v.Röm(1791),hier: Bremen,Matrose Ricklef/Rieck Nannings v.Föhr,Matr. Wögen/Willem Nannings v.Föhr,Matr. Cord Peters v.Röm,Schiffsjunge Die Alternativnamen sind v.Schout eingetragen worden.	ebenda,10.2.1792 Rückk.:9.8.1792 Ertr.:2 1/2 Wale u.43 Robben =39 Quard.Speck=53 Quard.Tran u. 1237 Pfd.Barten

Schiff/Kommandeur	Name/Herkunft/Rang der Seeleute	Daten/Quelle Fangergebnis
De Martin Besatzung:37 Wal-u.Robbenfänger Cornelis Jürgens von Röm	Jasper Hans Michels v.Röm,Steuerm. Jürgen Hansen v.Röm(1790),hier: Bremen,Harpunier Johann'Carstens v.Röm(1788),hier: Freiburg,Bootsmann u.Harpunier Peter Cornelis v.Röm,Harpunier Peter Carsten Möller v.Röm,Matr. Cornelis Jaspers v.Röm,Matrose Hans Carstens v.Röm(1793),hier: Freiburg,Schiffsjunge	ebenda,10.2.1792 Rückk.:1.8.1792 Ertr.:1286 Rob- ben=56 Quard. Speck=73 1/2 Quard.Tran
De Frau Elisabeth Besatzung:34 Wal-u.Robbenfänger Knud Michelsen Holm von Röm	Carsten Michels v.Röm,Steuermann Jan Jansen v.Röm,Koch u.Harpunier Hans Jansen v.Röm,Harpunier Jürgen Jens Johannsen v.Röm,Harp. Peter Siebrandts v.Röm,Schiemann Peter Jansen v.Röm,Matrose Jürgen Michels v.Röm,Matrose Matthias Carstensen v.Röm,Matrose Andreas Michels v.Röm,Kochsmaat Hans Carl v.Röm,Schiffsjunge	ebenda,11.2.1792 Rückk.:28.8.1792 Ertr.:564 Rob- ben=19 Quard. Speck=26 Quard. Tran
De Concordia Besatzung:34 Wal-u.Robbenfänger Cornelis Andresen von Röm	Johann Andreas Dahl v.Röm(1788), hier:Hbg.,Steuermann Hans Franck v.Röm,Harpunier Peter Petersen Witt v.Röm,Bootsm. Peter Andresen v.Röm,Koch Michel Carstens v.Röm,Matrose Jasper Cornelissen v.Röm,Matrose Peter Petersen v.Röm,Matrose Carsten Carstens v.Röm,Matrose Jacob Jürgen Carstens v.Röm,Matr. Carsten Jansen v.Röm,Kochsmaat Hans Andresen Cornelissen v.Röm, Schiffsjunge(hier:Hbg.)	ebenda,11.2.1792 Rückk.:25.7.1792 Ertr.:1515 Rob- ben=53 Quard. Speck=75 1/2 Quard.Tran
De Providentia Besatzung:42 Wal-u.Robbenfänger Andreas Jürgensen von Röm	Cord Andresen v.Röm(1785),hier: Hbg.,Steuermann Carsten Peters v.Röm(?),hier:Har- burg,Harpunier Albert Thiesen v.Röm(?),hier:v.d. Brake,Bootsmann u.Harpunier Hans Thomsen Schmidt v.Röm(?),hier: Harburg,Matrose. Hans Peters v.Röm(1793),hier:Har- burg,Matrose Carsten Bundes Hansen v.Röm(1796), hier:Harburg,Matrose Wulf Cornelissen v.Röm(?),hier: Harburg,Matrose Andreas Siebrandtsen Bakker v.Röm (1788),hier:Harburg,Matrose Cornelis Michels Siewers v.Röm (1793,auf d.Wal-u.Robbenfänger"De Zwaan),hier:Harburg,Kochsmaat Jasper Hansen v.Röm(1793,als Schj. auf d.Wal-u.Robbenfänger "De Zwaan" hier:Hbg.,Schiffsjunge	ebenda,11.2.1792 Rückk.:10.8.1792 Ertr.:1 Wal = 10 Quard.Speck= 17 Quard.Tran u.81 Pfd.Barten

Schiff/Kommandeur	Name/Herkunft/Rang der Seeleute	Daten/Quelle Fangergebnis
De Jonge Martin Besatzung:43 Wal-u.Robbenfänger Hans Hansen Carl jr.von Röm	Cornelis Hansen Peters v.Röm,StM Michel Cornelis v.Röm,Speckschn. Michel Peters v.Röm,Bootsm.u.Harp. Peter Cornelis v.Röm,Koch u.Harp. Georg Petersen v.Röm(1789,als Matr. auf d.Wal-u.Robbenfänger "De Anna Maria"),hier:Bützfleth,Matrose Cornelis Andresen v.Hjerpstedt,KM Cornelis Matthiessen v.Röm,Schjge.	ebenda,10.2.1792 Rückk.:31.7.1792 Ertr.:2 Wale=75 Quard.Speck=128 Quard.Tran u. 3255 Pfd.Barten
De Twe Gesüster Besatzung:45 Walfänger Boy Jurians von Föhr	Jürgen Arians v.Föhr,Steuermann Broer Nannings v.Föhr,Speckschneid. Hendrick Hendricks v.Föhr,Specksch. Frerck Simons v.Föhr,Harpunier Nanning Boysen v.Föhr,Harpunier Friedrich Arians v.Föhr(?),hier: Assel,Harpunier Erck Jürgens v.Föhr,Zimmermann Matthias Alberts v.Föhr,Zimm.-Maat Olof Jürgens v.Föhr,Schiemann Ocke Hinrichs v.Föhr,Matrose Jürgen Rörd Arfsten v.Föhr,Matrose Riewert Riewertsen v.Föhr,Matrose Knud Flohr v.Föhr,Matrose Lorenz Jansen v.Föhr,Matrose Jens Bohn v.Föhr,Matrose Jan Christopher Heims v.Föhr,Matr. Boy Ketels v.Föhr,Matrose Knud Namens v.Föhr,Matrose Boy Bohn v.Föhr,Matrose Cornelis Dircks v.Föhr,Matrose Jan Broersen(Braden)v.Föhr,Matrose Cornelis Hendricks v.Föhr,Matrose Johann Friedrich Dene v.Föhr,Matr. Nanning Broersen v.Föhr,Kochsmaat Thomas Simon Dene v.Föhr,Schiffsj.	ebenda,20.3.1792 Das Schiff kehr- te am 9.5.1792 wegen Havarie ohne Ertrag nach Hbg.zurück;StA Ham,Hdschr.263, S.164
De St.Peter Besatzung:45 Walfänger Volkert Boysen von Föhr	Boy Nickels v.Föhr,Steuermann Jacob Andresen v.Föhr,Speckschneid. Jacob Jappen v.Föhr,Speckschneider Hinrich Cornelis v.Föhr,Harpunier Jan Lorenzen v.Föhr,Harpunier Pave Ocken v.Föhr,Harpunier Jan Namens v.Föhr,Zimmermann Jap Nickelsen v.Föhr,Zimm.-Maat Rickmer Rörden Flohr v.Föhr,Bootsm. Andreas Nickels v.Föhr,Schiemann Nanning Cornelis v.Amrum,Koch Riewert Jürgens de Jonge v.Föhr,Ma. Ocke Jensen v.Föhr,Matrose Hay Nickelsen v.Föhr,Matrose Ocke Matthiessen v.Föhr,Matrose Jung Jens Olufs v.Föhr,Matrose Namen Volkerts v.Föhr,Matrose Harken Jong Nannings v.Föhr,Matrose Lorenz Jensen v.Föhr,Matrose Rickmer Volkerts Flohr v.Föhr,Matr. Jap Jacobs v.Föhr,Kochsmaat Namen Peters v.Föhr,Schiffsjunge	ebenda,20.3.1792 Rückk.:7.8.1792 Ertr.:4 Wale = 140 Quard.Speck= 206 Quard.Tran u.6007 Pfd.Bar- ten

Schiff/Kommandeur	Name/Herkunft/Rang der Seeleute	Daten/Quelle Fangergebnis
De Jgfr.Johanna Magdalena Besatzung:45 Walfänger Peter Boysen von Föhr	Broer Volkerts v.Föhr,Steuermann Hendrick Jansen v.Föhr,Speckschn. Jürgen Riecks v.Föhr,Speckschneid. Olof Ocken v.Föhr,Harpunier Riewert Clasen v.Föhr,Harpunier Broer Broersen v.Föhr,Harpunier Johann Frödden v.Föhr,Zimmermann Carsten Olofs v.Föhr,Zimm.-Maat Hinrich Johann Cornelsen v.Föhr(?), hier:Bremen,Bootsmann Johann Johannsen v.Föhr,Schiemann Hinrich Jürgens v.Föhr,Koch Tönnies Hansen v.Föhr(?),hier:Bre- men,Matrose Lorenz Riecks v.Föhr,Matrose Andreas Geesen v.Föhr,Matrose Ketel Ketels v.Föhr,Matrose Rolof Rolofs v.Föhr,Matrose Jap Ketels v.Föhr,Matrose Jacob Ocken v.Föhr,Matrose Lorenz Jürgens v.Föhr,Matrose Nanning Boysen v.Föhr,Matrose Riewert Rolofs v.Föhr,Kochsmaat Broer Riecks v.Föhr,Schiffsjunge	ebenda,20.3.1792 Rückk.:22.8.1792 Ertr.:7 Wale= 115 Quard.Speck= 164 1/2 Quard. Tran u.3770 Pfd. Barten
De Jonge David Besatzung:45 Walfänger Lorenz Hindricks von Föhr	Matthias Riewerts v.Föhr,Steuermann Jacob Hinrichs v.Föhr,Speckschneid. Dirck Lorenzen v.Föhr,Speckschneid. Broer Broersen v.Föhr,Harpunier Lorenz Willms v.Föhr,Harpunier Frerck Riewerts v.Föhr,Harpunier Danklef Lorenzen v.Föhr,Zimmermann Lorenz Lorenzen v.Föhr,Zimm.-Maat Simon Hendricks v.Föhr,Bootsmann Willm Hendricks v.Föhr,Schiemann Johann Friedrichs v.Föhr,Koch Boy Boysen v.Föhr,Matrose Boy Jürgen Bohn v.Föhr,Matrose Simon Clasen v.Föhr,Matrose Ocke Olofs v.Föhr,Matrose Hinrich Nickelsen v.Föhr,Matrose Clas Boysen v.Föhr,Matrose Boy Bahnsen Breckling v.Föhr,Matr. Friedrich Feddersen v.Föhr,Matrose Riewert Frercks v.Föhr,Matrose Peter Frödden v.Föhr,Matrose Jung Riewert Nickelsen v.Föhr,Matr. Clas Clasen v.Föhr,Matrose Friedrich Hayen v.Föhr(1791),hier: Assel,Matrose Jan Cornelissen v.Föhr,Matrose Wögen Frödden v.Föhr,Kochsmaat Olof Jung Frödden v.Föhr,Schiffsj.	ebenda,27.3.1792 Rückk.:5.9.1792 Ertr.:2 Wale=75 Quard.Speck = 101 1/2 Quard. Tran u.2711 Pfd. Barten

Schiff/Kommandeur	Name/Herkunft/Rang der Seeleute	Daten/Quelle Fangergebnis
De Gute Erwartung Besatzung:43 Wal-u.Robbenfänger Boy Cornelis von Föhr	Arian Boysen v.Föhr,Steuermann Arian Arians v.Föhr(1791)hier: Stade,Speckschneider Peter Tönnies v.Föhr(1791),hier: Twielenfleth,Speckschneider Simon Cornelsen Klein v.Föhr,Harp. Jurian Willms v.Föhr(1791),hier: Stade,Harpunier Arfst Bohn v.Föhr(1791),hier:Lü- beck,Bootsmann Broer Boysen v.Föhr(?),hier:Lübeck, Schiemann Cornelis Arians v.Föhr(1791),hier: Stade,Koch;er ist vor Antritt der Reise erkrankt. Jürgen Ketels v.Föhr(?),hier:Lüb., Matrose Cornelis Jürgens v.Föhr(?),hier: Lübeck,Kochsmaat Jürgen Rolofs v.Föhr,Schiffsjunge	ebenda,13.2.1792 Rückk.:2.8.1792 Ertr.:328 Rob- ben=10 Quard. Speck=16 1/2 Quard.Tran
De Jonge Jacob Besatzung:45 Wal-u.Robbenfänger Lorenz Adriansen von Föhr	Jacob Flohr v.Föhr,Steuermann Boy Arians v.Föhr(1791),hier:Vege- sack,Speckschneider Hans Peters v.Föhr,Speckschneider Nickel Nickelsen v.Föhr,Harpunier Lorenz Hendricksen v.Föhr,Harpun. Friedrich Riewerts v.Föhr,Zimmerm. Boy Riewerts v.Föhr,Bootsmann Nickels Matthiessen v.Föhr(1791), hier:Lübeck,Schiemann Riewert Petersen v.Föhr(1791),hier: Stockholm,Matrose Willm Rolofs v.Föhr(1791),hier: Drochtersen,Kochsmaat Frerck Hinrichs v.Föhr,Schiffsjge. Ocke Flohr v.Föhr,Schiffsjunge	ebenda,10.2.1792 Rückk.:7.8.1792 Ertr.:2 1/2 Wale u.100 Robben= 105 Quard.Speck= 150 Quard.Tran u.3955 Pfd.Bar- ten
De Elisabeth Cäci- lia Besatzung:42 Wal-u.Robbenfänger Jürgen Cornelis von Föhr	Martin Flohr v.Föhr(1789),hier: Hbg.,Steuermann Hans Willms v.Föhr(?),hier:v.d. Brake,Speckschneider Cornelis Rolofs v.Föhr(?),hier: Dannenberg,Speckschneider Cornelis Jürgens v.Föhr(1793),hier: Hbg.,Harpunier Jürgen Jürgens v.Föhr(1791),hier: Hbg.,Harpunier Rieck Nannings v.Föhr(1791),hier: Bützfleth,Zimmermann Jacob Hendricks v.Föhr(?),hier: Stade,Schiemann Martin Jürgens v.Föhr(1790),hier: Hbg.,Matrose Riewert Rolofs v.Föhr(1794),hier: v.d.Weser,Matrose Rolof Rolofs v.Föhr(?),hier:Bütz- fleth,Kochsmaat Peter Rolofs v.Föhr(?),hier:Stade, Schiffsjunge	ebenda,11.2.1792 Rückk.:7.8.1792 Ertr.:1 Wal=20 Quard.Speck = 33 1/2 Quard. Tran u.980 Pfd. Barten

Schiff/Kommandeur	Name/Herkunft/Rang der Seeleute	Daten/Quelle Fangergebnis
De Jgfr.Anna Maria Besatzung:44 Wal-u.Robbenfänger Hans Hansen Tön- nies von Sylt	Peter Hans Jürgens von Sylt(1794), hier:Bremen,Steuermann;bei ihm schwanken die Angaben zwischen Sylt und Röm. Peter Boysen v.Föhr,Speckschneider Rickmer Arfsten v.Föhr,Speckschn. Peter Jürgens v.Röm(1788),hier: Bremen,Harpunier	ebenda,10.2.1792 Rückk.:27.7.1792 Ertr.:5 Wale u. 1708 Robben=236 Quard.Speck=353 Quard.Tran u. 7211 Pfd.Barten
De Elisabeth Besatzung:36 Wal-u.Robbenfänger Johann Hinrich Flömer	Peter Hendriks v.Föhr,Speckschneid. Hans Carstens v.Föhr(1794),hier: Freiburg,Harpunier Jürgen Nannings v.Föhr,Harpunier	ebenda,10.2.1792 Rückk.:7.8.1792 Ertr.:1 Wal =35 Quard.Speck=59 Quard.Tran u. 1807 Pfd.Barten
De König Salomon Besatzung:45 Walfänger Claus Lührs	Nanning Simons v.Föhr,Zimm.-Maat Arian Hinrichsen v.Föhr,Matrose Cornelis Broers v.Föhr,Matrose Paul Simons v.Föhr,Matrose Cornelis Cornelissen v.Föhr,Matr. Rickmer Wögens v.Föhr,Matrose	ebenda,22.3.1792 Rückk.:3.9.1792 Ertr.:2 1/2 Wale= 70 Quard.Speck= 110 Quard.Tran u.2763 Pfd.Bar- ten
De Hoopende Land- mann Besatzung:46 Walfänger Ocke Daniel Meyer	Rieck Nannings v.Föhr(1793),hier: Elsfleth,Steuermann Boy Jürgens v.Föhr(1791),hier:Els- fleth,Speckschneider Rolof Boysen v.Föhr(1793),hier: Elsfleth,Speckschneider Jürgen Rickmers v.Föhr(1793),hier: Elsfleth,Matrose Riewert Lorenzen v.Föhr(1793),hier: Elsfleth,Matrose Jung Rörd Frödden v.Föhr(1794), hier:Elsfleth,Matrose Jurian Lorenzen v.Föhr(1795),hier: Elsfleth,Matrose	ebenda,6.3.1792 Rückk.:7.8.1792 Ertr.:5 Wale=130 Quard.Speck=199 Quard.Tran u. 4807 Pfd.Barten
De Roosenbaum Besatzung:45 Wal-u.Robbenfänger Clas Jansen Ney	Jürgen Cornelis v.Föhr(1794),hier: Spaden,Speckschneider Simon Nannings v.Föhr(1795),hier: Spaden,Zimmermann Jürgen Simons v.Föhr(1796),hier: Spaden,Schiffsjunge	ebenda,17.2.1792 Rückk.:29.7.1792 Ertr.:9 Wale u. 52 Robben =190 Quard.Speck=304 Quard.Tran u. 7940 Pfd.Barten
De Fredericia Besatzung:43 Wal-u.Robbenfänger August Hinrich Krü- ger	Dirck Rolofs v.Föhr,Steuermann	ebenda,11.2.1792 Rückk.:2.8.1792 Ertr.:2 1/2 Wale u.283 Robben = 96 Quard.Speck= 151 Quard.Tran

Schiff/Kommandeur	Name/Herkunft/Rang der Seeleute	Daten/Quelle Fangergebnis
De St.Marcus Besatzung:35 Wal-u.Robbenfänger Hans Petersen Tagholm von Röm	Peter Tagholm v.Röm,Steuermann Hans Nielsen Tagholm v.Röm,Bootsmann u.Harpunier Jasper Peters Holm v.Röm,Harpun. Carsten Lorenzen v.Röm(?),hier: Drochtersen,Matrose Andreas Peters v.Röm(1794),hier: Lübeck,Matrose Jasper Jansen v.Röm(?),hier:Lübeck Matrose Matthias Jansen v.Röm(?),hier: Drochtersen,Matrose Jasper Matthiessen v.Röm,Kochsmaat Matthias Jansen v.Röm,Schiffsjunge	StAHam,Archiv d. Wasserschouts I.A.1.k. 6.2.1793 Rückk.:15.7.1793 Ertr.:200 Robben =7 Quard.Speck= 9 1/2 Quard. Tran
De Zwaan Besatzung:34 Wal-u.Robbenfänger Knud Andresen von Röm.Er war 1792 Steuermann des Wal-und Robbenfängers "De Providentia".	Hans Michel Bundes v.Röm,Steuerm. Albert Thiessen v.Röm(?),hier: Vegesack,Bootsmann u.Harpunier Carsten Petersen v.Röm(?),hier: Vegesack,Harpunier Cornelis Michel Sievers v.Röm,KM Jasper Jansen v.Röm,Schiffsjunge	ebenda,9.2.1793 Das Schiff ist verunglückt, StAHam,Hdschr. 263,S.167
De Anna Elisabeth Besatzung:44 Wal-u.Robbenfänger Jasper Jansen von Röm	Jürgen Michelsen v.Röm,Steuermann Peter Willms v.Föhr,Speckschneider Arian Jürgens v.Föhr,Speckschneid. Jochim Peters v.Röm(1794),hier: Leezen,Bootsmann u.Harpunier Andreas Jacobs v.Röm,Harpunier Simon Rolofs v.Föhr(?),hier:Reiherstieg,Zimmermann Peter Michels v.Röm,Matrose Johann Jaspers v.Röm,Matrose Jes Jacobs v.Röm,Matrose Hans Peters v.Röm,Matrose Michel Peters v.Röm,Matrose Willem Peters v.Föhr,Matrose Hans Cornelissen v.Röm,Schiffsjge.	ebenda,6.2.1793 Rückk.:6.8.1793 Ertr.:59 Robben= 2 Quard.Speck= 2 1/2 Quard. Tran
De Jonge Martin Besatzung:43 Wal-u.Robbenfänger Hans Hansen Carl von Röm	Cornelis Hansen Peters v.Röm(1792), hier:Hbg.,Steuermann Michel Peters v.Röm,Bootsm.u.Harp. Peter Cornelissen v.Röm,Speckschn. Georg Peters v.Röm(1792),hier: Bützfleth,Matrose Carl Carlsen Thomsen v.Röm(?)hier: Bützfleth,Matrose Hans Thomsen Schmidt v.Röm(?),hier: Harburg,Matrose Sön Christiansen v.Scherrebeck,KM Cornelis Peters v.Röm,Schiffsjunge	ebenda,6.2.1793 Rückk.:26.7.1793 Ertr.:3 Wale u. 51 Robben=84 Qu. Speck=142 Quard. Tran u.3975 Pfd. Barten

Schiff/Kommandeur	Name/Herkunft/Rang der Seeleute	Daten/Quelle Fangergebnis
De Maria Elisabeth Besatzung:44 Wal-u.Robbenfänger Cornelis Petersen Wandal von Röm	Andreas Petersen Dahl v.Röm(1788), hier:Hbg.,Steuermann Arian Arians v.Föhr,Speckschneid. Johann Carstens Lamberts v.Röm (1788),hier:Hbg.,Bootsmann Hans Andresen v.Röm,Harpunier Peter Cornelis v.Röm(1794),hier: Hbg.,Matrose Peter Cornelis Witt v.Röm,Matrose Hans Peter Bleeg v.Röm,Matrose Matthias Carstens Lamberts v.Röm, Matrose Albert Cornelissen v.Röm(1788), hier:Hbg.,Schiffsjunge	ebenda,6.2.1793 Rückk.:10.8.1793 Ertr.:2 Wale u. 8 Robben=64 Qu. Speck=106 1/2 Quard.Tran u. 3340 Pfd.Barten
De Johannes Besatzung:38 Wal-u.Robbenfänger Peter Michelsen Leest von Röm	Corn.Michels Leest v.Röm,Steuerm. Carsten Jansen v.Röm(1792),hier: Vegesack,Zimmermann Jan Andres.Leest v.Röm,Zimmerm.Mt. Jürgen Johannsen v.Röm,Harpunier Balzer Cornelsen v.Röm,Matrose Laust Hansen v.Röm,Matrose Lorenz Carstens v.Röm,Matrose Jürgen Jürgens v.Röm,Kochsmaat Thomas Nielsen v.Röm,Schiffsjunge	ebenda,6.2.1793 Rückk.:16.7.1793 Ertr.:1/2 Wal u. 240 Robben=32 Quard.Speck=42 Quard.Tran u. 1035 Pfd.Barten
De Lilie Besatzung:43 Wal-u.Robbenfänger Peter Jansen Leest von Röm	Carsten Hans Michels v.Röm,Steuerm. Riewert Broersen v.Föhr,Harpunier Cornelis Hansen v.Röm(1794),hier: Marstrand,Matrose Johannes Petersen v.Röm(1794),hier: Karlskrona,Matrose Peter Cornelis Peters v.Röm,Kochsm. Peter Jürgens v.Röm,Schiffsjunge	ebenda,7.2.1793 Rückk.:7.8.1793 Ertr.:4 Wale = 120 Quard.Speck= 166 1/2 Quard. Tran u.5000 Pfd. Barten
De Frau Anna Besatzung:43 Wal-u.Robbenfänger Hans Hansen Carl von Röm	Zwen Andreas Hansen Carl v.Röm (1791),hier:Hbg.,Steuermann Peter Moritz v.Röm(1794),hier:Hbg., Speckschneider Peter Carsten Winter v.Röm,BM u.H. Siebrandt Matthiessen v.Röm,Koch u.Harpunier Peter Cornelis.Möller v.Röm,Harp. Jens Siebrandtsen Kier v.Röm,Matr. Jürgen Hansen v.Sylt(1794),hier: Cuxhaven,Matrose Jasper Hansen Schou v.Röm,Kochsmaat Peter Cornelis v.Röm,Schiffsjunge	ebenda,7.2.1793 Rückk.:1.8.1793 Ertr.:6 Quard. Speck=6 Quard. Tran;nähere An- gaben fehlen
De Providentia Besatzung:42 Wal-u.Robbenfänger Jürgen Jürgensen von Röm.Er war Kommandeur des Wal- u.Robbenfängers "De Zwaan".	Matthias Christ.Leest v.Röm,Steuer. Jürgen Hansen v.Röm(?),hier:Vege- sack,Speckschneider Peter Petersen v.Röm,Koch u.Harp. Jürgen Jürgensen v.Röm,Matrose Johann Petersen Franck v.Röm,Matr. Carsten Jürgen Holm v.Röm,Schiffsj.	ebenda,6.2.1793 Rückk.:1.8.1793 Ertr.:2 Quard. Speck=3 Quard. Tran;nähere Ang. fehlen.

Schiff/Kommandeur	Name/Herkunft/Rang der Seeleute	Daten/Quelle Fangergebnis
De Frau Margaretha Besatzung:43 Wal-u.Robbenfänger Peter Hansen Carl von Röm	Peter Peters Larsen v.Röm(1795), hier:Bremen-Lehe,Steuermann Michels Jasp.Cornelis v.Röm,Speck. Jan Andreas Jürgens v.Röm,BM u.H. Andreas Lorenz Carstens v.Röm,Harp Hans Peter Bohn v.Röm,Koch Carsten Peter Winter v.Röm,Matrose Peter Kromös Peters v.Röm,Matrose Peter Boysen Lorenz v.Röm(1795), hier:Göteborg,Matrose Hans Carl v.Röm(1791),hier:Hbg., Matrose Peter Cornelissen v.Röm,Kochsmaat Hans Andresen v.Ballum,Schiffsj.	ebenda,6.2.1793 Rückk.7.8.1793 Ertr.:1 Wal=32 Quard.Speck=46 Quard.Tran u. 1344 Pfd.Barten
De Bloyende Hoop Besatzung:44 Wal-u.Robbenfänger Albert Jansen von Röm	Jasper Carsten Möller v.Röm,StM Dirck Boysen v.Föhr,Speckschneider Geert Jansen v.Röm,Harpunier Boy Dircksen v.Föhr(1792),hier: Bremen,Zimmermannsmaat Jürgen Peters v.Röm,Matrose Albert Alberts v.Röm(1792),hier: Hbg.,Matrose Jan Alberts v.Röm(1792),hier:Hbg., Schiffsjunge	ebenda,6.2.1793 Rückk.:13.8.1793 ohne Ertrag
De Gute Erwartung Besatzung:43 Wal-u.Robbenfänger Jürgen Peters Bun- dis von Röm.Er war bisher Steuermann auf dem Wal-und Robbenfänger "De Frau Margaretha".	Carsten Michels v.Röm,Steuermann Jürgen Petersen v.Röm,Harpunier Peter Ericks v.Röm,Bootsm.u.Harp. Enoch Cornelissen v.Röm,Koch Clas Jansen Peters v.Röm(?),hier: Cuxhaven,Matrose Hans Jasper Jansen v.Röm(?),hier: Cuxhaven,Matrose Andreas Michels v.Röm(1792,als KM auf d.Wal-u.Robbenfäng."De Frau Elisabeth),hier:Cuxhaven,Kochsmaat Hans Carl v.Röm,Schiffsjunge	ebenda,7.2.1793 Rückk.:26.7.1793 Ertr.:1/2 Wal u. 80 Robben=20 Qu. Speck=23 Quard. Tran u.1068 Pfd. Barten
De Martin Besatzung:37 Wal-u.Robbenfänger Cornelis Jürgens von Röm	Jasper Hans Michels v.Röm,Steuerm. Knud Michels Holm v.Röm,Harpunier Peter Cornelis v.Röm,Harpunier Peter Carsten Möller v.Röm,Matrose Hans Carstens v.Röm,Matrose Hinrich Andreas Hinrichsen v.Röm, Schiffsjunge	ebenda,6.2.1793 Rückk.:16.7.1793 Ertr.:1/2 Wal u. 289 Robben=32 Quard.Speck=44 Quard.Tran u. 1035 Pfd.Barten
De Catharina Mar- garetha Besatzung:38 Wal-u.Robbenfänger Peter Petersen Holm von Röm	Hans Möller Peters Holm v.Röm,StM Jacob Peters Falck v.Röm,Speckschn. Hans Jansen Preest v.Röm,BM u.Harp. Broer Boysen v.Föhr(?),hier:Twie- lenfleth,Koch u.Harpunier Cornelis Siebrandt Bakker v.Röm, Harpunier Peter Matthiessen Mersk v.Röm,Matr. Peter Cornelis v.Röm,Matrose Jasper Jansen Pastor v.Röm,Matrose Carsten Jansen Siebrandts v.Röm,M. Peter Peters v.Röm,Schiffsjunge	ebenda,6.2.1793 Rückk.:22.7.1793 Ertr.:512 Robben =14 Quard.Speck= 20 Quard.Tran

Schiff/Kommandeur	Name/Herkunft/Rang der Seeleute	Daten/Quelle Fangergebnis
De Maria Susanna Besatzung:45 Wal-u.Robbenfänger Matthias Jessen von Röm	Rolof Riewerts v.Föhr,Steuermann Lorenz Jacobsen v.Röm(1792)hier: Vegesack,Speckschneider Lorenz Hendricks v.Föhr,Speckschn. Jürgen Jessen v.Röm,Harpunier Zwen Petersen v.Röm,Harpunier Jes Peters v.Röm,Bootsm.u.Harpun. Niels Arnom v.Ballum(1790),hier: Stockholm,Koch Michel Jessen v.Röm,Matrose Knud Petersen Bleeg v.Röm,Matrose Jürgen Jansen v.Röm,Matrose Lorenz Siebrandts v.Röm,Matrose Michel Hansen v.Röm,Matrose Cornelis Lorenzen v.Röm,Matrose Tönnies Alberts v.Röm,Matrose Andreas Peters v.Röm,Kochsmaat	ebenda,6.2.1793 Rückk.:26.7.1793 Ertr.:1/2 Wal u. 235 Robben=26 Quard.Speck = 31 1/2 Quard. Tran u.1075 Pfd. Barten
De Vertrouwen Besatzung:43 Wal-u.Robbenfänger Hans Peter Lüders von Röm	Hans Larsen v.Röm,Steuermann Nanning Willms v.Föhr,Speckschn. Andreas Peters v.Röm,Bootsm.u.Harp. Tönnies Andresen v.Röm,Schiem.u.H. Cornelis Sievers v.Röm,Harpunier Franz Friedrichs v.Röm,Zimm.-Maat Jürgen Jansen v.Röm,Matrose Andreas Cornelissen v.Röm,Matrose Cord Peters v.Röm,Matrose Wögen Namens v.Föhr,Kochsmaat Peter Cord Lüders v.Röm(Hbg.), Schiffsjunge(wohl Sohn d.Kommand.)	ebenda,10.2.1793 Rückk.:7.8.1793 ohne Ertrag
De Concordia Besatzung:34 Wal-u.Robbenfänger Cornelis Andresen von Röm	Johann Andresen Dahl v.Röm(1788), hier:Hbg.,Steuermann Peter Peters Witt v.Röm,Bootsm.u.H Carsten Hansen v.Röm,Harpunier Hans Franck v.Röm,Harpunier Michel Carsten v.Röm,Matrose Jasper Cornelis v.Röm,Matrose Carsten Jansen v.Röm,Kochsmaat Hans Andreas Cornelis v.Röm(Hbg.), Schiffsjunge(wohl Sohn d.Kommand.)	ebenda,8.2.1793 Rückk.:15.7.1793 Ertr.:390 Robben =10 Quard.Speck= 11 1/2 Quard. Tran
De Frau Anna Besatzung:34 Wal-u.Robbenfänger Cornelis Petersen Leest von Röm	Pet.Nicolaus Möller v.Röm,Steuerm. Corn.Jürgen Peters Leest v.Röm, Bootsmann u.Harpunier Bundes Jürgensen v.Röm,Harpunier Peter Jansen Leest v.Röm,Koch u.H. Michel Hansen v.Röm,Harpunier Hans Cornelsen v.Röm,Matrose Peter Peters Klint v.Röm,Matrose Jacob Jürgen Carstens v.Röm,Matr. Peter Lorenz v.Röm,Kochsmaat Peter Cornelis v.Röm,Schiffsjunge	ebenda,8.2.1793 Rückk.:1.8.1793 Ertr.:6 Quard. Speck=6 Quard. Tran;weitere An- gaben fehlen

Schiff/Kommandeur	Name/Herkunft/Rang der Seeleute	Daten/Quelle Fangergebnis
De Elisabeth Cäcilia Besatzung:42 Wal-u.Robbenfänger Jürgen Cornelis von Föhr	Jürgen Adriansen v.Föhr(1794), hier:Hbg.,Steuermann Cornelis Jürgens v.Föhr,Speckschn. Carsten Lorenzen Möller v.Röm,Har. Simon Rolofs v.Föhr,Harpunier Jap Nickelsen v.Föhr,Zimmermann Rolof Rolofs v.Föhr(?),hier:Drochtersen,Schiemann Riewert Rolofs v.Föhr(1794),hier: Hbg.,Matrose	ebenda,9.2.1793 Rückk.:31.7.1793 Ertr.:1 Wal u. 80 Robben=30 Qu. Speck=51 Quard. Tran u.1250 Pfd. Barten
De Jgfr.Johanna Magdalena Besatzung:45 Walfänger Peter Boysen von Föhr	Jürgen Riecks v.Föhr,Steuermann Arian Arians v.Föhr,Speckschneid. Olof Ocken v.Föhr,Speckschneider Riewert Clasen v.Föhr,Harpunier Rolof Cornelis v.Föhr,Harpunier Lorenz Riecks v.Föhr,Harpunier Johannes Frödden v.Föhr,Zimmermann Hendrick Hinrichs v.Föhr,Zimm.-Mt. Riewert Riewerts v.Föhr,Bootsmann Johann Johannsen v.Föhr,Schiemann Meinert Rickmers v.Föhr,Koch Ocken Ercken v.Föhr,Matrose Claś Flohr v.Föhr,Matrose Nanning Boysen v.Föhr,Matrose Jacob Ocken v.Föhr,Matrose Riewert Hendricks v.Föhr,Matrose Jan Boysen v.Föhr,Matrose Cornelis Dircks v.Föhr,Matrose Broer Jürgens v.Föhr,Matrose Boy Boysen v.Föhr,Matrose Lorenz Jürgens v.Föhr,Matrose Rieck Peters v.Föhr,Matrose Cornelis Hendricks v.Föhr,Matrose Boy Peter Boysen v.Sylt,Matrose Jürgen Rolofs v.Föhr(1794),hier: Bremen,Kochsmaat Ocke Ariansen v.Föhr,Schiffsjunge Broer Riecks v.Föhr,Schiffsjunge	ebenda,21.3.1793 Rückk.:21.8.1793 Ertr.:1 Wal=45 Quard.Speck= 59 1/2 Quard. Tran u.1634 Pfd. Barten
De Jonge Jacob Besatzung:43 Wal-u.Robbenfänger Lorenz Adriansen von Föhr	Jacob Flohr v.Föhr(1792),hier:Lübeck,Steuermann Boy Jurians v.Föhr,Speckschneider Harm Peters v.Föhr,Speckschneider Nickel Nickelsen v.Föhr,Harpunier Lorenz Hendricks v.Föhr,Harpunier Ocke Bohn v.Föhr(?),hier:Vegesack, Harpunier Friedrich Riewerts v.Föhr,Zimmerm. Boy Riewerts v.Föhr(1792),hier: Vegesack,Bootsmann Nickels Matthiessen v.Föhr(1791), hier:Lübeck,Schiemann Jacob Hinrichsen v.Föhr,Matrose Rörd Frödden v.Föhr,Matrose Frerck Hinrichsen v.Föhr(1792), hier:Vegesack,Matrose Wögen Olofs v.Föhr(1791),hier: Vegesack,Kochsmaat	ebenda,8.2.1793 Rückk.:22.8.1793 ohne Ertrag

Schiff/Kommandeur	Name/Herkunft/Rang der Seeleute	Fangergebnis
De St.Peter Besatzung:45 Walfänger Volkert Boysen von Föhr	Boy Nickels v.Föhr,Steuermann Jacob Andresen v.Föhr,Speckschn. Jacob Jacobs v.Föhr,Speckschneider Rickmer Rörden Flohr v.Föhr,Harp. Martin Flohr v.Föhr,Harpunier Paul Ocken v.Föhr,Harpunier Jan Nannings v.Föhr,Zimmermann Willm Jansen v.Föhr,Zimmerm.-Maat Johann Lorenzen v.Föhr,Schiemann Hendrick Cornelis v.Föhr,Koch Eschel Klein v.Föhr,Bootsmann Jacob Peters v.Föhr,Matrose Ocke Jansen v.Föhr,Matrose Arfst Ricklefs v.Föhr,Matrose Namen Volkerts v.Föhr,Matrose Lorenz Jansen v.Föhr,Matrose Rickmer Volkerts Flohr v.Föhr (1792),hier:Hbg.,Matrose Boy Ketels v.Föhr,Matrose Knud Namens v.Föhr,Matrose Eschel Nickelsen v.Föhr,Matrose Lorenz Jürgens v.Föhr,Matrose Eschel Jürgens v.Föhr,Matrose Harken Jung Namens v.Föhr,Matrose Harken Marksen v.Föhr,Matrose Hinrich Bastians v.Föhr,Matrose Jap Eschels v.Föhr,Matrose Jacob Jacobs v.Föhr,Kochsmaat Namen Peters v.Föhr,Schiffsjunge	ebenda,20.3.1793 Rückk.:12.8.1793 Ertr.:2 Wale= 65 Quard.Speck= 88 Quard.Tran u.2500 Pfd. Barten
De Jonge David Besatzung:45 Walfänger Lorenz Hendricks von Föhr	Matthias Riewerts v.Föhr,Steuerm. Jacob Hinrichs v.Föhr,Speckschneid Dirck Lorenzen y.Föhr,Speckschn. Frerck Riewerts v.Föhr,Harpunier Broer Broersen v.Föhr,Harpunier Lorenz Willms v.Föhr,Harpunier Danklef Lorenzen v.Föhr,Zimmermann Lorenz Lorenzen v.Föhr,Zimm.-Maat Simon Hendricks v.Föhr,Bootsmann Willm Hendricks v.Föhr,Schiemann Johann Friedrich Oldis v.Föhr,Koch Peter Hansen v.Föhr,Matrose Ocke Olofs v.Föhr,Matrose Olof Jong Frödden v.Föhr,Matrose Johann Friedrich Dening v.Föhr,Ma. Thomas Simon Dehn v.Föhr,Matrose Andreas Boysen v.Ballum,Matrose Lorenz Christiansen Weber v.Ton- dern,Matrose Christian Cornelis Böttger v.Ton- dern,Matrose Boy Rolofs v.Föhr,Matrose Simon Frercks v.Föhr,Matrose Riewert Riewerts v.Föhr,Matrose Rörd Bohn v.Föhr,Matrose Knud Rörden v.Föhr,Matrose b.w.	ebenda,19.3.1793 Rückk.:12.8.1793 Ertr.:1 Wal=40 Quard.Speck= 63 1/2 Quard. Tran u.1420 Pfd. Barten

Schiff/Kommandeur	Name/Herkunft/Rang der Seeleute	Daten/Quelle Fangergebnis
	Ocke Ketels v.Föhr,Matrose Boy Boysen v.Föhr,Matrose Dirck Jacobs v.Föhr,Matrose Riewert Frercks v.Föhr,Matrose Hendrick Arfsten v.Föhr,Kochsmaat Ocke Jong Rickmer Möller v.Föhr, Schiffsjunge	
De Jgfr.Anna Maria Besatzung:44 Wal-u.Robbenfänger Hans Hansen Tön- nies von Sylt	Peter Hans Jürgens v.Sylt(1794), hier:Vegesack,Steuermann Peter Boysen v.Föhr,Speckschneider Rickmer Arfsten v.Föhr,Speckschn. Hans Boysen v.Föhr(?),hier:Lübeck, Matrose Peter Jürgens v.Röm(1788),hier: Göteborg,Harpunier Jürgen Hans Tönnies v.Sylt(1794), hier:Hbg.,Schiffsjunge	ebenda,7.2.1793 Rückk.:16.8.1793 Ertr.:4 1/2 Wale u.58 Robben= 144 Quard.Speck= 212 Quard.Tran u.6965 Pfd.Bar- ten
De Hoopende Land- mann Besatzung:46 Walfänger Ocke Daniel Meyer	Rickmer Nannings v.Föhr,Steuermann Boy Jurians v.Föhr,Speckschneider Rolof Boysen v.Föhr,Speckschneid. Broer Volkerts v.Föhr,Harpunier Riewert Lorenz v.Föhr,Harpunier Jürgen Rickmers v.Föhr,Matrose Jurian Lorenz v.Föhr,Schiffsjunge	ebenda,25.3.1793 Rückk.:21.8.1793 Ertr.:2 Wale= 70 Quard.Speck= 125 1/2 Quard. Tran u.2730 Pfd. Barten
De Fridericia Besatzung:43 Wal-u.Robbenfänger August Hinrich Krüger	Dirck Rolofs v.Föhr,Steuermann	ebenda,7.2.1793 Rückk.:1.8.1793 Ertr.:2.Wale= 60 Quard.Speck= 110 Quard.Tran u.4108 Pfd.Bar- ten
De Roosenbaum Besatzung:45 Wal-u.Robbenfänger Clas Jansen Ney	Jürgen Cornelis,v.Föhr(1794),hier: Spaden,Speckschneider Simon Nannings v.Föhr(1795),hier: Spaden,Zimmermann u.Harpunier Nanning Simons v.Föhr(1796),hier: Spaden,Zimmermannsmaat	ebenda,14.2.1793 Rückk.:25.8.1793 Ertr.:8 Wale = 120 Quard.Speck= 172 Quard.Tran u.4270 Pfd.Bar- ten
De Elisabeth Besatzung:37 Wal-u.Robbenfänger Johann Hinrich Flömer	Peter Hinrichs v.Föhr,Speckschn. Hans Carstens v.Föhr(1794),hier: Freiburg,Harpunier Hendrick Peters v.Föhr,Schiffsjge.	ebenda,6.2.1793 Rückk.:6.8.1793 Ertr.:1 Wal u. 300 Robben=48 Quard.Speck=68 Quard.Tran u. 1624 Pfd.Barten
De König Salomon Besatzung:45 Walfänger Clas Lührs	Willm Hendricks v.Föhr,Matrose Jan Drews v.Föhr,Matrose Cornelis Broersen v.Föhr,Matrose Jürgen Simons v.Föhr(1796),hier: Spaden,Kochsmaat	ebenda,3.4.1793 Rückk.:21.8.1793 Ertr.:2 Wale=70 Quard.Speck = 105 Quard.Tran u.3270 Pfd.Bar- ten

Schiff/Kommandeur	Name/Herkunft/Rang der Seeleute	Daten/Quelle Fangergebnis
De Maria Susanna Besatzung:45 Wal-u.Robbenfänger Matthias Jessen von Röm;er ist auf dieser Reise ge- storben,StAHam, Hdschr.263,S.169.	Rolof Riewerts v.Föhr,Steuermann Lorenz Hendricks v.Föhr,Speckschn. Jürgen Jessen v.Röm,Speckschneider Jes Peters v.Röm,Bootsm.u.Harpun. Zwen Peters v.Röm,Harpunier Lorenz Carstens v.Röm,Zimmerm.-Mt. Enoch Cornelis v.Röm,Koch Peter Jansen Falck v.Röm,Matrose Tönnes Alberts v.Röm,Matrose Lorenz Lorenzen v.Röm,Matrose Michel Hansen v.Röm,Matrose Carsten Bundes Hansen v.Röm,Matr. Andreas Peters v.Röm,Kochsmaat Boy Rolofs v.Föhr,Schiffsjunge Jes Matthias Jessen v.Röm,Schiffsj.	StAHam,Archiv d. Wasserschouts, I.A.1.1. 8.2.1794 Rückk.:4.8.1794 Ertr.:1Wal u.50 Robben=45 Quard. Speck=60 1/2 Qu. Tran u.1488 Pfd. Barten
De Martin Besatzung:37 Wal-u.Robbenfänger Cornelis Jürgens von Röm	Jasper Hans Michels.v.Röm,Steuerm. Knud Michels Holm v.Röm,Speckschn. Peter Cornelis v.Röm,Harpunier Hans Carstens v.Röm,Matrose Hinrich Andreas Hindricksen v.Röm, Schiffsjunge	ebenda,8.2.1794 Rückk.:28.7.1794 Ertr.:1/2 Wal u. 1044 Robben=58 Quard.Speck=75 Quard.Tran u. 678 Pfd.Barten
De Johannes Besatzung:38 Wal-u.Robbenfänger Peter Michelsen Leest von Röm	Cornelis Michels.Leest v.Röm,StM Jürgen Michels Leest v.Röm,Speck. Jürgen Johannsen v.Röm,Bootsm.u.H. Carsten Alberts v.Röm,Harpunier Jens Andresen Leest v.Röm,Harpun. Balzer Cornelsen v.Röm,Matrose Laust Hansen v.Röm,Matrose Jürgen Jürgens v.Röm,Kochsmaat Cornelis Peters v.Röm,Schiffsjunge	ebenda,10.2.1794 Rückk.:9.7.1794 Ertr.:1/2 Wal u. 1335 Robben=77 Quard.Speck=111 Quard.Tran u. 1040 Pfd.Barten
De Bloyende Hoop Besatzung:44 Wal-u.Robbenfänger Albert Jansen von Röm	Jasper Carsten Möller v.Röm,StM Dirck Boysen v.Föhr,Speckschneid. Gert Jansen v.Röm,Harpunier Boy Dircksen v.Föhr(1795),hier: Bremen,Schiemann Hans Boysen v.Föhr(1796),hier: Bremen,Matrose Jürgen Peters v.Röm,Matrose Jan Alberts v.Röm,Schiffsjunge	ebenda,7.2.1794 Rückk.:29.7.1794 Ertr.:1Wal u.37 Robben=38 Quard. Speck=56 Quard. Tran u.1940 Pfd. Barten.
De Concordia Besatzung:34 Wal-u.Robbenfänger Cornelis Andresen von Röm	Johann Andreas Dahl v.Röm(1788), hier:Hbg.,Steuermann Carsten Michels v.Röm,Bootsm.u.H. Hans Franck v.Röm,Harpunier Siebr.Matthiessen Kier v.Röm,Koch u.Harpunier Michel Carstens v.Röm,Matrose Cornelis Lorenzen v.Röm,Matrose Carsten Lamberts v.Röm,Matrose Franck Peters v.Röm,Kochsmaat Cornelis Petersen v.Röm,Schiffsjge.	ebenda,10.2.1794 Rückk.:9.7.1794 Ertr.:1/2 Wal u. 1640 Robben=109 Quard.Speck=156 Quard.Tran u. 983 Pfd.Barten

Schiff/Kommandeur	Name/Herkunft/Rang der Seeleute	Daten/Quelle Fangergebnis
De Frau Anna Besatzung:44 Wal-u.Robbenfänger Hans Hansen Carl von Röm	Zwen Andresen Hansen Carl von Röm (1791),hier:Hbg.,Steuermann Peter Moritz v.Röm,Speckschneider Peter Carsten Winter v.Röm,BM u.H. Jürgen Peters v.Röm(1795),hier: Hbg.,Harpunier Peter Peter Hansen v.Sylt,Harpun. Peter Tönnies v.Röm,Zimmerm.-Maat Hans Jansen v.Röm,Schiemann Peter Hansen Peters v.Röm,Matrose Jens Siebrandt Kier v.Röm,Matrose Jürgen Peter Hansen v.Sylt,Matrose Peter Lorenzen v.Röm,Matrose Jürgen Bleeg v.Röm,Kochsmaat Hans Carl Thorsen v.Röm,Schiffsj. Peter Lorenzen v.Röm,Schiffsjunge	ebenda,10.2.1794 Rückk.:13.7.1794 Ertr.:2Wale u. 708 Robben=122 Quard.Speck = 179 1/2 Quard. Tran u.4310 Pfd. Barten
De Jonge Martin Besatzung:43 Wal-u.Robbenfänger Hans Hansen Carl jr.von Röm	Cornelis Hansen Peters v.Röm,StM Peter Cornelis v.Röm,Speckschneid. Michel Peters v.Röm,Harpunier Jens Matthiessen v.Röm(1795),hier: Bützfleth,Bootsmann u.Harpunier Jasper Hansen Schou v.Röm(1793, als Kochsmaat auf d.Wal-u.Robben-fänger"De Frau Anna"),Matrose Jürgen Jürgens v.Röm,Matrose Hans Siebrandt Möller v.Scherre-beck,Matrose Sön Christensen v.Scherrebeck,KM Jacob Thorsen v.Röm,Schiffsjunge	ebenda,10.2.1792 Rückk.:28.7.1794 Ertr.:1 Wal u.? Robben=60 Quard. Speck=92 Quard. Tran u.7650 Pfd. Barten
De Frau Margaretha Besatzung:43 Walfänger Peter Hansen Carl von Röm	Peter Petersen Larsen v.Röm,StM Peter Ericks v.Röm,Speckschneider J.Andreas Jürgens v.Röm,Bootsm.u.H Andreas Lorenz Carstens v.Röm,Har. Carsten Peter Winter v.Röm,Koch Christian Matzen v.Ballum,Matrose. Hans Carl v.Röm(Hgb.),Matrose Peter Kromöse Petersen v.Röm,Matr. Peter Boysen Lorenzen v.Röm(1795), hier:Göteborg,Matrose Carl Carls Thorsen v.Röm(1795), hier:Bützfleth,Matrose Jens Sörensen v.Ballum,Kochsmaat Peter Cornelis Lorentzen v.Röm, Schiffsjunge	ebenda,10.3.1794 Rückk.:28.7.1794 Ertr.:1Wal=45 Quard.Speck= 63 1/2 Quard. Tran u.1970 Pfd. Barten
De Lilie Besatzung:43 Wal-u.Robbenfänger Peter Jansen Leest von Röm	Carsten H.Michels v.Röm,Steuermann Volk.Volkerts de Vries v.Föhr,Sp. Riewert Broersen v.Föhr,Speckschn. Peter Cornelis Möller v.Röm,Harp. Jürgen Jürgensen v.Röm,Harpunier Peter Petersen Leest v.Röm,Harp. Niels Peters Jensen v.Röm,Zimm.-Mt Cornelis Hansen v.Röm,Schiemann Michel Jessen v.Röm,Matrose Joh.Peters v.Röm(1795),hier:Lübeck Matrose Cornelis Andresen v.Röm(1796), hier:Lübeck,Matrose Hans Cornelissen v.Röm,Matrose Peter Jürgensen v.Röm,Schiffsjunge	ebenda,8.2.1794 Rückk.:5.8.1794 Ertr.:5Quard. Speck=6Quard. Tran;nähere An-gaben fehlen.

540

1794

Schiff/Kommandeur	Name/Herkunft/Rang der Seeleute	Daten/Quelle Fangergebnis
De Anna Elisabeth Besatzung:44 Wal-u.Robbenfänger Jasper Jansen von Röm	Jürgen Michelsen v.Röm,Steuermann Peter Willms v.Föhr,Speckschneider Andreas Jacobs v.Röm,Bootsm.u.Harp. Hans Petersen v.Röm,Matrose Michel Peters v.Röm,Matrose Willem Peters v.Föhr,Matrose Jan Jaspers v.Röm(Hbg.),Matrose Peter Michels v.Röm,Matrose Hans Cornelsen v.Röm,Schiffsjunge	ebenda,7.2.1794 Rückk.:13.7.1794 Ertr.:2Wale u. 45 Robben=80 Quard.Speck=111 Quard.Tran u. 3568 Pfd.Barten
De Maria Elisabeth Besatzung:44 Wal-u.Robbenfänger Cornelis Petersen Wandal von Röm	Johann Carsten Lamberts v.Röm,StM Arian Arians v.Föhr,Speckschneider Matth.Christiansen Leest v.Röm, Bootsmann u.Harpunier Hans Andresen v.Röm,Harpunier Arian Arians v.Föhr,Matrose Matth.Carsten Lamberts v.Röm,Matr. Peter Cornelis v.Röm,Matrose Hans Petersen Bleeg v.Röm,Matrose Jasper Carstens v.Röm,Matrose Albert Cornelissen v.Röm,Schiffsj.	ebenda,7.2.1794 Rückk.:4.8.1794 Ertr.:3 Wale=70 Quard.Speck=114 Quard.Tran u. 2931 Pfd.Barten
De Vertrouwen Besatzung:44 Wal-u.Robbenfänger Hans Peter Lüders von Röm	Hans Larsen v.Röm,Steuermann Nanning Willms v.Föhr,Speckschneid. Hans Christians.Winter v.Röm,Speck. Teunis Andresen v.Röm,Bootsm.u.Ha. Cornelis Sievers der Ältere v.Röm, Harpunier Franz Frederick v.Röm,Zimmerm.Maat Andreas Cornelissen v.Röm,Koch Willm Nannings v.Föhr,Matrose Rolof Nannings v.Föhr,Matrose Carsten Eggers v.Röm,Matrose Peter Cord Lüders v.Röm,Schiffsjg.	ebenda,6.2.1794 Rückk.:5.8.1794 Ertr.:1Wale=35 Quard.Speck= 43 1/2 Quard. Tran u.2262 Pfd. Barten
De Jonge Jacob Besatzung:45 Wal-u.Robbenfänger Lorenz Adriansen von Föhr	Lorenz Hendricksen v.Föhr,Steuerm. Boy Adrians v.Föhr,Speckschneider Hans Peters v.Föhr,Speckschneider Nickel Nickelsen v.Föhr,Harpunier Cornelis Rolofs v.Föhr,Harpunier Nanning Boysen v.Föhr,Harpunier Rieck Jürgens v.Föhr,Zimmermann Fröd Hinrichsen v.Föhr,Zimm.-Maat Friedrich Adrians v.Föhr,Bootsmann Nickel Matthiessen v.Föhr,Schiem. Boy Ketels v.Föhr,Matrose Hinrich Boysen v.Föhr,Matrose Wögen Olofs v.Föhr,Matrose Arian Rolofs v.Föhr,Matrose Boy Boysen v.Föhr,Kochsmaat	ebenda,6.2.1794 Das Schiff kehr- te ohne Ertrag wegen Havarie vorzeitig nach Hamburg zurück; StAHam,Hdschr. 263,S.169
De Elisabeth Cäci- lia Besatzung:42 Wal-u.Robbenfänger Jürgen Cornelis von Föhr	Jürgen Ariansen v.Föhr,Steuermann Ketel Jürgens v.Föhr,Speckschneid. Carsten Lorenz Möller v.Röm,Harp. Peter Petersen v.Föhr,Harpunier Cornelis Jürgens v.Föhr,Harpunier Jap Nickelsen v.Föhr,Zimmermann Riewert Hendricks v.Föhr,Matrose Cornelis Hendricks v.Föhr,Matrose Riewert Rolofs v.Föhr,Matrose Jan Braren v.Föhr,Matrose Broer Teunis v.Föhr,Schiffsjunge	ebenda,5.2.1794 Rückk.:4.8.1794 Ertr.:96 Robben =4 Quard.Speck= 5 1/2 Quard.Tran

541

Schiff/Kommandeur	Name/Herkunft/Rang der Seeleute	Daten/Quelle Fangergebnis
De St.Peter Besatzung:45 Walfänger Volkert Boysen von Föhr	Peter Nickels v.Föhr(1795),hier: Spaden,Steuermann Rolof Boysen v.Föhr,Speckschneider Jacob Jappen v.Föhr,Speckschneider Martin Flohr v.Föhr,Harpunier Paul Ocken v.Föhr,Harpunier Hinrich Jansen v.Föhr,Harpunier Jan Namens v.Föhr,Zimmermann Eschel Jürgens v.Föhr,Zimmerm.-Mt. Andreas Nickels v.Föhr,Bootsmann Hendrick Cornelis v.Föhr,Schiemann Nanning Cornelissen v.Föhr(1796), hier:Altenbruch,Koch Lorenz Jürgens v.Föhr,Matrose Ereck Jung Hansen v.Föhr,Matrose Simon Jacob Rolofs v.Föhr,Matrose Jacob Rolofs v.Föhr,Matrose Nanning Jürgens v.Föhr,Matrose Jan Lorenzen v.Föhr,Matrose Lorenz Jensen v.Föhr,Matrose Rickmer Volkert Flohr v.Föhr(1790), hier:Hbg.,Matrose Andreas Ocken v.Föhr,Matrose Ocke Jansen v.Föhr,Matrose Hinrick Jung Nickelsen v.Föhr,Matr. Drews Nickelsen v.Föhr,Matrose Martin Jürgens v.Föhr,Matrose Boy Nickelsen v.Föhr,Matrose Lorenz Andresen v.Föhr,Matrose Nickels Ocken v.Föhr,Matrose Bastian Broers v.Föhr,Matrose Harcke Marksen v.Föhr,Matrose Hinrich Bastians v.Föhr,Matrose Jap Jacobs v.Föhr,Matrose Boy Arfsten v.Föhr,Matrose Nickel Söncken v.Föhr,Matrose Peter Peters v.Föhr,Matrose Peter Hansen v.Föhr,Matrose Jürgen Paulsen v.Föhr,Matrose Namen Peters v.Föhr,Kochsmaat Namen Jannen(Nannings?)v.Föhr, Schiffsjunge	ebenda,24.3.1794 Rückk.:11.8.1794 Ertr.:1 Wal =45 Quard.Speck = 63 1/2 Quard. Tran u.1830 Pfd. Barten
De Jonge David Besatzung:45 Walfänger Lorenz Hendricks von Föhr	Matthias Riewerts v.Föhr,Steuerm. Jacob Hinrichs v.Föhr,Speckschneid. Dirck Lorenzen v.Föhr,Speckschneid. Broer Broersen v.Föhr,Harpunier Frerck Riewerts v.Föhr,Harpunier Lorenz Willms v.Föhr,Harpunier Danklef Lorenzen v.Föhr,Zimmermann Lorenz Lorenzen v.Föhr,Zimm.-Maat Simon Hendricks v.Föhr,Bootsmann Willem Hendricks v.Föhr,Schiemann Johann Friedrich Oldis v.Föhr,Koch Peter Hansen v.Föhr,Matrose Olof Jung Frödden v.Föhr,Matrose Simon Frercks v.Föhr,Matrose	ebenda,24.3.1794 Rückk.:Sept.1794 ohne Ertrag

Schiff/Kommandeur	Name/Herkunft/Rang der Seeleute	Daten/Quelle Fangergebnis
	Ole(Ule)Eschels v.Föhr,Matrose Harcke Nickelsen v.Föhr(1796),hier: Spaden,Matrose Clas Clasen v.Föhr,Matrose Johann Friedrich Dening v.Föhr,Ma. Wögen Frödden v.Föhr,Matrose Ocke Olofs v.Föhr,Matrose Riewert Cornelissen v.Föhr(1792), hier:Assel,Matrose Clas Clasen v.Föhr,Matrose Otto Jung Rickmers Möller v.Föhr (1793),hier:Hbg.,Matrose Peter Hendricks v.Föhr,Matrose Hinrich Nickelsen v.Föhr,Matrose Knut Wögens v.Föhr,Matrose Arian Hendricks v.Föhr,Matrose Matthias Edlef Matthiessen(Matzen) v.Föhr,Kochsmaat Thomas Simon Dene v.Föhr,Schiffsj.	
De Jgfr.Johanna Magdalena Besatzung:45 Walfänger Peter Boysen von Föhr	Jürgen Riecks v.Föhr,Steuermann Arian Arians v.Föhr,Speckschneider Olof Ocken v.Föhr,Speckschneider Riewert Clasen v.Föhr,Harpunier Ketel Nickelsen v.Föhr,Harpunier Lorenz Rickmers v.Föhr,Harpunier Johannes Frödden v.Föhr,Zimmermann Carsten Olofs v.Föhr,Zimmerm.-Maat Broer Nannings v.Föhr,Bootsmann Johann Johannsen v.Föhr,Schiemann Ocke Ercken v.Föhr,Koch Peter Frödden v.Föhr,Matrose Arian Boysen v.Föhr,Matrose Cornelis Dircks v.Föhr,Matrose Jens Wögens v.Föhr,Matrose Peter Frödden v.Föhr,Matrose Ketel Ketels v.Föhr,Matrose Lorenz Jürgens v.Föhr,Matrose Jacob Ocken v.Föhr,Matrose Rieck Peters v.Föhr,Matrose Cornelis Hendricks v.Föhr,Matrose Wögen Rickleffs v.Föhr,Matrose Ketel Nickelsen v.Föhr,Matrose Jürgen Rolofs v.Föhr,Matrose Broer Riecks v.Föhr,Kochsmaat Ocke Ariansen v.Föhr,Schiffsjunge	ebenda,24.3.1794 Rückk.:Sept.1794 Ertr.:1 Wal =40 Quard.Speck=65 Quard.Tran u. 1712 Pfd.Barten
De Jgfr.Anna Maria Besatzung:44 Wal-u.Robbenfänger Hans Hansen Tönnies von Sylt	Peter Hans Jurians v.Sylt,Steuerm. Peter Boysen v.Föhr,Speckschneider Rickmer Arfsten v.Föhr,Speckschn. Georg Petersen v.Sylt,Matrose Teunis Hansen Teunis v.Sylt(Hbg.), Matrose Jürgen Hansen Teunis v.Sylt(Hbg.), Schiffsjunge	ebenda,5.2.1794 Rückk.:4.8.1794 Ertr.:2 Wale=112 Quard.Speck=162 Quard.Tran u. 4780 Pfd.Barten

Schiff/Kommandeur	Name/Herkunft/Rang der Seeleute	Daten/Quelle Fangergebnis
De Hoopende Land-mann Besatzung:47 Walfänger Ocke Daniel Meyer	Broer Volkerts v.Föhr,Steuermann Lorenz Jürgens v.Föhr,Speckschn. Boy Jürgens v.Föhr,Speckschneider Rolof Boysen v.Föhr,Harpunier Riewert Lorenzen v.Föhr,Harpunier Ketel Olofs v.Föhr,Matrose Jan Boysen v.Föhr,Matrose Andreas Geesen v.Föhr,Matrose Jong Fröd Jappen v.Föhr,Matrose Jong Rörd Frödden v.Föhr,Matrose Boy Boysen v.Föhr,Matrose Rörd Frödden v.Föhr,Matrose Paul Cornelsen v.Föhr,Matrose Hendrick Arfsten v.Föhr,Matrose Jürgen Lorenzen v.Föhr,Matrose Hendrick Knudtsen v.Föhr,Matrose Fröd Knudtsen v.Föhr,Kochsmaat Arfst Bonden v.Föhr,Schiffsjunge	ebenda,13.3.1794 Rückk.:11.8.1794 Ertr.:1Wal=40 Quard.Speck=43 Quard.Tran u. 2080 Pfd.Barten
De König Salomon Besatzung:45 Walfänger Claus Lührs	Johannes Jacobsen v.Föhr,Matrose Broer Volkerts v.Föhr,Matrose Broer Broersen v.Föhr,Matrose Arian Boysen v.Föhr,Matrose Gönne Bohn v.Föhr,Matrose Jürgen Simons v.Föhr,Kochsmaat	ebenda,26.3.1794 Rückk.:13.8.1794 Ertr.:2Wale=60 Quard.Speck=95 Quard.Tran u. 3255 Pfd.Barten
De Roosenbaum Besatzung:45 Wal-u.Robbenfänger Clas Jansen Ney	Jürgen Cornelis v.Föhr,Speckschn. Simon Nannings v.Föhr(1795),hier: Spaden,Zimmermann u.Harpunier	ebenda,13.2.1794 Rückk.:7.7.1794 Ertr.:2742 Rob-ben=180 Quard. Speck=260 Quard. Tran
De Tweede Patriot Besatzung:44 Wal-u.Robbenfänger Johann Christian Baumann	Arian Boysen v.Föhr,Harpunier	ebenda,4.2.1794 Rückk.:11.7.1794 Ertr.:3 Wale=145 Quard.Speck=233 Quard.Tran u. 5466 Pfd.Barten
De Elisabeth Besatzung:37 Wal-u.Robbenfänger Johann Hinrich Flömer	Peter Hinrichs v.Föhr,Speckschn. Hans Carstens v.Föhr,Harpunier Hinrich Petersen v.Föhr,Matrose Willm Hansen v.Föhr,Schiffsjunge	ebenda,7.2.1794 Rückk.:29.7.1794 Ertr.:70 Robben= 4 Quard.Speck= 5 Quard.Tran

Schiff/Kommandeur	Name/Herkunft/Rang der Seeleute	Fangergebnis
De Concordia Besatzung:35 Wal-u.Robbenfänger Cornelis Andresen von Röm	Johann Andresen Dahl v.Röm(1788), hier:Hbg.,Steuermann Carsten Michels v.Röm,Bootsm.u.Ha. Hans Franck v.Röm,Harpunier Siebrandt Matthiessen v.Röm,Harp. Michel Carstens v.Röm,Matrose Cornelis Lorenzen v.Röm,Matrose Hans Andresen Cornelissen v.Röm (Hbg.),Matrose Peter Jensen v.Röm,Kochsmaat Andreas Cornelissen v.Röm(Hbg.), Schiffsjunge	StAHam,Archiv d. Wasserschouts I.A.1.1. 18.2.1795 Rückk.:11.7.1795 Ertr.:1228 Robben=42 Quard. Speck=60 Quard. Tran
De Frau Anna Besatzung:44 Wal-u.Robbenfänger Zwen Andreas Hansen Carl von Röm. Er war vorher Steuermann dieses Schiffes;vor 1791 führte er die Ortsbezeichnung Röm,danach trat er als Hamburger auf.	Jürgen Peters Bundes v.Röm,Steuerm. Peter Moritz v.Röm,Harpunier Peter Carsten Winter v.Röm,Bootsmann u.Harpunier Hans Jansen v.Röm,Koch u.Harpunier Jens Peters.v.Röm,Harpunier Jürgen Peter Hansen v.Sylt,Matrose Peter Cornelis Lorenzen v.Röm,Matr. H.Peter Brodersen Larsen v.Röm,KM Hans Carl Thorsen v.Röm,Schiffsj.	ebenda,17.2.1795 Rückk.:24.6.1795 Ertr.:14 Wale u. 1173 Robben=195 Quard.Speck=289 Quard.Tran u. 4089 Pfd.Barten
De Lilie Besatzung:44 Wal-u.Robbenfänger Peter Jansen Leest von Röm	Peter Peter Hansen v.Sylt,Steuerm. Bohn Arfsten v.Föhr,Speckschneid. Riewert Broersen v.Föhr,Speckschn. Cornelis Michels Leest v.Röm,BM Cornelis Hansen v.Röm,Schiemann Matthias Nicolassen v.Röm,Matrose Johannes Peters v.Röm,Matrose Hans Matthiessen v.Röm,Matrose Peter Jürgensen v.Röm,Schiffsjunge	ebenda,16.2.1795 Rückk.:28.7.1795 Ertr.:2Wale=48 Quard.Speck=65 Quard.Tran u. 630 Pfd.Barten Auszüge d. Schiffsjournals sind veröffentlicht bei Ernst Römer,Aus alten Schiffstagebüchern deutscher Grönlandfahrer, in:Seewart,Heft 5/6,Hbg.1941,S. 13ff.
De Jonge Martin Besatzung:44 Wal-u.Robbenfänger Hans Hansen Carl jr.von Röm	Cornelis Hansen Peters v.Röm,StM Peter Cornelissen v.Röm,Speckschn. Peter Petersen Kaper v.Röm,Harp. Zwen Peter Zwen v.Röm,Harpunier Jens Matthiessen v.Röm,Bootsm.u.H. Cornelis Carstens v.Röm,Zimmermann Jürgen Jürgensen v.Röm,Matrose Michel Clasen Duhn v.Röm,Matrose Gert Cornelis Peters v.Röm,Matrose Hans Siebrandt Möller v.Röm,Matr. Balzer Jürgensen v.Röm,Kochsmaat Cornelis Andresen v.Röm,Schiffsjge.	ebenda,17.2.1795 Rückk.:19.7.1795 Ertr.:4Wale u. 2184 Robben=132 Quard.Speck=218 Quard.Tran u. 3419 Pfd.Barten

Schiff/Kommandeur	Name/Herkunft/Rang der Seeleute	Daten/Quelle Fangergebnis
De Martin Besatzung:38 Wal-u.Robbenfänger Cornelis Jürgens von Röm	Jasper Hans Michelsen v.Röm,StM Knud Michels Holm v.Röm,Speckschn. Peter Cornelis Bundes v.Röm,Harp. Jürgen Matthiessen v.Röm,Matrose Hans Carstens v.Röm,Matrose Hans Michel Cornelis v.Röm,Schiffs- junge	ebenda,16.2.1795 Rückk.:11.7.1795 Ertr.:1167 Rob- ben=40 Quard. Speck=52 Quard. Tran
De Elisabeth Cäci- lia Besatzung:39 Wal-u.Robbenfänger Andreas Petersen Dahl von Röm.Er war 1793 Steuer- mann des Wal-u. Robbenfängers"De Maria Elisabeth".	Cornelis Michels v.Röm,Steuermann Peter Willms v.Föhr,Speckschneid. Corn.Corneliss.Thomsen v.Röm, Bootsmann u.Harpunier Jan Andresen Leest v.Röm,Harpun. Hans Peters Bleeg v.Röm,Harpunier Hans Cornelissen Carl v.Röm,Koch Mich.Johannsen Leest v.Röm,Matrose Jasper Cornelis v.Röm,Matrose Balzer Cornelis Möller v.Röm,Matr. Willem Peters v.Föhr,Matrose Siebrandt Matthiessen v.Röm,Schj.	ebenda,17.2.1795 Rückk.:28.7.1795 Ertr.:2Wale u.? Robben=120 Quard Speck=187 Quard. Tran u.3289 Pfd. Barten
De Frau Margaretha Besatzung:44 Wal-u.Robbenfänger Peter Hansen Carl von Röm	Peter Peter Larsen v.Röm,Steuerm. Peter Ericks v.Röm,Speckschneider Jan Andreas Jürgens v.Röm,BM u.H. Andreas Lorenz Carstens v.Röm,Har. Hans Peter Carl v.Röm(Hbg.)Harp. Peter Rohlfsen v.Röm,Zimmerm.-Maat Carsten Peter Winter v.Röm,Koch Peter Krömmös Petersen v.Röm,Matr. Michel Hansen Schou v.Röm,Matrose Joh.Christ.Franck Peters v.Röm,M. Peter Boysen Lorenzen v.Röm,Matr. Michel Peters v.Röm,Matrose Tönnes Alberts v.Röm,Matrose Laust Hansen Schou v.Röm,Matrose Peter Cornelis Lorenzen v.Röm,Schj	ebenda,16.2.1795 Rückk.:6.7.1795 Ertr.:9Wale u. 320 Robben=190 Quard.Speck=330 Quard.Tran u. 6898 Pfd.Bar- ten
De Bloyende Hoop Besatzung:44 Wal-u.Robbenfänger Albert Jansen von Röm	Jasper Carsten Möller v.Röm,StM Dirck Boysen v.Föhr,Speckschneider Boy Dircksen v.Föhr,Harpunier Jürgen Peters Lützen v.Röm,Harp. Matthias Michel Siewers v.Röm,Mat. Johann Alberts v.Röm(Hbg.),Matr. Peter Alberts v.Röm(Hbg.),Schjge.	ebenda,16.2.1795 Rückk.:21.7.1795 Ertr.:9Wale u. 273 Robben=136 Quard.Speck=222 Quard.Tran u. 3751 Pfd.Barten
De Maria Elisabeth Besatzung:44 Wal-u.Robbenfänger Cornelis Petersen Wandal von Röm	Johann Carsten Lamberts v.Röm (1788),hier:Hbg.,Steuermann Arian Arians v.Föhr,Speckschneider Matth.Christens.Leest v.Röm,BM u.H Carsten Hans Michels v.Röm,Harpun. Franz Friedrichs v.Röm,Zimmerm.-Mt Matth.Christens.Lamberts v.Röm,M. Peter Hansen Holm v.Röm,Matrose Jasper Carstens v.Röm,Matrose Albert Cornelis v.Röm(Hbg.),Matr. Carsten Cornelis v.Röm,Matrose Andreas Cornelis v.Röm(Hbg.),Schj.	ebenda,17.2.1795 Rückk.:11.8.1795 Ertr.:573 Rob- ben=16 Quard. Speck=26 1/2 Quard.Tran

Schiff/Kommandeur	Name/Herkunft/Rang der Seeleute	Daten/Quelle Fangergebnis
De St.Peter Besatzung:45 Walfänger Volkert Boysen von Föhr	Peter Nickels v.Föhr,Steuermann Rolof Boysen v.Föhr,Speckschneid. Jacob Jappen v.Föhr,Speckschneider Rickmer Rörden Flohr v.Föhr,Harp. Martin Flohr v.Föhr,Harpunier Hinrich Jansen v.Föhr,Harpunier Jan Namens v.Föhr,Zimmermann Eschel Jürgens v.Föhr,Zimm.-Maat Andreas Nickels v.Föhr,Bootsmann Boy Danklefs v.Föhr,Schiemann Nanning Cornelsen v.Föhr(1796), hier:Altenbruch,Koch Jürgen Jürgens v.Föhr,Matrose Nickels Bohn v.Föhr,Matrose Rickmer Volkert Flohr v.Föhr(1790) hier:Hbg.,Matrose Lorenz Jürgens v.Föhr,Matrose Ocke Nickelsen v.Föhr,Matrose Nickels Ocken v.Föhr,Matrose Boy Peters v.Föhr,Matrose Nicolaus Hendricks v.Föhr,Matrose Jan Lorenzen v.Föhr,Matrose Boy Nickelsen v.Föhr,Matrose Jap Jacobs v.Föhr,Matrose Ocke Jung Nickelsen v.Föhr,Matr. Bohn Arfst v.Föhr,Matrose Jürgen Hans Christians v.Föhr,Mat. Namen Jannen v.Föhr,Kochsmaat Jacob Rörden v.Föhr,Schiffsjunge	ebenda,26.3.1795 Rückk.:28.7.1795 Ertr.:5Wale=70 Quard.Speck=110 Quard.Tran u. 2725 Pfd.Barten
De Jonge David Besatzung:45 Walfänger Lorenz Hendricks von Föhr	Matthias Riewerts v.Föhr,Steuerm. Jacob Hinrichs v.Föhr,Speckschn. Dirck Lorenzen v.Föhr,Speckschn. Broer Broersen v.Föhr,Harpunier Volkert Riecks v.Föhr,Harpunier Lorenz Willms v.Föhr,Harpunier Danklef Lorenzen v.Föhr,Zimmerm. Broer Jansen v.Föhr,Zimmerm.-Maat Simon Hendricks v.Föhr,Bootsmann Frerck Riewerts v.Föhr,Schiemann Jürgen Willms v.Föhr,Matrose Wögen Frödden v.Föhr,Matrose Cornelis Jürgens v.Föhr,Matrose Hendrick Peters v.Föhr,Matrose Riewert Rolofs v.Föhr,Matrose Matth.Edlef Matthiessen(Matzen) v. Föhr,Matrose Rieck Peters v.Föhr,Matrose Hinrich Wögens v.Föhr,Matrose Rolof Tönnies v.Föhr,Matrose Johann Gottlieb Schech v.Föhr,KM Jürgen Lorenzen v.Föhr,Schiffsjge.	ebenda,20.3.1795 Rückk.:31.7.1795 Ertr.:7 Wale = 250 Quard.Speck= 353 1/2 Quard. Tran u.9100 Pfd. Barten

Schiff/Kommandeur	Name/Herkunft/Rang der Seeleute	Daten/Quelle Fangergebnis
De Maria Susanna Besatzung:44 Wal-u.Robbenfänger Rolof Riewerts von Föhr.Er war vorher Steuermann dieses Schiffes.	Arian Jürgens v.Föhr,Steuermann Lorenz Hendricks v.Föhr,Speckschn. Hinrich Jürgens v.Föhr,Harpunier Riewert Riecks v.Föhr,Harpunier Peter Hinrichs v.Föhr,Koch Hinrich Lorenzen v.Föhr,Matrose Friedrich Hinrichsen v.Föhr,KM Boy Rolofs v.Föhr(Hbg.)Schiffsj.	ebenda,16.2.1795 Rückk.:29.7.1795 Ertr.:3 Wale u. 309 Robben=60 Quard.Speck= 86 1/2 Quard. Tran u.1490 Pfd. Barten
De Jgfr.Johanna Magdalena Besatzung:45 Walfänger Peter Boysen von Föhr	Jürgen Rickmers v.Föhr,Steuermann Arian Arians v.Föhr,Speckschneid. Olof Ocken v.Föhr,Speckschneider Riewert Clasen v.Föhr,Harpunier Lorenz Rickmers v.Föhr,Harpunier Ketel Nickelsen v.Föhr,Harpunier Johannes Frödden v.Föhr,Zimmerm. Carsten Olofs v.Föhr,Zimmerm.-Maat Nickel Nickelsen v.Föhr,Bootsmann Hinrich Jacobs v.Föhr,Schiemann Ocke Ercken v.Föhr,Koch Olof Peters v.Föhr,Matrose Jacob Ocken v.Föhr,Matrose Boy Olofs v.Föhr,Matrose Lorenz Jürgens v.Föhr,Matrose Cornelis Hendricks v.Föhr,Matrose Namen Rickmers v.Föhr,Matrose Peter Frödden Bohn v.Föhr,Matrose Ketel Ketels v.Föhr,Matrose Johann Johannen v.Föhr(1793),hier: Spaden,Matrose Riewert Boysen v.Föhr,Kochsmaat Ocke Ariansen v.Föhr,Schiffsjunge Boy Johannsen v.Föhr,Schiffsjunge	ebenda,27.3.1795 Rückk.:29.7.1795 Ertr.:14 Wale= 200 Quard.Speck= 302 Quard.Tran u.6116 Pfd.Bar- ten
De Jgfr.Anna Maria Besatzung:44 Wal-u.Robbenfänger Hans Hansen Tönnies von Sylt	Peter Hansen Jürgens v.Sylt,StM Rickmer Arfsten v.Föhr,Speckschn. Peter Teunis v.Föhr,Speckschneid. Georg Peter Hansen v.Sylt,Harpun. Teunis Hansen Teunis v.Sylt(Hbg.), Matrose Hans Hansen Teunis jr.v.Sylt(Hbg.) Schiffsjunge	.ebenda,16.2.1795 Rückk.:24.7.1795 Ertr.:12 Wale u. 652 Robben=200 Quard.Speck=317 Quard.Tran u. 5504 Pfd.Barten
De Hoopende Land-mann Besatzung:46 Walfänger Ocke Daniel Meyer	Broer Volkerts v.Föhr,Steuermann Lorenz Jurians v.Föhr,Speckschn. Boy Jurians v.Föhr,Speckschneider Rolof Boysen v.Föhr,Harpunier Riewert Lorenz v.Föhr,Harpunier Willm Jansen v.Föhr,Zimmermann Hinrich Volkerts v.Föhr,Bootsmann Cornelis Rolofsen v.Föhr,Matrose Hinrich Clasen v.Föhr,Matrose Andreas Boysen v.Föhr,Matrose Boy Boysen v.Föhr,Matrose Jürgen Lorenz v.Föhr,Matrose Fröd Clasen v.Föhr,Matrose Arfst Bohn v.Föhr,Schiffsjunge	ebenda,28.3.1795 Rückk.:29.7.1795 Ertr.:39 Robben; weitere Angaben fehlen.

Schiff/Kommandeur	Name/Herkunft/Rang der Seeleute	Daten/Quelle Fangergebnis
De Twede Patriot Besatzung:44 Wal-u.Robbenfänger Johann Christian Baumann	Arian Boysen v.Föhr,Steuermann Peter Boysen v.Föhr,Speckschneider Boy Boysen v.Föhr,Schiffsjunge	ebenda,15.2.1795 Rückk.:17.7.1795 Ertr.:11 Wale u. 375 Robben=140 Quard.Speck=263 Quard.Tran u. 4402 Pfd.Barten
De Roosenbaum Besatzung:45 Wal-u.Robbenfänger Clas Jansen Ney	Jürgen Nickelsen v.Föhr,Speckschn. Simon Nannings v.Föhr,Zimmermann	ebenda,23.2.1795 Rückk.:19.7.1795 Ertr.:6 Wale u. 1303 Robben=140 Quard.Speck=228 Quard.Tran u. 1506 Pfd.Barten

Schiff/Kommandeur	Name/Herkunft/Rang der Seeleute	Daten/Quelle Fangergebnis
De Martin Besatzung:38 Wal-u.Robbenfänger Cornelis Jürgens von Röm	Jasper Hans Michels v.Röm,Steuerm. Jürgen Pet.Thomsen v.Röm,Speckschn. Corn.Jürg.Peters Leest v.Röm,BM u.H Enoch Cornelsen v.Röm,Harpunier[1] Siebr.Matth.Kier v.NL/Röm,Harp. Hendrik Andreas Hendriks v.Röm,KM Hans Michel Cornelis v.Röm(Hbg.), Schiffsjunge	StAHam,Archiv d. Wasserschouts, I.A.1.1. 10.2.1796 Rückk.:20.7.1796 Ertr.:1434 Rob- ben=55 Quard. Speck=86 Quard. Tran
De Frau Margaretha Besatzung:44 Wal-u.Robbenfänger Peter Hansen Carl von Röm	Peter Petersen Larsen v.Röm,Steuer. Peter Ericks v.Röm,Speckschneider Jan Andr.Jürgens v.Röm,Bootsm.u.H Andreas Lorenz Carstens v.Röm,Harp. Peter Kromös Petersen v.Röm,Koch Tönnies Alberts v.Röm,Matrose Michel Peters v.NL/Röm,Matrose Lorenz Hansen Schou v.Röm,Matrose Cornelis Clasen Duhn v.Röm,Matrose Hans Cornelis v.Röm,Matrose Carsten Siebrandt Andresen v.Röm, Kochsmaat Peter Cornelis Lorenz v.Röm,Schjge.	ebenda,10.2.1796 Rückk.:16.7.1796 Ertr.:12 Wale u. 200 Robben=166 Quard.Speck=280 Quard.Tran u. 5315 Pfd.Barten
De Bloyende Hoop Besatzung:45 Wal-u.Robbenfänger Albert Jansen von Röm	Jasp.Carsten Möller v.NL/Röm,StM Dirck Boysen v.WL/Föhr,Speckschn. Boy Dircksen v.WL/Föhr,Speckschn. Joh.Carsten Lamberts v.Röm,BM u.H. Albert Albertsen v.Röm(Hbg.),Harp. Jürgen Peter Lützen v.NL/Röm,Harp. Joh.Peter Andresen v.NL/Röm,Matrose Peter Cörnel.Wandal v.Röm(Hbg.),M. Johann Alberts v.Röm(Hbg.),Matrose Knud P.Lützen v.NL/Röm,Matrose Peter Alberts v.Röm(Hbg.),Schjge.	ebenda,8.2.1796 Rückk.:20.7.1796 Ertr.:6 Wale u. 270 Robben=96 Quard.Speck=164 Quard.Tran u. 3193 Pfd.Barten
De Concordia Besatzung:35 Wal-u.Robbenfänger Cornelis Andresen von Röm	Johann Andresen Dahl v.Röm,Steuerm. Corn.Michels Leest.jr.v.Röm,BM u.H. Michel Carstens v.Röm,Matrose Cornelis Lorenzen v.Röm,Matrose Hans Siewert v.Röm,Matrose Pet.Andreas Cornelissen v.Röm,KM Peter Lorenz Lorenzen v.Röm,Schj.	ebenda,9.2.1796 Rückk.:18.7.1796 Ertr.:1493 Rob- ben=53 Quard. Speck=84 1/2 Quard.Tran
De Frau Anna Besatzung:44 Wal-u.Robbenfänger Zwen Andresen Han- sen Carl v.Röm	Jürgen Peter Bundis v.Röm,Steuerm. Peter Moritzen v.Röm,Speckschneid. Carst.Peters Winter v.Röm,Harpun. M.Jasper Cornelissen v.Röm,Koch Peter Carsten Winter v.Röm,BM.u.H. H.Peter Brodersen v.NL/Röm,Kochsm. Hans Carl Thorsen v.Röm,Schiffsj.	ebenda,9.2.1796 Rückk.:16.7.1796 Ertr.:8 Wale u. 442 Robben=145 Quard.Speck= 230 1/2 Quard. Tran u.4737 Pfd. Barten

[1])Die lokalen Differenzierungen für 1796 bei den meisten Seeleuten
in Norderland/Röm(NL/Röm),Süderland/Röm(SL/Röm),Westerland/Föhr
(WL/Föhr) und Osterland/Föhr(OL/Föhr) ergeben sich aus der Quelle:
RAK,T.K.U.A.,spec.del Hamburg,C.Gesandtskabarkiver nr.198,Skibs-
liste 1764-98.

Schiff/Kommandeur	Name/Herkunft/Rang der Seeleute	Daten/Quelle Fangergebnis
De Jonge Martin Besatzung:44 Wal-u.Robbenfänger Hans Hansen Carl von Röm	Cornelis Hansen Peters v.Röm,StM Peter Cornelis v.Röm,Speckschneid. Cornelis Peters Leest v.Röm,Speck. Knud Michels Holm v.Röm,Harpunier Peter Jürgen Zwen v.Röm,Harpunier Cornelis Carst.Thiessen v.Röm,Zimm. Claus Jürgen Bakker v.NL/Röm,Matr. Hans Siebrandt Möller v.NL/Röm,Ma. Cornelis Matthias Möller v.Röm,Ma. Cornelis Andresen Lassen(Laurents+) v.Röm,Schiffsjunge	ebenda,9.2.1796 Rückk.:1.7.1796 Ertr.:4 Wale u. 3110 Robben = 200 Quard.Speck= 345 1/2 Quard. Tran u.5240 Pfd. Barten
De Elisabeth Cäci- lia Besatzung:39 Wal-u.Robbenfänger Andreas Petersen Dahl von Röm	Hans Peters Bleeg v.NL/Röm,StM Lorenz Hendricks v.WL/Föhr,Speck. Broer Broersen v.WL/Föhr,Harpunier Jürgen Carsten Leest v.Röm,Harpun. Peter Truelsen v.Röm,Zimmermann Cornelis Lorenz.Küper v.NL/Röm, Zimmermannsmaat Peter Hansen Peters v.Röm,BM u.Har. Hans Cornelissen Carl v.Röm,Koch Lorenz Lorenzen v.Röm,Matrose Hinrich Lorenzen v.WL/Föhr,Matrose Peter Hansen Matthiessen v.Röm,Ma. Carsten Jürgens v.Röm,Kochsmaat Siebrandt Matthiessen v.Röm,Schj.	ebenda,9.2.1796 Rückk.:1.7.1796 Ertr.:4 Wale u. 1518 Robben = 170 Quard.Speck= 268 Quard.Tran u.4957 Pfd. Bar- ten
De Jgfr.Johanna Magdalena Besatzung:45 Walfänger Peter Boysen von Föhr	Jürgen Rickmers v.WL/Föhr,Steuerm. Arian Arians v.WL/Föhr,Speckschn. Olof Ocken v.WL/Föhr,Speckschneid. Riewert Clasen v.WL/Föhr,Harpunier Lorenz Rickmers v.WL/Föhr,Harpun. Ketel Nickelsen v.WL/Föhr,Harpun. Johann Frödden v.WL/Föhr,Zimmerm. Rörd Frödden v.WL/Föhr,Zimm.-Maat Dirck Jacobs v.WL/Föhr,Bootsmann Boy Rolofs v.WL/Föhr,Schiemann Ocke Ercken v.WL/Föhr,Koch Peter Rörden v.WL/Föhr,Matrose Peter Frercks v.Föhr,Matrose Jürgen Fedders v.WL/Föhr,Matrose Cornelis Hinrichs v.WL/Föhr,Matr. Ocke Frödden v.WL/Föhr,Matrose Peter Frödden Bohn v.WL/Föhr,Matr. Ocke Olofs v.WL/Föhr,Matrose Olof Jürgens v.WL/Föhr,Matrose Fröd Hayen v.WL/Föhr,Matrose Broer Riecks v.WL/Föhr,Matrose Riewert Boysen v.WL/Föhr,Matrose Willm Rolofs v.WL/Föhr,Matrose Thomas Simon Dehn v.WL/Föhr,Matr. Clas Riewerts v.WL/Föhr,Matrose Ocke Ariansen v.WL/Föhr,Matrose Namen Rickmers v.WL/Föhr,Matrose Arian Arians v.WL/Föhr,Kochsmaat Boy Johannsen v.WL/Föhr,Schiffsjge.	ebenda,16.3.1796 Rückk.:16.8.1796 Ertr.:3 Wale = 100 Quard.Speck= 143 Quard.Tran u.3698 Pfd.Bar- ten

Schiff/Kommandeur	Name/Herkunft/Rang der Seeleute	Daten/Quelle Fangergebnis
De Jonge David Besatzung:45 Walfänger Lorenz Hendricks von Föhr	Matthias Riewerts v.WL/Föhr,StM Jens Ricklefs v.WL/Föhr,Speckschn. Dirck Lorenzen v.WL/Föhr,Speckschn. Broer Broersen v.WL/Föhr,Harpunier Lorenz Willms v.WL/Föhr,Harpunier Friedrich Riewerts v.WL/Föhr,Harp. Danklef Lorenzen v.WL/Föhr,Zimmerm. Broer Jansen v.WL/Föhr,Zimm.-Maat Simon Hendricks v.WL/Föhr,Bootsm. Hinrich Wögens v.Föhr,Schiemann Clas(Clemt+) Arians v.WL/Föhr,Koch Olof Thorliken v.WL/Föhr,Matrose Knud Jürgens v.WL/Föhr,Matrose Harcke Nickelsen v.WL/Föhr,Matrose Peter Hendricks v.WL/Föhr,Matrose Olof Jung Frödden v.WL/Föhr,Matr. Wögen Frödden v.WL/Föhr,Matrose Hinrich Peters v.WL/Föhr,Matrose Hay Lorenzen v.WL/Föhr,Matrose Nickels Harcken v.WL/Föhr,Matrose Matth.Edlef Matthiessen v.WL/Föhr, Matrose Arfst Harcken v.WL/Föhr,Matrose Jens Knuten v.WL/Föhr,Matrose Olof Simon Olofs v.WL/Föhr,Matr. Franz Nickelsen v.WL/Föhr,Matrose Wögen Hinrichsen v.WL/Föhr,Matrose Joh.Gottlieb Schech v.WL/Föhr,Matr. Boy Namens v.WL/Föhr,Matrose Bohn Frödden v.WL/Föhr,Kochsmaat Jürgen Lorenzen v.WL/Föhr,Schiffsj.	ebenda,16.3.1796 Rückk.:2.8.1796 Ertr.:12 Wale = 320 Quard.Speck= 464 Quard.Tran u.10 650 Pfd. Barten
De St.Peter Besatzung:45 Walfänger Volkert Boysen von Föhr	Peter Nickelsen v.OL/Föhr,Steuerm. Rolof Boysen v.WL/Föhr,Speckschn. Jacob Jappen v.WL/Föhr,Speckschn. Hay Jensen v.OL/Föhr,Harpunier Bohn Danklefs v.OL/Föhr,Harpunier Martin Flohr v.WL/Föhr,Harpunier Jan Namens v.OL/Föhr,Zimmermann Arfst Ricklefs v.OL/Föhr,Zimm.-Mt. Andreas Nickels v.OL/Föhr,Bootsm. Lorenz Jürgens v.Föhr(1795),hier: Freiburg,Schiemann Namen Ketels v.WL/Föhr,Koch Rickmer Volkert Flohr v.Föhr(1790), hier:Hbg.,Matrose Ocke Jung Nickels v.OL/Föhr,Matr. Nickels Jensen v.OL/Föhr,Matrose Hay Volkerts v.OL/Föhr,Matrose Jens Lorenzen v.OL/Föhr,Matrose Bohn Nickelsen v.OL/Föhr,Matrose Erick Jung Hansen v.OL/Föhr,Matrose Broer Namens v.OL/Föhr,Matrose Ocke Nickelsen v.OL/Föhr,Matrose Andreas Ocken v.OL/Föhr,Matrose Jürgen Jürgens v.OL/Föhr,Matrose Jürgen Lorenzen v.WL/Föhr,Matrose	ebenda,15.3.1796 Rückk.:2.8.1796 Ertr.:12 Wale = 170 Quard.Speck= 267 Quard.Tran u.5115 Pfd.Bar- ten

Schiff/Kommandeur	Name/Herkunft/Rang der Seeleute	Daten/Quelle Fangergebnis
	Boy Rolofs v.WL/Föhr,Matrose Volkert Namens v.OL/Föhr,Matrose Jacob Rörden v.OL/Föhr,Matrose Namen Jannen v.OL/Föhr,Kochsmaat Boy Volkerts v.Föhr(Hbg.),Schiffsj. Wögen Jensen v.WL/Föhr,Schiffsjunge	
De Maria Susanna Besatzung:44 Wal-u.Robbenfänger Rolof Riewerts von Föhr	Arian Jürgens v.WL/Föhr,Steuermann Riewert Boysen v.WL/Föhr,Speckschn. Jürgen Jürgens v.WL/Föhr,BM u.Har. Riewert Riecks v.WL/Föhr,Harpun. Hinrich Jürgens v.WL/Föhr,Harpun. Fröd Harkens v.WL/Föhr,Harpunier + Volkert Peters v.WL/Föhr,Zimm.-Mt. Boy Rolofs v.WL/Föhr,Schiemann Friedrich Adriansen v.Föhr,Koch Broder Tönnissen v.WL/Föhr,Matr. Volkert Riewerts v.WL/Föhr,Matr. Boy Rolofs v.Föhr(Hbg.),Matrose Jung Fröd Arfsten v.WL/Föhr,Mat.+ Friedrick Hendricks v.Föhr,Kochsm. Riewert Rolofs v.Föhr(Hbg.),Schj.	ebenda,10.2.1796 Rückk.:20.7.1796 Ertr.:4 Wale u. 2023 Robben = 135 Quard.Speck= 209 1/2 Quard. Tran u.1550 Pfd. Barten
De Jgfr.Anna Maria Besatzung:44 Wal-u.Robbenfänger Hans Hansen Tön- nies von Sylt	Peter Hans Jürgens v.List/S.,StM Rickmer Arfsten v.WL/Föhr,Speck. Peter Teunis v.WL/Föhr,Speckschn. Georg Peter Hansen v.Sylt,Harpun. Christian Jensen v.Sylt,Matrose Hans Hansen Tönnies jr.v.Sylt (Hbg.),Schiffsjunge	ebenda,9.2.1796 Rückk.:18.7.1796 Ertr.:4 1/2 Wa- le u.3225 Rob- ben=208 Quard. Speck=357 Quard. Tran u.5185 Pfd. Barten
De Lilie Besatzung:43 Wal-u.Robbenfänger Peter Peter Hansen von Sylt	Andreas Jacobsen v.Röm,Steuermann Arian Arians v.WL/Föhr,Speckschn. Joh.Broersen v.WL/Föhr,Speckschn. Corn.Hansen Bleeg v.Röm,Schiemann und Harpunier Peter Cornelis Leest v.Röm,Kochsm. Peter Bleicken v.Sylt,Schiffsjunge Clas Jansen v.WL/Föhr,Schiffsjunge	ebenda,9.2.1796 Rückk.:19.7.1796 Ertr.:6 Wale u. 209 Robben=140 Quard.Speck = 209 Quard.Tran u.3440 Pfd.Bar- ten;Auszüge des Schiffsjournals sind veröffent- licht bei:Ernst Römer,a.a.O.,S. 14 ff.
De Minerva Besatzung:44 Wal-u.Robbenfänger Johann Petersen	Jens Andresen v.OL/Föhr,Speckschn.	ebenda,9.2.1796 Rückk.:17.7.1796 Ertr.:4 1/2 Wale u.1116 Robben= 110 Qu.Speck= 178 1/2 Qu.Tran u.2463 Pfd.Bart.
De Roosenbaum Besatzung:45 Wal-u.Robbenfänger Clas Jansen Ney	Jürgen Nickelsen v.WL/Föhr,Speck. Simon Nannings v.OL/Föhr,Zimmerm. Jung Nanning Simons v.OL/Föhr,Mat.	ebenda,11.2.1796 Rückk.:19.7.1796 Ertr.:2754 Robb. =120 Qu.Speck= 167 Quard.Tran
De Twede Patriot Besatzung:44 Wal-u.Robbenfänger Ratje Wilckens	Arian Boysen v.WL/Föhr,Steuermann Peter Boysen v.WL/Föhr,Speckschn. Friedrich Petersen v.WL/Föhr,Zimm. Boy Boysen v.WL/Föhr,Matrose	ebenda,9.2.1796 Rückk.:16.7.1796 Ertr.:4 Wale u. 2649 Rob.=224 Qu.Speck=376 Qu. Tr.u.4500 Pfd.B.

553

Schiff/Kommandeur	Name/Herkunft/Rang der Seeleute	Daten/Quelle Fangergebnis
De Frau Margaretha Besatzung:44 Wal-u.Robbenfänger Peter Hansen Carl von Röm	Peter Petersen Lassen v.Röm,StM Peter Ericks v.Röm,Speckschneider Joh.Andr.Jürgens v.Röm,BM u.Harp. Andr.Lorenz Carstens v.Röm,Harpun. Hans Carl v.Röm(Hbg.),Harpunier Jürgen Joh.Jansen v.Röm,Zimmerm. Peter Kromös Petersen v.Röm,Koch Andreas Jürgensen v.Röm,Matrose Michel Jasp.Cornelissen v.Röm,Ma.+ Peter Cornelis Leest v.Röm,Kochsm. Carsten Siebrandt Andresen v.Röm, Schiffsjunge	StAHam,Archiv d Wasserschouts, I.A.1.m. 9.2.1797 Rückk.:29.7. 1797 Ertr.:2 Wale u. 70 Robben=30 Quard.Speck= 54 Quard.Tran u.713 Pfd.Barten
De Bloyende Hoop Besatzung:44 Wal-u.Robbenfänger Albert Jansen von Röm	Albert Albert Jansen v.Röm(Hbg.), Steuermann Boy Dircks v.Föhr,Speckschneider Dirck Boysen v.Föhr,Speckschneider Hans Rasmus Lassen v.Röm,BM u.Har. Jan Peter Lützen v.Röm,Harpunier Olof Volkerts v.Föhr,Zimmerm.-Mt. Peter Cornelis Wandal v.Röm(Hbg.), Matrose Peter Albert Jansen v.Röm(Hbg.), Schiffsjunge	ebenda,8.2.1797 Rückk.:31.7. 1797 Ertr.:6 Wale = 104 Quard.Speck =170 Quard.Tran u.3183 Pfd.Barten
De Concordia Besatzung:34 Wal-u.Robbenfänger Cornelis Andresen von Röm	Joh.Andresen v.Röm(Hbg.),Steuerm. Michel Hansen v.Röm,Koch u.Harp. Carsten Rasmus Hansen v.Röm,Matr. Cornelis Hansen Bleeg v.Röm,Matr. Corn.Matthiessen Möller v.Röm,Mat. Hans Andresen Cornelis v.Röm,Matr. Peter Andreas Cornelissen v.Röm,M. Hans Michel Kaper v.Röm,Kochsmaat Andreas Cornelis v.Röm,Schiffsjge.	ebenda,20.2. 1797 Rückk.:2.7.1797 Ertr.:2505 Robben=113 Quard. Speck=171 Quard. Tran
De Martin Besatzung:38 Wal-u.Robbenfänger Cornelis Jürgens von Röm	Jasper Hansen Michels v.Röm,StM Jürg.Peter Thomsen v.Röm,Specksch. C.Jürgen Peters Leest v.Röm,BM u.H Peter Moritzen v.Röm,Harpunier Enoch Cornelissen v.Röm,Harpunier Hinrich Andr.Hinrichsen v.Röm,KM Hans Michel Cornelis v.Röm(Hbg.), Schiffsjunge	ebenda,9.2.1797 Rückk.:31.7. 1797 Ertr.:1 Wal=18 Quard.Speck=29 Quard.Tran u. 882 Pfd.Barten
De Frau Anna Besatzung:43 Wal-u.Robbenfänger Zwen Andresen Hansen Carl von Röm	Jürgen Peter Bundis v.Röm,Steuerm. Carsten Peters Winter v.Röm,Speck. Carsten Bundis Hansen Schou v.Röm, Harpunier Peter Carsten Winter v.Röm,Bootsm. Michel Hansen Küper v.Röm,Matr. (Anm.d.Wasserschouts:"weg";eine nähere Begründung fehlt.) Hans Peters Balzer v.Röm,Matrose Matthias Michel Siewerts v.Röm, Matrose;er wurde als Ersatz für einen desertierten Matrosen angeheuert,Brief des Kommandeurs a. d.Schout v.3.3.1797,Anlage zum Musterungsprotokoll. Hans Carl Torsen v.Röm,Kochsmaat Andreas Cornelissen v.Röm(Hbg.), Schiffsjunge	ebenda,8.2.1797 Rückk.:29.7. 1797 Ertr.:980 Robben=50 Quard. Speck=78 Quard. Tran

Schiff/Kommandeur	Name/Herkunft/Rang der Seeleute	Daten/Quelle Fangergebnis
De Elisabeth Cäcilia Besatzung:38 Wal-u.Robbenfänger Andreas Petersen Dahl von Röm	Hans Peters Bleeg v.Röm,Steuermann Lorenz Hendricksen v.WL/Föhr,Speck. Hindrick Lorenzen v.WL/Föhr,Matr.+ Cornelis Lorenzen Cüper v.Röm,Zim. Carsten Peters Tagholm v.Röm,Koch Peter Hans Matthiessen v.Röm,Matr. Niels Nielsen v.Röm,Matrose Siebrandt Matthiessen v.Röm,Kochsm. Peter Andreas Dahl v.Röm(Hbg.), Schiffsjunge	ebenda,9.2.1797 Rückk.:31.7. 1797 Ertr.:10 Wale = 180 Quard.Speck =259 Quard.Tran u.5180 Pfd.Barten
De Jonge Martin Besatzung:43 Wal-u.Robbenfänger Hans Hansen Carl von Röm	Cornelis Hansen Peters v.Röm,StM Peter Cornelis v.Röm,Speckschneid. Cornelis Peters Leest v.Röm,Speck. Knud Michel Holm v.Röm,Harpunier Peter Jürgen Zwen v.Röm,Harpunier Hans Siebrandt Möller v.Röm,Zimm. Clas Jürgens Bakker v.Röm,Matrose Hans Michels Cüper v.Röm,Matrose Jacob Carl Thorsen v.Röm,Kochsmaat Cornelis Andresen v.Röm,Schiffsj.	ebenda,8.2.1797 Rückk.:29.7. 1797 Ertr.:5 Wale u. 1965 Robben= 150 Quard.Speck =279 Qu.Tran u. 3253 Pfd.Barten
De Jgfr.Johanna Magdalena Besatzung:45 Walfänger Peter Boysen von Föhr	Jürgen Rickmers v.Föhr,Steuermann Arian Ariansen v.Föhr,Speckschn. Olof Ocken v.Föhr,Speckschneider Lorenz Rickmers v.Föhr,Speckschn. Riewert Clasen v.Föhr,Harpunier Nickel Nickels v.Föhr,Harpunier Rolof(Ricklef+)Namens v.Föhr,Zimm. Rörd Frödden v.Föhr,Zimmerm.-Maat Jung Fröd Jepken v.Föhr,Bootsmann Boy Olofs v.Föhr,Schiemann Ocke Ercken v.Föhr,Koch Peter Rörden v.Föhr,Matrose Olof Peters v.Föhr,Matrose Broer Rickmers v.Föhr,Matrose Friedrich Hayen v.Föhr,Matrose Joh.Friedr.Dene v.Föhr,Matrose Peter Frödden v.Föhr,Matrose Simon Rolofs v.Föhr,Matrose Broder Bastians v.Föhr,Matrose Jacob Mangensen v.Föhr,Matrose Peter Petersen v.Föhr,Matrose Jürgen Jürgensen v.Föhr,Matrose Knud Rörden v.Föhr,Matrose Riewert Boysen v.Föhr,Matrose Thomas Simon Dene v.Föhr,Matrose Ocke Ariansen v.Föhr,Matrose Namen Rickmers v.Föhr,Matrose Nicolaus Nickelsen v.Föhr,Matrose Arian Ariansen v.Föhr,Kochsmaat Boh Johannen v.Föhr,Schiffsjunge	ebenda,23.3.97 Rückk.:31.7. 1797 Ertr.:12 Wale= 220 Quard.Speck =325 Quard.Tran u.7505 Pfd.Barten

Schiff/Kommandeur	Name/Herkunft/Rang der Seeleute	Daten/Quelle Fangergebnis
De Jonge David Besatzung:45 Walfänger Lorenz Hendricks von Föhr	Matthias Riewerts v.Föhr,Steuerm. Dirck Lorenzen v.Föhr,Speckschn. Jan Riecks v.Föhr,Speckschneider Jacob Jappen v.Föhr,Speckschneid.? Broer Broersen v.Föhr,Harpunier Dirck Jacobs v.Föhr,Harpunier Lorenz Willms v.Föhr,Harpunier Danklef Lorenzen v.Föhr,Zimmermann Broer Jansen v.Föhr,Zimmerm.-Maat Simon Hendricks v.Föhr,Bootsmann Hendrick Wögens v.Föhr,Schiemann Broer Namens v.Föhr,Koch Ocke Ketels v.Föhr,Matrose Olof Torliken v.Föhr,Matrose Willm Friedrichs v.Föhr,Matrose Knud Knudsen v.Föhr,Matrose Hendrick Friedrichs v.Föhr,Matrose Hendrick Lorenzen v.Föhr,Matrose Knud Jürgens v.Föhr,Matrose Nickels Harcken v.Föhr,Matrose Hindrick Nickelsen v.Föhr,Matrose Arfst Harcken v.Föhr,Matrose Matth.Edlef Matthiessen v.Föhr,Ma. Jens Knudsen v.Föhr,Matrose Knud Knudsen v.Föhr,Matrose Joh.Gottlieb Schech v.Föhr,Matrose Jürgen Lorenzen v.Föhr,Matrose Wögen Hinrichsen v.Föhr,Matrose Namen Braren v.Föhr,Matrose Boh Frödden v.Föhr,Kochsmaat Boy Volkerts v.Föhr,Schiffsjunge	ebenda,23.3. 1797 Rückk.:8.8.1797 Ertr.:10 1/2 Wale=150 Quard. Speck=215 Qu. Tran u.3355 Pfd. Barten
De Maria Susanna Besatzung:44 Wal-u.Robbenfänger Rolof Riewerts von Föhr	Arian Jürgens v.Föhr,Steuermann Riewert Boysen v.Föhr,Speckschn. Jürgen Jürgens v.Föhr,Bootsm.u.H. Riewert Riecks v.Föhr,Harpunier Riewert Lorenzen v.Föhr,Harpunier Lorenz Lorenzen v.Föhr,Zimmermann Volkert Peters v.Föhr,Zimmerm.-Mt Gerret Braren v.Föhr,Koch Broer Volkerts v.Föhr,Matrose Willm Rolofs v.Föhr,Matrose Boy Rolofs v.Föhr(Hbg.),Matrose Broer Tönnissen v.Föhr,Matrose Fröd Harcken v.Föhr,Matrose Volkert Riewerts v.Föhr,Matrose Peter Cornelis v.Föhr,Kochsmaat Riewert Rolofs v.Föhr,Schiffsjunge	ebenda,9.2.1797 Rückk.:27.7. 1797 Ertr.:10 Wale u. 50 Robben=180 Quard.Speck= 280 1/2 Quard. Tran u.5235 Pfd. Barten
De Lilie Besatzung:43 Wal-u.Robbenfänger Peter Peter Hansen von Sylt	Broer Volkerts v.Föhr,Steuermann Arian Ariansen v.Föhr,Speckschn. Johann Broersen v.Föhr,Speckschn. Willm Ariansen v.Föhr,Bootsmann+ Rickmer Jürgens v.Föhr,Harpunier Harcken Jürgens v.Föhr,Harpunier Clas Jansen v.Föhr,Matrose	ebenda,7.2.1797 Rückk.:keine An- gabe Ertr.:1 Wal u.? Robben=105 Qu. Speck=156 Quard. Tran u.2831 Pfd. Barten

Schiff/Kommandeur	Name/Herkunft/Rang der Seeleute	Daten/Quelle Fangergebnis
De Jgfr.Anna Maria Besatzung:44 Wal-u.Robbenfänger Hans Hansen Tön- nies von Sylt	Peter Hansen Jürgens v.List/S.,StM Rieck Arians v.Föhr,Speckschneider Peter Tönnies v.Föhr,Speckschneid. Teunis Hansen Teunis v.Sylt(Hbg.), Harpunier Jens Hinrichsen v.Föhr,Zimmermann Christian Jensen v.Sylt,Matrose Hans Hansen Teunis jr.von Sylt (Hbg.),Schiffsjunge	ebenda,7.2.1797 Rückk.:28.7. 1797 Ertr.:4 Wale u. 1358 Robben=85 Quard.Speck= 143 1/2 Quard. Tran u.2870 Pfd.Barten
De Roosenbaum Besatzung:48 Wal-u.Robbenfänger Clas Jansen Ney	Jürgen Nickelsen v.Föhr,Speckschn. Simon Nannings v.Föhr,Zimmermann Jürgen Simons v.Föhr,Matrose	ebenda,10.2. 1797 Rückk.:24.7. 1797 Ertr.:7 Wale u. 2300 Robben=190 Quard.Speck=297 Quard.Tran u. 3150 Pfd.Barten
De Fama Besatzung:46 Wal-u.Robbenfänger Clas Lührs	Dres Braren(Braken)v.Föhr,Steuerm.	ebenda,8.2.1797 Rückk.:31.7. 1797 Ertr.:6 Wale= 100 Qu.Speck= 157 Quard.Tran u.3180 Pfd.Bart.
De Minerva Besatzung:44 Wal-u.Robbenfänger Johann Petersen	Peter Nickels v.Föhr,Steuermann Jens Andresen v.Föhr,Speckschneid. Rolof Hansen v.Föhr,Speckschneid. Jacob Hendricks v.Föhr,Harpunier Arfsten Bohn v.WL/Föhr,Matrose Olof Dircks v.Föhr,Schiffsjunge	ebenda,8.2.1797 Rückk.:31.7. 1797 Ertr.:4 Wale= 80 Quard.Speck= 133 Quard.Tran u.2870 Pfd.Bar- ten
De Twede Patriot Besatzung:44 Wal-u.Robbenfänger Ratge Wilckens	Arian Boysen v.Föhr,Steuermann Peter Boysen v.Föhr,Speckschneider Friedrich Peters v.Föhr,Zimmerm. Boy Boysen v.Föhr,Zimmerm.-Maat	ebenda,7.2.1797 Rückk.:27.7. 1797 Ertr.:6Wale= 70 Quard.Speck= 126 1/2 Quard. Tran u.1515 Pfd. Barten

Schiff/Kommandeur	Name/Herkunft/Rang der Seeleute	Daten/Quelle Fangergebnis
De Frau Margaretha Besatzung:43 Wal-u.Robbenfänger Peter Hansen Carl von Röm	Hans Carl v.Röm(Hbg.),Steuermann Carsten Michelsen v.Röm,Speckschn. C.Jürg.Peters Leest v.Röm,BM u.H. Andreas Lorenz Carstens v.Röm,Harp. Jürgen Joh.Johannsen v.Röm,Zimmerm. Hans Carstens v.Röm,Koch Andreas Jürgensen v.Röm,Matrose Peter Cornelissen Leest v.Röm,Mat. Matthias Carsten Dahl v.Röm,KM Jürgen Zwensen Jürgens v.Röm,Schj.	StAHam,Archiv d. Wasserschouts, I.A.1.m. 17.2.1798 Rückk.:25.7.1798 Ertr.:3 Wale u. 1330 Robben=70 Quard.Speck= 125 1/2 Quard. Tran u.970 Pfd. Barten
De Concordia Besatzung:34 Wal-u.Robbenfänger Cornelis Andresen von Röm	Joh.Andreas Dahl v.Röm(Hbg.),StM Jasper Peters Degn v.Röm,BM u.H. Hans Siewerts v.Röm,Matrose Hans Andres.Cornelis v.Röm(Hbg.),M. Hans Jansen Cornelis Bleeg v.Röm, Kochsmaat Andreas Cornelis v.Röm(Hbg.),Schj.	ebenda,15.2.1798 Rückk.:30.7.1798 Ertr.:981 Robben =29 Quard.Speck= 41 1/2 Quard. Tran
De Elisabeth Cäci-lia Besatzung:38 Wal-u.Robbenfänger Andreas Petersen Dahl von Röm	Jürgen Jürgensen v.Röm,Steuermann Lorenz Hinrichsen v.Föhr,Specksch. Peter Cornelissen v.Röm,BM u.Harp. Jürgen Carsten Leest v.Röm,Harpun. Carsten Peters.Tagholm v.Röm,Koch Cornelis Cornelissen v.Röm,Matrose Peter Hans.Matthiessen v.Röm,Matr. Johann Lorenzen v.Röm,Kochsmaat Teunis Matthiessen v.Röm,Schjge.	ebenda,19.2.1798 Rückk.:31.7.1798 Ertr.:10 1/2 Wale u.343 Rob-ben=100 Quard. Speck=187 Quard. Tran u.2115 Pfd. Barten
De Jonge Martin Besatzung:42 Wal-u.Robbenfänger Hans Hansen Carl von Röm	Cornelis Hansen Peters.v.Röm,StM Corn.Petersen Leest v.Röm,Speck. Clas Jürgen Bakker v.Röm,Specksch. Christian Rasmus Lausten v.Röm,H. Nickels Söncken,v.Föhr,Zimmermann Peter Truelsen v.Röm,Matrose Carl Torsen v.Röm,Matrose Peter Lorenzen v.Röm,Matrose Peter Cor.Jürgens Leest v.Röm,Schj.	ebenda,17.2.1798 Rückk.:8.8.1798 Ertr.:4 Wale u. 562 Robben=90 Quard.Speck=158 Quard.Tran u. 1970 Pfd.Barten
De Bloyende Hoop Besatzung:44 Wal-u.Robbenfänger Albert Jansen von Röm	Albert Alberts Jansen v.Röm(Hbg.), Steuermann Dirck Boysen v.Föhr,Speckschneider Hans Rasmus Larsen v.Röm,BM u.Harp. Peter Cornelissen Wandal v.Röm,H. Knud Peter Lützen v.Röm,Matrose Peter Albert Jansen v.Röm(Hbg.), Schiffsjunge	ebenda,14.2.1798 Rückk.:1.8.1798 Ertr.:6 Wale u. 300 Robben=75 Quard.Speck=113 Quard.Tran u. 1720 Pfd.Barten
De Frau Anna Besatzung:43 Wal-u.Robbenfänger Zwen Andreas Han-sen Carl von Röm	Jürgen Peter Bundis v.Röm(Hbg.), Steuermann Carsten Peter Winter v.Röm,Speck. Jens Sören Kier v.Röm,Bootsm.u.Har. Carsten Bundis Hansen Schou v.Röm, Koch u.Harpunier Andreas Michels Leest v.Röm,Harp. Hans Siebrandt Möller v.Röm,Zimm. Friedrich Knudsen v.Föhr,Matrose Peter Andresen Cornelis v.Röm,Matr. Andreas Cornelissen Wandal v.Röm, Schiffsjunge	ebenda,22.2.1798 Rückk.:8.8.1798 Ertr.:5 Wale u. 652 Robben=108 Quard.Speck=188 Quard.Tran u. 1580 Pfd.Barten

Schiff/Kommandeur	Name/Herkunft/Rang der Seeleute	Daten/Quelle Fangergebnis
De Jgfr.Johanna Magdalena Besatzung:45 Walfänger Peter Boysen von Föhr	Jürgen Rieck v.Föhr,Steuermann Arian Ariansen v.Föhr,Speckschn. Olof Ocken v.Föhr,Speckschneider Lorenz Rickmers v.Föhr,Harpunier Riewert Clasen v.Föhr,Harpunier Nickel Nickelsen v.Föhr,Harpunier Ricklef Namens v.Föhr,Zimmermann Broer Rickmers v.Föhr,Zimm.-Maat Fröd Japken v.Föhr,Bootsmann Olof Peters v.Föhr,Schiemann Ocke Ercken v.Föhr,Koch Olof Namens v.Föhr,Matrose Ocke Ariansen v.Föhr,Matrose Rolof Riewerts v.Föhr,Matrose Carl Hinrich Knudtsen v.Föhr,Matr. Willem Riecks v.Föhr,Matrose Thomas Simon Dene v.Föhr,Matrose Cornelis Cornelissen v.Föhr,Matr. Tipke(?) Bohn v.Föhr,Matrose Rickmer Hansen v.Föhr,Matrose Namen Rickmers v.Föhr,Matrose Peter Rörden v.Föhr,Matrose Arian Ariansen v.Föhr,Kochsmaat Boy Johannen v.Föhr,Schiffsjunge	ebenda,28.3.1798 Rückk.:30.7.1798 Ertr.:18 Wale = 190 Quard.Speck= 308 Quard.Tran u.4437 Pfd.Bar_ ten
De Jonge David Besatzung:45 Walfänger Lorenz Hendricks von Föhr	Matthias Riewerts v.Föhr,Steuerm. Jan Riecks v.Föhr,Speckschneider Dirck Lorenzen v.Föhr,Speckschn. Broer Broersen v.Föhr,Harpunier Rolof Frödden v.Föhr,Harpunier Volker Arfsten v.Föhr,Harpunier Danklef Lorenzen v.Föhr,Zimmermann Broer Jensen v.Föhr,Zimmerm.-Maat Simon Hendricks v.Föhr,Bootsmann Hinrich Wögens v.Föhr,Schiemann Broer Nannings v.Föhr,Koch Rolof Tönnies v.Föhr,Matrose Ocke Ketels v.Föhr,Matrose Hinrich Cornelissen v.Föhr,Matrose Hein Lorenzen v.Föhr,Matrose Olof Jung Frödden v.Föhr,Matrose Jürgen Lorenzen v.Föhr,Matrose Wögen Hinrichsen v.Föhr,Matrose Johann Gottlieb Tschech v.Föhr,Ma. Ocke Peters v.Föhr,Matrose Arfst Bohn v.Föhr,Matrose Olde Bohn v.Föhr,Matrose Hinrich Willms v.Föhr,Kochsmaat Hinrich Hinrichsen v.Föhr,Schiffsj.	ebenda,27.3.1798 Rückk.:24.8.1798 Ertr.:25 Wale = 350 Quard.Speck= 550 1/2 Quard. Tran u.9800 Pfd. Barten
De St.Peter Besatzung:46 Walfänger Volkert Boysen von Föhr	Peter Nickels v.Föhr,Steuermann Fedder Wögens v.Föhr,Speckschneid. Jacob Jappen v.Föhr,Speckschneider Rickmer Volkert Flohr v.Föhr(Hbg.), Harpunier Hay Jansen v.Föhr,Harpunier Boh Ocken v.Föhr,Harpunier Peter Jung Nickels v.Föhr,Zimmerm.	ebenda,28.3.1798 Rückk.:14.8.1798 Ertr.:7 Wale= 130 Quard.Speck= 187 1/2 Quard. Tran u.4040 Pfd. Barten

b.w.

Schiff/Kommandeur	Name/Herkunft/Rang der Seeleute	Daten/Quelle Fangergebnis
	Volkert Petersen v.Föhr,Zimm.-Maat	
	Andreas Nickels v.Föhr,Bootsmann	
	Hendrick Cornelis v.Föhr,Schiemann	
	Nanning Cornelissen v.Föhr,Koch	
	Jens Ocken v.Föhr,Matrose	
	Hay Volkerts v.Föhr,Matrose	
	Boy Nickelsen v.Föhr,Matrose	
	Ocke Jürgens v.Föhr,Matrose	
	Rörd Peters v.Föhr,Matrose	
	Arfst Hayen v.Föhr,Matrose	
	Broder Bastian v.Föhr,Matrose	
	Clas Jansen v.Föhr,Matrose	
	Peter Danklefs v.Föhr,Matrose	
	Jung Boh Olofs v.Föhr,Matrose	
	Franz Peters v.Föhr,Matrose	
	August Friedrichs v.Föhr,Matrose	
	Namen Brarens v.Föhr,Matrose	
	Boy Volkerts v.Föhr(Hbg.),Matrose	
	Wögen Jansen v.Föhr,Schiffsjunge	
De Maria Susanna Besatzung:44 Wal-u.Robbenfänger Rolof Riewerts von Föhr	Arian Jürgens v.Föhr,Steuermann Riewert Boysen v.Föhr,Speckschneid. Jürgen Jürgens v.Föhr,BM u.Harpun. Riewert Lorenzen v.Föhr,Harpunier Rörd Ricklefs Riewerts v.Föhr,Har. Lorenz Lorenzen v.Föhr,Zimmermann Rörd Frödden v.Föhr,Zimmerm.-Maat Simon Clasen v.Föhr,Schiemann Wögen Olofs v.Föhr,Matrose Boy Jürgens v.Föhr,Matrose Boy Rolofs v.Föhr,Matrose Riewert Rolofs v.Föhr(Hbg.),Matr. Peter Olofs v.Föhr,Kochsmaat Boy Riewerts v.Föhr,Schiffsjunge	ebenda,20.2.1798 Rückk.:30.7.1798 Ertr.:8 Wale = 120 Quard.Speck= 187 Quard.Tran u.2880 Pfd.Bar- ten
De Jgfr.Anna Maria Besatzung:43 Wal-u.Robbenfänger Hans Hansen Tön- nies von Sylt	Teunis Hansen Teunis v.Sylt(Hbg.), Steuermann Rieck Arians v.Föhr,Speckschneider Peter Tönnies v.Föhr,Speckschneid. Peter Hansen v.Sylt,Harpunier Olof Volkerts v.Föhr,Zimmerm.-Maat Johann Jaspers v.Röm,Matrose Christian Jensen v.Sylt,Matrose Jens Jensen v.Sylt,Schiffsjunge	ebenda,20.2.1798 Rückk.:10.8.1798 Ertr.:8 Wale = 136 Quard.Speck= 258 Quard.Tran u.2980 Pfd.Bar- ten
De Lilie Besatzung:44 Wal-u.Robbenfänger Peter Peter Hansen von Sylt	Broer Volkerts v.Föhr,Steuermann Arian Arians v.Föhr,Speckschneider Rickmer Jürgens v.Föhr,BM u.Harp. Jacob Hinrichsen v.Föhr,Harpunier Boy Clasen v.Föhr,Matrose Michel Hansen Küper v.Röm,Matrose Hans Michels Küper v.Röm,Matrose Ebe Jens Eben v.Sylt,Schiffsjunge Willm Adriansen v.Föhr,Schiffsjge.	ebenda,21.2.1798 Rückk.:3.8.1798 Ertr.:8 Wale = 120 Quard.Speck= 175 Quard.Tran u.2750 Pfd.Bar- ten

Schiff/Kommandeur	Name/Herkunft/Rang der Seeleute	Daten/Quelle Fangergebnis
De Roosenbaum Besatzung:46 Wal-u.Robbenfänger Clas Jansen Ney	Ocke Hayen v.Föhr,Speckschneider Jürgen Simons v.Föhr,Zimmerm.-Maat Jürgen Nickels v.Föhr,Matrose Jürgen Michelsen v.Röm,Matrose	ebenda,22.2.1798 Rückk.:26.7.1798 Ertr.:11 Wale u. 568 Robben=135 Quard.Speck = 223 1/2 Quard. Tran u.2559 Pfd. Barten
De Frau Anna Besatzung:35 Wal-u.Robbenfänger Friedrich Tiede- mann	Siebrandt Matthiessen(Matzen)Kier v.Röm,Matrose	ebenda,16.2.1798 Rückk.:28.7.1798 Ertr.:1351 Rob- ben=45 Quard. Speck=71 Quard. Tran
De Justina Eleono- ra Besatzung:44 Wal-u.Robbenfänger Hinrich Lübbe	Brar Bohn v.Föhr,Zimmermann Hinrich Lorenzen v.Föhr,Zimm.-Maat Jens Arfsten v.Föhr,Matrose	ebenda,19.2.1798 Rückk.:29.8.1798 Ertr.:12 Wale u. 113 Robben=110 Quard.Speck = 195 Quard.Tran u.2217 Pfd.Bar- ten
De Twede Patriot Besatzung:45 Wal-u.Robbenfänger Ratge Wilckens	Arian Boysen v.Föhr,Steuermann Peter Boysen v.Föhr,Speckschneider Friedrich Peters v.Föhr,Zimmermann Hans Peters v.Föhr,Matrose Boy Boysen v.Föhr,Matrose	ebenda,20.2.1798 Rückk.:30.7.1798 Ertr.:6 Wale u. 141 Robben=75 Quard.Speck=122 Quard.Tran u. 1975 Pfd.Barten

Schiff/Kommandeur	Name/Herkunft/Rang der Seeleute	Daten/Quelle Fangergebnis
De Bloyende Hoop Besatzung:44 Wal-u.Robbenfänger Albert Jansen von Röm	Albert Alberts Jansen v.Röm(Hbg.), Steuermann Boh Dircks v.Föhr,Speckschneider Tyge Michel Andersen v.Röm,BM u.H. Gries Jans Witt v.Röm,Harpunier Peter Cornelis Wandal v.Röm,Harp. Olof Volkerts v.Föhr,Zimmermann Knud Peters Lützen v.Röm,Matrose Hans Andresen Cramer(Kromöse?) v. Röm,Schiffsjunge	StAHam,Archiv d. Wasserschouts, I.A.1.m. 13.2.1799 Rückk.:30.7.1799 Ertr.:2 Wale u. ? Robben=110 Quard.Speck=170 Quard.Tran
De Elisabeth Cäcilia Besatzung:38 Wal-u.Robbenfänger Andreas Petersen Dahl von Röm	Peter Hansen Petersen v.Röm,StM Jürgen Michels Leest v.Röm,Speck. Cornelis Jürgens v.Röm,Speckschn. Johannes Andresen Dahl v.Röm, Bootsmann und Harpunier Cornelis Thomsen v.Röm,Harpunier Carsten Petersen Tagholm v.Röm,Ko. Tönnies Matthiessen v.Röm,Kochsm. Peter Andresen Dahl v.Röm(Hbg.), Schiffsjunge	ebenda,13.2.1799 Das Schiff ist verunglückt; StAHam,Hdschr. 263,S.184
De Jonge Martin Besatzung:43 Wal-u.Robbenfänger Hans Hansen Carl von Röm	Cornelis Hans Peters v.Röm(Hbg.), Steuermann Lorenz Jacobsen v.Scherrebeck,Sp. Carsten Rasmus Lorenzen v.Röm,Sp. Peter Hansen Petersen v.Röm,Harp. Cornelis Lorenzen Küper v.Röm,ZM Jens Feddersen v.Föhr,Schiemann Rörd Nickelsen v.Föhr,Matrose Jung Nickels Hinrichs v.Föhr,Matr. Dres Braren(Braken)v.Föhr,Matrose Hans Siebrandt Möller v.Röm,Matr. Peter Lorenzen v.Röm,Matrose Jacob Thorsen v.Röm,Kochsmaat Peter Cornelis Leest v.Röm,Schjge.	ebenda,13.2.1799 Rückk.:18.7.1799 Ertr.:6 Wale u. ? Robben=200 Qu. Speck=316 Quard. Tran
De Frau Anna Besatzung:43 Wal-u.Robbenfänger Zwen Andresen Hansen Carl von Röm	Jürgen Peter Lützen v.Röm(Hbg.), Steuermann Rolof Hansen v.Föhr,Speckschneider Jens Sörensen Kier v.Röm,BM u.Har. Cornelis Petersen Leest v.Röm,Har. Chr.Bundes Hansen Schou v.Röm,Har. Hans Andreas Petersen v.Röm,Zimm. Jens Christians Holm v.Röm,Koch Albert Cornelsen v.Röm,Matrose Andreas Cornelis Wandal v.Röm,Mat. Hans Carl v.Röm,Kochsmaat Jasper Petersen v.Röm,Schiffsjunge	ebenda,13.2.1799 Rückk.:22.7.1799 Ertr.:3 Wale u. ? Robben=132 Qu. Speck=210 Quard. Tran
De Frau Margaretha Besatzung:42 Wal-u.Robbenfänger Hans Peter Carl von Röm.Er war 1795 Harpunier u. 1798 Steuermann dieses Schiffes.	Jürgen Peter Bundes v.Röm(Hbg.), Steuermann Carsten Michelsen v.Röm,Speckschn. Corn.Peters Leest v.Röm,BM u.Harp. Andreas Lorenz Carstens v.Röm,Har. Jürgen Joh.Johannsen v.Röm,Zimm. Peter Cornelissen v.Röm,Koch Andreas Jürgensen v.Röm,Matrose Carsten Siebrandt Andresen v.Röm,M. Siebrandt Matthiessen v.Röm,Kochsm. Jürgen Zwen Jürgensen v.Röm,Schj.	ebenda,14.2.1799 Rückk.:30.7.1799 Ertr.:2 Wale u. ?Robben=40 Quar. Speck=62 Quard. Tran

Schiff/Kommandeur	Name/Herkunft/Rang der Seeleute	Daten/Quelle Fangergebnis
De St.Peter Besatzung:45 Walfänger Volkert Boysen von Föhr	Peter Nickels v.Föhr,Steuermann Jens Andresen v.Föhr,Speckschneid. Jacob Jappen v.Föhr,Speckschneider Rickmer Volkert Flohr v.Föhr(Hbg.), Harpunier Hay Jensen v.Föhr,Harpunier Boy Ocken v.Föhr,Harpunier Peter Jürgen Nickels v.Föhr,Zimm. Andreas Nickels v.Föhr,Bootsmann Rolof Boysen v.Föhr,Schiemann Hinrich Cornelis v.Föhr,Koch Arfst Hayen v.Föhr,Matrose Boy Volkerts v.Föhr,Matrose Nanning Jacobs v.Föhr,Matrose Olof Jensen v.Föhr,Kochsmaat Olof Wögens v.Föhr,Schiffsjunge	ebenda,1.4.1799 Rückk.:15.8.1799 Ertr.:1 Wal =40 Quard.Speck = 55 1/2 Quard. Tran
De Jonge David Besatzung:45 Walfänger Lorenz Hendricks von Föhr	Erick Lorenz v.Föhr,Steuermann Olof Frödden v.Föhr,Speckschneider Volkert Arians v.Föhr,Speckschn. Broer Broers v.Föhr,Harpunier Boy Nannens v.Föhr,Harpunier Peter Frödden v.Föhr,Harpunier Danklef Lorenzen v.Föhr,Zimmermann Jürgen Lorenzen v.Föhr,Zimmerm.-Mt Hinrich Volkerts v.Föhr,Bootsmann Hinrich Wögens v.Föhr,Schiemann Broer Nannings v.Föhr,Koch Broer Bohn v.Föhr,Matrose Olde Bohn v.Föhr,Matrose Hay Volkerts v.Föhr,Matrose Olof Jensen v.Föhr,Matrose Hinrich Hinrichsen v.Föhr,Kochsm. Knud Arfsten v.Föhr,Schiffsjunge	ebenda,1.4.1799 Rückk.:12.8.1799 Ertr.:1 Wal=9 Quard.Speck= 12 1/2 Quard. Tran
De Jgfr.Johanna Magdalena Besatzung:45 Walfänger Peter Boysen von Föhr	Jürgen Rickmers v.Föhr,Steuermann Jung Arfst Arfsten v.Föhr,Speck. Olof Ocken v.Föhr,Speckschneider Lorenz Rickmers v.Föhr,Harpunier Rörd Knudsen v.Föhr,Harpunier Nickel Nickels v.Föhr,Harpunier Rolof Namens v.Föhr,Zimmermann Brar Rickmers v.Föhr,Zimmerm.-Maat Friedrich Jepsen v.Föhr,Bootsmann Ketel Bohn v.Föhr,Schiemann Peter Jensen v.Föhr,Koch Namens Rickmers v.Föhr,Matrose Broer Tönnissen v.Föhr,Matrose Arfst Jung Arfsten v.Föhr,Kochsm. Boy Johannes v.Föhr,Schiffsjunge Jürgen Jung Arfsten v.Föhr,Schjge.	ebenda,2.4.1799 Rückk.:13.8.1799 Ertr.:1 Wal=30 Quard.Speck= 38 1/2 Quard. Tran

Schiff/Kommandeur	Name/Herkunft/Rang der Seeleute	Daten/Quelle Fangergebnis
De Maria Susanna Besatzung:44 Walfänger Rolof Riewerts von Föhr	Ocke Jürgens v.Föhr,Steuermann Jung Rörd Bohn v.Föhr,Speckschn. Jung Arfst Nickelsen v.Föhr,Speck. Jürgen Jürgens v.Föhr,Bootsm.u.H. Jung Rörd Lorenzen v.Föhr,Harpun. Boy Rolofs v.Föhr,Harpunier Jürgen Arfsten v.Föhr,Zimmermann Jens Arfsten v.Föhr,Zimmerm.-Maat Sönke(Sunik)Knudtsen v.Föhr,Schiem. Wögen Jürgens v.WL/Föhr,Koch Willm Rolofs v.Föhr,Matrose Volkert Riewerts v.Föhr,Matrose Jung Rörd Olofs v.Föhr,Matrose Peter Olofs v.Föhr,Kochsmaat Boh Jung Rörden v.Föhr,Schiffsjge.	ebenda,undat. Rückk.:30.7.1799 Ertr.:1 Wal =50 Quard.Speck=74 Quard.Tran
De Jgfr.Anna Maria Besatzung:44 Wal-u.Robbenfänger Hans Hansen Tön- nies von Sylt	Tönnies Hansen Tönnies v.Sylt(Hbg.) Steuermann Rieck Arians v.Föhr,Speckschneider Peter Tönnies v.Föhr,Speckschneid. Peter Hansen v.Sylt,Harpunier	ebenda,14.2.1799 Rückk.:30.7.1799 Ertr.:Wale=.? Robben=160 Qua. Speck=261 1/2 Quard.Tran
De Lilie Besatzung:44 Wal-u.Robbenfänger Peter Peter Hansen von Sylt	Broer Volkerts v.Föhr,Steuermann Lorenz Hinrichsen v.Föhr,Speckschn. Rickmer Jürgens v.Föhr,BM u.Harp. Arfst Nickelsen v.Föhr,Matrose Hinrich Kruse v.Föhr,Matrose Hans Hansen Tönnies v.Sylt(Hbg.), Schiffsjunge Brar Lorenzen v.Föhr,Schiffsjunge	ebenda,14.2.1799 Rückk.:26.7.1799 Ertr.:4Wale u.? Robben=108 Quar. Speck=157 1/2 Quard.Tran
De Twede Patriot Besatzung:45 Wal-u.Robbenfänger Ratge Wilckens	Ocke Bohn v.Föhr,Steuermann Riewert Riecks v.Föhr,Speckschneid. Hans Petersen v.Föhr,Harpunier Arfst Bohn v.Föhr,Harpunier Friedrich Peters v.Föhr,Zimmermann Ketel Brodersen v.Föhr,Bootsmann Volkert Volkerts v.Föhr,Matrose	ebenda,14.2.1799 Rückk.:30.7.1799 Ertr.:1 Wal=34 Quard.Speck=50 Quard.Tran
De Maria Elisabeth Besatzung:45 Wal-u.Robbenfänger Hinrich Wilckens	Peter Bohn v.Föhr,Speckschneider Jens Broders v.Föhr,Speckschneid.	ebenda,13.2.1799 Rückk.:30.7.1799 Ertr.:4Wale u.? Robben=140 Quar. Speck=250 Quard. Tran
De Fama Besatzung:45 Wal-u.Robbenfänger Claus Lührs	Volkert Volkerts v.Föhr,Bootsmann	ebenda,13.2.1799 Rückk.:11.8.1799 Ertr.:1 Wal u.? Robben=70 Quard. Speck=107 Quard. Tran
De Roosenbaum Besatzung:45 Wal-u.Robbenfänger Clas Jansen Ney	Ocke Hayen v.Föhr,Speckschneider Jung Jürgen Simon v.Föhr,Zimm.-Mt. Harck Jung Rörden v.Föhr,Bootsmann Boh Knudten v.Föhr,Schiemann	ebenda,13.2.1799 Rückk.:28.7.1799 Ertr.:3 Wale u.? Robben=121 Quar. Speck=179 Quard. Tran

Schiff/Kommandeur	Name/Herkunft/Rang der Seeleute	Daten/Quelle Fangergebnis
De Jonge Martin Besatzung:42 Wal-u.Robbenfänger Hans Hansen Carl von Röm	Corn.Hansen Peters v.Röm(Hbg.)StM Jürg.Michels Leest v.Röm,Speckschn. Carst.Rasmus Lorenzen v.Röm,Speck. Jürgen Jürgensen v.Röm,Harpunier Corn.Cornelissen Thomsen v.Röm,Har. Dres Bartsen v.Föhr,Matrose Corn.Jürg.Peters Leest v.Röm,Matr. Hans Siebrandt Möller v.Röm,Matrose Jacob Thodsen v.Röm,Matrose Tönnies Matthiessen v.Röm,Kochsm. Hans Holm Andresen v.Röm,Schiffsj.	StAHam,Archiv d. Wasserschouts, I.A.1.n. 12.2.1800 Rückk.:23.7.1800 Ertr.:2 Wale u.? Robben=112 Quard Speck=211 1/2 Quard.Tran
De Frau Anna Besatzung:42 Wal-u.Robbenfänger Zwen Andresen Hansen Carl von Röm	Jürgen Peter Lützen v.Röm(Hbg.), Steuermann Carl Bundes Hansen v.Röm,Speckschn. Jens Sörensen Kier v.Röm,Bootsmann Cornelis Peters Leest v.Röm,Harp. Joh.Albert Jansen v.Röm,Harpunier Hans Andreas Petersen v.Röm,Zimm. Engelbr.Nielsen Wandal v.Röm,Matr. Johann Christian Franck v.Röm,Mat. Andreas Nielsen Wandal v.Röm,Matr. Cornelis Thois Cornelissen v.Röm, Kochsmaat Michel Jensen v.Röm,Schiffsjunge	ebenda,12.2.1800 Rückk.:24.7.1800 Ertr.:36 Quard. Speck=55 Quard. Tran;nähere Angaben fehlen.
De Frau Margaretha Besatzung:42 Wal-u.Robbenfänger Hans Peter Carl von Röm	Jürgen Peter Bundes v.Röm(Hbg.), Steuermann Carsten Michelsen v.Röm,Speckschn. Andreas Lorenz Carstens v.Röm,Har. Johann Matthiessen v.Röm,Harpunier Jürg.Jens Johannsen v.Röm,Zimmerm. Carsten Peters Tagholm v.Röm,Koch Peter Carsten Winter v.Röm,Matrose Carsten Siebrandt Andresen v.Röm,M. Siebrandt Matthiessen v.Röm,Matr. Hans Michel Michelsen v.Röm,Matr. Jürgen Zwen Jürgensen v.Röm,Kochsm. Peter Hveyssel von Röm,Schiffsj.	ebenda,12.2.1800 Rückk.:23.7.1800 Ertr.:3 Wale u.? Robben=110 Quard Speck=178 Quard. Tran
De Bloyende Hoop Besatzung:44 Wal-u.Robbenfänger Albert Albert Jansen von Röm.Er war seit 1797 Steuermann dieses Schiffes.	Johann Christian Lamberts v.Röm, Steuermann Boh Ercken v.Föhr,Harpunier Gries Jansen Witt v.Röm,Harpunier Knud Peters Lützen v.Röm,Matrose Gisbert Albert Jansen v.Röm,Schj.	ebenda,12.2.1800 Rückk.:2.8.1800 Ertr.:65 Quard. Speck=95 1/2 Qu. Tran;nähere Angaben fehlen.
De Maria Susanna Besatzung:44 Wal-u.Robbenfänger Rolof Riewerts von Föhr	Arian Jürgens v.Föhr(Hbg.),StM Riewert Boysen v.Föhr,Speckschn. Ocke Jürgens v.Föhr,Speckschneider Jürgen Jürgens v.Föhr,Harpunier Hinrich Brodersen v.Föhr,Harpunier Boy Rolofs v.Föhr,Harpunier Jens Arfsten v.Föhr,Zimmermann Volkert Riewerts v.Föhr,Matrose Riewert Rolofs v.Föhr,Matrose Boy Riewerts v.Föhr,Matrose Arian Riewerts v.Föhr,Matrose Arian Rolofs v.Föhr,Kochsmaat	ebenda,12.2.1800 Rückk.:26.7.1800 Ertr.:62 Quard. Speck=93 Quard. Tran;nähere Angaben fehlen.

Schiff/Kommandeur	Name/Herkunft/Rang der Seeleute	Daten/Quelle Fangergebnis
De Jgfr.Johanna Magdalena Besatzung:45 Walfänger Peter Boysen von Föhr	Jürgen Rickmers v.Föhr,Steuermann Jung Arfst Arfsten v.Föhr,Speck. Olof Ocken v.Föhr,Speckschneider Lorenz Rickmers v.Föhr,Harpunier Ketel Bohn v.Föhr,Schiemann Rörd Knuten v.Föhr,Harpunier Nickel Nickelsen v.Föhr,Harpunier Ricklef Namens v.Föhr,Zimmermann Brar Rickmers v.Föhr,Bootsmann Peter Jensen v.Föhr,Koch Boh Johannen v.Föhr,Matrose Namen Rickmers v.Föhr,Matrose Arfst Jong Arfsten v.Föhr,Matrose Jürgen Flohr v.Föhr,Matrose Lorenz August Dehn v.Föhr,Kochsm. Jürgen Jung Arfsten v.Föhr,Schjge.	ebenda,24.3.1800 Rückk.:21.6.1800 (vorzeitig weg. Havarie) Ertr.:1 Wal=30 Quard.Speck=48 Quard.Tran;s. auch hierzu die Ausführungen über den Scha- den,StAHam,Dis- pachewesen,A.I. a.37,Nr.343;u.a. Verlust v.2 Schalupen.
De Jonge David Besatzung:45 Walfänger Matthias Riewerts von Föhr.Er war von 1787-1798 Steuermann dieses Schiffes.	Dirck Lorenzen v.Föhr,Steuermann Danklef Lorenzen v.Föhr,Speckschn. Volkert Arians v.Föhr,Speckschn. Hendrick Volkerts v.Föhr,Harpunier Broer Broers v.Föhr,Harpunier Frerck Riewerts v.Föhr,Harpunier Lorenz Lorenzen v.Föhr,Zimmermann Jürgen Lorenzen v.Föhr,Zimm.-Maat Boh Namens v.Föhr,Bootsmann Hendrick Wögens v.Föhr,Schiemann Broer Nannings v.Föhr,Koch Broer Lorenzen v.Föhr,Matrose Arian Boysen v.Föhr,Kochsmaat Lorenz Boysen v.Föhr,Schiffsjunge	ebenda,22.3.1800 Rückk.:19.8.1800 Ertr.:1 Quard. Speck=2 1/2 Qu. Tran;nähere An- gaben fehlen.
De St.Peter Besatzung:45 Walfänger Volkert Boysen von Föhr	Rickmer Volkert Flohr v.Föhr(Hbg.) Steuermann Jens Andresen v.Föhr,Speckschneid. Clas Dircksen Hock v.Föhr,Speck. Friedrich Jepsen v.Föhr,Harpunier Boh Ocken v.Föhr,Harpunier Hinrich Jensen v.Föhr,Harpunier Peter Jung Nickels v.Föhr,Zimmerm. Knud Danklefs v.Föhr,Bootsmann Hinrich Jung Nickelsen v.Föhr, Schiemann Volkert Jessen v.Föhr,Matrose Jans Jessen v.Föhr,Matrose Olof Jensen v.Föhr,Matrose Peter Jung Nickels v.Föhr,Matrose Olof Wögens v.Föhr,Kochsmaat Wögen Jessen v.Föhr,Schiffsjunge Nommen Jacobsen v.Föhr,Schiffsjge.	ebenda,24.3.1800 Rückk.:4.8.1800 ohne Ertrag
De Jgfr.Anna Maria Besatzung:44 Wal-u.Robbenfänger Hans Hansen Tön-nies von Sylt	Teunis Hansen Teunis v.Sylt(Hbg.), Steuermann Rieck Arians v.Föhr,Speckschneider Peter Tönnies v.Föhr,Speckschneid. Peter Cornelis Jürgen Leest v.Röm, Schiffsjunge	ebenda,13.2.1800 Rückk.:11.8.1800 Ertr.:52 Quard. Speck=58 Quard. Tran;nähere An- gaben fehlen.

566

Schiff/Kommandeur	Name/Herkunft/Rang der Seeleute	Daten/Quelle Fangergebnis
De Lilie Besatzung:43 Wal-u.Robbenfänger Peter Peter Hansen von Sylt	Broer Volkerts v.Föhr,Steuermann Rickmer Jürgensen v.Föhr,Speckschn. Hans Carstens v.Föhr,Harpunier Nickels Jensen v.Föhr,Bootsmann Jens Bleicken v.Sylt,Schiffsjunge	ebenda,12.2.1800 Rückk.:2.8.1800 Ertr.:1 Wal u. 1039 Robben=80 Quard.Speck=105 Quard.Tran;Aus- züge des Jour- nals dieser Rei- se sind veröf- fentlicht bei Ernst Römer,a.a. 0.,S.18ff.Die Zahl der erleg- ten Robben konn- te durch diese Quelle angege- ben werden.
De Roosenbaum Besatzung:45 Wal-u.Robbenfänger Clas Jansen Ney	Ocke Hayen v.Föhr,Speckschneider Harck Jürgen Rörden v.Föhr,Bootsm. Boh Knuten v.Föhr,Schiemann John Johannsen v.Föhr,Matrose Lorenz Ocken v.Föhr,Schiffsjunge	ebenda,13.2.1800 Rückk.:26.7.1800 Ertr.:2 Wale u.? Robben=117 Quard. Speck=166 Quard. Tran
De Justina Eleono- ra Besatzung:44 Wal-u.Robbenfänger Hinrich Lübbe	Hans Peters v.Föhr,Steuermann Riewert Riecks v.Föhr,Speckschnei. Fröd Peters v.Föhr,Zimmermann Fröd Jung Arfsten v.Föhr,Zimm.-Mt	ebenda,13.2.1800 Rückk.:31.7.1800 Ertr.:2 Wale u.? Robben=83 Quard. Speck=122 Quard. Tran
Maria Elisabeth Besatzung:44 Wal-u.Robbenfänger Hinrich Wilckens	Peter Bohn v.Föhr,Speckschneider	ebenda,12.2.1800 Rückk.:23.7.1800 Ertr.:6 Wale u.? Robben=183 Qu. Speck=300 1/2 Quard.Tran

Schiff/Kommandeur	Name/Herkunft/Rang der Seeleute	Daten/Quelle Fangergebnis
De Tweede Patriot[1] Besatzung:44 Wal-u.Robbenfänger Andreas Petersen Dahl von Röm;er war 1799 Kommand. d.verunglückten Wal-u.Robbenfäng. "De Elisab.Cäcilia"	Cornelis Jürgens v.Röm,Steuermann Niels Lausten Küper v.Röm,Zimmerm. Peter Andresen Dahl v.Röm(Hbg.), Matrose Johann Andresen Dahl v.Röm(Hbg.), Matrose	StAHam,Archiv d. Wasserschouts, I.A.1.n. 18.2.1801 Rückk.:18.7.1801 Ertr.:6 Wale u.? Robben=100 Quard. Speck=141 1/2 Quard.Tran
De Jonge Martin Besatzung:44 Wal-u.Robbenfänger Hans Hansen Carl von Röm	Jürgen Michels.Leest v.Röm,Steuerm. Hans Siebrandt Möller v.Röm,Harp. Drews Bracken(Broersen?)v.Föhr,Mat. Andres Swensen Jensen v.Röm,Kochsm. Hans Holm Andresen v.Röm,Schiffsj.	ebenda,11.2.1801 Rückk.:16.7.1801 Ertr.:10 Wale= 145 Quard.Speck= 263 Quard.Tran
De Frau Anna Besatzung:43 Wal-u.Robbenfänger Zwen Andresen Hansen Carl von Röm	Cornelis Petersen Leest v.Röm,StM Cornelis Thoms.Cornelis v.Röm, Kochsmaat Michel Jansen v.Röm,Schiffsjunge	ebenda,13.2.1801 Rückk.:21.7.1801 Ertr.:2 Wale=60 Quard.Speck=106 Quard.Tran
De Frau Margaretha Besatzung:44 Wal-u.Robbenfänger Hans Peter Carl von Röm	Peter Carsten Winter v.Röm,Bootsmann u.Speckschneider Jürgen Jens.Johannsen v.Röm,Zimmermann Jasper Jansen Preest v.Röm,Koch Johann Jansen Paulsen v.Röm,Kochsm.	ebenda,12.2.1801 Rückk.:20.7.1801 Ertr.:4 1/2 Qu. Tran;nähere Angaben fehlen.
De Bloyende Hoop Besatzung:44 Wal-u.Robbenfänger Albert Albert Jansen von Röm	Joh.Carsten Holm v.Röm,Steuermann Andreas Jansen v.Röm(Hbg.)Kochsm. Gisbert Albert Jansen v.Röm(Hbg.), Schiffsjunge	ebenda,11.2.1801 Rückk.:5.8.1801 Ertr.:4 Wale=50 Quard.Speck = 79 1/2 Qu.Tran
De Maria Susanna Besatzung:44 Wal-u.Robbenfänger Rolof Riewerts von Föhr	Johann Johanssen v.Föhr,Speckschn. Arfst Jung Rörden v.Föhr,Kochsmaat Arian Rolofs v.Föhr(Hbg.),Schiffsj.	ebenda,11.2.1801 Rückk.:5.8.1801 Ertr.:3 Wale u. 129 Robben=40 Quard.Speck= 69 1/2 Quard. Tran
De St.Peter Besatzung:45 Walfänger Volkert Boysen von Föhr	Keine Besatzungsmitglieder aus dem Untersuchungsgebiet	ebenda,15.3.1801 Rückk.:20.8.1801 ohne Ertrag
De Jgfr.Johanna Magdalena Besatzung:45 Walfänger Peter Boysen von Föhr	Keine Besatzungsmitglieder aus dem Untersuchungsgebiet	ebenda,15.3.1801 Rückk.:5.8.1801 ohne Ertrag
De Jonge David Besatzung:45 Walfänger Matthias Riewerts von Föhr	Keine Besatzungsmitglieder aus dem Untersuchungsgebiet	ebenda,15.3.1801 Rückk.:17.8.1801 Ertr.:3 Wale = 110 Quard.Speck= 150 1/2 Qu.Tran

1)Das Schiff machte noch im gleichen Jahre eine Handelsfahrt von Hamburg nach Bordeaux.Auf der Rückreise strandete das Schiff an der holländischen Küste und geht verloren;StAHam,Dispachewesen I A 1 a 47,Nr.442,453,454,u.ebenda 48,Nr.463.

Schiff/Kommandeur	Name/Herkunft/Rang der Seeleute	Daten/Quelle Fangergebnis
De Jgfr.Anna Maria Besatzung:44 Wal-u.Robbenfänger Hans Hansen Tönnies von Sylt	Peter Cornelis Leest v.Röm,Kochsm. Jens Mannes v.Sylt,Schiffsjunge	ebenda,12.2.1801 Rückk.:20.7.1801 Ertr.:2 Wale u. 372 Robben=40 Quard.Speck=74 Quard.Tran
De Lilie Besatzung:43 Wal-u.Robbenfänger Peter Peter Hansen von Sylt	Cornelis Petersen Leest v.Röm, Harpunier Matthias Nicolassen v.Röm,Matrose	ebenda,11.2.1801 Rückk.:16.7.1801 Ertr.:1 Wal u. 2008 Robben=150 Quard.Speck=228 Quard.Tran

Schiff/Kommandeur	Name/Herkunft/Rang der Seeleute	Daten/Quelle Fangergebnis
De Frau Anna Besatzung:44 Wal-u.Robbenfänger Zwen Andreas Hansen Carl von Röm	Jürgen Peter Lützen v.Röm(Hbg.), Steuermann Cornelis Peters Leest v.Röm(Hbg.), Speckschneider Jens Ericksen Kier v.Röm(Hbg.), Bootsmann u.Harpunier Johann Albert Jansen v.Röm(Hbg.), Harpunier Jürgen Jansen Johannsen v.Röm,Zimm. Cornelis Johannsen Leest v.Röm, Schiemann Jens Carstens Holm v.Röm,Koch Michel Johannsen v.Röm,Kochsmaat Hans Carl Bundes v.Röm,Schiffsjge.	StAHam,Archiv d.Wasser- schouts I.A.1. o.,10.2.1802
De Bloyende Hoop Besatzung:44 Wal-u.Robbenfänger Albert Albert Jan- sen von Röm	Jan Carsten Lamberts v.Röm(Hbg.), Steuermann Peter Albert Jansen v.Röm(Hbg.),M. Andreas Jansen v.Röm(Hbg.),Kochsm. Gisbert Albert Jansen v.Röm(Hbg.), Schiffsjunge	ebenda,10.2.1802
De Jonge Martin Besatzung:44 Wal-u.Robbenfänger Hans Hansen Carl von Röm	Corn.Hans.Peters.v.Röm(Hbg.),StM Carsten Rasm.Lorenzen v.Röm,Speck. Engelbr.Nielsen Wandal v.Röm,Harp. Carsten Jansen v.Röm,Zimmermann Michel Hansen Küper v.Röm,Zimm.-M. Corn.Cornelissen Thomsen v.Röm,BM Otto Knudsen Andresen v.Röm,Matr. Johann Peters Bruhn v.Röm,Matrose Christian Jürgensen v.Sylt,Matrose Corn.Christian Nannings v.Föhr,Mat. (hier:irrt.Röm) Dres Braren v.Föhr,Matrose Jasper Michels Thomsen v.Röm,Kochs- maat Cornelis Michels Leest v.Röm,Schj.	ebenda,10.2.1802
De Hoffnung Besatzung:43 Wal-u.Robbenfäng. Cornelis Andresen von Röm.Er war bis 1798 Komman- deur des Wal-u. Robbenfängers "De Concordia".	Cornelis Jürgens v.Röm(Hbg.)StM Carst.Pet.Paulsen v.Röm,Speckschn. Jasper Peters Degn v.Röm,BM u.Harp. Peter Hansen Petersen v.Röm,Harp. Jasper Hansen Preest v.Röm,Koch Hans Sievers v.Röm,Matrose Hans Michel Küper v.Röm,Matrose Peter Carsten Tagholm v.Röm,Matr. Johannes Cornelis v.Röm(Hbg.)Schj.	ebenda,10.2.1802 Rückk.:17.7.1802 Ertr.:5 Wale; das Schiff er- litt durch Eis- gang geringfü- gige Havarie, StAHam,Disp.-W., A.I.a.46,Nr.343
De Maria Susanna Besatzung:44 Wal-u.Robbenfäng. Rolof Riewerts von Föhr	Boy Rolofs v.Föhr(Hbg.),Steuermann Riewert Boysen v.Föhr,Speckschn. Hans Petersen v.Föhr,Speckschneid. Jürgen Jürgens v.Föhr,Harpunier Jürgen Arfsten v.Föhr,Zimmermann Boy Riewerts v.Föhr,Matrose Riewert Rolofs v.Föhr(Hbg.)Matrose Jürgen Ocken v.Föhr,Kochsmaat Adrian Rolofs v.Föhr,Schiffsjunge	ebenda,10.2.1802

1802

Schiff/Kommandeur	Name/Herkunft/Rang der Seeleute	Daten/Quelle Fangergebnis
De Jonge David Besatzung:45 Walfänger Matthias Riewerts von Föhr	Dirck Lorenzen v.Föhr,Steuermann Danklef Lorenzen v.Föhr,Speckschn. Lorenz Hinrichsen v.Föhr,Specksch. Friedrich Riewerts v.Föhr,Harpun. Niels Rickmers v.Föhr,Harpunier Jürgen Rickmers v.Föhr,Harpunier Jap Nickelsen v.Föhr,Zimmermann Jürgen Lorenzen v.Föhr,Zimm.-Maat Ocke Bohn v.Föhr,Matrose Jürgen Bohn v.Föhr,Matrose Simon Boysen v.Föhr,Matrose Rolof Simonsen v.Föhr,Matrose Jürg.Jacob Bahnsen(Bans)v.Föhr,Mat. Willm Riecks v.Föhr,Matrose Boye Hinrichsen v.Föhr,Matrose Niels Jensen v.Föhr,Matrose Peter Hansen v.Föhr,Matrose Boy Frödden v.Föhr,Matrose Knudt Frödden v.Föhr,Matrose Hinrich Taysen v.Föhr,Matrose Hinrich Nickelsen v.Föhr,Matrose Brar (Barren)Namens v.Föhr,Matrose Nickels Jappen v.Föhr,Kochsmaat Jans Nickelsen v.Föhr,Schiffsjunge	ebenda,18.3.1802
De Jgfr.Johanna Magdalena Besatzung:45 Walfänger Peter Boysen von Föhr	Knud Knudsen v.Föhr,Steuermann Arian Ariansen v.Föhr,Speckschn. Nickels Nickelsen v.Föhr,Speckschn. Riewert Clasen v.Föhr,Harpunier Martin Flohr v.Föhr,Harpunier Lorenz Rickmers v.Föhr,Bootsm.u.H. Peter Jung Nickels v.Föhr,Zimmerm. Rörd Frödden v.Föhr,Zimmerm.-Maat Brar Rickmers v.Föhr,Bootsmanns-M. Ketel Bohn v.Föhr,Schiemann Peter Jansen v.Föhr,Koch Ocke Jung Nickels v.Föhr,Matrose Arfst Jong Arfsten v.Föhr,Matrose Hay Hayen v.Föhr,Matrose Peter Rörden v.Föhr,Matrose Claus Wögens v.Föhr,Matrose Hinrich Jansen v.Föhr,Matrose Namen Rickmers v.Föhr,Matrose Jürgen Jung Ercksen v.Föhr,Matrose Lorenz A.Däne v.Föhr,Matrose Namen Frödden v.Föhr,Matrose Arian Riewerts v.Föhr,Matrose Jens Fedders v.Föhr,Matrose Knudt Hinrichsen v.Föhr,Kochsmaat Jong Arfst Arfsten v.Föhr,Schiffsj.	ebenda,18.3.1802
De Jgfr.Anna Maria Besatzung:44 Wal-u.Robbenfänger Hans Hansen Tönnies von Sylt	Teunis Hansen Teunis v.Sylt(Hbg.), Steuermann Rörd Jürgens v.Föhr,Harpunier Andreas Cornelissen Wandal v.Röm,M. Peter Cornelis Jürgens v.Röm,Schj.	ebenda,10.2.1802

Schiff/Kommandeur	Name/Herkunft/Rang der Seeleute	Daten/Quelle Fangergebnis
De Lilie Besatzung:44 Wal-u.Robbenfänger Peter Peter Hansen von Sylt	Broer Volkerts v.Föhr,Steuermann, am 21.5.1802 auf See gestorben Rickmer Jürgensen v.Föhr,Specksch. Cornelis Jürgen Leest v.Röm,Harp., am 19.4.1802 auf See gestorben Willm Rolofsen v.Föhr,Schiemann Hans Carstens v.Föhr,Koch, am 22.5.1802 auf See gestorben Zwen Steffens v.Sylt,Matrose Arfst Nickels v.Föhr,Matrose Olof Jong Frödden v.Föhr,Matrose Peter Rolofs v.Föhr,Matrose	ebenda,11.2.1802 Auszüge des Schiffjournals dieser Reise bei Ernst Römer, a.a.O.,S.20ff. Rückk.:31.5. 1802(in Quaran- täne b.Neumüh- len),Hbg.:27.6. 1802 ohne Ertrag
De Roosenbaum Besatzung:46 Wal-u.Robbenfänger Clas Jansen Ney	Johann Johannsen v.Föhr,Matrose Lorenz Ocken v.Föhr,Kochsmaat	ebenda,11.2.1802
De Catharina Eli- sabeth Besatzung:50 Wal-u.Robbenfänger Harm Hartmann	Jürgen Jessen v.Röm,Steuermann Andreas Johannsen v.Röm,Bootsmann u.Harpunier Jens Matthias Jürgensen v.Röm, Matrose	ebenda,15.2.1802 Ohne Ertrag;es hatte auf der Hinfahrt schwere Havarie.

Schiff/Kommandeur	Name/Herkunft/Rang der Seeleute	Daten/Quelle Fangergebnis
De Hoffnung Besatzung:42 Wal-u.Robbenfänger Cornelis Andresen von Röm	Cornelis Jürgensen v.Röm(Hbg.)StM Carsten P.Pauls v.Röm(Hbg.),Speck. Jasper Jansen Preest v.Röm,Koch Jürgen Matthias Nielsen v.Röm,Mat. Christian Thomsen v.Röm,Matrose Hans Peter Gresen v.Röm,Matrose Peter Gerd Jürgensen v.Röm,Matrose Joh.Cornelis Andresen v.Röm(Hbg.), Schiffsjunge	StAHam,Archiv d. Wasserschouts I.A.1.o. 18.2.1803
De Bloyende Hoop Besatzung:44 Wal-u.Robbenfänger Albert Albert Jansen von Röm	Jan Carstens v.Röm(Hbg.),Steuerm. Albert Jansen v.Röm(Hbg.),Matrose Gisbert Albert Jansen v.Röm(Hbg.), Matrose	ebenda,17.2.1803
De Jonge Martin Besatzung:44 Wal-u.Robbenfänger Hans Hansen Carl von Röm	Cornelis Hansen Petersen v.Röm (Hbg.),Steuermann Carsten Rasmus Lorenzen v.Röm(Hbg) Speckschneider Engelbrecht Cornelis Wandal v.Röm, Harpunier Carsten Jansen v.Röm,Zimmermann Corn.Cornelissen Thomsen v.Röm (Hbg.),Bootsmann Otto Knudsen Andresen v.Röm,Matr. Joh.Petersen Bruhn v.Röm,Matrose Gerd Petersen v.Röm,Kochsmaat Corn.Jürgen Leest v.Röm,Schiffsj.	ebenda,17.2.1803
De Frau Anna Besatzung:43 Wal-u.Robbenfänger Zwen Andreas Hansen Carl von Röm	Jürgen Peter Lützen v.Röm(Hbg.), Steuermann Cornelis Peters Leest v.Röm(Hbg.), Harpunier Johann Albert Jansen v.Röm(Hbg.), Harpunier Jens Sörensen Kier v.Röm,Bootsmann Hans Andreas Krämer v.Röm,Zimmerm. Bennert Nielsen v.Röm,Koch Peter Jürgen Hansen Petersen v. Röm,Kochsmaat Hans Carl Bundes v.Röm,Schiffsj.	ebenda,17.2.1803
De Jonge David Besatzung:46 Wal-fänger Matthias Riewerts von Föhr	Dirck Lorenzen v.Föhr,Steuermann Danklef Lorenzen v.Föhr,Speckschn. Lorenz Hinrichsen v.Föhr,Speck. Frerck Riewerts v.Föhr,Harpunier Nickels Rickmers v.Föhr,Harpunier Jürgen Rickmers v.Föhr,Harpunier Japp Nickelsen v.Föhr,Zimmermann Jürg.Lorenzen v.Föhr,Zimm.-Maat Hinrich Wögens v.Föhr,Schiemann Brar Nannings v.Föhr,Koch Jung Arfst Braren v.Föhr,Matrose Broer Lorenzen v.Föhr,Matrose Rolof Simonsen v.Föhr,Matrose Juldrich Jacob Bahnsen v.Föhr,Mat. Broer Riewerts v.Föhr,Matrose Friedrich Adriansen v.Föhr,Matr. Nanning Friedrichs v.Föhr,Matrose Friedrich Riewerts v.Föhr,Kochsm. Nickel Jappen v.Föhr,Schiffsjunge	ebenda,28.3.1803

Schiff/Kommandeur	Name/Herkunft/Rang der Seeleute	Daten/Quelle Fangergebnis
De Jgfr.Johanna Magdalena Besatzung:45 Walfänger Peter Boysen von Föhr	Knudt Knudsen v.Föhr,Steuermann Arian Ariansen v.Föhr,Speckschn. Nickels Nickelsen v.Föhr,Specksch. Lorenz Rickmers v.Föhr,Bootsmann Martin Flohr v.Föhr,Harpunier Riewert Clasen v.Föhr,Harpunier Peter Jung Nickelsen v.Föhr,Zimm. Rörd Frödden v.Föhr,Zimmerm.-Maat Brar Rickmers v.Föhr,Bootsm.-Maat Ketel Bohn v.Föhr,Schiemann Peter Jensen v.Föhr,Koch Ocke Jung Nickels v.Föhr,Matrose Boh Johannsen v.Föhr,Matrose Hinrich Jansen v.Föhr,Matrose Arian Riewerts v.Föhr,Matrose Lorenz August Däne v.Föhr,Matrose Peter Jung Nickels v.Föhr,Matrose Jürgen Jung Arfsten v.Föhr,Matr. Clement Arfsten v.Föhr,Matrose Nomme Rickmers v.Föhr,Matrose Danklef Ocken v.Föhr,Matrose Jung Nickels Petersen v.Föhr,Matr. Knud Hinrichsen v.Föhr,Kochsmaat Jung Arfst Arfsten v.Föhr,Schjge.	ebenda,28.3. 1803
De Maria Susanna Besatzung:44 Wal-u.Robbenfänger Rolof Riewerts von Föhr	Boy Rolofs v.Föhr(Hbg.),Steuerm. Riewert Boysen v.Föhr,Speckschn. Hans Petersen v.Föhr,Speckschn. Friedrich Clasen v.Föhr,Harpunier Jürgen Arfsten v.Föhr,Zimmermann Riewert Rolofs v.Föhr(Hbg.), Zimmermanns-Maat Jung Rörd Arfsten v.Föhr,Bootsmann Boy Riewerts v.Föhr,Matrose Arian Riewerts v.Föhr,Matrose Dirck Lorenzen v.Föhr,Kochsmaat Jürgen Riewerts v.Föhr,Schiffsjge.	ebenda,17.2. 1803
De Jgfr.Anna Maria Besatzung:44 Wal-u.Robbenfänger Hans Hansen Tön- nies von Sylt	Cornelis Cornelissen v.Föhr,Speck. Riewert Jürgens v.Föhr,Harpunier Jürgen Hans.Teunis v.Sylt(Hbg.), Harpunier Andreas Cornelis Wandal v.Röm,Mat. Hinrich Braren v.Föhr,Matrose	ebenda,17.2. 1803
De Lilie Besatzung:44 Wal-u.Robbenfänger Peter Peter Hansen von Sylt	Rickmer Jürgens v.Föhr,Speckschn. Hans Simonsen v.Föhr,Harpunier Brar Hinrichsen v.Föhr,Harpunier Niels Siebrandt v.Sylt,Zimm.-Maat Jan Clasen v.Röm,Bootsmann Willm Rolofsen v.Föhr,Schiemann Zwen Steffensen v.Sylt,Koch Peter Rolofs v.Föhr,Matrose Broer Hansen v.Föhr,Kochsmaat Peter Zwensen v.Sylt,Schiffsjunge	ebenda,17.2. 1803 Rückk.:Oktober 1803 n.Friedr.- stadt(vorher aufgebracht) Ertr.:1 Wal u. ca.1000 Robben= 130 Qu.Speck Quelle:s.1802

Schiff/Kommandeur	Name/Herkunft/Rang der Seeleute	Daten/Quelle Fangergebnis
De Roosenbaum Besatzung:46 Wal-u.Robbenfänger Remmert Jansen Ney	Ocke Hayen v.Föhr,Speckschneider Lorenz Ocken v.Föhr,Matrose Johann Johannsen v.Föhr,Matrose	ebenda,18.2. 1803
De Anna Elisabeth Besatzung:44 Wal-u.Robbenfänger Diedrich Köser	Olof Volkerts v.Föhr,Zimmermann Nickels Broersen v.Föhr,Schiemann	ebenda,18.2. 1803
De Fama Besatzung:45 Wal-u.Robbenfänger Harm Meyer	Namen Rörden v.Föhr,Speckschneider Rörd Namens v.Föhr,Matrose	ebenda,18.2. 1803

Schiff/Kommandeur	Name/Herkunft/Rang der Seeleute	Daten/Quelle Fangergebnis
De Hoffnung Besatzung:42 Wal-u.Robbenfänger Cornelis Andresen von Röm	Engelbrecht(Albrecht) Cornelsen Wandal v.Röm,Steuermann Cornelis Cornelissen Thomsen v.Röm, Speckschneider Hans Michels Küper v.Röm,Koch Hans Jansen Cornelis v.Röm,Matrose Jürgen Michels v.Röm,Matrose Zwen Cornelis v.Röm,Matrose Gerd(Georg)Petersen v.Röm,Kochsmaat Carst.Carstens Pauls v.Röm,Schjge.	StAHam,Archiv d. Wasserschouts I.A.1.o. 4.3.1805
De Jonge Martin Besatzung:44 Wal-u.Robbenfänger Hans Hansen Carl von Röm	Cornelis Hansen Peters v.Röm(Hbg.), Steuermann Lorenz Clemens v.Röm,Bootsm.u.Harp. Niels Peters Jürgens Falck v.Röm, Harpunier Christian Jensen v.Röm,Harpunier Friedrich Carsten Jansen v.Röm, Zimmermann Hans Holm Andresen v.Röm,Matrose Jens Hansen Christens v.Röm,Kochsm. Jürgen Carsten Carl v.Röm(Hbg.), Schiffsjunge	ebenda,19.2.1805
De Bloyende Hoop Besatzung:44 Wal-u.Robbenfänger Albert Albert Jan- sen von Röm	Johann Albert Jansen v.Röm(Hbg.), Steuermann	ebenda,28.2.1805
De Frau Anna Besatzung:43 Wal-u.Robbenfänger Zwen Andresen Han- sen Carl v.Röm	Jürgen Peters Lützen v.Röm,Steuerm. Carsten Bundes Hansen Schou v.Röm, Speckschneider Jens Sörensen Kier v.Röm,BM u.Harp. Peter Albert Jansen v.Röm(Hbg.), Harpunier Broer Broersen v.Föhr,Schiemann Christian Nielsen Barbes v.Röm,Koch Hans Jürgen Petersen v.Röm,Matrose Peter Lorenzen v.Röm,Matrose Jens Paulsen v.Röm,Kochsmaat Hans Bundes Carl v.Röm(Hbg.),Schj.	ebenda,4.3.1805 Rückk.:17.7.1805 nach Hamburg; StAHam,Dispache- wesen,A I a 61, Nr.283 v.13.9. 1805
De Jgfr.Anna Maria Besatzung:43 Wal-u.Robbenfänger Brar Hinrich Bra- ren von Föhr;er läßt sich im bis- herigen Hamburger Wal-u.Robbenfang nicht nachweisen, doch aufgrund der Mannschaftslisten kann man mit Si- cherheit seine Her- kunft v.Föhr an- nehmen.	Riewert Rolofs v.Föhr(Hbg.)Steuerm. Broer Peters v.Föhr,Speckschneider Johann Hinrich v.Föhr,Harpunier Braden(Broer)Hinrichs v.Föhr(Hbg.), Zimmermann	ebenda,26.2.1805

Schiff/Kommandeur	Name/Herkunft/Rang der Seeleute	Daten/Quelle Fangergebnis
De Frau Anna Besatzung:36 Wal-u.Robbenfänger Cornelis Cornelissen von Föhr;er läßt sich im bisherigen Hamburger Wal-u.Robbenfang nicht nachweisen, doch aufgrund der Mannschaftslisten kann man mit Sicherheit seine Herkunft v.Föhr annehmen.	Boy Rolofs v.Föhr,Steuermann Riewert Jürgens v.Föhr,Speckschn. Wögen Olofs v.Föhr,Bootsm.u.Harp. Johann Tschech(Scheeg)v.Föhr,Harp. Boy Rolofs v.Föhr,Harpunier Arian Boysen v.Föhr,Matrose Jung Arfst Olofs v.Föhr,Matrose Hinrich Knudten v.Föhr,Matrose Boy Lorenzen v.Föhr,Matrose Jap Rickmers v.Föhr,Schiffsjunge Volkert Braren v.Föhr,Schiffsjunge	ebenda,27.2.1805
De Fama Besatzung:49 Walfänger Heere Sioerts	Lorenz Hinrichsen v.Föhr,Speckschn. Nahmen Nickels v.Föhr,Speckschn. Olof Jürgens v.Föhr,Harpunier Ricklef Nahmens v.Föhr,Zimmermann Niels Harcken v.Föhr,Bootsmann Rörd Frercks v.Föhr,Schiemann Franz(?)Nickelsen v.Föhr,Koch Jürgen Olof Broersen v.Föhr,Segel-macher Olof(Olfert)Hayen v.Föhr,Matrose Broer Lorenzen v.Föhr,Matrose Boye Hayen v.Föhr,Matrose Jens Nickelsen v.Föhr,Matrose Ketel Bohn v.Föhr,Matrose Hans Keysen v.Föhr,Matrose Arfst Nickelsen v.Föhr,Matrose Matthias Matthiessen v.Föhr,Matr. Knudt Frödden v.Föhr,Matrose Nickels Arfsten v.Föhr,Matrose Jürgen Riewerts v.Föhr,Kochsmaat Jürgen Olofs v.Föhr,Schiffsjunge	ebenda,13.4.1805
De Roosenbaum Besatzung:49 Wal-u.Robbenfänger Remmert Jansen Ney	Ocke Bohn v.Föhr(Hbg.),Steuermann Ocke Hayen v.Föhr,Speckschneider Johann Johannsen v.Föhr,Matrose	ebenda,11.2.1805

Schiff/Kommandeur	Name/Herkunft/Rang der Seeleute	Daten/Quelle Fangergebnis
De Frau Anna Besatzung:44 Wal-u.Robbenfänger Zwen Andresen Han- sen Carl von Röm	Jens Sörensen Kier v.Röm,Steuerm. Michel Jürg.Jensen v.Röm,BM u.Harp. Peter Albert Jansen v.Röm(Hbg.),H. Rörd Braren v.Föhr,Matrose Dres Braren v.Föhr,Matrose Hans Carl Bundes v.Röm(Hbg.),Schj.	StAHam,Archiv d. Wasserschouts I.A.1.o. 21.2.1806
De Frau Margaretha Besatzung:45 Wal-u.Robbenfänger Hans Hansen Carl von Röm	Otto Knud Andresen v.Röm,Steuerm. Niels Peter Jensen Falck v.Röm, Bootsmann u.Harpunier Töge Engelbrecht Leest v.Röm,Harp. Mads Lassen v.Röm,Zimmermann Jürgen Jens Johannsen v.Röm,Zim- mermanns-Maat Hans Holm Andresen v.Röm(Hbg.),M. Jürgen Hansen Carl v.Röm(Hbg.), Schiffsjunge	ebenda,19.2.1806
De Bloyende Hoop Besatzung:44 Wal-u.Robbenfänger Albert Albert Jan- sen von Röm	Johann Albert Jansen v.Röm(Hbg.), Steuermann Michel Jansen v.Röm(Hbg.),Matrose	ebenda,25.2.1806
De Jonge Martin Besatzung:44 Jürgen Peters Lüt- zen von Röm.Er war 1805 Steuer- mann des Wal-u. Robbenfängers "De Frau Anna".Seine Herkunft v.Röm er- gibt sich aus dem Protokoll des Wal- u.Robbenfängers "De Bloyende Hoop" von 1796,auf dem er als Harpunier fuhr.	Carsten Bundes Hansen Schou v.Röm (Hbg.),Steuermann Gisbert Albert Jansen v.Röm,Matr. Peter Petersen Möller v.Röm(Hbg.), Kochsmaat Hans Petersen v.Röm,Schiffsjunge	ebenda,24.2.1806
De Johann Abraham Besatzung:44 Wal-u.Robbenfänger Cornelis Hansen Peters von Röm.Er war 1805 Steuer- mann des Wal-u. Robbenfängers "De Jonge Martin."Sei- ne Herkunft v.Röm ergibt sich aus d. Protokoll dieses Schiffes v.1798.	Niels Michel Sievers v.Röm,Steuerm. Laust Peters Preest v.Röm,BM u.H. Peter Jürgen Zwen v.Röm,Harpunier Niels Michels Leest v.Röm,Harpun. Lorenz Jürgensen v.Röm,Zimmermann Christian Nielsen Barbes v.Röm, Koch Peter Jepsen Cornelis v.Röm,Schj.	ebenda,24.2.1806

Schiff/Kommandeur	Name/Herkunft/Rang der Seeleute	Daten/Quelle Fangergebnis
De Hoffnung Besatzung:42 Wal-u.Robbenfänger Cornelis Andresen von Röm	Engelbrecht Nielsen Wandal v.Röm, Steuermann Cornelis Cornelissen Thomsen v.Röm, Speckschneider Hans Jensen Nielsen v.Röm,Koch Michel Cornelis v.Röm(Hbg.),Kochsm. Carsten Carstens Pauls v.Röm(Hbg.) Schiffsjunge	ebenda,26.2.1806
De Frau Anna Besatzung:36 Wal-u.Robbenfänger Cornelis Cornelis- sen von Föhr	Boy Rolofs v.Föhr(Hbg.),Steuermann Erck Lorenzen v.Föhr,Speckschneid. Wögen Olofs v.Föhr,Bootsmann u.H. Johann Gottlieb Tschech v.Föhr, Harpunier Boy Rolofs v.Föhr,Zimmermanns-Maat Broer Nannings v.Föhr,Koch Ocke Bohn v.Föhr,Matrose Jung Niels Hinrich Jappen v.Föhr, Matrose Jacob Rickmers v.Föhr,Matrose Knudt Hendricks v.Föhr,Matrose Nanning Broersen v.Föhr,Matrose Boy Lorenzen v.Föhr,Matrose Cornelis Riecks v.Föhr(Hbg.), Kochsmaat Volkert Broersen v.Föhr,Schiffsj.	ebenda,24.2.1806
De Jgfr.Anna Maria Besatzung:47 Wal-u.Robbenfänger Brar Hinrich Bra- ren von Föhr	Riewert Rolofs v.Föhr(Hbg.),StM Broer Peters v.Föhr,Speckschneider Riewert Knudten v.Föhr,Matrose Boy Bohn v.Föhr,Matrose Brar Olofs v.Föhr,Matrose Arian Riewerts v.Föhr,Matrose Friedrich Riewerts v.Föhr,Matrose Fröd Rörden v.Föhr,Matrose Riewert Cornelis v.Föhr,Matrose Dres Lorenzen v.Föhr,Matrose	ebenda,25.2.1806
De Roosenbaum Besatzung:49 Wal-u.Robbenfänger Remmert Jansen Ney	Jacob Bohn v.Föhr(Hbg.),Steuermann Ocke Hayen v.Föhr,Speckschneider Johann Johannsen v.Föhr,Matrose Lars Matzen Lucas Blom v.Tondern, Matrose Hay Ocken v.Föhr,Matrose	ebenda,24.2.1806

Schiff/Kommandeur	Name/Herkunft/Rang der Seeleute	Daten/Quelle Fangergebnis
De Johann Abraham Besatzung:44 Wal-u.Robbenfänger Cornelis Hansen Peters von Röm	Niels Michelsen Sievers v.Röm,StM Laust Jürgensen Duhn v.Röm,BM u.H. Laust Clementsen v.Röm,Harpunier Lorenz Jürgensen v.Röm,Zimmermann Paul Petersen v.Röm,Schiemann Christian Nielsen Barbes v.Röm, Koch Rörd Nickelsen v.Föhr,Matrose Michel Jens Petersen v.Röm,Matrose Peter Jaspers Cornelis v.Röm(Hbg.), Schiffsjunge	StAHam,Archiv d. Wasserschouts, I.A.1.p. 7.3.1807
De Bloyende Hoop Besatzung:45 Wal-u.Robbenfänger Albert Albert Jansen von Röm	Johann Albert Jansen v.Röm,Steuerm. Peter Ercksen v.Röm,Speckschneider Johann Alberts v.Röm,Speckschneid. Jens Jürgensen v.Röm,Bootsm.u.Harp. Jürgen Jessen v.Röm,Matrose Zwen Nielsen v.Röm,Matrose Peter Nielsen v.Röm,Matrose Michel Jansen v.Röm,Matrose Albert Jaspers v.Röm(Hbg.)Schiffsj.	ebenda,6.3.1807
De Jonge Martin Besatzung:45 Wal-u.Robbenfänger Jürgen Peters Lützen von Röm	Hans Rasmus Lassen v.Röm,Steuerm. Peter Albert Jansen v.Röm(Hbg.), Harpunier Hans Jürgen Peters v.Röm,Matrose Hans Jansen Peters v.Röm(Hbg.), Schiffsjunge	ebenda,6.3.1807
De Jgfr.Anna Maria Besatzung:45 Wal-u.Robbenfänger Brar Hinrich Braren von Föhr	Riewert Rolofs v.Föhr(Hbg.),Steuermann Brar Peters v.Föhr,Speckschneider Friedrich Clasen v.Föhr,Harpunier Rörd Knudten v.Föhr,Matrose Arfst Nickelsen v.Föhr,Matrose Broer Olofs v.Föhr,Matrose Peter Jensen v.Föhr,Matrose Julrich Jacob Bohnsen v.Föhr,Matr. Andres Rolofs v.Föhr,Matrose Olde Rörden v.Föhr,Matrose Broer Hendricks v.Föhr(Hbg.),Matr. Rörd Nickelsen v.Föhr,Matrose Dres Lorenzen v.Föhr,Matrose Fröd Rolofs v.Föhr,Matrose Rolof Rolofs v.Föhr(Hbg.),Schiffsj.	ebenda,7.3.1807
De Frau Anna Besatzung:36 Wal-u.Robbenfänger Cornelis Cornelissen von Föhr	Olof Rörden v.Föhr,Steuermann Erck Lorenzen v.Föhr,Speckschneid. Fröd Olofs v.Föhr,Harpunier Nanning Willms v.Föhr,Koch Hans Keysen v.Föhr,Matrose Jacob Rickmers v.Föhr,Matrose Fröd Rörden v.Föhr,Matrose Nahmen Broersen v.Föhr,Matrose Knudt Hinrichsen v.Föhr,Matrose Jürgen Olofs v.Föhr,Matrose Boy Lorenzen v.Föhr,Matrose Jürgen Nickels v.Föhr,Matrose Fedder Hinrichs v.Föhr,Kochsmaat Cornelis Riecks v.Föhr(Hbg.),Schj.	ebenda,4.3.1807

Schiff/Kommandeur	Name/Herkunft/Rang der Seeleute	Daten/Quelle Fangergebnis
De Börsenhalle Besatzung:44 Wal-u.Robbenfänger Ocke Bohn von Föhr. Er war 1805 Steuer- mann des Wal-u.Rob- benfängers "De Roo- senbaum".	Nahmen Nielsen v.Föhr,Steuermann Hans Peters v.Föhr,Speckschneider Paul Peters v.Föhr,Speckschneider Jung Olof Nickels v.Föhr,Bootsmann Boy Rolofs v.Föhr,Harpunier Arfst Nickelsen v.Föhr,Harpunier Nickels Söncken v.Föhr,Zimmermann Nickels Namens v.Föhr,Matrose Adrian Boysen v.Föhr,Matrose Matthias Matthiessen v.Föhr,Matr. Ocke Namens v.Föhr,Matrose Cornelis Cornelissen v.Föhr,Matr. Marcus Marcussen v.Föhr,Matrose Jung Nickels Hinrich Jappen v. Föhr,Matrose Rörd Ocke Bohn v.Föhr(Hbg.),Matr. Nickels Nahmens v.Föhr,Matrose Arfst Hansen v.Föhr,Kochsmaat Bohn Arfsten v.Föhr,Schiffsjunge	ebenda,5.3.1807
De Roosenbaum Besatzung:48 Wal-u.Robbenfänger Remmert Jansen Ney	Jacob Bohn v.Föhr(Hbg.),Steuermann Johann Johannsen(Jansen)v.Föhr, Matrose Hay Ocken v.Föhr,Matrose	ebenda,11.3.1807

Schiff/Kommandeur	Name/Herkunft/Rang der Seeleute	Daten/Quelle Fangergebnis
De Börsenhalle Besatzung:44 Walfänger Ocke Bohn von Föhr	Olof Ocken v.Föhr(Hbg.),Steuermann Richard Ocke Bohn v.Föhr(Hbg.), Harpunier	StAHam,Archiv d. Wasserschouts I.A.1.p. 8.4.1809
De Roosenbaum Besatzung:48. Walfänger Remmert Jansen Ney	Jacob Bohn v.Föhr(Hbg.),Steuermann	ebenda,18.4.1809

Schiff/Kommandeur	Name/Herkunft/Rang der Seeleute	Daten/Quelle Fangergebnis
De Frau Margaretha Besatzung:46 Walfänger Hans Hansen Carl von Röm	Lorenz Peters Preest v.Röm(Hbg.), Steuermann Peter Engelbrecht Bleeg v.Röm (1806)hier:Bützfleth,Bootsm.u.Harp. Hans Carl Jürgens v.Röm(Hbg.),Mat. Hans Carl v.Röm(Hbg.),Kochsmaat Jürgen Michel Jürgensen v.Röm(Hbg.) Schiffsjunge	StAHam,Archiv d. Wasserschouts I.A.1.p. 12.3.1810
De Johann Abraham Besatzung:45 Walfänger Cornelis Hansen Peters von Röm	Joh.Gottlieb Tschech v.Föhr(Hbg.), Steuermann Lorenz Sörensen v.Röm(1807),hier: Dömnitz,Zimmermann Carsten Cornelsen v.Röm(1807),hier: Dömnitz,Koch Paul Peters v.Röm(1807),hier:Döm- nitz,Schiemann Jens Jürgensen v.Röm(?),hier:Olden- burg,Matrose Johannes Hansen v.Röm(Hbg.),Kochs- maat Peter Jasper Cornelsen v.Röm(Hbg.) Schiffsjunge	ebenda,12.3.1810
De Bloyende Hoop Besatzung:46 Wal-u.Robbenfänger Albert Albert Jan- sen von Röm	Johann Albert Jansen v.Röm(Hbg.), Steuermann Albert Cornelis v.Röm(Hbg.),Schj. Andreas Albert Jansen v.Röm(Hbg.), Schiffsjunge	ebenda,2.3.1810
De Frau Anna Besatzung:36 Wal-u.Robbenfänger Cornelis Cornelis- sen von Föhr	Danklef Jappen v.Föhr(Hbg.),StM Nahmen Volkerts v.Föhr(Hbg.),Speck. Jacob Cornelissen v.Föhr(Hbg.), Kochsmaat Rieck Cornelissen v.Föhr(Hbg.), Schiffsjunge	ebenda,23.2.1810
De Börsenhalle Besatzung:44 Wal-u.Robbenfänger Olof Ocken von Föhr.Er war 1810 Steuermann dieses Schiffes.	Nahmen Bohn v.Föhr(Hbg.),Speckschn. Jacob Olof Ocken v.Föhr(Hbg.),Mat. Ocke Olof Ocken v.Föhr(Hbg.),Schj.	ebenda,2.3.1810
De Jgfr.Anna Maria Besatzung:44 Wal-u.Robbenfänger Brar Hinrich Bra- ren von Föhr	Riewert Rolofs v.Föhr(Hbg.),StM Christian Hinrich Braren v.Föhr (Hbg.),Harpunier Peter Jensen v.Föhr,Matrose Friedrich Hinrich Braren v.Föhr (Hbg.),Matrose	ebenda,1.3.1810

Von 1810 bis 1819 lassen sich wiederum einige Seeleute des Untersuchungsgebietes wegen der politischen Lage beim Hamburger Wasserschout unter falschen Herkunftsangaben eintragen.Auch für diesen
Zeitraum werden die gleichen Grundsätze bei der Identifizierung
angewandt,wie sie schon von 1782 bis 1795 benutzt wurden(s.hierzu
S. 455f.).

Schiff/Kommandeur	Name/Herkunft/Rang der Seeleute	Daten/Quelle Fangergebnis
De Jonge Martin Besatzung:45 Walfänger Zwen Andresen Han- sen Carl von Röm	Jürgen Peters Lützen v.Röm(Hbg.), Steuermann Hans Rasmus Lassen v.Röm(1807), hier:Stade,Speckschneider Lorenz Petersen v.Röm(?),hier: Bützfleth,Speckschneider Sören Jens Kier v.Röm(1803,als Bootsmann auf "De Frau Anna),hier: Kamp,Harpunier Johann Albert Jansen v.Röm(Hbg.), Harpunier Lorenz Siebrandt v.Röm(?),hier: Bützfleth,Matrose Peter Jürgen Lützen v.Röm(Hbg.), Schiffsjunge	StAHam,Archiv d. Wasserschouts I.A.1.p. ?.4.1813

Schiff/Kommandeur	Name/Herkunft/Rang der Seeleute	Daten/Quelle Fangergebnis
De Jonge Martin Besatzung:44 Wal-u.Robbenfänger Jürgen Peters Lützen von Röm	Hans Rasmus Lassen v.Röm(Hbg.), Steuermann Andreas Jasper Möller v.Röm(Hbg.), Speckschneider Peter Albert Jansen v.Röm(Hbg.), Bootsmann u.Harpunier Andr.Michels Lambo v.Röm,Harpunier Lorenz Siebrandt v.Röm(?),hier: Cuxhaven,Koch Boy Jung Rörden v.Föhr,Matrose Andreas Cornelis v.Röm(1816),hier: Bremen,Matrose Peter Jürgens v.Röm(?),hier:Bütz-fleth,Matrose Hans Jansen Peters v.Röm(?),hier: Bremen,Matrose Lorenz Jürgens v.Röm(?),hier:Bütz-fleth,Matrose Peter Jürgen Lützen v.Röm(Hbg.), Matrose Hans Tagholm Lassen v.Röm(Hbg.), Kochsmaat Albert Jürgen Lützen v.Röm(Hbg.), Schiffsjunge	StAHam,Archiv d. Wasserschouts, I.A.1.p. 11.3.1815
De Johann Abraham Besatzung:44 Wal-u.Robbenfänger Cornelis Hansen Peters von Röm	Cornelis Michel Sievers v.Röm(1816) hier:Brake,Steuermann Eschel Rörden v.Föhr,Matrose Hans Hansen Carl v.Röm(Hbg.), Schiffsjunge	ebenda,13.3.1815
De Bloyende Hoop Besatzung:46 Wal-u.Robbenfänger Albert Albert Jan- sen von Röm	Johann Albert Jansen v.Röm(1807), hier:Hbg.,Steuermann Peter Petersen v.Röm(?),hier:Dan-nenberg,Speckschneider Carsten Peters v.Röm(?),hier:Blu-menthal,Harpunier Riewert Braren v.Föhr,Matrose Michel Jansen v.Röm(Hbg.),Matrose Cornelis Jansen v.Röm(Hbg.),Kochsm. Albert Jansen v.Röm(Hbg.)Schiffsj.	ebenda,9.3.1815
De Jgfr.Anna Maria Besatzung:45 Wal-u.Robbenfänger Brar Hinrich Bra- ren von Föhr	Riewert Rolofs v.Föhr(Hbg.),StM Rolof Friedrichs v.Föhr,Speckschn. Brar Hinrichsen v.Föhr,Speckschn. Brar Bohn v.Föhr,Schiemann Friedr.Hinrich Braren v.Föhr(Hbg.), Matrose Bohn Bohn v.Föhr,Matrose Rolof Rolofs v.Föhr,Matrose Nicolaus Ocken v.Föhr,Matrose Jung Arfst Pauls v.Föhr,Matrose Brar Nickelsen v.Föhr,Matrose Nanning Arians v.Föhr,Matrose Olde Jung Ercken v.Föhr,Matrose Bohn Jung Rörden v.Föhr,Matrose Jürgen Rickmers v.Föhr,Matrose Peter Lorenzen v.Föhr,Matrose Friedrich Asmussen v.Föhr,Kochsm. Friedrich Rolofs v.Föhr,Schiffsj.	ebenda,4.3.1815

Schiff/Kommandeur	Name/Herkunft/Rang der Seeleute	Daten/Quelle Fangergebnis
De Frau Anna Besatzung:45 Wal-u.Robbenfänger Hans Hansen Carl von Röm	Jens Sören Kier v.Röm(Hbg.),StM Johann Lützen v.Röm,Bootsm.u.Harp. Peter Peters Lassen v.Röm(?),hier: Bremen,Harpunier Niels Clausen v.Röm,Harpunier Peter Cornelis Lorenzen v.Röm,Koch Michel Jansen v.Röm,Matrose Michel Hansen Ericksen v.Röm,Matr. Niels Hans Jensen v.Röm,Matrose Niels Jürgen Petersen v.Röm,Matr. Peter Boysen v.Föhr(hier:Röm),Matr. Cornelis Andresen v.Röm(Hbg.),Matr. Peter Peters Möller v.Röm,Matrose Hans Matthiessen Dahl v.Röm,Matr. Carsten Carstensen v.Ballum,Matr. Peter Jürgens Falck v.Röm,Matrose Matthias Lassen v.Röm,Matrose Jacob Thoms Carlsen v.Röm,Matrose Peter Jasper Cornelissen v.Röm (Hbg.),Matrose Jens Niels Jürgensen v.Röm,Matrose Jürgen Rörden v.Föhr,Matrose Cornelis Jepsen Schmidt v.Röm,Matr. Niels Jepsen Falck v.Röm,Matrose Jürgen Michelsen v.Röm,Matrose Peter Petersen v.Röm,Matrose Hans Niels Christens v.Ballum,Matr. Jasper Andresen v.Röm(?),hier:Bre- men,Kochsmaat Peter Nielsen Holm v.Röm(Hbg.), Schiffsjunge	StAHam,Archiv d. Wasserschouts, I.A.1.p. 16.3.1816
De Johann Abraham Besatzung:45 Wal-u.Robbenfänger Cornelis Hansen Peters von Röm	Cornelis Michel Sievers v.Röm,StM Jan Andresen v.Röm,Speckschneider Carsten Bundes v.Röm,Harpunier Jürgen Lorenzen v.Föhr,Zimmermann Hans Leest v.Röm,Bootsmann Carsten Rasmussen v.Röm,Koch Eschel Rörden v.Föhr,Matrose Jung Rörd Rörden v.Föhr,Matrose Lorenz Danklefs v.Föhr,Matrose Johann Peter Bruhn v.Röm,Matrose Andreas Peter Franck v.Röm,Matrose Sören Jensen v.Ballum,Matrose Hans Holm Jürgensen v.Röm,Matrose Michel Christensen v.Röm,Matrose Peter Andreas Hinrichs v.Röm,Matr. Jeve Jürgensen Bruhn v.Röm,Matr. Martin Jensen v.Ballum,Matrose Erick Christensen v.Röm,Matrose Michel Peter Tönnies v.Röm,Matrose Hans Hansen Carl v.Röm(Hbg.),Matr. Michel Andreas Leest v.Röm,Matrose Andreas Carstens Sörensen v.Röm, Kochsmaat Peter Cornelis v.Röm,Schiffsjunge (Hbg.)	ebenda,11.3.1816

Schiff/Kommandeur	Name/Herkunft/Rang der Seeleute	Daten/Quelle Fangergebnis
De Jonge Martin Besatzung:45 Wal-u.Robbenfänger Jürgen Peters Lüt- zen von Röm	Hans Rasmus Lassen v.Röm(Hbg.), Steuermann Andreas Jasper Möller v.Röm(Hbg.), Speckschneider Peter Ericksen v.Röm,Speckschneid. Peter Albert Jansen v.Röm(Hbg.), Harpunier Jens Jaspersen v.Röm,Harpunier Paul Petersen v.Röm,Koch Bennet Cornelissen v.Röm,Matrose Jens Hansen v.Röm,Matrose Andreas Cornelissen Küper v.Röm,M. Christian Cornelis Winter v.Röm,M. Hans Jensen Peters v.Röm(?),hier: Twielenfleth,Matrose Peter Jürgen Lützen v.Röm(Hbg.),M. Andreas Jansen Möller v.Röm(?), hier:Oldenburg,Matrose Jürgen Rickmers v.Föhr,Matrose Thomas Peters v.Röm(?),hier:Olden- burg,Matrose Hans Tagholm Lassen v.Röm(Hbg.),M. Christian Peter Bleeg v.Röm(?), hier:Elsfleth,Matrose Christian Petersen v.Röm,Matrose Carsten Johannes Lützen v.Röm(Hbg.) Kochsmaat Albert Jürgen Lützen v.Röm(Hbg.), Schiffsjunge	ebenda,13.3.1816
De Bloyende Hoop Besatzung:45 Wal-u.Robbenfänger Riewert Rolofs von Föhr.Er war 1807 Steuermann des Wal- u.Robbenfängers "De Jgfr.Anna Ma- ria".	Bror Hinrichsen v.Föhr(Hbg.),StM Rolof Friedrichsen v.Föhr(Hbg.), Speckschneider Brar Peters v.Föhr(?),hier:Stade, Speckschneider Hans Friedrichsen v.Föhr(?),hier: Oldenburg,Koch Hans Peters v.Föhr(?),hier:Stade, Matrose Peter Jung Bohn v.Föhr(?),hier: Stade,Matrose Hinrich Carstens v.Föhr(?),hier: Stade,Matrose Friedrich Rolofs v.Föhr(?),hier: Stade,Matrose Jung Rörden v.Föhr(?),hier:Berne, Matrose Rolof Riewerts v.Föhr(Hbg.),Schj.	ebenda,1.3.1816
De Jgfr.Anna Maria Besatzung:45 Wal-u.Robbenfänger Brar Hinrich Bra- ren von Föhr	Hinrich Rickmer Braren v.Föhr(Hbg.) Steuermann Boy Rolofs v.Föhr(Hbg.),Speckschn. Lorenz Braren v.Föhr(Hbg.),BM u.H. Boh Jung Rörden v.Föhr(Hbg.),Harp. Brar Bohn v.Föhr(Hbg.),Matrose Jacob Cornelissen v.Föhr(Hbg.)Matr. Jung Nicolaus Ocken v.Föhr(Hbg.), Matrose <div align="center">b.w.</div>	ebenda,5.3.1816

Schiff/Kommandeur	Name/Herkunft/Rang der Seeleute	Daten/Quelle Fangergebnis
	Nanning Arians v.Föhr(Hbg.),Matr.	
	Jürgen Rörd Früdden v.Föhr(?), hier:Dömnitz,Matrose	
	Jacob Jacobßen v.Föhr(?),hier: Dömnitz,Kochsmaat	
	Brar Braren v.Föhr(1819),hier: Dömnitz,Schiffsjunge	
De Leonore Besatzung:44 Wal-u.Robbenfänger Oluf Ocken von Föhr.Er war 1810 Kommandeur des Wal-u.Robbenfän- gers "De Börsen- halle".	Danklef Lorenzen v.Föhr,Speckschn. Nahmen Volkerts v.Föhr,Harpunier Jacob Olof Ocken v.Föhr(Hbg.),Har. Brar Olofs v.Föhr,Zimmermann Boh Olofs v.Föhr(Hbg.),Bootsmann Rörd Nickelsen v.Föhr,Schiemann Boh Bohn v.Föhr(Hbg.),Koch Hay Rörden v.Föhr,Matrose Ocken Olof Ocken v.Föhr(Hbg.),Mat. Rörd Braren v.Föhr(Hbg.),Matrose Arfst Jensen v.Föhr(?),hier:Fin- kenwerder),Matrose Eschel Nahmens v.Föhr(?),hier:Fin- kenwerder,Matrose Jacob Peters v.Föhr(?),hier:Fin- kenwerder,Matrose Brar Jürgens v.Föhr(?),hier:Fin- kenwerder,Matrose Lorenz Hendrik Danklefs v.Föhr(?), hier:Hitzacker,Matrose Peter Lorenzen v.Föhr(?),hier: Finkenwerder,Matrose Dres Volkerts v.Föhr(Hbg.),Matrose Nahmen Olofs v.Föhr(?),hier:Neu- haus,Matrose Eschel Nickel Eschels v.Föhr(?), hier:Finkenwerder,Kochsmaat Jürgen Danklefs v.Föhr(Hbg.),Schj.	ebenda,12.3.1816
De Hoffnung Besatzung:40 Wal-u.Robbenfänger Peter Nagel	Knudt Peter Lützen v.Röm(Hbg.), Steuermann	ebenda,13.3.1816

Schiff/Kommandeur	Name/Herkunft/Rang der Seeleute	Daten/Quelle Fangergebnis
De Frau Anna Besatzung:46 Wal-u.Robbenfänger Cornelis Hansen Peters von Röm	Hans Jürgens Leest v.Röm,Steuerm. Jacob Andresen v.Föhr,Speckschn. Jürgen Lorenzen v.Föhr,Zimmermann Carsten Rasmus Lorenzen v.Röm,Koch Michel Hansen Schou v.Röm,Matrose Jung Rörd Rörden v.Föhr,Matrose Peter Andreas Hinrichs v.Röm,Matr. Peter Jasper Cornelis v.Röm(Hbg.), Matrose Lorenz Danklefs v.Föhr,Matrose Jens Holm Jürgensen v.Röm,Matrose Andreas Peter Franzen v.Röm,Matr. Lorenz Clasen v.Röm,Matrose Peter Lorenzen v.Föhr,Matrose Michel Peter Teunis v.Röm,Matrose Michel Andreas Leest v.Röm,Matr. Martin Jensen v.Ballum,Matrose Hans Jasper Möller v.Röm,Matrose Peter Matzen v.Ballum,Matrose Nes Christian Lorenzen v.Emmerleff Matrose Hans Nielsen Jürgensen v.Röm,Matr. Andreas Christ.Sörensen v.Röm,Mat. Peter Jensen Falck v.Röm,Matrose Peter Christ.Thusen v.Röm,Kochsm. Peter Cornelis Petersen v.Röm(Hbg.) Schiffsjunge	StAHam,Archiv d. Wasserschouts, I.A.1.q 10.3.1817
De Frau Anna Besatzung:51 Wal-u.Robbenfänger Hans Hansen Carl von Röm	Jens Sörensen Kier v.Röm,Steuerm. (hier:Kamp) Boy Danklefs v.Föhr,Speckschneider Niels Claussen v.Röm,Harpunier Behrend Albertsen v.Röm,Bootsmann Cornelis Andresen v.Röm(Hbg.),Mat. Matthias Cornelissen v.Röm,Matr. Peter Petersen Möller v.Röm,Matr. Jürgen Peters Falck v.Ballum,Matr. Hans Hansen Carl v.Röm(Hbg.),Matr. Albrecht Jürgens v.Röm,Matrose Jacob Mersk v.Röm,Schiffsjunge Anton Hansen Carl v.Röm(Hbg.),Schj.	ebenda,10.3.1817
De Hoffnung Besatzung:41 Wal-u.Robbenfänger Hans Rasmus Lassen von Röm.Er war 1816 Steuermann d. Wal-u.Robbenfäng. "De Jonge Martin".	Cord(Knud) Peter Lützen v:Röm,StM Corn.Peter Jansen v.Röm,Bootsm.u. Harpunier Michel Hansen v.Röm,Harpunier Hans Peter Jürgens v.Röm,Matrose Gisbert Albert Jansen v.Röm(Hbg.), Matrose Carl Thorsen v.Röm,Matrose Jens Christian Bruhn v.Röm,Matrose Samuel Johnsen v.Röm,Matrose Johann Pet.Bruhn v.Röm,Matrose Pet.Jürg.Lützen v.Röm(Hbg.),Matr. Hans Tagholm Lassen v.Röm(Hbg.),M. Hans Niels Christens.v.Ballum,Matr. Niels Jürgens v.Ballum,Matrose Lorenz Martin v.Röm,Kochsmaat Jasp.Andr.Martin Möller v.Röm(Hbg.) Schiffsjunge	ebenda,10.3.1817

Schiff/Kommandeur	Name/Herkunft/Rang der Seeleute	Daten/Quelle Fangergebnis
De Johann Abraham Besatzung:45 Wal-u.Robbenfänger Andreas(Jespersen) Möller von Röm;er kommt aus der Alto- naer Grönlandfahrt. 1807 war er Steu- érmann des Wal-u. Robbenfängers De Margaretha von Al- tona unter dem Kommandeur Andreas Jacobsen von Röm; StAHam,Dienstst. Altona,Anmuste- rungsprotokolle d. Altonaer Wasser- schouts,Bestand 2, VII a,v.21.2.1807.	Carsten Bundes v.Röm(Hbg.),Steuerm Peter Michels v.Röm,Speckschneid. (am 14.7.gestorben) Andreas Becker v.Röm(1818),hier: Stade,Bootsmann u.Harpunier Jens Jaspers v.Röm(?),hier:Bremen, Harpunier Niels Madsen v.Tondern(1818),hier: Bremen,Zimmermann Andreas Michels Küper v.Röm,Koch (im April d.J.gestorben) Gres Jürgen Petersen v.Röm(1818), hier:Stade,Matrose Hans Peter Lüders v.Röm,Matrose Jens Andresen v.Ballum(1818),hier: Itzehoe,Matrose Henning Cornelis Schmidt v.Röm,Ma. Andreas Witt v.Röm(1818),hier: Bergedorf,Matrose Peter Siebrandtsen v.Röm(?),hier: Stade,Matrose Jürgen Hansen Tagholm v.Röm,Matr. Andreas Jensen Möller v.Röm,Matr. Matthias Jensen Lützen v.Röm,KM Andreas Hansen Krämer(Kromös?) v. Röm,Schiffsjunge	ebenda,10.3.1817
De Jonge Martin Besatzung:45 Wal-u.Robbenfänger Jürgen Peter Lüt- zen von Röm	Jürgen Michels v.Röm(Hbg.),Steuerm Andreas Michels Lambo v.Röm,Harp. Peter Andresen Dahl v.Röm(Hbg.), Bootsmann [1] Hans Jürgen Bundes v.Röm(1818), hier:Stade,Matrose Cornelis Christian Winter v.Röm(?) hier:Bremen,Matrose Jens Hansen v.Röm(?),hier:Lübeck,. Matrose Thomas Peter Thomsen(?),hier:Lü- beck,Matrose Peter Möller Becker v.Röm(?),hier: Bremen,Matrose Hans Andreas Lassen v.Röm(?),hier: Oldenburg,Matrose Peter Hansen Manö v.Röm(?)hier: Oldenburg,Matrose Peter Jansen Heitmann v.Röm(?), hier:Neuhaus,Matrose Jürgen Rickmers v.Föhr,Matrose Lorenz Hansen Lien v.Röm(1818), hier:Oldenburg,Matrose Albert Jürgen Lützen v.Röm(Hbg.), Matrose Carsten Johann Lützen.v.Röm(Hbg.), Kochsmaat Albert Jansen v.Röm(Hbg.),Schiffsj.	ebenda,10.3.1817

[1])Peter Andresen Dahl wird 1821 Kommandeur eines Glückstädter Wal-
und Robbenfängers,sicherlich wird er dort zwischenzeitlich eine
Heuer als Steuermann bekommen haben.

Schiff/Kommandeur	Name/Herkunft/Rang der Seeleute	Daten/Quelle Fangergebnis
De Jgfr.Anna Maria Besatzung:45 Wal-u.Robbenfänger Brar Hinrich Braren von Föhr	Ocke Bohn v.Föhr(Hbg.),Steuermann Jürgen Wögens v.Föhr(?),hier:Stade Speckschneider Boy Rolofs v.Föhr(?),hier:Stade, Speckschneider Jung Arfst Olofs v.Föhr(?),hier: Dömnitz,Bootsmann Brar Lorenzen v.Föhr(1819),hier: Stade,Harpunier Boy Jung Rörden v.Föhr(?),hier: Stade,Harpunier Jens Christian Jensen v.Föhr(?), hier:Dömnitz,Zimmermann Nickel Nahmens v.Föhr(?),hier: Rügen,Zimmermannsmaat Willm Friedrichsen v.Föhr(?),hier: Dömnitz,Schiemann Brar Bohn v.Föhr(1819),hier:Rügen,Koch Friedrich Hinrich Brarens v.Föhr (Hbg.),Matrose Martin Flohr v.Föhr(?),hier:Stade, Matrose Ketel Harcken v.Föhr(?),hier:Spaden,Matrose Arfst Matzen v.Föhr(?),hier:Dömnitz,Matrose Boh Hinrichsen v.Föhr(?),hier:Dömnitz,Matrose Jung Nickels Ocken v.Föhr(?),hier: Spaden,Matrose Jens Olofs v.Föhr(?),hier:Stade, Matrose Peter Paulsen v.Föhr(?),hier:Stade,Matrose Jan Hinrichsen v.Föhr(?),hier: Spaden,Matrose Sönne Jürgensen v.Föhr(?),hier: Leetzen,Matrose Arfst Olofs v.Föhr(?),hier:Dömnitz,Matrose Nickels Frödden v.Föhr(?),hier: Stade,Matrose Hinrich Ocke Bohn v.Föhr(Hbg.), Matrose David Jensen v.Föhr(1820,als.Matr. auf dem Wal-u.Robbenfänger "De Maria".),hier:Rügen,Matrose Andreas Olofs v.Föhr(?),hier:Stade,Matrose Jürgen Harckens v.Föhr(?),hier: Rügen,Matrose Peter Nielsen v.Sylt,Matrose Brar Braren v.Föhr(Hbg.),Kochsmaat Cornelis Braren v.Föhr(Hbg.), Schiffsjunge	ebenda,24.2.1817

Schiff/Kommandeur	Name/Herkunft/Rang der Seeleute	Daten/Quelle Fangergebnis
De Leonore Besatzung:48 Wal-u.Robbenfänger Olof Ocken von Föhr	Jacob Olof Ocken v.Föhr(Hbg.),StM Danklef Lorenzen v.Föhr,Speckschn. Boye Dankleffs v.Föhr,Harpunier Fröd Jung Rörden v.Föhr,Harpunier Brar Olofs v.Föhr,Zimmermann Lorenz Hinrich Danklefs v.Föhr, Zimmermannsmaat Knut Bohn v.Föhr,Bootsmann Boy Bohn v.Föhr,Koch Arfst Jensen v.Föhr,Matrose Olof Ocken v.Föhr,Matrose Rörd Braren v.Föhr,Matrose Peter Belendorp v.Föhr,Matrose Arfst Frödden v.Föhr,Matrose Hinrich Nickelsen v.Föhr,Matrose Jung Rörd Frödden v.Föhr,Matrose Eschel Nahmens v.Föhr,Matrose Nickels Johann Braren v.Föhr,Matr. Brar Jürgens v.Föhr,Matrose Nahmen Olofs v.Föhr,Matrose Andreas Ohlsen Rosendal v.Föhr?, Matrose Arfst Frödden v.Föhr,Matrose Dres Volkerts v.Föhr,Matrose Peter Jürgens v.Föhr,Matrose Jürgen Knudten v.Föhr,Matrose Knud Ingwer Petersen v.Föhr,Matr. Olof Frödden v.Föhr,Matrose Cornelis Jürgen Ketelsen v.Föhr, Matrose Boh Knutten v.Föhr,Matrose Brar Gerritz v.Föhr,Matrose Peter Jürgens v.Föhr,Kochsmaat Erck Danklefs v.Föhr,Schiffsjunge	ebenda,2.3.1817
De Rina und Sara Besatzung:42 Wal-u.Robbenfänger Nickels Fedders von Föhr.Er läßt sich in der bis- herigen Hamburger Grönlandfahrt nicht nachweisen. Er übernimmt 1820 in Altona den Wal- und Robbenfänger "De Conferenzrath Gähler".Dort wird seine Herkunft von Föhr belegt;Anmu- sterungsprotokoll des Altonaer Was- serschouts v.25.2. 1820,StAHam.Von 1799-1807 war er Kommandeur des Glückstädter Wal-	Knudt Rörden v.Föhr,Speckschneid. Johann Gottlieb Tschech v.Föhr, Speckschneider Eschel Rörden v.Föhr,Harpunier Jürgen Ocken v.Föhr,Harpunier Boy Boysen v.Föhr,Harpunier Olof Jensen v.Föhr,Zimmermann Jens Feddersen v.Föhr,Zimm.-Maat Hinrich Braren v.Föhr,Bootsmann Nahmen Pauls v.Föhr,Schiemann Jacob Jürgens v.Föhr,Koch Corn.Fisser Broders v.Föhr,Matrose Peter Jung Jensen v.Föhr,Matrose Nahmen Jacobs v.Föhr,Matrose Paul Ercken v.Föhr,Matrose Rörd Hayen v.Föhr,Matrose Jürgen Rörden v.Föhr,Matrose Jens Frödden v.Föhr,Matrose Andreas Peters v.Föhr,Matrose Christian Jacobs v.Föhr,Matrose Eschel Nickel Eschels v.Föhr,Matr.	ebenda,10.3.1817

Schiff/Kommandeur	Name/Herkunft/Rang der Seeleute	Daten/Quelle Fangergebnis
und Robbenfängers De Anna Catharina; s.hierzu W.Oesau, Schleswig-Holsteins Grönlandfahrt,S.142f.	Ocke Rörden v.Föhr,Matrose Olof Lorenzen v.Föhr,Matrose Nickels Hinrichsen v.Föhr,Matrose Erck Pauls v.Föhr,Matrose Rörd Knudten v.Föhr,Kochsmaat Gerhard Reimer Johannsen v.Föhr, Schiffsjunge	
De Bloyende·Hoop Besatzung:45 Wal-u.Robbenfänger Riewert Rolofs von Föhr	Hendrick Rickmer Braren v.Föhr (Hbg.),Steuermann Brar Peters v.Föhr(?),hier:Stade, Speckschneider Friedrich Clasen v.Föhr(?),hier: Dahms,Bootsmann u.Harpunier Rolof Rolofs v.Föhr(?),hier:Dahms, Harpunier. Johann Georg Petersen v.Föhr(?), hier:Spaden,Zimmermann Peter Jung Bohn v.Föhr(?),hier: Dömnitz,Schiemann Hans Peters v.Föhr(?),hier:Lentzen Koch Fröd Frödden v.Föhr(?),hier:Lentzen,Matrose Boh Friedrichsen v.Föhr(?),hier: Spaden,Matrose Volkert Hinrichsen v.Föhr(?),hier: Berne,Matrose Brar Bohn v.Föhr(?),hier:Dömnitz, Matrose Boh Bohn v.Föhr(?),hier:Dömnitz, Matrose Boh Jung Rörden v.Föhr(?),hier: Lentzen,Matrose Rörd Nickelsen v.Föhr(?),hier: Lentzen,Matrose Fedder Hinrichsen v.Föhr(?),hier: Berne,Matrose Hinrich Knudten v.Föhr(?),hier: Berne,Matrose Jacob Hinrichs v.Föhr(?),hier: Spaden,Matrose Jung Rörd Rörden v.Föhr(?),hier: Berne,Matrose Matthias Hinrichs v.Föhr(?),hier: Dömnitz,Matrose Peter Töge Peters v.Sylt,Matrose Christian Jens Hansen v.Sylt,Matr. Rickmer Bohn v.Föhr(?),hier:Dömnitz,Matrose Jacob Jappen v.Sylt,Kochsmaat Jürgen Ketels v.Föhr(Hbg.),Schjge.	ebenda,24.2.1817
De Roosenbaum Besatzung:51 Wal-u.Robbenfänger Remmert Jansen Ney	Boy Olofs v.Föhr,Harpunier Boh Knudten v.Föhr,Schiemann Hinrich Ocken v.Föhr,Matrose Jürgen Ocken v.Föhr,Matrose	ebenda,8.3.1817

Schiff/Kommandeur	Name/Herkunft/Rang der Seeleute	Daten/Quelle Fangergebnis
De Frau Anna Besatzung:50 Wal-u.Robbenfänger Hans Hansen Carl von Röm	Niels Claussen v.Röm(Hbg.),Steuerm. Boh Danklefs v.Föhr,Speckschneider Matth.Hans Cornelissen v.Röm,BM u. Harpunier Christen Jensen Lassen v.Röm,Harp. Cornelis Andresen v.Röm(Hbg.),Matr. Peter Jürgens Falck v.Ballum,Matr. Christian Lorenzen v.Röm,Matrose Hans Hansen Carl v.Röm(Hbg.),Matr. Engelbert Jaspers v.Röm,Matrose Jens Bohn v.Föhr,Matrose Jacob Mersk(Mesch)v.Röm,Kochsmaat Anton Hansen Carl v.Röm(Hbg.),Schj.	StAHam,Archiv d. Wasserschouts, I.A.1.q. 5.3.1818
De Fortuna Besatzung:45 Wal-u.Robbenfänger Jens Sörensen Kier von Röm.Er war 1817 Steuermann des Wal-u.Robbenfängers "De Frau Anna"(Kom- mandeur Hans Hansen Carl).	Peter Hansen Andresen v.Röm,Steuer. Boye Bohn v.Föhr,Speckschneider Hans Hansen Peters v.Röm,Speckschn. Peter Möller Petersen v.Röm,Harpun. Claus Jürgen Bagger v.Röm,Harpunier Hans Falck v.Röm,Bootsmann Jens Matthiesen v.Röm,Koch(Hier: irrt.Speckschneider) Christen Gregersen v.Röm,Matrose Johannes Petersen Bruhn v.Röm,Matr. Jens Holm Möller v.Röm,Matrose Corn.Niels Jürgensen v.Röm,Matrose Lars M.Petersen v.Röm,Matrose Joh.Claussen Bagger v.Röm,Matrose Jens Christensen Bruhn v.Röm,Matr. Michel Matthiessen v.Röm,Kochsmaat Sören Hansen Holm v.Röm,Schiffsjge.	ebenda,4.3.1818
De Johann Abraham Besatzung:45 Wal-u.Robbenfänger Andreas Möller von Röm	Michel Hansen v.Röm,Steuermann Hans Jensen v.Röm,Speckschneider Andreas Backer v.Röm,Bootsm.u.Harp. Niels Matzen v.Tondern,Zimmermann Gregers Peters v.Röm,Koch Jens Andresen v.Röm,Matrose Sören Lauridsen v.Ballum,Matrose Peter Jürgen Lützen v.Röm,Matrose Jens Lamberts v.Röm,Matrose Hans Nielsen v.Ballum,Matrose Andreas Witt v.Röm,Matrose Erick Hansen v.Röm,Matrose Andreas Krämer(Kromös?)v.Röm,KM Jasper Andreas Möller v.Röm,Schj.	ebenda,5.3.1818
De Jonge Martin Besatzung:45 Wal-u.Robbenfänger Jürgen Peter Lüt- zen von Röm	Jürgen Michelsen v.Röm(Hbg.),StM Peter Möller Witt v.Röm,Bootsmann Samuel Johnsen v.Röm,Koch Carsten Joh.Lützen v.Röm,Matrose Laust Hansen Lien v.Röm,Matrose Hans Jürgen Bundes v.Röm,Matrose Carsten Michels Holm v.Röm,Matrose Hans Jessen Holm v.Röm,Matrose Jens Cornelis Möller v.Röm,Matrose Hans Möller Wandal v.Röm,Kochsmaat Albert Jansen v.Röm,Schiffsjunge	ebenda,5.3.1818

Schiff/Kommandeur	Name/Herkunft/Rang der Seeleute	Daten/Quelle Fangergebnis
De Hoffnung Besatzung:41 Wal-u.Robbenfänger Hans Rasmus Lassen von Röm	Gerd Peter Lützen v.Röm(Hbg.),StM Gisbert Albert Jansen v.Röm(Hbg.), Harpunier Hans Carl Torsen v.Röm,Koch Henning Jessen Smidt v.Röm,Matrose Hans Tagholm Lassen v.Röm(Hbg.),M. Rasm.N.Hansen Preest v.Röm,Matrose Zwen Jepsen Smidt v.Röm,Matrose Peter Nicolaus Möller v.Röm,Matr. Christian Diedr.Heitmann v.Röm,M. Matth.Hansen Preest v.Röm,Schiffsj.	ebenda,9.3.1818
De Frau Anna Besatzung:46 Wal-u.Robbenfänger Cornelis Hansen Peters von Röm	Hans Jürgen Leest v.Röm,Steuermann Peter Jasper Cornelissen v.Röm,Har. Jürgen Lorenzen v.Föhr,Zimmermann Nickels Jappen v.Föhr,Zimmerm.Maat Christian Petersen v.Röm,Bootsmann Carsten Rasmussen v.Röm,Koch Michel Hansen Schou v.Röm,Matrose Andreas Cornelissen v.Röm,Matrose Danklef Lorenzen v.Föhr,Matrose Jens Holm Jürgens v.Röm,Matrose Jacob Andresen v.Föhr,Matrose Michel Peter Tönnes v.Röm,Matrose Sören Andresen v.Ballum,Matrose Michel Andreas Leest v.Röm,Matrose Hans Nielsen Smidt v.Ballum,Matr. Andr.Christian Sörensen v.Röm,Matr. Jens Andresen Leest v.Röm,Kochsm. Peter Cornelis v.Röm(Hbg.),Schj. Jens Christian Cornelis v.Röm(Hbg.) Schiffsjunge	ebenda,4.3.1818
De Rina und Sara Besatzung:42 Wal-u.Robbenfänger Nickels Fedders von Föhr	Ocke Bohn v.Föhr,Speckschneider Rörd Bohn v.Föhr,Speckschneider Nanning Pauls v.Föhr,Bootsm.u.Harp. Eschel Rörden v.Föhr,Harpunier Jürgen Ocken v.Föhr,Harpunier Olof Jensen v.Föhr,Zimmermann Harck Olofs v.Föhr,Schiemann Peter Tyckes v.Föhr,Matrose Erick Pauls v.Föhr,Matrose Rörd Ocken v.Föhr,Matrose Boh Hinrichs v.Föhr,Matrose Jürgen Rörden v.Föhr,Matrose Jens Frödden v.Föhr,Matrose Nahmen Jacob Thayen v.Föhr,Matrose Hay Janssen v.Föhr,Matrose Ocke Rörden v.Föhr,Matrose Eschel Nickels Eschels v.Föhr,Matr. Andreas Petersen v.Föhr,Matrose Paul Ercken v.Föhr,Matrose Hinrich Ocken v.Föhr,Matrose Nicolaus Hinrichsen v.Föhr,Matrose Jens Tayen(Hayen?)v.Föhr,Matrose Jürgen Knudten v.Föhr,Matrose Gerrit Reimert Johannssen v.Föhr, Schiffsjunge	ebenda,6.3.1818

Schiff/Kommandeur	Name/Herkunft/Rang der Seeleute	Daten/Quelle Fangergebnis
De Hansa Besatzung:45 Wal-u.Robbenfänger Jacob Olofs Ocken von Föhr.Er war 1817 Steuermann des Wal-u.Robbenfängers "De Leonore".	Johann Gottlieb Tschech v.Föhr,StM Arfst Jensen v.Föhr,Harpunier Fröd Jung Rörden v.Föhr,Harpunier Boh Bohn v.Föhr,Schiemann Hay Jensen v.Föhr,Koch Oluf Nahmens v.Föhr,Matrose Jürgen Jürgens v.Föhr,Matrose Cornelis Fischer Broders v.Föhr,M. Leve Jacob Peters v.Föhr,Matrose Knudt Ingwer Peters v.Föhr,Matrose Jung Danklef Knudten v.Föhr,Matr. Jens Petersen v.Föhr,Matrose Hinrich Andresen v.Föhr,Matrose Matthias Nickels v.Föhr,Matrose Nickel Ocken v.Föhr,Matrose Rickmer Olofs v.Föhr,Matrose	ebenda,5.3.1818
De Roosenbaum Besatzung:49 Wal-u.Robbenfänger Olof Ocken von Föhr Er war vorher Kom- mandeur des Wal- u.Robbenfängers "De Leonore".	Danklef Lorenzen v.Föhr,Steuermann Knudt Rörden v.Föhr,Speckschneider Knudt Bohn v.Föhr,Bootsmann u.Harp. Nickel Joh.Braren v.Föhr,Harpunier Peter Behlendorff v.Föhr,Harpunier Ocke Matthiessen v.Föhr,Zimmermann Boye Knudten v.Föhr,Schiemann Clas Eschels Jacobs v.Föhr,Matrose Rörd Hayen v.Föhr,Matrose Peter Nielsen v.Föhr,Matrose Rörd Braren v.Föhr,Matrose Hinrich Nickelsen v.Föhr,Matrose Lorenz Hendrick Danklefs v.Föhr,M. Jürgen Knudten v.Föhr,Matrose Olof Lorenzen v.Föhr,Matrose Friedrich Ketel Riewerts v.Föhr,M. Rickmer Rörden v.Föhr,Matrose Nicolaus Clasen v.Helgoland,Matr. Rickmer Knudten v.Föhr,Matrose Erick Danklefs v.Föhr,Schiffsjunge	ebenda,5.3.1818
De Bloyende Hoop Besatzung:46 Wal-u.Robbenfänger Riewert Rolofs von Föhr	Rolof Rolofs v.Föhr(Hbg.)Steuerm. Boh Olofs v.Föhr(?),hier:Lentzen, Harpunier Peter Olofs v.Föhr(1820),hier:Dö- mitz,Schiemann Fedder Hinrichsen v.Föhr(1820), hier:Stade,Koch Volkert Hinrichsen v.Föhr(?),hier: Lentzen,Matrose Johann Hayen v.Föhr(?),hier:Dahms, Matrose Matthias Sörensen v.Föhr(?),hier: Stralsund,Matrose Rickmer Jürgen Rickmers v.Föhr(?), hier:v.d.Berne,Matrose Matth.Hendricks v.Föhr(1820),hier: Stade,Matrose Cornelis Jürgens v.Föhr(?),hier: Dahms,Matrose	ebenda,2.3.1818

Schiff/Kommandeur	Name/Herkunft/Rang der Seeleute	Daten/Quelle Fangergebnis
	Jacob Jappen v.Föhr(?),hier:v.d. Berne,Matrose Jürgen Ketels v.Föhr(Hbg.),Matrose Lorenz Jung Früdden v.Föhr(Hbg.), Schiffsjunge Zu den durch die Jahreszahl 1820 identifizierten Seeleuten¯s.das Musterungsprotokoll des Wal-u.Robbenfängers "De Maria" von 1820.	
De Jgfr.Anna Maria Besatzung:45 Wal-u.Robbenfänger Brar Hinrich Braren von Föhr	Brar Lorenzen v.Föhr(Hbg.),Steuerm. Jürgen Wögens v.Föhr(?),hier:Stade, Speckschneider Nickel Volkerts v.Föhr(?),hier: Stade,Speckschneider Hay Ocken v.Föhr(?),hier:Stade,Har. Friedr.Boysen v.Föhr(?),hier:Stade, Harpunier Boy Jung Rörden v.Föhr(?),hier: Stade,Harpunier Brar Olofs v.Föhr(?),hier:Stade, Zimmermann Arfst Matzen v.Föhr(?),hier:Wilster Bootsmann Brar Bohn v.Föhr(?),hier:Wilster, Koch Rörd Nickelsen v.Föhr(?),hier: Stade,Matrose Nahmen Jacobs v.Föhr(?),hier:Stade, Matrose Boye Hayen v.Föhr(?),hier:Stade,Ma. Arfst Hansen v.Föhr(?),hier:Stade, Matrose Peter Jürgens v.Föhr,Matrose Ketel Wögens v.Föhr(?),hier:Rügen, Matrose Brar Brarens v.Föhr(Hbg.),Matrose Ketel Harcken v.Föhr(?),hier:Stade, Matrose Volkert Arfsten v.Föhr(?),hier:Wilster,Matrose Andreas Jensen v.Föhr(?),hier:Stade,Matrose Wögen Pauls v.Föhr(?),hier:Dömnitz, Matrose Nickels Hinrichsen v.Föhr(?),hier: Dömitz,Kochsmaat Jürgen Bohn v.Föhr(Hbg.),Schiffsj.	ebenda,3.5.1818

Schiff/Kommandeur	Name/Herkunft/Rang der Seeleute	Daten/Quelle Fangergebnis
De Johann Abraham Besatzung:45 Wal-u.Robbenfänger Andreas Möller von Röm	Michel Hansen v.Röm,Steuermann Niels Madsen v.Tondern,Zimmermann Gregers Jürgen Peters v.Röm,Koch Hans Niels Christensen v.Röm,Matr. H.Jepsen Smidt v.Röm,Matrose Peter Jürgen Lützen v.Röm(Hbg.),Ma. Erick Hansen v.Röm,Matrose Niels Jensen Lamberts v.Röm,Matrose Niels Clausen Winter v.Röm,Matrose Jens Lamberts v.Röm,Matrose Jens Baller v.Tondern,Matrose Hans Gregers v.Röm,Matrose Niels Christian Tag v.Röm,Kochsm. Jens Andreas Möller v.Röm,Schiffsj.	StAHam,Archiv d. Wasserschouts I.A.1.q. 24.2.1819
De Frau Anna Besatzung:50 Wal-u.Robbenfänger Hans Hansen Carl von Röm	Niels Claussen v.Röm,Steuermann Boye Danklefs v.Föhr,Speckschneid. Matthias Hans Cornelissen v.Röm, Bootsmann u.Harpunier Carsten Jensen Lausten v.Röm,Koch Hans Hansen Carl v.Röm(Hbg.),Matr. Peter Hansen Cornelis v.Röm,Matr. Cornelis Andresen v.Röm(Hbg.),Matr. Peter Jürgens Falck v.Röm,Matrose Rörd Wögens v.Föhr,Matrose Peter Claus Ottessen v.Röm,Matrose Engelbert Jaspers v.Röm,Matrose Jacob P.Mersk v.Röm,Matrose Jens Bohn v.Föhr,Matrose Laus Thosen v.Röm,Kochsmaat Anton Hansen Carl v.Röm(Hbg.),Schj.	ebenda,24.2. 1819
De Frau Anna Besatzung:46 Wal-u.Robbenfänger Cornelis Hansen Peters von Röm	Hans Jürgens Leest v.Röm,Steuerm. Peter Jasper Cornelis v.Röm(Hbg.), Harpunier Jürgen Lorenzen v.Föhr,Zimmermann Nickel Jappen v.Föhr,Zimmerm.-Maat Christian Peters v.Röm,Bootsmann Cornelis Jürgens v.Röm,Schiemann Carsten Rasmussen v.Röm,Koch Danklef Lorenzen v.Föhr,Matrose Jens Holm Jürgensen v.Röm,Matrose Jens Christian Jaspersen v.Röm,Mat. Andreas Christian Sörensen v.Röm,M. Michel Andreas Leest v.Röm,Matrose Michel Cornelis Leest v.Röm,Matr. Hans Petersen v.Emmerleff,Matrose Carst.Andr.Chresten v.Emmerleff,M. Andreas Cornelsen v.Röm(Hbg.),Mat. Volkert Hinrichsen v.Föhr,Matrose Matth.Jens Andresen v.Röm,Kochsm. Martin Hans Carl v.Röm,Schiffsj.	ebenda,24.2. 1819
De Jonge Martin Besatzung:45 Wal-u.Robbenfänger Jürgen Peter Lützen von Röm	Jürgen Michels v.Röm(Hbg.),Steuer. Hans Jürgens Bundes v.Röm,Harpun. Gisbert Albert Jansen v.Röm,Harp. Peter Möller Witt v.Röm,Bootsmann Samuel Johnsen v.Röm,Koch Hans Tagholm Lassen v.Röm,Matrose	ebenda,24.2. 1819

Schiff/Kommandeur	Name/Herkunft/Rang der Seeleute	Daten/Quelle Fangergebnis
	Carsten Jensen Lützen v.Röm,Matrose Matth.Sörensen Kier v.Röm,Matrose Jens Cornelis Möller v.Röm,Matrose Jens Cornelis Jürgens v.Röm,Matr. Jasper Andreas Jacobsen v.Röm,Mat. Carsten Hansen v.Föhr,Matrose Albert Jansen v.Röm(Hbg.),Kochsm. Albert Jürgen Lützen v.Röm(Hbg.), Schiffsjunge	
De Fortuna Besatzung:46 Wal-u.Robbenfänger Jens Sörensen Kier von Röm	Peter Hansen Andresen v.Röm,Steuer. Peter Ericksen v.Röm,Speckschneid. Carsten H.Michelsen v.Röm,Specksch. Claus Jürgen Bagger v.Röm,Harpun. Peter Petersen Möller v.Röm,Harp. Hans Hansen Peters v.Röm,Harpunier Corn.Jepsen Smidt v.Röm,Bootsmann Jasper Michels v.Röm,Koch Jens Christiansen Bruhn v.Röm,Matr. Hans Peter Greissen v.Röm,Matrose Christian Petersen v.Röm,Matrose Peter Thyssen Andresen v.Tondern,M. Andreas Michel Andresen v.Röm,Matr. Lars Peters v.Röm,Matrose Cornelis N.Jürgens v.Röm,Matrose Peter Peters v.Röm,Matrose Peter Thusen v.Röm,Matrose Franz Friedrichs v.Röm,Matrose Martin Jensen v.Ballum,Matrose Michel Christensen v.Röm,Matrose Jens Thun v.Röm,Matrose Friedrich Geerts v.Föhr,Matrose Lütje Jensen v.Föhr,Matrose Michel Matthias Kier v.Röm(Hbg.), Kochsmaat Sören Hansen Holm v.Röm,Schiffsj.	ebenda,23.2.1819
De Rina u.Sara Besatzung:43 Wal-u.Robbenfänger Nickels Fedders von Föhr;von 1822 bis 1823 war er Kommandeur des von Itzehoe ausfahren- den Wal-u.Robben- fängers De Gustav; s.hierzu W.Oesau, Schl.-Holst.Grön- landfahrt,a.a.O., S.176;über seinen Wechsel n.Altona (1820) s.oben S. 304.	Ocke Bohn v.Föhr(Hbg.),Speckschn. Eschel Rörden v.Föhr,Speckschneid. Nahmen Pauls v.Föhr,Bootsm.u.Harp. Jürgen Ocken v.Föhr,Harpunier Olof Jensen v.Föhr,Zimmermann Paul Ercken v.Föhr,Matrose Jens Frödden v.Föhr,Matrose Boh Hinrichsen v.Föhr,Matrose Jürgen Rörden v.Föhr,Matrose Hinrich Ocke Böhn v.Föhr,Matrose Eschel Niels Eschels v.Föhr,Matrose Nahmen Jacob Hayen v.Föhr,Matrose Jens Hayen v.Föhr,Matrose Jürgen Knuthen v.Föhr,Matrose Boy Petersen v.Amrum,Matrose Erck Pauls v.Föhr,Matrose Hay Ocken v.Föhr,Matrose	ebenda,Februar 1819

Schiff/Kommandeur	Name/Herkunft/Rang der Seeleute	Daten/Quelle Fangergebnis
	Peter Jürgens v.Föhr,Matrose Jacob Jappen v.Föhr(?),hier:Rügen, Matrose Olof Lorenzen v.Föhr(?),hier:Rügen, Matrose Arfst Nickels v.Föhr,Matrose Rickmer Jürgen Rickmers v.Föhr(?), hier:v.d.Berne Arfst Hansen v.Föhr,Matrose Erick Ercken v.Amrum,Matrose Nickel Hinrichsen v.Föhr(?),hier: Dömnitz,Kochsmaat Jürgen Bohn v.Föhr(Hbg.),Schiffsj.	
De Bloyende Hoop Besatzung:46 Wal-u.Robbenfänger Riewert Rolofs von Föhr	Rolof Rolofs v.Föhr(Hbg.),Steuerm. Friedrich Claussen v.Föhr(1820), hier:Dahms,Bootsmann Boy Olofs v.Föhr(?),hier:Lentzen, Harpunier Johann Georg Peters v.Föhr(1820), hier:Lentzen,Zimmermann Martin Jensen v.Föhr(?),hier:Pillau,Zimmermannsmaat Peter Olofs v.Föhr(1820),hier: Dahms,Schiemann Fedder Hinrichsen v.Föhr(1820), hier:Stade,Koch Matz Hinrichsen v.Föhr(1820),hier: Stade,Matrose Wögen Nickelsen v.Föhr(?),hier: Spaden,Matrose Jürgen Jürgens v.Föhr,Matrose David Jensen v.Föhr(1820),hier: Spaden,Matrose Jan Ocken v.Föhr(?),hier:Dähms, Matrose Brar Jürgens v.Föhr,Matrose B.Michel Hinrichsen v.Helgoland,M. Volker Knudten v.Föhr(1820),hier: Lentzen,Matrose Nickels Ocken v.Föhr(1820),hier: v.d.Berne,Matrose Christian Christiansen v.Tondern, Matrose Lorenz Jung Früdden v.Föhr,Kochsm. Rolof Bohn v.Föhr,Schiffsjunge Zu den durch die Jahreszahl 1820 identifizierten Seeleute s.das Musterungsprotokoll des Wal-und Robbenfängers "De Maria"von 1820.	ebenda,19.2. 1819
De Seehund Besatzung:41 Wal-u.Robbenfänger Hinrich Vollers Aus nicht erklärlichen Gründen trägt hier das Schiff den Namen "De verdrehete verdrehende Genie".	Lorenz Jacob Westedt v.Husum,Matr. Olof Jappen v.Föhr,Matrose	ebenda,Februar 1819

Schiff/Kommandeur	Name/Herkunft/Rang der Seeleute	Daten/Quelle Fangergebnis
De Roosenbaum Besatzung:48 Wal-u.Robbenfänger Olof Ocken von Föhr	Jacob Olof Ocken v.Föhr(Hbg.),StM Peter Beelendorp v.Föhr,Speckschn. Ocke Matthiessen v.Föhr,Zimmermann u.Harpunier Nickels Boysen v.Föhr,Harpunier Lorenz Hinr.Danklefs v.Föhr,Zimmermannsmaat Brar Jung Bohn v.Föhr,Bootsmann Olof Rörden v.Föhr,Koch Olof Nahmens v.Föhr,Matrose Jürgen Knudten v.Föhr,Matrose Jacob Hayes v.Föhr,Matrose Jung Rörd Frödden v.Föhr,Matrose Harcke Olofs v.Föhr,Matrose Erck Danklefs v.Föhr,Matrose Riewert Andresen v.Föhr,Matrose Frerck Riewerts v.Föhr,Matrose Volkert Arfsten v.Föhr,Matrose Peter Lütjen v.Föhr,Matrose Nahmen Nickels v.Föhr,Matrose Jens Eschel Jacobs v.Föhr,Matrose Wögen Peters v.Föhr,Matrose Nickels Frödden v.Föhr,Matrose Knudt Ingwer Petersen v.Föhr,Matr. Peter Jürgens v.Föhr,Matrose Jacob Broder Riewerts(Reimers)v. Föhr,Matrose Christian Ketels v.Föhr,Matrose Friedrich Ketel Riewerts v.Föhr,M. Rickmer Olofs v.Föhr,Matrose Matthias Danklefs v.Föhr,Matrose Nickels Knudteh v.Föhr,Kochsmaat Hinrich Nahmens v.Föhr,Schiffsj.	ebenda,25.2. 1819
De Jgfr.Anna Maria Besatzung:45 Wal-u.Robbenfänger Brar Hinrich Braren von Föhr	Brar Lorenzen v.Föhr(Hbg.),StM Jürgen Wögens v.Föhr(?),hier:Stade,Speckschneider Nickel Volkerts v.Föhr(?),hier: Stade,Speckschneider Friedrich H.Brarens v.Föhr(Hbg.), Harpunier Boy Jung Rörden v.Föhr(?),hier: Stade,Harpunier Arfst Bohn v.Föhr(?),hier:Wilster, Bootsmann Rörd Nickelsen v.Föhr(1807),hier: Wilster,Schiemann Brar Bohn v.Föhr,Koch Ketel Harcken v.Föhr(?),hier: Dahms,Matrose Clas Hinrich Paulsen v.Helgoland, Matrose Knudt Rörden v.Föhr,Matrose Jens Bohn v.Föhr(?),hier:Stade,M. Nahmen Volkerts v.Föhr(?),hier: Rügen,Matrose Brar Braren v.Föhr,Matrose b.w.	ebenda,22.2. 1819

Schiff/Kommandeur	Name/Herkunft/Rang der Seeleute	Daten/Quelle Fangergebnis
De Frau Anna Besatzung:47 Wal-u.Robbenfänger Cornelis Hansen Peters von Röm	Hans Jürgens Leest v.Röm,Steuerm. Corn.Michel Siewers v.Röm,Specksch. Corn.Jürgens Leest v.Röm,Harpunier Peter Jaspers Cornelsen v.Röm(Hbg), Harpunier Jürgen Lorenzen v.Föhr,Zimmermann Christian Peters v.Röm,Bootsmann Jens Holm Jürgens v.Röm,Schiemann Carsten Rasmussen v.Röm,Koch Marcus Hansen v.Ballum,Matrose Jürgen Michel Jürgens v.Röm,Matr. Jens Hansen Christiansen v.Röm,M. Andreas Christian Sörensen v.Röm,M. Hans Jürgen Becker v.Röm,Matrose Michel Andreas Leest v.Röm,Matrose Jens Christian Möller v.Röm,Matr. Cornelis Jürgens v.Röm,Matrose Thomas Thoms.Sörensen v.Röm,Matrose Jacob Jürgens v.Föhr,Matrose Peter Cornelsen v.Röm(Hbg.),Matr. Hans Peter Hansen v.Röm,Matrose Michel Nielsen Leest v.Röm,Matrose Jens Andr.Leest v.Röm,Kochsmaat Jens Christian Cornelis v.Röm (Hbg.),Schiffsjunge	StAHam,Archiv d. Wasserschouts, I.A.1.q. 6.3.1820
De Frau Anna Besatzung:49 Wal-u.Robbenfänger Hans Hansen Carl von Röm	Peter Peter Lassen v.Röm,Steuerm. Boy Dircks v.Föhr,Speckschneider Jacob Andresen v.Röm,Speckschneid. Matth.Hans Cornelsen v.Röm,BM u.H. Carsten Jensen Lausten v.Röm,Koch Rasmus Newe Hansen Preest v.Röm, Zimmermannsmaat Peter Hans Cornelsen v.Röm,Matrose Peter Jürgens Falck v.Ballum,Matr. Hans Hansen Carl v.Röm(Hbg.),Matr. Nahmen Nickels v.Föhr,Matrose Corn.Jepsen Smidt v.Röm,Matrose Christian P.Engelbrecht v.Röm,Matr. Andr.Jensen Andres.Dahl v.Röm,Matr. Peter Jensen Falck v.Röm,Matrose Jens Thusen v.Röm,Matrose Peter Jasp.Botter v.Helgoland,Matr. Mich.Friedr.Koopmann v.Helgol.,Mat. Engelbrecht Jaspers v.Röm,Matrose Jens Dircks v.Föhr,Matrose Peter Johannes Lassen v.Röm,Matr. Jacob Peter Martens v.Röm,Matrose Peter Nielsen Peters v.Röm,Matrose Matth.Jaspers.Möller v.Röm,Matrose Niels Jensen Lamberts v.Röm,Matr. Olof Rörden v.Föhr,Matrose Laust Torbensen v.Röm,Kochsmaat Anton Hansen Carl v.Röm(Hbg.), Schiffsjunge Martin Hansen Carl v.Röm(Hbg.), Schiffsjunge	ebenda,6.3.1820

Schiff/Kommandeur	Name/Herkunft/Rang der Seeleute	Daten/Quelle Fangergebnis
De Johann Abraham Besatzung:45 Wal-u.Robbenfänger Andreas Möller von Röm	Jürgen Michelsen v.Röm,Steuermann Michel Hansen v.Röm,Speckschneider Peter Hans.Andresen v.Röm,Harpun. Niels Matzen v.Tondern,Zimmermann Gregor J.Peters v.Röm,Koch Henning Friedr.Smidt v.Röm,Matrose Zwen Möller v.Röm,Matrose Niels Thorsen v.Röm,Matrose Erick Hansen v.Röm,Matrose Sören Lausten v.Röm,Matrose Hans Carstens Tagholm v.Röm,Matro. Carsten Peter Clausen v.Röm,Matr. Peter Petersen v.Röm,Matrose Andr.Michel Andresen v.Röm,Matrose Matth.Jensen Lützen v.Röm,Matrose Hans Greysen v.Ballum,Matrose Lorenz Meyer v.Tondern,Matrose Jens Baller v.Tondern,Matrose Jep Carsten Bruhn v.Röm,Matrose Jasper Andreas Möller v.Röm,Matr. Niels Carsten Tagholm v.Röm,KM Niels Jürgensen v.Röm,Schiffsjunge	ebenda,5.3.1820
De Mathilde Besatzung:47 Wal-u.Robbenfänger Niels Claussen von Röm.Er war 1819 Steuermann des Wal-u.Robbenfängers "De Frau Anna".	Michel Jürgensen v.Röm,Steuermann Christian Peter Winter v.Röm,Speck. Hans Martinsen v.Röm,Speckschneid. Christian Lorenzen v.Röm,Harpunier Michel J.Petersen v.Röm,Harpunier Andr.Johannes Becker v.Röm,Bootsm. Paul Petersen v.Röm,Koch Michel J.Christensen v.Röm,Matrose Hans Holm Andresen v.Röm,Matrose Hans Petersen Manöe v.Röm,Matrose Laus Nielsen Jürgens v.Röm,Matrose Andreas Witt v.Röm,Matrose Brar Braren v.Föhr,Matrose Peter B.Lassen v.Röm,Matrose Michel Tönnies v.Röm,Matrose Claus Winter v.Röm,Matrose Jasper J.Degn v.Röm,Matrose Peter Christian Thusen v.Röm,Matr. Joh.C.Bleeg(Beiken)v.Röm,Matrose Peter Claus Ottsen v.Röm,Matrose Hans Peter Greysen v.Röm,Matrose Jürgen C.P.Lassen v.Röm,Matrose Hans Carl Jensen v.Röm,Schiffsjge.	ebenda,6.3.1820
De Jonge Martin Besatzung:44 Wal-u.Robbenfänger Jürg.Peters Lützen von Röm;er geht 1822 als Kommandeur nach Glückstadt;s.hierzu W. Oesau,Schl.-Holst. Grönlandfahrt,S. 147f.	Hans Rasmus Lassen v.Röm(Hbg.),StM Carsten H.Bundes v.Röm,Harpunier Hans Carl Bundes v.Röm,Harpunier Hans Peter Peters v.Röm,Koch Jürgen Jürgensen v.Röm,Matrose Matth.Sörensen Kier v.Röm,Matrose Hans Tagholm Lassen v.Röm,Matrose Albert Lützen v.Röm(Hbg.),Matrose Michel Carstens v.Röm,Matrose Albert Jansen v.Röm,Kochsmaat Peter Cord Lützen v.Röm(Hbg.), Schiffsjunge	ebenda,6.3.1820

Schiff/Kommandeur	Name/Herkunft/Rang der Seeleute	Daten/Quelle Fangergebnis
De Roosenbaum Besatzung:49 Wal-u.Robbenfänger Olof Ocken von Föhr	Jacob Olof Ocken v.Föhr(Hbg.),StM Peter Belendorp v.Föhr,Speckschn. Olde Rörden v.Föhr,Harpunier Boh Olofs v.Föhr,Harpunier Brar Jensen v.Föhr,Zimmermann Lorenz Hinr.Danklefs v.Föhr,Zim- mermannsmaat Fröd Jung Rörden v.Föhr,Koch Jacob Hayen v.Föhr,Matrose Rörd Braren v.Föhr,Matrose Erck Danklefs v.Föhr,Matrose Nicolaus Knudten v.Föhr,Matrose Nicolaus Frödden v.Föhr,Matrose Rickmer Olofs v.Föhr,Matrose Peter Lütjens v.Föhr,Matrose Wögen Peters v.Föhr,Matrose Jasper Peters v.Röm,Matrose Peter Nielsen v.Röm,Matrose Jürgen Ocken v.Föhr,Matrose Arfst Volkerts v.Föhr,Matrose Jürgen Lorenzen v.Föhr,Matrose Jacob Ericks Hinrichs v.Föhr,Matr. Simon Lorenzen v.Föhr,Matrose Matthias Danklefs v.Föhr,Matrose Arfst Frödden v.Föhr,Matrose Hinrich Jacobs v.Föhr,Matrose Christian Ketels v.Föhr,Matrose Friedrich Ketel Riewerts v.Föhr,M. Olof Jung Nickelsen v.Föhr,Matrose Johann Braren v.Föhr,Kochsmaat Johann Nahmens v.Föhr,Schiffsjge.	ebenda,1.3.1820
De Bloyende Hoop Besatzung:46 Wal-u.Robbenfänger Rolof Rolofs von Föhr.Er war 1819 Steuermann dieses Schiffes.	Ocke Bohn v.Föhr(Hbg.),Steuermann Nickel Nickels v.Föhr,Speckschn. Jens Lützen Christensen v.Föhr, Speckschneider Simon Bohn v.Föhr,Bootsmann u.Har. Hans Christians Leest v.Röm,Harp. Joh.Georg Peters v.Föhr,Zimmerm. Brar Bohn v.Föhr,Schiemann Nahmen Bohn v.Föhr,Koch Peter Jensen Peters v.Föhr,Matr. (Anmerkung des Wasserschouts:" er- trunken und den 9.März beerdigt worden") Lorenz Petersen v.Föhr,Matrose Bennet Nielsen v.Röm,Matrose Olof Petersen v.Föhr,Matrose Olof Jürgens v.Föhr,Matrose Rickmer Riewerts v.Föhr,Matrose Lütje Jensen v.Föhr,Matrose Boy Simons v.Föhr,Matrose Johann Riewerts v.Föhr,Matrose Christian Peters v.Föhr,Matrose Brar Gerrits v.Föhr,Matrose Arfst Ketels v.Föhr,Schiffsjunge	ebenda,13.3. 1820

Schiff/Kommandeur	Name/Herkunft/Rang der Seeleute	Daten/Quelle Fangergebnis
De Maria Besatzung:45 Wal-u.Robbenfänger Riewert Rolofs von Föhr.Er war 1819 Kommandeur des Wal-u.Robbenfäng. "De Bloyende Hoop".	Boy Jung Rörden v.Föhr(Hbg.),StM Friedrich Clasen v.Föhr,Speckschn. Friedr.H.Braren v.Föhr,Harpunier Fedder Hinrichsen v.Föhr,Harpun. Nickels Jappen v.Föhr,Zimmermann Nicolaus Lassen v.Föhr,Bootsmann Peter Olofs v.Föhr,Koch David Jensen v.Föhr,Matrose Matz Harcken v.Föhr,Matrose Boy Hayen v.Föhr,Matrose Harck Olofs v.Föhr,Matrose Jens Volkerts Christen v.Föhr,Mat. Söncke Sönnichsen v.Föhr,Matrose Lorenz Jung Frödden v.Föhr,Matr. Volkert Knudten v.Föhr,Matrose Nickels Ocken v.Föhr,Matrose Jürgen Friedr.Nickelsen v.Föhr,M. Peter Olof Nahmens v.Föhr,Matrose Rolof Bohn v.Föhr,Kochsmaat Friedrich Ocken v.Föhr,Schiffsjge.	ebenda,1.3.1820
De Seehund Besatzung:42 Wal-u.Robbenfänger Hinrich Vollers	Peter Möller Witt v.Röm,Harpunier	ebenda,8.3.1820

Schiff/Kommandeur	Name/Herkunft/Rang der Seeleute	Daten/Quelle Fangergebnis
De Roosenbaum Besatzung:49 Wal-u.Robbenfänger Olof Ocken von Föhr	Peter Belendorp v.Föhr,Steuermann Brar Jensen v.Föhr,Zimmermann Lorenz Danklefs v.Föhr,Zimm.-Maat Knudt Bohn v.Föhr,Bootsmann Olof Nahmens v.Föhr,Matrose Peter Nielsen v.Föhr,Matrose Peter Pauls v.Föhr,Matrose Jacob Hayen v.Föhr,Matrose Rickmer Olofs v.Föhr,Matrose Ernst Danklefs v.Föhr,Matrose Jacob Jappen v.Föhr,Matrose Nickels Knuten v.Föhr,Matrose Jac.Erich Heinrichs v.Helgoland,M. Heike Ulrichs Conjo v.Helgoland,M. Rickmer Paulsen v.Helgoland,Matr. Reimert Erichs Lührs v.Helgoland, Matrose Peter Jacob Ulrichs v.Helgoland,M. Erich Hansen Köhne v.Helgoland,M. Hinrich Lorenzen v.Helgoland,Matr. Jan Braren v.Föhr,Kochsmaat Jan Nannings v.Föhr,Schiffsjunge	StAHam,Archiv d. Wasserschouts, I.A.1.q. 2.3.1821
De Maria Besatzung:45 Walfänger Riewert Rolofs von Föhr	Rolof Rolofs v.Föhr(Hbg.),Steuerm. Boh Jung Rörden v.Föhr(Hbg.), Speckschneider Jung Arfst Olofs v.Föhr,Harpunier Joh.Georg Peters v.Föhr,Zimmerm. Fröd Frödden v.Föhr,Zimm.-Maat Sam Jung Olofs v.Föhr,Bootsmann Peter Olof v.Föhr,Koch Peter Pauls v.Föhr,Matrose Harck Ocken v.Föhr,Matrose Brar Bohn v.Föhr,Matrose Boh Knuten v.Föhr,Matrose Rörd Ocken v.Föhr,Matrose Cornelis Pauls v.Föhr,Matrose Nahmen Olofs v.Föhr,Matrose Nickel Nickelsen v.Föhr,Matrose Nanning Japsen Smidt v.Föhr,Matr. Olof Jung Nickelsen v.Föhr,Matr. Lorenz Jung Frödden v.Föhr,Matr. Lorenz Jensen v.Föhr,Matrose Nickels Ocken v.Föhr,Matrose Jasper Andreas Möller v.Röm,Matr. Boh Simons v.Föhr,Kochsmaat Rolof Bohn v.Föhr,Schiffsjunge	ebenda,20.3. 1821
De Jgfr.Anna Elisabeth Besatzung:44 Wal-u.Robbenfänger Joh.D.Andreas Harmsen	Jens Sörensen Kier v.Röm(Hbg.), Steuermann Peter Albert Jansen v.Röm,Matrose Christ.Friedrich Captain v.Helgoland,Matrose Hans Hornsmann v.Helgoland,Matr. Hinrich Nahmens v.Föhr,Kochsmaat	ebenda,7.3.1821

Schiff/Kommandeur	Name/Herkunft/Rang der Seeleute	Daten/Quelle Fangergebnis
De Maria Besatzung:45 Wal-u.Robbenfänger Olof Ocken von Föhr	Nickels Jan Braren v.Föhr(Hbg.), Steuermann Peter Belendorp v.Föhr,Speckschn. Rolof Rolofs v.Föhr(Hbg.),Harpun. Lorenz Hinr.Danklefs v.Föhr,Zimm. Peter Paulsen v.Föhr,Bootsmann Peter Olofs v.Föhr,Koch Peter Nielsen v.Föhr,Matrose Nahmen Olofs v.Föhr,Matrose Jacob Hain v.Föhr,Matrose Peter Paulsen v.Föhr,Matrose Rörd Wögens v.Föhr,Matrose Knudt Jürgen Peters v.Föhr,Matr. Nickel Nickels v.Föhr,Matrose Erck Danklefs v.Föhr,Matrose Jacob Jappen v.Föhr,Matrose Cornelis Paulsen v.Föhr,Matrose Peter Jürgens v.Föhr,Matrose Boh Knudten v.Föhr,Matrose Jacob Erick Hinrichs v.Helgold.,M. Jacob Eike Broders v.Helgold.,Mat. Michael Friedr.Lorenz v.Helgoland, Matrose Jasper Paul Kröger v.Helgold.,Ma. Simon Martin v.Föhr,Schiffsjunge	StAHam,Archiv d. Wasserschouts, I.A.1.q 25.2.1822
De Jgfr.Anna Eli- sabeth Besatzung:44 Wal-u.Robbenfänger Joh.D.Andreas Harmsen	Jens Sörensen Kier v.Röm(Hbg.), Steuermann Peter Albert Jansen v.Röm,Matrose Sören Hansen Holm v.Röm,Matrose	ebenda,25.2. 1822
De Roosenbaum Besatzung:50 Wal-u.Robbenfänger James Jampson	Jürgen Jürgens v.Föhr,Zimm.-Maat Hinrich Nahmens v.Föhr,Matrose Jan Nahmens v.Föhr,Matrose Paul Tönnies v.Helgoland,Matrose Friedr.Ohlsen v.Helgoland,Matrose Ulrich Hansen v.Helgoland,Matrose Erick Wiecker v.Helgoland,Matrose Peter Ohlrichs v.Helgoland,Matr. Nickel Klippmann v.Helgoland,Matr. Martin Eike Ohlsen v.Helgold.,Mat. Hinrich Lorenzen v.Helgoland,Matr. Hinrich Ohlsen v.Helgoland,Matr. Lorenz Harder v.Helgoland,Matrose Hans Hornsmann v.Helgoland,Matrose Heike Ohlrichs v.Helgoland,Matr.	ebenda,4.3.1822

Schiff/Kommandeur	1823/1826 Name/Herkunft/Rang der Seeleute	Daten/Quelle Fangergebnis
De Maria Besatzung:45 Wal-u.Robbenfänger Olof Ocken von Föhr	Rolof Rolofsen v.Föhr(Hbg.),StM Peter Belendorp v.Föhr,Speckschn. Erck Rörden v.Föhr,Bootsmann Peter Olofs v.Föhr,Koch Nickel Nickels v.Föhr,Matrose Rickmer Jürgen Rickmers v.Föhr,Ma. Matthias Nickelsen v.Föhr,Matrose Rörd Boh Arfsten v.Föhr,Matrose Carsten Jacobs v.Föhr,Matrose Nickels Knudten v.Föhr,Matrose Jacob Jappen v.Föhr,Matrose Boh Peters v.Föhr,Matrose Rörd Peters v.Föhr,Matrose Jacob Bohn v.Föhr,Matrose Jens Bohn v.Föhr,Matrose Nahmen Olofs v.Föhr,Matrose Nickels Andreas Nahmens v.Föhr,Ma. Jac.Erick Hinrichs v.Helgoland,M. Jac.Ocke Broders v.Helgoland,Matr. Jasper P.Kröger v.Helgoland,Matr. Michel Friedr.Lorenzen v.Helgo- land,Matrose Rickmer Rickmers v.Helgoland,Matr. Mich.Clas Dreyer v.Helgoland,Mat. Olof Peters v.Föhr,Kochsmaat Simon Martin v.Föhr,Schiffsjunge	StAHam,Archiv d. Wasserschouts, I.A.1.q. 3.3.1823
De Charles Besatzung:29 Walfänger John Rose	Hans Carl Köhn v.Helgoland,Matr. Peter Franz v.Helgoland,Matrose Ocke Olrichs v.Helgoland,Matrose Martin Ocke Ohlsen v.Helgoland,M. Hinrich Hansen v.Helgoland,Matr.	ebenda,14.3. 1823
De Jgfr.Anna Eli- sabeth Besatzung:43 Walfänger Joh.D.Andreas Harmsen	Peter Olofs v.Föhr,Matrose Matthias Danklefs v.Föhr,Matrose Olof Peters v.Föhr,Matrose Peter Nielsen v.Röm,Matrose Rolof Bohn v.Föhr,Matrose	StAHam,Archiv d. Wasserschouts, I.A.1.q. 21.4.1824
De Jgfr.Anna Eli- sabeth Besatzung:44 Wal-u.Robbenfänger Joh.D.Andreas Harmsen	Christian Peters Winter v.Röm,Mat.	StAHam,Archiv d. Wasserschouts, I.A.1.q. 18.2.1825
De Charles Besatzung:28 Walfänger Robert Thomson	Michel Jansen Thorn v.Helgoland, Matrose	ebenda,7.4.1825
De Jgfr.Anna Eli- sabeth Besatzung:44 Wal-u.Robbenfänger Joh.D.Andreas Harmsen	Peter Olofs v.Föhr,Matrose	StAHam,Archiv d. Wasserschouts, I.A.1.q. 25.2.1826

Schiff/Kommandeur	1827/1828 Name/Herkunft/Rang der Seeleute	Daten/Quelle Fangergebnis
De Jonge Martin Besatzung:45 Walfänger Hans Hansen Carl von Röm	Engelbrecht Nielsen Wandal v.Röm, Steuermann(Hbg.) Andreas Möller v.Röm(Hbg.),Speck. Niels Claussen v.Röm(Hbg.),Speck. Andreas Michels Lambo v.Röm,Boots- mann u.Harpunier Christian Peters Bleeg v.Röm,Harp. Hans Christ.Dahl v.Röm,Harpunier Martin Thies Heysel v.Röm,Zimm-Mt. Christ.Bundes Hansen v.Röm,Koch Niels Thorsen Carl v.Röm,Matrose Christ.Peter Claussen v.Röm,Matr. Peter Andresen Dahl v.Röm,Matrose Jürgen Michels Jürgens v.Röm,Matr. Engelbr.Peters Bleeg v.Röm,Matrose Peter Andresen Brodersen v.Röm,M. Peter Carsten Winter v.Röm,Matr. Carsten Winter v.Röm,Matrose Peter Jürgens v.Röm,Matrose Peter Matzen v.Röm,Matrose Jens Lausten Falck v.Röm,Matrose Hans Nielsen v.Ballum,Matrose Hinrich Holm v.Röm,Matrose Christian Nielsen v.Ballum,Matrose Hans Griesen v.Röm,Matrose Christian Bleeg v.Röm,Matrose Peter Petersen Witt v.Röm,Matrose Peter Petersen v.Röm,Matrose Hans Christian Darum v.Röm,Kochsm. Claus Nielsen Claussen v.Röm, Schiffsjunge	StAHam,Archiv d. Wasserschouts, I.A.1.r. 7.3.1827
De Jonge Martin Besatzung:45 Walfänger Hans Hansen Carl von Röm	Engelbr.Nielsen Wandal v.Röm,StM Andreas Jasper Möller v.Röm(Hbg.), Speckschneider Niels Claussen v.Röm(Hbg.),Speck. Christ.Peters Bleeg v.Röm,BM u.H. Niels Jürgens Leest v.Röm,Harpun. Chr.Bundes Hansen Schou v.Röm,Koch Rasmus N.Hansen v.Röm,Matrose Hans Jensen Peters v.Röm,Matrose Carsten Peter Claussen v.Röm,Matr. Engelbr.Peters.Bleeg v.Röm,Matr. Peter Matzen v.Röm,Matrose Jens Lausten Falck v.Röm,Matrose Peter Petersen Wraa v.Röm,Matrose Michel Peter Tönnies v.Röm,Matr. Peter Jürgens v.Röm,Matrose Carsten Nielsen v.Ballum,Matrose Peter Carsten Winter v.Röm,Matr. Michel Jensen Peters v.Röm,Matr. Hans Peter Griesen v.Röm, Matrose L(?).Hansen Carl v.Röm(Hbg.),Matr. Hans Christiansen Darum v.Röm, Kochsmaat Niels Hansen Peters v.Röm,Schiffsj. Georg Hansen Carl v.Röm(Hbg.), Schiffsjunge	StAHam,Archiv d. Wasserschouts, I.A.1.r. 12.3.1828

Schiff/Kommandeur	Name/Herkunft/Rang der Seeleute	Daten/Quelle Fangergebnis
De Äolus Besatzung:44 Walfänger Joh.D.Andreas Harmsen	Carsten Winter v.Röm,Koch Jacob Thorsen v.Röm,Matrose Jürgen Michelsen Jürgens v.Röm,M. Cordt Meltzen(Melfsen?)v.Föhr, Matrose	ebenda,12.3. 1828
De Aolus Besatzung:45 Walfänger Engelbrecht Niel- sen Wandal von Röm.Er war 1828 Steuermann des Walfängers "De Jonge Martin".	Niels Claussen v.Röm(Hbg.),StM Christ.Peter Winter v.Röm,Speck. Peter Hans Andresen v.Röm,Speck. Peter Cornelissen v.Röm,Bootsm.u. Harpunier Christian Peters Bleeg v.Röm,Harp. Thomas Thomsen v.Röm,Koch Christ.Bundes Hansen Schou v.Röm, Matrose Cornelis Siebrandts v.Röm,Matrose Matthias Jessen Lützen v.Röm,Mat. Peter Georg Thomsen v.Röm,Matrose Jasper Christian Winter v.Röm,Mat. Sören Nielsen Holm v.Röm,Matrose Laust Peters v.Röm,Matrose Zwen Hansen Falck v.Röm,Matrose Hans Christian Winter v.Röm,Matr. Hans Christian Darum v.Röm,Matr. Hein Marcussen v.Tondern,Matrose Niels Jürgen Christensen v.Röm,M. Christian Jaspers v.Röm,Kochsmaat Georg Hansen Carl v.Röm(Hbg.), Schiffsjunge	StAHam,Archiv d. Wasserschouts, I.A.1.r. 23.3.1829
De Jonge Martin Besatzung:46 Walfänger Hans Hansen Carl von Röm	Andreas Jasper Möller v.Röm,StM Niels Jürgensen Leest v.Röm,Harp. Hans Christian Dahl v.Röm,Harp. Peter Petersen Möller v.Röm,Zim- mermannsmaat Peter Nielsen Möller v.Röm,Bootsm. Zwen Nielsen Bleeg v.Röm,Koch Jasper Andresen Möller v.Röm,Matr. Peter Christian Winter v.Röm,Matr. Jacob Carl Tusen v.Röm,Matrose Michel Jens Petersen v.Röm,Matr. Jürgen Hansen Darum v.Röm,Matrose Peter Petersen v.Röm,Matrose Peter Zwen Carl v.Röm,Matrose Jens Petersen Bleeg v.Röm,Matr. Peter Christian Tusen v.Röm,Matr. Andreas Christian Tusen v.Röm,Mat. Peter Christian Kramer v.Tondern, Matrose Jürgen Cornelis Darum v.Röm, Kochsmaat Hans Hansen Carl v.Röm,Schiffsjge.	ebenda,23.3. 1829

Schiff/Kommandeur	Name/Herkunft/Rang der Seeleute	Daten/Quelle Fangergebnis
De Jonge Martin Besatzung:45 Walfänger Hans Hansen Carl von Röm	Andreas Jasper Möller v.Röm(Hbg.), Steuermann Zwen Nielsen Bleeg v.Röm,BM u.Har. Hans Christians Dahl v.Röm,Harp. Niels Jürgens Leest v.Röm,Harpun. Chr.Bundes Hansen Schou v.Röm,Koch Peter Christens.Winter v.Röm,Matr. Peter Petersen v.Röm,Matrose Jürgen Christian Darum v.Röm,Matr. Jens Petersen Bleeg v.Röm,Matrose Peter Christian Tusend v.Röm,Matr. Jürgen Corn.Christensen v.Röm,Mat. Peter Christian Kramer v.Tondern, Matrose Iwert Jessen Marcussen v.Ballum,M. Jens Hansen Petersen v.Tondern,M. Carl Jacob Tusend v.Röm,Kochsmaat Hans Hansen Carl v.Röm,Schiffsjg.	StAHam,Archiv d. Wasserschouts, I.A.1.r. 17.3.1830
De Aolus Besatzung:45 Walfänger Engelbrecht Nielsen Wandal von Röm	Niels Claussen v.Röm(Hbg.),StM Peter Hansen Andresen v.Röm,Speck. Chr.Petersen Winter v.Röm,Speck. Christian Petersen v.Röm,Harpun. Thomas Niels Thomsen v.Röm,Koch Olof Ocken v.Föhr,Matrose Zwen Möller Peters v.Röm,Matrose Peter Knuthen Lützen v.Röm,Matr. Laust Petersen v.Röm,Matrose Hans Christian Darum v.Röm,Matr. Christian Jaspers v.Röm,Matrose Heyn Marcussen v.Tondern,Matrose Andr.Christensen v.Ballum,Matrose Hans Pet.Andresen v.Tondern,Matr. Joh.Christian Chevalier v.Helgoland,Matrose u.Lotse Jens Zwen Carl v.Röm(Hbg.),KM Georg Hansen Carl v.Röm(Hbg.), Schiffsjunge	ebenda,17.3. 1830
De Jonge Martin Besatzung:46 Walfänger Hans Hansen Carl von Röm	Andreas Jasper Möller(58)v.Röm, Steuermann Hans Chr.Petersen(30) v.Röm,Speck. Hans Chr.Dahl(45)v.Röm,Harpunier Martin Thies Heysel(27) v.Röm,Har Niels Jürg.Leest(41)v.Röm,Harp. Chr.Bundes Hansen Schou(56)v.Röm, Koch Peter Kramer(28)v.Tondern,Matrose Brar Hinrich Braren(39)v.Föhr,Mat. Rörd Bohn Arfsten(50)v.Föhr,Matr. Peter Peters.Heede(31)v.Röm,Matr. Peter Tusen(27)v.Röm,Matrose Claus Nielsen(19)v.Röm,Matrose Peter Jürg.Hansen(19)v.Röm,Matr. Andr.Christ.Krämer(23)v.Tondern,M. Jew Hansen Nissen(25)v.Tondern,M. Hans Petersen(22)v.Emmerleff,Matr. Jes Hansen(36)v.Emmerleff,Matrose b.w.	StAHam,Archiv d. Wasserschouts, I.A.1.r. 7.3.1831 Die hinter den Namen in Klammern gesetzten Zahlen geben das Alter des Seefahrers wieder.Diese Angaben sind Bestandteil der Musterungsprotokolle.

Schiff/Kommandeur	Name/Herkunft/Rang der Seeleute	Daten/Quelle Fangergebnis
	Andreas Nielsen(21)v.Ballum,Matr. Andreas Heitmann(21)v.Röm,Matrose Siebrandt Kier(16)v.Röm,Kochsmaat Georg Hansen Carl(16)v.Röm,Schj.	
De Hoffnung Besatzung:37 Walfänger Zwen Andresen Carl von Röm.Er war bis 1822 Kommandeur d. Altonaer Walfän- gers "De St.Peter"	Matth.Cornelis(32)v.Röm,Steuerm. Carst.Peter Winter(57)v.Röm,Speck. Michel Jürgen Jessen(53)v.Röm,Har. Zwen M.Bleeg(44)v.Röm,Harpunier Thomas N.Thomsen(49)v.Röm,Koch Jürgen M.Jürgens(35)v.Röm,Matrose Sören Nielsen Holm(25)v.Röm,Matr. Michel Pet.Tönnies(31)v.Röm,Matr. Hein Marcussen(29)v.Tondern,hier: Emmerleff,Matrose Andreas Hansen Smidt(17)v.Röm,Mat. Niels Hansen Nielsen(16)v.Röm,Mat. Peter Petersen(20)v.Röm,Matrose Michel Jensen Hansen(16)v.Röm,KM Jens Zwen Carl(17)v.Röm,Schiffsj.	ebenda,7.3.1831
De Jonge Martin Besatzung:46 Wal-u.Robbenfänger Hans Hansen Carl von Röm	Andr.Jasper Möller(58)v.Röm,StM Peter Hans Cornelissen(31)v.Röm, Bootsmann Hans Christ.Dahl(47)v.Röm,Speck. Chr.Peter Claussen(33)v.Röm,Harp. Andreas Witt(32)v.Röm,Harpunier Chr.Bundes Hansen Schou(58)v.Röm, Koch Peter Christ.Winter(25)v.Röm,Matr. Peter Chr.Krämer(26)v.Tondern,Mat. Jes Hansen(36)v.Tondern,Matrose Peter Petersen(33)v.Röm,Matrose Jens Lausten Falck(24)v.Röm,Matr. Andr.Christian Krämer(21)v.Tond., Matrose Claus Nielsen(20)v.Röm,Matrose Boy Frantzen(41)v.Tondern,Matrose Peter Chr.Tusen(33)v.Röm,Matrose Andreas Nielsen(22)v.Ballum,Matr. Laus Peters.Lamboe(20)v.Röm,Matr. Peter Holm Hansen(20)v.Röm,Matr. Hans Niels Clausen(13)v.Röm,KM Hans Hansen Carl(11)v.Röm(Hbg.), Schiffsjunge	StAHam,Archiv d. Wasserschouts, I.A.1.s. 23.2.1832
De Hoffnung Besatzung:38 Wal-u.Robbenfänger Zwen Andres.Carl von Röm	Peter Hansen Andresen(47)v.Röm, Steuermann Peter Chr.Winter(58)v.Röm,Speck. Michel Jürg.Jürgens(54)v.Röm,Harp. Zwen Niels Bleeg(45)v.Röm,Harpun. Thomas Niels.Thomsen(49)v.Röm,Koch Jürg.Michel Jürgens(35)v.Röm,Matr. Jens Andr.Brodersen(20)v.Röm,Matr. Sören Niels Holm(28)v.Röm,Matrose Chr.Lorenzen(41)v.Röm,Zimmermann Jürg.Peters Holm(21)v.Röm,Matrose Mich.Pet.Tönnies(32)v.Röm,Matrose Jürgen Nielsen(54)v.Röm,Matrose	ebenda,25.2.1832

Schiff/Kommandeur	Name/Herkunft/Rang der Seeleute	Daten/Quelle Fangergebnis
	Michel Truelsen(30)v.Ballum,Matr. Michel Jens Hansen(28)v.Röm,Matr. Chr.Jürgen Jürgens(17)v.Röm,Matr. Niels Hansen Nielsen(17)v.Röm,Mat. Michel Hans Küper(20)v.Röm,Kochsm. Jens Zwen Carl(14)v.Röm(Hbg.), Schiffsjunge	
De Aolus Besatzung:46 Wal-u.Robbenfänger Jochen Voss	Nanning Ercken(43)v.Föhr,Matrose	ebenda,27.2.1832
De Hoffnung Besatzung:38 Wal-u.Robbenfänger Zwen Andresen Carl von Röm	Peter Zwen Carl(21)v.Röm,Steuerm. Pet.Christian Winter(39)v.Röm,Sp. Peter Hans Andresen(47)v.Röm,Harp. Zwen Niels Bleeg(46)v.Röm,Harpun. Thomas Niels Thomsen(50)v.Röm,Koch Jürg.Michels Leest(37)v.Röm,Matr. Hans Jensen Petersen(37)v.Röm,Mat. Christian Petersen(46)v.Röm,Matr. Niels Hans Jensen(46)v.Röm,Matr. Albrecht Friedr.Wulf(29)v.Röm,Mat. Hans Joachimsen(31)v.Röm,Matrose Michel Pet.Tönnies(32)v.Röm,Matr. Jürgen Nielsen(54)v.Röm,Matrose Peter Holm Hansen Tagholm(39)v. Röm,Matrose Detlef Michels(18)v.Röm,Matrose Hans Michels Petersen(16)v.Röm,M. Christ.Jensen Sörensen(18)v.Röm,M. Jürg.Nielsen(22)v.Emmerleff,Matr. Christian Hansen(26)v.Röm,Matrose Boy Matth.Schmidt(19)v.Seiersleff, Matrose Jens Zwen Carl(17)v.Röm,Matrose Peter Nielsen(21)v.Röm,Matrose Matth.Jens Matthiessen Dahl(13)v. Röm,Kochsmaat Andreas Peter Möller(14)v.Röm, Schiffsjunge	StAHam,Archiv d. Wasserschouts, I.A.1.s. 27.2.1833
De Jonge Martin Besatzung:46 Wal-u.Robbenfänger Hans Hansen Carl von Röm	Anton Hansen Carl(24)v.Röm(Hbg.), Steuermann Hans Christ.Dahl(49)v.Röm,Speck. Christ.Peter Claussen(33)v.Röm,H. Peter Chr.Winter(26)v.Röm,Harpun. Chr.Bundes Hansen Schou(56)v.Röm, Koch Friedrich Clasen(48)v.Föhr,Matrose Matth.Jensen Lützen(29)v.Röm,Matr. Jac.Lorenz Joh.Franck(22)v.Röm,M. Brar Olofs(44)v.Föhr,Matrose Peter Peters.Heede(35)v.Röm,Matr. Niels Jürgen Christensen(29)v.Röm, Matrose Andreas Christian Krämer(22)v. Jerpstedt(sonst:Tondern),Matrose Siebr.Michel Kier(18)v.Röm,Matr. b.w.	ebenda,28.2.1833

Schiff/Kommandeur	Name/Herkunft/Rang der Seeleute	Daten/Quelle Fangergebnis
	Peter Chr.Hansen(32)v.Röm,Matrose Niels Chr.Christensen(17)v.Röm,M. Jens Nielsen Jensen(16)v.Röm,Matr. Hans Carl Nielsen(14)v.Röm,Schjge. Georg Hansen Carl(14)v.Röm,Schjge.	
De Aolus Besatzung:45 Wal-u.Robbenfänger Jochen Voss	Peter Claussen(25)v.Husum,Matrose	ebenda,26.2. 1833
De Hoffnung Besatzung:38 Wal-u.Robbenfänger Zwen Andresen Carl von Röm	Peter Zwen Carl(22)v.Röm,Steuerm. Carst.Peters.Winter(60)v.Röm,Spe. Peter Hansen Andresen(48)v.Röm,H. Zwen Nielsen Bleeg(49)v.Röm,Harp. Thomas Niels.Thomsen(49)v.Röm,Koch Jürgen Michels Jürgensen(37)v.Röm, Matrose Peter Winter(27)v.Röm,Matrose Nahmen Jacobs(49)v.Föhr,Matrose Peter Petersen(36)v.Röm,Matrose Niels Hans Jensen(49)v.Röm,Matr. Jens Peter Boysen(26)v.Föhr(hier: wohl irrtümlich Röm),Matrose Peter Christ.Tusen(34)v.Röm,Matr. Michel Peter Tönnies(33)v.Röm,Mat. Jürgen Nielsen(55)v.Röm,Matrose Niels Jensen(21)v.Röm,Matrose Jacob Schou(21)v.Emmerleff,Matr. Pet.Lars Petersen(21)v.Emmerleff, Matrose Andreas Christiansen(18)v.Röm,Mat. Matthias Jens Matthias Dahl(14)v. Röm,Kochsmaat Anton Lorenzen Carl(14)v.Röm,Schj.	StAHam,Archiv d. Wasserschouts, I.A.1.s 28.2.1834
De Hoffnung Besatzung:38 Wal-u.Robbenfänger Zwen Andresen Carl von Röm	Peter Zwen Carl(23)v.Röm,Steuerm. Christ.Peter Winter(40)v.Röm,Sp. Zwen Niels Bleeg(49)v.Röm,Harpun. Thomas Niels Thomsen(49)v.Röm,Koch Jürgen Michels Jürgensen(39)v.Röm, Zimmermannsmaat Peter Chr.Winter(28)v.Röm,Matrose Peter Petersen(36)v.Röm,Matrose Claus Nielsen(23)v.Röm,Matrose Niels Hans Jensen(49)v.Röm,Matr. Peter Mich.Tönnies(34)v.Röm,Matr. Peter Chr.Tusen(35)v.Röm,Matrose Peter Jasper Duhn(36)v.Röm,Matr. Hans Möller Christiansen(17)v. Röm,Matrose Georg Hansen Carl(15)v.Röm,Matr. Jürg.Michels Jaspers(15)v.Röm, Kochsmaat Anton Zwen Carl(15)v.Röm,Schiffsj.	StAHam,Archiv d. Wasserschouts, I.A.1.s. 27.2.1835

Schiff/Kommandeur	1835/1839 Name/Herkunft/Rang der Seeleute	Daten/Quelle Fangergebnis
De Äolus Besatzung:46 Walfänger Jochen Voss	Jacob Paulsen Schou(31)v.Tondern, Matrose Arfst Knudten(19)v.Föhr,Matrose	ebenda,4.3.1835
De Jonge Martin Besatzung:50 Wal-u.Robbenfänger Ludwig Meyn	Andreas P.Friedrichsen v.Helgol., 2.Küper(Matrose?)	StAHam,Archiv d. Wasserschouts, I.A.1.t. 24.2.1837
De Jonge Conrad Besatzung:50 Wal-u.Robbenfänger Otto Mehlen	Hinrich Valentin v.Helgoland,Matr.	StAHam,Archiv d. Wasserschouts, I.A.1.t. 23.2.1839
De Aolus(hier:Alida) Besatzung:47 Wal-u.Robbenfänger Jochen Voss	Peter Hansen Nielsen Falck v.Röm, Matrose	ebenda,16.2. 1839

Im April des Jahres 1836 fuhr das Hamburger Schiff "De Wettrenner"
unter Kapitän Peter Eschels von Westerland/Sylt mit Fracht von
Hamburg nach Hammerfest/Norwegen.An Bord befanden sich noch außer
dem Kapitän sechs Seeleute,darunter folgende aus dem Untersuchungs-
gebiet:Dirk Peter Eschels von Sylt,Jungmann,19 Jahre

Eschel Michel Decker von Sylt,Schiffsjunge,14 Jahre
StAHam,Archiv des Wasserschouts,I.A.1.s.v.23.4.1836
Von Norwegen aus unternahm das Schiff eine Reise ins Polareis,
erlegte 23 Walrosse,aber ging im Eis verloren.Die Mannschaft
konnte sich retten;s.hierzu:C.P.Hansen,Der Badeort Westerland auf
Sylt und dessen Bewohner,Garding 1870,S.161ff.
Da das Schiff aus dem gesetzten Rahmen der vorliegenden Untersuchung herausfällt,ist es in der Statistik nicht berücksichtigt
worden.

STATISTISCHE

ÜBERSICHTEN

1757 - 1835

Jahr: 1757

a) Gesamtzahl aller aus Hamburg zum Wal-und Robbenfang ausfahrenden Seeleute: wegen fehlender Unterlagen keine Angaben möglich

b) Die Besatzungen aufgeteilt nach den Funktionen:

Kommandeure	: 33
Steuerleute	: 33
Zimmerleute u. Zimmermannsmaate	: ?
Bootsleute	: 33
Köche	: 33
Schiemänner	: ?
Barbiere/Meister	: ?
Küper	: ?
Speckschneider u. Speckschneidermaate	: ?
Harpuniers	: ?
Matrosen	: ?
Kochsmaate	: ?
Schiffsjungen	: ?

c) Von diesen auf Hamburger Wal-und Robbenfangschiffen fahrenden
Seeleuten hatten die unten aufgeführten Gebiete folgenden
Anteil: [1]

	Röm	Föhr	Sylt	Amrum	Hall.	Helgol.	Nordfr. Festld.	Gesamt	%
Kommandeure	13	6	1	1	–	–	–	21	64%
Steuerleute	11	3	3	1	–	–	–	18	–
Zimmerl./Maate	7	–	–	–	–	–	–	7	–
Bootsleute	11	1	–	2	–	–	–	14	–
Köche	10	2	–	–	–	–	–	12	–
Schiemänner	–	1	1	1	–	–	–	3	–
Barbiere/Meister	–	–	–	–	–	–	–	–	–
Küper	–	–	–	–	–	–	–	–	–
Speckschn./Maate	2	7	4	2	–	–	–	15	–
Harpuniers	10	12	3	2	–	–	–	27	–
Matrosen	28	15	11	4	–	3	3	64	–
Kochsmaate	1	2	–	–	–	–	–	3	–
Schiffsjungen	9	2	1	2	–	–	–	14	–
Gesamtzahl	102	51	24	15	–	3	3	198	–
Prozent	–	–	–	–	–	–	–		

[1] Die Angaben sind aufgrund der Quellenlage unvollständig.
Die Anzahl der Kommandeure ist jedoch gesichert.

Jahr: 1758

a) Gesamtzahl aller aus Hamburg zum Wal-und Robbenfang ausfahrenden Seeleute: wegen fehlender Unterlagen keine Angaben möglich

b) Die Besatzungen aufgeteilt nach den Funktionen:

Kommandeure	: 32
Steuerleute	: 32
Zimmerleute u. Zimmermannsmaate	: ?
Bootsleute	: 32
Köche	: 32
Schiemänner	: ?
Barbiere/Meister	: ?
Küper	: ?
Speckschneider u. Speckschneidermaate	: ?
Harpuniers	: ?
Matrosen	: ?
Kochsmaate	: ?
Schiffsjungen	: ?

c) Von diesen auf Hamburger Wal-und Robbenfangschiffen fahrenden
Seeleuten hatten die unten aufgeführten Gebiete folgenden
Anteil:[1]

	Röm	Föhr	Sylt	Amrum	Hall.	Helgol.	Nordfr. Festld.	Gesamt	%
Kommandeure	13	5	1	1	-	-	-	20	62%
Steuerleute	12	4	2	2	-	-	-	20	-
Zimmerl./Maate	7	-	-	-	-	-	-	7	-
Bootsleute	9	1	-	1	-	-	-	11	-
Köche	10	2	-	1	-	-	-	13	-
Schiemänner	-	3	-	1	-	-	-	4	-
Barbiere/Meister	-	-	-	-	-	-	-	-	-
Küper	-	-	-	-	-	-	-	-	-
Speckschn./Maate	1	10	3	2	-	-	-	16	-
Harpuniers	11	11	3	2	-	-	-	27	-
Matrosen	24	16	6	4	-	-	4	54	-
Kochsmaate	1	2	-	-	-	-	-	3	-
Schiffsjungen	7	4	1	2	-	-	-	14	-
Gesamtzahl	95	58	16	16	-	-	4	189	-
Prozent	-	-	-	-	-	-	-		

1) Die Angaben sind aufgrund der Quellenlage unvollständig. Die Anzahl der Kommandeure ist jedoch gesichert.

Jahr: 1759

a) Gesamtzahl aller aus Hamburg zum Wal-und Robbenfang ausfahrenden Seeleute: wegen fehlender Unterlagen keine Angaben möglich

b) Die Besatzungen aufgeteilt nach den Funktionen:

Kommandeure	: 32
Steuerleute	: 32
Zimmerleute u. Zimmermannsmaate	: ?
Bootsleute	: 32
Köche	: 32
Schiemänner	: ?
Barbiere/Meister	: ?
Küper	: ?
Speckschneider u. Speckschneidermaate	: ?
Harpuniers	: ?
Matrosen	: ?
Kochsmaate	: ?
Schiffsjungen	: ?

c) Von diesen auf Hamburger Wal-und Robbenfangschiffen fahrenden
Seeleuten hatten die unten aufgeführten Gebiete folgenden
Anteil:[1]

	Röm	Föhr	Sylt	Amrum	Hall.	Helgol.	Nordfr. Festld.	Gesamt	%
Kommandeure	12	5	-	1	-	-	-	18	56%
Steuerleute	9	3	1	1	-	-	-	14	-
Zimmerl./Maate	6	-	-	-	-	-	-	6	-
Bootsleute	7	2	-	1	-	-	-	10	-
Köche	8	3	-	1	-	-	-	12	-
Schiemänner	1	2	-	1	-	-	-	4	-
Barbiere/Meister	-	-	-	-	-	-	-	-	-
Küper	-	-	-	-	-	-	-	-	-
Speckschn./Maate	3	2	2	2	-	-	-	9	-
Harpuniers	13	4	3	2	-	-	-	22	-
Matrosen	41	18	6	2	1	-	4	72	-
Kochsmaate	1	2	-	-	-	-	-	3	-
Schiffsjungen	11	2	-	2	-	-	-	15	-
Gesamtzahl	112	43	12	13	1	-	4	185	-
Prozent	-	-	-	-	-	-	-		

1) Die Angaben sind aufgrund der Quellenlage unvollständig. Die Anzahl der Kommandeure ist jedoch gesichert.

S t a t i s t i s c h e   Ü b e r s i c h t

Jahr: 1760

a) Gesamtzahl aller aus Hamburg zum Wal-und Robbenfang ausfahrenden Seeleute: wegen fehlender Unterlagen keine Angaben möglich

b) Die Besatzungen aufgeteilt nach den Funktionen:

Kommandeure	: 35
Steuerleute	: 35
Zimmerleute u. Zimmermannsmaate	: ?
Bootsleute	: 35
Köche	: 35
Schiemänner	: ?
Barbiere/Meister	: ?
Küper	: ?
Speckschneider u. Speckschneidermaate	: ?
Harpuniers	: ?
Matrosen	: ?
Kochsmaate	: ?
Schiffsjungen	: ?

c) Von diesen auf Hamburger Wal-und Robbenfangschiffen fahrenden
Seeleuten hatten die unten aufgeführten Gebiete folgenden
Anteil:[1]

	Röm	Föhr	Sylt	Amrum	Hall.	Helgol.	Nordfr. Festld.	Gesamt	%
Kommandeure	15	5	–	1	–	–	–	21	60%
Steuerleute	5	3	–	1	–	–	–	9	–
Zimmerl./Maate	3	–	–	–	–	–	–	3	–
Bootsleute	1	–	–	–	–	–	–	1	–
Köche	3	–	–	–	–	–	–	3	–
Schiemänner	–	–	–	–	–	–	–	–	–
Barbiere/Meister	–	–	–	–	–	–	–	–	–
Küper	–	–	–	–	–	–	–	–	–
Speckschn./Maate	1	1	–	1	–	–	–	3	–
Harpuniers	3	2	–	–	–	–	–	5	–
Matrosen	2	5	–	1	–	–	–	8	–
Kochsmaate	1	–	–	1	–	–	–	2	–
Schiffsjungen	2	–	–	–	–	–	–	2	–
Gesamtzahl	36	16	–	5	–	–	–	57	–
Prozent	–	–	–	–	–	–	–		

1) Die Angaben sind aufgrund der Quellenlage unvollständig. Die Anzahl der Kommandeure ist jedoch gesichert.

621

S t a t i s t i s c h e   Ü b e r s i c h t

Jahr:1761

a) Gesamtzahl aller aus Hamburg zum Wal-und Robbenfang ausfahrenden Seeleute:1396

b) Die Besatzungen aufgeteilt nach den Funktionen:

Kommandeure	: 36
Steuerleute	: 36
Zimmerleute u. Zimmermannsmaate	: 47
Bootsleute	: 36
Köche	: 36
Schiemänner	: 18
Barbiere/Meister	: 18
Küper	: 57
Speckschneider u. Speckschneidermaate	: 37
Harpuniers	: 51
Matrosen	: 959
Kochsmaate	: 30
Schiffsjungen	: 35

c) Von diesen auf Hamburger Wal-und Robbenfangschiffen fahrenden
Seeleuten hatten die unten aufgeführten Gebiete folgenden
Anteil:

	Röm	Föhr	Sylt	Amrum	Hall.	Helgol.	Nordfr. Festld.	Gesamt	%
Kommandeure	14	6	–	1	–	–	–	21	58%
Steuerleute	14	6	–	1	–	–	–	21	58%
Zimmerl./Maate	8	–	1	–	–	–	1	10	21%
Bootsleute	10	4	1	2	–	–	–	17	47%
Köche	9	3	1	2	–	–	1	16	44%
Schiemänner	–	5	1	2	–	–	–	8	44%
Barbiere/Meister	–	–	–	–	–	–	–	–	–
Küper	–	–	–	–	–	–	–	–	–
Speckschn./Maate	2	11	–	3	–	–	–	16	43%
Harpuniers	–	17	1	3	–	–	–	21	41%
Matrosen	55	19	26	10	–	2	4	116	12%
Kochsmaate	7	3	1	1	–	–	1	13	43%
Schiffsjungen	11	7	–	1	–	–	–	19	54%
Gesamtzahl	130	81	32	26	–	2	7	278	20%
Prozent	9%	6%	2%	2%	–	0,1%	0,5%		

S t a t i s t i s c h e   Ü b e r s i c h t

Jahr:1762

) Gesamtzahl aller aus Hamburg zum Wal-und Robbenfang ausfahrenden Seeleute:1477

) Die Besatzungen aufgeteilt nach den Funktionen:

Kommandeure	: 39
Steuerleute	: 39
Zimmerleute u. Zimmermannsmaate	: 45
Bootsleute	: 39
Köche	: 39
Schiemänner	: 18
Barbiere/Meister	: 18
Küper	: 60
Speckschneider u. Speckschneidermaate	: 37
Harpuniers	: 48
Matrosen	:1017
Kochsmaate	: 39
Schiffsjungen	: 39

) Von diesen auf Hamburger Wal-und Robbenfangschiffen fahrenden
Seeleuten hatten die unten aufgeführten Gebiete folgenden
Anteil:

	Röm	Föhr	Sylt	Amrum	Hall.	Helgol.	Nordfr. Festld.	Gesamt	%
Kommandeure	18	4	-	2	-	-	-	24	61%
Steuerleute	15	5	1	2	-	-	-	23	59%
Zimmerl./Maate	8	1	-	-	-	-	-	9	20%
Bootsleute	11	4	-	2	-	-	-	17	43%
Köche	10	2	1	2	-	-	1	16	41%
Schiemänner	1	5	1	2	-	-	-	9	50%
Barbiere/Meister	-	-	-	-	-	-	-	-	-
Küper	-	-	-	-	-	-	-	-	-
Speckschn./Maate	2	8	1	4	-	-	-	15	40%
Harpuniers	-	10	4	5	-	-	-	19	39%
Matrosen	47	11	10	6	-	3	1	78	8%
Kochsmaate	10	4	-	2	-	-	-	16	41%
Schiffsjungen	15	4	-	2	-	-	-	21	54%
Gesamtzahl	137	58	18	29	-	3	2	247	17%
Prozent	9%	4%	1%	2%	-	0,2%	0,1%		

Jahr:1763

a) Gesamtzahl aller aus Hamburg zum Wal-und Robbenfang ausfahrenden Seeleute:1447

b) Die Besatzungen aufgeteilt nach den Funktionen:

Kommandeure	: 38
Steuerleute	: 38
Zimmerleute u. Zimmermannsmaate	: 46
Bootsleute	: 38
Köche	: 38
Schiemänner	: 16
Barbiere/Meister	: 16
Küper	: 56
Speckschneider u. Speckschneidermaate	: 34
Harpuniers	: 49
Matrosen	:1002
Kochsmaate	: 36
Schiffsjungen	: 40

c) Von diesen auf Hamburger Wal-und Robbenfangschiffen fahrenden
Seeleuten hatten die unten aufgeführten Gebiete folgenden
Anteil:

	Röm	Föhr	Sylt	Amrum	Hall.	Helgol.	Nordfr. Festld.	Gesamt	%
Kommandeure	19	4	–	2	–	–	–	25	66%
Steuerleute	19	4	–	2	–	–	–	25	66%
Zimmerl./Maate	15	–	–	–	–	–	–	15	33%
Bootsleute	12	2	–	–	–	–	1	15	39%
Köche	14	3	–	1	–	–	1	19	50%
Schiemänner	–	3	1	3	–	–	–	7	44%
Barbiere/Meister	–	–	–	–	–	–	–	–	–
Küper	–	–	–	–	–	–	–	–	–
Speckschn./Maate	–	8	–	4	–	–	–	12	35%
Harpuniers	–	11	–	6	–	–	–	17	35%
Matrosen	88	9	11	9	–	–	21	138	14%
Kochsmaate	3	3	1	2	–	–	1	10	28%
Schiffsjungen	15	3	–	2	–	–	–	20	50%
Gesamtzahl	185	50	13	31	–	–	24	303	21%
Prozent	13%	3%	1%	2%	–	–	2%		

S t a t i s t i s c h e   Ü b e r s i c h t

Jahr:1764

a) Gesamtzahl aller aus Hamburg zum Wal-und Robbenfang ausfahrenden Seeleute:1662

b) Die Besatzungen aufgeteilt nach den Funktionen:

Kommandeure	: 43
Steuerleute	: 43
Zimmerleute u.	
Zimmermannsmaate	: 52
Bootsleute	: 43
Köche	: 43
Schiemänner	: 19
Barbiere/Meister	: 19
Küper	: 64
Speckschneider u.	
Speckschneidermaate	: 43
Harpuniers	: 49
Matrosen	:1157
Kochsmaate	: 43
Schiffsjungen	: 44

c) Von diesen auf Hamburger Wal-und Robbenfangschiffen fahrenden
Seeleuten hatten die unten aufgeführten Gebiete folgenden
Anteil:

	Röm	Föhr	Sylt	Amrum	Hall.	Helgol.	Nordfr. Festld.	Gesamt	%
Kommandeure	20	5	–	2	–	–	–	27	63%
Steuerleute	20	7	–	2	–	–	–	29	67%
Zimmerl./Maate	14	1	1	1	–	–	–	17	33%
Bootsleute	16	2	–	2	–	–	–	20	46%
Köche	14	2	–	2	–	–	–	18	42%
Schiemänner	–	5	–	1	–	–	–	6	31%
Barbiere/Meister	–	–	–	–	–	–	–	–	–
Küper	–	–	–	–	–	–	–	–	–
Speckschn./Maate	2	11	2	4	–	–	1	20	46%
Harpuniers	12	13	1	5	–	–	–	31	63%
Matrosen	61	23	33	9	–	1	14	141	12%
Kochsmaate	9	3	–	2	–	–	–	14	32%
Schiffsjungen	18	3	1	2	–	–	–	24	54%
Gesamtzahl	186	75	38	32	–	1	15	347	21%
Prozent	11%	4%	2%	2%	–	0,06%	1%		

Jahr: 1765

a) Gesamtzahl aller aus Hamburg zum Wal-und Robbenfang ausfahrenden Seeleute: 1854

b) Die Besatzungen aufgeteilt nach den Funktionen:

Kommandeure	: 47
Steuerleute	: 47
Zimmerleute u. Zimmermannsmaate	: 67
Bootsleute	: 47
Köche	: 47
Schiemänner	: 22
Barbiere/Meister	: 22
Küper	: 74
Speckschneider u. Speckschneidermaate	: 47
Harpuniers	: 63
Matrosen	: 1276
Kochsmaate	: 47
Schiffsjungen	: 48

c) Von diesen auf Hamburger Wal-und Robbenfangschiffen fahrenden
Seeleuten hatten die unten aufgeführten Gebiete folgenden
Anteil:

	Röm	Föhr	Sylt	Amrum	Hall.	Helgol.	Nordfr. Festld.	Gesamt	%
Kommandeure	20	5	–	2	–	–	–	27	57%
Steuerleute	20	8	–	1	–	–	–	29	62%
Zimmerl./Maate	12	1	–	–	–	–	–	13	19%
Bootsleute	16	3	–	2	–	–	–	21	45%
Köche	12	3	–	3	–	–	–	18	38%
Schiemänner	–	4	–	2	–	–	–	6	27%
Barbiere/Meister	–	–	–	–	–	–	–	–	–
Küper	–	–	–	–	–	–	–	–	–
Speckschn./Maate	3	13	–	3	–	–	–	19	40%
Harpuniers	11	14	1	4	–	–	–	30	48%
Matrosen	65	26	21	14	–	–	4	130	10%
Kochsmaate	4	4	–	2	–	–	–	10	21%
Schiffsjungen	11	3	2	2	–	–	2	20	42%
Gesamtzahl	174	84	24	35	–	–	6	323	17%
Prozent	9%	4%	1%	2%	–	–	0,3%		

Statistische Übersicht

Jahr:1766

a) Gesamtzahl aller aus Hamburg zum Wal-und Robbenfang ausfahrenden Seeleute:2044

b) Die Besatzungen aufgeteilt nach den Funktionen:

Kommandeure	: 52
Steuerleute	: 52
Zimmerleute u. Zimmermannsmaate	: 71
Bootsleute	: 52
Köche	: 52
Schiemänner	: 25
Barbiere/Meister	: 25
Küper	: 84
Speckschneider u. Speckschneidermaate	: 53
Harpuniers	: 74
Matrosen	: 1402
Kochsmaate	: 49
Schiffsjungen	: 53

c) Von diesen auf Hamburger Wal-und Robbenfangschiffen fahrenden
Seeleuten hatten die unten aufgeführten Gebiete folgenden
Anteil:

	Röm	Föhr	Sylt	Amrum	Hall.	Helgol.	Nordfr. Festld.	Gesamt	%
Kommandeure	22	6	-	-	-	-	-	28	54%
Steuerleute	23	8	-	-	-	-	-	31	60%
Zimmerl./Maate	12	1	-	-	-	-	-	13	18%
Bootsleute	16	3	-	-	-	-	1	20	38%
Köche	17	6	-	-	-	-	-	23	44%
Schiemänner	-	8	-	-	-	-	-	8	32%
Barbiere/Meister	-	-	-	-	-	-	-	-	-
Küper	-	-	-	-	-	-	-	-	-
Speckschn./Maate	1	19	2	2	-	-	-	24	45%
Harpuniers	7	23	1	1	-	-	-	32	43%
Matrosen	71	28	21	7	-	-	9	136	10%
Kochsmaate	4	4	-	-	-	-	-	8	16%
Schiffsjungen	18	6	-	-	-	-	-	24	45%
Gesamtzahl	191	112	24	10	-	-	10	347	17%
Prozent	9%	5%	1%	0,5%	-	-	0,5%		

S t a t i s t i s c h e   Ü b e r s i c h t

Jahr: 1767

a) Gesamtzahl aller aus Hamburg zum Wal-und Robbenfang ausfahrenden Seeleute: 2139

b) Die Besatzungen aufgeteilt nach den Funktionen:

Kommandeure	: 54
Steuerleute	: 54
Zimmerleute u. Zimmermannsmaate	: 82
Bootsleute	: 54
Köche	: 54
Schiemänner	: 27
Barbiere/Meister	: 30
Küper	: 97
Speckschneider u. Speckschneidermaate	: 65
Harpuniers	: 77
Matrosen	: 1438
Kochsmaate	: 54
Schiffsjungen	: 53

c) Von diesen auf Hamburger Wal-und Robbenfangschiffen fahrenden
Seeleuten hatten die unten aufgeführten Gebiete folgenden
Anteil:

	Röm	Föhr	Sylt	Amrum	Hall.	Helgol.	Nordfr. Festld.	Gesamt	%
Kommandeure	21	6	–	1	–	–	–	28	52%
Steuerleute	21	10	–	1	–	–	–	32	59%
Zimmerl./Maate	14	–	–	–	–	–	–	14	17%
Bootsleute	14	6	1	1	–	–	–	22	41%
Köche	15	3	–	2	–	–	2	22	41%
Schiemänner	–	7	–	1	–	–	–	8	30%
Barbiere/Meister	–	–	–	–	–	–	–	–	–
Küper	–	–	–	–	–	–	–	–	–
Speckschn./Maate	4	28	1	5	–	–	1	39	60%
Harpuniers	10	31	1	2	–	–	–	44	57%
Matrosen	61	23	35	2	–	–	12	133	9%
Kochsmaate	9	6	–	2	–	–	3	20	37%
Schiffsjungen	22	6	–	1	–	–	–	29	53%
Gesamtzahl	191	126	38	18	–	–	18	391	18%
Prozent	9%	6%	2%	1%	–	–	1%		

Jahr:1768

a) Gesamtzahl aller aus Hamburg zum Wal-und Robbenfang ausfahrenden Seeleute:2122

b) Die Besatzungen aufgeteilt nach den Funktionen:

Kommandeure	: 53
Steuerleute	: 53
Zimmerleute u. Zimmermannsmaate	: 82
Bootsleute	: 53
Köche	: 53
Schiemänner	: 17
Barbiere/Meister	: 34
Küper	: 103
Speckschneider u. Speckschneidermaate	: 63
Harpuniers	: 80
Matrosen	:1425
Kochsmaate	: 52
Schiffsjungen	: 54

c) Von diesen auf Hamburger Wal-und Robbenfangschiffen fahrenden
   Seeleuten hatten die unten aufgeführten Gebiete folgenden
   Anteil:

	Röm	Föhr	Sylt	Amrum	Hall.	Helgol.	Nordfr. Festld.	Gesamt	%
Kommandeure	20	5	–	1	–	–	–	26	49%
Steuerleute	20	11	–	–	–	–	–	31	58%
Zimmerl./Maate	12	1	1	–	–	–	1	15	18%
Bootsleute	17	6	–	1	–	–	–	24	45%
Köche	15	3	1	1	–	–	1	21	40%
Schiemänner	–	5	–	–	–	–	1	6	35%
Barbiere/Meister	–	–	–	–	–	–	–	–	–
Küper	–	–	–	–	–	–	–	–	–
Speckschn./Maate	9	39	2	1	–	–	–	51	81%
Harpuniers	7	31	5	3	–	–	–	46	57%
Matrosen	76	14	19	1	–	–	10	120	8%
Kochsmaate	10	6	–	–	–	–	–	16	31%
Schiffsjungen	19	7	1	1	–	–	–	28	52%
Gesamtzahl	205	128	29	9	–	–	13	384	18%
Prozent	10%	6%	1%	0,4%	–	–	0,6%		

S t a t i s t i s c h e   Ü b e r s i c h t

Jahr: 1769

a) Gesamtzahl aller aus Hamburg zum Wal-und Robbenfang ausfahrenden Seeleute: 2138

b) Die Besatzungen aufgeteilt nach den Funktionen:

Kommandeure	:	53
Steuerleute	:	53
Zimmerleute u. Zimmermannsmaate	:	79
Bootsleute	:	53
Köche	:	53
Schiemänner	:	27
Barbiere/Meister	:	36
Küper	:	101
Speckschneider u. Speckschneidermaate	:	80
Harpuniers	:	93
Matrosen	:	1404
Kochsmaate	:	53
Schiffsjungen	:	53

c) Von diesen auf Hamburger Wal-und Robbenfangschiffen fahrenden
Seeleuten hatten die unten aufgeführten Gebiete folgenden
Anteil:

	Röm	Föhr	Sylt	Amrum	Hall.	Helgol.	Nordfr. Festld.	Gesamt	%
Kommandeure	22	5	–	1	–	–	–	28	53%
Steuerleute	22	10	–	1	–	–	–	33	62%
Zimmerl./Maate	8	–	–	–	–	–	3	11	14%
Bootsleute	14	4	–	1	–	–	–	19	36%
Köche	17	3	1	1	–	–	–	22	41%
Schiemänner	–	5	–	–	–	–	–	5	18%
Barbiere/Meister	–	–	–	–	–	–	–	–	–
Küper	–	–	–	–	–	–	–	–	–
Speckschn./Maate	4	40	7	2	1	–	1	55	69%
Harpuniers	20	35	–	2	–	–	–	57	61%
Matrosen	60	24	40	8	1	1	16	150	11%
Kochsmaate	11	6	1	–	–	–	1	19	36%
Schiffsjungen	22	7	–	1	–	–	–	30	57%
Gesamtzahl	200	139	49	17	2	1	21	429	20%
Prozent	9%	6%	2%	1%	0,1%	0,05%	1%		

<u>S t a t i s t i s c h e   Ü b e r s i c h t</u>

Jahr:1770

a) Gesamtzahl aller aus Hamburg zum Wal-und Robbenfang ausfahrenden Seeleute:1997

b) Die Besatzungen aufgeteilt nach den Funktionen:

Kommandeure	: 49
Steuerleute	: 49
Zimmerleute u. Zimmermannsmaate	: 74
Bootsleute	: 49
Köche	: 49
Schiemänner	: 30
Barbiere/Meister	: 33
Küper	: 93
Speckschneider u. Speckschneidermaate	: 77
Harpuniers	: 88
Matrosen	: 1308
Kochsmaate	: 48
Schiffsjungen	: 50

c) Von diesen auf Hamburger Wal-und Robbenfangschiffen fahrenden
   Seeleuten hatten die unten aufgeführten Gebiete folgenden
   Anteil:

	Röm	Föhr	Sylt	Amrum	Hall.	Helgol.	Nordfr. Festld.	Gesamt	%
Kommandeure	21	6	–	1	–	–	–	28	57%
Steuerleute	21	11	–	1	–	–	–	33	67%
Zimmerl./Maate	6	2	–	–	–	–	–	8	11%
Bootsleute	12	6	–	–	–	–	–	18	37%
Köche	13	4	1	1	–	–	2	21	43%
Schiemänner	–	5	–	1	–	–	–	6	20%
Barbiere/Meister	–	–	–	–	–	–	–	–	–
Küper	–	–	–	–	–	–	–	–	–
Speckschn./Maate	3	43	5	2	–	–	1	54	70%
Harpuniers	9	36	1	4	–	–	–	50	57%
Matrosen	66	27	24	10	–	–	15	142	11%
Kochsmaate	9	6	2	–	–	–	3	20	42%
Schiffsjungen	21	8	1	1	–	–	–	31	62%
Gesamtzahl	181	154	34	21	–	–	21	411	20%
Prozent	9%	8%	2%	1%	–	–	1%		

S t a t i s t i s c h e   Ü b e r s i c h t

Jahr:1771

a) Gesamtzahl aller aus Hamburg zum Wal-und Robbenfang ausfahrenden Seeleute:1998

b) Die Besatzungen aufgeteilt nach den Funktionen:

Kommandeure	: 49
Steuerleute	: 49
Zimmerleute u.	
Zimmermannsmaate	: 77
Bootsleute	: 49
Köche	: 49
Schiemänner	: 32
Barbiere/Meister	: 35
Küper	: 95
Speckschneider u.	
Speckschneidermaate	: 85
Harpuniers	: 113
Matrosen	: 1267
Kochsmaate	: 48
Schiffsjungen	: 50

c) Von diesen auf Hamburger Wal-und Robbenfangschiffen fahrenden
   Seeleuten hatten die unten aufgeführten Gebiete folgenden
   Anteil:

	Röm	Föhr	Sylt	Amrum	Hall.	Helgol.	Nordfr. Festld.	Gesamt	%
Kommandeure	20	6	–	1	–	–	–	27	55%
Steuerleute	20	10	–	1	–	–	–	31	63%
Zimmerl./Maate	6	1	–	–	–	–	1	8	10%
Bootsleute	14	6	–	–	–	–	–	20	41%
Köche	13	6	1	1	–	–	1	22	45%
Schiemänner	–	4	–	1	–	–	–	5	16%
Barbiere/Meister	–	–	–	–	–	–	–	–	–
Küper	–	–	–	–	–	–	–	–	–
Speckschn./Maate	3	46	2	2	–	–	1	54	63%
Harpuniers	18	44	–	4	–	–	2	68	60%
Matrosen	43	34	4	13	–	1	7	102	8%
Kochsmaate	4	9	–	–	–	–	–	13	27%
Schiffsjungen	19	8	1	1	–	–	–	29	58%
Gesamtzahl	160	174	8	24	–	1	12	379	19%
Prozent	8%	9%	0,4%	1%	–	0,05%	0,6%		

Statistische Übersicht

Jahr: 1772

a) Gesamtzahl aller aus Hamburg zum Wal-und Robbenfang ausfahrenden Seeleute: 1694

b) Die Besatzungen aufgeteilt nach den Funktionen:

Kommandeure	: 42
Steuerleute	: 42
Zimmerleute u. Zimmermannsmaate	: 65
Bootsleute	: 42
Köche	: 42
Schiemänner	: 25
Barbiere/Meister	: 30
Küper	: 82
Speckschneider u. Speckschneidermaate	: 63
Harpuniers	: 92
Matrosen	: 1088
Kochsmaate	: 40
Schiffsjungen	: 41

c) Von diesen auf Hamburger Wal-und Robbenfangschiffen fahrenden
   Seeleuten hatten die unten aufgeführten Gebiete folgenden
   Anteil:

	Röm	Föhr	Sylt	Amrum	Hall.	Helgol.	Nordfr. Festld.	Gesamt	%
Kommandeure	17	6	1	1	-	-	-	25	59%
Steuerleute	19	10	-	1	-	-	-	30	71%
Zimmerl./Maate	7	3	-	1	-	-	1	12	18%
Bootsleute	12	7	-	-	-	-	1	20	48%
Köche	12	5	1	1	-	-	-	19	45%
Schiemänner	-	5	-	1	-	-	-	6	24%
Barbiere/Meister	-	-	-	-	-	-	-	-	-
Küper	-	-	-	-	-	-	-	-	-
Speckschn./Maate	3	39	2	2	-	-	-	46	73%
Harpuniers	27	37	-	6	-	-	1	71	78%
Matrosen	66	46	5	10	-	-	8	135	12%
Kochsmaate	11	7	-	-	-	-	1	19	47%
Schiffsjungen	17	10	1	1	-	-	-	29	70%
Gesamtzahl	191	175	10	24	-	-	12	412	24%
Prozent	11%	10%	0,6%	1%	-	-	0,7%		

S t a t i s t i s c h e   Ü b e r s i c h t

Jahr: 1773

a) Gesamtzahl aller aus Hamburg zum Wal-und Robbenfang ausfahrenden Seeleute: 1822

b) Die Besatzungen aufgeteilt nach den Funktionen:

Kommandeure	: 45
Steuerleute	: 45
Zimmerleute u. Zimmermannsmaate	: 69
Bootsleute	: 45
Köche	: 45
Schiemänner	: 29
Barbiere/Meister	: 32
Küper	: 88
Speckschneider u. Speckschneidermaate	: 68
Harpuniers	: 99
Matrosen	: 1166
Kochsmaate	: 45
Schiffsjungen	: 46

c) Von diesen auf Hamburger Wal-und Robbenfangschiffen fahrenden
Seeleuten hatten die unten aufgeführten Gebiete folgenden
Anteil:

	Röm	Föhr	Sylt	Amrum	Hall.	Helgol.	Nordfr. Festld.	Gesamt	%
Kommandeure	15	7	1	–	–	–	–	23	51%
Steuerleute	17	13	–	–	–	–	–	30	67%
Zimmerl./Maate	6	5	1	–	–	–	–	12	17%
Bootsleute	11	7	–	–	–	–	–	18	40%
Köche	11	7	1	–	–	–	–	19	42%
Schiemänner	–	6	–	–	–	–	–	6	21%
Barbiere/Meister	1	–	–	–	–	–	–	1	3%
Küper	–	–	–	–	–	–	–	–	–
Speckschn./Maate	1	46	1	–	–	–	–	48	70%
Harpuniers	23	41	1	–	–	–	1	66	67%
Matrosen	74	57	22	11	–	1	10	175	15%
Kochsmaate	7	10	1	–	–	–	3	21	47%
Schiffsjungen	14	12	1	–	–	–	–	27	59%
Gesamtzahl	180	211	29	11	–	1	14	446	24%
Prozent	10%	11%	1%	0,6%	–	0,05%	0,8%		

Statistische Übersicht

Jahr: 1774

a) Gesamtzahl aller aus Hamburg zum Wal-und Robbenfang ausfahrenden Seeleute: 1780

b) Die Besatzungen aufgeteilt nach den Funktionen:

Kommandeure	: 44
Steuerleute	: 44
Zimmerleute u. Zimmermannsmaate	: 64
Bootsleute	: 44
Köche	: 44
Schiemänner	: 26
Barbiere/Meister	: 32
Küper	: 83
Speckschneider u. Speckschneidermaate	: 66
Harpuniers	: 95
Matrosen	: 1150
Kochsmaate	: 43
Schiffsjungen	: 45

c) Von diesen auf Hamburger Wal-und Robbenfangschiffen fahrenden Seeleuten hatten die unten aufgeführten Gebiete folgenden Anteil:

	Röm	Föhr	Sylt	Amrum	Hall.	Helgol.	Nordfr. Festld.	Gesamt	%
Kommandeure	17	5	1	–	–	–	–	23	52%
Steuerleute	18	11	–	–	–	–	–	29	66%
Zimmerl./Maate	7	3	–	–	–	–	1	11	17%
Bootsleute	11	6	–	–	–	–	1	18	41%
Köche	13	4	1	–	–	–	–	18	41%
Schiemänner	–	3	1	–	–	–	–	4	15%
Barbiere/Meister	1	–	–	–	–	–	–	1	3%
Küper	–	–	–	–	–	–	–	–	–
Speckschn./Maate	3	35	1	–	–	–	–	39	59%
Harpuniers	31	33	1	1	–	–	–	66	69%
Matrosen	78	37	13	3	–	–	22	153	13%
Kochsmaate	11	5	–	1	–	–	1	18	42%
Schiffsjungen	16	9	–	–	–	–	1	26	57%
Gesamtzahl	206	151	18	5	–	–	26	406	23%
Prozent	11%	8%	1%	0,3%	–	–	1%		

Statistische Übersicht

a) Gesamtzahl aller aus Hamburg zum Wal-und Robbenfang ausfahrenden Seeleute: 1793

b) Die Besatzungen aufgeteilt nach den Funktionen:

Kommandeure	:	44
Steuerleute	:	44
Zimmerleute u. Zimmermannsmaate	:	67
Bootsleute	:	44
Köche	:	44
Schiemänner	:	30
Barbiere/Meister	:	32
Küper	:	83
Speckschneider u. Speckschneidermaate	:	66
Harpuniers	:	101
Matrosen	:	1153
Kochsmaate	:	42
Schiffsjungen	:	43

c) Von diesen auf Hamburger Wal-und Robbenfangschiffen fahrenden
Seeleuten hatten die unten aufgeführten Gebiete folgenden
Anteil:

	Röm	Föhr	Sylt	Amrum	Hall.	Helgol.	Nordfr. Festld.	Gesamt	%
Kommandeure	16	6	1	–	–	–	–	23	52%
Steuerleute	18	11	–	–	–	–	–	29	66%
Zimmerl./Maate	9	3	–	–	–	–	–	12	18%
Bootsleute	14	4	–	–	–	–	–	18	41%
Köche	12	3	–	1	–	–	1	17	39%
Schiemänner	–	6	1	1	–	–	–	8	27%
Barbiere/Meister	1	–	–	–	–	–	–	1	3%
Küper	–	–	–	–	–	–	–	–	
Speckschn./Maate	2	42	1	–	–	–	–	45	68%
Harpuniers	24	41	1	1	–	–	–	67	66%
Matrosen	78	46	22	7	–	1	17	171	15%
Kochsmaate	13	6	–	–	–	–	–	19	45%
Schiffsjungen	16	7	–	–	–	–	–	23	53%
Gesamtzahl	203	175	26	10	–	1	18	433	24%
Prozent	11%	10%	1%	0,6%	–	0,05%	1%		

S t a t i s t i s c h e   Ü b e r s i c h t

Jahr:1776

a) Gesamtzahl aller aus Hamburg zum Wal-und Robbenfang ausfahrenden Seeleute:1840

b) Die Besatzungen aufgeteilt nach den Funktionen:

Kommandeure	: 45
Steuerleute	: 45
Zimmerleute u. Zimmermannsmaate	: 67
Bootsleute	: 45
Köche	: 45
Schiemänner	: 30
Barbiere/Meister	: 35
Küper	: 83
Speckschneider u. Speckschneidermaate	: 70
Harpuniers	: 103
Matrosen	: 1184
Kochsmaate	: 44
Schiffsjungen	: 44

c) Von diesen auf Hamburger Wal-und Robbenfangschiffen fahrenden
Seeleuten hatten die unten aufgeführten Gebiete folgenden
Anteil:

	Röm	Föhr	Sylt	Amrum	Hall.	Helgol.	Nordfr. Festld.	Gesamt	%
Kommandeure	18	5	1	–	–	–	–	24	53%
Steuerleute	20	10	–	–	–	–	–	30	67%
Zimmerl./Maate	7	5	–	–	–	–	1	13	19%
Bootsleute	15	4	–	–	–	–	–	19	42%
Köche	12	2	–	–	–	–	2	16	35%
Schiemänner	1	3	–	–	–	–	–	4	13%
Barbiere/Meister	–	–	–	–	–	–	–	–	–
Küper	–	–	–	–	–	–	–	–	–
Speckschn./Maate	7	41	2	–	–	–	–	50	71%
Harpuniers	29	32	–	–	–	–	–	61	59%
Matrosen	60	25	11	5	–	1	14	116	10%
Kochsmaate	13	4	–	–	–	–	1	18	41%
Schiffsjungen	18	9	–	–	–	–	–	27	61%
Gesamtzahl	200	140	14	5	–	1	18	378	20%
Prozent	11%	7%	1%	0,3%	–	0,05%	1%		

<u>S t a t i s t i s c h e   Ü b e r s i c h t</u>

Jahr:1777

a) Gesamtzahl aller aus Hamburg zum Wal-und Robbenfang ausfahrenden Seeleute:1839

b) Die Besatzungen aufgeteilt nach den Funktionen:

Kommandeure	: 45
Steuerleute	: 45
Zimmerleute u. Zimmermannsmaate	: 69
Bootsleute	: 45
Köche	: 45
Schiemänner	: 31
Barbiere/Meister	: 34
Küper	: 82
Speckschneider u. Speckschneidermaate	: 65
Harpuniers	: 102
Matrosen	: 1190
Kochsmaate	: 43
Schiffsjungen	: 43

c) Von diesen auf Hamburger Wal-und Robbenfangschiffen fahrenden
Seeleuten hatten die unten aufgeführten Gebiete folgenden
Anteil:

	Röm	Föhr	Sylt	Amrum	Hall.	Helgol.	Nordfr. Festld.	Gesamt	%
Kommandeure	17	5	1	–	–	–	–	23	51%
Steuerleute	20	7	–	–	–	–	–	27	60%
Zimmerl./Maate	6	5	–	–	–	–	–	11	16%
Bootsleute	15	3	–	–	–	–	1	19	42%
Köche	11	1	–	–	–	–	–	12	27%
Schiemänner	1	4	–	–	–	–	–	5	16%
Barbiere/Meister	–	–	–	–	–	–	–	–	–
Küper	–	–	–	–	–	–	–	–	–
Speckschn./Maate	6	39	1	–	–	–	–	46	71%
Harpuniers	28	28	–	2	–	–	1	59	58%
Matrosen	67	31	5	7	–	1	2	113	9%
Kochsmaate	10	4	–	–	–	–	–	14	32%
Schiffsjungen	15	9	–	–	–	–	–	24	56%
Gesamtzahl	196	136	7	9	–	1	4	353	19%
Prozent	10%	7%	0,4%	0,5%	–	0,05%	0,2%		

Statistische Übersicht

Jahr: 1778

a) Gesamtzahl aller aus Hamburg zum Wal-und Robbenfang ausfahrenden Seeleute: 1438

b) Die Besatzungen aufgeteilt nach den Funktionen:

Kommandeure	: 35
Steuerleute	: 35
Zimmerleute u. Zimmermannsmaate	: 58
Bootsleute	: 35
Köche	: 35
Schiemänner	: 24
Barbiere/Meister	: 28
Küper	: 65
Speckschneider u. Speckschneidermaate	: 58
Harpuniers	: 78
Matrosen	: 916
Kochsmaate	: 35
Schiffsjungen	: 36

c) Von diesen auf Hamburger Wal-und Robbenfangschiffen fahrenden
Seeleuten hatten die unten aufgeführten Gebiete folgenden
Anteil:

	Röm	Föhr	Sylt	Amrum	Hall.	Helgol.	Nordfr. Festld.	Gesamt	%
Kommandeure	11	4	1	–	–	–	–	16	46%
Steuerleute	12	6	–	–	–	–	–	18	51%
Zimmerl./Maate	3	4	–	1	–	–	–	8	14%
Bootsleute	8	4	–	–	–	–	–	12	34%
Köche	7	1	–	–	–	–	–	8	23%
Schiemänner	–	4	–	–	–	–	–	4	17%
Barbiere/Meister	–	–	–	–	–	–	–	–	–
Küper	–	–	–	–	–	–	–	–	–
Speckschn./Maate	4	29	–	–	–	–	–	33	57%
Harpuniers	18	29	–	1	–	–	–	48	61%
Matrosen	38	27	7	3	–	–	4	79	9%
Kochsmaate	9	5	–	–	–	–	–	14	40%
Schiffsjungen	13	8	1	–	–	–	–	22	61%
Gesamtzahl	123	121	9	5	–	–	4	262	18%
Prozent	8%	8%	1%	0,5%	–	–	0,3%		

Jahr: 1779

a) Gesamtzahl aller aus Hamburg zum Wal-und Robbenfang ausfahrenden Seeleute:1288

b) Die Besatzungen aufgeteilt nach den Funktionen:

Kommandeure	:	31
Steuerleute	:	31
Zimmerleute u.		
Zimmermannsmaate	:	52
Bootsleute	:	31
Köche	:	31
Schiemänner	:	23
Barbiere/Meister	:	25
Küper	:	57
Speckschneider u.		
Speckschneidermaate	:	50
Harpuniers	:	72
Matrosen	:	824
Kochsmaate	:	30
Schiffsjungen	:	31

c) Von diesen auf Hamburger Wal-und Robbenfangschiffen fahrenden
   Seeleuten hatten die unten aufgeführten Gebiete folgenden
   Anteil:

	Röm	Föhr	Sylt	Amrum	Hall.	Helgol.	Nordfr. Festld.	Gesamt	%
Kommandeure	8	3	1	–	–	–	–	12	38%
Steuerleute	10	7	–	–	–	–	–	17	55%
Zimmerl./Maate	2	7	–	1	–	–	–	10	19%
Bootsleute	5	3	–	–	–	–	–	8	26%
Köche	6	2	1	–	–	–	–	9	29%
Schiemänner	–	3	–	–	–	–	–	3	13%
Barbiere/Meister	–	–	–	–	–	–	–	–	–
Küper	–	–	–	–	–	–	–	–	–
Speckschn./Maate	6	25	–	–	–	–	–	31	62%
Harpuniers	12	20	–	1	–	–	–	33	45%
Matrosen	35	22	7	1	–	1	1	67	8%
Kochsmaate	8	4	–	–	–	–	–	12	40%
Schiffsjungen	9	4	–	–	–	–	–	13	42%
Gesamtzahl	101	100	9	3	–	1	1	215	17%
Prozent	8%	8%	0,7%	0,2%		0,07%	0,07%		

Statistische Übersicht

Jahr: 1780

a) Gesamtzahl aller aus Hamburg zum Wal-und Robbenfang ausfahrenden Seeleute: 1206

b) Die Besatzungen aufgeteilt nach den Funktionen:

Kommandeure	: 29
Steuerleute	: 29
Zimmerleute u. Zimmermannsmaate	: 48
Bootsleute	: 29
Köche	: 29
Schiemänner	: 21
Barbiere/Meister	: 24
Küper	: 51
Speckschneider u. Speckschneidermaate	: 45
Harpuniers	: 66
Matrosen	: 777
Kochsmaate	: 29
Schiffsjungen	: 29

c) Von diesen auf Hamburger Wal-und Robbenfangschiffen fahrenden
Seeleuten hatten die unten aufgeführten Gebiete folgenden
Anteil:

	Röm	Föhr	Sylt	Amrum	Hall.	Helgol.	Nordfr. Festld.	Gesamt	%
Kommandeure	8	3	1	–	–	–	–	12	41%
Steuerleute	9	10	–	–	–	–	–	19	65%
Zimmerl./Maate	4	6	–	1	–	–	–	11	23%
Bootsleute	7	1	–	–	–	–	1	9	31%
Köche	6	2	–	–	–	–	–	8	27%
Schiemänner	–	2	–	–	–	–	–	2	9%
Barbiere/Meister	–	–	–	–	–	–	–	–	–
Küper	–	–	–	–	–	–	–	–	–
Speckschn./Maate	4	24	–	–	–	–	–	28	62%
Harpuniers	11	18	–	1	–	–	–	30	45%
Matrosen	48	18	3	4	–	2	2	77	10%
Kochsmaate	7	4	–	1	–	–	–	12	41%
Schiffsjungen	9	4	–	–	–	–	1	14	48%
Gesamtzahl	113	92	4	7	–	2	4	222	18%
Prozent	9%	8%	0,3%	0,5%	–	0,2%	0,3%		

S t a t i s t i s c h e   Ü b e r s i c h t

Jahr:1781

a) Gesamtzahl aller aus Hamburg zum Wal-und Robbenfang ausfahrenden Seeleute:1007

b) Die Besatzungen aufgeteilt nach den Funktionen:

Kommandeure	: 24
Steuerleute	: 24
Zimmerleute u. Zimmermannsmaate	: 38
Bootsleute	: 24
Köche	: 24
Schiemänner	: 18
Barbiere/Meister	: 20
Küper	: 47
Speckschneider u. Speckschneidermaate	: 39
Harpuniers	: 62
Matrosen	: 638
Kochsmaate	: 24
Schiffsjungen	: 25

c) Von diesen auf Hamburger Wal-und Robbenfangschiffen fahrenden
   Seeleuten hatten die unten aufgeführten Gebiete folgenden
   Anteil:

	Röm	Föhr	Sylt	Amrum	Hall.	Helgol.	Nordfr. Festld.	Gesamt	%
Kommandeure	7	2	1	–	–	–	–	10	42%
Steuerleute	8	7	–	–	–	–	–	15	62%
Zimmerl./Maate	–	8	–	–	–	–	–	8	21%
Bootsleute	4	4	–	–	–	–	–	8	33%
Köche	5	2	–	–	–	–	–	7	29%
Schiemänner	1	1	–	–	–	–	–	2	11%
Barbiere/Meister	–	–	–	–	–	–	–	–	–
Küper	–	–	–	–	–	–	–	–	–
Speckschn./Maate	3	17	–	–	–	–	–	20	51%
Harpuniers	10	16	–	–	–	–	–	26	42%
Matrosen	2	29	–	–	–	1	–	32	5%
Kochsmaate	3	3	1	–	–	–	–	7	29%
Schiffsjungen	5	6	2	–	–	–	–	13	52%
Gesamtzahl	48	95	4	–	–	1	–	148	15%
Prozent	5%	9%	0,4%	–	–	0,1%	–		

Statistische Übersicht

Jahr: 1782

a) Gesamtzahl aller aus Hamburg zum Wal-und Robbenfang ausfahrenden Seeleute: 960

b) Die Besatzungen aufgeteilt nach den Funktionen:

Kommandeure	: 23
Steuerleute	: 23
Zimmerleute u. Zimmermannsmaate	: 37
Bootsleute	: 23
Köche	: 23
Schiemänner	: 15
Barbiere/Meister	: 20
Küper	: 46
Speckschneider u. Speckschneidermaate	: 33
Harpuniers	: 58
Matrosen	: 611
Kochsmaate	: 23
Schiffsjungen	: 25

c) Von diesen auf Hamburger Wal-und Robbenfangschiffen fahrenden
Seeleuten hatten die unten aufgeführten Gebiete folgenden
Anteil:[1]

	Röm	Föhr	Sylt	Amrum	Hall.	Helgol.	Nordfr. Festld.	Gesamt	%
Kommandeure	8	3	1	–	–	–	–	12	52%
Steuerleute	5	5	–	–	–	–	–	10	43%
Zimmerl./Maate	1	4	–	–	–	–	–	5	13%
Bootsleute	2	2	–	–	–	–	–	4	17%
Köche	1	2	–	–	–	–	–	3	13%
Schiemänner	–	–	–	–	–	–	–	–	–
Barbiere/Meister	–	–	–	–	–	–	–	–	–
Küper	–	–	–	–	–	–	–	–	–
Speckschn./Maate	–	12	–	–	–	–	–	12	36%
Harpuniers	–	10	–	–	–	–	–	10	17%
Matrosen	3	12	1	–	–	–	–	16	3%
Kochsmaate	–	2	–	–	–	–	–	2	9%
Schiffsjungen	1	3	–	–	–	–	–	4	16%
Gesamtzahl	21	55	2	–	–	–	–	78	8%
Prozent	2%	6%	0,2%	–	–	–	–		

1) 21 Seeleute, die mit großer Wahrscheinlichkeit aus dem Untersuchungsgebiet stammen, konnten nicht identifiziert werden.

<u>S t a t i s t i s c h e   Ü b e r s i c h t</u>

Jahr:1783

a) Gesamtzahl aller aus Hamburg zum Wal-und Robbenfang ausfahrenden Seeleute:1002

b) Die Besatzungen aufgeteilt nach den Funktionen:

Kommandeure	: 24
Steuerleute	: 24
Zimmerleute u. Zimmermannsmaate	: 38
Bootsleute	: 24
Köche	: 24
Schiemänner	: 17
Barbiere/Meister	: 21
Küper	: 47
Speckschneider u. Speckschneidermaate	: 36
Harpuniers	: 58
Matrosen	: 640
Kochsmaate	: 24
Schiffsjungen	: 25

c) Von diesen auf Hamburger Wal-und Robbenfangschiffen fahrenden
Seeleuten hatten die unten aufgeführten Gebiete folgenden
Anteil:[1]

	Röm	Föhr	Sylt	Amrum	Hall.	Helgol.	Nordfr. Festld.	Gesamt	%
Kommandeure	8	4	1	–	–	–	–	13	54%
Steuerleute	9	6	–	–	–	–	–	15	62%
Zimmerl./Maate	1	3	–	–	–	–	–	4	10%
Bootsleute	2	1	–	–	–	–	–	3	12%
Köche	4	2	–	–	–	–	–	6	25%
Schiemänner	–	–	–	–	–	–	–	–	–
Barbiere/Meister	–	–	–	–	–	–	–	–	–
Küper	–	–	–	–	–	–	–	–	–
Speckschn./Maate	1	8	–	–	–	–	–	9	25%
Harpuniers	4	13	–	–	–	–	–	17	29%
Matrosen	4	20	1	–	–	–	–	25	4%
Kochsmaate	1	3	–	–	–	–	–	4	17%
Schiffsjungen	4	1	1	–	–	–	–	6	24%
Gesamtzahl	38	61	3	–	–	–	–	102	10%
Prozent	4%	6%	0,3%	–	–	–	–		

1) 43 Seeleute,die mit großer Wahrscheinlichkeit aus dem Untersuchungsgebiet stammen,konnten nicht identifiziert werden.

Jahr:1784

a) Gesamtzahl aller aus Hamburg zum Wal-und Robbenfang ausfahrenden Seeleute:1081

b) Die Besatzungen aufgeteilt nach den Funktionen:

Kommandeure	: 26
Steuerleute	: 26
Zimmerleute u. Zimmermannsmaate	: 40
Bootsleute	: 26
Köche	: 26
Schiemänner	: 16
Barbiere/Meister	: 21
Küper	: 51
Speckschneider u. Speckschneidermaate	: 36
Harpuniers	: 66
Matrosen	: 695
Kochsmaate	: 26
Schiffsjungen	: 26

c) Von diesen auf Hamburger Wal-und Robbenfangschiffen fahrenden
Seeleuten hatten die unten aufgeführten Gebiete folgenden
Anteil:[1]

	Röm	Föhr	Sylt	Amrum	Hall.	Helgol.	Nordfr. Festld.	Gesamt	%
Kommandeure	11	4	1	-	-	-	-	16	61%
Steuerleute	7	6	-	-	-	-	-	13	50%
Zimmerl./Maate	1	7	-	-	-	-	-	8	20%
Bootsleute	1	3	-	-	-	-	-	4	15%
Köche	3	3	-	-	-	-	1	7	27%
Schiemänner	1	2	-	-	-	-	-	3	19%
Barbiere/Meister	-	-	-	-	-	-	-	-	-
Küper	-	-	-	-	-	-	-	-	-
Speckschn./Maate	1	14	-	-	-	-	-	15	42%
Harpuniers	5	15	-	-	-	-	-	20	30%
Matrosen	13	28	1	-	-	-	-	42	6%
Kochsmaate	3	4	-	-	-	-	-	7	27%
Schiffsjungen	4	4	1	-	-	-	-	9	35%
Gesamtzahl	50	90	3	-	-	-	1	144	13%
Prozent	5%	8%	0,3%	-	-	-	0,09%		

1)51 Seeleute,die mit großer Wahrscheinlichkeit aus dem Untersuchungsgebiet stammen,konnten· nicht identifiziert werden.

Jahr:1785

a) Gesamtzahl aller aus Hamburg zum Wal-und Robbenfang ausfahrenden Seeleute:1004

b) Die Besatzungen aufgeteilt nach den Funktionen:

Kommandeure	: 24
Steuerleute	: 24
Zimmerleute u. Zimmermannsmaate	: 39
Bootsleute	: 24
Köche	: 24
Schiemänner	: 18
Barbiere/Meister	: 21
Küper	: 47
Speckschneider u. Speckschneidermaate	: 39
Harpuniers	: 55
Matrosen	: 642
Kochsmaate	: 23
Schiffsjungen	: 24

c) Von diesen auf Hamburger Wal-und Robbenfangschiffen fahrenden
   Seeleuten hatten die unten aufgeführten Gebiete folgenden
   Anteil:[1]

	Röm	Föhr	Sylt	Amrum	Hall.	Helgol.	Nordfr. Festld.	Gesamt	%
Kommandeure	10	4	1	–	–	–	–	15	62%
Steuerleute	10	8	–	–	–	–	–	18	75%
Zimmerl./Maate	1	7	–	–	–	–	–	8	20%
Bootsleute	3	3	–	–	–	–	–	6	25%
Köche	3	3	–	–	–	–	1	7	29%
Schiemänner	–	3	–	–	–	–	–	3	17%
Barbiere/Meister	–	–	–	–	–	–	–	–	–
Küper	–	–	–	–	–	–	–	–	–
Speckschn./Maate	2	16	–	–	–	–	–	18	46%
Harpuniers	5	13	–	–	–	–	–	18	33%
Matrosen	19	46	–	–	–	–	1	66	10%
Kochsmaate	3	5	–	–	–	–	1	9	39%
Schiffsjungen	5	4	1	–	–	–	–	10	42%
Gesamtzahl	61	112	2	–	–	–	3	178	18%
Prozent	6%	11%	0,2%	–	–	–	0,3%		

1)40 Seeleute,die mit großer Wahrscheinlichkeit aus dem Untersuchungsgebiet stammen,konnten nicht identifiziert werden.

Jahr: 1786

a) Gesamtzahl aller aus Hamburg zum Wal-und Robbenfang ausfahrenden Seeleute: 1077

b) Die Besatzungen aufgeteilt nach den Funktionen:

Kommandeure	: 26
Steuerleute	: 26
Zimmerleute u. Zimmermannsmaate	: 45
Bootsleute	: 26
Köche	: 26
Schiemänner	: 17
Barbiere/Meister	: 20
Küper	: 51
Speckschneider u. Speckschneidermaate	: 40
Harpuniers	: 59
Matrosen	: 690
Kochsmaate	: 25
Schiffsjungen	: 26

c) Von diesen auf Hamburger Wal-und Robbenfangschiffen fahrenden
Seeleuten hatten die unten aufgeführten Gebiete folgenden
Anteil:

	Röm	Föhr	Sylt	Amrum	Hall.	Helgol.	Nordfr. Festld	Gesamt	%
Kommandeure	11	4	1	-	-	-	-	16	61%
Steuerleute	13	9	-	-	-	-	-	22	85%
Zimmerl./Maate	2	7	-	-	-	-	-	9	20%
Bootsleute	4	3	-	-	-	-	-	7	27%
Köche	5	3	-	-	-	-	1	9	35%
Schiemänner	-	3	-	-	-	-	1	4	23%
Barbiere/Meister	-	-	-	-	-	-	-	-	-
Küper	-	-	-	-	-	-	-	-	-
Speckschn./Maate	4	24	-	-	-	-	-	28	70%
Harpuniers	11	13	-	-	-	-	-	24	41%
Matrosen	21	38	2	1	-	-	1	63	9%
Kochsmaate	4	4	-	-	-	-	1	9	36%
Schiffsjungen	10	4	-	-	-	-	-	14	54%
Gesamtzahl	85	112	3	1	-	-	4	205	19%
Prozent	8%	10%	0,3%	0,09%	-	-	0,4%		

1)22 Seeleute, die mit großer Wahrscheinlichkeit aus dem Untersuchungsgebiet stammen, konnten nicht identifiziert werden.

Jahr: 1787

a) Gesamtzahl aller aus Hamburg zum Wal-und Robbenfang ausfahrenden Seeleute: 1243

b) Die Besatzungen aufgeteilt nach den Funktionen:

Kommandeure	: 30
Steuerleute	: 30
Zimmerleute u. Zimmermannsmaate	: 52
Bootsleute	: 30
Köche	: 30
Schiemänner	: 23
Barbiere/Meister	: 22
Küper	: 58
Speckschneider u. Speckschneidermaate	: 47
Harpuniers	: 63
Matrosen	: 799
Kochsmaate	: 29
Schiffsjungen	: 30

c) Von diesen auf Hamburger Wal-und Robbenfangschiffen fahrenden
Seeleuten hatten die unten aufgeführten Gebiete folgenden
Anteil:[1]

	Röm	Föhr	Sylt	Amrum	Hall.	Helgol.	Nordfr. Festld.	Gesamt	%
Kommandeure	13	6	1	-	-	-	-	20	67%
Steuerleute	16	6	-	-	-	-	-	22	73%
Zimmerl./Maate	3	7	-	-	-	-	-	10	19%
Bootsleute	5	3	-	-	-	-	-	8	27%
Köche	4	1	-	1	-	-	1	7	23%
Schiemänner	-	5	-	-	-	-	-	5	22%
Barbiere/Meister	-	-	-	-	-	-	-	-	-
Küper	-	-	-	-	-	-	-	-	-
Speckschn./Maate	5	26	-	-	-	-	-	31	66%
Harpuniers	13	14	-	-	-	-	-	27	43%
Matrosen	39	40	-	2	-	-	3	84	10%
Kochsmaate	6	5	-	1	-	-	-	12	41%
Schiffsjungen	14	8	-	-	-	-	-	22	73%
Gesamtzahl	118	121	1	4	-	-	4	248	20%
Prozent	9%	10%	0,1%	0,3%	-	-	0,3%		

1) 31 Seeleute, die mit großer Wahrscheinlichkeit aus dem Untersuchungsgebiet stammen, konnten nicht identifiziert werden.

Statistische   Übersicht

Jahr: 1788

a) Gesamtzahl aller aus Hamburg zum Wal-und Robbenfang ausfahrenden Seeleute: 1422

b) Die Besatzungen aufgeteilt nach den Funktionen:

Kommandeure	: 34
Steuerleute	: 34
Zimmerleute u. Zimmermannsmaate	: 60
Bootsleute	: 34
Köche	: 34
Schiemänner	: 26
Barbiere/Meister	: 28
Küper	: 67
Speckschneider u. Speckschneidermaate	: 57
Harpuniers	: 79
Matrosen	: 895
Kochsmaate	: 35
Schiffsjungen	: 39

c) Von diesen auf Hamburger Wal-und Robbenfangschiffen fahrenden
Seeleuten hatten die unten aufgeführten Gebiete folgenden
Anteil:[1]

	Röm	Föhr	Sylt	Amrum	Hall.	Helgol.	Nordfr. Festld.	Gesamt	%
Kommandeure	17	9	1	-	-	-	-	27	79%
Steuerleute	18	10	-	-	-	-	-	28	82
Zimmerl./Maate	4	12	-	-	-	-	-	16	27%
Bootsleute	3	8	1	-	-	-	-	12	35%
Köche	9	2	-	-	-	-	1	12	35%
Schiemänner	3	5	-	-	-	-	-	8	31%
Barbiere/Meister	-	-	-	-	-	-	-	-	-.
Küper	-	-	-	-	-	-	-	-	-
Speckschn./Maate	7	30	1	-	-	-	-	38	67%
Harpuniers	18	20	-	-	-	-	-	38	48%
Matrosen	54	53	-	2	-	-	2	111	12%
Kochsmaate	9	7	-	-	-	-	1	17	48%
Schiffsjungen	16	11	-	-	-	-	-	27	69%
Gesamtzahl	158	167	3	2	-	-	4	334	23%
Prozent	11%	12%	0,2%	0,1%	-	-	0,3%		

1) 22 Seeleute,die mit großer Wahrscheinlichkeit aus dem Untersuchungsgebiet stammen,konnten nicht identifiziert werden.

S t a t i s t i s c h e   Ü b e r s i c h t

a) Gesamtzahl aller aus Hamburg zum Wal-und Robbenfang ausfahrenden Seeleute: 1341

b) Die Besatzungen aufgeteilt nach den Funktionen:

Kommandeure	: 32
Steuerleute	: 32
Zimmerleute u. Zimmermannsmaate	: 57
Bootsleute	: 32
Köche	: 32
Schiemänner	: 22
Barbiere/Meister	: 26
Küper	: 58
Speckschneider u. Speckschneidermaate	: 53
Harpuniers	: 73
Matrosen	: 858
Kochsmaate	: 29
Schiffsjungen	: 37

c) Von diesen auf Hamburger Wal-und Robbenfangschiffen fahrenden
   Seeleuten[1] hatten die unten aufgeführten Gebiete folgenden
   Anteil:

	Röm	Föhr	Sylt	Amrum	Hall.	Helgol.	Nordfr. Festld.	Gesamt	%
Kommandeure	15	8	1	–	–	–	–	24	75%
Steuerleute	16	12	–	–	–	–	–	28	87%
Zimmerl./Maate	2	10	–	–	–	–	1	13	23%
Bootsleute	9	4	–	–	–	–	–	13	41%
Köche	8	2	–	1	–	–	–	11	34%
Schiemänner	2	6	–	–	–	–	–	8	36%
Barbiere/Meister	–	–	–	–	–	–	–	–	–
Küper	–	–	–	–	–	–	–	–	–
Speckschn./Maate	10	24	–	–	–	–	–	34	64%
Harpuniers	17	20	–	–	–	–	–	37	51%
Matrosen	47	49	–	1	–	–	–	97	11%
Kochsmaate	9	5	–	–	–	–	–	14	48%
Schiffsjungen	16	11	–	–	–	–	–	27	73%
Gesamtzahl	151	151	1	2	–	–	1	306	23%
Prozent	11%	11%	0,1%	0,1%	–	–	0,1%		

1) 17 Seeleute, die mit großer Wahrscheinlichkeit aus dem Untersuchungsgebiet stammen, konnten nicht identifiziert werden.

Statistische Übersicht

Jahr: 1790

a) Gesamtzahl aller aus Hamburg zum Wal-und Robbenfang ausfahrenden Seeleute: 1343

b) Die Besatzungen aufgeteilt nach den Funktionen:

Kommandeure	: 32
Steuerleute	: 32
Zimmerleute u. Zimmermannsmaate	: 56
Bootsleute	: 32
Köche	: 32
Schiemänner	: 23
Barbiere/Meister	: 26
Küper	: 64
Speckschneider u. Speckschneidermaate	: 50
Harpuniers	: 77
Matrosen	: 853
Kochsmaate	: 31
Schiffsjungen	: 35

c) Von diesen auf Hamburger Wal-und Robbenfangschiffen fahrenden
Seeleuten[1] hatten die unten aufgeführten Gebiete folgenden
Anteil:

	Röm	Föhr	Sylt	Amrum	Hall.	Helgol.	Nordfr. Festld.	Gesamt	%
Kommandeure	15	8	1	–	–	–	–	24	75%
Steuerleute	14	12	–	–	–	–	–	26	81%
Zimmerl./Maate	1	10	–	–	–	–	1	12	21%
Bootsleute	8	4	–	–	–	–	–	12	37%
Köche	8	2	–	1	–	–	1	12	37%
Schiemänner	3	6	–	–	–	–	–	9	39%
Barbiere/Meister	–	–	–	–	–	–	–	–	–
Küper	–	–	–	–	–	–	–	–	–
Speckschn./Maate	6	23	–	–	–	–	–	29	58%
Harpuniers	19	21	–	–	–	–	–	40	52%
Matrosen	46	50	–	–	–	–	–	96	11%
Kochsmaate	10	6	–	–	–	–	–	16	52%
Schiffsjungen	14	11	1	–	–	–	–	26	74%
Gesamtzahl	144	153	2	1	–	–	2	302	22%
Prozent	11%	11%	0,1%	0,1%	–	–	0,1%		

1) 10 Seeleute, die mit großer Wahrscheinlichkeit aus dem Untersuchungsgebiet stammen, konnten nicht identifiziert werden.

S t a t i s t i s c h e   Ü b e r s i c h t

Jahr: 1791

a) Gesamtzahl aller aus Hamburg zum Wal-und Robbenfang ausfahrenden Seeleute: 1440

b) Die Besatzungen aufgeteilt nach den Funktionen:

Kommandeure	:	35
Steuerleute	:	35
Zimmerleute u. Zimmermannsmaate	:	62
Bootsleute	:	35
Köche	:	35
Schiemänner	:	27
Barbiere/Meister	:	28
Küper	:	70
Speckschneider u. Speckschneidermaate	:	52
Harpuniers	:	79
Matrosen	:	912
Kochsmaate	:	34
Schiffsjungen	:	36

c) Von diesen auf Hamburger Wal-und Robbenfangschiffen fahrenden
Seeleuten hatten die unten aufgeführten Gebiete folgenden
Anteil:[1]

	Röm	Föhr	Sylt	Amrum	Hall.	Helgol.	Nordfr. Festld.	Gesamt	%
Kommandeure	16	8	1	–	–	–	–	25	71%
Steuerleute	16	12	1	–	–	–	–	29	83%
Zimmerl./Maate	1	10	–	–	–	–	–	11	18%
Bootsleute	10	5	–	–	–	–	–	15	43%
Köche	10	3	–	–	–	–	–	13	37%
Schiemänner	1	4	–	–	–	–	–	5	18%
Barbiere/Meister	–	–	–	–	–	–	–	–	–
Küper	–	–	–	–	–	–	–	–	–
Speckschn./Maate	4	27	–	–	–	–	–	31	60%
Harpuniers	20	22	–	–	–	–	–	42	53%
Matrosen	48	64	1	–	–	–	–	113	12%
Kochsmaate	6	5	–	–	–	–	1	12	35%
Schiffsjungen	13	9	1	–	–	–	1	24	67%
Gesamtzahl	145	169	4	–	–	–	2	320	22%
Prozent	10%	12%	0,3%	–	–	–	0,1%		

1) 11 Seeleute, die mit großer Wahrscheinlichkeit aus dem Untersuchungsgebiet stammen, konnten nicht identifiziert werden.

652

S t a t i s t i s c h e   Ü b e r s i c h t

Jahr:1792

) Gesamtzahl aller aus Hamburg zum Wal-und Robbenfang ausfahrenden Seeleute:1455

) Die Besatzungen aufgeteilt nach den Funktionen:

Kommandeure	: 35
Steuerleute	: 35
Zimmerleute u. Zimmermannsmaate	: 60
Bootsleute	: 35
Köche	: 35
Schiemänner	: 24
Barbiere/Meister	: 21
Küper	: 71
Speckschneider u. Speckschneidermaate	: 48
Harpuniers	: 76
Matrosen	: 941
Kochsmaate	: 35
Schiffsjungen	: 39

) Von diesen auf Hamburger Wal-und Robbenfangschiffen fahrenden
Seeleuten hatten die unten aufgeführten Gebiete folgenden
Anteil:[1]

	Röm	Föhr	Sylt	Amrum	Hall.	Helgol.	Nordfr. Festld.	Gesamt	%
Kommandeure	18	7	1	-	-	-	-	26	74%
Steuerleute	17	10	1	-	-	-	-	28	80%
Zimmerl./Maate	2	12	-	-	-	-	-	14	23%
Bootsleute	12	5	-	-	-	-	-	17	48%
Köche	7	2	-	1	-	-	1	11	31%
Schiemänner	1	5	-	-	-	-	-	6	25%
Barbiere/Meister	-	-	-	-	-	-	-	-	-
Küper	-	-	-	-	-	-	-	-	-
Speckschn./Maate	7	23	-	-	-	-	-	30	62%
Harpuniers	20	21	-	-	-	-	-	41	54%
Matrosen	51	62	-	-	-	-	-	113	12%
Kochsmaate	9	5	-	-	-	-	1	15	43%
Schiffsjungen	18	9	-	-	-	-	-	27	69%
Gesamtzahl	162	161	2	1	-	-	2	328	22%
Prozent	11%	11%	0,1%	0,07%	-	-	0,1%		

1)22 Seeleute,die mit großer Wahrscheinlichkeit aus dem Untersuchungsgebiet stammen,konnten nicht identifiziert werden.

653

S t a t i s t i s c h e   Ü b e r s i c h t

Jahr: 1793

a) Gesamtzahl aller aus Hamburg zum Wal-und Robbenfang ausfahrenden Seeleute: 1374

b) Die Besatzungen aufgeteilt nach den Funktionen:

Kommandeure	: 33
Steuerleute	: 33
Zimmerleute u. Zimmermannsmaate	: 57
Bootsleute	: 33
Köche	: 33
Schiemänner	: 25
Barbiere/Meister	: 27
Küper	: 64
Speckschneider u. Speckschneidermaate	: 46
Harpuniers	: 73
Matrosen	: 883
Kochsmaate	: 33
Schiffsjungen	: 34

c) Von diesen auf Hamburger Wal-und Robbenfangschiffen fahrenden
Seeleuten hatten die unten aufgeführten Gebiete folgenden
Anteil:

	Röm	Föhr	Sylt	Amrum	Hall.	Helgol.	Nordfr. Festld.	Gesamt	%
Kommandeure	18	5	1	–	–	–	–	24	73%
Steuerleute	17	8	1	–	–	–	–	26	79%
Zimmerl./Maate	3	11	–	–	–	–	–	14	24%
Bootsleute	12	4	–	–	–	–	–	16	48%
Köche	5	3	–	–	–	–	1	9	27%
Schiemänner	1	4	–	–	–	–	–	5	20%
Barbiere/Meister	–	–	–	–	–	–	–	–	–
Küper	–	–	–	–	–	–	–	–	–
Speckschn./Maate	5	21	–	–	–	–	–	26	56%
Harpuniers	20	16	–	–	–	–	–	36	49%
Matrosen	46	50	2	–	–	–	3	101	11%
Kochsmaate	10	6	–	–	–	–	1	17	51%
Schiffsjungen	16	6	1	–	–	–	1	24	70%
Gesamtzahl	153	134	5	–	–	–	6	298	22%
Prozent	11%	10%	0,4%	–	–	–	0,4%		

1) 15 Seeleute, die mit großer Wahrscheinlichkeit aus dem Untersuchungsgebiet stammen, konnten nicht identifiziert werden.

654

Jahr:1794

a) Gesamtzahl aller aus Hamburg zum Wal-und Robbenfang ausfahrenden Seeleute:1109

b) Die Besatzungen aufgeteilt nach den Funktionen:

Kommandeure	: 26
Steuerleute	: 26
Zimmerleute u. Zimmermannsmaate	: 46
Bootsleute	: 26
Köche	: 26
Schiemänner	: 22
Barbiere/Meister	: 23
Küper	: 52
Speckschneider u. Speckschneidermaate	: 43
Harpuniers	: 60
Matrosen	: 704
Kochsmaate	: 26
Schiffsjungen	: 29

c) Von diesen auf Hamburger Wal-und Robbenfangschiffen fahrenden
Seeleuten hatten die unten aufgeführten Gebiete folgenden
Anteil:

	Röm	Föhr	Sylt	Amrum	Hall.	Helgol.	Nordfr. Festld.	Gesamt	%
Kommandeure	12	5	1	-	-	-	-	18	69%
Steuerleute	11	7	1	-	-	-	-	19	73%
Zimmerl./Maate	4	10	-	-	-	-	-	14	30%
Bootsleute	10	4	-	-	-	-	-	14	54%
Köche	4	3	-	-	-	-	-	7	27%
Schiemänner	2	5	-	-	-	-	-	7	32%
Barbiere/Meister	-	-	-	-	-	-	-	-	-
Küper	-	-	-	-	-	-	-	-	-
Speckschn./Maate	7	22	-	-	-	-	-	29	67%
Harpuniers	14	18	1	-	-	-	-	33	55%
Matrosen	33	84	3	-	-	-	2	122	17%
Kochsmaate	4	6	-	-	-	-	2	12	46%
Schiffsjungen	13	7	1	-	-	-	-	21	72%
Gesamtzahl	114	171	7	-	-	-	4	296	27%
Prozent	10%	15%	0,6%	-	-	-	0,4%		

Jahr: 1795

a) Gesamtzahl aller aus Hamburg zum Wal-und Robbenfang ausfahrenden Seeleute: 867

b) Die Besatzungen aufgeteilt nach den Funktionen:

Kommandeure	: 20
Steuerleute	: 20
Zimmerleute u. Zimmermannsmaate	: 36
Bootsleute	: 20
Köche	: 20
Schiemänner	: 16
Barbiere/Meister	: 18
Küper	: 40
Speckschneider u. Speckschneidermaate	: 34
Harpuniers	: 52
Matrosen	: 550
Kochsmaate	: 20
Schiffsjungen	: 21

c) Von diesen auf Hamburger Wal-und Robbenfangschiffen fahrenden
Seeleuten hatten die unten aufgeführten Gebiete folgenden
Anteil:

	Röm	Föhr	Sylt	Amrum	Hall.	Helgol.	Nordfr. Festld.	Gesamt	%
Kommandeure	9	4	1	–	–	–	–	14	70%
Steuerleute	8	6	2	–	–	–	–	16	80%
Zimmerl./Maate	3	8	–	–	–	–	–	11	30%
Bootsleute	7	4	–	–	–	–	–	11	55%
Köche	3	3	–	–	–	–	–	6	30%
Schiemänner	1	3	–	–	–	–	–	4	25%
Barbiere/Meister	–	–	–	–	–	–	–	–	–
Küper	–	–	–	–	–	–	–	–	–
Speckschn./Maate	3	18	–	–	–	–	–	21	62%
Harpuniers	13	14	1	–	–	–	–	28	54%
Matrosen	29	40	2	–	–	–	–	71	13%
Kochsmaate	3	4	–	–	–	–	–	7	35%
Schiffsjungen	9	7	1	–	–	–	–	17	81%
Gesamtzahl	88	111	7	–	–	–	–	206	24%
Prozent	10%	13%	0,8%	–	–	–	–		

Statistische Übersicht

Jahr: 1796

a) Gesamtzahl aller aus Hamburg zum Wal-und Robbenfang ausfahrenden Seeleute: 821

b) Die Besatzungen aufgeteilt nach den Funktionen:

Kommandeure	: 19
Steuerleute	: 19
Zimmerleute u. Zimmermannsmaate	: 32
Bootsleute	: 19
Köche	: 19
Schiemänner	: 17
Barbiere/Meister	: 17
Küper	: 37
Speckschneider u. Speckschneidermaate	: 37
Harpuniers	: 45
Matrosen	: 521
Kochsmaate	: 19
Schiffsjungen	: 20

c) Von diesen auf Hamburger Wal-und Robbenfangschiffen fahrenden
   Seeleuten hatten die unten aufgeführten Gebiete folgenden
   Anteil:

	Röm	Föhr	Sylt	Amrum	Hall.	Helgol.	Nordfr. Festld.	Gesamt	%
Kommandeure	7	4	2	–	–	–	–	13	68%
Steuerleute	8	5	1	–	–	–	–	14	74%
Zimmerl./Maate	3	9	–	–	–	–	–	12	37%
Bootsleute	6	4	–	–	–	–	–	10	53%
Köche	3	4	–	–	–	–	–	7	37%
Schiemänner	1	4	–	–	–	–	–	5	29%
Barbiere/Meister	–	–	–	–	–	–	–	–	–
Küper	–	–	–	–	–	–	–	–	–
Speckschn./Maate	5	17	–	–	–	–	–	22	59%
Harpuniers	9	13	1	–	–	–	–	23	51%
Matrosen	17	55	1	–	–	–	–	73	14%
Kochsmaate	6	4	–	–	–	–	–	10	52%
Schiffsjungen	7	6	2	–	–	–	–	15	75%
Gesamtzahl	72	125	7	–	–	–	–	204	25%
Prozent	9%	15%	0,8%	–	–	–	–		

Jahr:1797

a) Gesamtzahl aller aus Hamburg zum Wal-und Robbenfang ausfahrenden Seeleute:809

b) Die Besatzungen aufgeteilt nach den Funktionen:

Kommandeure	: 19
Steuerleute	: 19
Zimmerleute u. Zimmermannsmaate	: 34
Bootsleute	: 19
Köche	: 19
Schiemänner	: 15
Barbiere/Meister	: 16
Küper	: 38
Speckschneider u. Speckschneidermaate	: 34
Harpuniers	: 44
Matrosen	: 514
Kochsmaate	: 19
Schiffsjungen	: 19

c) Von diesen auf Hamburger Wal-und Robbenfangschiffen fahrenden
   Seeleuten hatten die unten aufgeführten Gebiete folgenden
   Anteil:

	Röm	Föhr	Sylt	Amrum	Hall.	Helgol.	Nordfr. Festld.	Gesamt	%
Kommandeure	7	3	2	–	–	–	–	12	63%
Steuerleute	7	7	1	–	–	–	–	15	79%
Zimmerl./Maate	3	11	–	–	–	–	–	14	41%
Bootsleute	4	4	–	–	–	–	–	8	42%
Köche	3	3	–	–	–	–	–	6	31%
Schiemänner	–	2	–	–	–	–	–	2	13%
Barbiere/Meister	–	–	–	–	–	–	–	–	–
Küper	–	–	–	–	–	–	–	–	–
Speckschn./Maate	5	17	–	–	–	–	–	22	65%
Harpuniers	8	11	1	–	–	–	–	20	45%
Matrosen	14	44	1	–	–	–	–	59	11%
Kochsmaate	6	3	–	–	–	–	–	9	47%
Schiffsjungen	7	4	1	–	–	–	–	12	63%
Gesamtzahl	64	109	6	–	–	–	–	179	22%
Prozent	8%	13%	0,7%	–	–	–	–		

Jahr:1798

a) Gesamtzahl aller aus Hamburg zum Wal-und Robbenfang ausfahrenden Seeleute:779

b) Die Besatzungen aufgeteilt nach den Funktionen:

Kommandeure	: 18
Steuerleute	: 18
Zimmerleute u. Zimmermannsmaate	: 34
Bootsleute	: 18
Köche	: 18
Schiemänner	: 18
Barbiere/Meister	: 15
Küper	: 36
Speckschneider u. Speckschneidermaate	: 31
Harpuniers	: 41
Matrosen	: 494
Kochsmaate	: 18
Schiffsjungen	: 20

c) Von diesen auf Hamburger Wal-und Robbenfangschiffen fahrenden
   Seeleuten hatten die unten aufgeführten Gebiete folgenden
   Anteil:

	Röm	Föhr	Sylt	Amrum	Hall.	Helgol	Nordfr. Festld.	Gesamt	%
Kommandeure	6	4	2	–	–	–	–	12	67%
Steuerleute	6	6	1	–	–	–	–	13	72%
Zimmerl./Maate	2	14	–	–	–	–	–	16	47%
Bootsleute	5	5	–	–	–	–	–	10	55%
Köche	3	3	–	–	–	–	–	6	33%
Schiemänner	–	4	–	–	–	–	–	4	22%
Barbiere/Meister	–	–	–	–	–	–	–	–	–
Küper	–	–	–	–	–	–	–	–	–
Speckschn./Maate	4	13	–	–	–	–	–	17	55%
Harpuniers	5	12	1	–	–	–	–	18	44%
Matrosen	17	47	1	–	–	–	–	65	13%
Kochsmaate	3	3	–	–	–	–	–	6	33%
Schiffsjungen	6	5	2	–	–	–	–	13	65%
Gesamtzahl	57	116	7	–	–	–	–	180	23%
Prozent	7%	15%	0,9%	–	–	–	–		

659

Statistische Übersicht
=======================

Jahr:1799

a) Gesamtzahl aller aus Hamburg zum Wal-und Robbenfang ausfahrenden Seeleute:780

b) Die Besatzungen aufgeteilt nach den Funktionen:

Kommandeure	: 18
Steuerleute	: 18
Zimmerleute u. Zimmermannsmaate	: 34
Bootsleute	: 18
Köche	: 18
Schiemänner	: 17
Barbiere/Meister	: 16
Küper	: 36
Speckschneider u. Speckschneidermaate	: 35
Harpuniers	: 39
Matrosen	: 493
Kochsmaate	: 18
Schiffsjungen	: 20

c) Von diesen auf Hamburger Wal-und Robbenfangschiffen fahrenden
Seeleuten hatten die unten aufgeführten Gebiete folgenden
Anteil:

	Röm	Föhr	Sylt	Amrum	Hall.	Helgol.	Nordfr. Festld.	Gesamt	%
Kommandeure	5	4	2	–	–	–	–	11	61%
Steuerleute	5	6	1	–	–	–	–	12	67%
Zimmerl./Maate	3	10	–	–	–	–	–	13	38%
Bootsleute	4	8	–	–	–	–	–	12	67%
Köche	3	4	–	–	–	–	–	7	39%
Schiemänner	–	6	–	–	–	–	–	6	35%
Barbiere/Meister	–	–	–	–	–	–	–	–	–
Küper	–	–	–	–	–	–	–	–	–
Speckschn./Maate	4	17	–	–	–	–	1	22	63%
Harpuniers	7	13	1	–	–	–	–	21	54%
Matrosen	7	18	–	–	–	–	–	25	5%
Kochsmaate	4	4	–	–	–	–	–	8	44%
Schiffsjungen	5	6	1	–	–	–	–	12	60%
Gesamtzahl	47	96	5	–	–	–	1	149	19%
Prozent	6%	12%	0,6%	–	–	–	0,1%		

Jahr: 1800

a) Gesamtzahl aller aus Hamburg zum Wal-und Robbenfang ausfahrenden Seeleute:694

b) Die Besatzungen aufgeteilt nach den Funktionen:

Kommandeure	: 16
Steuerleute	: 16
Zimmerleute u. Zimmermannsmaate	: 28
Bootsleute	: 16
Köche	: 16
Schiemänner	: 15
Barbiere/Meister	: 14
Küper	: 31
Speckschneider u. Speckschneidermaate	: 30
Harpuniers	: 35
Matrosen	: 444
Kochsmaate	: 16
Schiffsjungen	: 17

c) Von diesen auf Hamburger Wal-und Robbenfangschiffen fahrenden
   Seeleuten hatten die unten aufgeführten Gebiete folgenden
   Anteil:

	Röm	Föhr	Sylt	Amrum	Hall.	Helgol.	Nordfr. Festld.	Gesamt	%
Kommandeure	4	4	2	-	-	-	-	10	62%
Steuerleute	4	6	1	-	-	-	-	11	69%
Zimmerl./Maate	2	7	-	-	-	-	-	9	32%
Bootsleute	1	5	-	-	-	-	-	6	37%
Köche	1	2	-	-	-	-	-	3	19%
Schiemänner	-	4	-	-	-	-	-	4	27%.
Barbiere/Meister	-	-	-	-	-	-	-	-	-
Küper	-	-	-	-	-	-	-	-	-
Speckschn./Maate	4	14	-	-	-	-	-	18	60%
Harpuniers	7	14	-	-	-	-	-	21	60%
Matrosen	11	15	-	-	-	-	-	26	6%
Kochsmaate	3	4	-	-	-	-	-	7	44%
Schiffsjungen	5	5	1	-	-	-	-	11	65%
Gesamtzahl	42	80	4	-	-	-	-	126	18%
Prozent	6%	11%	0,6%	-	-	-	-		

S t a t i s t i s c h e   Ü b e r s i c h t

Jahr: 1801

a) Gesamtzahl aller aus Hamburg zum Wal-und Robbenfang ausfahrenden Seeleute: 745

b) Die Besatzungen aufgeteilt nach den Funktionen:

Kommandeure	: 17
Steuerleute	: 17
Zimmerleute u. Zimmermannsmaate	: 33
Bootsleute	: 17
Köche	: 17
Schiemänner	: 16
Barbiere/Meister	: 16
Küper	: 34
Speckschneider u. Speckschneidermaate	: 31
Harpuniers	: 40
Matrosen	: 473
Kochsmaate	: 17
Schiffsjungen	: 17

c) Von diesen auf Hamburger Wal-und Robbenfangschiffen fahrenden
Seeleuten hatten die unten aufgeführten Gebiete folgenden
Anteil:

	Röm	Föhr	Sylt	Amrum	Hall.	Helgol.	Nordfr. Festld.	Gesamt	%
Kommandeure	5	4	2	-	-	-	-	11	65%
Steuerleute	4	-	-	-	-	-	-	4	23%
Zimmerl./Maate	2	-	-	-	-	-	-	2	6%
Bootsleute	1	-	-	-	-	-	-	1	6%
Köche	1	-	-	-	-	-	-	1	6%
Schiemänner	-	-	-	-	-	-	-	-	-
Barbiere/Meister	-	-	-	-	-	-	-	-	-
Küper	-	-	-	-	-	-	-	-	-
Speckschn./Maate	-	1	-	-	-	-	-	1	3%
Harpuniers	2	-	-	-	-	-	-	2	5%
Matrosen	3	1	-	-	-	-	-	4	1%
Kochsmaate	5	1	-	-	-	-	-	6	35%
Schiffsjungen	3	1	1	-	-	-	-	5	29%
Gesamtzahl	26	8	3	-	-	-	-	37	5%
Prozent	4%	1%	0,4%	-	-	-	-		

Jahr: 1802

a) Gesamtzahl aller aus Hamburg zum Wal-und Robbenfang ausfahrenden Seeleute: 707

b) Die Besatzungen aufgeteilt nach den Funktionen:

Kommandeure	: 16
Steuerleute	: 16
Zimmerleute u. Zimmermannsmaate	: 31
Bootsleute	: 16
Köche	: 16
Schiemänner	: 13
Barbiere/Meister	: 15
Küper	: 30
Speckschneider u. Speckschneidermaate	: 31
Harpuniers	: 36
Matrosen	: 455
Kochsmaate	: 16
Schiffsjungen	: 16

c) Von diesen auf Hamburger Wal-und Robbenfangschiffen fahrenden
Seeleuten hatten die unten aufgeführten Gebiete folgenden
Anteil:

	Röm	Föhr	Sylt	Amrum	Hall.	Helgol	Nordfr. Festld.	Gesamt	%
Kommandeure	4	3	2	-	-	-	-	9	56%
Steuerleute	5	4	1	-	-	-	-	10	62%
Zimmerl./Maate	3	5	-	-	-	-	-	8	26%
Bootsleute	4	1	-	-	-	-	-	5	31%
Köche	2	2	-	-	-	-	-	4	25%
Schiemänner	1	2	-	-	-	-	-	3	23%
Barbiere/Meister	-	-	-	-	-	-	-	-	-
Küper	-	-	-	-	-	-	-	-	-
Speckschn./Maate	3	7	-	-	-	-	-	10	32%
Harpuniers	4	7	-	-	-	-	-	11	30%
Matrosen	8	35	2	-	-	-	-	45	10%
Kochsmaate	3	4	-	-	-	-	-	7	44%
Schiffsjungen	5	3	-	-	-	-	-	8	50%
Gesamtzahl	42	73	5	-	-	-	-	120	17%
Prozent	6%	10%	0,7%	-	-	-	-		

Jahr: 1803

a) Gesamtzahl aller aus Hamburg zum Wal-und Robbenfang ausfahrenden Seeleute: 612

b) Die Besatzungen aufgeteilt nach den Funktionen:

Kommandeure	: 14
Steuerleute	: 14
Zimmerleute u. Zimmermannsmaate	: 26
Bootsleute	: 14
Köche	: 14
Schiemänner	: 14
Barbiere/Meister	: 13
Küper	: 27
Speckschneider u. Speckschneidermaate	: 26
Harpuniers	: 34
Matrosen	: 389
Kochsmaate	: 14
Schiffsjungen	: 13

c) Von diesen auf Hamburger Wal-und Robbenfangschiffen fahrenden
   Seeleuten hatten die unten aufgeführten Gebiete folgenden
   Anteil:

	Röm	Föhr	Sylt	Amrum	Hall.	Helgol.	Nordfr. Festld.	Gesamt	%
Kommandeure	4	3	2	–	–	–	–	9	64%
Steuerleute	4	3	–	–	–	–	–	7	50%
Zimmerl./Maate	2	7	1	–	–	–	–	10	38%
Bootsleute	3	2	–	–	–	–	–	5	36%
Köche	2	2	1	–	–	–	–	5	36%
Schiemänner	–	4	–	–	–	–	–	4	28%
Barbiere/Meister	–	–	–	–	–	–	–	–	–
Küper	–	–	–	–	–	–	–	–	–
Speckschn./Maate	2	10	–	–	–	–	–	12	46%
Harpuniers	3	9	1	–	–	–	–	13	38%
Matrosen	9	26	–	–	–	–	–	35	9%
Kochsmaate	2	4	–	–	–	–	–	6	43%
Schiffsjungen	3	3	1	–	–	–	–	7	54%
Gesamtzahl	34	73	6	–	–	–	–	113	18%
Prozent	5%	12%	1%	–	–	–	–		

S t a t i s t i s c h e Ü b e r s i c h t

Jahr: 1805

a) Gesamtzahl aller aus Hamburg zum Wal-und Robbenfang ausfahrenden Seeleute: 394

b) Die Besatzungen aufgeteilt nach den Funktionen:

Kommandeure	: 9
Steuerleute	: 9
Zimmerleute u. Zimmermannsmaate	: 17
Bootsleute	: 9
Köche	: 9
Schiemänner	: 8
Barbiere/Meister	: 8
Küper	: 18
Speckschneider u. Speckschneidermaate	: 17
Harpuniers	: 23
Matrosen	: 249
Kochsmaate	: 8
Schiffsjungen	: 10

c) Von diesen auf Hamburger Wal-und Robbenfangschiffen fahrenden
Seeleuten hatten die unten aufgeführten Gebiete folgenden
Anteil:

	Röm	Föhr	Sylt	Amrum	Hall.	Helgol.	Nordfr. Festld.	Gesamt	%
Kommandeure	4	2	–	–	–	–	–	6	67%
Steuerleute	4	3	–	–	–	–	–	7	78%
Zimmerl./Maate	1	2	–	–	–	–	–	3	18%
Bootsleute	2	2	–	–	–	–	–	4	44%
Köche	2	1	–	–	–	–	–	3	33%
Schiemänner	–	2	–	–	–	–	–	2	25%
Barbiere/Meister	–	–	–	–	–	–	–	–	–
Küper	–	–	–	–	–	–	–	–	–
Speckschn./Maate	2	5	–	–	–	–	–	7	41%
Harpuniers	3	4	–	–	–	–	–	7	30%
Matrosen	6	16	–	–	–	–	–	22	9%
Kochsmaate	3	1	–	–	–	–	–	4	50%
Schiffsjungen	3	3	–	–	–	–	–	6	60%
Gesamtzahl	30	41	–	–	–	–	–	71	18%
Prozent	8%	10%	–	–	–	–	–		

Jahr: 1806

a) Gesamtzahl aller aus Hamburg zum Wal-und Robbenfang ausfahrenden Seeleute: 483

b) Die Besatzungen aufgeteilt nach den Funktionen:

Kommandeure	: 11
Steuerleute	: 11
Zimmerleute u. Zimmermannsmaate	: 22
Bootsleute	: 11
Köche	: 11
Schiemänner	: 11
Barbiere/Meister	: 10
Küper	: 22
Speckschneider u. Speckschneidermaate	: 21
Harpuniers	: 22
Matrosen	: 329
Kochsmaate	: 11
Schiffsjungen	: 11

c) Von diesen auf Hamburger Wal-und Robbenfangschiffen fahrenden
Seeleuten hatten die unten aufgeführten Gebiete folgenden
Anteil:

	Röm	Föhr	Sylt	Amrum	Hall.	Helgol.	Nordfr. Festld.	Gesamt	%
Kommandeure	6	2	–	–	–	–	–	8	73%
Steuerleute	6	3	–	–	–	–	–	9	82%
Zimmerl./Maate	3	1	–	–	–	–	–	4	18%
Bootsleute	3	1	–	–	–	–	–	4	36%
Köche	2	1	–	–	–	–	–	3	27%
Schiemänner	–	–	–	–	–	–	–	–	–
Barbiere/Meister	–	–	–	–	–	–	–	–	–
Küper	–	–	–	–	–	–	–	–	–
Speckschn./Maate	1	3	–	–	–	–	–	4	19%
Harpuniers	4	1	–	–	–	–	–	5	23%
Matrosen	3	18	–	–	–	–	1	22	7%
Kochsmaate	2	1	–	–	–	–	–	3	27%
Schiffsjungen	5	1	–	–	–	–	–	6	54%
Gesamtzahl	35	32	–	–	–	–	1	68	14%
Prozent	7%	7%	–	–	–	–	0,2%		

666

Jahr: 1807

a) Gesamtzahl aller aus Hamburg zum Wal-und Robbenfang ausfahrenden Seeleute: 397

b) Die Besatzungen aufgeteilt nach den Funktionen:

Kommandeure	: 9
Steuerleute	: 9
Zimmerleute u. Zimmermannsmaate	: 18
Bootsleute	: 9
Köche	: 9
Schiemänner	: 8
Barbiere/Meister	: 8
Küper	: 18
Speckschneider u. Speckschneidermaate	: 17
Harpuniers	: 18
Matrosen	: 253
Kochsmaate	: 9
Schiffsjungen	: 12

c) Von diesen auf Hamburger Wal-und Robbenfangschiffen fahrenden
Seeleuten hatten die unten aufgeführten Gebiete folgenden
Anteil:

	Röm	Föhr	Sylt	Amrum	Hall.	Helgol.	Nordfr. Festld.	Gesamt	%
Kommandeure	3	3	-	-	-	-	-	6	67%
Steuerleute	3	4	-	-	-	-	-	7	77%
Zimmerl./Maate	1	1	-	-	-	-	-	2	11%
Bootsleute	2	1	-	-	-	-	-	3	33%
Köche	1	1	-	-	-	-	-	2	22%
Schiemänner	1	-	-	-	-	-	-	1	12%
Barbiere/Meister	-	-	-	-	-	-	-	-	-
Küper	-	-	-	-	-	-	-	-	-
Speckschn./Maate	2	4	-	-	-	-	-	6	35%
Harpuniers	2	4	-	-	-	-	-	6	33%
Matrosen	6	31	-	-	-	-	-	37	15%
Kochsmaate	-	2	-	-	-	-	-	2	22%
Schiffsjungen	3	3	-	-	-	-	-	6	12%
Gesamtzahl	24	54	-	-	-	-	-	78	20%
Prozent	6%	14%	-	-	-	-	-		

Jahr:1809

a) Gesamtzahl aller aus Hamburg zum Wal-und Robbenfang ausfahrenden Seeleute:180

b) Die Besatzungen aufgeteilt nach den Funktionen:

Kommandeure	:	4
Steuerleute	:	4
Zimmerleute u. Zimmermannsmaate	:	8
Bootsleute	:	4
Köche	:	4
Schiemänner	:	4
Barbiere/Meister	:	4
Küper	:	8
Speckschneider u. Speckschneidermaate	:	8
Harpuniers	:	8
Matrosen	:	117
Kochsmaate	:	3
Schiffsjungen	:	4

c) Von diesen auf Hamburger Wal-und Robbenfangschiffen fahrenden
   Seeleuten hatten die unten aufgeführten Gebiete folgenden
   Anteil:

	Röm	Föhr	Sylt	Amrum	Hall.	Helgol.	Nordfr. Festld.	Gesamt	%
Kommandeure	–	1	–	–	–	–	–	1	25%
Steuerleute	–	2	–	–	–	–	–	2	50%
Zimmerl./Maate	–	–	–	–	–	–	–	–	–
Bootsleute	–	–	–	–	–	–	–	–	–
Köche	–	–	–	–	–	–	–	–	–
Schiemänner	–	–	–	–	–	–	–	–	–
Barbiere/Meister	–	–	–	–	–	–	–	–	–
Küper	–	–	–	–	–	–	–	–	–
Speckschn./Maate	–	–	–	–	–	–	–	–	–
Harpuniers	–	1	–	–	–	–	–	1	12%
Matrosen	–	–	–	–	–	–	–	–	–
Kochsmaate	–	–	–	–	–	–	–	–	–
Schiffsjungen	–	–	–	–	–	–	–	–	–
Gesamtzahl	–	4	–	–	–	–	–	4	2%
Prozent	–	2%	–	–	–	–	–		

<u>S t a t i s t i s c h e   Ü b e r s i c h t</u>

Jahr:1810

a) Gesamtzahl aller aus Hamburg zum Wal-und Robbenfang ausfahrenden Seeleute:310

b) Die Besatzungen aufgeteilt nach den Funktionen:

Kommandeure	: 7
Steuerleute	: 7
Zimmerleute u. Zimmermannsmaate	: 13
Bootsleute	: 7
Köche	: 7
Schiemänner	: 7
Barbiere/Meister	: 6
Küper	: 13
Speckschneider u. Speckschneidermaate	: 13
Harpuniers	: 14
Matrosen	: 199
Kochsmaate	: 6
Schiffsjungen	: 11

c) Von diesen auf Hamburger Wal-und Robbenfangschiffen fahrenden
Seeleuten hatten die unten aufgeführten Gebiete folgenden
Anteil:[1]

	Röm	Föhr	Sylt	Amrum	Hall.	Helgol.	Nordfr. Festld.	Gesamt	%
Kommandeure	3	3	-	-	-	-	-	6	86%
Steuerleute	2	3	-	-	-	-	-	5	71%
Zimmerl./Maate	1	-	-	-	-	-	-	1	8%
Bootsleute	1	-	-	-	-	-	-	1	14%
Köche	1	-	-	-	-	-	-	1	14%
Schiemänner	1	-	-	-	-	-	-	1	14%
Barbiere/Meister	-	-	-	-	-	-	-	-	-
Küper	-	-	-	-	-	-	-	-	-
Speckschn./Maate	-	2	-	-	-	-	-	2	15%
Harpuniers	-	1	-	-	-	-	-	1	7%
Matrosen	1	3	-	-	-	-	-	4	2%
Kochsmaate	2	1	-	-	-	-	-	3	50%
Schiffsjungen	4	2	-	-	-	-	-	6	54%
Gesamtzahl	16	15	-	-	-	-	-	31	10%
Prozent	5%	5%	-	-	-	-	-		

1) 1 Seefahrer,der mit großer Wahrscheinlichkeit aus dem Untersuchungsgebiet stammt,konnte nicht identifiziert werden.

Jahr: 1813

a) Gesamtzahl aller aus Hamburg zum Wal-und Robbenfang ausfahrenden Seeleute: 93

b) Die Besatzungen aufgeteilt nach den Funktionen:

Kommandeure	: 2
Steuerleute	: 2
Zimmerleute u. Zimmermannsmaate	: 4
Bootsleute	: 2
Köche	: 2
Schiemänner	: 2
Barbiere/Meister	: 2
Küper	: 4
Speckschneider u. Speckschneidermaate	: 4
Harpuniers	: 5
Matrosen	: 60
Kochsmaate	: 2
Schiffsjungen	: 2

c) Von diesen auf Hamburger Wal-und Robbenfangschiffen fahrenden
Seeleuten hatten die unten aufgeführten Gebiete folgenden
Anteil:[1]

	Röm	Föhr	Sylt	Amrum	Hall.	Helgol.	Nordfr. Festld.	Gesamt	%
Kommandeure	1	–	–	–	–	–	–	1	50%
Steuerleute	1	–	–	–	–	–	–	1	50%
Zimmerl./Maate	–	–	–	–	–	–	–	–	–
Bootsleute	–	–	–	–	–	–	–	–	–
Köche	–	–	–	–	–	–	–	–	–
Schiemänner	–	–	–	–	–	–	–	–	–
Barbiere/Meister	–	–	–	–	–	–	–	–	–
Küper	–	–	–	–	–	–	–	–	–
Speckschn./Maate	1	–	–	–	–	–	–	1	25%
Harpuniers	2	–	–	–	–	–	–	2	50%
Matrosen	–	–	–	–	–	–	–	–	–
Kochsmaate	–	–	–	–	–	–	–	–	–
Schiffsjungen	1	–	–	–	–	–	–	1	50%
Gesamtzahl	6	–	–	–	–	–	–	6	6%
Prozent	6%	–	–	–	–	–	–		

1) 2 Seeleute, die mit großer Wahrscheinlichkeit aus dem Untersuchungsgebiet stammen, konnten nicht identifiziert werden.

Statistische Übersicht

Jahr: 1815

a) Gesamtzahl aller aus Hamburg zum Wal-und Robbenfang ausfahrenden Seeleute: 179

b) Die Besatzungen aufgeteilt nach den Funktionen:

Kommandeure	: 4
Steuerleute	: 4
Zimmerleute u. Zimmermannsmaate	: 7
Bootsleute	: 4
Köche	: 4
Schiemänner	: 4
Barbiere/Meister	: 4
Küper	: 7
Speckschneider u. Speckschneidermaate	: 7
Harpuniers	: 8
Matrosen	: 144
Kochsmaate	: 4
Schiffsjungen	: 4

c) Von diesen auf Hamburger Wal-und Robbenfangschiffen fahrenden
Seeleuten hatten die unten aufgeführten Gebiete folgenden
Anteil:[1]

	Röm	Föhr	Sylt	Amrum	Hall.	Helgol.	Nordfr. Festld.	Gesamt	%
Kommandeure	3	1	-	-	-	-	-	4	100%
Steuerleute	3	1	-	-	-	-	-	4	100%
Zimmerl./Maate	-	-	-	-	-	-	-	-	-
Bootsleute	1	-	-	-	-	-	-	1	25%
Köche	-	-	-	-	-	-	-	-	-
Schiemänner	-	1	-	-	-	-	-	1	25%
Barbiere/Meister	-	-	-	-	-	-	-	-	-
Küper	-	-	-	-	-	-	-	-	-
Speckschn./Maate	1	2	-	-	-	-	-	3	43%
Harpuniers	1	-	-	-	-	-	-	1	14%
Matrosen	3	14	-	-	-	-	-	17	12%
Kochsmaate	2	1	-	-	-	-	-	3	75%
Schiffsjungen	3	1	-	-	-	-	-	4	100%
Gesamtzahl	17	21	-	-	-	-	-	38	21%
Prozent	9%	12%	-	-	-	-	-		

1) 6 Seeleute, die mit großer Wahrscheinlichkeit aus dem Unter-
gebiet stammen, konnten nicht identifiziert werden.

Statistische Übersicht

Jahr: 1816

a) Gesamtzahl aller aus Hamburg zum Wal-und Robbenfang aus-fahrenden Seeleute: 309

b) Die Besatzungen aufgeteilt nach den Funktionen:

Kommandeure	: 7
Steuerleute	: 7
Zimmerleute u. Zimmermannsmaate	: 13
Bootsleute	: 7
Köche	: 7
Schiemänner	: 6
Barbiere/Meister	: 7
Küper	: 14
Speckschneider u. Speckschneidermaate	: 14
Harpuniers	: 17
Matrosen	: 196
Kochsmaate	: 7
Schiffsjungen	: 7

c) Von diesen auf Hamburger Wal-und Robbenfangschiffen fahrenden Seeleuten hatten die unten aufgeführten Gebiete folgenden Anteil:[1]

	Röm	Föhr	Sylt	Amrum	Hall.	Helgol.	Nordfr. Festld.	Gesamt	%
Kommandeure	3	3	–	–	–	–	–	6	86%
Steuerleute	4	2	–	–	–	–	–	6	86%
Zimmerl./Maate	–	2	–	–	–	–	–	2	15%
Bootsleute	2	2	–	–	–	–	–	4	57%
Köche	3	1	–	–	–	–	–	4	57%
Schiemänner	–	1	–	–	–	–	–	1	17%
Barbiere/Meister	–	–	–	–	–	–	–	–	–
Küper	–	–	–	–	–	–	–	–	–
Speckschn./Maate	3	3	–	–	–	–	–	6	43%
Harpuniers	4	3	–	–	–	–	–	7	41%
Matrosen	33	13	–	–	–	–	4	50	25%
Kochsmaate	2	1	–	–	–	–	–	3	43%
Schiffsjungen	3	3	–	–	–	–	–	6	86%
Gesamtzahl	57	34	–	–	–	–	4	95	31%
Prozent	18%	11%	–	–	–	–	1%		

1) 22 Seeleute, die mit großer Wahrscheinlichkeit aus dem Unter-suchungsgebiet stammen, konnten nicht identifitiert werden.

Jahr: 1817

a) Gesamtzahl aller aus Hamburg zum Wal-und Robbenfang ausfahrenden Seeleute:548

b) Die Besatzungen aufgeteilt nach den Funktionen:

Kommandeure	:	12
Steuerleute	:	12
Zimmerleute u. Zimmermannsmaate	:	24
Bootsleute	:	12
Köche	:	12
Schiemänner	:	11
Barbiere/Meister	:	12
Küper	:	24
Speckschneider u. Speckschneidermaate	:	24
Harpuniers	:	30
Matrosen	:	350
Kochsmaate	:	12
Schiffsjungen	:	13

c) Von diesen auf Hamburger Wal-und Robbenfangschiffen fahrenden
Seeleuten hatten die unten aufgeführten Gebiete folgenden
Anteil:[1]

	Röm	Föhr	Sylt	Amrum	Hall.	Helgol.	Nordfr. Festld.	Gesamt	%
Kommandeure	5	4	-	-	-	-	-	9	75%
Steuerleute	5	3	-	-	-	-	-	8	67%
Zimmerl./Maate	-	5	-	-	-	-	1	6	25%
Bootsleute	3	2	-	-	-	-	-	5	42%
Köche	2	3	-	-	-	-	-	5	42%
Schiemänner	-	2	-	-	-	-	-	2	18%
Barbiere/Meister	-	-	-	-	-	-	-	-	-
Küper	-	-	-	-	-	-	-	-	-
Speckschn./Maate	1	5	-	-	-	-	-	6	25%
Harpuniers	4	7	-	-	-	-	-	11	37%
Matrosen	34	44	3	-	-	-	7	88	25%
Kochsmaate	5	3	1	-	-	-	-	9	75%
Schiffsjungen	5	4	-	-	-	-	-	9	69%
Gesamtzahl	64	82	4	-	-	-	8	158	29%
Prozent	12%	15%	1%	-	-	-	1%		

1) 48 Seeleute,die mit großer Wahrscheinlichkeit aus dem Untersuchungsgebiet stammen,konnten nicht identifiziert werden.

Statistische Übersicht

Jahr: 1818

a) Gesamtzahl aller aus Hamburg zum Wal-und Robbenfang ausfahrenden Seeleute: 589

b) Die Besatzungen aufgeteilt nach den Funktionen:

Kommandeure	:	13
Steuerleute	:	13
Zimmerleute u. Zimmermannsmaate	:	25
Bootsleute	:	13
Köche	:	13
Schiemänner	:	13
Barbiere/Meister	:	13
Küper	:	26
Speckschneider u. Speckschneidermaate	:	25
Harpuniers	:	32
Matrosen	:	379
Kochsmaate	:	11
Schiffsjungen	:	13

c) Von diesen auf Hamburger Wal-und Robbenfangschiffen fahrenden
Seeleuten hatten die unten aufgeführten Gebiete folgenden
Anteil:[1]

	Röm	Föhr	Sylt	Amrum	Hall.	Helgol.	Nordfr. Festld.	Gesamt	%
Kommandeure	6	5	–	–	–	–	–	11	85%
Steuerleute	6	4	–	–	–	–	–	10	77%
Zimmerl./Maate	–	4	–	–	–	–	1	5	20%
Bootsleute	5	2	–	–	–	–	–	7	54%
Köche	5	2	–	–	–	–	–	7	54%
Schiemänner	–	4	–	–	–	–	–	4	31%
Barbiere/Meister	–	–	–	–	–	–	–	–	–
Küper	–	–	–	–	–	–	–	–	–
Speckschn./Maate	2	5	–	–	–	–	–	7	28%
Harpuniers	5	6	–	–	–	–	–	11	34%
Matrosen	34	46	–	–	–	1	5	86	23%
Kochsmaate	5	–	–	–	–	–	–	5	45%
Schiffsjungen	7	3	–	–	–	–	–	10	77%
Gesamtzahl	75	81	–	–	–	1	6	163	28%
Prozent	13%	14%	–	–	–	0,2%	1%		

1) 24 Seeleute, die mit großer Wahrscheinlichkeit aus dem Untersuchungsgebiet stammen, konnten nicht identifiziert werden.

S t a t i s t i s c h e   Ü b e r s i c h t

Jahr: 1819

a) Gesamtzahl aller aus Hamburg zum Wal-und Robbenfang ausfahrenden Seeleute: 499

b) Die Besatzungen aufgeteilt nach den Funktionen:

Kommandeure	: 11
Steuerleute	: 11
Zimmerleute u. Zimmermannsmaate	: 21
Bootsleute	: 11
Köche	: 11
Schiemänner	: 11
Barbiere/Meister	: 11
Küper	: 22
Speckschneider u. Speckschneidermaate	: 22
Harpuniers	: 24
Matrosen	: 320
Kochsmaate	: 11
Schiffsjungen	: 11

c) Von diesen auf Hamburger Wal-und Robbenfangschiffen fahrenden
Seeleuten hatten die unten aufgeführten Gebiete folgenden
Anteil:[1]

	Röm	Föhr	Sylt	Amrum	Hall.	Helgol.	Nordfr. Festld.	Gesamt	%
Kommandeure	5	4	–	–	–	–	–	9	82%
Steuerleute	5	3	–	–	–	–	–	8	73%
Zimmerl./Maate	–	6	–	–	–	–	1	7	33%
Bootsleute	4	3	–	–	–	–	–	7	64%
Köche	5	3	–	–	–	–	–	8	73%
Schiemänner	1	2	–	–	–	–	–	3	27%
Barbiere/Meister	–	–	–	–	–	–	–	–	–
Küper	–	–	–	–	–	–	–	–	–
Speckschn./Maate	2	5	–	–	–	–	–	7	32%
Harpuniers	6	3	–	–	–	–	–	9	37%
Matrosen	38	50	–	2	–	2	7	99	31%
Kochsmaate	5	2	–	–	–	–	–	7	64%
Schiffsjungen	5	3	–	–	–	–	–	8	73%
Gesamtzahl	76	84	–	2	–	2	8	172	34%
Prozent	15%	17%	–	0,4%	–	0,4%	2%		

1) 15 Seeleute, die mit großer Wahrscheinlichkeit aus dem Untersuchungsgebiet stammen, konnten nicht identifiziert werden.

675

Jahr:1820

a) Gesamtzahl aller aus Hamburg zum Wal-und Robbenfang ausfahrenden Seeleute:457

b) Die Besatzungen aufgeteilt nach den Funktionen:

Kommandeure	: 10
Steuerleute	: 10
Zimmerleute u. Zimmermannsmaate	: 20
Bootsleute	: 10
Köche	: 10
Schiemänner	: 10
Barbiere/Meister	: 10
Küper	: 20
Speckschneider u. Speckschneidermaate	: 20
Harpuniers	: 22
Matrosen	: 294
Kochsmaate	: 10
Schiffsjungen	: 11

c) Von diesen auf Hamburger Wal-und Robbenfangschiffen fahrenden
Seeleuten hatten die unten aufgeführten Gebiete folgenden
Anteil:

	Röm	Föhr	Sylt	Amrum	Hall.	Helgol.	Nordfr. Festld.	Gesamt	%
Kommandeure	5	3	–	–	–	–	–	8	80%
Steuerleute	5	3	–	–	–	–	–	8	80%
Zimmerl./Maate	1	6	–	–	–	–	1	8	40%
Bootsleute	3	2	–	–	–	–	–	5	50%
Köche	5	3	–	–	–	–	–	8	80%
Schiemänner	1	–	–	–	–	–	–	1	10%
Barbiere/Meister	–	–	–	–	–	–	–	–	–
Küper	–	–	–	–	–	–	–	–	–
Speckschn./Maate	5	6	–	–	–	–	–	11	55%
Harpuniers	9	3	–	–	–	–	–	12	54%
Matrosen	57	43	–	–	–	2	5	107	37%
Kochsmaate	4	2	–	–	–	–	–	6	60%
Schiffsjungen	6	3	–	–	–	–	–	9	82%
Gesamtzahl	101	74	–	–	–	2	6	183	40%
Prozent	22%	16%	–	–	–	0,4%	1%		

Statistische Übersicht

Jahr:1821

a) Gesamtzahl aller aus Hamburg zum Wal-und Robbenfang ausfahrenden Seeleute:138

b) Die Besatzungen aufgeteilt nach den Funktionen:

Kommandeure	: 3
Steuerleute	: 4 +
Zimmerleute u. Zimmermannsmaate	: 6
Bootsleute	: 3
Köche	: 3
Schiemänner	: 3
Barbiere/Meister	: 3
Küper	: 6
Speckschneider u. Speckschneidermaate	: 6
Harpuniers	: 7
Matrosen	: 88
Kochsmaate	: 3
Schiffsjungen	: 3

c) Von diesen auf Hamburger Wal-und Robbenfangschiffen fahrenden
Seeleuten hatten die unten aufgeführten Gebiete folgenden
Anteil:

	Röm	Föhr	Sylt	Amrum	Hall.	Helgol.	Nordfr. Festld.	Gesamt	%
Kommandeure	-	2	-	-	-	-	-	2	67%
Steuerleute	1	2	-	-	-	-	-	3	75%
Zimmerl./Maate	-	4	-	-	-	-	-	4	66%
Bootsleute	-	2	-	-	-	-	-	2	67%
Köche	-	1	-	-	-	-	-	1	33%
Schiemänner	-	-	-	-	-	-	-	-	-
Barbiere/Meister	-	-	-	-	-	-	-	-	-
Küper	-	-	-	-	-	-	-	-	
Speckschn./Maate	-	1	-	-	-	-	-	1	16%
Harpuniers	-	1	-	-	-	-	-	1	14%
Matrosen	2	21	-	-	-	9	-	32	36%
Kochsmaate	-	3	-	-	-	-	-	3	100%
Schiffsjungen	-	2	-	-	-	-	-	2	67%
Gesamtzahl	3	39	-	-	-	9	-	51	37%
Prozent	2%	28%	-	-	-	6%	-		

+ darunter ein Untersteuermann

Statistische Übersicht

Jahr: 1822

a) Gesamtzahl aller aus Hamburg zum Wal-und Robbenfang ausfahrenden Seeleute: 139

b) Die Besatzungen aufgeteilt nach den Funktionen:

Kommandeure	: 3
Steuerleute	: 4 +
Zimmerleute u. Zimmermannsmaate	: 6
Bootsleute	: 3
Köche	: 3
Schiemänner	: 3
Barbiere/Meister	: 3
Küper	: 6
Speckschneider u. Speckschneidermaate	: 6
Harpuniers	: 8
Matrosen	: 88
Kochsmaate	: 3
Schiffsjungen	: 3

c) Von diesen auf Hamburger Wal-und Robbenfangschiffen fahrenden
Seeleuten hatten die unten aufgeführten Gebiete folgenden
Anteil:

	Röm	Föhr	Sylt	Amrum	Hall.	Helgol.	Nordfr. Festld.	Gesamt	%
Kommandeure	–	1	–	–	–	–	–	1	33%
Steuerleute	1	1	–	–	–	–	–	2	50%
Zimmerl./Maate	–	2	–	–	–	–	–	2	33%
Bootsleute	–	1	–	–	–	–	–	1	33%
Köche	–	1	–	–	–	–	–	1	33%
Schiemänner	–	–	–	–	–	–	–	–	–
Barbiere/Meister	–	–	–	–	–	–	–	–	–
Küper	–	–	–	–	–	–	–	–	–
Speckschn./Maate	–	1	–	–	–	–	–	1	17%
Harpuniers	–	1	–	–	–	–	–	1	12%
Matrosen	2	14	–	–	–	16	–	32	36%
Kochsmaate	–	1	–	–	–	–	–	1	33%
Schiffsjungen	–	–	–	–	–	–	–	–	–
Gesamtzahl	3	23	–	–	–	16	–	42	30%
Prozent	2%	16%	–	–	–	12%	–		

+ darunter ein Untersteuermann

678

Jahr: 1823

a) Gesamtzahl aller aus Hamburg zum Wal-und Robbenfang ausfahrenden Seeleute: 118

b) Die Besatzungen aufgeteilt nach den Funktionen:

Kommandeure	: 3
Steuerleute	: 4 +
Zimmerleute u. Zimmermannsmaate	: 6
Bootsleute	: 3
Köche	: 3
Schiemänner	: 2
Barbiere/Meister	: 3
Küper	: 5
Speckschneider u. Speckschneidermaate	: 5
Harpuniers	: 8
Matrosen	: 70
Kochsmaate	: 3
Schiffsjungen	: 3

c) Von diesen auf Hamburger Wal-und Robbenfangschiffen fahrenden
Seeleuten hatten die unten aufgeführten Gebiete folgenden
Anteil:

	Röm	Föhr	Sylt	Amrum	Hall.	Helgol.	Nordfr. Festld.	Gesamt	%
Kommandeure	-	1	-	-	-	-	-	1	33%
Steuerleute	-	1	-	-	-	-	-	1	25%
Zimmerl./Maate	-	-	-	-	-	-	-	-	-
Bootsleute	-	1	-	-	-	-	-	1	33%
Köche	-	1	-	-	-	-	-	1	33%
Schiemänner	-	-	-	-	-	-	-	-	-
Barbiere/Meister	-	-	-	-	-	-	-	-	-
Küper	-	-	-	-	-	-	-	-	-
Speckschn./Maate	-	1	-	-	-	-	-	1	20%
Harpuniers	-	-	-	-	-	-	-	-	-
Matrosen	-	13	-	-	-	11	-	24	34%
Kochsmaate	-	1	-	-	-	-	-	1	33%
Schiffsjungen	-	1	-	-	-	-	-	1	33%
Gesamtzahl	-	20	-	-	-	11	-	31	26%
Prozent	-	17%	-	-	-	9%	-		

+ darunter ein Untersteuermann

S t a t i s t i s c h e   Ü b e r s i c h t

Jahr: 1824

a) Gesamtzahl aller aus Hamburg zum Wal-und Robbenfang ausfahrenden Seeleute: 63

b) Die Besatzungen aufgeteilt nach den Funktionen:

Kommandeure	: 2
Steuerleute	: 3 +
Zimmerleute u. Zimmermannsmaate	: 4
Bootsleute	: 2
Köche	: 2
Schiemänner	: 1
Barbiere/Meister	: 2
Küper	: 4
Speckschneider u. Speckschneidermaate	: 3
Harpuniers	: 5
Matrosen	: 35
Kochsmaate	: -
Schiffsjungen	: -

c) Von diesen auf Hamburger Wal-und Robbenfangschiffen fahrenden
Seeleuten hatten die unten aufgeführten Gebiete folgenden
Anteil:

	Röm	Föhr	Sylt	Amrum	Hall.	Helgol.	Nordfr. Festld.	Gesamt	%
Kommandeure	-	-	-	-	-	-	-	-	-
Steuerleute	-	-	-	-	-	-	-	-	-
Zimmerl./Maate	-	-	-	-	-	-	-	-	-
Bootsleute	-	-	-	-	-	-	-	-	-
Köche	-	-	-	-	-	-	-	-	-
Schiemänner	-	-	-	-	-	-	-	-	-
Barbiere/Meister	-	-	-	-	-	-	-	-	-
Küper	-	-	-	-	-	-	-	-	-
Speckschn./Maate	-	-	-	-	-	-	-	-	-
Harpuniers	-	-	-	-	-	-	-	-	-
Matrosen	1	4	-	-	-	-	-	5	14%
Kochsmaate	-	-	-	-	-	-	-	-	-
Schiffsjungen	-	-	-	-	-	-	-	-	-
Gesamtzahl	1	4	-	-	-	-	-	5	8%
Prozent	2%	6%	-	-	-	-	-		

+darunter ein Untersteuermann

680

S t a t i s t i s c h e   Ü b e r s i c h t

Jahr: 1825

a) Gesamtzahl aller aus Hamburg zum Wal-und Robbenfang ausfahrenden Seeleute: 72

b) Die Besatzungen aufgeteilt nach den Funktionen:

Kommandeure	: 2
Steuerleute	: 3 +
Zimmerleute u. Zimmermannsmaate	: 3
Bootsleute	: 2
Köche	: 2
Schiemänner	: 1
Barbiere/Meister	: 2
Küper	: 4
Speckschneider u. Speckschneidermaate	: 3
Harpuniers	: 3
Matrosen	: 43
Kochsmaate	: 2
Schiffsjungen	: 2

c) Von diesen auf Hamburger Wal-und Robbenfangschiffen fahrenden
Seeleuten hatten die unten aufgeführten Gebiete folgenden
Anteil:

	Röm	Föhr	Sylt	Amrum	Hall.	Helgol.	Nordfr. Festld.	Gesamt	%
Kommandeure	-	-	-	-	-	-	-	-	-
Steuerleute	-	-	-	-	-	-	-	-	-
Zimmerl./Maate	-	-	-	-	-	-	-	-	-
Bootsleute	-	-	-	-	-	-	-	-	-
Köche	-	-	-	-	-	-	-	-	-
Schiemänner	-	-	-	-	-	-	-	-	-
Barbiere/Meister	-	-	-	-	-	-	-	-	-
Küper	-	-	-	-	-	-	-	-	-
Speckschn./Maate	-	-	-	-	-	-	-	-	-
Harpuniers	-	-	-	-	-	-	-	-	-
Matrosen	1	-	-	-	-	1	-	2	5%
Kochsmaate	-	-	-	-	-	-	-	-	-
Schiffsjungen	-	-	-	-	-	-	-	-	-
Gesamtzahl	1	-	-	-	-	1	-	2	3%
Prozent	1%	-	-	-	-	1%	-		

+ darunter ein Untersteuermann

Jahr: 1826

a) Gesamtzahl aller aus Hamburg zum Wal-und Robbenfang ausfahrenden Seeleute: 44

b) Die Besatzungen aufgeteilt nach den Funktionen:

Kommandeure	: 1
Steuerleute	: 1
Zimmerleute u. Zimmermannsmaate	: 1
Bootsleute	: 1
Köche	: 1
Schiemänner	: 1
Barbiere/Meister	: 1
Küper	: 2
Speckschneider u. Speckschneidermaate	: 2
Harpuniers	: 3
Matrosen	: 28
Kochsmaate	: 1
Schiffsjungen	: 1

c) Von diesen auf Hamburger Wal-und Robbenfangschiffen fahrenden
Seeleuten hatten die unten aufgeführten Gebiete folgenden
Anteil:

	Röm	Föhr	Sylt	Amrum	Hall.	Helgol.	Nordfr. Festld.	Gesamt	%
Kommandeure	-	-	-	-	-	-	-	-	-
Steuerleute	-	-	-	-	-	-	-	-	-
Zimmerl./Maate	-	-	-	-	-	-	-	-	-
Bootsleute	-	-	-	-	-	-	-	-	-
Köche	-	-	-	-	-	-	-	-	-
Schiemänner	-	-	-	-	-	-	-	-	-
Barbiere/Meister	-	-	-	-	-	-	-	-	-
Küper	-	-	-	-	-	-	-	-	-
Speckschn./Maate	-	-	-	-	-	-	-	-	-
Harpuniers	-	-	-	-	-	-	-	-	-
Matrosen	-	1	-	-	-	-	-	1	3%
Kochsmaate	-	-	-	-	-	-	-	-	-
Schiffsjungen	-	-	-	-	-	-	-	-	-
Gesamtzahl	-	1	-	-	-	-	-	1	2%
Prozent	-	2%	-	-	-	-	-		

Statistische   Übersicht

Jahr: 1827

a) Gesamtzahl aller aus Hamburg zum Wal-und Robbenfang ausfahrenden Seeleute:89

b) Die Besatzungen aufgeteilt nach den Funktionen:

Kommandeure	: 2
Steuerleute	: 2
Zimmerleute u. Zimmermannsmaate	: 4
Bootsleute	: 2
Köche	: 2
Schiemänner	: 2
Barbiere/Meister	: 2
Küper	: 4
Speckschneider u. Speckschneidermaate	: 4
Harpuniers	: 5
Matrosen	: 56
Kochsmaate	: 2
Schiffsjungen	: 2

c) Von diesen auf Hamburger Wal-und Robbenfangschiffen fahrenden
   Seeleuten hatten die unten aufgeführten Gebiete folgenden
   Anteil:

	Röm	Föhr	Sylt	Amrum	Hall.	Helgol.	Nordfr. Festld.	Gesamt	%
Kommandeure	1	–	–	–	–	–	–	1	50%
Steuerleute	1	–	–	–	–	–	–	1	50%
Zimmerl./Maate	1	–	–	–	–	–	–	1	25%
Bootsleute	1	–	–	–	–	–	–	1	50%
Köche	1	–	–	–	–	–	–	1	50%
Schiemänner	–	–	–	–	–	–	–	–	–
Barbiere/Meister	–	–	–	–	–	–	–	–	–
Küper	–	–	–	–	–	–	–	–	–
Speckschn./Maate	2	–	–	–	–	–	–	2	50%
Harpuniers	2	–	–	–	–	–	–	2	40%
Matrosen	16	–	–	–	–	–	2	18	32%
Kochsmaate	1	–	–	–	–	–	–	1	50%
Schiffsjungen	1	–	–	–	–	–	–	1	50%
Gesamtzahl	27	–	–	–	–	–	2	29	32%
Prozent	30%	–	–	–	–	–	2%		

Jahr:1828

a) Gesamtzahl aller aus Hamburg zum Wal-und Robbenfang ausfahrenden Seeleute:89

b) Die Besatzungen aufgeteilt nach den Funktionen:

Kommandeure	: 2
Steuerleute	: 2
Zimmerleute u. Zimmermannsmaate	: 4
Bootsleute	: 2
Köche	: 2
Schiemänner	: 2
Barbiere/Meister	: 2
Küper	: 2
Speckschneider u. Speckschneidermaate	: 4
Harpuniers	: 4
Matrosen	: 58
Kochsmaate	: 2
Schiffsjungen	: 3

c) Von diesen auf Hamburger Wal-und Robbenfangschiffen fahrenden
Seeleuten hatten die unten aufgeführten Gebiete folgenden
Anteil:

	Röm	Föhr	Sylt	Amrum	Hall.	Helgol.	Nordfr. Festld.	Gesamt	%
Kommandeure	1	-	-	-	-	-	-	1	50%
Steuerleute	1	-	-	-	-	-	-	1	50%
Zimmerl./Maate	-	-	-	-	-	-	-	-	-
Bootsleute	1	-	-	-	-	-	-	1	50%
Köche	2	-	-	-	-	-	-	2	100%
Schiemänner	-	-	-	-	-	-	-	-	-
Barbiere/Meister	-	-	-	-	-	-	-	-	-
Küper	-	-	-	-	-	-	-	-	-
Speckschn./Maate	2	-	-	-	-	-	-	2	50%
Harpuniers	1	-	-	-	-	-	-	1	25%
Matrosen	15	1	-	-	-	-	1	17	29%
Kochsmaate	1	-	-	-	-	-	-	1	50%
Schiffsjungen	2	-	-	-	-	-	-	2	67%
Gesamtzahl	26	1	-	-	-	-	1	28	31%
Prozent	29%	1%	-	-	-	-	1%		

Jahr:1829

a) Gesamtzahl aller aus Hamburg zum Wal-und Robbenfang ausfahrenden Seeleute:91

b) Die Besatzungen aufgeteilt nach den Funktionen:

Kommandeure	: 2
Steuerleute	: 2
Zimmerleute u. Zimmermannsmaate	: 4
Bootsleute	: 2
Köche	: 2
Schiemänner	: 1
Barbiere/Meister	: 2
Küper	: 4
Speckschneider u. Speckschneidermaate	: 3
Harpuniers	: 6
Matrosen	: 59
Kochsmaate	: 2
Schiffsjungen	: 2

c) Von diesen auf Hamburger Wal-und Robbenfangschiffen fahrenden
Seeleuten hatten die unten aufgeführten Gebiete folgenden
Anteil:

	Röm	Föhr	Sylt	Amrum	Hall.	Helgol.	Nordfr. Festld.	Gesamt	%
Kommandeure	2	-	-	-	-	-	-	2	100%
Steuerleute	2	-	-	-	-	-	-	2	100%
Zimmerl./Maate	1	-	-	-	-	-	-	1	25%
Bootsleute	2	-	-	-	-	-	-	2	100%
Köche	2	-	-	-	-	-	-	2	100%
Schiemänner	-	-	-	-	-	-	-	-	-
Barbiere/Meister	-	-	-	-	-	-	-	-	-
Küper	-	-	-	-	-	-	-	-	-
Speckschn./Maate	2	-	-	-	-	-	-	2	67%
Harpuniers	3	-	-	-	-	-	-	3	50%
Matrosen	21	-	-	-	-	-	2	23	39%
Kochsmaate	2	-	-	-	-	-	-	2	100%
Schiffsjungen	2	-	-	-	-	-	-	2	100%
Gesamtzahl	39	-	-	-	-	-	2	41	45%
Prozent	43%	-	-	-	-	-	2%		

Jahr: 1830

a) Gesamtzahl aller aus Hamburg zum Wal-und Robbenfang ausfahrenden Seeleute: 90

b) Die Besatzungen aufgeteilt nach den Funktionen:

Kommandeure	: 2
Steuerleute	: 2
Zimmerleute u. Zimmermannsmaate	: 4
Bootsleute	: 2
Köche	: 2
Schiemänner	: 1
Barbiere/Meister	: 2
Küper	: 4
Speckschneider u. Speckschneidermaate	: 3
Harpuniers	: 5
Matrosen	: 59
Kochsmaate	: 2
Schiffsjungen	: 2

c) Von diesen auf Hamburger Wal-und Robbenfangschiffen fahrenden
Seeleuten hatten die unten aufgeführten Gebiete folgenden
Anteil:

	Röm	Föhr	Sylt	Amrum	Hall.	Helgol.	Nordfr. Festld.	Gesamt	%
Kommandeure	2	–	–	–	–	–	–	2	100%
Steuerleute	2	–	–	–	–	–	–	2	100%
Zimmerl./Maate	–	–	–	–	–	–	–	–	–
Bootsleute	1	–	–	–	–	–	–	–	50%
Köche	2	–	–	–	–	–	–	–	100%
Schiemänner	–	–	–	–	–	–	–	–	–
Barbiere/Meister	–	–	–	–	–	–	–	–	–
Küper	–	–	–	–	–	–	–	–	–
Speckschn./Maate	2	–	–	–	–	–	–	2	67%
Harpuniers	3	–	–	–	–	–	–	3	60%
Matrosen	11	1	–	–	–	1	6	19	32%
Kochsmaate	2	–	–	–	–	–	–	2	100%
Schiffsjungen	2	–	–	–	–	–	–	2	100%
Gesamtzahl	27	1	–	–	–	1	6	35	39%
Prozent	30%	1%	–	–	–	1%	7%		

Jahr: 1831

a) Gesamtzahl aller aus Hamburg zum Wal-und Robbenfang ausfahrenden Seeleute: 129

b) Die Besatzungen aufgeteilt nach den Funktionen:

Kommandeure	: 3
Steuerleute	: 3
Zimmerleute u. Zimmermannsmaate	: 6
Bootsleute	: 3
Köche	: 3
Schiemänner	: 3
Barbiere/Meister	: 2
Küper	: 5
Speckschneider u. Speckschneidermaate	: 4
Harpuniers	: 10
Matrosen	: 81
Kochsmaate	: 3
Schiffsjungen	: 3

c) Von diesen auf Hamburger Wal-und Robbenfangschiffen fahrenden
Seeleuten hatten die unten aufgeführten Gebiete folgenden
Anteil:

	Röm	Föhr	Sylt	Amrum	Hall.	Helgol.	Nordfr. Festld.	Gesamt	%
Kommandeure	2	-	-	-	-	-	-	2	67%
Steuerleute	2	-	-	-	-	-	-	2	67%
Zimmerl./Maate	-	-	-	-	-	-	-	-	-
Bootsleute	-	-	-	-	-	-	-	-	-
Köche	2	-	-	-	-	-	-	2	67%
Schiemänner	-	-	-	-	-	-	-	-	-
Barbiere/Meister	-	-	-	-	-	-	-	-	-
Küper	-	-	-	-	-	-	-	-	-
Speckschn./Maate	2	-	-	-	-	-	-	2	50%
Harpuniers	5	-	-	-	-	-	-	5	50%
Matrosen	11	2	-	-	-	-	7	20	25%
Kochsmaate	2	-	-	-	-	-	-	2	67%
Schiffsjungen	2	-	-	-	-	-	-	2	67%
Gesamtzahl	28	2	-	-	-	-	7	37	29%
Prozent	22%	1%	-	-	-	-	5%		

Statistische Übersicht

Jahr: 1832

a) Gesamtzahl aller aus Hamburg zum Wal-und Robbenfang ausfahrenden Seeleute: 130

b) Die Besatzungen aufgeteilt nach den Funktionen:

Kommandeure	: 3
Steuerleute	: 3
Zimmerleute u. Zimmermannsmaate	: 6
Bootsleute	: 3
Köche	: 3
Schiemänner	: 3
Barbiere/Meister	: 3
Küper	: 6
Speckschneider u. Speckschneidermaate	: 3
Harpuniers	: 7
Matrosen	: 84
Kochsmaate	: 3
Schiffsjungen	: 3

c) Von diesen auf Hamburger Wal-und Robbenfangschiffen fahrenden
Seeleuten hatten die unten aufgeführten Gebiete folgenden
Anteil:

	Röm	Föhr	Sylt	Amrum	Hall.	Helgol.	Nordfr. Festld.	Gesamt	%
Kommandeure	2	–	–	–	–	–	–	2	67%
Steuerleute	2	–	–	–	–	–	–	2	67%
Zimmerl./Maate	–	–	–	–	–	–	–	–	–
Bootsleute	1	–	–	–	–	–	–	1	33%
Köche	2	–	–	–	–	–	–	2	67%
Schiemänner	–	–	–	–	–	–	–	–	–
Barbiere/Meister	–	–	–	–	–	–	–	–	–
Küper	–	–	–	–	–	–	–	–	–
Speckschn./Maate	2	–	–	–	–	–	–	2	67%
Harpuniers	4	–	–	–	–	–	–	4	57%
Matrosen	17	1	–	–	–	–	6	24	28%
Kochsmaate	2	–	–	–	–	–	–	2	67%
Schiffsjungen	2	–	–	–	–	–	–	2	67%
Gesamtzahl	34	1	–	–	–	–	6	41	31%
Prozent	26%	1%	–	–	–	–	5%		

Statistische Übersicht

Jahr: 1833

a) Gesamtzahl aller aus Hamburg zum Wal-und Robbenfang ausfahrenden Seeleute: 129

b) Die Besatzungen aufgeteilt nach den Funktionen:

Kommandeure	: 3
Steuerleute	: 3
Zimmerleute u. Zimmermannsmaate	: 5
Bootsleute	: 3
Köche	: 3
Schiemänner	: 3
Barbiere/Meister	: 3
Küper	: 5
Speckschneider u. Speckschneidermaate	: 4
Harpuniers	: 6
Matrosen	: 85
Kochsmaate	: 3
Schiffsjungen	: 3

c) Von diesen auf Hamburger Wal-und Robbenfangschiffen fahrenden
Seeleuten hatten die unten aufgeführten Gebiete folgenden
Anteil:

	Röm	Föhr	Sylt	Amrum	Hall.	Helgol.	Nordfr. Festld.	Gesamt	%
Kommandeure	2	–	–	–	–	–	–	2	67%
Steuerleute	2	–	–	–	–	–	–	2	67%
Zimmerl./Maate	–	–	–	–	–	–	–	–	–
Bootsleute	–	–	–	–	–	–	–	–	–
Köche	2	–	–	–	–	–	–	2	67%
Schiemänner	–	–	–	–	–	–	–	–	–
Barbiere/Meister	–	–	–	–	–	–	–	–	–
Küper	–	–	–	–	–	–	–	–	–
Speckschn./Maate	2	–	–	–	–	–	–	2	50%
Harpuniers	4	–	–	–	–	–	–	4	67%
Matrosen	23	2	–	–	–	–	4	29	34%
Kochsmaate	1	–	–	–	–	–	–	1	33%
Schiffsjungen	3	–	–	–	–	–	–	3	100%
Gesamtzahl	39	2	–	–	–	–	4	45	35%
Prozent	30%	1%	–	–	–	–	3%		

Jahr: 1834

a) Gesamtzahl aller aus Hamburg zum Wal-und Robbenfang ausfahrenden Seeleute: 128

b) Die Besatzungen aufgeteilt nach den Funktionen:

Kommandeure	: 3
Steuerleute	: 3
Zimmerleute u. Zimmermannsmaate	: 6
Bootsleute	: 3
Köche	: 3
Schiemänner	: 3
Barbiere/Meister	: 3
Küper	: 6
Speckschneider u. Speckschneidermaate	: 4
Harpuniers	: 7
Matrosen	: 81
Kochsmaate	: 3
Schiffsjungen	: 3

c) Von diesen auf Hamburger Wal-und Robbenfangschiffen fahrenden
Seeleuten hatten die unten aufgeführten Gebiete folgenden
Anteil:

	Röm	Föhr	Sylt	Amrum	Hall.	Helgol.	Nordfr. Festld.	Gesamt	%
Kommandeure	1	-	-	-	-	-	-	1	33%
Steuerleute	1	-	-	-	-	-	-	1	33%
Zimmerl./Maate	-	-	-	-	-	-	-	-	-
Bootsleute	-	-	-	-	-	-	-	-	-
Köche	1	-	-	-	-	-	-	1	33%
Schiemänner	-	-	-	-	-	-	-	-	-
Barbiere/Meister	-	-	-	-	-	-	-	-	-
Küper	-	-	-	-	-	-	-	-	-
Speckschn./Maate	1	-	-	-	-	-	-	1	25%
Harpuniers	2	-	-	-	-	-	-	2	28%
Matrosen	9	2	-	-	-	-	2	13	16%
Kochsmaate	1	-	-	-	-	-	-	1	33%
Schiffsjungen	1	-	-	-	-	-	-	1	33%
Gesamtzahl	17	2	-	-	-	-	2	21	16%
Prozent	14%	1%	-	-	-	-	1%		

S t a t i s t i s c h e Ü b e r s i c h t

Jahr: 1835

a) Gesamtzahl aller aus Hamburg zum Wal-und Robbenfang ausfahrenden Seeleute: 130

b) Die Besatzungen aufgeteilt nach den Funktionen:

Kommandeure	3
Steuerleute	3
Zimmerleute u. Zimmermannsmaate	6
Bootsleute	3
Köche	3
Schiemänner	3
Barbiere/Meister	2
Küper	6
Speckschneider u. Speckschneidermaate	3
Harpuniers	8
Matrosen	84
Kochsmaate	3
Schiffsjungen	3

c) Von diesen auf Hamburger Wal-und Robbenfangschiffen fahrenden
Seeleuten hatten die unten aufgeführten Gebiete folgenden
Anteil:

Anteil:	Röm	Föhr	Sylt	Amrum	Hall.	Helgol.	Nordfr. Festld.	Gesamt	%
Kommandeure	1	–	–	–	–	–	–	1	33%
Steuerleute	1	–	–	–	–	–	–	1	33%
Zimmerl./Maate	1	–	–	–	–	–	–	1	16%
Bootsleute	–	–	–	–	–	–	–	–	–
Köche	1	–	–	–	–	–	–	1	33%
Schiemänner	–	–	–	–	–	–	–	–	–
Barbiere/Meister	–	–	–	–	–	–	–	–	–
Küper	–	–	–	–	–	–	–	–	–
Speckschn./Maate	1	–	–	–	–	–	–	1	33%
Harpuniers	1	–	–	–	–	–	–	1	12%
Matrosen	9	1	–	–	–	–	1	11	13%
Kochsmaate	1	–	–	–	–	–	–	1	33%
Schiffsjungen	1	–	–	–	–	–	–	1	33%
Gesamtzahl	17	1	–	–	–	–	1	19	15%
Prozent	13%	1%	–	–	–	–	1%		

**Studien zur
Wirtschafts- und Sozialgeschichte Schleswig-Holsteins**

Band 1 *Regionale Mobilität in Schleswig-Holstein 1600–1900.*
Herausgeber: Jürgen Brockstedt.
240 Seiten, 1979, broschiert 30,– DM   ISBN 3 529 02901 7

Band 2 *Erziehungs- und Bildungsgeschichte Sdhleswig-Holsteins von der Aufklärung
bis zum Kaiserreich.* Herausgeber: Franklin Kopitzsch.
286 Seiten, 1981, broschiert 30,– DM   ISBN 3 529 02902 5

Band 3 *Die deutsche und skandinavische Amerikaauswanderung
im 19. und 20. Jahrhundert.* Herausgeber: Kai Detlev Sievers.
204 Seiten, 1981, broschiert 30,– DM   ISBN 3 529 02903 3

Band 4 Rudolf Rietzler
*Kampf in der Nordmark – Das Aufkommen des Nationalsozialismus in
Schleswig-Holstein 1919–1928.*
500 Seiten, 1982, broschiert 38,– DM   ISBN 3 529 02904 1

Band 5 *Frühindustrialisierung in Schleswig-Holstein, anderen norddeutschen Ländern
und Dänemark.* Herausgeber: Jürgen Brockstedt.
368 Seiten, 1983, broschiert 35,– DM   ISBN 3 529 02905 X

Band 6 Gabriele Stüber
Der Kampf gegen den Hunger 1945–1959. Die Ernährungslage in der briti-
schen Zone Deutschlands, insbesondere in Schleswig-Holstein und Hamburg.
935 Seiten, 1984, broschiert 65,– DM   ISBN 3 529 02906 8

Band 7 Rolf Gehrmann
Leezen 1720–1870. Ein historisch-demographischer Beitrag zur Sozialgeschichte des ländlichen Schleswig-Holstein.
368 Seiten, 1984, broschiert 50,– DM   ISBN 3 529 02907 6

Band 8 Claudius Helmut Riegler
*Emigration und Arbeitswanderung aus Schweden nach Norddeutschland
1868–1914.*
294 Seiten, 1985, broschiert 35,– DM   ISBN 3 529 02908 4

Band 9 Holger Rüdel
Landarbeiter und Sozialdemokratie in Ostholstein 1872–1878.
584 Seiten, 1986, broschiert 60,– DM   ISBN 3 529 02909 2

Band 10 Marlis Lippik
Die Entstehung des Sparkassenwesens in Schleswig-Holstein 1790–1864.
152 Seiten, 1987, broschiert 25,– DM   ISBN 3 529 02910 6